古董

2021ANTIQUES AUCTION RECORDS

拍卖年鉴 书画

2020-01-01～2020-12-31

欣弘 编

U0885319

CNS PUBLISHING & MEDIA | 湖南美术出版社
全国百佳图书出版单位

图书在版编目(CIP)数据

2021古董拍卖年鉴·书画 / 欣弘编. — 长沙：湖南美术出版社，2020.12
ISBN 978-7-5356-9389-1

Ⅰ.①2… Ⅱ.①欣… Ⅲ.①历史文物－拍卖－价格－中国－2020－年鉴②中国画－拍卖－价格－中国－2020－年鉴③汉字－法书－拍卖－价格－中国－2020－年鉴 Ⅳ.①F724.787-54

中国版本图书馆CIP数据核字(2021)第003611号

2021古董拍卖年鉴·书画
2021 GUDONG PAIMAI NIANJIAN·SHUHUA

出版人：黄 啸
编　　者：欣 弘
策　　划：易兴宏　李志文
责任编辑：李 坚

湖南美术出版社出版发行(长沙市东二环一段622号)
湖南省新华书店经销
雅昌文化(集团)有限公司制版、印刷
开本：787mm×1092mm　1/16　印张：35
版次：2020年12月第1版　印次：2020年12月第1次印刷
书号：ISBN 978-7-5356-9389-1
定价：258.00元

目 录

凡 例

近现代及当代作者……113

年代不详作者........229

素 描........231

版 画........234

水粉水彩......237

油　画......247

凡 例

1.《2021古董拍卖年鉴》分瓷器卷、玉器卷、杂项卷、翡翠珠宝卷、书画卷，共五册，收录了纽约、伦敦、巴黎、日内瓦、香港、澳门、台北、北京、上海、广州、昆明、天津、重庆、成都、合肥、南京、西安、沈阳、济南等城市或地区的几十家拍卖公司几百个专场的2020年度拍卖成交记录与拍品图片。

2.本书内文条目原则上保留了原拍卖记录（由于作品来自不同的拍卖公司，为便于搜索，对于用词不一致的名称，如“三羊开泰”“三阳开泰”“安迪·沃荷”“安迪·沃霍尔”等等，均不作统一），按拍品号、品名、估价、成交价、尺寸、拍卖公司名称、拍卖日期等排序，部分原内容缺失或不详的不注明，书画卷内文条目还有作者姓名、作品形式、创作年代等内容。

3.因境外拍卖公司宿地不同，本书拍品估价涉及多个币种：RMB（人民币），USD（美元），EUR（欧元），GBP（英镑），HKD（港币），NTD（新台币）。但本书所有拍品成交价均按汇率转换成RMB（人民币）。

4.多人合作的作品，条目中仅列出一至两位主要作者的名字。

中国书画

东晋作者

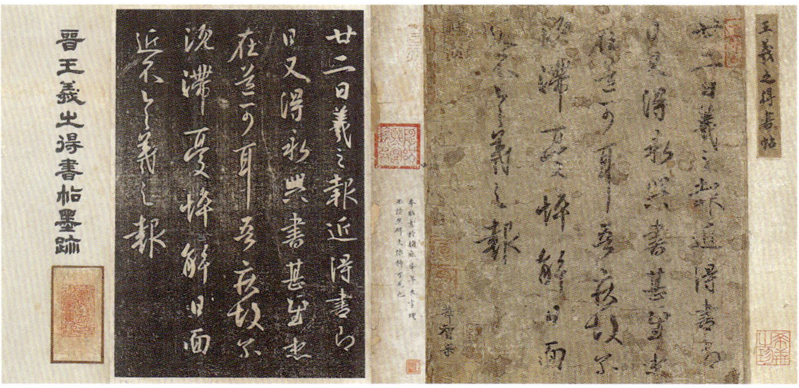

2517 王羲之 (款) 得书帖 镜心
估　价：RMB 5,000～10,000
成交价：RMB 1,955,000
27cm × 23cm 中国嘉德 2020-07-17

唐代作者

1935 韩幹 (款) 牧马图 镜心
估　价：RMB 10,000～20,000
成交价：RMB 1,840,000
29cm × 35cm 中国嘉德 2020-07-17

3069 李仲宣 蝴蝶花卉 镜心
估　价：RMB 50,000～80,000
成交价：RMB 356,500
22cm × 23.5cm
十竹斋拍卖（北京）2020-10-18

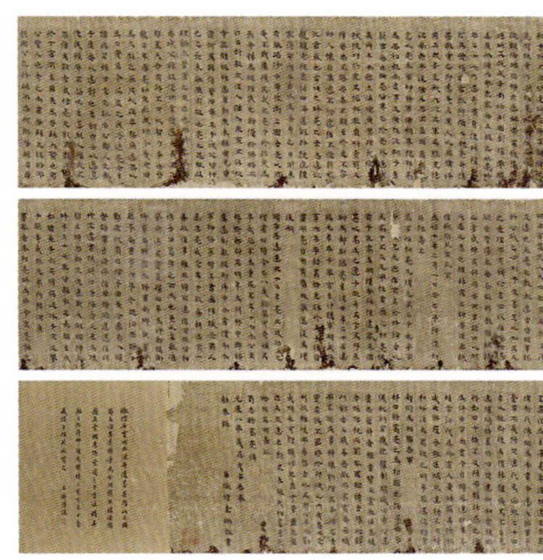

815 索琳 (款) 蜀志 · 诸葛亮传 手卷
估　价：HKD 500,000～1,000,000
成交价：RMB 2,959,440
31cm × 252cm 佳士得 2020-07-08

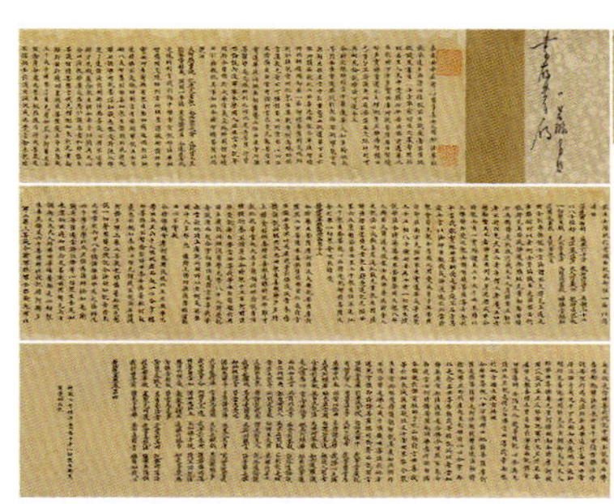

1227 佚名 《妙法莲华经》卷
神龙二年（706年）作 僧净觉书 手卷
估　价：RMB 650,000～850,000
成交价：RMB 1,610,000
26cm × 278cm 中鸿信 2020-01-04

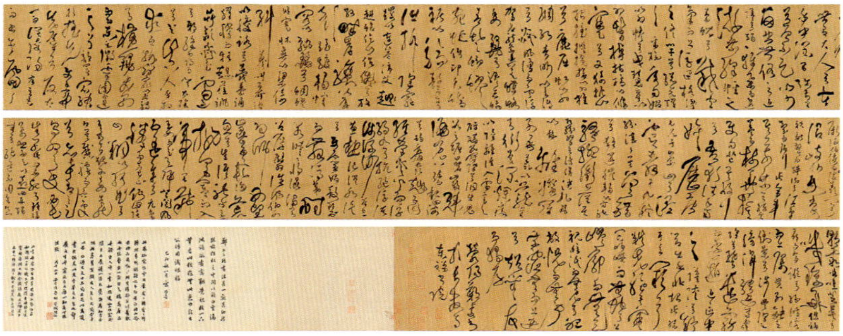

3560 郑虔 (传) 草书汉司马相如《大人赋》 手卷
估　价：RMB 1,800,000～2,800,000
成交价：RMB 4,025,000
书心28cm×602cm；题跋28cm×78cm 北京保利 2020-10-18

475 龚开 钟馗嫁妹图卷 手卷
估　价：RMB 15,000～35,000
成交价：RMB 230,000
36cm×410cm 中国嘉德 2020-11-09

五代作者

1102 董源 烟岚重溪图 镜片
估　价：RMB 25,000,000～30,000,000
成交价：RMB 32,200,000
64.5cm×36.5cm 西泠印社 2020-08-08

宋代作者

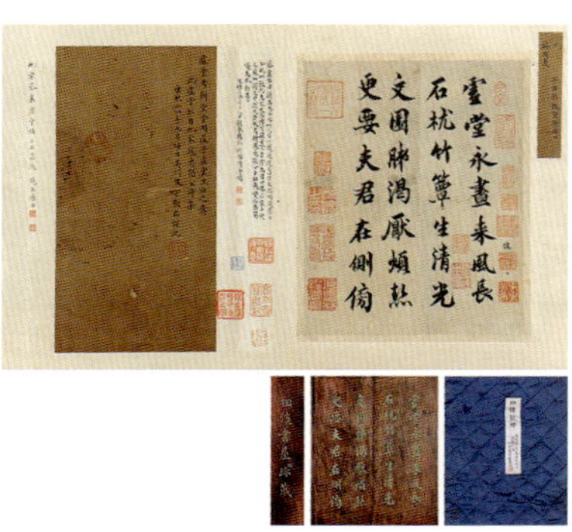

3783 蔡襄 (款) 虚堂帖 册页
估　价：RMB 100,000～300,000
成交价：RMB 322,000
23cm×18cm；25cm×13cm
北京保利 2020-10-18

93 范宽 (传) 卖鱼沽酒图 镜心
估　价：RMB 200,000～300,000
成交价：RMB 333,500
直径25.5cm 荣宝斋（上海） 2020-10-25

776 方从义 (传) 溪山晚景 立轴
估　价：RMB 60,000～90,000
成交价：RMB 483,000
79.5cm×36.5cm 北京翰海 2020-12-11

1436 郭熙 (传) 秋山行旅图 镜心
估　价：RMB 25,000～35,000
成交价：RMB 333,500
34cm×28cm 中鸿信 2020-01-04

810 徽宗 (传) 宋 鹡鸰花椒 册页　镜框
估　价：HKD 300,000～500,000
成交价：RMB 426,000
22.5cm×26.7cm 佳士得 2020-12-02

1097 季友直 荷塘纳凉图 镜片
估　价：RMB 3,000,000～5,000,000
成交价：RMB 4,600,000
28.5cm×26cm 西泠印社 2020-08-08

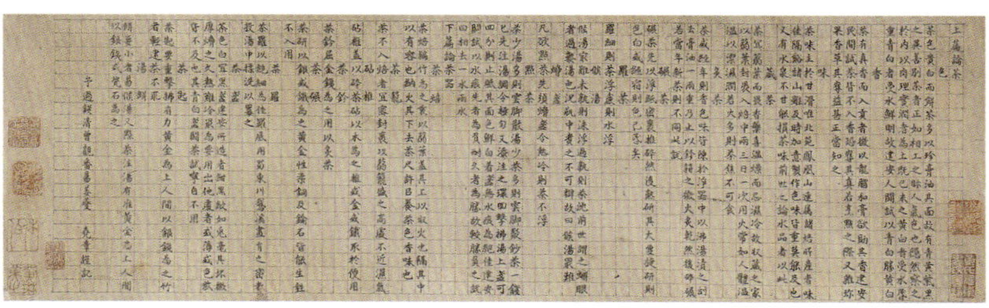

2527 姜夔 (款) 小楷论茶 镜心
估　价：RMB 6,000～12,000
成交价：RMB 207,000
20cm×67cm 中国嘉德 2020-07-17

80 李公麟 (款) 七贤过关图 水墨绢本 手卷
估　价：EUR 35,000～45,000
成交价：RMB 496,366
28.6cm×182.9cm 巴黎佳士得 2020-06-23

227 李迪 雪岸野凫图
估　价：RMB 400,000～500,000
成交价：RMB 713,000
书法33cm×53cm；画心117cm×53cm
广东小雅斋 2020-08-21

2053 李嵩 (款) 篮花图 立轴
估　价：RMB 8,000～15,000
成交价：RMB 391,000
26cm×23cm 中国嘉德 2020-11-12

1100 李唐 炼丹图 镜片
估　价：RMB 4,000,000～6,000,000
成交价：RMB 6,325,000
30.5cm×23.5cm 西泠印社 2020-08-08

1225 李唐 (传) 雨余放牧图 立轴
估　价：RMB 450,000～650,000
成交价：RMB 517,500
204cm×96cm 中鸿信 2020-01-04

1432 林谷成（传）西园雅集图 立轴
估　价：RMB 50,000～80,000
成交价：RMB 345,000
100cm×52.5cm 中鸿信 2020-01-04

1438 刘松年 西园雅集图卷 手卷
估　价：RMB 120,000～180,000
成交价：RMB 552,000
31cm×68cm 中鸿信 2020-01-04

2534 刘松年（款）荷庭消夏 镜框
估　价：HKD 30,000～50,000
成交价：RMB 1,776,096
75.7cm×30cm 香港苏富比 2020-10-08

4043 牟益（传）游春图 镜心
估　价：RMB 8,000,000～12,000,000
成交价：RMB 9,200,000
171cm×100cm 北京保利 2020-10-18

1201 牟仲甫 猿戏图 镜心
估　价：RMB 50,000～80,000
成交价：RMB 644,000
直径24cm 中鸿信 2020-01-04

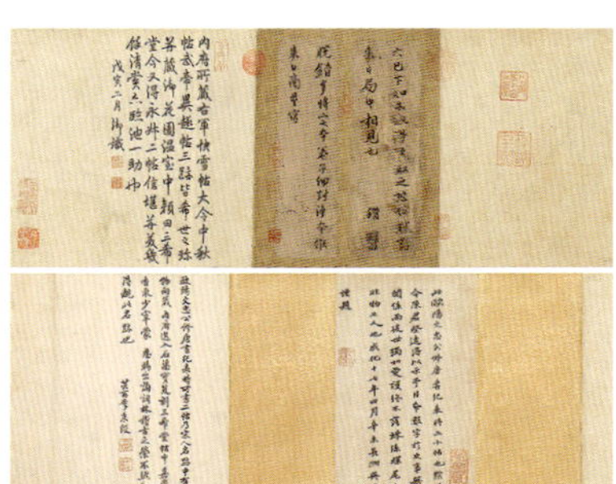

1377 欧阳修 行书来日帖 手卷
估　价：RMB 25,000～35,000
成交价：RMB 517,500
24cm×8cm×2 中鸿信2020-01-04

1428 释超然 山居图 镜心
估　价：RMB 200,000～300,000
成交价：RMB 862,500
172cm×109cm 中鸿信 2020-01-04

1732 苏汉臣（款）婴戏图 对屏
估　价：RMB 20,000～40,000
成交价：RMB 230,000
112cm×85cm×2 中国嘉德2020-11-11

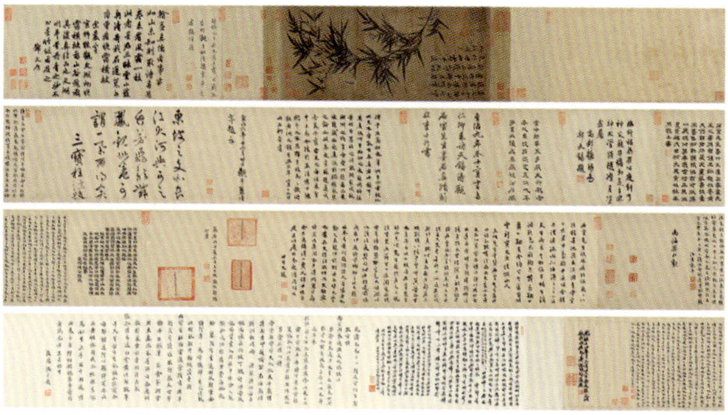

1068 文同 苏轼 墨竹卷 手卷
成交价：RMB 121,900,000
绘画28cm × 63cm；题跋28cm × 540cm
北京保利 2020-12-05

16 徐崇矩 (传) 芙蓉鸠鸽 手卷
估　价：RMB 1,200,000～1,800,000
成交价：RMB 2,300,000
44cm × 177cm 华艺国际 2020-12-05

1023 夏圭 (款) 渔父图 镜心
估　价：RMB 20,000～50,000
成交价：RMB 287,500
74.5cm × 46cm 中国嘉德 2020-08-17

1109 阎次平 (款) 云山行旅图 立轴
估　价：RMB 280,000～400,000
成交价：RMB 1,437,500
174.5cm × 39cm 西泠印社 2020-08-08

802 无款（前传惠崇） 平沙落雁图 立轴
估　价：HKD 380,000～580,000
成交价：RMB 1,065,000
53.6cm × 26cm 佳士得 2020-12-02

3918 萧照 (传) 秋林玩月 镜框
成交价：RMB 2,415,000
233cm × 132.1cm 北京保利 2020-10-18

278 佚名 御苑市朝图 立轴
估　价：RMB 6,000,000～8,000,000
成交价：RMB 9,430,000
104.6cm × 52.6cm 华艺国际 2020-12-05

1098 佚名 麻姑献寿图 扇页
估　价：RMB 1,600,000～2,500,000
成交价：RMB 4,370,000
22.5cm×22cm 西泠印社 2020-08-08

5 佚名 轻舟图 镜框
估　价：RMB 1,800,000～2,800,000
成交价：RMB 2,990,000
26cm×28cm 华艺国际 2020-12-05

769 佚名 南宋 江上观潮 镜心
估　价：RMB 7,500,000～9,500,000
成交价：RMB 8,625,000
直径24.5cm 永乐拍卖 2020-08-17

3 佚名 攀猿图 镜框
估　价：RMB 1,000,000～1,500,000
成交价：RMB 1,150,000
21cm×22cm 华艺国际 2020-12-05

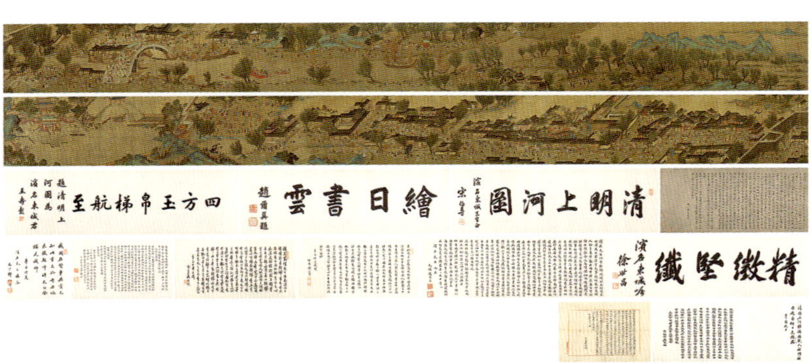

1776 张择端 徐世昌 王寿彭 赵尔巽（款）等
清明上河图卷、各体书法卷 手卷
估　价：RMB 80,000～180,000
成交价：RMB 828,000
绘画31cm×717cm 中国嘉德 2020-11-11

89 赵淇 松鹤福禄 立轴
估　价：RMB 200,000～300,000
成交价：RMB 345,000
63cm×50cm 荣宝斋（上海） 2020-10-25

1363 赵伯驹 青绿山水 镜心
估　价：RMB 10,000～20,000
成交价：RMB 207,000
35cm×20.5cm 中鸿信 2020-01-04

81 赵元长 (款) 五马图 设色绢本 手卷
估　价：EUR 35,000～45,000
成交价：RMB 377,238
30cm×194.2cm 巴黎佳士得 2020-06-23

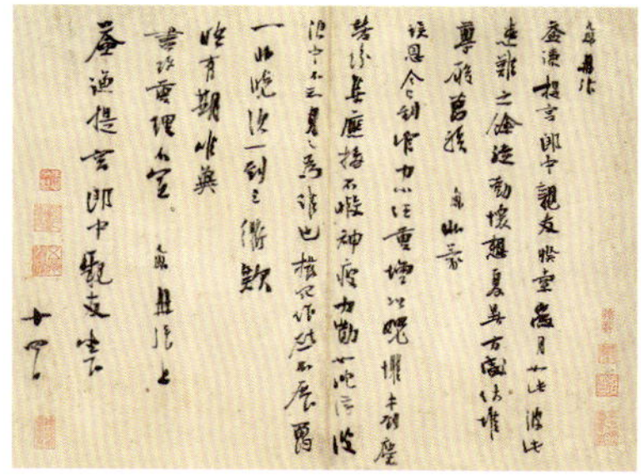

279 朱敦儒 暌索帖 册片
成交价：RMB 150,650,000
34.5cm×46.2cm 中国嘉德 2020-12-01

金代作者

2058 王庭筠 (款) 猫趣图 立轴
估　价：RMB 180,000～250,000
成交价：RMB 759,000
48cm×69cm 中国嘉德 2020-11-12

元代作者

223 曹知白 雪关云栈图 立轴
估　价：RMB 1,500,000～2,000,000
成交价：RMB 2,875,000
125cm×54cm 广东小雅斋 2020-08-21

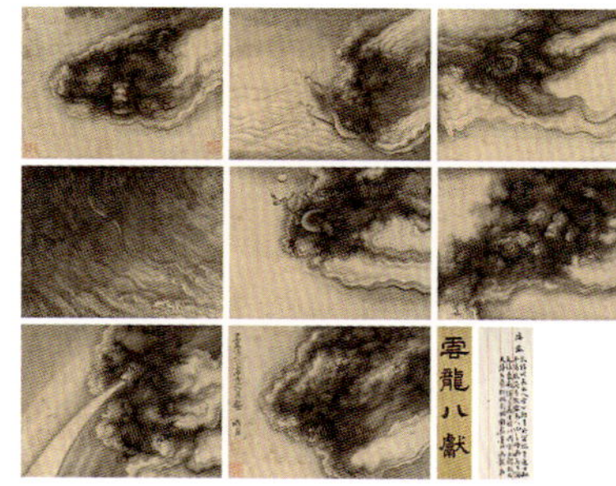

542 陈容 云龙八献 册页
估　价：RMB 800,000～1,200,000
成交价：RMB 2,645,000
29.5cm×39cm×8 荣宝斋（南京）2020-11-28

811 陈仲仁 (传) 1299年作
花鸟四屏（四幅）镜框
估　价：HKD 800,000～1,200,000
成交价：RMB 852,000
137.5cm×64cm×4 佳士得2020-12-02

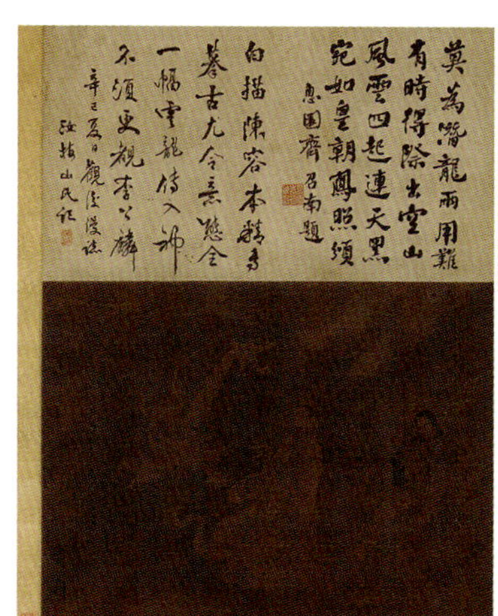

1224 陈所翁 龙神欲雨图 立轴
估　价：RMB 300,000～500,000
成交价：RMB 747,500
32cm×41cm 中鸿信 2020-01-04

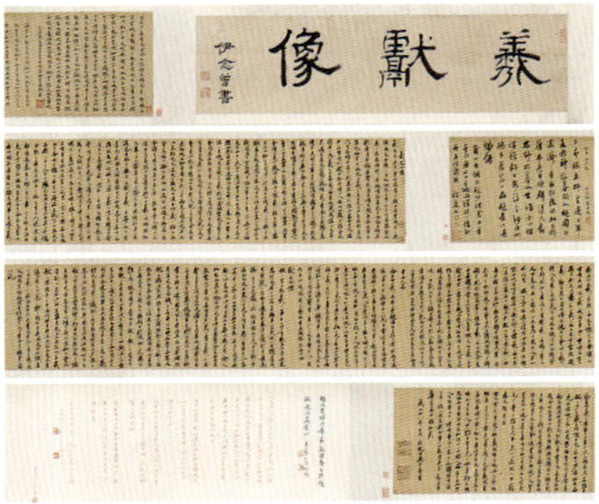

1425 方道叡 邵野亭 程庆 吴肇荣
题赵孟頫《义献像》书卷 手卷
估　价：RMB 300,000～400,000
成交价：RMB 345,000
引首25cm×97cm；题跋27cm×499cm
中鸿信 2020-01-04

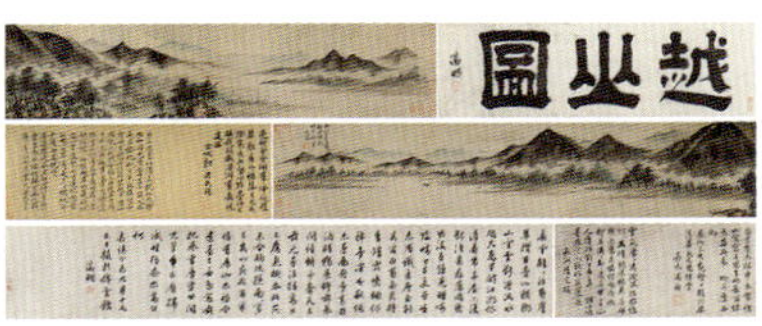

2435 高克恭 (款) 1303年作 越山图卷 手卷
估　价：RMB 40,000～60,000
成交价：RMB 299,000
19cm×185cm 中国嘉德 2020-07-17

1915 顾安 (款) 竹篁图 立轴
估　价：RMB 20,000～40,000
成交价：RMB 586,500
158cm×58cm 中国嘉德 2020-11-12

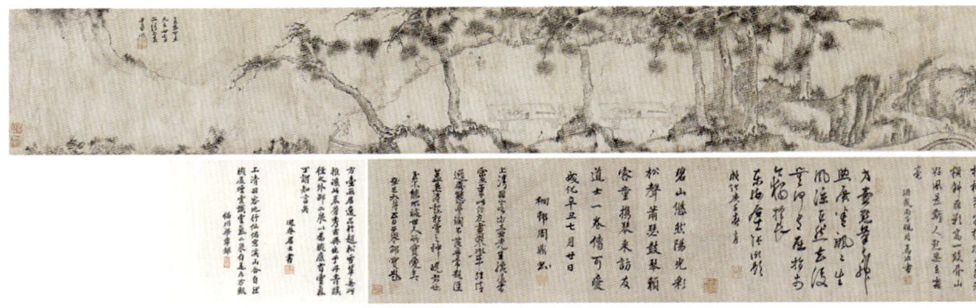

1558 方壶 (款) 1376年作 山林隐居图 手卷
估　价：RMB 300,000～400,000
成交价：RMB 1,955,000
27cm×182cm 中国嘉德 2020-11-11

380 黄公望 虞山图 立轴
估　价：RMB 3,000,000～5,000,000
成交价：RMB 8,970,000
91.5cm×28.5cm 广东崇正 2020-09-13

1269 罗谦 芦雁图 立轴
成交价：RMB 2,357,500
142cm×70cm 北京保利 2020-12-05

1101 倪瓒 1343年作 秋亭图 镜片
估　价：RMB 6,000,000～8,000,000
成交价：RMB 8,625,000
41.5cm×27.5cm 西泠印社 2020-08-08

952 钱选 画眉春色图 立轴
估 价：RMB 80,000
成交价：RMB 460,000
106cm × 40cm 北京翰海 2020-09-12

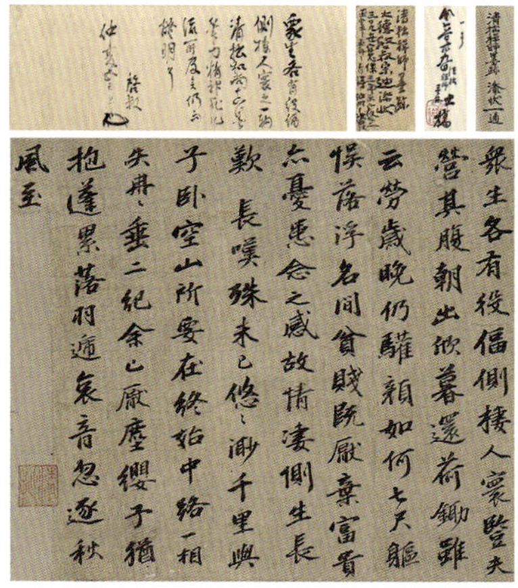

1090 清拙正澄 行书五言诗 立轴
估 价：RMB 200,000 ~ 300,000
成交价：RMB 460,000
30cm × 26cm 西泠印社 2020-08-08

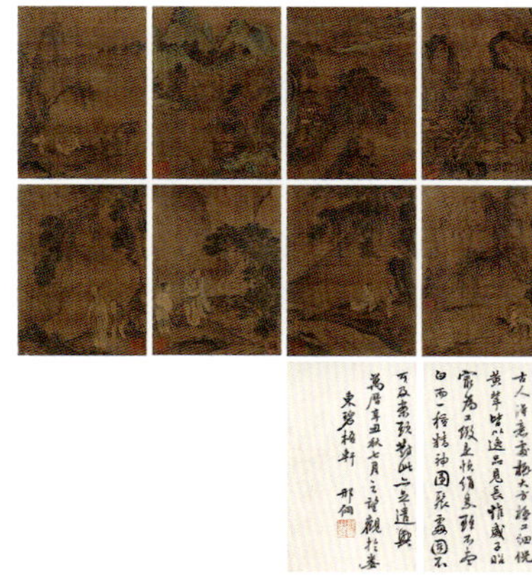

90 盛懋 山水人物（八帧）手卷
估 价：RMB 180,000 ~ 280,000
成交价：RMB 368,000
画21cm × 16cm × 8；跋19cm × 12cm × 2
荣宝斋（上海）2020-10-25

2575 任仁发 五王醉归图 手卷
估 价：HKD 80,000,000 ~ 120,000,000
成交价：RMB 270,071,431
35.2cm × 210.7cm 香港苏富比 2020-10-08

2516 檀芝瑞 修篁书屋 立轴
估 价：HKD 120,000 ~ 180,000
成交价：RMB 361,600
29cm × 47cm 香港苏富比 2020-07-09

1424 王蒙 1342年作 秋山图 立轴
估 价：RMB 80,000 ~ 120,000
成交价：RMB 345,000
66cm × 31.5cm 中鸿信 2020-01-04

1513 王冕 琼枝冰蕊图 立轴
估 价：RMB 35,000 ~ 55,000
成交价：RMB 212,750
170cm × 38cm 中鸿信 2020-01-04

270 王渊 岁岁安康图 手卷
估 价：RMB 400,000 ~ 600,000
成交价：RMB 540,500
26.5cm × 593cm 保利厦门 2020-09-26

83 无款 元末明初 牡丹 设色绢本 扇面 镜框
估　价：EUR 6,000～8,000
成交价：RMB 496,366
直径29.2cm 巴黎佳士得 2020-06-23

3739 颜辉（传）铁拐仙人图 立轴
估　价：RMB 80,000～200,000
成交价：RMB 552,000
139cm×71cm 北京保利 2020-10-18

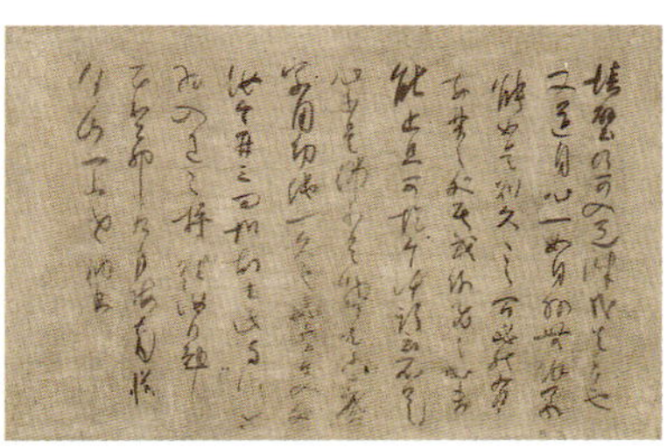

813 一山一宁 1315年作 行草 立轴
估　价：HKD 80,000～100,000
成交价：RMB 426,000
36.5cm×59cm 佳士得 2020-12-02

73 佚名 元人秋猎图 手卷
估　价：RMB 28,000,000～38,000,000
成交价：RMB 62,100,000
59cm×1240cm 华艺国际 2020-10-16

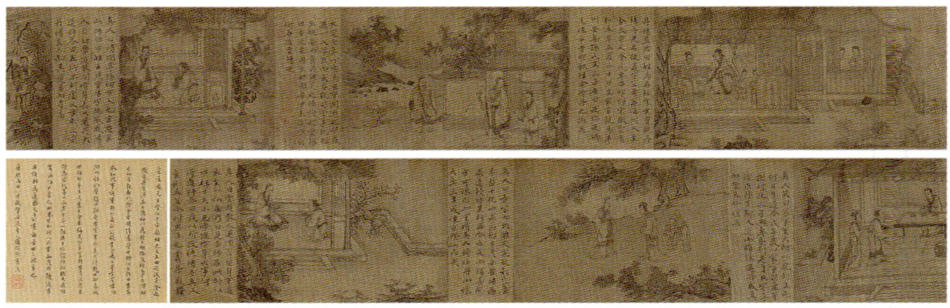

2261 虞集（款）授道图卷 手卷
估　价：RMB 50,000～80,000
成交价：RMB 3,277,500
20cm×246cm 中国嘉德 2020-07-17

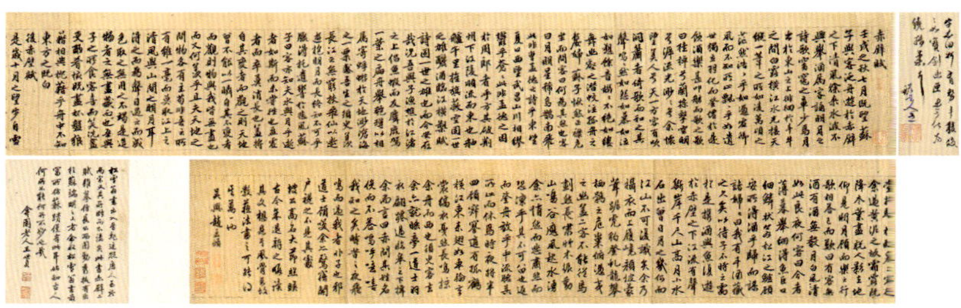

1077 赵孟頫（款）行书 手卷
估　价：RMB 20,000～30,000
成交价：RMB 2,438,000
29cm×312cm 朵云轩 2020-11-30

39 赵雍 骑猎图
估　价：RMB 870,000
成交价：RMB 1,050,000
140cm×65cm 乾禧国际 2020-01-20

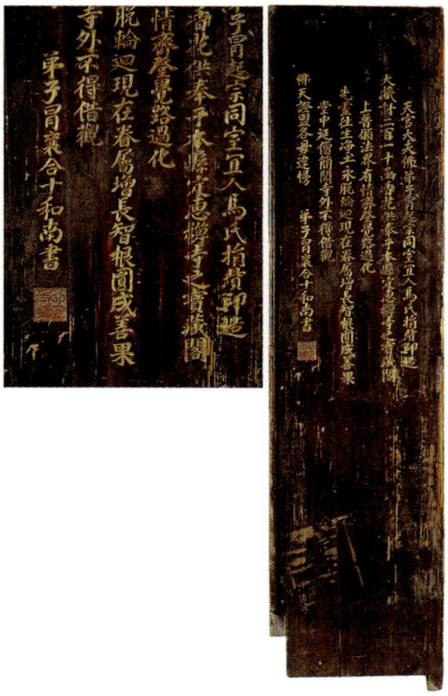

1089 竺仙梵仙 行书七言诗 立轴
估 价：RMB 400,000～600,000
成交价：RMB 552,000
52cm × 32.5cm 西泠印社 2020-08-08

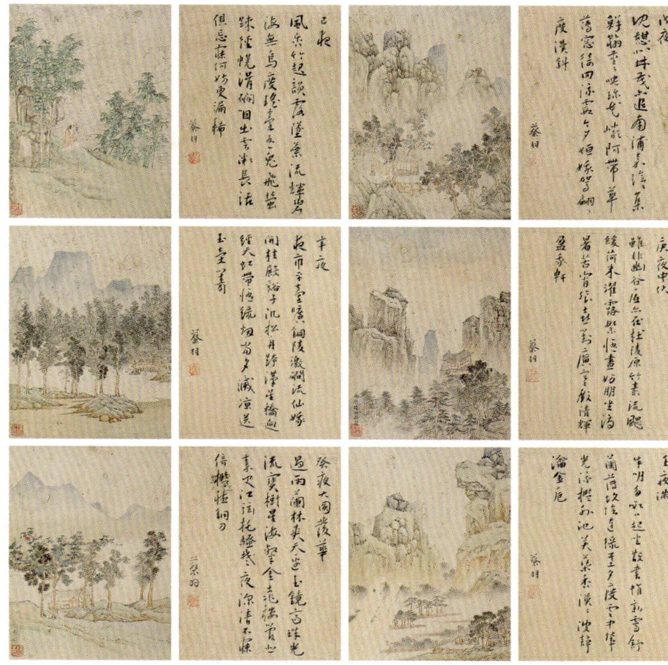

1086 蔡羽 行书题画诗 册页（十二开）
估 价：RMB 100,000～150,000
成交价：RMB 460,000
24cm × 18.5cm × 12 中国嘉德 2020-12-04

明代作者

1008 卞文瑜 渔父图 扇面
估 价：RMB 10,000～50,000
成交价：RMB 402,500
18.0cm × 51cm 中国嘉德 2020-12-04

1014 曹振 秀林幽居 扇面
估 价：RMB 10,000～50,000
成交价：RMB 345,000
17.5cm × 54.5cm 中国嘉德 2020-12-04

291 陈白沙 1474年作 梅花书屋 立轴
估 价：RMB 280,000～380,000
成交价：RMB 322,000
159cm × 50cm 华艺国际 2020-12-05

1003 陈璧 群雁图 立轴
估 价：RMB 100,000～150,000
成交价：RMB 253,000
71.7cm × 33cm 中国嘉德 2020-08-17

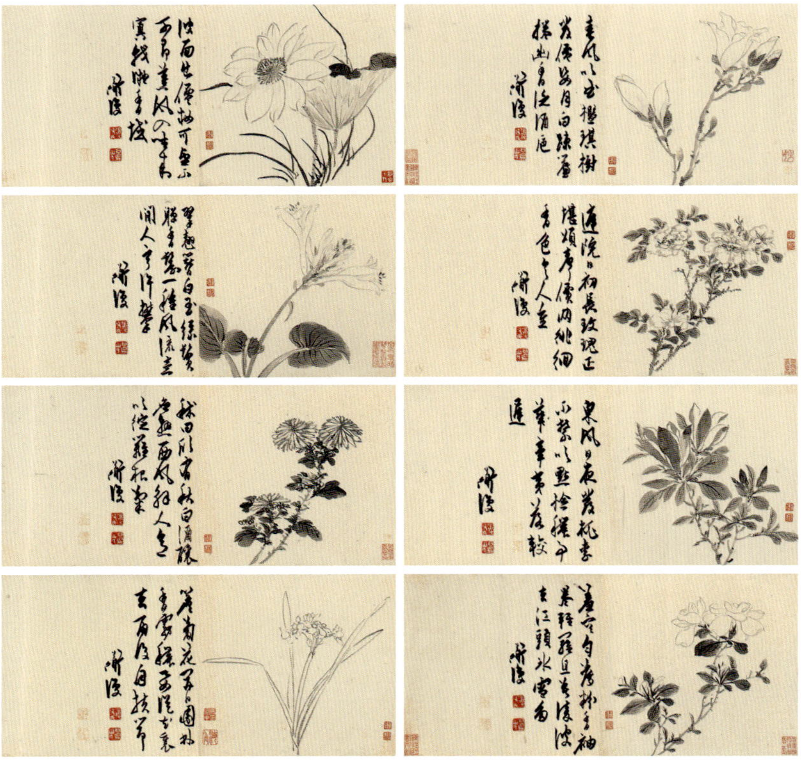

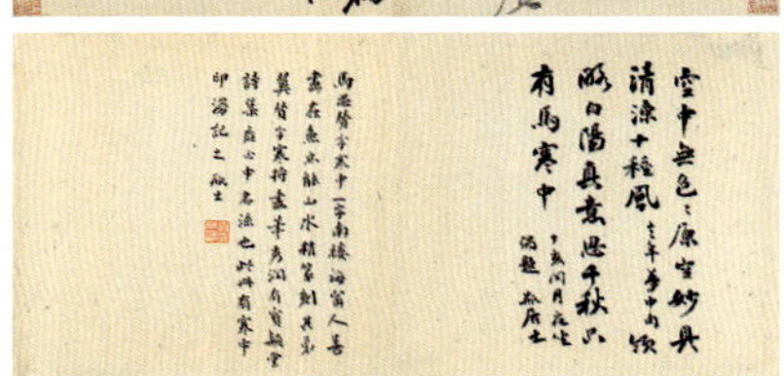

4027 陈淳 花卉 册页（八开十六页）
估　价：RMB 15,000,000～25,000,000
成交价：RMB 34,500,000
24cm×27cm×16 北京保利 2020-10-18

1081 陈淳 雪山访友 立轴
估　价：RMB 1,200,000～1,800,000
成交价：RMB 2,185,000
121cm×62cm 北京保利 2020-12-05

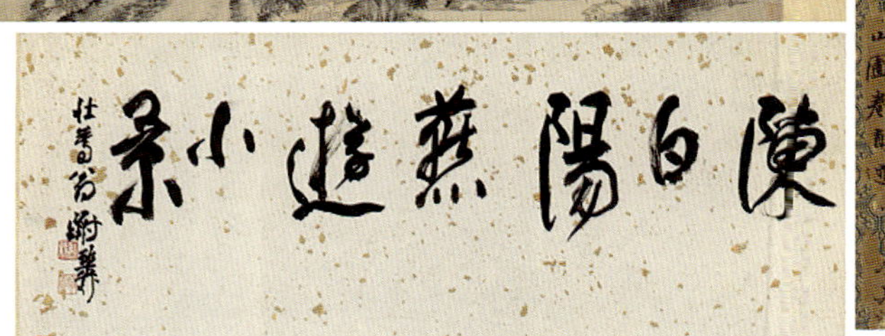

1069 陈淳 1535年作 虎丘山图卷 手卷
估　价：RMB 3,000,000～5,000,000
成交价：RMB 4,370,000
引首79cm×29.5cm；画心129.5cm×29.5cm；
题跋33cm×26cm, 76.5cm×29.5cm 西泠印社 2020-08-08

348 陈淳 溪山野隐扇面 镜心
估　价：RMB 400,000～500,000
成交价：RMB 483,000
18.5cm×57cm 中贸圣佳 2020-10-17

1037 陈洪绶 曳杖看山图 扇面
估　价：RMB 10,000～50,000
成交价：RMB 6,440,000
17.0cm × 51.5cm 中国嘉德 2020-12-04

886 陈洪绶 高隐图 扇面
估　价：RMB 1,200,000～1,500,000
成交价：RMB 1,472,000
19cm × 54cm 中贸圣佳 2020-10-17

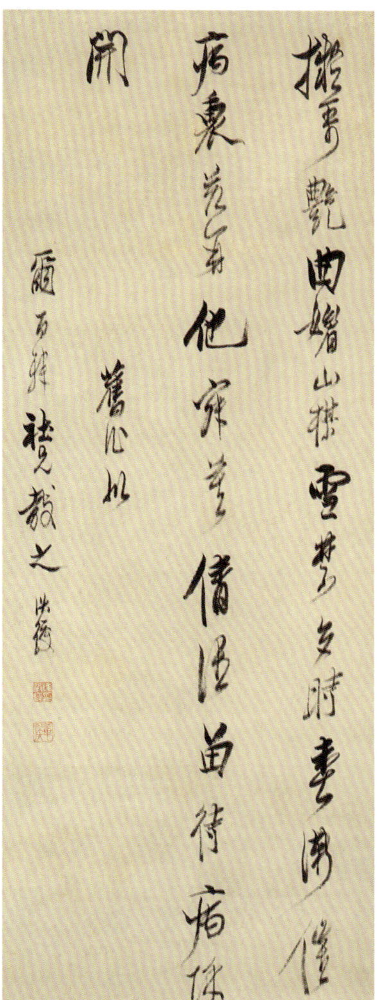

1046 陈洪绶 行书七言诗 镜片
估　价：RMB 900,000～1,500,000
成交价：RMB 1,380,000
81cm × 30cm 西泠印社 2020-08-08

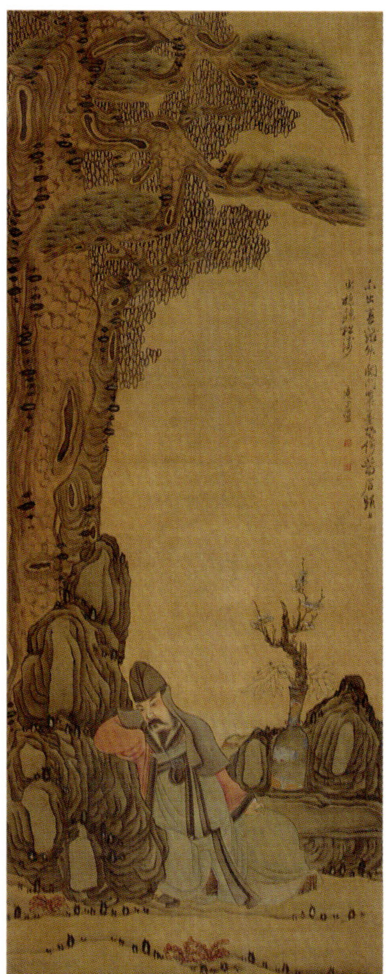

1210 陈洪绶 高士听松涛 立轴
估　价：RMB 1,500,000～2,200,000
成交价：RMB 2,587,500
127cm × 49cm 中鸿信 2020-01-04

1211 陈洪绶 岁朝图 立轴
估　价：RMB 2,800,000～4,800,000
成交价：RMB 4,255,000
90.5cm × 41cm 中鸿信 2020-01-04

1013 陈焕 1607年作 枫野寒林 册片
估　价：RMB 120,000～180,000
成交价：RMB 253,000
33.5cm×65.7cm 中国嘉德 2020-08-17

3039 陈继儒 云山风雨图 立轴
估　价：RMB 500,000～600,000
成交价：RMB 1,012,000
127.5cm×59cm
十竹斋拍卖（北京） 2020-10-18

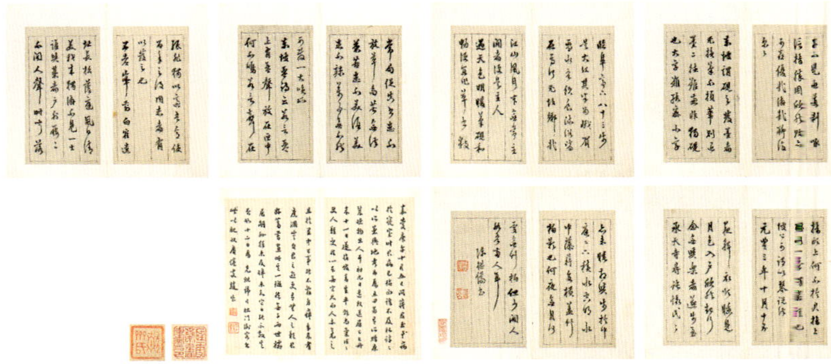

463 陈继儒 行书苏轼诗文 册页（六开）
估　价：RMB 500,000～600,000
成交价：RMB 575,000
21cm×12cm (每幅) 中贸圣佳 2020-10-17

1217 陈栝 1556年作 百燕图 手卷
估　价：RMB 500,000～800,000
成交价：RMB 1,495,000
画心29.5cm×806cm；题跋29.5cm×26cm
中鸿信 2020-01-04

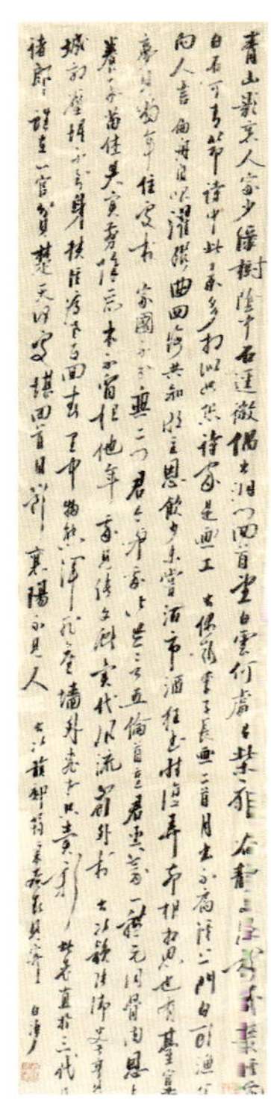

1184 陈献章 行书七言诗 镜心
成交价：RMB 356,500
155cm×35cm 北京保利 2020-12-05

1085 陈子和 东方朔献寿 立轴
估　价：RMB 800,000～1,200,000
成交价：RMB 1,207,500
120cm × 69cm 北京保利 2020-12-05

887 崔子忠 观澜图 镜心
估　价：RMB 800,000～1,200,000
成交价：RMB 1,265,000
16cm × 50cm 中贸圣佳 2020-10-17

4002 戴进 听雨图 立轴
估　价：RMB 1,000,000～1,800,000
成交价：RMB 2,012,500
122.4cm × 50.3cm 北京保利 2020-10-18

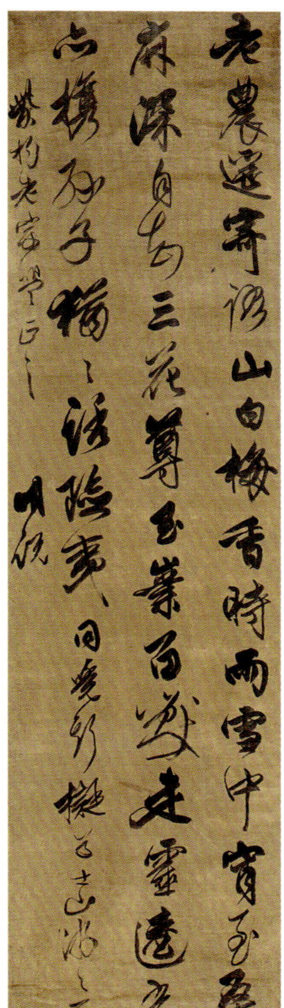

305 戴明说 行书五言诗 立轴
估　价：RMB 180,000～280,000
成交价：RMB 310,500
175cm × 47cm 华艺国际 2020-12-05

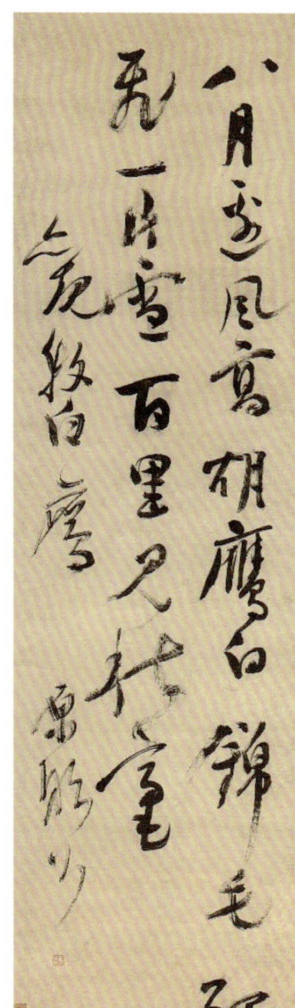

897 丁元公 草书《观牧白鹰》 立轴
估　价：RMB 60,000～100,000
成交价：RMB 437,000
155cm × 44.5cm 中国嘉德 2020-08-17

1087 丁云鹏 1616年作 三生图 立轴
估　价：RMB 1,200,000～1,800,000
成交价：RMB 1,725,000
175cm×65.5cm 西泠印社 2020-08-08

371 丁云鹏 人物 册页（八开）
估　价：RMB 400,000～600,000
成交价：RMB 690,000
27cm×23cm×8 上海敬华 2020-09-22

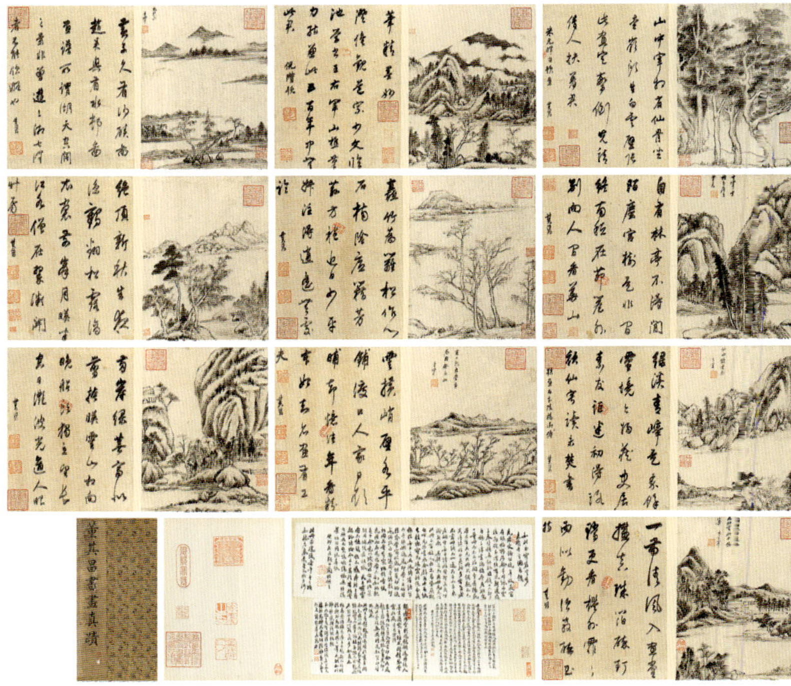

780 董其昌 1613年作 书画合璧山水小景 册页（十开二十页）
估　价：RMB 35,000,000～45,000,000
成交价：RMB 74,750,000
29.5cm×22.5cm×20 中国嘉德 2020-08-16

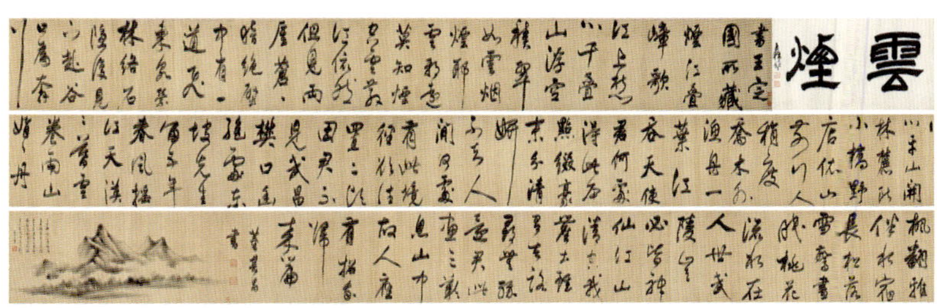

4045 董其昌 拟苏东坡烟江叠嶂图诗书画合璧卷 手卷
估　价：RMB 12,000,000～18,000,000
成交价：RMB 44,275,000
引首34cm×58cm；书法36.5cm×1037cm；画心40.5cm×100cm 北京保利 2020-10-18

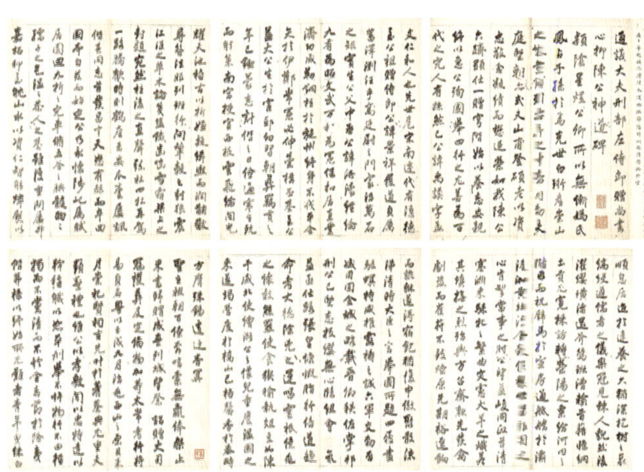

2555 董其昌 行书《陈心抑尚书神道碑》 八开 册页
估　价：HKD 6,800,000～8,000,000
成交价：RMB 18,599,800
35cm×32cm×8 香港苏富比 2020-07-09

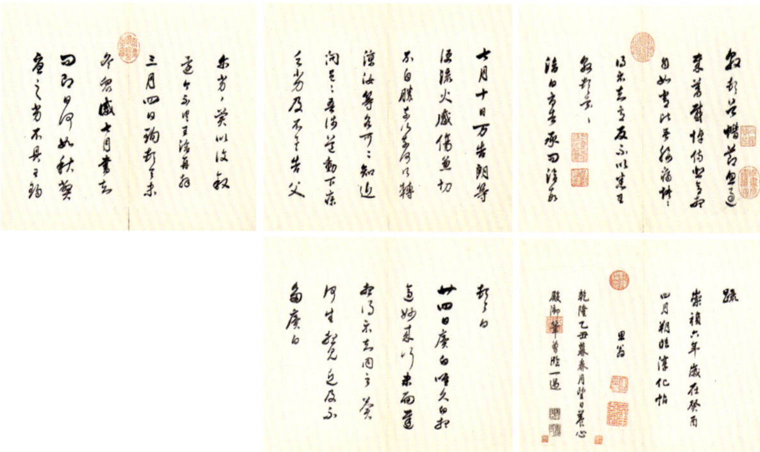

4012 董其昌 1633年作 临淳化阁帖 册页 (五开十页)
估　价：RMB 15,000,000～25,000,000
成交价：RMB 28,750,000
25.5cm × 13.5cm × 10 北京保利 2020-10-18

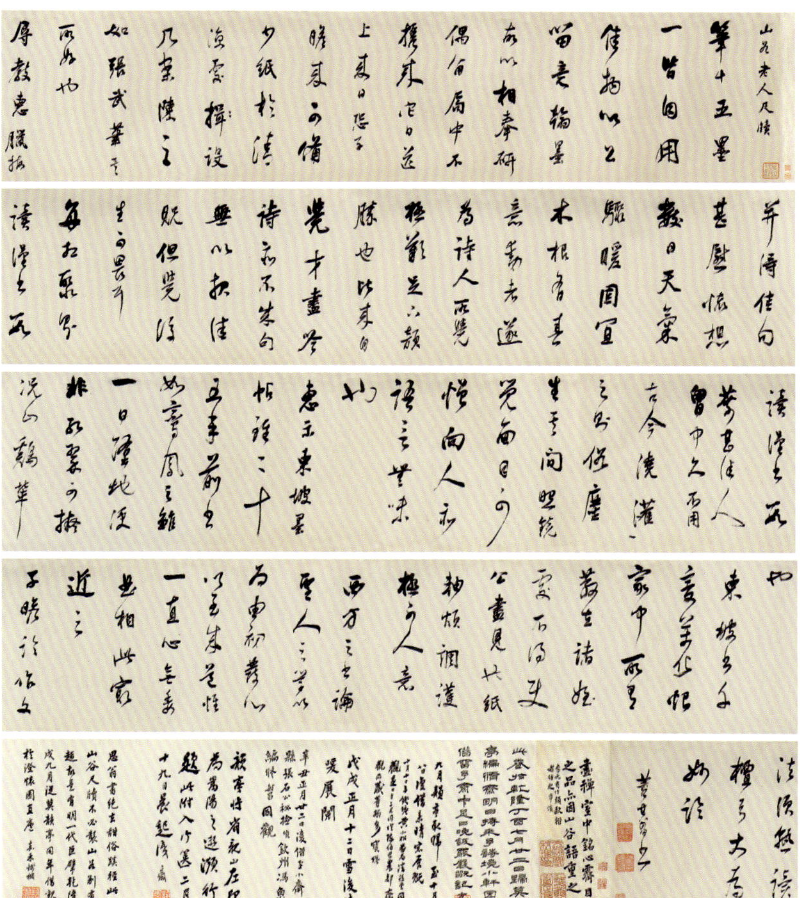

1654 董其昌 山谷老人尺牍卷 手卷
估　价：RMB 4,000,000～5,000,000
成交价：RMB 6,670,000
23.5cm × 460cm 朵云轩 2020-09-24

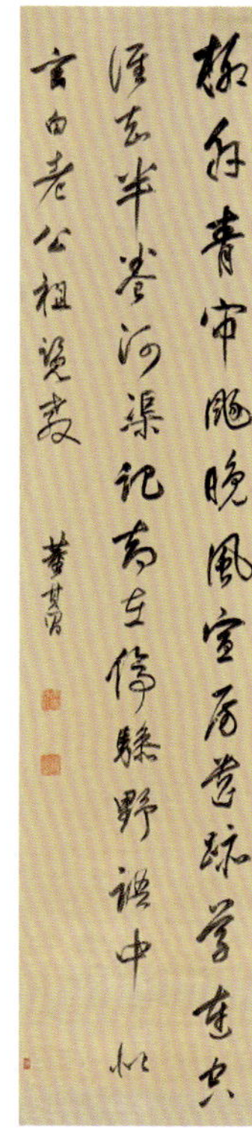

1073 董其昌 行书《房村夜宿刘生谈河事》 立轴
估　价：RMB 2,800,000～3,500,000
成交价：RMB 5,060,000
245cm × 56cm 北京保利 2020-12-05

1018 杜堇 听琴图 立轴
估　价：RMB 15,000,000～25,000,000
成交价：RMB 21,390,000
163cm × 94.5cm 北京保利 2020-12-05

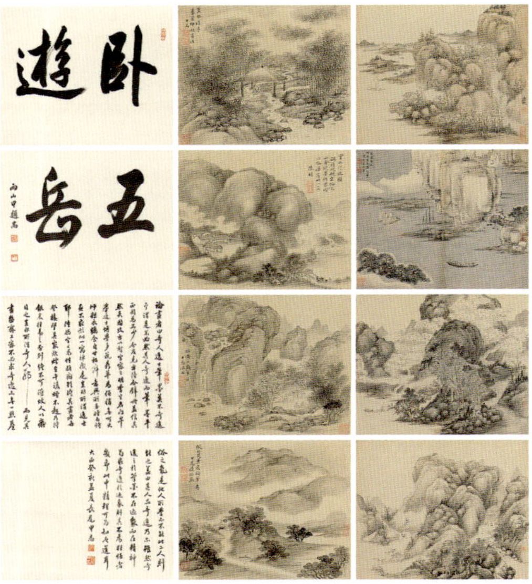

1061 方以智 陆嗝 山水合璧 册页（八开）
估　价：RMB 600,000～800,000
成交价：RMB 690,000
24.5cm×35cm×8 北京保利 2020-12-05

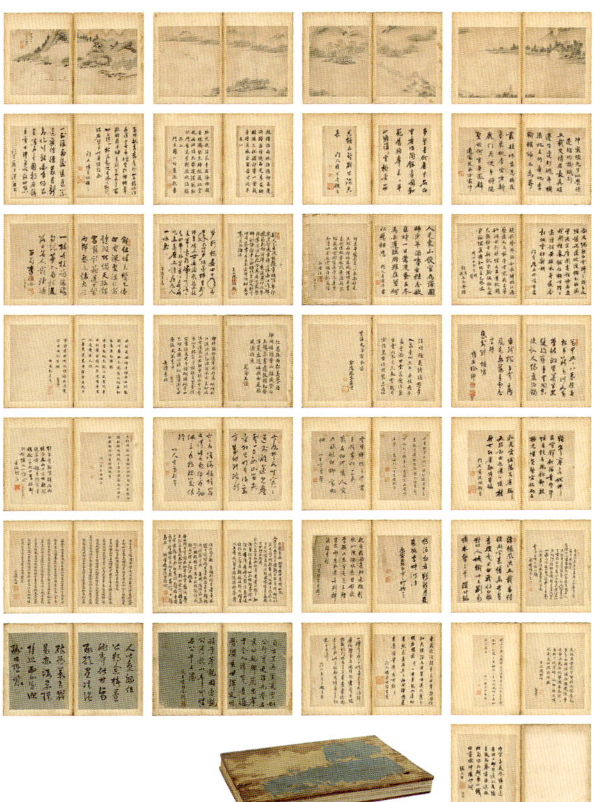

1114 方震仲 等 明早期诸家送别图咏册 册页（五十七页）
估　价：RMB 500,000～700,000
成交价：RMB 782,000
册页尺寸40.5cm×30.5cm 西泠印社 2020-08-08

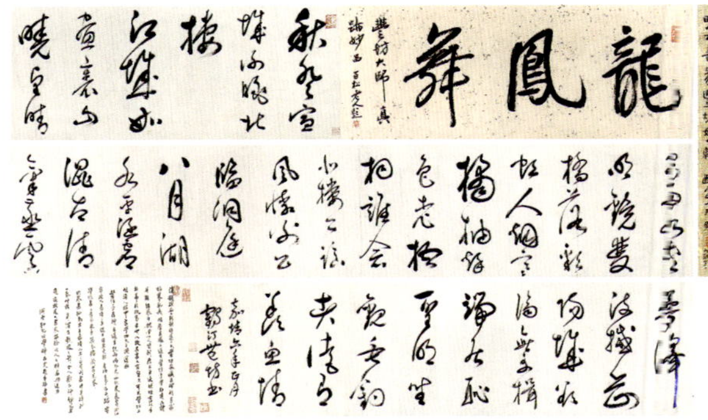

381 丰坊 行书 手卷
估　价：RMB 260,000～350,000
成交价：RMB 299,000
33cm×389cm 上海敬华 2020-09-22

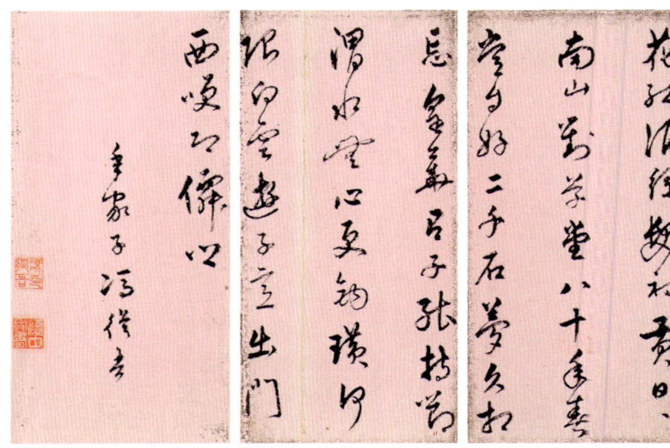

812 冯从吾 行书七言诗 册片
估　价：RMB 10,000～50,000
成交价：RMB 345,000
30.9cm×15.8cm×3 中国嘉德 2020-08-17

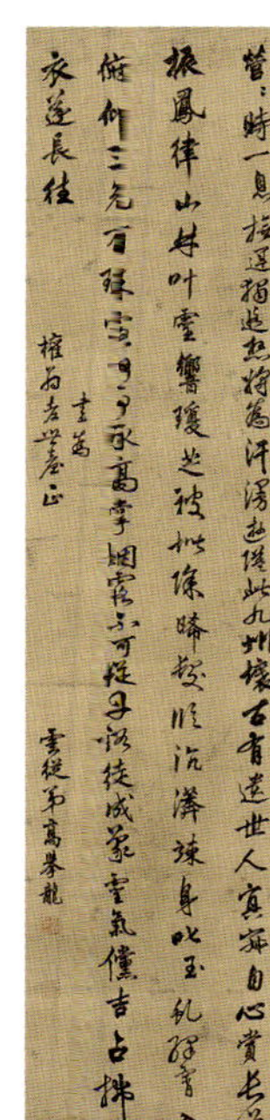

3009 高攀龙 行书条幅 立轴
估　价：RMB 300,000～400,000
成交价：RMB 402,500
204cm×47.5cm
十竹斋拍卖（北京） 2020-10-18

4029 关思 1629年作 奇石图卷 手卷
估　价：RMB 500,000～600,000
成交价：RMB 575,000
引首29cm×135cm；本幅31cm×423cm 北京保利 2020-10-18

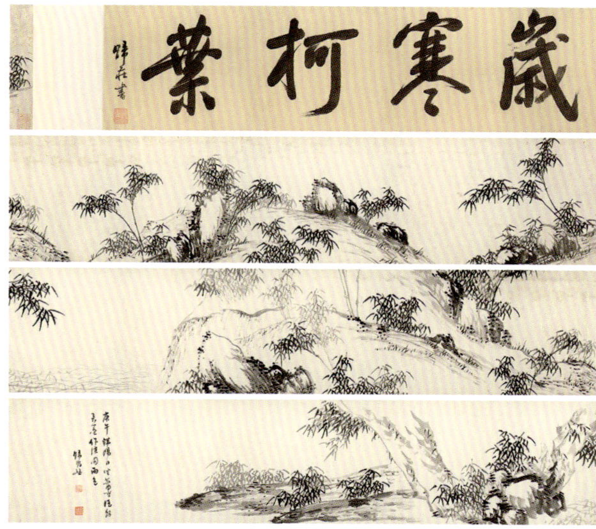

3038 归昌世 1630年作 墨竹图 手卷
估　价：RMB 300,000～500,000
成交价：RMB 345,000
引首28cm×115cm；画心28cm×395cm 十竹斋拍卖（北京） 2020-10-18

3031 侯懋功 仿黄鹤山樵 立轴
估　价：RMB 200,000～300,000
成交价：RMB 322,000
143.5cm×49cm
十竹斋拍卖（北京） 2020-10-18

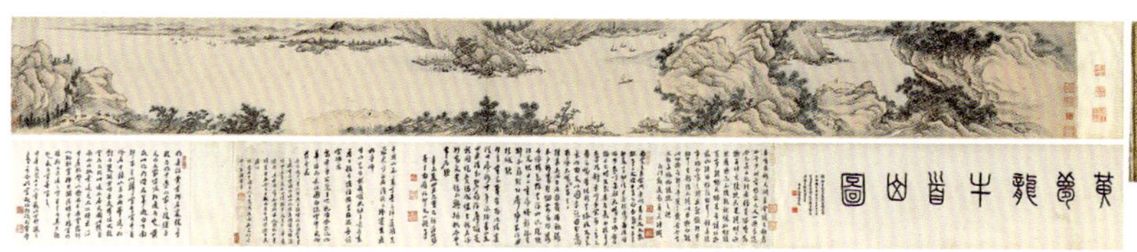

774 黄宸 牛首山图及诸家题咏 手卷
估　价：RMB 480,000～680,000
成交价：RMB 2,127,500
引首27cm×94cm；画心27cm×252cm；题跋28cm×192cm 中国嘉德 2020-08-16

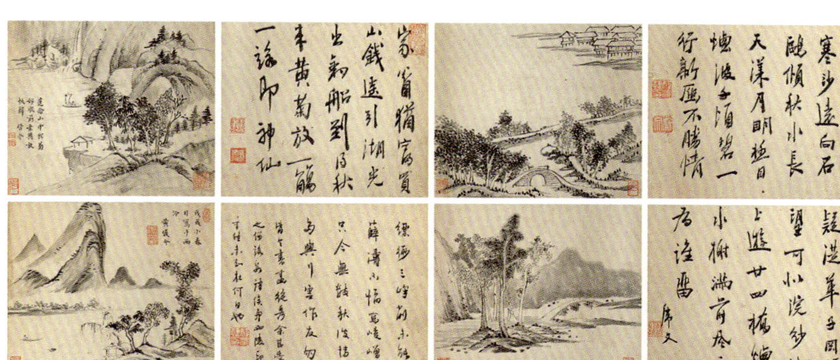

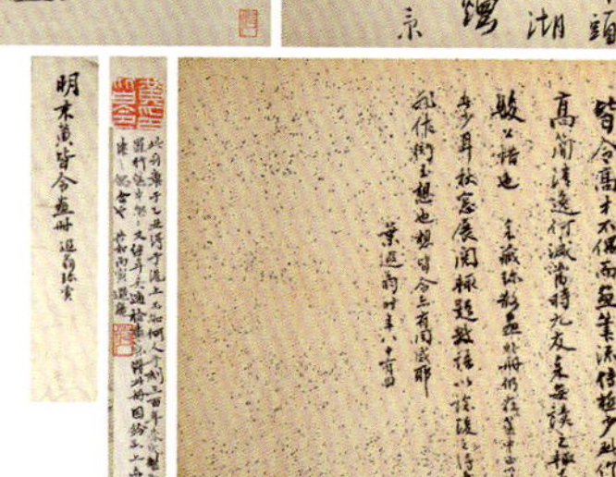

1130 黄媛介 程汝捷 书画合璧 册页（四开）
估　价：RMB 20,000～50,000
成交价：RMB 644,000
画16.5cm×20cm×4；字16.5cm×20cm×4
中国嘉德 2020-12-04

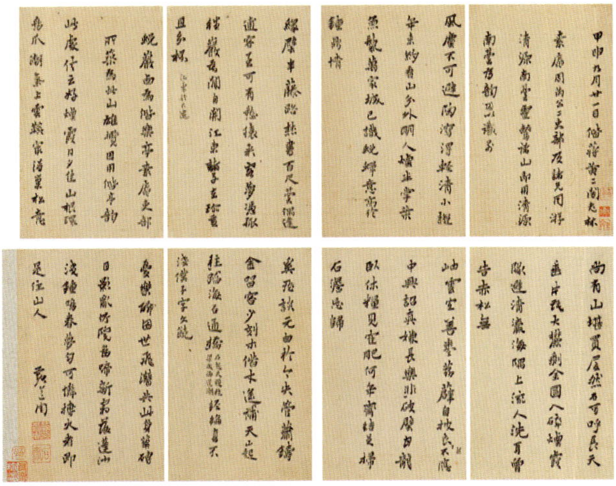

830 黄道周 1644年作 黄道周公诗稿 册页（三十开）
估　价：HKD 500,000～1,000,000
成交价：RMB 5,586,000
23.5cm×14.5cm×30 佳士得 2020-07-08

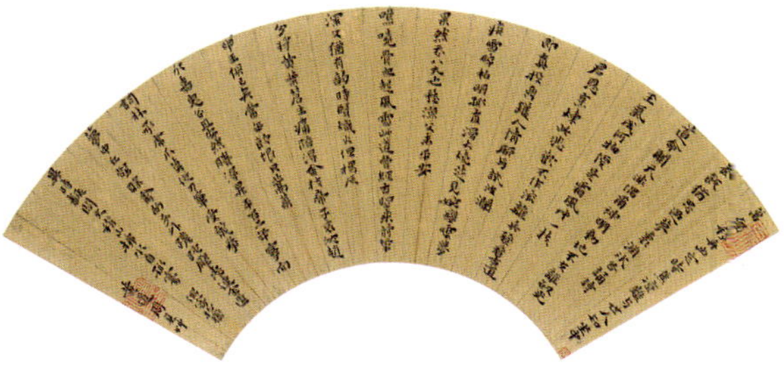

1019 黄道周 楷书诗四首 扇面
估　价：RMB 10,000～50,000
成交价：RMB 5,405,000
16.5cm×51cm 中国嘉德 2020-12-04

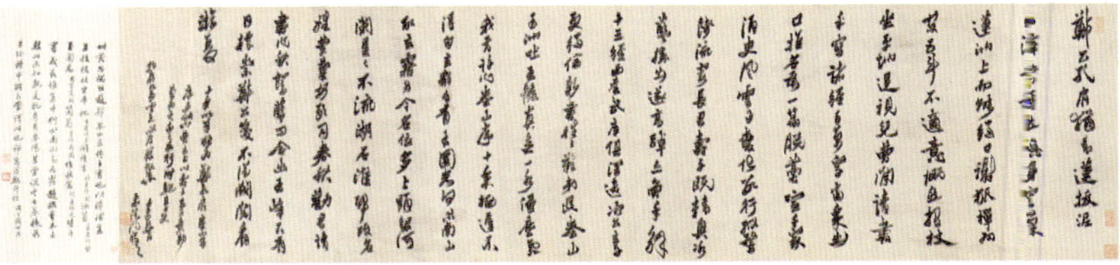

1069 黄道周 1642年作 行书《题郑荃山集》序 手卷
估　价：RMB 1,800,000～2,200,000
成交价：RMB 2,070,000
书法46.5cm×180cm；题跋46.5cm×21cm 北京保利 2020-12-05

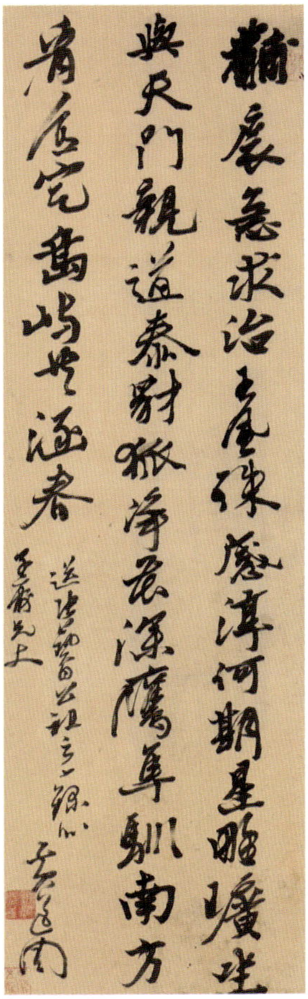

4017 黄道周 行书五言诗 立轴
估　价：RMB 1,800,000～3,000,000
成交价：RMB 3,450,000
176cm×54cm 北京保利 2020-10-18

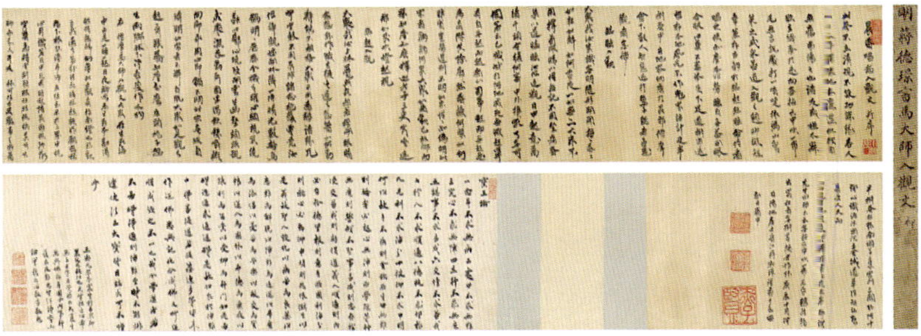

1059 蒋德璟 1640年作 行书 晨昏唱念入观文 手卷
估　价：RMB 800,000～1,200,000
成交价：RMB 1,092,500
画心195cm×27cm；题跋89cm×27cm
西泠印社 2020-08-08

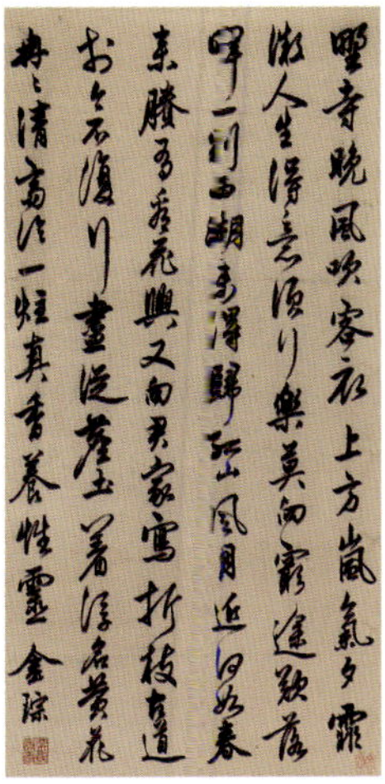

617 金琮 行书自作诗 立轴
估　价：RMB 10,000～50,000
成交价：RMB 230,000
62cm×30.5cm 中国嘉德 2020-08-16

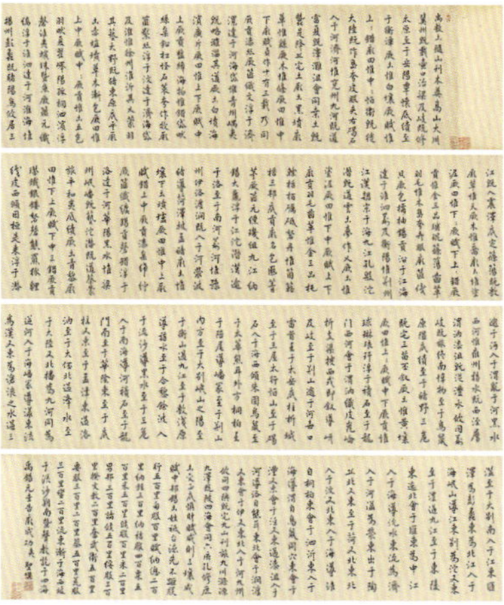

746 金圣叹 明代 楷书《尚书·禹贡》 手卷
估　价：RMB 500,000～800,000
成交价：RMB 575,000
36cm×260cm 永乐拍卖 2020-08-17

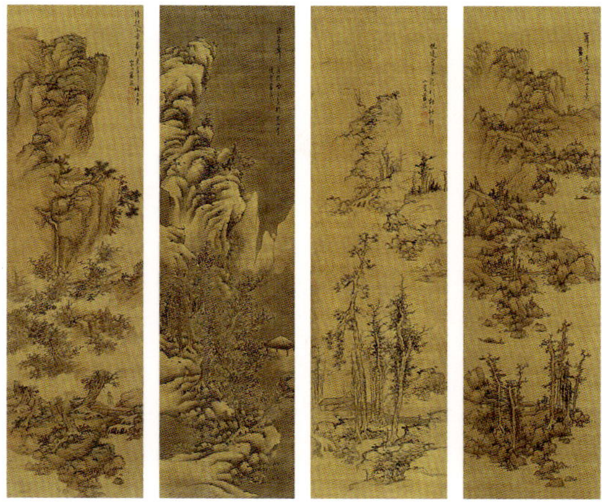

1082 蓝瑛 拟古山水 四屏
估　价：RMB 3,200,000～5,000,000
成交价：RMB 4,485,000
160.5cm×44.5cm×4
西泠印社 2020-08-08

3040 蓝瑛 华山积雪图 立轴
估　价：RMB 2,000,000～3,000,000
成交价：RMB 5,175,000
176cm×63cm 十竹斋拍卖（北京） 2020-10-18

842 蓝瑛 1653年作 花溪渔篴 立轴
估　价：HKD 1,000,000～2,000,000
成交价：RMB 3,834,960
198cm×49cm 佳士得 2020-07-08

2208 金湜 桃源访友 立轴
估　价：RMB 12,000～22,000
成交价：RMB 253,000
137cm×56cm 中国嘉德 2020-07-17

1011 蓝瑛 1652年作 古木寒鸦图 扇面
估　价：RMB 10,000～50,000
成交价：RMB 977,500
16.0cm×48.5cm 中国嘉德 2020-12-04

1064 居节 1562年作 溪山飞瀑 扇面
估　价：RMB 280,000～300,000
成交价：RMB 805,000
16.5cm×49.5cm 朵云轩 2020-09-24

1635 蓝瑛 松壑高秋 立轴
估　价：RMB 2,000,000～3,000,000
成交价：RMB 3,795,000
202cm×90.5cm 朵云轩 2020-09-24

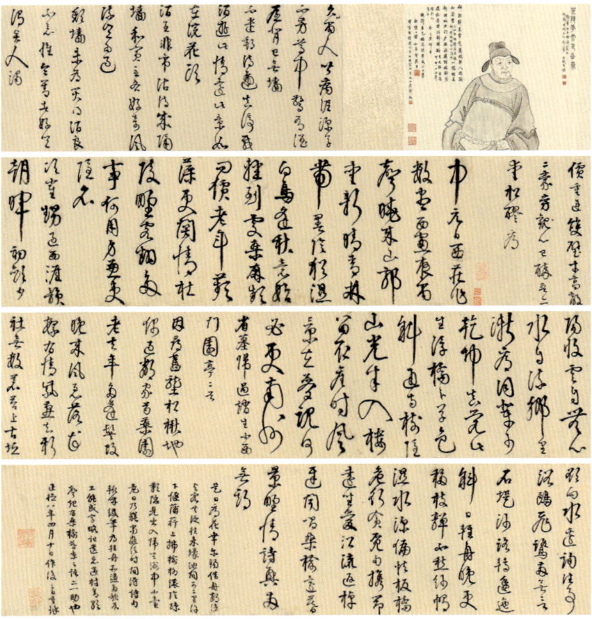

4021 李东阳 1513年作 行书自作诗卷 手卷
估　价：RMB 4,000,000～6,000,000
成交价：RMB 6,555,000
引首25cm×33cm；书法1：25.5cm×79.5cm；
书法2：25.5cm×280cm 北京保利 2020-10-18

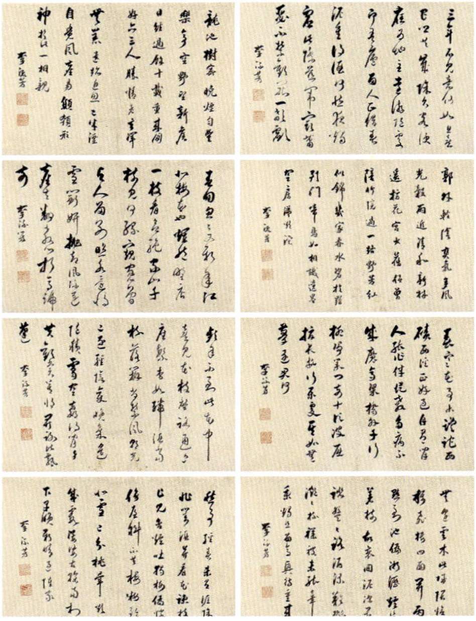

4010 李流芳 行书诗 册页（八开）
估　价：RMB 1,200,000～1,500,000
成交价：RMB 1,782,500
30cm×46.5cm×8 北京保利 2020-10-18

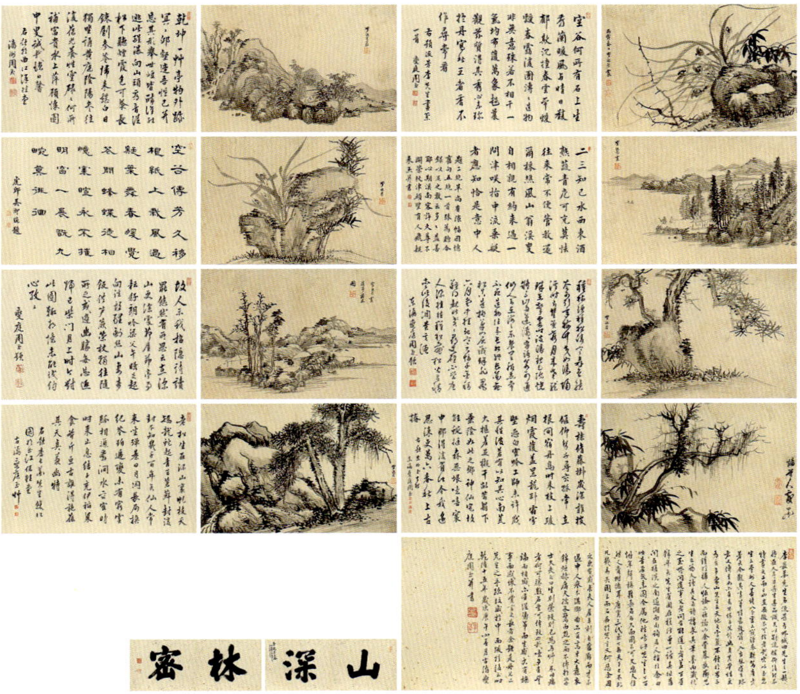

779 李流芳 宋珏 山深林密 册页（八开）
估　价：RMB 1,200,000～1,800,000
成交价：RMB 2,185,000
30.5cm×46.5cm×8 中国嘉德 2020-08-16

432 李流芳 水村图 镜心
估　价：RMB 800,000～1,200,000
成交价：RMB 1,265,000
诗堂22.5cm×29cm；画心90cm×29cm
中贸圣佳 2020-10-17

1294 李士达 1610年作 李白观瀑图 立轴
估　价：RMB 120,000～180,000
成交价：RMB 1,000,500
168cm×89cm 北京保利 2020-12-05

438 李贞 为姚希孟绘准提佛母像 镜心
估　价：RMB 200,000～250,000
成交价：RMB 345,000
102cm×33cm 中贸圣佳 2020-10-17

4040 林良 芦汀双雁图 立轴
估　价：RMB 1,500,000～2,000,000
成交价：RMB 3,220,000
148cm×83cm 北京保利 2020-10-18

1341 林良 雪景水禽图 立轴
估　价：RMB 1,200,000～1,800,000
成交价：RMB 1,897,500
142.5cm×55.5cm 中国嘉德 2020-12-04

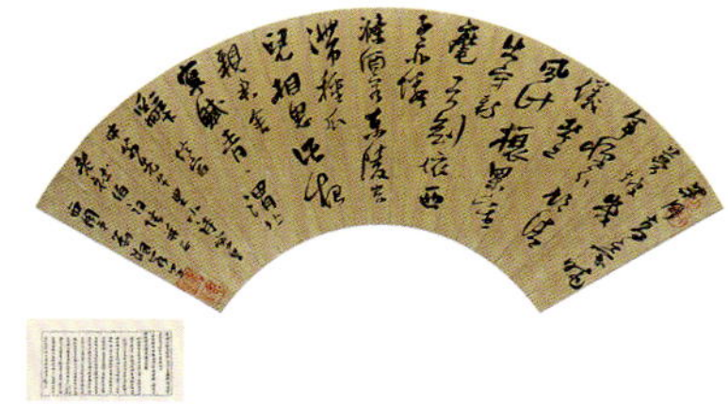

1023 刘湘客 行书 扇面
估　价：RMB 10,000～50,000
成交价：RMB 368,000
16.0cm×52cm 中国嘉德 2020-12-04

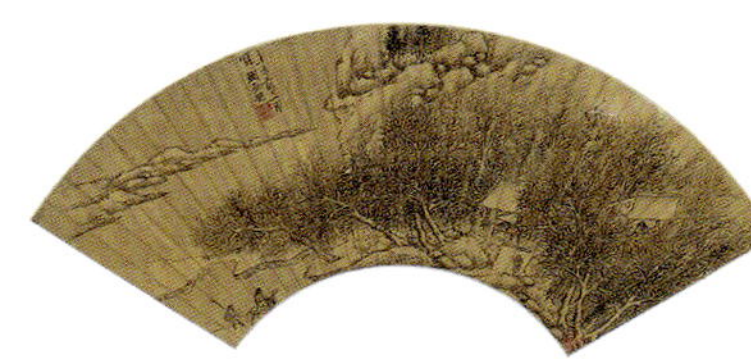

1003 刘原起 1631年作 寒林行吟 扇面
估　价：RMB 10,000～50,000
成交价：RMB 402,500
16.5cm×51.5cm 中国嘉德 2020-12-04

1081 柳如是 (款) 平湖荡舟 册页 (八开)
估　价：RMB 50,000～80,000
成交价：RMB 460,000
21cm×14cm×8 朵云轩 2020-11-30

1642 娄坚 1610年作 行书《同谷七歌卷》 手卷
估 价：RMB 3,000,000～4,000,000
成交价：RMB 12,075,000
29cm×360cm 朵云轩 2020-09-24

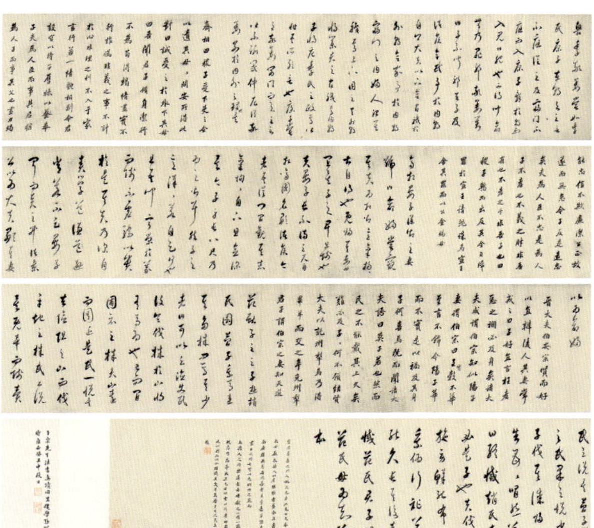

1072 娄坚 1617年作 行草书《列女传》 手卷
估 价：RMB 800,000～1,200,000
成交价：RMB 4,140,000
书法28cm×485cm；题跋28cm×10cm 北京保利 2020-12-05

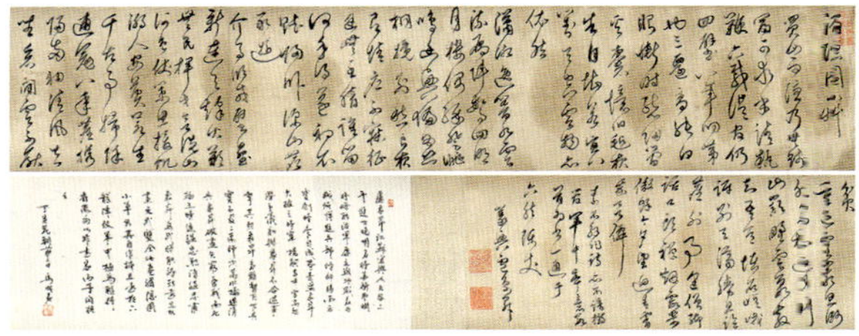

383 卢象升 湄隐园诗草 手卷
估 价：RMB 600,000～800,000
成交价：RMB 805,000
28.5cm×218cm；跋28.5cm×74cm 广东崇正 2020-09-13

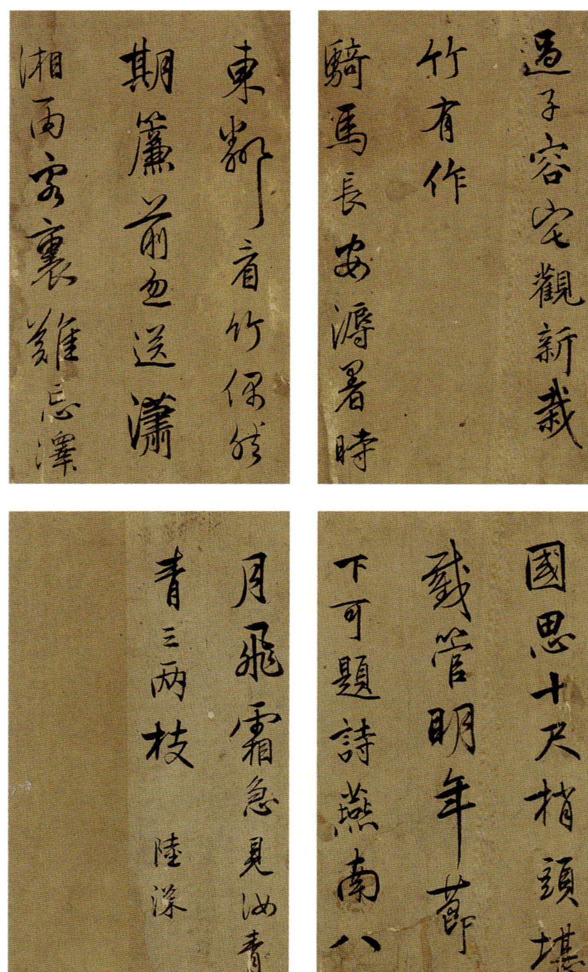

1237 陆深 行书节录古文（二帧四页） 镜片
估 价：RMB 150,000～250,000
成交价：RMB 287,500
22.5cm×13cm×4 西泠印社 2020-08-08

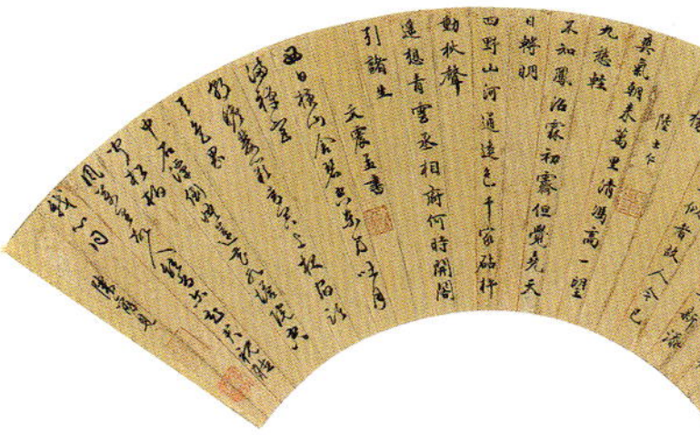

84 陆士仁 文震孟 陈尔见 等 行楷七言诗 扇面
估　价：RMB 100,000～150,000
成交价：RMB 264,500
6cm×52cm 永乐拍卖 2020-12-02

1013 马守真 1573年作 双清图 立轴
成交价：RMB 322,000
120cm×31cm 北京保利 2020-12-05

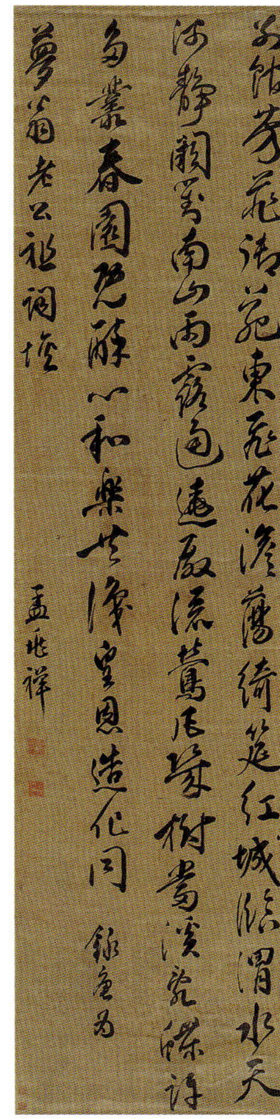

265 孟兆祥 行书 七言诗 镜心
估　价：RMB 250,000～350,000
成交价：RMB 373,750
210cm×53cm 上海匡时 2020-08-05

277 陆治 关山雪霁 立轴
估　价：RMB 800,000～1,200,000
成交价：RMB 1,380,000
117cm×35.5cm 永乐拍卖 2020-12-02

2520 马定 蜻蜓花卉 团扇面裱于立轴
估　价：HKD 160,000～200,000
成交价：RMB 210,911
28.3cm×34.2cm 香港苏富比 2020-10-08

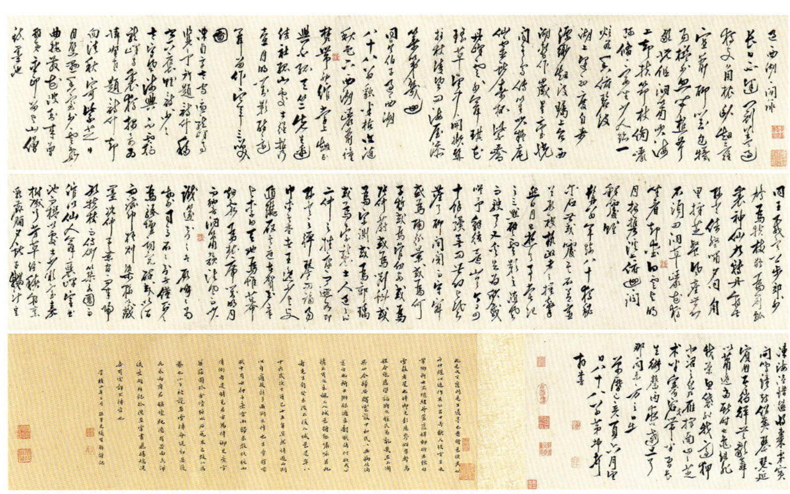

772 茅坤 1599年作 草书 自作诗赋卷 手卷
估　价：RMB 800,000～1,800,000
成交价：RMB 1,782,500
书29cm×339.5cm；跋29cm×88cm 中国嘉德 2020-08-16

1066 米万钟 1610年作 岩壑奇姿 立轴
估　价：RMB 8,000,000～12,000,000
成交价：RMB 9,545,000
132cm×57cm 北京保利 2020-12-05

279 米万钟 奇石图 立轴
估　价：RMB 200,000～300,000
成交价：RMB 1,610,000
127cm×48.5cm 永乐拍卖 2020-12-02

1216 明宣宗 1432年作 柳溪牧牛图 立轴
估　价：RMB 1,200,000～1,800,000
成交价：RMB 2,530,000
121cm×39cm 中鸿信 2020-01-04

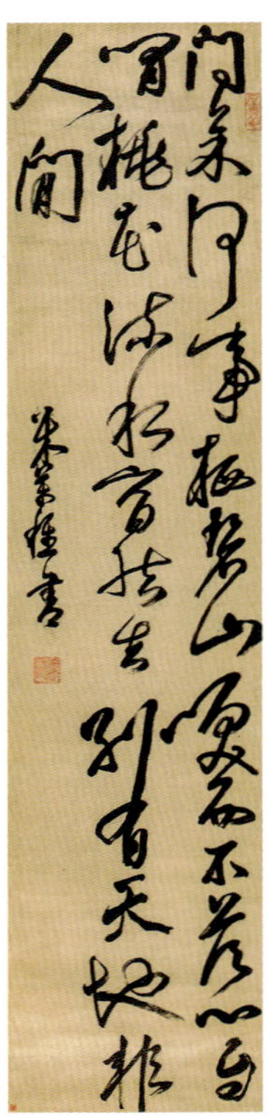

176 米万钟 草书李白《山中问答》 立轴
估　价：RMB 150,000～200,000
成交价：RMB 747,500
175cm×41cm 永乐拍卖 2020-12-02

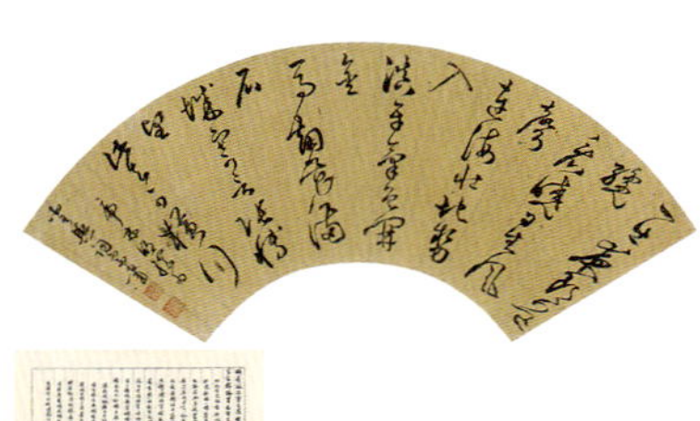

1054 明纲 草书五言诗 扇面
估　价：RMB 10,000～50,000
成交价：RMB 345,000
18.0cm×56.5cm 中国嘉德 2020-12-04

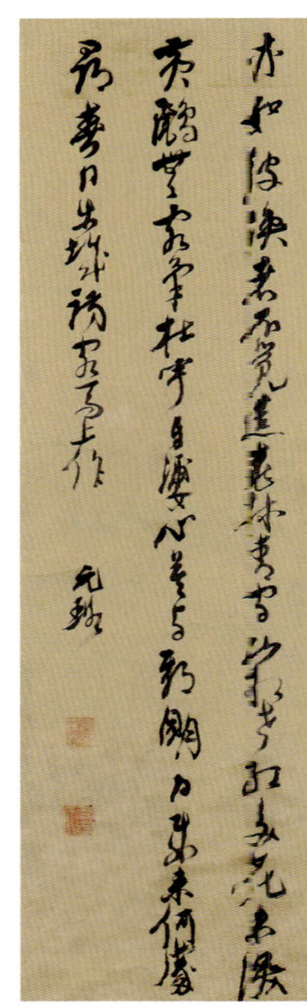

1070 倪元璐 草书《春日出城访客》 立轴
估　价：RMB 2,800,000～3,800,000
成交价：RMB 4,830,000
164cm×51cm 北京保利 2020-12-05

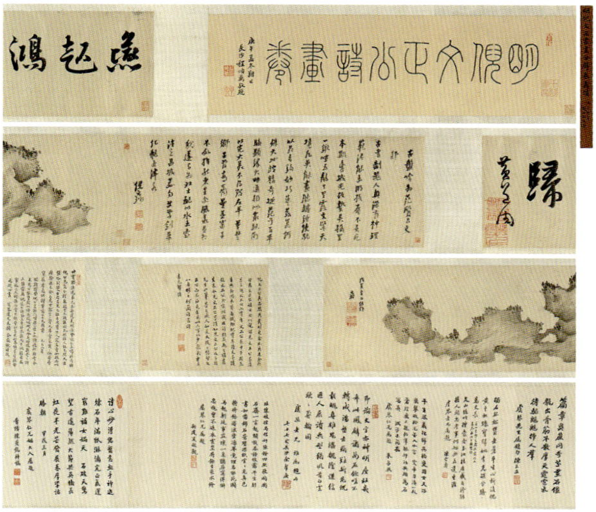

282 倪元璐 1638年作 为范景文作书画合璧卷 手卷
估　价：RMB 25,000,000～35,000,000
成交价：RMB 28,750,000
引首①27cm×100.5cm；引首②28cm×64cm；书画28cm×175.5cm；跋①27.7cm×34.4cm；跋②30cm×165cm 中国嘉德 2020-12-01

878 钱穀 1572年作 山水 设色纸本 手卷
估　价：USD 10,000～15,000
成交价：RMB 3,409,000
26.7cm×233 cm 纽约佳士得 2020-09-24

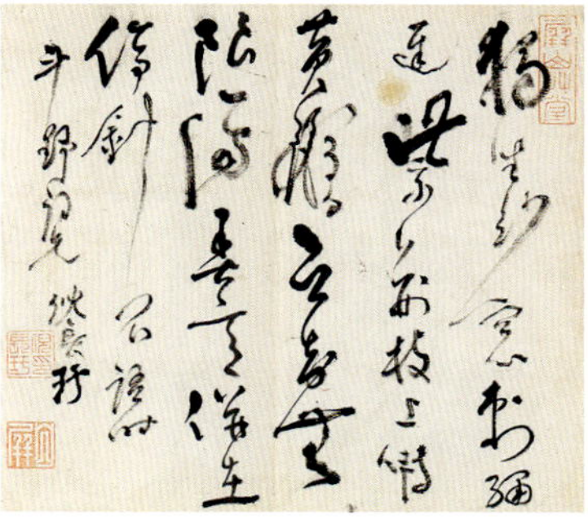

829 倪长玗 为斗野书诗 册片
估　价：RMB 10,000～50,000
成交价：RMB 368,000
26.5cm×31cm 中国嘉德 2020-08-17

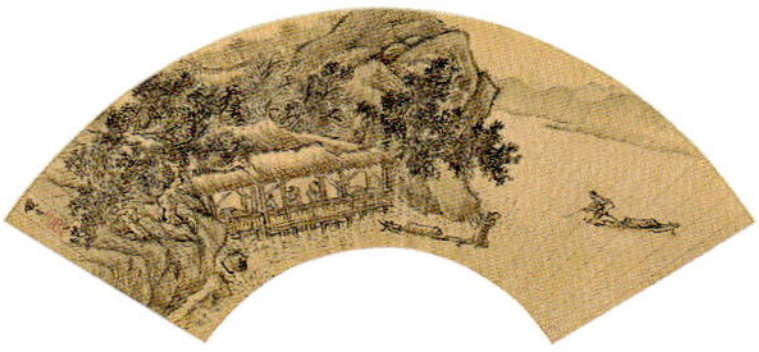

2503 钱贡 渔父图 扇面
估　价：HKD 20,000～30,000
成交价：RMB 203,400
14.8cm×47.3cm 香港苏富比 2020-07-09

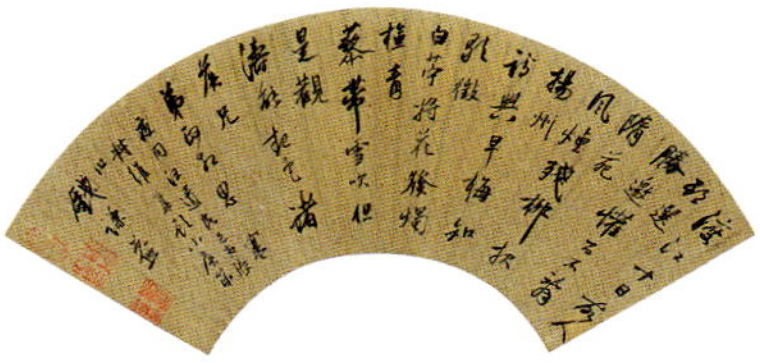

1024 钱谦益 行书七言诗 扇面
估　价：RMB 10,000～50,000
成交价：RMB 644,000
18.0cm×57cm 中国嘉德 2020-12-04

376 破山 行书七言句 立轴
估　价：RMB 400,000～500,000
成交价：RMB 506,000
131cm×30cm 中贸圣佳 2020-10-17

1288 钱旭 1634年作 为维城作山水 立轴
估　价：RMB 180,000～280,000
成交价：RMB 276,000
118cm×44.5cm 中国嘉德 2020-12-04

49 仇英 汉宫春晓 手卷
估　价：RMB 1,200,000～1,800,000
成交价：RMB 2,070,000
30cm × 411.5cm 荣宝斋（上海） 2020-10-25

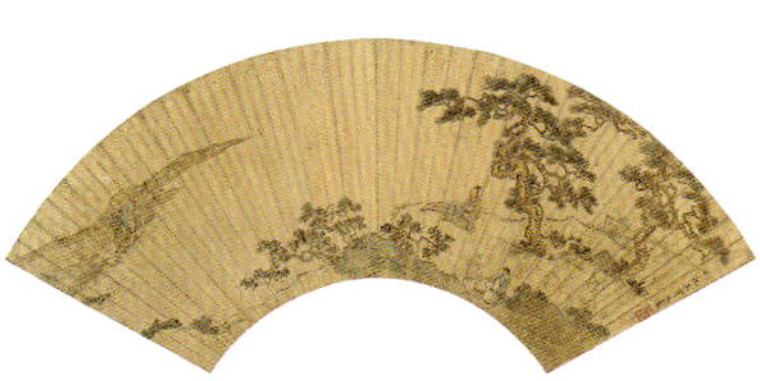

195 仇英 松下高士 扇面
估　价：RMB 300,000～500,000
成交价：RMB 1,035,000
16cm × 50cm 永乐拍卖 2020-12-02

356 仇珠 采菊图 镜心
估　价：RMB 700,000～900,000
成交价：RMB 977,500
15cm × 46.5cm 中贸圣佳 2020-10-17

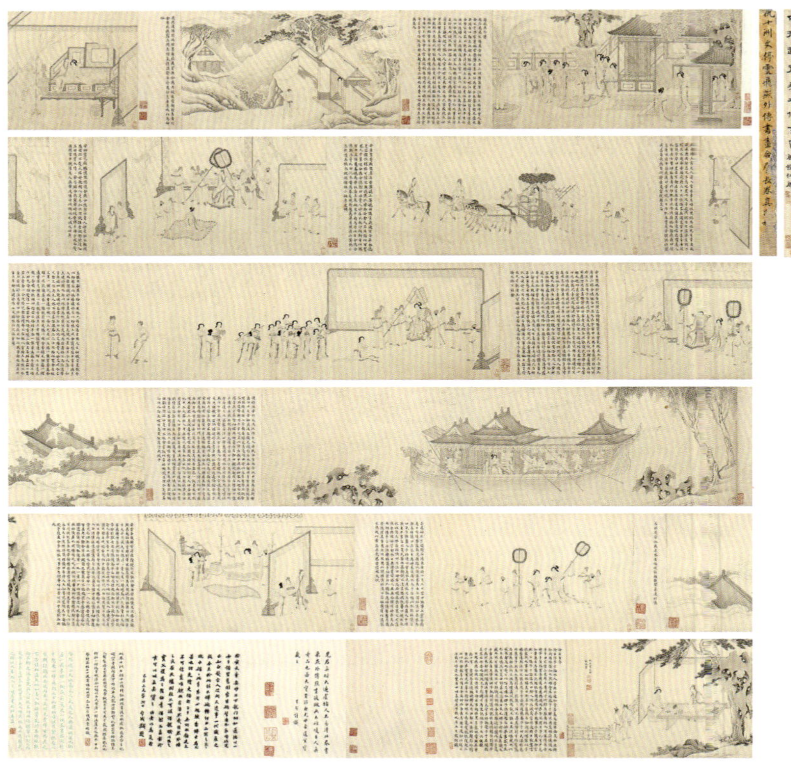

4026 仇英 文徵明 赵飞燕外传 手卷
估　价：RMB 7,500,000～12,000,000
成交价：RMB 8,625,000
本幅30.5cm × 1055cm；题跋30.5cm × 90cm
北京保利 2020-10-18

241 仇英 雅集图卷 手卷
估　价：RMB 2,800,000～3,800,000
成交价：RMB 4,255,000
29cm × 430cm 上海嘉禾 2020-01-05

818 屈礿 三径清风 立轴
估　价：HKD 120,000～200,000
成交价：RMB 340,800
133cm×73cm 佳士得 2020-12-02

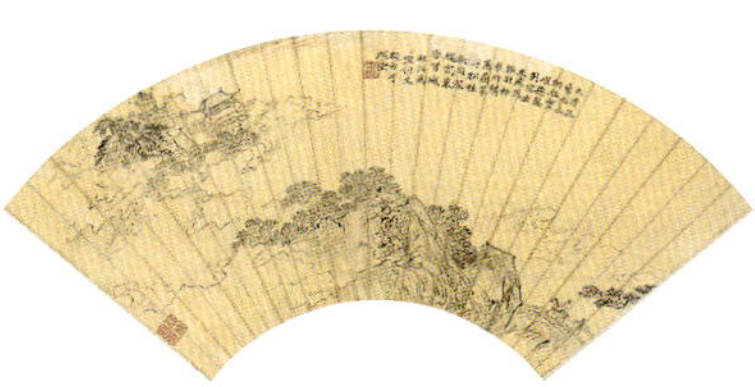

2067 邵弥 仙山楼阁 扇面
成交价：RMB 402,500
17cm×48.5cm 十竹斋拍卖（北京） 2020-10-18

1022 瞿式耜 行书七言诗 扇面
估　价：RMB 10,000～50,000
成交价：RMB 368,000
17.0cm×52.5cm 中国嘉德 2020-12-04

1221 沈士充 1633年作 仿倪瓒笔法 立轴
估　价：RMB 250,000～350,000
成交价：RMB 391,000
132cm×44.5cm 中鸿信 2020-01-04

1110 商喜 进爵图 立轴
估　价：RMB 280,000～350,000
成交价：RMB 460,000
129cm×48cm 西泠印社 2020-08-08

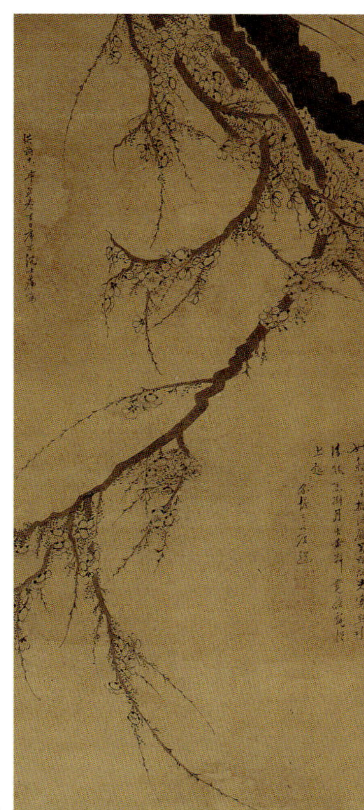

1113 沈士廉 1385年作 墨梅图 镜片
估　价：RMB 800,000～1,200,000
成交价：RMB 977,500
116.5cm×52.5cm 西泠印社 2020-08-08

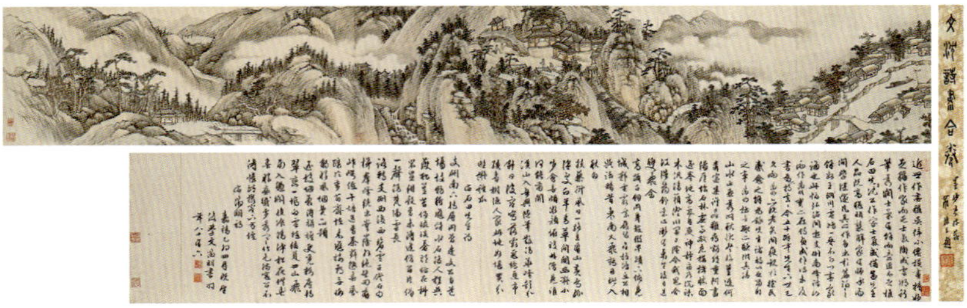

823 沈周 文徵明 诗画合卷 手卷
估 价：HKD 5,500,000～7,500,000
成交价：RMB 22,705,800
29cm×193.5cm；28.7cm×154.5cm
佳士得 2020-12-02

4023 沈周 1470年作 溪山秋清图 立轴
估 价：RMB 2,200,000～3,500,000
成交价：RMB 2,530,000
88cm×32cm 北京保利 2020-10-18

1219 沈周 碧湖访友 镜心
估 价：RMB 3,000,000～5,000,000
成交价：RMB 3,967,500
146cm×63cm 中鸿信 2020-01-04

363 沈周 1487年作 雪中访友图 立轴
估 价：RMB 2,500,000～3,500,000
成交价：RMB 4,025,000
150cm×63cm 广东崇正 2020-09-13

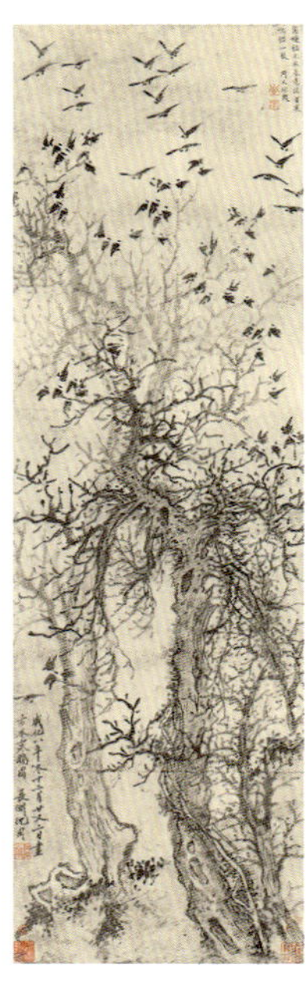

3914 沈周 1472年作 古木寒鸦图 镜心
成交价：RMB 1,150,000
85.7cm×26.4cm 北京保利 2020-10-18

1317 盛茂烨 文伯仁 等 书画集锦 扇面（八开）
估 价：RMB 1,000,000～1,500,000
成交价：RMB 1,207,500
尺寸不一 朵云轩 2020-09-24

366 盛茂烨 1633年作 仙山楼阁图四屏 立轴
估　价：RMB 3,000,000～5,000,000
成交价：RMB 4,945,000
253cm×55.7cm×4 广东崇正 2020-09-13

1086 释常莹 访胜图 立轴
估　价：RMB 250,000～400,000
成交价：RMB 287,500
52cm×31.5cm 西泠印社 2020-08-08

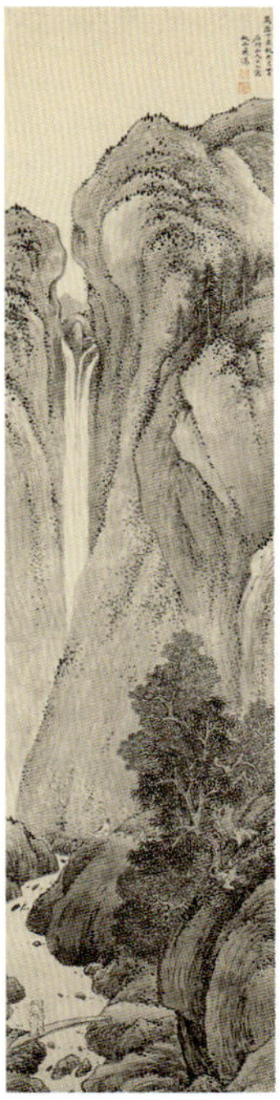

3911 宋旭 1587年作 秋山飞瀑 镜框
成交价：RMB 1,012,000
130cm×32.5cm 北京保利 2020-10-18

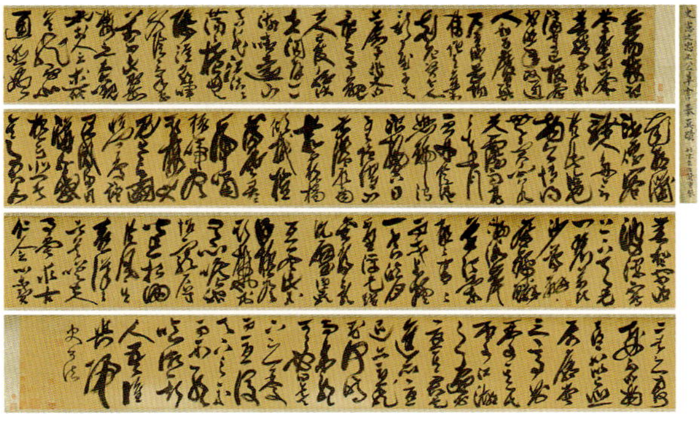

1391 史可法 草书《岳阳楼记》 手卷
估　价：RMB 350,000～550,000
成交价：RMB 690,000
35cm×1000cm 中鸿信 2020-01-04

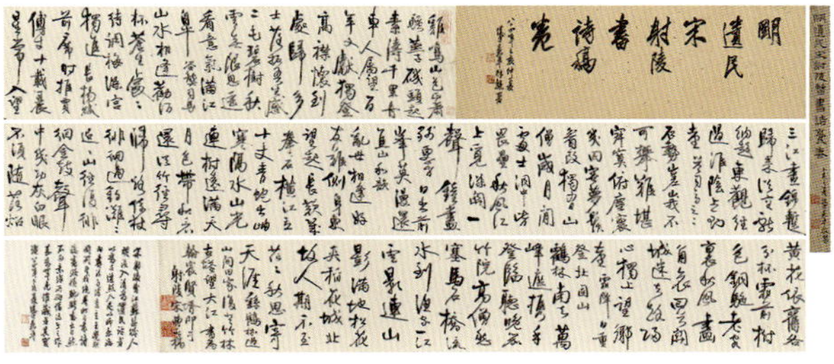

24 宋曹 行书自作诗四首 手卷
估　价：RMB 500,000～700,000
成交价：RMB 1,012,000
23cm×400cm 华艺国际 2020-12-05

217 孙克弘 1594年作 十二段水图 手卷
估　价：RMB 8,000,000 ~ 10,000,000
成交价：RMB 14,030,000
引首27cm×74cm；本幅28cm×578cm；题跋一28cm×31cm；
题跋二28cm×49cm 永乐拍卖 2020-12-02

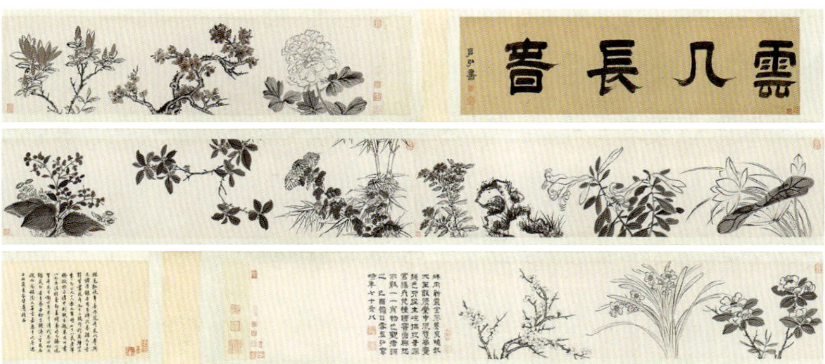

868 孙克弘 杂花图卷 手卷
估　价：RMB 1,500,000 ~ 1,800,000
成交价：RMB 1,840,000
引首29cm×103cm；画心29cm×544cm 中贸圣佳 2020-10-17

1608 孙克弘 1607年作 行书卷 手卷
估　价：RMB 2,500,000 ~ 3,500,000
成交价：RMB 13,800,000
36cm×460cm 朵云轩 2020-09-24

3666 孙玮 1566年作 山斋静养 立轴
估　价：RMB 180,000 ~ 300,000
成交价：RMB 299,000
243cm×131cm 北京保利 2020-10-18

1070 唐寅 灌木丛篁图 立轴
估　价：RMB 7,000,000 ~ 10,000,000
成交价：RMB 10,005,000
117.5cm×60cm 西泠印社 2020-08-08

434 唐寅 (款) 山水人物 立轴
估 价：RMB 80,000～120,000
成交价：RMB 8,280,000
50cm×38cm 中贸圣佳 2020-10-17

1358 唐寅 (款) 高岩赏梅图 立轴
估 价：RMB 500,000～800,000
成交价：RMB 3,565,000
71.5cm×34.3cm 中国嘉德 2020-12-04

4025 唐寅 行书自作《咏发》诗 扇面
估 价：RMB 2,000,000～3,000,000
成交价：RMB 2,300,000
15cm×43cm 北京保利 2020-10-18

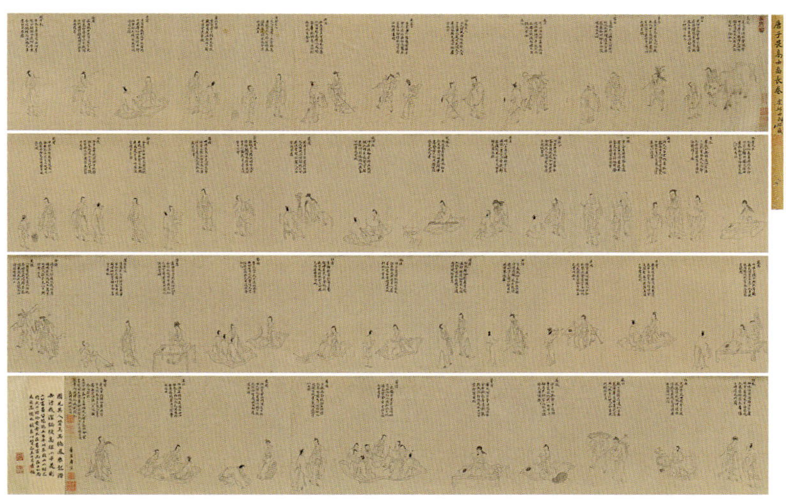

1222 唐寅 高士图卷 手卷
估 价：RMB 750,000～1,200,000
成交价：RMB 4,830,000
34cm×849cm 中鸿信 2020-01-04

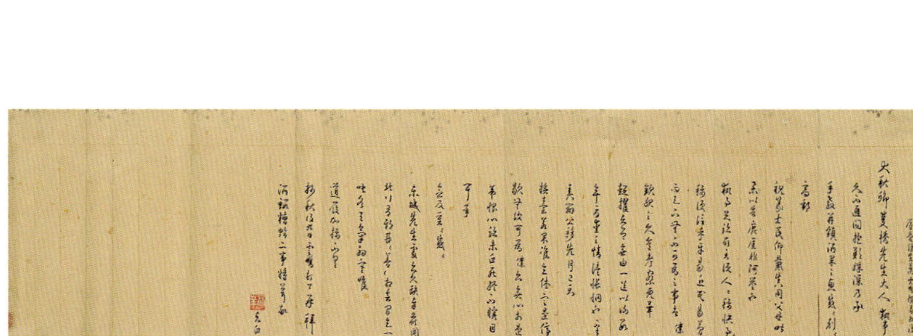

1019 万云鹏 与双桥先生书(一通一页) 镜片
估 价：RMB 150,000～250,000
成交价：RMB 230,000
94cm×25cm 西泠印社 2020-08-08

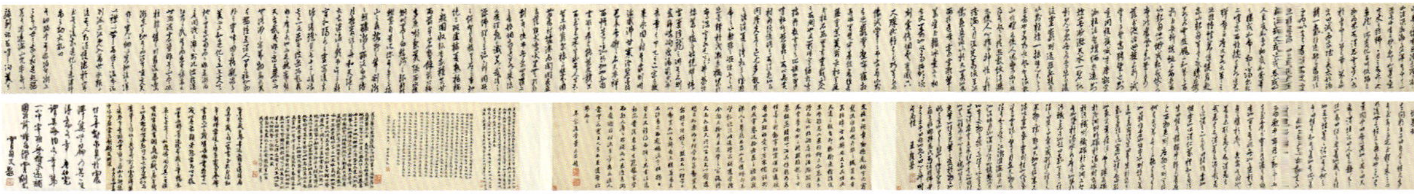

1078 王鏊 行书《洞庭两山赋》及《性善对》 手卷
估　价：RMB 5,000,000～8,000,000
成交价：RMB 9,545,000
画心26.9cm×589.5cm；题跋一25cm×93cm；题跋二26.9cm×92cm 北京保利 2020-12-05

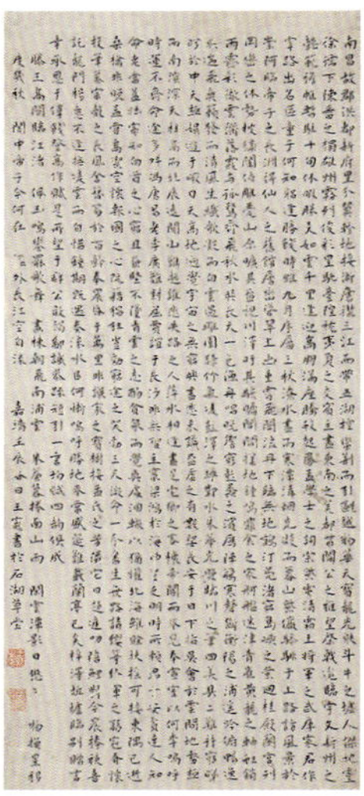

3540 王宠 1532年作 楷书《滕王阁序》 立轴
估　价：RMB 350,000～600,000
成交价：RMB 690,000
65cm×30cm 北京保利 2020-10-18

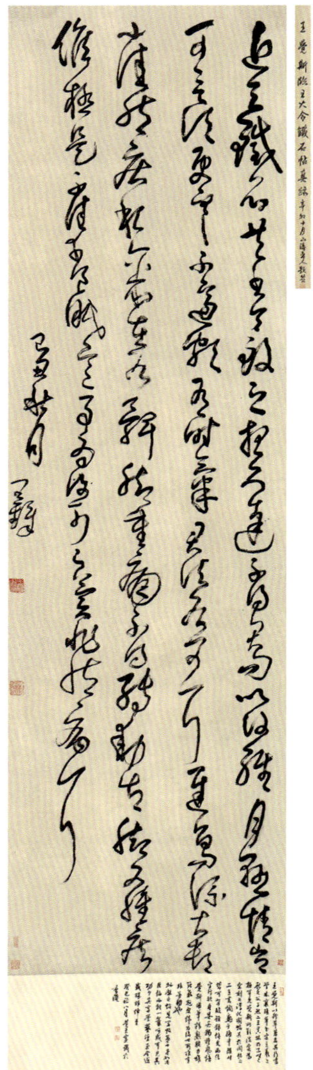

4019 王铎 1649年作
草书临王献之《铁石帖》 立轴
估　价：RMB 15,000,000～25,000,000
成交价：RMB 17,250,000
352cm×102cm 北京保利 2020-10-18

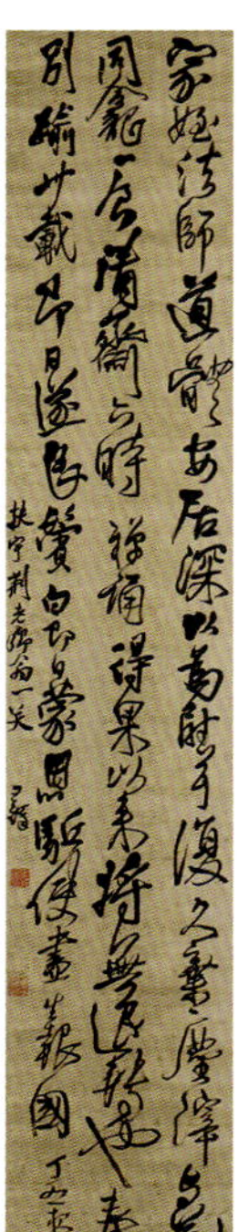

851 王铎 1637年作 行书临褚遂良《家侄帖》 立轴
估　价：HKD 4,000,000～6,000,000
成交价：RMB 5,804,880
277cm×52.5cm 佳士得 2020-07-08

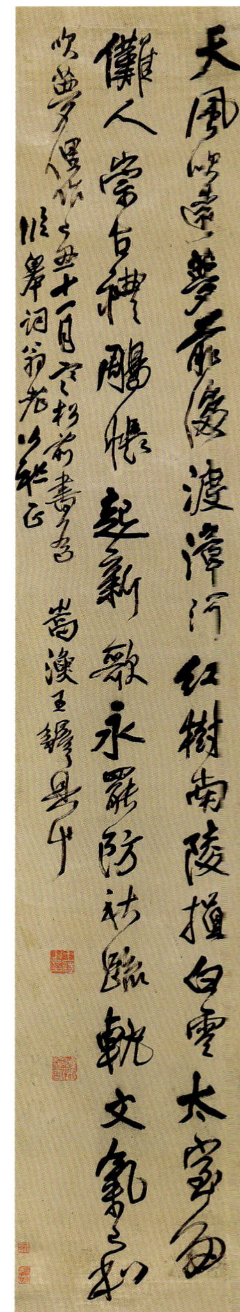

756 王铎 1649年作 行书《吹梦俚作》 立轴
估　价：RMB 6,000,000～6,500,000
成交价：RMB 7,877,500
273cm×49cm 永乐拍卖 2020-08-17

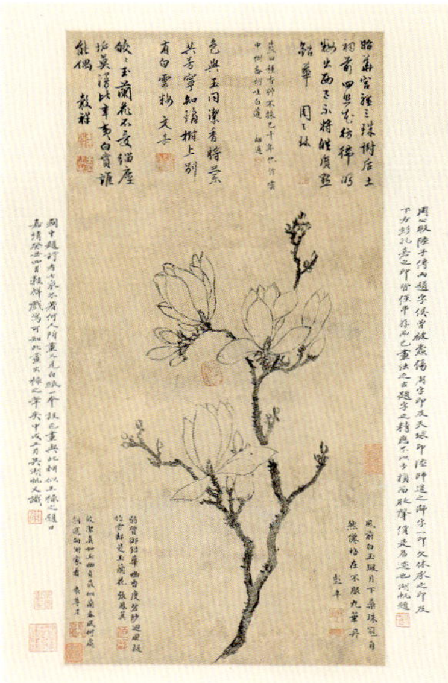

1082 王穀祥 玉兰图 立轴
估　价：RMB 1,000,000～1,200,000
成交价：RMB 1,322,500
57.5cm×29cm 北京保利 2020-12-05

349 王修微 芦雁远汀 镜心
估　价：RMB 250,000～300,000
成交价：RMB 322,000
18.5cm×54.5cm 中贸圣佳 2020-10-17

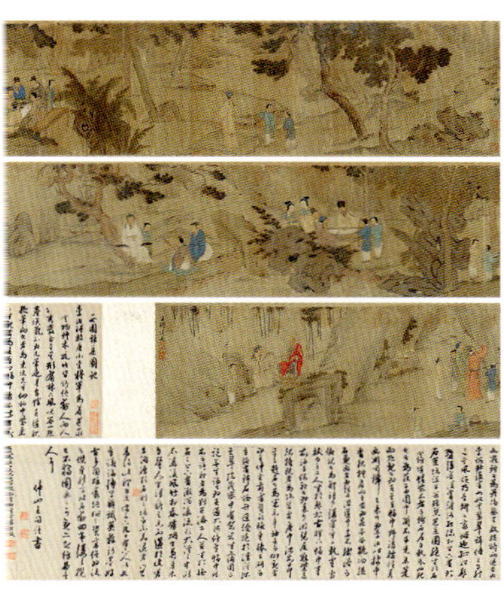

3797 王问 西园雅集图 手卷
估　价：RMB 300,000～600,000
成交价：RMB 690,000
画心28cm×285cm；题跋28cm×129cm
北京保利 2020-10-18

215 王问 1545年作 溪山高隐 手卷
估　价：RMB 1,600,000～2,200,000
成交价：RMB 3,105,000
28cm×114cm 永乐拍卖 2020-12-02

787 王延陵 春江山色 手卷
估　价：RMB 20,000～30,000
成交价：RMB 621,000
28cm×209cm 朵云轩 2020-11-30

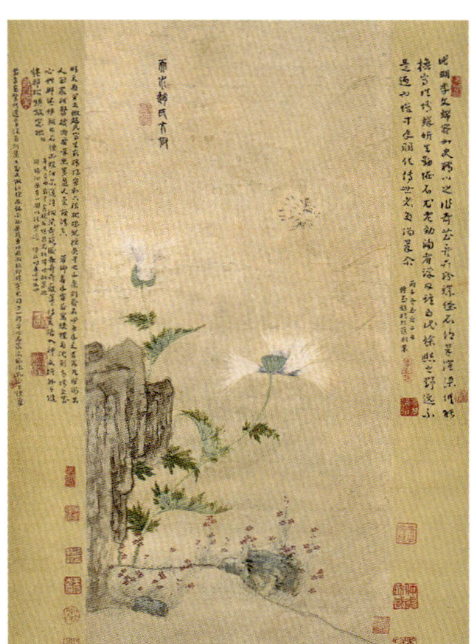

46 文俶 花石蛱蝶 镜框
估　价：RMB 680,000～880,000
成交价：RMB 1,552,500
62cm×30cm 华艺国际 2020-12-05

1489 文伯仁 1527年作 万壑松风 立轴
估　价：RMB 200,000～300,000
成交价：RMB 575,000
165cm×93cm 中鸿信 2020-01-04

3913 文嘉 寒林钟馗 镜框
成交价：RMB 2,415,000
104.1cm×31.8cm 北京保利 2020-10-18

74 文嘉 草阁延宾图 立轴
估　价：RMB 8,000,000～12,000,000
成交价：RMB 21,850,000
117.5cm×37.5cm 华艺国际 2020-10-16

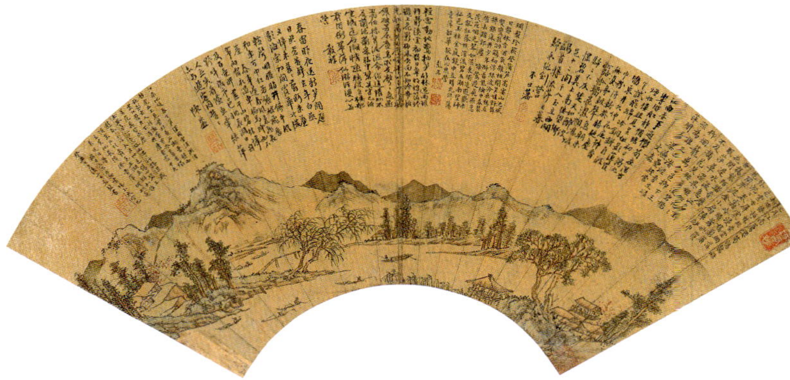

1081 文嘉 1553年作 春江垂钓 扇面
估　价：RMB 280,000～350,000
成交价：RMB 1,058,000
19cm×55cm 朵云轩 2020-09-24

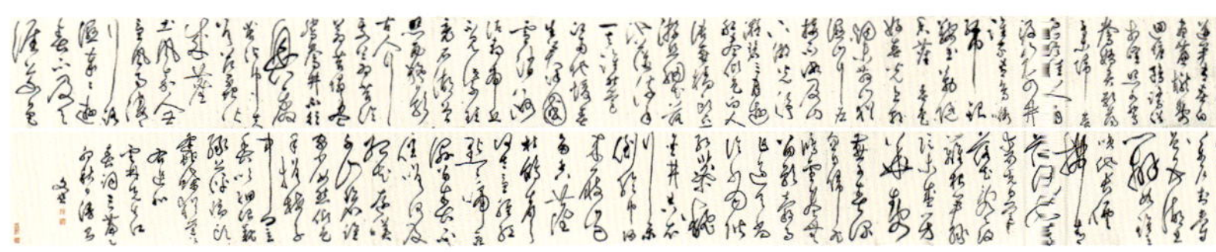

66 文彭 1555年作 追和云林先生江南春词三篇 手卷
估　价：RMB 3,800,000～5,800,000
成交价：RMB 6,670,000
33.5cm×736cm 华艺国际 2020-10-16

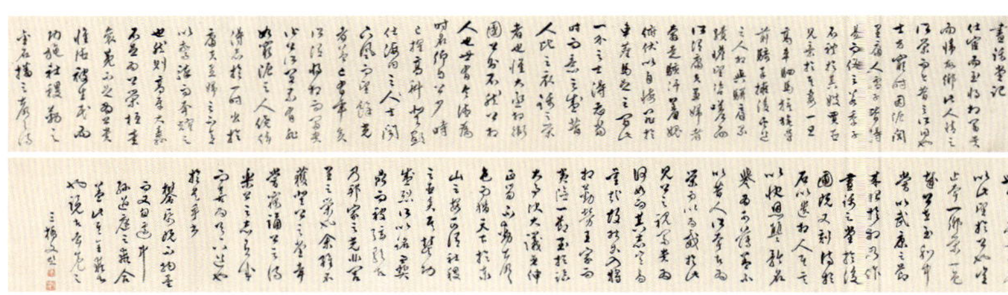

902 文彭 草书《昼锦堂记》 手卷
估　价：RMB 300,000～500,000
成交价：RMB 4,082,500
29.5cm×430cm 中国嘉德 2020-08-17

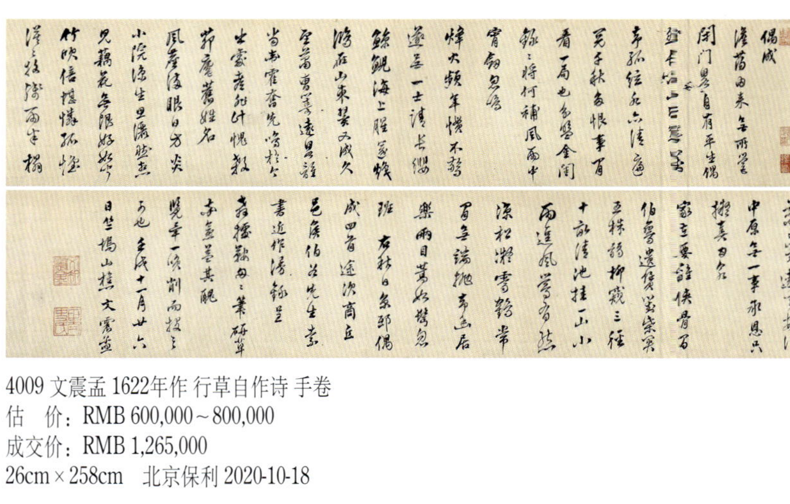

4009 文震孟 1622年作 行草自作诗 手卷
估　价：RMB 600,000～800,000
成交价：RMB 1,265,000
26cm×258cm　北京保利 2020-10-18

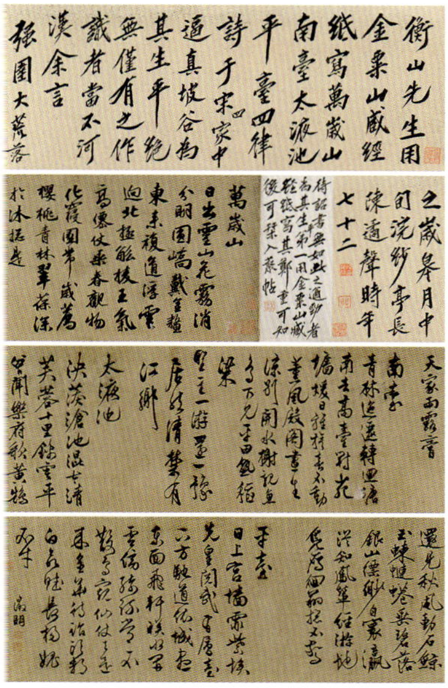

1649 文徵明 临宋四家四律诗行书卷 手卷
估 价：RMB 3,500,000～4,500,000
成交价：RMB 34,500,000
31cm × 223cm 朵云轩 2020-09-24

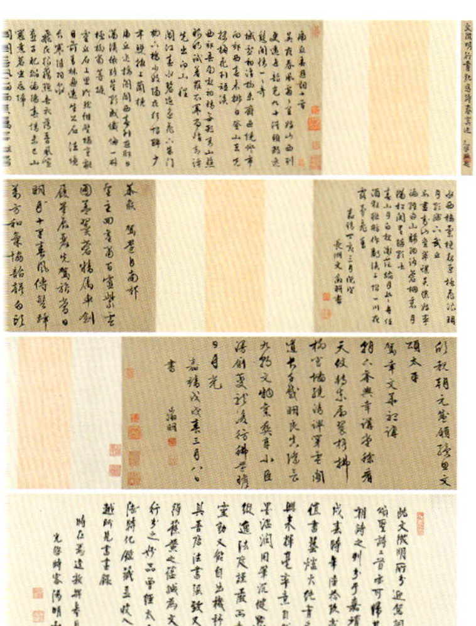

4022 文徵明 1527、1538年作
行书纪恩 春游诗卷 手卷
估 价：RMB 2,800,000～3,500,000
成交价：RMB 6,325,000
书法1：130cm × 92cm；
书法2：230cm × 95cm；
题跋33cm × 90cm 北京保利 2020-10-18

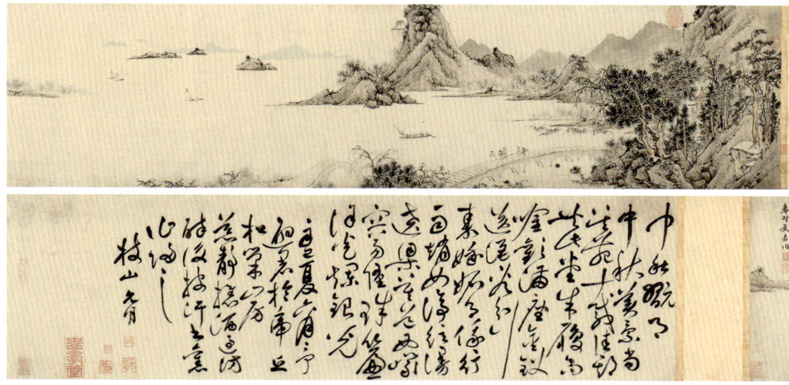

4024 文徵明 祝允明 《吴山览胜》 草书《中秋玩月》合璧卷 手卷
估 价：RMB 5,000,000～8,000,000
成交价：RMB 5,980,000
绘画35.5cm × 153cm；书法35cm × 123cm 北京保利 2020-10-18

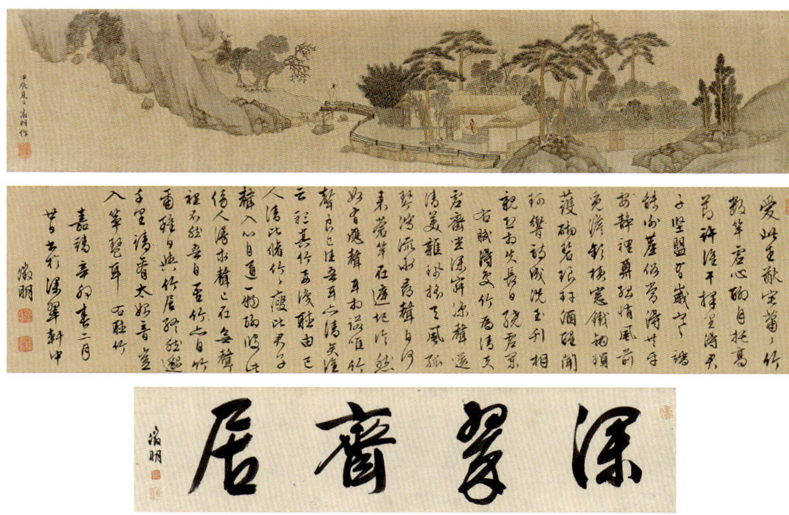

879 文徵明 1544年作 深翠斋居 手卷
估 价：HKD 2,500,000～4,500,000
成交价：RMB 2,769,000
20cm × 97.2cm 佳士得 2020-12-02

820 无款 明 游山图 立轴
估 价：HKD 120,000～200,000
成交价：RMB 1,384,500
163cm × 97cm 佳士得 2020-12-02

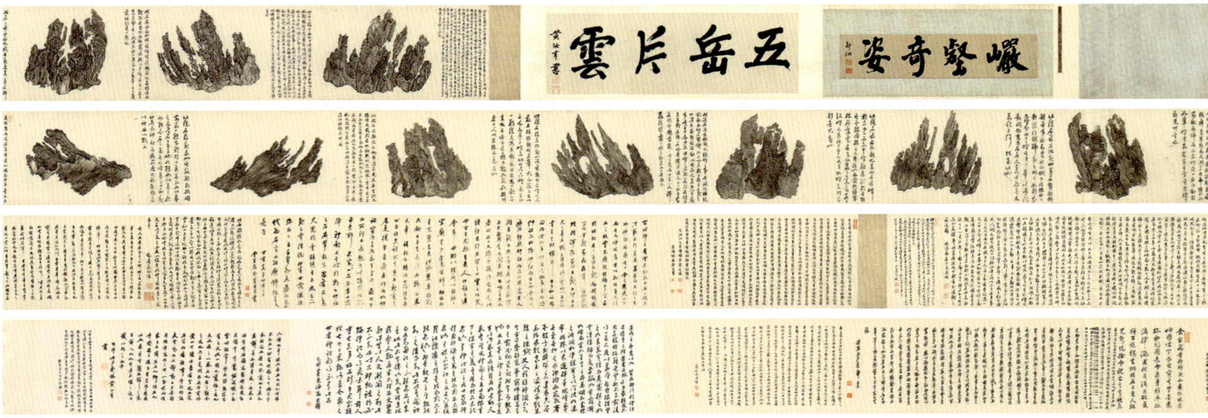

3922 吴彬 约1610年作 十面灵璧图卷 手卷
成交价：RMB 512,900,000
引首一26cm×112.5cm；引首二47.5cm×143cm；画心55.5cm×1150cm；题跋55.5cm×1132cm 北京保利 2020-10-18

194 吴宽 行书《玉延亭独坐喜雨诗》 扇面
估　价：RMB 300,000～500,000
成交价：RMB 1,092,500
17cm×48cm 永乐拍卖 2020-12-02

2546 吴伟 溪山清远 手卷
估　价：HKD 500,000～800,000
成交价：RMB 1,998,108
32.4cm×590.8cm 香港苏富比 2020-10-08

3917 吴伟 松下抚琴 镜心
成交价：RMB 552,000
27.9cm×48.9cm 北京保利 2020-10-18

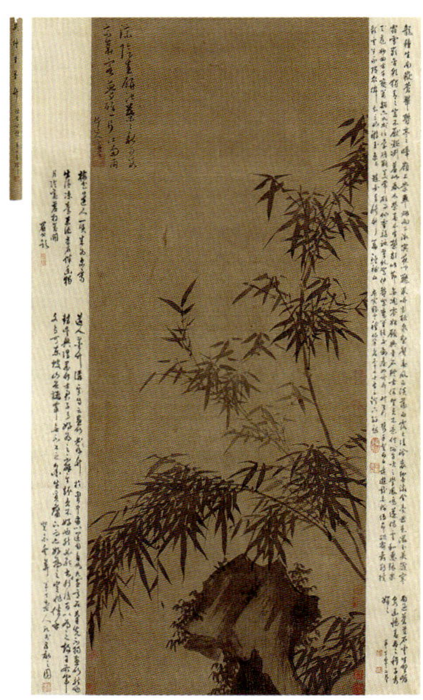

2143 吴镇（款）墨竹图 立轴
估　价：RMB 50,000～80,000
成交价：RMB 253,000
119cm×49cm 中国嘉德 2020-07-17

89 吴伟 渔乐图 水墨纸本 立轴
估　价：EUR 40,000～60,000
成交价：RMB 347,456
131cm×66.5cm 巴黎佳士得 2020-06-23

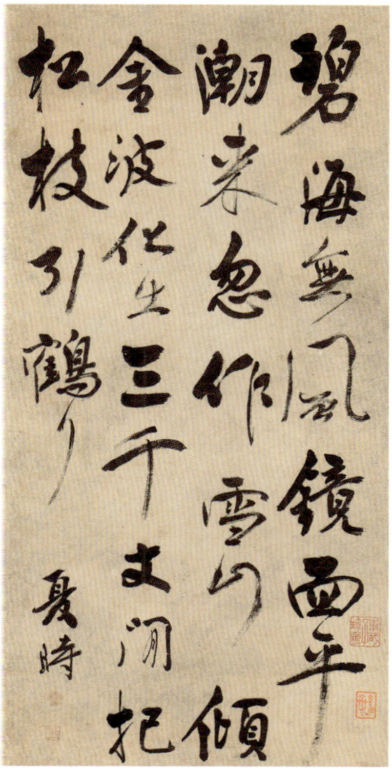

3764 夏时 行书七言诗轴 立轴
估　价：RMB 300,000～600,000
成交价：RMB 345,000
56cm×28cm 北京保利 2020-10-18

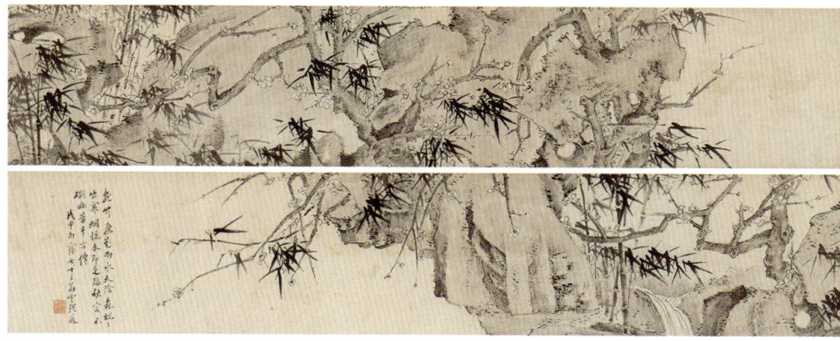

915 萧云从 1668年作 梅竹图 手卷
估　价：RMB 120,000～180,000
成交价：RMB 9,430,000
29.5cm×308cm 中国嘉德 2020-08-17

4028 谢时臣 浙省奇观 手卷
估　价：RMB 15,000,000～25,000,000
成交价：RMB 17,250,000
31cm×1035cm 北京保利 2020-10-18

821 夏昶 湘江雨霁图 手卷
估　价：HKD 600,000～800,000
成交价：RMB 684,000
34cm×258cm 佳士得 2020-07-08

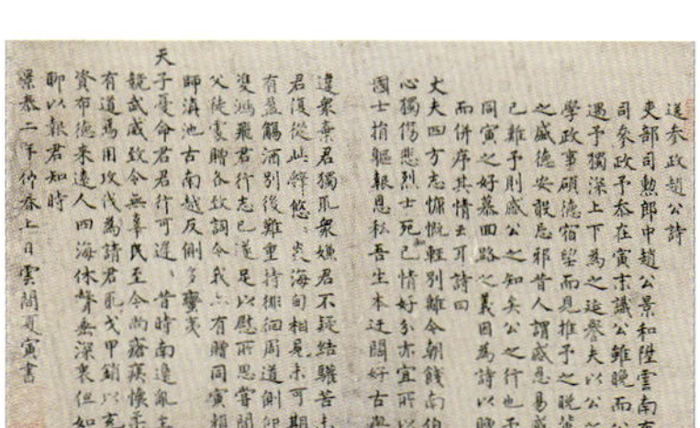

3556 夏寅 送参政赵公诗 立轴
估　价：RMB 200,000～400,000
成交价：RMB 552,000
31cm×51cm 北京保利 2020-10-18

1076 谢时臣 天台真胜 立轴
估　价：RMB 50,000～80,000
成交价：RMB 621,000
292cm×100cm 朵云轩 2020-11-30

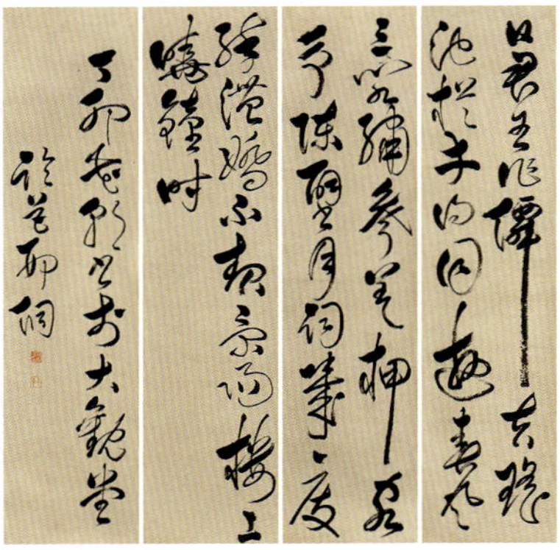

1218 邢侗 1567年作 行书四屏 立轴
估　价：RMB 350,000～550,000
成交价：RMB 1,150,000
169cm×43cm×4 中鸿信 2020-01-04

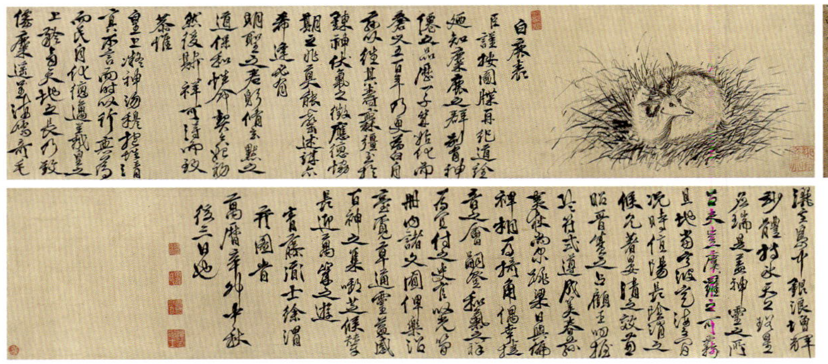

51 徐渭 行书《白鹿表》手卷
估　价：RMB 20,000,000～30,000,000
成交价：RMB 28,750,000
25.5cm×245cm 荣宝斋（上海）2020-10-25

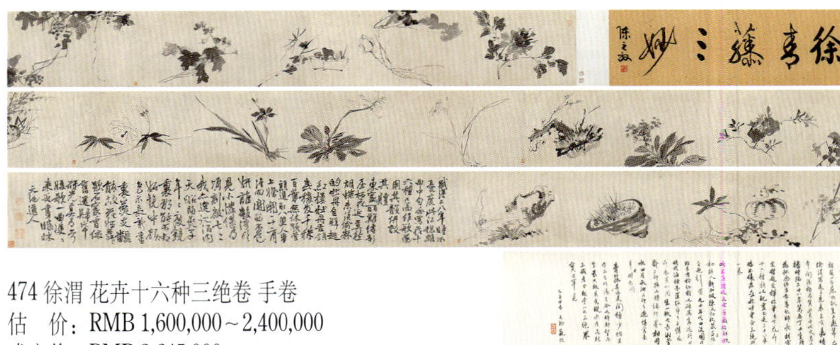

474 徐渭 花卉十六种三绝卷 手卷
估　价：RMB 1,600,000～2,400,000
成交价：RMB 2,645,000
30cm×867cm 中国嘉德 2020-11-09

899 邢侗 草书七言诗 立轴
估　价：RMB 100,000～150,000
成交价：RMB 782,000
160.5cm×25cm 中国嘉德 2020-08-17

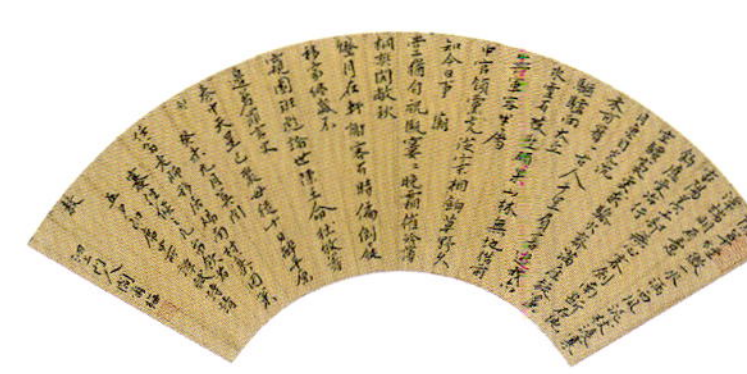

957 阎尔梅 1643年作 行书自作诗 扇面
估　价：RMB 20,000～50,000
成交价：RMB 805,000
16.5cm×51.5cm 中国嘉德 2020-08-17

3696 徐渭 墨牡丹 立轴
估　价：RMB 300,000～800,000
成交价：RMB 805,000
25cm×37cm 北京保利 2020-10-18

70 徐智 春景山水图 立轴
估　价：HKD 60,000～100,000
成交价：RMB 342,375
117.5cm×50.7cm 佳士得 2020-05-22

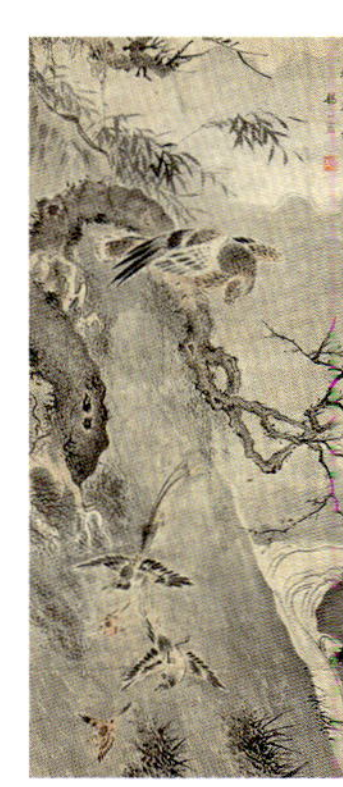

3808 杨大临 英雄得爵图 立轴
估　价：RMB 300,000～800,000
成交价：RMB 345,000
183cm×86cm 北京保利 2020-10-18

2545 佚名（明） 溪山深秀图 手卷
估　价：HKD 800,000～1,000,000
成交价：RMB 3,108,168
46.8cm×645.1cm 香港苏富比 2020-10-08

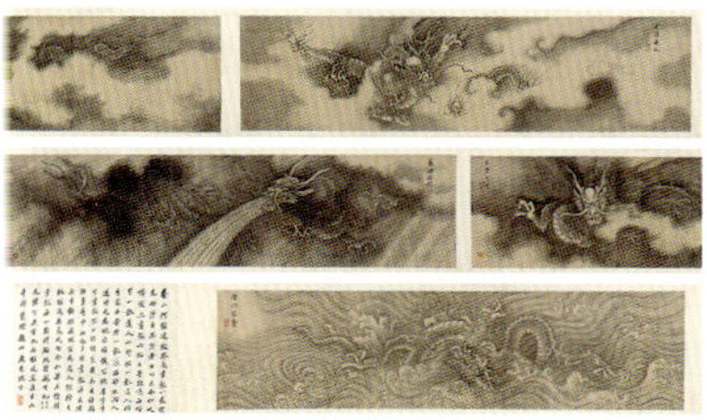

771 一瓢道人 墨龙图 手卷
估　价：RMB 600,000～800,000
成交价：RMB 690,000
本幅35.5cm×140cm；35.5cm×140.5cm；
35.5cm×142cm；35.5cm×142cm；
题跋38cm×50cm 永乐拍卖 2020-08-17

2540 佚名（明初） 胡人骑猎图 镜片
估　价：HKD 1,000,000～2,000,000
成交价：RMB 3,663,198
191.4cm×121.7cm 香港苏富比 2020-10-08

2551 佚名（明） 烟岚峰峦 立轴
估　价：HKD 80,000～120,000
成交价：RMB 1,443,078
160.5cm×80.6cm 香港苏富比 2020-10-08

2541 佚名(14世纪；前传夏圭)
雪峰古寺 立轴
估　价：HKD 1,000,000～1,500,000
成交价：RMB 4,631,417
174.7cm×100.5cm 香港苏富比 2020-10-08

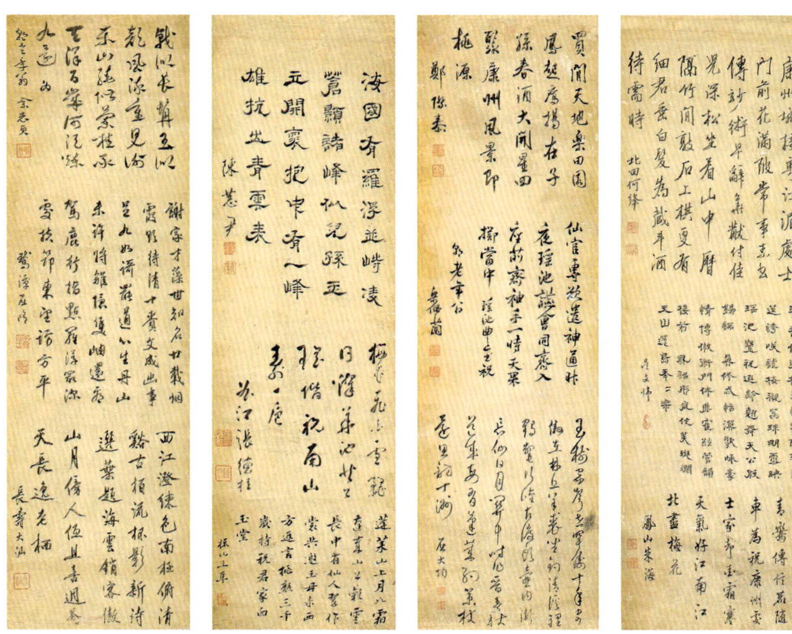

2578 佚名 广东明遗民诗文 四屏
估　价：HKD 200,000～300,000
成交价：RMB 542,400
105.5cm×32.5cm×4 香港苏富比 2020-07-09

1288 殷善 岁寒文禽图 镜框
估　价：RMB 300,000～500,000
成交价：RMB 345,000
98.5cm × 47.5cm 北京保利 2020-12-05

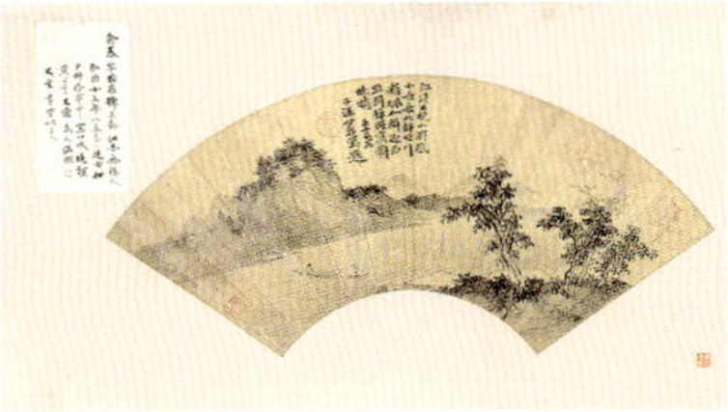

2061 俞泰 秋山放棹 扇面
成交价：RMB 230,000
17cm × 47cm 十竹斋拍卖（北京） 2020-10-18

1088 袁尚统 1643年作 晚秋归舟图 扇面
估　价：RMB 100,000～200,000
成交价：RMB 276,000
16cm × 51cm 朵云轩 2020-09-24

1009 恽向 1637年作 为明远作山水 扇面
估　价：RMB 10,000～50,000
成交价：RMB 345,000
16.5cm × 51.5cm 中国嘉德 2020-12-04

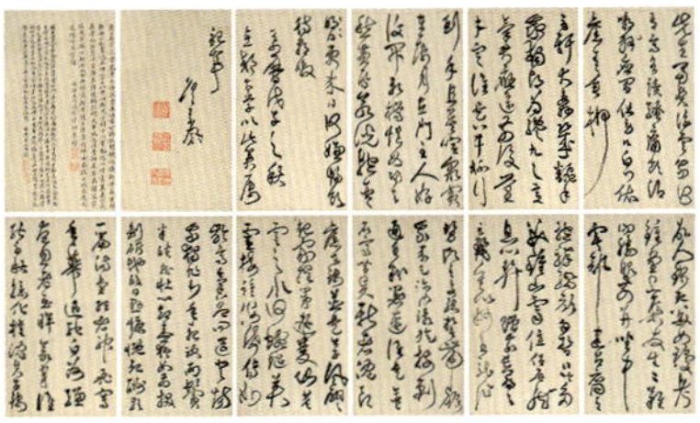

1296 詹景凤 1588年作
草书记事 册页（六开十一页）
估　价：RMB 300,000～500,000
成交价：RMB 632,500
27.7cm × 15.2cm × 11 中国嘉德 2020-12-04

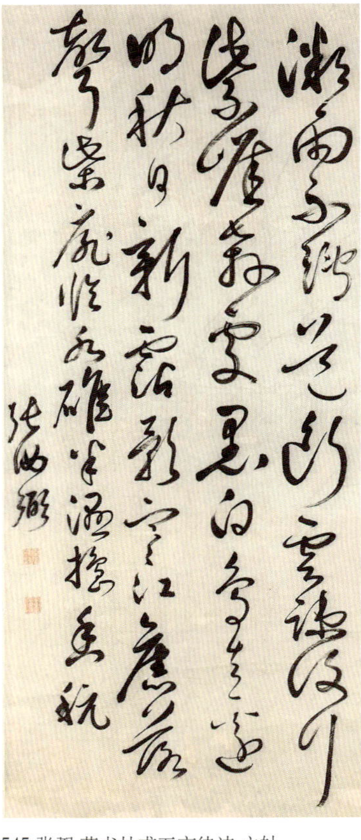

2545 张弼 草书杜甫五言律诗 立轴
估　价：HKD 600,000～800,000
成交价：RMB 678,000
136.7cm × 61cm 香港苏富比 2020-07-09

1035 张翀 行乐图 扇面
估　价：RMB 10,000～50,000
成交价：RMB 414,000
16.5cm × 51cm 中国嘉德 2020-12-04

1014 张翀 鉴古图 立轴
成交价：RMB 1,782,500
132cm × 60cm 北京保利 2020-12-05

1153 张翮 1625年作 雁行图 镜片
估　价：RMB 280,000～400,000
成交价：RMB 437,000
217cm × 98.5cm 西泠印社 2020-08-08

1082 张宏 1639年作 石涧松山 扇面
估　价：RMB 280,000～350,000
成交价：RMB 448,500
18.5cm × 52cm 朵云轩 2020-09-24

1050 张潜夫 行书五言诗 立轴
估　价：RMB 280,000～400,000
成交价：RMB 402,500
206cm × 45cm 西泠印社 2020-08-08

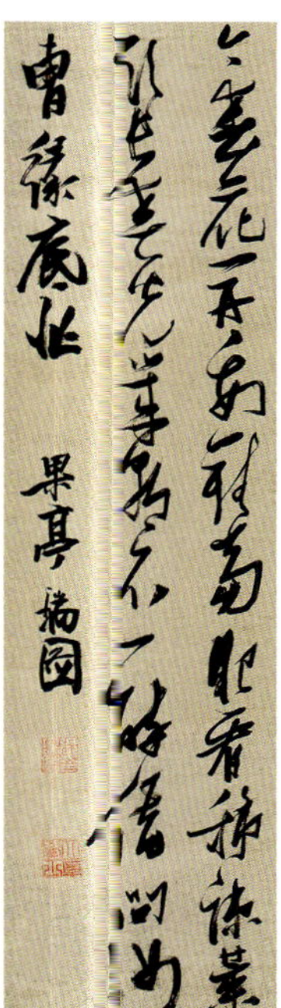

1656 张瑞图 草书 立轴
估　价：RMB 800,000～1,200,000
成交价：RMB 3,910,000
172cm × 48cm 朵云轩 2020-09-24

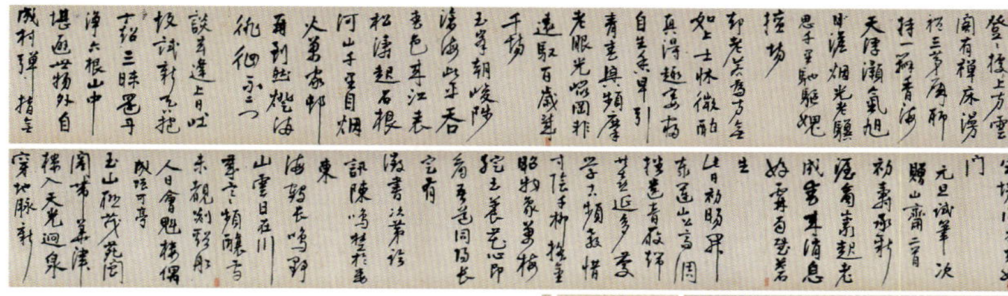

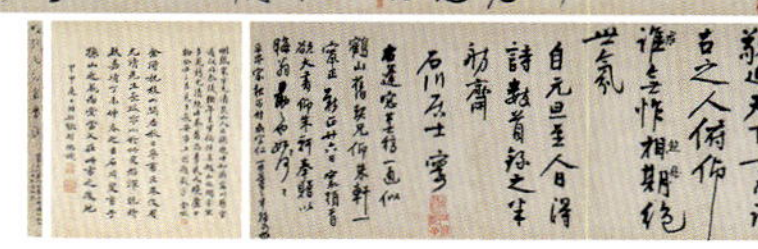

1082 张寰 行书自作诗 手卷
估　价：RMB 150,000～250,000
成交价：RMB 2,012,500
33.5cm × 575cm；跋34cm × 37cm
中国嘉德 2020-12-04

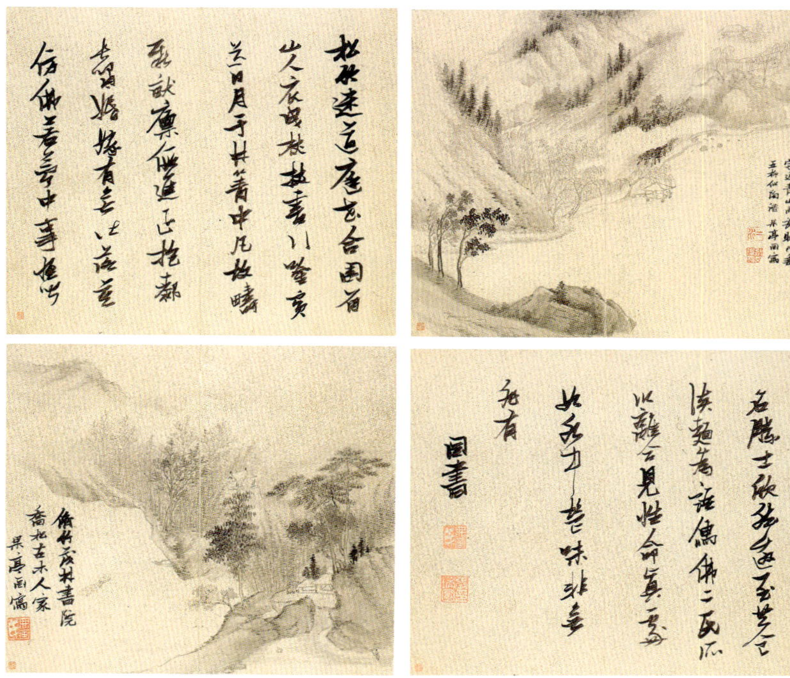

811 张瑞图 (传) 别有天地 水墨洒金纸本 册页(十四开)
估　价：USD 100,000～150,000
成交价：RMB 21,885,780
29.2cm × 34.8cm × 13 纽约佳士得 2020-09-24

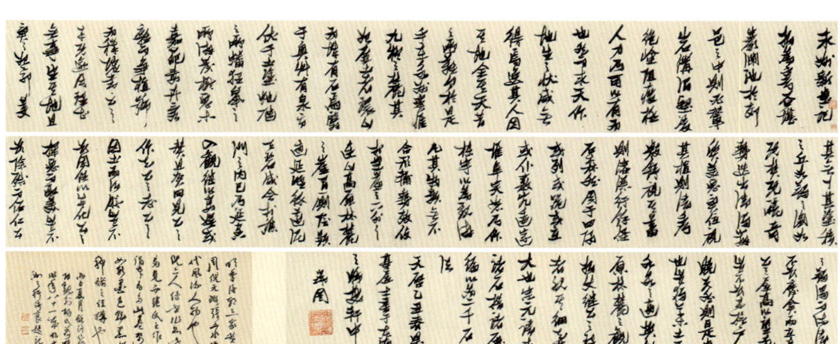

4016 张瑞图 1625年作 草书《永州新堂记》 手卷
估　价：RMB 4,000,000～5,000,000
成交价：RMB 4,600,000
画心31cm × 623cm；题跋31cm × 65cm 北京保利 2020-10-18

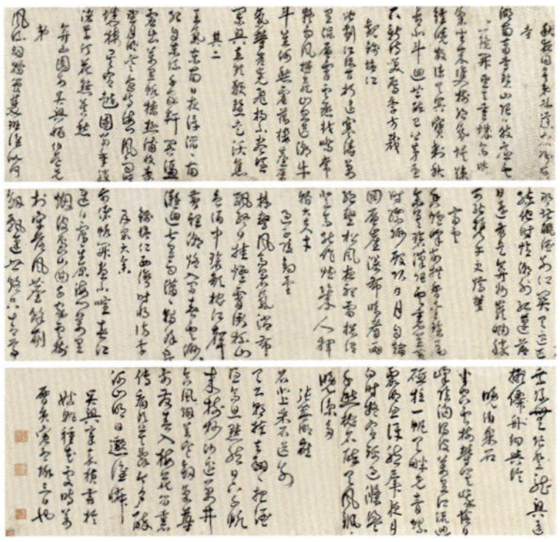

282 章嘉桢 1590年作 行草诗篇 手卷
估　价：RMB 500,000～700,000
成交价：RMB 575,000
33cm × 336cm 华艺国际 2020-12-05

211 赵崇信 楼台烟雨 立轴
成交价：RMB 632,500
143.5cm × 102cm 华艺国际 2020-10-16

1080 赵左 璜溪松径 扇面
估　价：RMB 180,000～250,000
成交价：RMB 322,000
16.5cm × 49cm 朵云轩 2020-09-24

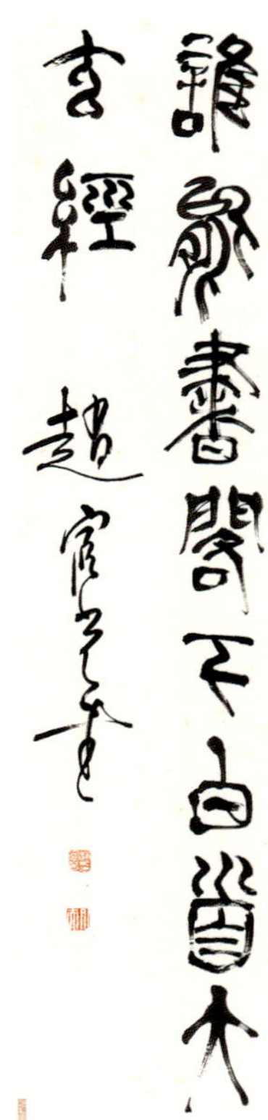

251 赵宧光 篆书 立轴
估　价：RMB 100,000～150,000
成交价：RMB 368,000
136cm × 32cm 华艺国际 2020-12-05

1036 郑重 卧松图 扇面
估　价：RMB 10,000～50,000
成交价：RMB 391,000
16.5cm × 50.5cm 中国嘉德 2020-12-04

306 赵均 篆书五言诗 镜框
估　价：RMB 100,000～150,000
成交价：RMB 299,000
130cm × 32cm 华艺国际 2020-12-05

1083 周臣 圯桥进履 扇面
估　价：RMB 600,000～800,000
成交价：RMB 690,000
19.4cm × 54cm 北京保利 2020-12-05

3921 赵左 1612—1613年作 溪山无尽图卷 手卷
估　价：RMB 30,000,000～50,000,000
成交价：RMB 39,100,000
画心28cm × 605cm；题跋28cm × 127cm 北京保利 2020-10-18

49 周淑禧 梅雀图 镜框
估　价：RMB 800,000～1,200,000
成交价：RMB 1,340,000
65cm × 33.5cm 华艺国际 2020-12-05

1065 周之冕 恽寿平 王原祁 等 明清扇画集锦册 扇面
估　价：RMB 2,000,000～3,000,000
成交价：RMB 2,185,000
17.5cm × 52cm × 8 北京保利 2020-12-05

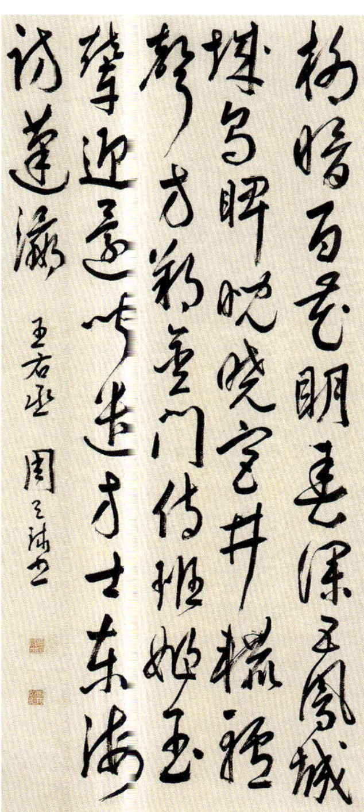

1637 周天球 行书 立轴
估　价：RMB 500,000～800,000
成交价：RMB 3,507,500
174cm × 82cm 朵云轩 2020-09-24

1008 周之冕 蕉荫教子图 立轴
估　价：RMB 600,000～800,000
成交价：RMB 690,000
123.5cm × 60cm 中国嘉德 2020-08-17

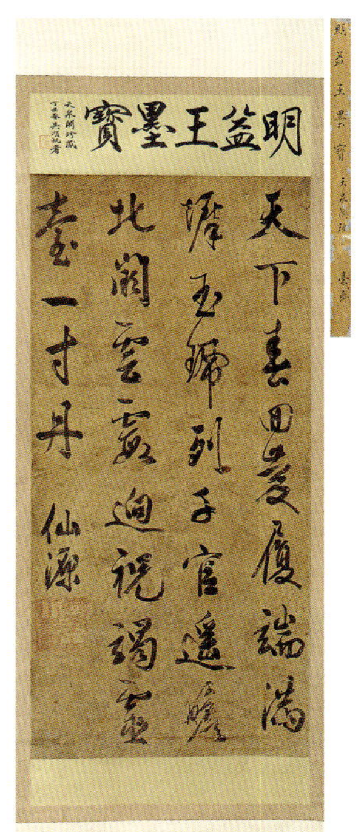

758 益敬王朱常 行书七言诗 立轴
估　价：RMB 250,000～450,000
成交价：RMB 368,000
126cm × 61.5cm 永乐拍卖 2020-08-17

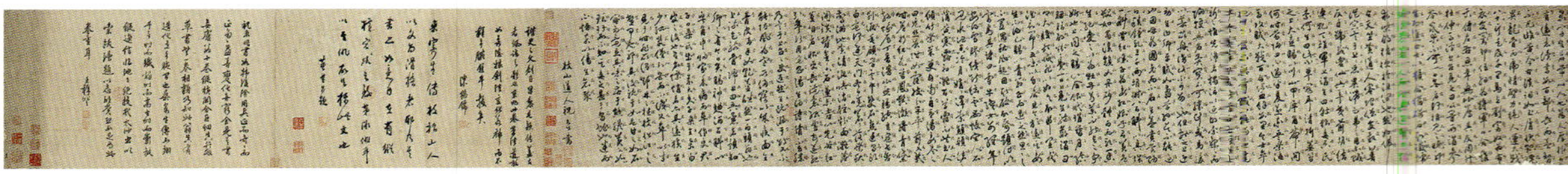

852 祝允明 行草《桑寄生传》 手卷
估　价：HKD 10,000,000～15,000,000
成交价：RMB 9,925,800
31.5cm × 211cm 佳士得 2020-12-02

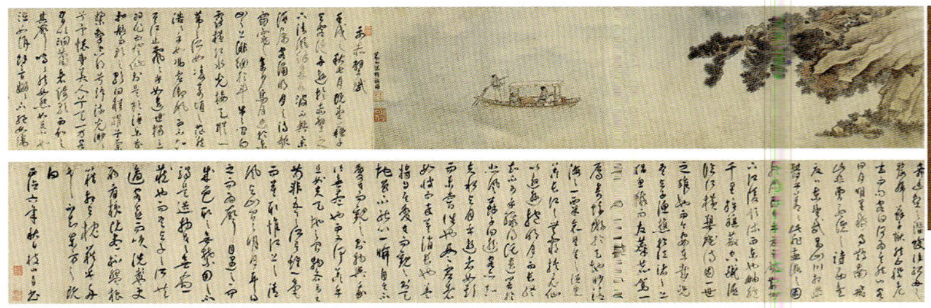

1067 祝允明 陈栝 1511年作 草书《前赤壁赋》《赤壁夜游图》手卷
估　价：RMB 2,200,000～3,200,000
成交价：RMB 3,220,000
画116cm × 30cm；书法280cm × 30cm 西泠印社 2020-08-08

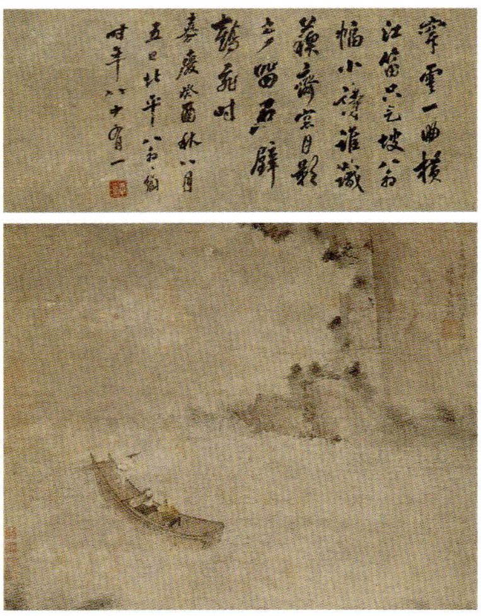

436 朱德润 翁方纲 画、题 李委吹笛图 镜心
估　价：RMB 800,000～1,200,000
成交价：RMB 1,610,000
诗堂22cm × 50cm；画心41.5cm × 50cm
中贸圣佳 2020-10-17

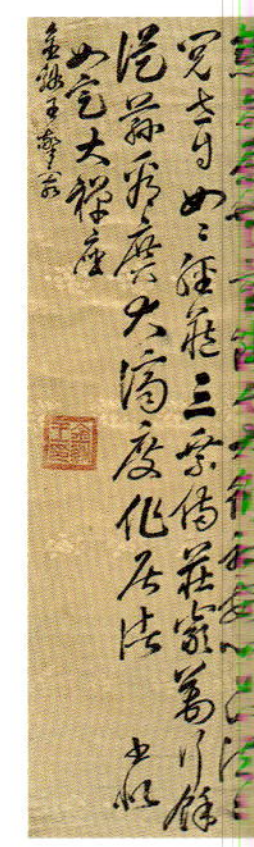

373 朱常淓 行书禅语 立轴
估　价：RMB 300,000～350,000
成交价：RMB 379,500
178.5cm × 53cm 中贸圣佳 2020-10-17

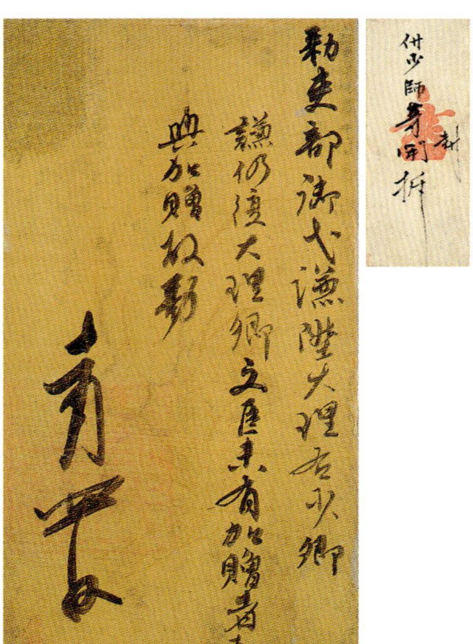

278 朱高炽 行书《勅谕》 手卷
估　价：RMB 2,600,000～3,600,000
成交价：RMB 5,290,000
敕谕27cm × 15cm；信封25cm × 10.5cm
中国嘉德 2020-12-01

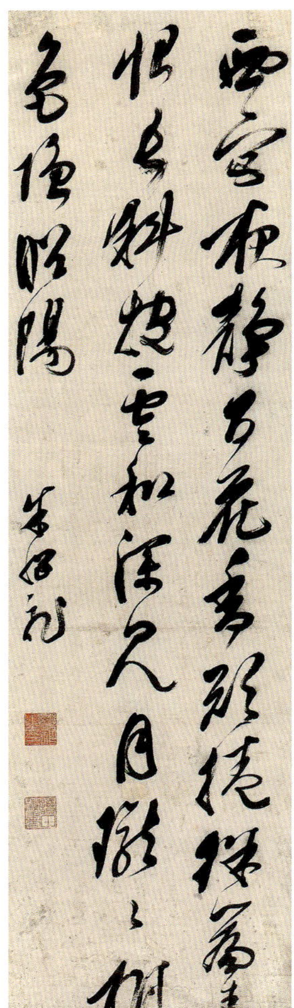

3529 朱继祚 行书七言诗 立轴
估　价：RMB 180,000～300,000
成交价：RMB 368,000
168cm × 47cm 北京保利 2020-10-18

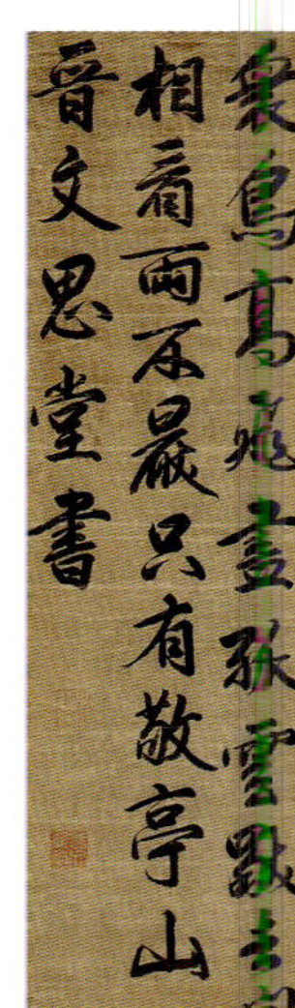

1299 朱新垬 行楷五言诗 立轴
估　价：RMB 120,000～150,000
成交价：RMB 322,000
184cm × 51cm 中国嘉德 2020-12-04

清代作者

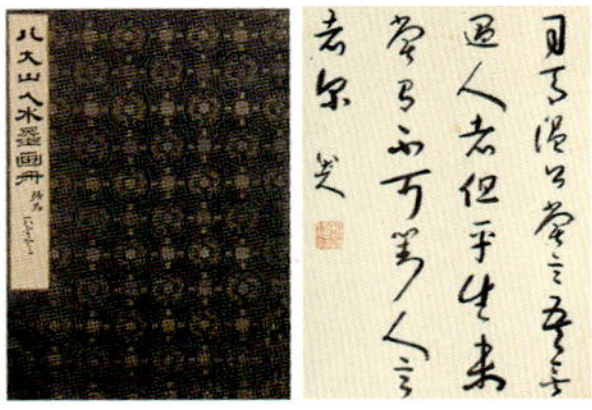

290 八大山人 1698年作 山水花鸟书法 册页（十七开）
估　价：RMB 45,000,000～55,000,000
成交价：RMB 71,300,000
29cm×22cm×17 中国嘉德 2020-12-01

3044 八大山人 松鹿图 立轴
估　价：RMB 6,000,000～8,000,000
成交价：RMB 11,270,000
182cm×62cm 十竹斋拍卖（北京） 2020-10-18

2543 八大山人 荷花双鸟 立轴
估　价：HKD 2,000,000～3,000,000
成交价：RMB 9,961,467
94.6cm×32.8cm 香港苏富比 2020-10-08

889 八大山人 1701年作 枯木双禽 立轴
估　价：HKD 5,000,000～7,000,000
成交价：RMB 8,596,680
127.5cm × 43.2cm 佳士得 2020-12-02

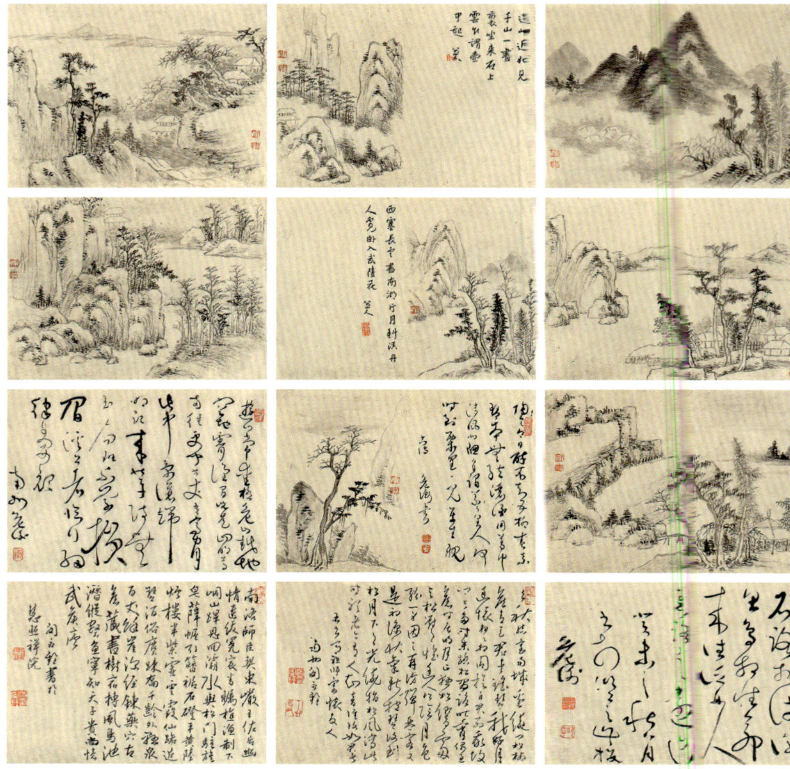

765 八大山人 罗牧 危衡 闵应铨 明末清初
书画合璧 册页（十二开）
估　价：RMB 3,600,000～4,600,000
成交价：RMB 4,255,000
23cm × 32.5cm × 12 永乐拍卖 2020-08-17

3702 八大山人 1701年作 苍鹰图 立轴
估　价：RMB 6,000,000～8,000,000
成交价：RMB 6,555,000
163cm × 81cm 北京保利 2020-10-18

2599 八大山人 竹石芦鸭 立轴
估　价：HKD 1,000,000～1,500,000
成交价：RMB 1,808,000
97.2cm × 77.3cm 香港苏富比 2020-07-09

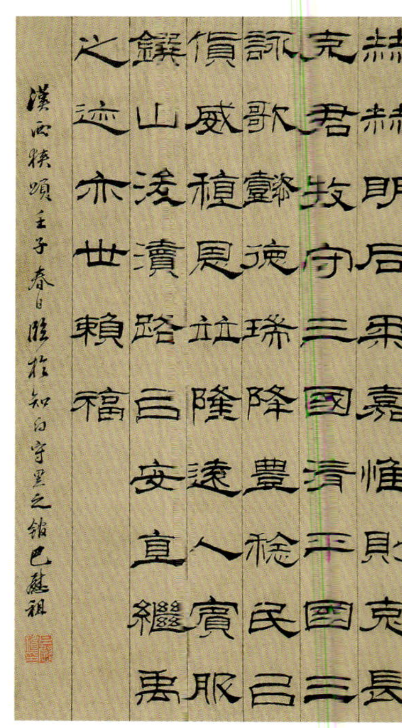

1295 巴慰祖 1792年作 隶书 立轴
估　价：RMB 50,000～80,000
成交价：RMB 805,000
72cm × 42cm 朵云轩 2020-09-24

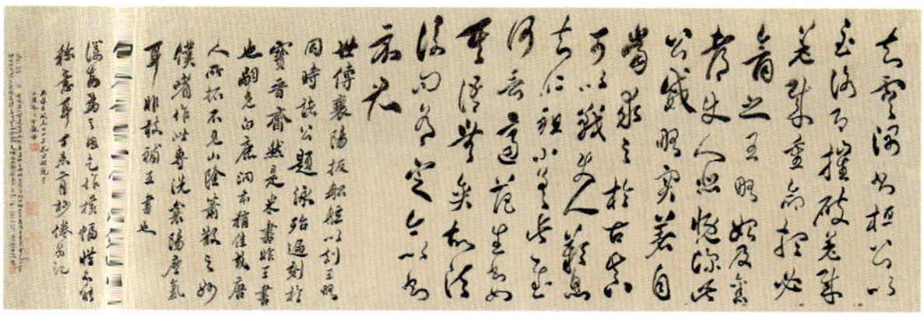

1316 包世臣 1847年作 临《王略帖》 横披
估　价：RMB 80,000～120,000
成交价：RMB 345,000
56cm × 165cm 中国嘉德 2020-12-04

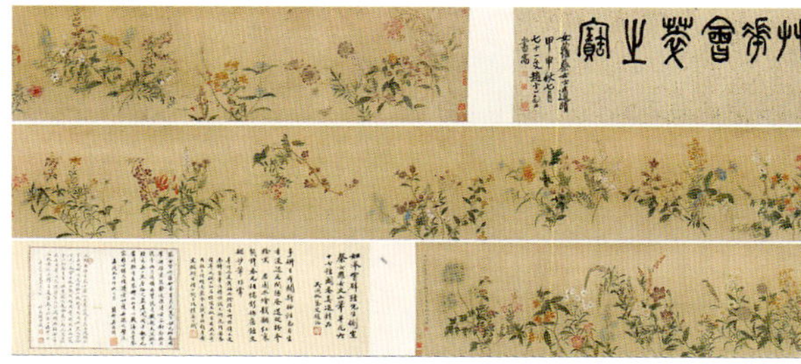

893 蔡含 摹徐崇嗣草花图卷 手卷
估　价：RMB 3,000,000～4,000,000
成交价：RMB 4,600,000
引首31cm × 82.5cm；画心31cm × 455cm；
题跋31cm × 50cm 中贸圣佳 2020-10-17

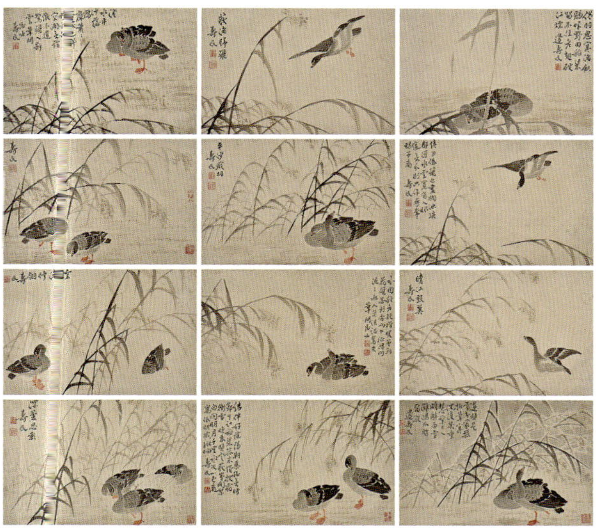

242 边寿民 苇雁 册页（十二开）
估　价：RMB 1,200,000～1,800,000
成交价：RMB 2,875,000
20cm × 30.5cm × 12 华艺国际 2020-10-16

50 蔡含 古松献寿 扇面
估　价：RMB 380,000～480,000
成交价：RMB 1,380,000
19cm × 57.5cm 华艺国际 2020-12-05

1[illegible]56 边寿民 1730年作 百雁图 立轴
估　价：RMB 600,000～800,000
成交价：RMB 690,000
1[illegible]7cm × 69cm 北京保利 2020-12-05

2535 蔡嘉 1772年作
仿宋元各家册 册页(八开)
估　价：HKD 120,000～220,000
成交价：RMB 1,165,563
24.6cm × 40.6cm (第幅)
香港苏富比 2020-10-08

1014 蔡远 1701年作 曲池清波 立轴
估　价：RMB 20,000～50,000
成交价：RMB 782,000
画85cm × 55cm；题42.5cm × 55cm
中国嘉德 2020-08-17

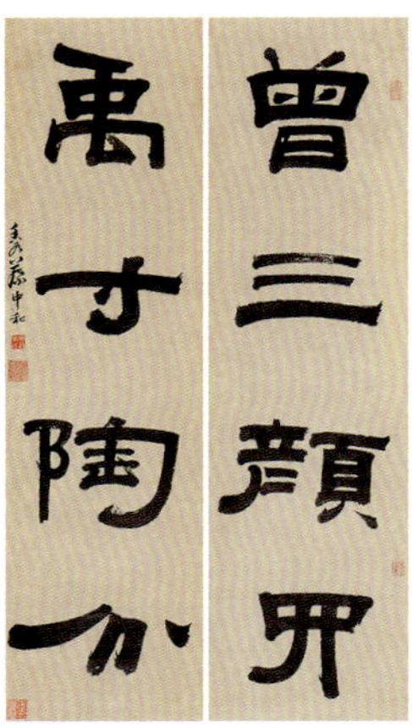

1011 蔡中和 隶书四言联 对联
成交价：RMB 276,000
78cm × 22cm × 2 北京保利 2020-12-05

649 曹鸿勋 楷书 立轴
估　价：RMB 120,000～180,000
成交价：RMB 212,750
173cm × 90.5cm 北京翰海 2020-12-11

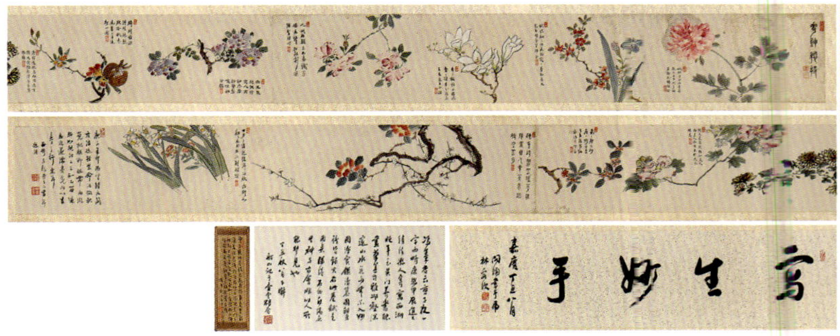

917 曹有光 1660年作 折枝花卉 手卷
估　价：RMB 500,000～800,000
成交价：RMB 897,000
引首21cm × 84.5cm；画21cm × 392cm；跋23cm × 43cm 中国嘉德 2020-08-17

1047 曹岳 1674年作 竹坨图 手卷
估　价：RMB 2,000,000～3,500,000
成交价：RMB 2,530,000
画心28cm × 124cm；题跋28cm × 248cm 北京保利 2020-12-05

284 曹涧 临恽格古木垂萝图 立轴
估　价：RMB 600,000～800,000
成交价：RMB 690,000
114cm × 44.2cm 华艺国际 2020-12-05

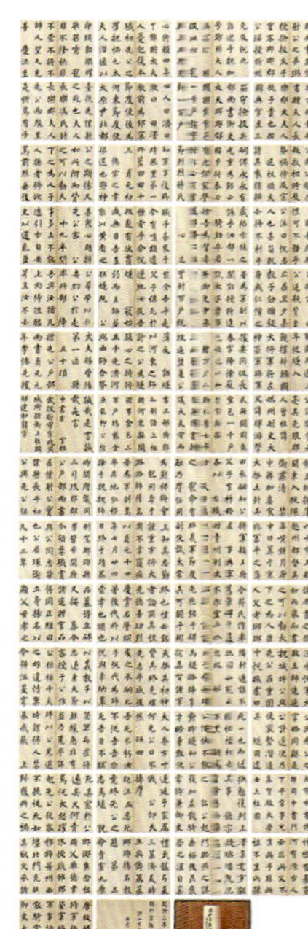

253 陈邦彦 1738年
临柳公权楷书 册页（五十八开）
估　价：RMB 300,000～400,000
成交价：RMB 345,000
18cm × 24cm × 58 华艺国际 2020-12-05

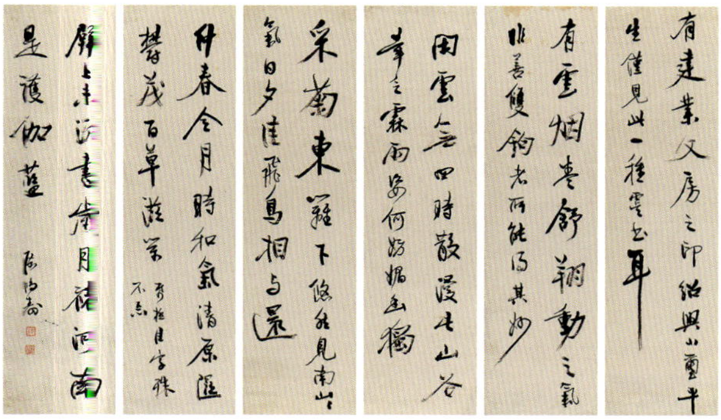

586 陈鸿寿 行书六屏 立轴
估　价：RMB 180,000～280,000
成交价：RMB 3,335,000
149.5cm×42cm×6 中国嘉德 2020-08-16

1218 陈鸿寿 1816年作 曼翁秋兴册 （画十二页，端一页） 册页
估　价：RMB 600,000～900,000
成交价：RMB 1,127,000
题端33cm×25cm；画心34.5cm×25cm×12 西泠印社 2020-08-08

4030 陈煌 等清诸家
扫石待月 册页 （二十开四十页）
估　价：RMB 1,800,000～2,800,000
成交价：RMB 2,990,000
册首32cm×33cm×4；画心32cm×66cm；题跋32cm×33cm×34
北京保利 2020-10-18

1033 陈嘉言 1653年作 花鸟图 扇面
估　价：RMB 10,000～50,000
成交价：RMB 241,500
16.5cm×51cm 中国嘉德 2020-12-04

164 陈介祺 隶书八言联 对联
估　价：RMB 200,000～300,000
成交价：RMB 322,000
177cm×42cm×2 朵云轩 2020-09-23

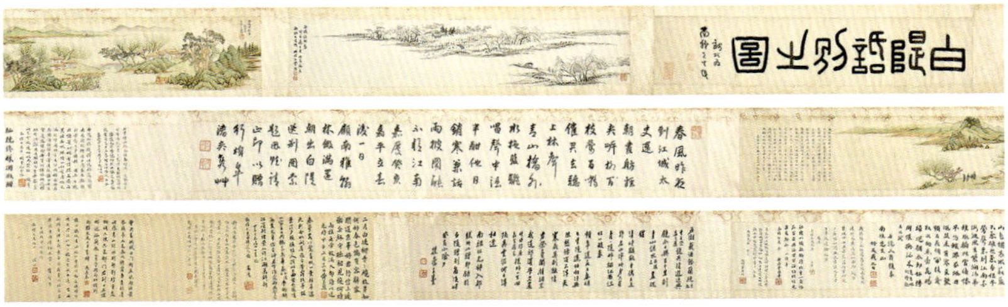

1925 陈清华 等题跋 绘 白堤话别图
估　价：RMB 1,500,000～1,800,000
成交价：RMB 1,725,000
引首：15cm × 70.5cm；本幅：14.5cm × 75cm；16cm × 116cm；15cm × 113cm；
题跋：15cm × 154cm；20cm × 58cm 中国嘉德 2020-12-02

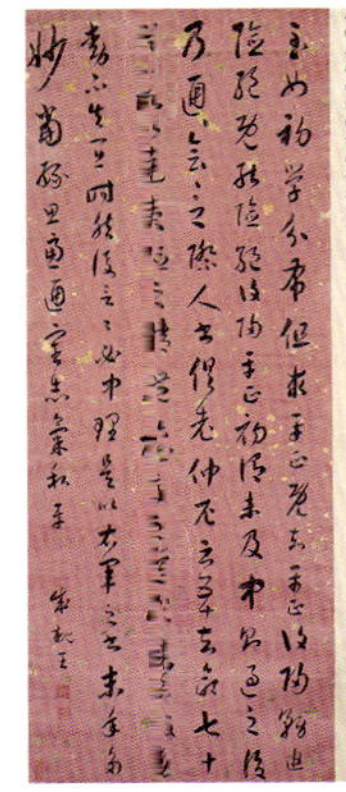

307 成亲王 草书节临《书谱》 立轴
估　价：RMB 500,000～700,000
成交价：RMB 575,000
167.5cm × 66cm 华艺国际 2020-12-05

1826 陈三立 楷书“寿”镜心
估　价：RMB 50,000～80,000
成交价：RMB 460,000
25cm × 26.5cm 北京保利 2020-10-17

51 陈书 杨柳桃花 成扇
估　价：RMB 180,000～280,000
成交价：RMB 253,000
19cm × 50cm 华艺国际 2020-12-05

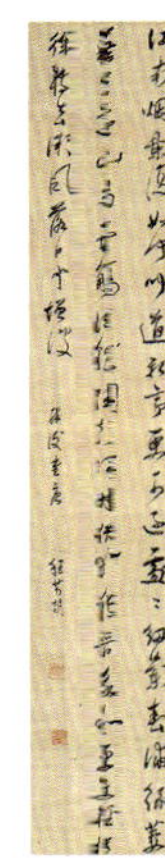

1304 程芳朝 行书七言诗 立轴
估　价：RMB 300,000～500,000
成交价：RMB 345,000
274.5cm × 49cm 中国嘉德 2020-12-04

1168 陈善 1744年作 奇峰高寺图 立轴
估　价：RMB 350,000～380,000
成交价：RMB 402,500
161cm × 104cm 西泠印社 2020-08-08

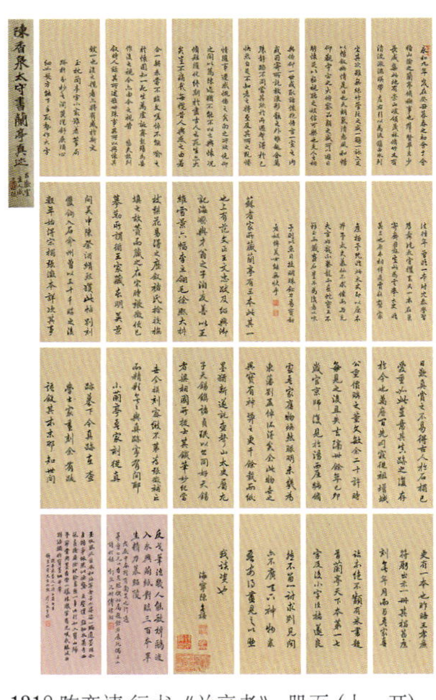

1318 陈奕禧 行书《兰亭考》 册页（十一开）
估　价：RMB 300,000～500,000
成交价：RMB 345,000
24cm × 19.3cm（每幅）；
题24.2cm × 11.2cm（每幅）
中国嘉德 2020-12-04

1284 程邃 小阁临溪图 立轴
估　价：RMB 400,000～600,000
成交价：RMB 460,000
103cm × 34cm 中国嘉德 2020-12-04

1453 程正揆 1647年作 柳荫放棹图 手卷
估　价：RMB 200,000～280,000
成交价：RMB 575,000
29cm × 2[illegible]5cm 中鸿信 2020-01-04

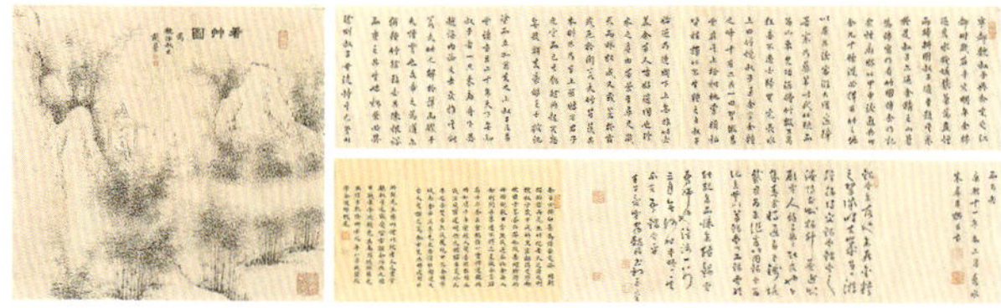

2548 戴苍 看竹图 手卷
估　价：HKD 200,000～300,000
成交价：RMB 339,000
31cm × 34.4cm 香港苏富比 2020-07-09

955 戴熙 深山访石图 手卷
估　价：RMB 480,000～680,000
成交价：RMB 575,000
引首33cm × 86cm；画33cm × 116cm；
跋33cm × 128cm 中国嘉德 2020-08-17

1007 [illegible]端 1719年作 春兴图 立轴
估　价：RMB 30,000～50,000
成交价：RMB 345,000
232cm × 118cm 中国嘉德 2020-08-17

1634 戴本孝 1690年作 天门垂钓图 立轴
估　价：RMB 2,000,000～3,000,000
成交价：RMB 9,890,000
169.5cm × 58cm 朵云轩 2020-09-24

646 道光帝 1827年作 楷书白龙潭龙神庙匾额 横幅镜心
估　价：RMB 100,000～150,000
成交价：RMB 5,290,000
93.5cm × 226cm 北京翰海 2020-12-11

52 慈禧 1898年作 富贵凌云 镜框
估　价：RMB 800,000～1,200,000
成交价：RMB 1,012,000
135cm × 66cm 华艺国际 2020-12-05

3668 戴本孝 1680年作 怪松上寿图 立轴
估　价：RMB 500,000～800,000
成交价：RMB 575,000
122cm × 52cm 北京保利 2020-10-18

1604 邓石如 隶书 立轴
估　价：RMB 300,000～400,000
成交价：RMB 6,210,000
106cm × 44.5cm 朵云轩 2020-09-24

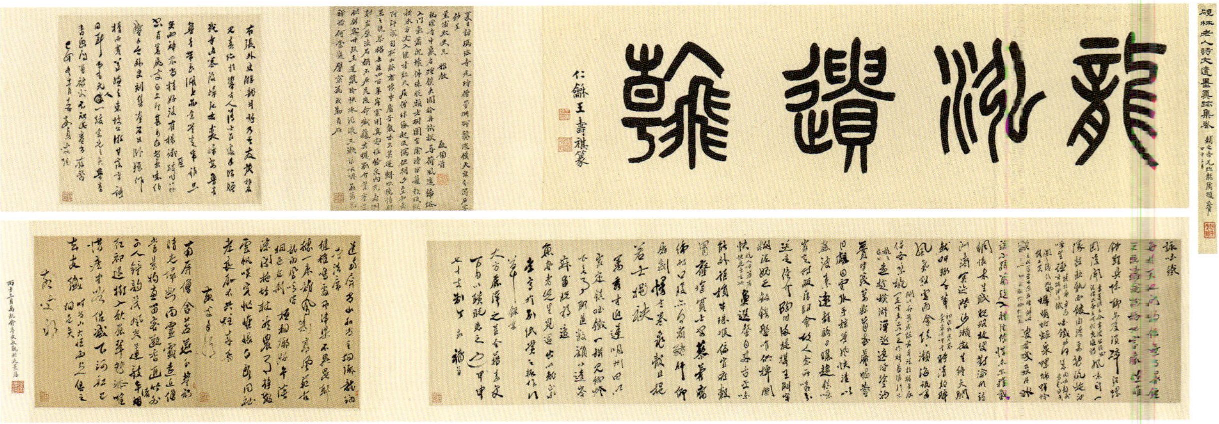

275 丁敬 砚林老人诗文遗墨集卷 手卷
估　价：RMB 12,000,000～20,000,000
成交价：RMB 23,575,000
引首25cm×85cm；书法①27cm×19cm；书法②22cm×101.5cm；书法③25cm×27cm；书法④23.5cm×44.5cm 中国嘉德 2020-12-01

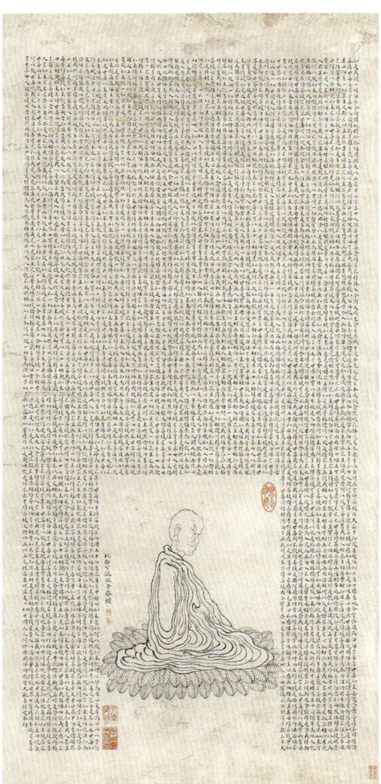

2244 丁敬（款）罗汉图 立轴
估　价：RMB 1,000～3,000
成交价：RMB 322,000
131cm×63cm 中国嘉德 2020-07-17

203 董邦达 竞渡图 立轴
估　价：RMB 2,200,000～2,800,000
成交价：RMB 2,530,000
78cm×45cm 永乐拍卖 2020-12-02

1336 董邦达 清高宗御题层峦积翠图 立轴
估　价：RMB 200,000～300,000
成交价：RMB 862,500
183.5cm×90cm 中鸿信 2020-01-04

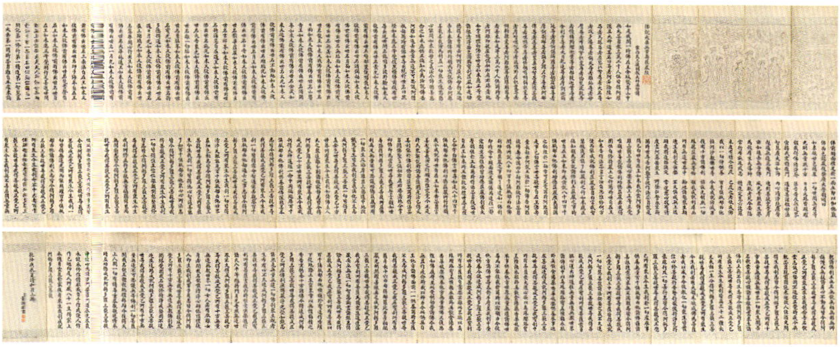

154 董诰 1760年作 大乘无量寿庄严经 册页（二十七折）
估 价：RMB 100,000～150,000
成交价：RMB 943,000
21cm×17cm×27 永乐拍卖 2020-12-02

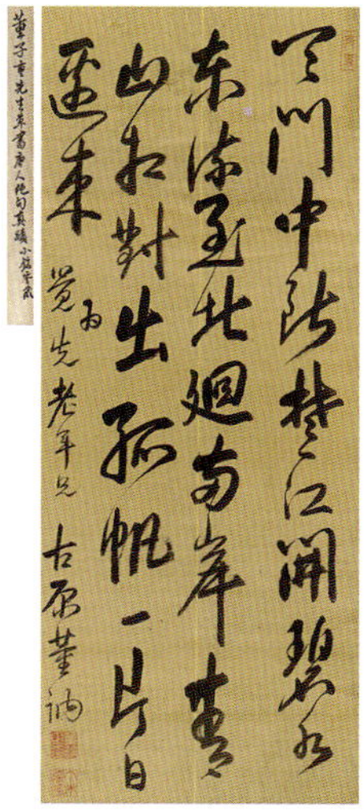

1056 董讷 草书 李白诗 立轴
估 价：RMB 250,000～350,000
成交价：RMB 368,000
136cm×54.5cm 西泠印社 2020-08-08

1222 董琬贞 1823年作 花鸟册 册页(八页)
估 价：RMB 70,000～90,000
成交价：RMB 218,500
23.5cm×18.5cm×8 西泠印社 2020-08-08

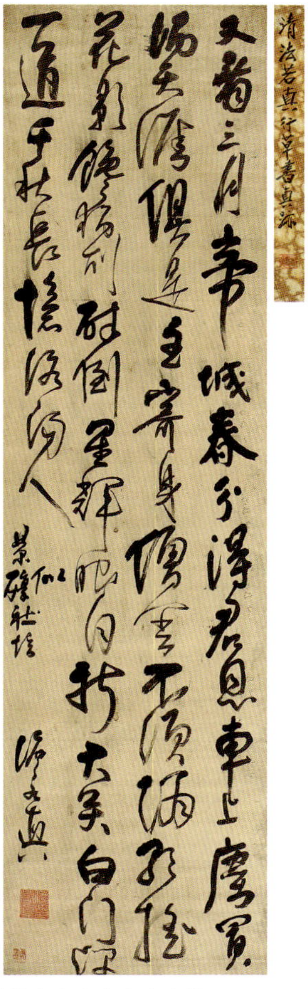

757 法若真 行书七言诗 立轴
估 价：RMB 200,000～300,000
成交价：RMB 828,000
171.5cm×47cm 永乐拍卖 2020-08-17

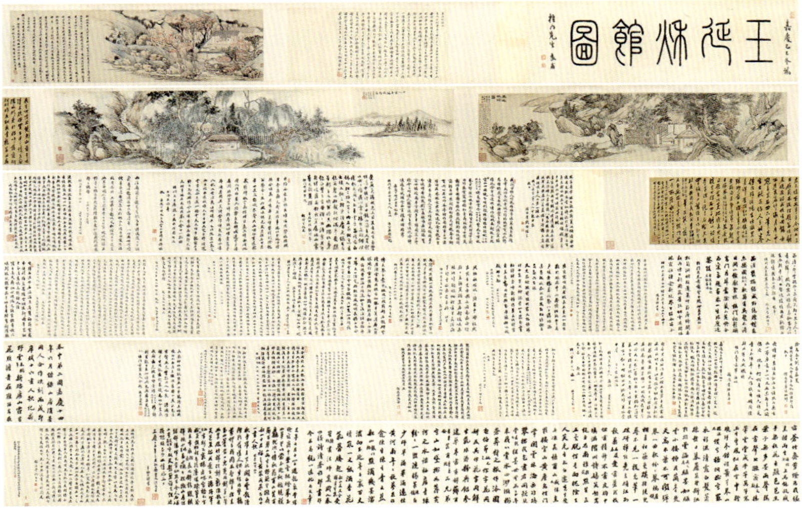

763 法式善 汪梅鼎 阮元 等 玉延秋馆图卷及题咏 手卷
估　价：RMB 2,000,000～3,000,000
成交价：RMB 2,702,500
引首35.5cm×115.5cm；陈鹤书法30.5cm×68.5cm；画一30.5cm×107.5cm；画二29.5cm×132.5cm；画三33cm×172.5cm；法式善书法35.5cm×97cm；阮元等题跋35.5cm×1259cm 永乐拍卖 2020-08-17

216 方大猷 山水 镜框
成交价：RMB 345,000
155cm×49.5cm 华艺国际 2020-10-16

2606 方士庶 群山秋色 立轴
估　价：RMB 50,000～80,000
成交价：RMB 345,000
145cm×66cm 永乐拍卖 2020-12-04

209 樊圻 四时山水 册页（八开）
估　价：RMB 400,000～600,000
成交价：RMB 943,000
本幅12.5cm×14.5cm×8；
题跋17.5cm×22cm×2 永乐拍卖 2020-12-02

2564 方正阳 溪山隐居 手卷
估　价：HKD 50,000～80,000
成交价：RMB 532,829
35.2cm×352.7cm 香港苏富比 2020-10-08

29 费丹旭 旧园春色图
估　价：RMB 845,000
成交价：RMB 1,470,000
78cm × 29cm 乾禧国际 2020-01-20

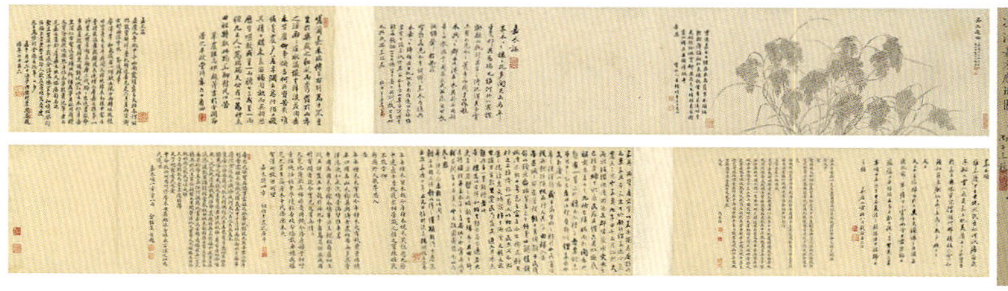

1006 冯治 阮元 梁同书 1804年作 嘉禾应瑞图 手卷
估　价：RMB 150,000～250,000
成交价：RMB 3,277,500
画心123.5cm × 25.5cm；题跋128cm × 25.5cm；127cm × 25.5cm 西泠印社 2020-08-08

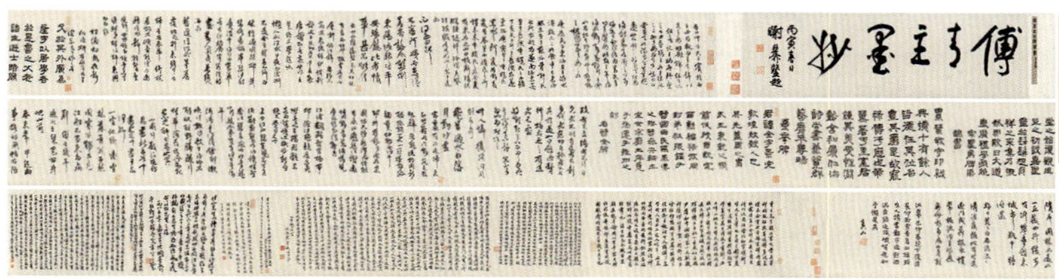

126 傅山 四体书法卷 手卷
估　价：RMB 22,000,000～32,000,000
成交价：RMB 54,050,000
引首26.5cm × 88.5cm；书法26.5cm × 623cm；题跋26.5cm × 248cm 上海敬华 2020-09-22

1007 费丹旭 随园老人小像 立轴
成交价：RMB 920,000
89.4cm × 42cm 北京保利 2020-12-05

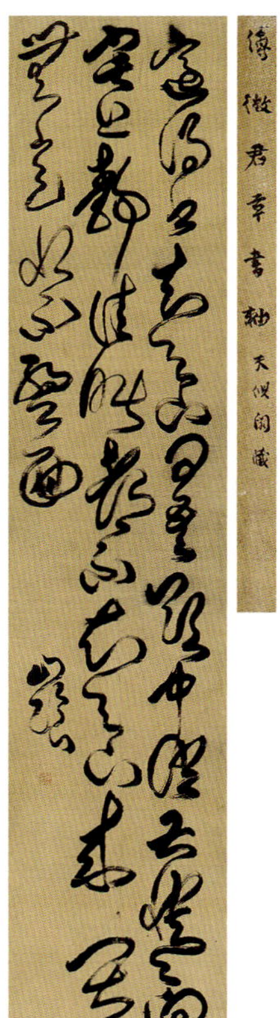

1047 傅山 草书 临王羲之《适得书帖》 立轴
估　价：RMB 1,500,000～2,500,000
成交价：RMB 2,300,000
206cm × 44cm 西泠印社 2020-08-08

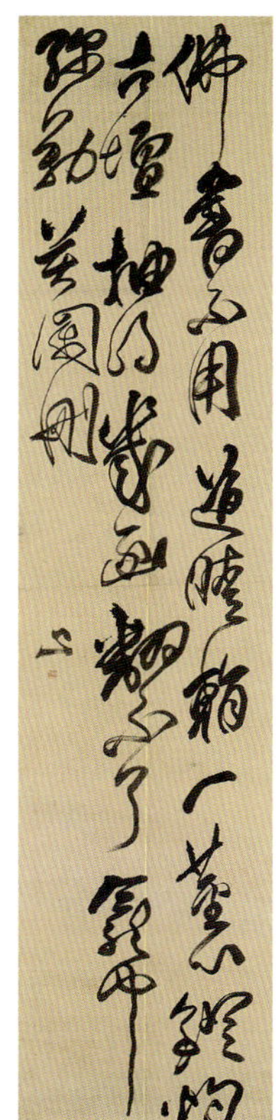

856 傅山 草书七言诗 立轴
估　价：HKD 1,500,000～2,500,000
成交价：RMB 2,236,500
204.5cm × 47.5cm 佳士得 2020-12-02

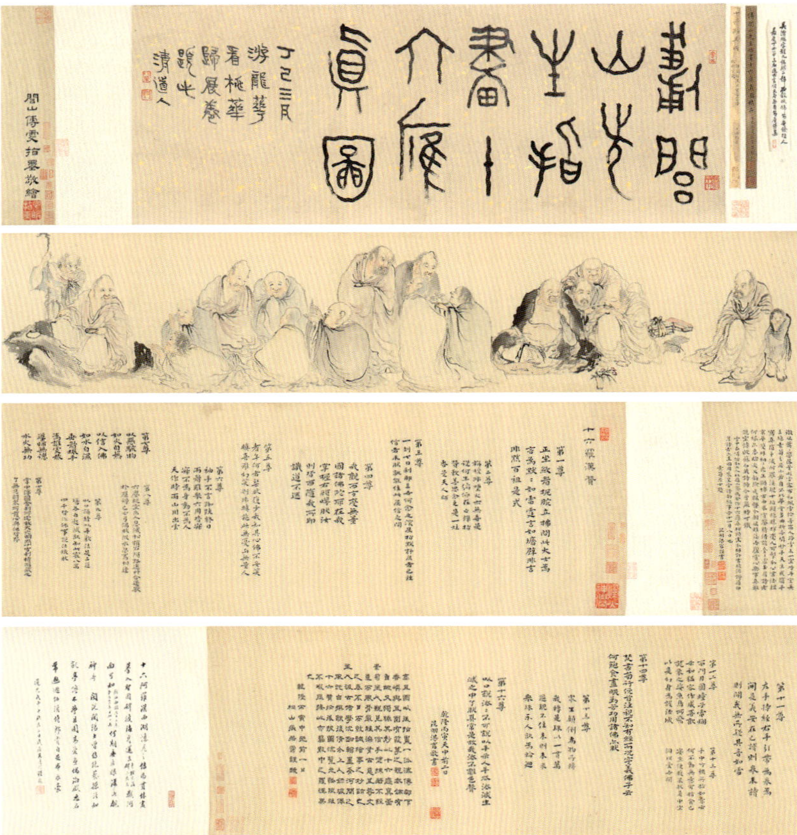

3652 傅雯 十六应真图并赞 手卷
估　价：RMB 60,000～180,000
成交价：RMB 828,000
引首38.5cm×104cm；画心38.5cm×222cm；题跋38.5cm×268cm 北京保利 2020-10-18

1395 高岑 1670年作 秋山幽居 立轴
估　价：RMB 60,000～80,000
成交价：RMB 437,000
156cm×89.5cm 中鸿信 2020-01-04

210 改琦 松芝献寿 立轴
成交价：RMB 379,500
174.5cm×95.5cm 华艺国际 2020-10-16

1291 干旌 仿董太守笔意山水 立轴
估　价：RMB 200,000～300,000
成交价：RMB 299,000
153cm×66cm 北京保利 2020-12-05

1057 高凤翰 1727年作 八影图 册页（八开）
估　价：RMB 5,000,000～8,000,000
成交价：RMB 9,775,000
15.5cm×24.5cm×8 北京保利 2020-12-05

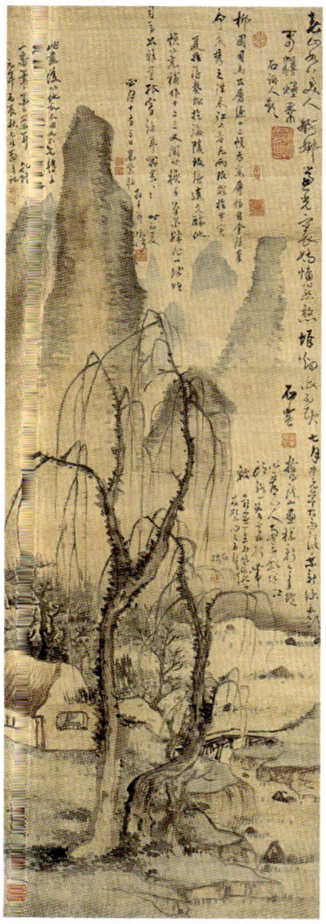

28 高凤翰 春溪烟景 立轴
估　价：RMB 2,200,000～3,200,000
成交价：RMB 3,565,000
146cm×51cm 华艺国际 2020-12-05

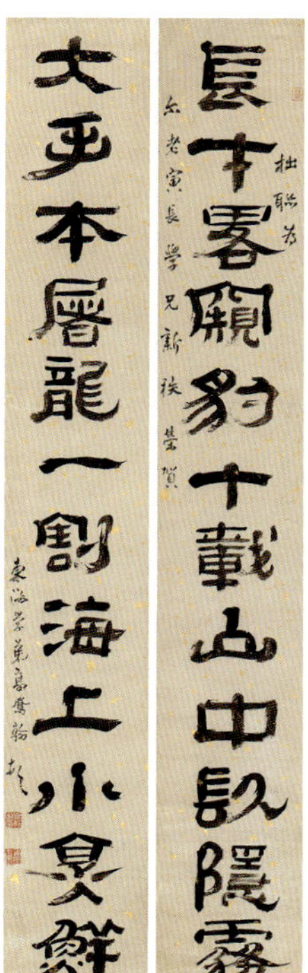

885 高凤翰 隶书十二言联 立轴
估　价：RMB 150,000～250,000
成交价：RMB 2,185,000
17[illegible]cm×26.5cm×2 中国嘉德 2020-08-17

911 高简 劳澄 山水合册 册页（十开）
估　价：RMB 280,000～380,000
成交价：RMB 517,500
31.5cm×20.5cm×10 中国嘉德 2020-08-17

720 高其佩 云龙图 立轴
估　价：RMB 50,000～80,000
成交价：RMB 253,000
186cm×108cm 北京翰海 2020-12-11

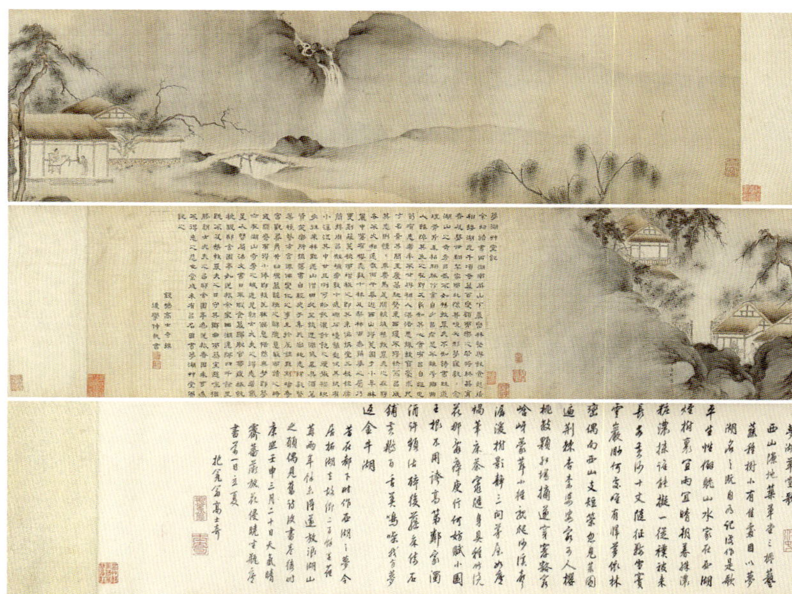

766 高士奇 潘彬 仲艺 梦湖草堂图 手卷
估　价：RMB 1,800,000～2,200,000
成交价：RMB 2,760,000
28cm×313cm 永乐拍卖 2020-08-17

1017 高树程 1795年作 春溪归舟 立轴
估　价：RMB 180,000～280,000
成交价：RMB 333,500
107cm×39.5cm 中国嘉德 2020-08-17

891 高翔 等 合绘 等题
秋夜读书图 立轴
估　价：RMB 800,000～1,200,000
成交价：RMB 3,565,000
88cm×40cm 中贸圣佳 2020-10-17

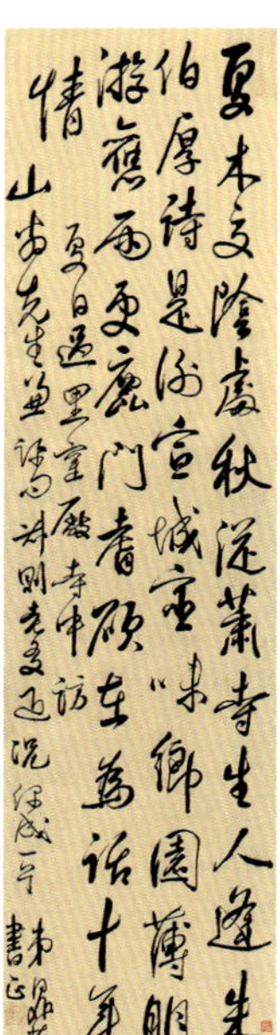

1305 龚鼎孳 草书 屏轴
估　价：RMB 250,000～350,000
成交价：RMB 667,000
193.5cm×50cm 朵云轩 2020-09-24

88 龚贤 培芝图 立轴
估　价：RMB 5,000,000～8,000,000
成交价：RMB 9,775,000
184cm×55cm 荣宝斋（上海） 2020-10-25

3033 龚贤 1672年作 山水 立轴
估　价：RMB 800,000～1,000,000
成交价：RMB 1,552,500
140cm×41cm 十竹斋拍卖（北京） 2020-10-18

871 龚贤 1684年作 翠嶂千岩 立轴
估　价：HKD 800,000～1,200,000
成交价：RMB 852,000
193cm×103cm 佳士得 2020-12-02

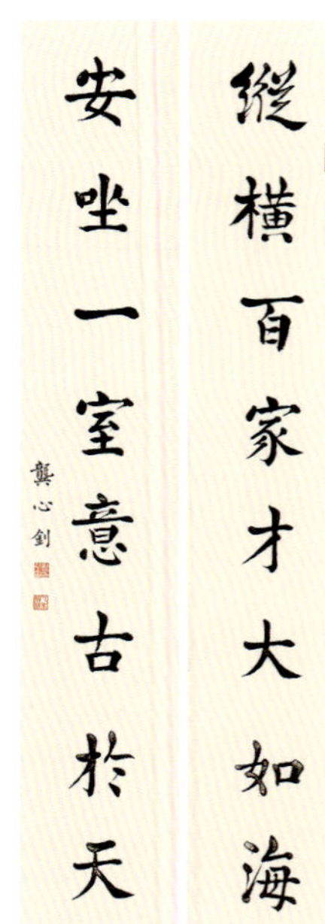

1010 龚心钊 楷书八言联 对联
成交价：RMB 230,000
151cm×27cm×2 北京保利 2020-12-05

1403 顾大申 1674年作 拟北苑山水 立轴
估　价：RMB 350,000～550,000
成交价：RMB 1,012,000
219cm × [illegible].5cm 中鸿信 2020-01-04

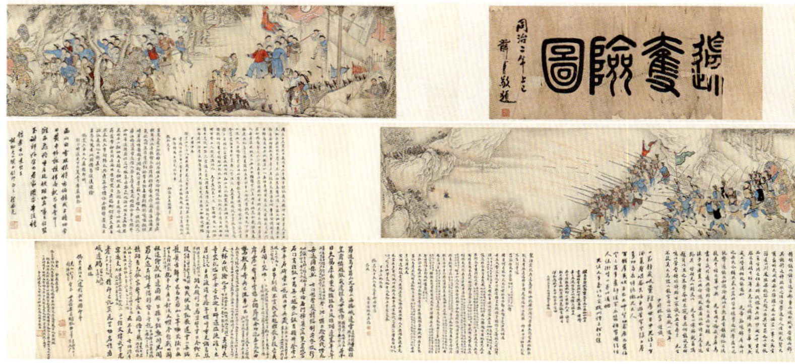

892 顾洛 画 郭尚先 林则徐 等题 峨边夺险图 手卷
估　价：RMB 1,800,000～2,500,000
成交价：RMB 2,530,000
引首42cm × 102cm；本幅41.5cm × 317.5cm；题跋45cm × 395cm 中贸圣佳 2020-10-17

3565 桂复 隶书“紫藤轩” 镜心
估　价：RMB 300,000～500,000
成交价：RMB 747,500
44cm × 158cm 北京保利 2020-10-18

2819 顾沄 戴以恒 吕养泉
1890年作 1895年作 江曲书庄后图 手卷
估　价：HKD 120,000～180,000
成交价：RMB 316,400
香港苏富比 2020-07-10

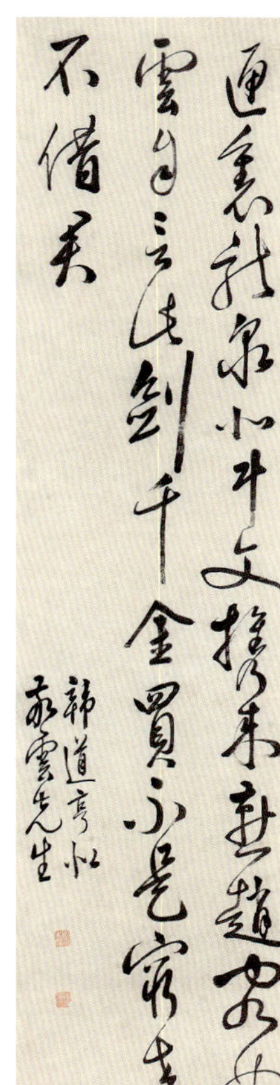

3531 韩道亨 行书李攀龙诗 立轴
估　价：RMB 100,000～150,000
成交价：RMB 345,000
122cm × 31cm 北京保利 2020-10-18

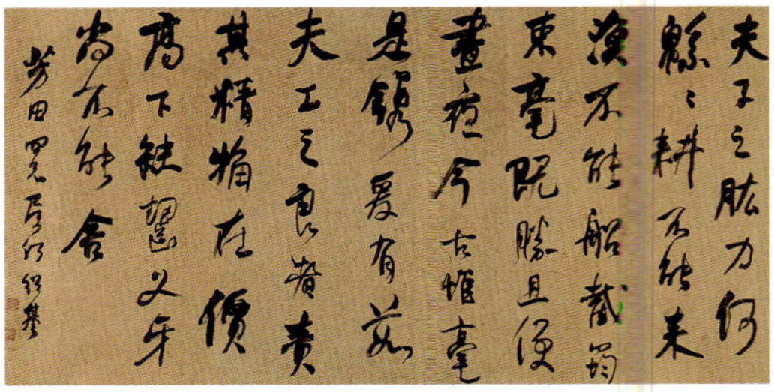

272 何绍基 行书节录《全唐文》 镜心
估 价：RMB 800,000～1,200,000
成交价：RMB 1,610,000
79.5cm×163cm 中国嘉德 2020-12-01

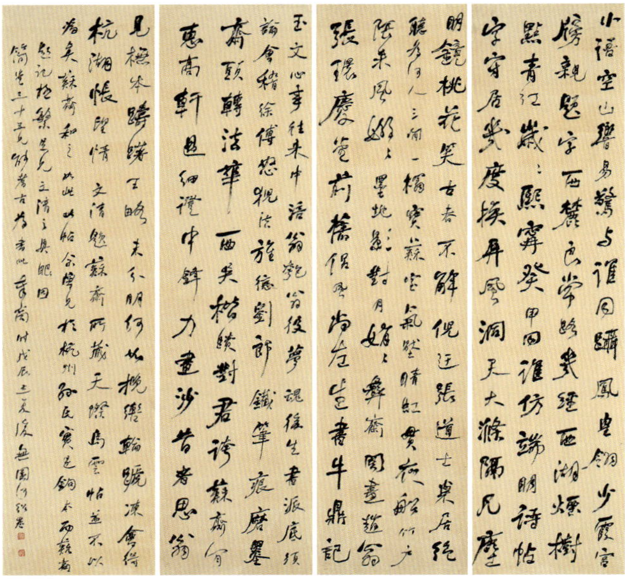

33 何绍基 1868年作 行书录翁方纲论书诗（四件）镜框
估 价：RMB 1,200,000～1,800,000
成交价：RMB 2,875,000
219cm×59cm×4 华艺国际 2020-12-05

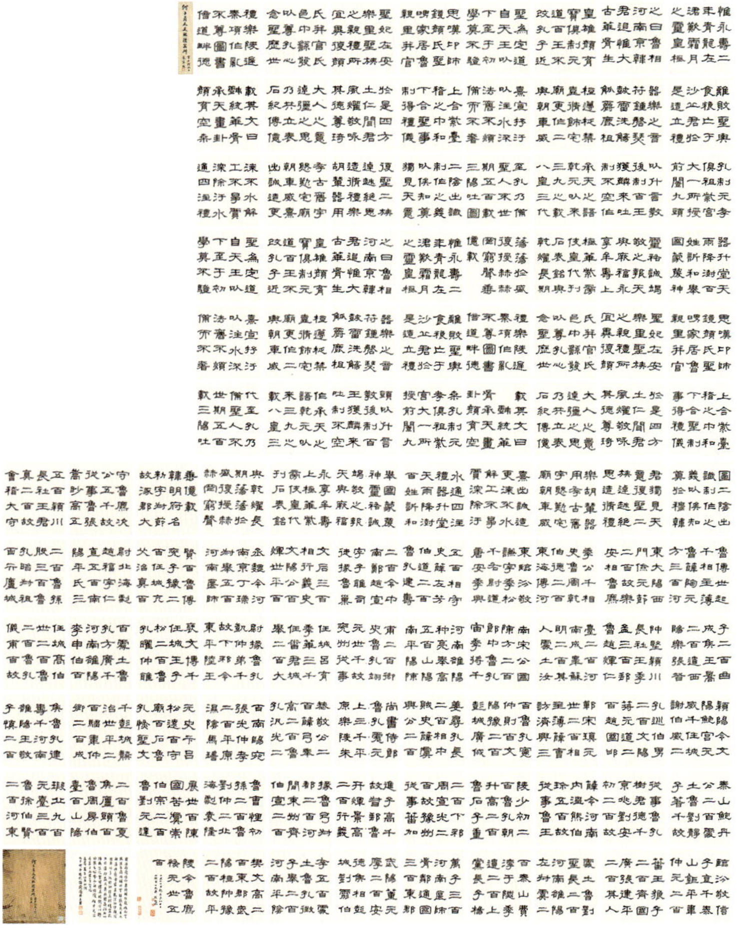

1082 何绍基 隶书临《礼器碑》 册页
估 价：RMB 800,000～1,000,000
成交价：RMB 2,047,000
31cm×33cm×56 十竹斋拍卖（北京）2020-10-18

908 和硕理密亲王 行书六言联 立轴
估 价：RMB 800,000～1,200,000
成交价：RMB 1,150,000
124.5cm×23.5cm×2 中贸圣佳 2020-10-17

235 赫奕 山水 立轴
估　价：RMB 800,000～1,200,000
成交价：RMB 1,035,000
97cm×80cm 广东小雅斋 2020-08-21

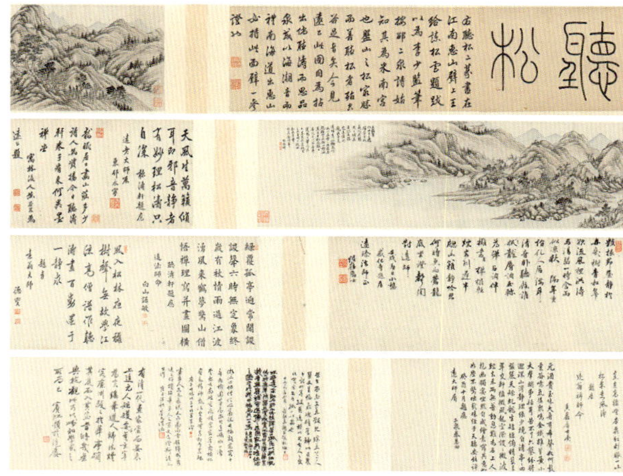

3653 弘旿 听涛轩图 手卷
估　价：RMB 120,000～200,000
成交价：RMB 690,000
引首25cm×99cm；画心25cm×127cm；题跋25cm×315cm
北京保利 2020-10-18

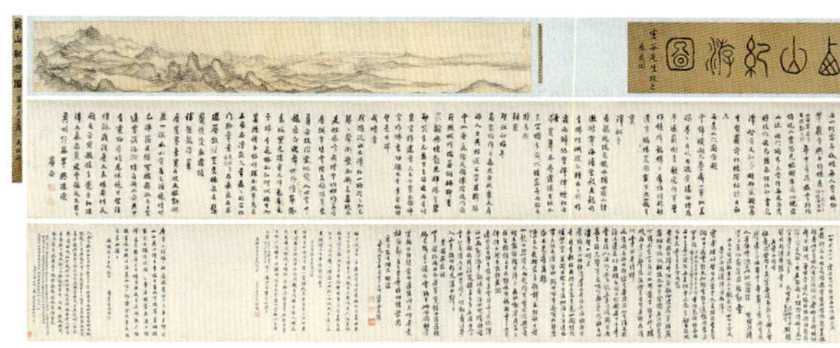

1080 胡九思 1829年作 为曾燠作《西山纪游图》 手卷
估　价：RMB 200,000～300,000
成交价：RMB 322,000
引首34cm×105.5cm；画33.5cm×238cm；跋38cm×532cm
中国嘉德 2020-12-04

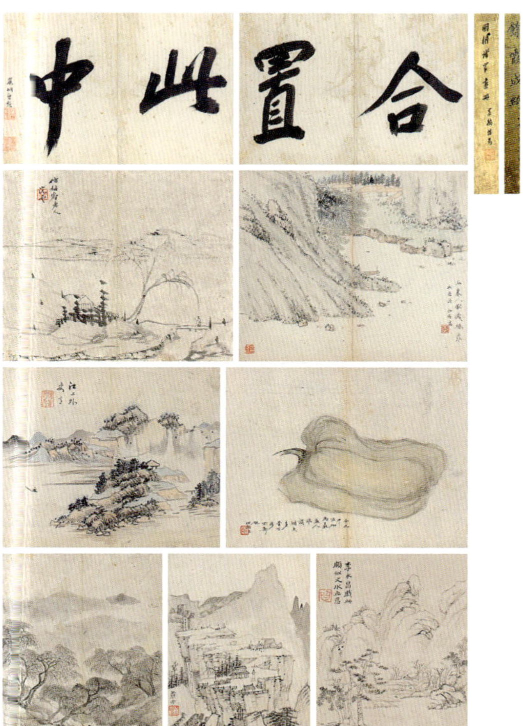

4031 弘仁 李永昌 汪梅鼎等 国朝诸家画 册页（七开）
估　价：RMB 1,800,000～3,000,000
成交价：RMB 2,070,000
尺寸不一 北京保利 2020-10-18

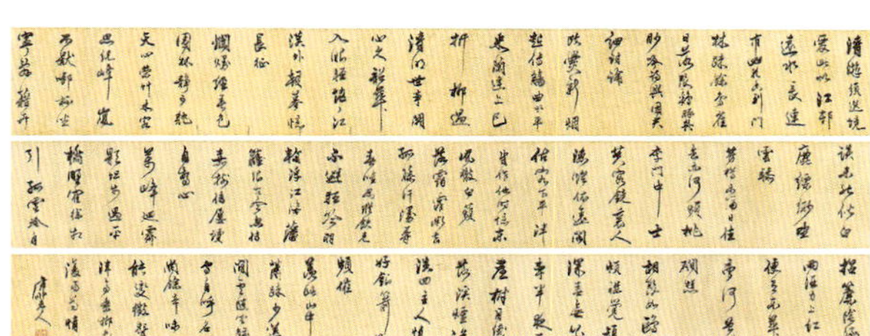

2558 虎卧老人 行书五言诗八首 手卷
估　价：HKD 300,000～500,000
成交价：RMB 339,000
33cm×892.8cm 香港苏富比 2020-07-09

1183 华岩 春谷杜鹃图 立轴
估　价：RMB 1,000,000～1,500,000
成交价：RMB 1,610,000
143.5cm × 49cm 西泠印社 2020-08-08

1181 华岩 空翠千嶂图 立轴
估　价：RMB 1,000,000～2,000,000
成交价：RMB 1,437,500
148.5cm × 45cm 西泠印社 2020-08-08

869 黄璧 四季览胜图 手卷
估　价：RMB 1,800,000～2,200,000
成交价：RMB 3,507,500
引首58cm × 125cm；画心58cm × 2357cm
中贸圣佳 2020-10-17

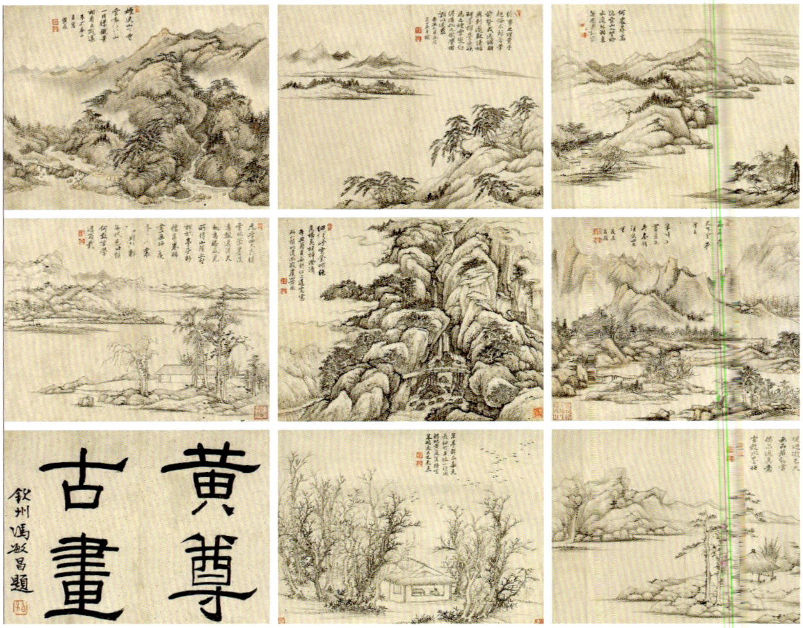

427 黄鼎 拟古山水 册页(八开)
估　价：RMB 800,000～1,200,000
成交价：RMB 1,667,500
册首29cm × 39cm；画心27cm × 35.5cm
中贸圣佳 2020-10-17

1064 黄鼎 1723年作 万木奇峰图 立轴
估　价：RMB 4,500,000～6,500,000
成交价：RMB 5,175,000
186.5cm × 75cm 北京保利 2020-12-05

2827 黄均 1845年作 枫林晚秋图 手卷
估　价：HKD 200,000～300,000
成交价：RMB 621,500
引首24.3cm×108.1cm；画心24cm×139.9cm
香港苏富比 2020-07-10

716 黄念 花鸟 横幅镜心
估　价：RMB 300,000～500,000
成交价：RMB 345,000
88cm×200cm 北京翰海 2020-12-11

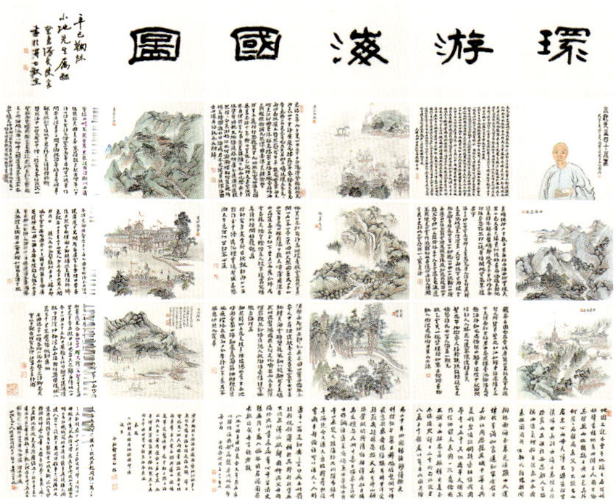

285 黄山寿 吴伯滔 李圭 等 1878年作 1879年作 1881年作
环游海国图 册页(一百一十八开)
估　价：RMB 190,000～250,000
成交价：RMB 345,000
32cm×32cm×118 朵云轩 2020-09-23

1356 黄慎 钓鱼翁 立轴
估　价：RMB 400,000～500,000
成交价：RMB 1,035,000
138cm×93cm 朵云轩 2020-09-24

867 黄慎 1738年作 桃源图 手卷
估　价：HKD 800,000～1,000,000
成交价：RMB 5,112,000
34cm×260cm 佳士得 2020-12-02

277 黄慎 草书诗草 册页(四册五十一开)
估　价：RMB 2,000,000～3,000,000
成交价：RMB 3,220,000
23.7cm×33cm×51 中国嘉德 2020-12-01

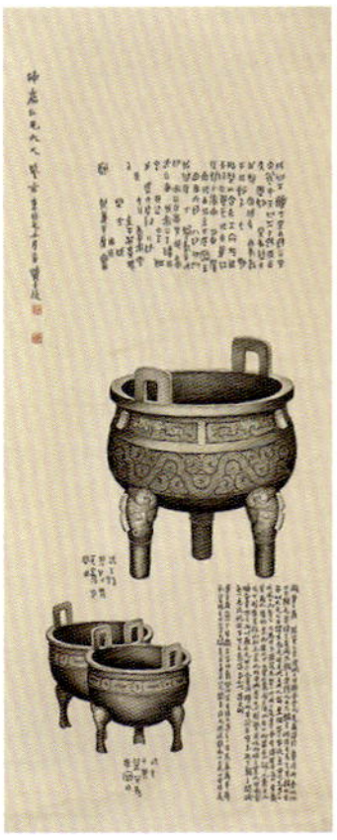

685 黄士陵 1891年作 手绘钟鼎 镜心
估　价：RMB 20,000～30,000
成交价：RMB 345,000
138cm×57cm 北京翰海 2020-12-11

2539 黄向坚 1656年作 碧鸡金马图 立轴
估　价：HKD 300,000～400,000
成交价：RMB 777,042
68.5cm×30.3cm 香港苏富比 2020-10-08

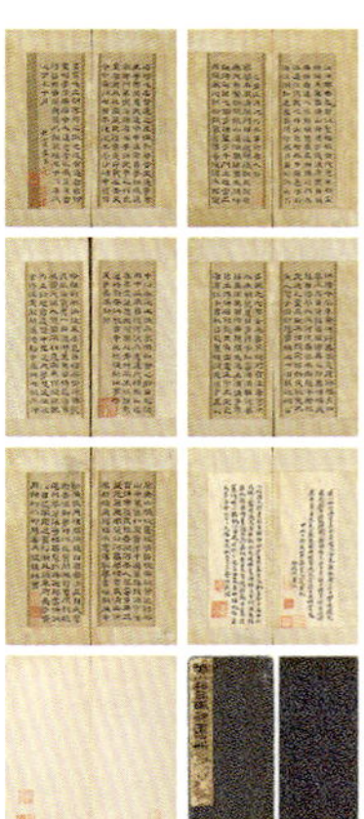

467 黄易 黄小松司马隶书 册页(五开)
估　价：RMB 500,000～600,000
成交价：RMB 632,500
21.5cm×8cm 中贸圣佳 2020-10-17

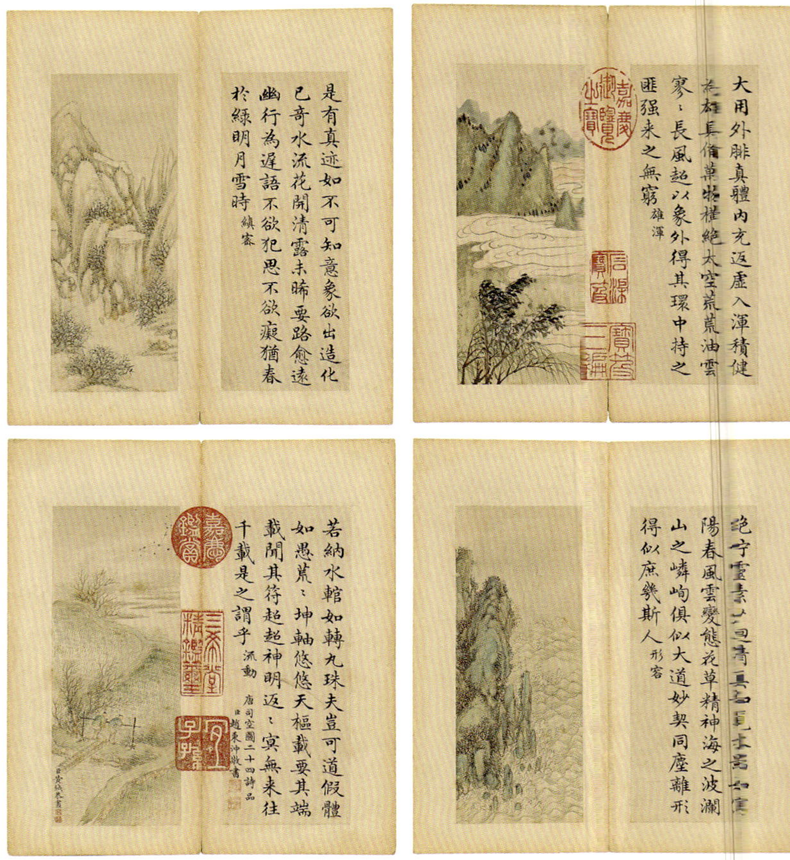

2544 黄钺 赵秉冲 司空图二十四诗品册 册页(四十八开)
估　价：HKD 5,000,000～8,000,000
成交价：RMB 18,276,345
16.6cm×6.6cm 香港苏富比 2020-10-08

2122 计芬 1836年作 群仙祝寿 镜心
估　价：RMB 50,000～80,000
成交价：RMB 287,500
107cm×45cm 中国嘉德 2020-07-27

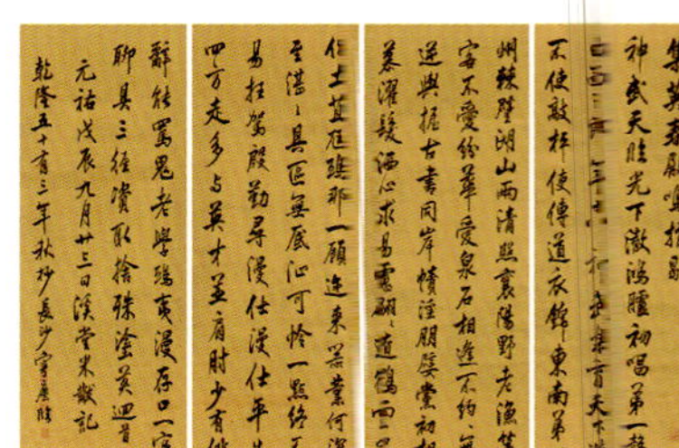

1361 寄尘 1788年作 行书（四件）屏轴
估　价：RMB 280,000～350,000
成交价：RMB 322,000
125cm×47.5cm×4 朵云轩 2020-09-24

939 嘉庆帝 行书八言联 立轴
估　价：RMB 120,000～180,000
成交价：RMB 1,667,500
201.5cm × 39.5cm × 2 中国嘉德 2020-08-17

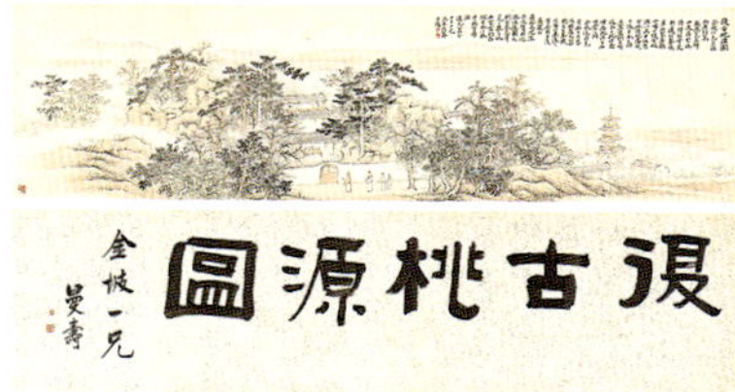

2570 蒋宝龄 复古桃源图 手卷
估　价：HKD 50,000～80,000
成交价：RMB 565,000
28cm × 105cm 香港苏富比 2020-07-09

3678 蒋溥 太白诗意图 册页(十八开)
估　价：RMB 600,000～800,000
成交价：RMB 828,000
15.5cm × 11.5cm × 18 北京保利 2020-10-18

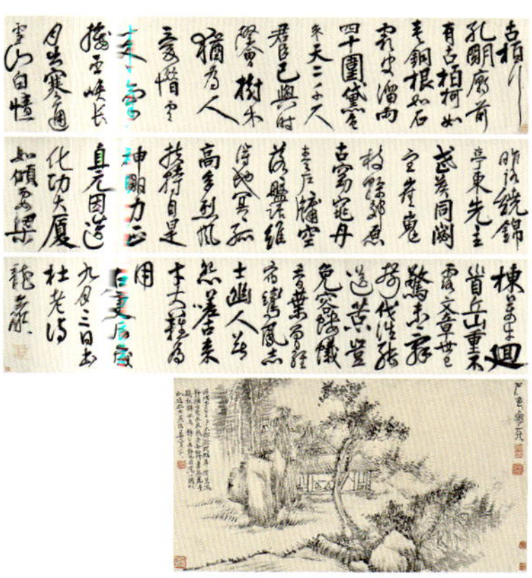

208 姜实节 米万钟 山水、书法 手卷
成交价：RMB 805,000
书法30.8cm × 416cm；画30.8cm × 57cm
华艺国际 2020-10-16

866 蒋溥 仿古山水 册页(十二开)
估　价：RMB 80,000～120,000
成交价：RMB 264,500
28cm × 33cm × 12 中国嘉德 2020-08-17

1087 蒋仁 1790年作 行书《鲜于太常游记》 手卷
估　价：RMB 3,000,000～4,000,000
成交价：RMB 5,635,000
本幅23.5cm × 275cm；题跋26cm × 19.5cm 十竹斋拍卖（北京） 2020-10-18

3017 蒋廷锡 1718年作 水墨花卉 手卷
估　价：RMB 1,500,000～2,000,000
成交价：RMB 2,185,000
37cm×505cm 十竹斋拍卖（北京） 2020-10-18

26 焦秉贞 瓷器制造图 册页(二十三开)
估　价：RMB 1,000,000～1,500,000
成交价：RMB 1,437,500
30.5cm×35.5cm×23 华艺国际 2020-12-05

731 蒋廷锡 十瓣瑞兰 立轴
估　价：RMB 120,000～180,000
成交价：RMB 1,058,000
84cm×37cm 永乐拍卖 2020-08-17

3620 蒋廷锡 松寿大吉图 立轴
估　价：RMB 100,000～300,000
成交价：RMB 862,500
295cm×134cm 北京保利 2020-10-18

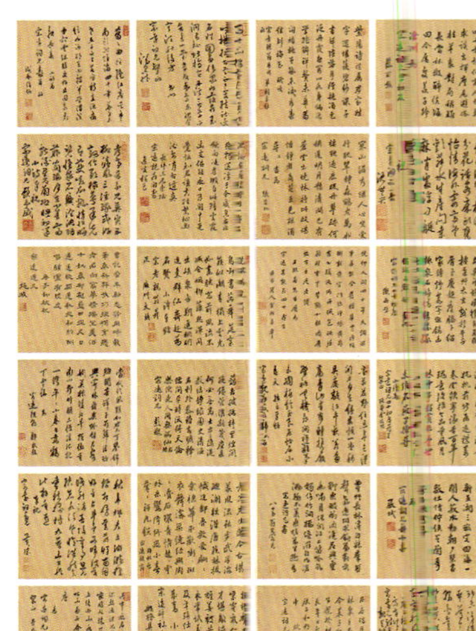

1063 金俊明 文柟 文宠光 严栻 方夏 等二十四家 为朱灏作祝寿诗册 二册（共二十四页）
估　价：RMB 800,000～1,200,000
成交价：RMB 1,092,500
30cm×28cm×24 西泠印社 2020-08-08

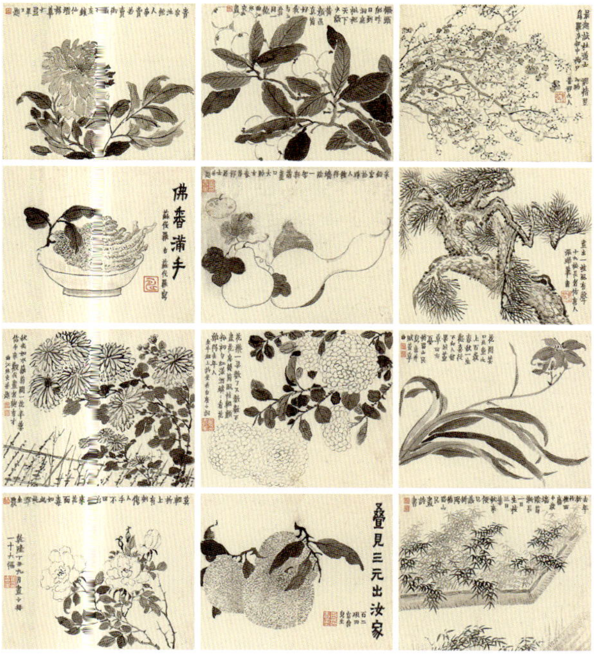

1058 金农 1757年 绘画集锦 册页（十二开）
估　价：RMB 5,000,000～8,000,000
成交价：RMB 5,750,000
21cm × 27cm × 12 北京保利 2020-12-05

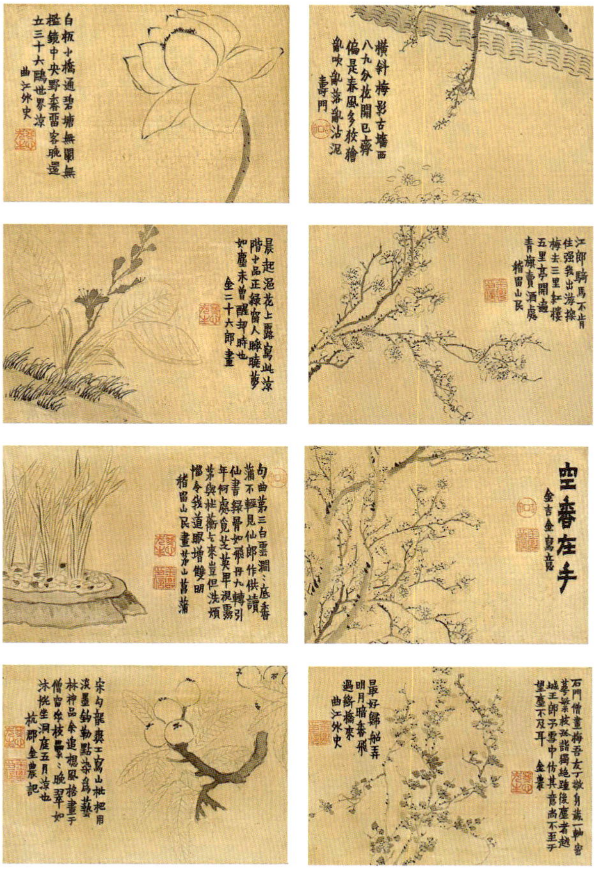

2568 金农 花卉册 册页（八开）
估　价：HKD 1,600,000～2,000,000
成交价：RMB 1,921,000
20.8cm × 29.8cm × 8 香港苏富比 2020-07-09

3052 金农 1750年作 墨竹 立轴
估　价：RMB 5,000,000～6,000,000
成交价：RMB 6,900,000
118cm × 30cm 十竹斋拍卖（北京） 2020-10-18

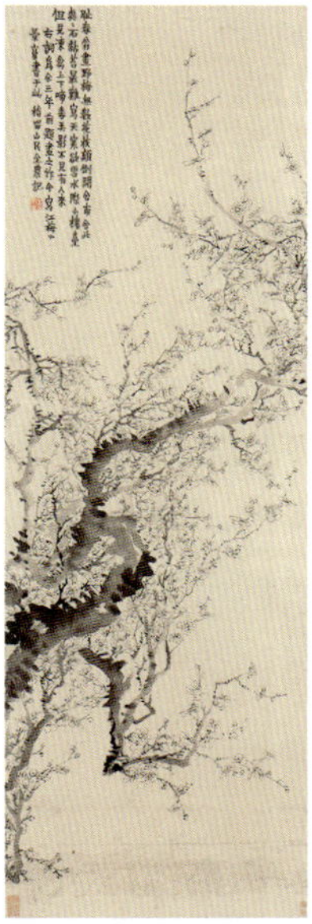

3904 金农 江梅小景 镜框
成交价：RMB 2,415,000
132.1cm × 44.5cm 北京保利 2020-10-18

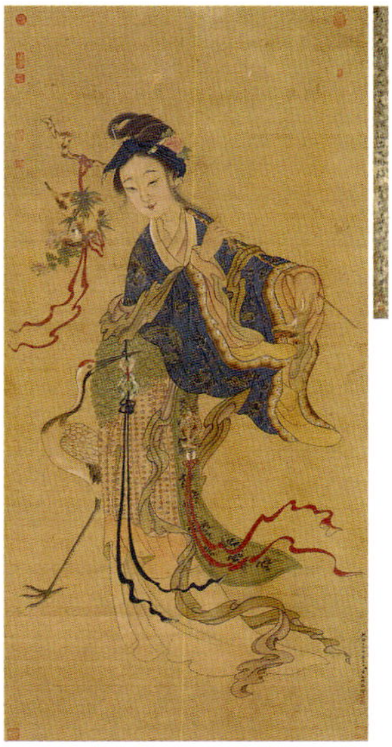

1344 金廷标 1761年作 麻姑献寿图 立轴
估　价：RMB 300,000～500,000
成交价：RMB 437,000
181cm × 90cm 中鸿信 2020-01-04

32 金曜 1729年作 花卉草虫卷 手卷
估　价：RMB 600,000～800,000
成交价：RMB 690,000
29cm×363cm 华艺国际 2020-12-05

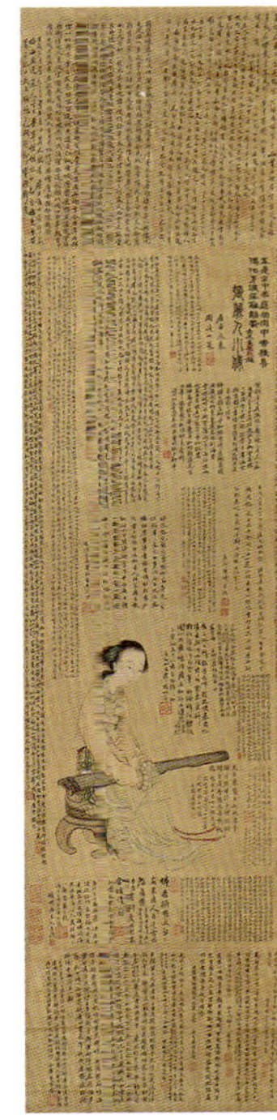

725 居廉 张丽人小像 立轴
估　价：RMB 300,000～500,000
成交价：RMB 1,035,000
91cm×30cm 北京瀚海 2020-12-11

2788 居廉 1877年作 群芳竞妍册（十二帧）镜框
估　价：HKD 2,200,000～2,800,000
成交价：RMB 6,667,000
21.5cm×27cm×12 香港苏富比 2020-07-10

374 康焘 人物故事图 册页（十六开）
估　价：RMB 680,000～880,000
成交价：RMB 793,500
26cm×20cm×16 上海敬华 2020-09-22

8 康熙帝 御笔"藩维重寄"镜框
估　价：RMB 1,600,000～2,600,000
成交价：RMB 4,255,000
43cm×126cm 华艺国际 2020-12-05

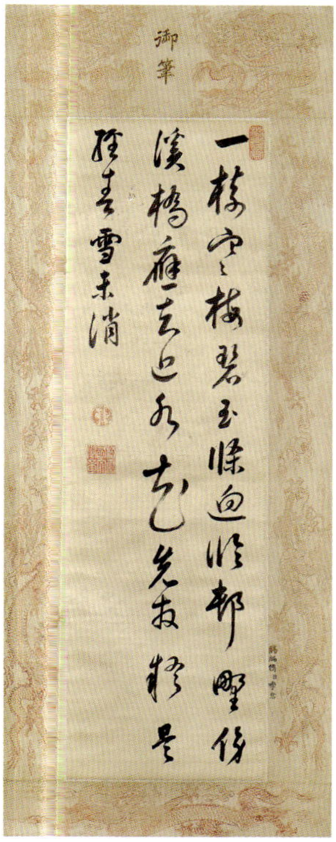

762 康熙帝 御笔张谓《早梅》 立轴
估　价：RMB 2,000,000～2,600,000
成交价：RMB 3,335,000
112cm×34.5cm 永乐拍卖 2020-08-17

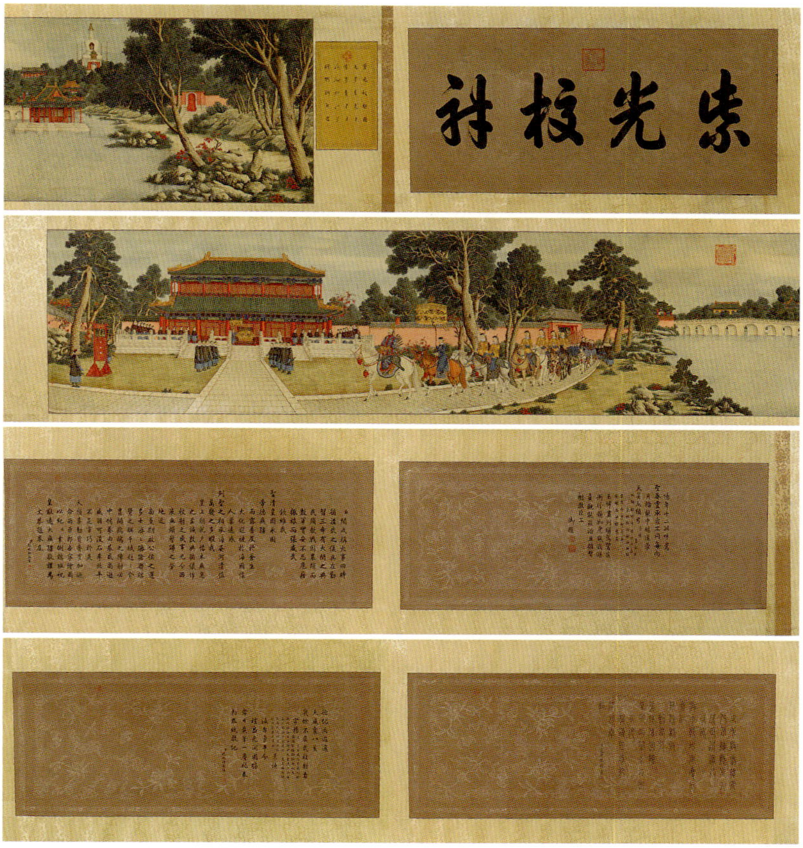

1213 郎世宁 西苑校射图 手卷
估　价：RMB 500,000～800,000
成交价：RMB 1,437,500
66.7cm×383.5cm 中鸿信 2020-01-04

1648 王涛 花溪书屋 立轴
估　价：RMB 300,000～500,000
成交价：RMB 2,875,000
198cm×98cm 朵云轩 2020-09-24

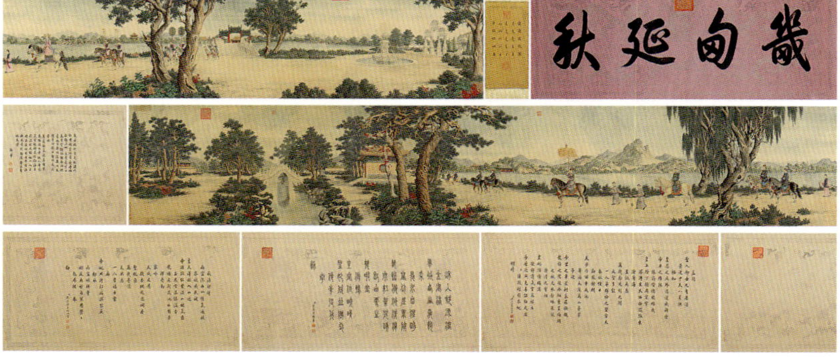

2438 郎世宁 (款) 几甸延秋图卷 手卷
估　价：RMB 350,000～450,000
成交价：RMB 632,500
65cm×653cm 中国嘉德 2020-07-17

1545 冷枚 1725年作
杨万里诗意图 设色绢本 镜框
估　价：USD 28,000～60,000
成交价：RMB 2,043,900
116.5×65.5 cm 纽约佳士得 2020-09-25

1344 冷枚 1732年作 松阴读《易》 立轴
估　价：RMB 600,000～800,000
成交价：RMB 862,500
113cm×64cm 朵云轩 2020-09-24

4004 李方膺 1746年作 墨梅图 立轴
估　价：RMB 300,000～500,000
成交价：RMB 1,725,000
134cm×58.5cm 北京保利 2020-10-18

2501 李诂 1808年作 仿唐寅笔意山水 立轴
估　价：HKD 50,000～80,000
成交价：RMB 499,527
161.7cm×76.6cm 香港苏富比 2020-10-08

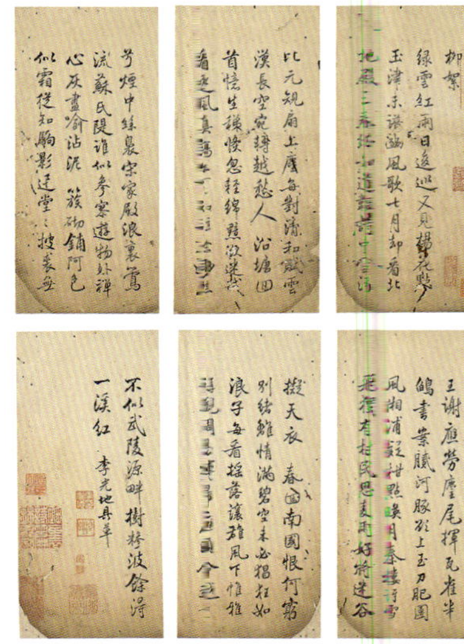

783 李光地 行书《柳絮帖》册页(七开)
估　价：HKD 20,000～30,000
成交价：RMB 427,241
24cm×11.4cm 香港苏富比 2020-11-26

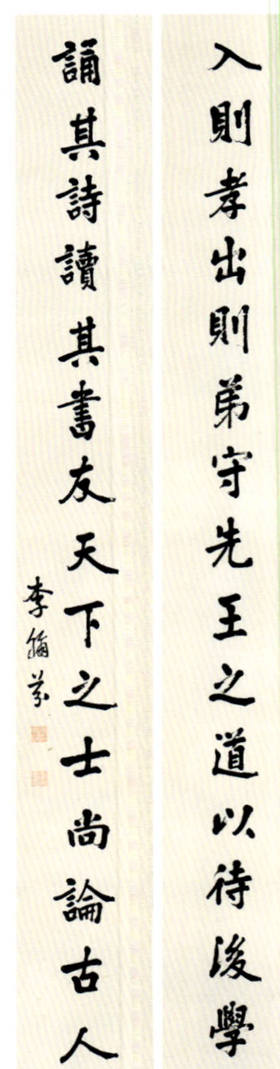

1026 李翰芬　楷书十五言联 立轴
估　价：RMB 200,000～300,000
成交价：RMB 287,500
363cm×47cm×2 十竹斋拍卖（北京）2020-10-1

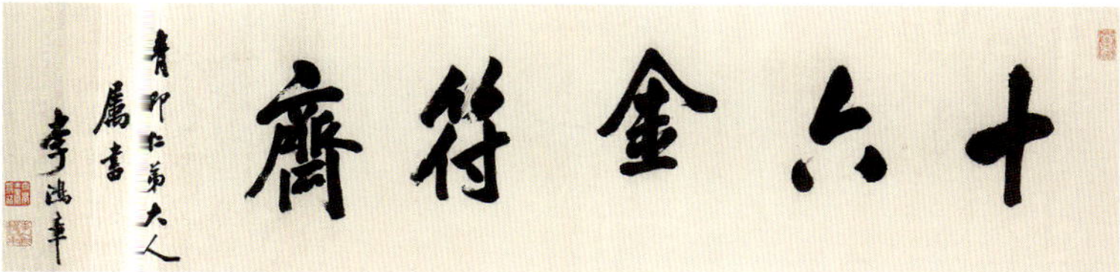

1054 李鸿章 行书“十六金符斋” 镜心
估 价：RMB 1,000,000～2,000,000
成交价：RMB 2,300,000
37cm × 155.9cm 北京保利 2020-12-05

4005 李鱓 1736年作 杂画 册页(十二开)
估 价：RMB 2,200,000～3,000,000
成交价：RMB 4,370,000
25cm × 40cm × 12 北京保利 2020-10-18

48 李因 1673年作 芙蓉鸳鸯 立轴
估 价：RMB 350,000～450,000
成交价：RMB 517,500
136cm × 47cm 华艺国际 2020-12-05

244 李鱓 柳塘双凫 镜框
估 价：RMB 350,000～450,000
成交价：RMB 575,000
129cm × 66cm 华艺国际 2020-10-16

1134 李世倬 集锦 册页(八开)
估 价：RMB 500,000～800,000
成交价：RMB 575,000
32cm × 33cm × 8 中国嘉德 2020-12-04

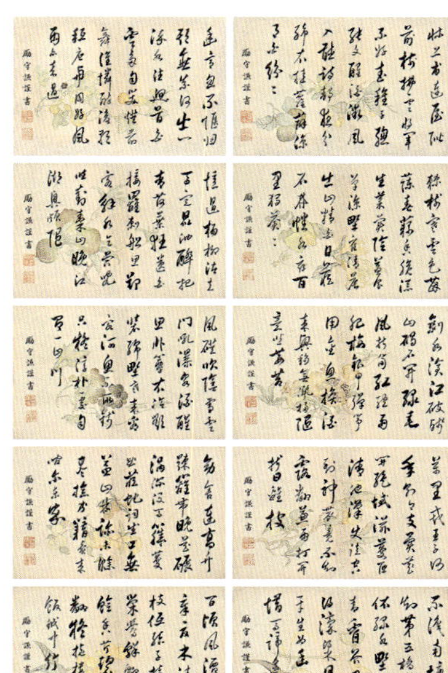

217 励守谦 书法 册页(十开)
成交价：RMB 517,500
33cm × 51.5cm × 10 华艺国际 2020-10-16

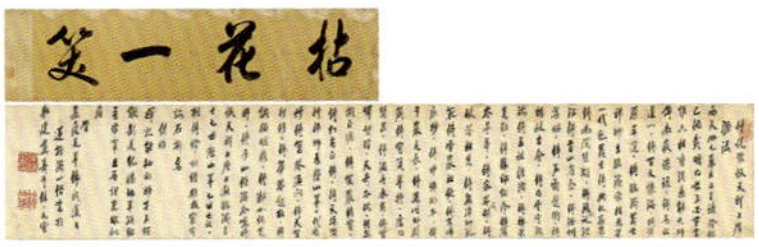

1092 莲筏法师 1796年作
行书《上座源流书》镜片
估　价：RMB 250,000～400,000
成交价：RMB 598,000
引首101cm×26.5cm；画心147cm×26.5cm
西泠印社 2020-08-08

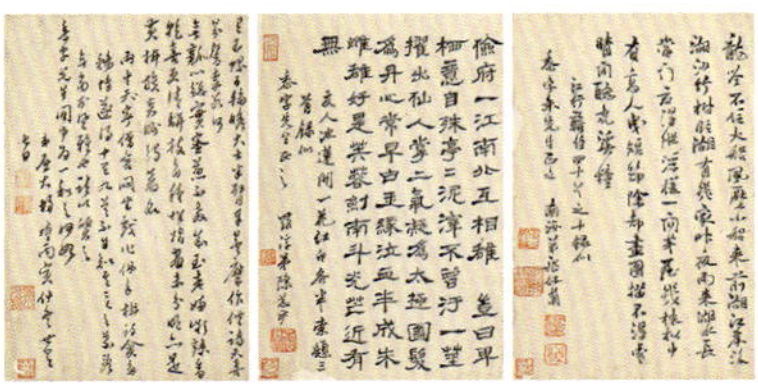

904 梁佩兰 陈恭尹 屈大均
岭南三大家诗 册页(十二开)
估　价：HKD 100,000～150,000
成交价：RMB 692,250
22.5cm×15cm×12 佳士得 2020-12-02

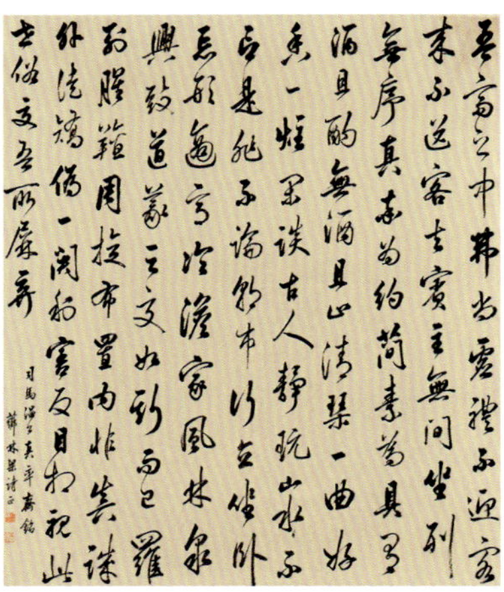

1357 梁诗正 行书 立轴
估　价：RMB 200,000～300,000
成交价：RMB 345,000
130cm×114cm 朵云轩 2020-09-24

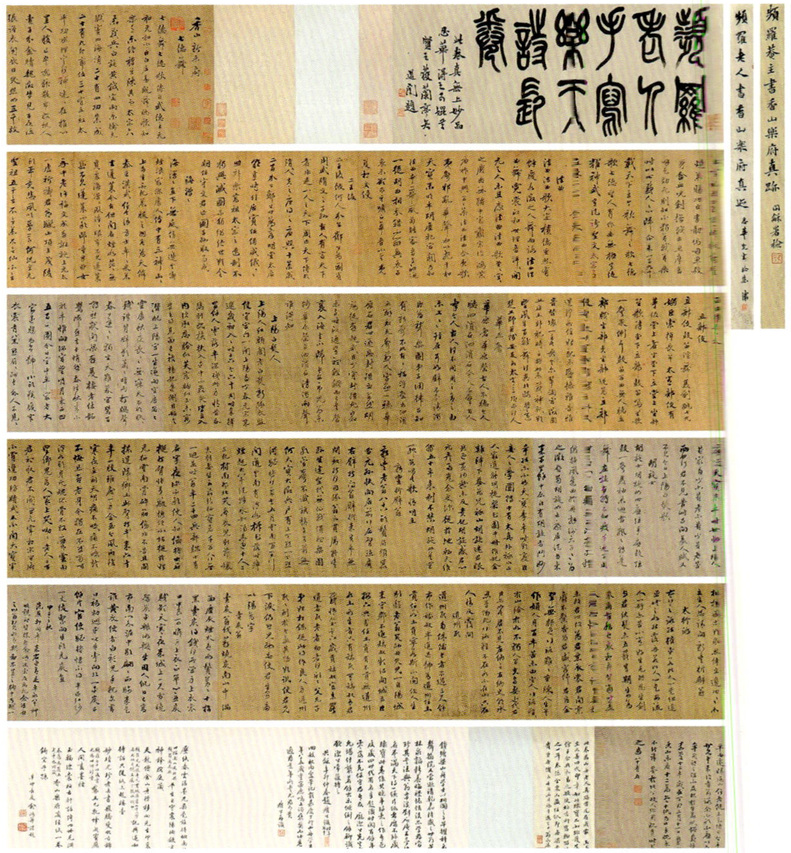

4015 梁同书 1807年作 行书《香山诗乐府卷》手卷
估　价：RMB 1,500,000～3,000,000
成交价：RMB 3,910,000
引首25cm×64cm；画心27cm×635cm；题跋27cm×80cm 北京保利 2020-10-18

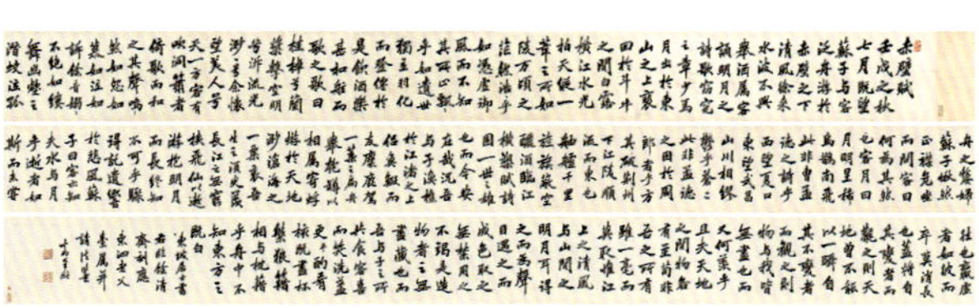

774 梁巘 行书 手卷
估　价：RMB 60,000～80,000
成交价：RMB 345,000
30cm×1054cm 朵云轩 2020-11-30

1103 梁章钜 行书七言联 立轴
估　价：RMB 120,000～180,000
成交价：RMB 1,127,000
172.5cm×30cm×2 中国嘉德 2020-12-04

2518 廖云鹤 青嶂远岫图 立轴
估　价：HKD 120,000～180,000
成交价：RMB 226,000
159.5cm × 79cm 香港苏富比 2020-07-09

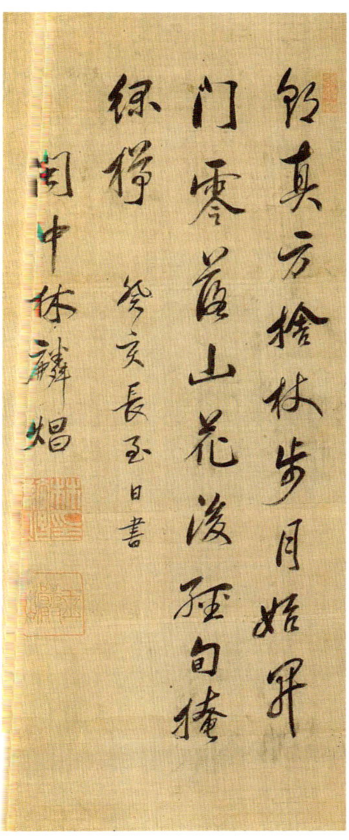

2512 林麟焻 行书陆游诗 立轴
估　价：HKD 20,000～30,000
成交价：RMB 271,200
87.1cm × 38cm 香港苏富比 2020-07-09

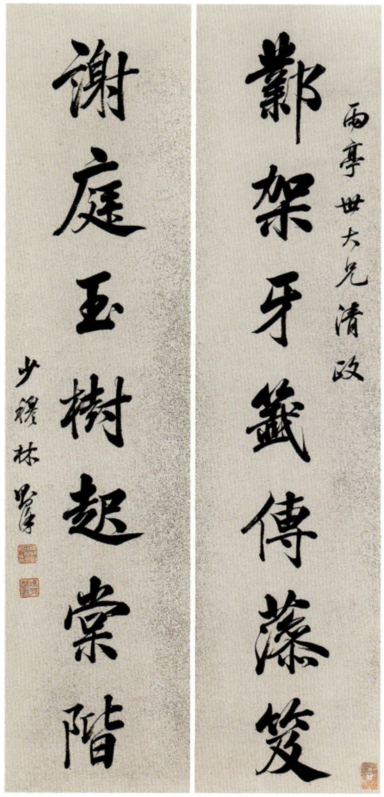

1603 林则徐 行书七言对联 立轴
估　价：RMB 200,000～300,000
成交价：RMB 3,450,000
125cm × 29.5cm × 2 朵云轩 2020-09-24

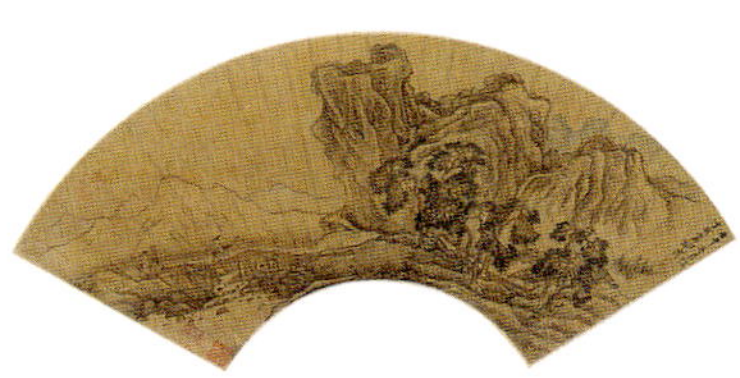

1012 刘度 1642年作 涧桥行旅图 扇面
估　价：RMB 10,000～50,000
成交价：RMB 460,000
18.0cm × 53cm 中国嘉德 2020-12-04

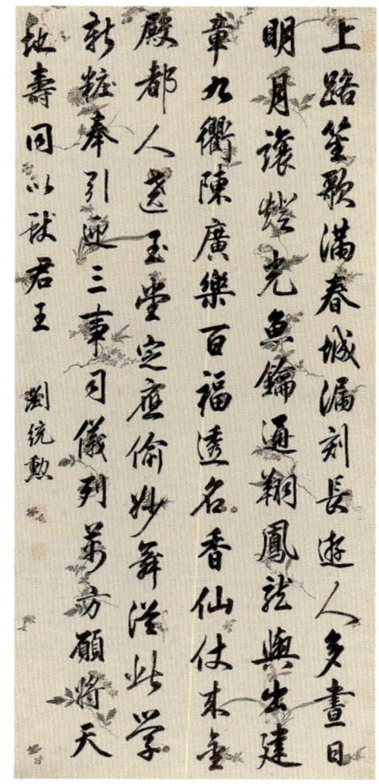

930 刘统勋 行书王维诗 立轴
估　价：RMB 200,000～300,000
成交价：RMB 598,000
126.5cm × 59.5cm 中国嘉德 2020-08-17

1059 刘彦冲 1844年作 仿古山水 册页(八开)
估　价：RMB 1,000,000～2,000,000
成交价：RMB 5,807,500
31cm × 33.5cm × 8 北京保利 2020-12-05

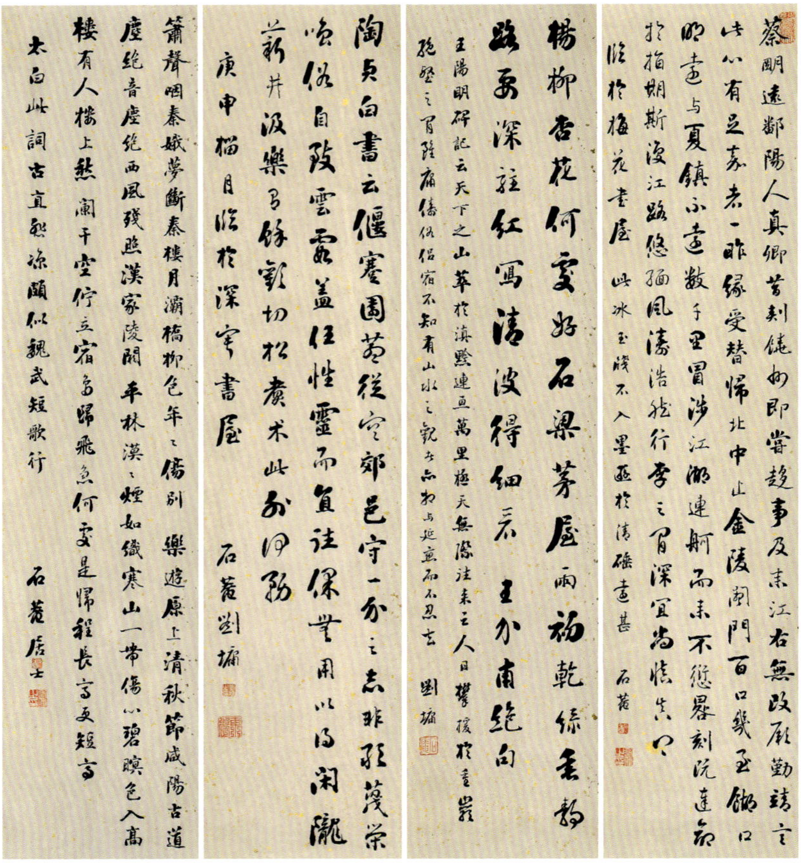

1659 刘墉 1800年作 行书(四幅) 屏轴
估　价：RMB 300,000～500,000
成交价：RMB 4,600,000
126.5cm×29.5cm×4 朵云轩 2020-09-24

3533 刘源 1678年作 行书七言诗 立轴
估　价：RMB 60,000～120,000
成交价：RMB 276,000
205.6cm×97.6cm 北京保利 2020-10-18

1004 六舟 陈鸿寿 1816年作 博古清供图 立轴
成交价：RMB 402,500
150cm×45cm 北京保利 2020-12-05

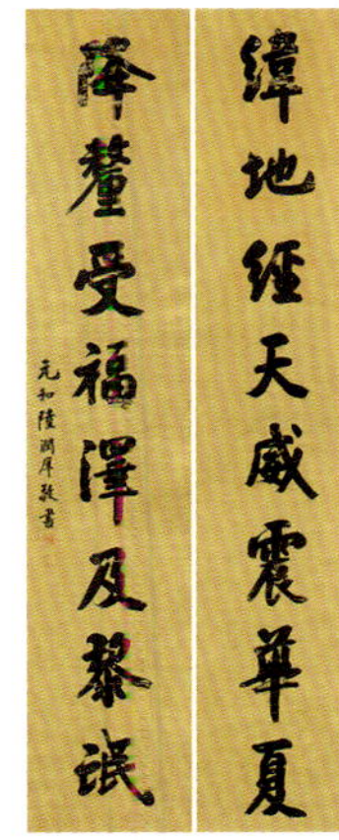

259 陆润庠 行书八言巨联 立轴
估　价：RMB 500,000～800,000
成交价：RMB 575,000
237.5cm×48cm×2 上海匡时 2020-08-05

919 陆远 深柳读书图 立轴
成交价：RMB 920,000
169cm×53cm 中贸圣佳 2020-10-17

1504 罗牧 1684年作 溪山清远 立轴
估　价：RMB 50,000～80,000
成交价：RMB 212,750
164cm×68cm 中鸿信 2020-01-04

3048 罗聘 方婉仪 1781年作 齐眉介寿图 立轴
估　价：RMB 1,800,000～2,600,000
成交价：RMB 2,760,000
113cm×29cm 十竹斋拍卖（北京） 2020-10-18

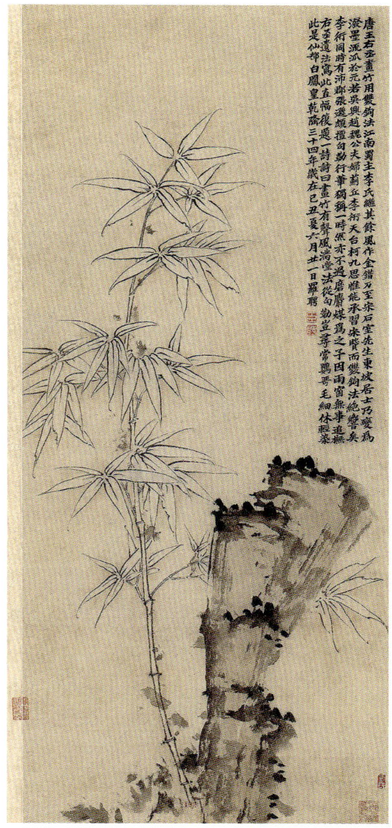

922 罗聘 1769年作 竹石图 立轴
估　价：RMB 200,000～300,000
成交价：RMB 2,300,000
95cm×42.5cm 中国嘉德 2020-08-17

920 吕焕成 东山写照图 立轴
成交价：RMB 632,500
162cm×48cm 中贸圣佳 2020-10-17

3051 罗聘 1780年作 竹屋图 手卷
估　价：RMB 1,500,000～1,800,000
成交价：RMB 2,415,000
画25.5cm×60cm；书法28cm×57cm 十竹斋拍卖（北京） 2020-10-18

213 吕学 1[illegible]15年作 云屯射猎图 手卷
估　价：RMB 300,000～500,000
成交价：RMB 1,840,000
引首46cm×113.5cm；本幅41.5cm×1004cm；题跋46cm×96cm 永乐拍卖 2020-12-02

3901 马荃 1686年作 彩荷 镜框
成交价：RMB 379,500
91.4cm×39.4cm 北京保利 2020-10-18

916 马元驭 1695年作 花卉卷 手卷
估　价：RMB 150,000～250,000
成交价：RMB 3,795,000
37.5cm×425cm 中国嘉德 2020-08-17

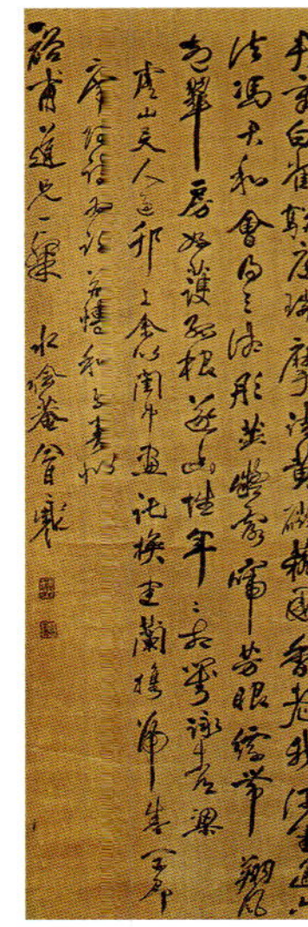

3539 冒襄 草书七言诗 立轴
估　价：RMB 300,000～500,000
成交价：RMB 529,000
150cm×49cm 北京保利 2020-10-18

1165 毛奇龄 山村渔隐图 立轴
估　价：RMB 30,000～80,000
成交价：RMB 322,000
134.5cm×60cm 中国嘉德 2020-12-04

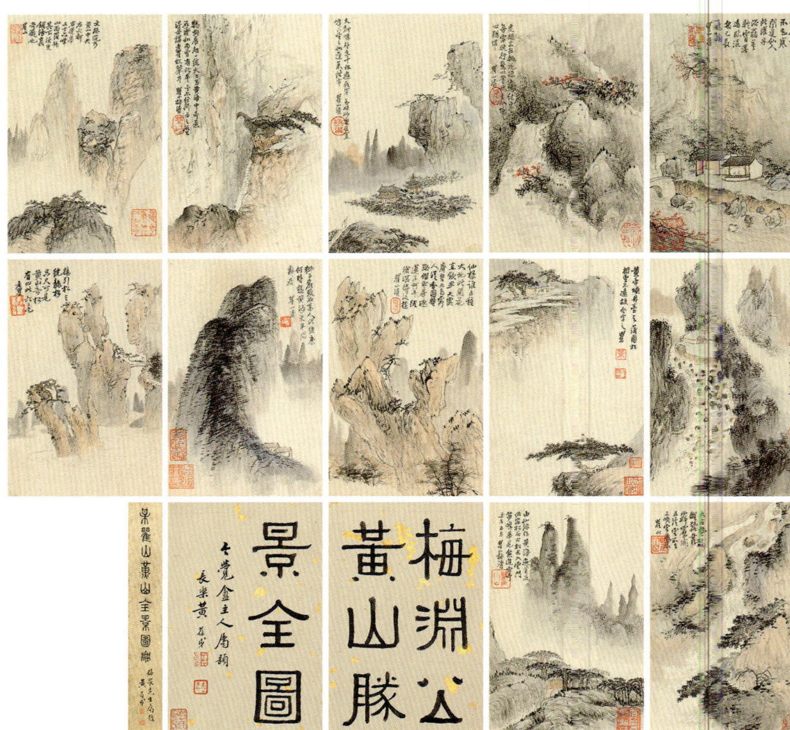

3908 梅清 1672年作 黄山胜景全图 册页(十二开)
成交价：RMB 8,395,000
21cm×13.7cm×12 北京保利 2020-10-18

840 毛紫垣 1849年作 药洲秋月图 手卷
估　价：HKD 200,000～300,000
成交价：RMB 479,250
42cm×88cm 佳士得 2020-12-02

379 梅清 奇峰云海 手卷
估　价：RMB 4,200,000～6,000,000
成交价：RMB 4,830,000
31cm×390cm 上海敬华 2020-09-22

1300 闵贞 羲之换鹅 立轴
估　价：RMB 600,000～800,000
成交价：RMB 1,035,000
148cm × 84cm 朵云轩 2020-09-24

299 缪嘉蕙 春色满园四屏 立轴
估　价：RMB 150,000～250,000
成交价：RMB 517,500
176cm × 52cm × 4 华艺国际 2020-12-05

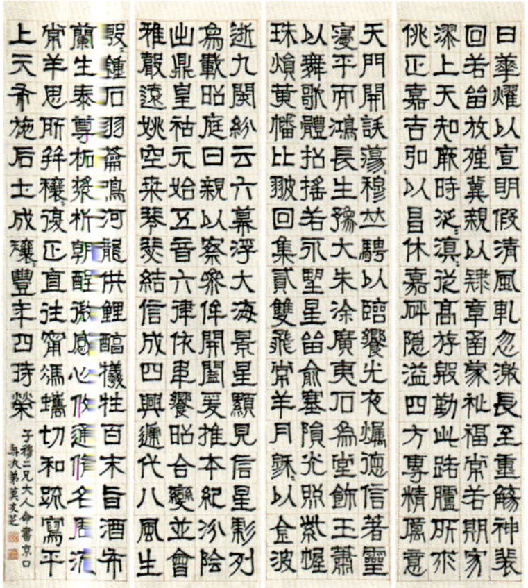

1053 莫友芝 隶书《天门》四屏 立轴
估　价：RMB 200,000～300,000
成交价：RMB 322,000
168cm × 39cm × 4 北京保利 2020-12-05

406 倪田 东山丝竹 立轴
估　价：RMB 20,000～40,000
成交价：RMB 368,000
93cm × 105cm 中国嘉德 2020-12-02

1293 年汝邻 嵩山访道图 立轴
估　价：RMB 250,000～350,000
成交价：RMB 322,000
196cm × 103cm 朵云轩 2020-09-24

1112 牛石慧 1688年作 没骨花卉 扇面
估　价：RMB 20,000～50,000
成交价：RMB 529,000
16.5cm × 48cm 北京保利 2020-12-05

778 潘恭寿 王文治 花卉双 册页(十六开)
估　价：RMB 400,000～600,000
成交价：RMB 2,127,500
19.5cm × 30cm × 16 中国嘉德 2020-08-16

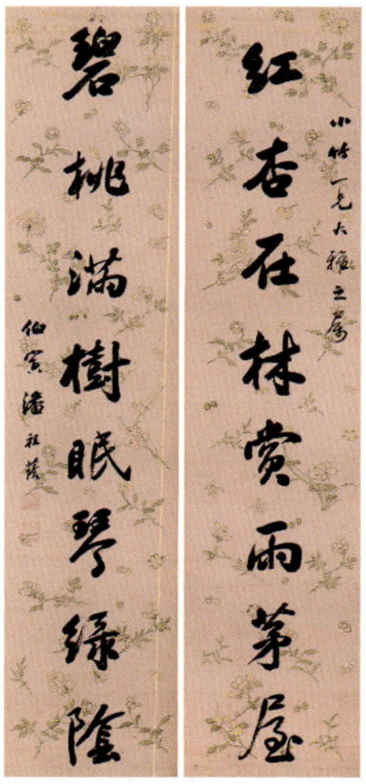

1078 潘祖荫 行书八言联 立轴
估　价：RMB 200,000～300,000
成交价：RMB 391,000
165cm × 37.5cm × 2
十竹斋拍卖（北京）2020-10-18

844 潘思 郭琦 等 书画扇（七把） 成扇
估　价：HKD 120,000～180,000
成交价：RMB 1,140,000
18cm×48cm×7 佳士得 2020-07-08

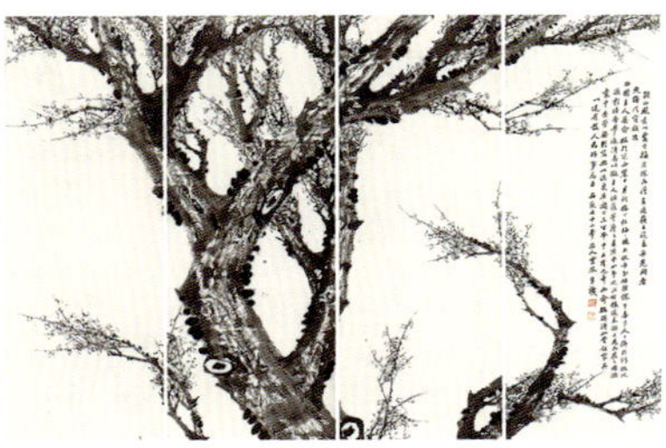

227 彭玉麟 梅花四屏 立轴
估　价：RMB 250,000～300,000
成交价：RMB 345,000
252cm×60.5cm×2；252cm×64.5cm×2
上海匡时 2020-08-05

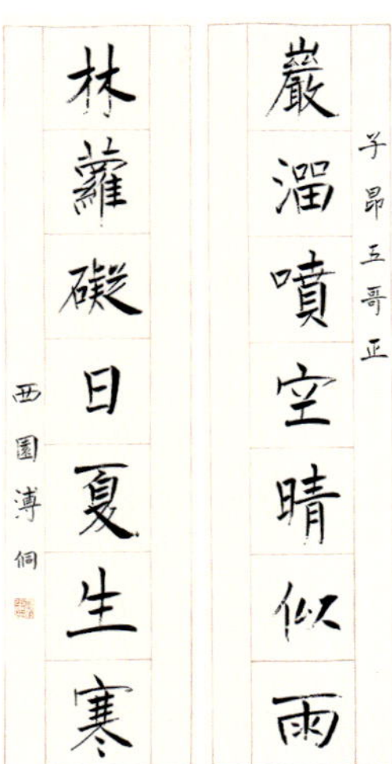

943 溥侗 楷书七言联 立轴
估　价：RMB 15,000～25,000
成交价：RMB 460,000
165cm×41.5cm×2 北京翰海 2020-12-12

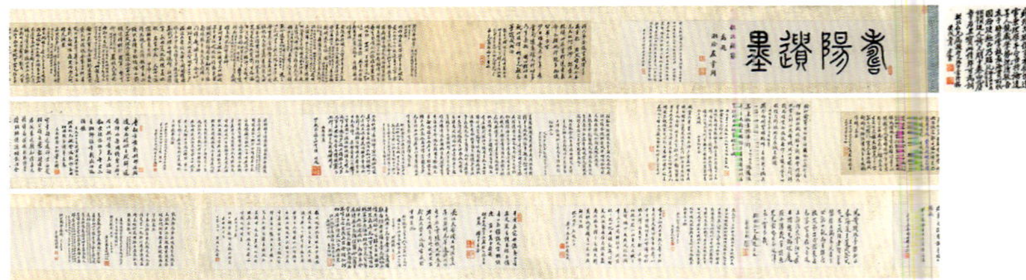

259 祁寯藻 寿阳遗墨卷 手卷
估　价：RMB 1,200,000～1,500,000
成交价：RMB 2,012,500
引首23cm×103.5cm；本幅一23cm×259cm；本幅二30cm×62.5cm；
题跋一23cm×116cm×4；题跋二23cm×50cm；题跋三25.3cm×27cm 永乐拍卖 2020-12-02

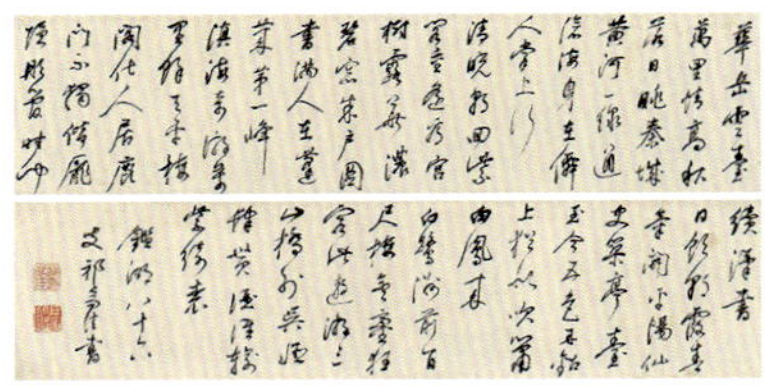

4008 祁豸佳 1679年作 行草七言诗 手卷
估　价：RMB 300,000～500,000
成交价：RMB 690,000
30cm×259cm 北京保利 2020-10-18

285 钱黯 九华福地 立轴
估　价：RMB 400,000～600,000
成交价：RMB 460,000
89cm×40cm 华艺国际 2020-12-05

4032 钱杜 1810年作 陈文述诗意 册页(十六开)
估　价：RMB 1,800,000～3,000,000
成交价：RMB 2,702,500
23cm×34cm×16 北京保利 2020-10-18

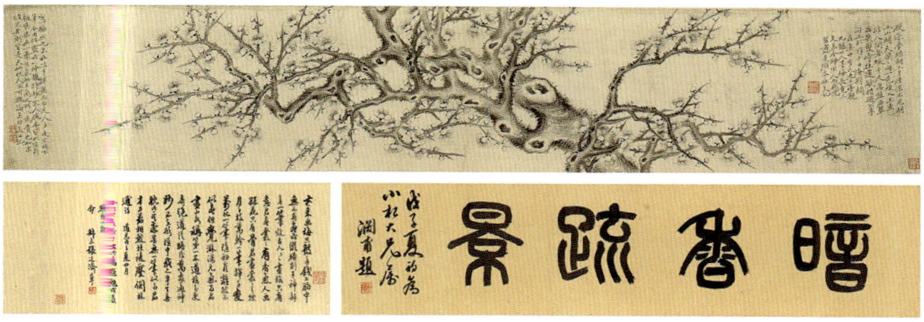

1007 钱杜 暗香疏影图卷 手卷
估　价：RMB 280,000～400,000
成交价：RMB 632,500
引首87cm×19.5cm；画心108.5cm×19.5cm；题跋50cm×22cm 西泠印社 2020-08-08

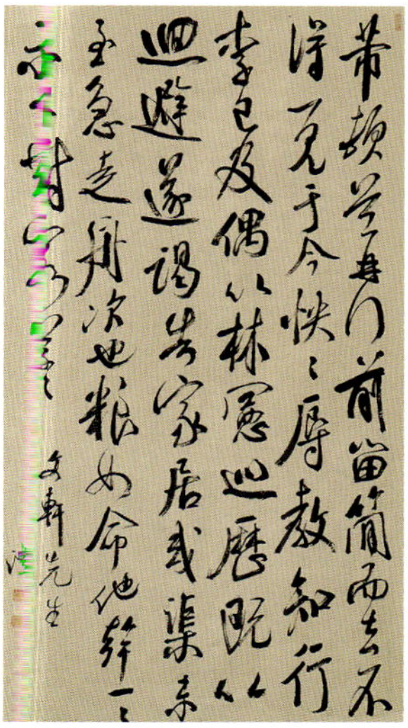

1355 钱沣 行书 立轴
估　价：RMB 150,000～250,000
成交价：RMB 805,000
138cm×106cm 朵云轩 2020-09-24

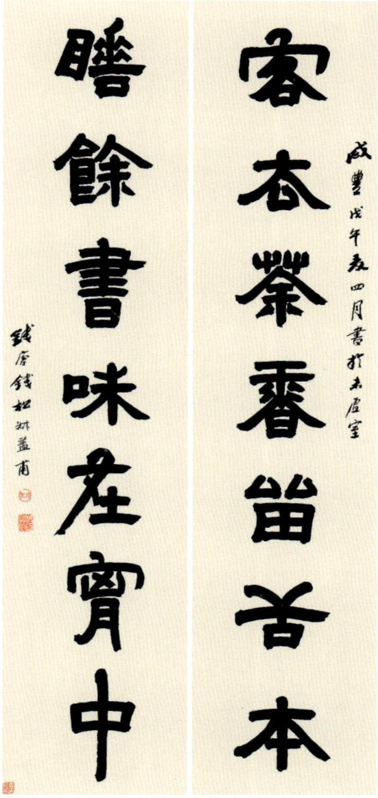

960 钱松 1858年作 隶书七言联 对联
估　价：RMB 80,000～120,000
成交价：RMB 667,000
131.5cm×31.5cm×2 朵云轩 2020-09-24

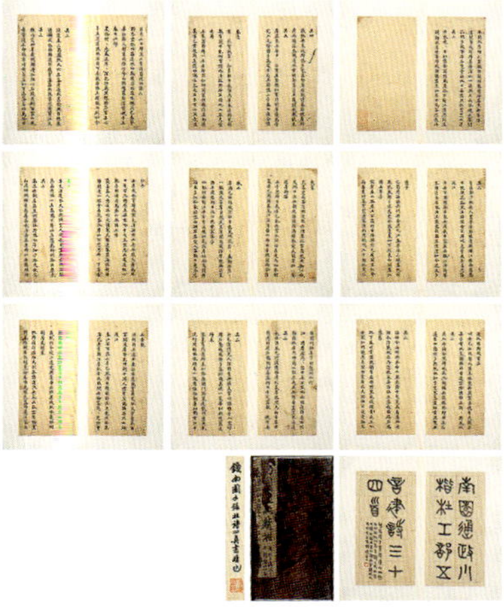

254 钱澧 楷书杜甫诗 册页(十七开)
估　价：RMB 500,000～600,000
成交价：RMB 575,000
23cm×12cm×17 华艺国际 2020-12-05

776 钱维城 春日回舟津门图 立轴
估　价：RMB 16,000,000～26,000,000
成交价：RMB 18,400,000
166cm×114cm 中国嘉德 2020-08-16

235 钱维城 云壑飞泉 立轴
估　价：RMB 800,000～1,000,000
成交价：RMB 1,207,500
124cm×54.5cm 华艺国际 2020-10-16

775 钱维城 花卉 册页(十二开)
估　价：RMB 15,000,000～25,000,000
成交价：RMB 59,800,000
27.5cm×37cm×12 中国嘉德 2020-08-16

909 钱维城 花卉册页 册页(八开)
估　价：RMB 28,000,000～35,000,000
成交价：RMB 34,500,000
13cm×18cm×8 中贸圣佳 2020-10-17

1235 钱维城 仿古山水 册页
估　价：RMB 400,000～600,000
成交价：RMB 1,955,000
43cm×35cm×10 北京保利 2020-12-05

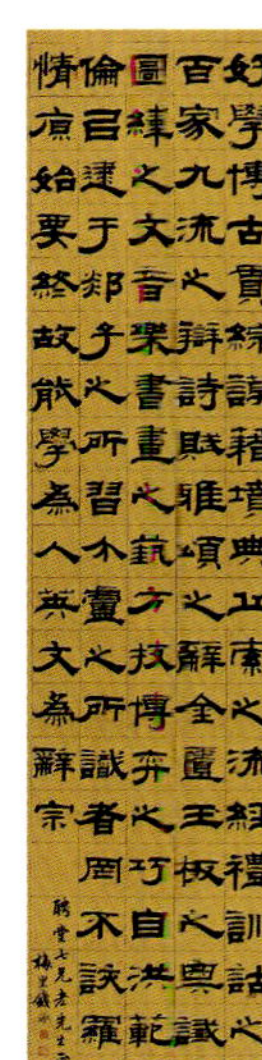

516 钱泳 隶书 镜心
估　价：RMB 10,000～50,000
成交价：RMB 667,000
190cm×44cm 中国嘉德 2020-08-16

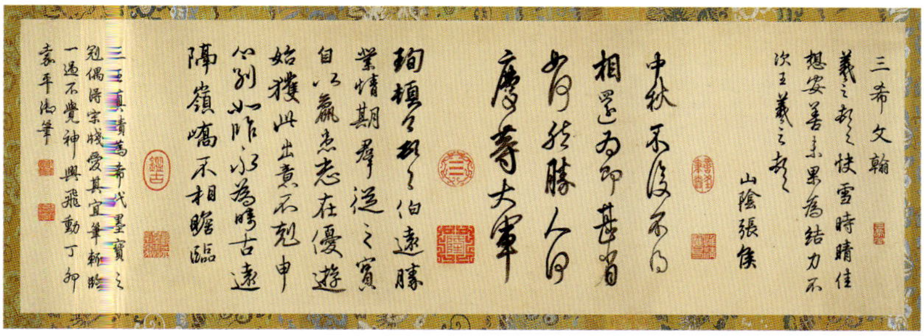

761 乾隆帝 1747年作 御笔临《三希堂》 镜心
估　价：RMB 8,800,000 ~ 12,000,000
成交价：RMB 10,350,000
25cm × 76cm 永乐拍卖 2020-08-17

1348 秦祖永 1882年作 溪桥山居 立轴
估　价：RMB 50,000 ~ 80,000
成交价：RMB 483,000
96cm × 44.5cm 朵云轩 2020-09-24

4033 任伯年 1889年作 吉祥花鸟四屏 条屏
估　价：RMB 3,800,000 ~ 5,000,000
成交价：RMB 5,175,000
160cm × 44cm × 4 北京保利 2020-10-18

205 任伯年 1887年作 棕阴纳凉图 立轴
估　价：RMB 6,000,000 ~ 8,000,000
成交价：RMB 12,650,000
109.5cm × 55.5cm 中国嘉德 2020-12-01

58 任伯年 献寿图 立轴
估　价：RMB 7,000,000 ~ 9,000,000
成交价：RMB 11,500,000
194cm × 102.4cm 荣宝斋（上海） 2020-10-25

163 任伯年 1879年作 林间高士 立轴
估　价：RMB 2,000,000～2,800,000
成交价：RMB 3,335,000
144cm × 77.5cm 上海匡时 2020-08-05

54 任伯年 1889年作 鹿车图 立轴
估　价：RMB 2,000,000～3,000,000
成交价：RMB 2,875,000
129cm × 65.5cm 华艺国际 2020-12-05

867 任熏 杂画 册页(十六开)
估　价：RMB 30,000～50,000
成交价：RMB 322,000
26cm × 29cm × 16 中国嘉德 2020-08-17

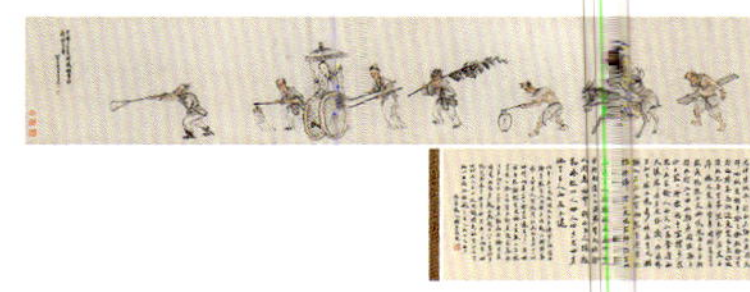

920 上官周 1747年作 钟馗嫁妹图 手卷
估　价：RMB 180,000～280,000
成交价：RMB 517,500
画33.5cm × 196cm；跋33.5cm × 83cm
中国嘉德 2020-08-17

708 任伯年 1882年作 持杖倚马 立轴
估　价：RMB 2,000,000～3,000,000
成交价：RMB 2,875,000
174cm × 48cm 朵云轩 2020-09-23

5001 任伯年 1893年作 喜从天降 立轴
估　价：RMB 1,500,000～1,800,000
成交价：RMB 2,127,500
133cm × 63.5cm
十竹斋拍卖（北京） 2020-10-18

1233 上睿 1708年作 仿古山水 册页(十开)
估　价：RMB 60,000～100,000
成交价：RMB 2,932,500
21cm × 30cm × 10 北京保利 2020-12-05

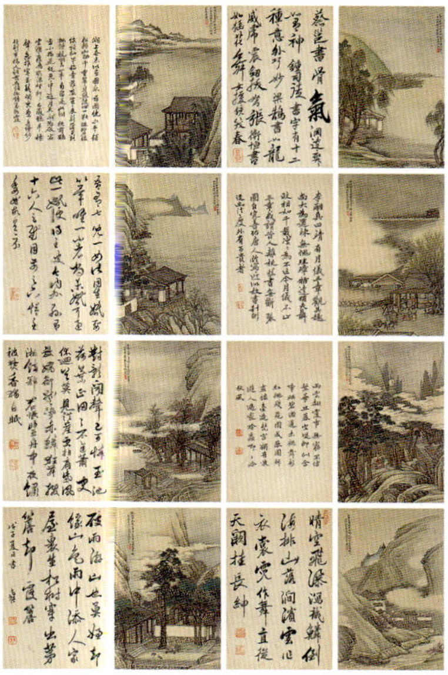

1132 沈苍 诗意山水 册页(八开)
估　价：RMB 350,000～550,000
成交价：RMB 402,500
26.5cm × [illegible]8cm × 8 中国嘉德 2020-12-04

1636 沈铨 1754年作 芙蓉鸳鸯 立轴
估　价：RMB 600,000～800,000
成交价：RMB 4,140,000
185cm × 107.5cm 朵云轩 2020-09-24

717 沈铨 1749年作 鸾凤呈祥图 立轴
估　价：RMB 400,000～600,000
成交价：RMB 920,000
153.5cm × 81cm 北京翰海 2020-12-11

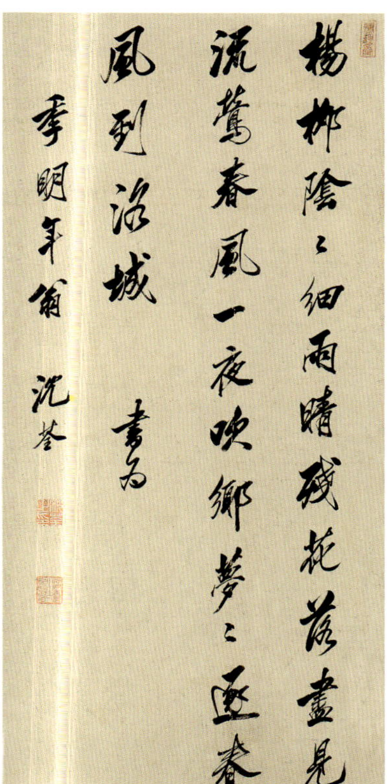

1294 沈荃 行书 立轴
估　价：RMB 50,000～80,000
成交价：RMB 828,000
110.5cm × 55cm 朵云轩 2020-09-24

456 沈世儒 高风亮节卷 手卷
估　价：RMB 400,000～500,000
成交价：RMB 632,500
62cm × 547cm 中贸圣佳 2020-10-17

856 石涛 1699年作 松风泉石图 手卷
估　价：HKD 3,000,000～5,000,000
成交价：RMB 5,586,000
32.5cm × 383cm 佳士得 2020-07-08

4037 石涛 1698年作 翻风滴露图 立轴
估　价：RMB 25,000,000～35,000,000
成交价：RMB 28,750,000
228cm × 99cm 北京保利 2020-10-18

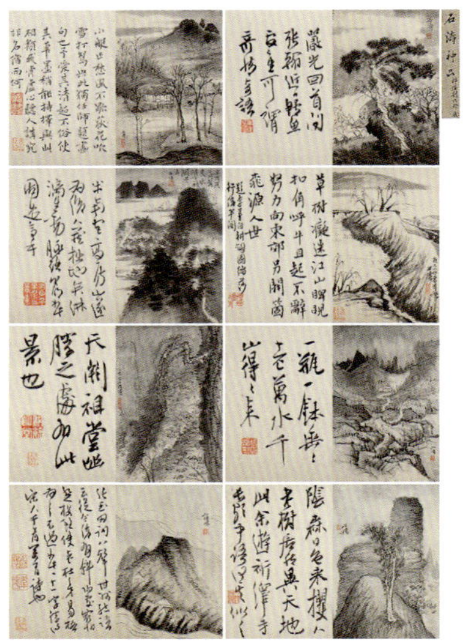

1062 石涛 山水 册页(八开十六页)
估　价：RMB 15,000,000～18,000,000
成交价：RMB 16,100,000
17.1cm × 12.1cm × 8 北京保利 2020-12-05

1085 石涛 1679年作 为语山和尚作山水 立轴
估　价：RMB 1,500,000～2,500,000
成交价：RMB 4,140,000
55.5cm × 33.5cm 西泠印社 2020-08-08

389 石涛 墨竹 立轴
估　价：RMB 2,000,000～3,000,000
成交价：RMB 3,910,000
217cm × 74cm 广东崇正 2020-09-13

198 石溪 1670年作 为尔和居士作浅绛山水 立轴
估　价：RMB 5,000,000～8,000,000
成交价：RMB 16,675,000
133cm × 30.5cm 永乐拍卖 2020-12-02

1214 石溪 1683年作 小阁临溪图轴 立轴
估　价：RMB 650,000～850,000
成交价：RMB 2,185,000
90cm×37.5cm 中鸿信 2020-01-04

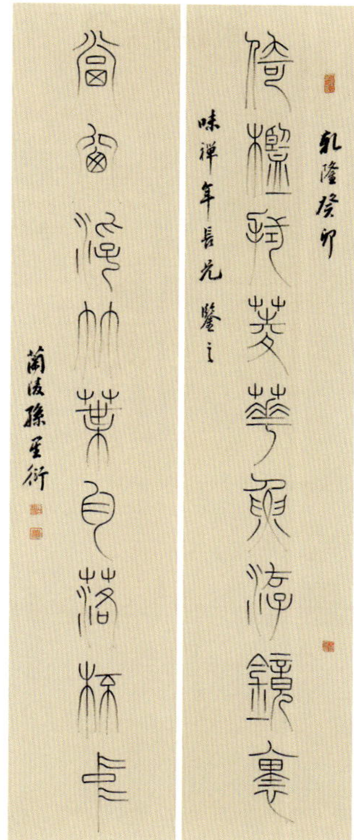

1016 孙星衍 1783年作 篆书九言联 对联
估　价：RMB 80,000～100,000
成交价：RMB 310,500
172cm×34.5cm×2 朵云轩 2020-09-24

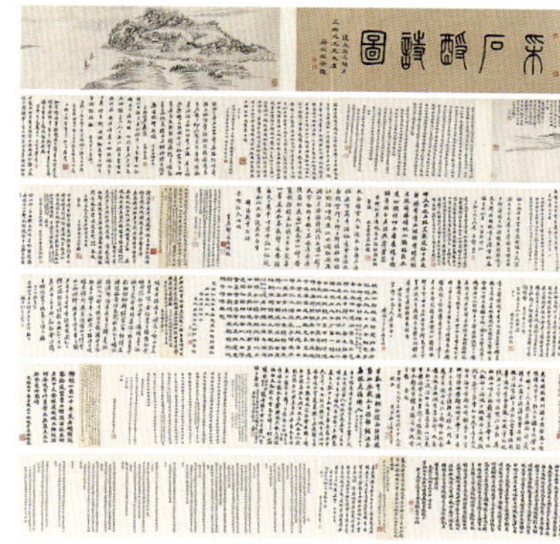

954 汤贻汾 采石酹诗图 手卷
估　价：RMB 80,000～120,000
成交价：RMB 218,500
引首30cm×96.5cm；画30cm×125cm；题跋30cm×958cm 中国嘉德 2020-08-17

1043 石溪 1664年作 游揖山记 扇面
估　价：RMB 10,000～50,000
成交价：RMB 805,000
16.0cm×48.5cm 中国嘉德 2020-12-04

296 苏宜 1679年作 秋林云霭 立轴
估　价：RMB 600,000～800,000
成交价：RMB 690,000
1[illegible]2cm×93cm 华艺国际 2020-12-05

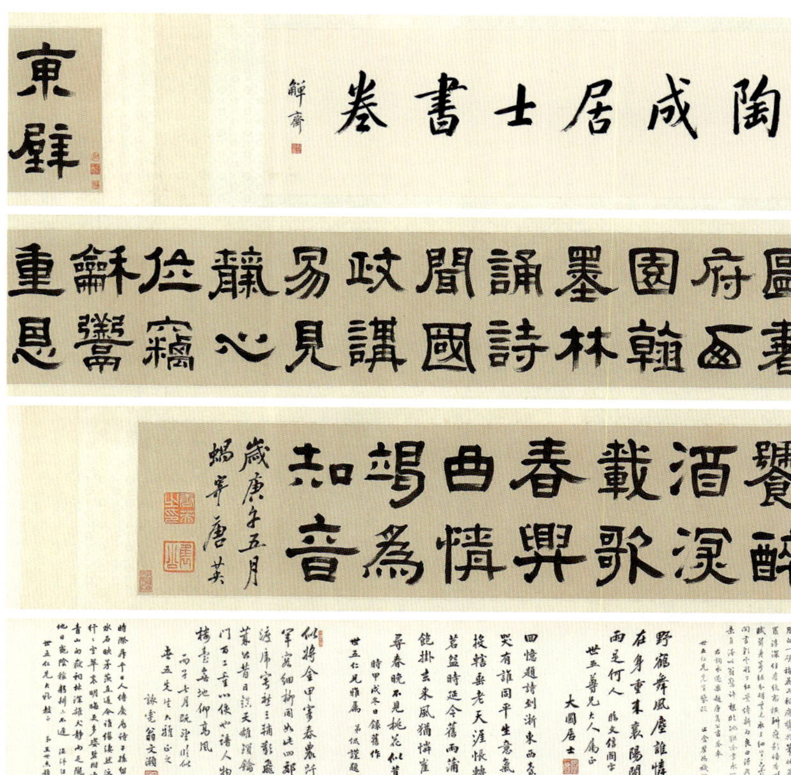

3549 唐英 1750年作 隶书唐代张说《恩制赐食于丽正殿书院宴赋得林字》 手卷
估　价：RMB 250,000～500,000
成交价：RMB 4,025,000
引首30cm×106cm；书心30cm×302cm；题跋37cm×153cm 北京保利 2020-10-18

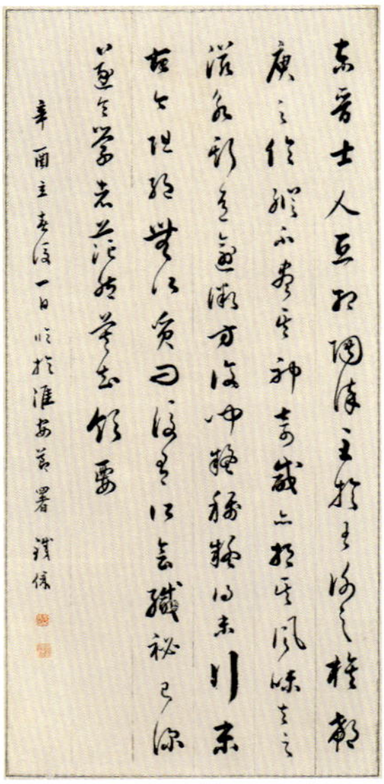

1288 铁保 1801年作 草书 立轴
估　价：RMB 55,000～80,000
成交价：RMB 287,500
126.5cm×62cm 朵云轩 2020-09-24

3694 汪士慎 1733年作 墨笔花卉 册页(八开)
估　价：RMB 500,000～800,000
成交价：RMB 1,150,000
25cm×32.5cm×8 北京保利 2020-10-18

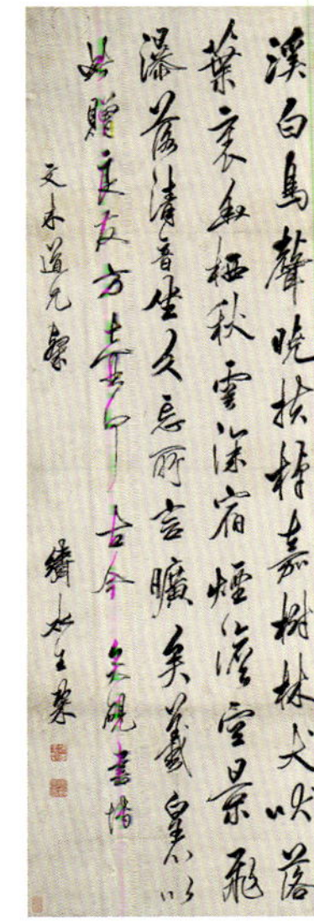

1317 王概 行书 五言诗 立轴
估　价：RMB 100,000～150,000
成交价：RMB 368,000
139cm×47cm 西泠印社 2020-08-08

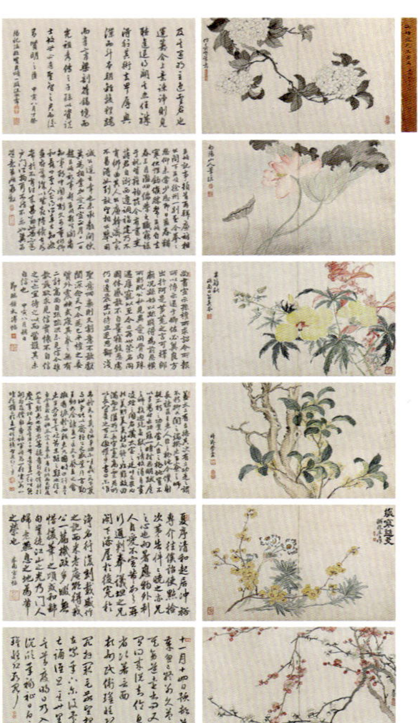

1219 汪承霈 1794年作
书画合璧 册页(十二开)
估　价：RMB 350,000～500,000
成交价：RMB 805,000
26cm×43cm×12 北京保利 2020-12-05

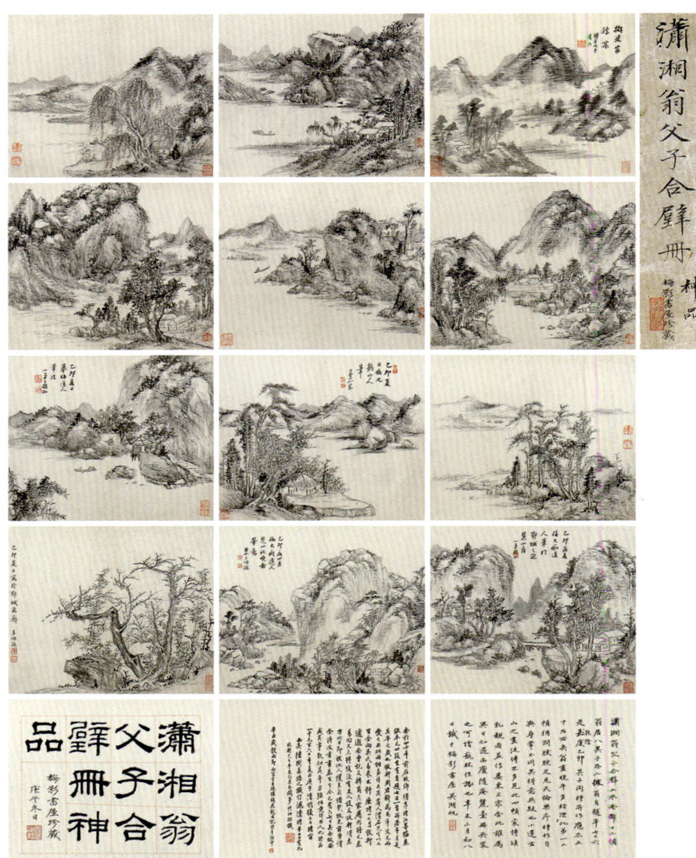

1660 王宸 王麟孙 王岵孙 1795年作 仿古山水合册 册页(十二开)
估　价：RMB 400,000～600,000
成交价：RMB 4,140,000
23.5cm×29cm×12 朵云轩 2020-09-24

823 王翚 江山无尽图 手卷
估　价：HKD 3,000,000～5,000,000
成交价：RMB 26,379,600
53.2cm × 1220.5cm 佳士得 2020-07-08

1145 王翚 1692年作 罗浮山樵图 立轴
估　价：RMB 3,600,000～6,000,000
成交价：RMB 12,650,000
123.5cm × 54cm 西泠印社 2020-08-08

69 王翚 1710年作 江山无尽图 手卷
估　价：RMB 4,500,000～6,500,000
成交价：RMB 8,625,000
33cm × 355cm 华艺国际 2020-10-16

288 王翚 1714年作 惜竹爱松图 手卷
估　价：RMB 20,000,000～30,000,000
成交价：RMB 23,000,000
24.0cm × 234.5cm 中国嘉德 2020-12-01

1149 王翚 1684年作 虞山十二景册 册页(画十二页，跋一页)
估　价：RMB 12,000,000～18,000,000
成交价：RMB 23,690,000
画心30cm × 25cm × 12；题跋30cm × 25cm 西泠印社 2020-08-08

1638 王翚 1706年作 平湖远岫 立轴
估 价：RMB 2,000,000～3,000,000
成交价：RMB 10,120,000
80cm×46.5cm 朵云轩 2020-09-24

1296 王翚 1690年作 山涧幽居 立轴
估 价：RMB 5,500,000～6,500,000
成交价：RMB 7,302,500
166cm×92cm 朵云轩 2020-09-24

377 王鉴 仿江贯道烟浮远岫 扇面
估 价：RMB 1,500,000～2,200,000
成交价：RMB 2,300,000
127cm×52cm 上海敬华 2020-09-22

347 王建章 乔松之寿 扇面
估 价：RMB 200,000～250,000
成交价：RMB 287,500
17cm×49cm 中贸圣佳 2020-10-17

2524 王鉴 仿董北苑山水 立轴
估 价：HKD 400,000～560,000
成交价：RMB 943,551
56.5cm×28.6cm 香港苏富比 2020-10-08

998 王杰 行书七言联 对联
估 价：RMB 50,000～80,000
成交价：RMB 310,500
166cm×37cm×2 朵云轩 2020-09-24

245 王敬铭 1710年作 放棹对青山 立轴
估 价：RMB 600,000～800,000
成交价：RMB 1,725,000
129.5cm×56cm 华艺国际 2020-10-16

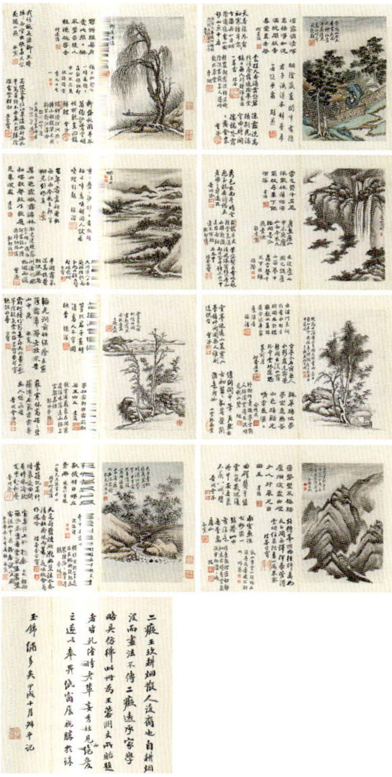

208 王玖 仿古山水 册页(八开)
估　价：RMB 400,000～600,000
成交价：RMB 1,207,500
29cm × 39cm × 8 永乐拍卖 2020-12-02

200 三时敏 1629年作 仿黄公望山水轴 立轴
成交介：RMB 85,675,000
101cm × 44cm 永乐拍卖 2020-12-02

68 王萃 1724年作 临黄公望《富春山居图》 手卷
估　价：RMB 3,500,000～5,500,000
成交价：RMB 4,025,000
36cm × 788cm 华艺国际 2020-10-16

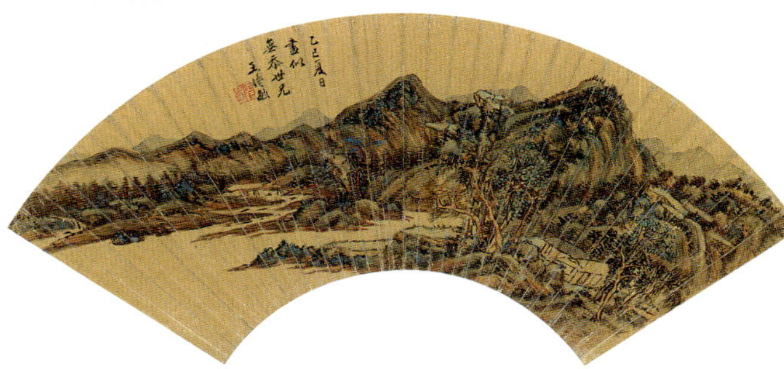

1010 王时敏 1665年作 夏日山居图 扇面
估　价：RMB 10,000～50,000
成交价：RMB 2,702,500
15.0cm × 46cm 中国嘉德 2020-12-04

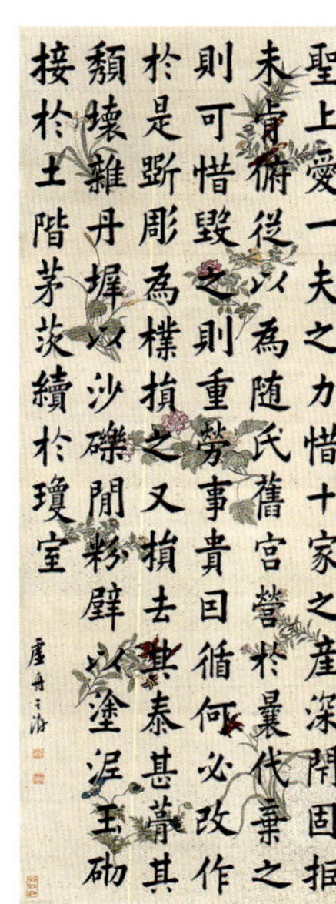

308 王澍 书法 立轴
估　价：RMB 250,000～350,000
成交价：RMB 287,500
161cm × 61cm 华艺国际 2020-12-05

1159 王愫 湖村闲居图 立轴
估　价：RMB 150,000～200,000
成交价：RMB 253,000
94cm × 35cm 西泠印社 2020-08-08

753 王文治 潘恭寿 书画合璧 册页(十二开)
估　价：RMB 500,000～800,000
成交价：RMB 1,667,500
24.5cm × 32cm × 12 永乐拍卖 2020-08-17

1346 王廷魁 清溪垂钓图 立轴
估　价：RMB 100,000～150,000
成交价：RMB 276,000
57.5cm × 41cm 中国嘉德 2020-12-04

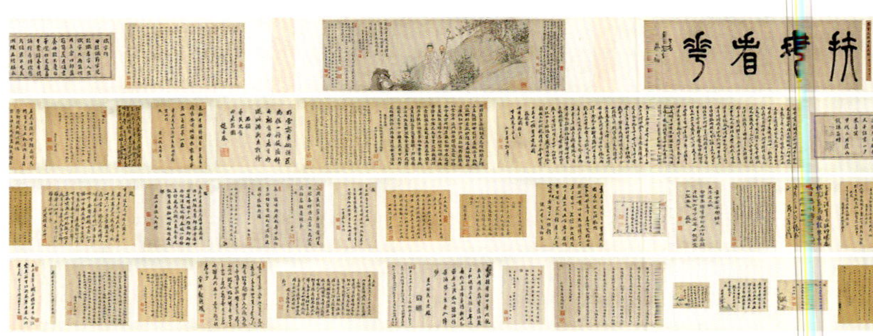

216 王武 钱谦益 魏禧 等 1675年作 为袁骏绘扶母看花题咏卷 手卷
估　价：RMB 3,500,000～4,500,000
成交价：RMB 6,210,000
引首31cm × 95cm；本幅31cm × 106cm；题跋一31cm × 277cm；题跋二33cm × 398cm 永乐拍卖 2020-12-02

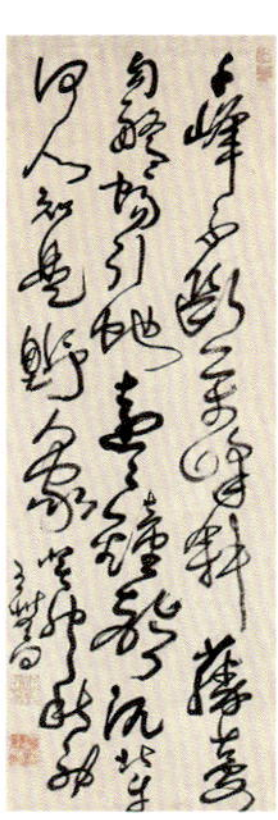

3530 王无回 1663年作 草书七言诗 立轴
估　价：RMB 120,000～180,000
成交价：RMB 230,000
135cm × 47cm 北京保利 2020-10-18

1641 王武 1690年作 池塘三月 立轴
估　价：RMB 1,000,000～1,500,000
成交价：RMB 1,150,000
133cm × 65cm 朵云轩 2020-09-24

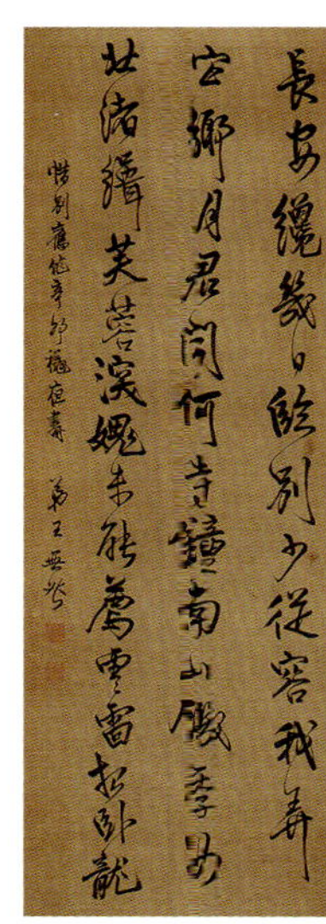

1795 王无咎(款) 行书五言诗 立轴
估　价：RMB 30,000～50,000
成交价：RMB 460,000
102cm × 37cm 中国嘉德 2020-11-12

1647 王昱 夏日山居 立轴
估　价：RMB 800,000～1,000,000
成交价：RMB 1,127,000
216.5cm × 112.5cm 朵云轩 2020-09-24

287 王原祁 1711 年作 青绿山水 立轴
估　价：RMB 6,000,000～8,000,000
成交价：RMB 10,925,000
100.0cm × 48cm 中国嘉德 2020-12-01

4035 王原祁 1698年作 仿倪黄笔意山水 立轴
估　价：RMB 3,000,000～5,000,000
成交价：RMB 6,785,000
99.2cm × 49.6cm 北京保利 2020-10-18

1146 王原祁 1699年作 溪山茅亭图 立轴
估　价：RMB 3,000,000～5,000,000
成交价：RMB 5,290,000
96.5cm × 41cm 西泠印社 2020-08-08

1646 王原祁 1710年作 秋山图 立轴
估　价：RMB 3,500,000～4,500,000
成交价：RMB 5,290,000
100cm × 49.5cm 朵云轩 2020-09-24

2547 王云 1737年作 溪畔远景 手卷
估　价：HKD 200,000～300,000
成交价：RMB 777,042
46cm × 640cm 香港苏富比 2020-10-08

861 魏成 仿古山水 册页(十二开)
估　价：RMB 80,000～120,000
成交价：RMB 230,000
29cm × 38cm × 12 中国嘉德 2020-08-17

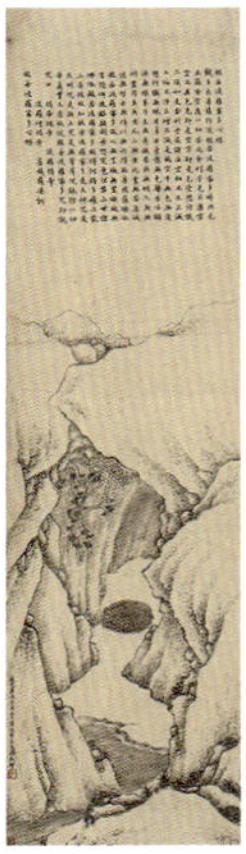

1008 文鼎 1840年作 空山蒲团 立轴
成交价：RMB 253,000
115cm×32cm 北京保利 2020-12-05

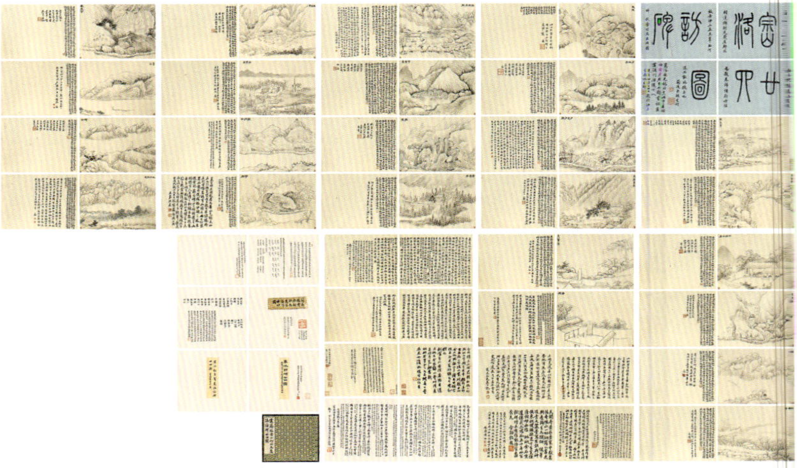

274 吴大澂 愙斋临黄小松司马嵩洛访碑廿四图并诸家跋 册页(三十一开)
估　价：RMB 8,000,000～12,000,000
成交价：RMB 9,200,000
扉页18.5cm×52.5cm；画18.7cm×25.8cm（每幅）；字18.7cm×26cm（每幅）；跋24cm×57cm（每幅） 中国嘉德 2020-12-01

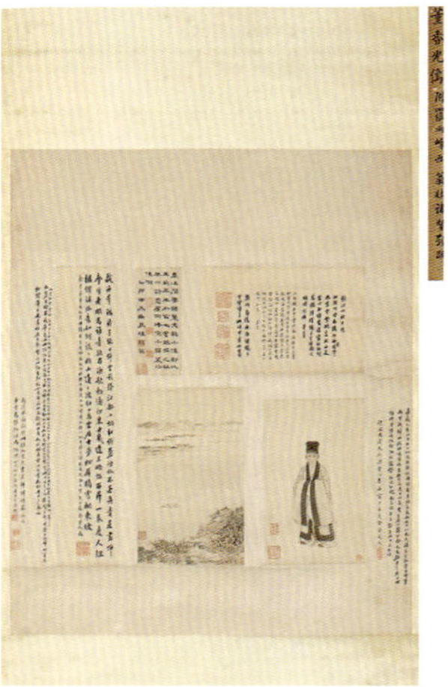

890 翁方纲 罗聘
董其昌像并杜牧南陵水面诗意 立轴
估　价：RMB 300,000～500,000
成交价：RMB 1,035,000
101cm×83cm 中贸圣佳 2020-10-17

1607 吴大澂 1875年作 溪山图 立轴
估　价：RMB 500,000～800,000
成交价：RMB 747,500
96cm×37cm 华艺国际 2020-10-16

3013 吴历 1706年作 竹石图 立轴
估　价：RMB 300,000～500,000
成交价：RMB 506,000
53cm×25cm 十竹斋拍卖（北京） 2020-10-18

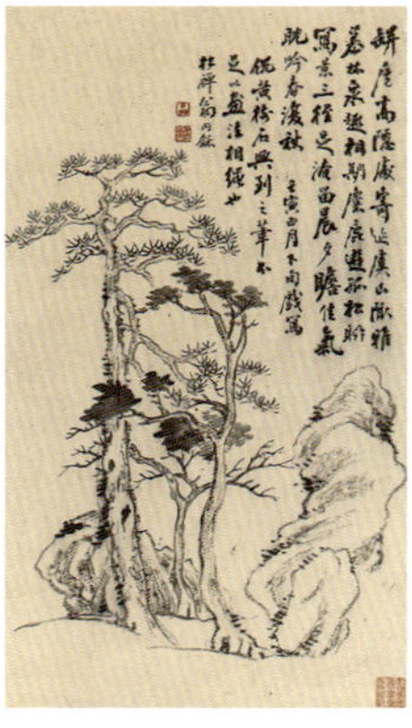

951 翁同龢 1902年作 松石图 立轴
估　价：RMB 180,000～280,000
成交价：RMB 460,000
66cm×38.5cm 中国嘉德 2020-08-17

230 吴宏 山水 立轴
估　价：RMB 300,000～500,000
成交价：RMB 494,500
158cm×87cm 广东小雅斋 2020-08-21

1260 吴霈 麻姑献寿图 立轴
估　价：RMB 200,000～300,000
成交价：RMB 345,000
104.5cm×36.5cm 西泠印社 2020-08-08

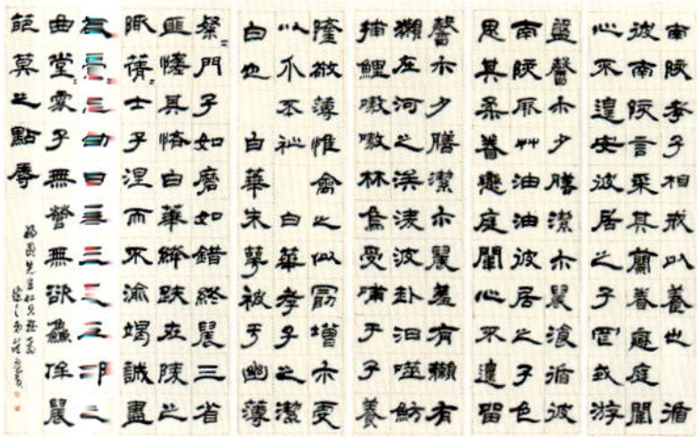

1345 吴让之 隶书（六件）屏轴
估　价：RMB 200,000～300,000
成交价：RMB 632,500
179cm×46cm×6 朵云轩 2020-09-24

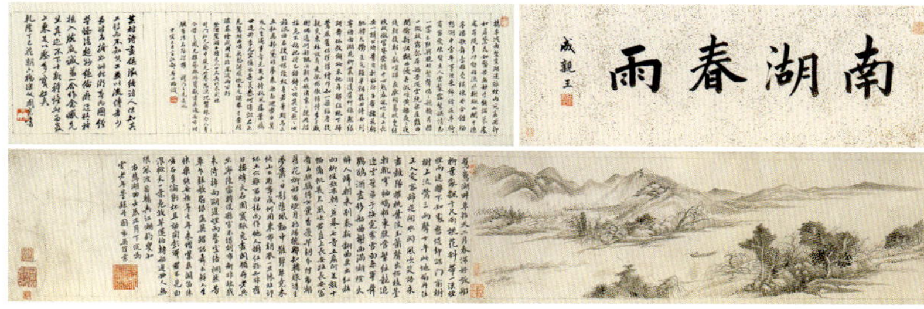

1279 吴伟业 1652年作 南湖春雨图 手卷
估　价：RMB 800,000～1,200,000
成交价：RMB 4,255,000
引首22.5cm×67.5cm；本幅23.3cm×144.5cm；题跋23.3cm×84cm 中国嘉德 2020-12-04

3603 吴熙载 篆书《崇邱》诗 镜心
估　价：RMB 400,000～600,000
成交价：RMB 920,000
178cm×59cm×4 北京保利 2020-10-18

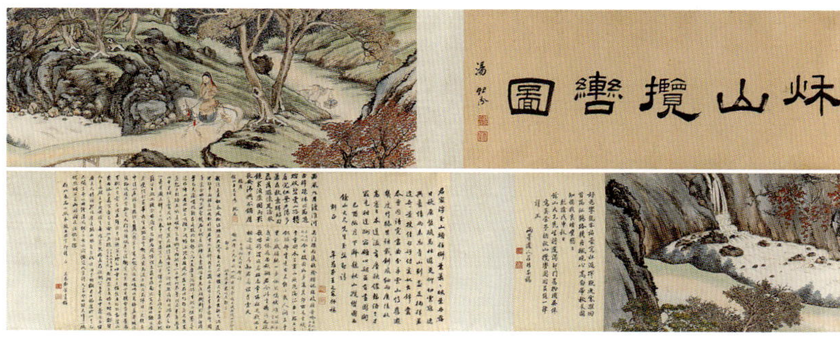

956 吴倬 罗聘 1788年作 秋山揽辔图 手卷
估　价：RMB 30,000～50,000
成交价：RMB 368,000
引首44cm×104cm；画44cm×174cm；跋①：44cm×23.3cm；
跋②：44cm×104.5cm 中国嘉德 2020-08-17

1336 奚冈 1796年作 秋山松茂 立轴
估　价：RMB 200,000～300,000
成交价：RMB 1,840,000
113cm×56cm 朵云轩 2020-09-24

1334 项奎 1688年作 松石图 立轴
估　价：RMB 50,000～80,000
成交价：RMB 552,000
182cm×82.6cm 朵云轩 2020-09-24

1607 项圣谟 1627年作 南山松石 立轴
估　价：RMB 1,200,000～2,000,000
成交价：RMB 6,210,000
52.5cm×29.5cm 朵云轩 2020-09-24

1071 项圣谟 松风翠岭图 立轴
估　价：RMB 800,000～1,000,000
成交价：RMB 1,092,500
176cm×52cm 西泠印社 2020-08-08

916 谢遂 四季山水 镜心
估　价：RMB 280,000～350,000
成交价：RMB 506,000
33cm×48cm×4 中贸圣佳 2020-10-17

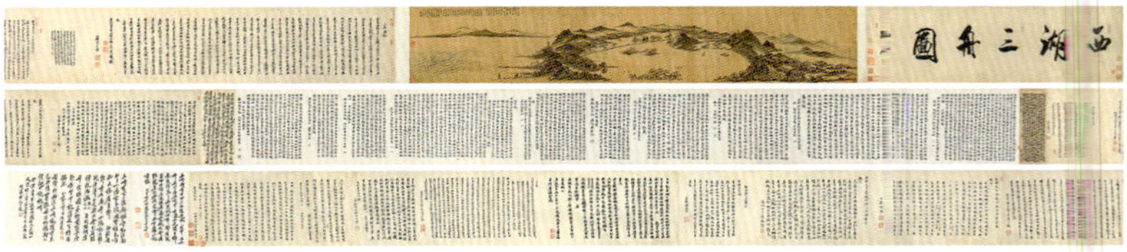

214 萧晨 西湖三舟图 手卷
估　价：RMB 800,000～1,200,000
成交价：RMB 2,587,500
引首30cm×104cm；本幅30cm×186cm；题跋30cm×1076cm 永乐拍卖 2020-12-02

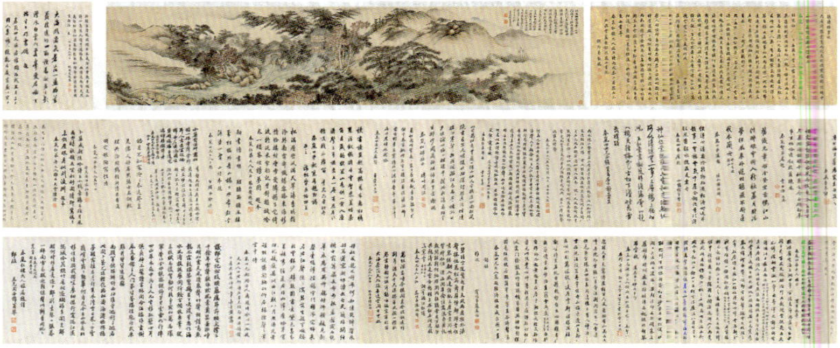

442 谢观生 1827年作 听涛楼图 手卷
估　价：RMB 1,200,000～1,500,000
成交价：RMB 1,380,000
谢画34cm×170cm；蔡跋34cm×87cm；众跋34cm×650cm 广东崇正 2020-09-13

1279 谢佺 等 西湖十景书画册
册页(共二十页)
估　价：RMB 250,000～350,000
成交价：RMB 437,000
画心29.5cm×29cm×9；
题跋29.5cm×29cm×9；
57.5cm×29.5cm×2
西泠印社 2020-08-08

47 王慈静 1624年作 寿星幻化 镜框
估　价：RMB 380,000～480,000
成交价：RMB 437,000
106cm × 48.5cm 华艺国际 2020-12-05

[illegible]55 虚谷 秋菊图 立轴
估　价：RMB 550,000～650,000
成交价：RMB 690,000
33cm × 34cm 朵云轩 2020-09-23

39[illegible]2 徐瀛 溪山渔乐 镜框
成交价：RMB 632,500
25[illegible].5cm × 101.5cm 北京保利 2020-10-18

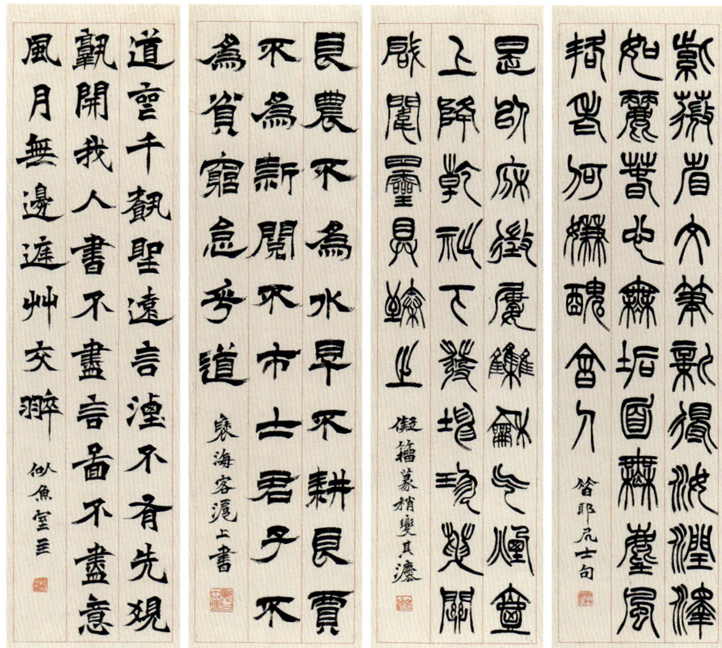

576 徐三庚 篆隶楷书四屏 立轴
估　价：RMB 180,000～280,000
成交价：RMB 3,565,000
146cm × 39cm × 4 中国嘉德 2020-08-16

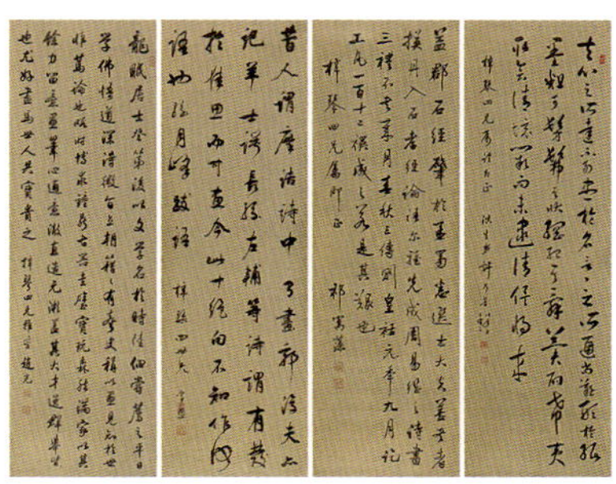

1270 许乃普 祁寯藻 陈孚恩 赵光 书法四屏 镜心
估　价：RMB 300,000～500,000
成交价：RMB 402,500
167.5cm × 54.5cm × 4 中国嘉德 2020-12-04

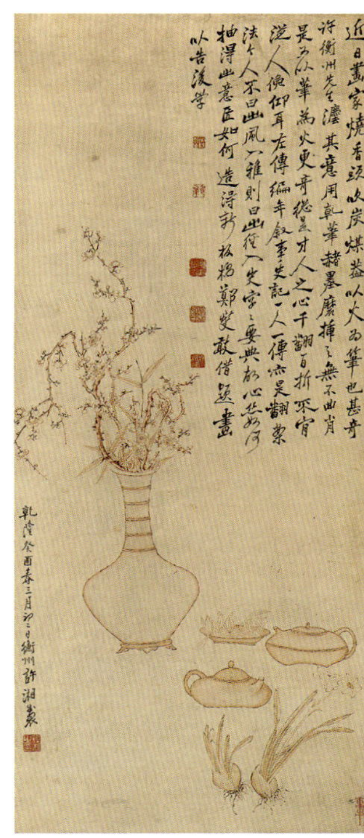

3059 许湘 1753年作 瓶梅清供 立轴
估　价：RMB 180,000～280,000
成交价：RMB 253,000
125cm × 55cm 十竹斋拍卖（北京） 2020-10-18

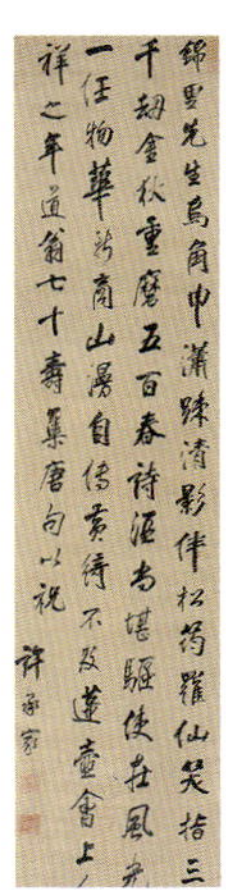

1194 许承家 行书集唐句 立轴
估　价：RMB 100,000～180,000
成交价：RMB 667,000
248cm × 58cm 北京保利 2020-12-05

1651 徐扬 1761年作 西园雅集 立轴
估　价：RMB 3,500,000～4,500,000
成交价：RMB 4,370,000
140cm×122cm 朵云轩 2020-09-24

928 宣统帝 楷书“耆英受祉” 横披
估　价：RMB 150,000～250,000
成交价：RMB 943,000
60.5cm×154cm 中国嘉德 2020-08-17

1160 薛宣 为董其昌作 《夏木山居图》 立轴
估　价：RMB 100,000～200,000
成交价：RMB 218,500
81cm×36.5cm 西泠印社 2020-08-08

709 严复 行书 四屏轴(四件)
估　价：RMB 1,800,000～2,800,000
成交价：RMB 2,875,000
135cm×32.5cm×4 朵云轩 2020-09-23

1477 严绳孙 十八罗汉 册页
估　价：RMB 80,000～120,000
成交价：RMB 310,500
31.5cm×31.5cm×18 中鸿信 2020-01-04

870 阎敬铭 杨翰 等 清人楷书集锦 立轴
估　价：RMB 80,000～120,000
成交价：RMB 402,500
105cm×18.5cm×16 中国嘉德 2020-08-17

1262 顾嗣荣 松溪行舟图 立轴
估　价：RMB 50,000～70,000
成交价：RMB 322,000
119.5cm×45cm 西泠印社 2020-08-08

3045 杨晋 1710年作 范石湖诗意图 立轴
估　价：RMB 400,000～600,000
成交价：RMB 770,500
80cm×56cm 十竹斋拍卖（北京） 2020-10-18

297 姚文燮 1660年作 丹崖高阁图 立轴
估　价：RMB 600,000～800,000
成交价：RMB 690,000
148.5cm×49.5cm 华艺国际 2020-12-05

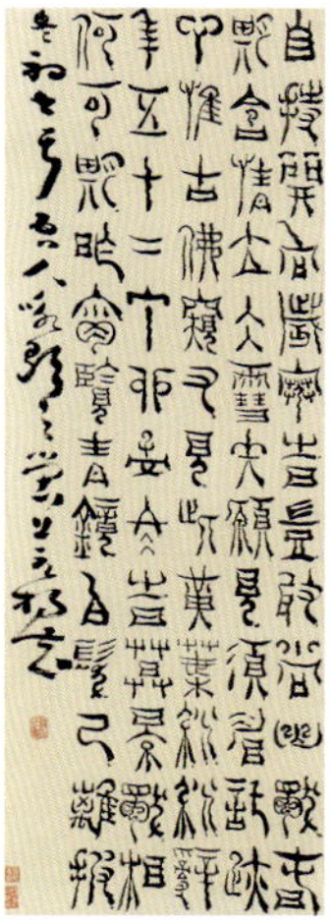

1337 杨法 篆书 立轴
估　价：RMB 200,000～300,000
成交价：RMB 483,000
121.5cm×43cm 朵云轩 2020-09-24

869 姚文瀚 九子捧寿 立轴
估　价：RMB 800,000～1,200,000
成交价：RMB 1,150,000
130.5cm×72cm 北京翰海 2020-12-11

1343 叶鼎奇 花果鸣禽 立轴
估　价：RMB 150,000～250,000
成交价：RMB 253,000
116.5cm×44.5cm 中国嘉德 2020-12-04

1602 杨晋 1715年作 岁寒三友 立轴
估　价：RMB 150,000～250,000
成交价：RMB 2,415,000
93cm×98cm 朵云轩 2020-09-24

1087 叶欣 1663年作 溪山策杖 扇面
估　价：RMB 200,000～300,000
成交价：RMB 391,000
17.5cm×50.5cm 朵云轩 2020-09-24

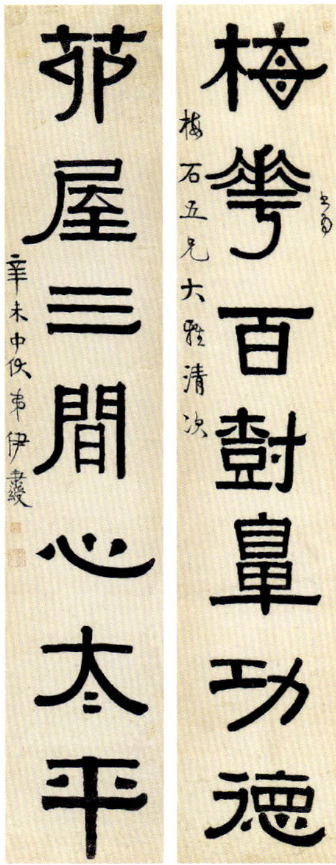

163 伊秉绶 1811年作 隶书七言联　立轴
估　价：RMB 6,000,000～7,000,000
成交价：RMB 25,875,000
171cm×32cm×2 永乐拍卖 2020-12-02

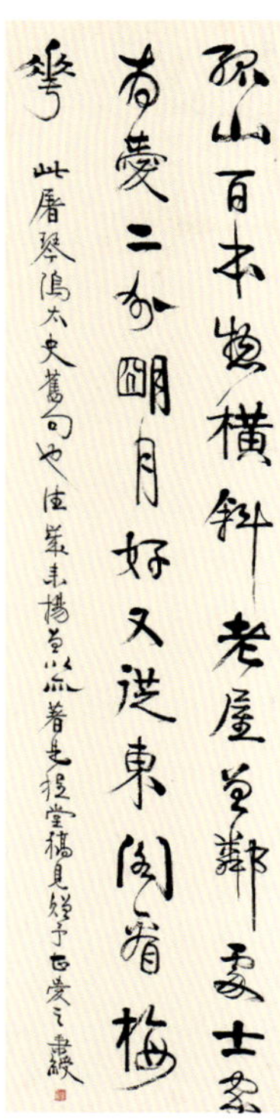

1012 伊秉绶 行书居倬诗 立轴
成交价：RMB 4,830,000
180cm×45cm 北京保利 2020-12-05

764 佚名 清代 黄河督运图·奉旨荣任图 手卷
估　价：RMB 1,200,000～1,500,000
成交价：RMB 4,255,000
100cm×670cm 永乐拍卖 2020-08-17

918 佚名 清光绪《聊斋图说》（第二册）册页
估　价：RMB 1,500,000～2,000,000
成交价：RMB 1,840,000
46cm×34.5cm×16 中贸圣佳 2020-10-17

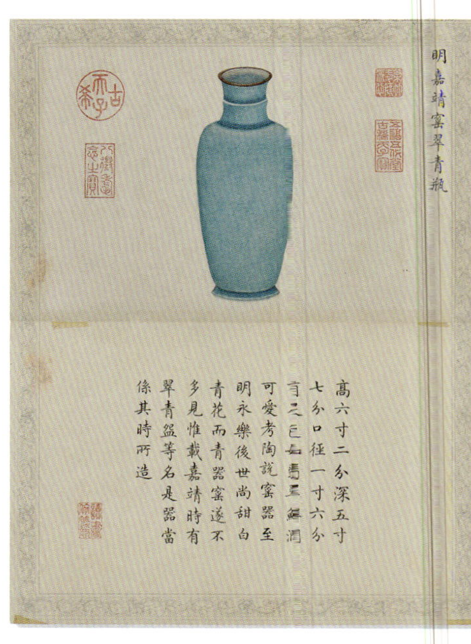

82 佚名 清乾隆
古瓷图册页 设色纸本 册页(两开)
估　价：EUR 50,000～70,000
成交价：RMB 1,588,372
巴黎佳士得 2020-06-23

3636 佚名 18世纪初 骏犬图
估　价：HKD 600,000～800,000
成交价：RMB 1,356,000
画心 34.8cm × 50cm 香港苏富比 2020-07-11

6253 佚名 清嘉庆 御制耕织图（四十六幅）
估　价：RMB 800,000～1,200,000
成交价：RMB 1,081,000
26.5cm × 20cm × 46 北京保利 2020-10-20

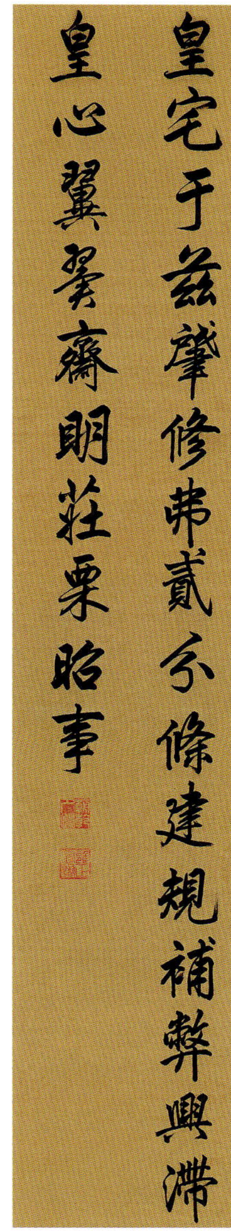

1652 雍正帝 行书 立轴
估　价：RMB 1,200,000～1,800,000
成交价：RMB 1,725,000
245cm × 46cm 朵云轩 2020-09-24

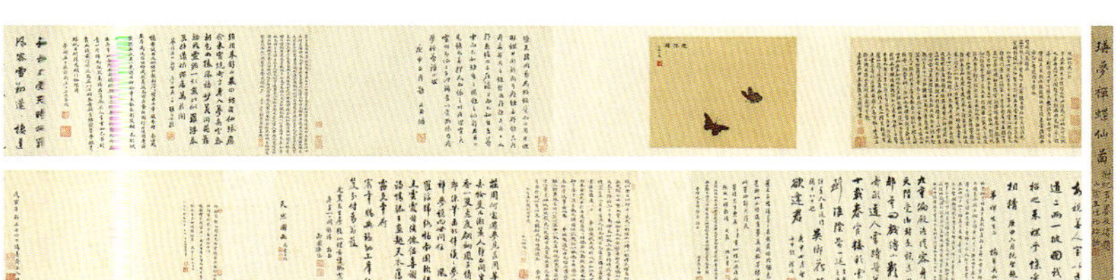

1010 瑛宝 等 1800年作 蝶仙图并纪事卷 手卷
估　价：RMB 600,000～900,000
成交价：RMB 1,127,000
画心32.5cm × 24.5cm；题跋51cm × 24cm；212cm × 29.5cm；81.5cm × 29.5cm；49.5cm × 29.5cm 西泠印社 2020-08-08

3046 永瑢 扬州瘦西湖图 手卷
估　价：RMB 600,000～800,000
成交价：RMB 977,500
31.5cm × 225cm
十竹斋拍卖（北京） 2020-10-18

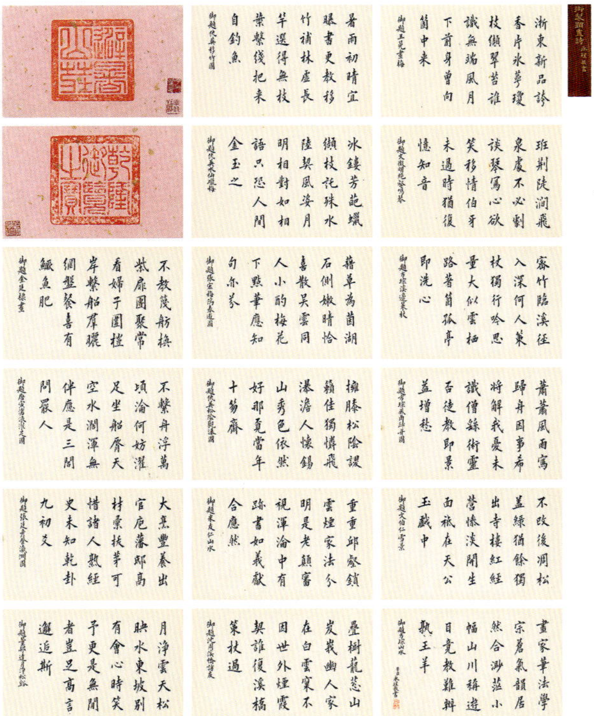

31 永瑆 楷书御制诗十六首 册页(十六开)
估　价：RMB 700,000～900,000
成交价：RMB 2,070,000
15cm×24cm×16 华艺国际 2020-12-05

898 余集 清 种竹图 手卷
估　价：HKD 200,000～400,000
成交价：RMB 7,369,800
43.5cm×94cm 佳士得 2020-12-02

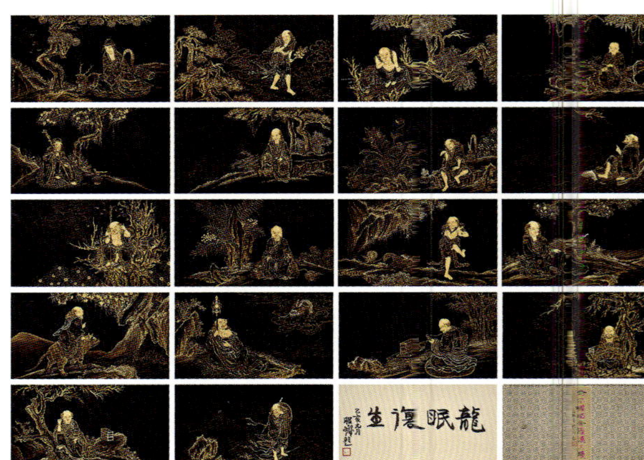

234 俞崇礼 十八罗汉图 册页(十八开)
估　价：RMB 600,000～800,000
成交价：RMB 1,058,000
13cm×24cm 华艺国际 2020-10-16

1633 余集 1811年作 散花图 立轴
估　价：RMB 800,000～1,200,000
成交价：RMB 1,495,000
158cm×81cm 朵云轩 2020-09-24

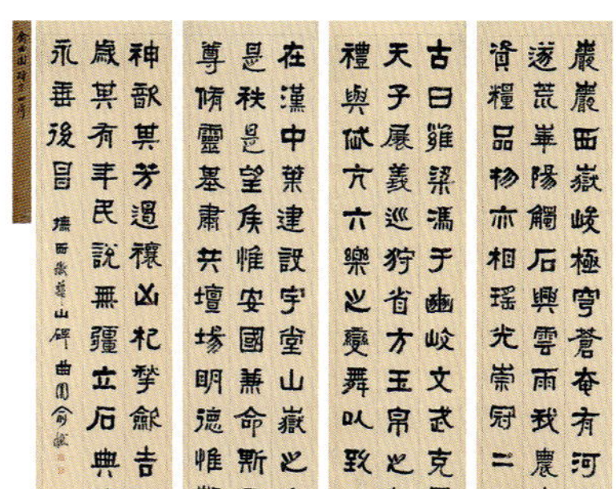

1035 俞樾 隶书 节临《华山庙碑》 四屏
估　价：RMB 80,000～120,000
成交价：RMB 575,000
170cm×46.5cm×4 西泠印社 2020-08-08

214 余省 松涛图 立轴
成交价：RMB 667,000
132cm×59cm 华艺国际 2020-10-16

2569 袁沅 百[illegible]朝凤 十二屏
估　价：HK[illegible] 400,000～600,000
成交价：RM[illegible] 1,412,500
106.6cm×4[illegible]4cm 香港苏富比 2020-07-09

4036 禹之[illegible] 1712年作 乐春园图卷 手卷
估　价：[illegible]B 1,500,000～1,800,000
成交价：[illegible]B 2,300,000
引首46cm×121cm；画心46cm×219cm 北京保利 2020-10-18

859 禹之鼎 奉母图 手卷
估　价：RMB 1,200,000～1,500,000
成交价：RMB 1,495,000
引首36.5cm×105cm；画心36.5cm×153.5cm 中贸圣佳 2020-10-17

19[illegible]2 郁希范 1741年作 层峦耸翠 立轴
估　价：RMB 50,000～80,000
成交价：RMB 253,000
1[illegible]cm×100cm 中国嘉德 2020-07-17

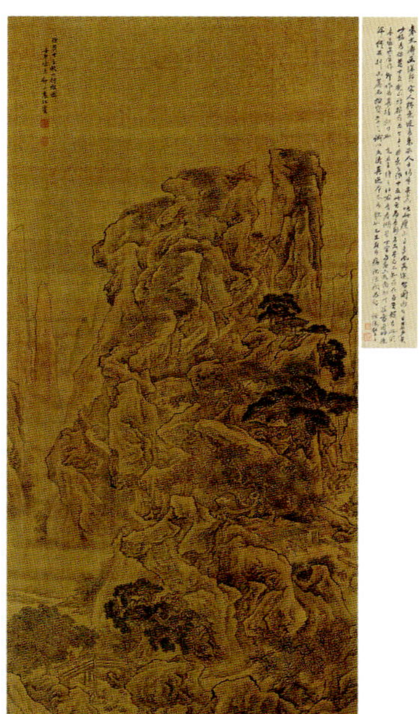

1645 袁江 1702年作 秋山行旅 立轴
估　价：RMB 2,000,000～3,000,000
成交价：RMB 8,050,000
156.5cm×77.5cm 朵云轩 2020-09-24

858 袁江 燕台山水 立轴
估　价：RMB 1,800,000～2,800,000
成交价：RMB 5,175,000
178cm×106cm 中贸圣佳 2020-10-17

1206 袁江 1698年作 通景四屏山水 镜心
估　价：RMB 1,200,000 ~ 1,800,000
成交价：RMB 3,680,000
233.5cm × 57cm × 4 中鸿信 2020-01-04

1282 允禧 江山积玉图 手卷
估　价：RMB 300,000 ~ 500,000
成交价：RMB 345,000
引首19.5cm × 70cm；画19.5cm × 170cm 中国嘉德 2020-12-04

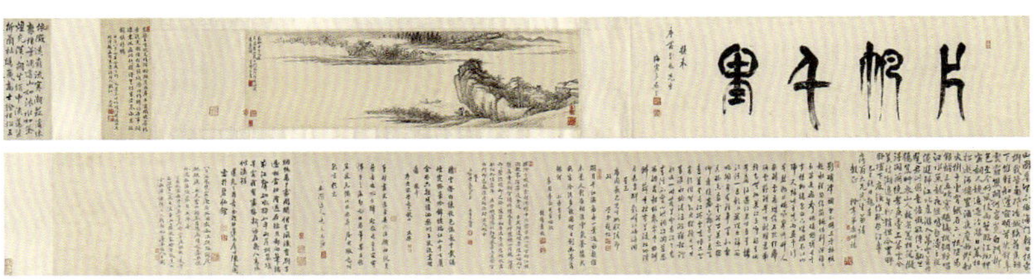

1009 袁枚 张宗苍 1744年作 晴江晓渡图 手卷
估　价：RMB 800,000 ~ 1,200,000
成交价：RMB 1,380,000
引首94cm × 29.5cm；画心76.5cm × 23.5cm；题跋29.5cm × 11.5cm；226.5cm × 29.5cm
西泠印社 2020-08-08

1060 袁耀 1766年作 山水 册页（八开）
估　价：RMB 2,000,000 ~ 3,000,000
成交价：RMB 3,392,500
23cm × 23.5cm × 8 北京保利 2020-12-05

71 恽寿平 恽冰 花卉集锦 册页（八开）
估　价：RMB 2,200,000 ~ 3,200,000
成交价：RMB 4,082,500
22.5cm × 32.5cm × 8 华艺国际 2020-10-16

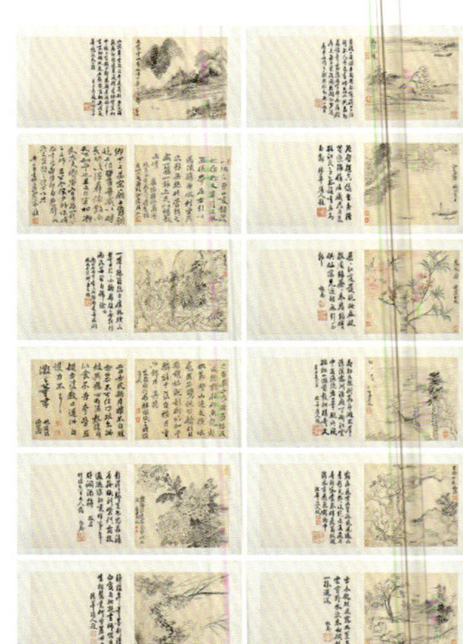

293 恽寿平 山水花卉书法合册 册页（十二开）
估　价：RMB 3,000,000 ~ 4,000,000
成交价：RMB 3,795,000
本幅19cm × 22cm × 10；
题跋19.5cm × 22.5cm × 10；
后跋18.5cm × 22cm × 4 华艺国际 2020-12-05

1268 恽寿平 松寿图 立轴
估　价：RMB 300,000～500,000
成交价：RMB 920,000
134cm×52cm 北京保利 2020-12-05

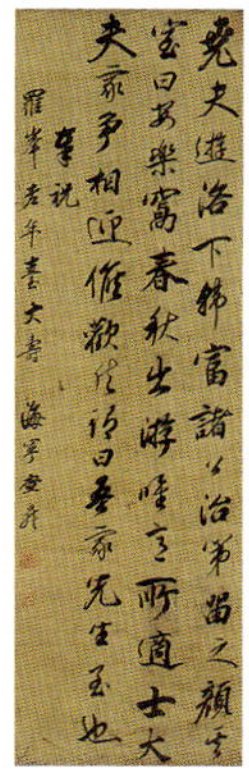

1044 查升 行书 节录古文 立轴
估　价：RMB 500,000～700,000
成交价：RMB 747,500
152cm×46cm 西泠印社 2020-08-08

1285 查士标 仿巨然山水 立轴
估　价：RMB 1,200,000～1,800,000
成交价：RMB 4,140,000
189cm×51cm 中国嘉德 2020-12-04

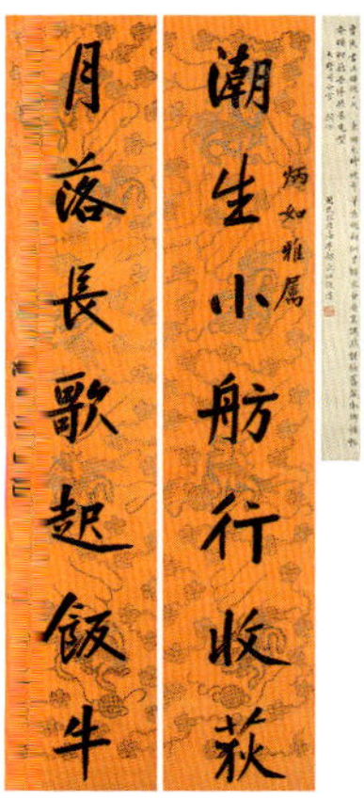

63 曾国藩 楷书七言联 镜框
估　价：RMB 800,000～1,200,000
成交价：RMB 1,725,000
171.5cm×33.5cm×2 华艺国际 2020-10-16

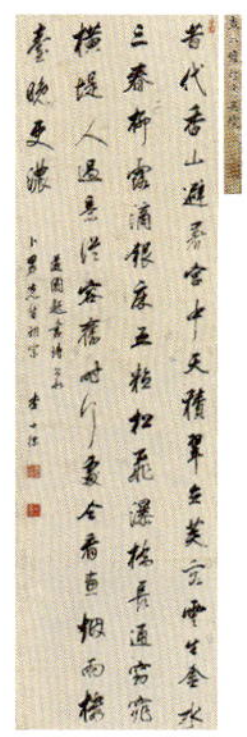

1305 查士标 行书七言诗 立轴
估　价：RMB 600,000～1,000,000
成交价：RMB 1,437,500
218cm×61cm 中国嘉德 2020-12-04

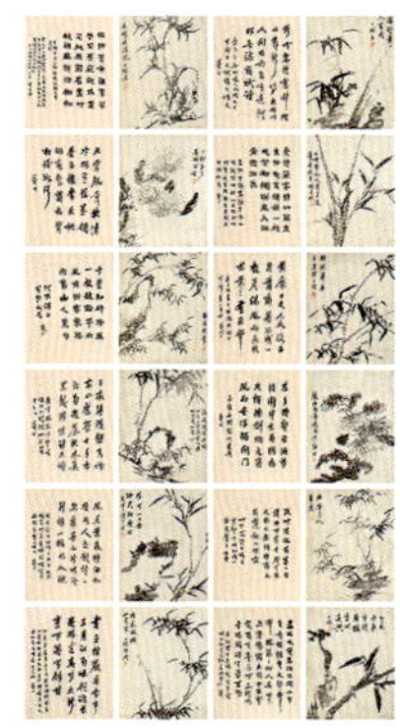

25 查士标 1695年作 清风 册页(十二开)
估　价：RMB 700,000～900,000
成交价：RMB 977,500
22.5cm×17.5cm×12 华艺国际 2020-12-05

995 曾国藩 行书七言 对联
估　价：RMB 200,000～300,000
成交价：RMB 1,288,000
171cm×35cm×2 朵云轩 2020-09-24

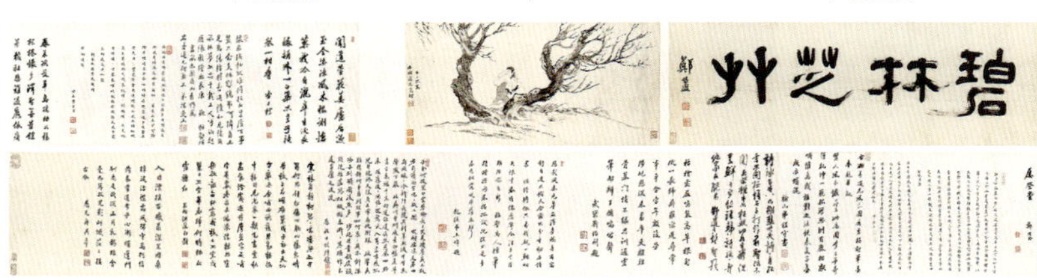

777 查士标 风木图并诸家题咏 手卷
估　价：RMB 3,800,000～5,800,000
成交价：RMB 4,370,000
引首29.5cm×92cm；画心29.5cm×61.5cm；跋30cm×343cm 中国嘉德 2020-08-16

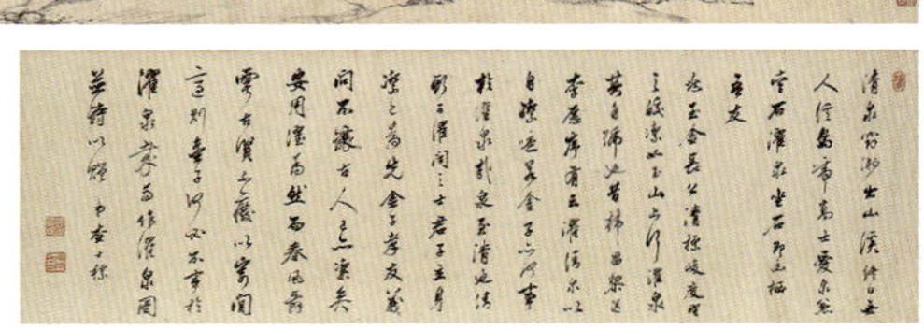

833 查士标 1680年作 濯泉图 手卷
估　价：HKD 500,000～700,000
成交价：RMB 3,068,880
30.7cm×168cm；30.7cm×101cm
佳士得 2020-07-08

268 翟继昌 1807年作 摹明四家笔意 镜心
估　价：RMB 150,000～300,000
成交价：RMB 805,000
126cm×30cm×4 永乐拍卖 2020-12-02

966 翟云升 隶书六言联 对联
估　价：RMB 50,000～80,000
成交价：RMB 230,000
122.5cm×31.5cm×2 朵云轩 2020-09-24

1297 张炳 1733年作 梅花书屋 立轴
估　价：RMB 100,000～150,000
成交价：RMB 276,000
76cm×40cm 北京保利 2020-12-05

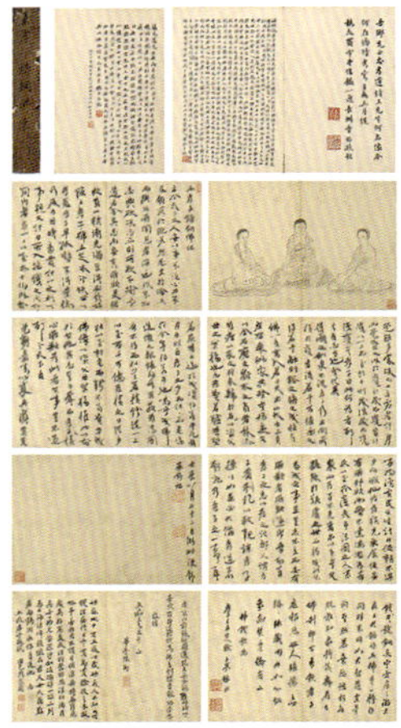

1011 张凤 杨补 章钰
王孝子铸铜佛像图题咏册 册页(共十一页)
估　价：RMB 250,000～400,000
成交价：RMB 632,500
36.5cm×25.5cm；36.5cm×25.5cm×7；
30cm×20.5cm×4 西泠印社 2020-08-08

1224 张庚 辋川图 册页(二十开)
成交价：RMB 805,000
25cm×34.5cm×20 北京保利 2020-12-05

287 张庚 1759年作 仿王蒙山水 立轴
估　价：RMB 600,000～800,000
成交价：RMB 690,000
110cm×44.2cm 华艺国际 2020-12-05

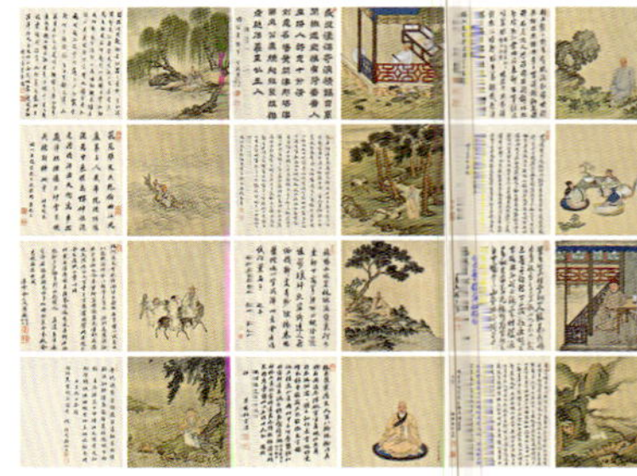

205 张淮 朱起麟 汤蟠 等 人物 册页(十二开)
成交价：RMB 552,000
36cm×33.5cm×12 华艺国际 2020-10-16

1753 张謇 行书五言联 立轴
估　价：RMB 200,000～300,000
成交价：RMB 494,500
242cm×57cm×2 北京保利 2020-10-17

205 张洽 1770年作 松崖泛舟 立轴
估　价：RMB 200,000～300,000
成交价：RMB 287,500
111cm×46cm 永乐拍卖 2020-12-02

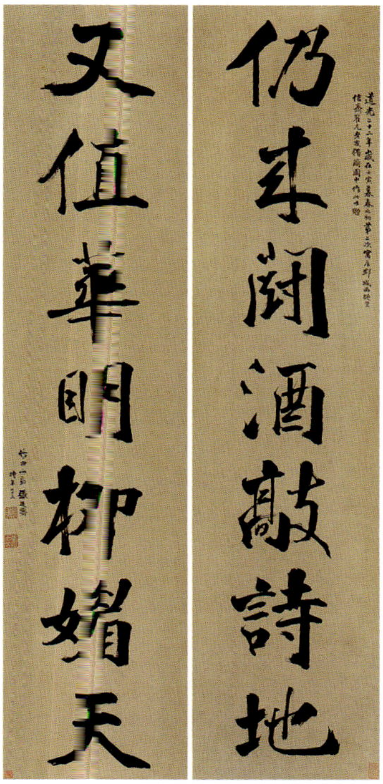

963 张廷济 1842年作 行书七言联 对联
估　价：RMB 80,000～120,000
成交价：RMB 471,500
123cm×30cm×2 朵云轩 2020-09-24

1650 张若霭 溪山仙馆 立轴
估　价：RMB 3,800,000～4,800,000
成交价：RMB 5,175,000
63cm×34.5cm 朵云轩 2020-09-24

1067 张为邦 1752年作 下元灵佑图 手卷
估　价：RMB 20,000,000～30,000,000
成交价：RMB 26,220,000
57cm×312cm 北京保利 2020-12-05

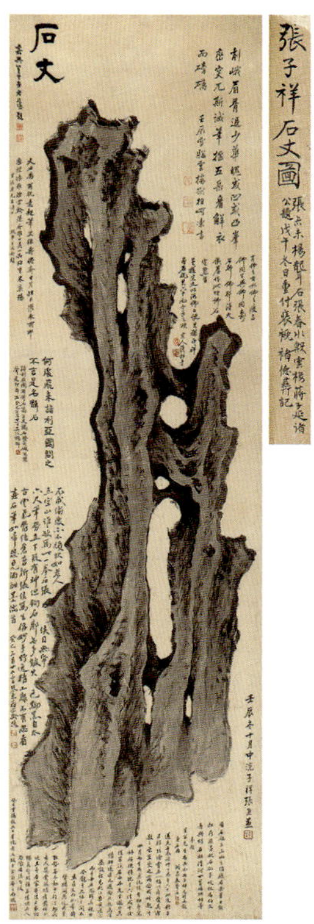

751 张熊 石丈图 立轴
估　价：RMB 200,000～300,000
成交价：RMB 598,000
186.5cm×52.5cm 永乐拍卖 2020-08-17

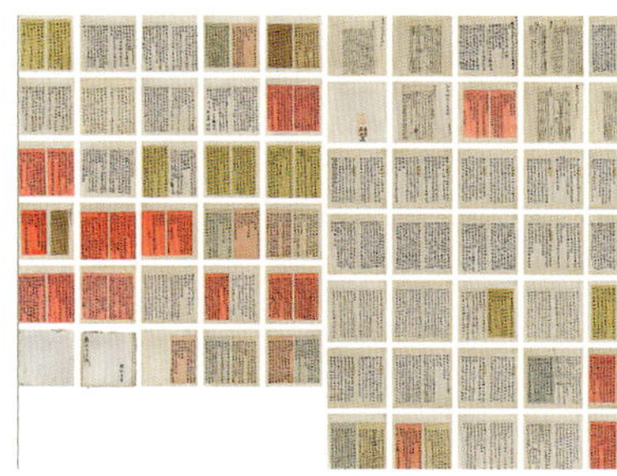

470 张荫桓 张侍郎诗翰第一 册页
估　价：RMB 400,000～500,000
成交价：RMB 569,250
尺寸不一 中贸圣佳 2020-10-17

3902 张崟 松下高士 镜框
成交价：RMB 713,000
135.6cm×39.4cm 北京保利 2020-10-18

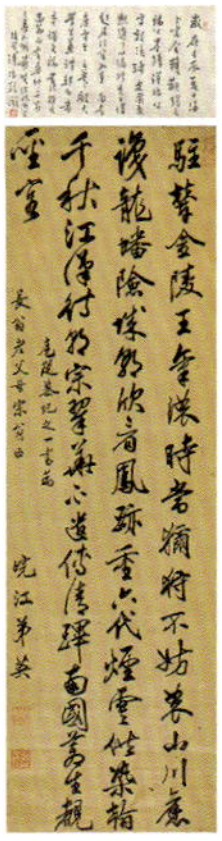

177 张英 行书《扈从恭纪》 立轴
估　价：RMB 400,000～800,000
成交价：RMB 552,000
本幅163cm×49cm；诗堂26cm×49cm
永乐拍卖 2020-12-02

3049 张敌 繁花引禽图 立轴
估　价：RMB 200,000～300,000
成交价：RMB 828,000
209cm×45cm 十竹斋拍卖（北京） 2020-10-18

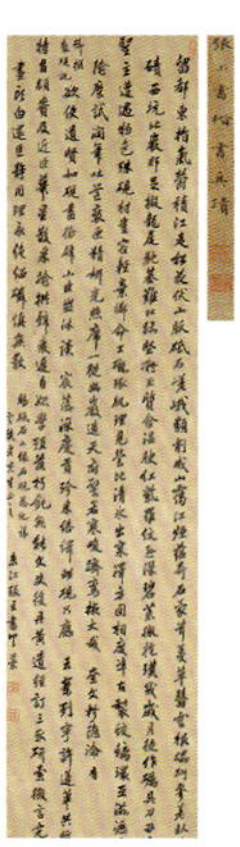

860 张玉书 行书《赐砥石山绿石砚诗》 立轴
估　价：RMB 300,000～500,000
成交价：RMB 897,000
202cm×47.5cm 中贸圣佳 2020-10-17

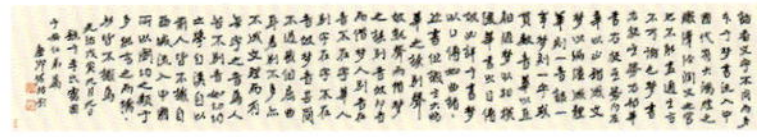

262 张裕钊 1878年作 行书 横披
估　价：RMB 100,000～150,000
成交价：RMB 264,500
29.5cm×180cm 朵云轩 2020-09-23

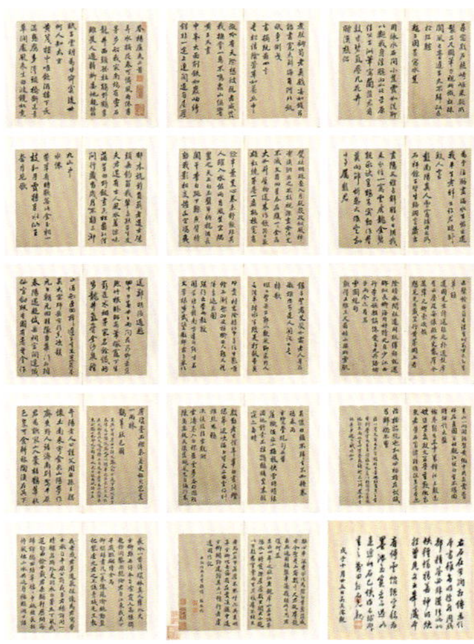

252 张照 临张伯雨杂诗 册页(二十八开)
估　价：RMB 400,000～500,000
成交价：RMB 460,000
23cm×14cm×28 华艺国际 2020-12-05

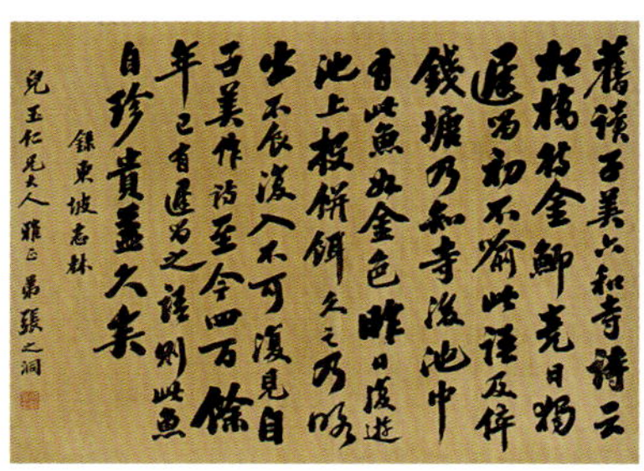

61 张之洞 行书录《东坡志林》 镜框
估　价：RMB 450,000～650,000
成交价：RMB 977,500
82.5cm×118.5cm 华艺国际 2020-10-16

861 张宗苍 仿子久夏山图 立轴
估　价：RMB 5,000,000～8,000,000
成交价：RMB 7,475,000
147cm×79cm 中贸圣佳 2020-10-17

1643 张宗苍 1732年作 万木奇峰 立轴
估　价：RMB 600,000～800,000
成交价：RMB 6,095,000
188cm×93cm 朵云轩 2020-09-24

1063 张宗苍 1734年作 仿王蒙笔意山水 立轴
估　价：RMB 1,500,000～3,000,000
成交价：RMB 1,725,000
132.5cm×62.5cm 北京保利 2020-12-05

862 章塈 1815年作 山水 册页(十二开)
估　价：RMB 80,000～120,000
成交价：RMB 345,000
25.5cm×22cm×12 中国嘉德 2020-08-17

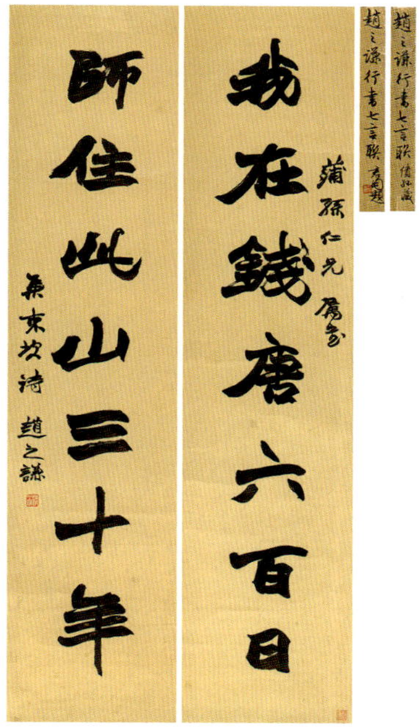

164 赵之谦 行书七言联 立轴
估　价：RMB 3,500,000～4,500,000
成交价：RMB 5,175,000
125cm×30cm×2 永乐拍卖 2020-12-02

870 赵之谦 湖石白莲图 立轴
估　价：RMB 2,800,000～3,800,000
成交价：RMB 3,737,500
175cm×45cm 中贸圣佳 2020-10-17

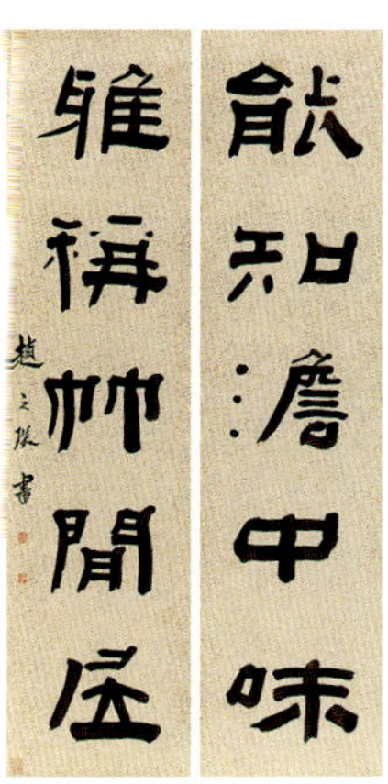

513 赵之琛 隶书五言联 立轴
估　价：RMB 20,000～60,000
成交价：RMB 598,000
127cm×31.5cm×2 中国嘉德 2020-08-16

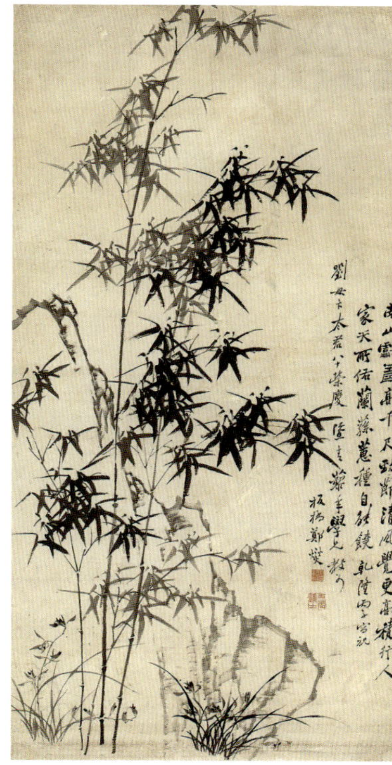

783 郑板桥 1756年作 竹石兰蕙图 立轴
估　价：RMB 15,000,000～20,000,000
成交价：RMB 29,900,000
186.5cm×97cm 中国嘉德 2020-08-16

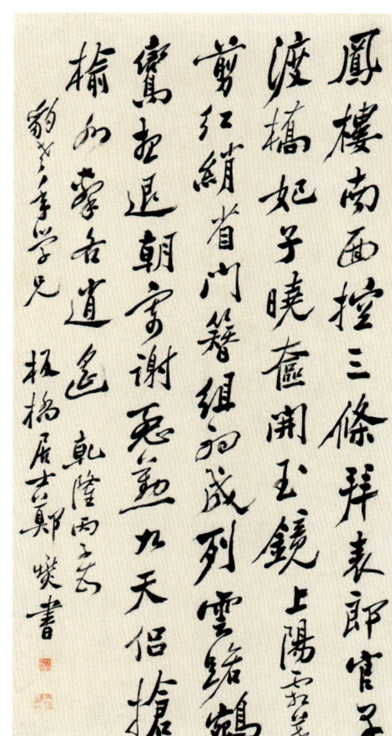

1606 郑板桥 1756年作 行书 立轴
估　价：RMB 2,000,000～3,000,000
成交价：RMB 10,350,000
178.5cm×92cm 朵云轩 2020-09-24

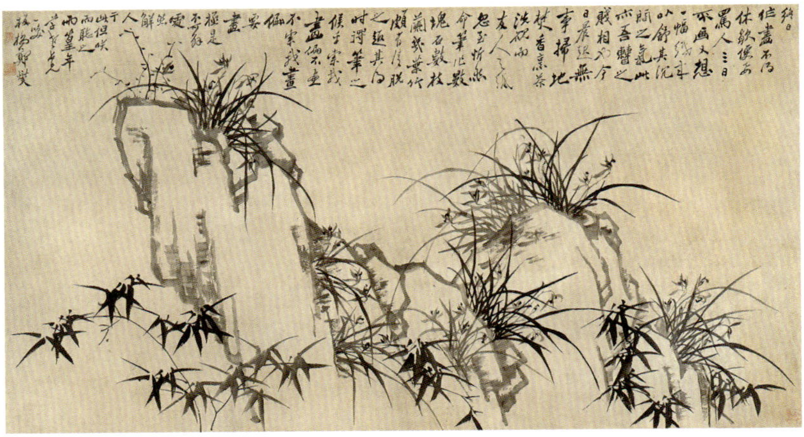

292 郑板桥 竹石兰草图 镜心
估　价：RMB 15,000,000～20,000,000
成交价：RMB 17,250,000
91.0cm×175cm 中国嘉德 2020-12-01

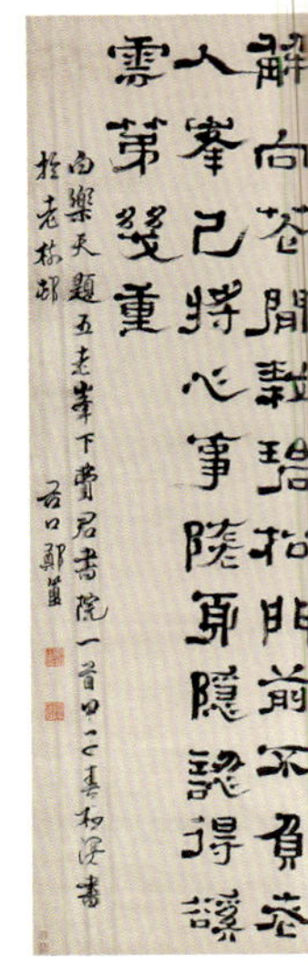

886 郑簠 1684年作 隶书白乐天诗 立轴
估　价：RMB 100,000～150,000
成交价：RMB 460,000
173cm×55.5cm 中国嘉德 2020-08-17

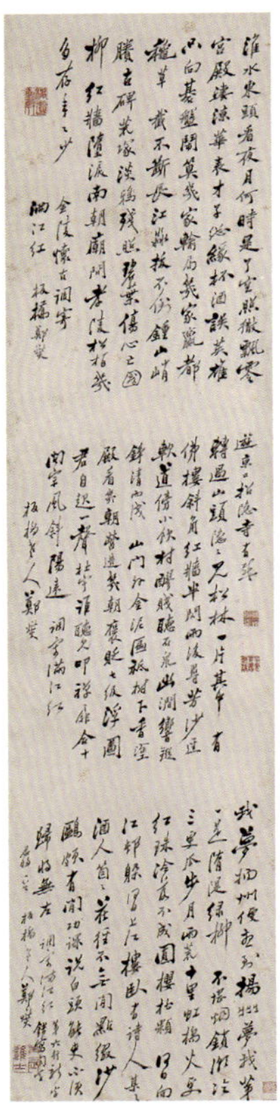

862 郑板桥 行书《满江红》三首 立轴
估　价：RMB 3,000,000～4,000,000
成交价：RMB 4,715,000
175.5cm×41cm 中贸圣佳 2020-10-17

3047 郑岱 1699年作 对弈图 立轴
估　价：RMB 400,000～600,000
成交价：RMB 1,265,000
171cm×92cm 十竹斋拍卖（北京） 2020-10-18

465 郑岱 1724年作 商山四皓图 立轴
估　价：RMB 50,000～80,000
成交价：RMB 2,760,000
252cm×167cm 中国嘉德 2020-11-09

3615 周鼐 蕉石通景 十屏
成交价：RMB 448,500
200.5cm×56.1cm×10 北京保利 2020-10-18

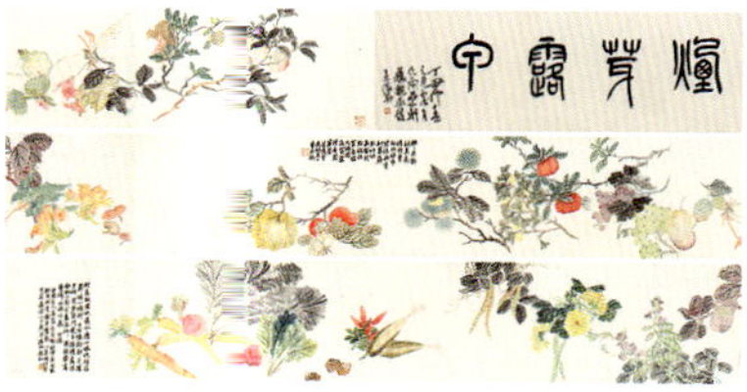

869 周闲 187年作 蔬果卷 手卷
估　价：RMB 80,000～120,000
成交价：RMB 299,000
引首35.5cm × 107cm；
画（1）35.5cm × 265.5cm；
画（2）35.5cm × 267.5cm 中国嘉德 2020-08-17

185 朱偁 1880年作 芙蓉晚艳 立轴
估　价：RMB 5,000～7,000
成交价：RMB 218,500
163cm × 3.2cm 北京诚轩 2020-08-17

8867 朱鼎新 王文韶仕宦图 册页（十二开）
估　价：HKD 20,000～30,000
成交价：RMB 319,200
47.8cm × 41. cm × 12 佳士得 2020-07-01

4044 朱伦瀚 潇湘烟霭图 立轴
估　价：RMB 15,000,000～25,000,000
成交价：RMB 17,250,000
148cm × 63cm 北京保利 2020-10-18

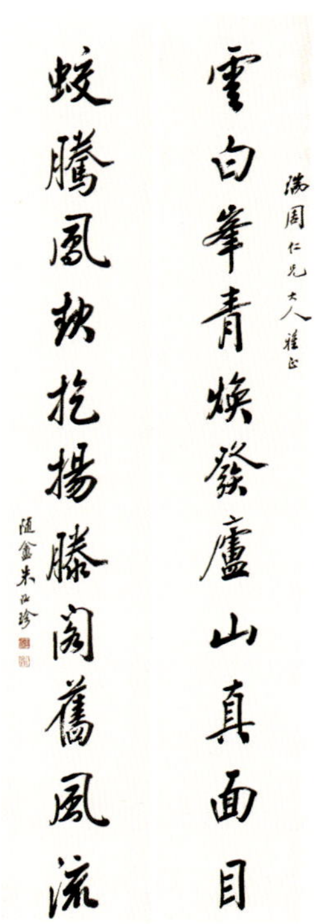

1823 朱汝珍 楷书十一言联 立轴
估　价：RMB 150,000～250,000
成交价：RMB 310,500
228cm × 38cm × 2 北京保利 2020-10-17

890 朱彝尊 隶书七言联 立轴
估　价：RMB 80,000～120,000
成交价：RMB 368,000
132.5cm × 24cm × 2 中国嘉德 2020-08-17

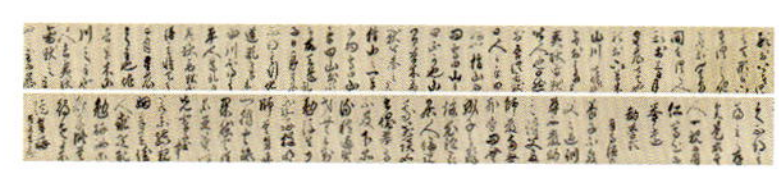

1187 朱之瑜
草书韩愈《原人》、司马光《劝学歌》 手卷
估　价：RMB 200,000～300,000
成交价：RMB 862,500
37cm × 831cm 中国嘉德 2020-12-04

3041 诸升 1661年作 墨竹图 立轴
估　价：RMB 400,000～500,000
成交价：RMB 862,500
149cm × 44cm
十竹斋拍卖（北京） 2020-10-18

1640 邹一桂 1770年作 玉堂富贵 立轴
估　价：RMB 2,000,000～3,000,000
成交价：RMB 2,300,000
158.5cm×93cm 朵云轩 2020-09-24

29 邹一桂 牡丹二十四品之“瑞露蝉”立轴
估　价：RMB 800,000～1,000,000
成交价：RMB 1,265,000
56.5cm×40cm 华艺国际 2020-12-05

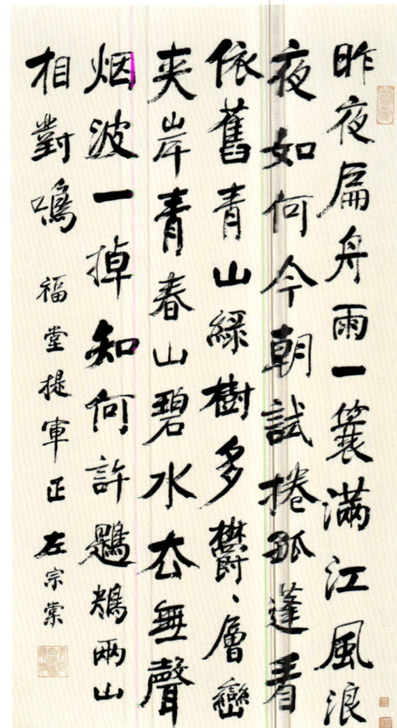

60 左宗棠 行书《水口行舟二首》镜框
估　价：RMB 500,000～700,000
成交价：RMB 1,782,500
171cm×90.5cm 华艺国际 2020-10-16

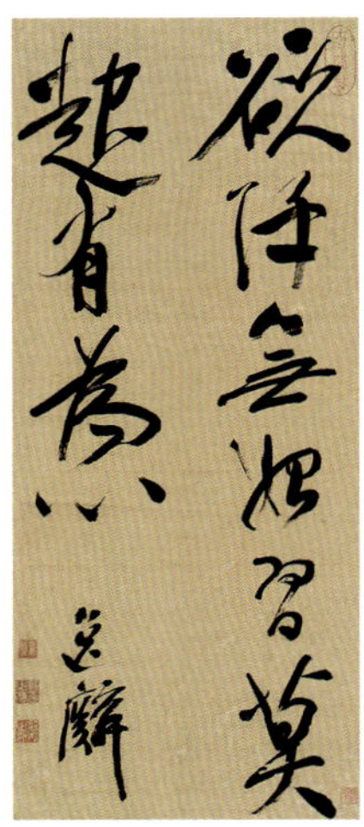

135 邹之麟 行书一则 立轴
估　价：RMB 20,000～30,000
成交价：RMB 362,250
125cm×55cm 上海驰翰 2020-08-06

545 邹一桂 秋艳图 立轴
估　价：RMB 800,000～1,200,000
成交价：RMB 2,300,000
108cm×58.5cm 荣宝斋（南京） 2020-11-28

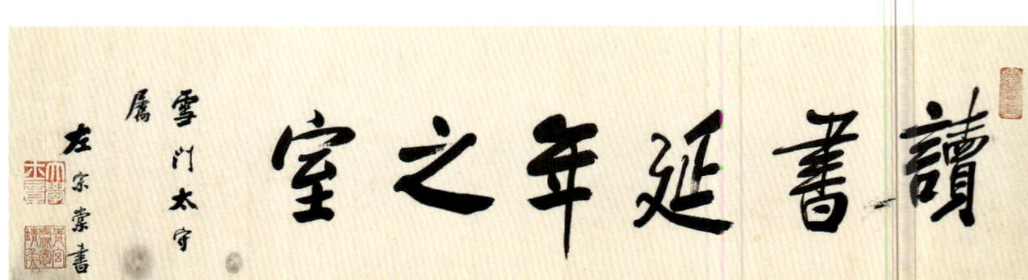

1926 左宗棠 行书“读书延年之室”
估　价：RMB 120,000～180,000
成交价：RMB 1,610,000
46cm×175cm 中国嘉德 2020-12-02

近现代及当代作者

723 艾轩 2014年作 秋风掠过荒原
估　价：HKD 350,000～700,000
成交价：RMB 444,024
71cm × 141cm 香港苏富比 2020-10-06

1238 安华平 2019年作 银羽凌风 镜心
估　价：RMB 200,000
成交价：RMB 322,000
96cm × 63cm 北京翰海 2020-09-12

535 安奇青 染就一江秋色 镜片 设色 纸本
估　价：RMB 3,500,000～4,500,000
成交价：RMB 6,325,000
152cm × 378cm 荣宝斋（济南） 2020-06-26

348 白蕉 兰花 行书春雨诗 成扇
估　价：RMB 80,000～100,000
成交价：RMB 368,000
18cm × 49.5cm 朵云轩 2020-09-23

728 白雪石 1984年作 雨后漓江 镜心
估　价：RMB 800,000～1,800,000
成交价：RMB 3,450,000
143.5cm×366.5cm 中国嘉德 2020-08-16

55 白雪石 1989年作 山高水长 镜框
估　价：RMB 1,800,000～2,800,000
成交价：RMB 3,105,000
124.5cm×357cm 华艺国际 2020-10-16

408 白雪石 1989年作 奇峰耸翠 镜心
估　价：RMB 500,000～800,000
成交价：RMB 1,840,000
119.5cm×243.5cm 北京保利 2020-12-04

342 白雪石 1982年作 千峰竞秀 镜心
估　价：RMB 20,000～40,000
成交价：RMB 1,092,500
179cm×96cm 中国嘉德 2020-12-02

309 薄春雨 鹤 镜心
估　价：RMB 80,000～120,000
成交价：RMB 517,500
216cm×74cm 中贸圣佳 2020-10-17

283 蔡鹤汀 1942年作 三狮图 立轴
估　价：RMB 85,000～95,000
成交价：RMB 241,500
158cm × 6[illegible]cm 朵云轩 2020-09-23

1426 蔡[illegible]章 2020年作 春日游杏花飞满天
估　价：RMB 160,000～180,000
成交价：RMB 253,000
69cm [illegible]36cm 北京翰海 2020-12-12

1046 蔡茂友 花开富贵、前程似锦 镜心
估　价：RMB 6,000,000～8,000,000
成交价：RMB 12,650,000
145cm × 365cm 荣宝斋（南京） 2020-11-28

1058 蔡茂友 春风大地花满天 镜心
估　价：RMB 600,000～800,000
成交价：RMB 1,035,000
48cm × 180cm 荣宝斋（南京） 2020-11-28

654 蔡元培 楷书“平屋” 横披
估　价：RMB 150,000～250,000
成交价：RMB 2,185,000
34cm × 104cm 朵云轩 2020-09-23

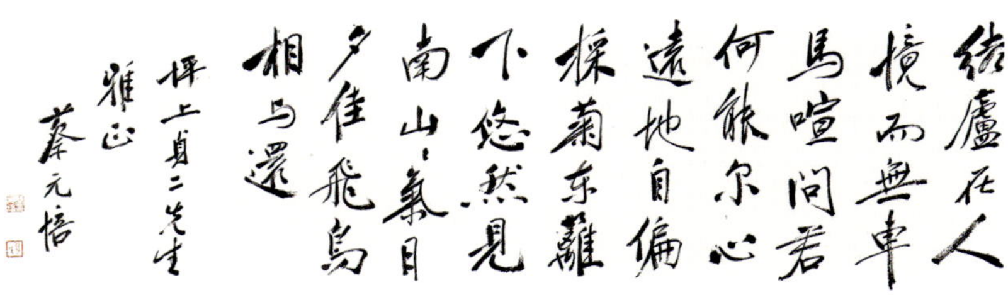

1788 蔡元培 行书《饮酒》(结庐在人境) 镜心
估　价：RMB 500,000～800,000
成交价：RMB 1,897,500
41cm × 150cm 北京保利 2020-10-17

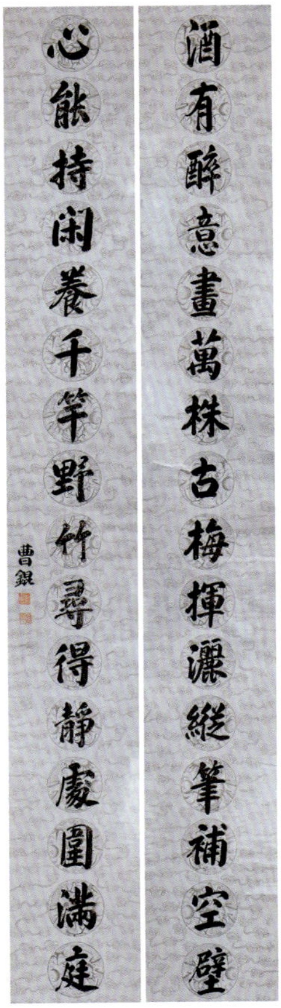

1777 曹锟 行书十六言联 立轴
估　价：RMB 600,000～800,000
成交价：RMB 1,092,500
350cm×46cm×2 北京保利 2020-10-17

4178 岑其 2019年作 峨眉高秋 立轴
估　价：RMB 100,000～200,000
成交价：RMB 322,000
181cm×96cm 十竹斋拍卖（北京） 2020-10-18

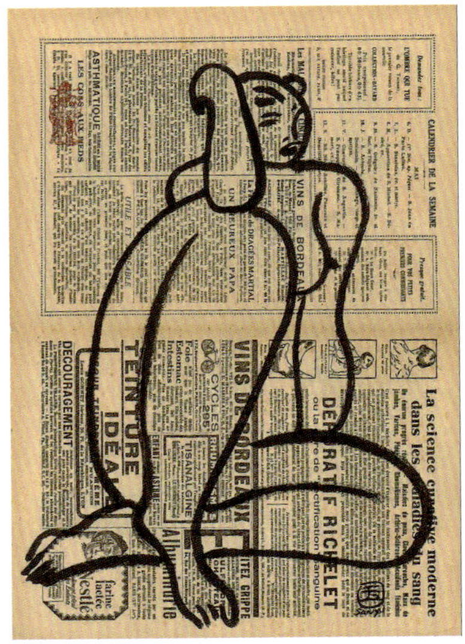

8212 常玉 1920－1940年代作 裸女坐像 水墨纸本
估　价：RMB 300,000～600,000
成交价：RMB 1,897,500
37.5cm×26.5cm 华艺国际 2020-10-15

8201 常玉 1920－1930年代作
弯腰裸女 水墨纸本
估　价：RMB 150,000～250,000
成交价：RMB 1,725,000
49cm×33.5cm 华艺国际 2020-10-15

8202 常玉 1920－1930年代作 致葛阿比 水墨纸本
估　价：RMB 80,000～200,000
成交价：RMB 920,000
46cm×34cm 华艺国际 2020-10-15

4068 陈半丁 1908年作 临石溪山水 立轴
估　价：RMB 500,000～700,000
成交价：RMB 701,500
224cm×30.5cm 十竹斋拍卖（北京） 2020-10-18

374 陈伯达 楷书“大好人” 镜心
估　价　RMB 300,000～400,000
成交价　RMB 1,380,000
129cm×40cm 中国嘉德 2020-12-02

2095 陈大羽 1987年作 花果 册页
估　价：RMB 300,000～500,000
成交价：RMB 552,000
40.5cm×56cm×8 北京保利 2020-10-17

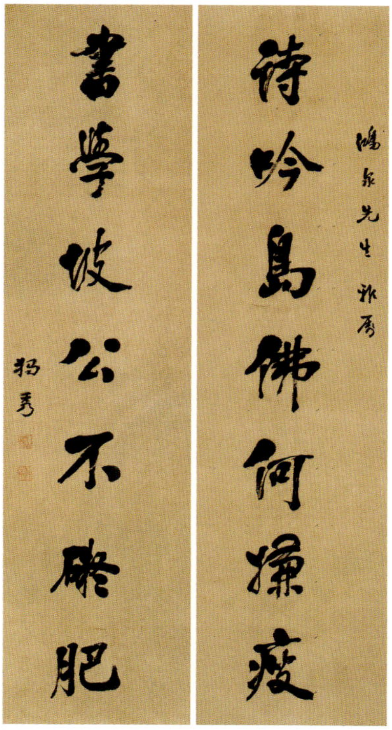

57 陈独秀 行书七言联 立轴
估　价：RMB 500,000～700,000
成交价：RMB 575,000
141cm×37.5cm×2 华艺国际 2020-10-16

34 陈达 1952年作 四季山水 四屏
估　价　RMB 120,000～150,000
成交价　RMB 379,500
136cm×34cm×4 上海敬华 2020-09-22

4039 陈德 纳凉图 立轴
估　价：RMB 800,000～1,200,000
成交价：RMB 1,782,500
135cm×70cm 北京保利 2020-10-18

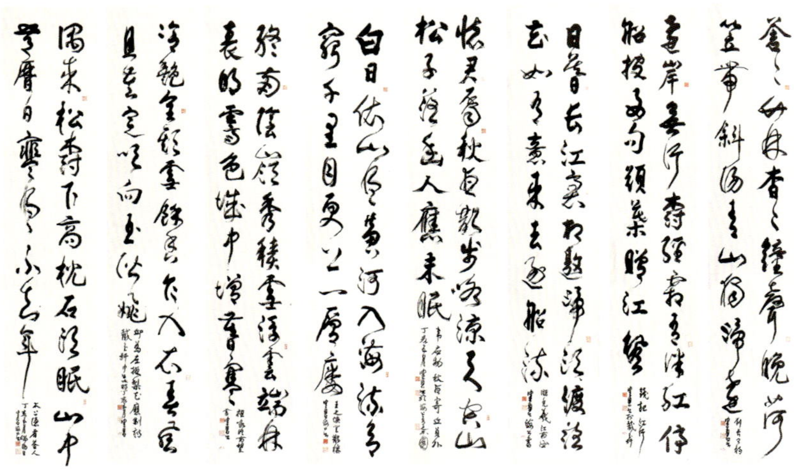

83 陈佩秋 草书八屏 镜心
估 价：RMB 5,000,000～8,000,000
成交价：RMB 8,625,000
369cm×72cm×8 荣宝斋（上海）2020-10-25

706 陈佩秋 2005年作 山水行书合璧册画十二开、对题十二开
估 价：RMB 4,000,000～5,000,000
成交价：RMB 4,830,000
25cm×32cm×24 朵云轩 2020-09-23

1177 陈佩秋 云山皆美 册页(十二开)
估 价：RMB 1,200,000～1,800,000
成交价：RMB 1,495,000
33cm×39.5cm×12 朵云轩 2020-09-24

2709 陈少梅 1945年作 早春图 成扇
估 价：HKD 400,000～600,000
成交价：RMB 734,500
18.5cm×44.5cm 香港苏富比 2020-07-10

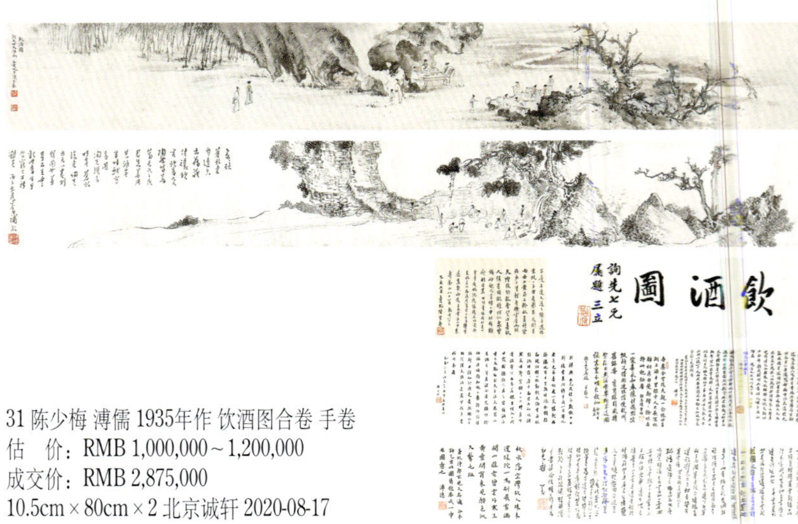

31 陈少梅 溥儒 1935年作 饮酒图合卷 手卷
估 价：RMB 1,000,000～1,200,000
成交价：RMB 2,875,000
10.5cm×80cm×2 北京诚轩 2020-08-17

1927 陈师曾 1922年作 南山献寿 立轴
估 价：RMB 30,000～50,000
成交价：RMB 460,000
158cm×40cm 北京保利 2020-10-17

1042 陈庭诗 1974年作 四季
估 价：HKD 300,000～500,000
成交价：RMB 1,368,000
123.4cm×62.6cm（每联）；157.5cm×287cm（全屏）
香港苏富比 2020-07-08

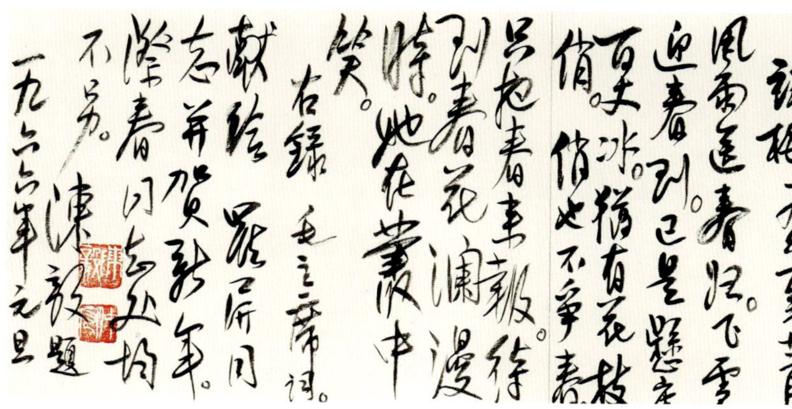

2529 陈毅 1966年作
行书毛主席《咏梅》 镜心
估 价：RMB 400,000～500,000
成交价：RMB 713,000
55.5cm×27.5cm 北京保利 2020-10-17

4162 陈树人 1926年作 林和靖诗意图 镜心
估 价：RMB 200,000～300,000
成交价：RMB 310,500
112cm×35cm 十竹斋拍卖（北京） 2020-10-18

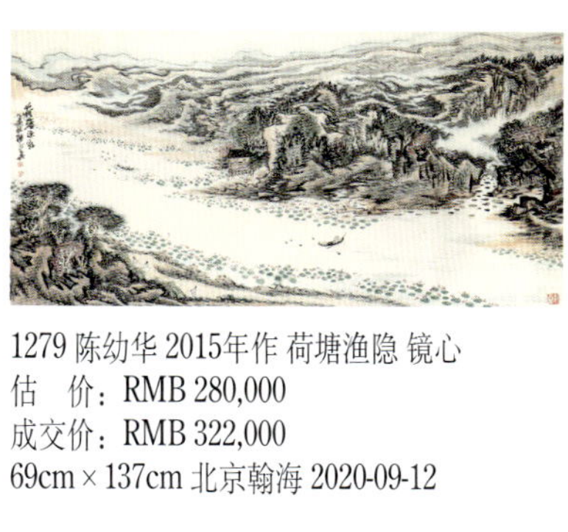

1279 陈幼华 2015年作 荷塘渔隐 镜心
估 价：RMB 280,000
成交价：RMB 322,000
69cm×137cm 北京翰海 2020-09-12

293 陈文希 长臂猿
估 价：HKD 180,000～280,000
成交价：RMB 474,600
131.5cm×67.5cm 佳士得 2020-07-11

96 陈玉圃 2016年作 罗汉册 镜心(十开)
估　价：RMB 150,000～250,000
成交价：RMB 575,000
37.5cm × 51.5cm × 10 中国嘉德 2020-12-01

653 陈之佛 春花双羽 立轴
估　价：RMB 200,000～300,000
成交价：RMB 1,403,000
109.5cm × 44cm 朵云轩 2020-09-23

1008 陈忠洲 秋清图 镜心
估　价：RMB 480,000～680,000
成交价：RMB 3,680,000
137cm × 69cm 荣宝斋（南京） 2020-11-28

1007 陈忠洲 山水清音 镜心
估　价：RMB 780,000～980,000
成交价：RMB 12,000,000
137cm × 70cm 荣宝斋（南京） 2020-11-28

312 陈忠洲 柳燕传情 镜片
估　价：RMB 200,000～500,000
成交价：RMB 1,150,000
136cm × 68cm 保利厦门 2020-09-26

2733 陈之佛 1944年作 山茶双雀 镜框
估　价：HKD 300,000～400,000
成交价：RMB 644,100
52.3cm × 88.2cm 香港苏富比 2020-07-10

809 陈子庄 1972年作 龙泉山山水 镜片
估　价：RMB 100,000～200,000
成交价：RMB 368,000
22cm × 28.5cm 西泠印社 2020-08-08

1181 程十发 1984年作 驯鹿图 镜片
估　价：RMB 2,500,000～3,000,000
成交价：RMB 3,105,000
125cm × 246cm 朵云轩 2020-09-24

688 程十发 1972 年作 边寨之节日 立轴
估　价：RMB 3,500,000～4,500,000
成交价：RMB 4,945,000
199cm × 120cm 朵云轩 2020-09-23

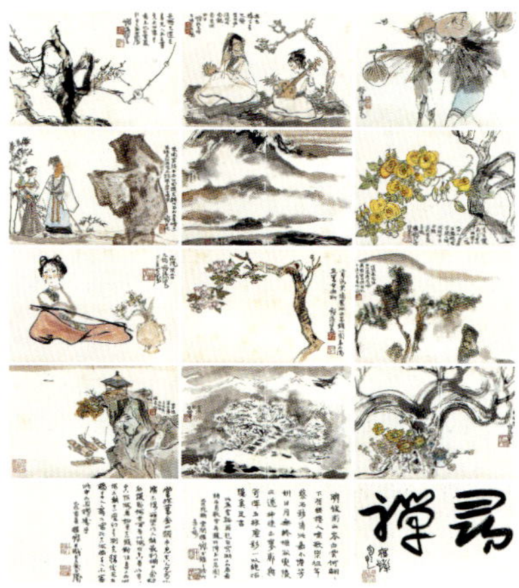

2630 程十发 1989年作 寻禅 册页
估　价：RMB 1,500,000～2,500,000
成交价：RMB 1,840,000
24cm × 36cm × 15 北京保利 2020-10-17

2631 程十发 1977年作 湘君 立轴
估　价：RMB 1,200,000～2,000,000
成交价：RMB 2,645,000
124cm × 68cm 北京保利 2020-10-17

2840 程十发 1984年作 万世同根 立轴
估　价：HKD 3,800,000～5,000,000
成交价：RMB 5,799,160
184cm × 184cm 香港苏富比 2020-07-10

4186 崔景哲 2020年作 源远流长 镜心
估　价：RMB 400,000～500,000
成交价：RMB 460,000
68cm × 140cm 十竹斋拍卖（北京） 2020-10-18

794 崔如琢 2017年作 秋山烟翠 镜心
成交价：RMB 189,750,000
142cm × 368cm 永乐拍卖 2020-12-04

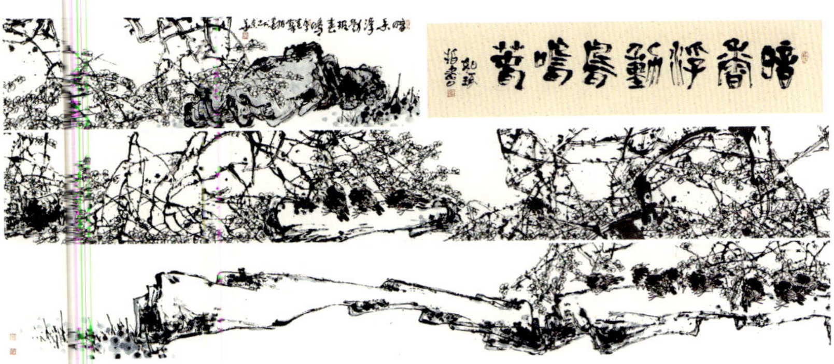

792 崔如琢 2020年作 暗香浮动鸟鸣春
成交价：RMB 177,100,000
47cm × 1053cm 永乐拍卖 2020-12-04

793 崔如琢 2020年作 雨洗溪光净 镜心
成交价：RMB 120,750,000
76cm × 130cm 永乐拍卖 2020-12-04

1633 崔如琢 2020年作 清秋荷塘听雨眠 手卷
成交价：RMB 172,500,000
43cm × 956cm 北京保利 2020-10-16

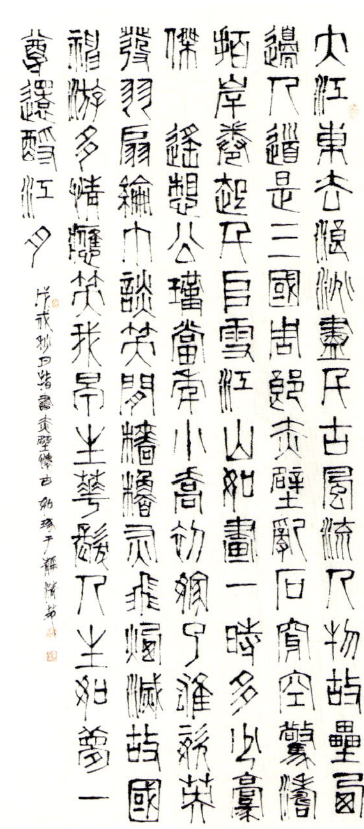

1632 崔如琢 2018年作 指书《赤壁怀古》 镜心
估　价：RMB 4,000,000～5,000,000
成交价：RMB 18,400,000
286cm × 125cm 北京保利 2020-10-16

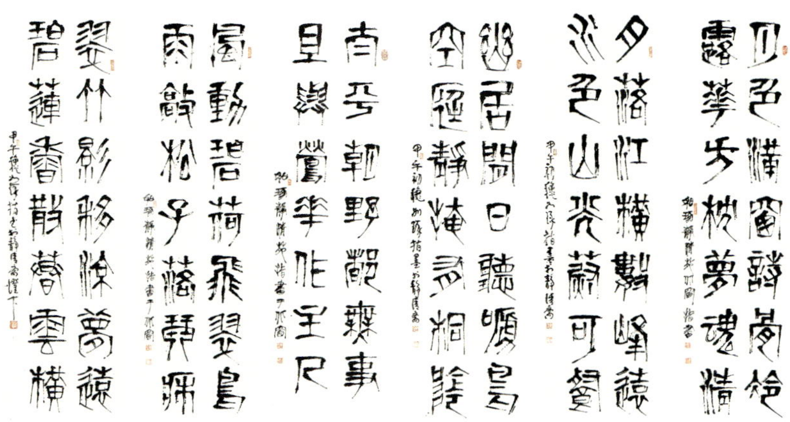

791 崔如琢 2014年作 翠竹影移凉梦远 碧莲香散暮云横 风动碧荷飞翠鸟 雨敲松子落琴床 太平朝野都无事 且与莺花作主人 幽居闲日听啼鸟 空亭静掩有桐阴 月落江横数峰远 水色山光蔚可餐 月色满窗诗骨冷 露华方枕梦魂清 镜心
成交价：RMB 69,000,000
263.5cm × 78.5cm；264cm × 76.5cm；263cm × 73cm；262cm × 78.5cm；262.5cm × 77cm；175cm × 50cm 永乐拍卖 2020-12-04

240 戴春风 溥儒
楷书《月花吟》 携琴访友图 成扇
估　价：RMB 150,000～200,000
成交价：RMB 241,500
19cm × 52cm 中贸圣佳 2020-10-17

1630 崔如琢 2010年作 硕果满枝 镜心
估　价：RMB 10,000,000～12,000,000
成交价：RMB 14,950,000
99cm × 50.5cm 北京保利 2020-10-16

1203 代建红 2019年作 爱莲说
估　价：RMB 100,000
成交价：RMB 230,000
98cm × 68cm 北京翰海 2020-09-12

5049 岛子（王敏） 2017年作 太初有道
估　价：RMB 150,000～200,000
成交价：RMB 207,000
212cm × 52cm × 3 中鸿信 2020-01-0

2121 邓芬 1955年作 韩昌黎诗意图 镜心
估　价：RMB 200,000～300,000
成交价：RMB 552,000
28cm × 71cm 北京保利 2020-10-17

6007 邓尔疋 1937年作 楷书《心经》 立轴
估 价：RMB 180,000～280,000
成交价：RMB 368,000
128cm×33cm 十竹斋拍卖（北京） 2020-10-18

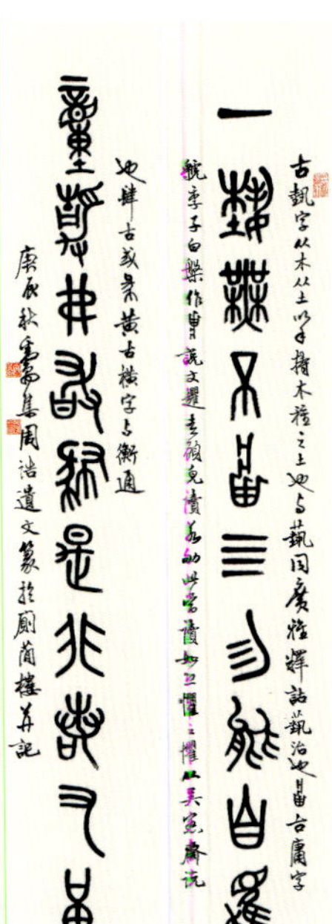

1008 邓散木 1940年作 甲骨文十言 对联
估 价：RMB 60,000～80,000
成交价：RMB 241,500
150cm×26cm×2 朵云轩 2020-09-24

12 丁衍庸 1978年作 八仙献寿
估 价：RMB 2,000,000～3,000,000
成交价：RMB 2,300,000
81cm×150cm 永乐拍卖 2020-12-04

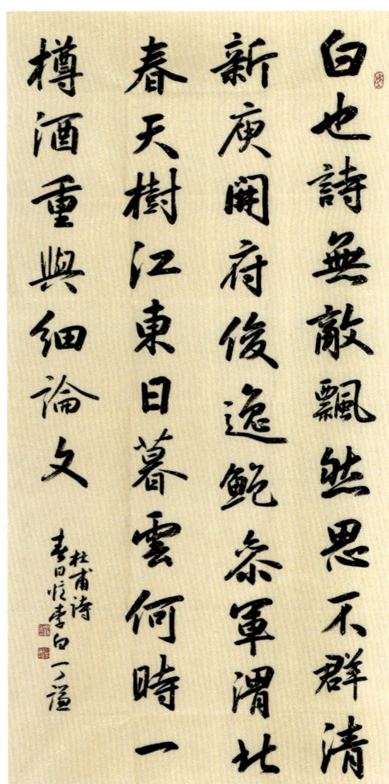

1236 丁谦 行书五言诗 镜心
估 价：RMB 60,000～90,000
成交价：RMB 230,000
135cm×68cm 中国嘉德 2020-11-10

752 丁雄泉 双子峰
估 价：HKD 150,000～300,000
成交价：RMB 474,600
182cm×97cm 香港苏富比 2020-07-09

1100 丁衍庸 八仙聚会图 镜框
估 价：HKD 450,000～650,000
成交价：RMB 585,750
137cm×68cm 佳士得 2020-12-01

1371 丁元智 2015年作 瑞气迎门 雁归秋山
估　价：RMB 1,200,000～1,600,000
成交价：RMB 1,840,000
69cm×138cm 北京翰海 2020-12-12

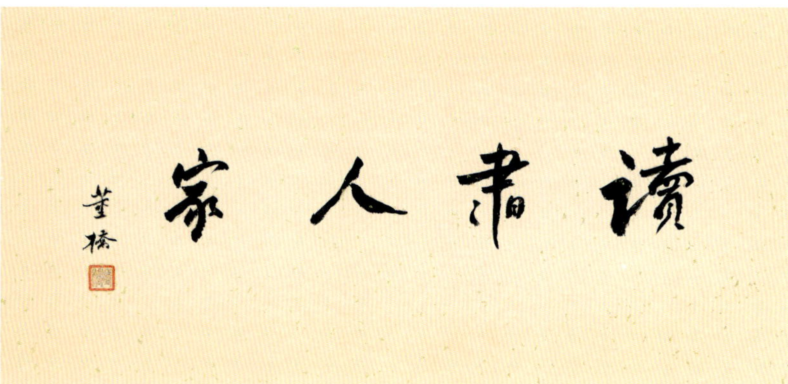

3038 董桥 读书人家 镜框
估　价：HKD 38,000～50,000
成交价：RMB 222,012
30.5cm×63.2cm 香港苏富比 2020-10-08

401 董寿平 1985年作 暗香浮动 镜心
估　价：RMB 150,000～250,000
成交价：RMB 1,782,500
68cm×113cm 北京保利 2020-12-04

521 董立宝 2019年作 秋色可餐 镜心
估　价：RMB 80,000～150,000
成交价：RMB 230,000
17cm×17cm×12 北京保利 2020-12-04

474 董寿平 1950年作 松瀑图 立轴
估　价：RMB 800,000～1,000,000
成交价：RMB 2,645,000
117cm×65.5cm 华艺国际 2020-10-16

475 董寿平 黄山松谷 立轴
估　价：RMB 1,800,000～2,800,000
成交价：RMB 3,450,000
165cm×83cm 华艺国际 2020-10-16

1284 董希源 长松飞瀑翠峰齐 镜心
估　价：RMB 200,000
成交价：RMB 563,500
68cm×136cm 北京翰海 2020-09-12

1422 杜浩平 2018年作 海纳百川
估　价：RMB 80,000
成交价：RMB 287,500
96cm×270cm 北京翰海 2020-09-12

2103 董欣宾 岁寒三友 镜心
成交价：RMB 402,500
97cm×179cm 十竹斋拍卖（北京） 2020-10-18

8032 杜小同 界
估　价：RMB 150,000～250,000
成交价：RMB 230,000
89cm×141cm 中贸圣佳 2020-10-17

619 董阳孜 1988年作 见素抱朴 屏风
估　价：NTD 750,000～1,200,000
成交价：RMB 571,200
136cm×253cm 罗芙奥 2020-07-18

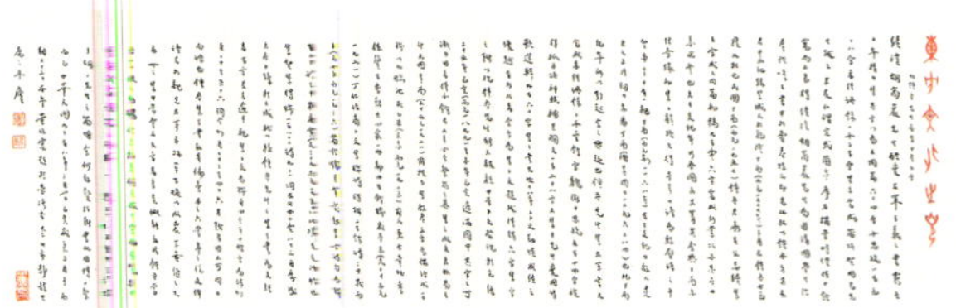

53 董作宾 行书 横披
估　价：RMB 150,000～180,000
成交价：RMB 253,000
35cm×140cm 朵云轩 2020-09-23

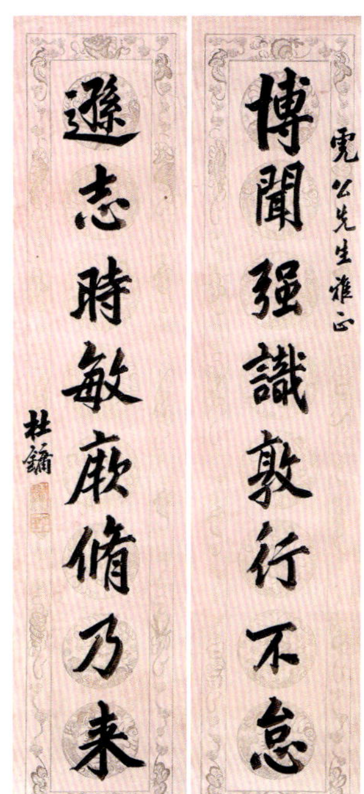

818 杜月笙 行书八言联 镜心
估　价：RMB 400,000～600,000
成交价：RMB 598,000
206cm×44cm×2 中贸圣佳 2020-10-17

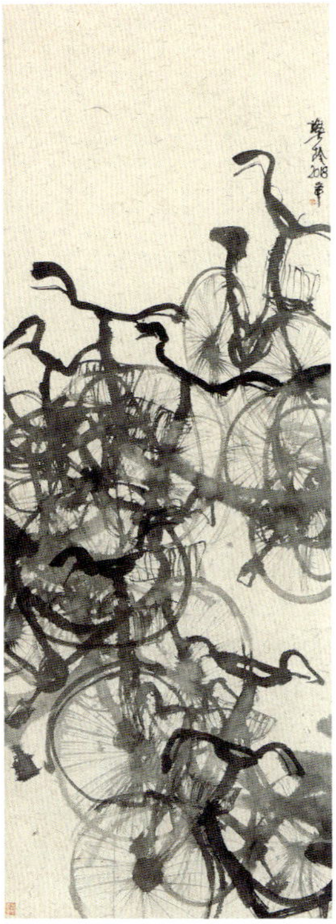

1577 樊枫 2018年作 自行车王国 镜心
估　价：RMB 200,000～400,000
成交价：RMB 805,000
210cm×77cm 北京保利 2020-10-16

1246 樊萍 2016年作 清和静思 倚萝相携
估　价：RMB 120,000
成交价：RMB 230,000
60cm×40cm×4 北京翰海 2020-09-12

2721 范曾 1991年作 耶路撒冷是美好的 镜心
估　价：RMB 4,000,000～5,000,000
成交价：RMB 5,175,000
180cm×96cm 北京保利 2020-10-17

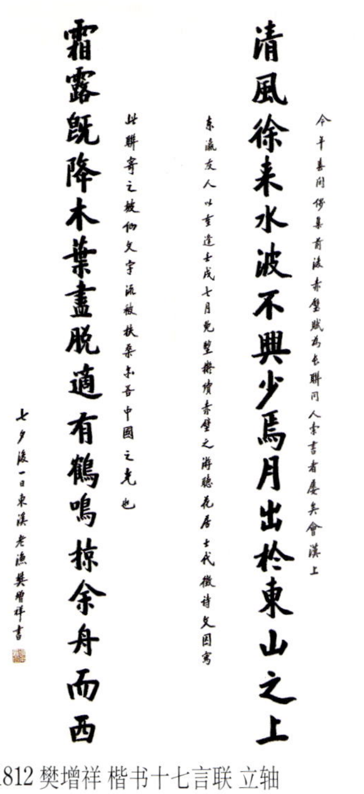

1812 樊增祥 楷书十七言联 立轴
估　价：RMB 180,000～280,000
成交价：RMB 287,500
241cm×60cm×2 北京保利 2020-10-17

264 范曾 1996年作 记写十二生肖卷 手卷
估　价：RMB 1,200,000～2,200,000
成交价：RMB 3,450,000
45.3cm×101cm；47cm×354cm 中国嘉德 2020-12-01

2723 范曾 2002年作 日出东南隅 镜心
估　价：RMB 4,000,000～5,000,000
成交价：RMB 7,360,000
143cm×364cm 北京保利 2020-10-17

685 范曾 1999年作 吾马既阜 镜心
估　价：RMB 4,000,000～5,000,000
成交价：RMB 5,807,500
143cm×368cm 北京保利 2020-12-04

2722 范曾 2002年作 苏子侣鹤图 镜心
估　价：RMB 4,000,000～5,000,000
成交价：RMB 5,175,000
145cm×370cm 北京保利 2020-10-17

120 范曾 董寿平 2000年作 赏梅图 镜心
估　价：RMB 1,200,000～1,800,000
成交价：RMB 3,450,000
95cm×177.5cm 中国嘉德 2020-12-01

773 方楚雄 2000年作 雄风图 镜片
估　价：RMB 1,200,000～1,800,000
成交价：RMB 2,645,000
143cm×365cm 华艺国际 2020-10-16

87 方楚雄 2005年作 春风得意四联屏 立轴
估　价：RMB 180,000～280,000
成交价：RMB 517,500
136.5cm×34.5cm×4 中国嘉德 2020-12-01

402 方楚雄 六猴图 镜片
估　价：RMB 150,000～250,000
成交价：RMB 402,500
70cm×137.5cm 广东崇正 2020-06-27

2079 方济众 1978年作 胜似春光 镜心
估　价：RMB 300,000～500,000
成交价：RMB 460,000
66cm×56cm 北京保利 2020-10-17

4170 方增先 1970年作 作战图 镜心
估　价：RMB 300,000～400,000
成交价：RMB 345,000
78cm×175cm 十竹斋拍卖（北京） 2020-10-18

1516 方君璧 1937年 狂风雨
估　价：RMB 150,000～250,000
成交价：RMB 460,000
131.5cm×63.5cm 中国嘉德 2020-12-05

308 方人定 纽约少妇 立轴
估　价：RMB 220,000～320,000
成交价：RMB 598,000
124.5cm×68.5cm 华艺国际 2020-10-16

1052 方骏 春、夏、秋、冬四条屏 镜心
估　价：RMB 250,000～350,000
成交价：RMB 368,000
83cm×41.5cm×4 中国嘉德 2020-08-17

1084 费而奇 溪山泛舟图 立轴
估　价：RMB 300,000～500,000
成交价：RMB 437,000
179.5cm×58cm 西泠印社 2020-08-08

231 费新我 毛主席诗意图 立轴
估　价：RMB 180,000～250,000
成交价：RMB 552,000
138.5cm×84.5cm 中鸿信 2020-01-03

691 丰子恺 致周颖南小品（五帧）镜心
估　价：RMB 1,200,000～1,800,000
成交价：RMB 2,300,000
22.5cm×16cm×5 中国嘉德 2020-08-16

672 丰子恺 1948年作 落红不是无情物 立轴
估　价：RMB 1,800,000～2,800,000
成交价：RMB 3,565,000
135cm×65cm 北京保利 2020-12-04

673 丰子恺 1961年作 路转峰回 立轴
估　价：RMB 200,000～300,000
成交价：RMB 1,058,000
69.5cm×34.5cm 朵云轩 2020-09-23

1105 封兴昌 牧羊女 镜心
估　价：RMB 180,000
成交价：RMB 402,500
84cm×68cm 北京翰海 2020-09-12

301 冯超然 1926年作 溪山怀远 立轴
估　价：RMB 280,000～380,000
成交价：RMB 437,000
149cm×79cm 上海敬华 2020-09-22

1 冯大中 二笔虎
估　价：RMB 200,000
成交价：RMB 2,100,000
141.5cm × 75.5cm 乾禧国际 2020-01-20

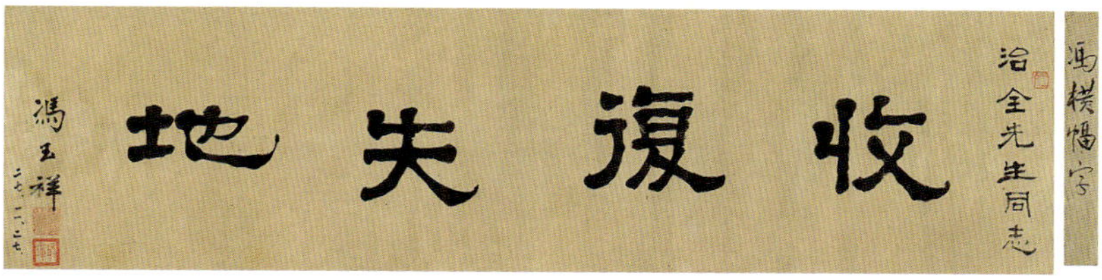

2610 冯玉祥 1938年作 为杨治全书匾 “收复失地” 横披
估　价：RMB 150,000～250,000
成交价：RMB 299,000
132cm × 34cm 西泠印社 2020-08-09

1548 冯大中 1996年作 初雪 镜心
估　价：RMB 1,000,000～1,800,000
成交价：RMB 1,150,000
67cm × 136cm 北京保利 2020-10-16

1556 冯远 2002年作 牧牛图 镜心
估　价：RMB 200,000～300,000
成交价：RMB 356,500
132cm × 65cm 北京保利 2020-10-16

489 冯远 2001年作 金陵十二钗 镜心
估　价：RMB 1,200,000～1,800,000
成交价：RMB 2,070,000
145cm × 365cm 北京保利 2020-12-04

1580 冯钟云 2019年作 快如风 镜心
估　价：RMB 300,000～500,000
成交价：RMB 345,000
70cm × 138cm 北京保利 2020-10-16

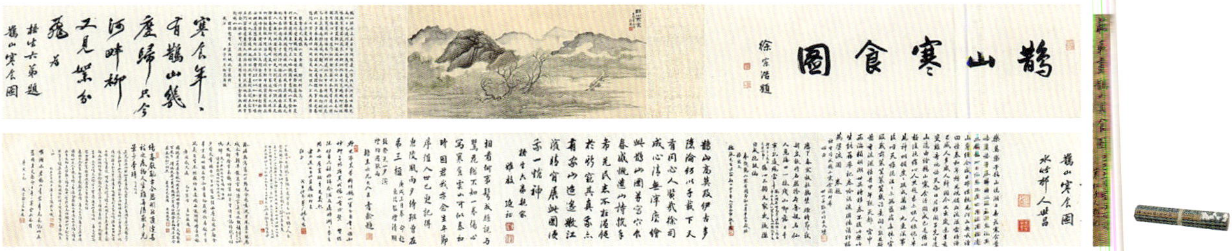

769 苇民 1908年作 为徐坊作《鹊山寒食图》 手卷
估　价：RMB 180,000～300,000
成交价：RMB 483,000
画心55cm×26cm；引首65.5cm×26.5cm；
题跋32cm×400cm 西泠印社 2020-08-08

71 傅抱石 1964年作 芙蓉国里尽朝晖 立轴
估　价：RMB 28,000,000～38,000,000
成交价：RMB 51,175,000
48cm×68.6cm 华艺国际 2020-12-05

185 傅抱石 1942年作 大涤草堂图 立轴
成交价：RMB 138,000,000
傅抱石绘本幅84.5cm×58.5cm；
徐悲鸿题诗堂23cm×58.5cm
中国嘉德 2020-12-01

639 傅抱石 1946年作 二湘图 立轴
成交价：RMB 104,650,000
165cm×43.5cm 北京保利 2020-12-04

40 傅抱石 1949年作 山瀑清会 立轴
估　价：RMB 18,000,000～28,000,000
成交价：RMB 43,930,000
173cm×92cm 华艺国际 2020-10-16

184 傅抱石 1943年作 东坡先生 镜心
估　价：RMB 15,000,000～25,000,000
成交价：RMB 41,400,000
90cm×30cm 中国嘉德 2020-12-01

2673 傅抱石 1943年作 高山行旅图 立轴
估　价：RMB 20,000,000～25,000,000
成交价：RMB 28,750,000
154cm × 3[illegible]cm 北京保利 2020-10-17

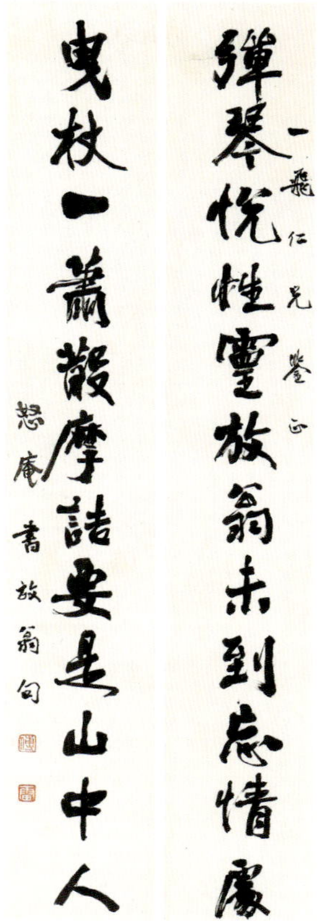

816 傅雷 行书陆放翁十二言联 立轴
估　价：RMB 1,500,000～2,000,000
成交价：RMB 2,530,000
132.5cm × 21cm × 2 中贸圣佳 2020-10-17

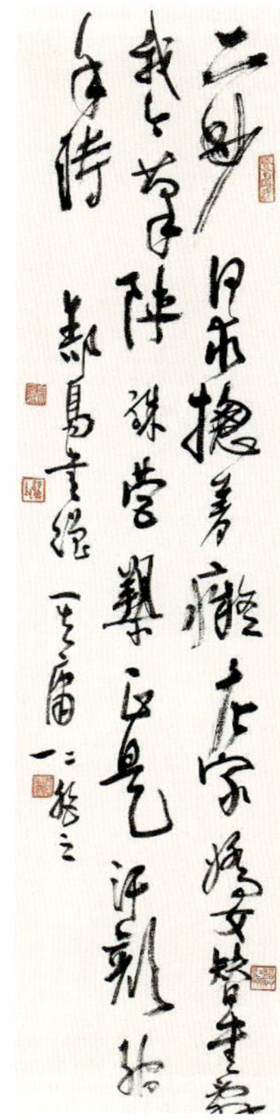

18 高二适 草书七言诗 镜心
估　价：RMB 8,000～12,000
成交价：RMB 218,500
102.5cm × 24cm 中国嘉德 2020-08-15

706 傅抱石 虎跑深秋 立轴
估　价：RMB 8,000,000～12,000,000
成交价：RMB 26,450,000
80.5cm × [illegible]5.5cm 中国嘉德 2020-08-16

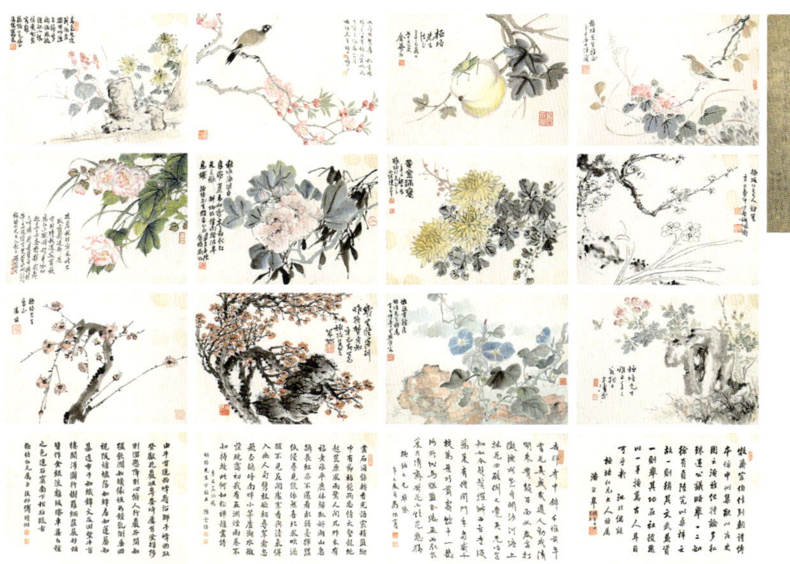

4057 傅增湘等 杂画 册页（三十七开选十六）
估　价：RMB 500,000～600,000
成交价：RMB 862,500
25cm × 35.5cm × 37 十竹斋拍卖（北京）2020-10-18

46 高剑父 1933年作 东江渔村 镜框
估　价：RMB 6,000,000～8,000,000
成交价：RMB 8,625,000
171cm×547.5cm 华艺国际 2020-10-16

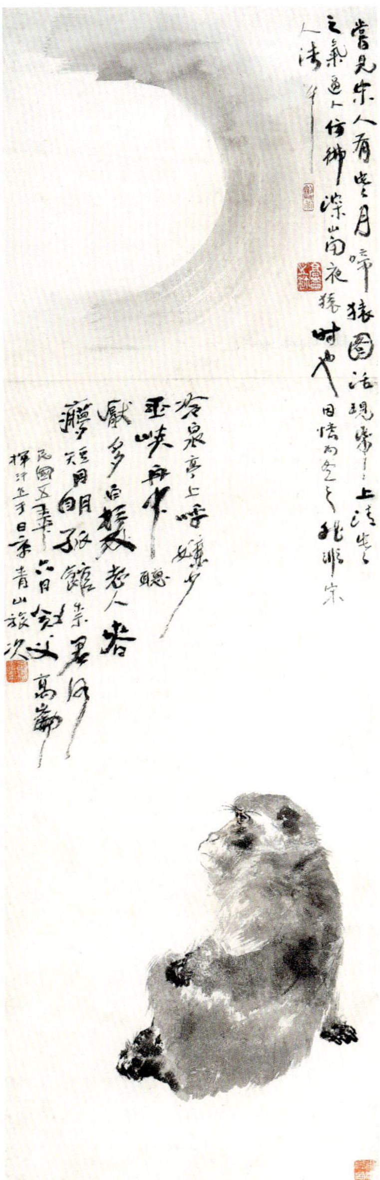

630 高剑父 1916年作 寒月啼猿 立轴
估　价：RMB 30,000～50,000
成交价：RMB 920,000
111.5cm×35.5cm 中国嘉德 2020-08-16

298 高剑父 1931年作 印度女郎 立轴
估　价：RMB 800,000～1,000,000
成交价：RMB 920,000
153cm×82.5cm　华艺国际 2020-10-16

634 高奇峰 达摩成道 镜片
估　价：RMB 600,000～800,000
成交价：RMB 943,000
75cm×33cm 广东崇正 2020-09-13

2084 戈湘岚 1948年作 春郊散牧 镜心
估　价：RMB 80,000～120,000
成交价：RMB 322,000
100cm×50cm 北京保利 2020-10-17

5036 顾黎明 2017年作 马上门神之二
估　价：RMB 300,000～400,000
成交价：RMB 402,500
100cm×73cm 中鸿信 2020-01-04

1445 顾源 2020年作 图霸天际享寒涯
估　价：RMB 280,000～380,000
成交价：RMB 437,000
137cm×69cm 北京翰海 2020-12-12

48 关良 1980年作 齐天大圣 立轴
估　价：RMB 2,000,000～3,000,000
成交价：RMB 11,730,000
137cm×68cm 华艺国际 2020-10-16

2648 关良 1981年作 戏曲人物图 镜心
估　价：RMB 600,000～800,000
成交价：RMB 1,265,000
68cm×139cm 北京保利 2020-10-17

2741 关良 1980年作 钟馗图 立轴
估　价：HKD 380,000～500,000
成交价：RMB 1,243,000
136cm×67cm 香港苏富比 2020-07-10

2649 关良 戏剧人物 册页（十开）
估　价：RMB 600,000～800,000
成交价：RMB 1,437,500
尺寸不一 北京保利 2020-10-17

224 关良 1978年作 戏剧人物 镜心
估　价：RMB 1,200,000～1,800,000
成交价：RMB 1,380,000
35cm×35cm×10 中国嘉德 2020-12-01

1245 关琪 2019年作 雅室兰香
估　价：RMB 180,000
成交价：RMB 575,000
20cm×60cm 北京翰海 2020-09-12

272 关山月 江景如画 镜框
估　价：RMB 1,800,000～2,800,000
成交价：RMB 2,760,000
126.5cm×68cm 华艺国际 2020-12-05

744 关山月 征程 镜心
估　价：RMB 2,200,000～3,200,000
成交价：RMB 7,015,000
176.5cm×94.5cm 中国嘉德 2020-08-16

47 关山月 1943年作 祁连风情 镜框
估　价：RMB 8,000,000～12,000,000
成交价：RMB 13,800,000
189cm×111cm 华艺国际 2020-10-16

513 关山月 1983年作 双清图 镜片
估　价：RMB 800,000～1,200,000
成交价：RMB 1,955,000
138cm×69cm 广东崇正 2020-09-13

5048 关山月 1984年作 老梅雪里见精神 立轴
估　价：RMB 1,000,000～1,100,000
成交价：RMB 1,150,000
154cm×81cm 十竹斋拍卖（北京） 2020-10-18

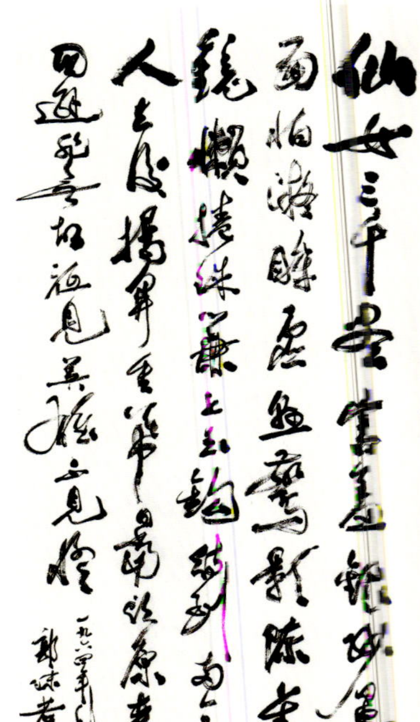

685 郭沫若 1964 年作 行书 立轴
估　价：RMB 1,500,000～2,000,000
成交价：RMB 4,025,000
176.5cm×94.5cm 朵云轩 2020-09-23

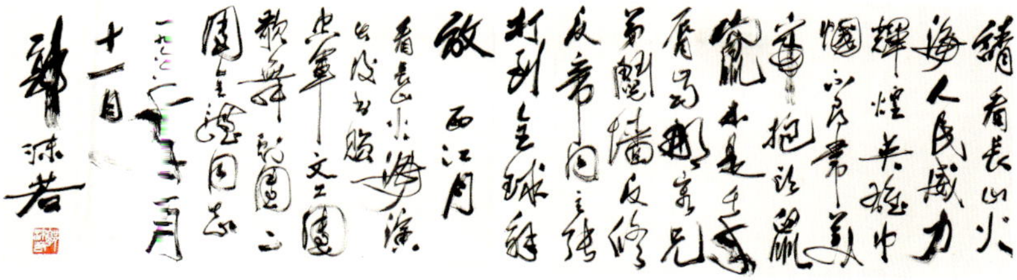

2531 郭沫若 1966年作 行书《西江月》 横披
估　价：RMB 1,800,000～2,800,000
成交价：RMB 2,070,000
65cm × 246cm 北京保利 2020-10-17

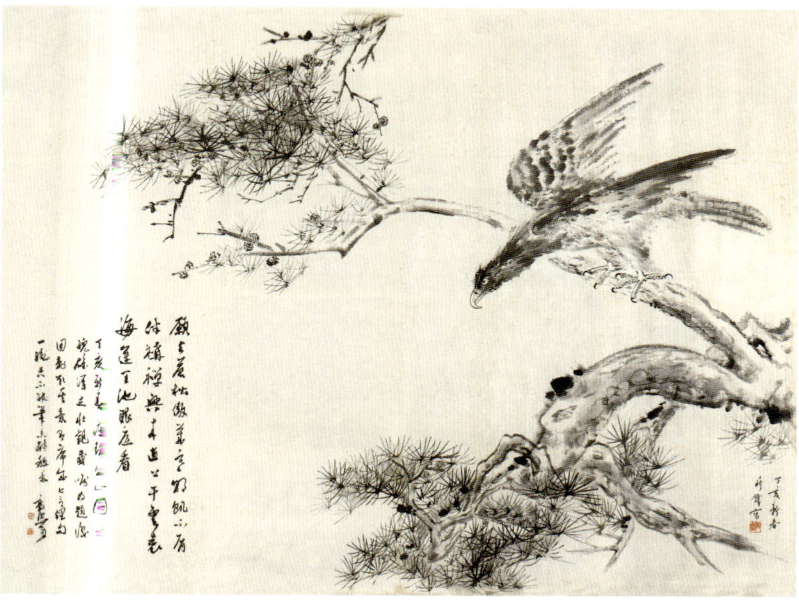

172 郭沫若 钱瘦铁 松鹰图书画合璧 镜心
估　价：RMB 1,000,000～1,500,000
成交价：RMB 2,070,000
155cm × 210cm 上海匡时 2020-08-05

739 韩美林 1999年作 2005年作 十二生肖 册页(十二开)
估　价：RMB 300,000～500,000
成交价：RMB 345,000
50cm × [illegible]0cm × 12；50cm × 35cm 上海嘉禾 2020-01-05

1242 韩必恒 2018年作 吉祥图
估　价：RMB 160,000
成交价：RMB 402,500
80cm × 172cm 北京翰海 2020-09-12

3180 韩敏 1965年作 《青年一代》年画四条屏原稿（十六帧） 画心
估　价：RMB 380,000～500,000
成交价：RMB 460,000
22cm × 27.5cm × 16 西泠印社 2020-08-09

1228 郝邦义 2016年作 振翔待高飞
估　价：RMB 220,000
成交价：RMB 460,000
138cm × 68cm 北京翰海 2020-09-12

1136 郝量 2010年作 毒浮屠2
估　价：HKD 6,000,000～10,000,000
成交价：RMB 15,345,400
画作162.5cm×90.5cm；
画框220.5cm×132cm
香港苏富比 2020-07-09

121 郝量 2011年作 幽鸣
估　价：HKD 2,800,000～4,800,000
成交价：RMB 6,347,400
89.5cm×60cm 佳士得 2020-12-02

536 郝量 2010年作 竹林七贤
估　价：HKD 1,800,000～2,800,000
成交价：RMB 6,450,040
159.2cm×70cm 香港苏富比 2020-07-10

863 郝量 2010年作 幽暗
估　价：RMB 5,000,000～8,000,000
成交价：RMB 5,750,000
165cm×95cm 永乐拍卖 2020-08-18

1149 何百里 1968年作 雨余山色入空蒙 镜心
估　价：HKD 300,000～400,000
成交价：RMB 306,564
62cm×126cm 中国嘉德 2020-10-09

1127 何公洲 2020年作 竹林七贤图 镜心
估　价：RMB 380,000
成交价：RMB 690,000
125cm×246cm 北京翰海 2020-09-12

1976 何海霞 1983年作 长城雄姿 镜心
估　价：RMB 600,000～800,000
成交价：RMB 1,725,000
150cm×105cm 北京保利 2020-10-17

476 何海霞 华岳清秋 镜框
估　价：RMB 800,000～1,000,000
成交价：RMB 2,760,000
70cm × 139cm 华艺国际 2020-10-16

4183 何家英 2015年作 女人花 镜心
估　价：RMB 1,500,000～2,000,000
成交价：RMB 2,185,000
88cm × 56cm
十竹斋拍卖（北京） 2020-10-18

53 何海霞 1995年作 高峡出平湖 镜框
估　价：RMB 800,000～1,000,000
成交价：RMB 2,300,000
68.5cm × 137cm 华艺国际 2020-10-16

777 何怀硕 1973年作 白帆与海
估　价：HKD 50,000～100,000
成交价：RMB 339,000
68.5cm × 111cm 香港苏富比 2020-07-09

52 何海霞 春到延安 镜框
估　价：RMB 800,000～1,000,000
成交价：RMB 2,185,000
98.8cm × 69cm 华艺国际 2020-10-16

481 何家英 月色 镜心
估　价：RMB 1,500,000～2,000,000
成交价：RMB 2,242,500
102cm × 68cm 北京保利 2020-12-04

1565 何家英 1993年作 滴水观音 镜心
估　价：RMB 800,000～1,200,000
成交价：RMB 1,840,000
135cm × 67cm 北京保利 2020-10-16

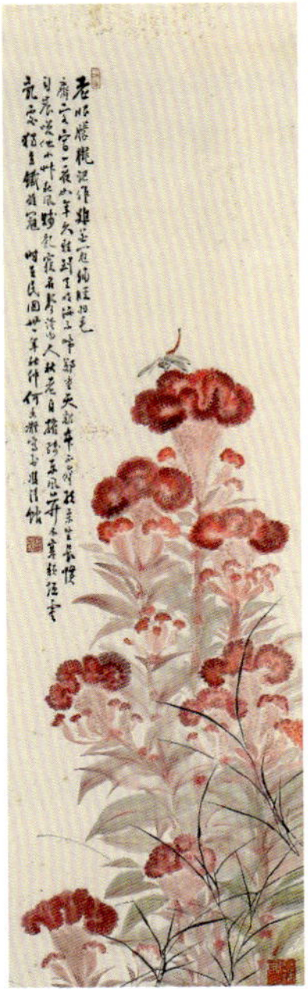

361 何香凝 1942年作 鸡冠花 镜心
估　价：RMB 50,000～100,000
成交价：RMB 483,000
119cm×35cm 中国嘉德 2020-12-02

708 贺天健 1970年作 万山红遍·咏梅 镜心
估　价：RMB 220,000～320,000
成交价：RMB 460,000
13.5cm×44.0cm×2 中国嘉德 2020-08-16

2132 黑伯龙 1984年作 云烟漫泰岱 镜心
估　价：RMB 180,000～280,000
成交价：RMB 1,897,500
133cm×260cm 北京保利 2020-10-17

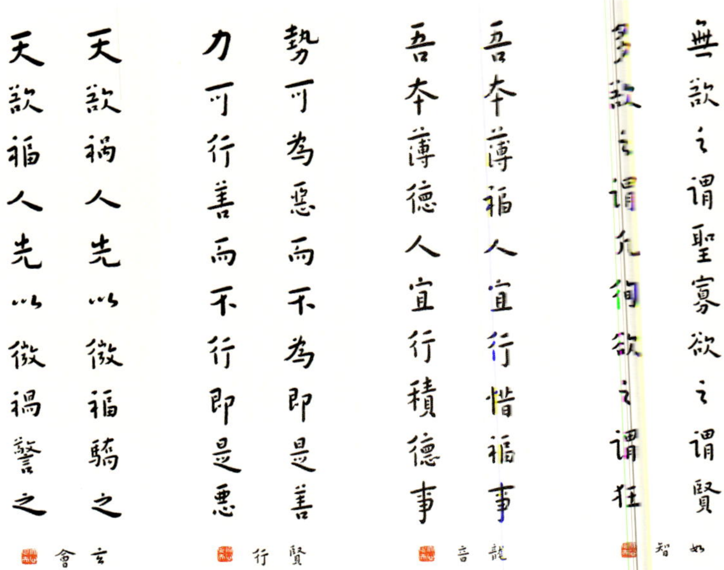

6022 弘一 行书 格言联璧 四屏（四幅） 立轴
估　价：RMB 4,000,000～6,000,000
成交价：RMB 10,580,000
50cm×15cm×4 十竹斋拍卖（北京）2020-10-18

664 弘一 行书 横披
估　价：RMB 600,000～800,000
成交价：RMB 13,225,000
30cm×99cm 朵云轩 2020-09-23

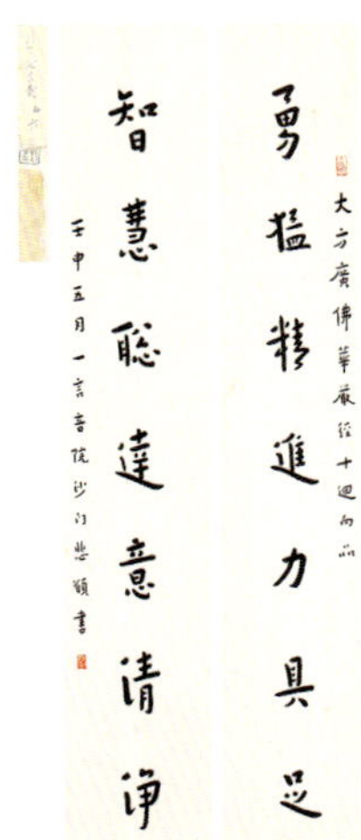

815 弘一 行书七言联 镜心
估　价：RMB 2,200,000～2,800,000
成交价：RMB 6,900,000
115cm×20cm×2 中贸圣佳 2020-10-17

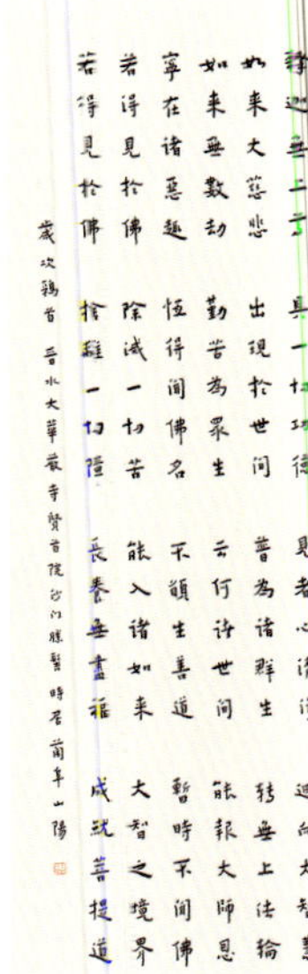

670 弘一 楷书 立轴
估　价：RMB 800,000～1,000,000
成交价：RMB 6,325,000
133cm×46cm 朵云轩 2020-09-23

669 弘一 张同光 九品莲花 立轴
估　价：RMB 200,000～300,000
成交价：RMB 2,472,500
123cm × 33.5cm 朵云轩 2020-09-23

118 洪潮 2017年作 烟霞人家
估　价：RMB 170,000
成交价：RMB 322,000
130cm × 23cm 北京翰海 2020-09-12

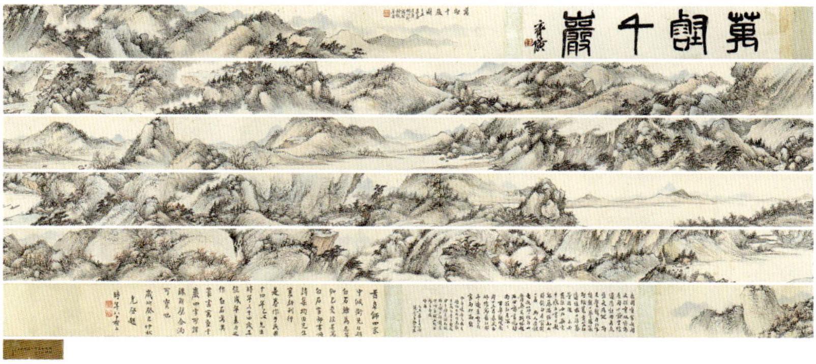

5021 胡佩衡 1925年作 万壑千岩图 手卷
估　价：RMB 800,000～1,000,000
成交价：RMB 1,667,500
画心8.5cm × 716.5cm；引首8.5cm × 43cm；
题跋8.5cm × 43cm；8.5cm × 48cm
十竹斋拍卖（北京） 2020-10-18

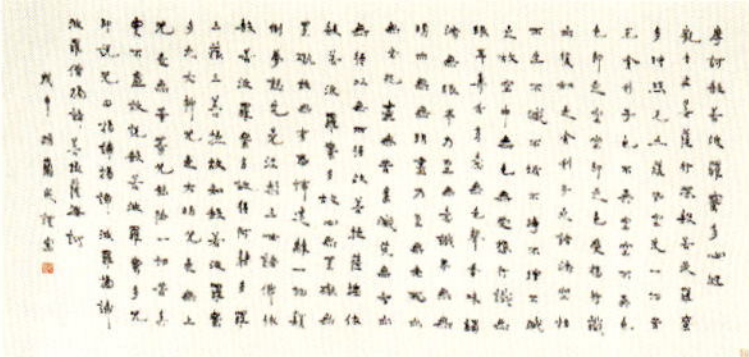

6006 胡兰成 1968年作 行书《心经》 镜心
估　价：RMB 150,000～200,000
成交价：RMB 460,000
6.4cm × 13.2cm 十竹斋拍卖（北京） 2020-10-18

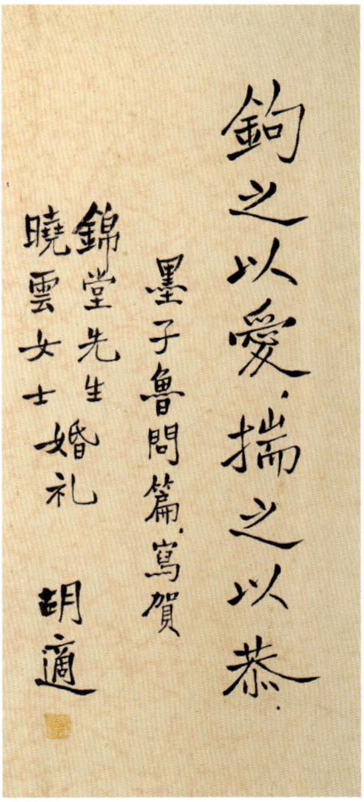

1012 胡适 楷书贺词 镜心
估　价：RMB 300,000～500,000
成交价：RMB 1,782,500
74cm × 34cm 十竹斋拍卖（北京） 2020-10-18

424 胡若思 云飞川泳 立轴
估　价：RMB 250,000～300,000
成交价：RMB 345,000
128cm × 65cm 朵云轩 2020-09-23

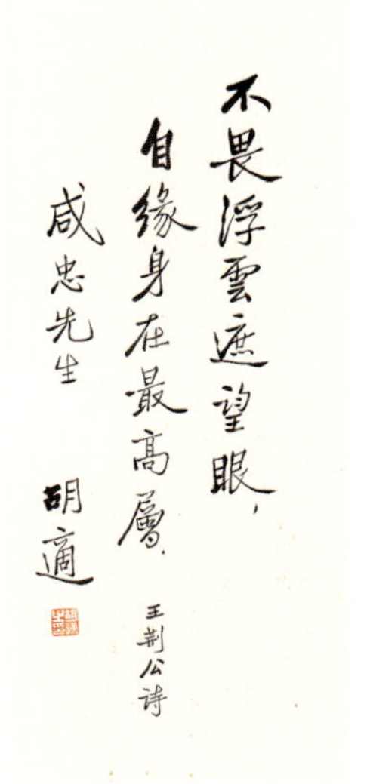

53 胡适 行书王安石诗 立轴
估　价：RMB 480,000～680,000
成交价：RMB 1,012,000
65cm × 30cm 华艺国际 2020-12-05

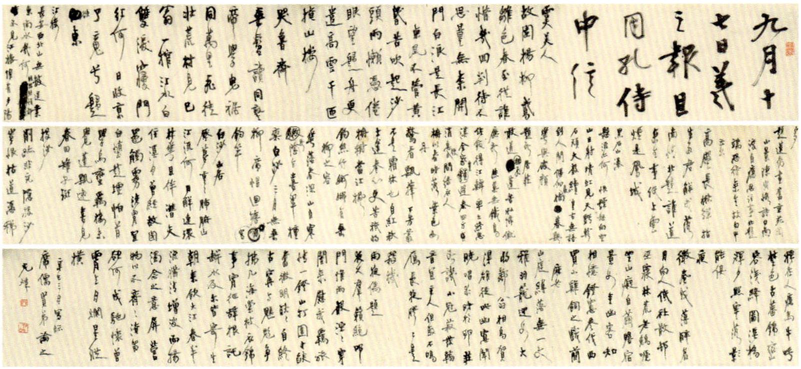

821 胡小石 1941年作 行书自作诗词、临帖卷 手卷
估　价：RMB 30,000～50,000
成交价：RMB 805,000
21.3cm × 436cm 中国嘉德 2020-12-03

2882 黄宾虹 1928年作 云山高隐图 立轴
估　价：RMB 6,000,000～9,000,000
成交价：RMB 10,005,000
172.5cm × 96cm 西泠印社 2020-08-09

464 胡也佛 风雨归牧 立轴
估　价：RMB 800,000～1,200,000
成交价：RMB 920,000
130.5cm × 65.5cm 朵云轩 2020-09-23

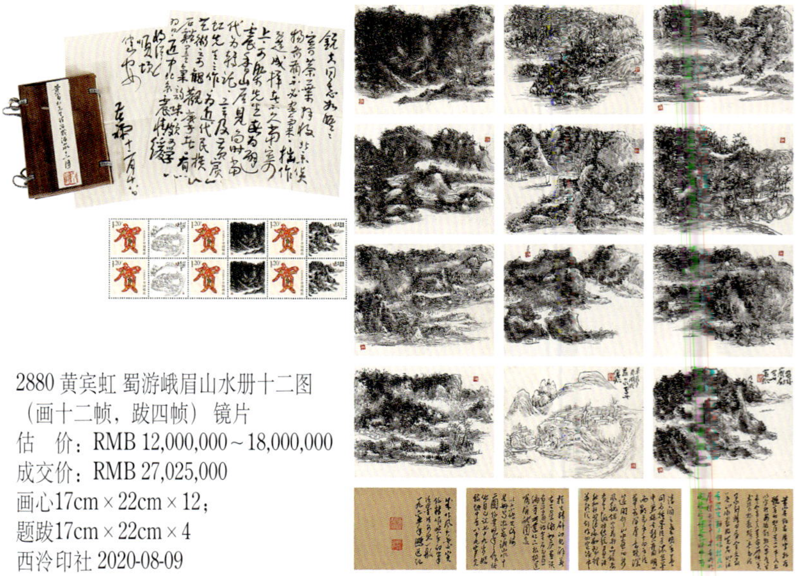

2880 黄宾虹 蜀游峨眉山水册十二图（画十二帧，跋四帧）镜片
估　价：RMB 12,000,000～18,000,000
成交价：RMB 27,025,000
画心17cm × 22cm × 12；
题跋17cm × 22cm × 4
西泠印社 2020-08-09

237 黄宾虹 1953年作 高阁清话 镜心
估　价：RMB 18,000,000～28,000,000
成交价：RMB 45,425,000
45cm × 125.5cm 中国嘉德 2020-12-01

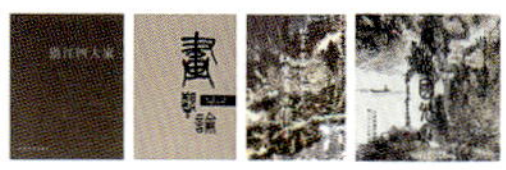

2879 黄宾虹 山水(四帧) 镜片
估　价：RMB 16,000,000～25,000,000
成交价：RMB 25,300,000
88cm×31cm×4 西泠印社 2020-08-09

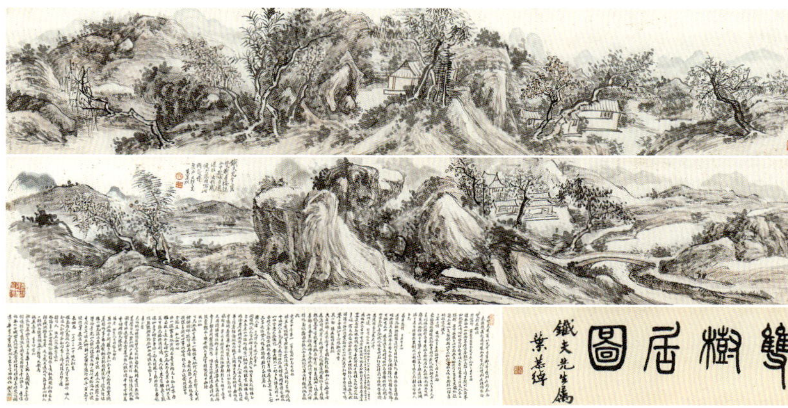

2619 黄宾虹 1939年作 双树居图 手卷
估　价：RMB 5,000,000～6,000,000
成交价：RMB 18,400,000
26.8cm×287cm 北京保利 2020-10-17

630 黄宾虹 黄山览胜 册页(七开)
估　价：RMB 8,000,000～12,000,000
成交价：RMB 12,350,000
33.8cm×26cm×7 北京保利 2020-12-04

680 黄宾虹 1947年作 拟董北苑山水 手卷
估　价：RMB 10,000,000～15,000,000
成交价：RMB 17,250,000
34.7cm×137.5cm 永乐拍卖 2020-08-17

223 黄达聪 1959年作 劳动大军来啦 镜心
估　价：RMB 50,000～80,000
成交价：RMB 345,000
82cm×128cm 中鸿信 2020-01-03

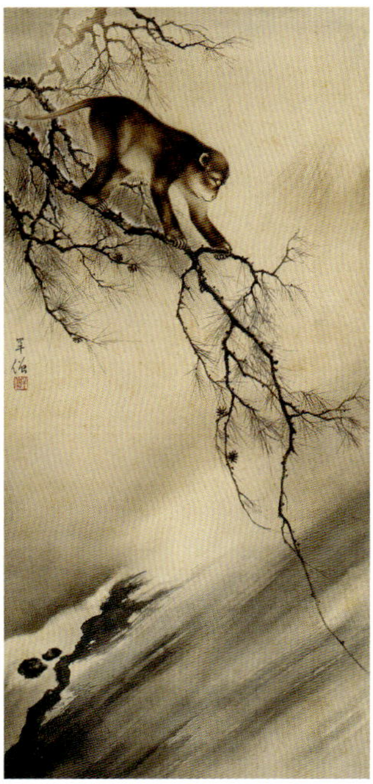

331 黄幻吾 1939年作 松雪孤猿 立轴
估　价：RMB 680,000～880,000
成交价：RMB 943,000
130.5cm×63cm 华艺国际 2020-12-05

1575 黄建南 2020年作 大洋密码 镜心
估　价：RMB 2,600,000～3,600,000
成交价：RMB 4,830,000
69cm×70cm 北京保利 2020-10-16

1029 黄建南 湖边村寨 镜心
估　价：RMB 4,000,000～8,000,000
成交价：RMB 9,315,000
68cm×203cm 荣宝斋（南京） 2020-11-28

294 黄建南 高原神韵 镜心
估　价：RMB 2,500,000～2,800,000
成交价：RMB 3,220,000
50cm×50cm 上海匡时 2020-08-05

411 黄建南 2020年作 大地情怀
估　价：RMB 2,000,000～3,000,000
成交价：RMB 3,450,000
69cm×70cm 保利厦门 2020-09-26

414 黄均 1945年作 画龙点睛 镜心
估　价：RMB 350,000～480,000
成交价：RMB 667,000
127cm×130cm 中国嘉德 2020-11-09

2852 黄君璧 1943年作 太华群峰 立轴
估　价：HKD 1,500,000～2,000,000
成交价：RMB 1,921,000
156.8cm×79.5cm 香港苏富比 2020-07-10

116 黄君璧 1980年作 一帆风顺 镜片
估　价：RMB 650,000～800,000
成交价：RMB 1,150,000
73cm×104cm 上海敬华 2020-09-22

591 黄秋园 山居图 立轴
估　价：RMB 250,000～350,000
成交价：RMB 483,000
140cm×94cm 华艺国际 2020-10-16

619 黄君璧 1942年作 花鸟图 镜框
估　价：NTD 500,000～800,000
成交价：RMB 1,275,120
99cm×48cm 罗芙奥 2020-12-05

275 黄君璧 双狮 镜框
估　价：RMB 600,000～800,000
成交价：RMB 632,500
68cm×137cm 华艺国际 2020-12-05

1315 黄侃 1935年作 篆书“清净斯文” 镜心
估　价：HKD 5,000～8,000
成交价：RMB 357,658
28.5cm×97.5cm 中国嘉德 2020-10-09

2728 黄永玉 1979年作 刘海金蟾图 立轴
估　价：RMB 1,000,000～1,200,000
成交价：RMB 1,667,500
94cm×181cm 北京保利 2020-10-17

709 黄永玉 老兵队 镜心
估　价：RMB 800,000～1,200,000
成交价：RMB 1,150,000
51.5cm×226.0cm 中国嘉德 2020-08-16

2727 黄永玉 1988年作 好茶 镜心
估　价：RMB 1,000,000～1,200,000
成交价：RMB 1,495,000
93cm×173cm 北京保利 2020-10-17

681 黄胄 1975年作 新疆歌舞 立轴
估　价：RMB 4,800,000～5,800,000
成交价：RMB 8,165,000
180cm×95cm 北京保利 2020-12-04

21 黄永玉 1992年作 巴山夜雨 立轴
估　价：RMB 8,000～12,000
成交价：RMB 977,500
68cm×67cm 中国嘉德 2020-08-15

22 黄永玉 1977年作 黄山天都峰 立轴
估　价：RMB 8,000～12,000
成交价：RMB 1,380,000
135.5cm×69.5cm 中国嘉德 2020-08-15

1274 黄之 2019年作 逍遥黄山
估　价：RMB 150,000
成交价：RMB 253,000
45cm×96cm 北京翰海 2020-09-12

76 黄胄 1986年作 草原逐戏图 镜框
估　价：RMB 28,000,000～38,000,000
成交价：RMB 34,500,000
120cm×250cm 华艺国际 2020-12-05

17 黄胄 1976年作 飞雪迎春 镜框
估　价：RMB 12,000,000～18,000,000
成交价：RMB 31,050,000
190cm×129cm 华艺国际 2020-10-16

2707 黄胄 1987年作 驼背上的小学生 立轴
估　价：RMB 8,000,000～10,000,000
成交价：RMB 11,270,000
143cm×135cm 北京保利 2020-10-17

682 黄胄 1985年作 姑苏牧牛图 镜心
估　价：RMB 2,200,000～2,800,000
成交价：RMB 3,450,000
48cm×180cm 北京保利 2020-12-04

16 黄胄 1965年作 幸福一代 镜框
估　价：RMB 2,200,000～3,200,000
成交价：RMB 4,082,500
96cm×132cm 华艺国际 2020-10-16

1111 籍忠亮2010年作 清风雅意、云崖清风 镜心
估　价：RMB 220,000
成交价：RMB 345,000
69cm×47cm×2 北京翰海 2020-09-12

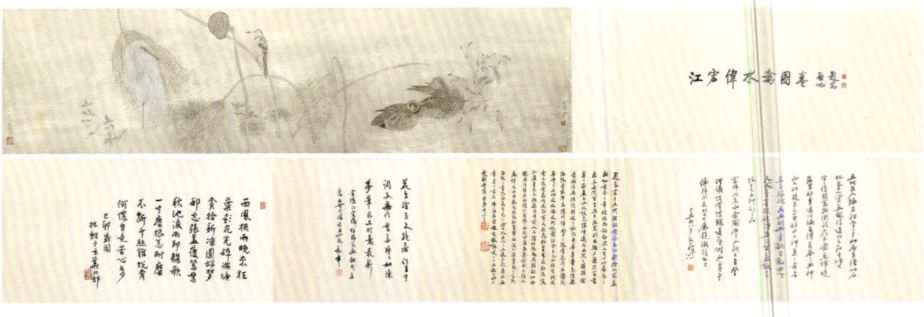

2095 江宏伟 水禽图卷 手卷
估　价：RMB 500,000～700,000
成交价：RMB 747,500
引首32.5cm×67cm；画心32cm×131cm；跋一32cm×45cm；跋二32cm×39.5cm；跋三32cm×23cm；跋四32cm×46.5cm 十竹斋拍卖（北京） 2020-10-18

1581 贾宽 太行柱石 镜心
估　价：RMB 180,000～300,000
成交价：RMB 230,000
127cm×88cm 北京保利 2020-10-16

351 江寒汀 春园双鸡 立轴
估　价：RMB 600,000～800,000
成交价：RMB 1,012,000
151cm×81cm 上海敬华 2020-09-22

622 江兆申 1992年作 水天清晓 镜框
估　价：NTD 900,000～1,400,000
成交价：RMB 235,620
151.5cm×84cm 罗芙奥 2020-12-05

627 贾又福 牧趣图 镜心
估　价：RMB 250,000～350,000
成交价：RMB 1,150,000
96cm×155cm 中鸿信 2020-01-03

1 姜宝林 天池风景 镜心
估　价：RMB 200,000～300,000
成交价：RMB 137,000
69.5cm×137.5cm 中国嘉德 2020-12-01

1282 姜宁 清泉石山 镜心
估　价：RMB 200,000
成交价：RMB 322,000
69cm×137cm 北京翰海 2020-09-12

309 姜国华 荷塘秋色 镜片
估　价：RMB 580,000～880,000
成交价：RMB 2,530,000
68cm×136cm 保利厦门 2020-09-26

287 姜国华 集宝珠 册页(十三开选十二)
估　价：RMB 8,000,000～9,000,000
成交价：RMB 12,650,000
82cm×60cm×13 上海匡时 2020-08-05

1044 姜国华 集宝卷 手卷
估　价：RMB 1,800,000～2,800,000
成交价：RMB 17,250,000
70cm×860cm 荣宝斋（南京） 2020-11-28

70 蒋兆和 伟人在麦田 镜框
估　价：RMB 4,000,000～6,000,000
成交价：RMB 7,475,000
57cm×70cm 华艺国际 2020-12-05

2715 蒋兆和 1973年作 雄鸡一唱天下白 镜心
估　价：RMB 800,000～1,200,000
成交价：RMB 1,725,000
107cm×48cm 北京保利 2020-10-17

1088 蒋兆和 1940年作 拜新年 镜框
估　价：HKD 1,000,000～1,500,000
成交价：RMB 4,272,720
104.5cm×53.8cm 佳士得 2020-07-08

258 蒋兆和 1937年作 饭后一袋烟 镜心
估　价：RMB 1,800,000～2,800,000
成交价：RMB 2,530,000
84.5cm×48.5cm 中国嘉德 2020-12-01

31 蒋中正 楷书五言联 对联
估　价：RMB 20,000～50,000
成交价：RMB 1,023,500
232cm×56cm×2 朵云轩 2020-09-23

4104 金城 192[illegible]年作 春江水暖鸭先知 立轴
估　价：RMB 250,000～300,000
成交价：RMB 310,500
107cm × 52cm 一竹斋拍卖（北京） 2020-10-18

1002 金章 1928年作 仿蒋廷锡梅花清供图 立轴
成交价：RMB 437,000
121cm × 50cm 北京保利 2020-12-05

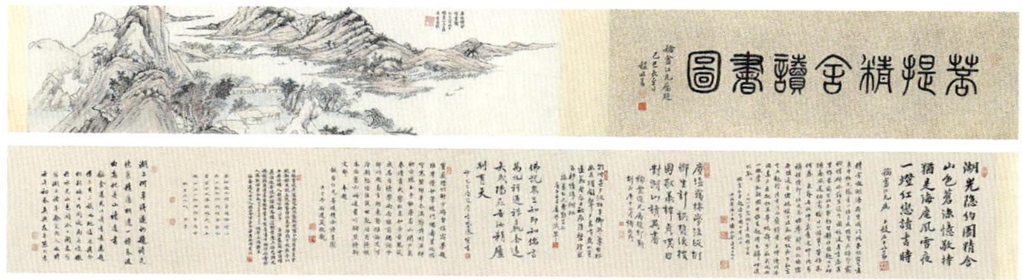

768 金蓉镜 1929年作 菩提精舍读书图 手卷
估　价：RMB 100,000～200,000
成交价：RMB 368,000
画心33cm × 134.5cm；引首33cm × 98.5cm；题跋33cm × 248cm 西泠印社 2020-08-08

90 金梅生 戏曲人物 镜心
成交价：RMB 264,500
68cm × 48cm 中鸿信 2020-01-03

6002 九世班禅额尔德尼 1931年作
藏文书法“扎西德勒” 镜心
估　价：RMB 300,000～400,000
成交价：RMB 460,000
80cm × 38cm 十竹斋拍卖（北京） 2020-10-18

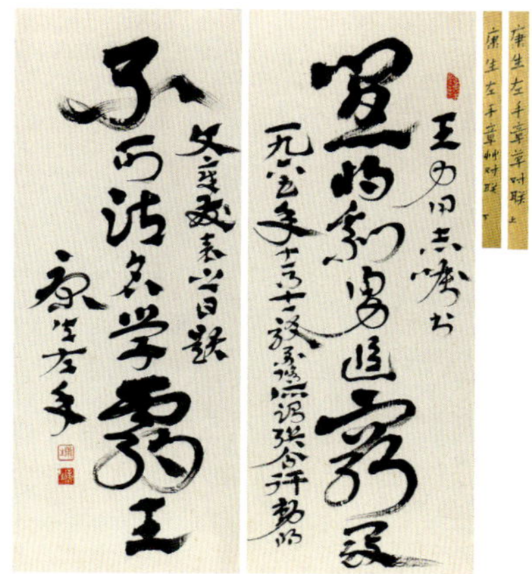

368 康生 1965年作 章草七言联 立轴
估　价：RMB 300,000～400,000
成交价：RMB 4,140,000
106cm × 43cm × 2 中国嘉德 2020-12-02

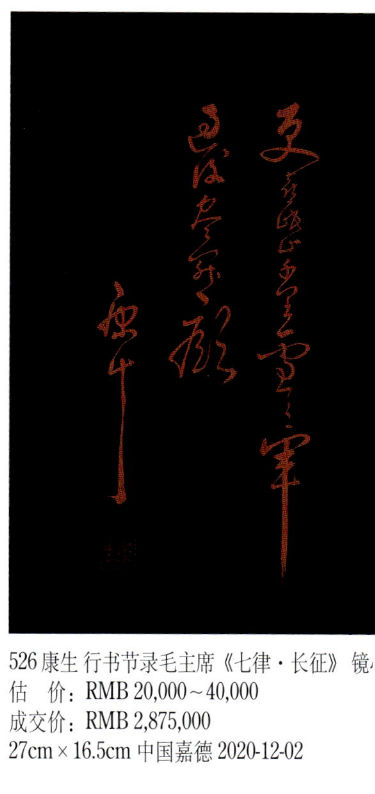

526 康生 行书节录毛主席《七律・长征》 镜心
估　价：RMB 20,000～40,000
成交价：RMB 2,875,000
27cm × 16.5cm 中国嘉德 2020-12-02

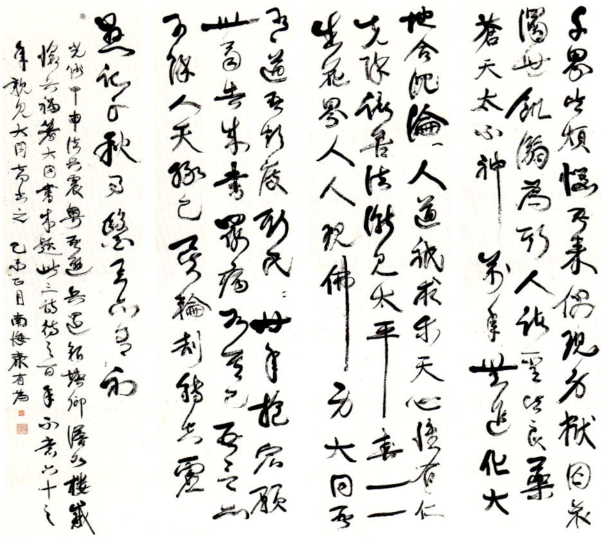

49 康有为 1895年作 行书四屏 立轴
估　价：RMB 180,000～280,000
成交价：RMB 1,265,000
171cm×46cm×4 中国嘉德 2020-08-15

620 孔小瑜 1930年作 博古四屏 立轴
估　价：RMB 180,000～280,000
成交价：RMB 287,500
150cm×40cm×4 中国嘉德 2020-12-02

1576 孔维克 2019年作 李易安荷丛荡舟图 镜心
估　价：RMB 150,000～300,000
成交价：RMB 460,000
68cm×134cm 北京保利 2020-10-16

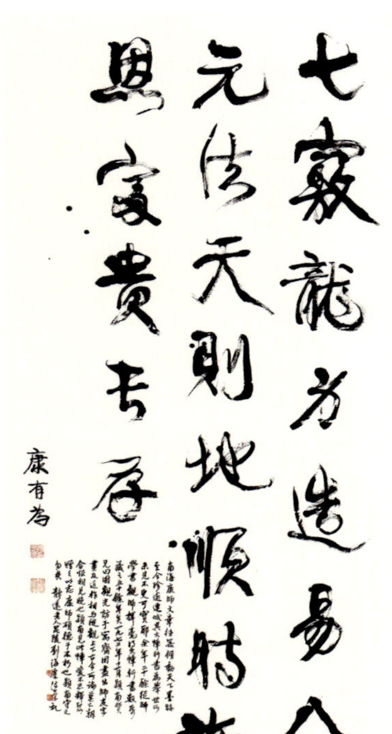

692 康有为 行书前贤句 镜心
估　价：RMB 280,000～380,000
成交价：RMB 4,945,000
180.5cm×94.5cm 中国嘉德 2020-08-16

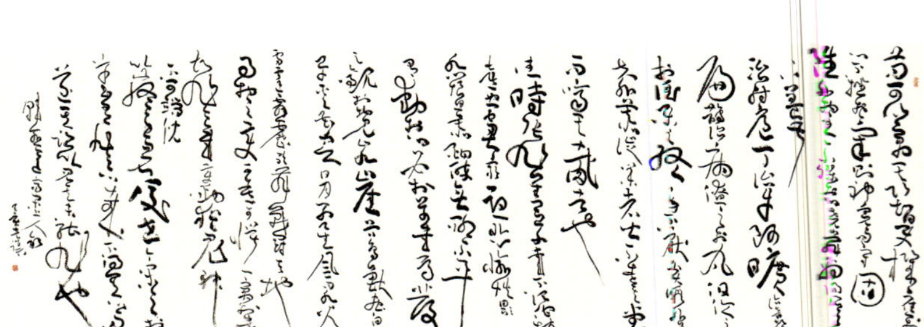

1091 寇克让 韩愈《送高闲上人叙》 镜心
估　价：RMB 1,300,000～1,500,000
成交价：RMB 3,220,000
127cm×420cm 荣宝斋（南京） 2020-11-28

1000 来楚生 1945年作 行书九言联 对联
估　价：RMB 60,000~80,000
成交价：RMB 379,500
173cm×36cm×2 朵云轩 2020-09-24

2748 赖少其 1988年作 承德普宁寺 镜框
估　价：HKD 180,000~250,000
成交价：RMB 847,500
75cm×52cm 香港苏富比 2020-07-10

1232 兰公 2019年作 动物素描·猫 镜心
估　价：RMB 350,000
成交价：RMB 782,000
55cm×37cm 北京翰海 2020-09-12

73 郎承文 山水·阳春布德泽 镜心
估　价：RMB 180,000~280,000
成交价：RMB 345,000
205cm×139.5cm 中国嘉德 2020-12-01

690 赖少其 1984 年作 天都峰 立轴
估　价：RMB 1,100,000~1,500,000
成交价：RMB 1,265,000
144cm×83cm 朵云轩 2020-09-23

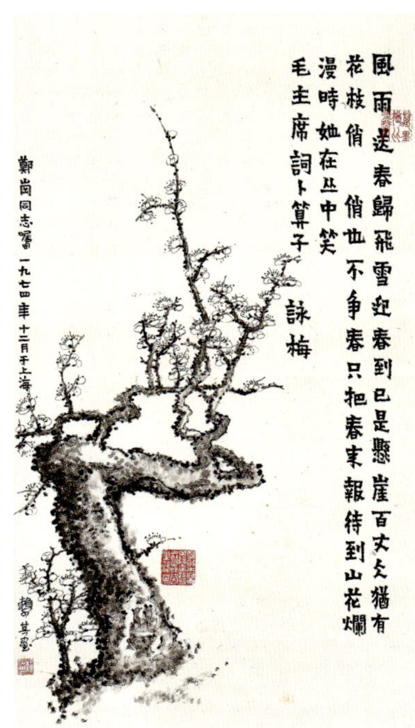

719 赖少其 1974年作 咏梅 立轴
估　价：RMB 300,000~500,000
成交价：RMB 517,500
64.0cm×36.5cm 中国嘉德 2020-08-16

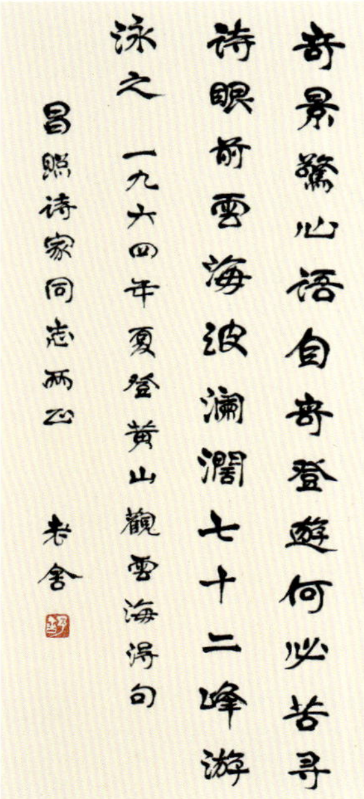

609 老舍 行书七言诗 立轴
估　价：RMB 300,000～400,000
成交价：RMB 345,000
58cm×27cm 华艺国际 2020-10-16

499 黎雄才 1957年作 渔舟唱晚 镜片
估　价：RMB 2,000,000～3,000,000
成交价：RMB 3,105,000
139cm×69cm 广东崇正 2020-09-13

532 黎雄才 1937年作 芭蕉喜鹊 镜框
估　价：RMB 600,000～800,000
成交价：RMB 1,265,000
126.5cm×57cm 华艺国际 2020-10-16

75 黎雄才 1976年作 旭日东升 镜框
估　价：RMB 8,000,000～12,000,000
成交价：RMB 12,075,000
142cm×366cm 华艺国际 2020-12-05

2718 黎雄才 1979年作 绿树青山 镜心
估　价：RMB 1,200,000～1,800,000
成交价：RMB 1,725,000
142cm×359cm 北京保利 2020-10-17

530 黎雄才 1980年作 归樵 镜框
估　价：RMB 600,000～800,000
成交价：RMB 1,173,000
138cm×68cm 华艺国际 2020-10-16

329 黎元洪 行楷七言巨联 立轴
估　价：RMB 300,000～500,000
成交价：RMB 713,000
382cm×67cm×2 中鸿信 2020-01-03

1355 李大庆 2019年作 天汉春色
估　价：RMB 200,000～300,000
成交价：RMB 368,000
67cm×100cm 北京翰海 2020-12-12

1550 李斛 1940年代 修船工
估　价：RMB 350,000～450,000
成交价：RMB 483,000
56cm×82cm 中国嘉德 2020-12-05

1023 李华弌 山水（作品之九） 镜框
估　价：HKD 1,500,000～2,000,000
成交价：RMB 1,278,000
132.5cm×64.5cm 佳士得 2020-12-01

1154 李[illegible] 2019年作 旭日映神巅
估　价：RMB 600,000
成交价：RMB 1,150,000
68cm×[illegible]3cm 北京翰海 2020-09-12

1020 李华弌 1998年作 昊蒙回旋 镜框
估　价：HKD 1,600,000～2,400,000
成交价：RMB 3,834,960
97cm×166cm 佳士得 2020-07-08

3188 李成勋 1960年作
《苏六娘》连环画原稿（全）（七十六帧）
估　价：RMB 150,000～200,000
成交价：RMB 218,500
15.5cm×21.5cm×76 西泠印社 2020-08-09

1028 李华弌 2008年作 卧雪
估　价：HKD 5,000,000～10,000,000
成交价：RMB 7,083,240
190cm×580cm 香港苏富比 2020-10-05

1566 李津 满园春色 镜心
估　价：RMB 400,000～600,000
成交价：RMB 632,500
55cm×230cm 北京保利 2020-10-16

1020 李净弘 山清水秀 镜心
估　价：RMB 1,000,000～2,000,000
成交价：RMB 2,645,000
97cm×180cm 荣宝斋（南京） 2020-11-28

39 李可染 渡江图 立轴
估　价：RMB 27,000,000～35,000,000
成交价：RMB 34,730,000
70cm×45.7cm 荣宝斋（上海） 2020-10-25

666 李可染 1986年作 高岩飞瀑 立轴
估　价：RMB 10,000,000～15,000,000
成交价：RMB 13,225,000
128cm×68cm 永乐拍卖 2020-08-17

316 李可染 1987年作 峡江万里图 镜心
估　价：RMB 8,000,000～12,000,000
成交价：RMB 43,700,000
98cm×67.5cm 中鸿信 2020-01-03

2661 李可染 1987年作 山林之歌 镜心
估　价：RMB 15,000,000～18,000,000
成交价：RMB 20,700,000
67cm×46cm 北京保利 2020-10-17

2662 李可染 1986年作 怀素书蕉图 立轴
估　价：RMB 8,000,000～10,000,000
成交价：RMB 12,650,000
122cm×68cm 北京保利 2020-10-17

73 李可染 四季牧牛(四屏) 镜框
估　价：RMB 8,000,000～12,000,000
成交价：RMB 11,500,000
69cm×45cm×4 华艺国际 2020-12-05

18 李苦禅 苍鹰朱峰 立轴
估　价：RMB 600,000～800,000
成交价：RMB 3,737,500
138cm×68cm 荣宝斋（南京） 2020-11-28

323 李苦禅 1961年作 蕉荫竹鸡 镜心
估　价：RMB 280,000～380,000
成交价：RMB 1,265,000
142cm×70cm 中国嘉德 2020-12-02

13 李可染 1943年作 东坡夜游赤壁图 镜框
估　价：RMB 3,000,000～5,000,000
成交价：RMB 5,980,000
绘画64cm×56cm；诗堂26cm×56cm
华艺国际 2020-10-16

17 李苦禅 江南之景 立轴
估　价：RMB 300,000～400,000
成交价：RMB 2,530,000
138.5cm×67.5cm 荣宝斋（南京） 2020-11-28

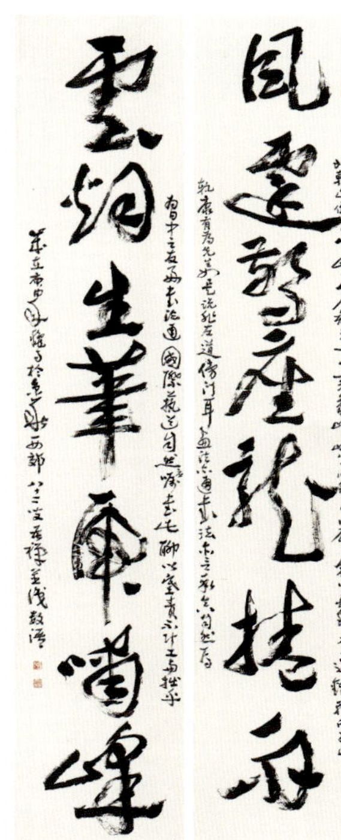

304 李苦禅 1980年作 草书七言联 立轴
估　价：RMB 180,000～250,000
成交价：RMB 1,242,000
347cm×70cm×2 中鸿信 2020-01-03

2146 李苦禅 1973年作 育雏图 镜心
估　价：RMB 500,000～800,000
成交价：RMB 1,092,500
48.5cm×181cm 北京保利 2020-10-17

722 李翔 2010年作 山林 镜框
估　价：RMB 120,000～180,000
成交价：RMB 345,000
68cm×68cm 华艺国际 2020-10-16

992 李瑞清 行书七言联 对联
估　价：RMB 200,000～300,000
成交价：RMB 730,000
359cm×70.5cm×2 朵云轩 2020-09-24

382 李小可 2020年作 千岩竞秀图 镜心
估　价：RMB 4,500,000～8,500,000
成交价：RMB 8,625,000
144cm×386cm 永乐拍卖 2020-12-03

1077 李学功 印象秋浦河 镜心
估　价：RMB 400,000～600,000
成交价：RMB 1,150,000
68.5cm×138cm 荣宝斋（南京） 2020-11-28

1074 李学功 荷塘初放时 镜心
估　价：RMB 4,000,000～6,000,000
成交价：RMB 9,200,000
215cm×556cm 荣宝斋（南京） 2020-11-28

519 梁明 2020年作 山幽云闲 镜心
估　价：RMB 200,000～300,000
成交价：RMB 253,000
137cm×68cm 北京保利 2020-12-04

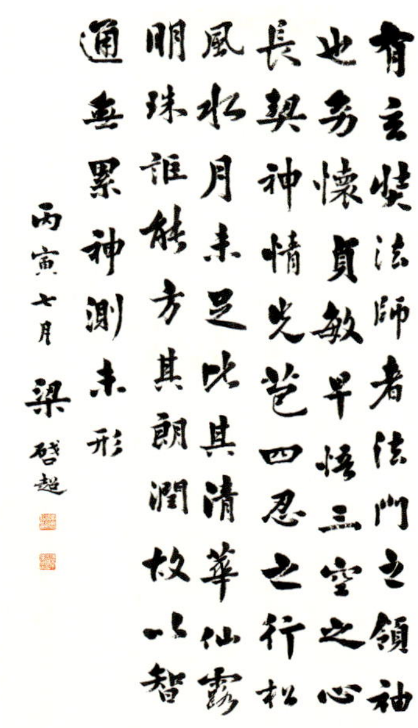

6005 梁启超 1926年作
行楷书节录《三藏圣教序》 立轴
估　价：RMB 400,000～600,000
成交价：RMB 1,380,000
147cm×79cm
十竹斋拍卖（北京） 2020-10-18

1922 梁漱溟 行书题句 立轴
估　价：RMB 20,000～30,000
成交价：RMB 460,000
123.5cm×30cm 北京保利 2020-10-17

1294 梁时民 2019年作 晚秋
估　价：RMB 80,000
成交价：RMB 552,000
68cm×138cm 北京翰海 2020-09-12

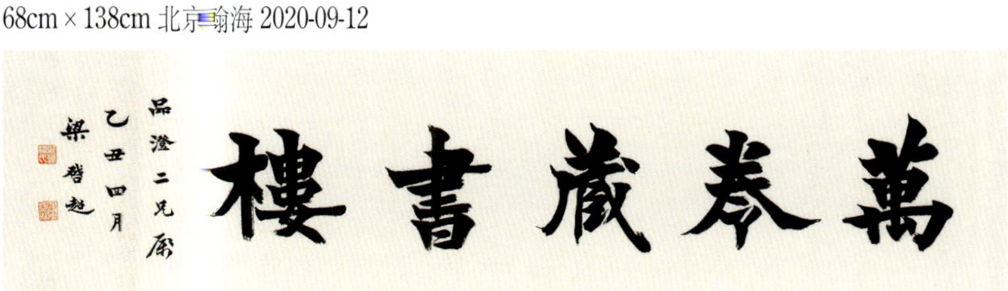

710 梁启超 1925年作 楷书 镜框
估　价：RMB 300,000～500,000
成交价：RMB 2,185,000
32cm×123cm 朵云轩 2020-09-23

1539 梁岩 1981年作 那达慕大会上的人们 手卷
估　价：RMB 800,000～1,000,000
成交价：RMB 2,300,000
54cm×932cm 北京保利 2020-10-16

1538 梁岩 喜酒 镜心
估　价：RMB 50,000～100,000
成交价：RMB 1,265,000
86cm×68cm 北京保利 2020-10-16

1410 林风眠 1929年作 集义图
成交价：RMB 16,675,000
205cm×81cm 西泠印社 2020-08-08

1411 林风眠 1932年作 群雀
成交价：RMB 8,050,000
165.7cm×40.5cm 西泠印社 2020-08-08

1040 林风眠 1950–1960年代作
宝莲灯
估　价：HKD 3,000,000～5,000,000
成交价：RMB 8,914,800
65.9cm×66.4cm 香港苏富比 2020-07-08

5040 林风眠 她在丛中笑 镜心
估　价：RMB 3,000,000～4,000,000
成交价：RMB 8,050,000
68cm×69cm 十竹斋拍卖（北京） 2020-10-18

8102 林风眠 春山翠岭
估　价：RMB 3,800,000～5,000,000
成交价：RMB 7,705,000
67cm×67cm 华艺国际 2020-10-15

2638 林风眠 风景 镜心
估　价：RMB 4,000,000～5,000,000
成交价：RMB 7,245,000
69cm×69cm 北京保利 2020-10-17

1047 林湖奎 戏雪 镜框
估　价：HKD 160,000～200,000
成交价：RMB 213,000
69.5cm×137cm 佳士得 2020-12-01

1011 林风眠 1952年作 立体静物
估　价：HKD 2,500,000～4,500,000
成交价：RMB 5,481,225
68.5cm×68.5cm 香港苏富比 2020-10-05

1207 林立中 2017年作 春风 立轴
估　价：RMB 160,000
成交价：RMB 322,000
68cm×67cm 北京翰海 2020-09-12

688 林墉 1994年作 红荷少女 立轴
估　价：RMB 250,000～350,000
成交价：RMB 483,000
135cm×68cm 广东崇正 2020-09-13

63 林海钟 2020年作 武夷胜境图 镜心
估　价：RMB 400,000～600,000
成交价：RMB 1,265,000
62.5cm×147.5cm 中国嘉德 2020-12-01

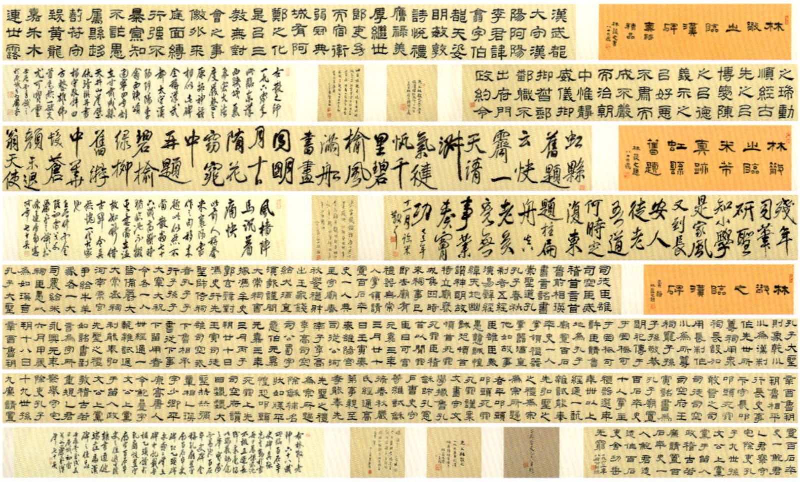

2016 林散之 临古长卷 手卷
估　价：RMB 1,350,000～1,[illegible]00,000
成交价：RMB 1,552,500
本幅24cm × 394cm；引首24cm × 83cm；
跋一24cm × 21.5cm；跋二24cm × 21.5cm；
跋三24cm × 135cm；本幅24cm × 394cm；
引首24cm × 66cm；跋一24cm × 17.5cm；
跋二24cm × 110cm；本幅22cm × 1087cm；
引首22cm × 67.5cm；跋一22cm × 24.5cm；
跋二22cm × 24cm；跋三22cm × 24.5cm；
跋四22cm × 135cm 十竹斋拍卖（北京） 2020-10-18

460 林纾 山水四屏 立轴
估　价：RMB 300,000～400,000
成交价：RMB 506,000
175cm × 46cm × 4 华艺国际 2020-10-16

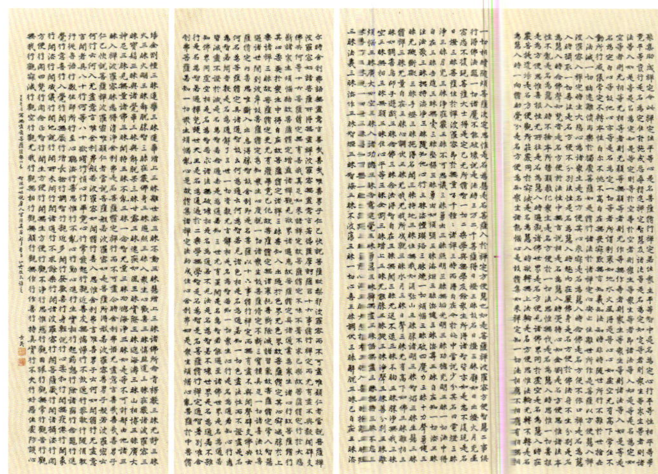

415 林长民 1917年作 楷书菩萨经卷 立轴
估　价：RMB 200,000～400,000
成交价：RMB 782,000
100cm × 34cm × 4 永乐拍卖 2020-12-03

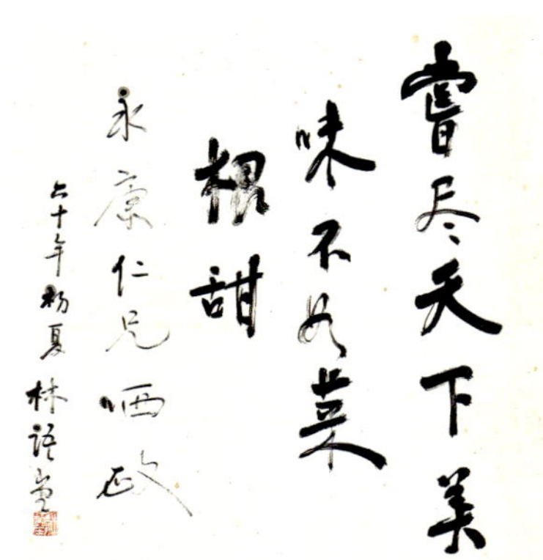

607 林语堂 1971年作 书法 镜框
估　价：RMB 250,000～350,000
成交价：RMB 287,500
68cm × 62cm 华艺国际 2020-10-16

602 刘大为 杜甫诗意图 镜心
估　价：RMB 120,000～180,000
成交价：RMB 333,500
96cm × 179cm 中鸿信 2020-01-03

68 刘丹 2015年作 迷宫迴遡
估　价：RMB 6,800,000~8,800,000
成交价：RMB 9,200,000
144cm×366cm 永乐拍卖 2020-12-04

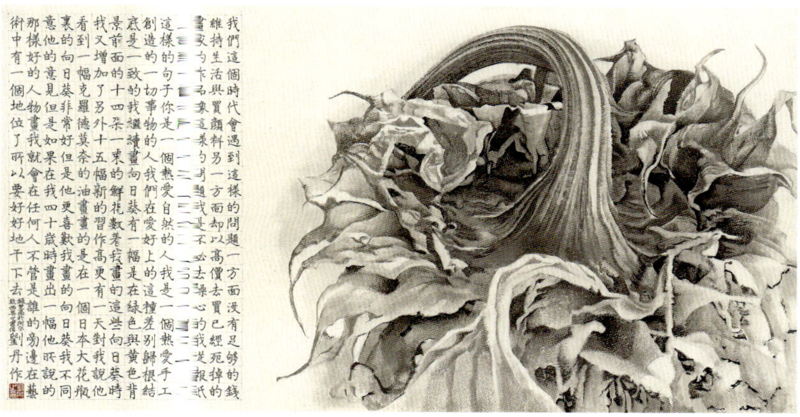

836 刘丹 2014年作 我们这时代
估　价：RMB 1,600,000~2,600,000
成交价：RMB 1,840,000
62.1cm×122.8cm 永乐拍卖 2020-08-18

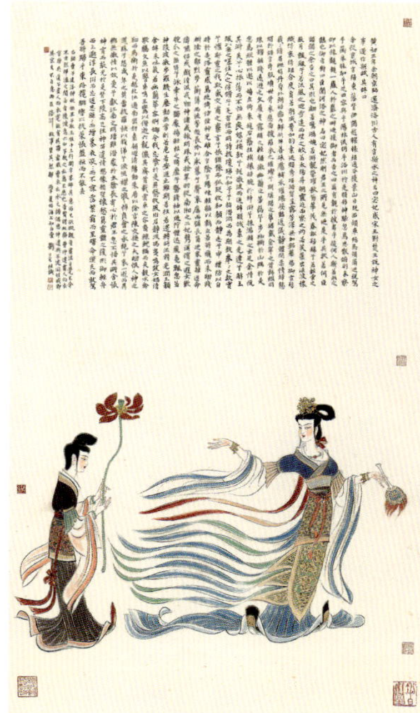

252 刘旦宅 1996年作 洛神图 立轴
估　价：RMB 800,000~1,200,000
成交价：RMB 1,840,000
86.5cm×151.5cm 中国嘉德 2020-12-01

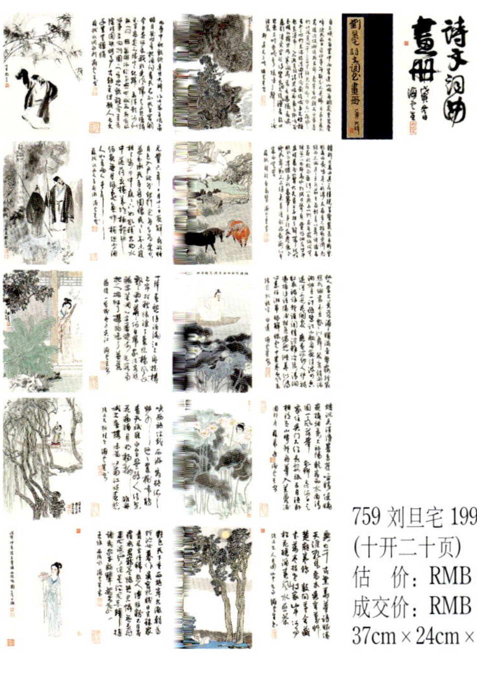

759 刘旦宅 1998年作 诗文词曲画 册页
(十开二十页)
估　价：RMB 8,000,000~10,000,000
成交价：RMB 9,200,000
37cm×24cm×20 中国嘉德 2020-08-16

3192 刘旦宅 等 50年代作
《猎虎记》年画四条屏原稿(全)(十六帧) 画心
估　价：RMB 500,000~600,000
成交价：RMB 874,000
27cm×35cm×16 西泠印社 2020-08-09

515 刘广 2012年作 游春图 镜心
估　价：RMB 4,000,000～5,000,000
成交价：RMB 5,313,000
65.5cm×523cm 北京保利 2020-12-04

1623 刘广 2019年作 万代长春 镜心
估　价：RMB 6,500,000～6,800,000
成交价：RMB 8,970,000
140cm×352cm 北京保利 2020-10-16

517 刘广 2018年作 苍岩清韵图 镜心
估　价：RMB 5,000,000～6,000,000
成交价：RMB 6,440,000
126cm×330cm 北京保利 2020-12-04

447 刘国松 2008年作
云绕罗兹峰：西藏组曲106
估　价：HKD 1,500,000～2,500,000
成交价：RMB 2,343,000
181cm×95cm 佳士得 2020-12-03

448 刘国松 2008年作
镜海秋波：九寨沟系列134
估　价：HKD 600,000～1,200,000
成交价：RMB 1,384,500
70cm×130cm 佳士得 2020-12-03

3195 刘国辉 1981年作
《西湖主》连环画原稿（全）（三十帧）
估　价：RMB 250,000～350,000
成交价：RMB 287,500
33.5cm×33.5cm×30 西泠印社 2020-08-09

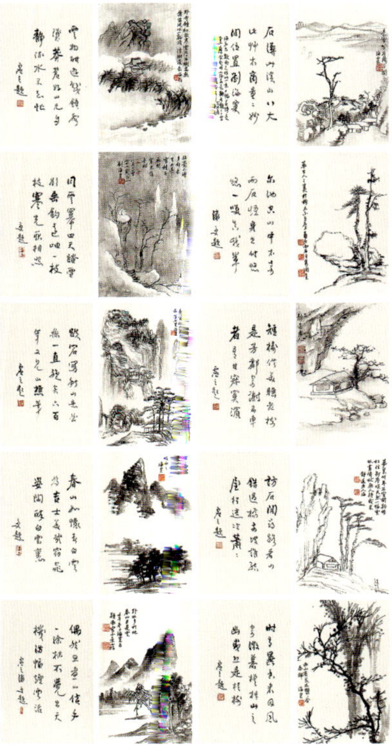

690 刘海粟 1972年作
山水小景 册页(十开二十页)
估　价：RMB 800,000～1,200,000
成交价：RMB 3,220,000
画34.5cm×23cm×10；
字34cm×22.5cm×10 中国嘉德 2020-08-16

253 刘海粟 青玉峡 立轴
估　价：RMB 500,000～800,000
成交价：RMB 1,725,000
126.5cm×60.5cm 中国嘉德 2020-12-01

80 刘海粟 艳阳汉宫春 镜心
估　价：RMB 2,800,000～3,800,000
成交价：RMB 4,830,000
94cm×176cm 荣宝斋（上海） 2020-10-25

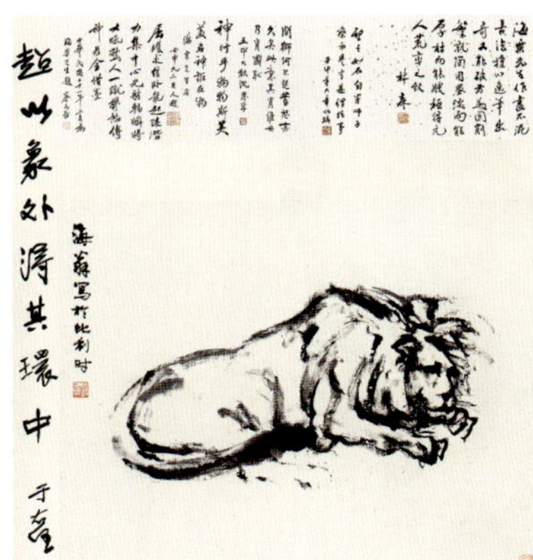

679 刘海粟 睡狮图 立轴
估　价：RMB 2,000,000～3,000,000
成交价：RMB 4,140,000
88cm×68cm 朵云轩 2020-09-23

3178 刘汉宗 1961年作 《双枪将陆文龙》年画四条屏原稿（全）（十六帧） 画心
估　价：RMB 500,000～600,000
成交价：RMB 632,500
23cm×3[illegible]cm×16 西泠印社 2020-08-09

717 刘继卣 1968年作 新京剧《红灯记》 立轴
估　价：RMB 100,000～200,000
成交价：RMB 805,000
69.5cm × 53.0cm 中国嘉德 2020-08-16

726 刘继卣 老虎 立轴
估　价：RMB 450,000～550,000
成交价：RMB 575,000
240cm × 123cm 中国嘉德 2020-12-03

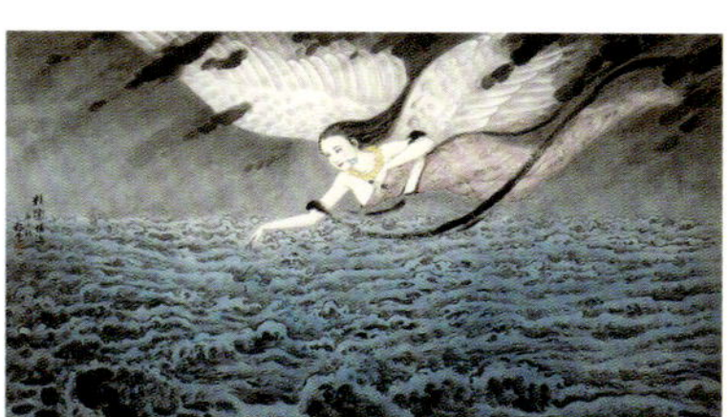

1349 刘静云 2020年作 精卫填海
估　价：RMB 200,000～300,000
成交价：RMB 690,000
121cm × 210cm 北京翰海 2020-12-12

5044 刘巨德 2012年作 向阳花
估　价：RMB 300,000～400,000
成交价：RMB 517,500
139cm × 69cm 中鸿信 2020-01-04

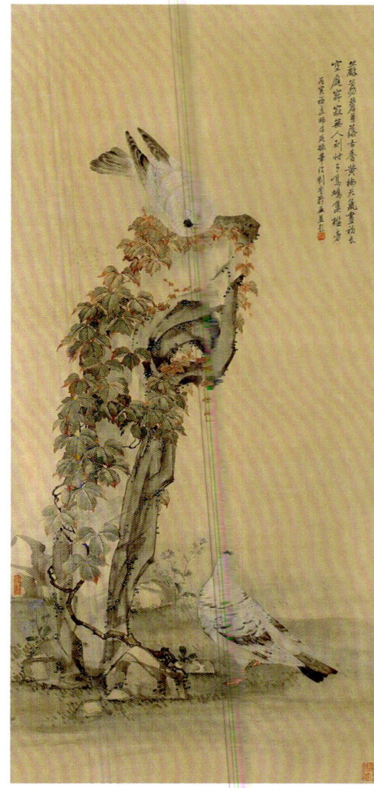

691 刘奎龄 1926年作 双鸽图 立轴
估　价：RMB 200,000～300,000
成交价：RMB 897,000
105.5cm × 51cm 朵云轩 2020-09-23

2698 刘奎龄 1945年作 动物六屏 立轴
估　价：RMB 2,200,000～2,800,000
成交价：RMB 2,760,000
134cm × 34cm × 6 北京保利 2020-10-17

2834 刘奎龄 1944年作 走兽四屏 立轴
估　价：HKD 1,[illegible],000～2,500,000
成交价：RMB 5,[illegible]9,800
138cm×34cm×[illegible] 香港苏富比 2020-07-10

8112 刘婷 离乎芒芴之间
估　价：RMB 120,000～220,000
成交价：RMB 230,000
200cm×121cm 中贸圣佳 2020-10-17

4196 刘庆和 人物 镜心
估　价：RMB 300,000～400,000
成交价：RMB 425,500
136cm×68cm 十竹斋拍卖（北京） 2020-10-18

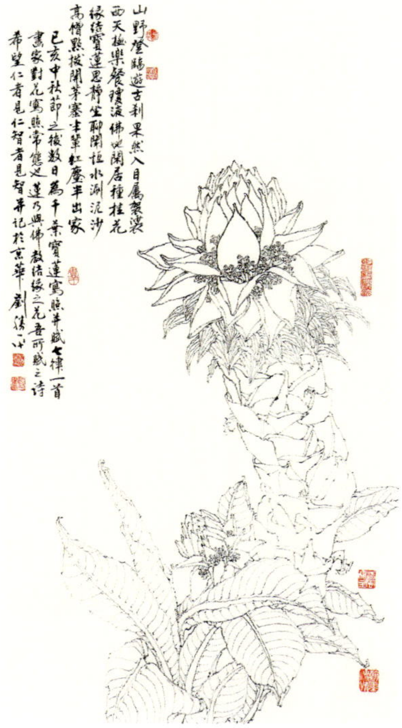

1227 刘胜平 2019年作 千业宝莲
估　价：RMB 80,000
成交价：RMB 230,000
91cm×53cm 北京翰海 2020-09-12

1510 刘文西 2004年作 白族姑娘 镜心
估　价：RMB 80,000～120,000
成交价：RMB 690,000
138cm×70cm 北京保利 2020-10-16

779 刘彦水 2004年作 武夷景观 镜框
估　价：RMB 150,000～200,000
成交价：RMB 322,000
144cm×250.5cm 华艺国际 2020-10-16

1189 龙瑞 2015年作
虎跳峡中茶马古道纪游 镜心
估　价：RMB 3,000,000
成交价：RMB 5,750,000
247cm×124cm 北京翰海 2020-09-12

2844 刘振夏 水乡村姑 镜框
估　价：HKD 500,000～700,000
成交价：RMB 565,000
123cm×72.5cm 香港苏富比 2020-07-10

442 娄师白 且愒青阴 立轴
估　价：RMB 20,000～40,000
成交价：RMB 345,000
248.5cm×68cm 中国嘉德 2020-12-02

2154 卢沉 1978年作 版纳小景 立轴
估　价：RMB 100,000～150,000
成交价：RMB 287,500
137cm×68cm 北京保利 2020-10-17

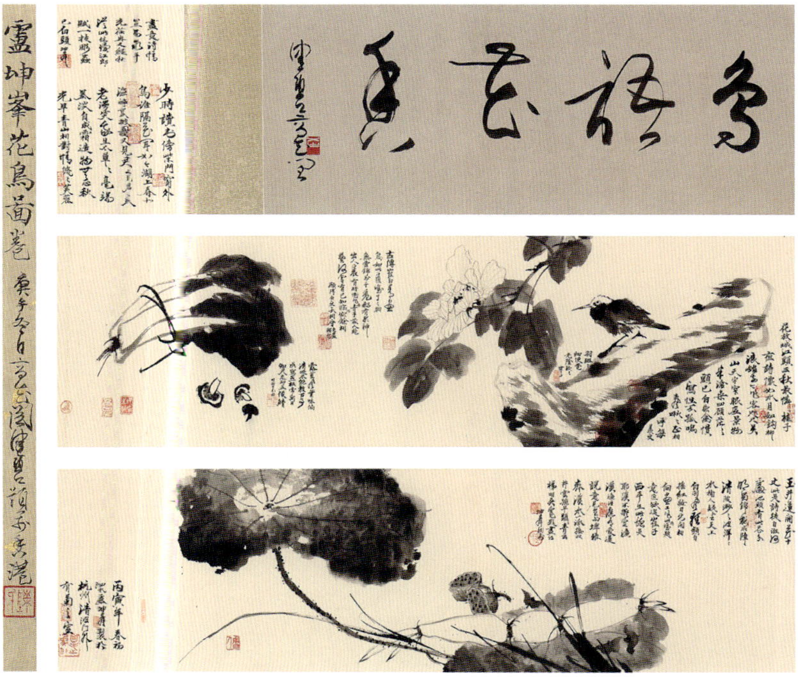

3095 卢坤峰 1986年作 花鸟图卷 手卷
估　价：RMB 180,000～280,000
成交价：RMB 391,000
引首33cm×87cm；画心33cm×276cm 西泠印社 2020-08-09

417 陆恢 渔隐归樵图 镜心
估　价：RMB 30,000～50,000
成交价：RMB 276,000
46cm×231.5cm 中国嘉德 2020-12-02

3029 陆小曼 1955年作
竹叶小鸟 楷书李义山诗 扇面一对 镜框
估　价：HKD 120,000～180,000
成交价：RMB 333,018
18.5cm×51.5cm(各面) 香港苏富比 2020-10-08

591 卢子枢 1960年作 秋山飞瀑 立轴
成交价：RMB 345,000
151cm×82cm 广东崇正 2020-09-13

708 卢禹舜 2003年作 天高秋月 镜框
估　价：RMB 150,000～200,000
成交价：RMB 402,500
137cm×69cm 华艺国际 2020-10-16

724 陆俨少 1981年作 峡江羁旅图 手卷
估　价：RMB 3,800,000～4,800,000
成交价：RMB 10,350,000
引首32.8cm×89cm；
画心32.8cm×277.5cm；题跋33cm×139cm
中国嘉德 2020-08-16

230 陆俨少 1985年作 峡江险水图 手卷
估　价：RMB 7,500,000～8,500,000
成交价：RMB 8,625,000
画心34cm×276cm；引首34cm×111cm
中国嘉德 2020-12-01

227 陆俨少 万山红遍、层林尽染 镜心
估　价：RMB 6,000,000～8,000,000
成交价：RMB 9,085,000
52.5cm×110.5cm 中国嘉德 2020-12-01

49 陆俨少 女真人生活图 镜框
估　价：RMB 12,000,000～18,000,000
成交价：RMB 34,500,000
79cm×253cm 华艺国际 2020-10-16

705 陆俨少 江山 册页(十二开)
估　价：RMB 2,000,000～3,000,000
成交价：RMB 5,865,000
24cm×32cm×12 朵云轩 2020-09-23

704 陆抑非 朱梅邨 徐邦达 俞子才 等 1941年作
梅景书屋同门画生肖 册页(十二开)
估　价：RMB 300,000～500,000
成交价：RMB 2,300,000
34cm×27cm×12 朵云轩 2020-09-23

74 陆俨少 1963年作 人勤春早 镜框
估　价：RMB 8,000,000～12,000,000
成交价：RMB 10,350,000
137cm×69cm 华艺国际 2020-12-05

656 陆俨少 1964 年作 陇上黄云图 立轴
估　价：RMB 1,500,000～2,500,000
成交价：RMB 7,130,000
135.5cm×66.5cm 朵云轩 2020-09-23

5002 陆抑非 1943年作 凤穿牡丹 立轴
估　价：RMB 800,000～1,000,000
成交价：RMB 1,610,000
194cm×60.5cm 十竹斋拍卖(北京) 2020-10-18

2914 陆抑非 1959年作 紫藤小鸟图 镜片
估　价：RMB 800,000～1,200,000
成交价：RMB 1,150,000
99.5cm×253cm 西泠印社 2020-08-09

1125 陆壮 2018年作 雅集图
估 价：RMB 160,000
成交价：RMB 253,000
68cm×137cm 北京翰海 2020-09-12

1334 路怀中 2020年作 玉门关
估 价：RMB 200,000～300,000
成交价：RMB 345,000
20cm×48cm 北京翰海 2020-12-12

3027 罗振玉 隶书临《西狭颂》手卷
估 价：RMB 300,000～400,000
成交价：RMB 678,500
引首29cm×60cm；
本幅33cm×263cm；
题跋33cm×229cm
十竹斋拍卖（北京） 2020-10-18

1188 马公愚 1950年作 篆书百寿图 立轴
估 价：RMB 30,000～50,000
成交价：RMB 506,000
144cm×77cm 朵云轩 2020-09-24

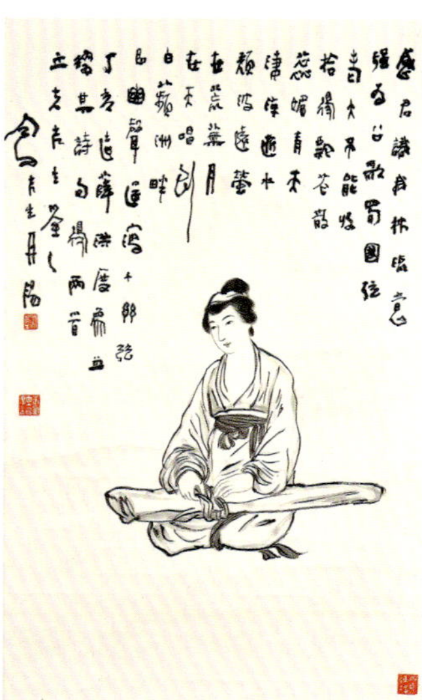

1071 吕凤子 1947年作 薛涛抚琴图 立轴
估 价：HKD 30,000～50,000
成交价：RMB 937,200
78.5cm×48.2cm 佳士得 2020-12-01

1004 吕寿琨 1963年作 渔港 镜框
估 价：HKD 300,000～600,000
成交价：RMB 342,000
92.5cm×47cm 佳士得 2020-07-08

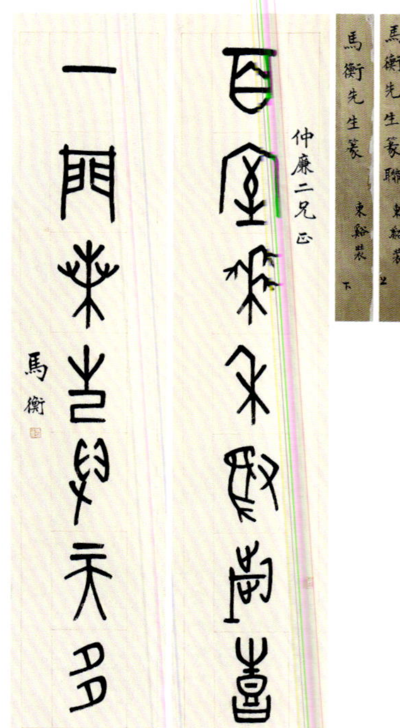

640 马衡 篆书七言联 立轴
估 价：RMB 100,000～150,000
成交价：RMB 345,000
133cm×29cm×2 华艺国际 2020-12-05

1373 马建军 2015年作 国色天香
估 价：RMB 200,000 ~ 300,000
成交价：RMB 287,[illegible]
69cm × 137cm 北京翰海 2020-12-12

2697 马晋 [illegible]禽图 立轴
估 价：RMB 500,000 ~ 800,000
成交价：RMB 1,380,000
101cm × 6[illegible]cm 北京保利 2020-10-17

21[illegible] 马晋 1930年作 柳荫三骏 立轴
估 价：RMB 180,000 ~ 280,000
成交价：RMB 322,000
99cm × 51cm 北京保利 2020-10-17

1422 马麟 芦塘秋雁 立轴
估 价：RMB 80,000 ~ 120,000
成交价：RMB 299,000
诗堂39cm × 98cm；画心154cm × 98cm
中鸿信 2020-01-04

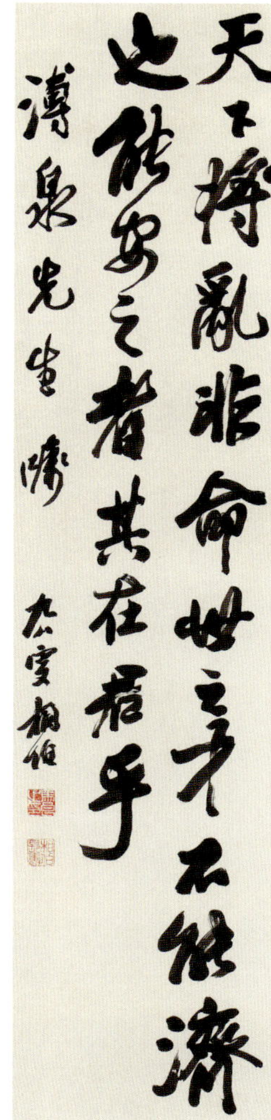

613 马相伯 行书《三国志》句 立轴
估 价：RMB 400,000 ~ 600,000
成交价：RMB 460,000
151cm × 36cm 永乐拍卖 2020-08-17

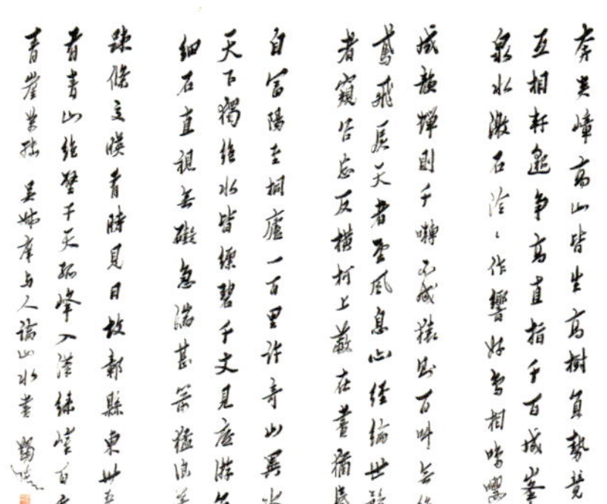

413 马一浮 行书《吴叔庠与人论山水》四屏 立轴
估 价：RMB 1,000,000 ~ 2,000,000
成交价：RMB 1,127,000
142cm × 41cm × 4 永乐拍卖 2020-12-03

1281 买鸿钧 寒山漠漠云水横 镜心
估 价：RMB 400,000
成交价：RMB 690,000
63cm × 247cm 北京翰海 2020-09-12

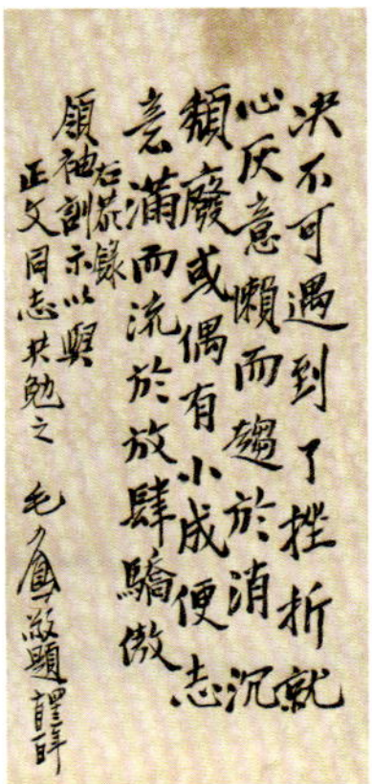

983 毛人凤 1954年作 行书领袖语 镜心
成交价：RMB 264,500
65cm × 30cm 中国嘉德 2020-12-03

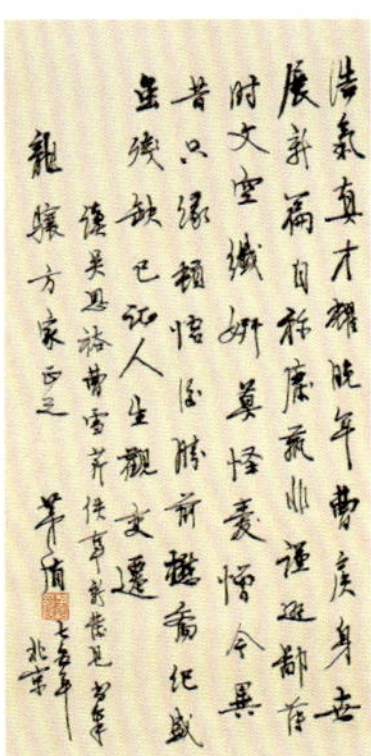

651 茅盾 1975年作 行书七言诗 立轴
估　价：RMB 120,000 ~ 180,000
成交价：RMB 460,000
67cm × 34cm 华艺国际 2020-12-05

161 梅兰芳 1924年作 葡萄 立轴
估　价：RMB 20,000 ~ 40,000
成交价：RMB 345,000
94cm × 23.5cm 中国嘉德 2020-08-15

1116 孟刚 2020年作
大自在 · 观音 中堂 镜心
估　价：RMB 280,000
成交价：RMB 460,000
90cm × 60cm；97cm × 30cm × 2
北京翰海 2020-09-12

1111 南海岩 2020年作 快乐时光 镜心
估　价：RMB 1,200,000 ~ 1,800,000
成交价：RMB 1,667,500
54cm × 180cm 中国嘉德 2020-08-17

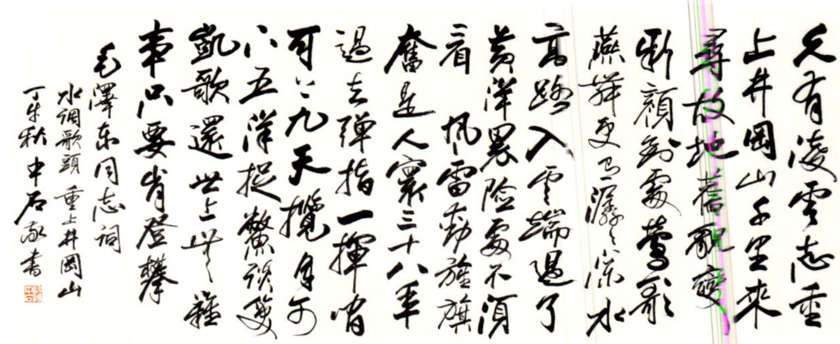

510 欧阳中石 1987年作 行书毛主席诗词 镜心
估　价：RMB 1,000,000 ~ 1,200,000
成交价：RMB 1,265,000
140cm × 342cm 北京保利 2020-12-04

157 潘静淑 吴湖帆 秋海棠 屏轴
估　价：RMB 200,000 ~ 300,000
成交价：RMB 460,000
64cm × 24cm 上海敬华 2020-09-22

38 潘天寿 1958年作 耕罢 立轴
成交价：RMB 178,825,000
227cm × 121cm 华艺国际 2020-10-16

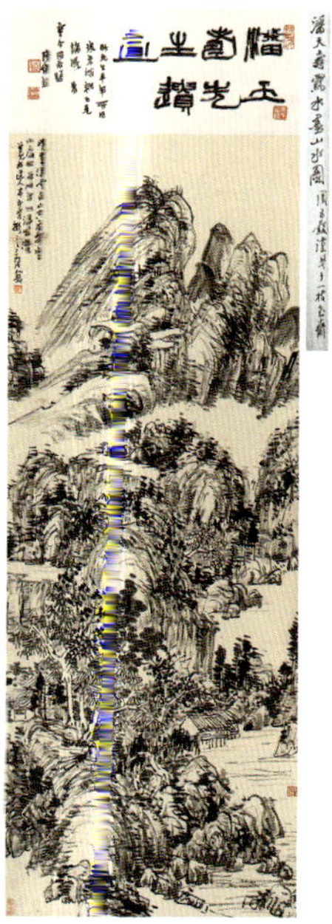

263 潘天寿 空山晴翠 立轴
估　价：RMB 10,000,000～12,000,000
成交价：RMB 11,500,000
145.5cm × 55cm；题23.5cm × 55cm
中国嘉德 2020-12-01

2623 潘天寿 1962年作 榴实蕙兰图 立轴
估　价：RMB 4,500,000～5,500,000
成交价：RMB 7,245,000
106cm × 47cm 北京保利 2020-10-17

670 潘天寿 1963年作 灵蟾 立轴
估　价：RMB 3,800,000～4,800,000
成交价：RMB 5,750,000
58cm × 44.5cm 北京保利 2020-12-04

66 潘天寿 1924年作 斜头曲背图 立轴
估　价：RMB 3,800,000～4,800,000
成交价：RMB 5,750,000
140cm × 39cm 华艺国际 2020-12-05

162 潘天寿 1929年作 拖泥带水山图 立轴
估　价：RMB 2,000,000～3,000,000
成交价：RMB 5,750,000
131.5cm × 59.5cm 中国嘉德 2020-12-01

721 潘天寿 1963年作
草书毛主席《七律・长征》镜心
估　价：RMB 300,000～500,000
成交价：RMB 3,795,000
33.0cm × 138.0cm 中国嘉德 2020-08-16

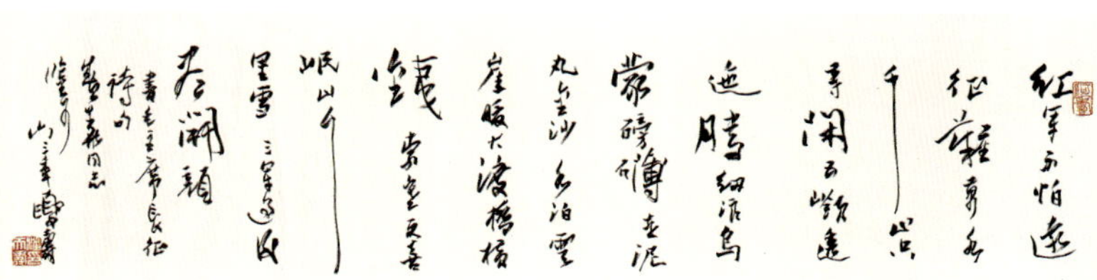

32 潘玉良 1957年作 蓄胡裸男
估　价：HKD 1,200,000～1,800,000
成交价：RMB 1,871,244
33cm×43.5cm 中国嘉德 2020-10-08

273 潘振镛 1902年作
十二花神（十二幅）屏轴
估　价：RMB 550,000～650,000
成交价：RMB 713,000
130cm×64cm×12 朵云轩 2020-09-23

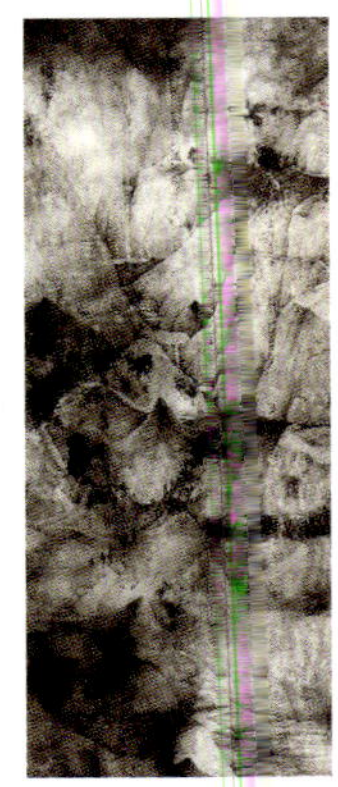

8049 庞飞 洪谷
估　价：RMB 150,000～250,000
成交价：RMB 345,000
188cm×74cm 中贸圣佳 2020-10-17

1207 潘玉良 1950年作 三美女
估　价：RMB 1,200,000～2,000,000
成交价：RMB 1,265,000
37cm×26.5cm 北京保利 2020-10-16

1702 庞薰琹 约1940年代 舞
估　价：RMB 600,000～800,000
成交价：RMB 1,782,500
87cm×42.5cm 中国嘉德 2020-12-05

108 庞薰琹 1977年作 红屋顶
估　价：HKD 400,000～600,000
成交价：RMB 748,4[illegible]8
33cm×33.5cm 中国嘉德 2020-10-08

124 彭薇 2005年作 帛绣系列：高士图
估　价：RMB 420,000～620,000
成交价：RMB 483,000
85cm×158.5cm 永乐拍卖 2020-12-04

1534 彭先诚 2003年作 丽人行 镜心
估　价：RMB 200,000～300,000
成交价：RMB 862,500
137cm×6[illegible]cm 北京保利 2020-10-16

341 蒲华 1904年作
致昌硕先生人影出菰芦图 立轴
估　价：RMB 280,000～350,000
成交价：RMB 1,380,000
164cm×76cm 中鸿信 2020-01-03

143 蒲华 1897年作 松风高逸 立轴
估　价：RMB 800,000～1,000,000
成交价：RMB 943,000
177cm×92cm 上海匡时 2020-08-05

2131 溥伒 1941年作 春风图 立轴
估　价：RMB 300,000～400,000
成交价：RMB 805,000
151cm×82cm 北京保利 2020-10-17

3015 溥伒 溥佐 山水骏马合璧册 八开册
估　价：HKD 150,000～250,000
成交价：RMB 721,539
册端：13.2cm×18cm；
画心：6.5cm×8.3cm×8
香港苏富比 2020-10-08

2722 溥伒 西园雅集图 手卷
估　价：HKD 250,000～350,000
成交价：RMB 1,695,000
12.5cm×130cm 香港苏富比 2020-07-10

831 溥佺 1976年作 茨坪新貌 镜心
估　价：RMB 300,000～400,000
成交价：RMB 1,495,000
170.5cm×129.5cm 中国嘉德 2020-12-03

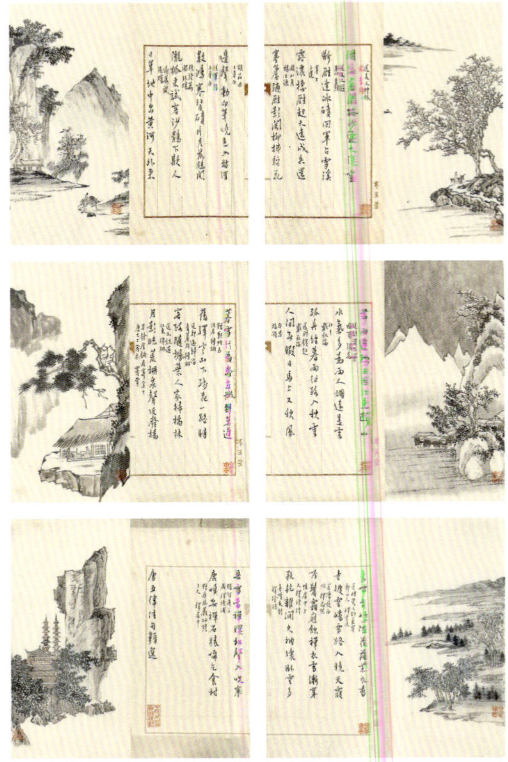

1058 溥儒 1952年作
《唐五律佳句类选》书画合璧册 线装一册六十六页
估　价：HKD 3,000,000～5,000,000
成交价：RMB 19,813,200
30.5cm×17.6cm 佳士得 2020-07-08

2893 溥儒 袖里怀珍册 十二开册
估　价：HKD 600,000～800,000
成交价：RMB 4,605,880
香港苏富比 2020-07-10

3119 溥儒 白孔雀 立轴
估　价：HKD 1,000,000～2,000,000
成交价：RMB 8,895,457
120cm×39cm 香港苏富比 2020-10-08

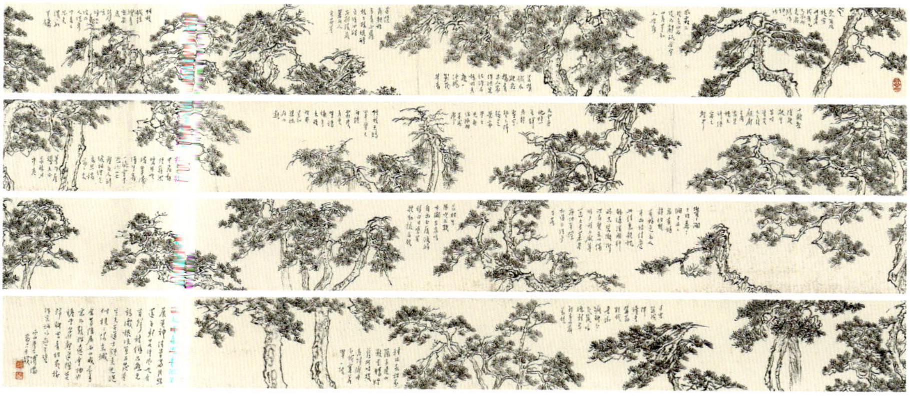

247 溥儒 龙蟠蛟举卷 手卷
估　价：RMB 2,800,000～3,800,000
成交价：RMB 4,600,000
13cm×517cm 中国嘉德 2020-12-01

323 溥儒 1943年作 白描罗汉 手卷
估　价：RMB 2,500,000～3,500,000
成交价：RMB 2,875,000
27cm×157cm 永乐拍卖 2020-12-03

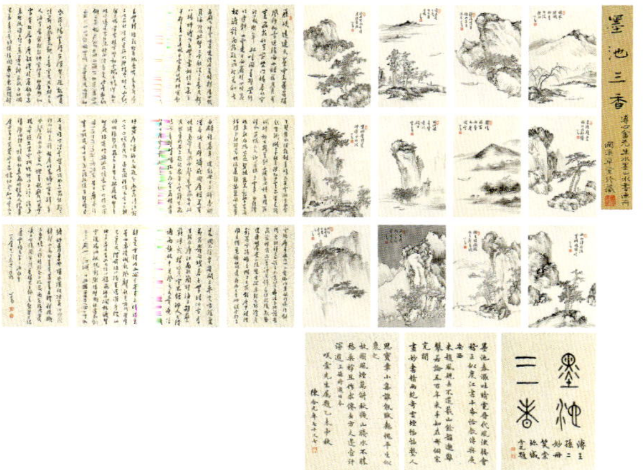

248 溥霈 墨池三香 册页(十二开二十四页)
估　价：RMB 2,800,000～3,800,000
成交价：RMB 3,220,000
字28.5cm×18.5cm×12；画28.5cm×19cm×12
中国嘉德 2020-12-01

485 溥佐 八骏图（四屏） 镜心
估　价：RMB 200,000
成交价：RMB 747,500
97cm×32cm×4 北京翰海 2020-09-12

207 齐白石 1921年作
致杨度工笔花虫册 镜心 （十开）
估 价：RMB 23,000,000～28,000,000
成交价：RMB 46,000,000
24cm×32.5cm×10 中国嘉德 2020-12-01

27 齐白石 百卉争艳 册页(十开)
估 价：RMB 18,000,000～28,000,000
成交价：RMB 39,100,000
28cm×45cm×10 华艺国际 2020-10-16

2614 齐白石 云山深涧 立轴
成交价：RMB 38,525,000
162cm×92cm 北京保利 2020-10-17

58 齐白石 1948年作 世世有余 立轴
估 价：RMB 12,000,000～16,000,000
成交价：RMB 21,275,000
172.5cm×68cm 华艺国际 2020-12-05

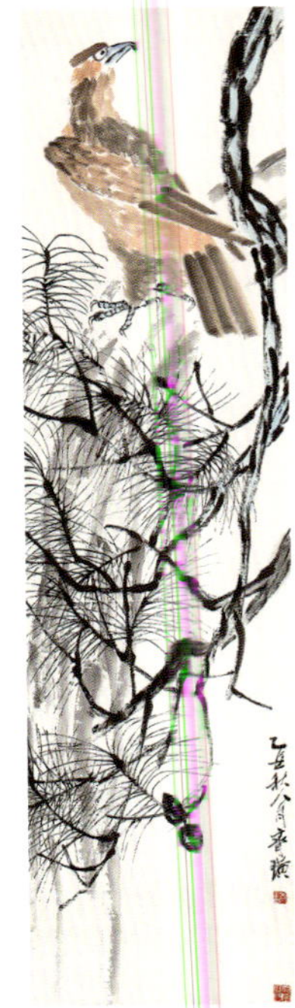

7 齐白石 松鹰图 立轴
估 价：RMB 12,000,000～18,000,000
成交价：RMB 28,750,000
178.5cm×47.8cm 荣宝斋（上海） 2020-10-25

695 齐白石 英雄独立 立轴
估 价：RMB 8,800,000～12,800,000
成交价：RMB 28,175,000
170.5cm×45.5cm 中国嘉德 2020-08-16

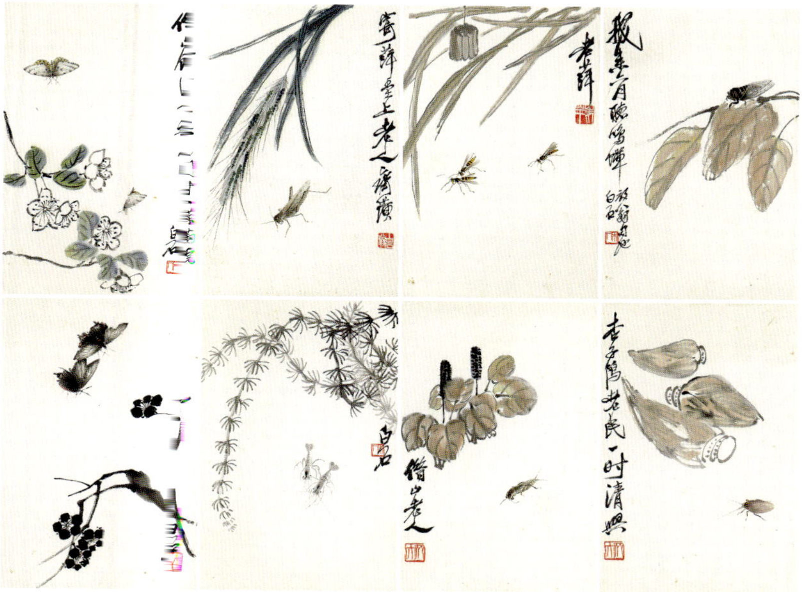

2671 齐白石 花卉工虫册 镜心
估　价：RMB 22,000,000～25,000,000
成交价：RMB 31,625,000
35cm×23cm×8 北京保利 2020-10-17

542 齐辛民 鼠年吉祥 镜片 设色 纸本
估　价：RMB 150,000～250,000
成交价：RMB 437,000
138cm×68cm 荣宝斋（济南） 2020-06-26

403 祁昆 溥儒 于半丁 月下双猿 立轴
估　价：RMB 80,000～120,000
成交价：RMB 310,500
109cm×49cm 中国嘉德 2020-11-09

21 齐白石 1928年作 白衣大士 立轴
估　价：RMB 8,000,000～12,000,000
成交价：RMB 19,550,000
135cm×33.5cm 华艺国际 2020-10-16

70 齐良迟 多寿图 立轴
估　价：RMB 5,000～10,000
成交价：RMB 322,000
166cm×94cm 中国嘉德 2020-07-15

2714 启功 1938年作 米家云山图 镜框
估　价：RMB 4,000,000～5,000,000
成交价：RMB 5,520,000
128cm × 59cm 北京保利 2020-10-17

1621 启功 董寿平 黄胄 范曾 松下老人图（一卷）纸本
成交价：RMB 3,910,000
135cm × 67cm 中国嘉德 2020-08-16

715 钱瘦铁 1951年作 抗美援朝进军图 立轴
估　价：RMB 600,000～800,000
成交价：RMB 1,265,000
108.0cm × 111.0cm 中国嘉德 2020-08-16

524 启功 为赵朴初作楷书四言联 镜心
估　价：RMB 120,000～180,000
成交价：RMB 4,485,000
119cm × 34.5cm × 2 中国嘉德 2020-12-02

3082 启功 翠竹绛石 立轴
估　价：HKD 400,000～600,000
成交价：RMB 3,441,186
99.7cm × 52cm 香港苏富比 2020-10-08

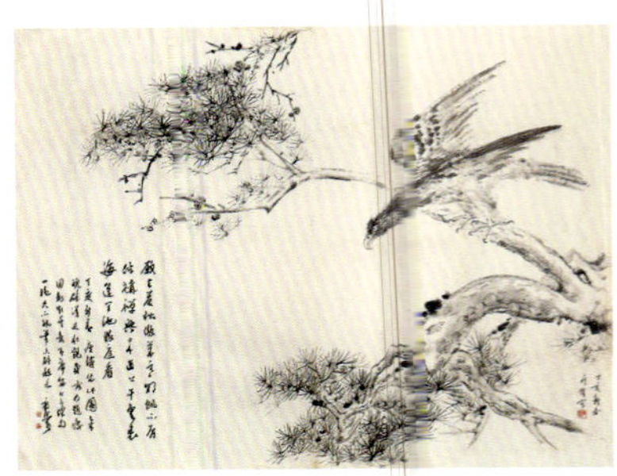

45 钱瘦铁 松鹰图 镜心
估　价：RMB 1,200,000～1,800,000
成交价：RMB 2,012,500
152cm × 211cm 荣宝斋（上海） 2020-10-25

40 钱松岩 福寿之松图 立轴
估　价：RMB 3,000,000～5,000,000
成交价：RMB 6,325,000
83cm×109cm 荣宝斋（上海） 2020-10-25

671 钱松岩 山水扇册 镜心(八开)
估　价：RMB 1,200,000～1,800,000
成交价：RMB 2,070,000
18.5cm×55cm×8 永乐拍卖 2020-08-17

661 钱松岩 泰山六朝松 立轴
估　价：RMB 1,200,000～1,800,000
成交价：RMB 2,357,500
75cm×107cm 北京保利 2020-12-04

796 钱松岩 古塞新湖 镜心
估　价：RMB 500,000～800,000
成交价：RMB 1,380,000
87.5cm×68.5cm 中国嘉德 2020-12-03

14 秦仲文 1928年作 仿龚半千笔意 立轴
估　价：RMB 20,000～30,000
成交价：RMB 322,000
355cm×69cm 北京翰海 2020-12-11

1773 瞿秋白 1933年作 行书七言联 立轴
估　价：RMB 200,000～300,000
成交价：RMB 575,000
135cm×26cm×2 北京保利 2020-10-17

1064 饶宗颐 1979年作 泰山图 镜框
估　价：HKD 180,000～280,000
成交价：RMB 745,500
89.2cm×29cm 佳士得 2020-12-01

3174 任率英 金协中 等 1956年作 《穆桂英》年画四条屏原稿（全）（十六帧）镜片
估　价：RMB 500,000～600,000
成交价：RMB 632,500
21cm×28cm×16 西泠印社 2020-08-09

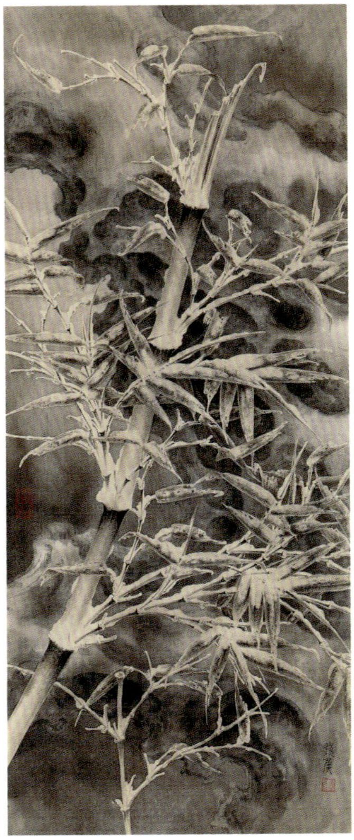

4172 任重 雪中竹石 镜心
估　价：RMB 600,000～800,000
成交价：RMB 1,725,000
79cm×32.5cm 十竹斋拍卖（北京）2020-10-18

1361 任重 2019年作 松下高士
估　价：RMB 500,000～700,000
成交价：RMB 920,000
136cm×68cm 北京翰海 2020-12-12

270 沙孟海 行书"福禄寿" 镜心
估　价：RMB 600,000～800,000
成交价：RMB 1,207,500
64.5cm×64cm×3 中国嘉德 2020-12-01

233 商笙伯 张善孖 行书《春近》 猴 成扇
估　价：RMB 180,000～250,000
成交价：RMB 258,750
20cm×53cm 中贸圣佳 2020-10-17

774 邵大箴 201[illegible]年作 山水 册页(二十开)
估　价：RMB [illegible]00,000～300,000
成交价：RMB [illegible],185,000
47cm × 49.5cm × 20 华艺国际 2020-10-16

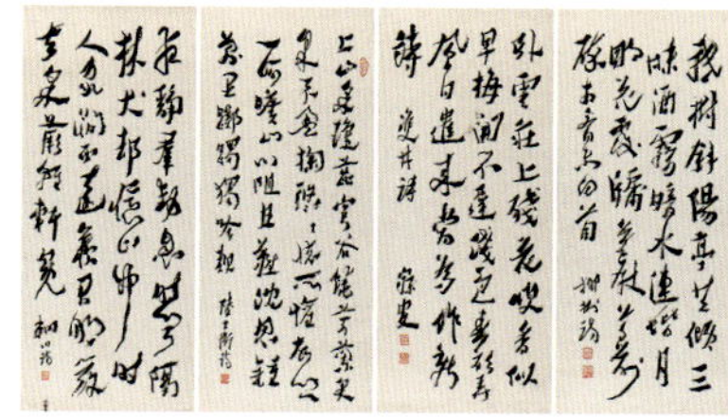

1246 沈曾植 行书诗四屏 镜心
估　价：RMB 500,000～800,000
成交价：RMB 977,500
105.5cm × 52cm × 4 中国嘉德 2020-12-04

113 沈从文 井冈山博物馆题诗 手卷
估　价：RMB 600,000～800,000
成交价：RMB 862,500
37cm × 433cm 上海匡时 2020-08-05

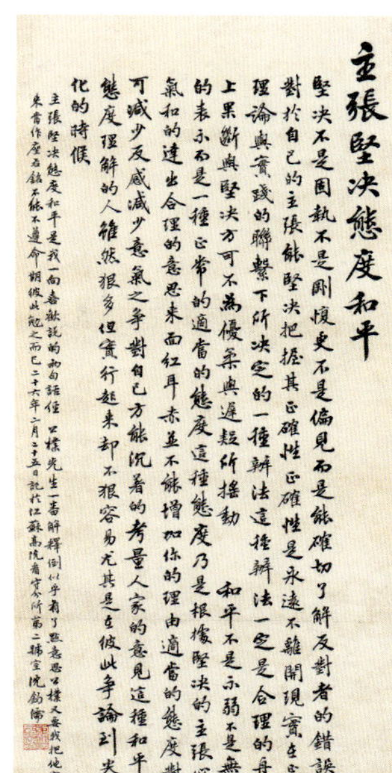

9 沈钧儒 1937年作
狱中行书《主张坚决态度和平》 镜片
估　价：RMB 200,000～300,000
成交价：RMB 943,000
82cm × 38cm 广东崇正 2020-09-13

2716 申石[illegible] 1982至1983年作 溪山清晓图 通景册 （八开）
估　价：HKD 350,000～450,000
成交价：RMB 474,600
18cm × 28[illegible]cm 香港苏富比 2020-07-10

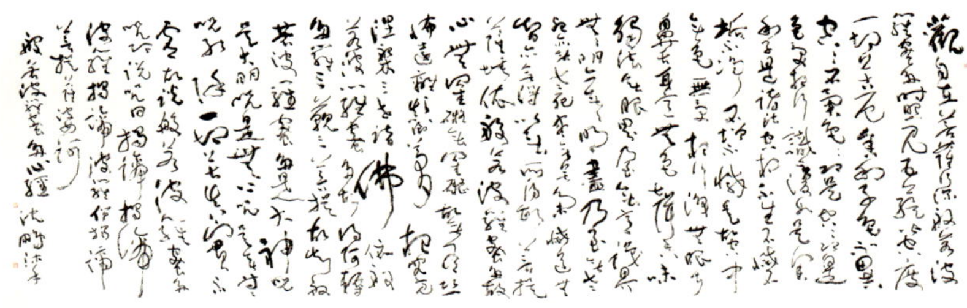

374 沈鹏 草书《心经》 镜片
估　价：RMB 2,300,000～3,300,000
成交价：RMB 4,025,000
250cm×806cm 华艺国际 2020-12-05

749 石虎 1999年作 朵言图
估　价：HKD 60,000～120,000
成交价：RMB 565,000
96.5cm×91cm 香港苏富比 2020-07-09

8379 沈勤 2006年作 三峡（四）
估　价：RMB 900,000～1,300,000
成交价：RMB 1,552,500
245cm×123cm 华艺国际 2020-10-15

1273 师恩钊 2020年作 高秋 镜心
估　价：RMB 150,000
成交价：RMB 345,000
70cm×137cm 北京翰海 2020-09-12

406 沈尹默 1966年作 清平乐 镜心
估　价：RMB 500,000～1,000,000
成交价：RMB 598,000
31.5cm×592cm 永乐拍卖 2020-12-03

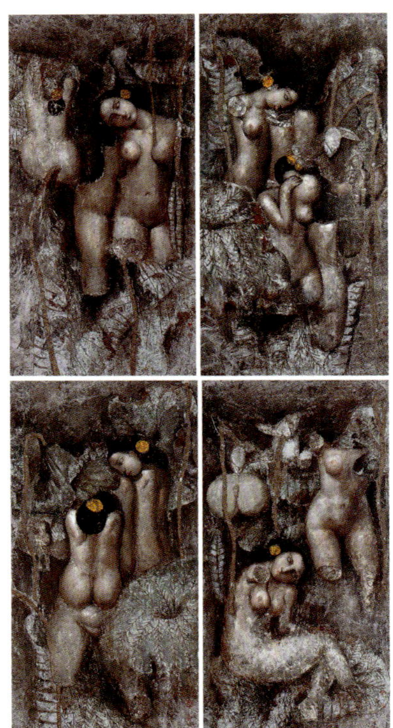

351 石虎 1993年作 荷萝园 镜片
估　价：RMB 800,000～1,200,000
成交价：RMB 1,380,000
145cm×73cm×4 上海嘉禾 2020-01-05

1098 石金库 开拓图 镜心
估　价：RMB 120,000～180,000
成交价：RMB 322,000
136cm×68cm 荣宝斋（南京） 2020-11-28

51 石鲁 1964年作 东渡 镜框
估　价：RMB 18,000,000～28,000,000
成交价：RMB 28,750,000
118cm×78.5cm 华艺国际 2020-10-16

5026 石鲁 红梅图、草书五言联 镜心
估　价：RMB 6,000,000～8,000,000
成交价：RMB 10,465,000
画心180cm×63cm；对联180cm×48cm×2
十竹斋拍卖（北京）2020-10-18

2709 石鲁 华岳松风 镜心
估　价：RMB 5,000,000～6,000,000
成交价：RMB 6,095,000
145cm×69cm 北京保利 2020-10-17

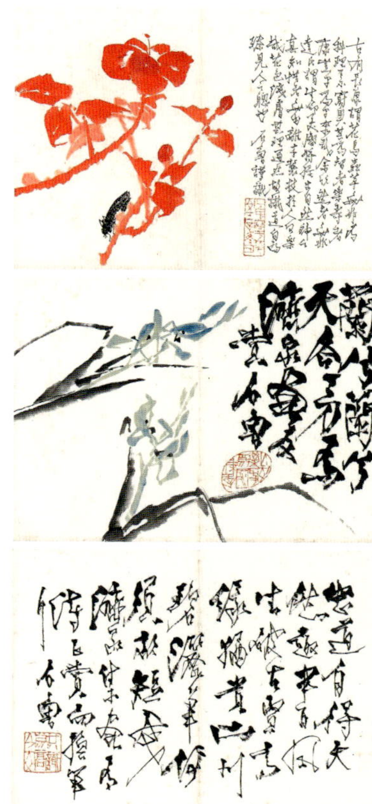

2885 石鲁 等 致方济众书画册 十七开册
估　价：HKD 800,000～1,200,000
成交价：RMB 2,599,000
30cm×42.5cm×17 香港苏富比 2020-07-10

832 石齐 1976年作 友谊春常在 镜心
估　价：RMB 500,000～800,000
成交价：RMB 2,875,000
155cm×98cm 中国嘉德 2020-12-03

55 石齐 富贵年年 镜心
估　价：RMB 800,000～1,200,000
成交价：RMB 2,070,000
96.5cm×89cm 中国嘉德 2020-12-01

4187 石齐 昭君出塞 立轴
估　价：RMB 800,000～1,000,000
成交价：RMB 1,092,500
136cm×68cm 十竹斋拍卖（北京）2020-10-18

604 史国良 2000年作 人物(四屏) 镜心
估　价：RMB 800,000～1,200,000
成交价：RMB 1,207,500
103cm×34cm×4 中鸿信 2020-01-03

1560 史国良 2013年作 于阗舞步 镜心
估　价：RMB 400,000～600,000
成交价：RMB 805,000
35cm×138cm 北京保利 2020-10-16

4188 史国良 2001年作 赶集图 镜心
估　价：RMB 800,000～1,000,000
成交价：RMB 1,092,500
135cm × 68cm 十竹斋拍卖（北京） 2020-10-18

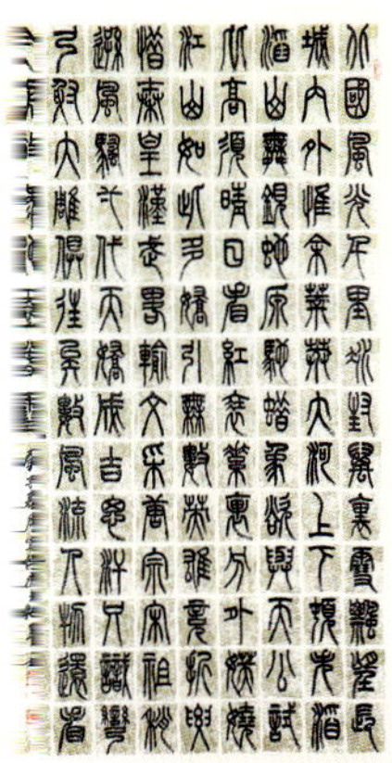

1253 宋[illegible]军 篆书《沁园春 · 雪》 镜心
估　价：RMB 180,000
成交价：RMB 345,000
180cm × 97cm 北京翰海 2020-09-12

233 宋美龄 高山流水 立轴
估　价：RMB 180,000～250,000
成交价：RMB 258,750
78.5cm × 40.5cm 上海匡时 2020-08-05

2794 司徒奇 1970年作 南国春回 六联屏
估　价：HKD 800,000～1,200,000
成交价：RMB 1,469,000
275.5cm × 87.8cm × 3；275.5cm × 94.3cm × 3 香港苏富比 2020-07-10

2717 宋文治 1965年作 虎踞龙盘 镜心
估　价：RMB 1,200,000～1,800,000
成交价：RMB 2,070,000
96cm × 256cm 北京保利 2020-10-17

42 宋文治 太湖之晨 镜心
估　价：RMB 3,800,000～5,800,000
成交价：RMB 6,325,000
93.6cm × 179cm 荣宝斋（上海） 2020-10-25

79 宋彦军 家园 镜心
估　价：RMB 200,000～300,000
成交价：RMB 1,380,000
113cm×59.5cm 中国嘉德 2020-12-01

1046 宋雨桂 1988年作 风月无边 镜片
估　价：HKD 300,000～500,000
成交价：RMB 937,200
123cm×245cm 佳士得 2020-12-01

772 苏葆桢 鲜花盛开，硕果丰收 镜片
成交价：RMB 460,000
133cm×67cm 广东小雅斋 2020-08-21

1093 孙才祥 山随平野尽 镜心
估　价：RMB 300,000～350,000
成交价：RMB 575,000
69cm×180cm 荣宝斋（南京） 2020-11-28

272 孙浩 追光者 镜心
估　价：RMB 250,000～350,000
成交价：RMB 494,500
230cm×121cm 上海匡时 2020-08-05

599 孙其峰 松鹤延年 镜心
估　价：RMB 180,000～250,000
成交价：RMB 575,000
131.5cm×67cm 中鸿信 2020-01-03

687 孙文 楷书 镜片
估　价：RMB 150,000～250,000
成交价：RMB 747,500
75cm×173cm 朵云轩 2020-09-23

1546 孙宗慰 1942年作 塞上一景
估　价：RMB 150,000～250,000
成交价：RMB 345,000
106cm×61cm 中国嘉德 2020-12-05

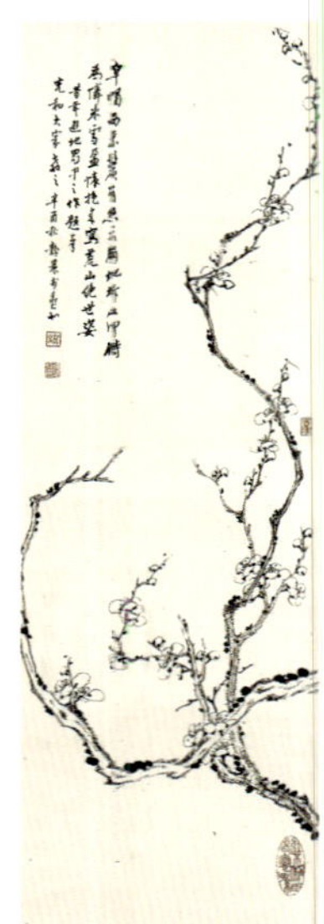

3027 台静农 1981年作 赠张充和鼌梅 立轴
估　价：HKD 60,000～80,000
成交价：RMB 777,042
78cm×25.2cm 香港苏富比 2020-10-08

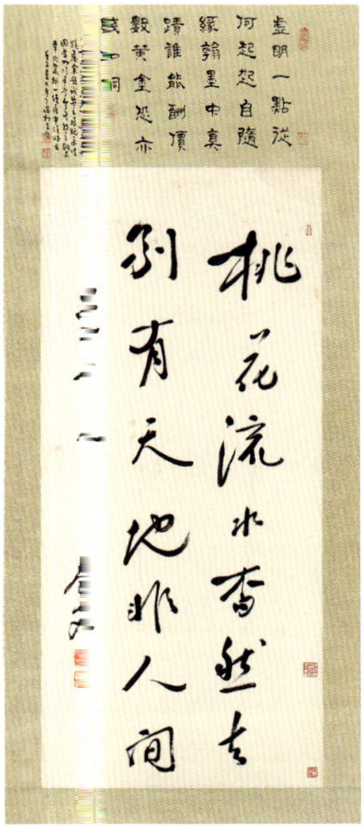

2664 太虚法师 为黄曼士作 李白诗句 立轴
估　价：RMB 280,000～400,000
成交价：RMB 874,000
89.5cm×41cm 西泠印社 2020-08-09

1414 秦祥洲 2018年 星辰河岳
估　价：RMB 900,000～1,100,000
成交价：RMB 1,058,000
199cm×99.5cm 中国嘉德 2020-08-17

1586 唐天涯 2017年作 江山图 镜心
估　价：RMB 800,000～1,200,000
成交价：RMB 1,380,000
52cm×230cm 北京保利 2020-10-16

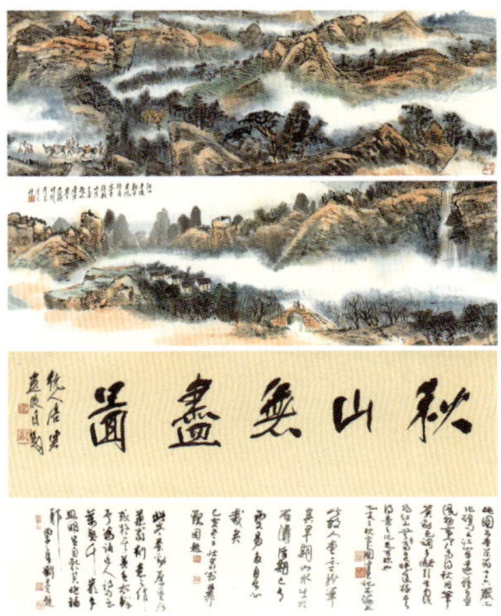

370 唐云 1986年作 秋山无尽图 手卷
估　价：RMB 1,200,000～1,500,000
成交价：RMB 1,380,000
画30cm×178cm；引首30cm×100cm；
题跋30cm×130cm 永乐拍卖 2020-12-03

2021 唐云 林泉啸傲图 手卷
估　价：RMB 800,000～1,200,000
成交价：RMB 1,035,000
40cm×246cm 北京保利 2020-10-17

971 唐云 春江水暖 镜心
估　价：RMB 50,000～100,000
成交价：RMB 943,000
94cm×179cm 中国嘉德 2020-12-03

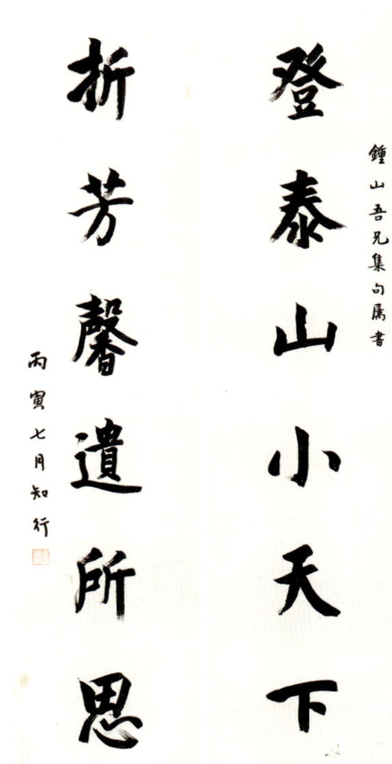

1033 陶行知 1926年作 楷书六言联 立轴
估　价：RMB 600,000～700,000
成交价：RMB 690,000
132cm×32cm×2
十竹斋拍卖（北京）2020-10-18

2713 陶冷月 1933年作 奇峰垂白龙 立轴
估　价：RMB 1,000,000～1,500,000
成交价：RMB 1,150,000
110cm × 40.5cm 北京保利 2020-10-17

343 陶冷月 芭蕉 立轴
估　价：RMB 800,000～1,200,000
成交价：RMB 1,035,000
99cm × 39cm 上海敬华 2020-09-22

2841 陶一清 1964年作 《送瘟神》诗意 立轴
估　价：HKD 120,000～180,000
成交价：RMB 361,600
113.5cm × 154cm 香港苏富比 2020-07-10

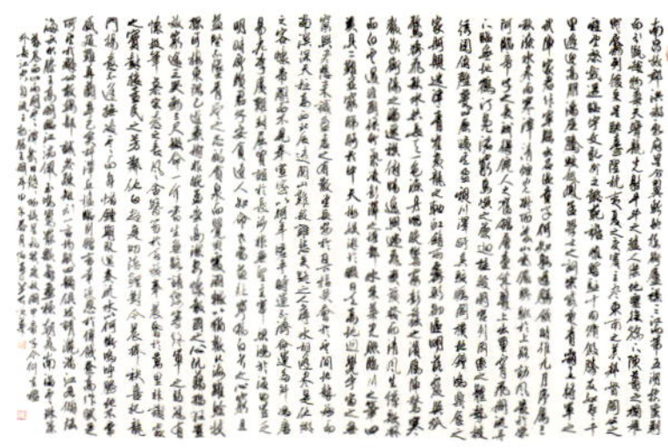

1267 田伯平 滕王阁序 镜心
估　价：HKD 180,000
成交价：RMB 345,000
47cm × 176cm × 6 北京翰海 2020-09-12

1202 田怀良 荷花漫语 镜心
估　价：RMB 300,000
成交价：RMB 552,000
180cm × 89cm 北京翰海 2020-09-12

1558 田黎明 都市女孩 镜心
估　价：RMB 400,000～600,000
成交价：RMB 517,500
68cm × 49cm 北京保利 2020-10-16

1966 田世光 1948年作 花鸟四屏 镜心
估　价：RMB 1,200,000～1,800,000
成交价：RMB 2,645,000
102cm × 32cm × 4 北京保利 2020-10-17

380 田世光 1937年作 九鹌图 手卷
估　价：RMB 800,000～1,200,000
成交价：RMB 1,092,500
46cm×241cm 永乐拍卖 2020-12-03

1117 王春生 笛[illegible] 镜心
估　价：RMB 9[illegible]000
成交价：RMB 3[illegible],000
95cm×90cm 北[illegible]翰海 2020-09-12

1035 王大为 峡江秋染色 镜心
估　价：RMB 200,000～500,000
成交价：RMB 2,300,000
68cm×138cm 荣宝斋（南京） 2020-11-28

75 王福厂 启功 溥侨 等
篆书书法、秋坪听水 成扇
估　价：RMB 300,000～500,000
成交价：RMB 713,000
18.5cm×52cm 中贸圣佳 2020-10-17

1217 王福林（甫霖） 2019年作 甜了金秋 镜心
估　价：RMB 150,000
成交价：RMB 345,000
92cm×36cm 北京翰海 2020-09-12

1292 王大凡 19[illegible]年作 百寿图 立轴
估　价：RMB [illegible]0,000～200,000
成交价：RMB [illegible]0,000
172cm×98cm [illegible]京保利 2020-12-05

1256 王福元 2020年作 生生不息无穷期 镜心
估　价：RMB 300,000
成交价：RMB 460,000
70cm×137cm 北京翰海 2020-09-12

2682 王国维 为王文焘作行书五言诗扇 成扇
估　价：RMB 400,000～600,000
成交价：RMB 1,552,500
17cm×49cm 西泠印社 2020-08-09

1243 王久斌 2017年作 八骏图
估　价：RMB 2,600,000
成交价：RMB 3,680,000
70cm×205cm 北京翰海 2020-09-12

291 王美芳 赵国经 仕女 镜心
估　价：RMB 600,000～800,000
成交价：RMB 828,000
167cm×81.5cm 中贸圣佳 2020-10-17

8318 王济远 1964年作 自书斋号“寥东阁”
估　价：RMB 90,000～150,000
成交价：RMB 253,000
23.5cm×212cm 华艺国际 2020-10-15

2726 王明明 2002年作 醉翁亭同乐图 镜心
估　价：RMB 2,500,000～3,000,000
成交价：RMB 2,875,000
143cm×365cm 北京保利 2020-10-17

1555 王明明 2001年作 溪山兴会图 镜心
估　价：RMB 600,000～800,000
成交价：RMB 862,500
97cm×179.5cm 北京保利 2020-10-16

1553 王明明 1996年作 节日 镜心
估　价：RMB 200,000～300,000
成交价：RMB 1,495,000
68cm×68cm 北京保利 2020-10-16

1161 王明泽 2017年作 汉江怀古 镜心
估　价：RMB 320,000
成交价：RMB 437,000
96cm × 89cm 北京翰海 2020-09-12

373[illegible] 王起龙 回道人像 立轴
成交价：RMB 230,000
诗堂[illegible]6cm × 28.5cm；画心86.5cm × 28.5cm
北京保利 2020-10-18

15[illegible]4 王清州 在水一方 镜心
估　价：RMB 300,000～400,000
成交价：RMB 552,000
4[illegible]cm × 68cm 北京保利 2020-10-16

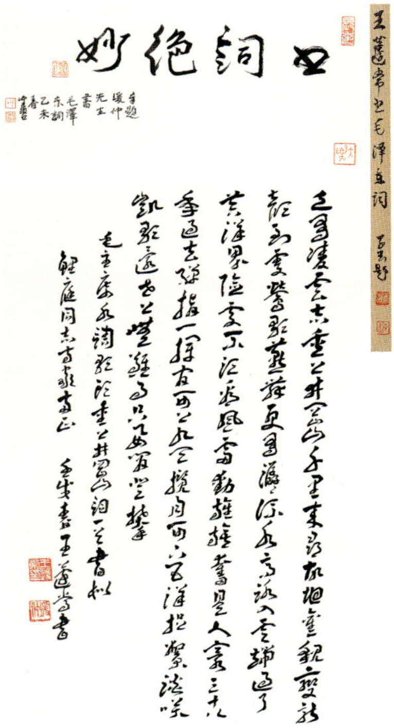

652 王蘧常 1982年作 行书毛主席词 立轴
估　价：RMB 120,000～180,000
成交价：RMB 310,500
72cm × 49cm 华艺国际 2020-12-05

1221 王申勇 2019年作 牛 镜心
估　价：RMB 60,000
成交价：RMB 283,750
50.5cm × 50.5cm 北京保利 2020-07-18

1615 王世襄 袁荃猷 等 湿云松翠图 镜片
估　价：RMB 150,000～250,000
成交价：RMB 575,000
32cm × 104cm 华艺国际 2020-10-16

4175 王涛 2001年作 庄周梦蝶 立轴
估　价：RMB 300,000～400,000
成交价：RMB 483,000
137cm × 70cm 十竹斋拍卖（北京） 2020-10-18

3102 王无邪 1976年作 春景 镜框
估　价：HKD 80,000～120,000
成交价：RMB 466,225
68.5cm × 181.6cm 香港苏富比 2020-10-08

1544 王西京 2014年作 骊宫春韵图 镜心
估　价：RMB 250,000～400,000
成交价：RMB 287,500
120cm × 239cm 北京保利 2020-10-16

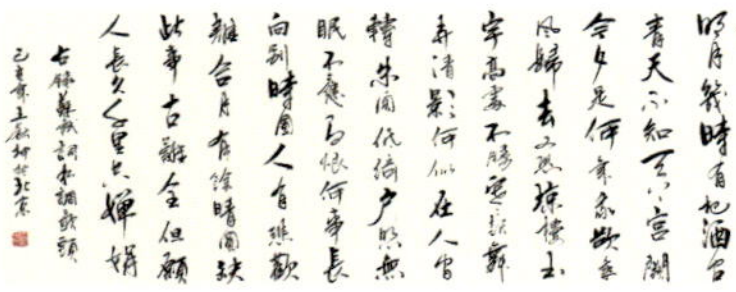

1136 王献坤 2019年作
行书 苏轼《水调歌头》 镜心
估　价：RMB 150,000
成交价：RMB 287,500
68cm×177cm 北京翰海 2020-09-12

5004 王雪涛 孔雀 立轴
估　价：RMB 1,500,000～2,000,000
成交价：RMB 2,645,000
162.5cm×71cm
十竹斋拍卖（北京） 2020-10-18

57 王雪涛 松鹤长春 立轴
估　价：RMB 500,000～600,000
成交价：RMB 2,012,500
147cm×78.5cm 中国嘉德 2020-08-15

657 王雪涛 1951年作 百卉图 手卷
估　价：RMB 6,000,000～8,000,000
成交价：RMB 8,970,000
画34cm×2783cm；题34cm×236cm 北京保利 2020-12-04

653 王雪涛 1940年作 秋江春艳 镜心
估　价：RMB 1,200,000～1,800,000
成交价：RMB 1,380,000
101cm×38cm×4 永乐拍卖 2020-08-17

420 王雪涛 1940年作 花鸟四屏 镜心
估　价：RMB 600,000～800,000
成交价：RMB 1,207,500
100cm×39cm×4 北京保利 2020-12-04

2725 王镛 2004年作 连山云木图 镜心
估　价：RMB 600,000～800,000
成交价：RMB 1,725,000
176cm×93cm 北京保利 2020-10-17

2724 王镛 2010年作 行书七言联 镜心
估　价：RMB 600,000～800,000
成交价：RMB 2,070,000
348cm×53cm×2 北京保利 2020-10-17

2077 王震 1923年作 醉仙图 立轴
估　价：RMB 300,000～400,000
成交价：RMB 747,500
136cm×67cm 北京保利 2020-10-17

12 王雪涛 三公图 立轴
估　价：RMB 800,000～1,200,000
成交价：RMB 1,955,000
164cm×84cm 荣宝斋（上海） 2020-10-25

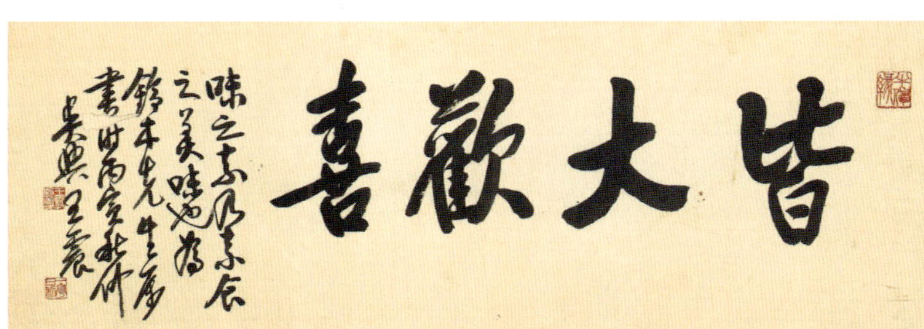

2802 王震 1926年作 行书“皆大欢喜”镜框
估　价：HKD 50,000～100,000
成交价：RMB 4,280,440
27.5cm×78cm 香港苏富比 2020-07-10

3057 王竹虚 1910年作 虞美人 立轴
估　价：RMB 220,000～240,000
成交价：RMB 253,000
146cm×37cm 十竹斋拍卖（北京） 2020-10-18

770 王子武 灵雀道春图 镜框
估　价：RMB 800,000～1,000,000
成交价：RMB 1,897,500
136cm×70cm 华艺国际 2020-10-16

768 王子武 山君图 镜框
估　价：RMB 450,000～550,000
成交价：RMB 977,500
104cm×70cm 华艺国际 2020-10-16

1109 韦娜 2019年作 工笔重彩人物图 镜心
估　价：RMB 400,000
成交价：RMB 460,000
116cm×68cm 北京翰海 2020-09-12

1235 魏山开 2019年作 威而信
估　价：RMB 160,000
成交价：RMB 253,000
179cm×95cm 北京翰海 2020-09-12

713 魏紫熙 1961年作 丰收 镜心
估　价：RMB 800,000～1,200,000
成交价：RMB 2,300,000
116.5cm×68.5cm 中国嘉德 2020-08-16

526 魏紫熙 海韵图 立轴
估　价：RMB 900,000～1,200,000
成交价：RMB 2,012,500
112.5cm×69cm 华艺国际 2020-10-16

523 温骧 2019年作 新篁古柏图 镜心
估 价：RMB 200,000~300,000
成交价：RMB 345,000
53cm×24[illegible]cm 北京保利 2020-12-04

1[illegible]87 文蔚 2020年作 笔下红豆疏 镜心
估 价：RMB 200,000~400,000
成交价：RMB 241,500
[illegible]3cm×35cm 北京保利 2020-10-16

477 闻一多 书法 对联
估 价：RMB 250,000~300,000
成交价：RMB 356,500
130cm×22cm×2 广东小雅斋 2020-08-21

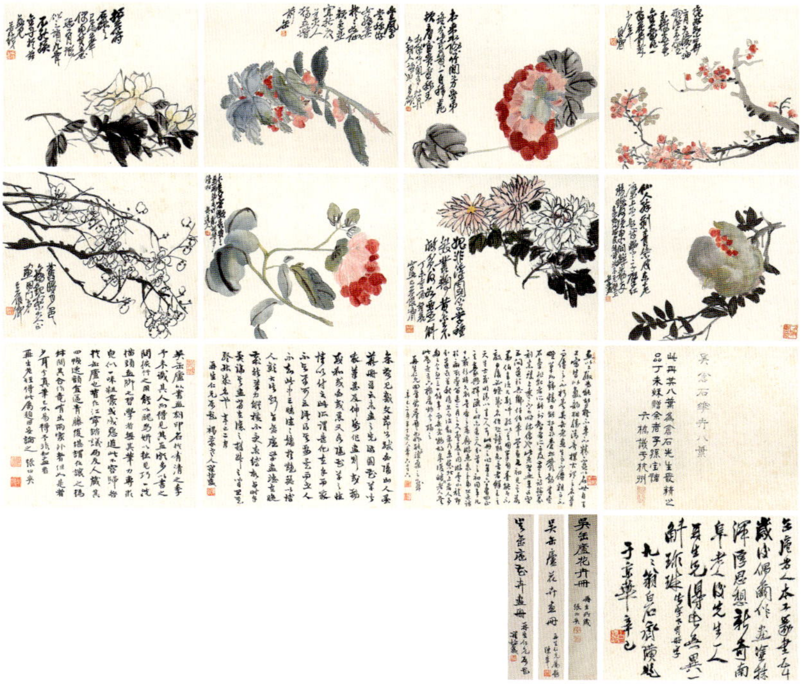

195 吴昌硕 致三多花卉 册页(四开八页)
估 价：RMB 28,000,000~38,000,000
成交价：RMB 51,750,000
27cm×32cm×8 中国嘉德 2020-12-01

1192 吴昌硕 1909年作 花卉 册页(十二开)
估 价：HKD 1,200,000~2,000,000
成交价：RMB 15,549,000
每开：37.3cm×40.3cm 佳士得 2020-12-01

677 吴昌硕 1917年作 千年桃实 立轴
估　价：RMB 2,000,000～3,000,000
成交价：RMB 16,675,000
178.5cm×92.5cm 朵云轩 2020-09-23

678 吴昌硕 1914年作 行书 横披
估　价：RMB 800,000～1,200,000
成交价：RMB 9,200,000
77cm×220cm 朵云轩 2020-09-23

2616 吴昌硕 1918年作 虞山邹巷古藤 立轴
估　价：RMB 4,000,000～6,000,000
成交价：RMB 7,475,000
179.5cm×96cm 北京保利 2020-10-17

391 吴昌硕 1919年作 沈香亭北倚阑干 立轴
估　价：RMB 2,800,000～3,800,000
成交价：RMB 4,600,000
150cm×82cm 上海敬华 2020-09-22

2870 吴昌硕 1915年作 葫芦图 镜片
估　价：RMB 3,600,000～6,000,000
成交价：RMB 5,980,000
138.5cm×61.5cm 西泠印社 2020-08-09

3043 吴冠中 1979年作 山城重庆 镜框
估　价：HKD 22,000,000～30,000,000
成交价：RMB 44,335,444
68.3cm×137.5cm 香港苏富比 2020-10-08

3044 吴冠中 1988年作 原始林 镜框
估　价：HKD 20,000,000～25,000,000
成交价：RMB 24,672,405
95.4cm×178.4cm 香港苏富比 2020-10-08

2763 吴冠中 1986年作 长白山天池 镜框
估　价：HKD 12,000,000～18,000,000
成交价：RMB 21,854,200
95cm×180cm 香港苏富比 2020-07-10

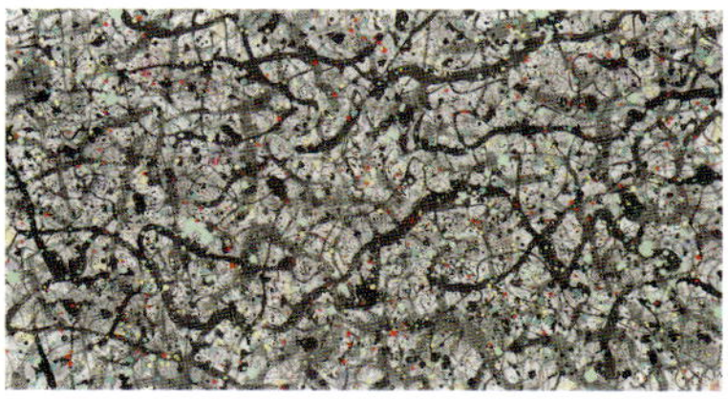

1042 吴冠中 1987年作 野藤明珠 镜框
估　价：HKD 5,000,000～7,000,000
成交价：RMB 16,530,000
95.5cm×178.5cm 佳士得 2020-07-08

1093 吴冠中 太湖泊舟 镜框
估　价：HKD 15,000,000～20,000,000
成交价：RMB 14,526,600
68cm×134cm 佳士得 2020-12-01

2654 吴冠中 1987年作 奔流 镜心
估　价：RMB 8,000,000～10,000,000
成交价：RMB 15,870,000
161cm×95.5cm 北京保利 2020-10-17

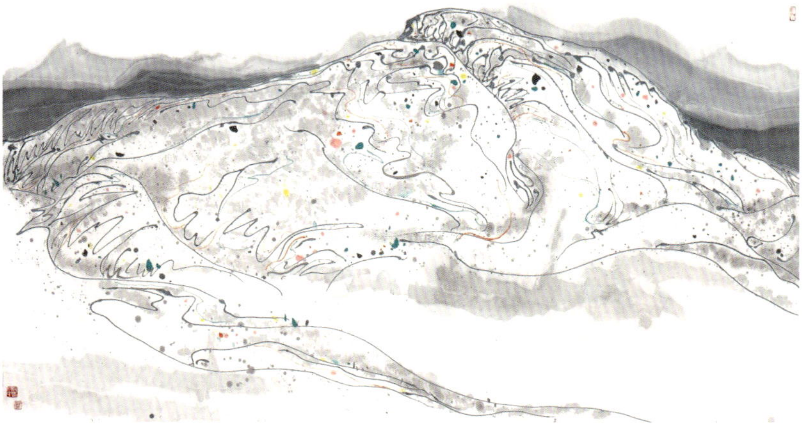

2764 吴冠中 彩山 镜框
估　价：HKD 8,000,000～13,000,000
成交价：RMB 9,921,400
95cm×181cm 香港苏富比 2020-07-10

96 吴湖帆 1934年作 晴岭飞泉 立轴
估　价：RMB 7,200,000～8,200,000
成交价：RMB 8,855,000
110cm×48.5cm 广东崇正 2020-09-13

8117 吴冠中 1983年作 雪山与杜鹃
估　价：RMB 6,800,000～8,800,000
成交价：RMB 8,280,000
136.5cm×67cm 华艺国际 2020-10-15

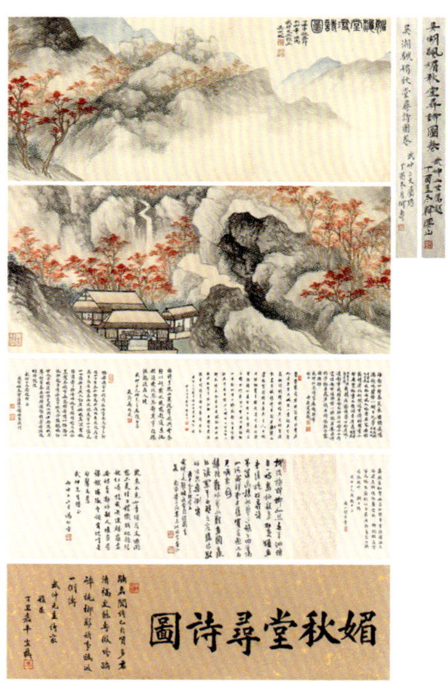

243 吴湖帆 1937年作 媚秋堂寻诗图 手卷
估　价：RMB 10,000,000～15,000,000
成交价：RMB 18,400,000
引首25.5cm×86cm；画25cm×110cm；
跋（1）24.5cm×122.5cm；
跋（2）24.5cm×57cm 中国嘉德 2020-12-01

5014 吴湖帆 1947年作 邃谷寒潭 立轴
估　价：RMB 3,000,000～4,000,000
成交价：RMB 5,865,000
90.5cm×48.5cm
十竹斋拍卖（北京） 2020-10-18

751 吴湖帆 张海若 1940年作
深山访道·小楷《江行》诗 成扇
估 价：RMB 3,500,000～4,500,000
成交价：RMB 4,025,000
18.5cm×49.0cm 中国嘉德 2020-08-16

2712 吴湖帆 1938年作 水绘园图 镜框
估 价：HKD 600,000～800,000
成交价：RMB 3,390,000
33.2cm×43.7cm 香港苏富比 2020-07-10

2894 吴湖帆 1944年作 出水芙蓉 立轴
估 价：RMB 1,800,000～2,800,000
成交价：RMB 3,105,000
95.5cm×45.5cm 西泠印社 2020-08-09

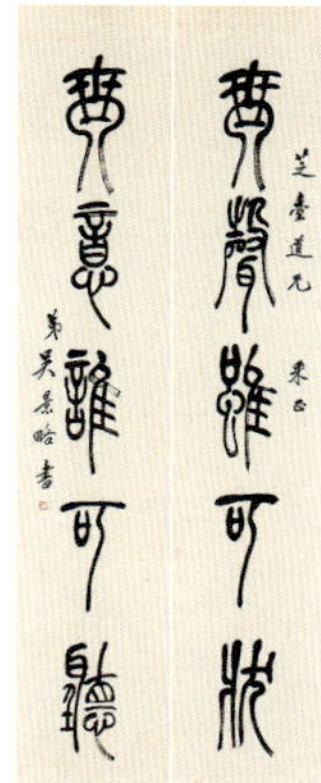

1717 吴景略 篆书对联(两幅) 立轴
估 价：HKD 8,000～12,000
成交价：RMB 479,250
130cm×25.4cm×2 佳士得 2020-11-18

4148 吴镜汀 山水 立轴
估 价：RMB 200,000～300,000
成交价：RMB 287,500
134cm×76cm 十竹斋拍卖（北京） 2020-10-18

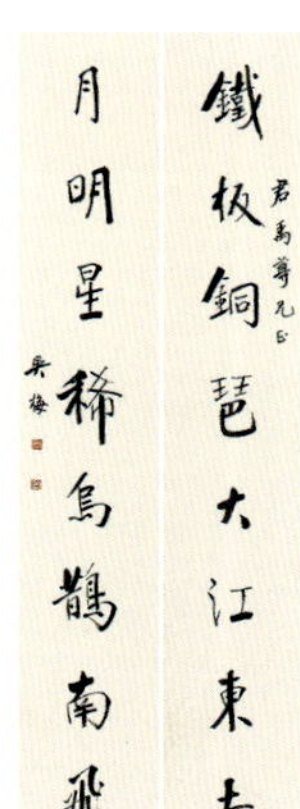

1811 吴梅 行书八言联 立轴
估 价：RMB 120,000～180,000
成交价：RMB 356,500
144cm×25cm×2 北京保利 2020-10-17

1099 吴琴木 西溪会琴图 手卷
估 价：HKD 150,000～250,000
成交价：RMB 364,800
画36cm×124cm；题跋36cm×107.5cm
佳士得 2020-07-08

445 吴青霞 1934年作 明人诗意图 立轴
估 价：RMB 480,000～500,000
成交价：RMB 552,000
147.5cm×80cm 朵云轩 2020-09-23

4173 吴同利 2019年作 雪景山水 镜心
估 价：RMB 200,000～300,000
成交价：RMB 287,500
109cm×44cm 十竹斋拍卖（北京） 2020-10-18

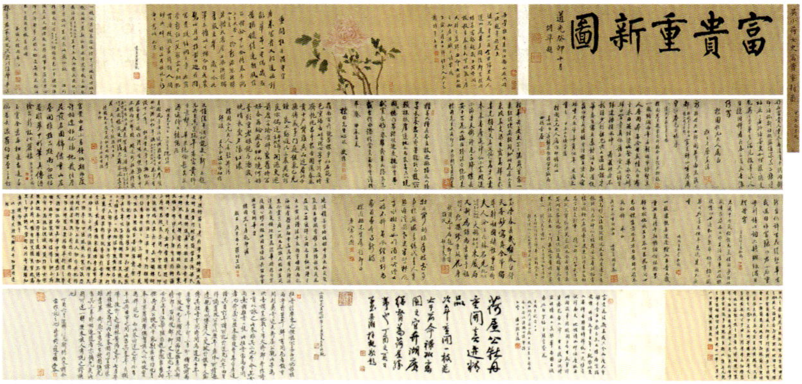

451 吴小荷 富贵重新图 手卷
估　价：RMB 350,000～500,000
成交价：RMB 713,000
题27cm×76cm；画27cm×112cm；
后跋27cm×528cm 广东崇正 2020-09-13

1081 吴作人 1980年作 翔天 立轴
估　价：HKD 300,000～500,000
成交价：RMB 1,704,000
136.8cm×68.3cm 佳士得 2020-12-01

152 吴征 孝臧 江载曦 李福成
山居图、杏林春燕 成扇
估　价：RMB 250,000～350,000
成交价：RMB 1,288,000
18cm×50cm×2 上海敬华 2020-09-22

317 吴作人 1979年作 藏原放牦 镜心
估　价：RMB 600,000～800,000
成交价：RMB 1,035,000
69cm×94cm 北京保利 2020-12-04

593 吴一峰 碧水寺景 立轴
估　价：RMB 250,000～350,000
成交价：RMB 287,500
113cm×48cm 华艺国际 2020-10-16

303 吴征 1942年作 山水 四屏轴
估　价：RMB 260,000～360,000
成交价：RMB 414,000
132cm×33cm×4 上海敬华 2020-09-22

446 吴作人 1979年作 熊猫 立轴
估　价：RMB 20,000～40,000
成交价：RMB 713,000
82.5cm×51cm 中国嘉德 2020-12-02

67 萧淑芳 林区小学 镜心
估　价：RMB 380,000～480,000
成交价：RMB 598,000
136cm×99cm 中国嘉德 2020-08-15

[illegible]83 萧墅 玉屏 立轴
估　价：RMB 260,000
成交价：RMB 345,000
73cm×22cm 北京翰海 2020-09-12

115 萧愻 1935年作 山水 册页(十二对开)
估　价：HKD 80,000～150,000
成交价：RMB 426,000
22cm×11cm(每开) 佳士得 2020-12-01

1185 谢振瓯 唐人边塞图 镜心
估　价：RMB 120,000～180,000
成交价：RMB 322,000
90cm×360cm 中国嘉德 2020-11-10

652 谢之光 1944年作 花好月圆图 立轴
估　价：RMB 200,000～300,000
成交价：RMB 483,000
118cm×41cm 朵云轩 2020-09-23

374 谢稚柳 1945年作 仰高图 立轴
估　价：RMB 10,000,000～15,000,000
成交价：RMB 13,800,000
诗堂123cm×21cm；本幅232cm×105cm
永乐拍卖 2020-12-03

707 谢稚柳 1943年作 倚扇图 立轴
估　价：RMB 3,000,000～4,000,000
成交价：RMB 4,370,000
100cm×47cm 朵云轩 2020-09-23

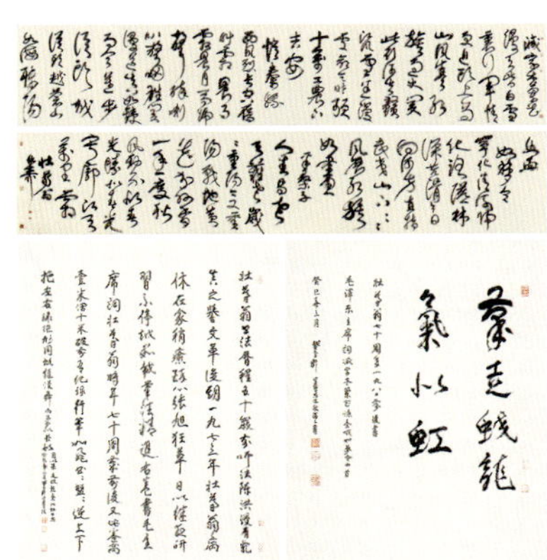

82 谢稚柳 草书 毛主席诗词 镜心
估　价：RMB 2,000,000～3,000,000
成交价：RMB 3,220,000
95.3cm×998cm 荣宝斋（上海） 2020-10-25

163 谢稚柳 1981年作 就丛倚仗 立轴
估　价：RMB 1,200,000～1,800,000
成交价：RMB 2,530,000
90cm × 49cm 上海敬华 2020-09-22

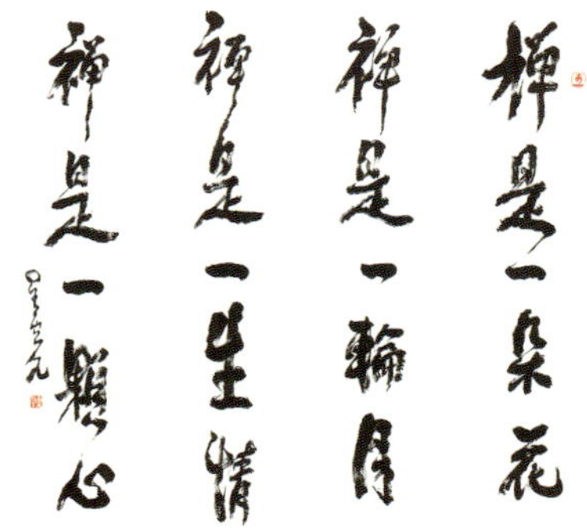

909 星云 行书 四条屏
估　价：RMB 20,000～40,000
成交价：RMB 517,500
137cm × 34cm × 4 中国嘉德 2020-07-16

1578 熊红钢 2020年作 湖上渔乐 镜心
估　价：RMB 600,000～800,000
成交价：RMB 920,000
68.5cm × 136.5cm 北京保利 2020-10-16

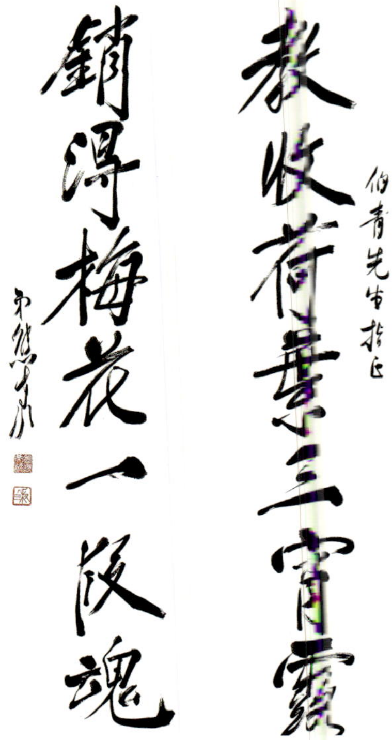

1778 熊希龄 行书七言联 立轴
估　价：RMB 150,000～250,000
成交价：RMB 345,000
146cm × 38.5cm × 2 北京保利 2020-10-17

758 谢稚柳 1943年作 水湄静观 立轴
估　价：RMB 2,000,000～3,000,000
成交价：RMB 2,415,000
99.0cm × 47.0cm 中国嘉德 2020-08-16

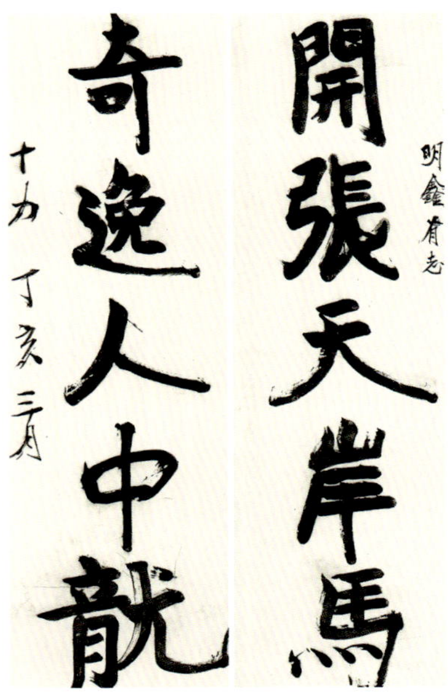

2512 熊十力 1947年作 行书五言联 立轴
估　价：RMB 200,000～300,000
成交价：RMB 414,000
113cm × 37cm × 2 北京保利 2020-10-17

63 徐邦达 山水 册页(十二开)
估　价：RMB 1,800,000～2,800,000
成交价：RMB 3,220,000
37.8cm × 27.5cm × 12
荣宝斋（上海）2020-10-25

661 徐[illegible]达 1941年作 山色古韵（四幅） 屏轴
估　价：RMB 800,000～1,200,000
成交价：RMB 1,322,500
133cm × 33cm × 4 朵云轩 2020-09-23

63 徐悲鸿 1938年作 红豆情思 镜框
估　价：RMB 28,000,000～38,000,000
成交价：RMB 36,800,000
85cm × 53cm 华艺国际 2020-12-05

651 徐悲鸿 1943年作 五骏图 镜心
估　价：RMB 22,000,000～28,000,000
成交价：RMB 34,500,000
74cm × 96cm 北京保利 2020-12-04

79 徐悲鸿 奔马 立轴
估　价：RMB 12,000,000～18,000,000
成交价：RMB 17,250,000
85.5cm × 57cm 荣宝斋（上海） 2020-10-25

2647 徐悲鸿 1937年作 古柏双骏 镜心
估　价：RMB 8,000,000～12,000,000
成交价：RMB 14,950,000
128.5cm×76.3cm 北京保利 2020-10-17

619 徐悲鸿 1936年作 秋兴 镜心
估　价：RMB 8,000,000～10,000,000
成交价：RMB 12,880,000
82.6cm×99.4cm 北京保利 2020-12-04

72 徐悲鸿 燕燕于飞 立轴
估　价：RMB 12,000,000～18,000,000
成交价：RMB 14,950,000
81cm×43cm 荣宝斋（上海） 2020-10-25

652 徐悲鸿 1941年作 雄狮 镜心
估　价：RMB 8,000,000～12,000,000
成交价：RMB 10,925,000
95cm×87cm 北京保利 2020-12-04

2645 徐悲鸿 1936年作 仙姑献寿 镜心
估　价：RMB 8,000,000～10,000,000
成交价：RMB 13,800,000
83cm×43.5cm 北京保利 2020-10-17

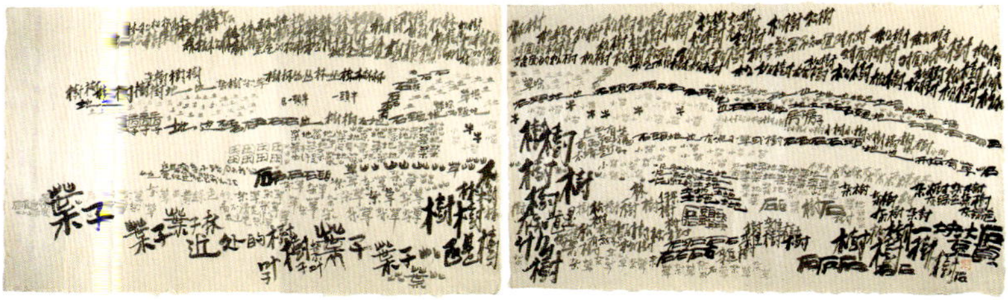

1030 徐冰
喜马拉雅计划《文字写生》（两幅）镜框
估　价：HKD 1,500,000～2,000,000
成交价：RMB 1,278,000
99.5cm × 174cm × 2 佳士得 2020-12-01

1 徐操 1956年作 舞狮 镜框
估　价　RMB 380,000～580,000
成交价　RMB 2,185,000
33cm × 26.5cm 华艺国际 2020-10-16

429 徐操 人物故事四屏 镜心
估　价：RMB 300,000～400,000
成交价：RMB 460,000
101cm × 33cm × 4 北京保利 2020-12-04

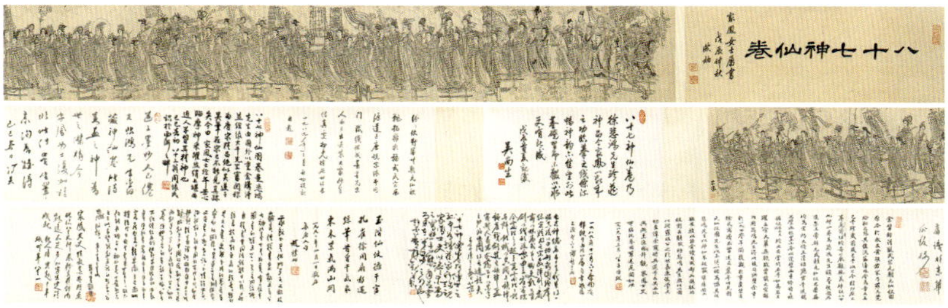

27 徐家凤 临《八十七神仙卷》 手卷
估　价：RMB 350,000～450,000
成交价：RMB 667,000
引首24cm × 63.5cm；画心24cm × 220cm；后跋24cm × 335cm 广东崇正 2020-09-13

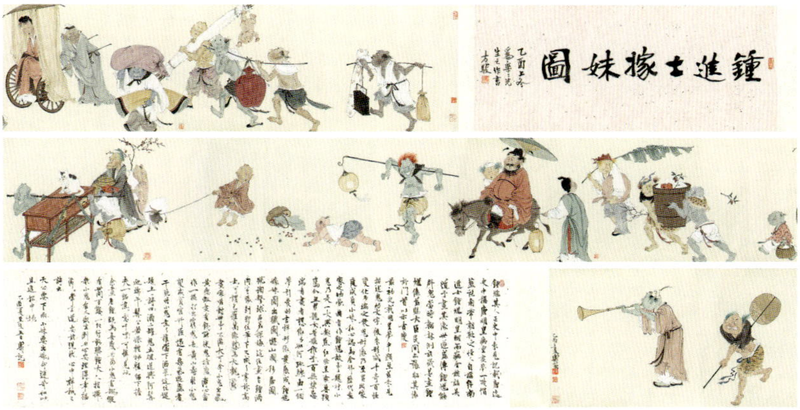

1064 徐乐乐 2005年作 钟馗嫁妹图 手卷
估　价：RMB 2,200,000～2,800,000
成交价：RMB 3,565,000
引首34.5cm × 82cm；画34.7cm × 409cm；
跋34.7cm × 127.5cm 中国嘉德 2020-08-17

1359 徐华翎 2005年作 花儿与少年
估　价：RMB 200,000～300,000
成交价：RMB 402,500
170cm × 130cm 北京翰海 2020-12-12

1583 徐光聚 2019年作 武当修真全景图 镜心
估　价：RMB 180,000～280,000
成交价：RMB 322,000
137cm×68cm 北京保利 2020-10-16

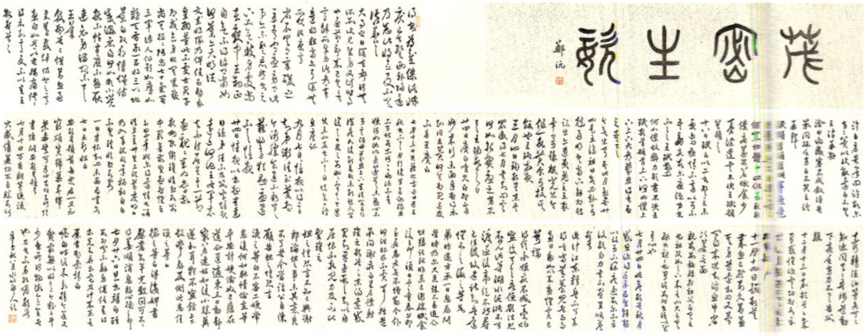

1032 徐世昌 1921年作 茂密生姿书卷 手卷
估　价：RMB 120,000～180,000
成交价：RMB 552,000
引首28cm×99cm；画心28cm×560cm 中鸿信 2020-01-04

433 徐庶之 1984年作 踏露行 镜心
估　价：RMB 120,000～180,000
成交价：RMB 230,000
95cm×267cm 中鸿信 2020-01-03

69 徐累 2009年作 月落
估　价：RMB 2,600,000～4,000,000
成交价：RMB 4,600,000
114cm×208cm 永乐拍卖 2020-12-04

71 许葆安 2018年作 山水四屏 镜心
估　价：RMB 280,000～380,000
成交价：RMB 322,000
95.5cm×44cm×4 中国嘉德 2020-12-01

837 徐累 1998年作 壁虎之城
估　价：RMB 1,500,000～2,500,000
成交价：RMB 1,955,000
66cm×145cm 永乐拍卖 2020-08-18

4181 薛亮 2000年作 月色河山 镜心
估　价：RMB 600,000～800,000
成交价：RMB 920,000
122.5cm×97.5cm
十竹斋拍卖（北京） 2020-10-18

1579 雪[illegible]静岩 雪山圆相·云龙 镜心
估　价：RMB 1,000,000～1,600,000
成交价：RMB 6,555,000
207cm × 145cm 北京保利 2020-10-16

1126 阳小毛 2019年作 金陵十二钗
估　价：RMB 160,000
成交价：RMB 253,000
70cm × 230cm 北京翰海 2020-09-12

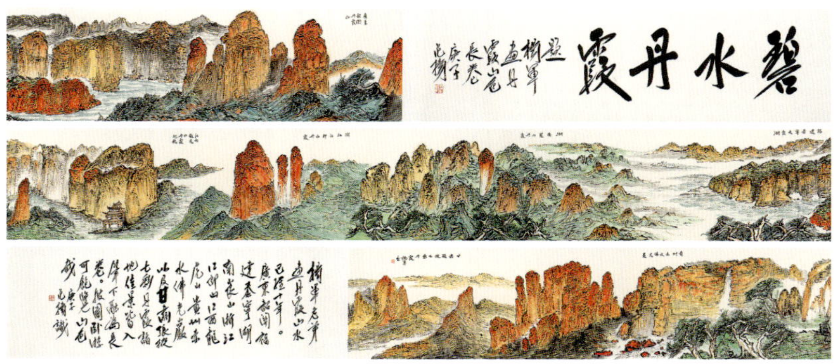

780 杨军 碧水丹霞 手卷
估　价：RMB 120,000～180,000
成交价：RMB 299,000
引首42.5cm × 158cm；画心42.5cm × 653cm；题跋42.5cm × 115cm 华艺国际 2020-10-16

1[illegible]7 亚明 1982年作 采莲图 镜心
估　价：RMB 200,000～300,000
成交价：RMB 299,000
9[illegible].5cm × 47.5cm 上海匡时 2020-08-05

33 颜伯龙 1947年作 百鸟朝凤 镜片
估　价：RMB 50,000～80,000
成交价：RMB 690,000
135cm × 67cm 朵云轩 2020-09-23

1241 杨建臣 2019年作 富贵花开
估　价：RMB 400,000
成交价：RMB 897,000
68cm × 68cm 北京翰海 2020-09-12

498 杨明义 蔚蓝色的夜 镜心
估　价：RMB 80,000～120,000
成交价：RMB 345,000
95.5cm × 88cm 北京保利 2020-12-04

299 杨善深 1989年作 溪山行旅图 镜框
估　价：RMB 1,200,000～1,800,000
成交价：RMB 2,415,000
96cm×180cm 华艺国际 2020-10-16

764 杨之光 1954年作 洗衣 镜框
估　价：RMB 1,200,000～1,800,000
成交价：RMB 1,840,000
60.5cm×66cm 华艺国际 2020-10-16

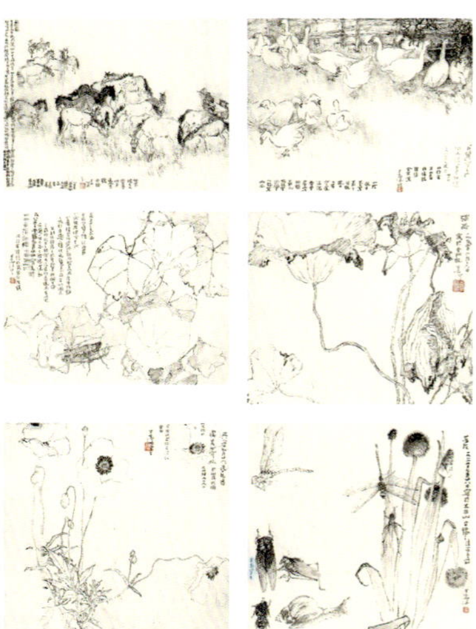

2781 杨善深 1977至1986年作
花卉走兽写生册 十二开册
估　价：HKD 320,000～400,000
成交价：RMB 904,000
尺寸不一 香港苏富比 2020-07-10

282 杨之光 反弹琵琶 镜心
估　价：RMB 350,000～450,000
成交价：RMB 437,000
138cm×70cm 上海匡时 2020-08-05

1150 杨善深 波斯菊 立轴
估　价：HKD 1,200,000～2 200,000
成交价：RMB 2,248,136
77cm×30.5cm 中国嘉德 2020-10-09

75 姚华 1927年作 四季佳卉四屏 镜心 （四帧）
估　价：RMB 60,000～80,000
成交价：RMB 333,500
151cm × 27.5cm × 4 北京诚轩 2020-08-17

1514 尹有多 1981年作 傣家乐 镜心
估　价：RMB 150,000～250,000
成交价：RMB 770,500
151cm × 82cm 北京保利 2020-10-16

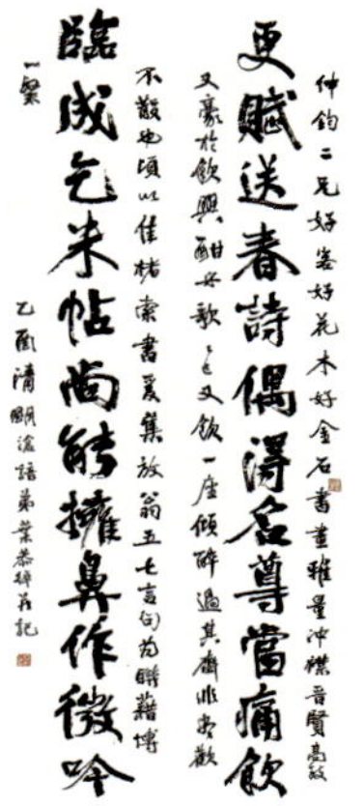

1862 叶恭绰 1945年作 行书十二言联 立轴
估　价：RMB 150,000～200,000
成交价：RMB 402,500
131cm × 27cm × 2 北京保利 2020-10-17

8006 叶鸿平 瓶花
估　价：RMB 150,000～250,000
成交价：RMB 230,000
100cm × 80cm 中贸圣佳 2020-10-17

1417 叶丽美 惠风和畅 镜心
估　价：RMB 120,000
成交价：RMB 230,000
68cm × 68cm 北京翰海 2020-09-12

762 叶茂中 2020年作 横岭苍松有人家 镜心
成交价：RMB 448,500
68cm × 95cm 永乐拍卖 2020-12-03

459 叶浅予 哈达献给毛主席 立轴
估　价：RMB 500,000～700,000
成交价：RMB 874,000
178.5cm × 96.5cm 华艺国际 2020-10-16

1573 叶星生 赛牦牛・试验小稿2 镜心
估　价：RMB 300,000～400,000
成交价：RMB 575,000
42cm × 69cm 北京保利 2020-10-16

2085 殷梓湘 1934年作 八骏图 立轴
估　价：RMB 80,000～120,000
成交价：RMB 287,500
131cm×65cm 北京保利 2020-10-17

2685 于非闇 1938年作 玉堂富贵春喜 立轴
估　价：RMB 7,500,000～8,500,000
成交价：RMB 9,832,500
150cm×66.5cm 北京保利 2020-10-17

9 于非闇 1938年作 锦上添花 立轴
估　价：RMB 3,800,000～5,800,000
成交价：RMB 8,740,000
150.5cm×65.5cm 华艺国际 2020-10-16

3120 于非闇 1949年作 大富贵益寿考 立轴
估　价：HKD 1,800,000～2,500,000
成交价：RMB 5,484,225
131.5cm×67cm 香港苏富比 2020-10-08

251 于非闇 1941年作 金盆浴鸽图 镜
估　价：RMB 3,000,000～5,000,000
成交价：RMB 5,175,000
111cm×50.5cm 中国嘉德 2020-12-0

10 于非闇 1937年作 雁荡春雪 立轴
估　价：RMB 2,000,000～3,000,00
成交价：RMB 4,485,000
139cm×58.5cm 华艺国际 2020-10-1

1130 于非闇 1943年作 荷花第一品 立轴
估　价：HKD 1,000,000～2,000,000
成交价：RMB 4,260,000
101cm × 32.5cm 佳士得 2020-12-01

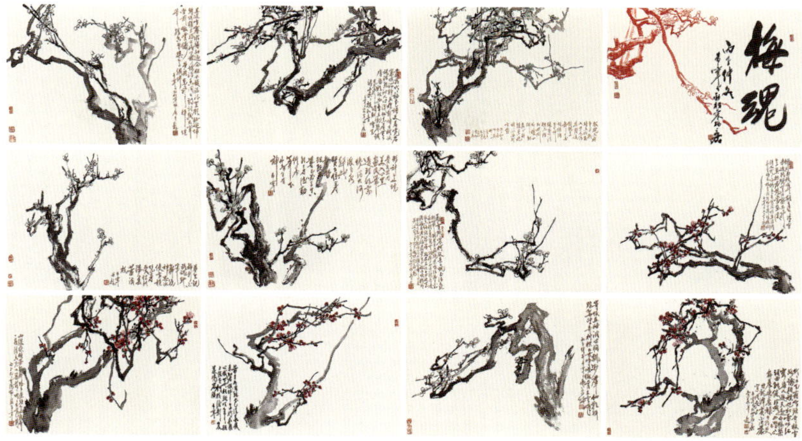

1500 于希宁 1996年作 梅魂 册页
估　价：RMB 1,000,000～1,200,000
成交价：RMB 1,150,000
60cm × 84cm × 12 北京保利 2020-10-16

2731 于非闇 菰蒲双凫 镜框
估　价：HKD 3,000,000～5,000,000
成交价：RMB 3,842,000
112.2cm × 46.7cm 香港苏富比 2020-07-10

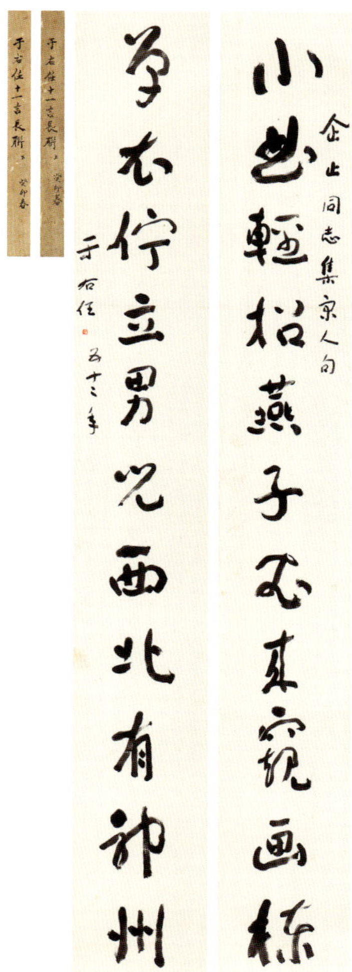

817 于右任 草书十一言巨联 立轴
估　价：RMB 2,200,000～2,800,000
成交价：RMB 2,760,000
358cm × 50cm × 2 中贸圣佳 2020-10-17

58 于右任 行书八言联 立轴
估　价：RMB 1,800,000～2,800,000
成交价：RMB 2,070,000
234cm × 37cm × 2 华艺国际 2020-10-16

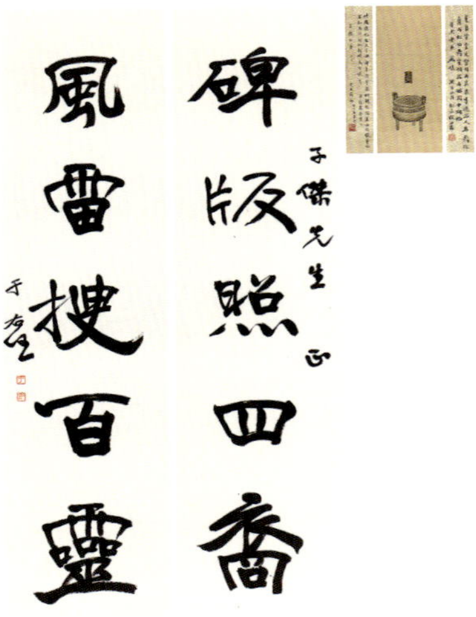

682 于右任 魏碑五言联 立轴
估　价：RMB 180,000～280,000
成交价：RMB 1,552,500
对联169cm×44.5cm×2；
拓片94.5cm×43.5cm 中国嘉德 2020-08-16

1016 余承尧 群岭春流隐朝晖 镜框
估　价：HKD 800,000～1,000,000
成交价：RMB 912,000
96.5cm×183.7cm 佳士得 2020-07-08

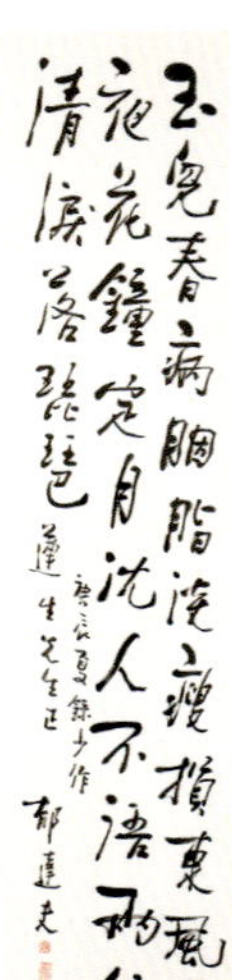

1048 郁达夫 1940年作 书法自作诗 镜框
估　价：HKD 500,000～700,000
成交价：RMB 1,026,000
150.5cm×35.5cm 佳士得 2020-07-08

43 喻继高 1981年作 荷花双鸭 立轴
估　价：RMB 80,000～100,000
成交价：RMB 264,500
115.5cm×57cm 朵云轩 2020-09-23

4209 乐泉 2009年作 山青水流 立轴
估　价：RMB 200,000～300,000
成交价：RMB 345,000
100cm×68cm 十竹斋拍卖（北京） 2020-10-18

110 乐震文 2013年作 山深见来烟 镜片
估　价：RMB 125,000～180,000
成交价：RMB 230,000
97cm×181cm 朵云轩 2020-11-29

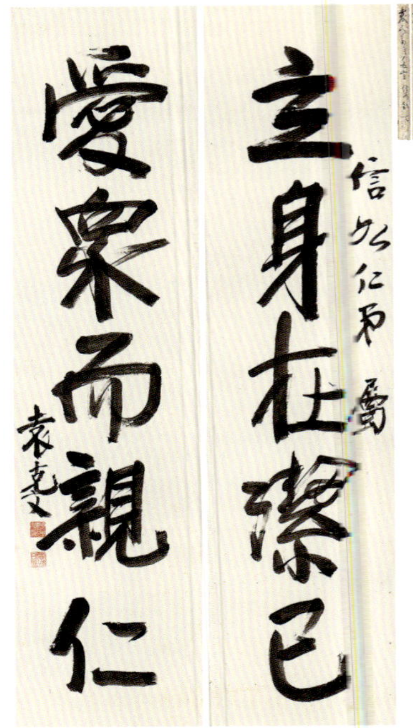

1017 袁克文 行书五言联 立轴
估　价：RMB 400,000～600,000
成交价：RMB 1,518,000
168cm×43cm×2
十竹斋拍卖（北京）2020-10-18

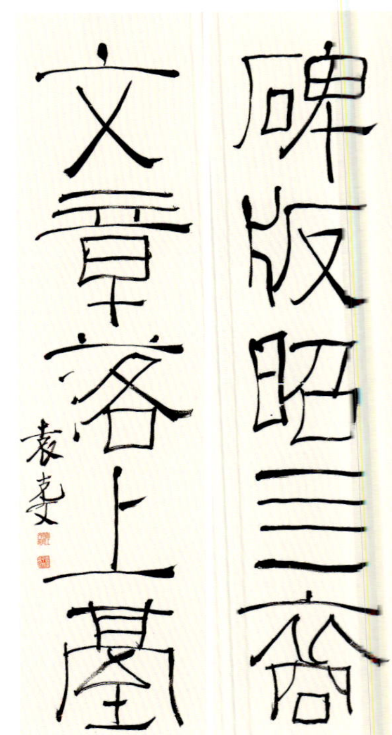

972 袁克文 隶书五言 对联
估　价：RMB 200,000～300,000
成交价：RMB 1,092,500
145cm×38.5cm×2 朵云轩 2020-09-24

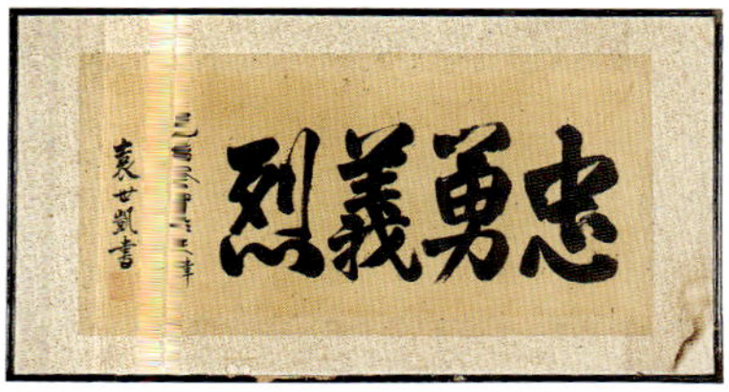

1016 袁世凯 1903年作 行书“忠勇义烈” 镜心
估　价：RMB 200,000～300,000
成交价：RMB 437,000
39cm×8[illegible]cm 十竹斋拍卖（北京） 2020-10-18

1735 袁运生 1991至2015年 无字碑
估　价：RMB 3,200,000～5,200,000
成交价：RMB 4,025,000
180cm×288cm 中国嘉德 2020-12-05

713 袁武 2003年作 东坡词意 镜框
估　价：RMB 150,000～200,000
成交价：RMB 287,500
97cm×180cm 华艺国际 2020-10-16

1353 袁熙坤 2020年作 神骏呈祥
估　价：RMB 450,000～550,000
成交价：RMB 575,000
2[illegible]cm×67cm 北京翰海 2020-12-12

223 曾宓 1999年作 一路平安 镜心
估　价：RMB 1,500,000～2,500,000
成交价：RMB 4,830,000
242.5cm×242.5cm 中国嘉德 2020-12-01

2 曾宓 北国风情 镜心
估　价：RMB 80,000～120,000
成交价：RMB 437,000
82.5cm×50.5cm 中国嘉德 2020-12-01

1369 曾杏绯 1988年作 国色天香
估　价：RMB 1,000,000～1,500,000
成交价：RMB 1,150,000
70cm×137cm 北京翰海 2020-12-12

412 曾熙 1922年作 行书“佛随众人心” 横披
估　价：RMB 10,000～30,000
成交价：RMB 253,000
22cm×135.5cm 中国嘉德 2020-12-02

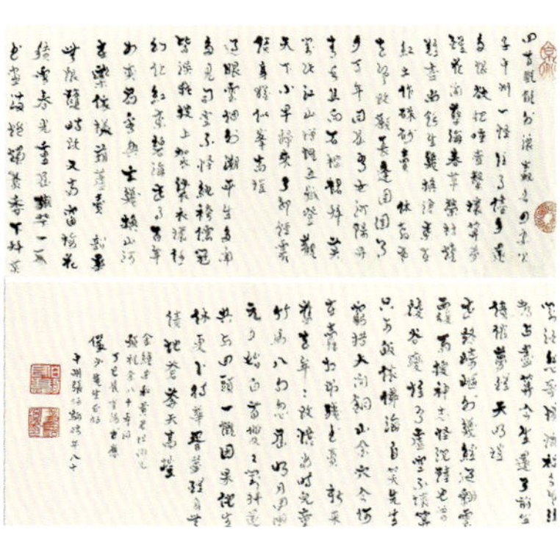

2520 张伯驹 1977年作 行书《金缕曲》 镜心
估　价：RMB 180,000～280,000
成交价：RMB 437,000
19.5cm×87cm 北京保利 2020-10-17

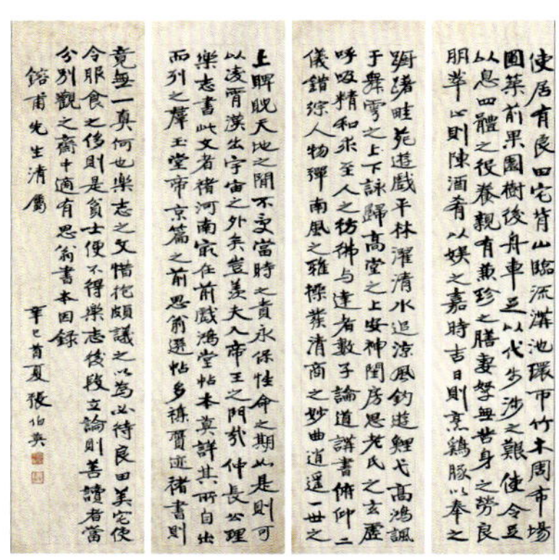

435 张伯英 1941年作 行楷书 立轴(四屏)
估　价：RMB 80,000～120,000
成交价：RMB 391,000
128cm×31cm×4 北京翰海 2020-12-11

217 张充和 1999年作 草书临《书谱》第九十八通 册页(二十开)
估　价：RMB 200,000～250,000
成交价：RMB 402,500
35cm×41cm×20 中国嘉德 2020-08-15

35 张大千 侯碧漪 1948年 1959年作
敦煌莫高窟初唐画大士像 镜框
估　价：RMB 28,000,000～38,000,000
成交价：RMB 58,880,000
张大千作品尺寸196.8cm×68.6cm；
侯碧漪作品尺寸122cm×38.3cm
华艺国际 2020-10-16

3114 张大千 1965年作 瑞奥道中写景 立轴
估 价：HKD 12,000,000～20,000,000
成交价：RMB 40,286,368
127cm×61cm 香港苏富比 2020-10-08

28 张大千 1933年作 致张群山水花卉 册页
估 价：RMB 16,000,000～26,000,000
成交价：RMB 27,600,000
33cm×48cm×24 华艺国际 2020-10-16

[illegible]82 张大千 黄山文殊院云海 立轴
估 价：RMB 16,000,000～22,000,000
成交价：RMB 35,075,000
181.5cm×94cm 中国嘉德 2020-12-01

735 张大千 1947年作 天风海水 镜心
估 价：RMB 12,000,000～18,000,000
成交价：RMB 23,000,000
92cm×47.2cm 中国嘉德 2020-08-16

2680 张大千 1944年作 倚柳春忆 镜心
估 价：RMB 13,000,000～16,000,000
成交价：RMB 23,000,000
81.5cm×33.5cm 北京保利 2020-10-17

736 张大千 1947年作 圉人调马图 镜心
估　价：RMB 8,000,000～12,000,000
成交价：RMB 22,425,000
43.6cm×95cm 中国嘉德 2020-08-16

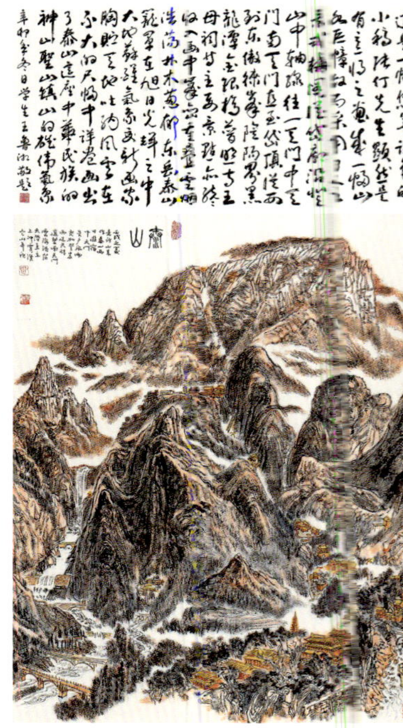

717 张仃 1982年作 泰山 镜心
估　价：RMB 2,300,000～3,300,000
成交价：RMB 2,645,000
73.5cm×59.5cm；30cm×59.5cm
中国嘉德 2020-12-03

733 张大千 1946年作 红叶青禽 立轴
估　价：RMB 3,000,000～5,000,000
成交价：RMB 17,250,000
107cm×48cm 中国嘉德 2020-08-16

4110 张仃 1996年作 石笋矼雪霁 镜心
估　价：RMB 800,000～1,000,000
成交价：RMB 1,610,000
70cm×138cm 十竹斋拍卖（北京） 2020-10-18

5045 张仃 1982年作 延安 镜心
估　价：RMB 600,000～800,000
成交价：RMB 1,288,000
42cm×114cm 十竹斋拍卖（北京） 2020-10-18

1335 张尔宾 2016年作 天畔湖山隔云看
估　价：RMB 350,000～450,000
成交价：RMB 437,000
70cm × 137cm 北京翰海 2020-12-12

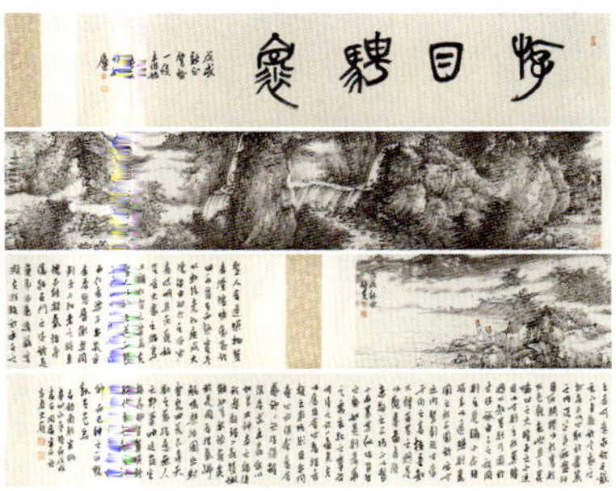

1075 张[illegible] 2018年作 临流幽对 手卷
估　价：RMB 280,000～380,000
成交价：RMB 322,000
引首24.5cm × 115.5cm；
画24.5cm × 178.5cm；跋24.5cm × 175.50cm
中国嘉德 2020-08-17

684 张善孖 1936年作 玄猿图 立轴
估　价：RMB 600,000～800,000
成交价：RMB 1,150,000
144cm × 69cm 朵云轩 2020-09-23

746 张善孖 1931年作 草莽雄风四屏 立轴
估　价：RMB 80,000～180,000
成交价：RMB 2,300,000
149.0cm × 81.5cm × 4 中国嘉德 2020-08-16

1045 张孝友 楚峰楼阁图 镜心
估　价：RMB 3,000,000～4,000,000
成交价：RMB 5,750,000
68cm × 136cm 荣宝斋（南京） 2020-11-28

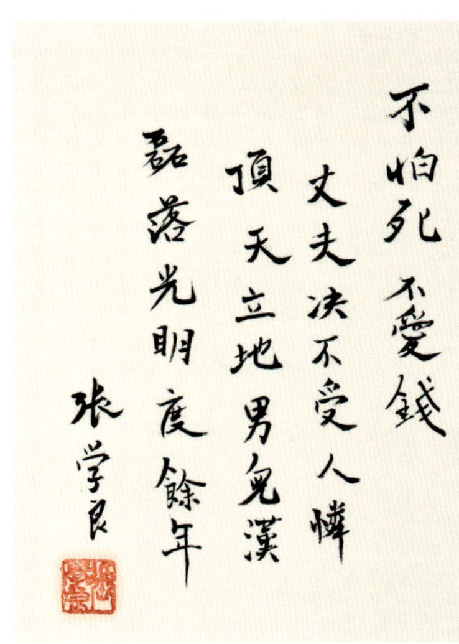

1985 张学良 行书 为东北大学同学会刊题词
成交价：RMB 402,500
29cm × 22cm 中国嘉德 2020-12-02

3795 张石园 摹范华原《溪山行旅图》 手卷
估　价：RMB 150,000～250,000
成交价：RMB 276,000
32cm × 589cm 北京保利 2020-10-18

1428 张振齐 2015年作 赤壁怀古 镜心
估　价：RMB 80,000
成交价：RMB 345,000
124cm×241cm 北京翰海 2020-09-12

251 张正权 仕女 立轴
估　价：RMB 380,000～580,000
成交价：RMB 632,500
93cm×41cm 上海嘉禾 2020-01-05

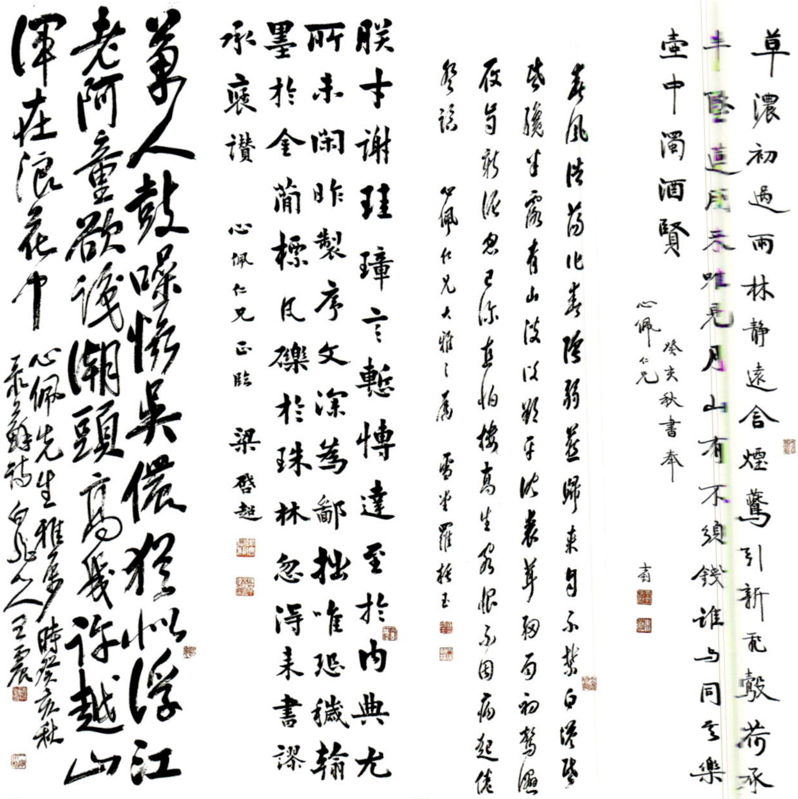

1752 章士钊等 书法四屏 立轴
估　价：RMB 300,000～500,000
成交价：RMB 690,000
130cm×31cm×4 北京保利 2020-10-17

1802 章炳麟 行书七言联 立轴
估　价：RMB 100,000～150,000
成交价：RMB 345,000
175.5cm×23cm×2 北京保利 2020-10-17

518 赵寒翔 梦归山野系列之秋日 镜心
估　价：RMB 850,000～950,000
成交价：RMB 977,500
241.5cm×124cm 北京保利 2020-12-04

1217 赵建成 张大千像 立轴
估　价：RMB 150,000
成交价：RMB 221,325
170cm×75.5cm 北京保利 2020-07-18

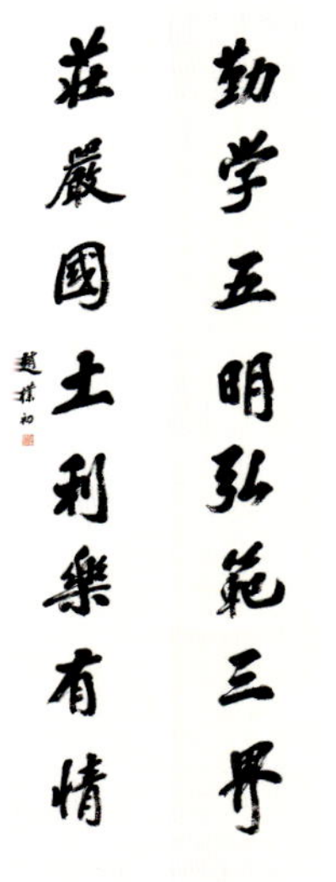

503 赵朴初 行书为玉佛寺方丈室撰八言联 镜心
估　价：RMB 120,000～180,000
成交价：RMB 3,680,000
295cm×49cm×2 中国嘉德 2020-12-02

1028 赵少昂 1952年作 独钓寒江雪 镜框
估　价：HKD 800,000～1,000,000
成交价：RMB 912,000
60.3cm×104.4cm 佳士得 2020-07-08

1582 赵少俨 2020年作 双鹅步闲庭 镜心
估　价：RMB 160,000～260,000
成交价：RMB 230,000
161cm×93cm 北京保利 2020-10-16

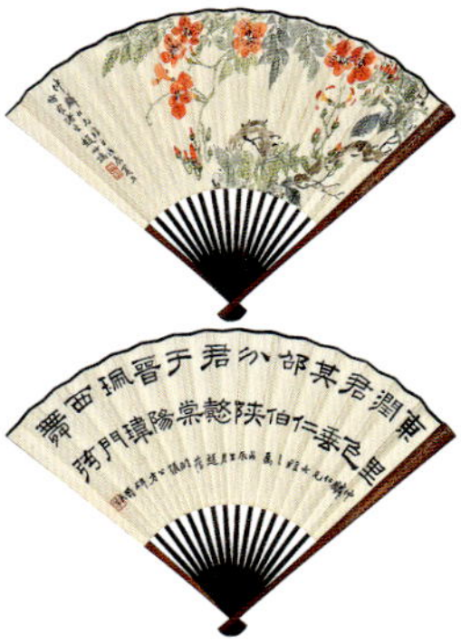

407 赵叔孺 1940年作 凌霄花、书法 成扇
估　价：RMB 150,000～200,000
成交价：RMB 356,500
18.5cm×47cm 华艺国际 2020-10-16

2970 赵望云 1946年作 竹林浣衣图 立轴
估　价：RMB 800,000～1,200,000
成交价：RMB 1,380,000
120.5cm×34cm 西泠印社 2020-08-09

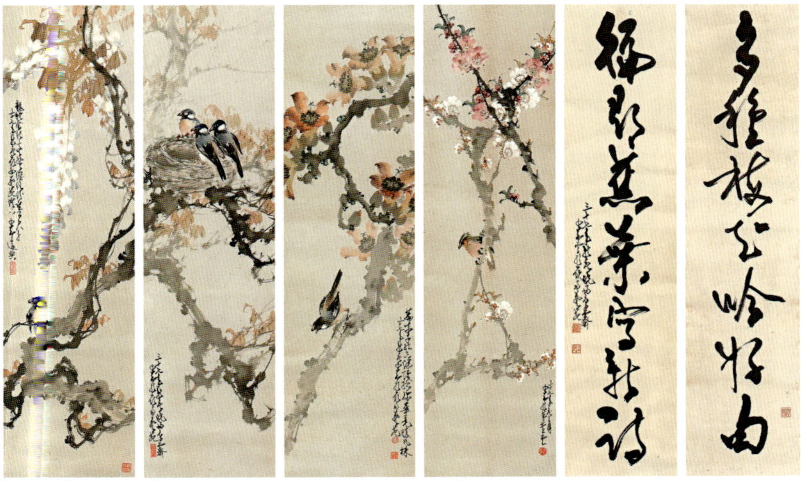

1055 赵少昂 1948年作 春色、书法对联（六幅） 镜框
估　价：HKD 800,000～1,500,000
成交价：RMB 1,491,000
104.5cm×29.5cm×6 佳士得 2020-12-01

185 赵望云 1941年作 居庸关外 立轴
估　价：RMB 800,000～1,000,000
成交价：RMB 1,127,000
106.5cm×84cm 上海匡时 2020-08-05

1020 赵无极 1979年作 1979-II
估　价：HKD 2,000,000～4,000,000
成交价：RMB 4,205,013
99cm × 91.5cm 香港苏富比 2020-10-05

1370 赵阳 2020年作 天寰山高韵古色
估　价：RMB 1,080,000～1,180,000
成交价：RMB 1,357,000
136cm × 69cm 北京翰海 2020-12-12

472 赵无极 1967 年作 无题
估　价：HKD 500,000～800,000
成交价：RMB 1,384,500
49.5cm × 73.5cm 佳士得 2020-12-03

1239 郑瑰玺 一鹭呈祥 镜心
估　价：RMB 100,000
成交价：RMB 345,000
136cm × 68cm 北京翰海 2020-09-12

325 郑慕康 1932年作 惜花图 立轴
估　价：RMB 280,000～350,000
成交价：RMB 644,000
114cm × 56cm 中鸿信 2020-01-03

229 郑乃珖 1993年作 牡丹 立轴
估　价：RMB 300,000～500,000
成交价：RMB 575,000
132cm × 66cm 上海匡时 2020-08-05

631 郑乃珖 蹄莲鸡雏 立轴
估　价：RMB 50,000～80,000
成交价：RMB 552,000
95cm × 44cm 中国嘉德 2020-08-16

702 郑午昌 1942年作 兰亭褉事 立轴
估　价：RMB 300,000～500,000
成交价：RMB 1,035,000
103cm × 51cm 朵云轩 2020-09-23

3127 郑午昌 1940年作 四时山水 四屏镜框
估　价：HKD 550,000～700,000
成交价：RMB 832,545
102cm × 24.5cm × 4 香港苏富比 2020-10-08

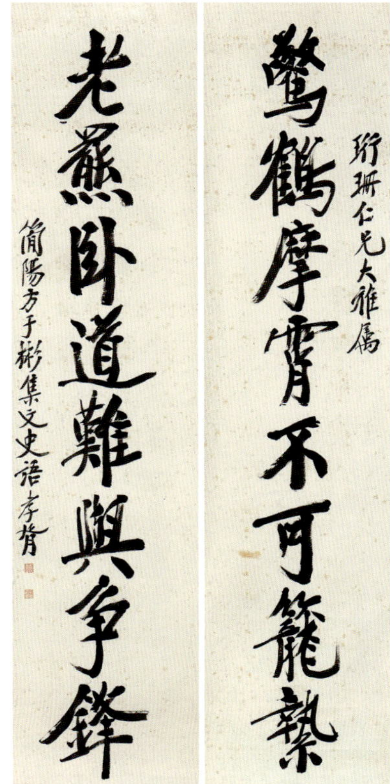

3601 郑孝胥 行书八言巨联 对联
估　价：RMB 180,000～380,000
成交价：RMB 1,035,000
238cm × 58cm × 2 北京保利 2020-10-18

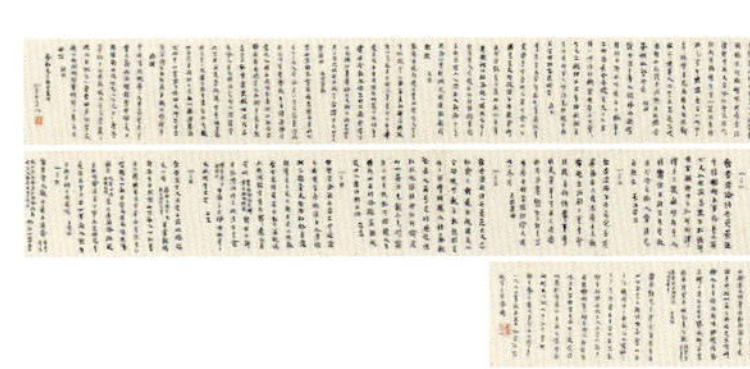

877 知堂 1962年作 为罗孚书自作诗长卷 镜心
估　价：RMB 800,000～1,200,000
成交价：RMB 920,000
段①26cm × 180cm；段②26cm × 243cm
中国嘉德 2020-12-03

1165 周逢俊 2015年作 黄山松 镜心
估　价：RMB 300,000
成交价：RMB 575,000
180cm×97cm 北京翰海 2020-09-12

1167 周光汉 山光积翠遥疑逼 设色纸本
估　价：RMB 260,000
成交价：RMB 368,000
137cm×69cm 北京翰海 2020-09-12

1507 周韶华 2018年作 万山红、事事红 镜心
估　价：RMB 400,000～800,000
成交价：RMB 1,840,000
89cm×95cm 北京保利 2020-10-16

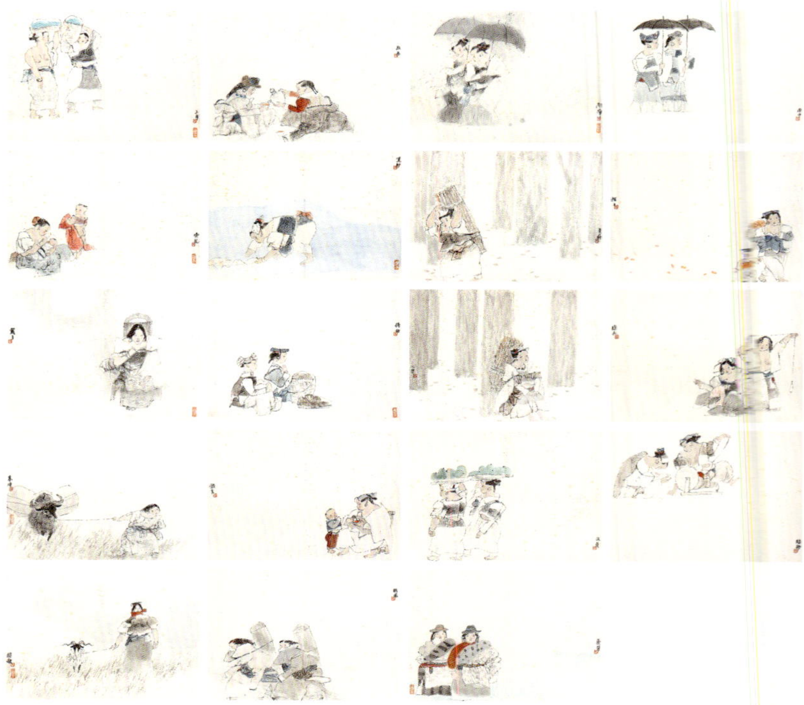

87 周思聪 人物 册页(十九开)
估　价：RMB 3,000,000～4,500,000
成交价：RMB 5,175,000
40.5cm×59cm×19 荣宝斋（上海）2020-10-25

1066 周河河 2020年作 黄山雄魄崖 镜心
估　价：RMB 200,000～300,000
成交价：RMB 437,000
136cm×69cm 荣宝斋（南京） 2020-11-28

1530 周思[illegible] 1981年作 雨忆江南 镜心
估　价：[illegible]MB 300,000～500,000
成交价：[illegible]MB 529,000
68cm×1[illegible]cm 北京保利 2020-10-16

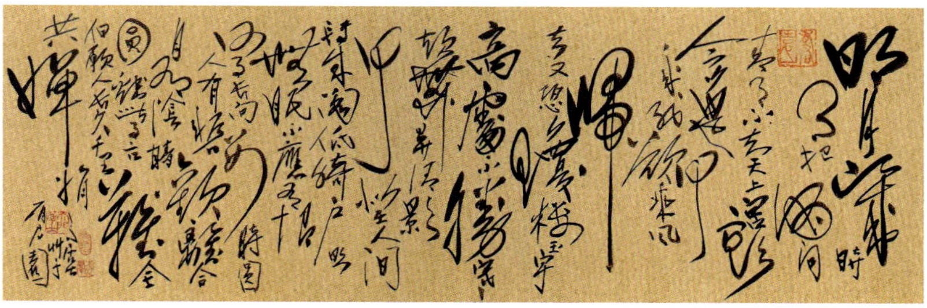

1013 朱德群 1998年作 水调歌头
估　价：HKD 300,000～600,000
成交价：RMB 4,318,320
40cm×122.3cm 香港苏富比 2020-07-08

520 周艺[illegible] [illegible]020年作 三月在云中徜徉 镜心
估　价：[illegible]MB 800,000～1,000,000
成交价：[illegible]MB 1,150,000
123cm×1[illegible]cm 北京保利 2020-12-04

755 朱梅邨 莲炬归院图 手卷
估　价：RMB 1,000,000～1,500,000
成交价：RMB 2,760,000
引首31cm×91.7cm；
画31.5cm×147.5cm
中国嘉德 2020-08-16

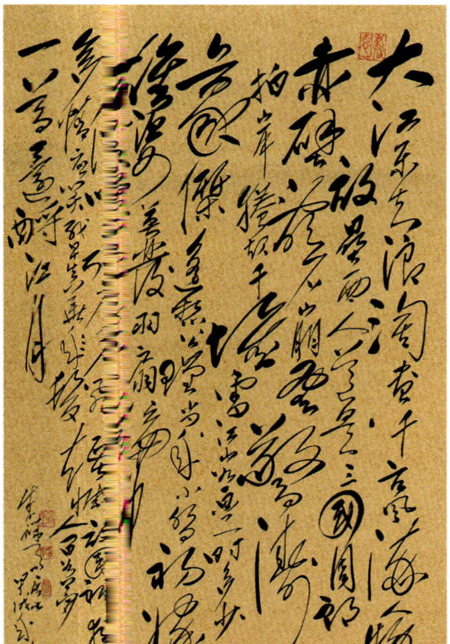

1027 朱德[illegible] 1994年作 苏东坡《赤壁怀古》
估　价：H[illegible]D 400,000～600,000
成交价：R[illegible]B 3,330,180
121cm×8[illegible]m 香港苏富比 2020-10-05

46 朱梅邨 郑慕康 江山胜览 镜心
估　价：RMB 800,000～1,200,000
成交价：RMB 1,610,000
100cm×200cm 荣宝斋（上海） 2020-10-25

225 朱屺瞻 1957年作
丁酉川蜀记游 册页（十二开）
估　价：RMB 1,200,000～2,200,000
成交价：RMB 1,840,000
32cm × 46cm × 12 中国嘉德 2020-12-01

712 朱屺瞻 1966年作 南翔风光 镜心
估　价：RMB 350,000～550,000
成交价：RMB 782,000
137.5cm × 67.0cm 中国嘉德 2020-08-16

33 朱新建 行僧图 镜心
估　价：RMB 1,500,000～2,500,000
成交价：RMB 1,725,000
366cm × 144.5cm 中国嘉德 2020-12-01

29 朱新建 花鸟八条屏 镜心
估　价：RMB 800,000～1,200,000
成交价：RMB 1,380,000
137cm × 34cm × 8 中国嘉德 2020-12-01

1370 朱曜奎 2019年作 海鸥与浪花
估　价：RMB 1,200,000
成交价：RMB 2,070,000
60cm × 120cm 北京翰海 2020-09-12

1369 朱曜奎 2019年作 鸿运仙姑
估　价：RMB 800,000
成交价：RMB 1,725,000
80cm × 60cm 北京翰海 2020-09-12

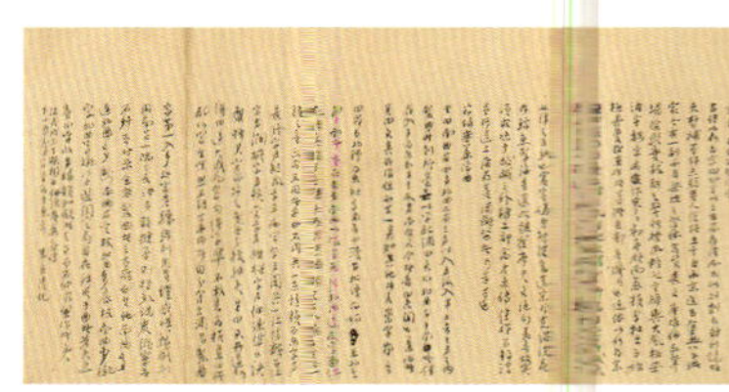

1087 朱自清 早年读书笔记 镜心
估　价：RMB 80,000～120,000
成交价：RMB 575,000
23cm × 47.5cm 中鸿信 2020-01-04

1558 祝大年 1960年代 夜航
估　价：RMB 450,000～550,000
成交价：RMB 552,000
63cm × 83cm 中国嘉德 2020-12-05

12[illegible] 祝林恩 2007年作 雨中的王府井大街 镜心
估　价：RMB 200,000
成交价：RMB 828,000
68[illegible] × 135cm 北京翰海 2020-09-12

年代不详作者

16[illegible] 佚名 荷塘楼阁 立轴
估　价：RMB 8,000,000 ~ 12,000,000
成交价：RMB 9,200,000
25[illegible]m × 168cm 朵云轩 2020-09-24

4[illegible]名 观山图 镜框
估　价：RMB 1,200,000 ~ 1,800,000
成交价：RMB 1,955,000
23[illegible] × 22cm 华艺国际 2020-12-05

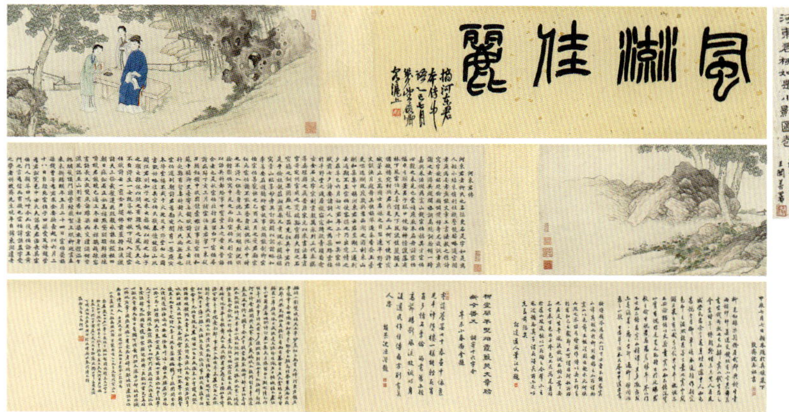

211 佚名 风流佳丽图卷
估　价：RMB 800,000 ~ 1,200,000
成交价：RMB 2,300,000
引首32cm × 96cm；本幅32cm × 133cm；题跋一32cm × 217cm；题跋二32cm × 55cm
永乐拍卖 2020-12-02

3920 佚名 铁拐李画像 镜框
成交价：RMB 3,565,000
132.1cm × 83.8cm 北京保利 2020-10-18

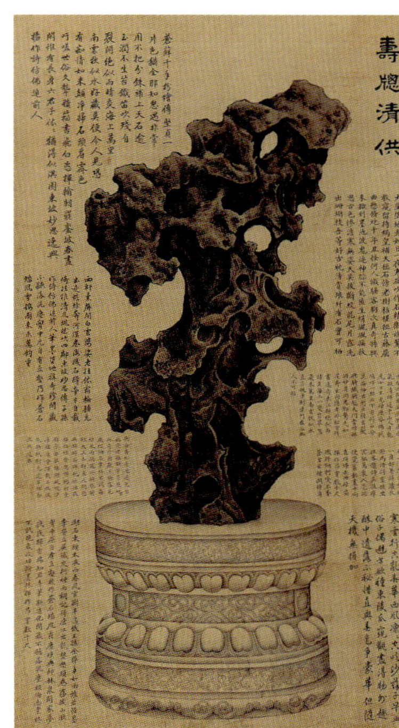

1005 佚名 寿窗清供 立轴
成交价：RMB 1,552,500
125cm × 68cm 北京保利 2020-12-05

19 佚名 贵妃出游 镜框
估　价：RMB 1,200,000～1,800,000
成交价：RMB 2,070,000
228cm×158cm 华艺国际 2020-12-05

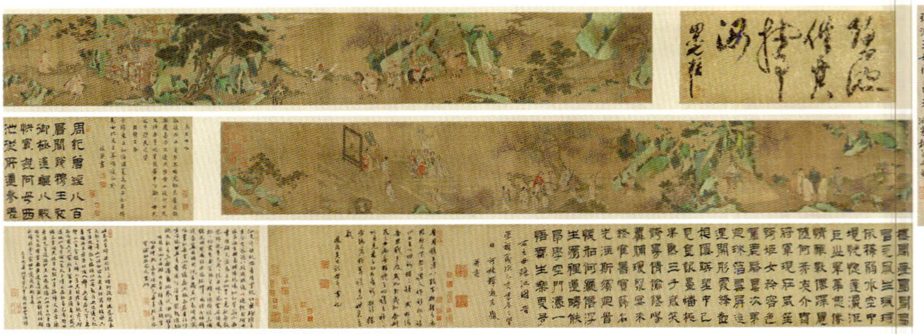

233 佚名 瑶池王母图 手卷
估　价：RMB 900,000～1,200,000
成交价：RMB 1,035,000
29cm×430cm 华艺国际 2020-10-16

1427 佚名 山君图 立轴
估　价：RMB 350,000～450,000
成交价：RMB 1,380,000
144cm×160cm 中鸿信 2020-01-04

4042 佚名 婴戏图 立轴
估　价：RMB 1,200,000～3,000,000
成交价：RMB 1,380,000
137cm×76cm 北京保利 2020-10-18

379 佚名 宋人山水 镜片
估　价：RMB 300,000～500,000
成交价：RMB 1,265,000
24cm×30cm 广东崇正 2020-09-13

素　描

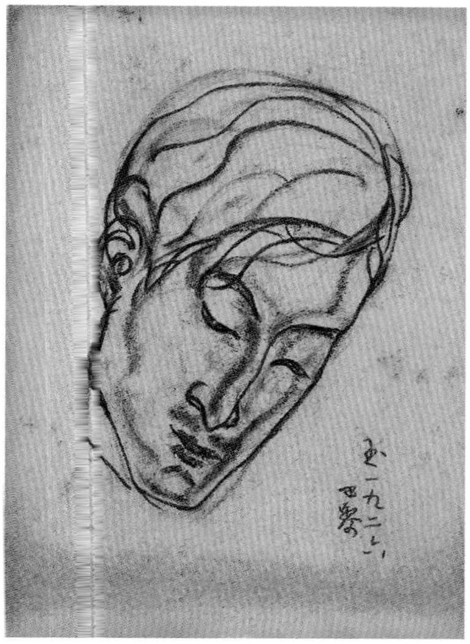

8211 常玉 1926年作 邵洵美
估　价：RMB 180,000～400,000
成交价：RMB 1,380,000
36.5cm × 26.5cm 华艺国际 2020-10-15

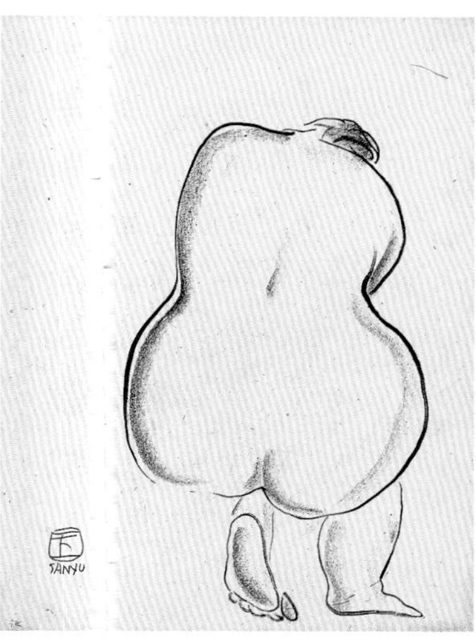

712 常玉 [illegible]影裸女
估　价：HKD 180,000～300,000
成交价：RMB 666,036
28.5cm × 2[illegible].7cm 香港苏富比 2020-10-06

664 陈抱一 1914年作 苏小小墓
估　价：RMB 5,000～8,000
成交价：RMB 471,500
32.4cm × 42cm 北京诚轩 2020-08-16

665 陈抱一 1914年作 湖光山色两苍茫
估　价：RMB 5,000～8,000
成交价：RMB 345,000
31.7cm × 45.8cm 北京诚轩 2020-08-16

6 格奥尔格·巴塞利兹 1965年作 无题（英雄）
估　价：GBP 450,000～650,000
成交价：RMB 4,788,027
49.5cm × 37.5cm 伦敦苏富比 2020-02-11

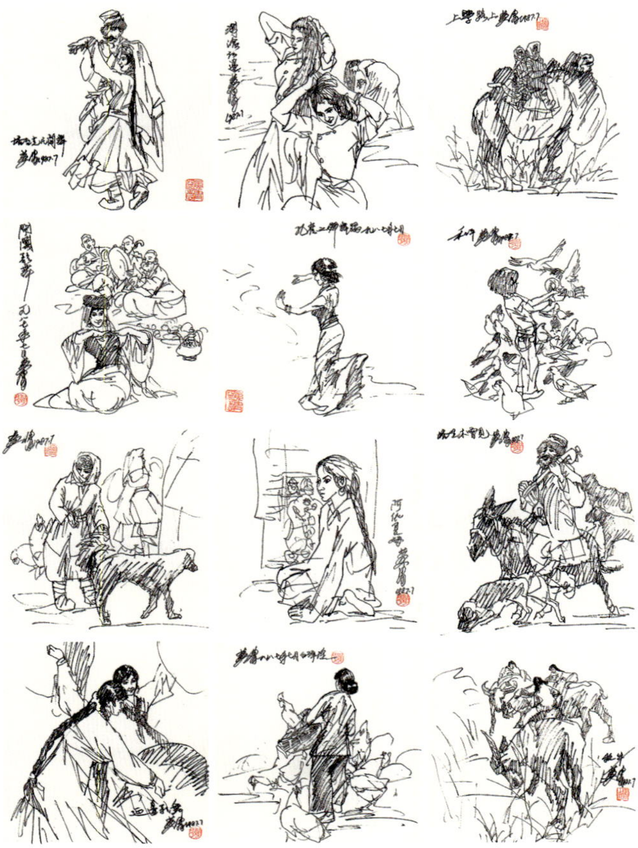

350 黄胄 1987年作 写生册 册页（九十七开选十二）
估　价：RMB 1,600,000～2,200,000
成交价：RMB 1,840,000
33cm×33cm（每幅）上海嘉禾 2020-01-05

7 吉诺·塞维里尼 1913年作 南北铁路
估　价：GBP 700,000～1,000,000
成交价：RMB 5,551,373
45.2cm×53cm 伦敦佳士得 2020-02-05

1513 刘炜 2004年作 人像
估　价：RMB 180,000～220,000
成交价：RMB 207,000
37.5cm×26.5cm 西泠印社 2020-08-08

8337 李宗津 1954年作 劳动模范孟泰
估　价：RMB 250,000～500,000
成交价：RMB 287,500
58.2cm×42.6cm 华艺国际 2020-10-15

213 梅忠恕 1935年作 采果归来
估　价：HKD 300,000～400,000
成交价：RMB 372,750
58.8cm×38.8cm 佳士得 2020-12-03

8327 藤田嗣治 1927—1931年作 自画像
估　价：RMB 300,000～500,000
成交价：RMB 437,000
47.9cm×33.4cm 华艺国际 2020-10-15

817 吴冠中 1990年作 女人体
成交价：RMB 287,500
43cm×29cm 永乐拍卖 2020-08-18

1346 沈嘉蔚 1984年作 创伤——白求恩大夫的故事
成交价：RMB 207,000
195cm×185cm 中国嘉德 2020-08-17

34 徐悲鸿 约1920年代作 小提琴
估　价：RMB 500,000～800,000
成交价：RMB 1,495,000
35.5cm×43cm 永乐拍卖 2020-12-04

35 王式廓 1953年作 杜垿像
估　价：RMB 160,000～260,000
成交价：RMB 322,000
36.5cm×26cm 永乐拍卖 2020-12-04

1333 徐悲鸿 约1950年作 人物像
估　价：RMB 1,200,000～1,800,000
成交价：RMB 1,380,000
26.5cm × 20.5cm 中国嘉德 2020-08-17

383 叶浅予 1994年作 北游手绩卷 手卷
估　价：RMB 500,000～800,000
成交价：RMB 598,000
28.5cm × 958cm 永乐拍卖 2020-12-03

版　画

6388 KAWS 2015年作 平稳状、舒服的事、无人的家（三件一组）
估　价：RMB 250,000～500,000
成交价：RMB 287,500
74cm × 85cm；91.5cm × 76.5cm；91.5cm × 74cm 华艺国际 2020-10-15

12 安迪 · 沃荷 1981年作 美元符号
估　价：USD 5,959,967～8,551,257
成交价：RMB 334,695,200
229cm × 178cm 佳士得 2020-12-02

110 班克斯 2007年作 傻瓜（褐色）
估　价：HKD 60,000～100,000
成交价：RMB 341,350
50.5cm×70.5cm 保利香港 2020-07-12

1036 陈庭诗 1973年作 日与夜#25
估　价：HKD 200,000～400,000
成交价：RMB 888,048
122.6cm×1[illegible]3cm 香港苏富比 2020-10-05

112 基斯·哈林 1983年作 无题（L.PG.33）
估　价：HKD 220,000～320,000
成交价：RMB 405,354
107cm×12[illegible]cm 保利香港 2020-07-12

5 草间弥生 2014年作 A-PUMPKIN-SPW
估　价：USD 1,166,081～1,943,468
成交价：RMB 255,399,200
112cm×145.5cm 佳士得 2020-12-02

1064 范光厚 林间鹿群
估　价：HKD 1,000,000～1,500,000
成交价：RMB 4,099,440
155.5cm×213cm×6 香港苏富比 2020-07-08

7 刘野 2010年作 谁害怕L夫人?
古 价：NTD 280,000～420,000
戎交价：RMB 221,760
100cm×80cm 罗芙奥 2020-12-05

834 吴冠中 1993年作 燕子寻故人
估　价：HKD 50,000～100,000
成交价：RMB 429,400
69.5cm×135.5cm 香港苏富比 2020-07-09

1716 吴冠中 2007年作 交河故城
估　价：RMB 280,000～350,000
成交价：RMB 322,000
84cm×80.6cm 永乐拍卖 2020-12-03

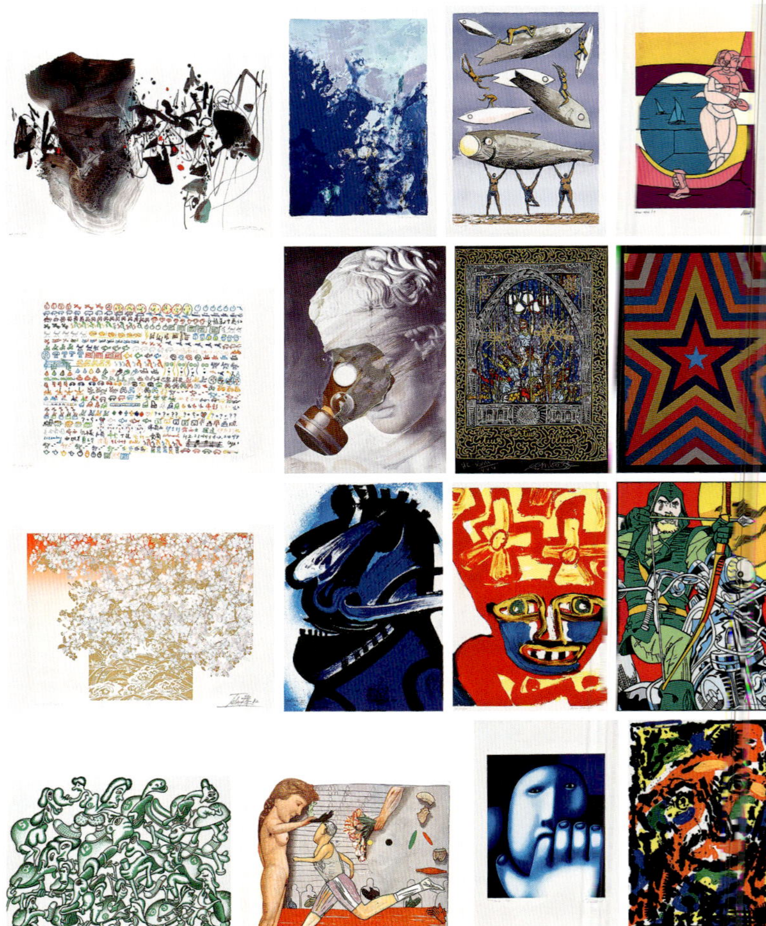

1320 赵无极 等 1992年作 奥运百年纪念（一组五十件，此处选录十六件）
估　价：RMB 200,000～300,000
成交价：RMB 517,500
90cm×63cm×50 中国嘉德 2020-08-17

1065 中南半岛美术学院风景
估　价：HKD 700,000～900,000
成交价：RMB 798,000
124.5cm×77.5cm 香港苏富比 2020-07-08

水粉水彩

5 巴布罗·毕加索 1943年作 咖啡壶
估　价：GBP 1,000,000～1,500,000
成交价：RMB 16,449,773
50cm × 65cm 伦敦佳士得 2020-02-05

2 保罗·克利 1929年作 窗里的气球
估　价：GBP 200,000～300,000
成交价：RMB 3,153,725
32.5cm × 24.2cm
伦敦佳士得 2020-02-05

606 草间弥生 1979年作 南瓜季节
估　价：HKD 1,800,000～2,800,000
成交价：RMB 2,442,132
51.5cm × 65.5cm 香港苏富比 2020-10-07

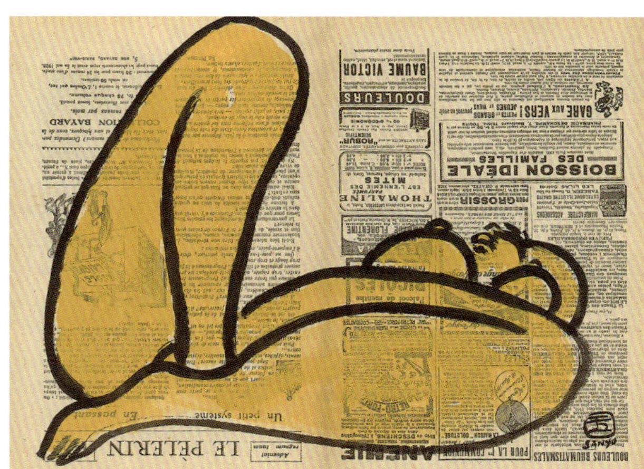

8213 常玉 1920—1940年代作 曲腿裸女
估　价：RMB 600,000～1,200,000
成交价：RMB 10,810,000
26.5cm × 37.5cm 华艺国际 2020-10-15

31 常玉 1920—1930年代作 仰卧的绿衣仕女
估　价：HKD 1,000,000～2,000,000
成交价：RMB 3,742,488
22cm×50.5cm 中国嘉德 2020-10-08

1527 符罗飞 1964年作 平炉钢水日夜流（附素描稿两幅）（一组三件）
估　价：RMB 300,000～400,000
成交价：RMB 368,000
45.5cm×68cm；12.5cm×16cm×2
中国嘉德 2020-12-05

1731 陈逸飞 1980年代作 临水枕河
估　价：RMB 150,000～250,000
成交价：RMB 368,000
53cm×73cm 中国嘉德 2020-12-05

8215 常玉 1920—1930年代作 盆菊
估　价：RMB 350,000～600,000
成交价：RMB 2,875,000
28cm×20.5cm 华艺国际 2020-10-15

8214 常玉 1920—1930年代作 白瓶海芋
估　价：RMB 350,000～600,000
成交价：RMB 4,715,000
28cm×20.5cm 华艺国际 2020-10-15

8216 常玉 1920—1930年代作 鱼纹瓶玫瑰
估　价：RMB 200,000～500,000
成交价：RMB 2,530,000
49cm×35.5cm 华艺国际 2020-10-15

1447 关良 牧马图
估 价 RMB 150,000～200,000
成交价 RMB 287,500
35.5cm×27cm 西泠印社 2020-08-08

716 关紫兰 1940年代作 弹曼陀铃琴的女子
估 价：HKD 300,000～500,000
成交价：RMB 452,000
27cm×37.5cm 香港苏富比 2020-07-09

1778 何翔宇 2015年作 我们创造的一切都不是我们自己 68-H-1（一组68件）
估 价：RMB 600,000～800,000
成交价：RMB 690,000
31cm×41cm×68 中国嘉德 2020-12-05

438 金焕基 1971年作 无题8-IIII-71
估 价：HKD 1,200,000～2,200,000
成交价：RMB 1,384,500
56.5cm×42cm 佳士得 2020-12-03

828 金梅生 朵朵鲜花送英雄
估 价：RMB 30,000～50,000
成交价：RMB 230,000
69.5cm×51cm 中国嘉德 2020-12-03

10 克里斯托弗 · 坞尔 无题
估　价：GBP 5,500,000～6,500,000
成交价：RMB 55,515,947
274.3cm×274.3cm 伦敦苏富比 2020-02-11

109 黎谱 约1938年作 女子与鹦鹉
估　价：HKD 1,600,000～2,600,000
成交价：RMB 4,452,200
38.5cm×28.5cm 佳士得 2020-07-10

252 黎谱 约1938—1940年作 品茶
估　价：HKD 1,000,000～1,800,000
成交价：RMB 2,486,000
36cm×29cm 佳士得 2020-07-11

245 黎谱 约1938年作 淑女品香茗
估　价：HKD 700,000～900,000
成交价：RMB 2,147,000
38.5cm×28.5cm 佳士得 2020-07-11

272 黎文第 约1935年作 母子
估　价：HKD 400,000～600,000
成交价：RMB 639,000
68.5cm×44.5cm 佳士得 2020-12-03

141 梁春尔 1936年作 休憩
估　价：HKD 600,000～800,000
成交价：RMB 4,669,160
66cm×[illegible]cm 佳士得 2020-07-10

73 梁兆金 长白山系列之一
估　价：RMB 215,000
成交价：RMB 460,020
80cm×15[illegible]cm 中典国际 2020-10-20

3198 李慕白 金雪尘 1963年作 舞蹈条屏
估　价：RMB 200,000～300,000
成交价：RMB 345,000
72cm×22.5cm×4 西泠印社 2020-08-09

533 刘炜 约1993年作 艳妇图（三幅作品）
估　价：HKD 300,000～500,000
成交价：RMB 395,500
43.2cm×40.3cm；46cm×42.5cm；
46cm×42cm 香港苏富比 2020-07-10

1344 刘柏荣 1969年作 胸怀朝阳何所惧
估　价：RMB 480,000～580,000
成交价：RMB 667,000
60cm×100cm 中国嘉德 2020-08-17

9 马克・夏加尔 1912年作 木匠
估　价：GBP 500,000～800,000
成交价：RMB 5,224,421
30.9cm×48cm 伦敦佳士得 2020-02-05

8363 刘野 2005年作 节日
估　价：RMB 580,000～880,000
成交价：RMB 920,000
67cm×101.5cm 华艺国际 2020-10-15

86 刘野 2014年作 皮诺丘
估　价：RMB 800,000～1,600,000
成交价：RMB 1,725,000
101.3cm×67cm 永乐拍卖 2020-12-04

1063 梅忠恕 祖母
估　价：HKD 800,000～1,500,000
成交价：RMB 3,876,000
60cm×45cm 香港苏富比 2020-07-08

211 梅忠恕 1977年作 软谈丽语
估　价：HKD 1,400,000～2,000,000
成交价：RMB 2,556,000
46cm × 6[illegible]cm 佳士得 2020-12-03

7 尼古拉斯·帕蒂 2014年作 静物
估　价：USD 673,735～932,864
成交价：RMB 69,[illegible]53,600
149.7cm × 170cm 佳士得 2020-12-02

124 潘玉良 1966年作 丁香
估　价：HKD 4,000,000～6,000,000
成交价：RMB 4,260,000
66.5cm × 56.5cm 佳士得 2020-12-02

439 朴崃贤 1967年作 无题
估　价：HKD 1,000,000～2,000,000
成交价：RMB 2,556,000
168.2cm × 134.5cm 佳士得 2020-12-03

205 阮潘正 1930年作 裁缝少女
估　价：HKD 4,800,000～5,800,000
成交价：RMB 9,312,360
65.5cm × 88cm 佳士得 2020-12-03

741 藤田嗣治 1951年作 母与子
估　价：HKD 1,500,000～2,800,000
成交价：RMB 2,938,000
30.3cm×24.5cm 香港苏富比 2020-07-09

271 王攀元 奔
估　价：NTD 420,000～550,000
成交价：RMB 207,900
39cm×54cm 罗芙奥 2020-12-06

1003 卫天霖 1970年代作 带芍药花与石膏像的静物
估　价：RMB 150,000～300,000
成交价：RMB 345,000
57.2cm×39cm 北京保利 2020-10-16

8118 吴冠中 1988年作 池塘
估　价：RMB 1,800,000～2,800,000
成交价：RMB 3,450,000
70cm×69.5cm 华艺国际 2020-10-15

207 武高谈 1944年作 沐浴
估　价：HKD 1,800,000～2,400,000
成交价：RMB 6,858,600
50cm × 6[illegible]cm 佳士得 2020-12-03

210 武高谈 约193[illegible]年作 品茶
估　价：HKD 1,[illegible],000～2,400,000
成交价：RMB 4,4[illegible],000
45.8cm × 51.5cm 佳士得 2020-12-03

240 武高谈 约1933年作 少女肖像
估　价：HKD 350,000～450,000
成交价：RMB 655,400
25cm × 21cm 佳士得 2020-07-11

216 席德进 1960年作 渔村
估　价：HKD 180,000～260,000
成交价：RMB 700,600
36.5cm × 54.5cm 佳士得 2020-07-11

1311 萧淑芳 1954年作 滨海嬉戏
估　价：RMB 100,000～150,000
成交价：RMB 230,000
36cm × 25cm 中国嘉德 2020-08-17

1466 颜文樑 春意
估　价：RMB 120,000～150,000
成交价：RMB 368,000
26.5cm×34.5cm 西泠印社 2020-08-08

1512 赵无极 1967年作 静峡清潭
估　价：RMB 650,000～850,000
成交价：RMB 1,150,000
26.5cm×37cm 中国嘉德 2020-12-05

1026 岳敏君 2006年作 无题
估　价：RMB 400,000～600,000
成交价：RMB 460,000
170cm×150cm 北京保利 2020-10-16

8013 周令钊 一片丹心为人民
估　价：RMB 150,000～250,000
成交价：RMB 207,000
49cm×75cm 中贸圣佳 2020-10-17

473 朱德群 1968年作 无题
估　价：HKD 450,000～650,000
成交价：RMB 692,250
63.5cm×49cm 佳士得 2020-12-03

225 赵无极 1979年作 无题
估　价：NTD 13,000,000～20,000,000
成交价：RMB 2,772,000
57cm×76cm 罗芙奥 2020-12-06

油　画

44 KAWS 我不客气了
估　价：GBP 500,000～700,000
成交价：RMB 5,545,455
直径243.5cm 伦敦苏富比 2020-02-11

114 KAWS 20[illegible]年作 无法保证
估　价：HK[illegible] [illegible],200,000～8,200,000
成交价：RM[illegible] 4,452,200
173cm × 218.5[illegible] 佳士得 2020-07-10

1148 MR. 2012年[illegible] 忠于自己
估　价：HKD 3,2[illegible]000～4,200,000
成交价：RMB 4,7[illegible]360
291cm × 727.2cm ×[illegible] 香港苏富比 2020-07-09

519 MR. 2012年作 人生是音乐
估　价：HKD 1,000,000～2,000,000
成交价：RMB 3,885,210
173.2cm × 105.1cm 香港苏富比 2020-10-07

1110 阿尔伯特·尔莱恩 2001年作 哨声
估　价：HKD 14,000,000～24,000,000
成交价：RMB 18,925,240
280cm × 340.5cm 香港苏富比 2020-07-09

2 阿莫奥克·博福 2019年作 巴巴·迪奥普
估　价：USD 103,652～194,347
成交价：RMB 58,745,120
211cm × 167.5cm 佳士得 2020-12-02

1132 埃德·鲁沙 1972年作 总统
估　价：HKD 9,000,000～14,000,000
成交价：RMB 8,895,457
50.8cm×61cm 香港苏富比 2020-10-06

135 艾德里安·格尼 2013年作 前往塔拉斯孔的路上 2
估　价：HKD 27,000,000～37,000,000
成交价：RMB 30,487,400
210cm×160cm 佳士得 2020-07-10

8132 艾轩 2007年作 荒原的黎明
估　价：RMB 2,000,000～3,500,000
成交价：RMB 4,600,000
110cm×110cm 华艺国际 2020-10-15

1736 艾轩 1990年作 雪山上的孩子
估　价：RMB 1,650,000～2,000,000
成交价：RMB 3,450,000
99.5cm×80.5cm 中国嘉德 2020-12-05

1586 艾轩 2005年作 冬雪
估　价：RMB 400,000～500,000
成交价：RMB 575,000
50cm×50cm 中国嘉德 2020-12-05

37 艾中信 1986年作 林荫下
估 价：RMB 400,000～600,000
成交价：RMB 690,000
55cm×60cm 永乐拍卖 2020-12-04

1334 艾中信 1944年作 天之涯
估 价：RMB 600,000～700,000
成交价：RMB 690,000
60cm×70cm 中国嘉德 2020-08-17

1039 安奇帮 古堡
估 价：RMB 500,000～800,000
成交价：RMB 920,000
80cm×60cm 荣宝斋（南京） 2020-11-28

8120 安迪·沃霍尔 1980—1981年作 钻石粉鞋
估 价：RMB 10,000,000～13,000,000
成交价：RMB 13,225,000
228.6cm×177.8cm 华艺国际 2020-10-15

1038 安奇帮 渡
估 价：RMB 800,000～1,200,000
成交价：RMB 1,380,000
70cm×80cm 荣宝斋（南京） 2020-11-28

11 巴布罗·毕加索 1953年12月20日作 室内的瓶花
估　价：GBP 7,000,000～10,000,000
成交价：RMB 65,783,197
130cm×96.8cm 伦敦佳士得 2020-02-05

4 巴布罗·毕加索 1962年10月22日作 静物与狗
估　价：GBP 4,000,000～6,000,000
成交价：RMB 41,043,829
130cm×162cm 伦敦佳士得 2020-02-05

15 白发一雄 1961年作 地乐星 铁叫子
估　价：USD 2,461,726～3,757,371
成交价：RMB 152,314,400
130.5cm×194cm 佳士得 2020-12-02

1121 白发一雄 1960年作 地退星翻江蜃
估　价：HKD 22,000,000～32,000,000
成交价：RMB 24,023,800
130cm×162cm 香港苏富比 2020-07-09

1566 薄云 2018年作 渔歌
估　价：RMB 380,000～480,000
成交价：RMB 437,000
200cm×150cm 中国嘉德 2020-12-05

19 保罗·塞尚 约1904年作 从楼浮山丘眺望圣维克多山
估　价：GBP 1,500,000～2,500,000
成交价：RMB 24,078,653
54cm×65cm 伦敦佳士得 2020-02-05

12 保罗·希涅克 1896年作 艾登的磨坊
估　价：GBP 1,200,000～1,600,000
成交价：RMB 12,090,413
65.2cm×81.4cm 伦敦佳士得 2020-02-05

221 贝尔纳·毕费 1993年作 圣托佩港口
估　价：NTD 17,000,000～32,000,000
成交价：RMB 8,316,000
130cm×195cm 罗芙奥 2020-12-06

1113 卜镝 2014年作 私密花园4号
估　价：RMB 100,000～200,000
成交价：RMB 345,000
80cm×200cm 北京保利 2020-10-16

1133 布丽奇·莱利 1987年作 到位
估　价：HKD 8,000,000～12,000,000
成交价：RMB 10,572,280
164.5cm×159.5cm 香港苏富比 2020-07-09

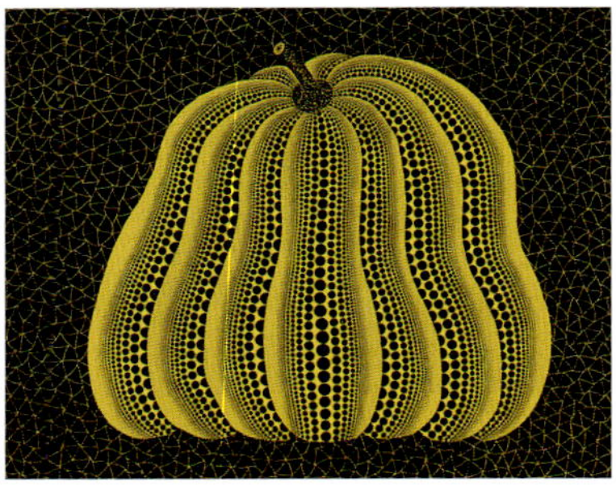

1115 草间弥生 2011年作 南瓜(CHA)
估　价：HKD 22,000,000～32,000,000
成交价：RMB 25,738,415
112cm×145.5cm 香港苏富比 2020-10-06

578 草间弥生 1988年作 白百合
估　价：HKD 3,000,000～5,000,000
成交价：RMB 5,039,800
45.5cm×53cm 香港苏富比 2020-07-10

1124 常书鸿 李承仙 1993年作 敦煌春天
估　价：RMB 4,500,000~5,500,000
成交价：RMB 6,382,500
191.5cm×372cm 北京翰海 2020-12-12

1024 常玉 1950年代作 绿色背景四裸女
成交价：RMB 235,606,992
100cm×122cm 香港苏富比 2020-07-08

121 常玉 1940—1950年代作 青花盆中盛开的菊花
估　价：HKD 60,000,000～80,000,000
成交价：RMB 173,224,480
110cm×60cm 佳士得 2020-07-10

1015 常玉 1950年代作 青花盆与菊
估　价：HKD 50,000,000～70,000,000
成交价：RMB 164,795,455
91cm×62cm 香港苏富比 2020-10-05

122 常玉 鸡与蛇
估　价　HKD 22,000,000～32,000,000
成交价　RMB 19,639,400
49cm×[illegible].5cm 佳士得 2020-07-10

123 常玉 1931年作 篮中粉红菊
估　价：HKD 68,000,000～98,000,000
成交价：RMB 117,669,720
92cm×60cm 佳士得 2020-12-02

1016 常玉 1950—1960年代作 翘腿的裸女
成交价：RMB 148,599,151
125cm×95.5cm 香港苏富比 2020-10-05

8016 常玉 1940年代作 红底黄菊
估　价：RMB 50,000,000~80,000,000
成交价：RMB 81,650,000
59.5cm×39.8cm 华艺国际 2020-12-05

800 常玉 1930—1940年代作 八尾金鱼
估　价：HKD 120,000,000～180,000,000
成交价：RMB 144,984,840
73.8cm×50.2cm 佳士得 2020-12-02

1016 朝戈 1995年作 大草原
估　价：RMB 900,000～1,200,000
成交价：RMB 977,500
80cm×120cm 北京保利 2020-10-16

1597 朝戈 1991年作 女人体
估　价：RMB 400,000～500,000
成交价：RMB 552,000
129cm×97cm 中国嘉德 2020-12-05

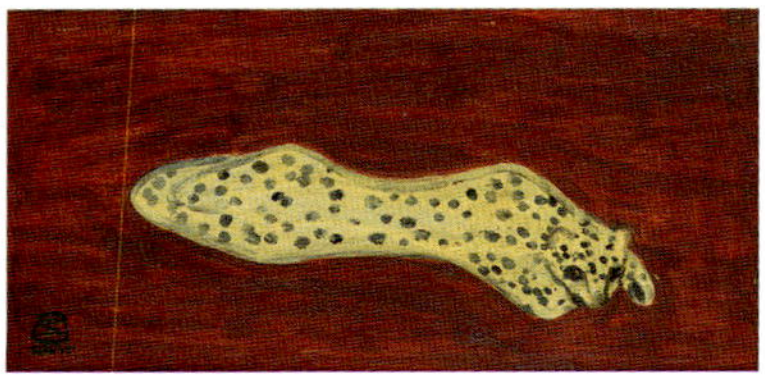

211 常玉 1940年代作 豹
估　价：HKD 2,000,000～3,000,000
成交价：RMB 9,876,200
10.5cm×21.3cm 佳士得 2020-07-11

1022 常玉 1929年作 粉红裸女
估　价：HKD 6,000,000～10,000,000
成交价：RMB 11,103,600
33cm×42cm 香港苏富比 2020-07-08

27 常玉 1930年代作 镜前母与子
估　价：RMB 13,800,000～18,800,000
成交价：RMB 15,870,000
55cm×46cm 永乐拍卖 2020-12-04

8001 陈丹青 2014年作 刚过60岁；造型设计师谢星；假花
估 价：RMB 8,000,000～13,000,000
成交价：RMB 17,250,000
138cm×92.5cm；220cm×400cm；210cm×230cm 华艺国际 2020-10-15

307 陈存[illegible] 1973年作 风景
估 价：HKD 260,000～360,000
成交价：RMB 234,300
53cm×[illegible]cm 佳士得 2020-12-03

1211 陈丹青 1983年作 康巴汉子
估 价：RMB 6,000,000～8,000,000
成交价：RMB 6,900,000
100.5cm×75.5cm 北京保利 2020-10-16

2045 陈丹青 1988年作 荒原风
估 价：HKD 4,000,000~8,000,000
成交价：RMB 4,875,996
107.8cm×141.5cm 保利香港 2020-12-08

59 陈丹青 1983年作 牧羊人
估 价：RMB 3,000,000～4,000,000
成交价：RMB 3,680,000
44cm×59cm 永乐拍卖 2020-12-04

153 陈飞 2010年作 坏叔叔——献给安东尼奥尼·米开朗基罗
估　价：HKD 1,000,000～1,500,000
成交价：RMB 3,466,840
200cm×150cm 保利香港 2020-07-12

90 陈飞 2010年作 拾荒者
估　价：RMB 1,500,000～2,500,000
成交价：RMB 3,220,000
115cm×179cm 永乐拍卖 2020-12-04

237 陈飞 2010年作 青春－男
估　价：HKD 450,000～650,000
成交价：RMB 1,751,500
170cm×130cm 佳士得 2020-07-11

256 陈锦芳 2010年作 黄浦江世博梦 镜心
估　价：RMB 480,000～580,000
成交价：RMB 575,000
60.8cm×90.8cm 中鸿信 2020-01-03

828 陈钧德 2007年作 秋韵
估　价：RMB 300,000～500,000
成交价：RMB 460,000
80cm×100cm 永乐拍卖 2020-08-18

1105 陈可 2007年作 六层塔
估 价：RMB 1,000,000～2,000,000
成交价：RMB 1,725,000
215cm×215cm 北京保利 2020-10-16

319 陈可之 普天吉祥 镜框
估 价：RMB 480,000～680,000
成交价：RMB 1,150,000
46cm×46cm 保利厦门 2020-09-26

1033 陈可之 几度夕阳红
成交价：RMB 1,092,500
55cm×[illegible]cm 荣宝斋（南京） 2020-11-28

1533 陈可 2009年作 Happy New Year
成交价：RMB 402,500
200cm×[illegible]cm 西泠印社 2020-08-08

107 陈可 2016年作 1955·纽约·29岁
估 价：HKD 1,500,000～2,500,000
成交价：RMB 3,258,920
200cm×130cm 佳士得 2020-07-10

25 陈鹏 塞北残阳
估 价：RMB 890,000
成交价：RMB 1,070,000
35.5cm×166cm 北京贞观 2020-11-28

300 陈文希 1950年作 渔村
估 价：HKD 700,000～1,000,000
成交价：RMB 745,500
61cm×76cm 佳士得 2020-12-03

1548 陈衍宁 1999年作 小提琴手
估 价：RMB 500,000～700,000
成交价：RMB 667,000
81cm×61cm 西泠印社 2020-08-08

283 陈文希 静物与鱼
估 价：HKD 380,000～550,000
成交价：RMB 904,000
60cm×81cm 香港苏富比 2020-07-09

1545 陈逸飞 1989年作 法国号1
估 价：RMB 3,200,000～3,800,000
成交价：RMB 4,370,000
60cm×73cm 西泠印社 2020-08-08

838 陈逸飞 1980年作 金桥(苏州)
估　价：RMB 3,200,000～5,200,000
成交价：RMB 7,705,000
76cm × 107cm 永乐拍卖 2020-08-18

215 陈逸飞 1984年作 黄昏(苏州 1984)
估　价：HKD 1,200,000～2,000,000
成交价：RMB 4,886,120
76.2cm × 106.7cm 佳士得 2020-07-11

234 陈荫罴 约1970年代作 狂草之歌
估　价：NTD 2,400,000～3,600,000
成交价：RMB 471,240
125cm × 82cm 罗芙奥 2020-12-06

58 陈逸飞 19[illegible]年作 高原母子情
估　价：RMB 4,000,000～5,000,000
成交价：RMB 5,750,000
66cm × 97cm 永乐拍卖 2020-12-04

1433 陈彧君 2009年作 临时家庭——晚宴
估　价：RMB 220,000～320,000
成交价：RMB 253,000
200cm × 260cm 中国嘉德 2020-08-17

1650 程竹 2019年作 公共偶像NO.75—时间旅行
估　价：RMB 300,000～400,000
戎交价：RMB 460,000
120cm×100cm 中国嘉德 2020-12-05

1107 崔洁 2016年作 海之女儿
估　价：HKD 160,000～200,000
成交价：RMB 388,521
100cm×150cm 香港苏富比 2020-10-06

7 崔晓晓 《记忆系列》之二
估　价：RMB 780,000
成交价：RMB 1,205,000
100cm×80cm 北京贞观 2020-11-28

9 村上隆 1996年作 Miss ko2
估　价：USD 259,129～388,694
成交价：RMB 36,344,000
122cm×122cm 佳士得 2020-12-02

11 达娜·舒茨 2017年作 升降机
估　价：USD 1,943,468～2,591,290
成交价：RMB 330,730,400
345.4cm×431.8cm 佳士得 2020-12-02

16 戴维　霍克尼 水花
估　价：GBP 20,000,000～30,000,000
成交价：RMB 208,445,989
183cm×183cm 伦敦苏富比 2020-02-11

1118 戴维·霍克尼 1996年作 三十朵向日葵
成交价：RMB 103,803,608
182.9cm×182.9cm 香港苏富比 2020-07-09

1338 戴泽 1958年作 奋战十三陵（双面画）
估　价：RMB 180,000～280,000
成交价：RMB 207,000
左幅36.3cm×51.7cm 中国嘉德 2020-08-17

234 丹龙黄 1990年作 无题
估　价：HKD 160,000～260,000
成交价：RMB 234,300
70cm×66.5cm 佳士得 2020-12-03

751 丁雄泉 1983年作 西瓜静物
估　价：HKD 300,000～600,000
成交价：RMB 791,000
97.5cm×180cm 香港苏富比 2020-07-09

1033 丁雄泉 1973年作 十丈飞红
估　价：HKD 1,200,000～2,200,000
成交价：RMB 2,220,120
152.4cm×228.6cm 香港苏富比 2020-10-05

825 丁雄泉 1998年作 孔雀
估　价：RMB 800,000～1,000,000
成交价：RMB 920,000
126cm×200cm 永乐拍卖 2020-08-18

136 丁衍庸 1969年作 穿绿色外套的女人
估　价：HKD 5,800,000～8,800,000
成交价：RMB 6,142,920
91.2cm×60.6cm 佳士得 2020-12-02

243 丁衍庸 1970年作 钟馗纹瓶子
估　价：HKD 1,800,000～2,800,000
成交价：RMB 1,917,000
佳士得 2020-12-03

20 丁衍庸 1971年作 楚霸王
估　价：HKD 3,500,000～4,500,000
成交价：RMB 3,638,530
61cm×45cm 中国嘉德 2020-10-08

133 董小蕙 2014年作 新春——红茶花
估　价：HKD 250,000～350,000
成交价：RMB 363,853
130cm×97cm 中国嘉德 2020-10-08

19 丁衍庸 1970年作 湖畔盛景
估　价：HKD 800,000～1,500,000
成交价：RMB 914,830
4[illegible].3cm×30.6cm 中国嘉德 2020-10-08

1607 段建伟 2007年作 烧饼
估　价：RMB 350,000～450,000
成交价：RMB 437,000
146cm×130cm 中国嘉德 2020-12-05

106 段建宇 2006年作 早上好5
估　价：HKD 800,000～1,000,000
成交价：RMB 1,491,000
110cm×170cm 佳士得 2020-12-02

1632 段建宇 2007年作 王克服，一个美术爱好者的故事2
估　价：RMB 220,000～320,000
成交价：RMB 437,000
50cm×60cm 中国嘉德 2020-12-05

1591 段正渠 2001—2003年作 大鸟
估　价：RMB 400,000～500,000
成交价：RMB 632,500
180cm×130cm 中国嘉德 2020-12-05

1513 方君璧 1964年作 冬日
估　价：RMB 500,000～600,000
成交价：RMB 2,415,000
126.5cm×91cm 中国嘉德 2020-12-05

8121 方君璧 1935年作 隐者
估　价：RMB 1,000,000～1,500,000
成交价：RMB 1,322,500
102cm×92cm 华艺国际 2020-10-15

1142 方力钧 2002年作 2002.1.1
估　价：HKD 3,000,000～5,000,000
成交价：RMB 3,390,000
400cm × 706cm 香港苏富比 2020-07-09

24 弗兰克·奥尔巴赫 1976年作 J.Y.M.头像
估　价：GBP 1,000,000～1,500,000
成交价：RMB 15,283,815
38.1cm × 38.1cm 伦敦苏富比 2020-02-11

1706 冯钢百 鱼
估　价：RMB 600,000～800,000
成交价：RMB 690,000
77cm × 98.5cm 中国嘉德 2020-12-05

8055 俸正杰 1998年作 幸福3号
估　价：RMB 150,000～250,000
成交价：RMB 207,000
110cm × 150cm 中贸圣佳 2020-10-17

23 弗朗西斯·培根 1963年作 转身
估　价：GBP 6,000,000～8,000,000
成交价：RMB 63,407,544
198cm × 147.5cm 伦敦苏富比 2020-02-11

1128 弗朗西斯·培根 1979年作 肖像习作
估　价：HKD 28,000,000～38,000,000
成交价：RMB 33,200,485
35.4cm×30.5cm 香港苏富比 2020-10-06

271 高野绫 2010年作 诺亚和洪水
估　价：RMB 600,000～800,000
成交价：RMB 1,046,500
181.8cm×454.6cm 上海匡时 2020-08-05

91 高瑀 2013年作 邪路
估　价：RMB 500,000～800,000
成交价：RMB 1,150,000
120cm×200cm 永乐拍卖 2020-12-04

117 高露迪 2015—2016年作 煎蛋
估　价：RMB 100,000～150,000
成交价：RMB 322,000
120cm×150cm 永乐拍卖 2020-12-04

139 傅庆豊 2007年作 鹤立
估　价：HKD 22,000～32,000
成交价：RMB 467,811
27cm×19cm 中国嘉德 2020-10-08

11 格哈德·里希特 城市景观 SA
估　价：GBP 1,800,000～2,500,000
成交价：RMB 19,611,975
124cm×124cm 伦敦苏富比 2020-02-11

1429 高瑀 2006年作 最乖的女孩儿
估　价：RMB 200,000～300,000
成交价：RMB 460,000
200cm×300cm 中国嘉德 2020-08-17

1413 耿鑫 2018年作 黄洛红瑶 带框
估　价：RMB 180,000
成交价：RMB 322,000
65cm×65cm 北京翰海 2020-09-12

1118 格哈德·里希特 1987年作 抽象画（649-2）
估　价：HKD 120,000,000～140,000,000
成交价：RMB 189,089,911
200cm×200cm 香港苏富比 2020-10-06

140 古那弯 1980年作 把酒言欢
估　价：HKD 2,800,000～3,800,000
成交价：RMB 3,150,440
130cm×190cm 佳士得 2020-07-10

268 古那弯 闲暇时光
估　价：HKD 1,600,000～2,600,000
成交价：RMB 1,695,000
94cm×131cm 佳士得 2020-07-11

1368 顾德新 1983年作 A07
估　价：RMB 280,000～380,000
成交价：RMB 713,000
128cm×85cm 中国嘉德 2020-08-17

1365 顾德新 1982年作 B25
估　价：RMB 120,000～180,000
成交价：RMB 322,000
107.5cm×82.5cm 中国嘉德 2020-08-17

151 顾福生 1993年作 娃娃
估　价：HKD 250,000～350,000
成交价：RMB 259,895
132cm×76.2cm 中国嘉德 2020-10-08

1717 关良 西湖素装
估　价：RMB 3,800,000～5,800,000
成交价：RMB 6,325,000
35cm×44.5cm 中国嘉德 2020-12-05

15 关良 1930—1940年代作 果蔬
估　价：RMB 1,800,000～2,800,000
成交价：RMB 2,990,000
64cm × 78cm 永乐拍卖 2020-12-04

21 关良 1960—1963年作 除虫
估　价：HKD 1,200,000～1,800,000
成交价：RMB 2,287,076
30.2cm × 35cm 中国嘉德 2020-10-08

1037 关良 1950年作 杭州水乡
估　价：HKD 900,000～1,500,000
成交价：RMB 2,394,000
54cm × 65cm 香港苏富比 2020-07-08

722 关紫兰 1960年代作 公园泛舟
估　价：HKD 2,400,000～3,500,000
成交价：RMB 2,712,000
30cm × 50cm 香港苏富比 2020-07-09

1028 关紫兰 1930年代作 少女
估　价：HKD 3,000,000～5,000,000
成交价：RMB 8,914,800
76.5cm × 63cm 香港苏富比 2020-07-08

1029 关紫兰 1930年代作 春之声（小提琴）
成交价：RMB 2,280,000
44cm × 55.5cm 香港苏富比 2020-07-08

1030 关紫兰 1965年作 林溪垂钓
估　价：HKD 1,600,000～2,400,000
成交价：RMB 1,938,000
35cm × 45cm 香港苏富比 2020-07-08

1345 广廷渤 1975年作 县委书记
估　价：RMB 1,000,000～1,500,000
成交价：RMB 1,150,000
130cm × 110cm 中国嘉德 2020-08-17

1218 郭润文 1993年作 痕迹
成交价：RMB 4,025,000
80cm × 80cm 北京保利 2020-10-16

8135 郭润文 2019年作 戏剧学院学生
估　价：RMB 900,000～1,200,000
成交价：RMB 1,092,500
100cm × 80cm 华艺国际 2020-10-25

8134 [illegible]阎文 1993年作 夏困
估　价：RMB 800,000～1,200,000
成交价：RMB 920,000
120cm [illegible] 120cm 华艺国际 2020-10-15

2041 何多苓 1993年作 白马与女人
估　价：HKD 4,000,000~6,000,000
成交价：RMB 4,021,440
90cm × 112cm 保利香港 2020-12-08

1215 何多苓 20[illegible]年作 今晚将要下雪
估　价：RMB [illegible]00,000～4,500,000
成交价：RMB [illegible]12,500
150cm × 130cm 北京保利 2020-10-16

8126 何多苓 1990年作 窗前的女人
估　价：RMB 8,000,000～12,000,000
成交价：RMB 11,500,000
100cm × 80cm 华艺国际 2020-10-15

8133 何多苓 2008年作 被偷走的孩子
估　价：RMB 1,000,000～1,500,000
成交价：RMB 2,185,000
110cm×154cm 华艺国际 2020-10-15

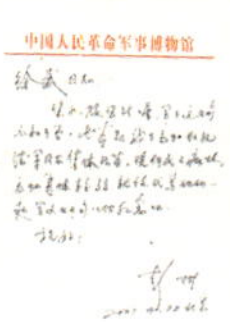

220 何孔德 高虹 彭彬 步调一致才能得胜利 镜心
成交价：RMB 120,750,000
260cm×331cm 中鸿信 2020-01-03

5024 何汶玦 2013年作 日常影像——布达拉宫 No.1
估　价：RMB 200,000～300,000
成交价：RMB 287,500
80cm×100cm 中鸿信 2020-01-04

950 何坚宁 2011年作 阳光NO.18
估　价：RMB 1,400,000～2,000,000
成交价：RMB 1,725,000
150cm×150cm 广东崇正 2020-09-13

1709 贺慕群 2001年作 花木系列
估　价：RMB 2,200,000～3,200,000
成交价：RMB 2,645,000
198.5cm×130cm 中国嘉德 2020-12-05

1324 贺慕群 1994年作 水果系列
估　价：RMB 800,000～1,000,000
成交价：RMB 943,000
100cm×73cm 中国嘉德 2020-08-17

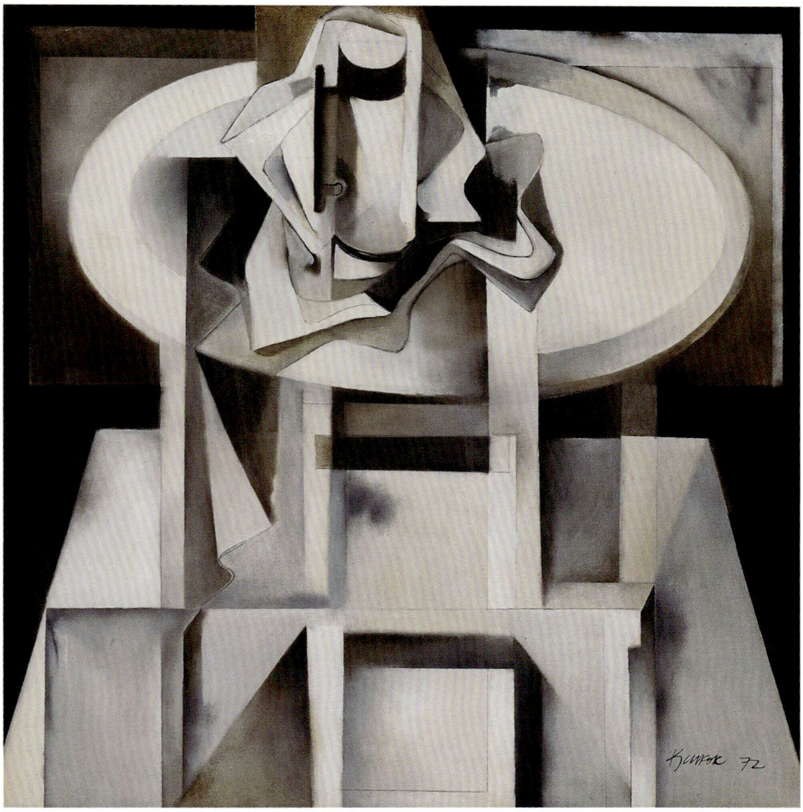

280 洪救国 黑与白，静物4
估　价：HKD 550,000～750,000
成交价：RMB 1,073,500
87.5cm×87.5cm 香港苏富比 2020-07-09

226 洪救国 1978年作 坐姿人像
估　价：HKD 300,000～500,000
成交价：RMB 639,000
60.5cm×40.[illegible]cm 佳士得 2020-12-03

133 洪凌 1999年作 秋池 油彩 画布
估　价：NTD 5,000,000～7,000,000
成交价：RMB 1,313,760
140cm×200cm 罗芙奥 2020-07-19

1721 胡善馀 1944年作 穿绿毛衣的少女
估　价：RMB 4,500,000～6,500,000
成交价：RMB 10,120,000
73cm×54cm 中国嘉德 2020-12-05

1481 胡善馀 1959年作 工地早晨
估　价：RMB 500,000～600,000
成交价：RMB 690,000
54cm×80.5cm 西泠印社 2020-08-08

1301 胡时林林 布面油画
估　价：RMB 160,000
成交价：RMB 230,000
60cm×120cm 北京翰海 2020-09-12

8353 黄佳 1991年作 带烟灰缸的肖像
估　价：RMB 250,000～350,000
成交价：RMB 287,500
100cm×80cm 华艺国际 2020-10-15

526 黄建南 梦境系列27 镜框
估　价：RMB 6,800,000～8,000,000
成交价：RMB 22,425,000
99cm×210cm 荣宝斋（济南） 2020-06-26

1025 黄建南 圣山
估　价：RMB 8,000,000～16,000,000
成交价：RMB 31,050,000
136cm×136cm 荣宝斋（南京） 2020-11-28

1032 黄建南 大地密码系列
估　价：RMB 6,000,000～12,000,000
成交价：RMB 13,800,000
70cm×70cm 荣宝斋（南京） 2020-11-28

3 黄马鼎 1981年作 声
估　价：USD 129,565～259,129
成交价：RMB 19,824,000
181cm×121cm 佳士得 2020-12-02

1105 黄马鼎 1986年作 五旬节基督堂
估　价：HKD 4,000,000～6,000,000
成交价：RMB 4,418,215
273cm×211.5cm 香港苏富比 2020-10-06

137 黄铭哲 1992—1994年作 台北东区一群女人 油彩 画布
估　价：NTD 1,300,000～2,200,000
成交价：RMB 571,200
180cm×180cm 罗芙奥 2020-07-19

661 黄显之 1964年作 南京近郊
估　价：RMB 600,000～700,000
成交价：RMB 908,500
45cm×54.5cm 北京诚轩 2020-08-16

116 黄宇兴 2016—2018年作 照耀
估　价：HKD 1,000,000～2,000,000
成交价：RMB 7,815,080
230cm × 320cm 佳士得 2020-07-10

105 黄宇兴 2019—2020年作 嘉措的宫殿
估　价：HKD 800,000～1,200,000
成交价：RMB 3,621,000
145.3cm × 230cm；12.3cm × 12.3cm 佳士得 2020-12-02

88 黄宇兴 2015年作 熔流
估　价：RMB 5,000,000～8,000,000
成交价：RMB 7,015,000
315cm × 1050cm 永乐拍卖 2020-12-04

1763 黄宇兴 2012年作 树丛
估　价：RMB 1,000,000～1,500,000
成交价：RMB 2,645,000
208cm × 336cm 中国嘉德 2020-12-05

1107 黄宇兴 2014年作 河流 漩涡
估　价：RMB 1,500,000～3,000,000
成交价：RMB 5,520,000
260cm × 600cm 北京保利 2020-10-16

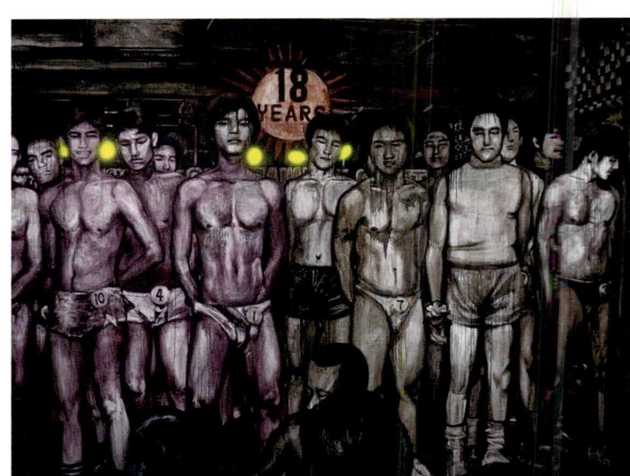

1415 黄宇兴 2006年作 十八岁
估　价：RMB 300,000～400,000
成交价：RMB 1,058,000
250cm × 340cm 中国嘉德 2020-08-17

772 霍刚 2000年作 无题
估　价：HKD 350,000～550,000
成交价：RMB 610,533
210.5cm×120.5cm 香港苏富比 2020-10-06

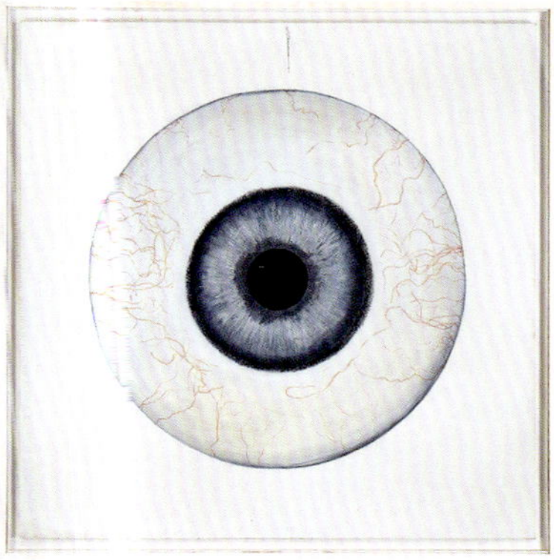

1406 季大纯 2005年作 眼球
估　价：RMB 250,000～350,000
成交价：RMB 322,000
150cm×150cm 中国嘉德 2020-08-17

207 加贺温 2015—2018年作 Orange Eaters（Remixed）
估　价：HKD 60,000～90,000
成交价：RMB 429,400
150.2cm×120.5cm 佳士得 2020-07-11

107 加藤泉 2008年作 无题
成交价：RMB 1,384,500
130.3cm×194cm 佳士得 2020-12-02

14 贾蔼力 2009年作 不混合
估　价：USD 1,036,516～1,554,774
成交价：RMB 65,088,800
267.3cm×207cm 佳士得 2020-12-02

1110 贾蔼力 2006年作 二月物语——永远（海）
估 价：RMB 18,000,000～28,000,000
成交价：RMB 20,700,000
300cm×600cm 北京保利 2020-10-16

861 贾蔼力 2010年作 蓝山
估 价：RMB 7,000,000～12,000,000
成交价：RMB 21,850,000
210cm×270cm 永乐拍卖 2020-08-18

106 贾蔼力 2008年作 疯景
估 价：RMB 3,800,000～4,800,000
成交价：RMB 5,750,000
200cm×240cm 永乐拍卖 2020-12-04

5026 贾新光 2013年作 梦回故园（双联）
估 价：RMB 200,000～300,000
成交价：RMB 253,000
150cm×105cm×2 中鸿信 2020-01-04

552 菅井汲 1987年作 无题
估 价：HKD 300,000～500,000
成交价：RMB 333,018
197cm×197cm 香港苏富比 2020-10-07

1509 靳尚谊 1994年作 画家詹建俊
估 价：RMB 12,000,000～18,000,000
成交价：RMB 13,800,000
120cm×115cm 中国嘉德 2020-08-17

8016 靳尚谊 1979年作 小崔
估　价：RMB 5,000,000～8,000,000
成交价：RMB 10,580,000
81cm×56cm 中贸圣佳 2020-10-17

1774 康海涛 200[illegible]年作 爬藤蔓的房子
估　价：RMB 4[illegible]000～600,000
成交价：RMB 1,[illegible]8,000
102cm×189cm 中国嘉德 2020-12-05

1111 康海涛 2007年作 老房子
估　价：RMB 300,000～400,000
成交价：RMB 782,000
112cm×157cm 北京保利 2020-10-16

47 柯奈尔 1989年作 展翅 油彩 画布
估　价：NTD 1,200,000～1,800,000
成交价：RMB 342,720
100cm×100cm 罗芙奥 2020-07-19

1122 克里夫・斯蒂 1946—1947年作 PH-306
估　价：HKD 54,000,000～84,000,000
成交价：RMB 57,983,916
136.5cm×71.2cm 香港苏富比 2020-07-09

1059 勒迈耶 花园里的峇里女郎
估　价：HKD 4,500,000～6,800,000
成交价：RMB 6,726,000
100cm×120cm 香港苏富比 2020-07-08

123 勒迈耶 班卡尔神庙
估　价：HKD 3,500,000～4,500,000
成交价：RMB 3,584,369
75.5cm×90cm 佳士得 2020-07-10

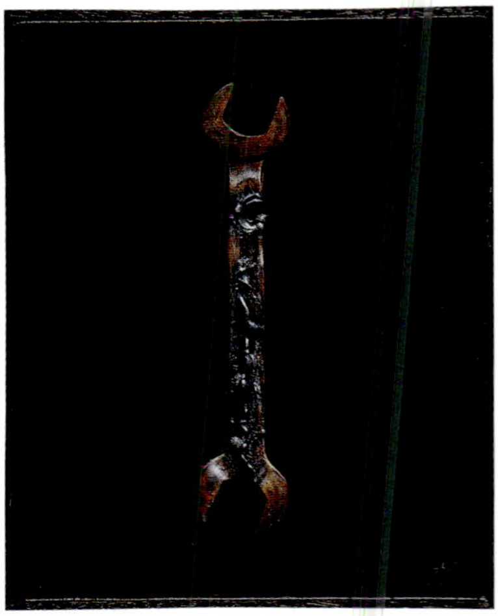

144 冷军 2000年作 工具系列
估　价：HKD 400,000～600,000
成交价：RMB 373,352
25.6cm×20.8cm 保利香港 2020-07-12

1061 勒迈耶 农村少女
估　价：HKD 4,000,000～6,000,000
成交价：RMB 4,974,960
97cm×151cm 香港苏富比 2020-07-08

8136 冷军 2019年作 黄衣少女
估　价：RMB 2,000,000～2,500,000
成交价：RMB 2,530,000
70cm×50cm 华艺国际 2020-10-15

265 黎谱 玩扑克的人
估 价：HKD 220,000～350,000
成交价：RMB 1,921,000
89cm × 116cm 香港苏富比 2020-07-09

239 黎谱 花儿
估 价：HKD 200,000～300,000
成交价：RMB 1,808,000
73cm × 60.5cm 香港苏富比 2020-07-09

1101 黎清妍 2017年作 共事的人
估 价：HKD 900,000～1,200,000
成交价：RMB 2,664,144
130cm × 1[illegible]cm 香港苏富比 2020-10-06

1103 黎清妍 2013年作 从此幸福快乐地生活下去
估 价：HKD 600,000～1,200,000
成交价：RMB 2,373,000
100.3cm × 80cm 香港苏富比 2020-07-09

1020 李迪 1989年作 戏
估　价：RMB 380,000～580,000
成交价：RMB 437,000
200cm×180cm 北京保利 2020-10-16

1519 李风白 1939年作 戴妮丝肖像
估　价：RMB 400,000～500,000
成交价：RMB 460,000
55cm×46cm 中国嘉德 2020-12-05

565 李梁 丈量
估　价：RMB 200,000～250,000
成交价：RMB 253,000
150cm×120cm 广东小雅斋 2020-06-17

139 李曼峰 1959年作 和谐之家
估　价：HKD 2,000,000～2,800,000
成交价：RMB 2,147,000
90.2cm×121.8cm 佳士得 2020-07-10

319 李曼峰 约1960年作 公鸡和母鸡
估　价：HKD 150,000～250,000
成交价：RMB 1,171,500
123cm×50cm 佳士得 2020-12-03

1506 李瑞年 1975年作 争艳
估　价：RMB 800,000～1,200,000
成交价：RMB 1,840,000
100cm×[illegible]5.5cm 中国嘉德 2020-08-17

153 李强 2017年作 玉兰2017 No.6
估　价：HKD 200,000～300,000
成交价：RMB 311,874
140cm×120cm 中国嘉德 2020-10-08

24 李青萍 1990年代作 海之灵
估　价：RMB 500,000～800,000
成交价：RMB 575,000
88.5cm×122cm 永乐拍卖 2020-12-04

36 李瑞年 1977年作 迎春
估　价：RMB 8[illegible]0,000～1,600,000
成交价：RMB 1[illegible]30,000
46cm×61cm 永乐拍卖 2020-12-04

1775 李青 2012年作 崭新的厨房
估　价：RMB 350,000～550,000
成交价：RMB 460,000
227cm×300cm 中国嘉德 2020-12-05

430 李山 1993年作 胭脂系列：星
估　价：HKD 800,000～1,500,000
成交价：RMB 745,500
147.8cm×145.8cm 佳士得 2020-12-03

154 李圣子 1960年作 献给红罂粟花
估　价：HKD 3,500,000～4,500,000
成交价：RMB 4,260,000
130cm×162cm 佳士得 2020-12-02

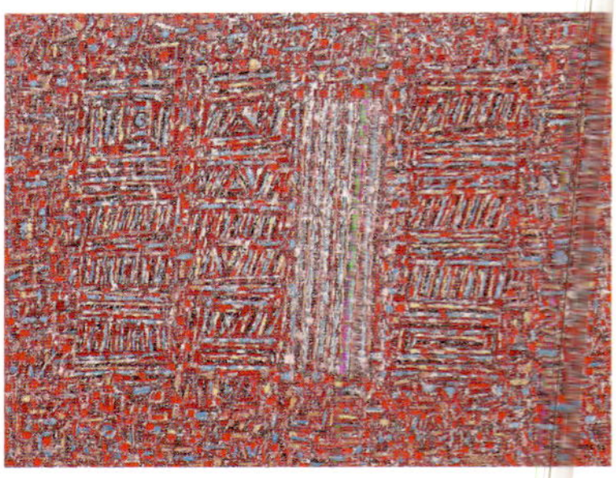

441 李圣子 1962年作 三幅肖像与一个谜
估　价：HKD 600,000～800,000
成交价：RMB 958,500
60cm×81cm 佳士得 2020-12-03

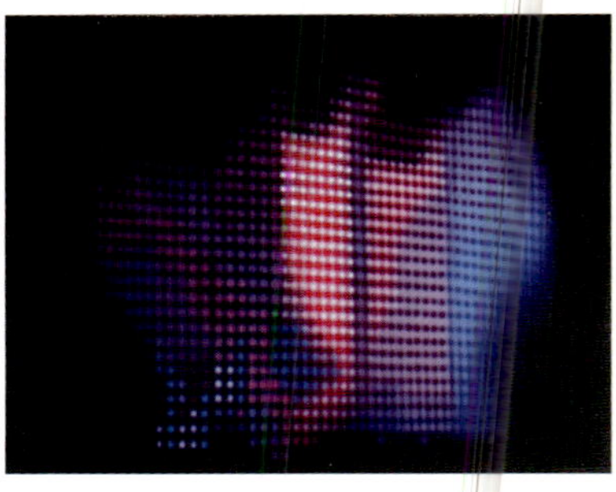

119 李姝睿 2012年作 光 No.37
估　价：RMB 100,000～200,000
成交价：RMB 241,500
180cm×240cm 永乐拍卖 2020-12-04

916 李叔同 1911年作 花卉静物
估　价：RMB 2,200,000～2,800,000
成交价：RMB 4,600,000
40cm×57cm 中鸿信 2020-01-04

1744 李天元 1990年作 来信
估　价：RMB 1,500,000～2,500,000
成交价：RMB 1,840,000
201cm×150cm 中国嘉德 2020-12-05

1503 李铁夫 1948年作 鲳与白萝卜
估　价：RMB 2,000,000～3,000,000
成交价：RMB 4,600,000
63.5cm×76.5cm 中国嘉德 2020-08-17

1705 李铁夫 1948年作 红鱼与青菜
估　价：RMB 1,500,000～2,500,000
成交价：RMB 1,725,000
63cm×7[illegible]cm 中国嘉德 2020-12-05

1386 李晓刚 午后
估　价：RMB 200,000～300,000
成交价：RMB 230,000
130cm×162cm 中国嘉德 2020-08-17

1052 李新平 2015年作 微笑之谜
估　价：RMB 800,000～1,000,000
成交价：RMB 1,035,000
90cm×60cm 北京保利 2020-10-16

1131 李禹焕 1987年作 与风
估　价：HKD 5,500,000～7,500,000
成交价：RMB 6,558,520
182cm×227.5cm 香港苏富比 2020-07-09

567 李禹焕 1981年作 从线8103
估　价：HKD 2,000,000～4,000,000
成交价：RMB 3,277,000
99.5cm×80.5cm 香港苏富比 2020-07-10

1337 李宗津 1955年作 铁路工人像
估　价：RMB 300,000～400,000
成交价：RMB 345,000
71cm×47cm 中国嘉德 2020-08-17

145 梁至青 2012年作 洋红葵百合
估　价：HKD 500,000～750,000
成交价：RMB 533,360
193.5cm×130cm 保利香港 2020-07-12

129 李禹焕 2001年作 对应
估　价：HKD 2,000,000～3,000,000
成交价：RMB 2,260,000
228cm×182cm 佳士得 2020-07-10

1109 梁远苇 2016年作 2016.06
估　价：HKD 1,400,000～2,200,000
成交价：RMB 2,664,144
190.5cm×160.5cm 香港苏富比 2020-10-06

129 廖继春 约1960年代作 圣母院
估　价：HKD 800,000～1,200,000
成交价：RMB 831,664
45.5cm×53cm 中国嘉德 2020-10-08

8109 林风眠 霸王别姬
估　价：RMB 4,800,000～6,800,000
成交价：RMB 8,280,000
67cm×67cm 华艺国际 2020-10-15

741 林风眠 约1959—1960年代作 中国戏曲系列：刺王僚（鱼肠剑）
估　价：HKD 6,000,000～10,000,000
成交价：RMB 7,829,447
57cm×46cm 香港苏富比 2020-10-06

8108 林风眠 京剧系列连环套
估　价：RMB 4,800,000～6,800,000
成交价：RMB 7,590,000
55.5cm×43cm 华艺国际 2020-10-15

1045 林寿宇 1968—1969年作 黄、白和灰
估　价：HKD 2,600,000～4,500,000
成交价：RMB 2,964,000
96.3cm×102.2cm 香港苏富比 2020-07-08

1627 刘锋植 2004年作 月光
估　价：RMB 180,000～280,000
成交价：RMB 402,500
160.5cm×100cm 中国嘉德 2020-12-05

140 林寿宇 1971年作 第一个早晨
估　价：HKD 1,400,000～2,000,000
成交价：RMB 1,493,408
64cm×64cm 保利香港 2020-07-12

1376 刘刚 1990年作 女人体
估　价：RMB 250,000～350,000
成交价：RMB 598,000
93cm×70cm 中国嘉德 2020-08-17

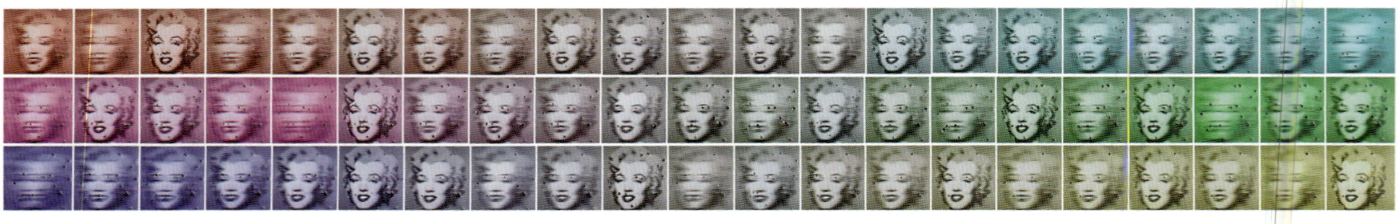

270 刘广云 2014年作 轮回——玛丽莲·梦露
估　价：RMB 1,800,000～2,500,000
成交价：RMB 2,300,000
60cm×60cm×63 上海匡时 2020-08-05

952刘玖通 2019年作 无题NO.8
估　价：RMB 360,000～480,000
成交价：RMB 414,000
100cm×100cm×3 广东崇正 2020-09-13

47 刘炜 2004年作 风景
估　价：RMB 1,000,000～2,000,000
成交价：RMB 4,600,000
140cm×130cm 永乐拍卖 2020-12-04

1124 刘炜 1995年作 香蕉
估　价：HKD 6,000,000～10,000,000
成交价：RMB 18,809,350
300cm×150.[illegible]cm 香港苏富比 2020-10-06

1522 刘炜 1998年作 你吸烟吗?
估　价：RMB 7,000,000～10,000,000
成交价：RMB 8,050,000
49.5cm×59.5cm 中国嘉德 2020-08-17

1715 刘海粟 1956年作 太湖渔舟
估　价：RMB 18,500,000～28,500,000
成交价：RMB 23,230,000
72cm×92cm 中国嘉德 2020-12-05

109 刘晓辉 2015年作 无题——绿裙子
估　价：RMB 100,000～200,000
成交价：RMB 494,500
180cm×160cm 永乐拍卖 2020-12-04

297 刘抗 村庄
估　价：HKD 280,000～380,000
成交价：RMB 316,400
63.5cm×80cm 香港苏富比 2020-07-09

225 刘韡 2008年作 紫气 D1
估　价：HKD 2,000,000～2,500,000
成交价：RMB 4,018,280
180cm×220cm 佳士得 2020-07-11

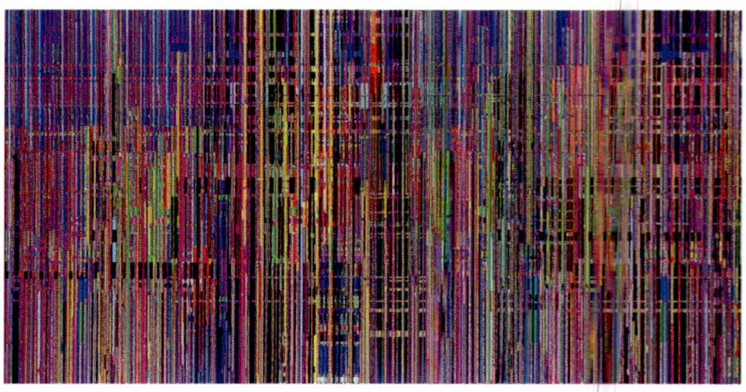

111 刘韡 2015年作 无题
估　价：RMB 2,800,000～3,800,000
成交价：RMB 5,175,000
300cm×200cm×3 永乐拍卖 2020-12-04

54 刘小东 2004年作 战地写生——新十八罗汉像
成交价：RMB 80,500,000
200cm × 100cm × 18 永乐拍卖 2020-12-04

10 刘野 2006年作 黑白灰的构图
估　价：USD 1,813,903～2,850,419
成交价：RMB 128,525,600
160cm × 140cm 佳士得 2020-12-02

1519 刘小东 1993年作 春懒人闲
成交价：RMB 5,520,000
157cm × 172cm 中国嘉德 2020-08-17

66 刘小东 2011年作 还是粉凤凰
成交价：RMB 4,025,000
283cm × 283cm 永乐拍卖 2020-12-04

112 刘野 2003年作 读书的女人
估　价：HKD 8,000,000～12,000,000
成交价：RMB 12,481,800
100cm × 80cm 佳士得 2020-12-02

120 刘野 2001年作 蒙德里安在伦敦
成交价：RMB 20,724,200
150cm × 150cm 佳士得 2020-07-10

425 刘野 1998年作 男孩与鱼2
估　价：HKD 10,000,000～15,000,000
成交价：RMB 13,504,200
100cm × 100cm 佳士得 2020-12-03

1125 刘野 2008年作 让我留在黑暗里
估　价：HKD 25,000,000～35,000,000
成交价：RMB 40,994,592
219.7cm×299.7cm 香港苏富比 2020-07-09

1129 刘野 1994年作 佛罗伦萨
估　价：HKD 7,000,000～9,000,000
成交价：RMB 9,748,265
119.7cm×150.2cm 香港苏富比 2020-10-06

22 刘易斯·安克坦 1889年作 盥洗室内的女子
估　价：GBP 400,000～600,000
成交价：RMB 12,090,413
92cm×73cm 伦敦佳士得 2020-02-05

224 刘野 1993年作 完美绘画
估　价：HKD 2,800,000～4,800,000
成交价：RMB 12,045,800
35cm×24cm 佳士得 2020-07-11

218 六角彩子 2007年作 姊妹
估　价：NTD 3,000,000～5,000,000
成交价：RMB 2,716,560
130.5cm×162cm 罗芙奥 2020-12-06

1501 龙家升 2016年作 Labubu Rise Up
估　价：RMB 160,000～260,000
成交价：RMB 207,000
42cm×29.7cm 永乐拍卖 2020-08-18

600 六角彩子 2017年作 无题
估　价：HKD 300,000～400,000
成交价：RMB 2,442,132
130.3cm×160.[illegible]cm 香港苏富比 2020-10-07

20 卢齐欧·封塔纳 1964年作 空间概念，等待
估　价：GBP 1,300,000～1,800,000
成交价：RMB 13,119,735
95cm×74cm 伦敦苏富比 2020-02-11

1138 鲁道夫·斯丁格尔 2010年作 无题
估　价：HKD 11,000,000～21,000,000
成交价：RMB 12,091,000
210.8cm×170.2cm 香港苏富比 2020-07-09

39 罗尔纯 1987年作 着红裙子的傣族女孩
估　价：RMB 800,000～1,600,000
成交价：RMB 1,150,000
100cm×81.5cm 永乐拍卖 2020-12-04

56 罗中立 1992年作 牵手过河
估　价：RMB 4,800,000～5,800,000
成交价：RMB 5,520,000
160cm×200cm 永乐拍卖 2020-12-04

827 罗尔纯 1990年作 荷塘蛙声
成交价：RMB 690,000
65cm×85cm 永乐拍卖 2020-08-18

949 罗中立 1999年作 收获
估　价：RMB 2,000,000～3,000,000
成交价：RMB 2,300,000
100cm×90cm 广东崇正 2020-09-13

1015 罗中立 1990年作 彝寨
估　价：RMB 1,500,000～1,800,000
成交价：RMB 2,070,000
62cm×52cm 北京保利 2020-10-16

2043 罗中立 1990年作 夕阳
估　价：HKD 2,000,000~3,000,000
成交价：RMB 2,010,720
96cm×128cm 保利香港 2020-12-08

1002 吕斯百 1950年作 工厂
估　价：RMB 500,000～700,000
成交价：RMB 575,000
41.5cm×55cm 北京保利 2020-10-16

1103 马轲 2013年作 证据
估　价：RMB 300,000～450,000
成交价：RMB 586,500
200cm×200cm 北京保利 2020-10-16

29 玛丽亚·艾莲娜·维埃拉·达·席尔瓦 燃烧 II或火焰
估　价：GBP 1,200,000～1,800,000
成交价：RMB 14,742,795
81cm×100cm 伦敦苏富比 2020-02-11

22 玛琳·杜马斯 大教堂
估　价：GBP 2,200,000～2,800,000
成交价：RMB 28,268,295
229.9cm×60.3cm 伦敦苏富比 2020-02-11

1122 玛琳·杜马斯 2005年作 婴儿(2)
估　价：HKD 19,500,000～23,500,000
成交价：RMB 21,474,375
130cm×110cm 香港苏富比 2020-10-06

81 毛旭辉 1994年作 日常史诗：自行车
估　价：RMB 800,000～1,600,000
成交价：RMB 920,000
180cm×130cm 永乐拍卖 2020-12-04

1222 毛焰 1994年作 苏童、常进、鲁羊、李小山
估　价：RMB 28,000,000～38,000,000
成交价：RMB 31,050,000
200cm×300cm 北京保利 2020-10-16

1225 毛焰 2011年作 厨师艾伦·罗伯森
估　价：RMB 1,800,000～3,800,000
成交价：RMB 2,530,000
150cm×110cm 北京保利 2020-10-16

1742 毛焰 19[illegible]年作 记忆或者舞蹈的黑色玫瑰
估　价：RMB 18,000,000～28,000,000
成交价：RMB 20,700,000
220cm×150cm 中国嘉德 2020-12-05

206 梅忠恕 1937年作 顺化少女
估　价：HKD 1,800,000～2,400,000
成交价：RMB 2,130,000
佳士得 2020-12-03

1045 孟禄丁 2007年作 势系列1
估　价：RMB 2,000,000～3,000,000
成交价：RMB 2,875,000
300cm×400cm 北京保利 2020-10-16

1350 米巧铭 2020年作 保持冷静
估　价：RMB 220,000～420,000
成交价：RMB 1,092,500
120cm×96cm 永乐拍卖 2020-12-04

8 奈良美智 2009年作 Agent Orange (In the Milky Lake)
估　价：USD 6,478,225～9,069,515
成交价：RMB 435,962,800
227.5cm×194cm 佳士得 2020-12-02

8084 莫雄 花之梦
估　价：RMB 250,000～350,000
成交价：RMB 402,500
170cm×84cm 中贸圣佳 2020-10-17

1135 奈良美智 2014年作 三颗星
估　价：HKD 26,000,000～36,000,000
成交价：RMB 26,193,400
180.5cm×158.5cm 香港苏富比 2020-07-09

10[illegible] 倪军 2013年作 三石榴
估　价：RMB 50,000～80,000
成交价：RMB 287,500
30cm × 50cm 北京保利 2020-10-16

1703 倪贻德 1962年作 潘天寿像
估　价：RMB 800,000～1,200,000
成交价：RMB 1,725,000
85cm × 6[illegible]cm 中国嘉德 2020-12-05

1330 倪贻德 1[illegible]60年代作 茶山蝉鸣
估　价：RMB [illegible]50,000～350,000
成交价：RMB [illegible]28,000
67.5cm × 48cm 中国嘉德 2020-08-17

8049 南宽 1981年作 内省
估　价：RMB 1,800,000~2,500,000
成交价：RMB 2,300,000
211cm × 452cm 华艺国际 2020-12-05

93 欧阳春 2008年作 王的宿命
成交价：RMB 920,000
201cm × 285cm 永乐拍卖 2020-12-04

1428 欧阳春 2003年作 星辰
成交价：RMB 575,000
179.5cm × 230cm 中国嘉德 2020-08-17

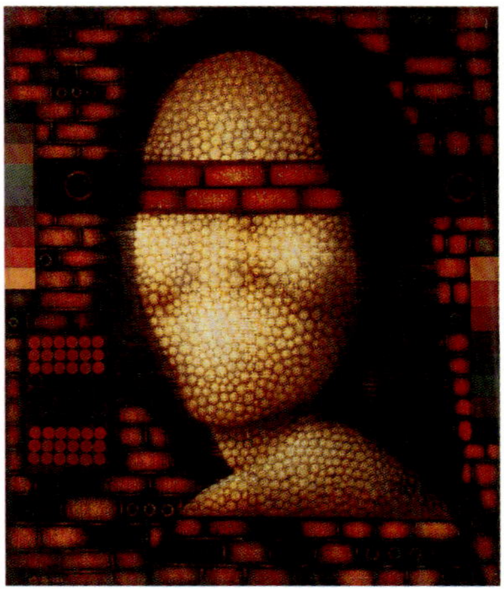

83 潘德海 1992年作 蒙娜丽莎
成交价：RMB 517,500
150cm × 130cm 永乐拍卖 2020-12-04

1046 潘全海 2015年作 睡莲
估　价：RMB 2,400,000～3,400,000
成交价：RMB 3,105,000
200cm × 75cm 北京保利 2020-10-16

1005 潘玉良 1936年作 静物 镜心
估　价：RMB 1,600,000～2,200,000
成交价：RMB 3,450,000
61.5cm × 45cm 中鸿信 2020-01-04

310 潘玉良 1942年作 绿毯上的女人体 镜心
估　价：RMB 650,000～850,000
成交价：RMB 1,150,000
29.5cm×22cm 中鸿信 2020-01-03

298 庞均 2011年作 春到徽州古镇
估　价：HKD 500,000～800,000
成交价：RMB 5,103,080
175cm×175cm 佳士得 2020-07-11

1027 庞均 2009年作 莫奈花园
估　价：HKD 2,000,000～4,000,000
成交价：RMB 6,726,000
182cm×454cm 香港苏富比 2020-07-08

126 庞均 2014年作 江南风光甲天下
估　价：HKD 900,000～1,500,000
成交价：RMB 4,260,000
150cm×300cm 佳士得 2020-12-02

126 [illegible]均 2014年作 小舟从此逝，江海寄余生
估　价：HKD 800,000～1,200,000
成交价：RMB 3,534,572
90cm×180cm 中国嘉德 2020-10-08

249 平贺敬 1986年作 料亭“辻兆”厨房风景
估　价：HKD 200,000～300,000
成交价：RMB 293,800
130.5cm×161.8cm 佳士得 2020-07-11

948 庞茂[illegible] 2009年作 巧合之二
估　价：RMB 1,400,000～2,200,000
成交价：RMB 1,610,000
160cm×2[illegible]cm 广东崇正 2020-09-13

1014 庞茂琨 1999年作 黑花瓶
估　价：RMB 700,000～900,000
成交价：RMB 782,000
116cm×91cm 北京保利 2020-10-16

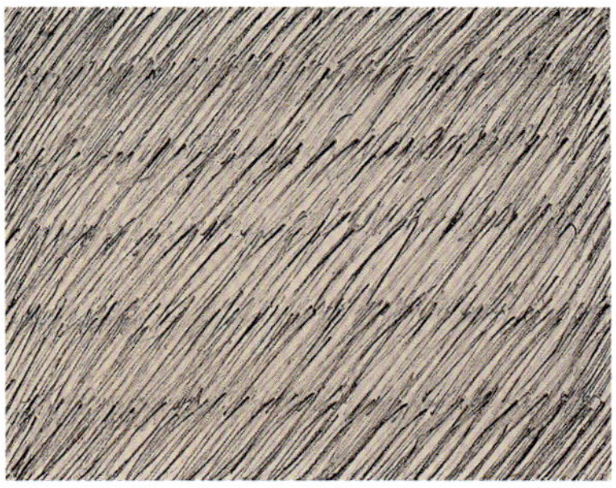

563 朴栖甫 1973年作 描法 No. 49-73
估　价：HKD 300,000～500,000
成交价：RMB 791,000
32cm×41cm 香港苏富比 2020-07-10

219 齐梦慧 20世纪70年代末—80年代初 全国各族人民大团结 镜心
估　价：RMB 1,500,000～2,500,000
成交价：RMB 6,670,000
207cm×440cm 中鸿信 2020-01-03

167 七户优 2003年作 海盗孩童
估　价：HKD 80,000～120,000
成交价：RMB 213,344
直径30cm 保利香港 2020-07-12

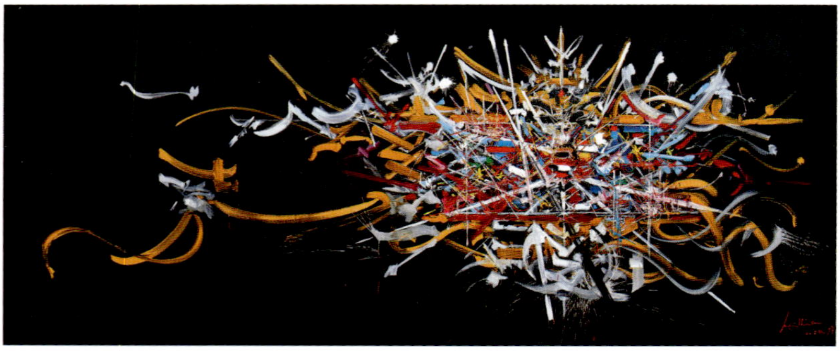

17 乔治·马修 1978年作 忆哈布斯堡王朝
估　价：USD 1,813,903～3,109,548
成交价：RMB 114,252,320
250cm×600cm 佳士得 2020-12-02

562 前川强 1965年作 作品·白
估　价：HKD 700,000～1,200,000
成交价：RMB 904,000
162.5cm×130.5cm 香港苏富比 2020-07-10

6 乔治·葛罗兹 1918年作 危险道路
估　价：GBP 4,500,000～6,500,000
成交价：RMB 88,460,951
47.3cm×65.3cm 伦敦佳士得 2020-02-05

18 乔治·康多 2010年作 舞者
估　价：USD 2,461,726～3,757,371
成交价：RMB 160,244,000
152.4cm×183cm 佳士得 2020-12-02

136 邱亚才 1998年作 女人肖像 油彩 画布
估　价：NTD 1,600,000～2,600,000
成交价：RMB 485,520
116cm×91cm 罗芙奥 2020-07-19

1762 秦琦 2006年作 南湖小学（双联作）
估　价：RMB 700,000～900,000
成交价：RMB 1,265,000
187.5cm×250cm×2 中国嘉德2020-12-05

612 仇晓飞 2014年作 海童
估　价：HKD 400,000～700,000
成交价：RMB 688,237
180cm×140cm 香港苏富比 2020-10-07

[illegible]112 秦琦 2006年作 漂亮的车头1号
估　价：HKD 800,000～1,500,000
成交价：RMB 1,356,000
250cm×188cm 香港苏富比 2020-07-09

1771 仇晓飞 2005年作 火车站
估　价：RMB 1,200,000～1,800,000
成交价：RMB 2,415,000
90cm×120cm 中国嘉德 2020-12-05

1373 任戬 1991年作 集邮系列（一组六件）
估　价：RMB 350,000～450,000
成交价：RMB 402,500
50cm×50cm×6 中国嘉德 2020-08-17

275 全光荣 1987年作 ONT-002
估　价：HKD 800,000～1,200,000
成交价：RMB 904,000
152cm×182cm 佳士得 2020-07-11

1132 塞西丽·布朗 2004年作 公园
估　价：HKD 12,000,000～20,000,000
成交价：RMB 17,515,000
196cm×279cm
香港苏富比 2020-07-09

1332 沙耆 1940年作 瓶花静物
估　价：RMB 500,000～600,000
成交价：RMB 575,000
59cm×48cm 中国嘉德 2020-08-17

865 [illegible]者 裸女与马
估 价：RMB 400,000~600,000
成交价：RMB 460,000
119cm × 78cm 朵云轩 2020-09-24

8376 单凡 2020年作 缓慢之作（一组十件）
估 价：RMB 1,650,000~1,850,000
成交价：RMB 1,897,500
140cm × 100cm × 10 华艺国际 2020-10-15

8 尚·米[illegible]·巴斯基亚 橡胶
估 价：GBP 6,000,000~8,000,000
成交价：RMB 67,515,689
218.5cm × 173cm 伦敦苏富比 2020-02-11

1511 尚扬 1984年作 楚人竞渡图
估 价：RMB 8,000,000~12,000,000
成交价：RMB 9,200,000
106.5cm × 188cm 中国嘉德 2020-08-17

1 莎拉·休斯 2016年作 High Waters
估 价：USD 103,652~155,477
成交价：RMB 27,258,000
172.7cm × 152.4cm
佳士得 2020-12-02

1179 沈敬东 2007年作 英雄系列——百炖
估 价：RMB 800,000~1,000,000
成交价：RMB 1,150,000
200cm × 300cm 北京翰海 2020-12-12

52 尚扬 1995年作 有阳光的大风景之二
估　价：RMB 2,000,000～3,000,000
成交价：RMB 2,530,000
97cm×130cm 永乐拍卖 2020-12-04

2044 石冲 1994年作 行走的人之二
估　价：HKD 7,000,000~10,000,000
成交价：RMB 7,540,200
180.1cm×81cm 保利香港 2020-12-08

833 尚扬 2009年作 册页-8
估　价：RMB 800,000～1,200,000
成交价：RMB 1,322,500
100cm×150cm 永乐拍卖 2020-08-18

1032 石冲 2006年作 物语——水、空气和身体
估　价：RMB 300,000～500,000
成交价：RMB 356,500
50cm×36cm 北京保利 2020-10-16

276 沈文燮 2017年作 呈现
估　价：HKD 350,000～550,000
成交价：RMB 226,000
130cm×161.7cm 佳士得 2020-07-11

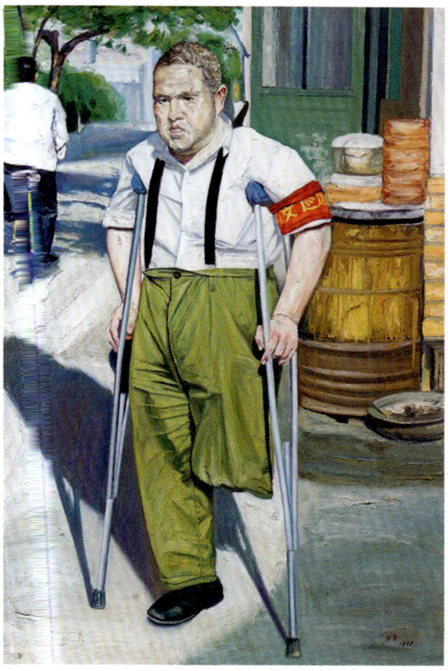

1552 石良 1998年作 巡
估　价：RMB 180,000～280,000
成交价：RMB 212,750
180cm × 120cm 西泠印社 2020-08-08

1104 宋琨 2014年作 自画像No.1
估　价：RMB 400,000～800,000
成交价：RMB 632,500
160cm × 110cm 北京保利 2020-10-16

1166 宋琨 2015年作 泛灵净界・阿修罗No.1—No.9
估　价：RMB 600,000~700,000
成交价：RMB 1,127,000
40cm × 30cm × 9 北京翰海 2020-12-12

106 石田彻也 1996年作 屋顶避难者
估　价：HKD 2,000,000～3,000,000
成交价：RMB 4,235,240
145.8cm × 103.3cm 佳士得 2020-07-10

8365 宋琨 2011年作 饮鸩者
估　价：RMB 100,000～150,000
成交价：RMB 460,000
45cm × 65cm 华艺国际 2020-10-15

549 宋易格 2011年作 千金裘
估　价：HKD 80,000～150,000
成交价：RMB 832,545
153cm × 192cm 香港苏富比 2020-10-07

1507 苏天赐 1994年作 樱花
估　价：RMB 800,000～1,200,000
成交价：RMB 3,852,500
84cm×67cm 中国嘉德 2020-08-17

1458 苏天赐 1994年作 霜晨
估　价：RMB 700,000～900,000
成交价：RMB 805,000
49.5cm×73cm 西泠印社 2020-08-08

316 苏佐佐诺 船
估　价：HKD 700,000～900,000
成交价：RMB 1,017,000
70cm×126cm 香港苏富比 2020-07-09

1056 苏佐佐诺 自画像与玫瑰
估　价：HKD 1,000,000～2,000,000
成交价：RMB 1,140,000
100cm×100cm 香港苏富比 2020-07-08

1420 孙纲 2010年作 坝上夏日 带框
估　价：RMB 200,000
成交价：RMB 322,000
97cm×130cm 北京翰海 2020-09-12

1018 孙会忠 红玫瑰
估　价：RMB 300,000～400,000
成交价：RMB 575,000
160cm × 80cm 北京保利 2020-10-16

650 孙宗慰 1940年作 青年自画像
估　价：RMB 500,000～600,000
成交价：RMB 1,058,000
直径45cm 北京诚轩 2020-08-16

8 塔玛拉·德·蓝碧嘉 1932年作 马乔里·费里肖像
估　价：GBP 8,000,000～12,000,000
成交价：RMB 148,763,160
100cm × 65cm 伦敦佳士得 2020-02-05

171[illegible] 孙宗慰 1950年作 石景山钢铁厂一角
估　价：RMB 1,500,000～2,500,000
成交价：RMB 4,025,000
129.5cm × 88.5cm 中国嘉德 2020-12-05

1318 谭华牧 1960年代作 和风
估　价：RMB 250,000～350,000
成交价：RMB 368,000
38.5cm × 49cm 中国嘉德 2020-08-17

8022 谭平 2014年作 无题
估　价：RMB 700,000~1,200,000
成交价：RMB 1,782,500
200cm×300cm 华艺国际 2020-12-05

1580 谭平 2008年作 感动2号
估　价：RMB 200,000~300,000
成交价：RMB 805,000
200cm×160cm 中国嘉德 2020-12-05

37 汤姆·卫索曼“裁剪裸女”习作
估　价：GBP 800,000~1,200,000
成交价：RMB 8,791,575
109.3cm×172cm 伦敦苏富比 2020-02-11

1392 唐志冈 1997年作 射出
估　价：RMB 250,000~350,000
成交价：RMB 287,500
149.5cm×180cm 中国嘉德 2020-08-17

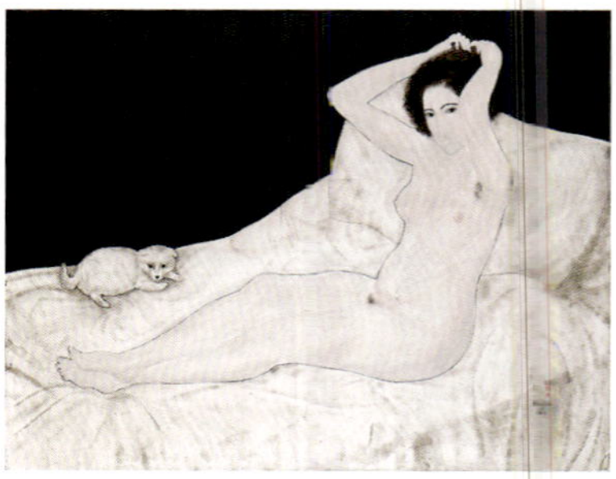

135 藤田嗣治 1921年作 侧卧的裸女与一只小狗
估　价：HKD 10,000,000~15,000,000
成交价：RMB 31,907,400
89cm×116cm 佳士得 2020-12-02

1206 藤田嗣治 1956年作 抱猫女孩
估　价：RMB 6,000,000~12,000,000
成交价：RMB 10,350,000
46cm×38cm 北京保利 2020-10-16

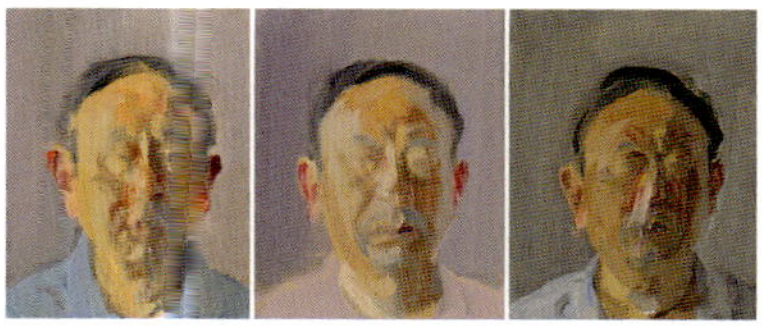

108 童雁汝南 2019—2020年作 肖像三联作
估　价：RMB 650,000～850,000
成交价：RMB 862,500
41cm × 33cm × 3 永乐拍卖 2020-12-04

1768 屠宏涛 2011年作 远眺风云卷
估　价：RMB 600,000～800,000
成交价：RMB 747,500
150cm × 210cm 中国嘉德 2020-12-05

98 王光乐 2002年作 午后之九
估　价：RMB 3,500,000～4,500,000
成交价：RMB 4,370,000
180cm × 140cm 永乐拍卖 2020-12-04

1111 屠宏涛 2012年作 语无伦次的夏天
估　价：HKD 1,200,000～2,000,000
成交价：RMB 1,356,000
210cm × 320cm 香港苏富比 2020-07-09

78 王广义 1986—1989年作 国际政治——必要的会谈
估　价：RMB 3,000,000～4,000,000
成交价：RMB 3,450,000
120cm × 150cm 永乐拍卖 2020-12-04

62 妥木斯 1993年作 启
估　价：HKD 300,000～400,000
成交价：RMB 311,874
65cm × 90cm 中国嘉德 2020-10-08

8360 王川 2009年作 浪
估　价：RMB 150,000～200,000
成交价：RMB 483,000
100cm × 150cm 华艺国际 2020-10-15

624 王广义 1995年作 红色签证
估　价：HKD 300,000～500,000
成交价：RMB 555,030
150cm × 150cm 香港苏富比 2020-10-07

8019 王海力 随行
估　价：RMB 800,000～1,500,000
成交价：RMB 2,185,000
180cm×120cm 中贸圣佳 2020-10-17

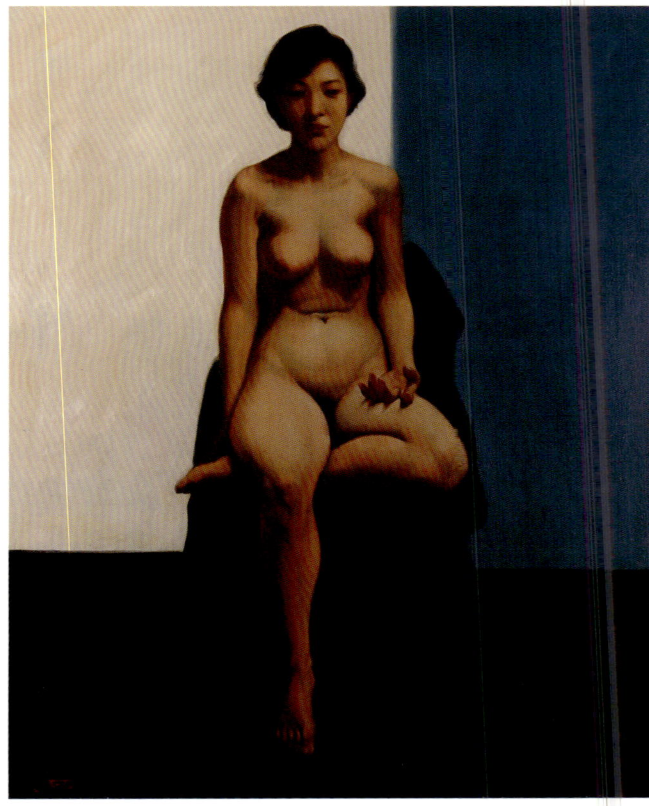

8017 王海力 2011年作 坐在椅子上的女人体
估　价：RMB 500,000～800,000
成交价：RMB 1,058,000
120cm×100cm 中贸圣佳 2020-10-17

1043 王宏月 2020年作 马
估　价：RMB 1,200,000～2,000,000
成交价：RMB 1,380,000
120cm×80cm 北京保利 2020-10-16

8354 王华祥 1993年作 组画之一
估　价：RMB 300,000～500,000
成交价：RMB 345,000
46.5cm×55cm 华艺国际 2020-10-15

1409 王宏峥 2020年作 生存空间系列
成交价：RMB 437,000
直径90cm 北京翰海 2020-09-12

8313 王济远 1951年作 瓶菊
成交价：RMB 920,000
121cm×74.7cm 华艺国际 2020-10-15

8307 王济远 1950—1960年代作 倚坐女子
估　价：RMB 400,000～600,000
成交价：RMB 529,000
91.5cm×76cm 华艺国际 2020-10-15

1345 王加诺 2016年作 辛普森一家
估　价：RMB 300,000～500,000
成交价：RMB 345,000
300cm×200cm×2 永乐拍卖 2020-12-04

1502 王劼音 2013年作 无何有乡
估　价：RMB 1,000,000～1,500,000
成交价：RMB 1,610,000
88cm×576cm 西泠印社 2020-08-08

734 王劼音 2016年作 绿亭
估　价：HKD 700,000～1,200,000
成交价：RMB 943,551
200cm×100cm 香港苏富比 2020-10-06

97 王攀元 1989年作 龟山岛
估　价：HKD 950,000～1,200,000
成交价：RMB 987,601
79cm×78.5cm 中国嘉德 2020-10-08

102 王俊杰 2017年作 归途
估　价：HKD 700,000～1,500,000
成交价：RMB 9,414,600
50.5cm×40.5cm×3 佳士得 2020-12-02

411 王俊杰 2015年作 鸟二
估　价：HKD 150,000～250,000
成交价：RMB 2,023,500
74.5cm×55.7cm 佳士得 2020-12-03

143 王攀元 问君何日归故里
估　价：NTD 1,400,000～2,400,000
成交价：RMB 371,280
60.5cm×72.5cm 罗芙奥 2020-07-19

537 王兴伟 2002年作 无题（三个人体）
估　价：HKD 1,200,000～2,200,000
成交价：RMB 1,130,000
187cm×165cm 香港苏富比 2020-07-10

94 三兴伟 1999年作 无题（郊游）
估　价：RMB 4,000,000～6,000,000
成交价：RMB 4,600,000
120cm×280cm 永乐拍卖 2020-12-04

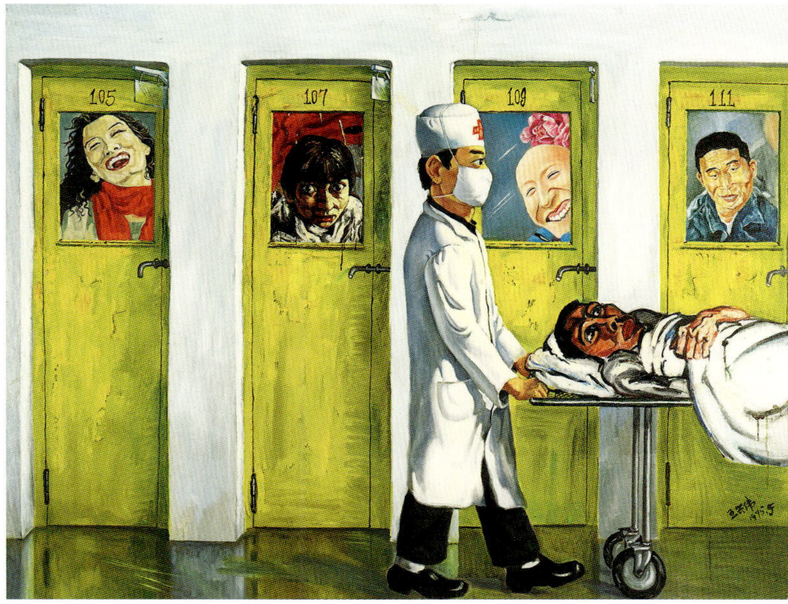

1226 王兴伟 1995年作 八五后标准表情
成交价：RMB 31,625,000
150cm×200cm 北京保利 2020-10-16

1520 王兴伟 1991年作 高粱地及画稿（一组两件）
估　价：RMB 2,800,000～3,800,000
成交价：RMB 5,692,500
140cm×172cm；15cm×19cm 中国嘉德 2020-08-17

824 王衍成 2018年作 无题
估　价：RMB 8,800,000～18,000,000
成交价：RMB 17,250,000
200cm×260cm 永乐拍卖 2020-08-18

63 王沂东 2020年作 青山海棠图
估　价：RMB 800,000～1,500,000
成交价：RMB 1,437,500
50cm×40cm 永乐拍卖 2020-12-04

721 王沂东 2018年作 碧桃图
估　价：HKD 800,000～1,600,000
成交价：RMB 1,887,102
60cm×50cm 香港苏富比 2020-10-06

1228 王衍成 2018年作 无题
估　价：RMB 13,000,000～18,000,000
成交价：RMB 25,300,000
260cm×210cm 北京保利 2020-10-16

67 王沂东 1995年作 早春
估　价：HKD 1,600,000～2,500,000
成交价：RMB 2,391,034
100cm × 80cm 中国嘉德 2020-10-08

95 王音 2015年作 无题 (左右)
估　价：RMB 350,000～650,000
成交价：RMB 2,185,000
90cm × 210cm 永乐拍卖 2020-12-04

2040 王沂东 1994年作 沂蒙娃
估　价：HKD 1,600,000~3,000,000
成交价：RMB 1,608,576
80.1cm × 99.8cm 保利香港 2020-12-08

858 王音 2006年作 花
估　价：RMB 650,000～850,000
成交价：RMB 805,000
100.4cm × 179.8cm 永乐拍卖 2020-08-18

100 王雨桐 油画
估　价：RMB 139,000
成交价：RMB 300,080
90cm × 60cm 中典国际 2020-10-20

15 伟恩 · 第伯 水果摊档
估　价：GBP 800,000～1,200,000
成交价：RMB 16,365,855
43cm×61.2cm 伦敦苏富比 2020-02-11

8083 王玉平 2000年作 鱼
估　价：RMB 250,000～350,000
成交价：RMB 368,000
101cm×220cm 中贸圣佳 2020-10-17

8122 韦启美 1988年作 魔术师
估　价：RMB 800,000～1,200,000
成交价：RMB 3,220,000
120cm×157.5cm 华艺国际 2020-10-15

906 魏巨川 中国制造——工业2.0XI
估　价：RMB 320,000～450,000
成交价：RMB 368,000
155cm×108cm 广东崇正 2020-09-13

1469 卫天霖 畅音阁
估　价：RMB 280,000～380,000
成交价：RMB 322,000
86cm×82cm 西泠印社 2020-08-08

8374 邬一名 2014年作 红与黑
估　价：RMB 100,000～200,000
成交价：RMB 230,000
150cm×190cm 华艺国际 2020-10-15

17[illegible]3 吴大羽 1980年代作 射戟辕门
估　价：RMB 8,500,000～12,000,000
成交价：RMB 12,075,000
53cm×38cm 中国嘉德 2020-12-05

1201 吴大羽 约1980年作 势韵之无题56
估　价：RMB 6,000,000～12,000,000
成交价：RMB 7,820,000
53cm×38cm 北京保利 2020-10-16

1014 吴冠中 1973年作 桂林景色
估　价：HKD 18,000,000～26,000,000
成交价：RMB 38,261,830
64.2cm×42cm 香港苏富比 2020-10-05

1501 吴大羽 夜曲
估　价：RMB 5,000,000～7,000,000
成交价：RMB 8,280,000
45.5cm×32.5cm 中国嘉德 2020-08-17

1013 吴冠中 1973年作 北国风光
成交价：RMB 133,415,116
71.7cm × 160cm 香港苏富比 2020-10-05

29 吴冠中 1975年作 乞力马扎罗雪山
成交价：RMB 43,700,000
100cm × 180cm 永乐拍卖 2020-12-04

130 吴冠中 1998年作 彩面朝天
成交价：RMB 69,000,000
100cm × 80cm 永乐拍卖 2020-12-04

813 吴冠中 2002年作 秋瑾故居
成交价：RMB 70,150,000
70cm × 140cm 永乐拍卖 2020-08-18

1724 吴冠中 1985年作 鲁迅乡土
估　价：HKD 7,000,000～12,000,000
成交价：RMB 22,047,600
46cm×53cm 香港苏富比 2020-07-08

1723 吴冠中 1985年作 江南早春
估　价：RMB 12,000,000～18,000,000
成交价：RMB 17,825,000
61cm×72cm 中国嘉德 2020-12-05

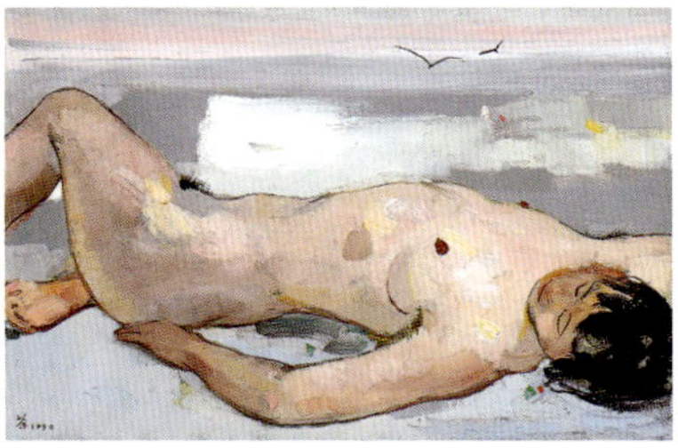

128 吴冠中 1990年作 海婴（人体）
估　价：HKD 10,000,000～15,000,000
成交价：RMB 16,571,400
61cm×92.7cm 佳士得 2020-12-02

1725 吴冠中 1960年作 牡丹花
估　价：RMB 4,300,000～6,300,000
成交价：RMB 16,100,000
50.5cm×40cm 中国嘉德 2020-12-05

649 吴作人 1943年作 芍药
估　价：RMB 600,000～800,000
成交价：RMB 3,507,500
49cm×38.5cm 北京诚轩 2020-08-16

1714 吴作人 1930年代作 坐女人体
估　价：RMB 8,000,000～12,000,000
成交价：RMB 9,430,000
130cm×90cm 中国嘉德 2020-12-05

220 武高谈 1956年作 公鸡
成交价：RMB 532,500
65cm×54cm 佳士得 2020-12-03

273 席德进 1962年作 感性的紫色
成交价：RMB 1,356,000
71.5cm×51.5cm 佳士得 2020-07-11

1331 吴作人 1938年作 风景
估　价：RMB 280,000～380,000
成交价：RMB 1,150,000
21cm×32cm 中国嘉德 2020-08-17

64 夏俊娜 2005年作 镜花缘
估　价：RMB 600,000～1,200,000
成交价：RMB 862,500
100cm × 200cm 永乐拍卖 2020-12-04

1610 夏星 1992年作 在慕尼黑皮那科可美术馆借丢勒的头发之一
估　价：RMB 400,000～500,000
成交价：RMB 460,000
120cm × 90cm 中国嘉德 2020-12-05

1401 夏俊娜 2002年作 潇湘水云
估　价：RMB 150,000～200,000
成交价：RMB 345,000
150cm × 129.5cm 中国嘉德 2020-08-17

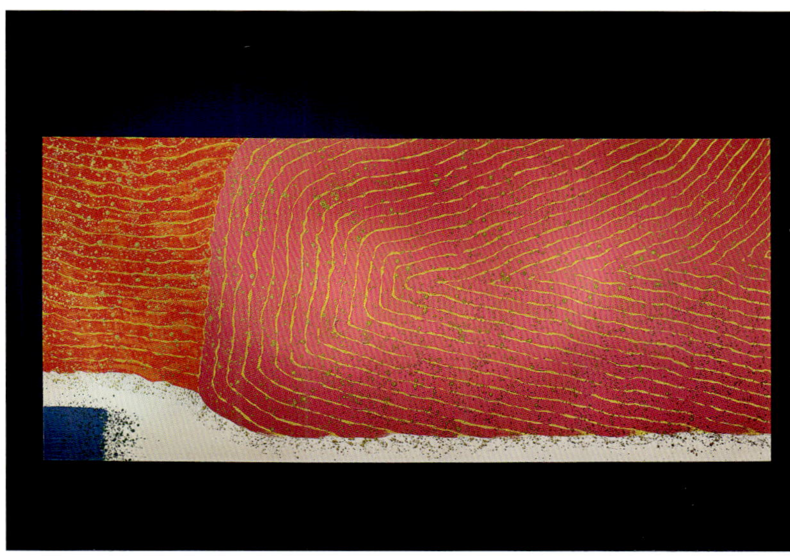

1035 萧勤 1998年作 飞越永久的花园 - 19
估　价：HKD 800,000～1,500,000
成交价：RMB 1,332,072
110cm × 250cm 香港苏富比 2020-10-05

1616 夏小万 2002年作 神游
估　价：RMB 300,000～400,000
成交价：RMB 345,000
162cm × 130cm 中国嘉德 2020-12-05

61 谢东明 2011年作 藏族小女孩儿
估　价：RMB 100,000～200,000
成交价：RMB 287,500
190cm×130cm 永乐拍卖 2020-12-04

1022 谢景兰1993年作 无题
估　价：HKD 900,000～1,800,000
成交价：RMB 3,108,168
124.5cm×99.5cm 香港苏富比 2020-10-05

97 谢南星 2006年作 无题 No.1
估　价：RMB 800,000～1,600,000
成交价：RMB 1,035,000
220cm×325cm 永乐拍卖 2020-12-04

1023 谢景兰 1972年作 从蓝绿中产生的形象
估　价：HKD 4,500,000～6,500,000
成交价：RMB 9,748,265
左：195cm×131cm；右：195cm×129.6cm
香港苏富比 2020-10-05

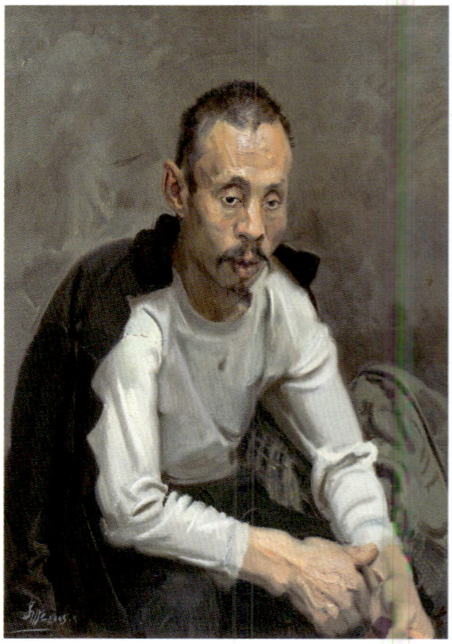

1589 忻东旺 2005年作 发呆
估　价：RMB 200,000～300,000
成交价：RMB 230,000
80cm×65cm 中国嘉德 2020-12-05

1415 熊明 2019年作 尼亚加拉瀑布 带框
估　价：RMB 1,000,000
成交价：RMB 2,875,000
60cm × 50cm 北京翰海 2020-09-12

1505 许幸之 1962年作 海港之晨
估　价：RMB 1,500,000～2,000,000
成交价：RMB 4,887,500
44cm × 61.5cm 中国嘉德 2020-08-17

1385 徐青巍 2019年作 空山不见
估　价：RMB 50,000～80,000
成交价：RMB 207,000
28cm × 23cm 中国嘉德 2020-08-17

209 徐悲鸿 1920年作 人体肖像（双面画）
估　价：RMB 10,000,000～20,000,000
成交价：RMB 10,925,000
73.5cm × 35.5cm × 2 北京保利 2020-10-16

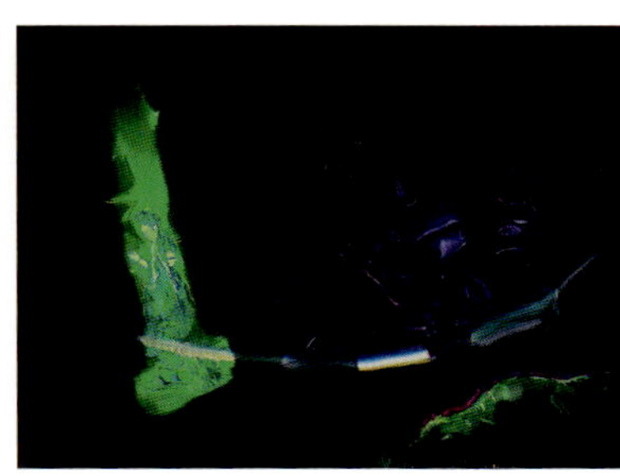

1630 许东生 2019年作 低处的灿烂
估　价：RMB 280,000～380,000
成交价：RMB 322,000
200cm × 280cm 中国嘉德 2020-12-05

1704 许幸之 1961年作 芍药花
估　价：RMB 1,200,000~1,800,000
成交价：RMB 3,335,000
48.5cm×56cm 中国嘉德 2020-12-05

8373 薛峰 2015年作 纷飞的纷飞的纷飞的
估　价：RMB 200,000~300,000
成交价：RMB 345,000
160cm×240cm 华艺国际 2020-10-15

101 祸善勤 2014年作 Haze，Doodood和Mui Mui在石澳
估　价：HKD 150,000~250,000
成交价：RMB 813,600
120cm×160cm 佳士得 2020-07-10

71 薛松 2018年作 一帆风顺
估　价：RMB 550,000~850,000
成交价：RMB 1,725,000
120cm×240cm 永乐拍卖 2020-12-04

1123 亚德里安·格尼 2016—2018年作 无眼帘
估　价：HKD 42,000,000～62,000,000
成交价：RMB 48,384,520
180.3cm×150cm 香港苏富比 2020-10-06

5 亚德里安·格尼 来客
估　价：GBP 2,500,000～3,500,000
成交价：RMB 37,731,637
210cm×165cm 伦敦苏富比 2020-02-11

1600 闫平 2011年作 雨后的冲绳
估　价：RMB 120,000～180,000
成交价：RMB 437,000
60.5cm×50.5cm 中国嘉德 2020-12-05

1712 颜文樑 1964年作 南湖旭日
估　价：RMB 7,800,000～12,000,000
成交价：RMB 27,830,000
42cm×71.5cm 中国嘉德 2020-12-05

1463 颜文樑 1974年作 玉兰花
估　价：RMB 1,500,000～2,500,000
成交价：RMB 3,392,500
28cm×37.5cm 西泠印社 2020-08-08

298 杨曼生 海滩
估　价：HKD 300,000～500,000
成交价：RMB 508,500
89cm×105cm 香港苏富比 2020-07-09

8370 颜磊 2008年作 彩轮
估　价：RMB 120,000～180,000
成交价：RMB 230,000
91cm×91cm 华艺国际 2020-10-15

156 杨三郎 富士山 油彩 画布
估　价：NTD 550,000～750,000
成交价：RMB 257,040
50cm×60cm 罗芙奥 2020-07-19

831 杨飞云 2006年作 灵视
估　价：RMB 2,000,000～3,000,000
成交价：RMB 2,300,000
125cm×115cm 永乐拍卖 2020-08-18

91 杨识宏 2015年作 奇景
估　价：HKD 220,000～320,000
成交价：RMB 395,040
71cm×161.5cm 中国嘉德 2020-10-08

8067 杨少斌 1998年作 NO.15
估　价：RMB 150,000～250,000
成交价：RMB 230,000
161cm×140cm 中贸圣佳 2020-10-17

8128 尹朝阳 雪
估　价：RMB 800,000～1,200,000
成交价：RMB 1,150,000
200cm×120cm 华艺国际 2020-10-15

231 叶子奇 2014—2020年作 太鲁阁的山棱—花莲
估　价：NTD 3,600,000～4,600,000
成交价：RMB 1,053,360
86.7cm×127.4cm 罗芙奥 2020-12-06

1416 伊慧 帝王花
估　价：RMB 300,000
成交价：RMB 575,000
100cm×80cm 北京翰海 2020-09-12

1614 尹朝阳 2009年作 广场
估　价：RMB 200,000～300,000
成交价：RMB 977,500
130cm×180cm 中国嘉德 2020-12-05

1769 由金 2015年作 无奈的观者
成交价：RMB 805,000
150cm×200cm 中国嘉德 2020-12-05

1408 于桂元 2019年作 哈尼族姑娘
估　价：RMB 350,000
成交价：RMB 3,450,000
100cm×73cm 北京翰海 2020-09-12

1446 于桂元 风景
估　价：RMB 480,000
成交价：RMB 2,070,000
60cm×90cm 北京翰海 2020-09-12

1323 余本 1949年作 捕鱼
估　价：RMB 500,000～600,000
成交价：RMB 575,000
62.5cm×75.5cm 中国嘉德 2020-08-17

1512 余友涵 2010年作 2010.09.13
估　价：RMB 1,900,000～2,500,000
成交价：RMB 2,300,000
107cm×95.5cm 中国嘉德 2020-08-17

543 余友涵 1997年作 今天之一
估　价：HKD 1,000,000～2,000,000
成交价：RMB 1,221,066
114.5cm×159cm 香港苏富比 2020-10-07

8062 喻红 1994年作 舞者
估　价：RMB 300,000～500,000
成交价：RMB 552,000
127cm×107cm 中贸圣佳 2020-10-17

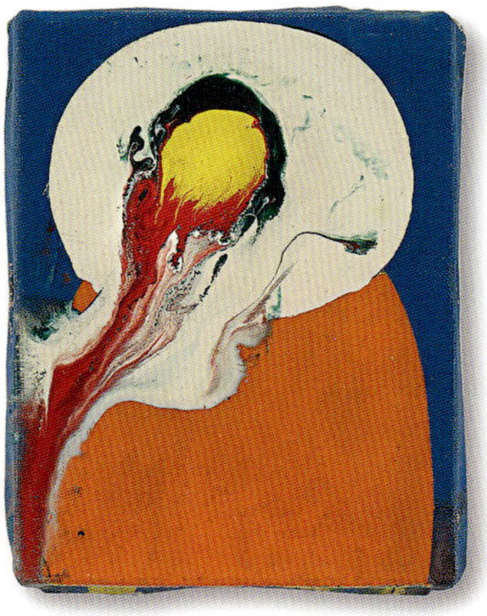

612 元永定正 1966年作 作品 压克力画布
估　价：HKD 150,000～250,000
成交价：RMB 259,900
18cm×14cm 香港苏富比 2020-07-10

8125 喻红 1989年作 怀旧的肖像（自画像）
估　价：RMB 2,500,000～3,500,000
成交价：RMB 2,875,000
129.5cm×97cm 华艺国际 2020-10-15

5032 袁文彬 2007年作 经典——奥菲利亚
估　价：RMB 400,000～600,000
成交价：RMB 575,000
150cm×200cm 中鸿信 2020-01-04

594 袁远 2015年作 一天的结束
估　价：HKD 600,000～800,000
成交价：RMB 926,600
154.5cm×229.5cm 香港苏富比 2020-07-10

1651 袁小楼 2018年作 重庆森林
估　价：RMB 180,000～280,000
成交价：RMB 207,000
80.5cm×100.5cm 中国嘉德 2020-12-05

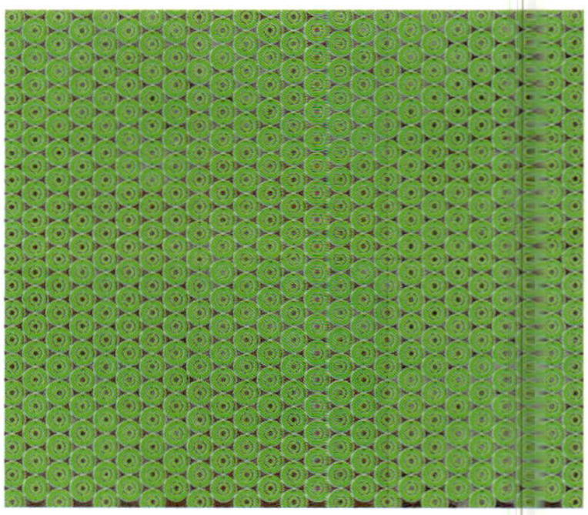

101 原弓 2014年作 不在时间当中·流变
估　价：HKD 200,000～300,000
成交价：RMB 363,853
164.5cm×190cm 中国嘉德 2020-10-08

609 袁远 2013年作 梦幻交织6号
估　价：HKD 500,000～700,000
成交价：RMB 610,533
180cm×150cm 香港苏富比 2020-10-07

627 岳敏君 1998年作 故宫
估　价：HKD 1,800,000～2,800,000
成交价：RMB 3,108,168
220cm×280cm 香港苏富比 2020-10-07

1143 岳敏君 1993年作 金鱼
估　价：HKD 2,000,000～3,000,000
成交价：RMB 6,883,960
180cm×247cm 香港苏富比 2020-07-09

626 岳敏君 1996年作 天堂
估　价：HKD 1,500,000～3,000,000
成交价：RMB 2,442,132
259cm×119.5cm×2 香港苏富比 2020-10-07

50 曾梵志 2017年作 虎
成交价：RMB 40,250,000
400cm×400cm 永乐拍卖 2020-12-04

847 曾梵志 1996年作 面具系列 1996 NO.6
成交价：RMB 161,000,000
199cm×358.6cm 永乐拍卖 2020-08-18

1127 曾梵志 1994年作 面具系列11号
估　价：HKD 12,000,000～22,000,000
成交价：RMB 20,941,370
180cm×150cm 香港苏富比 2020-10-06

134 曾佑和 1962年作 三峰（双联作）
估　价：HKD 200,000～300,000
成交价：RMB 207,916
122cm×61cm×2 中国嘉德 2020-10-08

1013 詹建俊 1988年作 默
估　价：RMB 2,000,000～3,000,000
成交价：RMB 2,185,000
100.5cm×73cm 北京保利 2020-10-16

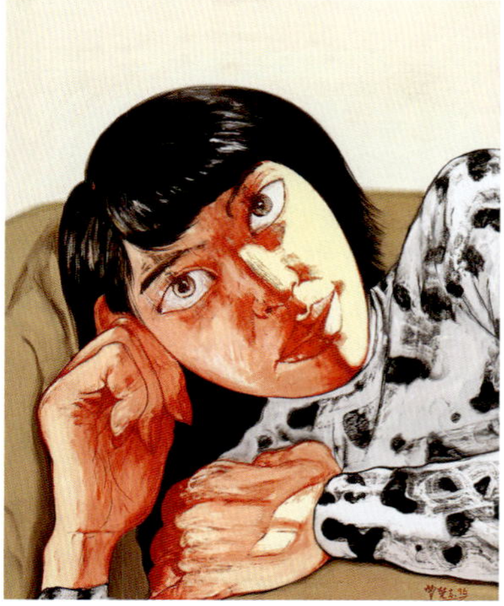

1521 曾梵志 1996年作 侧卧的女士
估　价：RMB 1,800,000～2,800,000
成交价：RMB 2,070,000
59.5cm×49.5cm 中国嘉德 2020-08-17

90 曾梵志 2012年作 无题
估　价：HKD 5,800,000～8,000,000
成交价：RMB 8,136,035
330cm×215cm 中国嘉德 2020-10-08

8127 张恩利 1997年作 扑克牌
估 价：RMB 2,500,000～3,500,000
成交价：RMB 3,162,500
168cm × 148cm 华艺国际 2020-10-15

48 张恩利 2008年作 树
估 价：RMB 1,000,000～2,000,000
成交价：RMB 2,070,000
260cm × 208cm 永乐拍卖 2020-12-04

1114 张慧 2016年作 蔓延
估 价：RMB 800,000～1,200,000
成交价：RMB 920,000
200cm × 400cm 北京保利 2020-10-16

1354 张郎郎 2016年作 印象
估 价：RMB 300,000～400,000
成交价：RMB 1,437,500
100cm × 75.5cm 中国嘉德 2020-08-17

125 张荔英 约1960年作 红毛丹
估 价：HKD 1,200,000～2,000,000
成交价：RMB 2,130,000
55cm × 38.5cm 佳士得 2020-12-02

1057 张荔英 裸女
估　价：HKD 200,000～300,000
成交价：RMB 1,482,000
73cm×54cm 香港苏富比 2020-07-08

119 张晓刚 1995年作 血缘——大家庭2号
估　价：HKD 38,000,000～48,000,000
成交价：RMB 83,525,820
180cm×230cm 佳士得 2020-12-02

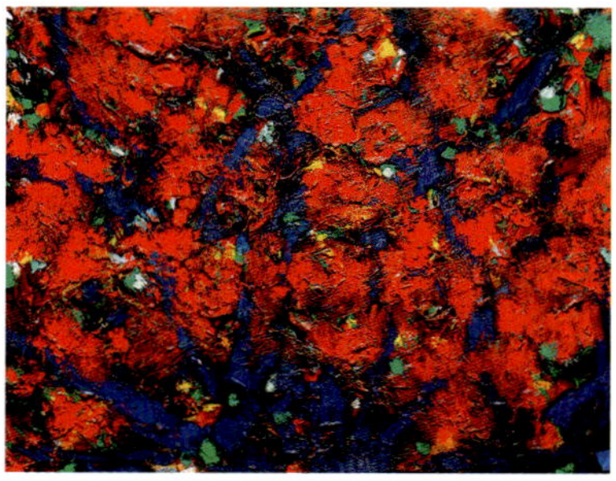

105 张淑芬 2018年作 生命的风景
估　价：HKD 200,000～300,000
成交价：RMB 623,748
91cm×116.5cm 中国嘉德 2020-10-08

8130 张晓刚 2011年作 红梅
估　价：RMB 8,000,000～10,000,000
成交价：RMB 10,350,000
200.5cm×300.5cm 华艺国际 2020-10-15

1021 张淑芬 2019年作 希望之源
估　价：HKD 400,000～800,000
成交价：RMB 2,109,000
117.4cm×90.8cm 香港苏富比 2020-07-08

544 张晓刚 2006—2008年作 失忆与记忆：2008一号
估　价：HKD 2,200,000～4,200,000
成交价：RMB 5,484,225
200cm×261cm 香港苏富比 2020-10-07

8020 张肇达 共情01
估　价：RMB 600,000～800,000
成交价：RMB 2,530,000
180cm×180cm 中贸圣佳 2020-10-17

357 张长江 2018年作 互联网时代系列-4 京东
成交价：RMB 230,000
150cm×120cm 保利厦门 2020-09-26

8364 章剑 2011年作 后海系列
估　价：RMB 200,000～300,000
成交价：RMB 483,000
250cm×200cm 华艺国际 2020-10-15

120 张晓刚 1989年作 生生息息：明天将要来临
估　价：HKD 5,500,000～8,500,000
成交价：RMB 5,325,000
99cm×79cm 佳士得 2020-12-02

1549 章仁缘 1998年作 秦韵
估　价：RMB 280,000～350,000
成交价：RMB 322,000
118cm×150cm 西泠印社 2020-08-08

73 赵春翔 1971—1973年作 母亲的生日
估　价：HKD 300,000～400,000
成交价：RMB 883,643
86cm×86cm 中国嘉德 2020-10-08

1034 赵半狄 2020年作 S的传说
估　价：RMB 600,000～800,000
成交价：RMB 977,500
65cm×45cm 北京保利 2020-10-16

8098 赵大钧 2009年作 碎冰川
估　价：RMB 150,000～250,000
成交价：RMB 230,000
132cm×170cm 中贸圣佳 2020-10-17

1219 赵半狄 1990年作 在那个早晨
估　价：RMB 25,000,000～35,000,000
成交价：RMB 28,750,000
200cm×190cm 北京保利 2020-10-16

26 赵无极 1979年作 04.01.79
成交价：RMB 174,800,000
250cm × 260cm 永乐拍卖 2020-12-04

1020 赵无极 1956年作 隐蔽的城市
成交价：RMB 11,103,600
50cm × 50cm 香港苏富比 2020-07-08

16 赵无极 1986年作 27.01.86
估　价：USD 4,534,758～7,126,048
成交价：RMB 231,610,400
200cm × 162cm 佳士得 2020-12-02

128 赵无极 1952年作 荷兰小镇
估　价：HKD 20,000,000～30,000,000
成交价：RMB 29,402,600
65cm × 92.5cm 佳士得 2020-07-10

23 赵兽 1977年作 迷失的方向
估　价：RMB 2,000,000～3,000,000
成交价：RMB 2,300,000
100cm × 150cm 永乐拍卖 2020-12-04

1649 赵新雨 2020年 薄雾清晨
估　价：RMB 40,000～60,000
成交价：RMB 287,500
80cm×120cm 中国嘉德 2020-12-05

565 郑相和 1984年作 无题84-7-7
估　价：HKD 300,000～400,000
成交价：RMB 429,400
81cm×65cm 香港苏富比 2020-07-10

8375 郑凯 2015年作 日记2015之四
估　价：RMB 200,000～400,000
成交价：RMB 598,000
150cm×150cm 华艺国际 2020-10-15

296 郑木奎 1990年作 水牛
估　价：HKD 120,000～220,000
成交价：RMB 248,600
113.5cm×165.5cm 佳士得 2020-07-11

5041 郑金岩 2015年作 晚明系列——八大山人
估　价：RMB 400,000～600,000
成交价：RMB 517,500
200cm×100cm 中鸿信 2020-01-04

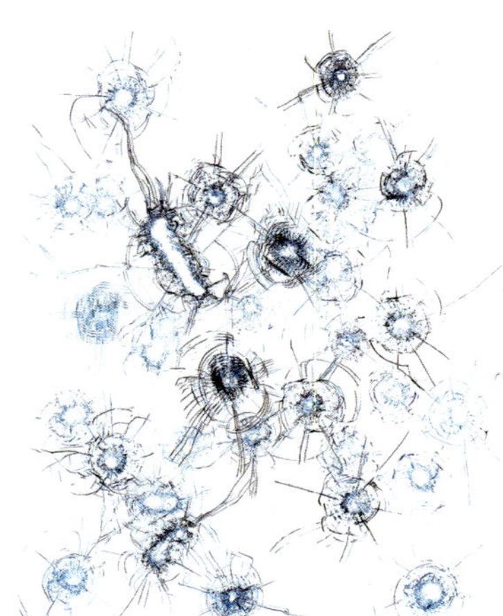

141 赵赵 2018—2019年作 星空
估　价：HKD 400,000～600,000
成交价：RMB 852,456
250cm×200cm 中国嘉德 2020-10-08

108 钟泗滨 1952年作 坐姿女子
估　价：HKD 600,000～800,000
成交价：RMB 2,034,000
80.5cm×61cm 佳士得 2020-07-10

3651 钟耕略 禁城古柏三联画
成交价：RMB 253,000
147.5cm×147.5cm×3 中国嘉德 2020-12-01

146 钟泗滨 1963年作 蓝
估　价：HKD 700,000～1,400,000
成交价：RMB 1,171,500
131cm×102cm 佳士得 2020-12-02

1530 钟飙 2002年作 灯火阑珊
估　价：RMB 180,000～220,000
成交价：RMB 207,000
280cm×200cm 西泠印社 2020-08-08

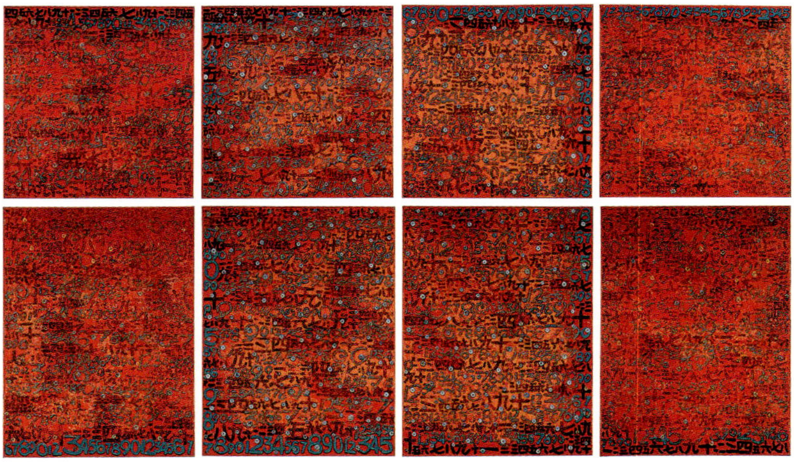

8023 周长江 1994年作 红（八件一组）
估 价：RMB 400,000~600,000
成交价：RMB 943,000
124.5cm×124.5cm×4；161.5cm×125cm×4 华艺国际 2020-12-05

1514 周春芽 1984年作 春天来了
估 价：RMB 15,000,000~25,000,000
成交价：RMB 86,250,000
163cm×186.5cm 中国嘉德 2020-08-17

22 周碧初 1949年作 木屋区(香港)
估 价：RMB 500,000~800,000
成交价：RMB 690,000
46cm×55cm 永乐拍卖 2020-12-04

1524 周廷旭 约1936年作 夏日小岛
估 价：RMB 250,000~350,000
成交价：RMB 483,000
61cm×76cm 中国嘉德 2020-12-05

8129 周春芽 2010年作 轻薄桃花逐水流
估 价：RMB 12,000,000~15,000,000
成交价：RMB 19,320,000
254cm×360cm 华艺国际 2020-10-15

842 周春芽 2007年作 四个TT
估 价：RMB 12,000,000~25,000,000
成交价：RMB 14,950,000
220cm×320cm 永乐拍卖 2020-08-18

1014 朱德群 1983—1984年作 自然颂
成交价：RMB 103,683,456
162cm × 650cm 香港苏富比 2020-07-08

46 周思聪 林间少女
估　价：RMB 1,200,000～1,800,000
成交价：RMB 1,380,000
83.5cm × 58.5cm 中国嘉德 2020-12-01

142 朱德群 1987年作 白色森林之一
估　价：HKD 35,000,000～55,000,000
成交价：RMB 35,997,000
130cm × 195.5cm 佳士得 2020-12-02

1741 周春芽 2003年作 山石与烟云
估　价：RMB 28,000,000～38,000,000
成交价：RMB 43,700,000
358.5cm × 220cm 中国嘉德 2020-12-05

1024 朱德群 1969年作 第312号构图
估　价：HKD 37,000,000～47,000,000
成交价：RMB 53,445,865
200cm×200cm 香港苏富比 2020-10-05

1389 朱金石 2009年作 洛带热
估　价：RMB 180,000～280,000
成交价：RMB 368,000
120cm×101cm 中国嘉德 2020-08-17

8007 朱金石 2006年作 北京的两个落叶和尚
估　价：RMB 500,000～800,000
成交价：RMB 632,500
180cm×160cm 中贸圣佳 2020-10-17

1210 朱乃正 2007年作 国魂
估　价：RMB 8,000,000～12,000,000
成交价：RMB 9,200,000
260cm×260cm 北京保利 2020-10-16

1467 [illegible]士杰 1983年作 莽林朝阳
估　价：RMB 180,000～250,000
成交价：RMB 218,500
98cm×81cm 西泠印社 2020-08-08

1036 朱曜奎 林中曙光
成交价：RMB 23,000,000
100cm×140cm 荣宝斋（南京） 2020-11-28

2099 朱新建 江湖图
估　价：RMB 200,000～300,000
成交价：RMB 552,000
80cm×100cm 十竹斋拍卖（北京） 2020-10-18

1329 朱曜奎 2017年作 沧澜黄河
估　价：RMB 2,000,000
成交价：RMB 10,925,000
150cm×200cm 北京翰海 2020-09-12

1348 朱曜奎 2016年作 长城万里图
估　价：RMB 1,800,000
成交价：RMB 9,200,000
100cm×200cm 北京翰海 2020-09-12

36 朱沅芷 1940年作 坐在椅子上的女人
成交价：RMB 3,326,656
64cm×48cm 中国嘉德 2020-10-08

57 朱毅中 国画梦幻
成交价：RMB 500,280
68cm×138cm 中典国际 2020-10-20

733 庄喆 1983年作 锡安通道
成交价：RMB 499,527
201.6cm×196.3cm 香港苏富比 2020-10-06

雕 塑

118 KAWS 2013年作 小谎言
估　价：HKD 7,000,000～9,000,000
成交价：RMB 7,706,600
113cm×104cm×243cm 佳士得 2020-07-10

14 阿尔伯托·贾克梅蒂 三个行走的人（大平台）
估　价：GBP 8,000,000～12,000,000
成交价：RMB 102,376,845
高72cm 伦敦佳士得 2020-02-05

1623 艾敬 2020年作 艾的祈祷
估 价：RMB 60,000～100,000
成交价：RMB 207,000
37.5cm×33cm×13.5cm 中国嘉德 2020-12-05

516 班克斯 2006年作 铜鼠
估 价：HKD 1,000,000～2,000,000
成交价：RMB 1,695,000
31.8cm×25.4cm×12.8cm
香港苏富比 2020-07-10

1 不二良 2013年作 超人小鼠
估 价：HKD 58,000～88,000
成交价：RMB 259,895
96cm×68cm×58cm 中国嘉德 2020-10-08

17 巴布罗·毕加索 小丑头像
估 价：GBP 800,000～1,200,000
成交价：RMB 11,000,573
高40.5cm 伦敦佳士得 2020-02-05

6 草间弥生 2010年作 飞向宇宙——波点南瓜（黄色）
估 价：USD 1,101,298～1,943,468
成交价：RMB 71,432,480
200cm×151cm×151cm 佳士得 2020-12-02

1139 草间弥生 1998年作 维纳斯网(R)及无限网维纳斯雕像(R)
估　价：HKD 4,000,000～6,000,000
成交价：RMB 12,946,295
画作：227.3cm×145.4cm；
雕像：215.9cm×68.6cm×60cm
香港苏富比 2020-10-06

277 黄柏仁 2008年作 21世纪
估　价：NTD 480,000～700,000
成交价：RMB 415,800
40cm×42cm×69cm 罗芙奥 2020-12-06

254 加藤泉 2014年作 无题
估　价：NTD 2,200,000～3,200,000
成交价：RMB 970,200
26cm×53cm×63cm 罗芙奥 2020-12-06

1113 弗朗索瓦·沙维尔·莱兰 1970年设计，1984年铸造 保安猩猩I
估　价：HKD 5,500,000～7,500,000
成交价：RMB 16,647,160
153cm×98cm×89cm 香港苏富比 2020-07-09

516 黄永砯 2003年作 亚美利哥·维斯普奇
估　价：HKD 300,000～500,000
成交价：RMB 1,221,066
76.2cm×148.6cm×148.6cm 香港苏富比 2020-10-07

52 李真 1998年作 无忧国土
估 价：HKD 2,500,000～4,500,000
成交价：RMB 2,910,824
89cm × 157cm × 53cm 中国嘉德 2020-10-08

47 奈良美智 1996年作 对象(无题)
估 价：HKD 800,000～1,500,000
成交价：RMB 1,143,538
18.3cm × 21.9cm × 12cm；30.5cm × 33.5cm × 17cm 中国嘉德 2020-10-08

143 梁任宏 2019年作 转进论23AT1033-34
估 价：HKD 220,000～320,000
成交价：RMB 540,582
128cm × 83cm × 45cm；70cm × 60cm × 60cm
中国嘉德 2020-10-08

223 李真 2010年作 兰亭
成交价：RMB 1,808,000
100.3cm × 36cm × 26.8cm 佳士得 2020-07-11

32 刘喆 应得之龙
成交价：RMB 321,200
130cm × 100cm × 90cm 中典国际 2020-10-20

758 任哲 2014年作 四海心(两件)
估　价：HKD 350,000～700,000
成交价：RMB 678,000
武士82cm × 49cm × 93cm；战马98cm × 48cm × 120cm 香港苏富比 2020-07-09

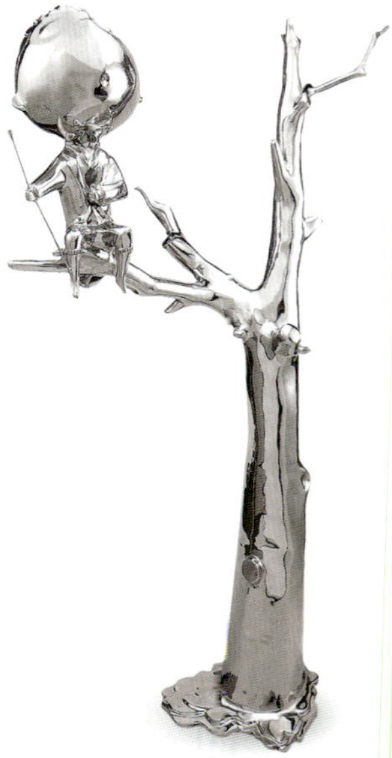

1349 吴琼 2014年作 望日出
估　价：RMB 180,000～360,000
成交价：RMB 207,000
82cm × 52cm × 137cm 永乐拍卖 2020-12-04

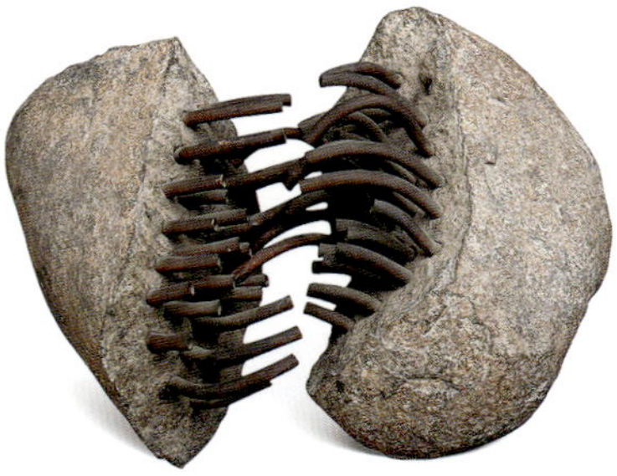

8357 隋建国 1995年作 结构 18
估　价：RMB 300,000～500,000
成交价：RMB 402,500
43cm × 25cm × 22cm 华艺国际 2020-10-15

552 王克平 2001年作 佳偶1号
估　价：HKD 80,000～120,000
成交价：RMB 452,000
42.4cm × 31cm × 20cm
香港苏富比 2020-07-10

243 武高谈 约1941年作 少女头像
估　价：HKD 130,000～220,000
成交价：RMB 203,400
整体:18.5cm × 9cm × 9.5cm
香港苏富比 2020-07-09

1341 稀奇 2020年作 牛B雕塑
估　价：RMB 180,000～300,000
成交价：RMB 207,000
48.5cm×55.5cm×88cm 永乐拍卖 2020-12-04

65 向京 2005年作 果儿II
估　价：RMB 1,000,000～1,500,000
成交价：RMB 1,150,000
51cm×[illegible]2cm×182cm 永乐拍卖 2020-12-04

1622 向京 1998年作 空房间
估　价：RMB 200,000～300,000
成交价：RMB 368,000
91.5cm×49cm×61cm 中国嘉德 2020-12-05

252 小泉悟 羚羊
估　价：NTD 700,000～900,000
成交价：RMB 526,680
50cm×48cm×67cm 罗芙奥 2020-12-06

61 熊秉明 1997—2001年作 扁肚牛
估　价：HKD 500,000～700,000
成交价：RMB 519,790
18cm×45cm×21cm 中国嘉德 2020-10-08

1397 徐秀棠 1988年作 十一面观音
成交价：RMB 632,500
高67cm；宽18cm 上海嘉禾 2020-01-05

1431 颜石林 2012年作 堂吉诃德的梦
估　价：RMB 350,000～450,000
成交价：RMB 402,500
246cm×250cm×250cm 中国嘉德 2020-08-17

1229 展望 2006年作 假山石NO.60
估　价：RMB 1,600,000～2,200,000
成交价：RMB 1,840,000
94cm×54cm×121cm 北京保利 2020-10-16

157 许东荣 2018年作 魁星
估　价：HKD 150,000～250,000
成交价：RMB 207,916
72cm×63cm×32cm 中国嘉德 2020-10-08

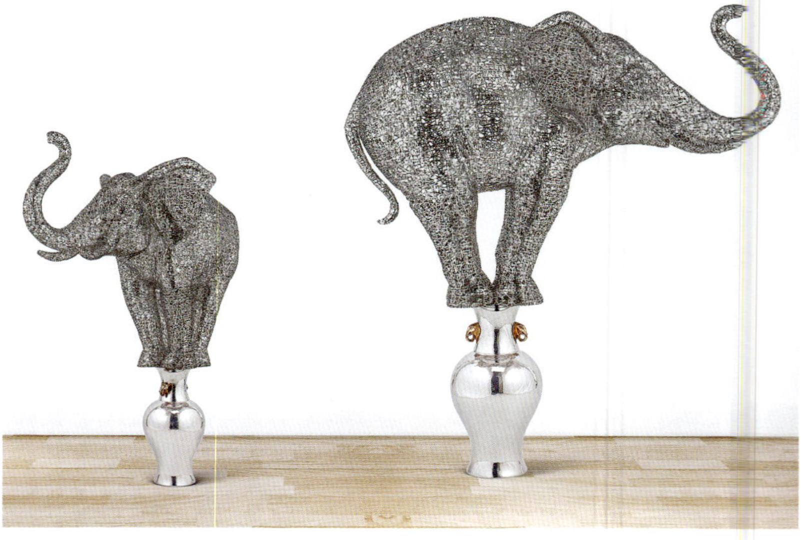

142 郑路 2009年作 太平有象
估　价：HKD 320,000～520,000
成交价：RMB 540,582
178cm×172cm×82cm；64cm×34cm×34cm 中国嘉德 2020-10-08

1230 周春芽 2008年作 背靠背
估　价：RMB 800,000～1,200,000
成交价：RMB 1,437,500
245cm×89cm×310cm 北京保利 2020-10-16

1046 朱铭 1990年作 太极系列
估　价：HKD 2,600,000～4,500,000
成交价：RMB 2,850,000
51.7cm×48.5cm×71.6cm
香港苏富比 2020-07-08

54 朱铭 1996年作（左）；1999年作（右）太极系列：云手、转身踢腿（一组两件）
估　价：HKD 9,600,000～15,000,000
成交价：RMB 9,858,390
左253cm×171.2cm×142cm；右203cm×180.3cm×127.5cm 中国嘉德 2020-10-08

摄　影

1115 理查德・普林斯 2001年作 无题(牛仔)
估　价：HKD 2,200,000～4,200,000
成交价：RMB 2,034,000
59.1cm×39.4cm 香港苏富比 2020-07-09

17 张洪 秋麦 2014年作 黄山片景
估　价：USD 5,000～7,000
成交价：RMB 51,233
画心21.2cm×37.5cm 纽约佳士得 2020-09-11

综合媒材

51 蔡国强 2003年作 人类、老鹰与天空之眼
估　价：RMB 2,500,000～4,500,000
成交价：RMB 2,875,000
230cm × 300cm 永乐拍卖 2020-12-04

244 常玉 1950年作 豹
估　价：HKD 3,000,000～5,000,000
成交价：RMB 7,369,800
18cm × 20.5cm 佳士得 2020-12-03

222 草间弥生 2009年作 花——绽放在午夜
估　价：NTD 30,000,000～40,000,000
成交价：RMB 9,387,840
228cm × 220cm × 136cm 罗芙奥 2020-12-06

92 陈可 2008年作 硬币的两面
估　价：RMB 800,000～1,600,000
成交价：RMB 1,667,500
145cm × 190cm 永乐拍卖 2020-12-04

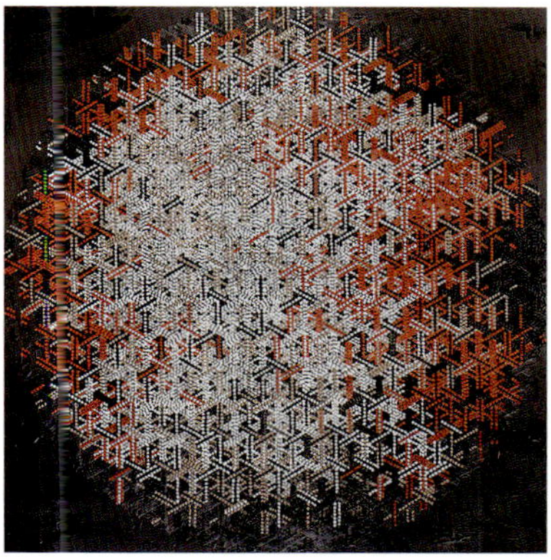

883 陈耀明 2019年作 明心见性201911
估　价：RMB 180,000～300,000
成交价：RMB 207,000
150cm×150cm 朵云轩 2020-09-24

1112 陈彧君 2009—2016年作 亚洲地图
估　价：RMB 1,200,000～1,800,000
成交价：RMB 2,357,500
240cm×120cm×3 北京保利 2020-10-16

287 崔素荣 2020年作 绿色城市
估　价：HKD 300,000～500,000
成交价：RMB 734,500
131cm×6.3cm×162cm 佳士得 2020-07-11

8131 冯良鸿 等 2011年作 15日：合作制绘画
估　价：RMB 1,500,000～2,500,000
成交价：RMB 2,070,000
100cm×100cm×15 华艺国际 2020-10-15

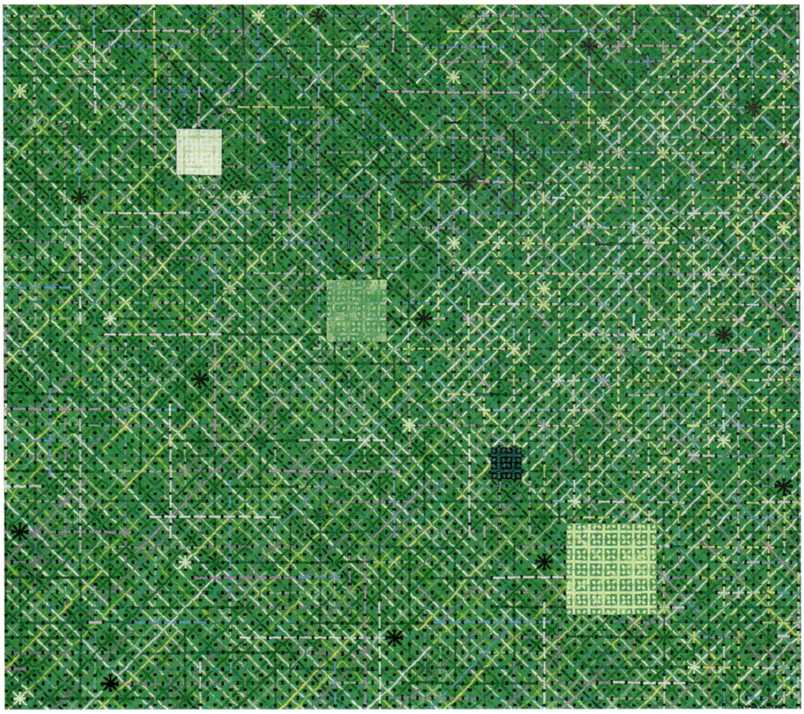

53 丁乙 2010年作 十示2010-11
估　价：RMB 1,400,000～2,400,000
成交价：RMB 1,955,000
140cm×160cm 永乐拍卖 2020-12-04

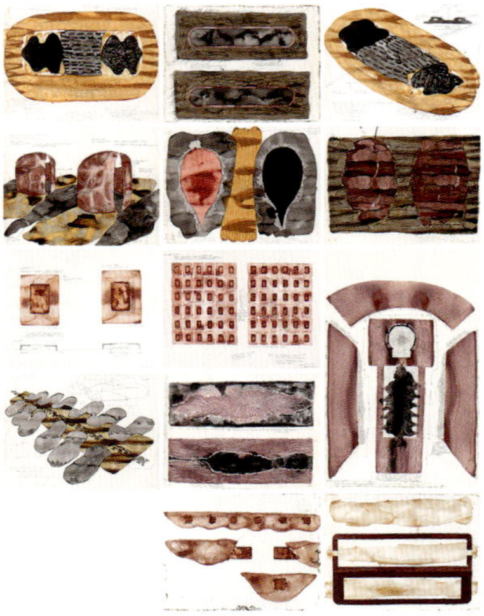

1517 谷文达 1992年作 创作手稿(十一帧)
估 价：RMB 180,000～250,000
成交价：RMB 230,000
56cm×66cm×11 西泠印社 2020-08-08

631 黄宇兴 2010年作 光芒
估 价：RMB 300,000～400,000
成交价：RMB 632,500
170cm×230cm 北京诚轩 2020-08-16

256 黎谱 1956年作 红衣少女
估 价：HKD 120,000～180,000
成交价：RMB 791,000
65cm×46cm 佳士得 2020-07-11

1044 李春焕 2017年作 黄金月梅
估 价：RMB 1,000,000～1,500,000
成交价：RMB 1,150,000
130cm×160cm 北京保利 2020-10-16

1066 王绫瑄 2016年作 画布之外
估　价：HKD 380,000～550,000
成交价：RMB 706,800
122cm × 105cm × 8cm 香港苏富比 2020-07-08

230 刘国松 1989年作 桃花源
估　价：NTD 4,200,000～5,500,000
成交价：RMB 997,920
152cm × 83cm 罗芙奥 2020-12-06

40 莫里吉奥・卡特兰 2007年作 无题
估　价：GBP 600,000～800,000
成交价：RMB 13,660,755
235.6cm × 137.2cm × 47cm
伦敦苏富比 2020-02-11

1508 林寿宇 1964年作 23377
估　价：RMB 2,000,000～3,000,000
成交价：RMB 2,300,000
100.5cm × 127.5cm 中国嘉德 2020-08-17

4 乔伊斯・潘萨托 2016年作 日落蝙蝠侠
估　价：USD 233,216～362,781
成交价：RMB 14,868,000
177.8cm × 228.6cm 佳士得 2020-12-02

154 沈昌明 2019年作 波粒吟游3
估　价：HKD 150,000～250,000
成交价：RMB 228,708
180cm×180cm 中国嘉德 2020-10-08

1109 孙逊 2014年作 隐者之书之一
估　价：RMB 1,000,000～1,500,000
成交价：RMB 1,150,000
149cm×361cm 北京保利 2020-10-16

1041 谢景兰 1987－1989年作 无题
估　价：HKD 1,800,000～3,500,000
成交价：RMB 2,508,000
280cm×148cm 香港苏富比 2020-07-08

251 武高谈 1952年作 少女
估　价：HKD 300,000～400,000
成交价：RMB 474,600
31cm×22.5cm 佳士得 2020-07-11

881 王劼音 2014年作 山水
估　价：RMB 280,000～380,000
成交价：RMB 322,000
130cm×40cm 朵云轩 2020-09-24

8111 苏笑柏 2010年作 符合
估　价：RMB 500,000～800,000
成交价：RMB 632,500
180cm×180cm 中贸圣佳 2020-10-17

1510 袁运生 1996年作 寞
估　价：RMB 3,800,000～4,800,000
成交价：RMB 9,890,000
240cm × 240cm 中国嘉德 2020-08-17

8123 袁运生 1991年作 密议
估　价：RMB 3,000,000～3,800,000
成交价：RMB 3,450,000
180cm × 192cm 华艺国际 2020-10-15

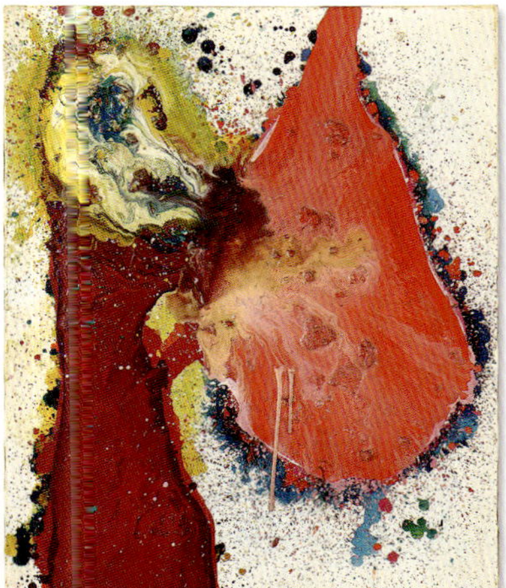

1120 元永定正 1964年作 作品
估　价：HKD 3,500,000～5,500,000
成交价：RMB 3,164,000
91cm × 73cm 香港苏富比 2020-07-09

1126 张晓刚 1989—1990年作 黑色三部曲：惊恐、沉思、忧郁
估　价：HKD 25,000,000～45,000,000
成交价：RMB 48,384,520
整体：179cm × 342.3cm 香港苏富比 2020-10-06

290 钟泗滨 1975年作 达雅族乐队
估　价：HKD 400,000～600,000
成交价：RMB 655,400
99.5cm×82cm 佳士得 2020-07-11

301 庄喆 1986年作 86-113
估　价：HKD 400,000～600,000
成交价：RMB 791,000
142.7cm×238.6cm 佳士得 2020-07-11

100 朱为白 1997年作 不破不立
估　价：HKD 400,000～600,000
成交价：RMB 415,832
137.5cm×91.5cm 中国嘉德 2020-10-08

当代艺术

68 艾迪·马丁内斯 2015年作 无题
估　价：NTD 14,000,000～22,000,000
成交价：RMB 9,646,560
182.8cm×274.3cm 罗芙奥 2020-12-05

1133 班克斯 2011年作 宽恕我们的罪过
估　价：HKD 16,000,000～32,000,000
成交价：RMB 56,482,672
整体：655cm×421cm
香港苏富比 2020-10-06

17 布丽奇·莱利 移动
估　价：GBP 2,000,000~3,000,000
成交价：RMB 24,481,155
76cm × 76.5cm 伦敦苏富比 2020-02-11

1546 陈逸飞 2003年作 容颜
估　价：RMB 55,000~65,000
成交价：RMB 287,500
20.5cm × 20.5cm 西泠印社 2020-08-08

143 蔡国强 2017年作 牡丹和大丽花之二
估　价：HKD 3,000,000~4,000,000
成交价：RMB 4,235,240
183cm × 152.5cm 佳士得 2020-07-10

42 达米恩·赫斯特 2007年作 慈悲
估　价：GBP 600,000~800,000
成交价：RMB 6,627,495
直径 213.4cm 伦敦苏富比 2020-02-11

1468 草间弥生 2011年作 到达宇宙——星点南瓜
估　价：RMB 10,000,000~15,000,000
成交价：RMB 20,125,000
129.5cm × 129.5cm × 200cm
永乐拍卖 2020-08-18

1129 丁雄泉 1980年作 美人侧卧
估　价：RMB 1,600,000~2,600,000
成交价：RMB 2,990,000
96cm×178cm 北京翰海2020-12-12

1560 谷文达 1998年作 遗失的王朝系列 No.7
估　价：RMB 100,000~150,000
成交价：RMB 437,000
285cm×178cm 中国嘉德 2020-12-05

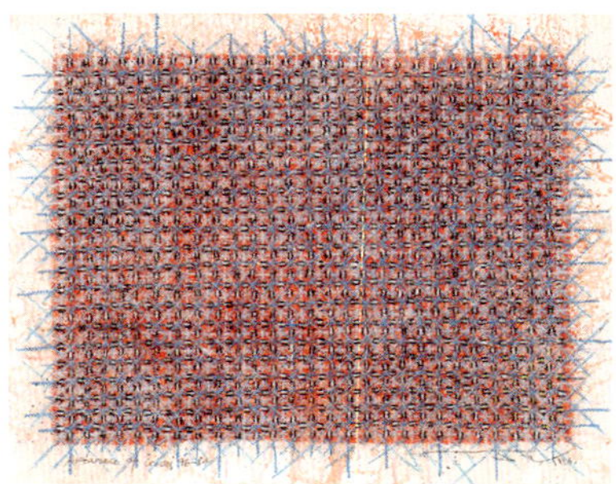

95 丁乙 1996年作 十示 96-B4
估　价：USD 10,000~20,000
成交价：RMB 273,240
51.5cm×67.2cm 纽约佳士得 2020-09-11

525 何翔宇 2012年作 200克黄金，62克蛋白质
估　价：HKD 200,000~400,000
成交价：RMB 444,024
37.7cm×39cm×5.5cm 香港苏富比 2020-10-07

12 菲利普·加斯顿 俩
估　价：GBP 1,000,000~1,500,000
成交价：RMB 9,873,615
76.2cm×81.2cm 伦敦苏富比 2020-02-11

148 洪易 2006年作 猫 钢板彩绘
估　价：NTD 1,100,000~1,600,000
成交价：RMB 456,960
170cm×60cm×125cm 罗芙奥 2020-07-19

544 克劳德·莱兰 1990年设计，2015年铸造 蝴蝶吊灯
估　价　HKD 1,300,000～1,700,000
成交价　RMB 5,365,240
吊灯98cm × 50cm × 50cm
香港苏富比 2020-07-10

72 黄钢 2020年作 水禅系列
估　价：RMB 500,000～800,000
成交价：RMB 977,500
121.7cm × 183cm 永乐拍卖 2020-12-04

279 黄积铸 1956年作 高原日落
估　价：HKD 400,000～600,000
成交价：RMB 585,750
90cm × 46cm 佳士得 2020-12-03

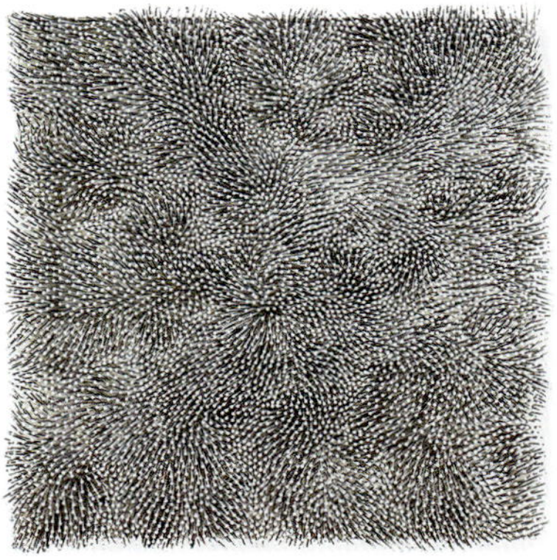

32 君特·于克 白色大地
估　价：GBP 680,000～750,000
成交价：RMB 13,660,755
154cm × 154cm × 21.2cm
伦敦苏富比 2020-02-11

268 黎谱 约1948—1952年作 牡丹花和矢车菊
估　价：HKD 550,000～780,000
成交价：RMB 2,712,000
47cm × 52cm 香港苏富比 2020-07-09

267 黎谱 花束
估　价：HKD 700,000～900,000
成交价：RMB 1,921,000
47.5cm×34.5cm 香港苏富比 2020-07-09

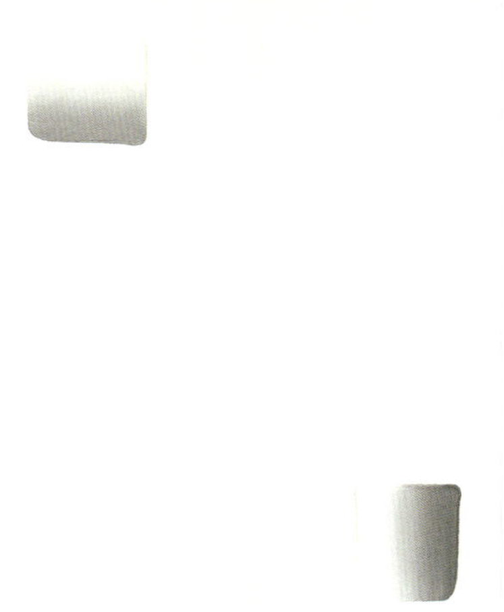

155 李禹焕 2009年作 对话
估　价：HKD 2,500,000～3,500,000
成交价：RMB 4,260,000
259cm×194cm 佳士得 2020-12-02

8008 李超士 蕙质兰心
估　价：RMB 180,000～280,000
成交价：RMB 230,000
47cm×38cm 中贸圣佳 2020-10-17

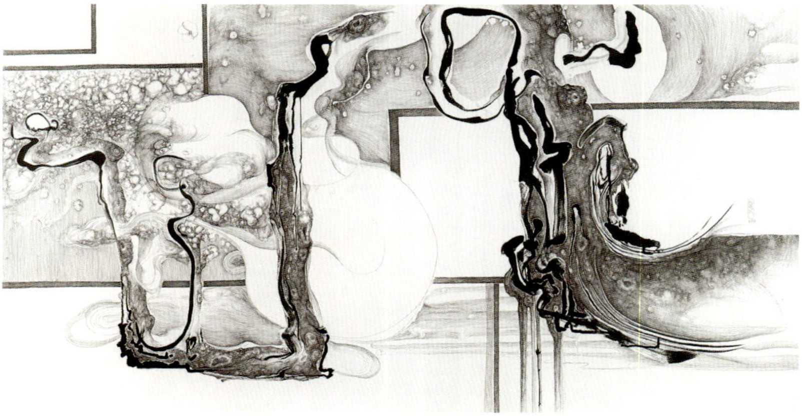

8034 林国成 2015年作 格子与树（二）
估　价：RMB 180,000～280,000
成交价：RMB 253,000
111cm×219cm 中贸圣佳 2020-10-17

280 梁慧圭 2012—2013年作 爆发中的中央构图——信赖(献给苏菲·陶柏) 184
估　价：HKD 300,000～400,000
成交价：RMB 734,500
尺寸不一
佳士得 2020-07-11

156 林寿宇 1963年作 绘画浮雕1963年3月1日
估　价：HKD 2,500,000～3,500,000
成交价：RMB 2,875,500
123cm×76.5cm 佳士得 2020-12-02

577 刘国松 2013年作 日之蜕变(G)
估　价：HKD 240,000～420,000
成交价：RMB 666,036
89.5cm×59.5cm 香港苏富比 2020-10-07

1221 刘野 2016年作 女孩和蒙德里安
估　价：RMB 2,800,000～4,800,000
成交价：RMB 3,220,000
90cm×120cm 北京保利 2020-10-16

63 六角彩子 2017年作 女孩大步向前
估　价：NTD 3,800,000～6,000,000
成交价：RMB 1,386,000
直径 130cm 罗芙奥 2020-12-05

1624 刘野 2003年作 手持气球的女孩
估　价：RMB 500,000～800,000
成交价：RMB 1,265,000
54cm×65cm×170cm 中国嘉德 2020-12-05

18 罗伊·李奇登斯坦 葡萄
估　价：GBP 1,500,000～2,000,000
成交价：RMB 16,365,855
61cm×76.5cm 伦敦苏富比 2020-02-11

13 莫里士·刘易斯 悄悄溜走
估　价：GBP 400,000～600,000
成交价：RMB 8,250,555
204cm×73.7cm 伦敦苏富比 2020-02-11

266 梅忠恕 鸢尾花
估　价：HKD 180,000～260,000
成交价：RMB 1,921,000
30cm×29.5cm 香港苏富比 2020-07-09

130 奈良美智 2016年作 Your Puppy 强化玻璃纤维 雕塑 AP1/1 限量3
估　价：NTD 48,000,000～60,000,000
成交价：RMB 15,270,080
271.3cm×140.3cm×188.3cm 罗芙奥 2020-07-19

241 阮得弓 北圻风景
估　价：HKD 280,000～480,000
成交价：RMB 339,000
45cm×56cm 香港苏富比 2020-07-09

30 萨尔瓦托雷·斯卡皮塔 麦后
估　价：GBP 1,200,000～1,600,000
成交价：RMB 14,201,775
120.5cm × 76cm 伦敦苏富比 2020-02-11

19 尚·杜布菲 乡村景致
估　价：GBP 900,000～1,200,000
成交价：RMB 16,365,855
195cm × 130cm 伦敦苏富比 2020-02-11

280 阮嘉治 约1973年作 园中歇息
估　价：HKD 400,000～600,000
成交价：RMB 447,300
110cm × 144cm 佳士得 2020-12-03

4 涂鸦先生 2019年作 拥抱在一起 压克力 油漆笔 画布
估　价：NTD 550,000～850,000
成交价：RMB 271,320
60cm × 60cm × 4.5cm 罗芙奥 2020-07-19

158 山口长男 1963年作 浮
估　价：HKD 3,000,000～5,000,000
成交价：RMB 4,473,000
162cm × 130cm 佳士得 2020-12-02

242 武高谈 少女肖像
估　价：HKD 140,000～220,000
成交价：RMB 271,200
25cm×19.5cm 香港苏富比 2020-07-09

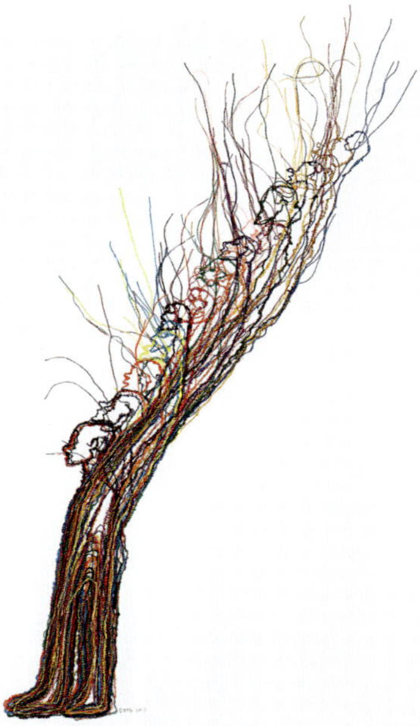

554 徐道获 2013年作 自我
估　价：HKD 200,000～300,000
成交价：RMB 271,200
88.5cm×62cm 香港苏富比 2020-07-10

33 西格马·波尔克 1989年作 无题
估　价：GBP 450,000～650,000
成交价：RMB 6,411,087
117cm×137.8cm 伦敦苏富比 2020-02-11

615 徐累 1994年作 蜥蜴
估　价：HKD 300,000～400,000
成交价：RMB 288,616
60cm×44.5cm 香港苏富比 2020-10-07

55 严培明 2010年作 上海儿童
成交价：RMB 42,550,000
180cm × 125cm × 21(正反面) 永乐拍卖 2020-12-04

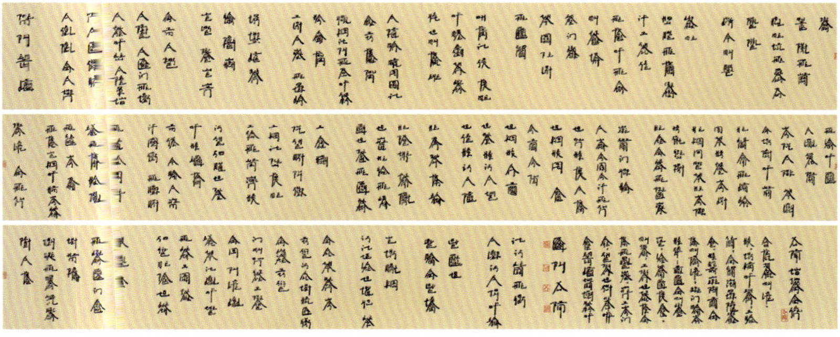

3503 徐冰 2017年作 艾米丽·狄金生的十五首诗
估　价：RMB 1,500,000～2,500,000
成交价：RMB 1,840,000
34cm × 272.5cm × 3 永乐拍卖 2020-12-04

21 伊夫·克莱因 1960年作 无题人体测量学（ANT 132）
估　价：GBP 6,000,000～8,000,000
成交价：RMB 55,704,772
150cm × 96cm 伦敦苏富比 2020-02-11

142 张洹 2019年作 马2号
估　价：HKD 150,000～200,000
成交价：RMB 226,000
150cm × 100.5cm 佳士得 2020-07-10

818 赵无极 2007年作 石碑8号
估　价：HKD 200,000～400,000
成交价：RMB 226,000
23cm×60cm 香港苏富比 2020-07-09

353 草间弥生 1983年作 无题
估　价：RMB 500,000～800,000
成交价：RMB 805,000
62.5cm×49.3cm 保利厦门 2020-09-26

其他艺术形式

3 班克斯 投票给爱
估　价：GBP 400,000～600,000
成交价：RMB 10,414,635
117cm×116.5cm×8.5cm 伦敦苏富比 2020-02-11

249 范光厚 乡景中的水塘
估　价：HKD 300,000～500,000
成交价：RMB 1,469,000
92.5cm×135cm 香港苏富比 2020-07-09

247 丁雄泉 1980年作 与我同寝
估　价：HKD 700,000～1,000,000
成交价：RMB 791,000
131cm×183cm 佳士得 2020-07-11

1117 河原温 1985年作 MAY 27，
1985 来自《今天》系列(1966－2013)
估　价：HKD 6,200,000～8,200,000
成交价：RMB 6,883,960
66.5cm×91.6cm 香港苏富比 2020-07-09

8002 奈良美智 2002年作 Fight It Out
估　价：HKD 1,500,000～2,000,000
成交价：RMB 2,054,250
28cm×21.5cm 佳士得 2020-05-22

1502 李超士 1960年作 蝴蝶花
估　价：RMB 850,000～1,000,000
成交价：RMB 1,782,500
39.5cm×54.5cm 中国嘉德 2020-08-17

254 阮嘉治 园中漫步
估　价：HKD 400,000～600,000
成交价：RMB 508,500
95cm×154.5cm 佳士得 2020-07-11

203 空山基 2001年作 无题
估　价：HKD 50,000～80,000
成交价：RMB 339,000
72.4cm×51.2cm 佳士得 2020-07-11

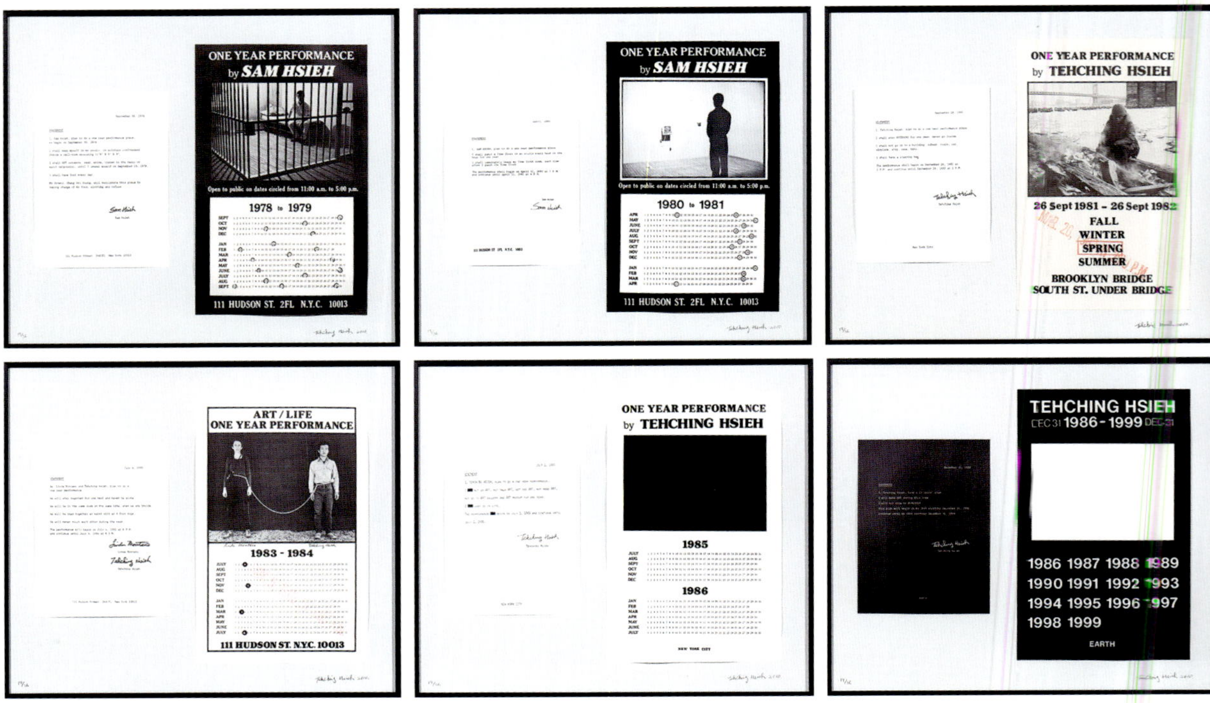

1362 谢德庆 1978—1999年作 补签于2010年 六件作品海报与声明（一组六件）
估　价：RMB 400,000～500,000
成交价：RMB 632,500
53cm × 62cm × 6 中国嘉德 2020-08-17

297 张荔英 1965年作 陈凤仙夫人画像
估　价：HKD 300,000～400,000
成交价：RMB 319,500
47cm × 32cm 佳士得 2020-12-03

1441 吴大羽 无题 （六件一组）
估　价：RMB 300,000～400,000
成交价：RMB 368,000
21.1cm × 16.4cm × 6 西泠印社 2020-08-08

2020书画拍卖成交汇总

(成交价RMB：5万元以上)

拍品名称	物品尺寸	成交价RMB	拍卖公司	拍卖日期
中国书画				
东晋作者				
王羲之(款)得书帖 镜心	27cm×23cm	1,955,000	中国嘉德	2020-07-17
唐代作者				
释源信 罗汉图 立轴	77cm×39cm	74,750	中国嘉德	2020-07-17
韩幹(款)牧马图 镜心	29cm×35cm	1,840,000	中国嘉德	2020-07-17
康萨陀(传)英雄独立 镜心	24cm×16cm	149,500	中鸿信	2020-01-04
李仲宣 蝴蝶花卉 镜心	22cm×23.5cm	356,500	十竹斋拍卖(北京)	2020-10-18
索琳(款)蜀志·诸葛亮传 手卷	31cm×252cm	2,959,440	佳士得	2020-07-08
无款 胡瓌 唐、清 心经 观音 手卷	22.5cm×38cm；22.5cm×68cm	228,000	佳士得	2020-07-08
杨升(款)雪山红树图 镜心	26cm×24cm	51,750	中鸿信	2020-01-04
佚名《妙法莲华经》卷神龙二年(706年)作僧净觉书 手卷	26cm×278cm	1,610,000	中鸿信	2020-01-04
张璪(传)松溪流泉图 镜心	26cm×24.5cm	86,250	中鸿信	2020-01-04
郑虔(传)草书汉司马相如《大人赋》手卷	书心 28cm×602cm；题跋28cm×78cm	4,025,000	北京保利	2020-10-18
周文矩(款)宫屏献乐图 立轴	28cm×32cm	115,000	中国嘉德	2020-11-11
五代作者				
董源 烟岚重溪图 镜片	64.5cm×36.5cm	32,200,000	西泠印社	2020-08-08
黄筌(款)花鸟 手卷	36cm×269cm	189,750	广东小雅斋	2020-08-21
宋代作者				
蔡襄(款)虚堂帖 册页	23cm×18cm；25cm×13cm	322,000	北京保利	2020-10-18
戴琬(款)百鸟朝凤 立轴	204cm×44cm×10	115,000	北京保利	2020-10-18
范宽(传)卖鱼沽酒图 镜心	直径25.5cm	333,500	荣宝斋(上海)	2020-10-25
方从义(传)溪山晚景 立轴	79.5cm×36.5cm	483,000	北京翰海	2020-12-11
龚开 钟馗嫁妹图卷 手卷	36cm×410cm	230,000	中国嘉德	2020-11-09
郭熙(传)秋山行旅图 镜心	34cm×28cm	333,500	中鸿信	2020-01-04
黄庭坚(传)草书临郗愔帖 立轴	152cm×45cm	86,250	中鸿信	2020-01-04
徽宗(传)宋 鹡鸰花椒 册页 镜框	22.5cm×26.7cm	426,000	佳士得	2020-12-02
季友直 荷塘纳凉图 镜片	28.5cm×26cm	4,600,000	西泠印社	2020-08-08
姜夔(款)小楷论茶 镜心	20cm×67cm	207,000	中国嘉德	2020-07-17
李迪 雪岸鹭凫图	书法 33cm×53cm；画心117cm×53cm	713,000	广东小雅斋	2020-08-21
李公麟(款)七贤过关图 水墨绢本手卷	28.6cm×182.9cm	496,366	巴黎佳士得	2020/6/23
李嵩(款)篮花图 立轴	26cm×23cm	391,000	中国嘉德	2020-11-12
李唐 炼丹图 镜片	30.5cm×23.5cm	6,325,000	西泠印社	2020-08-08
李唐(传)雨余放牧图 立轴	204cm×96cm	517,500	中鸿信	2020-01-04
李唐(传)秋溪捕鱼 镜心	20cm×21.5cm	425,500	中鸿信	2020-01-04
林谷成(传)西园雅集图 立轴	100cm×52.5cm	345,000	中鸿信	2020-01-04
刘松年(款)荷庭消夏 镜框	75.7cm×30cm	1,776,096	香港苏富比	2020-10-08
刘松年 西园雅集图卷 手卷	31cm×68cm	552,000	中鸿信	2020-01-04
刘松年(款)1203年作 青绿山水卷 手卷	49cm×568cm	287,500	中国嘉德	2020-07-17
刘松年(传)雪江图 立轴	64cm×80cm	57,500	北京翰海	2020-09-12
马兴祖 秋江独泛图 立轴	181cm×98.5cm	138,000	中鸿信	2020-01-04
米友仁(传)溪山孤亭 立轴	99cm×36cm	172,500	北京翰海	2020-09-12
牟益(传)游春图 镜心	171cm×100cm	9,200,000	北京保利	2020-10-18
牟仲甫 猿戏图 镜心	直径24cm	644,000	中鸿信	2020-01-04
牧溪(款)虎 立轴	166cm×101cm	99,905	香港苏富比	2020-10-08
欧阳修 行书 来日帖 手卷	24cm×8cm×2	517,500	中鸿信	2020-01-04
释超然 山居图 镜心	172cm×109cm	862,500	中鸿信	2020-01-04
宋徽宗(款)折枝芙蓉 镜心	56cm×23cm	66,700	中国嘉德	2020-11-11
苏汉臣(款)婴戏图 对屏	112cm×85cm×2	230,000	中国嘉德	2020-11-11
苏汉臣 款 秋塘婴戏图 手卷	27.5cm×140cm；27.5cm×27cm	207,000	上海驰翰	2020-05-10
苏汉臣(传)三星图 设色绢本	高165.2cm；宽95.9cm	129,106	纽约苏富比	2020-09-23
文天祥(传)行书 手卷	引首 31cm×101cm；画心 33cm×507cm；题跋33cm×62cm	230,000	中鸿信	2020-01-04
文天祥(款)等 行书 手卷	尺寸不一	195,500	朵云轩	2020-11-30
文同 苏轼 墨竹卷 手卷	绘画 28cm×63cm；题跋28cm×540cm	121,900,000	北京保利	2020-12-05
无款(前传惠崇)平沙落雁图 立轴	53.6cm×26cm	1,065,000	佳士得	2020-12-02
夏圭(款)渔父图 镜心	74.5cm×46cm	287,500	中国嘉德	2020-08-17
夏圭(款)明 捕鱼乐 立轴	135cm×70cm	234,300	佳士得	2020-12-02
夏圭(款)关山行旅图 镜心	35cm×33cm	92,000	中国嘉德	2020-11-11
萧照(传)秋林玩月 镜框	233cm×132.1cm	2,415,000	北京保利	2020-10-18
萧照(传)赤壁图 立轴	98cm×50cm	74,750	北京翰海	2020-09-12
徐崇矩(传)芙蓉鸠鸽 手卷	44cm×177cm	2,300,000	华艺国际	2020-12-05
阎次平(款)云山行旅图 立轴	174.5cm×39cm	1,437,500	西泠印社	2020-08-08
佚名 御苑市朝图 立轴	104.6cm×52.6cm	9,430,000	华艺国际	2020-12-05
佚名 南宋 江上观潮 镜心	直径24.5cm	8,625,000	永乐拍卖	2020-08-17
佚名 麻姑献寿图 扇页	22.5cm×22cm	4,370,000	西泠印社	2020-08-08
佚名 轻舟图 镜框	26cm×28cm	2,990,000	华艺国际	2020-12-05
佚名 攀猿图 镜框	21cm×22cm	1,150,000	华艺国际	2020-12-05
张栻(款)周氏族谱叙 镜心	32cm×38cm	138,000	北京保利	2020-10-18
张择端 徐世昌 王寿彭 赵尔巽(款)等 清明上河图卷、各体书法卷 手卷	尺寸不一	828,000	中国嘉德	2020-11-11
赵伯驹 青绿山水 镜心	35cm×20.5cm	207,000	中鸿信	2020-01-04
赵昌林 一勤天下无难事 镜心	23cm×76cm	126,500	北京翰海	2020-09-12
赵孟坚 1343年作 白描水仙图卷 手卷	29cm×351cm	66,700	中鸿信	2020-01-04
赵淇 松鹤福禄 立轴	63cm×50cm	345,000	荣宝斋(上海)	2020-10-25
赵元长(款)五马图 设色绢本 手卷	30cm×194.2cm	377,238	巴黎佳士得	2020/6/23
朱敦儒 暌索帖 册页	34.5cm×46.2cm	150,650,000	中国嘉德	2020-12-01
朱腾非(传)行书《濂溪先生传》镜心	32cm×40cm	184,000	中鸿信	2020-01-04
金代作者				
王庭筠(款)猫趣图 立轴	48cm×69cm	759,000	中国嘉德	2020-11-12
元代作者				
曹知白 雪关云栈图 立轴	125cm×54cm	2,875,000	广东小雅斋	2020-08-21
曹知白(款)清 江岸望山图 立轴	47.6cm×35.1cm	213,000	佳士得	2020-12-02
陈容 云龙八献 册页	29.5cm×39cm×8	2,645,000	荣宝斋(南京)	2020-11-28

2020书画拍卖成交汇总(续表)

(成交价RMB：5万元以上)

拍品名称	物品尺寸	成交价RMB	拍卖公司	拍卖日期
陈所翁 龙神欲雨图 立轴	32cm×41cm	747,500	中鸿信	2020-01-04
陈仲仁(传) 1299年作 花鸟四屏(四幅) 镜框	137.5cm×64cm×4	852,000	佳士得	2020-12-02
邓文原(款) 1297年作 小楷《乐毅论》镜心	21cm×69cm	74,750	中国嘉德	2020-07-17
方道叡 邵野亭 程庆 吴肇荣 题赵孟頫《义献像》书卷 手卷	引首25cm×97cm；题跋27cm×499cm	345,000	中鸿信	2020-01-04
方方壶(款) 1376年作 山林隐居图 手卷	27cm×182cm	1,955,000	中国嘉德	2020-11-11
高克恭(款) 1303年作 越山图卷 手卷	19cm×185cm	299,000	中国嘉德	2020-07-17
高克恭(款) 1308年作 云山图 立轴	73cm×38cm	115,000	中国嘉德	2020-07-17
顾安(款) 竹篁图 立轴	158cm×58cm	586,500	中国嘉德	2020-11-12
黄公望 虞山图 立轴	91.5cm×28.5cm	8,970,000	广东崇正	2020-09-13
黄公望 山水 镜心(一开)	30.5cm×22.5cm	115,000	中鸿信	2020-01-04
罗谦 芦雁图 立轴	142cm×70cm	2,357,500	北京保利	2020-12-05
倪瓒 1343年作 秋亭图 镜片	41.5cm×27.5cm	8,625,000	西泠印社	2020-08-08
倪瓒(传) 1357年作 春宵听雨图 立轴	81.5cm×40cm	207,000	中鸿信	2020-01-04
欧阳玄 行书《振赋》镜心	25cm×37cm	97,750	中鸿信	2020-01-04
钱选 画眉春色图 立轴	106cm×40cm	460,000	北京翰海	2020-09-12
钱选 渭水访贤图 手卷	46cm×499cm	287,500	中鸿信	2020-01-04
钱选(款) 磻溪垂钓图 手卷	46cm×443cm	86,250	中国嘉德	2020-11-11
秦邦纪(款) 丛菊狸猫 镜心	85cm×38cm	115,000	中国嘉德	2020-07-17
清拙正澄 行书五言诗 立轴	30cm×26cm	460,000	西泠印社	2020-08-08
任仁发 五王醉归图 手卷	35.2cm×210.7cm	270,071,431	香港苏富比	2020-10-08
盛懋 山水人物(八帧) 手卷	画21cm×16cm×8；跋19cm×12cm×2	368,000	荣宝斋(上海)	2020-10-25
檀芝瑞 修篁书屋 立轴	29cm×47cm	361,600	香港苏富比	2020-07-09
王蒙 1342年作 秋山图 立轴	66cm×31.5cm	345,000	中鸿信	2020-01-04
王冕 琼枝冰蕊图 立轴	170cm×38cm	212,750	中鸿信	2020-01-04
王渊 岁岁安康图 手卷	26.5cm×593cm	540,500	保利厦门	2020-09-26
王渊(款) 明 花卉 手卷	28.5cm×155cm	63,900	佳士得	2020-12-02
王渊(款) 荷花水禽 立轴	151cm×58cm	55,200	中国嘉德	2020-07-17
王振鹏(传) 国史图卷 手卷	31.5cm×514.5cm	115,000	中贸圣佳	2020-10-17
无款 元末明初 牡丹 设色绢本 扇面 镜框	直径29.2cm	496,366	巴黎佳士得	2020-06-23
无款 元、明 游鱼图 立轴	74.5cm×35.5cm	74,100	佳士得	2020-07-08
无款 元、明 书法 立轴	23cm×28.3cm	62,700	佳士得	2020-07-08
释明雪窗 1343年作 幽芳图 立轴	136cm×59cm	184,000	中鸿信	2020-01-04
释明雪窗 幽芳图 立轴	136cm×59cm	115,000	中国嘉德	2020-07-17
颜辉(传) 铁拐仙人图 立轴	139cm×71cm	552,000	北京保利	2020-10-18
一山一宁 1315年作 行草 立轴	36.5cm×59cm	426,000	佳士得	2020-12-02
佚名 元人秋猎图 手卷	59cm×1240cm	62,100,000	华艺国际	2020-10-16
虞集(款) 授道图卷 手卷	20cm×246cm	3,277,500	中国嘉德	2020-07-17
宇文公谅(款) 暮雪出行图 立轴	23cm×20cm	97,750	中国嘉德	2020-07-17
张中民 龙吟虎啸 镜心	50cm×136cm	80,500	北京翰海	2020-09-12
赵孟頫(款) 小楷《黄庭经》册页	25cm×13cm	69,000	中国嘉德	2020-11-12
赵孟頫(款) 胡人骑猎图卷 手卷	28cm×311cm	51,750	中国嘉德	2020-11-12
赵孟頫(款) 行书 手卷	29cm×312cm	2,438,000	朵云轩	2020-11-30
赵孟頫 行书 立轴	38.5cm×25.5cm	690,000	北京翰海	2020-12-11
赵孟頫 观马图 镜心	37cm×128cm	310,500	中鸿信	2020-01-04

拍品名称	物品尺寸	成交价RMB	拍卖公司	拍卖日期
赵孟頫 高士图卷 手卷	34cm×223.5cm	184,000	中鸿信	2020-01-04
赵孟頫(款) 行书唐诗四首 水墨绢本 四开册		171,360	香港苏富比	2020-06-05
赵雍 骑猎图	140cm×65cm	1,050,000	乾禧国际	2020-01-20
赵雍(款) 亭台楼榭 镜片	54cm×60cm	97,750	上海嘉禾	2020-01-05
中峰明本 罗汉 册页	30cm×29cm×8	172,500	中鸿信	2020-01-04
竺仙梵仙 行书七言诗 立轴	52cm×32.5cm	552,000	西泠印社	2020-08-08
明代作者				
安希范 与夔州公书(一通一页) 画心	48cm×29cm	207,000	西泠印社	2020-08-08
卞文瑜 渔父图 扇面	18.0cm×51.0cm	402,500	中国嘉德	2020-12-04
卞文瑜 平湖独坐图 立轴	196.5cm×58cm	126,500	北京翰海	2020-12-11
卞文瑜 听泉图 镜片	31cm×25cm	69,000	朵云轩	2020-09-24
蔡道宪 草书七言诗 立轴	167cm×48.5cm	207,000	十竹斋拍卖(北京)	2020-10-18
蔡羽 行书题画诗 册页(十二开)	24cm×18.5cm×12	460,000	中国嘉德	2020-12-04
蔡羽 行书王昌龄《和振上人秋夜怀士会》扇面	16.5cm×50.5cm	138,000	北京保利	2020-12-05
蔡羽 行书《千字文》扇面	16.5cm×48.5cm	97,750	北京保利	2020-12-05
曹羲 仙人来艖 扇面	18.0cm×53.0cm	253,000	中国嘉德	2020-12-04
曹学佺 徐甡 草书五言诗·枯树独坐图(二帧) 扇页	51cm×17cm；51cm×16.5cm	115,000	西泠印社	2020-08-08
曹振 秀林幽居 扇面	17.5cm×54.5cm	345,000	中国嘉德	2020-12-04
陈白沙 1474年作 梅花书屋 立轴	159cm×50cm	322,000	华艺国际	2020-12-05
陈璧 群雁图 立轴	71.7cm×33cm	253,000	中国嘉德	2020-08-17
陈淳 花卉 册页(八开十六页)	24cm×27cm×16	34,500,000	北京保利	2020-10-18
陈淳 1535年作 虎丘山图卷 手卷	引首79cm×29.5cm；画心129.5cm×29.5cm；题跋33cm×26cm，76.5cm×29.5cm	4,370,000	西泠印社	2020-08-08
陈淳 雪山访友 立轴	121cm×62cm	2,185,000	北京保利	2020-12-05
陈淳 溪山野隐扇面 镜心	18.5cm×57cm	483,000	中贸圣佳	2020-10-17
陈淳(款) 1534年作 草书墨花诗 册页(九开)	25cm×30cm×9	398,533	中国嘉德	2020-10-09
陈淳 1550年作 泛舟图 立轴	126cm×30cm	149,500	中鸿信	2020-01-04
陈淳 行草书法、古武凌源 镜心	19.5cm×56.5cm；16cm×50cm	149,500	中贸圣佳	2020-10-17
陈淳(款) 1544年作 石榴图 立轴	画心84.5cm×44cm，诗堂44.5cm×25cm	69,000	西泠印社	2020-08-08
陈祼 1634年作 泉声池尽 立轴	121.5cm×35.5cm	82,800	北京保利	2020-12-05
陈祼 岱岳积翠 扇面	20cm×53cm	57,500	广东小雅斋	2020-08-21
陈洪绶 曳杖看山图 扇面	17.0cm×51.5cm	6,440,000	中国嘉德	2020-12-04
陈洪绶 岁朝图 立轴	90.5cm×41cm	4,255,000	中鸿信	2020-01-04
陈洪绶 高士听松涛 立轴	127cm×49cm	2,587,500	中鸿信	2020-01-04
陈洪绶 高隐图 镜心	19cm×54cm	1,472,000	中贸圣佳	2020-10-17
陈洪绶 行书七言诗 镜片	81cm×30cm	1,380,000	西泠印社	2020-08-08
陈洪绶 行书诗 立轴	105cm×32cm	759,000	中国嘉德	2020-08-17
陈洪绶(款) 1633年作 老树昏鸦 立轴	99cm×35cm	74,750	中国嘉德	2020-07-17
陈焕 1607年作 枫野寒林 册片	33.5cm×65.7cm	253,000	中国嘉德	2020-08-17
陈焕 枫野春雨 册片	33.5cm×65.7cm	230,000	中国嘉德	2020-08-17
陈继儒 云山风雨图 立轴	127.5cm×59cm	1,012,000	十竹斋拍卖(北京)	2020-10-18
陈继儒 行书苏轼诗文 册页(六开)	21cm×12cm(每幅)	575,000	中贸圣佳	2020-10-17

(成交价RMB：5万元以上)

拍品名称	物品尺寸	成交价RMB	拍卖公司	拍卖日期
陈继儒 行书《隐居词》扇面	17cm×52cm	368,000	中国嘉德	2020-12-04
陈继儒 行书《游林屋洞诗》扇面	17.5cm×54cm	230,000	朵云轩	2020-09-24
陈继儒 行书 五言诗 扇页	51.5cm×16cm	218,500	西泠印社	2020-08-08
陈继儒 行书自作小词 扇面	17.5cm×53cm	184,000	北京保利	2020-10-18
陈继儒 行书扇面 镜心	17cm×52cm	161,000	中贸圣佳	2020-10-17
陈继儒 行书贺新婚诗 扇面	17.5cm×52cm	149,500	北京保利	2020-10-18
陈继儒 行书《山居八律》册页（十六开）	21cm×14cm×16	92,000	中国嘉德	2020-12-04
陈继儒 行书诗词 立轴	126.5cm×53.5cm	63,250	保利厦门	2020-09-26
陈栝 1556年作 百燕图 手卷	画心 29.5cm×806cm； 题跋 29.5cm×26cm	1,495,000	中鸿信	2020-01-04
陈希稷 行书自作诗 扇面	17cm×53cm	57,500	中国嘉德	2020-08-17
陈献章 自书诗稿 册页（十四开）	22.5cm×13cm×14	368,000	广东崇正	2020-09-13
陈献章 行书七言诗 镜心	155cm×35cm	356,500	北京保利	2020-12-05
陈献章（款）草书七言诗 立轴	119cm×40cm	92,000	中国嘉德	2020-07-17
陈元素 三篱秋色 扇面	16cm×49cm	155,250	广东小雅斋	2020-08-21
陈子和 东方朔献寿 立轴	120cm×69cm	1,207,500	北京保利	2020-12-05
陈遵款 喜鹊枇杷图 设色娟本 立轴	80cm×51cm	39,709	巴黎佳士得	2020/6/23
程嘉燧 山水 扇面	16cm×49cm	69,000	广东小雅斋	2020-06-17
褚廷琯 草书 扇面	16.5cm×51.0cm	149,500	中国嘉德	2020-12-04
崔子忠 观澜图 镜心	16cm×50cm	1,265,000	中贸圣佳	2020-10-17
戴进 听雨图 立轴	122.4cm×50.3cm	2,012,500	北京保利	2020-10-18
戴明说 行书五言诗 立轴	175cm×47cm	310,500	华艺国际	2020-12-05
戴明说 竹石图 立轴	160cm×46.5cm	115,000	北京翰海	2020-12-11
戴文进 中流砥柱 立轴	167cm×85cm	207,000	中鸿信	2020-01-04
丁元公 草书《观牧白鹰》立轴	155cm×44.5cm	437,000	中国嘉德	2020-08-17
丁云鹏 16[illegible]6年作 三生图 立轴	175cm×65.5cm	1,725,000	西泠印社	2020-08-08
丁云鹏 白云红树图	107cm×43cm	871,500	乾禧国际	2020-01-20
丁云鹏 人物 册页（八开）	27cm×23cm×8	690,000	上海敬华	2020-09-22
丁云鹏（款）松溪幽隐	127cm×63cm	531,300	美国摩根	2020-01-14
丁云鹏 山水 扇面	15cm×49cm	184,000	广东小雅斋	2020-08-21
丁云鹏（款）十六应真图卷 手卷	31cm×341cm	92,000	中国嘉德	2020-07-17
丁云鹏（款）清 仿赵松雪《秋林曳杖图》立轴	129.2cm×37.6cm	74,550	佳士得	2020-12-02
丁云鹏（款）喜相图 立轴	57.5cm×26.5cm	55,200	北京翰海	2020-12-11
董其昌 161[illegible]年作 书画合璧山水小景 册页（十开二十页）	29.5cm×22.5cm×20	74,750,000	中国嘉德	2020-08-16
董其昌 拟苏东坡烟江叠嶂图诗书画合璧卷 手卷	引首34cm×58cm； 书法 36.5cm×1037cm； 画心40.5cm×100cm	44,275,000	北京保利	2020-10-18
董其昌 1633年作 临淳化阁帖 册页（五开十页）	25.5cm×13.5cm×10	28,750,000	北京保利	2020-10-18
董其昌 行书《陈心抑尚书神道碑》八开册页	35cm×32cm×8	18,599,800	香港苏富比	2020-07-09
董其昌 山水四条屏	67cm×18cm×4	8,400,000	乾禧国际	2020-01-20
董其昌 山谷老人尺牍卷 手卷	23.5cm×460cm	6,670,000	朵云轩	2020-09-24
董其昌 行书《二房村夜宿刘生谈河事》立轴	245cm×56cm	5,060,000	北京保利	2020-12-05
董其昌 升山湖图 镜片	60.5cm×26cm	4,887,500	西泠印社	2020-08-08
董其昌 1636年作 行书随笔 册页（八开）	22.3cm×14.5cm×16	4,830,000	中国嘉德	2020-12-04
董其昌 节临《淳化阁帖》二册（共四十八开选三十六开）	22cm×12.7cm×48	4,714,360	香港苏富比	2020-07-09

拍品名称	物品尺寸	成交价RMB	拍卖公司	拍卖日期
董其昌 陈继儒 杨汝成等《封股纯孝册》册页（十开二十页）	39cm×69.5cm×5； 32.5cm×30cm×10； 题跋21.5cm×13cm	3,565,000	北京保利	2020-10-18
董其昌 溪山亭子图	40cm×27cm	3,255,000	乾禧国际	2020-01-20
董其昌 幽居翠微图	52cm×47cm	3,150,000	乾禧国际	2020-01-20
董其昌 草书《白雪歌送武判官归京》手卷	397.5cm×54.5cm	2,990,000	西泠印社	2020-08-08
董其昌 米家山	36cm×30cm	2,625,000	乾禧国际	2020-01-20
董其昌 行书宋徽宗《宫词》册页（二十六开）	22.2cm×12cm×26	2,622,000	佳士得	2020-07-08
董其昌 书画合璧卷 手卷	画 25cm×109.3cm； 书25cm×131cm	2,486,000	香港苏富比	2020-07-09
董其昌 1627年作 隔岸清泉 扇面	16.5cm×54cm	2,127,500	永乐拍卖	2020-12-02
董其昌 行书杜甫诗 手卷	30cm×243cm	2,012,500	北京保利	2020-10-18
董其昌 草书 册页（八开）	31cm×21.5cm×8	1,897,500	广东崇正	2020-09-13
董其昌 山水书法合册 册页（十二开）	32.5cm×22.0cm×12	1,725,000	中国嘉德	2020-12-01
董其昌 仿米家山水 立轴	87cm×35.5cm	1,380,000	中鸿信	2020-01-04
董其昌 行书少陵《终明府水楼》诗 立轴	71.7cm×34.3cm	1,207,500	永乐拍卖	2020-08-17
董其昌 行书 手卷	26cm×218.5cm	1,092,500	上海嘉禾	2020-01-05
董其昌 行书杜甫诗卷 手卷	画心 317.5cm×24.5cm； 题跋61cm×27.5cm	977,500	西泠印社	2020-08-08
董其昌 行书信札册（共二十页）册页	尺寸不一	920,000	西泠印社	2020-08-08
董其昌 行书《还示帖》立轴	156cm×49cm	920,000	十竹斋拍卖（北京）	2020-10-18
董其昌 1635年作 笔底烟霞 手卷	引首 36.5cm×116.5cm； 画38cm×233cm； 跋41.5cm×110cm	897,000	广东崇正	2020-09-13
董其昌 书画合璧 册页（八开）	画 26cm×23cm×4； 书30cm×24cm×4	828,000	永乐拍卖	2020-12-02
董其昌 山居图 扇面	16cm×51cm	770,500	永乐拍卖	2020-12-02
董其昌 行书诗扇轴 扇轴	扇面 58.5cm×19.5cm； 题跋55.5cm×45cm	747,500	西泠印社	2020-08-08
董其昌 春山汀洲图 立轴	115cm×51.5cm	690,000	西泠印社	2020-08-08
董其昌 行书李商隐诗 立轴	152cm×49cm	690,000	上海敬华	2020-09-22
董其昌 草书辛弃疾词二首 手卷	25cm×357.5cm； 题跋25cm×61cm	644,000	荣宝斋（上海）	2020-10-25
董其昌 1622年作 行书 临阁帖（共二十四页）镜片	24.5cm×12cm×24	632,500	西泠印社	2020-08-08
董其昌 行书 立轴	150cm×54cm	598,000	中国嘉德	2020-11-09
董其昌 1632年作 草书《将进酒》手卷	23.5cm×392cm	575,000	广东崇正	2020-09-13
董其昌 1627年作 草书诗卷 手卷	25cm×118cm	575,000	上海敬华	2020-09-22
董其昌 行书七言诗 立轴	151cm×49cm	552,000	华艺国际	2020-10-16
董其昌 米家云山图及临自叙帖卷 手卷	181.5cm×24cm	483,000	西泠印社	2020-08-08
董其昌 行书 七言诗卷 手卷	243.5cm×44.5cm	460,000	西泠印社	2020-08-08

2020书画拍卖成交汇总(续表)

(成交价RMB：5万元以上)

拍品名称	物品尺寸	成交价RMB	拍卖公司	拍卖日期
董其昌 吴振 周裕度 等 山水 镜片(六开)	尺寸不一	460,000	华艺国际	2020-12-05
董其昌 明代 楷书“仙山志”立轴	119cm×48cm	448,500	永乐拍卖	2020-08-17
董其昌 草书五言诗 扇面	17cm×52cm	437,000	永乐拍卖	2020-12-02
董其昌 行书《送郝判官》手卷	26.7cm×119.5cm	437,000	中国嘉德	2020-12-04
董其昌 行书《天马赋》手卷	题 33cm×364cm； 跋36cm×12cm	345,000	中国嘉德	2020-12-04
董其昌 山水画	长177cm 宽47.5cm	318,780	美国摩根	2020-01-14
董其昌 1604年作 山居图 立轴	70.5cm×30.5cm	299,000	西泠印社	2020-08-08
董其昌 1611年作 苕溪春晓图 立轴	93.5cm×36.5cm	287,500	西泠印社	2020-08-08
董其昌 行书五言诗 立轴	144cm×48cm	287,500	西泠印社	2020-08-08
董其昌 悬泉白云图 立轴	77cm×24.5cm	287,500	西泠印社	2020-08-08
董其昌 草书李白诗 立轴	129.5cm×37cm	264,500	西泠印社	2020-08-08
董其昌 草书 立轴	130cm×37cm	253,000	北京翰海	2020-12-11
董其昌(款) 行书《后赤壁赋》手卷	27.7cm×241.5cm	248,600	香港苏富比	2020-07-09
董其昌 行书宋·释绍嵩《游西湖》诗卷 手卷	26.5cm×280cm	230,000	北京保利	2020-12-05
董其昌 行书五言律(两幅) 扇面立轴	16cm×49cm； 15cm×45cm	216,600	佳士得	2020-07-08
董其昌 1623年作 行书 册页(十二开)	29cm×16cm×12	191,700	佳士得	2020-12-02
董其昌 行书王维《辋川集·金屑泉》立轴	124cm×45cm	172,500	北京保利	2020-10-18
董其昌 山水 立轴	53cm×34cm	166,750	广东小雅斋	2020-08-21
董其昌 行书五言诗轴 立轴	201cm×53cm	161,000	北京保利	2020-10-18
董其昌 鸥波图 立轴	186cm×48cm	161,000	北京保利	2020-12-05
董其昌 行书 镜框	157.5cm×49.5cm	149,100	佳士得	2020-12-02
董其昌 行书 立轴	50.5cm×37cm	126,500	北京翰海	2020-12-11
董其昌 草书 立轴	78cm×31cm	126,500	北京翰海	2020-12-11
董其昌 草书 立轴	87cm×33cm	103,500	朵云轩	2020-09-24
董其昌(款) 梅花村舍 立轴	127cm×52cm	101,200	中国嘉德	2020-07-17
董其昌(款) 仿倪瓒山水 立轴	75.5cm×41cm	92,000	北京翰海	2020-12-11
董其昌 行书七言诗 立轴	132cm×57cm	89,925	中国嘉德	2020-10-09
董其昌 山水 立轴	77cm×42cm	86,250	广东小雅斋	2020-08-21
董其昌(款) 云山图 立轴	117cm×56cm	86,250	中国嘉德	2020-11-09
董其昌 行书自作诗 册页	23cm×13.5cm×10	79,450	北京保利	2020-07-17
董其昌(款) 草书 册页	22cm×17cm	74,750	中国嘉德	2020-11-12
董其昌 行书《池上篇》立轴	130cm×57cm	69,000	广东崇正	2020-06-27
董其昌 书法扇面 镜心	17.5cm×52.5cm	69,000	中贸圣佳	2020-10-17
董其昌(款) 行书五言诗 立轴	147cm×35cm	63,250	中国嘉德	2020-07-17
董其昌 书法册	23cm×39.5cm	63,250	中国嘉德	2020-07-18
董其昌(款) 1631年作 秋山读书 立轴	152cm×48cm	57,500	北京保利	2020-10-18
董其昌 行书 立轴	92.5cm×47.5cm	51,750	北京翰海	2020-12-11
杜堇 听琴图 立轴	163cm×94.5cm	21,390,000	北京保利	2020-12-05
杜堇(款) 采芝图 立轴	66cm×41cm	51,750	中国嘉德	2020-07-17
方以智 陆暍 山水合璧 册页(八开)	24.5cm×35cm×8	690,000	北京保利	2020-12-05
方震仲等 明早期诸家送别图咏册 册页(五十七页)	册页尺寸 40.5cm×30.5cm	782,000	西泠印社	2020-08-08
丰坊 行书 手卷	33cm×389cm	299,000	上海敬华	2020-09-22
冯从吾 行书七言诗 册片	30.9cm×15.8cm×3	345,000	中国嘉德	2020-08-17

拍品名称	物品尺寸	成交价RMB	拍卖公司	拍卖日期
冯起震 竹 立轴	125cm×56cm	57,500	广东崇正	2020-09-13
高攀龙 行书条幅 立轴	204cm×47.5cm	402,500	十竹斋拍卖(北京)	2020-10-18
葛一龙 草书五言诗 扇面	16.0cm×52.5cm	195,500	中国嘉德	2020-12-04
葛应典 楷书 扇面	17.5cm×55.5cm	195,500	中国嘉德	2020-12-04
顾秉谦 行书七言诗 册片	30.9cm×12cm×5	184,000	中国嘉德	2020-08-17
顾宸 行书自作诗 扇面	16cm×51.5cm	57,500	中国嘉德	2020-08-17
顾见龙(款) 狩猎图卷 手卷	30cm×551cm	115,000	中国嘉德	2020-07-17
顾见龙 一诗初就 立轴	103cm×30cm	86,250	中鸿信	2020-01-04
顾眉 1639年作 墨兰图卷 手卷	28.5cm×257cm	149,500	中鸿信	2020-01-04
顾元 灵芝寿石 立轴	79.5cm×41.5cm	90,400	香港苏富比	2020-07-09
关九思 1623年作 园林秋色图 镜心	174cm×89cm	172,500	北京翰海	2020-09-12
关思 1629年作 奇石图卷 手卷	引首 29cm×135cm； 本幅 31cm×423cm	575,000	北京保利	2020-10-18
关思 1626年作 风亭秋影图 立轴	115cm×45.5cm	287,500	西泠印社	2020-08-08
关思 草书五言诗 扇面	15.0cm×49.0cm	195,500	中国嘉德	2020-12-04
关思 1627年作 春山闲读 立轴	136cm×53cm	126,500	北京翰海	2020-12-11
关思 澄江镜清 立轴	128cm×37cm	57,500	上海敬华	2020-09-22
归昌世 1630年作 墨竹图 手卷	引首 28cm×115cm； 画心 28cm×395cm	345,000	十竹斋拍卖(北京)	2020-10-18
归昌世 1612年作 秀石修篁图 立轴	131cm×47cm	155,250	中鸿信	2020-01-04
归昌世 竹石图 立轴	148cm×38cm	109,250	北京保利	2020-12-05
归昌世 雪竹 屏轴	38cm×23cm	63,250	上海敬华	2020-09-22
郭诩 云壑山居 立轴	144cm×94.5cm	404,700	佳士得	2020-12-02
侯懋功 仿黄鹤山樵 立轴	143.5cm×49cm	322,000	十竹斋拍卖(北京)	2020-10-18
胡宗信 草书七言诗 扇面	16cm×49cm	57,500	北京保利	2020-10-18
黄宸 牛首山图及诸家题咏 手卷	引首 27cm×94cm； 画心 27cm×252cm； 题跋 28cm×192cm	2,127,500	中国嘉德	2020-08-16
黄道周 1644年作 黄道周公诗稿 册页(三十开)	23.5cm×14.5cm×30	5,586,000	佳士得	2020-07-08
黄道周 楷书诗四首 扇面	16.5cm×51.0cm	5,405,000	中国嘉德	2020-12-04
黄道周 行书五言诗 立轴	176cm×54cm	3,450,000	北京保利	2020-10-18
黄道周 1642年作 行书《题郑垞山集》序 手卷	书法 46.5cm×180cm； 题跋 46.5cm×21cm	2,070,000	北京保利	2020-12-05
黄道周 行草五言诗 立轴	154cm×51.5cm	1,278,000	佳士得	2020-12-02
黄道周 行书自作古风诗卷 手卷	208cm×23.5cm	1,207,500	西泠印社	2020-08-08
黄道周 草书五言诗 扇面、镜框	16.3cm×49cm	203,400	香港苏富比	2020-07-09
黄道周 草书七言诗 扇页、镜片	53cm×17cm； 28cm×26cm	138,000	西泠印社	2020-08-08
黄道周 1642年作 行书 册页(十九开、题跋一开)	21cm×12cm×20	92,000	广东崇正	2020-09-13
黄道周 草书诗文 镜片	15cm×51.5cm	57,500	保利厦门	2020-09-26
黄姬水 文元发 彭年 等 楷书 诗文扇页	50cm×16cm	80,500	西泠印社	2020-08-08
黄文焕 行书萧景溪句 立轴	174cm×55cm	63,250	上海驰翰	2020-05-10
黄媛介 程汝捷 书画合璧 册页(四开)	画 16.5cm×20cm×4； 字16.5cm×20cm×4	644,000	中国嘉德	2020-12-04

(成交价RMB：5万元以上)

拍品名称	物品尺寸	成交价RMB	拍卖公司	拍卖日期
江贯道(传)仙山楼阁 立轴	120.5cm×71cm	132,250	广东崇正	2020-06-27
蒋蔼璟 1640年作 行书 晨昏唱念入观二 手卷	画心 195cm×27cm； 题跋89cm×27cm	1,092,500	西泠印社	2020-08-08
蒋乾 仿大痴山水 扇面	15.0cm×46.5cm	138,000	中国嘉德	2020-12-04
蒋世卫 溪山积雪图 立轴	152.5cm×74cm	172,500	西泠印社	2020-08-08
金琮 行书自作诗 立轴	62cm×30.5cm	230,000	中国嘉德	2020-08-16
金圣叹 楷书《尚书·禹贡》手卷	36cm×260cm	575,000	永乐拍卖	2020-08-17
金湜 桃源访友 立轴	137cm×56cm	253,000	中国嘉德	2020-07-17
居节 1562年作 溪山飞瀑 扇面	16.5cm×49.5cm	805,000	朵云轩	2020-09-24
蓝瑛 华山积雪图 立轴	176cm×63cm	5,175,000	十竹斋拍卖(北京)	2020-10-18
蓝瑛 拟古山水四屏 四屏	160.5cm×44.5cm×4	4,485,000	西泠印社	2020-08-08
蓝瑛 1623年作 花溪渔篷 立轴	198cm×49cm	3,834,960	佳士得	2020-07-08
蓝瑛 松壑高秋 立轴	202cm×90.5cm	3,795,000	朵云轩	2020-09-24
蓝瑛 霜酣秋林 立轴	201cm×94.5cm	2,357,500	北京保利	2020-10-18
蓝瑛 仙源图 立轴	159cm×48cm	1,725,000	西泠印社	2020-08-08
蓝瑛 1652年作 古木寒鸦图 扇面	16.0cm×48.5cm	977,500	中国嘉德	2020-12-04
蓝瑛 1634年作 仿倪云林山水图卷 手卷	32cm×230cm	977,500	中鸿信	2020-01-04
蓝瑛 1657年作 春涨图 立轴	194.5cm×65.5cm	805,000	西泠印社	2020-08-08
蓝瑛 奇石图 册页(十开)	27cm×34.5cm×10	805,000	中国嘉德	2020-12-04
蓝瑛 1625年作 竹石图 立轴	127cm×60.5cm	690,000	西泠印社	2020-08-08
蓝瑛 费而奇 花卉 册页(十开)	28cm×20cm×10	690,000	上海敬华	2020-09-22
蓝瑛 1658年作 青山红树图 立轴	186cm×102.5cm	667,000	中鸿信	2020-01-04
蓝瑛 万山飞雪 立轴	177cm×46cm	644,000	永乐拍卖	2020-08-17
蓝瑛 1656年作 蚕丛飞雪 立轴	174cm×46.5cm	552,000	中国嘉德	2020-08-17
蓝瑛 1633年作 山居图 立轴	297cm×99cm	552,000	北京翰海	2020-12-11
蓝瑛 1625年作 山水 扇面	16cm×49.5cm	517,500	十竹斋拍卖(北京)	2020-10-18
蓝瑛 韩敬 书画合璧(双挖)立轴	31cm×26cm； 32.5cm×27cm	402,500	西泠印社	2020-08-08
蓝瑛 1633年作 高林论道图 立轴	297cm×99cm	264,500	中鸿信	2020-01-04
蓝瑛 江山秋色 立轴	154cm×68cm	230,000	中贸圣佳	2020-10-17
蓝瑛 1635年作 云山归野 立轴	189cm×84cm	89,700	中国嘉德	2020-07-17
李东阳 1513年作 行书自作诗卷 手卷	引首 25cm×33cm； 书法1: 25.5cm×79.5cm； 书法2: 25.5cm×280cm	6,555,000	北京保利	2020-10-18
李璠 行书七言诗 册片	29cm×14.3cm×2； 29.9cm×13.1cm×2	69,000	中国嘉德	2020-08-17
李麟 仿李龙眠《罗汉图》设色纸本 立轴	69cm×27.7 cm	91,989	香港苏富比	2020/5/22
李流芳 宋珏 山深林密 册页(八开)	30.5cm×46.5cm×8	2,185,000	中国嘉德	2020-08-16
李流芳 行书诗 册页(八开)	30cm×46.5cm×8	1,782,500	北京保利	2020-10-18
李流芳 水村图 镜心	诗堂 22.5cm×29cm； 画心90cm×29cm	1,265,000	中贸圣佳	2020-10-17
李流芳 1627年作 云山墨戏卷 手卷	13cm×206.5cm	552,000	朵云轩	2020-09-23
李流芳 仿大痴《秋山听雪图》卷 手卷	28.5cm×240cm	406,800	香港苏富比	2020-07-09
李梦阳 书法 扇面	18cm×50cm	97,750	广东小雅斋	2020-08-21
李日华 行草七言诗 立轴	134cm×56cm	287,500	十竹斋拍卖(北京)	2020-10-18
李日华 雪深山寺 扇面镜框	15cm×46cm	68,400	佳士得	2020-07-08
李士达 1610年作 李白观瀑图 立轴	168cm×89cm	1,000,500	北京保利	2020-12-05
李士达 1615年作 老松竹林图 立轴	138.5cm×47.5cm	724,500	北京保利	2020-12-05
李士达 兰亭雅聚图卷 手卷	33cm×700cm	368,000	中国嘉德	2020-11-09
李士达 山水 扇面	17cm×52cm	55,200	广东小雅斋	2020-08-21
李香君 崇祯十五年(1642)年作 米家山水 镜心	18.5cm×55.5cm	86,250	中鸿信	2020-01-04
李肇亨 1655年作 群峦积翠 扇面	15.5cm×48.5cm	149,500	中国嘉德	2020-12-04
李贞 为姚希孟绘准提佛母像 镜心	102cm×33cm	345,000	中贸圣佳	2020-10-17
李钟衡 竹石图 立轴	130cm×48cm	74,750	广东小雅斋	2020-08-21
李祖宁 草书 立轴	186.5cm×46.5cm	189,750	北京翰海	2020-12-11
林良 芦汀双雁图 立轴	148cm×83cm	3,220,000	北京保利	2020-10-18
林良 雪景水禽图 立轴	142.5cm×55.5cm	1,897,500	中国嘉德	2020-12-04
林良 双鹰图 立轴	185cm×80cm	402,500	中鸿信	2020-01-04
林良 鹰石图	124cm×47cm	78,750	乾禧国际	2020-01-20
林良(款)崖下锦鸡 立轴	149cm×85cm	66,700	中国嘉德	2020-07-17
刘俊 仙山渡海 立轴	98cm×40cm	207,000	北京保利	2020-10-18
刘梦松 行书七言诗 册片	30.9cm×15.9cm×3	57,500	中国嘉德	2020-08-17
刘荣嗣 行书自作诗 扇面	17cm×54cm	92,000	中国嘉德	2020-08-17
刘湘客 行书 扇面	16.0cm×52.0cm	368,000	中国嘉德	2020-12-04
刘原起 1631年作 寒林行吟 扇面	16.5cm×51.5cm	402,500	中国嘉德	2020-12-04
刘原起 1623年作 策杖图 扇面	19.2cm×58cm	218,500	中国嘉德	2020-08-17
刘原起 1629年作 高士访友图 扇页	52cm×16.5cm	138,000	西泠印社	2020-08-08
柳如是(款)平湖荡舟 册页(八开)	21cm×14cm×8	460,000	朵云轩	2020-11-30
娄坚 1610年作 行书《同谷七歌卷》手卷	29cm×360cm	12,075,000	朵云轩	2020-09-24
娄坚 1617年作 行草书《列女传》手卷	书法 28cm×485cm； 题跋28cm×10cm	4,140,000	北京保利	2020-12-05
卢象升 渭隐园诗草 手卷	28.5cm×218cm； 跋28.5cm×74cm	805,000	广东崇正	2020-09-13
卢象升 草书五言联 立轴	280cm×39cm×2	195,500	中国嘉德	2020-08-17
陆济 桃花源 立轴	195cm×49cm	69,000	广东小雅斋	2020-06-17
陆深 行书节录古文(二帧四页)镜片	22.5cm×13cm×4	287,500	西泠印社	2020-08-08
陆士仁 文震孟 陈尔见 等 行楷七言诗 扇面	16cm×52cm	264,500	永乐拍卖	2020-12-02
陆治 关山雪霁 立轴	117cm×35.5cm	1,380,000	永乐拍卖	2020-12-02
陆治 1568年作 楷书《秋声赋》扇面	18.5cm×56cm	414,000	十竹斋拍卖(北京)	2020-10-18
陆治 楷书《诗赋》扇面	16cm×51cm	356,500	永乐拍卖	2020-12-02
陆治 溪山雨霁 镜框	17cm×50.5cm	345,000	华艺国际	2020-12-05
陆治 春山帆影 扇面镜框	16.5cm×50cm	276,900	佳士得	2020-12-02
陆治 1534年作 天竺水仙 立轴	129cm×64cm	253,000	北京保利	2020-10-18
陆治 水仙 镜心	29cm×53cm	207,000	中鸿信	2020-01-04
陆治 踞山狮子图 立轴	画心 46.5cm×18cm； 诗堂18cm×18cm	172,500	荣宝斋(上海)	2020-10-25
陆治(款)1560年作 采真瑶岛图 立轴	75cm×32cm	100,144	中国嘉德	2020-10-09
陆治(款)山居清远 手卷	24cm×141.5cm	86,250	朵云轩	2020-11-30
陆治(款)群仙祝寿图 立轴	101.5cm×40.5cm	55,200	北京翰海	2020-12-11
陆治 春花山禽 立轴	117cm×63.5cm	55,200	上海驰翰	2020-09-24

2020书画拍卖成交汇总(续表)

(成交价RMB：5万元以上)

拍品名称	物品尺寸	成交价RMB	拍卖公司	拍卖日期
吕纪(款) 富贵长寿 立轴	143cm × 80cm	253,000	中国嘉德	2020-07-17
吕纪 武陵春色图 立轴	67cm × 143.5cm	184,000	中鸿信	2020-01-04
吕纪 梅竹双鹊 扇面	19.5cm × 55cm	172,500	朵云轩	2020-09-24
吕潜 书法 立轴	170cm × 45cm	63,250	广东小雅斋	2020-08-21
马定 蜻蜓花卉 团扇面裱于立轴	28.3cm × 34.2cm	210,911	香港苏富比	2020-10-08
马守真 1573年作 双清图 立轴	120cm × 31cm	322,000	北京保利	2020-12-05
茅坤 1599年作　草书自作诗赋卷 手卷	书29cm × 339.5cm；跋29cm × 88cm	1,782,500	中国嘉德	2020-08-16
茅坤 草书西湖诗卷 手卷	27.5cm × 356cm；跋27.5cm × 12cm	1,380,000	中国嘉德	2020-12-04
茅坤 行书“问泉道人” 镜心	26cm × 96cm	345,000	永乐拍卖	2020-12-02
孟兆祥 行书七言诗 镜心	210cm × 53cm	373,750	上海匡时	2020-08-05
米万钟 1610年作 岩壑奇姿 立轴	132cm × 57cm	9,545,000	北京保利	2020-12-05
米万钟 奇石图 立轴	127cm × 48.5cm	1,610,000	永乐拍卖	2020-12-02
米万钟 草书李白《山中问答》立轴	175cm × 41cm	747,500	永乐拍卖	2020-12-02
米万钟 米家山水 立轴	146cm × 69cm	552,000	北京翰海	2020-12-11
米万钟 行书自作诗 扇面	18.7cm × 56cm	97,750	中国嘉德	2020-08-17
米万钟 山水 扇面	18cm × 51cm	92,000	广东小雅斋	2020-08-21
明纲 草书五言诗 扇面	18.0cm × 56.5cm	345,000	中国嘉德	2020-12-04
明宣宗 1432年作 柳溪牧牛图 立轴	121cm × 39cm	2,530,000	中鸿信	2020-01-04
倪元璐 1638年作 为范景文作书画合璧卷 手卷	引首①27cm×100.5cm；引首②28cm×64cm；书画28cm × 175.5cm	28,750,000	中国嘉德	2020-12-01
倪元璐 草书《春日出城访客》立轴	164cm × 51cm	4,830,000	北京保利	2020-12-05
倪元璐 早年草书 立轴	130.5cm × 42.5cm	2,645,000	西泠印社	2020-08-08
倪元璐 草书自作诗 扇面	17.5cm × 53.0cm	2,587,500	中国嘉德	2020-12-04
倪元璐 草书 唐人诗 立轴	155cm × 40cm	2,070,000	西泠印社	2020-08-08
倪元璐 行草七言诗 扇面镜框	17.5cm × 54cm	171,000	佳士得	2020-07-08
倪元璐(款) 疏林远岫 立轴	198cm × 61.5cm	63,250	北京翰海	2020-12-11
倪长玗 为斗野书诗 册片	26.5cm × 31cm	368,000	中国嘉德	2020-08-17
彭尧谕 行书自作诗 扇面	17cm × 49cm	94,300	中国嘉德	2020-08-17
破山 行书七言句 立轴	131cm × 30cm	506,000	中贸圣佳	2020-10-17
钱贡 渔父图 扇面	14.8cm × 47.3cm	203,400	香港苏富比	2020-07-09
钱贡 人物 扇面	14cm × 47cm	69,000	广东小雅斋	2020-06-17
钱榖(款) 溪山积雪 立轴	188cm × 47cm	80,500	中国嘉德	2020-07-17
钱榖 渔归图 镜心	29cm × 60cm	74,750	中国嘉德	2020-11-11
钱榖 1572年作 山水 设色纸本 手卷	26.7cm × 233 cm.	3,409,000	纽约佳士得	2020-09-24
钱榖 1569年作 秋林对话 扇面	18cm × 53cm	241,500	永乐拍卖	2020-12-02
钱榖 1571年作 湖山远眺图 扇页	44.5cm × 15cm	103,500	西泠印社	2020-08-08
钱谦益 行书七言诗 扇面	18.0cm × 57.0cm	644,000	中国嘉德	2020-12-04
钱谦益 行书李白诗 扇面	17cm × 51.5cm	69,000	北京保利	2020-12-05
钱旭 1634年作 为维城作山水 立轴	118cm × 44.5cm	276,000	中国嘉德	2020-12-04
乔一琦 草书五言诗	56cm × 147.5cm	189,750	中国嘉德	2020-11-09
仇世祥(款) 1544年作 夜深补衮图 镜心	79cm × 38cm	59,800	中国嘉德	2020-07-17
仇英 文徵明 赵飞燕外传 手卷	本幅30.5cm × 1055cm；题跋30.5cm × 90cm	8,625,000	北京保利	2020-10-18
仇英 雅集图卷 手卷	29cm × 430cm	4,255,000	上海嘉禾	2020-01-05
仇英 契丹围猎图卷	28cm × 266cm	2,100,000	乾禧国际	2020-01-20
仇英 汉宫春晓 手卷	30cm × 411.5cm	2,070,000	荣宝斋(上海)	2020-10-25
仇英 松下高士 扇面	16cm × 50cm	1,035,000	永乐拍卖	2020-12-02
仇英 临刘松年竹林七贤 手卷	29cm × 496cm	862,500	上海驰翰	2020-12-12
仇英 青绿山水卷	37cm × 253cm	743,820	美国摩根	2020-01-14
仇英(款) 乡饮耆宾图卷 手卷	31cm × 456cm	644,000	中国嘉德	2020-11-11
仇英 柳绿莺栖	46cm × 91cm 20cm × 46cm 10cm × 91cm	584,430	美国摩根	2020-01-14
仇英(款) 游春图 立轴	290cm × 175cm	517,500	中国嘉德	2020-11-12
仇英(款) 溪堂客话 镜心	184cm × 97cm	437,000	中国嘉德	2020-07-17
仇英 溪山渔隐图 手卷	画心46cm × 263cm；题跋46cm × 80cm	437,000	中鸿信	2020-01-04
仇英 桃源图 手卷	28cm × 182cm	437,000	荣宝斋(南京)	2020-11-28
仇英(款) 观瀑图 立轴	162cm × 82cm	345,000	中国嘉德	2020-07-17
仇英 款 春山隐居图卷 手卷	46cm × 263cm	322,000	中国嘉德	2020-11-09
仇英 汴河春满卷 手卷	引首31cm × 125cm；画心30cm × 588cm；题跋①29cm × 46cm；题跋②36cm × 200cm	287,500	中鸿信	2020-01-04
仇英(款) 相马图 手卷	26cm × 357cm	207,000	上海驰翰	2020-08-06
仇英 桃园春游图 成扇	18cm × 52cm	207,000	中鸿信	2020-01-03
仇英 携琴访友图 立轴	162cm × 82cm	207,000	中鸿信	2020-01-04
仇英(款) 西园雅集图 镜心	193cm × 83cm	207,000	中国嘉德	2020-11-11
仇英 1547年作 蜡梅水仙图 镜心	107cm × 27.5cm	195,500	中鸿信	2020-01-04
仇英(款) 塞外围猎图卷 手卷	30cm × 249cm	138,000	中国嘉德	2020-07-17
仇英 文彭 人物故事图卷 手卷	33cm × 303cm	92,000	中鸿信	2020-01-04
仇英 秘戏图(一册六开)	26cm × 24.5cm × 6	80,500	北京保利	2020-10-18
仇英(款) 群仙祝寿图 立轴	191cm × 100cm	74,750	中国嘉德	2020-07-17
仇英 春庭游园图 立轴	166cm × 53cm	74,750	中鸿信	2020-01-04
仇英(款) 人物故事图 册页	24cm × 29cm × 17	66,700	中国嘉德	2020-07-17
仇英(款) 夜宴图 立轴	111cm × 63cm	59,800	中国嘉德	2020-07-17
仇英 望江图 镜片	29.5cm × 20cm	55,200	朵云轩	2020-09-24
仇珠 采菊图 镜心	15cm × 46.5cm	977,500	中贸圣佳	2020-10-17
仇珠(款) 隆庆元年（1567年）作 行乐图 镜心	164.3cm × 99.3cm	109,250	中国嘉德	2020-08-17
屈礿 三径清风 立轴	133cm × 73cm	340,800	佳士得	2020-12-02
瞿然恭 行书五言诗 立轴	134cm × 63.5cm	161,000	西泠印社	2020-08-08
瞿然恭 行书中堂 立轴	211cm × 89cm	57,500	中鸿信	2020-01-04
瞿式耜 行书七言诗 扇面	17.0cm × 52.5cm	368,000	中国嘉德	2020-12-04
阮大铖 行书自作诗二首 扇面	16cm × 51.5cm	230,000	中国嘉德	2020-08-17
商喜 进爵图 立轴	129cm × 48cm	460,000	西泠印社	2020-08-08
商喜(款) 罗汉渡海图卷 手卷	40cm × 183cm	345,000	中国嘉德	2020-07-17
邵弥 仙山楼阁 扇面	17cm × 48.5cm	402,500	十竹斋拍卖(北京)	2020-10-18
邵弥 泉壑遥思 立轴	111.3cm × 23.6cm	388,521	香港苏富比	2020-10-08
邵弥 柳溪泛舟 立轴	66.5cm × 32cm	322,000	永乐拍卖	2020-12-02
邵弥 1642年作 春溪放棹 扇面	16.5cm × 52.0cm	253,000	中国嘉德	2020-12-04
沈颢 1639年作 秋山闲居 扇面镜框	16.5cm × 51cm	76,680	佳士得	2020-12-02
沈士充 1633年作 仿倪瓒笔法 立轴	132cm × 44.5cm	391,000	中鸿信	2020-01-04
沈士充 1631年作 茂林书声 扇面镜框	18.5cm × 54.6cm	181,050	佳士得	2020-12-02
沈士充 秋林图 镜心	17cm × 53cm	149,500	中贸圣佳	2020-10-17
沈士充 兰亭修禊图 手卷	画心28.7cm × 203cm；引首40cm × 90cm；跋28.7cm × 160cm	92,000	上海嘉禾	2020-01-05

（成交价RMB：5万元以上）

拍品名称	物品尺寸	成交价RMB	拍卖公司	拍卖日期
沈士廉 1385年作 墨梅图 镜片	116.5cm×52.5cm	977,500	西泠印社	2020-08-08
沈周 文徵明 诗画合卷 手卷	29cm×193.5cm；28.7cm×154.5cm	22,705,800	佳士得	2020-12-02
沈周 1487年作 雪中访友图 立轴	150cm×63cm	4,025,000	广东崇正	2020-09-13
沈周 碧湖访友 镜心	146cm×63cm	3,967,500	中鸿信	2020-01-04
沈周 1470年作 溪山秋清图 立轴	88cm×32cm	2,530,000	北京保利	2020-10-18
沈周 萱寿图 立轴	137.5cm×54.5cm	1,897,500	广东崇正	2020-09-13
沈周 1472年作 古木寒鸦图 镜心	85.7cm×26.4cm	1,150,000	北京保利	2020-10-18
沈周 独棹图 扇面	17cm×48cm	1,150,000	十竹斋拍卖（北京）	2020-10-18
沈周 春山幽居 立轴	134cm×63cm	713,000	中鸿信	2020-01-04
沈周 1481年作 题杜琼画跋 册片	28.5cm×39.5cm	460,000	中国嘉德	2020-12-04
沈周 1490年作 梅石图 立轴	278.5cm×94cm	218,500	中鸿信	2020-01-04
沈周 雪景图 手卷	画心 123cm×32.5cm；题跋 394cm×32.5cm	207,000	西泠印社	2020-08-08
沈周（款）山水 卷	47cm×420cm	138,000	北京翰海	2020-12-11
沈周（款）1467年作 溪山访友 立轴	184cm×98cm	59,800	中国嘉德	2020-07-17
沈周 1492年作 山寺策行图 立轴	32cm×44.5cm	57,500	中鸿信	2020-01-04
沈周 渔翁乐 立轴	37cm×32cm	57,500	北京保利	2020-12-05
盛茂烨 1633年作 仙山楼阁图四屏 立轴	253cm×55.7cm×4	4,945,000	广东崇正	2020-09-13
盛茂烨 文伯仁 等 书画集锦 扇面（八开）	尺寸不一	1,207,500	朵云轩	2020-09-24
盛茂烨 1635年作 渔父图 扇面	17.5cm×55.0cm	287,500	中国嘉德	2020-12-04
盛茂烨 1633年作 雪山图 立轴	145cm×57cm	276,000	中国嘉德	2020-12-04
盛茂烨 归庄图 扇轴	20cm×55cm	172,500	朵云轩	2020-09-24
盛茂烨 山光暮烟图 扇页	51cm×16.5cm	97,750	西泠印社	2020-08-08
盛茂烨（款）1631年作 古木寒鸦图 立轴	65.5cm×31.cm	83,794	中国嘉德	2020-10-09
盛绍先 仿王蒙山水 立轴	189cm×49cm	253,000	中贸圣佳	2020-10-17
史可法 草书《岳阳楼记》手卷	35cm×1000cm	690,000	中鸿信	2020-01-04
释常莹 访胜图 立轴	52cm×31.5cm	287,500	西泠印社	2020-08-08
宋曹 行书自作诗四首 手卷	23cm×400cm	1,012,000	华艺国际	2020-12-05
宋曹 行书《归夜后留淮山吊古》手卷	25.5cm×205cm	805,000	中贸圣佳	2020-10-17
宋曹 草书《千字文》册页（三十八开）	37cm×28cm×38	345,000	北京保利	2020-10-18
宋曹 行书七言诗 扇面	18.5cm×54.0cm	264,500	中国嘉德	2020-12-04
宋懋晋 15[illegible]6年作 山村清秋 扇轴	18.5cm×54cm	230,000	朵云轩	2020-09-24
宋旭 1587年作 秋山飞瀑 镜框	130cm×32.5cm	1,012,000	北京保利	2020-10-18
宋旭 春江渔乐图 卷	29.5cm×294cm	552,000	北京翰海	2020-12-11
宋旭 1605年作 碧湖烟霭图 手卷	引首 102.5cm×28.5cm；画心 185cm×23cm；题跋 283cm×28.5cm	322,000	西泠印社	2020-08-08
宋旭 1597年作 太清庵闲话图 立轴	66cm×24.5cm	218,500	朵云轩	2020-09-24
宋旭 秋林高咏图 立轴	35cm×50cm	195,500	广东小雅斋	2020-08-21
宋旭 1590年作 春游访胜 立轴	98.5cm×32.6cm	122,107	香港苏富比	2020-10-08
宋旭（款）1588年作 秋岭高意 立轴	147cm×64cm	59,800	中国嘉德	2020-07-17
宋旭 1603年作 独钓寒江雪 立轴	48cm×28cm	57,500	北京翰海	2020-09-12
眭明永 草书七言诗 扇面	17.5cm×54.0cm	126,500	中国嘉德	2020-12-04
孙承泽 行书 扇面	17.5cm×54.0cm	184,000	中国嘉德	2020-12-04
孙杕 秋卉 扇面	16.5cm×45.0cm	115,000	中国嘉德	2020-12-04
孙克弘 1594年作 十二段水图 手卷	引首 27cm×74cm；本幅 28cm×578cm；题跋一 28cm×31cm；题跋二 28cm×49cm	14,030,000	永乐拍卖	2020-12-02
孙克弘 1607年作 行书卷 手卷	36cm×460cm	13,800,000	朵云轩	2020-09-24
孙克弘 杂花图卷 手卷	引首 29cm×103cm；画心 29cm×544cm	1,840,000	中贸圣佳	2020-10-17
孙克弘 1604年作 十峰图 手卷	画心 32cm×227cm；题跋 32cm×291cm	1,725,000	北京保利	2020-12-05
孙克弘 1582年作 紫玉图 立轴	71cm×36cm	552,000	北京保利	2020-12-05
孙克弘（款）秋华八哥 立轴	93cm×30cm	184,000	中国嘉德	2020-11-11
孙克弘（款）1582年作 双鸽芙蓉 立轴	112cm×50cm	55,200	中国嘉德	2020-07-17
孙玮 1566年作 山斋静养 立轴	243cm×131cm	299,000	北京保利	2020-10-18
唐寅 灌木丛篁图 立轴	117.5cm×60cm	10,005,000	西泠印社	2020-08-08
唐寅（款）山水人物 立轴	50cm×38cm	8,280,000	中贸圣佳	2020-10-17
唐寅 高士图卷 手卷	34cm×849cm	4,830,000	中鸿信	2020-01-04
唐寅（款）高岩赏梅图 立轴	71.5cm×34.3cm	3,565,000	中国嘉德	2020-12-04
唐寅 行书自作《咏发》诗 扇面	15cm×43cm	2,300,000	北京保利	2020-10-18
唐寅 葛仙图 镜框	108.9cm×40.3cm	897,000	北京保利	2020-10-18
唐寅 读书图 扇面	17cm×48cm	805,000	北京保利	2020-10-18
唐寅（款）千山叠翠 立轴	216cm×97cm	782,000	中国嘉德	2020-07-17
唐寅（传）山居图 立轴	87cm×39.2cm	690,000	荣宝斋（上海）	2020-10-25
唐寅 春山溪钓图 立轴	216cm×97cm	632,500	中鸿信	2020-01-04
唐寅 款 高士骑楼图 立轴	84.5cm×44cm	575,000	西泠印社	2020-08-08
唐寅（款）红树青山图卷 手卷	35cm×207cm	345,000	中国嘉德	2020-07-17
唐寅（款）青绿山水 手卷	50.5cm×371cm	276,000	华艺国际	2020-10-16
唐寅 二月花信 手卷	22.5cm×259cm	218,500	上海驰翰	2020-09-24
唐寅（款）溪山访友图 镜心	122.5cm×57.5cm	184,000	北京翰海	2020-12-11
唐寅 文徵明 款 行书七言诗·秋葵图（一轴双挖）扇轴	48cm×18.5cm；43.5cm×15cm	172,500	西泠印社	2020-08-08
唐寅（款）罗浮春晓 立轴	88.5cm×41cm	92,000	荣宝斋（南京）	2020-11-28
唐寅 松下高士 扇面	19cm×52cm	57,500	中鸿信	2020-01-04
唐寅（款）1520年作 溪山瀑布 镜心	191cm×128cm	55,200	中国嘉德	2020-11-12
唐寅 春游图 立轴	80cm×40.5cm	52,900	中鸿信	2020-01-04
万寿祺 毛女采花图 立轴	116cm×65cm	67,850	北京翰海	2020-12-11
万云鹏 与双桥先生书（一通一页）镜片	94cm×25cm	230,000	西泠印社	2020-08-08
王鏊 行书《洞庭两山赋》及《性善对》手卷	画心 26.9cm×589.5cm；题跋一 25cm×93cm；题跋二 26.9cm×92cm	9,545,000	北京保利	2020-12-05
王宠 1532年作楷书《滕王阁序》立轴	65cm×30cm	690,000	北京保利	2020-10-18
王宠 草书诗 扇面	18cm×51cm	609,500	朵云轩	2020-09-24
王宠 1527年作 行书游包山诗 手卷	画心 32cm×546cm；题跋 32cm×175cm	552,000	北京保利	2020-10-18
王宠 小楷万寿宫诗 镜框	23.5cm×46.5cm	426,000	佳士得	2020-12-02

2020书画拍卖成交汇总(续表)

(成交价RMB：5万元以上)

拍品名称	物品尺寸	成交价RMB	拍卖公司	拍卖日期
王宠 1528年作 行书曹植诗 手卷	引首 21.5cm×90cm; 21.5cm×241cm	287,500	中国嘉德	2020-12-04
王宠 文嘉 草书书法(三幅)扇面	18cm×52cm×3	191,700	佳士得	2020-11-18
王宠 行书《寄题楞伽新竹》立轴	118.6cm×31.1cm	169,500	香港苏富比	2020-07-09
王宠 行书七言诗 立轴	125cm×29.3cm	133,207	香港苏富比	2020-10-08
王铎 1649年作 草书临王献之《铁石帖》立轴	352cm×102cm	17,250,000	北京保利	2020-10-18
王铎 1649年作 行书《吹梦俚作》立轴	273cm×49cm	7,877,500	永乐拍卖	2020-08-17
王铎 1637年作 行书临褚遂良《家侄帖》立轴	277cm×52.5cm	5,804,880	佳士得	2020-07-08
王铎 1633年作 行草平生诗 立轴	193.5cm×54.3cm	5,325,000	佳士得	2020-12-02
王铎 1651年作 草书 立轴	249cm×84cm	5,290,000	朵云轩	2020-09-24
王铎 行草五言律 立轴	255.5cm×53.5cm	4,260,000	佳士得	2020-12-02
王铎 1641年作 行书临王献之三帖 立轴	189cm×50cm	3,220,000	北京保利	2020-10-18
王铎 1651年作 草书叙怀帖 立轴	241cm×53cm	2,760,000	十竹斋拍卖(北京)	2020-10-18
王铎 临晋唐法帖 九开册镜框	25.4cm×31.4cm	2,220,120	香港苏富比	2020-10-08
王铎 行书五言诗 立轴	193cm×48cm	1,955,000	中国嘉德	2020-12-04
王铎 1642年作 临王右军《敬豫帖》立轴	218cm×48.5cm	1,380,000	中国嘉德	2020-08-17
王铎 书法 册页(四十开)	29cm×16cm×40	1,380,000	北京保利	2020-10-18
王铎 1642年作 书法 镜框	227cm×49cm	1,380,000	华艺国际	2020-10-16
王铎 1650年作 草书《临鸭头丸帖》立轴	173cm×42cm	1,380,000	华艺国际	2020-12-05
王铎 1639年作 草书《散势帖》立轴	199cm×48cm	1,265,000	北京保利	2020-12-05
王铎 仿石田山人笔 扇面	23.3cm×49.3cm	1,092,500	永乐拍卖	2020-12-02
王铎 1646年作 行书七言诗 扇面	17cm×52cm	977,500	永乐拍卖	2020-12-02
王铎 1639年作 草书茶挂临王羲之帖 立轴	60.5cm×25.5cm	920,000	西泠印社	2020-08-08
王铎 1651年作 行书五言诗 手卷	27cm×150.5cm	920,000	华艺国际	2020-10-16
王铎 书法 册页(十六开)	24cm×13.5cm×16	644,000	华艺国际	2020-10-16
王铎 草书临《清和帖》立轴	157cm×48cm	460,000	永乐拍卖	2020-12-02
王铎 1644年作 草书临帖 扇面	16.5cm×50.5cm	368,000	北京保利	2020-12-05
王铎 赠昆岳先生草书 立轴	249.5cm×51.5cm	276,000	中鸿信	2020-01-04
王铎 行书 立轴	201cm×41.5cm	253,000	中国嘉德	2020-08-16
王铎 清墨兰花 扇面 镜框	16.7cm×50.3cm	203,400	香港苏富比	2020-07-09
王铎 1646年作 草书 立轴	185cm×51cm	172,500	中鸿信	2020-01-04
王谔(款)深山访友图 立轴	175cm×95cm	299,000	中国嘉德	2020-11-11
王逢元 草书七言诗(二帧)镜片	45cm×26cm; 43cm×25.5cm	86,250	西泠印社	2020-08-08
王绂(款)蜀栈道图 立轴	154.3cm×30cm	91,200	佳士得	2020-07-08
王复表 草书陶渊明《移居》扇面	16.2cm×51cm	138,000	中国嘉德	2020-08-17
王穀祥 玉兰图 立轴	57.5cm×29cm	1,322,500	北京保利	2020-12-05
王穀祥 花朝诗 册片	24cm×31.5cm	103,500	中国嘉德	2020-08-17
王醴 不老长春图 立轴	196cm×59cm	184,000	北京翰海	2020-09-12
王綦 枯木石严 立轴	122cm×15cm	57,500	荣宝斋(南京)	2020-11-28
王声 人物故事(八帧)册页	30cm×19.5cm×8	172,500	中鸿信	2020-01-04
王世懋 山水 立轴	68cm×42cm	74,750	广东小雅斋	2020-08-21
王思任 行书五言诗 扇面	17.5cm×53.0cm	253,000	中国嘉德	2020-12-04
王问 1545年作 溪山高隐 手卷	28cm×114cm	3,105,000	永乐拍卖	2020-12-02
王问 西园雅集图 手卷	画心 28cm×285cm; 题跋 28cm×129cm	690,000	北京保利	2020-10-18
王问 西溪渔隐图 手卷	引首 24.5cm×102.5cm; 画24.5cm×114cm; 跋24.5cm×56cm	552,000	中国嘉德	2020-12-04
王问(款)1566年作 白云深处有人家 立轴	121cm×36cm	51,750	中国嘉德	2020-11-11
王修微 芦雁远汀 镜心	18.5cm×54.5cm	322,000	中贸圣佳	2020-10-17
王延陵 春江山色 手卷	28cm×209cm	621,000	朵云轩	2020-11-30
王延陵 1546年作 行书题画语 镜片	31.3cm×57cm	410,722	香港苏富比	2020-10-08
王阳明 行草七言联 镜心	142cm×33cm×2	172,500	中鸿信	2020-01-04
王阳明 行草诗卷 手卷	21.5cm×281cm	172,500	中鸿信	2020-01-04
王穉登 寄顾益卿司马行书七言诗 册片	20cm×10.5cm	207,000	中国嘉德	2020-08-17
王穉登(款)竹石鸡群 立轴	100cm×30cm	57,500	中国嘉德	2020-07-17
魏之璜 1629年作 林涧高士图 扇面	48.5cm×17cm	57,500	西泠印社	2020-08-08
文伯仁 1527年作 万壑松风 立轴	165cm×93cm	575,000	中鸿信	2020-01-04
文伯仁 1531年作 松风高士 立轴	86cm×33cm	287,500	上海敬华	2020-09-22
文伯仁(款)1558年作 踏雪探梅图 立轴	154cm×41cm	66,700	中国嘉德	2020-11-12
文俶 花石蛱蝶 镜框	62cm×30cm	1,552,500	华艺国际	2020-12-05
文从昌 姑苏五景图 扇面	17.5cm×55cm	414,000	朵云轩	2020-09-24
文嘉 草阁延宾图 立轴	117.5cm×37.5cm	21,850,000	华艺国际	2020-10-16
文嘉 寒林钟馗 镜框	104.1cm×31.8cm	2,415,000	北京保利	2020-10-18
文嘉 1553年作 春江垂钓 扇面	19cm×55cm	1,058,000	朵云轩	2020-09-24
文嘉 1542年作 烟峦杳霭 立轴	91cm×27cm	632,500	朵云轩	2020-09-24
文嘉 云淡山幽 扇面	19cm×54cm	632,500	永乐拍卖	2020-12-02
文嘉 竹院僧话 扇面	17.5cm×55cm	569,250	广东小雅斋	2020-08-21
文嘉 1541年作 幽居图 立轴	137cm×31cm	552,000	中鸿信	2020-01-04
文彭 1555年作 追和云林先生江南春词三篇 手卷	33.5cm×736cm	6,670,000	华艺国际	2020-10-16
文彭 草书《昼锦堂记》手卷	29.5cm×430cm	4,082,500	中国嘉德	2020-08-17
文彭 行书潇湘八景诗 册页	20cm×14.5cm×8cm	1,322,500	十竹斋拍卖(北京)	2020-10-18
文彭 行书李白《鸣皋歌送岑征君》(二十三开册选十二开)	27cm×14.5cm	847,500	香港苏富比	2020-07-09
文彭 隶书“汉苑长春”镜心	28cm×106cm	230,000	北京保利	2020-10-18
文彭 草书《送玄州北上》扇面	17cm×49cm	218,500	北京保利	2020-10-18
文彭(款)1544年作 仙山逸士图 立轴	116cm×57cm	66,700	中国嘉德	2020-11-11
文震亨 泉声语声 扇面镜框	16.5cm×50.5cm	91,200	佳士得	2020-07-08
文震孟 1622年作 行草自作诗 手卷	26cm×258cm	1,265,000	北京保利	2020-10-18
文徵明 临宋四家四律诗行书卷 手卷	31cm×223cm	34,500,000	朵云轩	2020-09-24
文徵明 1527、1538年作 行书纪恩春游诗卷 手卷	书法1: 130cm×92cm; 书法2: 230cm×95cm; 题跋33cm×90.cm	6,325,000	北京保利	2020-10-18
文徵明 祝允明《吴山览胜》草书《中秋玩月》合璧卷 手卷	绘画 35.5cm×153cm; 书法 35cm×123cm	5,980,000	北京保利	2020-10-18

拍品名称	物品尺寸	成交价RMB	拍卖公司	拍卖日期
文徵明 1555年作 行书《后赤壁赋》手卷	47.2cm×765cm	4,473,000	佳士得	2020-12-02
文徵明 行书诗文 册页(十五开)	尺寸不一	4,255,000	北京保利	2020-12-05
文徵明 1556年作 书画合璧 手卷	32.5cm×628cm	4,025,000	北京保利	2020-12-05
文徵明 1547年作 石湖诗卷 手卷	32.5cm×868cm	3,335,000	北京保利	2020-12-05
文徵明 金陵十景 册页(十开)	32cm×30cm×16	3,220,000	上海敬华	2020-09-22
文徵明 1544年作 深翠斋居 手卷	20cm×97.2cm	2,769,000	佳士得	2020-12-02
文徵明 1557年作 行书《金粉福地赋》手卷	26.8cm×385cm	2,760,000	中鸿信	2020-01-04
文徵明 书画遣兴册 镜框	30cm×36cm×16	2,760,000	华艺国际	2020-12-05
文徵明 1551年作 玉兰图 镜心	143.8cm×35.6cm	2,357,500	北京保利	2020-10-18
文徵明 行草自作诗 手卷	27cm×277cm	2,147,000	香港苏富比	2020-07-09
文徵明 1558年作 行书自作诗卷 手卷	引首 30cm×113.5cm； 本幅 30cm×430.5cm； 题跋30cm×12cm	1,725,000	永乐拍卖	2020-12-02
文徵明 1551年作 行书《赤壁赋》手卷	31cm×447cm	1,710,000	佳士得	2020-07-08
文徵明 秋岩听瀑图	142cm×54cm	1,470,000	乾禧国际	2020-01-20
文徵明 松壑高逸图 立轴	104cm×33cm	1,150,000	中鸿信	2020-01-04
文徵明 1544年作 江深草阁图 镜心	82cm×26cm	1,150,000	十竹斋拍卖(北京)	2020-10-18
文徵明 楷书《胡笳十八拍》镜心	16cm×51cm	1,035,000	中贸圣佳	2020-10-17
文徵明 石壁飞瀑 立轴	83.5cm×25cm	862,500	中鸿信	2020-01-04
文徵明 行书《题谢安游东山图》卷 手卷	28cm×76cm	805,000	中贸圣佳	2020-10-17
文徵明 1513年作 1534年作 溪山论道图轴	69cm×30cm	768,400	江苏汇中	2020-08-05
文徵明 下车帖 镜片	42cm×25cm	690,000	上海敬华	2020-09-22
文徵明 行书《满江红》扇面	15.5cm×45cm	460,000	朵云轩	2020-09-24
文徵明(款) 溪山雅集 手卷	29cm×108cm	402,500	华艺国际	2020-10-16
文徵明 1535年作 琼楼傍岭 立轴	177cm×98cm	345,000	中鸿信	2020-01-04
文徵明 仿黄鹤山樵 镜片	137cm×55.5cm	345,000	广东崇正	2020-09-13
文徵明(款) 1550年作 风雪夜归人图卷 手卷	28cm×56cm； 28cm×57cm	322,000	中国嘉德	2020-07-17
文徵明 1558年作 行书游西山诗册(三十页) 册页	22cm×13.5cm×30	322,000	西泠印社	2020-08-08
文徵明 溪岸对话 扇面	17.5cm×49cm	322,000	荣宝斋(上海)	2020-10-25
文徵明 1525年作 行书《西苑诗十首》册页(十九开)	15cm×27cm×19	207,000	北京保利	2020-10-18
文徵明(款) 青绿山水 立轴	181.5cm×68cm	207,000	北京翰海	2020-12-11
文徵明(款) 杨夫人墓志铭 手卷	22cm×68.5cm	204,376	中国嘉德	2020-10-09
文徵明 草书 手卷	29cm×270.5cm	201,250	北京翰海	2020-12-11
文徵明 松阳濯泉 扇面	17cm×52cm	189,750	广东小雅斋	2020-08-21
文徵明 行书自作诗 立轴	138cm×65cm	172,500	北京保利	2020-10-18
文徵明 桃源图 手卷	画心 36cm×230cm； 题跋 36cm×168cm	166,750	广东小雅斋	2020-08-21
文徵明 行书自作诗扇面 镜心	18cm×51cm	149,500	中贸圣佳	2020-10-17
文徵明 1531年作 溪亭消夏图 手卷	引首 30cm×118cm；画心30cm×131cm；题跋30cm×104cm	115,000	中鸿信	2020-01-04

拍品名称	物品尺寸	成交价RMB	拍卖公司	拍卖日期
文徵明(款) 青绿山水 手卷	31cm×149cm	115,000	北京翰海	2020-12-11
文徵明(款) 行书 镜片	42cm×174cm	115,000	朵云轩	2020-11-30
文徵明 1533年作 行书千里马赞 扇面	16cm×49cm	115,000	永乐拍卖	2020-12-02
文徵明(款) 丹林晓阁图 立轴	204cm×62cm	109,250	北京翰海	2020-12-11
文徵明 静亭山 镜片	17cm×48.5cm	92,000	广东崇正	2020-06-27
文徵明 行书七言诗 镜心	19cm×49cm	80,500	中贸圣佳	2020-10-17
文徵明(款) 1515年作 春山图卷 手卷	29cm×143cm	63,250	中国嘉德	2020-07-17
文徵明(传) 寒山萧寺 立轴	94cm×39cm	57,500	中鸿信	2020-01-04
文徵明(款) 仿钱舜举山水 立轴	142.5cm×47.5cm	57,500	北京翰海	2020-12-11
文徵明 梅花书屋 扇面	17cm×51cm	51,750	广东小雅斋	2020-08-21
文徵明 1535年作 曲水兰亭 立轴	105cm×31cm	51,750	中鸿信	2020-01-04
无款 明 游山图 立轴	163cm×97cm	1,384,500	佳士得	2020-12-02
无款(16/17世纪) 罗汉 设色绢本	134,7cm x 146cm	218,401	巴黎佳士得	2020-06-23
吴彬 约1610年作 十面灵璧图卷 手卷	引首一 26cm×112.5cm； 引首二 47.5cm×143cm； 画心 55.5cm×1150cm； 题跋 55.5cm×1132cm	512,900,000	北京保利	2020-10-18
吴彬 1592年作 喜相图 立轴	139cm×46cm	51,750	北京翰海	2020-12-11
吴接云 行书自作诗 扇面	16.5cm×51.5cm	69,000	中国嘉德	2020-08-17
吴净鬘 水仙图 镜心	16cm×48cm	166,750	中贸圣佳	2020-10-17
吴宽 行书《玉延亭独坐喜雨诗》扇面	17cm×48cm	1,092,500	永乐拍卖	2020-12-02
吴卿云 明纲 芦雁 行书五言诗 扇面	18.0cm×50.0cm	149,500	中国嘉德	2020-12-04
吴伟 溪山清远 手卷	32.4cm×590.8cm	1,998,108	香港苏富比	2020-10-08
吴伟 松下抚琴 镜心	27.9cm×48.9cm	552,000	北京保利	2020-10-18
吴伟 渔乐图 水墨纸本 立轴	131cm×66.5cm	347,456	巴黎佳士得	2020-06-23
吴伟(款) 观瀑图 立轴	121cm×57cm	161,000	中国嘉德	2020-11-09
吴应箕 行书诗句 立轴	101cm×55cm	322,000	中国嘉德	2020-12-04
吴昭 行书 扇面	16cm×52cm	115,000	朵云轩	2020-09-24
吴肇荣 书法 手卷	26cm×97cm； 26cm×76cm； 26cm×303cm； 26cm×85cm	207,000	广东小雅斋	2020-08-21
吴镇(款) 墨竹图 立轴	119cm×49cm	253,000	中国嘉德	2020-07-17
吴镇(款) 墨竹 立轴	36cm×59cm	94,300	中国嘉德	2020-07-17
吴镇 风竹图 立轴	25.5cm×99cm	74,750	中鸿信	2020-01-04
夏昶 湘江雨霁图 手卷	34cm×258cm	684,000	佳士得	2020-07-08
夏时 行书七言诗轴 立轴	56cm×28cm	345,000	北京保利	2020-10-18
夏寅 送参政赵公诗 立轴	31cm×51cm	552,000	北京保利	2020-10-18
萧云从 1668年作 梅竹图 手卷	29.5cm×308cm	9,430,000	中国嘉德	2020-08-17
谢道龄 访友图 扇面	17.0cm×53.0cm	138,000	中国嘉德	2020-12-04
谢时臣 浙省奇观 手卷	31cm×1035cm	17,250,000	北京保利	2020-10-18
谢时臣 天台真胜 立轴	292cm×100cm	621,000	朵云轩	2020-11-30
谢时臣 1557年作 雪岭寒江图 立轴	152cm×73cm	517,500	西泠印社	2020-08-08
谢时臣 秋山图卷 手卷	引首 25cm×89cm；画心25cm×91cm；跋29cm×110cm	230,000	十竹斋拍卖(北京)	2020-10-18
谢时臣 等 烟雨春钓图·湖山行舟图(二帧) 扇页	48cm×15.5cm； 47cm×16.5cm	97,750	西泠印社	2020-08-08
谢时臣 1551年作 风雨山林 扇面镜框	18cm×51.5cm	63,900	佳士得	2020-12-02
邢侗 1567年作 行书四屏 立轴	169cm×43cm×4	1,150,000	中鸿信	2020-01-04

2020书画拍卖成交汇总（续表）

（成交价RMB：5万元以上）

拍品名称	物品尺寸	成交价RMB	拍卖公司	拍卖日期
邢侗 草书七言诗 立轴	160.5cm×25cm	782,000	中国嘉德	2020-08-17
徐霖 草书 扇面	18.5cm×52cm	82,800	朵云轩	2020-11-30
徐渭 行书《白鹿表》手卷	25.5cm×245cm	28,750,000	荣宝斋（上海）	2020-10-25
徐渭 行草诗卷 手卷	32cm×643cm	2,769,000	佳士得	2020-12-02
徐渭 花卉十六种三绝卷 手卷	30cm×867cm	2,645,000	中国嘉德	2020-11-09
徐渭 墨牡丹 立轴	25cm×37cm	805,000	北京保利	2020-10-18
徐渭（款）行书 七言联 对联	107cm×26cm×2	149,500	西泠印社	2020-08-08
徐渭（款）墨瓜果 镜心	30cm×45cm	59,800	中国嘉德	2020-11-11
徐渭 墨芭蕉 立轴	181cm×70cm	57,500	中鸿信	2020-01-04
徐智 春景山水图 立轴	117.5cm×50.7cm	342,375	佳士得	2020-05-22
阎尔梅 1643年作 行书自作诗 扇面	16.5cm×51.5cm	805,000	中国嘉德	2020-08-17
颜宗 雪山图 立轴	167cm×82cm	195,500	中国嘉德	2020-07-17
杨大临 英雄得爵图 立轴	183cm×86cm	345,000	北京保利	2020-10-18
杨四知 草书 立轴	170cm×38cm	55,200	北京翰海	2020-09-12
姚思孝 临王羲之《都司马帖》《瞻近帖》扇面	16.5cm×52.5cm	230,000	中国嘉德	2020-12-04
姚允在 仿唐人仕女 立轴	220.5cm×119.5cm	161,000	北京翰海	2020-12-11
叶应乔 1652年作 秋江平远 扇面	17.0cm×53.0cm	115,000	中国嘉德	2020-12-04
叶自根 杨任斯 晴山雪景图・草书七言诗（二帧）扇页	50cm×17.5cm；51cm×16cm	86,250	西泠印社	2020-08-08
一瓢道人 墨龙图 手卷	本幅 35.5cm×140cm；35.5cm×140.5cm；35.5cm×142cm；35.5cm×142cm；题跋38cm×50cm	690,000	永乐拍卖	2020-08-17
佚名（14世纪；前传夏圭）雪峰古寺 立轴	174.7cm×100.5cm	4,631,417	香港苏富比	2020-10-08
佚名（明初）胡人骑猎图 镜片	191.4cm×121.7cm	3,663,198	香港苏富比	2020-10-08
佚名（明）溪山深秀图 手卷	46.8cm×645.1cm	3,108,168	香港苏富比	2020-10-08
佚名（明）烟岚峰峦 立轴	160.5cm×80.6cm	1,443,078	香港苏富比	2020-10-08
佚名（明）大傩图 立轴	152.5cm×100.5cm	555,030	香港苏富比	2020-10-08
佚名 广东明遗民诗文 四屏	105.5cm×32.5cm×4	542,400	香港苏富比	2020-07-09
佚名（明早期）十王图之第十殿转轮王	长83cm；高156cm	230,000	北京中汉	2020-08-19
佚名（明）程敏政肖像 镜框	36.7cm×28cm	122,107	香港苏富比	2020-10-08
佚名（明）仙山楼阁 团扇面于镜框	31.2cm×22.6cm	111,006	香港苏富比	2020-10-08
佚名 明 春溪鸣禽 立轴	135cm×72.5cm	91,200	佳士得	2020-07-08
殷善 岁寒文禽图 镜框	98.5cm×47.5cm	345,000	北京保利	2020-12-05
隐元隆琦 木庵性瑫 黄檗僧人 清书法（两件）手卷	上卷约28.5cm×1063cm；下卷约28.5cm×1365cm	426,000	佳士得	2020-11-18
俞泰 秋山放棹 扇面	17cm×47cm	230,000	十竹斋拍卖（北京）	2020-10-18
袁尚统 1643年作 晚秋归舟图 扇面	16cm×51cm	276,000	朵云轩	2020-09-24
袁尚统 1641年作 青山放艇 扇面	17.0cm×51.5cm	264,500	中国嘉德	2020-12-04
袁尚统 1643年作 竞渡图 镜心	104cm×57cm	149,500	中国嘉德	2020-12-04
袁应泰 行书七言诗 册片	30.8cm×14.9cm×4	59,800	中国嘉德	2020-08-17
恽本初 1640年作 牧马图 手卷	33cm×370cm	138,000	北京翰海	2020-09-12
恽向 1637年作 为明远作山水 扇面	16.5cm×51.5cm	345,000	中国嘉德	2020-12-04
恽向 仿古山水 册页（八开）	24cm×22cm×8	218,500	北京保利	2020-12-05
恽向 仿大痴山水 立轴	125.5cm×48.5cm	207,000	西泠印社	2020-08-08
曾鲸 1622年作 张斯植先生像 立轴	80cm×32.5cm	172,500	北京翰海	2020-12-11
詹景凤 1588年作 草书记事 册页（六开十一页）	27.7cm×15.2cm×11	632,500	中国嘉德	2020-12-04
张弼 草书杜甫五言律诗 立轴	136.7cm×61cm	678,000	香港苏富比	2020-07-09
张翀 鉴古图 立轴	132cm×60cm	1,782,500	北京保利	2020-12-05
张翀 行乐图 扇面	16.5cm×51cm	414,000	中国嘉德	2020-12-04
张翀（款）博古图 镜心	189cm×99cm	103,500	中国嘉德	2020-11-11
张凤翼 蒲华 汤定之 张赐宁 等 书画扇面（十一幅）	尺寸不一	149,500	北京保利	2020-10-18
张复（款）寒林渔隐图 手卷	36cm×247cm	184,000	中国嘉德	2020-11-11
张复 雪夜饮酒 立轴	115cm×58cm	103,500	中国嘉德	2020-12-04
张翮 1625年作 雁行图 镜片	217cm×98.5cm	437,000	西泠印社	2020-08-08
张宏 1639年作 石涧松山 扇面	18.5cm×52cm	448,500	朵云轩	2020-09-24
张宏 访友图 镜心	16cm×51cm	322,000	中贸圣佳	2020-10-17
张宏 1649年作 溪亭秋霁 立轴	146cm×62.5cm	287,500	十竹斋拍卖（北京）	2020-10-18
张宏 1649年作 草堂闲话 扇面	16.5cm×51.0cm	253,000	中国嘉德	2020-12-04
张宏 隐游图 镜心	16cm×45.5cm	69,000	中贸圣佳	2020-10-17
张宏 1638年作 蓑江捕鱼 立轴	74cm×37cm	51,750	中国嘉德	2020-11-11
张寰 行书自作诗 手卷	33.5cm×575cm；跋34cm×37cm	2,012,500	中国嘉德	2020-12-04
张路 钟离权传道图 立轴	147cm×85cm	230,000	北京保利	2020-10-18
张潜夫 行书五言诗 立轴	206cm×45cm	402,500	西泠印社	2020-08-08
张瑞图（传）别有天地 水墨洒金纸本 册页（十四开）	29.2cm×34.8cm×13	21,885,780	纽约佳士得	2020-09-24
张瑞图 1625年作 草书《永州新堂记》手卷	画心31cm×623cm；题跋31cm×65cm	4,600,000	北京保利	2020-10-18
张瑞图 草书 立轴	172cm×48cm	3,910,000	朵云轩	2020-09-24
张瑞图 行书《言志书》手卷 立轴	本幅25.5cm×29cm；题跋25cm×102cm	3,220,000	中贸圣佳	2020-10-17
张瑞图 1626年作 草书七言诗 手卷	25cm×328cm	2,472,500	北京保利	2020-10-18
张瑞图 行书郑谷《朝谒》立轴	201cm×50cm	1,840,000	永乐拍卖	2020-12-02
张瑞图 行书《归田赋》并日本诸家观跋手卷 立轴 手卷	书法140.5cm×32cm；手卷32cm×52cm；16.5cm×34cm	1,667,500	中贸圣佳	2020-10-17
张瑞图 行书五言诗 立轴	205.5cm×48.5cm	1,380,000	西泠印社	2020-08-08
张瑞图 行书 立轴	179cm×45.5cm	1,092,500	朵云轩	2020-09-24
张瑞图 行书王十朋《率饮亭》五言诗 立轴	130.5cm×28.5cm	684,000	佳士得	2020-07-08
张瑞图 草书 扇面	17cm×54cm	598,000	朵云轩	2020-09-24
张瑞图 草书二句 立轴	153.5cm×62cm	490,502	中国嘉德	2020-10-09
张瑞图 草书李梦阳《花源》立轴	106cm×33cm	368,000	中国嘉德	2020-12-04
张瑞图 行书偈语 立轴	125cm×29.5cm	345,000	北京保利	2020-10-18
张瑞图 行书七言诗 立轴	159cm×33.5cm	287,500	中贸圣佳	2020-10-17
张瑞图 行书七言诗句 立轴	150cm×42cm	241,500	北京保利	2020-10-18
张瑞图 草书宋之问诗 扇面镜框	18.5cm×57.1cm	181,050	佳士得	2020-12-02
张瑞图 草书何太复先生诗	256cm×25cm	172,500	中国嘉德	2020-12-02
张瑞图（款）草书 册页	24cm×97cm	112,700	中国嘉德	2020-07-17
张瑞图 行书七言诗轴 立轴	166cm×46cm	92,000	北京保利	2020-10-18
张泰 书法 立轴	72cm×43cm	74,750	广东小雅斋	2020-08-21
张元举 观瀑图 扇面	15.2cm×47.6cm	90,400	香港苏富比	2020-07-09
张祚先 书法 立轴	172cm×48cm	71,300	广东小雅斋	2020-08-21
章嘉桢 1590年作 行草诗篇 手卷	33cm×336cm	575,000	华艺国际	2020-12-05

拍品名称	物品尺寸	成交价RMB	拍卖公司	拍卖日期
赵备 竹石图 立轴	147cm×37cm	57,500	北京保利	2020-12-05
赵崇信 楼台烟雨 立轴	143.5cm×102cm	632,500	华艺国际	2020-10-16
赵均 篆书五言诗 镜框	130cm×32cm	299,000	华艺国际	2020-12-05
赵宧光 篆书 立轴	136cm×32cm	368,000	华艺国际	2020-12-05
赵左 1612—1613年作 溪山无尽图卷 手卷	画心 28cm×605cm； 题跋 28cm×127cm	39,100,000	北京保利	2020-10-18
赵左 烟溪松径 扇面	16.5cm×49cm	322,000	朵云轩	2020-09-24
赵左 高简 朱白 黄章 吕律 山水(六帧) 镜心	29cm×22.5cm×6	126,500	十竹斋拍卖(北京)	2020-10-18
赵左(款) 1611年作 寒山隐逸图 立轴	151cm×47cm	109,250	中国嘉德	2020-11-12
赵左 溪山萧寺 立轴	28.2cm×26cm	74,550	佳士得	2020-12-02
赵左 山水 册页(八开)	25cm×35cm×8	63,250	北京保利	2020-12-05
赵左 1642年作 没骨云山 立轴	65cm×31cm	51,750	北京保利	2020-12-05
郑元勋 林尧俞 等 明人书翰 册页(十三开)	27cm×42cm×13	265,689	中国嘉德	2020-10-09
郑重 卧松图 扇面	16.5cm×50.5cm	391,000	中国嘉德	2020-12-04
郑重 佛像花鸟草虫 册页	26cm×21cm(10)	101,200	中国嘉德	2020-11-12
智舷 书法 扇面	18cm×55cm	207,000	广东小雅斋	2020-08-21
钟钦礼 寒山客栈图 立轴	187cm×102cm	138,000	中国嘉德	2020-11-12
周臣 圯桥进履 扇面	19.4cm×54cm	690,000	北京保利	2020-12-05
周臣 1480年作 高士观瀑图 立轴	173cm×84cm	460,000	中鸿信	2020-01-04
周臣(款) 水榭共话 镜心	24cm×29cm	161,000	中国嘉德	2020-07-17
周鲲 隶市览胜图 手卷	37cm×625cm	212,750	广东小雅斋	2020-08-21
周淑禧 梅雀图 镜框	65cm×33.5cm	1,840,000	华艺国际	2020-12-05
周顺昌 清代 楷书题画诗 镜片	72cm×33cm	172,500	永乐拍卖	2020-08-17
周顺昌 行草书 立轴	88.5cm×43cm	92,000	北京翰海	2020-12-11
周天球 行书 立轴	174cm×82cm	3,507,500	朵云轩	2020-09-24
周天球 行书七言诗 立轴	182cm×66cm	2,070,000	十竹斋拍卖(北京)	2020-10-18
周天球 楷书《风山陈府君洎配封太孺人严氏行状》 手卷	25.5cm×275.8cm	777,042	香港苏富比	2020-10-08
周天球 行书七言诗 立轴	126cm×31.8cm	364,800	佳士得	2020-07-08
周天球 行书李白《登金陵凤凰台》立轴	135cm×33cm	262,200	佳士得	2020-07-08
周天球 行书七言诗 扇面	14cm×46cm	138,000	永乐拍卖	2020-12-02
周天球 行书录李东阳题《清明上河图》 镜心	28cm×122cm	80,500	中鸿信	2020-01-04
周之冕 恽寿平 王原祁 等 明清扇画集锦册 扇面	17.5cm×52cm×8	2,185,000	北京保利	2020-12-05
周之冕 蕉荫教子图 立轴	123.5cm×60cm	690,000	中国嘉德	2020-08-17
周之冕 1623年作 锦鸡得食 立轴	179cm×49cm	345,000	中国嘉德	2020-07-17
周之冕 奇石图 立轴	129cm×35cm	80,500	北京保利	2020-12-05
周之冕(款) 荷塘鸳鸯 镜心	128cm×74cm	66,700	中国嘉德	2020-11-11
周之冕 草虫 扇面	15.5cm×48cm	57,500	中国嘉德	2020-08-17
朱邦(款) 高士泛舟图 立轴	136cm×107cm	57,500	中国嘉德	2020-07-17
益敬王朱常 行书七言诗 立轴	126cm×61.5cm	368,000	永乐拍卖	2020-08-17
朱常淓 行书禅语 立轴	178.5cm×53cm	379,500	中贸圣佳	2020-10-17
朱德润 翁方纲 画、题 李委吹笛图 镜心	诗堂 22cm×50cm；画心41.5cm×50cm	1,610,000	中贸圣佳	2020-10-17
朱高炽 行书《敕谕》 手卷	敕谕27cm×15cm；信封25cm×10.5cm	5,290,000	中国嘉德	2020-12-01
朱继祚 行书七言诗 立轴	168cm×47cm	368,000	北京保利	2020-10-18
朱鹭 三友图 立轴	114cm×50cm	86,250	中鸿信	2020-01-04
朱新埙 行楷五言诗 立轴	184cm×51cm	322,000	中国嘉德	2020-12-04
朱瞻基(款) 1429年作 楷书《白鹦鹉赋》镜心	39cm×112cm	126,500	中国嘉德	2020-07-17
朱之蕃 行书七言诗 扇面镜框	18cm×57.2cm	74,100	佳士得	2020-07-08
祝世禄 草书七言诗 立轴	192.5cm×48cm	63,250	中国嘉德	2020-08-17
祝世禄 草书自作诗 立轴	18cm×55cm	59,800	中鸿信	2020-01-04
祝允明 行草《桑寄生传》 手卷	31.5cm×211cm	9,925,800	佳士得	2020-12-02
祝允明 陈栝 1511年作 草书《前赤壁赋》《赤壁夜游图》 手卷	画 116cm×30cm； 书法 280cm×30cm	3,220,000	西泠印社	2020-08-08
祝允明 跋沈周山水 镜心	29cm×48cm	759,000	永乐拍卖	2020-12-02
祝允明 1507年作 草书《秋兴八首》卷 手卷	32cm×524cm	460,000	中国嘉德	2020-11-09
祝允明 草书秋日闲居 扇面	19.7cm×57.5cm	230,000	中国嘉德	2020-08-17
祝允明 方元焕 明 草书书法(一对) 扇面	18cm×52cm×2	202,350	佳士得	2020-11-18
祝允明 1523年作 草书《长恨歌》手卷	32cm×627cm	138,000	北京保利	2020-10-18
卓琮 仕女图(十帧) 镜心	23cm×26cm×10	74,750	中国嘉德	2020-07-17
左光先 行书七言诗	100cm×40cm	86,250	永乐拍卖	2020-08-17
清代画家				
八大山人 1698年作 山水花鸟书法册页(十七开)	29cm×22cm×17	71,300,000	中国嘉德	2020-12-01
八大山人 松鹿图 立轴	182cm×62cm	11,270,000	十竹斋拍卖(北京)	2020-10-18
八大山人 荷花双鸟 立轴	94.6cm×32.8cm	9,961,467	香港苏富比	2020-10-08
八大山人 1701年作 枯木双禽 立轴	127.5cm×43.2cm	8,596,680	佳士得	2020-12-02
八大山人 1701年作 苍鹰图 立轴	163cm×81cm	6,555,000	北京保利	2020-10-18
八大山人 罗牧 危衡 闵应铨 明末清初 书画合璧 册页(十二开)	23cm×32.5cm×12	4,255,000	永乐拍卖	2020-08-17
八大山人 竹石芦鸭 立轴	97.2cm×77.3cm	1,808,000	香港苏富比	2020-07-09
八大山人 行书自作诗 立轴	105cm×46cm	1,695,000	香港苏富比	2020-07-09
八大山人 1689年作 枯柳苍鹰 立轴	164cm×68cm	1,092,500	北京翰海	2020-12-11
八大山人 行书五言联 立轴	103cm×20cm×2	552,000	中鸿信	2020-01-04
八大山人(款) 鸦石图 镜心	25cm×17cm	78,200	中国嘉德	2020-07-17
八大山人 1687年作 花鸟 册页	25.5cm×31.5cm×8	57,500	中鸿信	2020-01-04
八大山人 花卉 册片	26cm×31cm	51,750	广东小雅斋	2020-08-21
八大山人 花卉 册片	26cm×31cm	51,750	广东小雅斋	2020-08-21
八大山人 凤鸢图 镜片	18.5cm×30cm	51,750	朵云轩	2020-09-24
八大山人 古木幽禽	94cm×32cm	50,400	乾禧国际	2020-01-20
巴慰祖 1792年作 隶书 立轴	72cm×42cm	805,000	朵云轩	2020-09-24
巴慰祖 隶书八言 对联	153.5cm×27.5cm×2	172,500	朵云轩	2020-09-24
巴慰祖 隶书 镜片	30cm×28.5cm	69,000	朵云轩	2020-09-24
包世臣 1847年作 临《王略帖》 横披	56cm×165cm	345,000	中国嘉德	2020-12-04
包世臣 草书 立轴	165cm×85cm	299,000	朵云轩	2020-09-24
包世臣 行书七言联 立轴	163cm×31cm×2	230,000	中国嘉德	2020-12-04
包世臣 1831年作 行书自作诗稿 册页	27.5cm×16cm×16	207,000	十竹斋拍卖(北京)	2020-10-18
包世臣 行书“各有前因莫羡人”横披	28cm×132.5cm	166,750	十竹斋拍卖(北京)	2020-10-18
包世臣 草书 横幅	43cm×144cm	92,000	北京翰海	2020-12-11
包世臣 1852年作 行书七言联 对联	125cm×29.5cm×2	86,250	西泠印社	2020-08-08

2020书画拍卖成交汇总(续表)

(成交价RMB：5万元以上)

拍品名称	物品尺寸	成交价RMB	拍卖公司	拍卖日期
宝熙 楷书九言联 立轴	161cm×19cm×2	184,000	北京翰海	2020-12-12
宝熙 行书节录《东观余论》立轴	135cm×64cm	109,250	十竹斋拍卖(北京)	2020-10-18
宝熙 楷书七言联 立轴	125.5cm×29.5cm×2	86,250	北京翰海	2020-12-12
宝熙 楷书“明镜照心” 镜心	43cm×126cm	55,200	中国嘉德	2020-11-09
毕涵 仿恽寿平山水 立轴	95.5cm×46.5cm	161,000	西泠印社	2020-08-08
毕涵 1757年作 溪山松壑图 立轴	130.5cm×49cm	126,500	西泠印社	2020-08-08
边寿民 苇雁 册页(十二开)	20cm×30.5cm×12	2,875,000	华艺国际	2020-10-16
边寿民 1730年作 百雁图 立轴	127cm×69cm	690,000	北京保利	2020-12-05
边寿民 芦雁图 立轴	画71cm×80cm； 字47cm×80cm	690,000	十竹斋拍卖(北京)	2020-10-18
边寿民 1738年作 双雁图 立轴	96cm×35cm	345,000	中国嘉德	2020-12-04
边寿民 吉庆如意 镜片	29.5cm×46cm	138,000	广东崇正	2020-09-13
边寿民 行书 立轴	76.5cm×37.5cm	69,000	北京翰海	2020-12-11
蔡含 摹徐崇嗣草花图卷 手卷	引首 31cm×82.5cm； 画心 31cm×455cm； 题跋31cm×50cm	4,600,000	中贸圣佳	2020-10-17
蔡含 古松献寿 扇面	19cm×57.5cm	1,380,000	华艺国际	2020-12-05
蔡含 朱竹蛱蝶 立轴	137cm×33cm	97,750	中国嘉德	2020-12-04
蔡含 金玥小像 立轴	156cm×81cm	92,000	中国嘉德	2020-07-17
蔡嘉 1772年作 仿宋元各家册 册页(八开)	24.6cm×40.6cm (每幅)	1,165,563	香港苏富比	2020-10-08
蔡嘉 临古山水 册页(十三开)	24cm×31.5cm×12	897,000	华艺国际	2020-12-05
蔡嘉 1745年作 美人图 立轴	88cm×32cm	207,000	西泠印社	2020-08-08
蔡嘉 1735年作 春山松寮 扇面	17.5cm×53cm	172,500	永乐拍卖	2020-12-02
蔡嘉 百果仙人图 立轴	130.5cm×45cm	115,000	西泠印社	2020-08-08
蔡嘉 住山图 镜心	16cm×50cm	55,200	中贸圣佳	2020-10-17
蔡启僔 草书 立轴	149cm×81cm	115,000	北京翰海	2020-09-12
蔡远 1701年作 曲池清波 立轴	画85cm×55cm； 题42.5cm×55cm	782,000	中国嘉德	2020-08-17
蔡远 仿王维《山阴积雪图》立轴	105cm×42cm	747,500	西泠印社	2020-08-08
蔡远 山水 册页(十开)	书法 33cm×24cm×4； 画 27cm×20.5cm×10	437,000	中国嘉德	2020-08-17
蔡远 仿范宽山水 立轴	180cm×74cm	117,491	香港苏富比	2020-11-26
蔡泽 清 梅雨江村 立轴	184.3cm×55.6cm	191,700	佳士得	2020-12-02
蔡中和 隶书四言联 对联	78cm×22cm×2	276,000	北京保利	2020-12-05
曹鸿勋 楷书 立轴	173cm×90.5cm	212,750	北京翰海	2020-12-11
曹鸿勋 行书七言联 立轴	128.5cm×30cm×2	78,200	北京翰海	2020-12-12
曹涧 临恽格古木垂萝图 立轴	114cm×44.2cm	690,000	华艺国际	2020-12-05
曹夔音 山居图 立轴	187cm×51.4cm	95,850	佳士得	2020-12-02
曹秀先 行书七言联 立轴	355cm×63cm×2	86,250	中鸿信	2020-01-04
曹有光 1660年作 折枝花卉 手卷	引首 21cm×84.5cm； 画 21cm×392cm； 跋23cm×43cm	897,000	中国嘉德	2020-08-17
曹岳 1674年作 竹坨图 手卷	画心 28cm×124cm； 题跋 28cm×248cm	2,530,000	北京保利	2020-12-05
超揆和尚 山水 立轴	167cm×49.5cm	57,500	中贸圣佳	2020-10-17
陈邦彦 1738年 临柳公权楷书 册页(五十八开)	18cm×24cm×58	345,000	华艺国际	2020-12-05
陈邦彦 1746年作 行书 卷	28cm×242cm	92,000	北京翰海	2020-12-11

拍品名称	物品尺寸	成交价RMB	拍卖公司	拍卖日期
陈邦彦 行书《送少师归闽四首》诗 十七开册	尺寸不一	90,789	香港苏富比	2020-11-26
陈宝琛 行书龙门联 镜框	136cm×29.5cm×2	180,800	香港苏富比	2020-07-10
陈宝琛 楷书 立轴	87cm×36.5cm	161,000	北京翰海	2020-12-11
陈宝琛 1927年作 楷书 立轴	65cm×32.5cm	149,500	北京翰海	2020-12-11
陈宝琛 行书七言联 立轴	129cm×29cm×2	138,000	北京翰海	2020-12-12
陈宝琛 楷书薛文清公事 立轴	64cm×37cm	115,000	北京保利	2020-12-05
陈宝琛 1930年作 行书 册页	33cm×32cm×12	101,200	中国嘉德	2020-07-17
陈宝琛 书法 对联	149cm×26cm×2	80,500	广东小雅斋	2020-08-21
陈宝琛 行书七言 对联	146cm×30cm×2	80,500	朵云轩	2020-09-24
陈宝琛 楷书七言联 立轴	129cm×33cm×2	69,000	上海匡时	2020-08-05
陈宝琛 1933年作 风霜不苦 立轴	86.5cm×35cm	69,000	朵云轩	2020-09-23
陈宝琛 行书七言联 立轴	167.5cm×41cm×2	63,357	中国嘉德	2020-10-09
陈宝琛 1926年作 楷书 立轴	131.5cm×38cm	57,500	北京翰海	2020-12-11
陈宝琛 行书自作诗 立轴	119cm×61.5cm	55,200	上海匡时	2020-08-05
陈宝琛 行书七言诗 镜片	19cm×52cm	52,900	广东崇正	2020-09-13
陈鸿寿 行书六屏 立轴	149.5cm×42cm×6	3,335,000	中国嘉德	2020-08-16
陈鸿寿 1816年作 曼翁秋兴册(画十二页，端一页)册页	题端 33cm×25cm； 画心 34.5cm×25cm×12	1,127,000	西泠印社	2020-08-08
陈鸿寿 1817年作 行书 立轴	182cm×87cm	632,500	朵云轩	2020-09-24
陈鸿寿 行书四屏 立轴	170cm×43cm×4	575,000	中国嘉德	2020-08-16
陈鸿寿 1816年作 隶书八言联 立轴	232cm×37.5cm×2	437,000	广东崇正	2020-09-13
陈鸿寿 隶书八言联 立轴	188cm×42cm×2	402,500	中鸿信	2020-01-04
陈鸿寿 行书《梨花诗》五首 立轴	95.5cm×26.3cm	345,000	中国嘉德	2020-08-16
陈鸿寿 1812年作 种榆仙馆墨妙 册页(十开)	23cm×29.5cm×10	322,000	中国嘉德	2020-12-04
陈鸿寿 隶书四言联 立轴	76.5cm×18.5cm×2	287,500	中国嘉德	2020-08-16
陈鸿寿 行书《范仲淹帖》立轴	127cm×29cm	253,000	永乐拍卖	2020-12-02
陈鸿寿 行书 立轴	131cm×61cm	218,500	朵云轩	2020-09-24
陈鸿寿 行书 七言联 对联	127.5cm×31cm×2	207,000	西泠印社	2020-08-08
陈鸿寿 隶书 七言联 对联	128cm×28.5cm×2	207,000	西泠印社	2020-08-08
陈鸿寿 行书七言联 立轴	163cm×34cm×2	184,000	中国嘉德	2020-08-16
陈鸿寿 行书 七言联 对联	140cm×30.5cm×2	178,250	西泠印社	2020-08-08
陈鸿寿 行书临古帖 立轴	130cm×28.5cm	120,750	广东崇正	2020-09-13
陈鸿寿 隶书七言联 立轴	129cm×31cm×2	115,000	中国嘉德	2020-12-04
陈鸿寿 行书七言联 立轴	132.5cm×30cm×2	101,200	中国嘉德	2020-08-16
陈鸿寿 隶书七言联 对联	134cm×26cm×2	92,000	上海敬华	2020-09-22
陈鸿寿 行书八言联 立轴	163cm×39cm×2	92,000	永乐拍卖	2020-12-02
陈鸿寿 行书东坡诗 镜心	132cm×32.5cm	74,750	中国嘉德	2020-08-16
陈鸿寿 隶书七言联 立轴	131cm×31cm×2	69,000	中鸿信	2020-01-04
陈鸿寿 清 行书七言诗 立轴	108cm×30.5cm	63,900	佳士得	2020-12-02
陈鸿寿 胡公寿 菊花图、书法对联	菊花图 30cm×36.5cm； 对联 136cm×21.5cm×2	62,100	北京保利	2020-10-19
陈煌等清诸家 扫石待月 册页(二十开四十页)	册首 32cm×33cm×4； 画心32cm×66cm； 题跋 32cm×33cm×34	2,990,000	北京保利	2020-10-18
陈嘉言 1653年作 花鸟图 扇面	16.5cm×51cm	241,500	中国嘉德	2020-12-04
陈嘉言 荷塘清趣 镜心	16.5cm×51cm	69,000	中贸圣佳	2020-12-17
陈嘉言 1647年作 春园鹭戏 扇面镜框	18.5cm×56cm	68,400	佳士得	2020-0[illegible]-08
陈介祺 隶书八言联 对联	177cm×42cm×2	322,000	朵云轩	2020-09-23

拍品名称	物品尺寸	成交价RMB	拍卖公司	拍卖日期
陈介祺 篆书七言联 立轴	114.5cm×26cm×2	230,000	中国嘉德	2020-08-16
陈介祺 篆书七言联 立轴	136.5cm×30.5cm×2	97,750	永乐拍卖	2020-08-17
陈介祺 1876年作 行书七言联 立轴	131cm×32.5cm×2	89,700	中国嘉德	2020-12-04
陈枚 孙[illegible] 农家乐 立轴	76cm×41cm	106,500	佳士得	2020-12-02
陈枚 1[illegible]9年作 木叶飞空 立轴	76cm×34cm	80,500	北京保利	2020-10-18
陈冕 行书七言联 立轴	129cm×29cm×2	59,800	北京翰海	2020-12-12
陈清华等题跋 绘 白堤话别图	引首：15cm×70.5cm；本幅：14.5cm×75cm；16cm×116cm；15cm×113cm；题跋：15cm×154cm；20cm×58cm.	1,725,000	中国嘉德	2020-12-02
陈三立 楷书“寿”镜心	25cm×26.5cm	460,000	北京保利	2020-10-17
陈三立 行书条幅 立轴	143cm×38cm	74,750	十竹斋拍卖（北京）	2020-10-18
陈三立 1914年作 楷书 横幅	42cm×116cm	69,000	北京翰海	2020-12-11
陈善 1744年作 奇峰高寺图 立轴	161cm×104cm	402,500	西泠印社	2020-08-08
陈书 杨柳桃花 成扇	19cm×50cm	253,000	华艺国际	2020-12-05
陈书 书画 册页（十开）	题31cm×40cm×2；画31.5cm×40.5cm×10；跋34.5cm×43cm	172,500	中国嘉德	2020-12-04
陈书 1730年作 平安四季图 手卷	引首28.5cm×104.5cm；画心28.5cm×271cm	97,750	北京保利	2020-12-05
陈书 花蝶图 立轴	152cm×89cm	69,000	北京保利	2020-10-18
陈舒 [illegible]帆图 扇面	16.3cm×51.0cm	161,000	中国嘉德	2020-12-04
陈希祖 行书 手卷	30cm×130.5cm	57,500	广东崇正	2020-09-13
陈希祖 行书七言联 立轴	128.5cm×30cm×2	57,500	十竹斋拍卖（北京）	2020-10-18
陈[illegible] 行书唐诗四首 立轴	168cm×44.5cm	195,500	北京保利	2020-12-05
陈[illegible] 仿古山水 册页	书24cm×30.5cm×4；画24cm×30.5cm×12	161,000	广东崇正	2020-09-13
陈奕禧 1700年作 行书 手卷	28.5cm×365cm	379,500	上海嘉禾	2020-01-05
陈奕禧 行书《兰亭考》册页（十一开）	24cm×19.3cm（每幅）；题24.2cm×11.2cm（每幅）	345,000	中国嘉德	2020-12-04
陈奕禧 1704年作 行书杂诗册 手卷	32cm×199cm	253,000	永乐拍卖	2020-08-17
陈奕禧 行书 立轴	75cm×35.5cm	207,000	中国嘉德	2020-08-16
陈奕禧 行书论书句 册页（十开）	25cm×15cm×10	207,000	永乐拍卖	2020-08-17
陈奕禧 行书 七言诗 立轴	111cm×36.5cm	195,500	西泠印社	2020-08-08
陈奕禧 行书 七言诗 扇页	49.5cm×17cm	109,250	西泠印社	2020-08-08
陈奕禧 徐昂发 等 楷书三种（五页）册页	26cm×19.5cm×5	69,000	西泠印社	2020-08-08
陈奕禧 草书 立轴	126.5cm×37.5cm	63,250	北京翰海	2020-12-11
陈[illegible]龙 行书七言诗卷 手卷	23cm×257cm	172,500	永乐拍卖	2020-12-02
成亲王 1821年作 行书 手卷	35cm×479cm	747,500	十竹斋拍卖（北京）	2020-10-18
成亲王 草书节临《书谱》立轴	167.5cm×66cm	575,000	华艺国际	2020-12-05
成亲王 楷书“归去来辞”立轴	135.5cm×32cm×4	575,000	十竹斋拍卖（北京）	2020-10-18
成亲王 楷书八言 对联	154.5cm×36cm×2	540,500	朵云轩	2020-09-24

拍品名称	物品尺寸	成交价RMB	拍卖公司	拍卖日期
成亲王 射雉赋 册页（六开）	26cm×31cm	345,000	中贸圣佳	2020-10-17
成亲王 楷书《归去来辞》立轴	169cm×30.5cm×4	345,000	保利厦门	2020-09-26
成亲王 楷书七言联 立轴	164cm×29cm×2	115,000	十竹斋拍卖（北京）	2020-10-18
成亲王 楷书七言联 立轴	123cm×26cm×2	97,750	中鸿信	2020-01-04
成亲王 楷书 三条屏	105cm×42cm×3	94,300	中国嘉德	2020-07-17
成亲王 行书五言联 镜心	128cm×27cm×2	57,500	中鸿信	2020-01-03
程芳朝 行书七言诗 立轴	274.5cm×49cm	345,000	中国嘉德	2020-12-04
程邃 小阁临溪图 立轴	103cm×34cm	460,000	中国嘉德	2020-12-04
程邃 秋树图 扇面	17.0cm×51.0cm	184,000	中国嘉德	2020-12-04
程邃 清 交枝树图 扇面镜框	16cm×51cm	136,800	佳士得	2020-07-08
程瑶田 芋花图 立轴	95cm×37cm	92,000	北京保利	2020-10-18
程云 溪岸书屋 扇面	16.2cm×49.5cm	62,150	香港苏富比	2020-07-09
程正揆 1647年作 柳荫放棹图 手卷	29cm×225cm	575,000	中鸿信	2020-01-04
程正揆 1647年作 柳荫放棹 手卷	画28cm×221cm；跋28cm×55cm	138,000	广东崇正	2020-09-13
迟煓 1719年作 春兴图 立轴	232cm×118cm	345,000	中国嘉德	2020-08-17
崇绮 1873年作 行书四屏 立轴	128cm×30cm×4	51,750	中国嘉德	2020-12-04
慈禧 1898年作 富贵凌云 镜框	135cm×66cm	1,012,000	华艺国际	2020-12-05
慈禧 博古图 立轴	127cm×54cm	253,000	中国嘉德	2020-07-17
慈禧 1892年作 福禄齐天 立轴	98cm×41cm	155,250	中鸿信	2020-01-04
慈禧（款）行书“寿”立轴	178cm×86cm	112,700	中国嘉德	2020-11-11
慈禧 富贵图 立轴	121.5cm×53.5cm	94,300	广东崇正	2020-09-13
慈禧御赐戴鸿慈行书“傍综广深”（一幅）	54cm×54cm×4	69,000	中鸿信	2020-01-04
慈禧 御笔行书七言联 镜心	134cm×30.5cm×2	66,700	中鸿信	2020-01-04
慈禧皇太后 楷书匾额 横幅镜心	65cm×130cm	207,000	北京翰海	2020-12-11
慈禧皇太后 行书“寿”立轴	176cm×90.5cm	172,500	北京翰海	2020-12-11
慈禧皇太后 楷书七言联 镜心	134cm×32cm×2	89,700	北京翰海	2020-12-12
慈禧太后 1902年作 御笔“喜至庆来”镜框	60cm×19cm	471,500	永乐拍卖	2020-12-02
慈禧太后 楷书九言联 对联	222cm×47cm×2	172,500	上海敬华	2020-09-22
崔錞 1656年作 贵妃出浴卷 手卷	28cm×207cm	138,000	中国嘉德	2020-11-11
崔錞 1717年作 斗蟋蟀 镜心	127cm×43cm	63,250	北京翰海	2020-09-12
释达受 妙兰雅游图卷 手卷	15cm×380cm	59,800	中国嘉德	2020-11-11
笪重光 行书五言联 立轴	122.5cm×26.5cm×2	92,000	中国嘉德	2020-08-16
戴本孝 1690年作 天门垂钓图 立轴	169.5cm×58cm	9,890,000	朵云轩	2020-09-24
戴本孝 1680年作 怪松上寿图 立轴	122cm×52cm	575,000	北京保利	2020-10-18
戴本孝 山水（四帧）镜心	20cm×28.5cm×4	310,500	中鸿信	2020-01-04
戴本孝（款）秋山图 镜心	17cm×103cm	69,000	中国嘉德	2020-11-12
戴苍 看竹图 手卷	31cm×34.4cm	339,000	香港苏富比	2020-07-09
戴礼 松梅高节图 立轴	175.5cm×98.5cm	126,500	西泠印社	2020-08-08
戴熙 深山访石图 手卷	引首33cm×86cm；画33cm×116cm；跋33cm×128cm	575,000	中国嘉德	2020-08-17
戴熙 洞庭秋色 手卷	33cm×289cm	460,000	北京翰海	2020-12-11
戴熙 枯木竹石 立轴	129.5cm×64cm	322,000	北京翰海	2020-12-11
戴熙 1848年作 幽居图 镜片	26.5cm×92.5cm	115,000	上海嘉禾	2020-01-05
戴熙 行书七言 对联	138cm×33.5cm×2	105,800	朵云轩	2020-09-24
戴熙 行书八言联 立轴	152cm×29.5cm×2	86,250	广东崇正	2020-09-13
戴熙（款）古木清泉 镜框	94cm×44.5cm	85,200	佳士得	2020-12-02
戴熙 行书 八言联 对联	167cm×25.5cm×2	69,000	西泠印社	2020-08-08
戴熙 山洞隐居 立轴	124cm×35cm	63,250	朵云轩	2020-09-24

2020书画拍卖成交汇总(续表)

(成交价RMB：5万元以上)

拍品名称	物品尺寸	成交价RMB	拍卖公司	拍卖日期
戴熙 1854年作 仿燕文贵水墨长卷 手卷	209cm×37cm	57,500	西泠印社	2020-08-08
戴熙 山水 册页	23cm×29cm×12	57,500	广东小雅斋	2020-08-21
戴熙 1842年作 双松图 立轴	88cm×42cm	51,750	北京翰海	2020-09-12
戴正泰(款)1774年作 福禄寿喜 镜心	136cm×165cm	115,000	中国嘉德	2020-07-17
道光 1824年作 菊杞延龄 立轴	118cm×33.5cm	276,000	十竹斋拍卖(北京)	2020-10-18
道光帝 1827年作 楷书白龙潭龙神庙匾额 横幅镜心	93.5cm×226cm	5,290,000	北京翰海	2020-12-11
道光帝 1829年作 行书七言诗 横披	42.5cm×188cm	575,000	中国嘉德	2020-08-17
道光帝 御笔行书七言联 立轴	152cm×33cm×2	287,500	中贸圣佳	2020-10-17
道光御笔 行书“涵泳圣涯”镜心	62cm×127cm	253,000	中鸿信	2020-01-04
邓石如 隶书 立轴	106cm×44.5cm	6,210,000	朵云轩	2020-09-24
邓石如 隶书七言联 立轴	130cm×34cm×2	552,000	上海嘉禾	2020-01-05
邓石如 篆书七言联 镜心	125cm×23cm×2	517,500	北京保利	2020-10-18
邓石如 1781年作 篆书《程子四箴》(四幅)立轴	121.4cm×31.7cm×4	342,000	佳士得	2020-07-08
邓石如 醉吟先生传 册页(八开)	30cm×17cm×8	207,000	北京保利	2020-10-18
邓石如 隶书九言对联 镜框	150.5cm×23.5cm×2	57,500	荣宝斋(上海)	2020-10-25
邓石如(款) 篆书四言联 立轴	131cm×34cm×2	57,500	中贸圣佳	2020-10-17
丁敬 砚林老人诗文遗墨集卷 手卷	引首25cm×85cm;书法①27cm×19cm;书法②22cm×101.5cm;书法③25cm×27cm;书法④23.5cm×44.5cm	23,575,000	中国嘉德	2020-12-01
丁敬(款) 罗汉图 立轴	131cm×63cm	322,000	中国嘉德	2020-07-17
丁敬 篆书七言联 立轴	134.5cm×18cm×2	276,000	中国嘉德	2020-08-16
丁敬 隶书 六言联 对联	96.5cm×25cm×2	195,500	西泠印社	2020-08-08
丁以诚 嘉庆1814年作 云山图 立轴	138.5cm×43.5cm	126,500	中国嘉德	2020-12-04
董邦达 竞渡图 立轴	78cm×45cm	2,530,000	永乐拍卖	2020-12-02
董邦达 清高宗御题层峦积翠图 立轴	183.5cm×90cm	862,500	中鸿信	2020-01-04
董邦达 仿张贞居笔意 镜心	69cm×36cm	575,000	中鸿信	2020-01-04
董邦达 武陵源 镜片	69.5cm×36.5cm	575,000	广东崇正	2020-09-13
董邦达 西湖胜景图 册页(三十开)	32.5cm×42cm×30	460,000	中国嘉德	2020-12-04
董邦达 1768年作 松霭长春 立轴	125cm×57cm	230,000	北京保利	2020-10-18
董邦达 烟峦紫翠 立轴	143.5cm×78.5cm	126,500	上海驰翰	2020-09-24
董邦达 1760年作 行书诗扇册(四帧)册页	16cm×47cm×4	86,250	北京保利	2020-12-05
董邦达 1766年作 仿南田竹石图 立轴	102cm×59cm	86,250	中国嘉德	2020-12-04
董邦达 1751年作 行书杜甫诗 册页(八开)	23cm×13cm×16	69,000	永乐拍卖	2020-12-02
董邦达(款) 仿古山水 册页	18cm×23cm×12	66,700	中国嘉德	2020-11-11
董诰 1760年作 大乘无量寿庄严经 册页(二十七折)	21cm×17cm×27	943,000	永乐拍卖	2020-12-02
董诰 1815年作 节录《水经注》册页(二十四开)	23cm×11.5cm×24	483,000	北京保利	2020-10-18
董诰(款) 西湖全景图 册页	23cm×15cm×12	437,000	中国嘉德	2020-11-09
董诰 行书七言联 立轴	133cm×29cm×2	115,000	中国嘉德	2020-12-04
董诰 秋菊图 楷书 扇轴双挖	15cm×48cm×2	86,250	朵云轩	2020-09-24
董诰 行书《晋大司马至洛阳》镜心	102cm×70cm	82,800	中国嘉德	2020-08-17
董讷 草书 李白诗 立轴	136cm×54.5cm	368,000	西泠印社	2020-08-08
董琬贞 1823年作 花鸟册 册页(八页)	23.5cm×18.5cm×8	218,500	西泠印社	2020-08-08
董琬贞 群仙祝寿 立轴	78cm×39.5cm	92,000	北京翰海	2020-12-11
独立性易 草书千字文 册页(两册,每册八十四开)	26cm×21.2cm×168	90,525	佳士得	2020-11-18
独立性易 草书花卉诗 册页(三十六开)	30.4cm×10.4cm×36	69,225	佳士得	2020-11-18
端方 行书七言联 立轴	194.5cm×42.5cm×2	115,000	北京翰海	2020-12-12
法若真 行书七言诗 立轴	171.5cm×47cm	828,000	永乐拍卖	2020-08-17
法若真 松风烟雾 镜心	28.6cm×44.1cm	632,500	北京保利	2020-10-18
法若真 临献之帖 扇面	16.0cm×51.5cm	230,000	中国嘉德	2020-12-04
法若真 行书五言诗 立轴	73cm×49cm	207,000	永乐拍卖	2020-12-02
法若真 朱伦瀚 郑重 等诸家 山水人物 花果(十六帧) 扇面/团扇	16.5cm×51cm×16	234,300	佳士得	2020-12-02
法式善(款) 行书自作诗卷 手卷	22.5cm×345cm	86,860	中国嘉德	2020-10-09
法式善 汪梅鼎 阮元等 玉延秋馆图卷及题咏 手卷	尺寸不一	2,702,500	永乐拍卖	2020-08-17
樊圻 四时山水 册页(八开)	本幅12.5cm×14.5cm×8;题跋17.5cm×22cm×2	943,000	永乐拍卖	2020-12-02
樊圻 1676年作 仿黄鹤山樵笔法 立轴	158.5cm×37cm	138,000	中鸿信	2020-01-04
樊圻 1687年作 竹林雅集 镜心	38cm×38cm	80,500	北京保利	2020-12-05
范廷镇 万壑响松风 扇面	16.5cm×50cm	112,700	中国嘉德	2020-08-17
范振绪 书法 册页	26cm×19cm×18	92,000	广东小雅斋	2020-06-17
方琮 秋溪垂纶图 立轴	223cm×55cm	69,000	中国嘉德	2020-07-17
方大猷 山水 镜框	155cm×49.5cm	345,000	华艺国际	2020-10-16
方尔谦 行书七言联 立轴	143.5cm×33cm×2	69,000	十竹斋拍卖(北京)	2020-10-18
方尔谦 集李商隐诗句 镜心	32.5cm×124.5cm	63,250	中贸圣佳	2020-10-17
方亨咸 1664年作 杏花幽禽 立轴	133.5cm×38cm	184,000	中国嘉德	2020-12-04
方士庶 群山秋色 立轴	145cm×66cm	345,000	永乐拍卖	2020-12-04
方士庶 1745年作 行书 立轴	88cm×30.5cm	115,000	中国嘉德	2020-08-16
方士庶 1746年作 结茅山林 立轴	152cm×46cm	51,750	中国嘉德	2020-11-12
方熏 花卉册(共十三页)册页	画心24cm×19.5cm×12;题跋24cm×19.5cm	126,500	西泠印社	2020-08-08
方薰 紫藤图 立轴	95cm×24cm	115,000	北京保利	2020-12-05
方贞观 行书 立轴	104cm×44.5cm	51,750	广东崇正	2020-09-13
方正阳 溪山隐居 手卷	35.2cm×352.7cm	532,829	香港苏富比	2020-10-08
费丹旭 旧园春色图	78cm×29cm	1,470,000	乾禧国际	2020-01-20
费丹旭 随园先生小像 立轴	89.4cm×42cm	920,000	北京保利	2020-12-05
费丹旭 1842年作 饲鹤图 横披	41cm×107cm	287,500	北京保利	2020-12-05
费丹旭 1848年作 梅边吹笛图 立轴	103.5cm×43.5cm	149,500	西泠印社	2020-08-08
费丹旭 桐荫二美图	38.3cm×80cm	94,300	中国嘉德	2020-11-09
费丹旭 仕女图册 镜心	23.5cm×18.5cm×6	92,000	中鸿信	2020-01-04
费丹旭 文昌帝君图 立轴	60cm×38cm	69,000	中国嘉德	2020-11-12
费丹旭 仕女图 立轴	109cm×32.5cm	63,250	西泠印社	2020-08-08
冯宁 水田飞白鹭 扇面	17.5cm×53cm	109,250	中国嘉德	2020-12-04
冯洽 阮元 梁同书 1804年作 嘉禾应瑞图 手卷	画心123.5cm×25.5cm;题跋128cm×25.5cm;127cm×25.5cm	3,277,500	西泠印社	2020-08-08
傅山 四体书法卷 手卷	引首26.5cm×88.5cm;书法26.5cm×623cm;题跋26.5cm×248cm	54,050,000	上海敬华	2020-09-22

拍品名称	物品尺寸	成交价RMB	拍卖公司	拍卖日期
傅山 草书临王羲之《适得书帖》立轴	206cm×44cm	2,300,000	西泠印社	2020-08-08
傅山 草篆诗轴 立轴	222cm×80cm	2,300,000	北京保利	2020-12-05
傅山 草书七言诗 立轴	204.5cm×47.5cm	2,236,500	佳士得	2020-12-02
傅山 草书七绝 立轴	193cm×46.5cm	2,130,000	佳士得	2020-12-02
傅山 行书《即目》诗 立轴	192cm×46.5cm	1,955,000	华艺国际	2020-12-05
傅山 1651年作 芦蟹图 立轴	73.5cm×56cm	632,500	西泠印社	2020-08-08
傅山 行书五言诗 扇面	16.0cm×50.5cm	575,000	中国嘉德	2020-12-04
傅山(款) 草书词组 立轴	169cm×56.8cm	444,024	香港苏富比	2020-10-08
傅山 三石图 扇面	16cm×51.2cm	316,400	香港苏富比	2020-07-09
傅山 草书七绝 立轴	167cm×41cm	276,000	北京保利	2020-10-18
傅山 行书杜甫《暮归》扇面	16.5cm×49cm	226,000	香港苏富比	2020-07-09
傅雯 十六应真图并赞 手卷	引首 38.5cm×104cm；画心 38.5cm×222cm；题跋 38.5cm×268cm	828,000	北京保利	2020-10-18
傅雯 观瀑图 立轴	127cm×55cm	57,500	西泠印社	2020-08-08
改琦 松芝献寿 立轴	174.5cm×95.5cm	379,500	华艺国际	2020-10-16
改琦 汪藻 八美图咏 册页(八开)	画23cm×15.7cm×8；书23cm×15.7cm×8；题27.5cm×37.5cm；跋27.5cm×37.5cm	287,500	广东崇正	2020-09-13
改琦 道光七年(1827)作 无量寿佛 立轴	136cm×53cm	230,000	中国嘉德	2020-12-04
改琦(款) 无量寿佛 立轴	133cm×41cm	195,500	北京翰海	2020-12-11
改琦 观音大士像 立轴	121cm×55cm	195,500	永乐拍卖	2020-12-02
改琦 人物 立轴	111cm×54cm	115,000	华艺国际	2020-10-16
改琦(款) 1801年作 洛神图 立轴	画心 75cm×43.5cm；诗堂 30cm×43.5cm	112,407	中国嘉德	2020-10-09
改琦 1815年作 月下赏梅 立轴	166cm×40cm	109,250	中国嘉德	2020-12-04
改琦 金莲归院 立轴	161.2cm×41.4cm	90,400	香港苏富比	2020-07-09
改琦 1823年作 梅花仕女 立轴	82cm×41cm	80,500	中国嘉德	2020-07-17
改琦 农家乐 手卷	30.5cm×332.5cm	69,000	北京翰海	2020-12-11
改琦 1780年作 庭园仕女 镜心	63cm×36.5cm	51,750	中鸿信	2020-01-04
[illegible]莲 仿董太守笔意山水 立轴	153cm×66cm	299,000	北京保利	2020-12-05
高岑 1670年作 秋山幽居 立轴	156cm×89.5cm	437,000	中鸿信	2020-01-04
高层云 仿大痴山居图 立轴	152cm×70cm	115,000	北京保利	2020-10-18
高凤翰 1727年作 八影图 册页(八开)	15.5cm×24.5cm×8	9,775,000	北京保利	2020-12-05
高凤翰 春溪烟景 立轴	146cm×51cm	3,565,000	华艺国际	2020-12-05
高凤翰 隶书十二言联 立轴	177cm×26.5cm×2	2,185,000	中国嘉德	2020-08-17
高凤翰 于铭书 等 诗稿信札册(共三十二页) 册页	27cm×13cm×5；26.5cm×14cm×2；25cm×15cm×21；26cm×10cm×4	483,000	西泠印社	2020-08-08
高凤翰 1741年作 菊石图 立轴	72cm×45cm	345,000	北京保利	2020-10-18
高凤翰 高凤起 1713年作 临陈洪绶九日东篱图并书 扇面	16cm×47cm	310,500	永乐拍卖	2020-12-02
高凤翰 1727年作 峭壁观鹤图 立轴	94cm×52cm	230,000	北京保利	2020-12-05
高凤翰 清 花石图 散册页(十二开)	25.7cm×32.5cm×12	213,000	佳士得	2020-12-02
高凤翰 介友图 镜心	16.5cm×49cm	92,000	中贸圣佳	2020-10-17
高简 山水六帧 镜心	42cm×31cm×6	161,000	中国嘉德	2020-11-09
高简 疏林图 镜片	24cm×31cm	63,250	朵云轩	2020-09-24
高简 劳澄 山水合册 册页(十开)	31.5cm×20.5cm×10	517,500	中国嘉德	2020-08-17
高其佩 云龙图 立轴	186cm×108cm	253,000	北京翰海	2020-12-11
高其佩 双鹭 立轴	119cm×40cm	161,000	上海嘉禾	2020-01-05
高其佩 鱼乐图 立轴	136cm×60.5cm	115,000	西泠印社	2020-08-08
高其佩 行旅图 立轴	160cm×46cm	97,750	上海敬华	2020-09-22
高其佩 伫立枝头 立轴	178cm×45cm	92,000	上海敬华	2020-09-22
高其佩 人物 立轴	62.5cm×30cm	51,750	北京翰海	2020-12-11
高人征 风竹图 立轴	130.5cm×45.5cm	57,500	上海匡时	2020-08-05
高士奇 潘彬 仲艺 梦湖草堂图 手卷	28cm×313cm	2,760,000	永乐拍卖	2020-08-17
高士奇 行书五言诗 立轴	161cm×57cm	402,500	中贸圣佳	2020-10-17
高士奇 1702年作 行书《滁州西涧》镜框	131cm×58.5cm	345,000	华艺国际	2020-10-16
高士奇 行书诗(二帧) 镜片	30cm×28cm×2	207,000	上海敬华	2020-09-22
高士奇 行书七言诗 立轴	137cm×37cm	51,750	北京保利	2020-10-18
高树程 1795年作 春溪归舟 立轴	107cm×39.5cm	333,500	中国嘉德	2020-08-17
高翔等题 秋夜读书图 立轴	88cm×40cm	3,565,000	中贸圣佳	2020-10-17
高荫 春江花屿图 立轴	181.5cm×51.5cm	207,000	中国嘉德	2020-12-04
龚鼎孳 草书 屏轴	193.5cm×50cm	667,000	朵云轩	2020-09-24
龚晴皋 行书四言联 对联	201cm×48.5cm×2	115,000	西泠印社	2020-08-08
龚贤 培芝图 立轴	184cm×55cm	9,775,000	荣宝斋(上海)	2020-10-25
龚贤 1672年作 山水 立轴	140cm×41cm	1,552,500	十竹斋拍卖(北京)	2020-10-18
龚贤 1684年作 翠嶂千岩 立轴	193cm×103cm	852,000	佳士得	2020-12-02
龚贤 麦穗两歧图 立轴	168cm×47cm	805,000	广东小雅斋	2020-08-21
龚贤 深山雪霁 镜心	本幅 22.5cm×52.5cm；题跋22.5cm×53.5cm	805,000	永乐拍卖	2020-12-02
龚贤 行书七言诗 扇面	18.0cm×57.0cm	667,000	中国嘉德	2020-12-04
龚贤 草书七绝题画诗 扇面	18.5cm×57.2cm	339,000	香港苏富比	2020-07-09
龚贤(款) 1684年作 山水 册页(八开)	29.5cm×34cm×8	51,094	中国嘉德	2020-10-09
龚心钊 楷书八言联 对联	151cm×27cm×2	230,000	北京保利	2020-12-05
龚心钊 书法	28cm×126cm	69,000	永乐拍卖	2020-12-03
龚自珍 行书《乙亥杂诗》镜片	45cm×34cm；跋28.5cm×35cm	103,500	广东崇正	2020-09-13
龚自珍 书法 扇面	17cm×52cm	57,500	华艺国际	2020-10-16
顾大申 1674年作 拟北苑山水 立轴	219cm×99.5cm	1,012,000	中鸿信	2020-01-04
顾昉 仙山访友图 立轴	183cm×69cm	172,500	西泠印社	2020-08-08
顾符稹 松下高士图 扇页	60cm×19.5cm	109,250	西泠印社	2020-08-08
顾鹤庆 嘉庆1802年作 墨竹卷 手卷	30.5cm×487cm	57,500	中国嘉德	2020-12-04
顾麟士 莲池招凉图·行书七言联 立轴、对联	142cm×69cm；137cm×36cm×2	172,500	西泠印社	2020-08-08
顾麟士 1906年作 山水四屏 立轴	82.5cm×33cm×4	149,500	中国嘉德	2020-08-16
顾麟士 山水 册页(八开)	26.5cm×31.5cm×8	92,000	广东崇正	2020-09-13
顾麟士 寒林图 立轴	104cm×52cm	80,500	荣宝斋(上海)	2020-10-25
顾麟士 1900年作 拟古山水 册页(八开)	29cm×40.5cm×8	63,250	中国嘉德	2020-12-04
顾洛 冬猎图 手卷	画心 30cm×164cm；题跋 30cm×379cm	221,325	北京保利	2020-07-17

2020书画拍卖成交汇总（续表）

（成交价RMB：5万元以上）

拍品名称	物品尺寸	成交价RMB	拍卖公司	拍卖日期
顾洛画 郭尚先 林则徐 等题 峨边夺险图 手卷	引首 42cm×102cm；本幅 41.5cm×317.5cm；题跋45cm×395cm	2,530,000	中贸圣佳	2020-10-17
顾炎武 书法 扇面	16cm×52cm	241,500	广东小雅斋	2020-08-21
顾沄 1883年作 拟古山水 册页（十二开）	画 25.5cm×31.5cm×12；跋31.4cm×35.7cm	207,000	中国嘉德	2020-08-17
顾沄 戴以恒 吕养泉 1890年作 1895年作 江曲书庄后图 手卷		316,400	香港苏富比	2020-07-10
顾沄 山水册（共十五页）册页	21cm×15cm×12；21cm×14.5cm×3	57,500	西泠印社	2020-08-08
关岚 1815年作 禽趣图 立轴	196cm×106.5cm	142,600	上海驰翰	2020-08-06
管希宁 1765年作 秋山水图 立轴	108cm×22.3cm	69,225	佳士得	2020-12-02
光绪帝 行书七言诗 立轴	97cm×28.5cm	253,000	中国嘉德	2020-08-17
光绪帝 楷书十四言联 立轴	198.5cm×42.5cm×2	230,000	中国嘉德	2020-12-04
光绪帝 1892年作 楷书 镜框	42cm×173cm	149,100	佳士得	2020-12-02
桂复 隶书“紫藤轩”镜心	44cm×158cm	747,500	北京保利	2020-10-18
桂馥 1800年作 隶书八言联 立轴	136.5cm×22.5cm×2	690,000	中国嘉德	2020-08-16
桂馥 隶书六言联（一对）	121cm×17cm×2	203,400	香港苏富比	2020-07-09
桂馥 隶书集句 立轴	123cm×42cm	195,500	中国嘉德	2020-08-16
桂馥 隶书《嵩岳太室石阙铭》立轴	118.5cm×51.5cm	125,400	佳士得	2020-07-08
桂馥 1796年作 隶书 立轴	77cm×35cm	92,000	北京翰海	2020-12-11
郭尚先 1822年作 行书白居易诗五首 立轴	105cm×59cm	172,500	十竹斋拍卖（北京）	2020-10-18
郭尚先 1817年作 行书 册页	25cm×33cm×24	115,000	中国嘉德	2020-11-11
郭尚先 行书七言联 立轴	122.5cm×28.5cm×2	92,000	北京翰海	2020-12-12
郭尚先 行书七言联 立轴	134cm×29.5cm	92,000	中贸圣佳	2020-10-17
郭尚先 行书七言联 对联	162cm×33cm×2	82,800	北京保利	2020-12-05
郭尚先 行书七言 对联	127cm×28.5cm×2	74,750	朵云轩	2020-09-24
郭尚先 行书节录《书论》立轴	165cm×40.5cm	51,094	中国嘉德	2020-10-09
郭似埙（款）1886年作 汉宫雪霁 立轴	174cm×48cm	69,000	中国嘉德	2020-07-17
韩道亨 行书李攀龙诗 立轴	122cm×31cm	345,000	北京保利	2020-10-18
韩菼 行书 扇面	16.5cm×51cm	80,500	朵云轩	2020-09-24
韩咸 松风抚琴图 立轴	112cm×54cm	92,000	西泠印社	2020-08-08
郝浴 书法 立轴	175cm×44cm	138,000	广东小雅斋	2020-08-21
何焯 行书杜牧诗 立轴	145.5cm×37cm	57,500	西泠印社	2020-08-08
何凌汉 书法 对联	356cm×63cm×2	69,000	广东小雅斋	2020-08-21
何凌汉 行书七言联 镜心	129.5cm×29.5cm×2	66,700	中国嘉德	2020-08-16
何绍基 1868年作 行书录翁方纲论书诗（四件）镜框	219cm×59cm×4	2,875,000	华艺国际	2020-12-05
何绍基 隶书临《礼器碑》册页	31cm×33cm×56	2,047,000	十竹斋拍卖（北京）	2020-10-18
何绍基 行书节录《全唐文》镜心	79.5cm×163cm	1,610,000	中国嘉德	2020-12-01
何绍基 行书（四幅）屏轴	96.5cm×33.5cm×4	977,500	朵云轩	2020-09-24
何绍基 行书四屏 立轴	168cm×36cm	747,500	中贸圣佳	2020-10-17
何绍基 行书临帖对屏 立轴	183cm×49cm×2	736,000	永乐拍卖	2020-08-17
何绍基 隶书四屏 立轴	123.5cm×33cm×4	690,000	中国嘉德	2020-08-16
何绍基 隶书七言联 立轴	183.5cm×41.5cm×2	644,000	十竹斋拍卖（北京）	2020-10-18
何绍基 行书四屏 立轴	170cm×43cm	644,000	中贸圣佳	2020-10-17
何绍基 1862年作 篆书杜甫诗 立轴	146cm×39cm×4	632,500	十竹斋拍卖（北京）	2020-10-18
何绍基 行书节录《志岩洞》四屏	149cm×34cm×4	552,000	北京保利	2020-10-18

拍品名称	物品尺寸	成交价RMB	拍卖公司	拍卖日期
何绍基 1811年作 通临《张迁碑》册页（二十四开）	28.5cm×48cm×24	552,000	永乐拍卖	2020-12-02
何绍基 行书节录石涛《画语录》横幅	28cm×156.5cm	517,500	中国嘉德	2020-08-16
何绍基 行书八言联 对联	161cm×33cm×2	494,500	北京保利	2020-10-18
何绍基 行书八言联 对联	214cm×40cm×2	494,500	北京保利	2020-10-18
何绍基 行书节录刘禹锡《吏隐亭述》四屏 立轴	132cm×30.5cm×4	437,000	中国嘉德	2020-08-16
何绍基 书匾“动履规绳”横披	127.5cm×46.5cm	414,000	西泠印社	2020-08-08
何绍基 行书“丛桂山房”镜心	30.5cm×124cm	379,500	永乐拍卖	2020-12-02
何绍基 1860年作 竹居图 立轴	92cm×46.5cm	345,000	中国嘉德	2020-0[illegible]-17
何绍基 篆书七言联 立轴	167cm×37cm×2	322,000	北京保利	2020-1[illegible]-17
何绍基 行书 七言联 对联	134cm×30cm×2	230,000	西泠印社	2020-0[illegible]-08
何绍基 行书七言联 立轴	128.5cm×32cm×2	230,000	中国嘉德	2020-0[illegible]-16
何绍基 隶书七言联 立轴	125cm×30cm×2	230,000	十竹斋拍卖（北京）	2020-10-18
何绍基 行书六言联 立轴	132cm×30cm×2	218,500	十竹斋拍卖（北京）	2020-10-18
何绍基 行书七言联 立轴	131cm×29cm×2	207,000	中国嘉德	2020-08-16
何绍基 行书七言联 镜心	130.5cm×28.8cm×2	207,000	中国嘉德	2020-12-04
何绍基 行书七言联 镜心	126cm×31cm×2	195,500	中国嘉德	2020-08-16
何绍基 隶书七言联 立轴	133cm×31cm	189,750	中贸圣佳	2020-10-17
何绍基 行书五言联 镜心	117.5cm×28cm×2	184,000	中国嘉德	2020-12-04
何绍基 行书节录《世说新语》镜心	238cm×56cm	172,500	永乐拍卖	2020-08-17
何绍基 1853年作 行书《汉书·循吏传》四屏	121cm×28cm×4	172,500	北京保利	2020-10-18
何绍基 行书七言联 立轴	115.5cm×26cm	172,500	中贸圣佳	2020-10-17
何绍基 行书四屏 立轴	133.5cm×36cm×4	161,000	荣宝斋（南京）	2020-11-28
何绍基 行书八言联（一对）	191cm×37.2cm×2	158,200	香港苏富比	2020-07-09
何绍基 行书元人诗 立轴	128cm×28cm	153,282	中国嘉德	2020-10-09
何绍基 行书七言联 对联	137cm×31cm×2	149,500	中国嘉德	2020-11-09
何绍基 行书节录黄庭坚《书幽芳亭记》立轴	131cm×30cm	138,000	上海匡时	2020-08-05
何绍基 行书七言联 立轴	129cm×29.5cm×2	138,000	中国嘉德	2020-08-1[illegible]
何绍基 隶书四言联 立轴	66.5cm×23cm×2	138,000	中国嘉德	2020-12-0[illegible]
何绍基 书匾“半舫”画心	51cm×30cm	126,500	西泠印社	2020-08-0[illegible]
何绍基 行书七言联 立轴	126.5cm×29.5cm×2	126,500	北京翰海	2020-12-1[illegible]
何绍基 行书书札 立轴	23cm×58cm	120,750	北京翰海	2020-12-1[illegible]
何绍基 行书节录《庄子·逍遥游》成扇	18.6cm×53cm	115,000	中国嘉德	2020-08-17
何绍基 隶书五言联 镜框	76.5cm×20cm×2	115,000	华艺国际	2020-10-1[illegible]
何绍基 行书七言联 对联	127cm×29cm×2	109,250	中国嘉德	2020-11-1[illegible]
何绍基 行书九言联 立轴	238cm×39.5cm×2	103,500	中鸿信	2020-01-04
何绍基 行书 镜心	141.5cm×37cm	103,500	北京翰海	2020-12-11
何绍基 书法 对联	134cm×28cm×2	97,750	广东小雅斋	2020-08-21
何绍基 行书七言联（一对）	137.2cm×30.2cm×2	96,050	香港苏富比	2020-07-09
何绍基 行书录《山谷集》立轴	130cm×36.5cm	92,000	上海匡时	2020-08-05
何绍基 行书七言联 对联	125cm×27cm×2	92,000	北京保利	2020-12-05
何绍基 图书万卷惟古欢 镜片	38cm×140cm	92,000	上海敬华	2020-09-22
何绍基 行书七言联 立轴	134cm×30.5cm	86,250	中贸圣佳	2020-10-17
何绍基 行书五言联 立轴	124cm×30.3cm×2	80,500	广东崇正	2020-09-13
何绍基 行书七言联 对联	132cm×29cm×2	74,750	北京保利	2020-10-18
何绍基 篆书“绿枷楠馆”题额 横披	22cm×95cm	74,750	北京保利	2020-10-18
何绍基 行书“三生梦梧图”立轴	39cm×119cm	74,750	中国嘉德	2020-12-04

拍品名称	物品尺寸	成交价RMB	拍卖公司	拍卖日期
何绍基 书法 对联	129cm×31cm×2	71,300	广东小雅斋	2020-08-21
何绍基 行书七言联 立轴	131.5cm×34.5cm×2	69,000	中国嘉德	2020-08-17
何绍基 隶书七言联 镜心	127cm×29cm	69,000	中贸圣佳	2020-10-17
何绍基 行书论尺牍	17cm×40cm	66,700	中国嘉德	2020-08-16
何绍基 隶书临汉碑 立轴	188cm×48cm	63,250	北京保利	2020-10-18
何绍基 行书七言对联 立轴	134cm×30cm×2	63,250	荣宝斋(上海)	2020-10-25
何绍基 书法对联 立轴	132cm×31cm×2	57,500	永乐拍卖	2020-12-04
何绍基 行书庄子句 立轴	99cm×38cm	56,750	北京保利	2020-07-17
何绍基(款) 隶书四言联 对联	66cm×23cm×2	51,750	中国嘉德	2020-07-17
何绍基(款) 行书七言联 对联	125cm×27cm×2	51,750	中国嘉德	2020-11-11
何绍基 行书 七言联 对联	163cm×32.5cm×2	74,750	西泠印社	2020-08-08
何士祁 为陶澍作观海运图卷 手卷	引首 30cm×123cm；跋(1) 30cm×119.5cm；(2) 39cm×80cm；(3) 39cm×110cm；画34cm×125.5cm	253,000	中国嘉德	2020-12-04
何远 剑阁图 立轴	106.5cm×46cm	92,000	中国嘉德	2020-12-04
和硕理密亲王 行书六言联 立轴	124.5cm×23.5cm×2	1,150,000	中贸圣佳	2020-10-17
赫奕 山水 立轴	97cm×80cm	1,035,000	广东小雅斋	2020-08-21
弘仁 晓江风便图 手卷	29cm×198cm	230,000	上海敬华	2020-09-22
弘仁 泛舟图 镜心	18cm×50cm	172,500	中贸圣佳	2020-10-17
弘仁 李永昌 汪梅鼎等 国朝诸家画 册页(七开)	尺寸不一	2,070,000	北京保利	2020-10-18
弘旿 听涛轩图 手卷	引首 25cm×99cm；画心 25cm×127cm；题跋 25cm×315cm	690,000	北京保利	2020-10-18
弘旿 1788年作 临书谱卷 手卷	37cm×890cm	575,000	中国嘉德	2020-12-04
弘旿 隶书七言联 立轴	107cm×30cm×2	195,500	北京翰海	2020-12-12
弘旿 临《兰亭十三跋》、采莲图 镜心	11cm×36cm	112,700	中贸圣佳	2020-10-17
洪钧 行书八言联 立轴	162cm×37.5cm×2	97,750	中国嘉德	2020-08-16
洪钧 行书七言联 立轴	126cm×31cm×2	97,750	北京翰海	2020-12-12
洪亮吉 篆书“梦蕉山房” 镜心	39cm×111cm	161,000	永乐拍卖	2020-12-02
胡公寿 悬崖梅花图 镜片	180cm×48cm	63,250	西泠印社	2020-08-09
胡节 晴峦逸居图卷 手卷	32cm×450cm	132,250	中国嘉德	2020-11-11
胡九思 1829年作 为曾燠作《西山纪游图》手卷	引首 34cm×105.5cm；画 33.5cm×238cm；跋38cm×532cm	322,000	中国嘉德	2020-12-04
胡林翼 行书八言 对联	174cm×37cm×2	253,000	朵云轩	2020-09-24
胡澍 篆书七言联 立轴	125cm×29cm×2	80,500	中国嘉德	2020-12-04
胡澍 篆书七言联 立轴	134cm×31.5cm×2	66,700	中国嘉德	2020-08-16
胡震 节录颜真卿《告身帖》镜心	133cm×60.5cm	230,000	中国嘉德	2020-12-04
胡震 1859年作 行书四屏 立轴	61cm×31cm×4	103,500	中国嘉德	2020-08-16
虎卧老人 行书五言诗八首 手卷	33cm×892.8cm	339,000	香港苏富比	2020-07-09
虎卧老人 行书七言诗 立轴	186cm×90cm	322,000	北京保利	2020-10-18
华冠 乾隆小像 镜片	81cm×50cm	287,500	西泠印社	2020-08-08
华冠 1811年作 吉庆图 立轴	148.5cm×78.5cm	184,000	朵云轩	2020-09-24
华冠 1804年作 仿云林山水 立轴	83cm×25.5cm	149,500	中国嘉德	2020-08-17
华世奎 楷书 立轴(三挖)	尺寸不一	105,800	北京翰海	2020-12-11

拍品名称	物品尺寸	成交价RMB	拍卖公司	拍卖日期
华世奎 1940年作 楷书七言联 立轴	129cm×29cm×2	80,500	北京翰海	2020-12-12
华世奎 楷书七言联 立轴	142cm×37cm×2	80,500	十竹斋拍卖(北京)	2020-10-18
华世奎 为冯国勋书七言联 对联	143cm×37cm×2	64,400	西泠印社	2020-08-09
华嵒(款) 松鹤延年 立轴	324cm×169cm	213,000	佳士得	2020-12-02
华嵒 春谷杜鹃图 立轴	143.5cm×49cm	1,610,000	西泠印社	2020-08-08
华嵒 空翠千嶂图 立轴	148.5cm×45cm	1,437,500	西泠印社	2020-08-08
华嵒 1730年作 松下高会图 立轴	77cm×71cm	1,265,000	西泠印社	2020-08-08
华嵒 修羽临风 立轴	94cm×53cm	1,265,000	荣宝斋(南京)	2020-11-28
华嵒 信国公主游池图 立轴	100cm×33.5cm	920,000	中鸿信	2020-01-04
华嵒 海棠绶带 立轴	94cm×53cm	782,000	上海嘉禾	2020-01-05
华嵒(款) 西园雅集图 立轴	181cm×91cm	782,000	中国嘉德	2020-11-09
华嵒 人物 立轴	131cm×38cm	770,500	广东小雅斋	2020-08-21
华嵒 1734年作 钟馗 立轴	163cm×76cm	690,000	北京保利	2020-10-18
华嵒 秋林清赏 立轴	133cm×52cm	690,000	华艺国际	2020-10-16
华嵒 1750年作 苏小影画像 立轴	125cm×70cm	690,000	华艺国际	2020-12-05
华嵒 1730年作 松荫对弈 立轴	165cm×70cm	368,000	中鸿信	2020-01-04
华嵒 牡丹图 立轴	114cm×42cm	230,000	永乐拍卖	2020-12-02
华嵒 戴石屏诗意图(四幅) 镜片	45cm×30cm×4	92,000	朵云轩	2020-09-24
华长发 行书 立轴	149cm×81cm	161,000	北京翰海	2020-09-12
皇八子 1722年作 金刚般若波罗蜜经 镜心	65cm×165cm	82,800	中国嘉德	2020-07-17
皇八子永璇 行书七言诗 立轴	119.5cm×48.5cm	92,000	保利厦门	2020-09-26
皇六子(款) 绿树草堂图 镜心	96cm×41cm	55,200	中国嘉德	2020-11-12
黄璧 四季览胜图 手卷	引首 58cm×125cm；画心 58cm×2357cm	3,507,500	中贸圣佳	2020-10-17
黄鼎 1723年作 万木奇峰图 立轴	186.5cm×75cm	5,175,000	北京保利	2020-12-05
黄鼎 拟古山水 册页(八开)	册首 29cm×39cm；画心27cm×35.5cm	1,667,500	中贸圣佳	2020-10-17
黄鼎 拟古山水 册页(十开)	38cm×25cm×10	1,265,000	北京保利	2020-10-18
黄鼎 山水 立轴	135cm×66cm	299,000	广东小雅斋	2020-08-21
黄鼎 寒山水阁 立轴	162cm×40cm	92,000	上海敬华	2020-09-22
黄节 行书自作诗 扇面	17cm×48cm	54,050	华艺国际	2020-12-05
黄均 1845年作 枫林晚秋图 手卷	引首 24.3cm×108.1cm；画心 24cm×139.9cm	621,500	香港苏富比	2020-07-10
黄念 花鸟 横幅镜心	88cm×200cm	345,000	北京翰海	2020-12-11
黄山寿 1909年作 瑞鸟秋花 立轴	175cm×94cm	166,750	朵云轩	2020-11-29
黄山寿 1895年作 仕女四屏 立轴	94cm×32cm×4	138,000	华艺国际	2020-12-05
黄山寿 花卉四屏 镜心	110.5cm×63cm×4	92,000	中鸿信	2020-01-03
黄山寿 扶醉图 立轴	130cm×65cm	63,250	朵云轩	2020-09-23
黄山寿 洛下牡丹图 立轴	144.5cm×39cm	57,500	中国嘉德	2020-08-15
黄山寿 1916年作 秋菊图 立轴	132cm×67cm	54,050	中鸿信	2020-01-03
黄山寿 吴伯滔 李圭 等 1878年作 1879年作 1881年作 环游海国图 册页(一百一十八开)	32cm×32cm×118	345,000	朵云轩	2020-09-23
黄慎 1738年作 桃源图 手卷	34cm×260cm	5,112,000	佳士得	2020-12-02
黄慎 草书诗草 册页(四册五十一开)	23.7cm×33cm×51	3,220,000	中国嘉德	2020-12-01

2020书画拍卖成交汇总(续表)

(成交价RMB：5万元以上)

拍品名称	物品尺寸	成交价RMB	拍卖公司	拍卖日期
黄慎 张果老	160cm×47cm	1,260,000	乾禧国际	2020-01-20
黄慎 钓鱼翁 立轴	138cm×93cm	1,035,000	朵云轩	2020-09-24
黄慎 渔翁图 镜片	108cm×83.5cm	920,000	西泠印社	2020-08-08
黄慎 1744年作 行者拈花图 立轴	167cm×80cm	747,500	西泠印社	2020-08-08
黄慎 1752年作 玉堂富贵 立轴	164cm×91cm	690,000	朵云轩	2020-09-24
黄慎 横涂风雨 镜框	183cm×94cm	575,000	北京保利	2020-10-18
黄慎 虬松图 立轴	182cm×55cm	552,000	保利厦门	2020-09-26
黄慎 自书诗八首 立轴	23.7cm×33cm×8	529,000	中国嘉德	2020-12-04
黄慎 1758年作 力挽狂澜 立轴	168cm×92cm	483,000	北京保利	2020-10-18
黄慎 读书图 镜心	27cm×38cm	299,000	永乐拍卖	2020-08-17
黄慎 钟馗迎福 立轴	137cm×72cm	287,500	中鸿信	2020-01-04
黄慎 1759年作 二老图 立轴	175.5cm×94cm	241,500	北京翰海	2020-12-11
黄慎 晋寿图 镜心	168cm×87.5cm	224,814	中国嘉德	2020-10-09
黄慎 雄鸡报晓 立轴	77.5cm×34.5cm	195,500	中国嘉德	2020-12-04
黄慎 喜从天降 镜心	47.5cm×92.5cm	115,000	十竹斋拍卖(北京)	2020-10-18
黄慎清 1725年作 山水花鸟 立轴四屏	27cm×35.5cm	85,200	佳士得	2020-12-02
黄慎 人物 立轴	69cm×35cm	66,700	广东小雅斋	2020-08-21
黄慎 人物 立轴	67.5cm×35cm	63,250	北京翰海	2020-12-11
黄慎 1729年作 芦苇水鸭 立轴	132cm×34cm	51,750	中国嘉德	2020-07-17
黄士陵 1891年作 手绘钟鼎 镜心	138cm×57cm	345,000	北京翰海	2020-12-11
黄士陵 1908年作 博古花卉 立轴	111cm×54.5cm	207,000	西泠印社	2020-08-08
黄士陵 周宝父鼎 立轴	118cm×40cm	138,000	广东小雅斋	2020-08-21
黄士陵 博古图 镜心	81cm×34cm×2	92,000	北京保利	2020-10-18
黄士陵 1891年作 手绘博古 立轴	124cm×33cm	63,250	北京翰海	2020-12-11
黄士陵 手绘青铜盉 立轴	98cm×30.5cm	51,750	广东崇正	2020-06-27
黄思永 行书节录王勃《临高台》四屏 立轴	143cm×38cm×4	115,000	中国嘉德	2020-08-16
黄思永 吕凤岐 等 赠杨石渔书翰册页(十六开)	19.5cm×18.5cm×16	109,250	中国嘉德	2020-08-15
黄思永 行书八言联 立轴	162cm×40cm×2	101,200	中鸿信	2020-01-04
黄向坚 1656年作 碧鸡金马图 立轴	68.5cm×30.3cm	777,042	香港苏富比	2020-10-08
黄向坚 剑川图 立轴	67.7cm×35.4cm	192,100	香港苏富比	2020-07-09
黄易 黄小松司马隶书 册页(五开)	21.5cm×8cm	632,500	中贸圣佳	2020-10-17
黄易 1796年作 隶书七言 对联	124cm×27cm×2	506,000	朵云轩	2020-09-24
黄易 山水图 镜框	15.5cm×51cm	207,000	北京保利	2020-12-05
黄易 柳溪钓艇 立轴	118cm×40cm	161,000	中贸圣佳	2020-10-17
黄易 拟沈周山水 立轴	66cm×40cm	138,000	朵云轩	2020-09-24
黄易 隶书五言联 立轴	87.5cm×23cm×2	80,500	广东崇正	2020-09-13
黄易 1800年作 秋牧图 立轴	122cm×33cm	59,800	上海敬华	2020-09-22
黄钺 1837年作 山水清音图 立轴	129.5cm×61.5cm	115,000	西泠印社	2020-08-08
黄增 1770年作 补衮图 立轴	101cm×59cm	195,500	中国嘉德	2020-12-04
黄宗羲 书法 扇面	18cm×53cm	115,000	华艺国际	2020-10-16
黄钺 赵秉冲 司空图二十四诗品册四十八开册	16.6cm×6.6cm	18,276,345	香港苏富比	2020-10-08
计芬 1836年作 群仙祝寿 镜心	107cm×45cm	287,500	中国嘉德	2020-07-17
计芬 荷花图 立轴	136cm×33cm	109,250	西泠印社	2020-08-08
寄尘 1788年作 行书(四件) 屏轴	125cm×47.5cm×4	322,000	朵云轩	2020-09-24
嘉庆帝 行书八言联 立轴	201.5cm×39.5cm×2	1,667,500	中国嘉德	2020-08-17
嘉庆帝 1802年作 御笔《继德堂静坐自述》镜框	85cm×140cm	1,322,500	华艺国际	2020-12-05
嘉庆帝 1805年作 行书五言诗 立轴	48.5cm×89.5cm	713,000	中国嘉德	2020-08-17
嘉庆帝 楷书七言联 对联	198.5cm×42.5cm×2	632,500	西泠印社	2020-08-08
嘉庆帝 1809年作 楷书四屏 立轴	93cm×24.5cm×4	632,500	中国嘉德	2020-12-04
嘉庆帝 御笔楷书《秋获》一首 立轴	149cm×75cm	552,000	中贸圣佳	2020-10-17

拍品名称	物品尺寸	成交价RMB	拍卖公司	拍卖日期
嘉庆帝 1805年作 楷书五言诗 镜片	89cm×47cm	437,000	西泠印社	2020-08-08
嘉庆帝 1809年作 御笔书法 镜框	52cm×144.5cm	414,000	华艺国际	2020-10-16
嘉庆帝 1803年作 御笔书法 立轴	65cm×32.5cm	345,000	华艺国际	2020-10-16
贾景德 楷书十二言联 立轴	248cm×43cm×2	109,250	中贸圣佳	2020-10-17
贾景德 楷书八言联 镜心	250cm×56cm×2	105,800	上海匡时	2020-08-05
贾景德 秋感二十首之一 隶书七言联 对联加立轴	132cm×32cm×2；138cm×40cm	69,000	上海驰翰	2020-0[illegible]-06
贾全 胡人狩猎图卷 手卷	41cm×307cm	89,700	中国嘉德	2020-07-17
江炳炎 小楷诗文册 十二开册选四开	15.7cm×19.4cm×12	73,450	香港苏富比	2020-07-09
江介 百花图 立轴	154.5cm×84.5cm	135,600	香港苏富比	2020-07-09
姜宸英 行书庾信《小园赋》手卷	27cm×362cm	839,500	中国嘉德	2020-08-17
姜宸英 行书七言诗 立轴	133cm×59cm	172,500	中贸圣佳	2020-1[illegible]-17
姜宸英 1699年作 行书 册页(十开)	28cm×42cm×10	80,500	朵云轩	2020-09-24
姜筠 1916年作 仿耕烟散人笔意 横幅镜心	34cm×165.5cm	207,000	北京翰海	2020-12-11
姜筠 1918年作 烟波秋思图 卷	13.5cm×319.5cm	103,500	北京翰海	2020-12-11
姜实节 米万钟 山水、书法 手卷	书法30.8cm×416cm；画30.8cm×57cm	805,000	华艺国际	2020-10-16
姜实节 拟倪云林笔意 立轴	165.5cm×48cm	73,600	中鸿信	2020-01-04
姜渔 潇湘听雨图 立轴	64.5cm×31cm	86,250	西泠印社	2020-08-08
蒋宝龄 复古桃源图 手卷	28cm×105cm	565,000	香港苏富比	2020-07-09
蒋衡 1719年作 行书陆游诗三首 手卷	137cm×30cm	230,000	西泠印社	2020-08-08
蒋鳞 仿古山水 册页(十二开)	28cm×33cm×12	264,500	中国嘉德	2020-08-17
蒋溥 太白诗意图 册页(十八开)	15.5cm×11.5cm×18	828,000	北京保利	2020-10-18
蒋溥 花卉 册页(十二开)	26cm×31cm×12	402,500	中国嘉德	2020-08-17
蒋仁 1790年作 行书《鲜于太常游记》手卷	本幅23.5cm×275cm；题跋26cm×19.5cm	5,635,000	十竹斋拍卖(北京)	2020-10-18
蒋仁 行书节录董其昌画论 立轴	91.5cm×27cm	414,000	中国嘉德	2020-08-16
蒋天寅 行草书 立轴	144cm×40.5cm	57,500	北京翰海	2020-12-11
蒋廷锡 1718年作 水墨花卉 手卷	37cm×505cm	2,185,000	十竹斋拍卖(北京)	2020-10-18
蒋廷锡 十瓣瑞兰 立轴	84cm×37cm	1,058,000	永乐拍卖	2020-08-17
蒋廷锡 松寿大吉图 立轴	295cm×134cm	862,500	北京保利	2020-10-18
蒋廷锡 花卉图册 十二开册	25.4cm×33.3cm×12	734,500	香港苏富比	2020-07-09
蒋廷锡 洋鸭图 镜心	绘画39.5cm×40cm；书法39.5cm×40cm	644,000	永乐拍卖	2020-12-02
蒋廷锡 1729年作 花卉 立轴	98cm×49cm	379,500	华艺国际	2020-10-1[illegible]
蒋廷锡(款) 1730年作 芙蓉锦鸡 立轴	196cm×103cm	253,000	中国嘉德	2020-11-11
蒋廷锡 1712年作 桃花海棠 扇面	18cm×52.5cm	241,500	朵云轩	2020-09-24
蒋廷锡 双鹤清桂祝寿图 设色绢本	高231cm；宽117.5cm	215,177	纽约苏富比	2020-09-2[illegible]
蒋廷锡(款) 池塘鹅趣 立轴	38cm×61cm	149,500	中国嘉德	2020-07-17
蒋廷锡(款) 百岁安乐图 镜心	187cm×98cm	86,250	中国嘉德	2020-07-17
蒋廷锡(款) 临江幽居 立轴	233cm×116cm	57,500	中国嘉德	2020-07-17
蒋廷锡(款) 1702年作 群仙贺寿 立轴	167cm×45cm	51,750	中国嘉德	2020-11-11
蒋祥墀 楷书七言联 立轴	126.5cm×29.5cm×2	74,750	北京翰海	2020-12-12
蒋予检 1844年作 兰石图四屏 立轴	173cm×46cm×4	55,200	中鸿信	2020-01-04

拍品名称	物品尺寸	成交价RMB	拍卖公司	拍卖日期
焦秉贞 瓷器制造图 册页(二十三开)	30.5cm×35.5cm×23	1,437,500	华艺国际	2020-12-05
焦秉贞 仕女图 镜片	173cm×95cm	264,500	西泠印社	2020-08-08
焦秉贞 山水 册页(十二开)	31cm×37.5cm×12	171,000	佳士得	2020-07-08
焦秉贞 人物小景 立轴	84cm×128cm	120,750	广东崇正	2020-06-27
金俊明 行书七言诗 扇面	17.0cm×52.0cm	149,500	中国嘉德	2020-12-04
金俊明 文枏 文宠光 严栻 方夏 等二十四家 为朱灏作祝寿诗册二册(共二十四页)	30cm×28cm×24	1,092,500	西泠印社	2020-08-08
金礼瀛 1804年作 琵琶仕女 镜心	145cm×98cm	82,800	中国嘉德	2020-07-17
金农 1750年作 墨竹 立轴	118cm×30cm	6,900,000	十竹斋拍卖(北京)	2020-10-18
金农 1757年 绘画集锦 册页(十二开)	21cm×27cm×12	5,750,000	北京保利	2020-12-05
金农 江梅小景 镜框	132.1cm×44.5cm	2,415,000	北京保利	2020-10-18
金农 花卉册 册页(八开)	20.8cm×29.8cm×8	1,921,000	香港苏富比	2020-07-09
金农 1756年作 梧桐清露 立轴	119.5cm×39cm	1,265,000	中鸿信	2020-01-04
金农 1756年作 梧桐秋意 立轴	119cm×39cm	1,150,000	北京保利	2020-10-18
金农 菩提罗汉 镜心	120cm×40cm	897,000	中贸圣佳	2020-10-17
金农 1756年作 漆书七言联 立轴	124.5cm×25.5cm×2	805,000	广东崇正	2020-09-13
金农 1739年作 隶书《东坡酒经》立轴	133cm×37cm	782,000	中国嘉德	2020-08-17
金农 书法 册页(八开)	32cm×23cm×8	690,000	华艺国际	2020-10-16
金农 赵左 陈继儒 王翚(款)等 山水、书画 册页(十二开)	尺寸不一	459,846	中国嘉德	2020-10-09
金农 楷书自作诗 镜心	43.2cm×26.4cm	195,500	北京保利	2020-10-18
金农 1761年作 万横香雪 镜心	128cm×58cm	166,750	中鸿信	2020-01-03
金农 隶书七言联 立轴	116cm×28cm×2	115,000	中鸿信	2020-01-04
金士恒 1879年作 清供二幅(二幅)立轴	137cm×17cm×2	80,500	上海驰翰	2020-05-10
金廷标 1761年作 麻姑献寿图 立轴	181cm×90cm	437,000	中鸿信	2020-01-04
金廷标 (款) 蔬果图 册页	30cm×24cm×8	414,000	中国嘉德	2020-07-17
金廷标 双鹿图 立轴	146cm×83cm	310,500	十竹斋拍卖(北京)	2020-10-18
金廷标 1765年作 担花图 扇面	17cm×53cm	66,700	朵云轩	2020-11-30
金心兰 1902年作 墨梅 四屏	129cm×39cm×4	74,750	北京保利	2020-10-18
金曜 1729年作 花卉草虫卷 手卷	29cm×363cm	690,000	华艺国际	2020-12-05
居廉 1877年作 群芳竞妍册(十二帧)镜框	21.5cm×27cm×12	6,667,000	香港苏富比	2020-07-10
居廉 张丽人小像 立轴	91cm×30cm	1,035,000	北京翰海	2020-12-11
居廉 花鸟草虫(四帧) 镜心	28cm×42cm×4	408,752	中国嘉德	2020-10-09
居廉 花蝶虫草(四帧) 扇面	18.6cm×53.2cm×4	293,800	香港苏富比	2020-07-09
居廉 花卉草虫 立轴	131cm×42cm	207,000	广东小雅斋	2020-08-21
居廉 1875年作 花卉草虫寿石 册页(十二开)	28.8cm×25.5cm×12	181,050	佳士得	2020-12-02
居廉 仕女 立轴	86cm×33cm	155,250	广东崇正	2020-09-13
居廉 1887年作 花鸟虫草 镜片四屏	128.6cm×32.7cm(四屏)	122,107	香港苏富比	2020-10-08
居廉 郑珊 1893年作 花卉草虫、山居图 团扇	直径26cm	109,250	广东崇正	2020-09-13
居廉 1890年作 花鸟 四条屏	150cm×34cm×4	101,200	中国嘉德	2020-07-17
居廉 1882年作 紫薇栖禽 立轴	122.5cm×58.3cm	94,355	香港苏富比	2020-10-08
居廉 1896年作 花卉草虫(四帧)镜片	28cm×35.5cm×4	92,000	广东崇正	2020-09-13
居廉 1896年作 草虫花卉 册页	24cm×31cm	80,500	中国嘉德	2020-11-12
居廉 1898年作 鹦鹉红荔 镜片	82.5cm×41cm	57,500	广东崇正	2020-09-13
居廉 洞庭清花 立轴	89cm×35cm	57,500	中国嘉德	2020-11-11
康孟侯 张麒 草书七言诗·桃花双燕图(二帧) 扇页	51cm×16.5cm; 51cm×16.5cm	69,000	西泠印社	2020-08-08
康焘 人物故事图 册页(十六开)	26cm×20cm×16	793,500	上海敬华	2020-09-22
康焘 汉宫写照图 立轴	142cm×45cm	74,750	中国嘉德	2020-11-11
康熙 隶书元辅高风 横披	74cm×240cm	115,000	上海驰翰	2020-08-06
康熙帝 御笔"藩维重寄"镜框	43cm×126cm	4,255,000	华艺国际	2020-12-05
康熙帝 御笔张谓《早梅》立轴	112cm×34.5cm	3,335,000	永乐拍卖	2020-08-17
康熙帝 行书刘沧《宿题金山寺》立轴	135cm×61.5cm	1,380,000	中国嘉德	2020-12-04
康熙帝 行书"抱中和气"镜心	85cm×30cm	1,127,000	北京保利	2020-10-18
康熙帝 御笔临董其昌行书汪藻《小重山》词 立轴	112cm×32cm	966,000	中贸圣佳	2020-10-17
康熙帝 临董其昌行楷书 立轴	242cm×60cm	667,000	北京翰海	2020-12-11
康熙帝 行书《题山水画》镜框	16cm×47cm	299,000	北京保利	2020-10-18
康熙帝 行草书 立轴	101.5cm×27cm	218,500	北京翰海	2020-12-11
康熙帝(款) 行书 扇面	15cm×46cm	69,000	上海嘉禾	2020-01-05
孔尚任 行书画论 扇面	16.5cm×47.5cm	92,000	北京保利	2020-12-05
蓝孟 仿范华原山水 立轴	239cm×57cm	207,000	北京保利	2020-10-18
蓝孟 1718年作 深山飞瀑 立轴	140cm×56cm	115,000	永乐拍卖	2020-12-02
蓝涛 花溪书屋 立轴	198cm×98cm	2,875,000	朵云轩	2020-09-24
郎秉中 竹石图 立轴	164cm×44cm	138,000	永乐拍卖	2020-12-02
郎世宁 西苑校射图 手卷	66.7cm×383.5cm	1,437,500	中鸿信	2020-01-04
郎世宁(款) 几甸延秋图卷 手卷	65cm×653cm	632,500	中国嘉德	2020-07-17
郎世宁(传) 博古图 立轴	170cm×66cm	195,500	北京翰海	2020-09-12
郎世宁(款) 升平聚瑞 镜心	145cm×64cm	92,000	中国嘉德	2020-07-17
郎世宁(款) 西洋仕女出游图 镜心	160cm×64cm	74,750	北京保利	2020-10-18
郎世宁 花卉 手卷	引首 56cm×118cm; 画心 56cm×391cm; 题跋 56cm×121cm	64,400	广东小雅斋	2020-08-21
郎世宁(款) 婴戏图 扇面	17cm×49.4cm	61,053	香港苏富比	2020-10-08
冷枚 1725年作 杨万里诗意图 设色绢本 镜框	116.5×65.5 cm	2,043,900	纽约佳士得	2020-09-25
冷枚 1732年作 松阴读《易》立轴	113cm×64cm	862,500	朵云轩	2020-09-24
黎简 江天秋色 立轴	125cm×39cm	69,000	中国嘉德	2020-12-04
李方膺 1746年作 墨梅图 立轴	134cm×58.5cm	1,725,000	北京保利	2020-10-18
李方膺 墨竹 立轴	83cm×38cm	287,500	永乐拍卖	2020-12-04
李方膺 梅兰松菊四开裱于一对立轴	23.7cm×28cm×4	271,200	香港苏富比	2020-07-09
李方膺 墨松(四帧) 镜心	25cm×41cm×4	126,500	中国嘉德	2020-12-04
李方膺 兰竹图 手卷	27.5cm×70cm	126,500	中贸圣佳	2020-10-17
李方膺 松树四帧(四帧) 镜片	41cm×25cm×4	115,000	西泠印社	2020-08-08
李方膺 1751年作 清供图 立轴	94.5cm×33.5cm	109,250	北京保利	2020-12-05
李诂 1808年作 仿唐寅笔意山水 立轴	161.7cm×76.6cm	499,527	香港苏富比	2020-10-08
李光地 行书《柳絮帖》册页(七开)	24cm×11.4cm	427,241	香港苏富比	2020-11-26
李光地 行书七言诗三首 镜片	26.5cm×28.6cm	74,767	香港苏富比	2020-11-26
李翰芬 楷书十五言联 立轴	363cm×47cm×2	287,500	十竹斋拍卖(北京)	2020-10-18
李鸿章 行书"十六金符斋"镜心	37cm×156.9cm	2,300,000	北京保利	2020-12-05
李鸿章 附诸家题跋 行书《到处留心皆是学》手卷	书法 35.5cm×179cm; 题跋 43cm×504.5cm	2,300,000	华艺国际	2020-10-16

2020书画拍卖成交汇总(续表)

(成交价RMB：5万元以上)

拍品名称	物品尺寸	成交价RMB	拍卖公司	拍卖日期
李鸿章 奕 康有为 盛宣怀 王文韶 王韬 李钟珏 沈桂芬 宝鋆 景廉 伊藤博文 森槐南 等 景星书册(五十四页)册页	尺寸不一	1,035,000	西泠印社	2020-08-08
李鸿章 行书米芾诗 立轴	165cm×82cm	575,000	永乐拍卖	2020-12-02
李鸿章 1882年作 行书汤文正公训 立轴	162cm×56cm	529,000	十竹斋拍卖(北京)	2020-10-18
李鸿章 行书八言联 立轴	173cm×37cm×2	483,000	北京保利	2020-10-17
李鸿章 行书八言联 对联	172cm×40cm×2	483,000	上海敬华	2020-09-22
李鸿章 行书 八言联 对联	167.5cm×34cm×2	437,000	西泠印社	2020-08-08
李鸿章 行书八言联 对联	167cm×34cm×2	402,500	北京保利	2020-10-18
李鸿章 楷书八言联 对联	174cm×40cm×2	402,500	北京保利	2020-10-18
李鸿章 行书七言联 立轴	125cm×27cm×2	402,500	十竹斋拍卖(北京)	2020-10-18
李鸿章 行书七言联 立轴	159cm×33cm×2	356,500	华艺国际	2020-12-05
李鸿章 书法 对联	172cm×40cm×2	345,000	广东小雅斋	2020-06-17
李鸿章 为刘步蟾书杜甫诗 立轴	48cm×38.5cm	287,500	西泠印社	2020-08-08
李鸿章 行书七言联 立轴	132cm×33.5cm×2	253,000	中国嘉德	2020-08-16
李鸿章 行书“忠勇报国”	36.5cm×121cm	253,000	中国嘉德	2020-11-09
李鸿章 行书八言联 立轴	235.5cm×47cm×2	161,000	荣宝斋(南京)	2020-11-28
李鸿章 行书八言联 立轴	168cm×34.5cm×2	97,750	中鸿信	2020-01-04
李鸿章 行书八言联 镜心	164cm×39cm×2	51,750	中鸿信	2020-01-04
李其蔚 陈钟器 草书节录古文·墨菊图(二帧)扇页	51.5cm×16cm；51.5cm×16.5cm	69,000	西泠印社	2020-08-08
李庆 1843年作 汉宫春晓 镜心	19cm×57cm	74,750	中国嘉德	2020-12-04
李鱓 1736年作 杂画 册页(十二开)	25cm×40cm×12	4,370,000	北京保利	2020-10-18
李鱓 杂花 册页(八开)	16cm×22.5cm×8	1,150,000	北京保利	2020-10-18
李鱓 柳塘双凫 镜框	129cm×66cm	575,000	华艺国际	2020-10-16
李鱓 竹树石 立轴	107.4cm×58.8cm	474,600	香港苏富比	2020-07-09
李鱓 1744年作 桃花柳树 立轴	189cm×55cm	345,000	十竹斋拍卖(北京)	2020-10-18
李鱓 连年有余图 立轴	105cm×33cm	138,000	中贸圣佳	2020-10-17
李鱓 大吉图 立轴	109cm×48.5cm	115,000	中鸿信	2020-01-04
李鱓(款) 1752年作、1753年、1754年作 花鸟 册页	26cm×39cm	63,250	中国嘉德	2020-11-12
李鱓 行书七言诗 立轴	48cm×21cm	57,500	中鸿信	2020-01-04
李鱓 花鸟草虫册	22cm×33.5cm	55,200	中国嘉德	2020-07-18
李世倬 集锦 册页(八开)	32cm×33cm×8	575,000	中国嘉德	2020-12-04
李世倬 竹石霜柯 立轴	87cm×38.7cm	517,500	华艺国际	2020-12-05
李世倬 1754年作 临沈石田摹吴仲圭小图 立轴	128cm×35cm	322,000	北京保利	2020-10-18
李世倬 枯墨山水 镜心	66cm×61cm	59,800	中国嘉德	2020-07-17
李世倬 仿松雪笔意 扇面	16cm×47cm	57,500	中国嘉德	2020-12-04
李熙泰 山水 册页	25cm×28cm×12	207,000	中国嘉德	2020-07-17
李修易 1854年作 山居会友图 立轴	128.5cm×33.5cm	69,000	西泠印社	2020-08-08
李因 1673年作 芙蓉鸳鸯 立轴	136cm×47cm	517,500	华艺国际	2020-12-05
李因 1658年作 竹雀图 扇面	16.0cm×49.5cm	195,500	中国嘉德	2020-12-04
李寅 灵山采药图 立轴	179cm×85cm	55,200	中鸿信	2020-01-04
李宗瀚 行书七言联 立轴	159.5cm×35cm×2	74,750	中国嘉德	2020-08-16
李宗瀚 行书韦应物诗 镜心	187cm×46cm	74,750	中国嘉德	2020-08-16
李宗瀚 行书八言联 立轴	173cm×38.5cm×2	71,300	华艺国际	2020-10-16
励守谦 书法 册页(十开)	33cm×51.5cm×10	517,500	华艺国际	2020-10-16
励宗万(款) 行书五言诗 立轴	165cm×62cm	155,250	中国嘉德	2020-07-17
莲筏法师 1796年作 行书《上座源流书》镜片	引首 101cm×26.5cm；画心 147cm×26.5cm	598,000	西泠印社	2020-08-08
莲溪 园林仕女 镜框	104.5cm×50.5cm	54,240	香港苏富比	2020-07-09
良宽 草书六屏 屏风	134cm×47cm×6	103,500	中鸿信	2020-01-04
梁德润 神兽图册(十页)册页	30.5cm×28.5cm×10	89,700	西泠印社	2020-08-08
梁鼎芬 行书“碧梧书室” 横披	22cm×77.5cm	126,500	中国嘉德	2020-12-04
梁鼎芬 行书九言 对联	162cm×26.5cm×2	60,950	朵云轩	2020-11-30
梁鼎芬 1893年作 春溪垂钓图 立轴	83cm×40.5cm	57,500	北京翰海	2020-12-11
梁佩兰 陈恭尹 屈大均 岭南三大家诗 册页(十二开)	22.5cm×15cm×12	692,250	佳士得	2020-12-02
梁启心 行书节录《韦敻传》立轴	148cm×44cm	126,500	中国嘉德	2020-12-04
梁诗正 行书 立轴	130cm×114cm	345,000	朵云轩	2020-09-24
梁同书 1807年作 行书《香山诗乐府卷》手卷	引首 25cm×64cm；画心 27cm×635cm；题跋27cm×80cm	3,910,000	北京保利	2020-10-18
梁同书 1803年作 行书《鹤林玉露》句 立轴	131cm×32cm×2	460,000	永乐拍卖	2020-12-02
梁同书 1798年作 行书《六砚斋笔记》一则 立轴	133cm×65cm	322,000	中国嘉德	2020-12-04
梁同书 1807年作 行书八言 对联	171cm×31.5cm×2	276,000	朵云轩	2020-09-24
梁同书 行书八言联 立轴	174.5cm×30.5cm×2	195,500	中国嘉德	2020-08-16
梁同书 行书七言联 对联	132cm×29cm×2	184,000	北京保利	2020-12-05
梁同书 1813年作 行书八言联 立轴	168cm×30cm×2	172,500	华艺国际	2020-12-05
梁同书 行书画论 立轴	115cm×31.5cm	115,000	中国嘉德	2020-08-17
梁同书 1812年作 行书八言联 立轴	128cm×23cm×2	115,000	北京保利	2020-10-18
梁同书 行书前贤诗文二则 镜心	113cm×45cm	115,000	永乐拍卖	2020-12-02
梁同书 1813年作 行书七言联 对联	128cm×28cm×2	92,000	北京保利	2020-10-18
梁同书 1792年作 行书黄庭坚诗 镜心	16cm×52cm	80,500	中国嘉德	2020-08-17
梁同书 行书元好问句 镜心	16.5cm×51cm	78,200	中国嘉德	2020-08-17
梁同书 书法 立轴	101cm×61cm	57,500	广东小雅斋	2020-08-21
梁同书 行书七言联 立轴	120.5cm×27cm	57,500	中贸圣佳	2020-10-17
梁同书 行书七言联 立轴	129cm×29cm×2	55,200	北京翰海	2020-12-12
梁同书 1789年作 行书厉鹗诗 镜心	18.5cm×57.5cm	51,750	中国嘉德	2020-08-17
梁巘 行书 手卷	30cm×1054cm	345,000	朵云轩	2020-11-30
梁巘 1782年作 草书 立轴	182cm×99.5cm	253,000	朵云轩	2020-09-24
梁巘 行草书 立轴	141.5cm×68cm	155,250	北京翰海	2020-12-11
梁巘 草书 论李阳冰书法 立轴	172.5cm×88.5cm	92,000	西泠印社	2020-08-08
梁巘 1774年作 行书王羲之《游目帖》立轴	140.5cm×64cm	77,704	香港苏富比	2020-10-08
梁耀枢 1883年作 行书十一言联 立轴	291.5cm×39.5cm×2	195,500	中国嘉德	2020-12-04
梁耀枢 书法 对联	293cm×40cm×2	109,250	广东小雅斋	2020-08-21
梁章钜 行书七言联 立轴	172.5cm×30cm×2	1,127,000	中国嘉德	2020-12-04
廖云鹤 青嶂远岫图 立轴	159.5cm×79cm	226,000	香港苏富比	2020-07-09
廖云鹤 荆花万树 立轴	190cm×68cm	63,250	中鸿信	2020-01-04
林筠 书法 手卷	引首 30cm×119cm；书法 30cm×437cm	63,250	广东小雅斋	2020-08-21
林麟焻 行书陆游诗 立轴	87.1cm×38cm	271,200	香港苏富比	2020-07-09
林则徐 行书七言对联 立轴	125cm×29.5cm×2	3,450,000	朵云轩	2020-09-24
林则徐 行书节录《天马赋》四屏 立轴	169cm×40.5cm×4	632,500	中国嘉德	2020-08-16

拍品名称	物品尺寸	成交价RMB	拍卖公司	拍卖日期
林则徐 行书七言联 镜心	129cm×28cm×2	552,000	十竹斋拍卖(北京)	2020-10-18
林则徐 行书七言 对联	136cm×30.5cm×2	460,000	朵云轩	2020-09-24
林则徐 行书 八言联 对联	173.5cm×33.5cm×2	230,000	西泠印社	2020-08-08
林则徐 清 书法(两幅)立轴	143.3cm×33.5cm×2	170,400	佳士得	2020-12-02
林则徐 行书八言联 立轴	160.5cm×35.5cm×2	138,000	中国嘉德	2020-08-16
林则徐 行书节录刘勰《文心雕龙》句 立轴	121cm×37cm	115,000	中国嘉德	2020-08-16
林则徐 行书八言联 对联	167cm×36cm×2	92,000	上海敬华	2020-09-22
林则徐 行书 立轴	230cm×56.5cm	85,200	佳士得	2020-12-02
林则徐(款)楷书 镜心	123cm×62cm	71,300	中国嘉德	2020-11-12
刘春霖 1930年作 楷书治家格言 六屏	131cm×31cm×6	287,500	北京保利	2020-10-18
刘春霖 楷书黄洪宪诗 镜心	128cm×65cm	172,500	北京保利	2020-10-17
刘春霖 行书七言联 立轴	134cm×32.2cm×2	138,000	中国嘉德	2020-08-16
刘春霖 楷书七言联 立轴	120cm×30cm×2	92,000	北京翰海	2020-12-12
刘春霖 楷书七言联 立轴	136cm×31cm×2	80,500	广东崇正	2020-09-13
刘春霖 楷书八言联 对联	132cm×32cm×2	71,300	北京保利	2020-12-05
刘春霖 行书陶渊明诗 立轴	131cm×62.5cm	69,000	中鸿信	2020-01-04
刘春霖 朱汝珍 郑沅 黎湛枝 1927年作 书法四屏	131cm×32cm×4	69,000	西泠印社	2020-08-08
刘春霖 行书七言联 立轴	129cm×28.5cm×2	69,000	北京翰海	2020-12-12
刘春霖 行书陶渊明诗句 立轴	126cm×61cm	66,700	上海驰翰	2020-08-06
刘春霖 楷书《千字文》句 镜心	100cm×45cm	57,500	北京保利	2020-10-18
刘春霖 朱汝珍 商衍鎏 张启后 楷书 四条屏	137cm×34cm×4	51,750	中国嘉德	2020-07-17
刘度 1642年作 涧桥行旅图 扇面	18.0cm×53.0cm	460,000	中国嘉德	2020-12-04
刘度 1643年作 墨竹图 扇页	51cm×16.5cm	138,000	西泠印社	2020-08-08
刘鹗 1878年作 篆书八言联 立轴	144cm×20cm×2	138,000	北京保利	2020-10-17
刘荐芝 却金贴 手卷	尺寸不一	212,750	永乐拍卖	2020-12-04
刘昤 红妆照水 立轴	179cm×102cm	207,000	北京保利	2020-10-18
刘统勋 行书王维诗 立轴	126.5cm×59.5cm	598,000	中国嘉德	2020-08-17
刘彦冲 1844年作 仿古山水 册页(八开)	31cm×33.5cm×8	5,807,500	北京保利	2020-12-05
刘彦冲 张培敦 1839年作 湖山秀色 行书 成扇	17cm×50cm	63,250	朵云轩	2020-09-23
刘彦冲 山水 立轴	176cm×75cm	57,500	广东小雅斋	2020-08-21
刘墉 1800年作 行书(四幅)屏轴	126.5cm×29.5cm×4	4,600,000	朵云轩	2020-09-24
刘墉 行书手卷连盒	23cm×332cm	1,380,000	朵云轩	2020-09-24
刘墉 行书黄庭坚诗 立轴	132cm×62cm	575,000	中国嘉德	2020-12-04
刘墉 1792年作 行书(二十四开)册页	23cm×12cm×24	460,000	朵云轩	2020-09-24
刘墉 1792年作 楷书临前贤诗文 册页(六开)	15cm×30cm×6	460,000	华艺国际	2020-12-05
刘墉 书法 立轴	130cm×30cm	345,000	华艺国际	2020-12-05
刘墉 行书七言联 立轴	135.5cm×31.5cm×2	345,000	中国嘉德	2020-12-04
刘墉 楷书 咏古名画诗册(三十页)册页	22cm×12cm×30	322,000	西泠印社	2020-08-08
刘墉 天香深处书法卷 手卷	83cm×20cm; 187.5cm×19.5cm; 308cm×20cm	322,000	西泠印社	2020-08-08
刘墉 楷书 颂乾隆帝诗册(十五页)册页	22.5cm×10.5cm×15	287,500	西泠印社	2020-08-08
刘墉 书法册(十二页)册页	31cm×25.5cm×12	287,500	西泠印社	2020-08-08
刘墉 行书临帖 镜心	36.3cm×91cm	253,000	中国嘉德	2020-08-17

拍品名称	物品尺寸	成交价RMB	拍卖公司	拍卖日期
刘墉 嘉庆1801年作 行书古诗 镜心	60.5cm×29cm	253,000	中国嘉德	2020-08-16
刘墉 1801年作 行书节临苏轼尺牍 立轴	158cm×70cm	241,500	中国嘉德	2020-08-16
刘墉 行书 手卷	22.5cm×172.5cm	241,500	北京翰海	2020-12-11
刘墉 书法册页	15.8cm×30.5cm	230,000	中国嘉德	2020-08-16
刘墉 行书唐宋诗文 册页(十二开)	28.0cm×34.5cm×12	230,000	中国嘉德	2020-12-01
刘墉 1801年作 行书七言诗 册页(五开十页)	21.5cm×12cm×10	218,500	中国嘉德	2020-12-04
刘墉 1793年作 行书唐太宗书帖 立轴	91cm×46cm	195,500	北京保利	2020-10-18
刘墉 1798年作 行书 手卷	42cm×164cm	195,500	朵云轩	2020-09-24
刘墉 行书节晋列传 立轴	86cm×29.cm	183,938	中国嘉德	2020-10-09
刘墉 1784年作 行书十一言联 立轴	86cm×17.5cm×2	172,500	中国嘉德	2020-08-16
刘墉 行书七言联 立轴	129cm×27cm×2	172,500	北京保利	2020-10-18
刘墉 清 1791年作 王安石诗两首手卷	30.2cm×124cm	159,750	佳士得	2020-12-02
刘墉 1785年作 临各家书 扇面	17.5cm×51cm	149,500	中国嘉德	2020-08-17
刘墉 行书七言联 对联	126cm×28.5cm×2	143,750	西泠印社	2020-08-08
刘墉 行书 册页(十开)	30.2cm×18.5cm×10	138,000	广东崇正	2020-09-13
刘墉 行书《灞陵行送别》横披	24.5cm×100cm	115,000	中国嘉德	2020-08-16
刘墉(款)行书七言联 对联	164cm×37cm×2	115,000	北京保利	2020-12-05
刘墉 梁同书 书法扇面(二帧)横披	刘15.5cm×48.5cm; 梁16cm×49.5cm×2	115,000	中国嘉德	2020-12-04
刘墉 行书《松醪》《河东》两赋 册页(十三开选十一)	21.5cm×12.5cm	115,000	中贸圣佳	2020-10-17
刘墉(款)行书七言联 对联	127cm×30cm×2	69,000	中国嘉德	2020-07-17
刘墉(款)1789年作 临历代法书 册页	20cm×11cm×16	69,000	中国嘉德	2020-07-17
刘墉 书法册(共二十六页)册页	28cm×20.5cm×26	69,000	西泠印社	2020-08-08
刘墉 行书 立轴	173cm×90.5cm	63,250	北京翰海	2020-12-11
刘墉 1798年作 行书明人诗 镜框	19cm×156cm	63,250	华艺国际	2020-12-05
刘墉 1802年作 书法 立轴	25cm×67cm	57,500	华艺国际	2020-12-05
刘墉 行书 米芾《珊瑚帖》	36cm×124.5cm	51,750	中国嘉德	2020-12-02
刘墉 张问陶 吴鼒 裕瑞 丰绅殷德等 观我观物诗卷 手卷	760cm×27cm	1,035,000	西泠印社	2020-08-08
刘墉 行书七言联 对联	149cm×32.5cm×2	149,500	上海驰翰	2020-05-10
刘墉 1795年作 行书 册页(十二开二十四页)	25cm×11.5cm×24	149,500	朵云轩	2020-11-30
刘墉 行书 镜片	22.5cm×140cm	103,500	朵云轩	2020-11-30
刘墉 行楷书法 册页(十八开)	24.8cm×13.5cm×18	91,200	佳士得	2020-07-01
刘墉 行书《留侯论》镜框	109cm×55cm	74,100	佳士得	2020-07-08
刘墉 行书 立轴	95.5cm×37cm	55,200	中鸿信	2020-01-04
刘源 1678年作 行书七言诗 立轴	205.6cm×97.6cm	276,000	北京保利	2020-10-18
六舟 陈鸿寿 1816年作 博古清供图 立轴	150cm×45cm	402,500	北京保利	2020-12-05
楼辛壶 白蕉 1945年作 桐阴消夏 行书 成扇	19cm×50cm	172,500	朵云轩	2020-09-23
楼辛壶 1930年作 清露山烟 立轴	108cm×50cm	97,750	上海敬华	2020-09-22
鲁琪光 书法六屏 立轴	196cm×47cm×6	92,000	华艺国际	2020-12-05
鲁琪光 行书八言联 立轴	168cm×32.5cm×2	57,500	北京翰海	2020-12-12
陆鸿 松涧幽居 扇面	16cm×51cm	57,500	朵云轩	2020-09-24
陆俊 云水空山 立轴	130cm×31.5cm	92,000	中国嘉德	2020-08-17
陆润庠 行书八言巨联 立轴	237.5cm×48cm×2	575,000	上海匡时	2020-08-05
陆润庠 行书“董香光随笔”四屏	150cm×40cm×4	379,500	上海敬华	2020-09-22
陆润庠 楷书对联(两幅)立轴	168cm×31.7cm×2	273,900	佳士得	2020-05-22

2020书画拍卖成交汇总(续表)

(成交价RMB：5万元以上)

拍品名称	物品尺寸	成交价RMB	拍卖公司	拍卖日期
陆润庠 1893年作 行书六屏 立轴	178cm×54.5cm×6	253,000	中鸿信	2020-01-04
陆润庠 行书 节录古文 四屏	125cm×29.5cm×4	161,000	西泠印社	2020-08-08
陆润庠 行书孙退谷《消夏记》立轴	59cm×129.cm	97,750	北京保利	2020-12-05
陆润庠 行楷书八言联 立轴	164cm×39cm×2	92,000	北京翰海	2020-12-12
陆润庠 楷书 八言联 对联	160.5cm×32.5cm×2	86,250	西泠印社	2020-08-08
陆润庠 行书七言联 立轴	132.5cm×23.5cm×2	74,750	北京翰海	2020-12-12
陆润庠 行书七言联 立轴	131cm×32.5cm×2	69,000	上海匡时	2020-08-05
陆润庠 书法 对联	132cm×32cm×2	69,000	广东小雅斋	2020-08-21
陆润庠 行书八言联 对联	170cm×42cm×2	69,000	上海敬华	2020-09-22
陆润庠 行书 七言联 对联	131.5cm×31cm×2	63,250	西泠印社	2020-08-08
陆润庠 邹福保 吴荫培 许芊 等 佛盦梦景图 手卷	引首88cm×32cm；画心134.5cm×32cm；题跋85cm×32cm	57,500	西泠印社	2020-08-09
陆润庠 行楷书七言联 立轴	127.5cm×29cm×2	57,500	北京翰海	2020-12-12
陆绍曾 隶书画论 镜心	136cm×40cm	115,000	中国嘉德	2020-08-16
陆远 深柳读书图 立轴	169cm×53cm	920,000	中贸圣佳	2020-10-17
陆遵书 五色水浮昆仑潭 镜片	135.5cm×66cm	57,500	上海驰翰	2020-08-06
罗牧 1684年作 溪山清远 立轴	164cm×68cm	212,750	中鸿信	2020-01-04
罗聘 方婉仪 1781年作 齐眉介寿图 立轴	113cm×29cm	2,760,000	十竹斋拍卖(北京)	2020-10-18
罗聘 1780年作 竹屋图 手卷	画25.5cm×60cm；书法28cm×57cm	2,415,000	十竹斋拍卖(北京)	2020-10-18
罗聘 1769年作 竹石图 立轴	95cm×42.5cm	2,300,000	中国嘉德	2020-08-17
罗聘 鬼趣图 册页(三开)	15.5cm×17.5cm×3	552,000	北京保利	2020-10-18
罗聘 1775年作 四君子图 立轴	190cm×100cm	460,000	中鸿信	2020-01-04
罗聘 罗汉图 立轴	92cm×46cm	368,000	中贸圣佳	2020-10-17
罗聘 筼筜秋趣 立轴	115cm×35cm	345,000	广东小雅斋	2020-08-21
罗聘 溪涧萧树图 立轴	48.5cm×28.5cm	218,500	西泠印社	2020-08-08
罗聘画、唐云题 钟进士觅句图 镜心	画心23cm×37cm；诗堂43cm×37cm	207,000	中贸圣佳	2020-10-17
罗聘 汪由敦 1756年作 朱竹、草书 卷 手卷	14cm×154cm	149,500	中国嘉德	2020-07-17
罗聘(传) 松鼠 立轴	121cm×32.2cm	90,525	佳士得	2020-12-02
罗天池 赏雨楼图诗画 册页(五十九开)	36.5cm×24cm×59	207,000	广东崇正	2020-09-13
吕葆中 行书 五言诗 立轴	83.5cm×38cm	368,000	西泠印社	2020-08-08
吕昌龄 临金农升符图 立轴	86.5cm×29.5cm	172,500	西泠印社	2020-08-08
吕焕成 东山写照图 立轴	162cm×48cm	632,500	中贸圣佳	2020-10-17
吕焕成 桃园夜宴图 立轴	136cm×67.5cm	103,500	中鸿信	2020-01-04
吕焕成(款) 桃李园春晏图 立轴	136cm×67cm	82,800	中国嘉德	2020-07-17
吕焕成 渊明对菊图 立轴	128cm×62cm	63,250	中鸿信	2020-01-04
吕学 1715年作 云屯射猎图 手卷	引首46cm×113.5cm；本幅41.5cm×1004cm；题跋46cm×96cm	1,840,000	永乐拍卖	2020-12-02
吕学 瑶池祝寿图卷 手卷	48cm×596cm	126,500	中国嘉德	2020-07-17
马荃 1686年作 彩荷 镜框	91.4cm×39.4cm	379,500	北京保利	2020-10-18
马荃 1702年作 龙鳞虬枝 立轴	61.5cm×34cm	218,500	朵云轩	2020-09-24
马荃 1786年作 花蝶图 立轴	110cm×51.5cm	207,000	朵云轩	2020-09-24
马荃 1724年作 花鸟 册(十二开)	23.5cm×26.5cm	109,250	北京翰海	2020-12-11
马日璐 楷书致朱稻孙诗稿(一幅) 镜心	18.5cm×26cm	115,000	十竹斋拍卖(北京)	2020-10-18
马士英 草书五言诗 扇面	17.0cm×53.5cm	126,500	中国嘉德	2020-12-04
马元钦 山水人物 五条屏	142cm×46cm×5	57,500	中国嘉德	2020-1[illegible]-11
马元驭 1695年作 花卉卷 手卷	37.5cm×425cm	3,795,000	中国嘉德	2020-0[illegible]-17
马元驭 1705年作 花卉草虫卷 手卷	25.8cm×262cm	460,000	中国嘉德	2020-12-04
马元驭(款) 1674年作 园林小景 立轴	181cm×99cm	55,200	中国嘉德	2020-07-17
毛奇龄 山村渔隐图 立轴	134.5cm×60cm	322,000	中国嘉德	2020-12-04
毛紫垣 1849年作 药洲秋月图 手卷	42cm×88cm	479,250	佳士得	2020-12-02
冒襄 草书七言诗 立轴	150cm×49cm	529,000	北京保利	2020-10-18
冒襄 行书七言诗 立轴	73cm×36cm	414,000	中贸圣佳	2020-10-17
冒襄(款) 1681年作 探梅山房图 立轴	95cm×39cm	57,500	中国嘉德	2020-11-12
梅清 1672年作 黄山胜景全图 册页(十二开)	21cm×13.7cm×12	8,395,000	北京保利	2020-10-18
梅清 奇峰云海 手卷	31cm×390cm	4,830,000	上海敬华	2020-09-22
梅清 仿倪瓒笔意山水 镜框	182.6cm×51.4cm	575,000	北京保利	2020-10-18
梅清 1681年作 仿米家山水 扇面	16cm×49cm	86,250	中鸿信	2020-01-04
梅调鼎 行书七言联 立轴	128cm×30.5cm×2	63,250	中国嘉德	2020-08-17
梅调鼎 行书 七言联 对联	128cm×28.3cm×2	52,900	西泠印社	2020-08-08
梅振瀛 1922年作 竹石图 立轴	132cm×67cm；29cm×67cm	103,500	十竹斋拍卖(北京)	2020-10-18
绵亿 行书七言联 立轴	153cm×35cm×2	103,500	北京翰海	2020-12-[illegible]
闵贞 羲之换鹅 立轴	148cm×84cm	1,035,000	朵云轩	2020-09-24
闵贞 1776年作 钟馗 立轴	90.5cm×48cm	402,500	中国嘉德	2020-08-[illegible]7
闵贞 福禄双松图 镜片	189.5cm×115cm	184,000	西泠印社	2020-08-08
闵贞 钟馗 立轴	158cm×86cm	138,000	北京保利	2020-12-05
闵贞 仙鹤来朝 立轴	174cm×111cm	97,750	荣宝斋(上海)	2020-10-25
明俭 暮雪归棹图 立轴	175cm×46.5cm	92,000	西泠印社	2020-08-08
缪嘉蕙 春色满园四屏 立轴	176cm×52cm×4	517,500	华艺国际	2020-12-05
缪嘉蕙 清供四屏 屏风	154cm×50cm×4	368,000	中国嘉德	2020-07-17
缪嘉蕙 1890年作 庭前春色 立轴	157cm×80cm	115,000	朵云轩	2020-09-24
缪嘉蕙 花卉 立轴	209cm×97cm	57,500	广东小雅斋	2020-08-21
缪嘉蕙 1906年作 秋花图 立轴	89cm×42cm	57,500	中国嘉德	2020-11-12
缪嘉蕙 花卉(十帧) 册页	30cm×23cm	51,750	中国嘉德	2020-11-12
莫友芝 隶书《天门》四屏 立轴	168cm×39cm×4	322,000	北京保利	2020-12-05
莫友芝 篆书七言 对联	132cm×31cm×2	218,500	朵云轩	2020-09-24
莫友芝 篆书四言联 立轴	185cm×44cm×2	86,250	中国嘉德	2020-08-17
莫友芝 篆书四言联 镜片	73.5cm×23.5cm×2	86,250	广东崇正	2020-09-13
莫友芝 隶书七言联 镜心	158cm×41cm×2	71,300	中国嘉德	2020-08-16
莫友芝 篆书七言联 立轴	172.5cm×33cm	63,250	中贸圣佳	2020-10-17
倪璨 1819年作 夏日山居图 立轴	98cm×51cm	115,000	华艺国际	2020-10-16
倪田 东山丝竹 立轴	93cm×105cm	368,000	中国嘉德	2020-12-02
倪田 1897年作 春夜宴桃李园 立轴	184.5cm×48.5cm	222,012	香港苏富比	2020-10-08
倪田 1901年作 麻姑献寿 立轴	143cm×78cm	149,500	中国嘉德	2020-08-16
倪田 1900年作 人物故事四屏 立轴	146.5cm×40cm×4	115,000	中国嘉德	2020-12-03
倪田 彩鸾山君 立轴	147cm×46.5cm	97,750	中国嘉德	2020-12-02
倪田 关山月冷 立轴	38.8cm×147cm	66,700	中国嘉德	2020-08-16
年汝邻 嵩山访道图 立轴	196cm×103cm	322,000	朵云轩	2020-09-24
牛鉴 拟赵子昂书 册页(六开)	23.6cm×52cm×6	63,250	荣宝斋(上海)	2020-10-25
牛石慧 1688年作 没骨花卉 扇面	16.5cm×48cm	529,000	北京保利	2020-12-05
潘曾莹 写生花卉 横披	30.5cm×128.5cm	195,500	中国嘉德	2020-08-15
潘恭寿 王文治 花卉双 册页(十六开)	19.5cm×30cm×16	2,127,500	中国嘉德	2020-08-16

(成交价RMB:5万元以上)

拍品名称	物品尺寸	成交价RMB	拍卖公司	拍卖日期
潘恭寿画、王文治题 仿钱叔钟馗图 镜心	107cm×47cm	310,500	中贸圣佳	2020-10-17
潘恭寿 1784年作 五老图 立轴	88cm×48cm	230,000	朵云轩	2020-11-30
潘恭寿 仿米山水 立轴	126cm×44cm	230,000	中国嘉德	2020-12-04
潘恭寿 王文治 1790年作 为诒成作花卉 立轴	142cm×23.5cm	126,500	中国嘉德	2020-08-15
潘恭寿 1782年作 云山仙境 立轴	223cm×105cm	69,000	北京保利	2020-12-05
潘恭寿 屋舟图 手卷	28.5cm×130cm	63,250	中国嘉德	2020-12-04
潘恭寿 1790年作 瓜瓞绵绵图 立轴	165.5cm×77cm	57,500	西泠印社	2020-08-08
潘恭寿 一路连科 立轴	180cm×46cm	57,500	中国嘉德	2020-07-17
潘思 郭琦等 书画扇(七把) 成扇	18cm×48cm×7	1,140,000	佳士得	2020-07-08
潘思牧画、王文治题 虞山胜迹图 手卷	引首 31.5cm×102cm; 本幅 32cm×339cm; 题跋: 34cm×40cm	207,000	中贸圣佳	2020-10-17
潘祖荫 行书八言联 立轴	165cm×37.5cm×2	391,000	十竹斋拍卖(北京)	2020-10-18
潘祖荫 行书八言联 对联	239.5cm×53.5cm×2	299,000	朵云轩	2020-09-24
潘祖荫 隶书《临汉碑书应》 立轴	106cm×20cm×4	138,000	十竹斋拍卖(北京)	2020-10-18
潘祖荫 行书八言联 对联	168cm×41.5cm×2	72,450	上海驰翰	2020-08-06
潘祖荫 行书 七言联 对联	170cm×42.5cm×2	63,250	西泠印社	2020-08-08
彭而述 1655年作 行书自作诗 扇面	17cm×51cm	161,000	中国嘉德	2020-08-17
彭旸 1928年作 富贵寿考图 立轴	画 136.5cm×65cm; 题24cm×65cm	172,500	中国嘉德	2020-12-02
彭玉麟 1882年作 行书七言联 立轴	176cm×43cm×2	230,000	中国嘉德	2020-08-17
彭玉麟 寒梅 横披	68.5cm×131cm	80,108	香港苏富比	2020-11-26
彭玉麟 梅花四屏 立轴	252cm×60.5cm×2; 252cm×64.5cm×2	345,000	上海匡时	2020-08-05
彭玉麟 墨梅图 立轴	163cm×94cm	69,000	中国嘉德	2020-11-12
彭玉麟 1871年作 行书七言联 立轴	156cm×32cm×2	63,250	中国嘉德	2020-12-04
彭玉麟 行书七言联 对联	132cm×31cm×2	51,750	北京保利	2020-10-18
破门和尚 草书李白诗 立轴	131.5cm×31.5cm	184,000	中国嘉德	2020-08-17
溥侗 楷书七言联 立轴	165cm×41.5cm×2	460,000	北京翰海	2020-12-12
溥侗 为汪兆铭书五言联 对联	171cm×38cm×2	212,750	西泠印社	2020-08-09
溥侗 行书十二言联 立轴	131cm×19.8cm×2	135,600	香港苏富比	2020-07-10
溥侗 对联 立轴	125.5cm×21cm×2	69,000	华艺国际	2020-10-16
祁寯藻 行书八言 对联	172cm×35.5cm×2	120,750	朵云轩	2020-09-24
祁寯藻 寿阳遗墨卷 手卷	尺寸不一	2,012,500	永乐拍卖	2020-12-02
祁寯藻 行书八言联 立轴	194.5cm×40.5cm×2	552,000	中国嘉德	2020-08-16
祁寯藻 行书六言联 立轴	127.5cm×29.5cm×2	437,000	中国嘉德	2020-08-16
祁寯藻 1829年作 行书 立轴	174cm×73cm	287,500	北京翰海	2020-12-11
祁寯藻 行书七言诗 立轴	162cm×39cm×2	184,000	北京保利	2020-10-18
祁寯藻 行书八言联 立轴	153cm×36cm×2	184,000	北京翰海	2020-12-12
祁寯藻 行书节录《庚子销夏记》 横幅	45.5cm×119cm	149,500	中国嘉德	2020-08-16
祁寯藻 行书七言联 对联	126cm×30cm×2	109,250	北京保利	2020-10-18
祁寯藻 清 楷书八言联(两幅) 立轴	164.5cm×32.5cm×2	85,594	佳士得	2020-05-22
祁寯藻 楷书七言联 立轴	163cm×31cm×2	69,000	中国嘉德	2020-12-04
祁豸佳 1679年作 行草七言诗 手卷	30cm×259cm	690,000	北京保利	2020-10-18
祁豸佳 1654年作 水仙竹石图 立轴	109.5cm×28cm	448,500	西泠印社	2020-08-08
祁豸佳 草书七言诗 立轴	131cm×32cm	322,000	广东崇正	2020-09-13

拍品名称	物品尺寸	成交价RMB	拍卖公司	拍卖日期
祁豸佳 草书七言诗 扇面	17.0cm×52.0cm	184,000	中国嘉德	2020-12-04
祁豸佳 仿大痴笔意 镜心	16cm×47cm	115,000	中贸圣佳	2020-10-17
钱黯 九华福地 立轴	89cm×40cm	460,000	华艺国际	2020-12-05
钱陈群 陈浩 行书诗文册(十八页) 册页	29cm×21cm×18	184,000	西泠印社	2020-08-08
钱大昕 隶书七言联 对联	133cm×31cm×2	68,100	北京保利	2020-07-17
钱坫 篆书七言联 立轴	100cm×27.5cm×2	69,000	北京保利	2020-10-18
钱杜 1810年作 陈文述诗意 册页(十六开)	23cm×34cm×16	2,702,500	北京保利	2020-10-18
钱杜 暗香疏影图卷 手卷	引首 87cm×19.5cm; 画心 108.5cm×19.5cm; 题跋50cm×22cm	632,500	西泠印社	2020-08-08
钱杜 越湖春眺图 手卷	画心 37cm×91cm; 题跋37.5cm×22cm; 题跋 37cm×107cm; 题跋37cm×479cm	575,000	中贸圣佳	2020-10-17
钱杜 梅花 册页(十二开)	10cm×13cm×12	287,500	北京保利	2020-10-18
钱杜 1820年作 仿倪瓒《龙门高士图》 立轴	93.3cm×34cm	266,414	香港苏富比	2020-10-08
钱杜 1815年作 墨梅 立轴	78.5cm×46.5cm	234,300	佳士得	2020-12-02
钱杜 1822年作 玉帐谭兵 立轴	24cm×40.5cm	74,750	朵云轩	2020-09-24
钱杜 山水 册页(八开)	26cm×32cm×8	69,000	中鸿信	2020-01-04
钱沣 行书 立轴	188cm×106cm	805,000	朵云轩	2020-09-24
钱沣 1784年作 骏骨图 立轴	97cm×53cm	632,500	西泠印社	2020-08-08
钱沣 行书节录《争座位帖》 立轴	122cm×61.5cm	322,000	中国嘉德	2020-08-16
钱沣 行书七言联 对联	129.5cm×28cm×2	161,000	西泠印社	2020-08-08
钱沣 楷书中堂 立轴	120cm×62cm	106,950	中贸圣佳	2020-10-17
钱沣 行书七言联 立轴	170cm×37cm×2	63,250	北京翰海	2020-12-12
钱慧安(款) 纸本笔底风云	112cm×31cm	265,650	美国摩根	2020-01-14
钱慧安 人物扇页 册页(十页)	54cm×19.5cm×10	253,000	西泠印社	2020-08-08
钱慧安 1882年作 狩猎图 镜心	56cm×190cm	112,700	中国嘉德	2020-12-02
钱慧安 1894年作 财源广进 立轴	131cm×65cm	89,700	中国嘉德	2020-11-09
钱慧安 王承基 1868年作 游春图、行书 成扇	18.5cm×52cm	82,800	朵云轩	2020-09-23
钱慧安 1905年作 仿华喦《婴戏图》 立轴	133cm×33cm	81,750	中国嘉德	2020-10-09
钱慧安 人物故事 册页	18cm×20cm×12	78,200	中国嘉德	2020-07-17
钱慧安 倪田 吴大澂 郑文棹 山水书法四屏 立轴	画32cm×45cm; 书法 18.5cm×25cm×4	63,357	中国嘉德	2020-10-09
钱金甫 行书《醉蓬莱词》 立轴	177cm×48.5cm	207,000	华艺国际	2020-10-16
钱澧 楷书杜甫诗 册页(十七开)	23cm×12cm×17	575,000	华艺国际	2020-12-05
钱棨 行书 临赵孟頫尺牍 镜片	125.5cm×30cm	74,750	西泠印社	2020-08-08
钱松 1858年作 隶书七言联 对联	131.5cm×31.5cm×2	667,000	朵云轩	2020-09-24
钱维城 花卉 册页(十二开)	27.5cm×37cm×12	59,800,000	中国嘉德	2020-08-16
钱维城 花卉册页 册页(八开)	13cm×18cm×8	34,500,000	中贸圣佳	2020-10-17
钱维城 春日回舟津门图 立轴	166cm×114cm	18,400,000	中国嘉德	2020-08-16
钱维城 仿古山水 册页	43cm×35cm×10	1,955,000	北京保利	2020-12-05
钱维城 云壑飞泉 立轴	124cm×54.5cm	1,207,500	华艺国际	2020-10-16
钱维城 泛舟图 横披	62cm×180cm	460,000	中鸿信	2020-01-04
钱维城 俞榕 大月高林 立轴	97cm×41cm	172,500	中国嘉德	2020-07-17
钱维城 临川诗集绝句 立轴	137cm×59cm	86,250	北京保利	2020-10-18
钱维城 行书七言联 对联	124.3cm×30.5cm	85,448	香港苏富比	2020-11-26
钱维乔 曲水流觞 镜心	19.5cm×56cm	57,500	中贸圣佳	2020-10-17

2020书画拍卖成交汇总(续表)

(成交价RMB：5万元以上)

拍品名称	物品尺寸	成交价RMB	拍卖公司	拍卖日期
钱延宅 薛奕瑄 草书元人诗·湖山隐居图(二帧) 扇页	51cm × 16.5cm；46cm × 15cm	92,000	西泠印社	2020-08-08
钱应溥 1858年作 妻许宜人行略册(十三页) 册页	19.5cm × 11.5cm × 10；21cm × 7cm；21cm × 11.5cm；21.5cm × 10.5cm	71,300	西泠印社	2020-08-08
钱泳 隶书 镜心	190cm × 44cm	667,000	中国嘉德	2020-08-16
钱泳 行书七言 对联	132cm × 30cm × 2	632,500	朵云轩	2020-09-24
钱泳 谷际岐 徐如澍 谢振定 等二十六家 1798年、1799年作 为法式善作诗龛风雅册(共二十九页) 册页	22.5cm × 17cm × 29	287,500	西泠印社	2020-08-08
钱泳 隶书七言联 立轴	127cm × 30cm × 2	287,500	中国嘉德	2020-08-16
钱泳 胡长龄 黄振 仲鹤庆 谢谷 为墨庄先生作空山长啸图册(共十一页) 册页	题端 30.5cm × 23cm × 2；画心 30.5cm × 23cm；题跋30.5cm × 23cm × 8	161,000	西泠印社	2020-08-08
钱泳 隶书八言联 立轴	157cm × 32cm	109,250	中贸圣佳	2020-10-17
钱泳 隶书节临汉碑 立轴	131cm × 29.5cm	74,750	中国嘉德	2020-12-04
钱泳 隶书八言联 立轴	162cm × 29.5cm × 2	63,250	北京翰海	2020-12-12
钱载 1779年作 虬松图 立轴	画心 72.5cm × 47cm；题跋 47cm × 28.5cm	287,500	西泠印社	2020-08-08
钱载 1787年作 益寿图 立轴	139cm × 68cm	143,750	北京保利	2020-12-05
钱载 1787年作 绣樱花图 镜片	108.5cm × 36cm	138,000	西泠印社	2020-08-08
乾隆帝 1747年作 御笔临《三希堂》镜心	25cm × 76cm	10,350,000	永乐拍卖	2020-08-17
乾隆 1758年作 行书七言诗 立轴	119cm × 45cm	425,500	中国嘉德	2020-07-17
乾隆 行书七言诗《赐奉天将军弘晌》立轴	107.5cm × 44.5cm	414,000	荣宝斋(南京)	2020-11-28
乾隆 御笔临《董其昌兰亭诗》镜心	16.5cm × 51.5cm	402,500	永乐拍卖	2020-12-02
乾隆 1733年作 兰花图 立轴	80cm × 29cm	345,000	十竹斋拍卖(北京)	2020-10-18
乾隆帝 1733年作 兰石图 立轴	80cm × 29cm	333,500	中鸿信	2020-01-04
乾隆帝 行书御题诗 镜心	14cm × 10cm × 2	253,000	中鸿信	2020-01-04
乾隆帝 1751年作 行书御题诗 镜心	14cm × 10cm × 2	253,000	中鸿信	2020-01-04
乾隆(款)行书“继序其皇”镜心	77cm × 260cm	172,500	中国嘉德	2020-07-17
乾隆 行书七言诗	34.5cm × 96.5cm	138,000	中国嘉德	2020-07-18
乾隆(款) 岁寒三友	32.5cm × 102.5cm	126,500	中国嘉德	2020-11-09
乾隆(款)行书“八表同春”镜心	70cm × 176cm	86,250	中国嘉德	2020-07-17
乾隆 春江游鸭图	41cm × 51cm	86,250	中国嘉德	2020-07-18
乾隆(款) 1758年作 行书五言诗 镜心	41cm × 110cm	63,250	中国嘉德	2020-11-12
乾隆帝 1751年作 行书 立轴	143.5cm × 66cm	6,440,000	北京翰海	2020-12-11
乾隆帝 御笔行书七言、墨竹 木质屏风	绘画 43.5cm × 14cm；对联 43.5cm × 9cm × 2	4,600,000	华艺国际	2020-12-05
乾隆帝 御笔行书七言联 立轴	181cm × 34cm × 2	4,542,500	中贸圣佳	2020-10-17
乾隆帝 1774年作 行书七言诗 立轴	111.5cm × 55.0cm	3,220,000	中国嘉德	2020-12-01
乾隆帝 1754年作 御临米帖 册页(四开)	12cm × 10.5cm × 4	2,645,000	华艺国际	2020-12-05
乾隆帝 御笔行书《云罩寺》一首 立轴	64cm × 31cm	1,955,000	中贸圣佳	2020-10-17

拍品名称	物品尺寸	成交价RMB	拍卖公司	拍卖日期
乾隆帝 1780年作 行书 镜片	128cm × 67.5cm	1,667,500	朵云轩	2020-09-24
乾隆帝 楷书匾额 镜心	55cm × 114cm	1,092,500	北京翰海	2020-12-11
乾隆帝 御笔五言联 镜框	128cm × 37cm × 2	575,000	华艺国际	2020-12-16
乾隆帝 行书(两件) 镜片	28cm × 18cm × 2	552,000	朵云轩	2020-05-23
秦炳文 1863年作 观瀑眠古松 立轴	66cm × 48cm	69,000	中国嘉德	2020-12-04
秦祖永 1882年作 溪桥山居 立轴	96cm × 44.5cm	483,000	朵云轩	2020-09-24
江纬 牡丹 设色纸本 册页(两开)	43,6cm × 30,4cm	39,709	巴黎佳士得	2020-06-23
李方膺 竹 水墨纸本	31,2cm × 47,4cm	39,709	巴黎佳士得	2020-06-23
清代 缂丝群仙祝寿图 立轴	176cm × 91.5cm	368,000	中鸿信	2020-01-04
清诸家 1701年作、1702年作 为汪季青作书画 册页(八开)	24cm × 33cm × 8	276,000	中国嘉德	2020-08-17
清诸家致吾磻书画 册页(十三开)	27.5cm × 34.5cm × 13	109,250	中国嘉德	2020-12-04
邱壑 剑阁七十二峰图 手卷	画 55.5cm × 395.5cm；引首 55.5cm × 130.5cm	230,000	中国嘉德	2020-12-04
瞿子冶 墨梅图 立轴	127cm × 30cm	56,350	西泠印社	2020-08-08
任伯年 1887年作 棕阴纳凉图 立轴	109.5cm × 55.5cm	12,650,000	中国嘉德	2020-12-01
任伯年 献寿图 立轴	194cm × 102.4cm	11,500,000	荣宝斋(上海)	2020-10-25
任伯年 1889年作 吉祥花鸟四屏 条屏	160cm × 44cm × 4	5,175,000	北京保利	2020-10-18
任伯年 1879年作 林间高士 立轴	144cm × 77.5cm	3,335,000	上海匡时	2020-08-05
任伯年 1882年作 持杖倚马 立轴	174cm × 48cm	2,875,000	朵云轩	2020-09-23
任伯年 1889年作 鹿车图 立轴	129cm × 65.5cm	2,875,000	华艺国际	2020-12-05
任伯年 1893年作 喜从天降 立轴	133cm × 63.5cm	2,127,500	十竹斋拍卖(北京)	2020-10-18
任伯年 朝岁清供	141cm × 69cm	1,890,000	乾禧国际	2020-01-20
任伯年 1871年作 渌水荷花朵朵开 横披	41.4cm × 194cm	1,725,000	北京诚轩	2020-08-17
任伯年 1889年 牡丹水仙 立轴	132cm × 45cm	1,495,000	北京保利	2020-10-17
任伯年 松鼠图	130cm × 39cm	1,470,000	乾禧国际	2020-01-20
任伯年 虚谷 倪田 钱慧安 等“生香不断”花卉卷 手卷	引首 28.3cm × 94cm；画心 27cm × 249cm；后跋32cm × 80cm	1,328,444	中国嘉德	2020-10-09
任伯年 1886年作 风尘三侠 立轴	35.8cm × 40cm	1,150,000	中国嘉德	2020-12-04
任伯年 桐荫山庄图	130cm × 64cm	1,050,000	乾禧国际	2020-01-22
任伯年 1890年作 一团和气 镜片	133cm × 64.5cm	1,012,000	广东崇正	2020-09-13
任伯年 1881年作 动物佳趣册(十二页) 册页	45cm × 33cm × 12	793,500	西泠印社	2020-08-09
任伯年 1893年作 花鸟四屏 镜心	133.5cm × 31cm × 4	713,000	中国嘉德	2020-08-15
任伯年 1888年作 归牧图 立轴	125.8cm × 63.5cm	587,600	香港苏富比	2020-07-10
任伯年 1889年作 碧梧栖凤图 立轴	133cm × 64cm	517,500	北京保利	2020-10-17
任伯年 花鸟四帧 镜心	27cm × 25cm	483,000	中贸圣佳	2020-10-17
任伯年 1877年作 湖石朱竹 镜心	161cm × 39.5cm	460,000	中国嘉德	2020-08-17
任伯年 1888年作 目送归鸿图 立轴	129.4cm × 55.2cm	444,024	香港苏富比	2020-10-08
任伯年 猫趣图	40cm × 34cm	345,000	中国嘉德	2020-07-18
任伯年 1889年作 华封三祝 立轴	129cm × 63.5cm	345,000	中国嘉德	2020-08-17
任伯年 陈康寿 1869年作 荷花 行书 成扇	18.5cm × 53cm	287,500	朵云轩	2020-09-23
任伯年 1890年作 春江临眺 镜心	40cm × 54.5cm	287,500	中国嘉德	2020-08-15
任伯年 1890年作 静听松风 镜心	40cm × 54.5cm	287,500	中国嘉德	2020-08-15
任伯年 1886年作 花鸟(两帧) 镜心	24cm × 34cm × 2	276,000	北京保利	2020-10-18
任伯年 1893年作 荷花鸳鸯 镜心	54cm × 113cm	230,000	中国嘉德	2020-12-02
任伯年 1883年作 观瀑图 立轴	110cm × 32cm	207,000	北京保利	2020-10-17
任伯年 1880年作 渔父图 立轴	31.5cm × 41cm	195,500	中国嘉德	2020-08-16

(成交价RMB：5万元以上)

拍品名称	物品尺寸	成交价RMB	拍卖公司	拍卖日期
任伯年 安澜图 扇面镜心	18cm×51.5cm	184,000	北京诚轩	2020-08-17
任伯年 1878年作 读书图 立轴	114cm×50.5cm	184,000	中国嘉德	2020-12-02
任伯年 1877年作 读书图 团扇框	直径26.5cm	172,500	朵云轩	2020-09-23
任伯年 花石图 立轴	147cm×39cm	165,600	北京保利	2020-12-05
任伯年 曾熙 1889年作 楷书万点香雪 成扇	19cm×52cm	161,000	朵云轩	2020-09-23
任伯年 1885年作 寿桃图大圆光 镜片	直径38cm	143,000	江苏汇中	2020-08-05
任伯年 1872年作 玉堂富贵 立轴	130cm×69cm	126,500	朵云轩	2020-09-23
任伯年 1882年作 墨竹 立轴	105.5cm×22cm	115,000	西泠印社	2020-08-09
任伯年 吴滔 汤经常 王承琦 1872年作 花卉、行书 成扇	18.5cm×50cm	115,000	朵云轩	2020-09-23
任伯年 1893年作 春风得意 团扇轴	直径24cm	109,250	上海敬华	2020-09-22
任伯年 花鸟(二帧) 镜心	22.5cm×33cm×2	97,750	中国嘉德	2020-12-02
任伯年(款) 1885年作 饲牛图 立轴	145cm×81cm	92,000	中国嘉德	2020-11-09
任伯年 1886年作 高士读书图 立轴	114cm×46cm	86,250	北京翰海	2020-09-12
任伯年 1894年作 秋山图 立轴	138cm×34cm	69,488	中国嘉德	2020-10-09
任伯年 倚栏仕女 扇面	14.5cm×41cm	69,000	荣宝斋(南京)	2020-11-28
任伯年 1875年作 枇杷图 立轴	139cm×34cm	63,250	北京翰海	2020-09-12
任伯年 大吉图 立轴	151cm×40cm	59,800	中国嘉德	2020-11-09
任伯年 1886年作 红花小鸟 扇面	18cm×51cm	57,500	上海敬华	2020-09-22
任伯年 秋风立马图 立轴	119.5cm×58.5cm	51,750	中鸿信	2020-01-03
任伯年 郭兰祥 游鱼唼落红 节录《书断》成扇	18.4cm×50cm	57,500	北京诚轩	2020-08-17
任熊 1853年作 桐荫仕女 立轴	152.5cm×43cm	57,500	中国嘉德	2020-08-17
任熏 杂画 册页(十六开)	26cm×29cm×16	322,000	中国嘉德	2020-08-17
任熏 1879年作 清供图 立轴	诗堂41cm×24.5cm；画心86cm×41cm	115,000	西泠印社	2020-08-09
任薰 花鸟册页 镜心(十二开)	32cm×33cm×12	92,000	中鸿信	2020-01-03
任薰 1883年作 花鸟四屏 镜心	146.5cm×39cm×4	55,200	中国嘉德	2020-08-15
任薰(款) 1881年作 四时花鸟(四幅) 镜片	214cm×51cm×4	207,000	朵云轩	2020-11-29
任预 望山图 立轴	134cm×38cm	155,250	朵云轩	2020-11-29
荣郡王 草书 卷	38cm×381.5cm	80,500	北京翰海	2020-12-11
阮元 隶书匾额 横幅	23cm×112.5cm	437,000	北京翰海	2020-12-11
阮元 隶书临《五凤刻石》 立轴	80cm×51cm	414,000	十竹斋拍卖(北京)	2020-10-18
阮元 1845年作 行书七言联 立轴	137cm×31cm×2	230,000	中国嘉德	2020-08-16
阮元 行书七言联 立轴	136cm×32cm×2	184,000	广东崇正	2020-09-13
阮元 行书 立轴	164cm×39.5cm	89,700	北京翰海	2020-12-11
阮元 行书七言联 立轴	127.5cm×29cm×2	80,500	中国嘉德	2020-08-16
阮元 1849年作 隶书五言联 立轴	123cm×28cm×2	80,500	中国嘉德	2020-08-16
阮元 隶书 四条屏	143cm×55cm×4	57,500	中国嘉德	2020-07-17
阮元 书法 立轴	125cm×24cm	57,500	广东小雅斋	2020-08-21
沙馥 1868年作 南楼追忆图 册页(十开)	28.2cm×18.7cm×10	372,750	佳士得	2020-11-18
沙馥 1874年作 冠带传流 扇面	18.2cm×52.2cm	55,200	朵云轩	2020-09-24
沙馥 王鼎华 1875年作 竹林对枰图、小楷 成扇		55,200	中国嘉德	2020-11-10
上官周 1747年作 钟馗嫁妹图 手卷	画33.5cm×196cm；跋33.5cm×83cm	517,500	中国嘉德	2020-08-17
上官周 苏武归汉 手卷	引首28cm×83cm；本幅29cm×349cm；题跋31cm×116cm	379,500	永乐拍卖	2020-12-02
上官周 秋景 册页(六开)	20cm×28cm×6	368,000	朵云轩	2020-09-24
上官周 山水中堂 立轴	168cm×72cm	172,500	中鸿信	2020-01-04
上官周(款) 泽国观渔卷 手卷	34cm×486cm	51,750	中国嘉德	2020-07-17
上睿 1708年作 仿古山水 册页(十开)	21cm×30cm×10	2,932,500	北京保利	2020-12-05
上睿 仿唐寅山水 镜心	99cm×36cm	161,000	中贸圣佳	2020-10-17
上睿 深山访友 镜片	22cm×31cm	57,500	朵云轩	2020-09-24
沈苍 诗意山水 册页(八开)	26.5cm×18cm×8	402,500	中国嘉德	2020-12-04
沈德潜 杨守敬 孙楫 冯应榴 张燮 等 清代名贤书翰集 册页(二十二开)	32cm×18cm×22	293,250	上海驰翰	2020-08-06
沈凤 春耕图 镜心	88cm×179cm	138,000	中国嘉德	2020-07-17
沈复 1801年作 竹石图 立轴	284cm×117cm	218,500	北京保利	2020-12-05
沈光甫 月薮双玉 成扇一对	6cm×19cm×2	199,811	香港苏富比	2020-10-08
沈庆兰 婴戏图 扇面	16cm×50cm	138,000	中国嘉德	2020-12-04
沈荃 行书 立轴	110.5cm×55cm	828,000	朵云轩	2020-09-24
沈荃 行书六言联 立轴	125cm×30cm×2	80,500	中国嘉德	2020-12-04
沈铨 1754年作 芙蓉鸳鸯 立轴	185cm×107.5cm	4,140,000	朵云轩	2020-09-24
沈铨 1749年作 鸾凤呈祥图 立轴	153.5cm×81cm	920,000	北京翰海	2020-12-11
沈铨 鹿鹤同春 立轴	190cm×95cm	897,000	华艺国际	2020-10-16
沈铨 1754年作 双鹿柏灵 镜心	153cm×80cm	828,000	中鸿信	2020-01-04
沈铨 花鸟(四帧) 镜心	39cm×26cm×4	368,000	十竹斋拍卖(北京)	2020-10-18
沈铨 1752年作 十全图 立轴	197cm×99cm	368,000	永乐拍卖	2020-12-02
沈铨 1750年作 双鹿 立轴	177cm×88cm	195,500	北京保利	2020-10-18
沈铨 松柏双禄图 立轴	167cm×77cm	172,500	中鸿信	2020-01-04
沈铨 1737年作 海棠大吉图 立轴	128cm×50cm	138,000	华艺国际	2020-12-05
沈铨(款) 1750年作 封侯福禄图 立轴	228cm×114cm	82,800	中国嘉德	2020-11-11
沈铨(款) 松鹤遐龄 立轴	172.5cm×92cm	57,500	北京翰海	2020-12-11
沈世杰 福寿万年 镜心	91cm×329cm	57,500	中鸿信	2020-01-04
沈世儒 高风亮节卷 手卷	62cm×547cm	632,500	中贸圣佳	2020-10-17
沈振麟(款) 人物故事 四条屏	88cm×20cm×4	57,500	中国嘉德	2020-07-17
沈治 临江图 扇面	16.5cm×47.5cm	57,500	中国嘉德	2020-08-17
沈竹宾 1894年作 山林清话 立轴	131.5cm×59cm	195,500	朵云轩	2020-09-24
沈宗骞 1784年作 洛神图 立轴	129cm×63cm	230,000	西泠印社	2020-08-08
沈宗敬 1709年作 秋日虞山图 立轴	156.5cm×48.5cm	184,000	北京保利	2020-10-18
沈宗敬 1719年作 仿大痴山水卷 手卷	引首27cm×97cm；题跋26.5cm×578cm；后纸27cm×22cm	115,000	中国嘉德	2020-12-04
沈宗敬 行书 镜片	81cm×46cm	63,250	朵云轩	2020-09-24
盛宣怀 楷书七言 对联	128cm×30cm×2	207,000	朵云轩	2020-09-24
石涛 1698年作 翻风滴露图 立轴	228cm×99cm	28,750,000	北京保利	2020-10-18
石涛 山水 册页(八开十六页)	17.1cm×12.1cm×8	16,100,000	北京保利	2020-12-05
石涛 1699年作 松风泉石图 手卷	32.5cm×383cm	5,586,000	佳士得	2020-07-08
石涛 墨竹	95cm×43.5cm	5,280,000	北京贞观	2020-11-28
石涛 1679年作 为语山和尚作山水 立轴	55.5cm×33.5cm	4,140,000	西泠印社	2020-08-08
石涛 墨竹 立轴	217cm×74cm	3,910,000	广东崇正	2020-09-13
石涛 潇湘愁 镜心	18.1cm×14cm	2,990,000	北京保利	2020-10-18

2020书画拍卖成交汇总(续表)

(成交价RMB：5万元以上)

拍品名称	物品尺寸	成交价RMB	拍卖公司	拍卖日期
石涛 秋海棠 镜框	26cm×29.2cm	1,150,000	北京保利	2020-10-18
石涛 西岭归云图 立轴	97cm×28cm	1,035,000	西泠印社	2020-08-08
石涛 溪山渔隐图 立轴	111cm×47.5cm	368,000	北京翰海	2020-12-11
石涛(款)竹林高士(疑张大千作)立轴	130cm×114cm	345,000	永乐拍卖	2020-08-17
石涛 疏林高隐图 立轴	90cm×46.8cm	345,000	中国嘉德	2020-08-17
石涛 墨牡丹 立轴	87cm×47cm	253,000	广东小雅斋	2020-08-21
石涛 1700年作 春山夜话图 镜心	102cm×50cm	230,000	中鸿信	2020-01-03
石涛 墨牡丹 立轴	85cm×47cm	230,000	中鸿信	2020-01-04
石涛(款)山水四条屏	146cm×40cm	398,475	美国摩根	2020-01-14
石溪 1670年作 为尔和居士作浅绛山水 立轴	133cm×30.5cm	16,675,000	永乐拍卖	2020-12-02
石溪 1683年作 小阁临溪图轴 立轴	90cm×37.5cm	2,185,000	中鸿信	2020-01-04
石溪 1664年作 游揖山记 扇面	16.0cm×48.5cm	805,000	中国嘉德	2020-12-04
石溪(款)山水 立轴(二屏)	184cm×41cm；185cm×42cm	80,500	北京保利	2020-12-05
史培 草书四屏 立轴	173cm×46cm×4	86,250	中鸿信	2020-01-04
史顺震 为子贞书诗 册片	24.5cm×30.5cm	51,750	中国嘉德	2020-08-17
释达受 1838年作 行书七言联 立轴	129cm×29cm×2	115,000	十竹斋拍卖(北京)	2020-10-18
释达受 书法 手卷	卷首23cm×57cm；书法23cm×302cm	69,000	广东小雅斋	2020-08-21
释明俭 山水 立轴	126.5cm×32cm	126,500	北京翰海	2020-12-11
释上睿 楷书暮春杂咏诗 扇页	54.5cm×18cm	195,500	西泠印社	2020-08-08
松年 松鹤长寿 立轴	299cm×50cm	59,800	中国嘉德	2020-07-17
宋之绳 行书自作诗 扇面	18cm×53.5cm	138,000	中国嘉德	2020-08-17
苏六朋 人物(四帧)镜片	28.5cm×25.5cm×4	132,250	广东崇正	2020-09-13
苏六朋 指画人物 立轴	167cm×80cm	63,250	北京保利	2020-12-05
苏仁山 观音 立轴	112.5cm×42cm	69,000	广东崇正	2020-09-13
苏宜 1679年作 秋林云霭 立轴	182cm×93cm	690,000	华艺国际	2020-12-05
肃亲王 万象在旁 镜心	30cm×128cm	82,800	中贸圣佳	2020-10-17
肃亲王 行书七言诗 立轴	141cm×35cm	51,750	中国嘉德	2020-07-17
肃亲王 行书《孟子》句 立轴	132cm×63cm	51,750	北京保利	2020-10-18
孙铨 吴门胜景 册页(四开)	29.5cm×37cm×4	72,450	上海驰翰	2020-05-10
孙星衍 1783年作 篆书九言联 对联	172cm×34.5cm×2	310,500	朵云轩	2020-09-24
孙星衍行书 节录《苕溪渔隐丛话》	31.2cm×135.3cm	149,500	中国嘉德	2020-12-02
孙岳颁 1706年作 行书唐人绝句立轴	163cm×45cm	207,000	北京保利	2020-10-18
汤禄名 溪山无尽图 手卷	463.5cm×28.5cm	138,000	西泠印社	2020-08-08
汤世澍 1877年作 四季花卉卷 手卷	31cm×471cm	71,300	中国嘉德	2020-07-17
汤贻汾 采石酹诗图 手卷	引首30cm×96.5cm；画30cm×125cm；题跋30cm×958cm	218,500	中国嘉德	2020-08-17
汤贻汾 严可均 李兆洛 等二十余家跋 钱叔卿画怪石图 立轴	89cm×31cm	138,000	西泠印社	2020-08-08
汤贻汾 横琴坐月图 手卷	29.4cm×200cm	135,600	香港苏富比	2020-07-09
汤贻汾 山居图 立轴	126.5cm×31.5cm	126,500	西泠印社	2020-08-08
汤贻汾 山水 册页	21cm×25cm×12	103,500	中国嘉德	2020-07-17
汤贻汾 1824年作 村居图卷 手卷	42cm×210cm	69,000	中国嘉德	2020-07-17
汤贻汾 秋窗夜读 横披	28cm×94cm	66,700	荣宝斋(南京)	2020-11-28
汤贻汾 茅亭渔隐 韩魏公传 成扇	18cm×52cm	51,750	华艺国际	2020-10-16

拍品名称	物品尺寸	成交价RMB	拍卖公司	拍卖日期
唐岱 1750年作 仿云林山水 立轴	88cm×34cm	89,925	中国嘉德	2020-10-09
唐英 1750年作 隶书唐代张说《恩制赐食于丽正殿书院宴赋得林字》手卷	引首30cm×106cm；书心30cm×302cm；题跋37cm×153cm	4,025,000	北京保利	2020-10-18
唐英 行书自作诗七首 镜心	65cm×85cm	943,000	北京保利	2020-10-18
陶绍源 张熊 1866年作 翠岭、苍山成扇	19cm×51cm	62,150	香港苏富比	2020-07-10
陶诒孙 行书七言书房联	长132cm×宽31cm×2	58,650	北京大羿	2020-08-16
铁保 1801年作 草书 立轴	126.5cm×62cm	287,500	朵云轩	2020-09-24
铁保 行书贺寿诗 立轴	191cm×50cm	264,500	北京保利	2020-10-18
铁保 1804年作 楷书《济南滗泉记》(共十三页)册页	30cm×16.5cm×13	253,000	西泠印社	2020-08-08
铁保 1809年作 行书 录苏轼诗文册(共二十五页)册页	画心24.5cm×13.5cm×24；题跋30.5cm×18cm	207,000	西泠印社	2020-08-08
铁保 1814年作 临各家书帖册(三十页)册页	27cm×16cm×30	138,000	西泠印社	2020-08-08
铁保 临米芾二王帖 册页(十八开)	27cm×16cm×18	103,500	中国嘉德	2020-12-04
铁保 书法 立轴	136cm×29cm	89,700	华艺国际	2020-10-16
铁保 1800年作 行书节录董其昌语 立轴	129.5cm×60cm	83,255	香港苏富比	2020-10-08
铁保 与木石居 镜心	23cm×91.6cm	78,200	永乐拍卖	2020-12-04
铁保 草书(十二屏)立轴	178cm×42cm×12	74,750	北京翰海	2020-09-12
铁保 行书七言联 立轴	128.5cm×30.5cm×2	71,300	中国嘉德	2020-08-15
铁保 虞沅 苏武牧羊图 手卷	31cm×93.5cm；31cm×178cm；34cm×135cm	62,100	上海驰翰	2020-09-24
铁保 1813年作 行书《争座位帖》立轴	105.5cm×28.5cm	58,575	佳士得	2020-12-02
童衡 1801年作 孔雀图 立轴	153cm×72cm	195,500	北京保利	2020-12-05
万经 1687年作 隶书四屏 立轴	171.5cm×47.4cm×4	63,250	中国嘉德	2020-12-04
万经 1730年作 隶书 立轴	166cm×54cm	57,500	北京翰海	2020-09-12
万上遴 山水 立轴	150cm×64cm	89,700	广东小雅斋	2020-08-21
汪承霈 1794年作 书画合璧 册页(十二开)	26cm×43cm×12	805,000	北京保利	2020-12-05
汪承霈 临帖数种、梅竹双清 镜心	16cm×50cm	51,750	中贸圣佳	2020-10-17
汪凤翔 芦雁 扇面	17cm×52cm	149,500	十竹斋拍卖(北京)	2020-10-18
汪圻 人物故事(六幅)镜片	108cm×33cm×6	92,000	朵云轩	2020-11-30
汪士鋐 行书李贺《将进酒》立轴	180.5cm×60cm	218,500	中国嘉德	2020-12-04
汪士鋐 行书 卷	210cm×36.5cm	105,800	北京翰海	2020-12-11
汪士鋐 1706年作行书册页(九开)	12.5cm×25cm×9	92,000	上海嘉禾	2020-01-05
汪士鋐 1720年作 楷书《群玉山赋卷》手卷	32cm×346cm	80,500	北京保利	2020-10-18
汪士鋐 1722年作 行书《洛神赋》册页(十二开)	23cm×10cm×24	74,750	永乐拍卖	2020-12-02
汪士慎 1733年作 墨笔花卉 册页(八开)	25cm×32.5cm×8	1,150,000	北京保利	2020-10-18
汪洵 楷书《朱子家训》	138cm×34cm×4	929,775	美国摩根	2020-01-14
汪洵 篆书 六屏	159cm×47cm×6	74,750	西泠印社	2020-08-08
汪洵 1909年作 篆书七言联 立轴	109cm×21.5cm×2	63,250	中国嘉德	2020-12-04

拍品名称	物品尺寸	成交价RMB	拍卖公司	拍卖日期
汪野 长林高士图 立轴	91cm×47.5cm	86,250	西泠印社	2020-08-08
汪绎 行书 五言诗卷	311cm×28cm	57,500	中国嘉德	2020-08-16
汪滋穗 1687年作 西岳华山图 手卷	28cm×156.8cm	244,213	香港苏富比	2020-10-08
王宸 王麟孙 王岵孙 1795年作 仿古山水合册 册页(十二开)	23.5cm×29cm×12	4,140,000	朵云轩	2020-09-24
王宸 1792年作 浯溪读碑图 手卷	36cm×169cm	402,500	中国嘉德	2020-12-04
王宸 1790年作 潇湘云烟 立轴	125cm×53cm	368,000	中国嘉德	2020-12-04
王宸 1797年作 水墨山水册(共二十页) 册页	22cm×15cm×20	287,500	西泠印社	2020-08-08
王宸 香浮南枝卷 手卷	21.5cm×238.5cm	184,000	中国嘉德	2020-12-04
王宸 1787年作 仿大痴山水 立轴	130cm×60cm	103,500	中国嘉德	2020-12-04
王宸 1751年作 秋山图 镜心	113cm×63cm	89,700	中鸿信	2020-01-04
王崇节 云山楼阁图 立轴	127.5cm×44cm	126,500	西泠印社	2020-08-08
王二水 江村月落图 立轴	103cm×37cm	56,350	广东小雅斋	2020-08-21
王夫之 书法 手卷	卷首 31.5cm×75cm; 书法 31.5cm×245cm; 题跋27cm×22cm; 27cm×14cm; 35cm×67cm	345,000	广东小雅斋	2020-08-21
王寿矜 等 1826年作 索句图 册页	尺寸不一	59,800	中国嘉德	2020-07-17
王禔 行书 五言诗 立轴	139cm×47cm	368,000	西泠印社	2020-08-08
王翚 江山无尽图 手卷	53.2cm×1220.5cm	26,379,600	佳士得	2020-07-08
王翚 1684年作 虞山十二景册 册页(画十二页，跋一页)	画心 30cm×25cm×12; 题跋30cm×25cm	23,690,000	西泠印社	2020-08-08
王翚 1714年作 惜竹爱松图 手卷	24.0cm×234.5cm	23,000,000	中国嘉德	2020-12-01
王翚 1692年作 罗浮山樵图 立轴	123.5cm×54cm	12,650,000	西泠印社	2020-08-08
王翚 1706年作 平湖远岫 立轴	80cm×46.5cm	10,120,000	朵云轩	2020-09-24
王翚 1710年作 江山无尽图 手卷	33cm×355cm	8,625,000	华艺国际	2020-10-16
王翚 1690年作 山涧幽居 立轴	166cm×92cm	7,302,500	朵云轩	2020-09-24
王翚 1713年作 太华仙观图 立轴	画心 133cm×60cm; 题跋 133cm×7cm×2	5,175,000	十竹斋拍卖(北京)	2020-10-18
王翚 1714年作 仿惠崇水村图 立轴	142cm×51cm	4,370,000	华艺国际	2020-10-16
王翚 江南春图	110cm×54cm	1,890,000	乾禧国际	2020-01-20
王翚 1691年作 仿米家山水 手卷	19.5cm×224cm	1,725,000	中国嘉德	2020-12-04
王翚 1681年作 岁寒图 立轴	119.5cm×51.5cm	1,596,000	佳士得	2020-07-08
王翚 1709年作 仿董北苑夏山图 立轴	138.4cm×58.4cm	1,554,084	香港苏富比	2020-10-08
王翚 桃源仙境图	153cm×54cm	1,365,000	乾禧国际	2020-01-20
王翚 春寒图 立轴	96cm×48.5cm	1,265,000	中贸圣佳	2020-10-17
王翚 雪山图 手卷	26cm×190cm	1,150,000	上海敬华	2020-09-22
王翚 溪山佳景图 立轴	106cm×40.5cm	920,000	华艺国际	2020-10-16
王翚 1711年作 仿李营丘平林散牧图 立轴	87cm×49cm	598,000	中鸿信	2020-01-04
王翚 杨晋 等 桃花翠禽图 立轴	145cm×69.5cm	575,000	华艺国际	2020-10-16
王翚 杨晋 顾昉 虞沅 徐玫 吴芷 1695年作 岁朝图 立轴	91cm×48.5cm	517,500	西泠印社	2020-08-08
王翚 围廊春寂 镜片	77.5cm×33.8cm	452,000	香港苏富比	2020-07-09
王翚(传) 溪山无尽 手卷	31.5cm×159.5cm	319,500	佳士得	2020-12-02
王翚 秋山行旅 手卷	28cm×90cm	264,500	北京保利	2020-10-18
王翚 1673年作 上林报喜图 立轴	76.7cm×36.5cm	222,012	香港苏富比	2020-10-08
王翚 山涧竞流 镜心	17.5cm×54cm	218,500	中贸圣佳	2020-10-17
王翚 1685年作 仿黄公望山水 手卷	23cm×150cm	172,500	中鸿信	2020-01-04

拍品名称	物品尺寸	成交价RMB	拍卖公司	拍卖日期
王翚(款) 九夏松风图 卷	31cm×132cm	172,500	北京翰海	2020-12-11
王翚 1688年作 秋江渔父图 立轴	62cm×26cm	172,500	上海敬华	2020-09-22
王翚 1704年作 寒山积雪 镜片	24cm×31cm	149,500	朵云轩	2020-09-24
王翚 1696年作 山高水长 立轴	91.5cm×49.5cm	115,000	北京保利	2020-10-18
王翚(款) 1708年作 江村渔乐图 立轴	75cm×48cm	115,000	中国嘉德	2020-11-11
王翚 荒林坡石图 镜片	17cm×52.5cm	92,000	保利厦门	2020-09-26
王翚 山泉古寺 立轴	154cm×42.5cm	92,000	朵云轩	2020-11-30
王翚 1700年作 秋景诗画 立轴	15.5cm×50cm	69,000	北京保利	2020-10-18
王翚(款) 松筠庵图卷 手卷	26cm×205cm	57,500	中国嘉德	2020-07-17
王建章 乔松之寿 扇面	17cm×49cm	287,500	中贸圣佳	2020-10-17
王鉴 仿江贯道烟浮远岫 扇面	127cm×52cm	2,300,000	上海敬华	2020-09-22
王鉴 仿董北苑山水 立轴	56.5cm×28.6cm	943,551	香港苏富比	2020-10-08
王鉴 1565年作 人物故事 册页(十六开)	24cm×27cm×16	322,000	中国嘉德	2020-12-04
王鉴 明、1561年作 击磬图 立轴	56cm×40.5cm	159,600	佳士得	2020-07-08
王杰 行书七言联 对联	166cm×37cm×2	310,500	朵云轩	2020-09-24
王杰 楷书七言联 立轴	166cm×37.3cm×2	92,000	广东崇正	2020-09-13
王杰 行书临荆公词 立轴	142.5cm×38.5cm	59,800	中国嘉德	2020-08-17
王杰 清 书法 立轴	113cm×47.5cm	51,356	佳士得	2020-05-22
王敬铭 1710年作 放棹对青山 立轴	129.5cm×56cm	1,725,000	华艺国际	2020-10-16
王玖 仿古山水 册页(八开)	29cm×39cm×8	1,207,500	永乐拍卖	2020-12-02
王玖 秋山深趣图 手卷	引首 32cm×124cm；画心32cm×136cm; 题跋32cm×115cm	69,000	北京保利	2020-10-18
王玖 仿董其昌山水 手卷	19.5cm×135cm	57,500	中国嘉德	2020-08-17
王礼 绣球大吉 立轴	199.5cm×54.5cm	57,500	北京诚轩	2020-08-17
王荦 1724年作 临黄公望《富春山居图》手卷	36cm×788cm	4,025,000	华艺国际	2020-10-16
王鸣盛 1781年作 行书自作诗 册页(十开)	24.5cm×34.5cm×10	204,376	中国嘉德	2020-10-09
王仁堪 1884年作 楷书七言联 镜片	165.5cm×40.5cm×2	74,750	广东崇正	2020-09-13
王时敏 1629年作 仿黄公望山水轴 立轴	101cm×44cm	85,675,000	永乐拍卖	2020-12-02
王时敏 1665年作 夏日山居图 扇面	15.0cm×46.0cm	2,702,500	中国嘉德	2020-12-04
王时敏 山庄秋色图	109cm×80cm	1,050,000	乾禧国际	2020-01-20
王时敏 1657年作 仿倪黄笔意 立轴	144.5cm×55cm	115,000	北京翰海	2020-12-11
王澍 书法 立轴	161cm×61cm	287,500	华艺国际	2020-12-05
王澍 行草书 立轴	166cm×45.5cm	230,000	北京翰海	2020-12-11
王澍 1728年作 楷书《千字文》册页(二十一开)	14.5cm×26.5cm×21	207,000	北京保利	2020-10-18
王澍 行书临《李太师帖》立轴	127cm×55cm	149,500	中国嘉德	2020-12-04
王澍 行书临米芾帖 立轴	152cm×66.5cm	126,500	朵云轩	2020-09-24
王澍 1728年作 楷书 临欧阳询《千字文》册(四十二页) 册页	题端 26.5cm×14.5cm×2; 画心 26.5cm×14.5cm×38; 题跋 26.5cm×14.5cm×2	115,000	西泠印社	2020-08-08
王素 调羹进爵图 镜心	136.5cm×57cm	218,500	北京翰海	2020-12-11
王素 李祥麟 戒烟图、楷书戒鸦片烟赋 成扇	53cm×17cm	69,000	西泠印社	2020-08-08
王愫 湖村闲居图 立轴	94cm×35cm	253,000	西泠印社	2020-08-08
王廷魁 清溪垂钓图 立轴	57.5cm×41cm	276,000	中国嘉德	2020-12-04
王图炳 行书五言联 立轴	100cm×24.5cm×2	126,500	中国嘉德	2020-08-16

2020书画拍卖成交汇总（续表）

（成交价RMB：5万元以上）

拍品名称	物品尺寸	成交价RMB	拍卖公司	拍卖日期
王文治 1798年作 行书宫词 册页（二十四开）	29cm×18cm×24	862,500	北京保利	2020-10-18
王文治 行书诗 册页（三十二开）	25.5cm×15cm×32	805,000	荣宝斋（上海）	2020-10-25
王文治 行书《报蔡明远帖》立轴	201.5cm×47cm	575,000	中国嘉德	2020-08-17
王文治 1784年作 行书《圣教后序》立轴	228.5cm×53cm	575,000	中国嘉德	2020-12-04
王文治 1794年作 行书四屏 镜心	132cm×29.5cm×4	402,500	中国嘉德	2020-08-16
王文治 潘恭寿 仿沈周春蚕食叶图 立轴	117cm×35cm	379,500	永乐拍卖	2020-12-02
王文治 1789年作 行书《过江州怀乐天先生》立轴	63cm×52.54cm	368,000	中国嘉德	2020-08-16
王文治 1789年作 快雨堂临书 手卷	29cm×158cm	345,000	华艺国际	2020-12-05
王文治 行书八言联 对联	189cm×42cm×2	322,000	北京保利	2020-10-18
王文治 行楷书经 立轴	绣 65.5cm×35.5cm；诗堂 27cm×35.5cm	287,500	中国嘉德	2020-12-04
王文治 1795年作 书法七言诗 四屏	134cm×32cm×4	230,000	北京保利	2020-10-18
王文治 行书七言 对联	128cm×27cm×2	218,500	朵云轩	2020-09-24
王文治 尤荫 曾燠 乐钧 1795年作 莲隐图赋册（共十七页）册页	30.5cm×14.5cm×17	207,000	西泠印社	2020-08-08
王文治 行书五言诗 立轴	133.5cm×37cm	172,500	西泠印社	2020-08-08
王文治 草书临《思想帖》立轴	94.3cm×33.6cm	155,408	香港苏富比	2020-10-08
王文治 行书张九龄《感遇》诗 镜片（六开）	31cm×16.5cm×6	109,250	广东崇正	2020-09-13
王文治 行书七言联 立轴	124cm×19cm×2	109,250	十竹斋拍卖（北京）	2020-10-18
王文治 鬓丝近作一首 立轴	133cm×43cm	103,500	北京保利	2020-10-18
王文治 行书 立轴	166cm×47cm	97,750	中鸿信	2020-01-04
王文治 行书八言联 对联	137.5cm×34cm×2	86,250	上海嘉禾	2020-01-05
王文治 行书七言联 立轴	141cm×34.5cm×2	86,250	北京翰海	2020-12-12
王文治 1761年作行书节录古文立轴	84cm×56cm	80,500	西泠印社	2020-08-08
王文治 行书七言联 镜心	118cm×28cm×2	79,707	中国嘉德	2020-10-09
王文治 张问陶 1781年作 行书诗菊、扇面二帧	张 16.7cm×48.6cm；王 15.8cm×50.4cm	77,704	香港苏富比	2020-10-08
王文治 行书八言联 立轴	189.5cm×26cm×2	74,750	华艺国际	2020-10-16
王文治 行书七言联 镜心	130cm×27.5cm×2	69,000	中国嘉德	2020-08-16
王文治 行书七言联 镜心	125.5cm×29.5cm×2	63,250	北京翰海	2020-12-12
王文治 行书《登无余阁望焦山》立轴	116.5cm×53.5cm	63,250	中国嘉德	2020-12-04
王文治 行书旧作诗 立轴	165cm×39cm	59,800	广东崇正	2020-09-13
王文治 行书张九龄诗 册页	31cm×16.5cm×6	57,500	中鸿信	2020-01-04
王文治 行书八言联 立轴	161cm×36cm×2	55,200	中鸿信	2020-01-04
王文治 行书七言联 立轴	127cm×28cm×2	55,200	中国嘉德	2020-12-04
王文治（款）1792年作 行书七言诗(四帧) 镜心	23cm×28cm	51,750	中国嘉德	2020-11-12
王文治 潘恭寿 书画合璧 册页（十二开）	24.5cm×32cm×12	1,667,500	永乐拍卖	2020-08-17
王无回 1663年作 草书七言诗 立轴	135cm×47cm	230,000	北京保利	2020-10-18
王无咎（款）行书五言诗 立轴	102cm×37cm	460,000	中国嘉德	2020-11-12
王武 1690年作 池塘三月 立轴	133cm×65cm	1,150,000	朵云轩	2020-09-24
王武 1688年 花鸟写生 册页	22cm×17cm	115,000	华艺国际	2020-12-05
王武 1687年作 桃树碧柳 立轴	180cm×74cm	69,000	中鸿信	2020-01-04
王武 百卉图 手卷	24cm×596cm	57,500	北京翰海	2020-12-11
王武 钱谦益 魏禧 等 1675年作 为袁骏绘扶母看花题咏卷 手卷	引首 31cm×95cm；本幅31cm×106cm	6,210,000	永乐拍卖	2020-12-02
王学浩 湖山清居图 镜片	103.5cm×46.5cm	115,000	西泠印社	2020-08-08
王学浩 1821年作 山居图 立轴	129cm×32cm	66,700	中鸿信	2020-01-04
王学浩 1831年作 青绿山水 立轴	121cm×30cm	57,500	中国嘉德	2020-07-17
王学浩 山居图 镜片	95cm×45cm	57,500	朵云轩	2020-11-30
王巘 松山渡舟图 立轴	119.5cm×58cm	115,000	中国嘉德	2020-12-04
王冶梅 1881年作 怪石 册页（二十开）	40cm×39cm×20	92,000	北京保利	2020-10-18
王宜 松涧清谈 立轴	157cm×62cm	184,000	中国嘉德	2020-11-09
王懿荣 行书七言联 镜心	128cm×29cm×2	69,000	北京保利	2020-10-18
王懿荣 行书五言诗 镜心	55cm×126.5cm	63,250	中贸圣佳	2020-10-17
王昱 夏日山居 立轴	216.5cm×112.5cm	1,127,000	朵云轩	2020-09-24
王昱 1731年作 春山图 镜心	62cm×35cm	862,500	十竹斋拍卖（北京）	2020-10-18
王昱 高岩槎竹 立轴	103.5cm×52cm	322,000	朵云轩	2020-09-24
王元勋 文会松瀑 立轴	179.3cm×98.3cm	244,213	香港苏富比	2020-10-08
王元勋 人物册（十二页）册页	36cm×35cm×12	69,000	西泠印社	2020-08-08
王原祁 1711 年作 青绿山水 立轴	100.0cm×48.0cm	10,925,000	中国嘉德	2020-12-01
王原祁 1698年作 仿倪黄笔意山水 立轴	99.2cm×49.6cm	6,785,000	北京保利	2020-10-18
王原祁 1699年作 溪山茅亭图 立轴	96.5cm×41cm	5,290,000	西泠印社	2020-08-08
王原祁 1710年作 秋山图 立轴	100cm×49.5cm	5,290,000	朵云轩	2020-09-24
王原祁 1700年作 仿大痴笔意 立轴	85cm×43.5cm	2,990,000	永乐拍卖	2020-12-02
王原祁 1714年作 仿倪黄山水 立轴	68.5cm×42.5cm	1,955,000	上海匡时	2020-08-05
王原祁 1703年作 仿王蒙山水 立轴	101.5cm×51.5cm	1,150,000	西泠印社	2020-08-08
王原祁 清 山水 册页（八开）	19cm×20cm×8	500,550	佳士得	2020-12-02
王原祁 1710年作 仿黄子久笔意 立轴	154.5cm×64.5cm	195,500	北京翰海	2020-12-11
王原祁 1699年作 仿黄公望笔意 镜心	92cm×48cm	115,000	中鸿信	2020-01-04
王原祁（款）仿黄公望山水 立轴	75cm×51cm	92,000	北京保利	2020-12-05
王云 1737年作 溪畔远景 手卷	46cm×640cm	777,042	香港苏富比	2020-10-08
王云 仙山楼阁图 立轴	157cm×80cm	690,000	中贸圣佳	2020-10-17
王云 寒林鸦阵图 立轴	32cm×32cm	172,500	中国嘉德	2020-07-17
王云 1721年作 秋山仙阁 镜框	131cm×63cm	172,500	华艺国际	2020-10-16
王云 1722年作 山水楼台 立轴	183cm×102cm	163,501	中国嘉德	2020-10-09
王云 松鼠葡萄 镜心	122cm×50cm	126,500	北京翰海	2020-12-11
王云 张伯英 龙腾出水 节录苏轼《祈雨帖》成扇	20.3cm×53cm	115,000	北京诚轩	2020-08-17
王云（款）1695年作 凉亭课子图 立轴	151cm×50cm	115,000	中国嘉德	2020-11-12
王云 朱汝珍 1933年作 春风摇曳 楷书 成扇	18cm×51cm	83,950	广东崇正	2020-09-13
王云 汤涤 1932年作 白梅群雀 松山幽隐 成扇	19.8cm×49.5cm	80,500	北京诚轩	2020-08-17
王云 1927年作 乳鸭池塘春满 立轴	102cm×32.5cm	71,300	北京诚轩	2020-08-17
王云 青藤诗意 立轴	136cm×33cm	57,500	中国嘉德	2020-07-17
王云五 梁寒操 黄季陆 姚琮 等 跋黄强上款家书卷 手卷	画心尺寸不一；题跋 94.5cm×27.5cm；70cm×32.5cm	86,250	西泠印社	2020-08-09
魏成 仿古山水 册页（十二开）	29cm×38cm×12	230,000	中国嘉德	2020-08-17
魏禧 行书唐诗二律 扇面	17cm×48cm	71,300	北京保利	2020-12-05

（成交价RMB：5万元以上）

拍品名称	物品尺寸	成交价RMB	拍卖公司	拍卖日期
魏禧 书法 扇面	17.5cm×53cm	69,000	华艺国际	2020-10-16
文点 松林散策 行书五言诗（两幅）扇面镜框	16cm×52cm；17cm×53cm	202,350	佳士得	2020-12-02
文点 幽林古涧 立轴	87.5cm×31.5cm	59,269	中国嘉德	2020-10-09
文鼎 1840年作 空山蒲团 立轴	115cm×32cm	253,000	北京保利	2020-12-05
翁方纲 1783年作 为曹振镛作苏斋墨缘卷 手卷	引首 101.5cm×26cm；画心 473cm×26cm；231cm×26cm	862,500	西泠印社	2020-08-08
翁方纲 隶书八言联 立轴	223cm×49.5cm×2	862,500	中国嘉德	2020-08-16
翁方纲 1785年作 行书 立轴	98.5cm×34cm	437,000	朵云轩	2020-09-24
翁方纲 行书（四幅）屏轴	158.5cm×41cm×4	368,000	朵云轩	2020-09-24
翁方纲 行书七言联	151cm×35cm×2	230,000	中贸圣佳	2020-10-17
翁方纲 行书节临米芾《珊瑚帖》立轴	159.5cm×63cm	207,000	中国嘉德	2020-08-16
翁方纲 1790年作 行书《济宁州学观碑歌》手卷	引首 22.5cm×67cm；字20.5cm×233cm	172,500	广东崇正	2020-09-13
翁方纲 翁覃溪先生墨迹 册页（九开）	19cm×12.5cm	161,000	中贸圣佳	2020-10-17
翁方纲 嘉庆1804年作 行书七言联 立轴	129cm×30cm×2	138,000	中国嘉德	2020-08-16
翁方纲 1811年作 行书题绍兴六年墨敕后 立轴	93cm×33cm	138,000	十竹斋拍卖（北京）	2020-10-18
翁方纲 1795年作 行书七言联 立轴	201cm×49cm×2	126,500	广东崇正	2020-09-13
翁方纲 1796年作 行书题观碑图 横披	31cm×126cm	115,000	十竹斋拍卖（北京）	2020-10-18
翁方纲 行书 书论 镜片	170cm×73cm	109,250	西泠印社	2020-08-08
翁方纲 篆书五言联 镜心	126cm×31cm×2	71,300	中国嘉德	2020-08-16
翁方纲 1797年作 行书书论 镜心	122cm×58cm	69,000	中国嘉德	2020-08-16
翁方纲 1814年作 行书曹植诗四屏 立轴	137cm×33.5cm×4	57,500	十竹斋拍卖（北京）	2020-10-18
翁方纲 罗聘 董其昌像并杜牧南陵水面诗意 立轴	101cm×83cm	1,035,000	中贸圣佳	2020-10-17
翁绶琪 1894年作 印庵墨妙 册页（八开）	19.5cm×14cm×8	184,000	永乐拍卖	2020-12-02
翁绶琪 山水 立轴	133cm×53cm	74,750	广东小雅斋	2020-08-21
翁同龢 楷书 四条屏	179cm×47cm×4	184,000	中国嘉德	2020-07-17
翁同龢 1900年作 四时清兴立轴四屏	81cm×22cm×4	184,000	华艺国际	2020-12-05
翁同龢 亭敞松疏 立轴	75cm×35cm	57,500	中国嘉德	2020-11-11
翁同龢 邵松年 薛玉堂 王堉 为华仁弼作 松间读易图卷 手卷	引首 87.5cm×37cm；画心 63.5cm×37cm；题跋 731cm×42cm	598,000	西泠印社	2020-08-08
翁同龢 1902年作 松石图 立轴	66cm×38.5cm	460,000	中国嘉德	2020-08-17
翁同龢 行书七言联 立轴	180.5cm×40.5cm×2	460,000	中国嘉德	2020-08-16
翁同龢 俞樾 潘祖荫 徐琪 黄枚岑等 1885年作 琐闱玩月图并题咏册（共二十七页）册页	22.5cm×16cm×27	345,000	西泠印社	2020-08-08
翁同龢 行书苏轼《送鲁元翰少卿知卫州》四屏 立轴	138cm×33cm×4	322,000	上海嘉禾	2020-01-05
翁同龢 楷书五言联 立轴	172cm×41cm×2	253,000	永乐拍卖	2020-12-02
翁同龢 1886年作 行书节录《三月三日曲水诗序》六屏	131cm×61cm×6	230,000	北京保利	2020-10-18
翁同龢 楷书七言联 对联	166cm×38cm×2	230,000	北京保利	2020-10-18
翁同龢 行书（四幅）屏轴	165.5cm×38.5cm×4	230,000	朵云轩	2020-11-30
翁同龢 1884年作 林亭幽胜 立轴	79.4cm×34.6cm	222,012	香港苏富比	2020-10-08
翁同龢 1901年作 行书（四幅）屏轴	71cm×38cm×4	218,500	朵云轩	2020-09-24
翁同龢 1886年作 行书节录《养生论》四屏 镜心	169cm×43.5cm×4	218,500	中国嘉德	2020-12-04
翁同龢 行书五言联 对联	148cm×38cm×2	207,000	北京保利	2020-12-05
翁同龢 行书五言 对联	141cm×38.5cm×2	207,000	朵云轩	2020-09-24
翁同龢 楷书八言联 立轴	173cm×42cm×2	207,000	十竹斋拍卖（北京）	2020-10-18
翁同龢 书法 立轴	172cm×70cm	161,000	广东小雅斋	2020-08-21
翁同龢 行书五言联 对联	169cm×44cm×2	149,500	北京保利	2020-12-05
翁同龢 行书 “承研堂”	229.5cm×68cm	149,500	中国嘉德	2020-12-02
翁同龢 行书题画诗 立轴	134cm×68.5cm	149,500	中国嘉德	2020-12-04
翁同龢 行书七言联 屏轴	181cm×45cm×2	143,750	上海敬华	2020-09-22
翁同龢 行书五言联 立轴	170cm×41.5cm×2	138,000	北京翰海	2020-12-12
翁同龢 1851年作 行书十言联 立轴	234cm×38cm×2	138,000	永乐拍卖	2020-12-03
翁同龢 行书临颜真卿书 四屏	94cm×41cm×4	115,000	北京保利	2020-10-18
翁同龢 山水 立轴（双挖）	尺寸不一	97,750	北京翰海	2020-12-11
翁同龢 书法 对联	171cm×44cm×2	92,000	广东小雅斋	2020-08-21
翁同龢 行书七言联 立轴	161.5cm×35.5cm×2	92,000	中国嘉德	2020-12-04
翁同龢 金城 临米芾《白熟帖》、秋江帆影 成扇	17cm×50cm	69,000	中贸圣佳	2020-10-17
翁同龢 山水 立轴	画心 60cm×29cm；诗堂25cm×29cm	64,400	广东小雅斋	2020-08-21
翁同龢 行书八言联 立轴	159cm×31.5cm×2	55,200	北京保利	2020-12-05
翁同龢 楷书八言联 立轴	115cm×20cm×2	55,200	广东崇正	2020-09-13
翁同龢 书法 横幅	42cm×133cm	51,750	广东小雅斋	2020-08-21
翁同龢 行书七言 对联	128cm×32.5cm×2	51,750	朵云轩	2020-09-24
翁同龢 行书节录《两都赋序》立轴	68cm×23.5cm×4	51,750	中国嘉德	2020-12-04
无款 清 藏传佛教（六幅）立轴	118.5cm×57cm×6	500,550	佳士得	2020-12-02
无款 清中期 洋风人物 立轴	191.1cm×64.6cm	217,400	伦敦佳士得	2020-11-03
吴大澂 愙斋临黄小松司马嵩洛访碑廿四图并诸家跋 册页（三十一开）	扉页 18.5cm×52.5cm；画18.7cm×25.8cm（每幅）；字 18.7cm×26cm（每幅）；跋 24cm×57cm（每幅）	9,200,000	中国嘉德	2020-12-01
吴大澂 临金文册（十四开）·求贤馆篆文册（十六开）册页	金 23cm×26cm×14；求29cm×12cm×16	1,012,000	北京保利	2020-12-04
吴大澂 1875年作 溪山图 立轴	96cm×37cm	747,500	华艺国际	2020-10-16
吴大澂 篆书匾额 横幅	71.5cm×135cm	690,000	北京翰海	2020-12-11
吴大澂 篆书匾额 横幅	49.5cm×113.5cm	690,000	北京翰海	2020-12-11
吴大澂 篆书（四幅）屏轴	133cm×30.5cm×4	517,500	朵云轩	2020-09-24
吴大澂 篆书七言联 立轴	126cm×31cm×2	322,000	中国嘉德	2020-12-04
吴大澂 篆书八言联 立轴	282cm×46cm×2	287,500	永乐拍卖	2020-12-02
吴大澂 篆书（四幅）屏轴	124cm×30cm×4	230,000	朵云轩	2020-09-23
吴大澂 篆书七言对联 立轴	131cm×33cm×2	230,000	荣宝斋（上海）	2020-10-25
吴大澂 篆书四条屏 立轴	178cm×47cm×4	218,500	十竹斋拍卖（北京）	2020-10-18

2020书画拍卖成交汇总(续表)

(成交价RMB：5万元以上)

拍品名称	物品尺寸	成交价RMB	拍卖公司	拍卖日期
吴大澂 1878年作 篆书李白诗 立轴	102.1cm×34.4cm	184,000	北京保利	2020-10-17
吴大澂 仿古山水 册页(十二开)	27.5cm×39cm×12	172,500	朵云轩	2020-09-24
吴大澂 晚山一角 立轴	104cm×33.5cm	126,500	朵云轩	2020-09-23
吴大澂 篆书四屏 立轴	152cm×40cm×4	126,500	荣宝斋(上海)	2020-10-25
吴大澂《石鼓文》七言联 立轴	141cm×34cm×2	103,500	十竹斋拍卖(北京)	2020-10-18
吴大澂 1889年作 听松观瀑 立轴	81.5cm×40cm	102,188	中国嘉德	2020-10-09
吴大澂 篆书七言 对联	143cm×35cm×2	69,000	朵云轩	2020-09-23
吴大澂 汪鸣銮 合作 1879作 节临《西清续鉴》册 线装、筒子页(二十二页)	24.5cm×32cm×22	218,500	北京诚轩	2020-08-17
吴大澂 篆书七言联 立轴	135cm×31.5cm×2	195,500	中国嘉德	2020-08-16
吴大澂 篆书七言联 对联	164cm×34cm×2	92,000	上海嘉禾	2020-01-05
吴大澂 墨梅图 立轴	73cm×40.5cm	86,250	西泠印社	2020-08-08
吴大澂 篆书七言联 立轴	170.5cm×37cm×2	80,500	中国嘉德	2020-08-16
吴大澂 书法 对联	157cm×33cm×2	51,750	广东小雅斋	2020-08-21
吴东发 墨笔山水 手卷	14.5cm×57.5cm	99,905	香港苏富比	2020-10-08
吴榖祥 1880年作 拟古山水 册页(十二开)	27cm×28.6cm×12	207,000	中国嘉德	2020-08-17
吴榖祥 万古青山 立轴	134cm×33cm	69,000	上海敬华	2020-09-22
吴宏 山水 立轴	158cm×87cm	494,500	广东小雅斋	2020-08-21
吴历 1706年作 竹石图 立轴	53cm×25cm	506,000	十竹斋拍卖(北京)	2020-10-18
吴历 仿米高云山图 立轴	90cm×23cm	425,500	中鸿信	2020-01-04
吴历 1709年作 仿黄鹤山樵山水 立轴	120cm×44cm	322,000	北京保利	2020-10-18
吴历 仿痴翁山水 立轴	106.5cm×49cm	241,500	朵云轩	2020-11-30
吴历 拟黄公望山水 镜心	17cm×52cm	207,000	中贸圣佳	2020-10-17
吴历 为仲雨道长作山水 立轴	110cm×37cm	92,000	北京保利	2020-10-18
吴历(款) 隐居图 立轴	70cm×38cm	92,000	北京翰海	2020-12-11
吴历 1696年作 孤舟蓑笠翁 扇面	16cm×48.5cm	82,800	朵云轩	2020-11-30
吴霈 麻姑献寿图 立轴	104.5cm×36.5cm	345,000	西泠印社	2020-08-08
吴让之 隶书(六件) 屏轴	179cm×46cm×6	632,500	朵云轩	2020-09-24
吴让之 隶书《礼器碑》四屏 立轴	128cm×23.5cm×4	322,000	荣宝斋(上海)	2020-10-25
吴让之 草书 立轴	134cm×64cm	115,000	北京翰海	2020-12-11
吴让之 隶书七言 对联	130.5cm×29.5cm×2	97,750	朵云轩	2020-09-24
吴荣光 行书 乐和堂 镜片	124.5cm×35.5cm	161,000	西泠印社	2020-08-08
吴士鉴 徐仁铸 言有章 徐仁录等题杨之培画作册	24cm×18cm	57,500	中国嘉德	2020-08-16
吴廷康 四体书临钟鼎文字 立轴	138cm×32cm×4	74,750	中国嘉德	2020-08-17
吴伟业 1652年作 南湖春雨图 手卷	引首 22.5cm×67.5cm; 本幅 23.3cm×144.5cm; 题跋23.3cm×84cm	4,255,000	中国嘉德	2020-12-04
吴伟业 行书五言诗 扇面	16.0cm×50.0cm	460,000	中国嘉德	2020-12-04
吴熙载 篆书《崇邱》诗 镜心	178cm×59cm×4	920,000	北京保利	2020-10-18
吴熙载 行书节录《争座位帖》立轴	172cm×93cm	379,500	中国嘉德	2020-12-04
吴熙载 隶书临《西狭颂》册页(十开)	30cm×42.5cm×10	287,500	中国嘉德	2020-12-04
吴熙载 1869年作 篆书节录《文心雕龙·神思》八屏 立轴	145cm×39.5cm×8	264,500	中国嘉德	2020-08-16
吴熙载 篆书十言联 立轴	131cm×29cm×2	195,500	中国嘉德	2020-12-04
吴熙载 篆书五言联 立轴	129cm×30cm×2	149,500	中国嘉德	2020-08-15
吴熙载 隶书七言联 立轴	128cm×29cm×2	138,000	中国嘉德	2020-08-16

拍品名称	物品尺寸	成交价RMB	拍卖公司	拍卖日期
吴熙载 花卉四屏 立轴	173.5cm×45cm	138,000	中贸圣佳	2020-10-17
吴熙载 行书 临帖四种 四屏	103cm×30.5cm×4	109,250	西泠印社	2020-08-08
吴熙载 隶书四屏 立轴	129cm×32cm×4	97,750	中国嘉德	2020-08-16
吴熙载 仙灵图 卷	20.5cm×87cm	82,800	北京翰海	2020-12-11
吴熙载 白描邓石如像 立轴	78cm×31cm	69,000	永乐拍卖	2020-08-17
吴云 1879年作 行书 古文四屏 四屏	132.5cm×37cm×4	161,000	西泠印社	2020-08-08
吴云 1874年作 醉钟馗 立轴	61.5cm×29.5cm	74,750	中国嘉德	2020-12-04
吴允楷 花卉册(画心十二页、端二页) 册页	18.5cm×28.5cm×14	120,750	西泠印社	2020-08-08
吴璋(款) 1726年作 岁朝清供 立轴	130cm×60cm	112,700	中国嘉德	2020-07-17
吴照 1794年作 篁竹清风 镜心	128cm×60cm	115,000	中国嘉德	2020-07-17
吴倬 罗聘 1788年作 秋山揽瞥图 手卷	引首 44cm×104cm; 画 44cm×174cm; 跋① 44cm×23.3cm; 跋② 44cm×104.5cm	368,000	中国嘉德	2020-08-17
奚冈 1796年作 秋山松茂 立轴	119cm×56cm	1,840,000	朵云轩	2020-09-24
奚冈 湖上春色 立轴	126cm×32cm	287,500	朵云轩	2020-09-24
奚冈 1801年作 松风山馆图 立轴	135cm×35cm	230,000	中国嘉德	2020-12-04
奚冈 行书节录《容斋续笔》立轴	124cm×39cm	184,000	中国嘉德	2020-12-04
奚冈 花卉 手卷	卷首 24cm×118cm; 画心 24cm×437cm; 题跋 24cm×108cm	126,500	广东小雅斋	2020-08-21
奚冈 仿古山水册 八开册	22cm×23.3cm×8	124,300	香港苏富比	2020-07-09
奚冈 林居清兴图 镜片	89cm×20cm	69,000	上海敬华	2020-09-22
奚冈 疏林幽居图 立轴	139cm×31cm	57,500	中国嘉德	2020-12-04
奚冈 行书七言诗、仿李檀园山水 镜心	17.5cm×54cm	57,500	中贸圣佳	2020-10-17
夏时行 草书宗臣《寄赠方隐君诗六首》之五	32cm×142.5cm	184,000	中国嘉德	2020-12-02
夏同龢 1904年作 行书 立轴	161cm×78cm	69,000	广东崇正	2020-09-13
夏同龢 楷书八言联 立轴	168.5cm×35cm×2	66,700	北京翰海	2020-12-12
夏同龢 行书七言联 对联	165cm×40cm×2	51,750	北京保利	2020-10-18
咸丰(款) 行书"金萱垂荫"镜心	65cm×211cm	51,750	中国嘉德	2020-07-17
咸丰帝 行书五言联 立轴	121cm×22.5cm×2	862,500	中国嘉德	2020-08-17
项德新 1622年作 竹菊图 立轴	110cm×50cm	212,750	北京翰海	2020-12-11
项德新 幽兰图 扇面	16.5cm×51.0cm	207,000	中国嘉德	2020-12-04
项奎 1688年作 松石图 立轴	182cm×82.6cm	552,000	朵云轩	2020-09-24
项奎清 1690年作 秀山翠石 扇面镜框	17.2cm×49.5cm	51,120	佳士得	2020-12-02
项圣谟 1627年作 南山松石 立轴	52.5cm×29.5cm	6,210,000	朵云轩	2020-09-24
项圣谟 松风翠岭图 立轴	176cm×52cm	1,092,500	西泠印社	2020-08-08
项圣谟 溪亭秋爽 立轴	150cm×45cm	552,000	永乐拍卖	2020-12-02
项圣谟 云山图 扇面	16.0cm×50.5cm	253,000	中国嘉德	2020-12-04
项圣谟 1629年作 行书七言诗 扇面	18cm×52cm	74,750	北京保利	2020-10-18
萧晨 西湖三舟图 手卷	引首 30cm×104cm; 本幅 30cm×186cm; 题跋 30cm×1076cm	2,587,500	永乐拍卖	2020-12-02
谢醇 秋卉 立轴	88cm×42cm	207,000	中国嘉德	2020-08-17

(成交价RMB：5万元以上)

拍品名称	物品尺寸	成交价RMB	拍卖公司	拍卖日期
谢观[illegible] 1827年作 听涛楼图 手卷	谢画 34cm×170cm; 蔡跋 34cm×87cm；众跋34cm×650cm	1,380,000	广东崇正	2020-09-13
谢遂 [illegible]季山水 镜心	33cm×48cm×4	506,000	中贸圣佳	2020-10-17
谢[illegible] [illegible] 西湖十景书画册 册页(共二十[illegible]	画心 29.5cm×29cm×9; 题跋 29.5cm×29cm×9; 57.5cm×29.5cm×2	437,000	西泠印社	2020-08-08
邢慈[illegible] [illegible]624年作 寿星幻化 镜框	106cm×48.5cm	437,000	华艺国际	2020-12-05
虚谷 [illegible]图 立轴	88cm×34cm	690,000	朵云轩	2020-09-23
虚谷 1[illegible]5年作 菊花 立轴	114cm×52cm	598,000	广东崇正	2020-09-13
虚谷 [illegible]锦鱼 立轴	102cm×28cm	437,000	上海驰翰	2020-12-12
虚谷 18[illegible] 年作 金鱼 立轴	102cm×40.5cm	287,500	十竹斋拍卖(北京)	2020-10-18
虚谷 菊[illegible]图 镜片	17cm×47.5cm	184,000	保利厦门	2020-09-26
徐法绩 [illegible]夫皇帝六旬万寿恭纪 册页	20cm×23cm×18	64,400	广东小雅斋	2020-08-21
徐枋 16[illegible]年作 夏日幽居 扇面	17cm×52cm	161,000	朵云轩	2020-09-24
徐枋 花[illegible]游 屏轴	146cm×48cm	59,800	朵云轩	2020-11-30
徐郙 行[illegible]言联(一对)	115cm×28cm×2	55,200	中鸿信	2020-01-04
徐釚 168[illegible]作 松石双清 立轴	135cm×46cm	184,000	永乐拍卖	2020-12-02
徐釚 为朱[illegible]作西陂小景 册页(十开)	22.5cm×29.5cm×10	112,407	中国嘉德	2020-10-09
徐三庚 篆[illegible]楷书四屏 立轴	146cm×39cm×4	3,565,000	中国嘉德	2020-08-16
徐三庚 隶[illegible]节录《李日华<味水轩日记>一则》四屏	178cm×47cm×4	3,450,000	北京保利	2020-12-05
徐三庚 清[illegible]书《题竹跋》(四幅)立轴	151cm×40cm×4	873,300	佳士得	2020-12-02
徐三庚 187[illegible]作 篆书七言 对联	105cm×19.5cm×2	460,000	朵云轩	2020-09-24
徐三庚 篆[illegible]八言联 立轴	175cm×35cm×2	218,500	十竹斋拍卖(北京)	2020-10-18
徐三庚 隶[illegible]言联 立轴	142cm×36cm×2	138,000	永乐拍卖	2020-12-02
徐三庚 书法[illegible]联	136cm×29cm×2	57,500	广东小雅斋	2020-08-21
徐同柏 1836[illegible]作 摹周□狸姆敦铭 镜心	103cm×32cm	115,000	中国嘉德	2020-08-16
徐渭仁 隶书[illegible]录古文册(共十三页)册页	画心 27cm×20cm×12; 题跋27cm×20cm	103,500	西泠印社	2020-08-08
徐扬 1761年[illegible]西园雅集 立轴	140cm×122cm	4,370,000	朵云轩	2020-09-24
徐瀛 溪山渔[illegible] 镜框	252.5cm×101.5cm	632,500	北京保利	2020-10-18
徐用锡 行书《[illegible]山楼记》手卷	引首 34.5cm×102.5cm; 字34.5cm×572cm; 跋34.5cm×119cm; 24.5cm×51cm; 24.5cm×27cm	184,000	中国嘉德	2020-12-04
许宝善 行书 镜[illegible]	101cm×40cm	80,500	北京翰海	2020-12-11
许承家 行书集[illegible]句 立轴	248cm×58cm	667,000	北京保利	2020-12-05
许乃普 楷书自[illegible]诗二首 立轴	129.5cm×29.5cm	59,800	中国嘉德	2020-08-16
许乃普 祁寯藻 [illegible]孚恩 赵光 书法四屏 镜心	167.5cm×54.5cm×4	402,500	中国嘉德	2020-12-04
许湘 1753年作 [illegible]海清供 立轴	125cm×55cm	253,000	十竹斋拍卖(北京)	2020-10-18
许友 1638年作 [illegible]图 立轴	165cm×66cm	86,250	中鸿信	2020-01-04
许遇 1733年作 [illegible] 立轴	186cm×49.5cm	112,407	中国嘉德	2020-10-09
宣统帝 楷书"耆[illegible]受祉" 横披	60.5cm×154cm	943,000	中国嘉德	2020-08-17
宣统帝 楷书"福寿"立轴	131cm×62cm	828,000	北京翰海	2020-12-11
宣统帝 楷书七言联 立轴	139cm×29.5cm×2	253,000	中国嘉德	2020-08-17
宣统帝 1927年作 楷书韩偓诗 立轴	163cm×39cm	92,000	中国嘉德	2020-12-04
薛怀 1783年作 芦雁图 册页(十二开)	24.5cm×30.5cm×12	201,250	朵云轩	2020-11-30
薛怀 芦雁图 立轴	162.5cm×44.5cm	149,500	中国嘉德	2020-12-04
薛素素(款) 仕女画卷 手卷	34cm×91cm	103,500	中国嘉德	2020-07-17
薛宣 为董其昌作《夏木山居图》立轴	81cm×36.5cm	218,500	西泠印社	2020-08-08
严复 行书 四屏轴(四件)	135cm×32.5cm×4	2,875,000	朵云轩	2020-09-23
严复 行书八言 对联	133.5cm×26.5cm×2	828,000	朵云轩	2020-09-24
严复 行书黄庭坚诗 立轴	83cm×40cm	322,000	中贸圣佳	2020-10-17
严复 临智永《草书千字文》	68cm×168cm	138,000	中国嘉德	2020-12-02
严复 行书 四条屏	175cm×47cm×4	63,250	中国嘉德	2020-07-16
严绳孙 十八罗汉 册页	31.5cm×31.5cm×18	310,500	中鸿信	2020-01-04
严元照 1797年作 情词册(共二十六页)册页	23.5cm×14cm×26	149,500	西泠印社	2020-08-08
阎敬铭 杨翰 等 清人楷书集锦 立轴	105cm×18.5cm×16	402,500	中国嘉德	2020-08-17
颜德珍 清 1714年作 抱琴寻隐 立轴	133.5cm×56cm	127,800	佳士得	2020-12-02
颜嗣荣 松溪行舟图 立轴	119.5cm×45cm	322,000	西泠印社	2020-08-08
杨尔德 1723年作 行书自作诗(十四页)册页	18cm×13cm×14	115,000	北京保利	2020-10-18
杨法 篆书 立轴	121.5cm×43cm	483,000	朵云轩	2020-09-24
杨法 1745年作 古松幽立 立轴	98cm×42cm	94,300	中国嘉德	2020-11-12
杨翰 行书十三言联 立轴	221cm×35.5cm×2	184,000	中国嘉德	2020-08-16
杨继盛 书法 手卷	卷首 30cm×87cm; 书法 30cm×240cm; 题跋 30cm×66cm; 32cm×40cm	247,250	广东小雅斋	2020-08-21
杨晋 1715年作 岁寒三友 立轴	93cm×98cm	2,415,000	朵云轩	2020-09-24
杨晋 1710年作 范石湖诗意图 立轴	80cm×56cm	770,500	十竹斋拍卖(北京)	2020-10-18
杨晋 1714年作 牧放图 立轴	84cm×37cm	575,000	华艺国际	2020-12-05
杨晋 苍鸟图	长105cm 宽54.3cm	525,987	美国摩根	2020-01-14
杨晋 1724年作 鹤林图 立轴	105cm×46cm	368,000	中国嘉德	2020-12-04
杨晋 1723年作 仿赵大年山水 立轴	177cm×82.5cm	138,000	中国嘉德	2020-08-17
杨晋 1725年作 临沈周岁朝图 立轴	72.5cm×42.5cm	69,000	西泠印社	2020-08-08
杨守敬 1909年作 隶书"佛心仙掌"镜心	38cm×131cm	126,500	十竹斋拍卖(北京)	2020-10-18
杨守敬 行书"漱石枕流"镜框	132cm×33cm×2	92,000	荣宝斋(上海)	2020-10-25
杨文骢 松壑听泉图 立轴	187cm×55cm	207,000	十竹斋拍卖(北京)	2020-10-18
杨文骢 山居图 立轴	120cm×46cm	89,700	中鸿信	2020-01-04
杨岘 隶书节临《汉校官碑》四屏立轴	97cm×34cm×4	92,000	中国嘉德	2020-08-16
杨岘 书法 对联	176cm×47cm×2	80,500	广东小雅斋	2020-08-21
杨岘 隶书 立轴	132cm×65cm	63,250	北京翰海	2020-12-11
杨岘 隶书七言 对联片	165cm×37cm×2	57,500	朵云轩	2020-09-23
杨澥 钱杜 张廷济 张培敦 瞿中溶 朱昂之 书画合璧扇页二帧(二帧)扇页	52cm×18cm; 53.5cm×18cm	195,500	西泠印社	2020-08-08
杨沂孙 1878年作 篆书十二言联 对联	175cm×29cm×2	153,225	北京保利	2020-07-17

2020书画拍卖成交汇总（续表）

（成交价RMB：5万元以上）

拍品名称	物品尺寸	成交价RMB	拍卖公司	拍卖日期
杨沂孙 1873年作 篆书四屏 镜心	168cm×42.5cm×4	138,000	北京保利	2020-12-04
杨沂孙 1878年作 篆书七言联 立轴	136.5cm×31.5cm×2	115,000	中国嘉德	2020-08-16
杨沂孙 同治1871年作 篆隶行书节录《道德经》四屏 立轴	131.5cm×30.5cm×4	94,300	中国嘉德	2020-08-16
杨沂孙 1880年作 行书陶渊明诗 立轴	142.5cm×36cm×4	78,200	中国嘉德	2020-12-04
杨沂孙 1873年作 篆书龙门对 立轴	150cm×39cm×2	57,500	中国嘉德	2020-08-16
杨沂孙 书法 手卷	34cm×132cm	57,500	广东小雅斋	2020-08-21
杨中讷 行书《玩手植松》立轴	117.5cm×56cm	287,500	中国嘉德	2020-08-16
杨中讷 行书 立轴	198cm×96cm	287,500	朵云轩	2020-09-24
姚弘绪 吴元诒 王桢 张泽复 吕齐 书法 册页（十九开）	尺寸不一	345,000	广东崇正	2020-09-13
姚孟起 行书节录《归田诗话》四屏 立轴	100.5cm×20cm×4	103,500	中国嘉德	2020-08-16
姚鼐 行书五言联 立轴	59cm×15cm×2	345,000	永乐拍卖	2020-12-02
姚鼐 行书七言诗 立轴	116cm×53cm	207,000	中国嘉德	2020-12-04
姚鼐 1778年作 行书米芾诗 立轴	123.5cm×30cm	115,000	中国嘉德	2020-08-16
姚鼐 行书七言联 立轴	139.5cm×27cm×2	94,300	中国嘉德	2020-08-16
姚鼐 行书七言绝句 立轴	95.5cm×31.5cm	80,500	广东崇正	2020-09-13
姚鼐 草书扇页 镜片	15cm×49cm	56,000	江苏汇中	2020-08-06
姚文瀚 九子捧寿 立轴	130.5cm×72cm	1,150,000	北京翰海	2020-12-11
姚文瀚 清供婴戏 镜心	78cm×48cm	66,700	中国嘉德	2020-07-17
姚文燮 1660年作 丹崖高阁图 立轴	148.5cm×49.5cm	690,000	华艺国际	2020-12-05
姚元之 1830年作 隶书节录古文 立轴	144cm×36cm×4	115,000	十竹斋拍卖（北京）	2020-10-18
姚元之 1827年作 隶书八言联 立轴	168cm×32.5cm×2	109,250	中国嘉德	2020-12-04
叶鼎奇 花果鸣禽 立轴	116.5cm×44.5cm	253,000	中国嘉德	2020-12-04
叶欣 1663年作 溪山策杖 扇面	17.5cm×50.5cm	391,000	朵云轩	2020-09-24
叶欣 1649年作 夜泊潼关图 立轴	124cm×62cm	63,250	北京翰海	2020-09-12
叶雨 石上题诗 立轴	158cm×129cm	126,500	北京保利	2020-10-18
伊秉绶 1811年作 隶书七言联 立轴	171cm×32cm×2	25,875,000	永乐拍卖	2020-12-02
伊秉绶 行书屠倬诗 立轴	180cm×45cm	4,830,000	北京保利	2020-12-05
伊秉绶 1814年作 隶书八言 对联	205.5cm×49cm×2	4,370,000	朵云轩	2020-09-24
伊秉绶 1807年作 书匾 吉祥 立轴	102.5cm×29cm	3,047,500	西泠印社	2020-08-08
伊秉绶 隶书七言联 对联	151cm×33cm×2	2,070,000	北京保利	2020-10-18
伊秉绶 隶书五言联 立轴	122.5cm×31cm×2	1,782,500	中贸圣佳	2020-10-17
伊秉绶 1813年作 行书七言联 对联	169cm×32cm×2	1,437,500	北京保利	2020-10-18
伊秉绶 隶书"劝耕课读之室"横披	36.2cm×203cm	1,356,000	香港苏富比	2020-07-09
伊秉绶 书法 立轴	97cm×50cm	770,500	广东小雅斋	2020-08-21
伊秉绶 隶书五言联 镜框	98cm×23.5cm×2	690,000	华艺国际	2020-10-16
伊秉绶 行书前人诗 立轴	183cm×45.5cm	575,000	上海匡时	2020-08-05
伊秉绶 行书题画诗 立轴	124.5cm×35.5cm	483,000	中国嘉德	2020-08-16
伊秉绶 书法 对联	143cm×31cm×2	460,000	广东小雅斋	2020-08-21
伊秉绶 篆书钟鼎文 立轴	110cm×34.5cm	287,500	上海匡时	2020-08-05
伊秉绶 隶书七言联 对联	136.5cm×33.2cm	277,707	香港苏富比	2020-11-26
伊秉绶 1815年作 行书五言联 立轴	128cm×30.5cm×2	230,000	中国嘉德	2020-08-16
伊秉绶 行书 临晋唐书 册页（共十二开）	27cm×17.5cm×12	230,000	保利厦门	2020-09-26
伊秉绶 1812年作 隶书 镜心	65.5cm×126.5cm	230,000	北京翰海	2020-12-11
伊秉绶 书法 立轴	120cm×36cm	218,500	广东小雅斋	2020-06-17
伊秉绶（款）隶书题额"柘庵"镜心	40cm×84cm	109,250	北京保利	2020-10-18
伊秉绶 1783年作 芭蕉竹石图 扇面	17cm×53cm	66,700	中鸿信	2020-01-04
伊秉绶 行书七言诗	28cm×22cm	57,500	永乐拍卖	2020-12-02
伊秉绶 行书七言诗	29cm×20cm	51,750	永乐拍卖	2020-12-02
伊立勋 1918年作 隶书八言联 立轴	170cm×36cm×2	51,750	北京保利	2020-10-17
佚名 清代 黄河督运图·奉旨荣任图 手卷	100cm×670cm	4,255,000	永乐拍卖	2020-08-17
佚名 清光绪《聊斋图说》（第二册）册页	46cm×34.5cm×16	1,840,000	中贸圣佳	2020-10-17
佚名 清乾隆 古瓷图册页 设色纸本册页（两开）		1,588,372	巴黎佳士得	2020-06-23
佚名 18世纪初 骏犬图	画心 34.8cm×50cm	1,356,000	香港苏富比	2020-07-11
佚名 清嘉庆 御制耕织图（四十六幅）	26.5cm×20cm×46	1,081,000	北京保利	2020-10-20
佚名 清雍正 斗姆元君像	长66.6cm；高110cm	920,000	北京中汉	2020-08-19
佚名 清 骑猎图 横披	60.4cm×331.6cm	333,018	香港苏富比	2020-10-08
佚名 清 秘戏图（无图）镜框（十二帧）	35.8cm×31.5cm（十二帧）	266,414	香港苏富比	2020-10-08
佚名 清 官员画像 装框	高48.2cm；宽57cm	129,106	纽约苏富比	2020-09-23
佚名 清 清宫文稿集萃 共七折	尺寸不一	111,006	香港苏富比	2020-10-08
佚名 清《双玉图》立轴	47.6cm×78cm	80,500	中国嘉德	2020-08-16
佚名 晚清 春宫图（十开）	18.8cm×21.8cm×10	67,800	佳士得	2020-07-09
佚名 清末《阅军图》设色绢本 镜框	33.6x55.2cm	57,120	香港苏富比	2020/6/5
英和 楷书七言联 立轴	173cm×36cm×2	414,000	北京翰海	2020-12-12
英和 行书七言 对联	180cm×41cm×2	105,800	朵云轩	2020-11-30
英和 1825年作 行书 临赵孟頫墨迹 镜片	163cm×68.5cm	92,000	西泠印社	2020-08-08
英和 行书诗廿四首 手卷	32cm×281cm	80,500	中国嘉德	2020-08-17
英和 行书七言联 镜心	128cm×30cm×2	55,200	中国嘉德	2020-08-16
瑛宝等 1800年作 蝶仙图并纪事卷 手卷	画心 32.5cm×24.5cm；题跋51cm×24cm；212cm×29.5cm；81.5cm×29.5cm；49.5cm×29.5cm	1,127,000	西泠印社	2020-08-08
雍正（款）楷书"妙悟三乘"镜心	89cm×229cm	109,250	中国嘉德	2020-11-12
雍正帝 行书 立轴	245cm×46cm	1,725,000	朵云轩	2020-09-24
雍正帝御笔书法	长138cm 宽48cm	1,275,120	美国摩根	2020-01-14
雍正帝 行书 唐人诗 横披	149cm×79.5cm	632,500	西泠印社	2020-08-08
雍正帝 行书七言联 立轴	166.5cm×24.2cm×2	230,000	中国嘉德	2020-08-17
雍正帝 行书象山先生句 镜心	17.5cm×51cm	161,000	中贸圣佳	2020-10-17
永瑢 扬州瘦西湖图 手卷	31.5cm×225cm	977,500	十竹斋拍卖（北京）	2020-10-18
永瑢 岁朝图 立轴	129cm×59cm	414,000	华艺国际	2020-10-16
永瑢 山水 册页（八开）	27cm×29cm×8	138,000	广东崇正	2020-09-13
永瑢 清 书法对联（两幅）立轴	135cm×33cm×2	91,200	佳士得	2020-07-08
永瑢 1782年作 秋林烟净图 立轴	156cm×61cm	69,000	中鸿信	2020-01-04
永瑢 永瑆 仿董思翁笔意 立轴	68.5cm×35cm	55,200	北京翰海	2020-12-11
永瑆 楷书御制诗十六首 册页（十六开）	15cm×24cm×16	2,070,000	华艺国际	2020-12-05
永瑆 楷书八言联 立轴	186cm×41cm×2	253,000	中国嘉德	2020-08-16
永瑆 行书自作诗 立轴	106.5cm×39.5cm	138,000	中国嘉德	2020-08-17
永璋 楷书七言联 立轴	152.5cm×34.5cm×2	506,000	北京翰海	2020-12-12
于敏中 行书七言联 立轴	174cm×36.2cm×2	276,000	中国嘉德	2020-12-04
于敏中 高凤翰 赵执信 周守一 等 书法诗札册（三十一页）册页	尺寸不一	149,500	西泠印社	2020-08-08
于敏中 行书 唐人诗 立轴	168cm×66cm	103,500	西泠印社	2020-08-08
于寿伯 花卉 册页（十二开）	16cm×11.5cm×12	149,500	中国嘉德	2020-12-04

(成交价RMB：5万元以上)

拍品名称	物品尺寸	成交价RMB	拍卖公司	拍卖日期
余甸 隶书节录《事物纪原》句 立轴	178cm×46cm	172,500	永乐拍卖	2020-12-02
余集 种竹图 手卷	43.5cm×94cm	7,369,800	佳士得	2020-12-02
余集 1811年作 散花图 立轴	158cm×81cm	1,495,000	朵云轩	2020-09-24
余集 程庭鹭 河东君小像 册页(三十八开)	尺寸不一	1,035,000	永乐拍卖	2020-12-02
余集(款) 1772年作 赤壁赋卷 手卷	30cm×223cm	92,000	中国嘉德	2020-11-11
余集 行书七言诗、兰石图 镜心	16cm×49cm	52,900	中贸圣佳	2020-10-17
余省 松涛图 立轴	132cm×59cm	667,000	华艺国际	2020-10-16
余省 钱棨 花卉、书法 册页	33cm×27cm×24	115,000	广东小雅斋	2020-08-21
俞崇礼 十八罗汉图 册页(十八开)	13cm×24cm	1,058,000	华艺国际	2020-10-16
俞铎 草书七言诗 立轴	207cm×48cm	460,000	北京保利	2020-12-05
俞龄 梧桐锦鸡图 立轴	118cm×40cm	207,000	十竹斋拍卖(北京)	2020-10-18
俞樾 隶书 节临《华山庙碑》 四屏	170cm×46.5cm×4	575,000	西泠印社	2020-08-08
俞樾 隶书 横披	48cm×133cm	437,000	朵云轩	2020-09-24
俞樾 隶书王绩《春桂问答二首》四屏 立轴	135cm×32cm×4	253,000	中国嘉德	2020-08-16
俞樾 1896年作 隶书七言 对联	133.5cm×32.5cm×2	241,500	朵云轩	2020-09-24
俞樾 隶书七言联 立轴	134cm×32cm×2	166,750	广东崇正	2020-09-13
俞樾 隶书七言联 立轴	129.5cm×31cm×2	161,000	中国嘉德	2020-12-03
俞樾 王韬 文廷式 赖襄 犬养毅 等《先贤墨采》《锦绣鱼雁帖》墨迹集 册页(四册，附函套)	尺寸不一	149,500	西泠印社	2020-08-09
俞樾 隶书节录《南园诗》四屏 立轴	144cm×37cm×4	126,500	北京保利	2020-10-17
俞樾 行书自作诗 镜心	34cm×103cm13	92,000	北京保利	2020-10-17
俞樾 隶书节录古文 立轴	165cm×44.5cm×4	92,000	十竹斋拍卖(北京)	2020-10-18
俞樾 18[illegible]0年作 书法四帧 镜片	32cm×31cm×4	86,250	西泠印社	2020-08-08
俞樾 18[illegible]1年作 隶书 四条屏	178cm×47cm×4	78,200	中国嘉德	2020-11-11
俞樾 隶书八言联 对联	202cm×40cm×2	74,750	北京保利	2020-12-05
俞樾 隶书八言联 立轴	174.5cm×45cm×2	71,300	北京翰海	2020-12-12
俞樾 隶书七言联 立轴	133cm×32cm×2	69,000	北京翰海	2020-12-12
俞樾 隶书七言联 立轴	125cm×28cm	63,250	中贸圣佳	2020-10-17
虞沅 百马朝凤 十二屏	106.6cm×464.4cm	1,412,500	香港苏富比	2020-07-09
虞沅 16[illegible]8年作 狩猎图 立轴	152cm×66cm	163,501	中国嘉德	2020-10-09
禹之鼎 1712年作 乐春园图卷 手卷	引首 46cm×121cm；画心 46cm×219cm	2,300,000	北京保利	2020-10-18
禹之鼎 奉母图 手卷	引首 36.5cm×105cm；画心 36.5cm×153.5cm	1,495,000	中贸圣佳	2020-10-17
禹之鼎 徐乾学内廷校书图 立轴	194cm×70cm	391,000	北京保利	2020-10-18
禹之鼎(款) 高士奇先生像 立轴	144cm×60cm	207,000	中国嘉德	2020-11-11
禹之鼎(款) 苏文公贤迹图卷 手卷	24cm×393cm	86,250	中国嘉德	2020-07-17
禹之鼎 1693年作 人物四屏 立轴	108cm×32cm×4	69,000	中鸿信	2020-01-04
禹之鼎 1694年作 春庭夜宴图 立轴	72.5cm×31cm	57,500	上海嘉禾	2020-01-05
禹之鼎(款) 人物故事 四条屏 镜心	23cm×19cm×4	55,200	中国嘉德	2020-11-11
郁希范 1741年作 层峦耸翠 立轴	192cm×100cm	253,000	中国嘉德	2020-07-17
袁江 1702年作 秋山行旅 立轴	156.5cm×77.5cm	8,050,000	朵云轩	2020-09-24
袁江 燕台山水 立轴	178cm×106cm	5,175,000	中贸圣佳	2020-10-17
袁江 1698年作 通景四屏山水 镜心	233.5cm×57cm×4	3,680,000	中鸿信	2020-01-04
袁江 汉宫秋月 镜框	163cm×102.5cm	1,725,000	华艺国际	2020-12-05
袁江 1722年作 荷静纳凉图 立轴	79cm×67.5cm	132,250	中鸿信	2020-01-04

拍品名称	物品尺寸	成交价RMB	拍卖公司	拍卖日期
袁枚 张宗苍 1744年作 晴江晓渡图 手卷	引首 94cm×29.5cm；画心 76.5cm×23.5cm；题跋 29.5cm×11.5cm；226.5cm×29.5cm	1,380,000	西泠印社	2020-08-08
袁枚 湘汀春兰 立轴	56.5cm×32.5cm	172,500	中国嘉德	2020-08-17
袁桐 隶书"红蕉词馆" 横披	30.5cm×110.5cm	126,500	中国嘉德	2020-12-04
袁桐 1834年作 山水 四屏	141cm×32.5cm×4	63,250	西泠印社	2020-08-08
袁耀 1766年作 山水 册页(八开)	23cm×23.5cm×8	3,392,500	北京保利	2020-12-05
袁瑛 风景名胜八帧 镜心	31cm×41cm×8	92,000	中国嘉德	2020-11-09
袁源 性彬 春日泛舟图・行书七言诗(二帧) 扇页	50cm×16.5cm；51cm×16.5cm	57,500	西泠印社	2020-08-08
允禧 江山积玉图 手卷	引首 19.5cm×70cm；画19.5cm×170cm	345,000	中国嘉德	2020-12-04
恽冰 花卉册(十二页) 册页	24cm×17cm×12	195,500	西泠印社	2020-08-08
恽寿平 恽冰 花卉集锦 册页(八开)	22.5cm×32.5cm×8	4,082,500	华艺国际	2020-10-16
恽寿平 山水花卉书法合册 册页(十二开)	尺寸不一	3,795,000	华艺国际	2020-12-05
恽寿平 花果 册页(八开)	25.3cm×32.8cm×8	3,195,000	佳士得	2020-12-02
恽寿平 溪山行旅 册页(十开)	34cm×24cm×10	2,645,000	朵云轩	2020-09-24
恽寿平 山水粉本册及跋(共九页) 册页	31cm×24cm×9	1,265,000	西泠印社	2020-08-08
恽寿平 松寿图 立轴	134cm×62cm	920,000	北京保利	2020-12-05
恽寿平 万卷书楼图 立轴	135cm×49cm	897,000	西泠印社	2020-08-08
恽寿平 秋菊图 立轴	131cm×53.5cm	862,500	西泠印社	2020-08-08
恽寿平 山水 立轴	130cm×55cm	575,000	广东小雅斋	2020-08-21
恽寿平 1677年作 雨过溪山 扇面	15cm×48cm	552,000	十竹斋拍卖(北京)	2020-10-18
恽寿平 仿倪云林山水 镜心	19cm×54cm	448,500	中贸圣佳	2020-10-17
恽寿平 灵芝 立轴	78.5cm×31cm	248,600	香港苏富比	2020-07-09
恽寿平 行书论书 册页(五开)	21cm×12cm	230,000	北京翰海	2020-12-11
恽寿平 1682年作 双仙图 立轴	61cm×26.5cm	230,000	朵云轩	2020-11-30
恽寿平 临宋元诸明家山水 册页(十二开)	45cm×33cm×12	201,250	上海敬华	2020-09-22
恽寿平 行书《华阳隐居真迹帖》 扇面	17cm×51cm	184,000	十竹斋拍卖(北京)	2020-10-18
恽寿平 1685年作 岁寒图 立轴	123cm×52cm	138,000	北京保利	2020-12-05
恽寿平 瑶圃仙妆 镜心	29cm×19cm	126,500	中鸿信	2020-01-04
恽寿平 晴川览胜图 立轴	158cm×59cm	106,950	上海驰翰	2020-05-10
恽寿平 林间雅居 立轴	101cm×38cm	92,000	朵云轩	2020-11-29
恽寿平 1683年作 秋山澹淡 立轴	162.5cm×68cm	82,800	上海驰翰	2020-08-06
恽寿平(款) 1671年作 奇石灵芝 立轴	65cm×42cm	63,250	中国嘉德	2020-07-17
恽寿平(款) 寒梅 立轴	132cm×41cm	51,750	上海驰翰	2020-09-24
恽骕 王沂 行书七言诗・幽竹图(二帧) 扇页	51cm×16.5cm；51cm×16.5cm	63,250	西泠印社	2020-08-08
恽源浚 花卉册(画十二页，跋二页) 册页	22cm×25.5cm×14	115,000	西泠印社	2020-08-08
载泽 行书七言联 立轴	125cm×30cm×2	59,800	中国嘉德	2020-08-17
曾国藩 楷书七言联 镜框	171.5cm×33.5cm×2	1,725,000	华艺国际	2020-10-16
曾国藩 行书七言 对联	171cm×35cm×2	1,288,000	朵云轩	2020-09-24
曾国藩 1852年作 篆书 五言联 对联	136.5cm×32cm×2	1,092,500	西泠印社	2020-08-08
曾国藩 行书八言 对联	203cm×40cm×2	1,092,500	朵云轩	2020-11-29

2020书画拍卖成交汇总（续表）

（成交价RMB：5万元以上）

拍品名称	物品尺寸	成交价RMB	拍卖公司	拍卖日期
曾国藩 行书七言联 立轴	169cm×32cm×2	828,000	十竹斋拍卖（北京）	2020-10-18
曾国藩 行书七言联 立轴	167cm×32cm×2	690,000	永乐拍卖	2020-12-02
曾国藩 楷书七言联 镜心	125.5cm×30.5cm×2	667,000	北京翰海	2020-12-12
曾国藩 行书七言联 对联	165cm×30cm×2	575,000	上海敬华	2020-09-22
曾国藩 楷书七言 对联	174cm×36cm×2	299,000	朵云轩	2020-09-24
曾国藩 行书东坡诗四屏 镜心	177.5cm×45.5cm×4	230,000	中国嘉德	2020-08-16
曾国藩 行书七言联 立轴	148cm×36.5cm×2	230,000	中国嘉德	2020-08-16
曾国藩 楷书八言联 立轴	237cm×39cm×2	230,000	上海匡时	2020-08-05
曾国藩 1958年作 书法四屏 立轴	31.5cm×20.5cm×8	230,000	华艺国际	2020-10-16
曾国藩 行书七言联 立轴	162cm×36.5cm×2	230,000	中国嘉德	2020-12-04
曾国藩 行书七言联 对联	135cm×33cm×2	207,000	上海敬华	2020-09-22
曾国藩 行书七言联 立轴	128.5cm×32cm×2	195,500	中国嘉德	2020-08-16
曾国藩 楷书“智圆行方”镜心	41.5cm×159cm	105,800	中鸿信	2020-01-04
曾国藩 行书 七言联	44cm×176cm	92,000	中国嘉德	2020-07-18
曾国藩 行书六言联 立轴	129.5cm×32cm×2	92,000	北京保利	2020-10-18
曾国藩 行书七言联 对联	132cm×29.5cm×2	51,750	上海驰翰	2020-05-10
曾国荃 楷书八言联 对联	175cm×34cm×2	161,000	中国嘉德	2020-11-09
曾国荃 楷书“长春书屋”横披	59cm×167cm	115,000	上海敬华	2020-09-22
曾国荃 行书八言联 立轴	171.5cm×35.5cm×2	94,300	中国嘉德	2020-08-16
曾国荃 行书七言联 立轴	126cm×26cm×2	92,000	北京保利	2020-10-18
曾国荃 行楷书八言联 立轴	166cm×32cm×2	78,200	北京翰海	2020-12-12
曾国荃 行书（四幅）屏轴	163.5cm×36.4cm×4	69,000	朵云轩	2020-11-30
曾纪泽 楷书七言联 立轴	131cm×30.5cm×2	59,800	北京翰海	2020-12-12
查培继（款）草书五言诗 立轴	186cm×43cm	172,500	中国嘉德	2020-07-17
查升 行书 节录古文 立轴	152cm×46cm	747,500	西泠印社	2020-08-08
查升 1693年作 楷书《黄庭经》册页（十八开）	21cm×15cm×18	437,000	朵云轩	2020-09-24
查升 行书陈旅《为张壶洲赋壶洲》立轴	170.5cm×47cm	115,000	中鸿信	2020-01-04
查升 尺牍 手卷	28.5cm×353cm	97,750	朵云轩	2020-11-30
查士标 风木图并诸家题咏 手卷	引首29.5cm×92cm；画心29.5cm×61.5cm；跋30cm×343cm	4,370,000	中国嘉德	2020-08-16
查士标 仿巨然山水 立轴	189cm×51cm	4,140,000	中国嘉德	2020-12-04
查士标 1680年作 濯泉图 手卷	30.7cm×168cm；30.7cm×101cm	3,068,880	佳士得	2020-07-08
查士标 行书七言诗 立轴	218cm×61cm	1,437,500	中国嘉德	2020-12-04
查士标 1695年作 清风 册页（十二开）	22.5cm×17.5cm×12	977,500	华艺国际	2020-12-05
查士标 临吴镇《江山垂钓图》立轴	174cm×47cm	920,000	西泠印社	2020-08-08
查士标 长林幽壑图 立轴	156cm×51cm	690,000	北京保利	2020-10-18
查士标 1678年作 仿李营丘山水 扇面	18.5cm×55cm	690,000	永乐拍卖	2020-12-02
查士标 行书七言诗 立轴	125.5cm×59cm	632,500	西泠印社	2020-08-08
查士标 1685年作 山水 册页（十开）	21cm×14cm×10	460,000	广东崇正	2020-09-13
查士标 1694年作 樵元人山水图 立轴	186cm×47cm	456,000	佳士得	2020-07-08
查士标 行书五言诗 立轴	119.5cm×52.5cm	345,000	西泠印社	2020-08-08
查士标 行书临《敬祖帖》立轴	135cm×49cm	322,000	中国嘉德	2020-12-04
查士标 1672年作 山水 立轴	117.5cm×40cm	230,000	北京翰海	2020-12-11
查士标 古木竹石 立轴	169cm×45.7cm	216,600	佳士得	2020-07-08
查士标 竹树烟暮 立轴	134cm×40.5cm	184,000	中鸿信	2020-01-04
查士标 行书七言诗 立轴	228cm×64cm	138,000	北京保利	2020-12-05
查士标 行书 扇面	18cm×52.5cm	120,750	朵云轩	2020-09-24

拍品名称	物品尺寸	成交价RMB	拍卖公司	拍卖日期
查士标 行书五言诗 扇面	18.0cm×51.5cm	460,000	中国嘉德	2020-12-04
查士标 草书 立轴	144cm×60cm	299,000	朵云轩	2020-09-24
查士标 行书自作诗 镜心	141cm×58.5cm	92,000	中国嘉德	2020-08-16
查士标 岁寒三友 手卷	23.5cm×128.5cm	92,000	中国嘉德	2020-08-17
查士标 耕读堂图 手卷	31.5cm×202cm	57,500	北京翰海	2020-12-11
翟大坤 仿恽寿平笔意 立轴	128.5cm×52cm	86,250	荣宝斋（上海）	2020-[illegible]-25
翟继昌 1807年作 摹明四家笔意 镜心	126cm×30cm×4	805,000	永乐拍卖	2020-12-02
翟继昌 竹石图 立轴	145cm×34cm	103,500	北京翰海	2020-12-11
翟云升 隶书节录古文 立轴	152.5cm×55.5cm	57,500	西泠印社	2020-08-08
翟云升 隶书节录《文心雕龙》句 镜心	129cm×58cm	51,750	中国嘉德	2020-08-16
翟云升 隶书六言联 对联	122.5cm×31.5cm×2	230,000	朵云轩	2020-09-24
翟子冶 清晚期 临南田瓮书法配巨螯浊酒图	画一34cm×41.3cm；画二34cm×30.5cm	63,250	中国嘉德	2020-08-17
张百禄 百财图 横幅	98cm×271cm	253,000	北京保利	2020-10-18
张炳 1733年作 梅花书屋 立轴	76cm×40cm	276,000	北京保利	2020-12-05
张赐宁（款）水阁读书图 立轴	84cm×46cm	57,500	中国嘉德	2020-07-17
张度 霜林幽壑 立轴	176.5cm×93cm	115,000	朵云轩	2020-11-30
张敦仁 行书七言联 立轴	139cm×32.5cm×2	126,500	中国嘉德	2020-12-04
张风 杨补 章钰 王孝子铸铜佛像图题咏册 册页（共十一页）	36.5cm×25.5cm；36.5cm×25.5cm×7；30cm×20.5cm×4	632,500	西泠印社	2020-08-08
张风 1637年作 独酌图 扇面	17.5cm×53.5cm	253,000	十竹斋拍卖（北京）	2020-10-18
张庚 辋川图 册页（二十开）	25cm×34.5cm×20	805,000	北京保利	2020-12-05
张庚 1759年作 仿王蒙山水 立轴	110cm×44.2cm	690,000	华艺国际	2020-12-05
张庚 四季山水 手卷	引首25cm×36.5cm；本幅25cm×37cm	402,500	中贸圣佳	2020-10-17
张庚 山川出云图 扇面	17cm×51cm	105,800	中国嘉德	2020-08-17
张淮 朱起麟 汤蟠 等 人物 册页（十二开）	36cm×33.5cm×12	552,000	华艺国际	2020-10-16
张謇 行书五言联 立轴	242cm×57cm×2	494,500	北京保利	2020-10-17
张謇 行书七言联 立轴	146cm×37.5cm×2	109,250	北京翰海	2020-12-12
张謇 行书七言联 立轴	143cm×37.5cm×2	80,500	中鸿信	2020-01-04
张謇 行书七言 对联	153cm×36cm×2	80,500	朵云轩	2020-09-24
张謇 行书八言联 立轴	167.5cm×33cm×2	74,750	华艺国际	2020-10-16
张建勋 1889年作 小楷书卷 手卷	22cm×1339cm	97,750	中国嘉德	2020-07-17
张经 幽居图 立轴	163cm×89cm	126,500	中贸圣佳	2020-10-17
张恺 1892年作 银山八景 册页（八开）	31.5cm×31.5cm×8	149,100	佳士得	2020-12-02
张鏐 1818年作 仿古山水 册页（十二开）	19cm×44cm×12	207,000	中国嘉德	2020-12-04
张穆 踪马图 手卷	卷首42cm×107cm；画心42cm×483cm；题跋42cm×71cm	172,500	广东小雅斋	2020-08-21
张穆 百骏图 手卷	35cm×485cm	166,750	荣宝斋（南京）	2020-11-28
张穆 高俨 兰石 载酒泛舟图 扇面（二幅）	张19.5cm×55cm；高16.7cm×49.5cm	88,805	香港苏富比	2020-10-08

拍品名称	物品尺寸	成交价RMB	拍卖公司	拍卖日期
张培敦 青山幽居 扇面	17cm×51.5cm	107,350	香港苏富比	2020-07-09
张培敦 西园雅集图 立轴	112cm×56cm	63,250	中国嘉德	2020-11-09
张培敦 1840年作 玉溪书屋图 立轴	59.5cm×24.5cm	57,500	西泠印社	2020-08-08
张鹏翀 1730年作 寒溪枯木 立轴	画 67cm×36.5cm； 题30cm×36.5cm	55,200	中国嘉德	2020-12-04
张启后 朱汝珍 刘春霖 商衍鎏 1942年作 行书(四幅) 屏轴	137cm×31cm×4	138,000	朵云轩	2020-09-23
张洽 1770年作 松崖泛舟 立轴	111cm×46cm	287,500	永乐拍卖	2020-12-02
张洽 1795年作 山水 立轴	143.5cm×40cm	149,500	北京翰海	2020-12-11
张洽 仿荆浩山水 立轴	84cm×27cm	138,000	华艺国际	2020-10-16
张洽 庚戌(1790年作 田家居乐图 立轴	130cm×96cm	92,000	中鸿信	2020-01-04
张洽 1791年作 放棹图 扇面	16.8cm×52.5cm	59,800	中国嘉德	2020-08-17
张若霭 溪山仙馆 立轴	63cm×34.5cm	5,175,000	朵云轩	2020-09-24
张若霭 金刚经 立轴	116cm×60cm	92,000	上海敬华	2020-09-22
张若澄 1769年作 花卉册页(八开)	23.5cm×27.5cm×8	230,000	北京保利	2020-10-18
张若澄 乾隆御题松柏常青 立轴	55cm×33cm	74,750	中鸿信	2020-01-04
张莘 花卉图册(十二页) 册页	27cm×26.5cm×12	126,500	西泠印社	2020-08-08
张廷济 无双谱 册页	26cm×16cm×78	71,300	中国嘉德	2020-07-17
张廷济 1842年作 行书七言联 对联	123cm×30cm×2	471,500	朵云轩	2020-09-24
张廷济 1843年作 楷书八言联 立轴	163.5cm×29cm×2	126,500	中国嘉德	2020-12-04
张廷济 1825年作 隶书七言联 立轴	125cm×28cm×2	126,500	中国嘉德	2020-12-04
张廷济 1803年作 隶书 五言联 对联	63.5cm×13.5cm×2	115,000	西泠印社	2020-08-08
张廷济 1804年作 篆书五言联 镜心	67.5cm×19cm×2	94,300	中国嘉德	2020-08-16
张廷济 1840年作 行书节录东坡《论书》镜心	87cm×32.5cm	80,500	中国嘉德	2020-08-16
张廷济 隶书七言联 镜心	128cm×30cm×2	80,500	中国嘉德	2020-08-16
张廷济 行书扇面 录自作篁里杂诗	55.5cm×20cm	69,000	中国嘉德	2020-12-02
张廷玉 行书七言联 对联	136cm×27cm×2	155,250	上海驰翰	2020-05-10
张廷玉 行书《春日退朝诗》立轴	127cm×42cm	80,500	十竹斋拍卖(北京)	2020-10-18
张为邦 1752年作 下元灵佑图 手卷	57cm×312cm	26,220,000	北京保利	2020-12-05
张问陶 1802年作 寄梅图 手卷	引首 195cm×75cm； 画193cm×122cm；	195,500	中国嘉德	2020-12-04
张问陶 行书七言诗 镜心	90.5cm×30.5cm	138,000	中国嘉德	2020-08-16
张问陶 1801年作 峡云微晴 立轴	61cm×36cm	115,000	中国嘉德	2020-12-04
张问陶 行书七言诗、幽兰 镜心	16.5cm×50cm	86,250	中贸圣佳	2020-10-17
张问陶 行书七言联 立轴	124cm×27cm×2	57,500	中国嘉德	2020-12-04
张祥河 1844年作 诗画合卷 手卷	27.5cm×151cm	51,750	中国嘉德	2020-12-04
张熊 石丈图 立轴	186.5cm×52.5cm	598,000	永乐拍卖	2020-08-17
张熊 1851年作 花卉茶果 册页(十二开)	25.5cm×36cm×12	345,000	华艺国际	2020-12-05
张熊 1872年作 玉兰富贵图 立轴	238cm×114cm	126,500	上海嘉禾	2020-01-05
张熊 1849年作 岁朝清供图 立轴	110cm×43.5cm	80,500	西泠印社	2020-08-09
张熊 花卉四屏 立轴	106cm×21cm	69,000	中贸圣佳	2020-10-17
张煦 篆书《千字文》册(二十开)	25cm×27.5cm	63,250	北京翰海	2020-12-11
张荫桓 张侍郎诗翰第一 册页	尺寸不一	569,250	中贸圣佳	2020-10-17
张荫桓 张侍郎手札第二 册页	尺寸不一	563,500	中贸圣佳	2020-10-17
张崟 松下高士 镜框	135.6cm×39.4cm	713,000	北京保利	2020-10-18
张崟 山水 册页(十开)	22cm×35cm×10	460,000	上海敬华	2020-09-22

拍品名称	物品尺寸	成交价RMB	拍卖公司	拍卖日期
张崟 深山访友 立轴	130cm×35cm	230,000	永乐拍卖	2020-12-02
张崟 山水 镜片	144cm×64cm	172,500	广东小雅斋	2020-08-21
张崟 柳岸小像图 立轴	157.5cm×73.5cm	103,500	西泠印社	2020-08-08
张崟 松林清话图 立轴	130cm×64.5cm	92,000	北京翰海	2020-12-11
张英 行书《扈从恭纪》立轴	本幅 163cm×49cm； 诗堂26cm×49cm	552,000	永乐拍卖	2020-12-02
张英 行书临米帖 扇面	16cm×52cm	207,000	中国嘉德	2020-12-04
张敔 繁花引禽图 立轴	209cm×45cm	828,000	十竹斋拍卖(北京)	2020-10-18
张玉书 行书《赐砥石山绿石砚诗》立轴	202cm×47.5cm	897,000	中贸圣佳	2020-10-17
张裕钊 1878年作 行书 横披	29.5cm×180cm	264,500	朵云轩	2020-09-23
张裕钊 楷书八言联 立轴	166cm×38cm×2	126,500	北京翰海	2020-12-12
张裕钊 百字铭 立轴	96cm×39cm	86,250	北京诚轩	2020-08-17
张裕钊 1884年作 行书自作诗四屏 立轴	94.5cm×42cm×4	57,500	中国嘉德	2020-08-16
张照 临张伯雨杂诗 册页(二十八开)	23cm×14cm×28	460,000	华艺国际	2020-12-05
张照 行书东坡诗 镜框	165cm×59cm	402,500	永乐拍卖	2020-12-02
张照 行书《般若波罗蜜心经》册页(九开)	17.3cm×21.6cm×9	322,000	永乐拍卖	2020-12-02
张照 行书七言联 立轴	170cm×34cm×2	287,500	中国嘉德	2020-08-17
张照 行书临孙过庭《书谱》手卷	27cm×227.5cm	287,500	中国嘉德	2020-12-04
张照 行书七言诗 立轴	97.5cm×37cm	230,000	中国嘉德	2020-08-17
张照 行书 七言诗 立轴	155.5cm×43cm	207,000	西泠印社	2020-08-08
张照 行书《庚亮帖》立轴	168.5cm×64.7cm	136,800	佳士得	2020-07-08
张照 行书临帖 镜心	120.5cm×28cm	115,000	中国嘉德	2020-08-16
张照 行书节临《姜太常书柳河东送薛存义序》立轴	62cm×37cm	103,500	永乐拍卖	2020-08-17
张照 行书 立轴	67.5cm×93cm	92,000	北京翰海	2020-12-11
张照 行书七言联 立轴	183cm×31.5cm×2	51,750	中国嘉德	2020-12-04
张之洞 行书录《东坡志林》镜框	82.5cm×118.5cm	977,500	华艺国际	2020-10-16
张之洞 行书 节录古文 立轴	101.5cm×42cm	379,500	西泠印社	2020-08-08
张之洞 行书录司马光《三箴》镜心	86cm×55.5cm	345,000	中国嘉德	2020-08-16
张之洞 行书句 立轴	174cm×83cm	230,000	上海敬华	2020-09-22
张之洞 行书节录《晏子春秋》立轴	63cm×41cm	184,000	北京保利	2020-10-18
张之洞 行书节录《甘露帖》立轴	145cm×36cm	138,000	十竹斋拍卖(北京)	2020-10-18
张之洞 书法 对联	143cm×33cm×2	109,250	广东小雅斋	2020-08-21
张之洞 行书七言联 立轴	145cm×33.5cm×2	97,750	中国嘉德	2020-08-16
张之洞 书法 横幅	36cm×152cm	97,750	广东小雅斋	2020-08-21
张之万 山水 册页	20cm×26cm×10	74,750	广东小雅斋	2020-08-21
张之万 行书八言联 立轴	168.5cm×35.5cm×2	71,300	中国嘉德	2020-08-16
张之万 许彭寿 何璟 等 楷书诗词 手卷	34.5cm×161cm	65,550	上海驰翰	2020-08-06
张之万 山水 团扇	尺寸不一cm×5	64,400	广东小雅斋	2020-06-17
张之万 1872年作 山水 册页	20cm×26cm×10	59,800	中国嘉德	2020-11-11
张之万 1875年作 楷书 七言联 镜片	167.5cm×35.5cm×2	57,500	西泠印社	2020-08-08
张之万 楷书 立轴	48.5cm×32cm	57,500	北京翰海	2020-12-11
张之万 行书八言联 对联	149cm×29cm×2	57,500	上海敬华	2020-09-22
张之万 何维朴 郑文焯 1890、1894年作 山水(三帧) 镜心	直径24cm×3	55,200	北京保利	2020-10-18
张宗苍 仿子久夏山图 立轴	147cm×79cm	7,475,000	中贸圣佳	2020-10-17
张宗苍 1732年作 万木奇峰 立轴	188cm×93cm	6,095,000	朵云轩	2020-09-24

2020书画拍卖成交汇总(续表)

(成交价RMB：5万元以上)

拍品名称	物品尺寸	成交价RMB	拍卖公司	拍卖日期
张宗苍 1734年作 仿王蒙笔意山水 立轴	132.5cm×62.5cm	1,725,000	北京保利	2020-12-05
章采 平湖秋月 立轴	168cm×46cm	92,000	北京保利	2020-10-18
章堃 1815年作 山水册页(十二开)	25.5cm×22cm×12	345,000	中国嘉德	2020-08-17
赵冕 1871年作 无量寿佛 立轴	136.5cm×36.5cm	115,000	中国嘉德	2020-12-04
赵起 1849年作 花鸟 四屏 立轴	185cm×46cm×4	148,363	佳士得	2020-05-22
赵熙 1937年作 为梁寒操书 七言诗 立轴	105cm×28cm	161,000	西泠印社	2020-08-09
赵熙 行书七言联 立轴	127cm×27.5cm×2	103,500	中国嘉德	2020-08-15
赵以炯 1896年作 楷书二十一言联 对联	109cm×9cm×2	126,500	中国嘉德	2020-07-16
赵之琛 隶书五言联 立轴	127cm×31.5cm×2	598,000	中国嘉德	2020-08-16
赵之琛 四友图 立轴	134cm×32cm×4	287,500	中国嘉德	2020-12-04
赵之琛 隶书六言 对联	133cm×29.5cm×2	276,000	朵云轩	2020-09-24
赵之琛 双竹图 立轴	133.5cm×33cm	103,500	西泠印社	2020-08-08
赵之琛 隶书临汉碑 立轴	129cm×29cm	92,000	北京保利	2020-12-05
赵之琛 隶书六言联 立轴	127cm×20cm×2	80,500	中国嘉德	2020-12-04
赵之琛 隶书 六言联 对联	127cm×29.5cm×2	69,000	西泠印社	2020-08-08
赵之琛 隶书六言对联 立轴	132cm×33cm×2	69,000	荣宝斋(上海)	2020-10-25
赵之琛 摹吉金款识二种 镜心	132cm×30.5cm	63,250	中国嘉德	2020-08-16
赵之琛 1837年作 菊花奇石图 立轴	122cm×29cm	57,500	中国嘉德	2020-12-04
赵之谦 行书七言联 立轴	125cm×30cm×2	5,175,000	永乐拍卖	2020-12-02
赵之谦 湖石白莲图 立轴	175cm×45cm	3,737,500	中贸圣佳	2020-10-17
赵之谦 李文田 路岯 沈秉炜 为洪钧作楷书 四屏	185cm×48cm×4	3,450,000	西泠印社	2020-08-08
赵之谦 隶书八言联 立轴	129cm×32.5cm	1,380,000	中贸圣佳	2020-10-17
赵之谦 清 行书四屏 立轴	139.6cm×38cm×4	969,000	佳士得	2020-07-08
赵之谦 行书 立轴	95cm×44.5cm	920,000	朵云轩	2020-09-24
赵之谦 1865年作 一品百龄图 立轴	89cm×46.5cm	920,000	华艺国际	2020-10-16
赵之谦 楷书七言联 立轴	124.8cm×32cm×2	805,000	华艺国际	2020-10-16
赵之谦 1865年作 隶书五言联 立轴	112cm×25cm×2	782,000	北京保利	2020-10-17
赵之谦 隶书八言联 对联	163cm×40cm×2	586,500	上海敬华	2020-09-22
赵之谦 1872年作 行书七言联 对联	127cm×31cm×2	575,000	北京保利	2020-10-18
赵之谦 1862年作 节临《瘗鹤铭》 立轴	72.5cm×41.5cm； 题27.5cm×41.5cm	552,000	中国嘉德	2020-12-04
赵之谦 行书七言联 立轴	131cm×31cm×2	517,500	华艺国际	2020-10-16
赵之谦 秋菊图 扇面	19cm×51cm	402,500	十竹斋拍卖(北京)	2020-10-18
赵之谦 行书七言联 立轴	133.5cm×32cm×2	230,000	中国嘉德	2020-08-16
赵之谦 隶书 扇面	19cm×51cm	230,000	十竹斋拍卖(北京)	2020-10-18
赵之谦 行书八言联 立轴	230cm×43.5cm×2	207,000	北京保利	2020-10-18
赵之谦 1869年作 篆书“紫宁精阴”镜心	37cm×111cm	172,500	北京翰海	2020-09-12
赵之谦 书法 手卷	书法 37cm×213cm； 题跋42cm×33cm	93,150	广东小雅斋	2020-08-21
赵之谦 隶书八言联 立轴	130cm×30cm×2	80,500	中鸿信	2020-01-04
赵之谦 1882年作 隶书六言联 立轴	150cm×39cm	74,750	北京翰海	2020-09-12
赵之谦 1864年作 三友图 镜心	82cm×38cm	57,500	北京翰海	2020-12-11
赵执信 行书七言诗 立轴	157.5cm×46cm	207,000	华艺国际	2020-10-16
赵执信 行书七律诗 立轴	136.5cm×53cm	92,000	广东崇正	2020-09-13
郑板桥 1756年作 竹石兰蕙图 立轴	186.5cm×97cm	29,900,000	中国嘉德	2020-08-16

拍品名称	物品尺寸	成交价RMB	拍卖公司	拍卖日期
郑板桥 竹石兰草图 镜心	91.0cm×175.0cm	17,250,000	中国嘉德	2020-12-01
郑板桥 1756年作 行书 立轴	178.5cm×92cm	10,350,000	朵云轩	2020-09-24
郑板桥 行书《满江红》三首 立轴	175.5cm×41cm	4,715,000	中贸圣佳	2020-10-17
郑板桥 行书 节录《自叙帖》 立轴	196.5cm×113cm	3,335,000	西泠印社	2020-08-08
郑板桥 竹石图 立轴	177cm×92cm	3,220,000	北京保利	2020-10-18
郑板桥 幽崖兰竹 立轴	37cm×215cm	3,220,000	中贸圣佳	2020-10-17
郑板桥 修竹图 立轴	132cm×71.5cm	1,955,000	上海匡时	2020-08-05
郑板桥 隶书四言 对联	101cm×23.5cm×2	1,955,000	朵云轩	2020-09-24
郑板桥 清芬幽远 镜框	45cm×85cm	1,955,000	北京保利	2020-10-18
郑板桥 行书李白《送杨山人归嵩山》诗 立轴	182cm×45cm	1,897,500	中贸圣佳	2020-10-17
郑板桥 兰石图 立轴	89cm×53.5cm	1,725,000	荣宝斋(上海)	2020-10-25
郑板桥 行书五言联 立轴	115cm×29cm×2	1,610,000	中国嘉德	2020-12-04
郑板桥 1757年作 竹石图 立轴	133cm×69cm	1,552,500	中鸿信	2020-01-04
郑板桥 竹石图 立轴	134cm×34cm	1,265,000	十竹斋拍卖(北京)	2020-10-18
郑板桥 竹石图 立轴	145cm×36.5cm	1,092,500	北京翰海	2020-12-11
郑板桥 1757年作 行书《逃荒行》 立轴	180cm×41cm	943,000	中国嘉德	2020-[illegible]-17
郑板桥 竹石图 镜心	120cm×55cm	862,500	中贸圣佳	2020-10-17
郑板桥 行书 立轴	179cm×40cm	690,000	广东崇正	2020-09-13
郑板桥 1739年作 奇石图 立轴	90cm×40cm	575,000	西泠印社	2020-08-08
郑板桥 1757年作 竹石图 镜心	100cm×158cm	437,000	中鸿信	2020-01-04
郑板桥 1751年作 东篱菊石 立轴	111cm×50.5cm	368,000	中鸿信	2020-01-04
郑板桥 梅花 扇面	19cm×57cm	356,500	广东小雅斋	2020-08-21
郑板桥 墨竹图 立轴	75cm×45cm	184,000	北京保利	2020-10-18
郑板桥 1751年作 菊石图 立轴	146cm×49cm	172,500	中鸿信	2020-01-04
郑板桥 行书七言诗 立轴	138cm×36cm	149,500	中鸿信	2020-01-04
郑板桥 墨竹图 立轴	154cm×42.5cm	138,000	中鸿信	2020-01-04
郑板桥 行书节录怀素《自叙帖》句 水墨纸本	105.5cm×54.6cm	129,106	纽约苏富比	2020-05-23
郑板桥 行书 镜片	23.5cm×13cm	115,000	上海嘉禾	2020-01-05
郑板桥 书法 手卷	卷首 24cm×113cm； 书法 24cm×489cm； 题跋 24cm×63cm； 24cm×119cm	115,000	广东小雅斋	2020-08-21
郑板桥 书画合璧 立轴(双挖)	26cm×32.5cm	115,000	北京翰海	2020-12-11
郑板桥(款) 竹石图 立轴	63cm×88cm	115,000	中国嘉德	2020-11-12
郑板桥 行书 镜心	23.5cm×14cm	103,500	中鸿信	2020-01-04
郑板桥 兰草	99cm×27.5cm	94,500	乾禧国际	2020-01-20
郑板桥(款) 行书 四条屏	133cm×43cm×4	69,000	中国嘉德	2020-07-17
郑板桥(款) 行书“事无不可对人言”	29.5cm×127cm	63,250	中国嘉德	2020-11-09
郑板桥(款) 竹石图 立轴	243cm×60cm	57,500	中国嘉德	2020-07-17
郑板桥 隶书 立轴	78cm×50cm	57,500	北京翰海	2020-09-12
郑板桥 1751年作 行书四屏 立轴	178cm×47cm×4	57,500	北京保利	2020-12-05
郑板桥 行书《梁武帝书评卷》立轴	180cm×92cm	55,200	北京保利	2020-12-05
郑岱 1724年作 商山四皓图 立轴	252cm×167cm	2,760,000	中国嘉德	2020-11-09
郑岱 1699年作 对弈图 立轴	171cm×92cm	1,265,000	十竹斋拍卖(北京)	2020-12-18
郑簠 1684年作 隶书白乐天诗 立轴	173cm×55.5cm	460,000	中国嘉德	2020-08-17
郑簠 书法 立轴	152cm×50cm	92,000	广东小雅斋	2020-08-21

（成交价RMB：5万元以上）

拍品名称	物品尺寸	成交价RMB	拍卖公司	拍卖日期
郑文焯 1916年作 无量寿佛图 立轴	105.5cm×48cm	86,250	西泠印社	2020-08-09
郑文焯 1902年作 亭皋秋胜 圆光立轴	直径24cm	57,500	北京翰海	2020-12-11
郑珍 1859年作 篆书七言联 立轴	146cm×24cm×2	178,250	北京翰海	2020-12-12
郑珍 篆书十三言联 镜心	135.5cm×34cm×2	138,000	北京翰海	2020-12-12
郑珍 篆书 五言联	29cm×122cm	126,500	中国嘉德	2020-12-02
周鼐 蕉石通景 十屏	200.5cm×56.1cm×10	448,500	北京保利	2020-10-18
周棠 石谱 册页	25cm×36cm×12	51,750	广东小雅斋	2020-08-21
周闲 1873年作 蔬果卷 手卷	引首 35.5cm×107cm; 画（1） 35.5cm×265.5cm; 画（2） 35.5cm×267.5cm	299,000	中国嘉德	2020-08-17
周璕 倚琴坐啸 立轴	153.5cm×50cm	57,500	北京翰海	2020-12-11
朱昂之 山水 册页（十二开）	19.8cm×12.5cm×12	184,000	中国嘉德	2020-12-04
朱昂之 仙山楼阁 镜心	200cm×103cm	132,844	中国嘉德	2020-10-09
朱昂之 1828年作 渔夫图 立轴	128.5cm×31cm	53,138	中国嘉德	2020-10-09
朱偁 1880年作 芙蓉晚艳 立轴	163cm×43.2cm	218,500	北京诚轩	2020-08-17
朱偁 花鸟四条屏 四条屏	97cm×32cm×4	63,250	中国嘉德	2020-11-09
朱鼎新 王文韶仕宦图 册页 (十二开)	47.8cm×41.5cm×12	319,200	佳士得	2020-07-01
朱伦瀚 潇湘烟霭图 立轴	148cm×63cm	17,250,000	北京保利	2020-10-18
朱伦瀚 1754年作 雪岭听松 立轴	132cm×65cm	109,250	中国嘉德	2020-12-04
朱伦瀚 1725年作 虬松盘踞 立轴	201cm×92cm	92,000	中国嘉德	2020-07-17
朱汝珍 楷书十一言联 立轴	228cm×38cm×2	310,500	北京保利	2020-10-17
朱汝珍 刘春霖 行书书法、行书陆游诗（两幅）立轴	132.5cm×31.5cm×2	68,400	佳士得	2020-07-01
朱汝珍 等各家 1943年作 书法、花鸟、人物、走兽扇面（4件）扇面	尺寸不一	57,500	北京翰海	2020-09-12
朱纪锲 1686年作 深山古寺 扇面	17.0cm×51.5cm	149,500	中国嘉德	2020-12-04
朱为弼 篆书七言联 镜心	130cm×29cm×2	57,500	中国嘉德	2020-08-16
朱熊 1841年作 百花图卷 手卷	810.5cm×32cm	115,000	西泠印社	2020-08-09
朱彝尊 隶书七言联 立轴	132.5cm×24cm×2	368,000	中国嘉德	2020-08-17
朱彝尊 隶书五言联 立轴	109cm×29cm×2	287,500	永乐拍卖	2020-12-02
朱彝尊 云山归帆 立轴	48cm×29cm	253,000	北京保利	2020-12-05
朱之瑜 草书韩愈《原人》、司马光《劝学歌》手卷	37cm×831cm	862,500	中国嘉德	2020-12-04
诸升 1661年作 墨竹图 立轴	149cm×44cm	862,500	十竹斋拍卖（北京）	2020-10-18
诸升 1683年作 兰竹石册（共十四页 册页	35.5cm×27.5cm×14	460,000	西泠印社	2020-08-08
诸升 1689年作 竹风月影 立轴	177.5cm×97.5cm	345,000	中国嘉德	2020-12-04
诸升 1690年作 墨竹 立轴	171.2cm×51.3cm	333,018	香港苏富比	2020-10-08
诸升 1668年作 潇湘风竹图 立轴	160cm×69cm	287,500	中鸿信	2020-01-04
诸升 1649年作 山水 扇面	16.5cm×52.0cm	184,000	中国嘉德	2020-12-04
诸升 墨竹图 立轴	151cm×45cm	149,500	北京保利	2020-12-05
诸升 1689年作 寒梅图通景四屏 立轴	120cm×52cm×4	57,500	中鸿信	2020-01-04
卓秉恬 行书七言联 立轴	152.5cm×31.5cm×2	63,250	北京翰海	2020-12-12
邹一桂 1770年作 玉堂富贵 立轴	158.5cm×93cm	2,300,000	朵云轩	2020-09-24
邹一桂 秋艳图 立轴	108cm×58.5cm	2,300,000	荣宝斋（南京）	2020-11-28
邹一桂 牡丹二十四品之“瑞露蝉”立轴	56.5cm×40cm	1,265,000	华艺国际	2020-12-05
邹一桂 马曰璐 王一峰 等《温砚炉图册》《温砚炉诗册》两种（二册共五十三页）册页	《温砚炉图册》 37cm×27cm×21; 《温砚炉诗册》 33cm×26cm×32	897,000	西泠印社	2020-08-08

拍品名称	物品尺寸	成交价RMB	拍卖公司	拍卖日期
邹一桂 松菊湖石 立轴	263cm×119.5cm	690,000	中国嘉德	2020-08-17
邹一桂 杏花春禽 立轴	119cm×57cm	207,000	北京保利	2020-10-18
邹一桂 清供图 立轴	131cm×63cm	57,500	中鸿信	2020-01-04
邹之麟 行书一则 立轴	125cm×55cm	362,250	上海驰翰	2020-08-06
邹之麟 清山萧树 扇面	16.5cm×50.0cm	218,500	中国嘉德	2020-12-04
左孝同 篆书八言联 立轴	203cm×44cm×2	57,500	中鸿信	2020-01-04
左宗棠 行书《水口行舟二首》镜框	171cm×90.5cm	1,782,500	华艺国际	2020-10-16
左宗棠 行书 “读书延年之室”	46cm×175cm	1,610,000	中国嘉德	2020-12-02
左宗棠 楷书四屏 立轴	173cm×42.5cm×4	1,322,500	广东崇正	2020-09-13
左宗棠 行书 “吟诗味道之轩”	176cm×45.5cm	1,150,000	中国嘉德	2020-12-02
左宗棠 行书七言联 立轴	177cm×34cm×2	920,000	十竹斋拍卖（北京）	2020-10-18
左宗棠 行书七言联 镜心	179cm×44cm×2	828,000	中国嘉德	2020-08-16
左宗棠 篆书八言 对联	181cm×34cm×2	747,500	朵云轩	2020-09-24
左宗棠 行书七言联 立轴	181cm×45cm	690,000	中贸圣佳	2020-10-17
左宗棠 行书七言联 立轴	167cm×41cm×2	552,000	永乐拍卖	2020-12-02
左宗棠 行书五言联 对联	163cm×46cm×2	460,000	上海敬华	2020-09-22
左宗棠 行书七言联 立轴	164.5cm×35cm×2	322,000	中国嘉德	2020-12-04
左宗棠 1883年作 行书七言 对联	151cm×30.5cm×2	299,000	朵云轩	2020-09-24
左宗棠 行书七言联 对联	159cm×35cm×2	253,000	北京保利	2020-10-18
左宗棠（款）行书七言联 对联	176cm×43cm×2	230,000	中国嘉德	2020-07-17
左宗棠 书法 对联	169cm×33cm×2	224,250	广东小雅斋	2020-08-21
左宗棠 行书六言联 对联	129cm×31cm×2	207,000	北京保利	2020-10-18
左宗棠 行书七言联 立轴	139cm×33.5cm×2	172,500	中鸿信	2020-01-04
左宗棠 行书七言联 立轴	137cm×28cm×2	172,500	十竹斋拍卖（北京）	2020-10-18
左宗棠 行书七言联 立轴	139cm×33.5cm×2	166,750	广东崇正	2020-09-13
左宗棠 行书八言联 立轴	144cm×28.5cm×2	94,300	北京翰海	2020-12-12
左宗棠（款）楷书五言联 对联	117cm×32cm×2	51,750	中国嘉德	2020-07-17
近现代及当代作者				
布莱恩·唐纳利 2015年作 平稳状；舒服的事；无人的家（三件一组）丝网版画 23/250	74cm×85cm; 91.5cm×76.5cm; 91.5cm×74cm	309,400	罗芙奥	2020-07-19
布莱恩·唐纳利 2015年作 你应该知道我知道 版画 pp 5/9	94.5cm×81.3cm	228,480	罗芙奥	2020-07-19
艾轩 2014年作 秋风掠过荒原	71cm×141cm	444,024	香港苏富比	2020-10-06
艾轩 2015年作 藏女 镜心	96.5cm×90cm	283,750	北京保利	2020-07-18
艾轩 2012年作 微风 镜心	70cm×68cm	207,000	北京保利	2020-10-16
艾轩 2015年作 藏族少女 镜心	95cm×90cm	195,500	中国嘉德	2020-12-01
艾轩 2011年作 家族	34.5cm×76.5cm	113,000	香港苏富比	2020-07-09
艾轩 藏族青年 镜心	68cm×67cm	92,000	荣宝斋（南京）	2020-11-28
艾轩 2010年作 壮男	34cm×35cm	62,150	香港苏富比	2020-07-09
艾宣 群鹊图 镜心	43cm×30.5cm	632,500	荣宝斋（南京）	2020-11-28
安华平 2019年作 银羽凌风 镜心	96cm×63cm	322,000	北京翰海	2020-09-12
安奇帮 染就一江秋色 镜片 设色纸本	152cm×378cm	6,325,000	荣宝斋（济南）	2020-06-26
安奇帮 翱翔 镜心	60cm×80cm	667,000	上海匡时	2020-08-05
安奇帮 生命之歌 镜心	60cm×80cm	552,000	北京翰海	2020-09-12
安顺 青山胜迹 镜心	68cm×138cm	209,000	北京玄和	2020-07-24
岸本齐史绘《火影忍者》动漫原稿（一幅）	26cm×37cm	57,500	中鸿信	2020-01-04
巴金 吴作人 胡明 伍云甫 书法（四件）镜心	尺寸不一	207,000	中鸿信	2020-01-04

2020书画拍卖成交汇总(续表)

(成交价RMB：5万元以上)

拍品名称	物品尺寸	成交价RMB	拍卖公司	拍卖日期
白伯骅 关帝圣君神威图 立轴	125cm×61cm	90,800	北京保利	2020-07-18
白伯骅 西施浣纱图 镜心	80cm×48cm	80,500	中鸿信	2020-01-03
白伯骅 1998年作 画龙点睛 立轴	142cm×70cm	69,000	华艺国际	2020-10-16
白伯骅 1990年作 采莲图 镜心	135cm×67cm	69,000	中国嘉德	2020-11-09
白蕉 兰花 行书春雨诗 成扇	18cm×49.5cm	368,000	朵云轩	2020-09-23
白蕉 1942年作 行书“归去来兮辞”四屏轴	125cm×40cm×4	322,000	上海敬华	2020-09-22
白蕉 香祖图 立轴	67cm×32cm	253,000	朵云轩	2020-09-23
白蕉 行书古诗卷 手卷	27.5cm×174cm	230,000	中鸿信	2020-01-04
白蕉 书画合璧 立轴	画47.5cm×26.5cm；字51.5cm×26.5cm	207,000	中国嘉德	2020-08-15
白蕉 1942年作 十五言龙门大对 立轴	234.5cm×60cm×2	138,000	中鸿信	2020-01-04
白蕉 孙雪泥 行书唐人诗·采棉图 成扇	58cm×19.5cm	138,000	西泠印社	2020-08-08
白蕉 1945年作 兰蝶灵芝 立轴	65cm×31cm	138,000	华艺国际	2020-12-05
白蕉 1931年作 行书八言 对联	138cm×34cm×2	126,500	朵云轩	2020-09-24
白蕉 行书 立轴	138cm×73cm	126,500	朵云轩	2020-09-24
白蕉 1957年作 行书自书诗 立轴	57.3cm×26.5cm	124,300	香港苏富比	2020-07-10
白蕉 1942年作 行书八言联 立轴	125cm×20.5cm×2	115,000	中国嘉德	2020-12-03
白蕉 行书十一言联 立轴	133cm×20cm×2	109,250	北京保利	2020-10-17
白蕉 行书 六言联 对联	89cm×17.5cm×2	103,500	西泠印社	2020-08-09
白蕉 兰石图 镜心	80cm×33.5cm	81,750	中国嘉德	2020-10-09
白蕉 草书七言联 镜心	136.5cm×22cm×2	74,750	中国嘉德	2020-08-15
白蕉 兰石图 立轴	78.3cm×27.6cm	64,086	香港苏富比	2020-11-26
白蕉 兰香益远 镜片	28cm×61cm	63,250	朵云轩	2020-11-29
白蕉 行书 立轴	133cm×66cm	57,500	广东崇正	2020-09-13
白蕉 书法 对联	152cm×29cm×2	55,200	广东小雅斋	2020-08-21
白雪石 1984年作 雨后漓江 镜心	143.5cm×366.5cm	3,450,000	中国嘉德	2020-08-16
白雪石 1989年作 山高水长 镜框	124.5cm×357cm	3,105,000	华艺国际	2020-10-16
白雪石 1989年作 奇峰耸翠 镜心	119.5cm×243.5cm	1,840,000	北京保利	2020-12-04
白雪石 1982年作 千峰竞秀 镜心	179cm×96cm	1,092,500	中国嘉德	2020-12-02
白雪石 2002年作 江新山翠 镜心	68cm×136cm	920,000	十竹斋拍卖（北京）	2020-10-18
白雪石 白启哲 2003年作 千松万壑沐春光 镜心	147.5cm×376.5cm	805,000	中国嘉德	2020-12-01
白雪石 1988年作 桂林山水天下奇 镜心	67.5cm×136cm	690,000	中国嘉德	2020-12-02
白雪石 云涌青峰 镜心	68cm×136cm	437,000	荣宝斋（上海）	2020-10-25
白雪石 1992年作 千峰叠翠 镜心	68cm×137cm	345,000	北京保利	2020-10-16
白雪石 1987年作 云锁青峰 镜心	67cm×67cm	345,000	中国嘉德	2020-11-09
白雪石 1995年作 云涌桂山青 镜心	95cm×176cm	322,000	中国嘉德	2020-11-09
白雪石 1978年作 十渡秋牧 镜心	62.5cm×77cm	322,000	中国嘉德	2020-12-02
白雪石 秋景 镜心	69cm×50.5cm	299,000	中国嘉德	2020-12-02
白雪石 1988年作 群峰叠翠 镜心	68cm×136cm	287,500	北京保利	2020-12-04
白雪石 秋山飞瀑 镜心	60cm×44cm	287,500	中国嘉德	2020-11-09
白雪石 1995年作 红树山泉 镜心	81cm×68cm	253,000	中国嘉德	2020-08-15
白雪石 1975年作 长城晨光 镜心	121cm×96.5cm	230,000	中国嘉德	2020-12-02
白雪石 1985年作 奇峰倡翠 立轴	98cm×48cm	195,500	北京保利	2020-10-17
白雪石 1979年作 漓江雨后 镜心	68cm×42cm	184,000	中国嘉德	2020-08-16
白雪石 1975年作 松鹤图 镜心	67cm×96.5cm	184,000	中国嘉德	2020-12-02
白雪石 1985年作 桂林山水 镜心	68cm×134cm	172,500	上海匡时	2020-08-05
白雪石 1994年作 千峰竞秀 立轴	68cm×68cm	172,500	永乐拍卖	2020-12-03
白雪石 公园一角 镜心	41.5cm×33cm	161,000	中国嘉德	2020-12-02

拍品名称	物品尺寸	成交价RMB	拍卖公司	拍卖日期
白雪石 1977年作 清漓新姿 立轴	97cm×65cm	138,000	中国嘉德	2020-07-15
白雪石 2000年作 枫林丹柿遍奇峰 镜心	67cm×89cm	138,000	中国嘉德	2020-08-15
白雪石 1988年作 江边渔家 立轴	70cm×45cm	138,000	中国嘉德	2020-07-17
白雪石 1991年作 漓江春 镜心	68cm×45.5cm	126,500	北京保利	2020-12-04
白雪石 1993年作 漓江烟雨 立轴	67cm×45cm	126,500	永乐拍卖	2020-12-03
白雪石 许麐庐 等 云萍聚胜 册页（二十五开）	33.5cm×52cm×25	115,000	北京诚轩	2020-08-17
白雪石 1985年作 漓江之春 镜心	36cm×69cm	97,750	中国嘉德	2020-08-15
白雪石 1979年作 渔归 镜心	66.5cm×45cm	92,000	中国嘉德	2020-12-03
白雪石 1989年作 桃花八哥 立轴	51.5cm×69cm	86,250	中国嘉德	2020-12-03
白雪石 1986年作 群峰叠翠 镜心	66cm×52cm	74,750	中国嘉德	2020-07-16
白雪石 1989年作 奇峰耸翠 镜心	68cm×49cm	69,000	中国嘉德	2020-11-09
白雪石 1985年作 江边渔家 镜心	42cm×50cm	63,250	中国嘉德	2020-07-15
白雪石 1989年作 青峰人家 镜心	68cm×68cm	57,500	中国嘉德	2020-07-17
白雪石 1985年作 漓江之春 镜心	65cm×47cm	55,200	中国嘉德	2020-07-17
白雪石 漓江春早 镜片	69cm×56cm	50,600	广东小雅斋	2020-08-21
薄春雨 鹤 镜心	216cm×74cm	517,500	中贸圣佳	2020-10-17
薄春雨 石上清风 镜心	143cm×86.5cm	173,720	中国嘉德	2020-10-09
薄一波 1989年作 行书题词 镜心	111cm×67cm	92,000	中鸿信	2020-01-04
薄云 1985年 渔村	70.5cm×74cm	161,000	中国嘉德	2020-12-05
鲍少游 1951年作 凤侣天香 屏轴	129cm×59.5cm	82,800	朵云轩	2020-09-23
鲍少游 明妃下殿 立轴	111.3cm×35.5cm	55,503	香港苏富比	2020-10-08
毕泷 双松图 立轴	74cm×41.5cm	86,250	西泠印社	2020-08-08
斌剪纸 新中国成立70周年杜锦	1600cm×70cm	306,944	香港贞观	2020-08-30
冰山（燕淑芝）2020年作 王者荣耀 镜心	196cm×98cm	635,000	北京汇珍	2020-08-13
冰山（燕淑芝）2019至2020年春作 湿地 镜心	120cm×120cm	356,000	北京汇珍	2020-08-13
冰心 虚云法师 1938年作 书法、傍山人家图 成扇	50.5cm×18.5cm	115,000	西泠印社	2020-08-08
蔡锷 白居易《自咏》立轴	130cm×52.5cm	207,000	永乐拍卖	2020-08-17
蔡鹤汀 1942年作 三狮图 立轴	158cm×66cm	241,500	朵云轩	2020-09-23
蔡鹤汀 虎虎生风 立轴	135.5cm×75.5cm	230,000	上海匡时	2020-08-05
蔡鹤汀 慈心牴犊 立轴	136cm×40cm	126,500	中国嘉德	2020-11-09
蔡鹤汀 1940年作 佳人图 立轴	117cm×44.5cm	57,500	朵云轩	2020-09-23
蔡鹤汀 1942年作 野山双雄 立轴	106cm×27.5cm	57,500	朵云轩	2020-09-23
蔡鹤汀 区丽庄 虎啸山鸣 镜心	95cm×67cm	57,500	中贸圣佳	2020-10-17
蔡鹤汀 1942年作 白居易诗意 扇面	17.7cm×50cm	55,200	朵云轩	2020-09-24
蔡俊章 2020年作 春日游杏花飞满天	69cm×136cm	253,000	北京翰海	2020-12-12
蔡立杰 2020年作 祥龙献瑞	138cm×68cm	632,500	钜鑫缘（香港）	2020-11-03
蔡茂友 花开富贵、前程似锦 镜心	145cm×365cm	12,650,000	荣宝斋（南京）	2020-11-28
蔡茂友 春风大地花满天 镜心	48cm×180cm	1,035,000	荣宝斋（南京）	2020-11-28
蔡茂友 富贵天下、大吉大利 镜心	180cm×48cm	1,012,000	荣宝斋（南京）	2020-11-28
蔡茂友 富贵天下 镜心	180cm×48cm	977,500	荣宝斋（南京）	2020-11-28
蔡茂友 满园春 镜心	180cm×48cm	920,000	荣宝斋（南京）	2020-11-28
蔡茂友 家和家美 镜心	180cm×48cm	920,000	荣宝斋（南京）	2020-11-28

拍品名称	物品尺寸	成交价RMB	拍卖公司	拍卖日期
蔡茂友 但见蜻蜓拜如来 镜心	180cm×48cm	920,000	荣宝斋(南京)	2020-11-28
蔡茂友 荷风千秋 镜心	180cm×48cm	920,000	荣宝斋(南京)	2020-11-28
蔡茂友 荷悦 镜心	180cm×48cm	862,500	荣宝斋(南京)	2020-11-28
蔡茂友 雄风 镜心	180cm×48cm	862,500	荣宝斋(南京)	2020-11-28
蔡茂友 春水谣 镜心	180cm×48cm	862,500	荣宝斋(南京)	2020-11-28
蔡茂友 富贵有余 镜心	180cm×48cm	805,000	荣宝斋(南京)	2020-11-28
蔡茂友 竹海情笃 镜心	180cm×48cm	805,000	荣宝斋(南京)	2020-11-28
蔡茂友 笑口常开 镜心	97cm×36cm	575,000	荣宝斋(南京)	2020-11-28
蔡茂友 2019年作 春上枝头 镜心	97cm×44cm	517,500	中国嘉德	2020-07-16
蔡茂友 春浓 镜心	97cm×36cm	460,000	荣宝斋(南京)	2020-11-28
蔡茂友 2019年作 秋韵 镜心	97cm×37cm	402,500	中国嘉德	2020-07-16
蔡茂友 2018年作 春生 镜心	96cm×36cm	402,500	中国嘉德	2020-07-16
蔡茂友 春兰如梦 镜心	97cm×36cm	368,000	荣宝斋(南京)	2020-11-28
蔡茂友 2019年作 秋趣 镜心	48cm×73cm	345,000	中国嘉德	2020-07-16
蔡茂友 2019年作 共舞 镜心	48cm×48cm	287,500	中国嘉德	2020-07-16
蔡茂友 2019年作 欢歌 镜心	81cm×32cm	287,500	中国嘉德	2020-07-16
蔡茂友 秋风萧瑟天气凉 镜心	97cm×36cm	230,000	荣宝斋(南京)	2020-11-28
蔡茂友 携琴访友 镜心	97cm×36cm	230,000	荣宝斋(南京)	2020-11-28
蔡茂友 遥听瀑声近 镜心	97cm×36cm	172,500	荣宝斋(南京)	2020-11-28
蔡茂友 水接西江天外声 镜心	97cm×36cm	172,500	荣宝斋(南京)	2020-11-28
蔡铣 花鸟四屏 立轴	48.5cm×27.5cm×4	86,250	荣宝斋(上海)	2020-10-25
蔡铣 沈进顷 1928年作 闺房雅趣 行书 成扇	19cm×52cm	85,100	朵云轩	2020-09-23
蔡逸溪 1989年作 塞西尔街的中午	69cm×90cm	202,350	佳士得	2020-12-03
蔡玉水 天堂少女 镜心	61cm×59cm	184,000	中国嘉德	2020-08-17
蔡玉水 2018年作 天堂少女(之三) 彩墨	63cm×60cm	184,000	中国嘉德	2020-12-01
蔡元培 楷书“平屋”横披	34cm×104cm	2,185,000	朵云轩	2020-09-23
蔡元培 行书《饮酒》(结庐在人境)镜心	41cm×150cm	1,897,500	北京保利	2020-10-17
蔡元培 行书节录《中庸》立轴	145cm×75cm	1,380,000	中国嘉德	2020-08-16
蔡元培 行书七言 对联	146cm×39cm×2	805,000	朵云轩	2020-09-24
蔡元培 行书七言联 立轴	174cm×46cm×2	598,000	十竹斋拍卖(北京)	2020-10-18
蔡元培 王廷扬 赵宗孟 徐道政 书法四屏 立轴	130cm×33cm×4	264,500	中国嘉德	2020-08-15
蔡元培 书法 立轴	93cm×36cm	172,500	华艺国际	2020-10-16
蔡元培 行书七言联 立轴	127cm×24cm×2	115,000	北京翰海	2020-12-12
蔡元培 楷书《中宪大夫慎封世叔大人》寿序 立轴	74cm×38.5cm	115,000	中贸圣佳	2020-10-17

拍品名称	物品尺寸	成交价RMB	拍卖公司	拍卖日期
蔡元培 书法 对联	128cm×24cm×2	92,000	广东小雅斋	2020-08-21
曹克家 耄耋图 立轴	97.5cm×31.5cm	92,000	北京翰海	2020-12-11
曹克家 猫趣图 立轴	96cm×31cm	80,500	北京翰海	2020-12-11
曹锟 行书十六言联 立轴	350cm×46cm×2	1,092,500	北京保利	2020-10-17
曹锟 楷书七言联 立轴	170.5cm×27.5cm×2	322,000	北京翰海	2020-12-12
曹锟 梅花手卷 立轴	引首 32.5cm×124cm；画 32.5cm×266cm；题跋 32.5cm×121.5cm	322,000	永乐拍卖	2020-12-03
曹锟 1927年作 延年益寿 立轴	135cm×56cm	138,000	北京翰海	2020-12-11
曹锟 行书七言联 立轴	168cm×37cm×2	138,000	北京翰海	2020-12-12
曹锟 梅花 立轴	132cm×54.5cm	120,750	中贸圣佳	2020-10-17
曹锟 书法“寿”(一轴)	116.5cm×63.5cm	92,000	北京保利	2020-10-18
曹锟 楷书七言联(二幅)	199cm×47cm×2	86,250	北京保利	2020-10-18
曹锟 1934年作 行书“一心向佛”横披	42.5cm×175cm	78,200	上海匡时	2020-08-05
曹锟 隶书八言联 镜心	270cm×66cm×2	74,750	中鸿信	2020-01-04
曹锟 楷书五言联(两幅)	140cm×30.5cm×2	57,500	北京保利	2020-10-18
曹锟 楷书七言联 立轴	172cm×28.5cm×2	57,500	中贸圣佳	2020-10-17
曹堂 仿巨然观潮图 扇面	16.0cm×61.0cm	172,500	中国嘉德	2020-12-04
曹无 海天长寿 镜心	55cm×70cm	57,500	中国嘉德	2020-07-16
曹志明 2020年作 景泰蓝	55cm×55cm	172,500	北京翰海	2020-12-12
曹志明 2020年作 小楷百家姓	21cm×132cm	92,000	北京翰海	2020-12-12
草间弥生 1991年作 南瓜(三件一组)丝网版画 48/250	28cm×59cm(每件)	185,640	罗芙奥	2020-07-19
草间弥生 1993年作 花(AZ)丝网版画 69/90	84cm×71cm	185,640	罗芙奥	2020-07-19
草间弥生 1996年作 南瓜(RY)丝网版画 54/120	32.5cm×40cm	171,360	罗芙奥	2020-07-19
草间弥生 1997年作 果物 石版版画 105/125	34cm×43.2cm	157,080	罗芙奥	2020-07-19
草间弥生 2012年作 艾丽斯梦游仙境、路易威登版画集(一组三件)版画书 74/111(内含一件版画，一张照片，一本书)	尺寸不一	114,240	罗芙奥	2020-07-19
岑其 2019年作 峨眉高秋 立轴	181cm×96cm	322,000	十竹斋拍卖(北京)	2020-10-18
常玉 1920—1940年代作 裸女坐像	37.5cm×26.5cm	1,897,500	华艺国际	2020-10-15
常玉 1920—1930年代作 弯腰裸女	49cm×33.5cm	1,725,000	华艺国际	2020-10-15
常玉 1920—1930年代作 致葛阿比	46cm×34cm	920,000	华艺国际	2020-10-15
常玉 约1920年作 侧卧裸女	19.5cm×40cm	452,000	香港苏富比	2020-07-09
常玉 1961年作 斜坐的裸女	23cm×28cm	437,000	广东崇正	2020-09-13
常玉 站姿裸女	44cm×27.5cm	395,500	香港苏富比	2020-07-09
常玉 马	20.2cm×26.7cm	339,000	香港苏富比	2020-07-09
常玉 作画的女人 水墨纸本	43cm×26cm	297,820	巴黎佳士得	2020/6/23
常玉 侧卧裸女	28.2cm×44.5cm	293,800	香港苏富比	2020-07-09
常玉 女	27cm×36cm	287,500	北京翰海	2020-12-12
常玉 1930年作 坐着的女子	43.5cm×26.5cm	228,708	中国嘉德	2020-10-08
常玉 美人头像	28cm×45cm	169,500	香港苏富比	2020-07-09
常玉 1930年作 陶潜诗集 蚀刻版画 150/290；棕褐色特别版 限量5	19.5cm×15cm(版画)；32.5cm×25.3cm(诗集)	137,088	罗芙奥	2020-07-19
常云易奇 书法“安康纳财福”	68cm×45cm	726,000	北京贞观	2020-11-28
畅维臻 2019年作 灵猴献寿 镜心	73cm×60cm	115,000	北京翰海	2020-09-12

2020书画拍卖成交汇总(续表)

(成交价RMB：5万元以上)

拍品名称	物品尺寸	成交价RMB	拍卖公司	拍卖日期
陈半丁 1908年作 临石溪山水 立轴	224cm×30.5cm	701,500	十竹斋拍卖(北京)	2020-10-18
陈半丁 1928年作 富贵齐眉 立轴	143cm×46.5cm	655,500	中鸿信	2020-01-03
陈半丁 曹克家 1947年作 猫戏图 四屏镜心	98.5cm×34cm×4	575,000	中鸿信	2020-01-03
陈半丁 1963年作 瑶池无量寿 镜心	55cm×34cm	437,000	中鸿信	2020-01-03
陈半丁 岁寒君子 立轴	138cm×34cm	310,500	中鸿信	2020-01-03
陈半丁 寿而康 镜心	138cm×34cm×2	310,500	永乐拍卖	2020-12-03
陈半丁 玉容朱颜香自满 立轴	141.5cm×39cm	299,000	中鸿信	2020-01-03
陈半丁 1939年作 茅屋空山中 立轴	99cm×32cm	264,500	中鸿信	2020-01-03
陈半丁 1931年作 紫藤 立轴	132cm×35cm	184,000	北京翰海	2020-12-11
陈半丁 萧愻 荷塘消夏 成扇	18.8cm×48cm	177,610	香港苏富比	2020-10-08
陈半丁 1940年作 秋山清风 立轴	88cm×42cm	172,500	中国嘉德	2020-07-16
陈半丁 1927年作 无量寿佛 镜心	67cm×37cm	161,000	中鸿信	2020-01-03
陈半丁 1927年作 松下古佛 立轴	125cm×31.5cm	161,000	中国嘉德	2020-08-15
陈半丁 1961年作 香泽风静后 立轴	115cm×45cm	161,000	中鸿信	2020-01-03
陈半丁 紫藤垂荫 立轴	102cm×33.5cm	149,500	十竹斋拍卖(北京)	2020-10-18
陈半丁 1922年作 斜日熏风迎晚霞 立轴	138.5cm×39.5cm	138,000	上海嘉禾	2020-01-05
陈半丁 蓬山景致 立轴	92cm×27cm	138,000	华艺国际	2020-10-16
陈半丁 王雪涛 柳蝉月季 镜心	92.5cm×31cm	138,000	十竹斋拍卖(北京)	2020-10-18
陈半丁 1964年作 富贵天香图 立轴	79cm×34cm	132,250	中鸿信	2020-01-03
陈半丁临书日课册页(四十六开)	18.5cm×25.5cm×46	132,250	荣宝斋(上海)	2020-10-25
陈半丁 枇杷 镜心	65.5cm×32cm	126,500	北京翰海	2020-12-11
陈半丁 陈云诰 1944年作 双友图 行书 成扇	19cm×49cm	115,000	中鸿信	2020-01-03
陈半丁 1956年作 独立见江船 镜心	72cm×42.5cm	115,000	十竹斋拍卖(北京)	2020-10-18
陈半丁 溥忻 1945年作 秋山杖履 行书 成扇	18cm×49cm×2	109,250	上海敬华	2020-09-22
陈半丁 策杖访友图 立轴	66cm×33.5cm	103,500	中国嘉德	2020-08-15
陈半丁 1962年作 三友图 镜心	180cm×48.5cm	103,500	中鸿信	2020-01-03
陈半丁 松树长青 镜片	116.5cm×40.5cm	103,500	朵云轩	2020-09-23
陈半丁 1962年作 桃李满天下 镜心	180cm×48.5cm	101,200	中鸿信	2020-01-03
陈半丁 1966年作 深山草堂图 镜心	90cm×43cm	97,750	中国嘉德	2020-07-16
陈半丁 1947年作、1948年作 梅花、荷花 镜心	99.5cm×33.5cm×2	97,750	中国嘉德	2020-08-15
陈半丁 白狐挑梁黄狐立 镜片	99cm×39cm	92,000	广东小雅斋	2020-06-17
陈半丁 1960年作 富贵牡丹 立轴	95cm×32cm	92,000	中鸿信	2020-01-03
陈半丁 1941年作 白狐黄狐 镜心	99cm×39cm	92,000	中国嘉德	2020-08-15
陈半丁 张伯英 紫藤鸢尾、自作诗《阅帖杂咏》六首 成扇	19cm×52cm	92,000	北京诚轩	2020-08-17
陈半丁 张伯英 花卉图、书法 成扇	19cm×49cm	92,000	华艺国际	2020-10-16
陈半丁 1921年作 双面绘扇 成扇	21.2cm×54cm	86,250	北京诚轩	2020-08-17
陈半丁 富贵花开 立轴	102cm×34cm	86,250	中国嘉德	2020-07-16
陈半丁 1966年作 菊石图 立轴	100cm×34cm	82,800	中国嘉德	2020-07-16
陈半丁 七骑出阴山 镜心	68cm×34cm	82,800	中国嘉德	2020-07-17
陈半丁 秋花义士 立轴	129cm×35cm	82,800	中鸿信	2020-01-03
陈半丁 篆书临金文·罗汉图 成扇	55cm×19cm	82,800	西泠印社	2020-08-08
陈半丁 罗振玉 巴山巴水闻猿声、节录《元氏县令庞君清德碑》成扇	17cm×49.5cm	80,500	北京诚轩	2020-08-17
陈半丁 山水 立轴	102cm×41cm	80,500	广东小雅斋	2020-08-21
陈半丁 双秋图 立轴	138.5cm×34cm	74,750	北京翰海	2020-12-11
陈半丁 兰馨菊芳 立轴	138cm×52cm	74,750	中国嘉德	2020-12-02
陈半丁 梅竹双清 立轴	96cm×30cm	71,300	中国嘉德	2020-11-09
陈半丁 行书 杜甫诗 立轴	71cm×36.5cm	69,000	西泠印社	2020-08-08
陈半丁 是花偏灼灼 镜心	100.5cm×34.5cm	69,000	中鸿信	2020-01-03
陈半丁 紫藤 镜心	101cm×34cm	69,000	北京翰海	2020-12-11
陈半丁 王雪涛 萧愻 张海若 1940年作 蜂采蔷薇 行书 成扇	18cm×50cm×2	69,000	上海敬华	2020-09-22
陈半丁 傅增湘 岁寒三友图·书法 成扇	20cm×55.2cm	69,000	永乐拍卖	2020-12-03
陈半丁 1943年作 紫藤 立轴	108cm×33cm	66,700	中鸿信	2020-01-03
陈半丁 百合长留 镜心	27cm×64cm	63,357	中国嘉德	2020-10-09
陈半丁 1943年作 仙山诗意图 扇面	19cm×54cm	57,500	中鸿信	2020-01-03
陈半丁 华堂春满 立轴	99cm×32.7cm	57,500	上海驰翰	2020-05-10
陈半丁 秋花图 镜心	86cm×37cm	57,500	中国嘉德	2020-07-16
陈半丁 1941年作 菊花 立轴	101cm×48cm	57,500	永乐拍卖	2020-12-03
陈半丁 山林溪桥 立轴	107cm×35cm	57,500	永乐拍卖	2020-12-03
陈半丁 1931年作 花卉 镜心	19.2cm×51.2cm	57,500	永乐拍卖	2020-12-03
陈半丁 1940年作 仿汪士慎梅花图 立轴	85.5cm×31cm	57,500	中国嘉德	2020-12-03
陈半丁 1925年作 溪边雅趣图 立轴	99cm×45cm	55,200	北京保利	2020-12-04
陈半丁 1936年作 芙蓉 立轴	127cm×32cm	55,200	中国嘉德	2020-12-02
陈半丁 凌波仙子 镜心	27cm×31.5cm	51,750	中鸿信	2020-01-03
陈半丁 荀慧生 陈启湖 溥锟娱 1940年作 清供图 立轴	101.5cm×31.5cm	51,750	中鸿信	2020-01-03
陈半丁 1930年作 寿石天竺 立轴	98cm×31.5cm	51,750	北京翰海	2020-12-11
陈宝箴 行书五言联 立轴	111cm×25cm×2	103,500	广东崇正	2020-09-13
陈波 2020年作 云深不知处 镜心	138cm×34cm	58,000	北京汇珍	2020-08-13
陈波 2019年作 芙蓉楼送辛渐 镜心	138cm×34cm	52,000	北京汇珍	2020-08-13
陈伯达 楷书"大好人" 镜心	129cm×40cm	1,380,000	中国嘉德	2020-12-02
陈伯达 行书毛主席词 镜心	42.5cm×24.5cm	253,000	中国嘉德	2020-12-02
陈伯达 行书毛主席词 镜心	40cm×22cm	138,000	中国嘉德	2020-12-02
陈曾寿 1921年作 天目山纪游 手卷	25.5cm×710cm	172,500	中国嘉德	2020-08-15
陈曾寿 罗振玉 大夫松 甲骨文字四则 成扇	19cm×45cm	57,500	北京诚轩	2020-08-17
陈曾寿 楷书八言联 立轴	169.5cm×42cm×2	57,500	北京翰海	2020-12-12
陈达 1952年作 四季山水 四屏	136cm×34cm×4	379,500	上海敬华	2020-09-22
陈达 1940年作 山水四帧 镜片	72.5cm×30.5cm×4	195,500	西泠印社	2020-08-09
陈达 湖山诗兴 立轴	134cm×49cm	69,000	中国嘉德	2020-07-17
陈达 马公愚 1957年作 桃花源记、行书画论 成扇		55,200	中国嘉德	2020-07-17
陈达 栈道连云图 扇面		50,400	上海联合	2020-11-29
陈大羽 1987年作 花果 册页	40.5cm×56cm×8	552,000	北京保利	2020-10-17
陈大羽 1981年作 鸟语花香春长在 立轴	134cm×65.5cm	437,000	十竹斋拍卖(北京)	2020-10-18
陈大羽 1977年作 大吉图 镜片	96.5cm×45cm	299,000	广东崇正	2020-09-13
陈大羽 1978年作 大吉图 立轴	95cm×44cm	224,250	朵云轩	2020-09-23
陈大羽 1993年作 春消息 立轴	81.5cm×53cm	207,000	朵云轩	2020-09-23
陈大羽 傲霜有秋菊 立轴	139cm×70cm	178,250	荣宝斋(南京)	2020-11-22
陈大羽 大寿 镜片	78cm×54cm	143,750	广东崇正	2020-06-27

拍品名称	物品尺寸	成交价RMB	拍卖公司	拍卖日期
陈大羽 1981年作 仙酿 镜片	66cm×45.5cm	138,000	广东崇正	2020-09-13
陈大羽 映日荷花别样红 立轴	100cm×58cm	138,000	荣宝斋(上海)	2020-10-25
陈大羽 1977年作 荷香清远 立轴	139cm×70cm	138,000	十竹斋拍卖(北京)	2020-10-18
陈大羽 1983年作 大吉图 立轴	68cm×51cm	126,500	西泠印社	2020-08-08
陈大羽 1981年作 大福大寿 镜心	67cm×45cm	126,500	中国嘉德	2020-12-03
陈大羽 1979年作 雄鸡 立轴	82.5cm×50cm	115,000	广东崇正	2020-09-13
陈大羽 1978年作 紫藤蜡嘴雀 镜心	95.5cm×59cm	115,000	中国嘉德	2020-12-03
陈大羽 1986年作 春兰秋菊 立轴	85cm×51cm	92,000	广东崇正	2020-09-13
陈大羽 仙人掌 镜心	67.5cm×68.5cm	88,550	荣宝斋(南京)	2020-11-28
陈大羽 1979年作 冷艳 立轴	83cm×50cm	86,250	永乐拍卖	2020-12-03
陈大羽 桂林山水 立轴	67.5cm×67cm	80,500	荣宝斋(南京)	2020-11-28
陈大羽 1984年作 秋趣 立轴	89.5cm×47.5cm	74,750	上海嘉禾	2020-01-05
陈大羽 荷韵 立轴	68cm×45cm	70,150	上海嘉禾	2020-01-05
陈大羽 不染图 立轴	82cm×50.5cm	69,000	西泠印社	2020-08-08
陈大羽 荷塘鸳鸯 镜心	93.5cm×44cm	69,000	荣宝斋(南京)	2020-11-28
陈大羽 1986年作 大福寿 仁者寿 成扇		69,000	上海敬华	2020-09-22
陈大羽 篆书五言联 镜心	106cm×24.5cm×2	69,000	中贸圣佳	2020-10-17
陈大羽 公鸡 立轴	69cm×46cm	59,800	广东小雅斋	2020-08-21
陈大羽 1982年作 报春 立轴	116cm×67cm	57,500	北京诚轩	2020-08-17
陈大羽 秋趣 立轴	67.5cm×45.5cm	57,500	广东崇正	2020-09-13
陈大羽 紫藤蜜蜂 镜心	65.5cm×44.5cm	57,500	中国嘉德	2020-12-03
陈大羽 1981年作 眉寿 镜心	66.5cm×44.5cm	55,200	中国嘉德	2020-12-03
陈大羽 紫藤蜡嘴 镜心	89cm×48cm	51,750	荣宝斋(上海)	2020-10-25
陈惠 纳凉图 立轴	135cm×70cm	1,782,500	北京保利	2020-10-18
陈独秀 行书七言联 立轴	141cm×37.5cm×2	575,000	华艺国际	2020-10-16
陈独秀 1921年作 楷书 题句 画心	146.5cm×38cm	149,500	西泠印社	2020-08-09
陈独秀 草书 立轴	130cm×47cm	74,750	北京翰海	2020-12-11
陈飞 白蛇传 镜心	74.5cm×49cm	161,000	中鸿信	2020-01-03
陈福善 海滩 镜框	58cm×74cm	91,200	佳士得	2020-07-08
陈福善 1977年作 年年有余 镜框	97.5cm×71.3cm	51,120	佳士得	2020-11-18
陈桂香 2020年作 万山红遍	180cm×68cm	3,427,000	钜鑫缘(香港)	2020-11-03
陈桂香 2020年作 万山红遍	138cm×68cm	3,082,000	钜鑫缘(香港)	2020-11-03
陈衡恪 绿荷红榴画联 立轴	121cm×36cm×2	199,811	香港苏富比	2020-10-08
陈衡恪 楷书五言联 立轴		155,408	香港苏富比	2020-10-08
陈衡恪 1919年作 奇石双清 立轴	88.4cm×46cm	113,000	香港苏富比	2020-07-10
陈衡恪 墨竹 立轴	131.4cm×21.1cm	84,750	香港苏富比	2020-07-10
陈衡恪 行书五言联 镜框	135.7cm×25.6cm×2	73,450	香港苏富比	2020-07-10
陈衡恪 梅花 立轴	146cm×39cm	51,750	广东小雅斋	2020-08-21
陈家泠 1973年作 小合奏 镜心	26cm×46.5cm	92,000	北京保利	2020-10-17
陈家泠 荷香 镜片	69cm×137cm	86,250	上海嘉禾	2020-01-05
陈家泠 1980年作 婷韵及出水图	97.5cm×64.1cm；96.1cm×64.5cm	64,041	纽约佳士得	2020-09-11
陈家泠 红叶小鸟 镜片	34.5cm×151.5cm	52,900	广东崇正	2020-09-13
陈旧村 1954年作 和平万岁 立轴	106cm×38cm	51,750	上海驰翰	2020-05-10
陈巨来 篆书七言联 对联	132cm×39cm×2	138,000	上海敬华	2020-09-22

拍品名称	物品尺寸	成交价RMB	拍卖公司	拍卖日期
陈夔龙 溥儒 东坡生日诗、楚山秋晚图 镜心	18cm×52cm×2	138,000	中贸圣佳	2020-10-17
陈夔龙 1935年作 行楷"天香楼"镜心	71.5cm×143cm	69,000	北京保利	2020-12-04
陈夔龙 孔小瑜 行书七言诗·钟馗图 成扇	51cm×18.5cm	57,500	西泠印社	2020-08-08
陈蕾 2013年作 太阳以西的独白之一 镜心	92 cm×148cm	186,000	北京汇珍	2020-08-13
陈立夫 行书节录《朱子家训》纸本	35cm×64.3cm	86,250	中国嘉德	2020-12-02
陈铭枢 1948年作 篆书六言联 立轴	149.2cm×40.8cm×2	94,300	北京诚轩	2020-08-17
陈摩 1940年作 花鸟四屏 立轴	113.5cm×40cm×4	74,750	十竹斋拍卖(北京)	2020-10-18
陈佩秋 草书八屏 镜心	369cm×72cm×8	8,625,000	荣宝斋(上海)	2020-10-25
陈佩秋 2005年作 山水行书合璧册画十二开、对题十二开	25cm×32cm×24	4,830,000	朵云轩	2020-09-23
陈佩秋 云山皆美 册页(十二开)	33cm×39.5cm×12	1,495,000	朵云轩	2020-09-24
陈佩秋 临风劲节 镜片	69cm×137.5cm	977,500	朵云轩	2020-09-23
陈佩秋 山茶白头 立轴	116cm×46.5cm	575,000	荣宝斋(南京)	2020-11-28
陈佩秋 桃花竹鸟图 镜心	49cm×34cm	552,000	北京保利	2020-10-17
陈佩秋 秋鸣图 立轴	99cm×49cm	552,000	朵云轩	2020-09-24
陈佩秋 2009年作 兰蝶灵石图 镜心	79cm×40cm	460,000	北京保利	2020-10-17
陈佩秋 柳荫鸣雀 立轴	136cm×68cm	460,000	永乐拍卖	2020-12-03
陈佩秋 2010年作 春居图·行书温庭筠诗 成扇	20cm×61.5cm	437,000	上海嘉禾	2020-01-05
陈佩秋 桃花竹鸟图 立轴	49cm×34cm	419,950	北京保利	2020-07-16
陈佩秋 竹雀图 立轴	136cm×67cm	402,500	永乐拍卖	2020-08-17
陈佩秋 1982年作 松石劲节 立轴	98cm×61cm	345,000	北京保利	2020-10-17
陈佩秋 2010年作 三友图 手卷	画29cm×90cm；跋29cm×60cm	322,000	永乐拍卖	2020-08-17
陈佩秋 1985年作 幽兰图 镜片	87cm×47cm	310,500	上海嘉禾	2020-01-05
陈佩秋 竹雀图 立轴	64cm×65cm	287,500	永乐拍卖	2020-08-17
陈佩秋 菊花蝴蝶、草书 成扇	19.5cm×57cm	253,000	荣宝斋(上海)	2020-10-25
陈佩秋 竹雀、行书 成扇	17.5cm×53cm	253,000	荣宝斋(上海)	2020-10-25
陈佩秋 1990年作 深谷鸣禽 立轴	58.5cm×79.5cm	253,000	中国嘉德	2020-12-02
陈佩秋 碧桃 行书 扇面	20cm×55cm	230,000	朵云轩	2020-09-23
陈佩秋 竹雀图 立轴	67cm×45.5cm	218,500	西泠印社	2020-08-09
陈佩秋 有余图 立轴	91cm×44.3cm	218,500	中国嘉德	2020-12-02
陈佩秋 竹雀图 立轴	63cm×43.5cm	184,000	上海匡时	2020-08-05
陈佩秋 细雨蛙鸣 行书 扇面	18.5cm×53cm	172,500	朵云轩	2020-09-23
陈佩秋 芭蕉小鸟 立轴	132cm×32.5cm	155,250	荣宝斋(南京)	2020-11-28
陈佩秋 蕉石青蛙 立轴	74cm×32cm	149,500	朵云轩	2020-09-24
陈佩秋 2009年作 山泉鸣禽 立轴	画37cm×48cm；书法14cm×44cm	138,000	北京保利	2020-10-17
陈佩秋 有余图 草书 成扇	18.5cm×53cm	138,000	朵云轩	2020-09-23
陈佩秋 杜鹃翠羽 镜片	67cm×48cm	138,000	上海敬华	2020-09-22
陈佩秋 仙人掌 镜心	32cm×65cm	138,000	十竹斋拍卖(北京)	2020-10-18
陈佩秋 2008年作 花鸟书法 扇面	20cm×55cm	135,700	十竹斋拍卖(北京)	2020-10-18
陈佩秋 1987年作 春江水暖 镜片	86cm×47cm	126,500	上海嘉禾	2020-01-05

2020书画拍卖成交汇总(续表)

(成交价RMB：5万元以上)

拍品名称	物品尺寸	成交价RMB	拍卖公司	拍卖日期
陈佩秋 行书 十一言联 镜片	138cm×34.5cm	109,250	西泠印社	2020-08-08
陈佩秋 乌江写意 镜片	诗堂 27.5cm×13.5cm；画心 35.5cm×27.5cm	109,250	西泠印社	2020-08-09
陈佩秋 吴学让 1988年作 兰竹双清 镜片	57cm×67.5cm	109,250	朵云轩	2020-09-23
陈佩秋 行书 十四言联 对联	214cm×16.5cm×2	103,500	西泠印社	2020-08-08
陈佩秋 行书七言联 立轴	219cm×49cm×2	103,500	北京保利	2020-10-17
陈佩秋 枫林幽禽图 立轴	诗堂 37cm×18.5cm；画心 48.5cm×37cm	92,000	西泠印社	2020-08-08
陈佩秋 蕉荫小鸟 立轴	95.5cm×34.5cm	92,000	上海嘉禾	2020-01-05
陈佩秋 1982年作 竹报平安 镜片	65cm×44cm	92,000	上海敬华	2020-09-22
陈佩秋 竹雀图 镜心	100cm×50cm	92,000	永乐拍卖	2020-12-03
陈佩秋 茨坪写真图 镜片	诗堂 45cm×29cm；画心45cm×34cm	86,250	西泠印社	2020-08-09
陈佩秋 大贵图 镜心	画46cm×64cm；书法29cm×64cm	80,500	北京保利	2020-10-17
陈佩秋 深山访友 镜心	18cm×55cm	80,500	北京保利	2020-10-17
陈佩秋 行书“读书屋”镜心	35cm×85.5cm	80,500	十竹斋拍卖（北京）	2020-10-18
陈佩秋 竹叶小鸟 立轴	68cm×45cm	74,750	上海匡时	2020-08-05
陈佩秋 江妃凌波·行书刘灏诗 扇面	25cm×56cm	74,750	北京保利	2020-10-17
陈佩秋 秋菊佳色·行书苏舜钦诗 扇面	25cm×56cm	74,750	北京保利	2020-10-17
陈佩秋 红菱图 镜心	30.5cm×44cm	74,750	北京保利	2020-10-17
陈佩秋 三鱼图 镜心	34cm×44.5cm	71,532	中国嘉德	2020-10-09
陈佩秋 花放韶光·行书沈周诗 扇面	24cm×52.5cm	69,000	北京保利	2020-10-17
陈佩秋 青蛙 镜框	66cm×35.5cm	69,000	华艺国际	2020-10-16
陈佩秋 兰草图 行书 镜片	画55cm×40cm；书法64cm×42cm	69,000	上海敬华	2020-09-22
陈佩秋 2020年作 行书十一言联 镜片	102cm×18.5cm×2	66,700	西泠印社	2020-08-08
陈佩秋 行书“茶人之家”镜心	35cm×13cm	59,020	北京保利	2020-07-16
陈佩秋 清雅兰花 立轴	23.5cm×61cm；54cm×61cm	58,650	保利厦门	2020-09-26
陈佩秋 竹雀 立轴	69cm×45cm	57,500	上海嘉禾	2020-01-05
陈佩秋 兰蝶图 立轴	诗堂 20cm×37cm；画 68cm×37cm	57,500	北京保利	2020-12-04
陈佩秋 春鸣 镜片	68cm×70cm	57,500	广东崇正	2020-09-13
陈佩秋 竹林小鸟 镜片	56cm×106cm	57,500	上海敬华	2020-09-22
陈佩秋 行书长联 立轴	227cm×35cm	57,500	上海敬华	2020-09-22
陈佩秋 密林幽禽 立轴	画33cm×40cm；题28cm×40cm	57,500	永乐拍卖	2020-12-03
陈佩秋 1991年作 草书 镜片	68cm×45.5cm	56,350	朵云轩	2020-11-29
陈佩秋 密林幽禽 立轴	画心 335cm×41cm；书法28cm×41cm	51,750	广东小雅斋	2020-08-21
陈平 2004年作 崂山纪游 镜心	97cm×89.5cm	195,500	中国嘉德	2020-08-17
陈平 山水、书法 镜片	画心 65cm×104cm；书法65cm×37cm	103,500	广东小雅斋	2020-08-21

拍品名称	物品尺寸	成交价RMB	拍卖公司	拍卖日期
陈萍如 相亲相爱 镜心	53cm×84cm	184,000	北京翰海	2020-09-12
陈其宽 广寒 立轴	92.5cm×22.6cm	191,700	佳士得	2020-12-01
陈其宽 寒林戏风 立轴	22.8cm×91.5cm	135,600	香港苏富比	2020-07-10
陈奇 古代圣贤图	120cm×240cm	2,560,000	北京贞观	2020-11-28
陈启湖 大慈尊像 镜片	99cm×37.5cm	57,500	广东崇正	2020-09-13
陈秋草 1972年作 井冈晴岚 立轴	34cm×138cm	74,750	北京保利	2020-10-17
陈少梅 溥儒 1935年作 饮酒图合卷 手卷	10.5cm×80cm×2	2,875,000	北京诚轩	2020-08-17
陈少梅 1945年作 早春图 成扇	18.5cm×44.5cm	734,500	香港苏富比	2020-07-10
陈少梅 1938年作 七夕图 立轴	118cm×63cm	575,000	北京保利	2020-10-17
陈少梅 1946年作 桃源图 镜心	107cm×20.5cm	575,000	中国嘉德	2020-12-03
陈少梅 1933年作 春山策蹇 立轴	109cm×20.5cm	460,000	北京诚轩	2020-08-17
陈少梅 沈尹默 1940年作 柳荫仕女、行书七言诗 成扇		368,000	中国嘉德	2020-07-17
陈少梅 竹谷观瀑图 立轴	98cm×18cm	345,000	北京保利	2020-12-04
陈少梅 1953年作 颐和园小景 镜框	42cm×74.5cm	345,000	华艺国际	2020-10-16
陈少梅 杨柳岸晓风残月 镜心	71cm×25cm	322,000	中国嘉德	2020-11-09
陈少梅 1941年作 松下仕女 立轴	84.5cm×37.5cm	253,000	中鸿信	2020-01-03
陈少梅 等各家 1941、1942年作 书画屏风（八屏）镜心	32cm×10cm×8	253,000	北京翰海	2020-09-12
陈少梅 寿星 立轴	68cm×29cm	230,000	上海匡时	2020-08-05
陈少梅 柳荫仕女 立轴	100cm×29cm	230,000	华艺国际	2020-10-16
陈少梅 无边秋思、一片江南 立轴	103cm×30cm	218,500	荣宝斋（上海）	2020-10-25
陈少梅 贵妃出浴 镜心	44cm×48cm	207,000	北京保利	2020-12-04
陈少梅 1941年作 竹林仕女 镜片	94cm×36cm	207,000	朵云轩	2020-09-23
陈少梅 1948年作 梁孟相庄 立轴	102.5cm×22cm	184,000	中国嘉德	2020-12-02
陈少梅 傅增湘 松阴闲坐 节录《金石文考略》成扇	18.3cm×51cm	172,500	北京诚轩	2020-08-17
陈少梅 刘雁声 探梅图·行书七言诗 成扇	51cm×18.5cm	138,000	西泠印社	2020-08-08
陈少梅 人物 扇面	18cm×52cm	69,000	广东小雅斋	2020-08-2
陈少梅 1947年作 暗香疏影 镜心	19cm×56cm	51,750	北京保利	2020-12-04
陈师曾 1922年作 南山献寿 立轴	158cm×40cm	460,000	北京保利	2020-10-17
陈师曾 芝梅长寿 立轴	121.5cm×38cm	368,000	北京保利	2020-10-17
陈师曾 1912年作 楷书“妙义常标”立轴	176cm×46cm	368,000	北京保利	2020-12-05
陈师曾 题画诗稿本长卷 手卷	522.5cm×26.5cm	322,000	西泠印社	2020-08-09
陈师曾 1922年作 携酒与鱼 立轴	136cm×32cm	253,000	朵云轩	2020-09-23
陈师曾 1921年作 湖山烟雨 立轴	207cm×40cm	161,000	十竹斋拍卖（北京）	2020-10-18
陈师曾 1920年作 秋塘 镜框	147cm×42cm	149,500	华艺国际	2020-10-16
陈师曾 1918年作 仿古山水 册页（六开）	25.5cm×32cm×6	138,000	中国嘉德	2020-12-02
陈师曾 梅花 立轴	141.5cm×39.5cm	74,100	佳士得	2020-07-01
陈师曾 陈半丁 合作 铁骨仙姿 立轴	89.5cm×46.5cm	69,000	北京诚轩	2020-08-17
陈师曾 暗香正满 立轴	146cm×66cm	63,250	北京翰海	2020-12-11
陈师曾 丁佛言 金文兰花	18cm×49cm	57,500	中国嘉德	2020-12-02
陈师曾 芙蓉·梅尧臣《泛溪》扇面双挖 扇面镜心	19cm×52.6cm	51,750	北京诚轩	2020-08-17
陈树人 1926年作 林和靖诗意图 镜心	112cm×39cm	310,500	十竹斋拍卖（北京）	2020-10-18
陈树人 1933年作 江南花信 立轴	130cm×32cm	184,000	广东崇正	2020-09-13
陈树人 1944年作 空谷幽姿图 立轴	77.3cm×57cm	169,500	香港苏富比	2020-07-10
陈树人 1946年作 松树小鸟 立轴	115cm×40cm	161,000	广东崇正	2020-09-13

(成交价RMB：5万元以上)

拍品名称	物品尺寸	成交价RMB	拍卖公司	拍卖日期
陈树人 高剑父 花卉草虫 镜片	52cm×26.5cm	115,000	广东崇正	2020-09-13
陈树人 1935年作 红叶小鸟 立轴	133cm×65cm	103,500	北京保利	2020-12-04
陈树人 1947作 寒塘 立轴	131.5cm×33.2cm	97,750	北京诚轩	2020-08-17
陈树人 1941年作 柳树蝉鸣 镜心	50cm×33.5cm	61,313	中国嘉德	2020-10-09
陈庭诗 1974年作 四季	123.4cm×62.6cm(每联)；157.5cm×287cm(全屏)	1,368,000	香港苏富比	2020-07-08
陈庭诗 1974年作 无题	75cm×140.5cm	293,800	香港苏富比	2020-07-09
陈庭诗 1973年作 无题	61.3cm×92cm	99,905	香港苏富比	2020-10-06
陈庭诗 1981年作 昼与夜 #62 版画 15/40	92cm×92cm	74,256	罗芙奥	2020-07-19
陈文希 长臂猿	131.5cm×67.5cm	474,600	佳士得	2020-07-11
陈文希 苍鹭	67cm×68.5cm	447,300	佳士得	2020-12-03
陈文希 金鱼	65cm×67cm	298,200	佳士得	2020-12-03
陈文希 树梢戏鼠	46.5cm×65.5cm	255,600	佳士得	2020-12-03
陈文希 锦鲤 镜心	66.5cm×67.5cm	86,860	中国嘉德	2020-10-09
陈文希 风景 镜心	55cm×67.5cm	66,422	中国嘉德	2020-10-09
陈文希 三猿图 镜心	66.5cm×130cm	61,313	中国嘉德	2020-10-09
陈星[illegible] 京剧战北原 镜心	70cm×138cm	103,500	北京翰海	2020-09-12
陈学[illegible] 2020年夏月作 驰骋万里 镜心	240cm×129cm	258,000	北京汇珍	2020-08-13
陈[illegible] 2012年作 白鹭清波 镜框	99cm×32cm	96,900	佳士得	2020-07-08
陈逸飞 瓶花 镜框	68cm×45cm	51,750	上海嘉禾	2020-01-05
陈毅 1966年作 行书毛主席《咏梅》镜心	55.5cm×27.5cm	713,000	北京保利	2020-10-17
陈寅[illegible] 1909年作 行书杨万里诗 立轴	117.5cm×29.5cm	172,500	广东崇正	2020-09-13
陈永锵 雄风万里长 片	70cm×136.5cm	92,000	广东小雅斋	2020-08-21
陈永锵 2002年作 云水仙乡 镜心	136cm×68.5cm	86,250	中国嘉德	2020-12-01
陈永锵 丹龙	70cm×136.5cm	82,800	广东小雅斋	2020-08-21
陈永锵 2004年作 岭南三月木棉红 镜心	69cm×138cm	59,800	中国嘉德	2020-11-10
陈[illegible] 2015年作 荷塘渔隐 镜心	69cm×137cm	322,000	北京翰海	2020-09-12
陈玉圃 2016年作 罗汉册 镜心(十开)	37.5cm×51.5cm×10	575,000	中国嘉德	2020-12-01
陈玉圃 2005年作 漓江烟雨图 镜心	86cm×245cm	161,000	中国嘉德	2020-11-10
陈垣 1938年作 篆书七言联 立轴	131.5cm×20.5cm×2	80,500	十竹斋拍卖(北京)	2020-10-18
陈缘督 佚名 天神之后 幽芳 成扇	19.7cm×50cm	78,200	北京诚轩	2020-08-17
陈之佛 春花双羽 立轴	109.5cm×44cm	1,403,000	朵云轩	2020-09-23
陈之佛 1944年作 山茶双雀 镜框	52.3cm×88.2cm	644,100	香港苏富比	2020-07-10
陈之佛 竹雀图 立轴	103cm×30cm	586,500	十竹斋拍卖(北京)	2020-10-18
陈之佛 1944年作 梅茶双禽图 立轴	76cm×40cm	552,000	北京保利	2020-10-17
陈之佛 花鸟 立轴	106cm×32cm	178,250	广东小雅斋	2020-06-17
陈之佛 1945年作 寒禽图 镜框	18.5cm×53cm	138,000	上海嘉禾	2020-01-05
陈忠洲 团扇	31cm×29cm	230,000	北京翰海	2020-12-12
陈忠洲 山水清音 镜心	137cm×70cm	12,000,000	荣宝斋(南京)	2020-11-28
陈忠洲 秋清图 镜心	137cm×69cm	3,680,000	荣宝斋(南京)	2020-11-28
陈忠洲 清韵图 镜心	137cm×69cm	3,200,000	荣宝斋(南京)	2020-11-28
陈忠洲 秋山图 镜心	135cm×69cm	3,000,000	荣宝斋(南京)	2020-11-28
陈忠洲 双寿 镜心	138cm×69cm	3,000,000	荣宝斋(南京)	2020-11-28
陈忠洲 秋荷图 镜心	140cm×80cm	2,587,500	荣宝斋(南京)	2020-11-28
陈忠洲 云山雨意 镜心	180cm×96cm	2,300,000	荣宝斋(南京)	2020-11-28
陈忠洲 秋荷图 镜片 绢本	139cm×77cm	1,380,000	荣宝斋(济南)	2020-06-26
陈忠洲 柳燕传情 镜片	136cm×68cm	1,150,000	保利厦门	2020-09-26
陈忠洲 清风送雅 镜片	136cm×68cm	1,150,000	保利厦门	2020-09-26
陈忠洲 春韵 镜片	136cm×68cm	1,092,500	保利厦门	2020-09-26
陈忠洲 秋日崂山 镜片	136cm×68cm	920,000	保利厦门	2020-09-26
陈忠洲 崂山秋色 镜片 设色 纸本	47cm×179cm	897,000	荣宝斋(济南)	2020-06-26
陈忠洲 秋山图 镜片 纸本	68cm×137cm	897,000	荣宝斋(济南)	2020-06-26
陈忠洲 夏日行旅图 镜片 纸本	69cm×137cm	862,500	荣宝斋(济南)	2020-06-26
陈忠洲 崂山秋色 镜片 设色 纸本	67cm×67cm	782,000	荣宝斋(济南)	2020-06-26
陈忠洲 荷塘情趣 镜片 纸本	137cm×68cm	690,000	荣宝斋(济南)	2020-06-26
陈忠洲 秋山图 镜片	68cm×136cm	575,000	保利厦门	2020-09-26
陈竹隐 1931年作 众仙祝寿图 立轴	123cm×41cm	71,300	中鸿信	2020-01-04
陈子奋 1961年作 双吉图 立轴	112cm×40.5cm	138,000	永乐拍卖	2020-12-03
陈子奋 1947年作 梅花双禽 镜心	106cm×40cm	101,200	中国嘉德	2020-07-15
陈子奋 大吉 立轴	91cm×34cm	80,500	广东小雅斋	2020-08-21
陈子贞 湖山轻雨浥轻尘 镜心	68cm×138cm	159,500	北京玄和	2020-07-24
陈子庄 1972年作 龙泉山山水 镜片	22cm×28.5cm	368,000	西泠印社	2020-08-08
陈子庄 龙泉天阶图 镜片	28.5cm×22cm	368,000	西泠印社	2020-08-08
陈子庄 放牧图 镜片	30cm×23.5cm	322,000	西泠印社	2020-08-08
陈子庄 桑林图 镜片	28.5cm×22cm	322,000	西泠印社	2020-08-08
陈子庄 山径清幽图 镜片	28.5cm×22cm	322,000	西泠印社	2020-08-08
陈子庄 春雨滴翠图 镜片	31cm×23cm	299,000	西泠印社	2020-08-08
陈子庄 龙泉山稿 镜片	28.5cm×22cm	299,000	西泠印社	2020-08-08
陈子庄 耕罢归家图 镜片	28.5cm×22cm	287,500	西泠印社	2020-08-08
陈子庄 牛望坡图 镜片	28.5cm×22cm	287,500	西泠印社	2020-08-08
陈子庄 1965年作 江峡桃林 镜心	12.5cm×20cm	287,500	永乐拍卖	2020-12-03
陈子庄 夕阳柳堤 镜心	12.5cm×20cm	276,000	永乐拍卖	2020-12-03
陈子庄 春江小舟图 镜片	33.5cm×22cm	253,000	西泠印社	2020-08-08
陈子庄 飞雀图 镜片	33.5cm×14.5cm	253,000	西泠印社	2020-08-08
陈子庄 雨后 镜片	33cm×25.5cm	253,000	西泠印社	2020-08-08
陈子庄 1972年作 松鹰图 镜心	125cm×29cm	161,000	中鸿信	2020-01-03
陈子庄 峡江帆影 镜心	21cm×122cm	149,500	中鸿信	2020-01-03
陈子庄 玉簪花开 镜心	25cm×16cm	97,750	中国嘉德	2020-07-16
陈子庄 牡丹 镜心	25cm×16cm	78,200	中国嘉德	2020-07-16
陈子庄 1975年作 紫藤图 立轴	139cm×34cm	69,000	中国嘉德	2020-11-10
陈子庄 蜀葵 镜心	25cm×16cm	57,500	中国嘉德	2020-07-16
陈子庄 梅花 扇面	20cm×52cm	54,050	广东小雅斋	2020-08-21
成多禄 隶书五言联 立轴	128cm×30cm×2	57,500	北京翰海	2020-09-12
程保忠 清流 镜心	113cm×62cm	51,750	中国嘉德	2020-08-17
程广峰 三座山	120cm×132cm	115,000	中贸圣佳	2020-10-17
程十发 1984年作 万世同根 立轴	184cm×184cm	5,799,160	香港苏富比	2020-07-10
程十发 1972 年作 边寨之节日 立轴	199cm×120cm	4,945,000	朵云轩	2020-09-23

2020书画拍卖成交汇总(续表)

(成交价RMB：5万元以上)

拍品名称	物品尺寸	成交价RMB	拍卖公司	拍卖日期
程十发 1984年作 驯鹿图 镜片	125cm×246cm	3,105,000	朵云轩	2020-09-24
程十发 1977年作 湘君 立轴	124cm×68cm	2,645,000	北京保利	2020-10-17
程十发 1989年作 寻禅 册页	24cm×36cm×15	1,840,000	北京保利	2020-10-17
程十发 1960年作 牧野春歌 立轴	129.5cm×71cm	1,667,500	上海匡时	2020-08-05
程十发 杨升庵簪花图 立轴	83cm×50cm	1,380,000	中贸圣佳	2020-10-17
程十发 1978年作 清音 立轴	130cm×67cm	1,322,500	朵云轩	2020-09-23
程十发 1979年作 菊寿图 立轴	69cm×65cm	1,150,000	朵云轩	2020-09-24
程十发 1993年作 山水四景（四幅）屏轴	78cm×44cm×4	713,000	朵云轩	2020-09-23
程十发 1979年作 少女喜蝶 镜心	78.5cm×47cm	690,000	中国嘉德	2020-08-15
程十发 1981年作 二湘 镜片	134cm×67cm	690,000	广东崇正	2020-09-13
程十发 1978年作 百啭千声 镜片	138cm×69cm	667,000	朵云轩	2020-09-23
程十发 1977年作 大吉祥图 立轴	136.5cm×67cm	632,500	西泠印社	2020-08-09
程十发 1983年作 漱玉词意 立轴	96cm×59cm	632,500	中国嘉德	2020-12-02
程十发 1978年作 少女与羊 镜片	89cm×96cm	575,000	朵云轩	2020-09-23
程十发 1978年作 钟馗燕乐 立轴	94.5cm×47.2cm	494,500	广东崇正	2020-09-13
程十发 1988年作 富贵平安 立轴	89.5cm×63.5cm	483,000	北京保利	2020-10-17
程十发 1978年作 荷塘 立轴	70.5cm×44.5cm	483,000	中国嘉德	2020-12-01
程十发 1989年作 迎春 镜心	91cm×52cm	460,000	北京保利	2020-10-17
程十发 1985年作 春秋图 立轴	90cm×66.5cm	448,500	上海嘉禾	2020-01-05
程十发 1979年作 龙女牧羊 镜心	64cm×66cm	437,000	中国嘉德	2020-07-17
程十发 孺子牛图 立轴	69cm×46cm	419,750	荣宝斋（南京）	2020-11-28
程十发 少女与鹿 立轴	136cm×67cm	402,500	西泠印社	2020-08-09
程十发 春山瑞霭 镜框	93cm×69cm	402,500	华艺国际	2020-10-16
程十发 1989年作 瓶花 镜片	96cm×66cm	402,500	上海敬华	2020-09-22
程十发 1972年作 水光春色满江天 立轴	70cm×68cm	379,500	上海嘉禾	2020-01-05
程十发 1985年作 芭蕉禽趣图 镜片	130cm×58cm	368,000	西泠印社	2020-08-08
程十发 1987年作 平安长乐 立轴	137cm×68cm	345,000	中鸿信	2020-01-03
程十发 回娘家 镜片	129cm×66cm	345,000	上海敬华	2020-09-22
程十发 1977年作 题北魏造像 立轴	150cm×80cm	345,000	十竹斋拍卖（北京）	2020-10-18
程十发 钟馗游春图	137.5cm×69cm	336,000	上海联合	2020-11-29
程十发 1960年作 祝寿图 镜心	34cm×104cm	322,000	上海匡时	2020-08-05
程十发 1988年作 游鱼图 镜心	116cm×53cm	322,000	上海匡时	2020-08-05
程十发 1965年作 竹里桃花 镜片	22cm×68.5cm	316,250	上海嘉禾	2020-01-05
程十发 问三不问四连环画手稿 镜心	尺寸不一	310,500	永乐拍卖	2020-08-17
程十发 1980年作 探梅图 立轴	88cm×46.5cm	299,000	北京保利	2020-10-17
程十发 1988年作 萱花双禽 镜片	95cm×55cm	299,000	朵云轩	2020-09-24
程十发 二湘图 镜框	67cm×67cm	287,500	华艺国际	2020-10-16
程十发 采花姑娘 立轴	68.5cm×45.5cm	287,500	中国嘉德	2020-12-03
程十发 1976年作 双羊 镜片	34cm×95cm	241,500	上海嘉禾	2020-01-05
程十发 1980年作 春晴 立轴	133cm×68cm	241,500	上海匡时	2020-08-05
程十发 黄花晚节香 立轴	135cm×67cm	241,500	中贸圣佳	2020-10-17
程十发 阿Q正传画稿 册页	15cm×10cm×20	230,000	北京保利	2020-10-17
程十发 梅花鸳鸯 镜心	36cm×107cm	230,000	北京保利	2020-12-04
程十发 1983年作 大吉图 立轴	67cm×41cm	230,000	朵云轩	2020-09-23
程十发 1977年作 孺子牛图 镜框	69cm×51cm	230,000	朵云轩	2020-09-23
程十发 平安长乐 立轴	87cm×48cm	230,000	华艺国际	2020-10-16
程十发 育苗 立轴	67cm×45cm	230,000	上海敬华	2020-09-22
程十发 采桑子芭蕉 镜片	100cm×60cm	230,000	上海敬华	2020-09-22
程十发 1985年作 发大财 镜心	182.5cm×92cm	218,500	中国嘉德	2020-12-03
程十发 1961年作 欢庆之日 立轴	51cm×46cm	207,000	上海匡时	2020-08-05
程十发 1972年作 雨中望莫厘峰 镜心	45.5cm×34cm	207,000	中国嘉德	2020-08-16

拍品名称	物品尺寸	成交价RMB	拍卖公司	拍卖日期
程十发 1996年作 烟峰秋霭 立轴	50.5cm×63.5cm	207,000	上海嘉禾	2020-01-05
程十发 1976年作 少女与鹿 立轴	85.5cm×45cm	207,000	朵云轩	2020-09-24
程十发 友谊颂 镜心	72cm×64.5cm	207,000	荣宝斋（南京）	2020-11-28
程十发 1948年作 雪山图 镜片	94cm×38cm	195,500	上海嘉禾	2020-01-05
程十发 1990年作 雨景山水 镜心	27.5cm×92.5cm	195,500	中国嘉德	2020-12-02
程十发 1977年作 少女与鸡 立轴	68.5cm×46.5cm	192,950	北京保利	2020-07-17
程十发 执扇仕女 立轴	82.5cm×50cm	189,750	十竹斋拍卖（北京）	2020-10-18
程十发 1980年作 少女与羊 镜片	81.5cm×48cm	172,500	上海嘉禾	2020-01-05
程十发 张金锜 1985年作 双吉图 镜片	111.5cm×66.5cm	172,500	西泠印社	2020-08-08
程十发 仕女	122cm×58cm	172,500	北京翰海	2020-12-12
程十发 1996年作 秋岸连屿 立轴	57cm×46cm	172,500	朵云轩	2020-09-23
程十发 蔡文姬 镜片	102cm×59cm	172,500	上海敬华	2020-09-22
程十发 1972年作 牧羊图 立轴	68cm×48cm	172,500	中国嘉德	2020-11-09
程十发 水仙 镜心	40.5cm×68cm	172,500	中国嘉德	2020-12-02
程十发 1989年作 眉寿图 镜心	96cm×60cm	161,000	北京保利	2020-10-17
程十发 1979年作 三鱼图 立轴	33.5cm×43cm	149,500	中国嘉德	2020-08-16
程十发 少女采药 立轴	68cm×66cm	149,500	朵云轩	2020-09-23
程十发 笛歌 镜框	69cm×48.5cm	146,900	香港苏富比	2020-07-10
程十发 1961年作 牧童新篁 立轴	66.5cm×44cm	138,450	佳士得	2020-12-01
程十发 1984年作 平安富贵 镜心	78cm×51cm	138,000	中国嘉德	2020-08-15
程十发 1983年作 富贵双吉 镜心	36cm×68.5cm	138,000	北京保利	2020-10-17
程十发 1978年作 芭蕉双美 立轴	68.5cm×44cm	138,000	朵云轩	2020-09-23
程十发 瓶荷图 镜框	78cm×67cm	138,000	华艺国际	2020-10-16
程十发 1987年作 春山云霭 立轴	47.5cm×69cm	127,800	佳士得	2020-12-01
程十发 1999年作 行书“春”“夏”“秋”“冬” 镜片	68cm×67cm×4	126,500	上海嘉禾	2020-01-05
程十发 茶花双吉 立轴	99.1cm×54.5cm	126,500	北京诚轩	2020-03-17
程十发 紫塞春风 立轴	画43cm×33cm；诗堂23cm×33cm	126,500	北京保利	2020-10-17
程十发 1980年作 黑白双吉 立轴	89cm×33.5cm	122,626	中国嘉德	2020-10-09
程十发 1961年作 远方传来葫芦笙 镜框	20cm×42cm	115,000	上海嘉禾	2020-01-05
程十发 1977年作 喜洋洋 行书辛稼轩词 成扇	18.6cm×50cm	115,000	朵云轩	2020-09-24
程十发 山鸡图 镜片	52cm×45cm	115,000	上海敬华	2020-09-22
程十发 1977年作 屈原《橘颂》镜片	101cm×59cm	115,000	上海敬华	2020-09-22
程十发 1981年作 少女与鹿 书法 杨升庵诗 成扇		115,000	上海敬华	2020-09-22
程十发 1980年作 少女与羊 镜心	69.5cm×51cm	115,000	中国嘉德	2020-12-03
程十发 邱受成 1980年作 接喜图 镜片	136.5cm×62cm	109,250	西泠印社	2020-08-08
程十发 喂羊 立轴	78.5cm×51cm	109,250	中国嘉德	2020-12-03
程十发 人物 立轴	54cm×45cm	105,800	广东小雅斋	2020-08-21
程十发 1984年作 双吉图 立轴	67.5cm×45.5cm	103,500	广东崇正	2020-09-13
程十发 1979年作 天女散花 镜心	88cm×47cm	103,500	中国嘉德	2020-11-09
程十发 饶宗颐 梅花诗画 镜心	137cm×35cm	102,188	中国嘉德	2020-10-09
程十发 1996年作 钟馗巡吟图 立轴	87cm×34cm	97,750	朵云轩	2020-09-23
程十发 牧歌图 立轴	69cm×27cm	97,750	十竹斋拍卖（北京）	2020-10-18
程十发 双鸡 镜框	59cm×49cm	94,300	华艺国际	2020-10-16
程十发 1980年作 舞鹤图 镜片	75cm×46.5cm	93,150	广东崇正	2020-09-13
程十发 1991年作 牡丹图 立轴	68cm×45.5cm	92,000	西泠印社	2020-08-09
程十发 1996年作 观瀑图 立轴	82.5cm×34cm	92,000	上海嘉禾	2020-01-05
程十发 少女与鹿 立轴	68cm×45cm	92,000	上海敬华	2020-09-22

（成交价RMB：5万元以上）

拍品名称	物品尺寸	成交价RMB	拍卖公司	拍卖日期
程十发 1984年作 一叶能知天下秋 立轴	66.5cm×41.5cm	92,000	中国嘉德	2020-12-02
程十发 2001年作 西风吹上四腮鲈 立轴	94cm×46.5cm	86,250	上海嘉禾	2020-01-05
程十发 捕蝶 立轴	89cm×39cm	86,250	荣宝斋（南京）	2020-11-28
程十发 双吉 镜心	31cm×42cm	80,500	北京保利	2020-10-17
程十发 1986年作 瓶花 镜片	79.5cm×50cm	74,750	朵云轩	2020-09-23
程十发《九歌》画稿 立轴	128.5cm×65.5cm	71,300	中国嘉德	2020-08-16
程十发 春兰秋菊不同时 镜心	64.5cm×50cm	69,000	北京诚轩	2020-08-17
程十发 1985年作 喂鹿图 立轴	65cm×31cm	69,000	中鸿信	2020-01-03
程十发 1988年作 牧羊图 镜心	68cm×132cm	69,000	北京翰海	2020-09-12
程十发 1982年作 平安长乐 立轴	93cm×68cm	69,000	北京翰海	2020-12-11
程十发 长乐迎春 镜心	97cm×50cm	69,000	荣宝斋（南京）	2020-11-28
程十发 1993年作 屈子行吟图 镜心	53cm×32cm	69,000	中国嘉德	2020-11-09
程十发 1963年作 张巢像 立轴	58cm×44cm	69,000	中国嘉德	2020-11-09
程十发 胡永年 1957）、1958年作 高原小景 行书 成扇	19cm×50cm	66,700	广东崇正	2020-09-13
程十发 1986年作 年年有余 镜心	45.5cm×68cm	66,422	中国嘉德	2020-10-09
程十发 1989年作 花好人寿图 立轴	94cm×47cm	63,250	西泠印社	2020-08-09
程十发 1982年作 饲鹿图 立轴	68.5cm×46cm	63,250	中国嘉德	2020-08-15
程十发 1978年作 芙蓉鸡雏 对屏	76cm×33cm×2	59,800	中国嘉德	2020-07-17
程十发 1980年作 簪花女孩 立轴	96cm×39cm	59,800	中国嘉德	2020-07-16
程十发 1987年作 三余图 立轴	83cm×50cm	58,650	上海嘉禾	2020-01-05
程十发 林下雨晴春 立轴	128.5cm×68.5cm	57,500	中鸿信	2020-01-03
程十发 1980年作 瓶花图 镜片	43cm×67cm	57,500	朵云轩	2020-09-23
程十发 1984年作 行书五言联 立轴	152cm×40cm×2	57,500	上海敬华	2020-09-22
程十发 1977年作 牧鹿图 镜心	81cm×51cm	57,500	中国嘉德	2020-11-09
程十发 花卉双禽 立轴	52.9cm×45.4cm	57,500	中国嘉德	2020-12-02
程十发 少女与羊	43.5cm×68cm	56,000	上海联合	2020-11-29
程十发 1989年作 少女与鹿 立轴	60cm×42cm	55,200	北京翰海	2020-09-12
程十发 1978年作 富贵平安 镜框	30.5cm×43.5cm	55,200	朵云轩	2020-09-23
程十发 1997年作 赏菊图 镜心	74cm×52cm	55,200	中国嘉德	2020-12-02
程十发 行书“平安吉庆”镜片	21cm×67cm	52,900	上海嘉禾	2020-01-05
程十发 1984年作 终南驯鬼图 行书杨慎诗 成扇	18.5cm×44cm	288,616	香港苏富比	2020-10-08
程松华 马说 镜心	180cm×97cm	115,000	北京翰海	2020-09-12
程砚秋 楷书 立轴	78.5cm×25cm	69,000	北京翰海	2020-12-11
程与天 篆刻作品上善若水	3cm×3cm×12cm	580,000	北京贞观	2020-11-28
程璋 放马松林 立轴	134cm×61cm	97,750	中国嘉德	2020-08-16
敕使河原苍风 龙（六联屏）	173cm×378cm	344,960	香港苏富比	2020/5/22
储云 2018年作 春山行舟图 镜片	105cm×63.5cm	138,000	西泠印社	2020-08-09
丛滋妮 水调歌头·重上井冈山 立轴	138cm×69cm	103,500	北京翰海	2020-09-12
崔景哲 2020年作 源远流长 镜心	68cm×140cm	460,000	十竹斋拍卖（北京）	2020-10-18
崔景哲 2019年作 仙鹿图 镜心	105cm×55cm	230,000	十竹斋拍卖（北京）	2020-10-18
崔景哲 大宅门 镜框	134.5cm×75cm	115,000	华艺国际	2020-10-16
崔如琢 2017年作 秋山烟翠 镜心	142cm×368cm	189,750,000	永乐拍卖	2020-12-04
崔如琢 2020年作 暗香浮动鸟鸣春	47cm×1053cm	177,100,000	永乐拍卖	2020-12-04
崔如琢 2020年作 清秋荷塘听雨眠 手卷	43cm×956cm	172,500,000	北京保利	2020-10-16
崔如琢 2020年作 雨洗溪光净 镜心	76cm×430cm	120,750,000	永乐拍卖	2020-12-04

拍品名称	物品尺寸	成交价RMB	拍卖公司	拍卖日期
崔如琢 2014年作 翠竹影移凉梦远 碧莲香散暮云横 风动碧荷飞翠鸟 雨敲松子落琴床 太平朝野都无事 且与莺花作主人 幽居闲日听嚎鸟 空亭静掩有桐阴 月落江横数峰远 水色山光蔚可餐 月色满窗诗骨冷 露华方枕梦魂清 镜心	263.5cm×78.5cm；264cm×76.5cm；263cm×73cm；262cm×78.5cm；262.5cm×77cm；175cm×50cm	69,000,000	永乐拍卖	2020-12-04
崔如琢 2018年作 指书《赤壁怀古》镜心	286cm×125cm	18,400,000	北京保利	2020-10-16
崔如琢 2008年作 湖山秋霁 镜心	75cm×72cm	17,250,000	北京保利	2020-10-16
崔如琢 2010年作 硕果满枝 镜心	99cm×50.5cm	14,950,000	北京保利	2020-10-16
崔如琢 1978年作 葡萄	95cm×43cm	69,000	北京翰海	2020-12-12
崔如琢 水仙	48cm×45cm	69,000	北京翰海	2020-12-12
崔子范 1983年作 池畔清趣 立轴	134.5cm×33cm	126,500	中国嘉德	2020-12-02
崔子范 1984年作 谁不说咱家乡好 立轴	134cm×68cm	86,860	中国嘉德	2020-10-09
崔自默 弦	5.5cm×15.5cm	80,500	北京翰海	2020-12-12
崔自默 三纲五常	16cm×12.5cm	51,750	北京翰海	2020-12-12
村上隆 2018年作 我们滑稽一族（十件一组）版画 166/300	直径50cm(每件)	171,360	罗芙奥	2020-07-19
村上隆、藤子·F.不二雄 2019年作 我们通过任意门来到花园；和藤子·F.不二雄先生以及时光机去任何地方！（两件一组）丝网版画 210/300；227/300	50cm×60cm(每件)	74,256	罗芙奥	2020-07-19
村上隆 2009年作 小花球（3D）魔笛；小花球（两件一组）版画 53/300；76/300	直径71cm(每件)	54,264	罗芙奥	2020-07-19
大方 行书八言联 立轴	141.5cm×17.5cm×2	126,500	北京翰海	2020-12-12
大方 等 大集月藏经卷第一册页	28cm×893cm	63,250	广东崇正	2020-09-13
代建红 2019年作 爱莲说	98cm×68cm	230,000	北京翰海	2020-09-12
戴春风 溥儒 楷书《月花吟》 携琴访友图 成扇	19cm×52cm	241,500	中贸圣佳	2020-10-17
戴敦邦 观音	136cm×67.5cm	100,800	上海联合	2020-11-29
戴季陶 书法对联（两幅）立轴	130.7cm×19.5cm×2	191,700	佳士得	2020-11-18
戴季陶 行书七言 对联	146cm×27cm×2	149,500	朵云轩	2020-09-24
戴季陶 为罗卓英书《菜根谭》句立轴	120.5cm×32cm	80,500	西泠印社	2020-08-09
戴孟清 换了人间 镜心	98.5cm×171.5cm	57,500	中鸿信	2020-01-03
党震 寒林雪霁	125cm×68cm	80,500	中贸圣佳	2020-10-17
岛子（王敏）2017年作 太初有道	212cm×52cm×3	207,000	中鸿信	2020-01-04
邓白 红梅报春 镜片	68.5cm×46.5cm	71,300	广东崇正	2020-06-27
邓白 1980年作 闹春 立轴	94.5cm×42cm	71,300	广东崇正	2020-09-13
邓尔疋 1937年作 楷书《心经》立轴	128cm×33cm	368,000	十竹斋拍卖（北京）	2020-10-18
邓尔疋 书法 四屏	142cm×38cm×4	126,500	广东小雅斋	2020-06-17
邓尔疋 行书自作诗 横披	30cm×123.5cm	109,250	广东崇正	2020-09-13
邓尔疋 篆书《玉台新咏序》镜片	110cm×21.5cm	51,750	广东崇正	2020-09-13
邓芬 1955年作 韩昌黎诗意图 镜心	28cm×71cm	552,000	北京保利	2020-10-17
邓芬 1941年作 涉江采白蘋 镜框	101cm×36.4cm	327,700	香港苏富比	2020-07-10
邓芬 癸未1943年作 柳荫持竿图 立轴	105.5cm×35cm	310,500	上海驰翰	2020-12-12
邓芬 天伦之乐 镜框	108cm×48cm	299,000	广东小雅斋	2020-08-21
邓芬 1963年作 六一居士像 立轴	95cm×39cm	244,213	香港苏富比	2020-10-08
邓芬 1949年作 纨扇美人 立轴	84cm×35cm	207,000	广东崇正	2020-09-13
邓芬 1955年作 花阴哺雏图 立轴	96.3cm×32.7cm	146,900	香港苏富比	2020-07-10
邓芬 1952年作 梅下仕女 立轴	79cm×31cm	143,750	上海敬华	2020-09-22
邓芬 仕女 镜框	84cm×40cm	115,000	广东小雅斋	2020-08-21
邓芬 仕女 立轴	99cm×31cm	115,000	广东小雅斋	2020-06-17
邓芬 1963年作 行书 镜片	33.5cm×135cm	115,000	广东崇正	2020-09-13

2020书画拍卖成交汇总（续表）

（成交价RMB：5万元以上）

拍品名称	物品尺寸	成交价RMB	拍卖公司	拍卖日期
邓芬 1964年作 红荷 镜片	30cm×94cm	115,000	广东崇正	2020-09-13
邓芬 1943年作 罗汉图 立轴	119cm×42cm	103,500	北京保利	2020-12-04
邓芬 1961年作 桂林山水 横披	38.5cm×139cm	92,000	广东崇正	2020-09-13
邓芬 1963年作 墨竹（两帧）立轴	97.5cm×33.5cm；95.5cm×35.5cm	86,250	广东崇正	2020-09-13
邓芬 独奏琵琶 镜心	32cm×52cm	74,750	北京保利	2020-10-17
邓芬 1950年作 玫瑰白头 立轴	105cm×35.5cm	69,488	中国嘉德	2020-10-09
邓芬 寿石工 人物、书法 成扇	19cm×50cm×2	57,500	广东小雅斋	2020-08-21
邓芬 1961年作 古风碧荷 立轴	诗堂42cm×45cm；画心42cm×45cm	53,138	中国嘉德	2020-10-09
邓散木 1940年作 甲骨文十言 对联	150cm×26cm×2	241,500	朵云轩	2020-09-24
邓散木 行书十月革命词 立轴	书57.2cm×26cm；印76.7cm×33.6cm	124,300	香港苏富比	2020-07-10
邓散木 篆书五言联 镜框	171cm×37cm×2	112,700	华艺国际	2020-12-05
丁宝书 1926年作 荷塘鸳鸯 立轴	247cm×121cm	126,500	朵云轩	2020-09-23
丁宝书 花鸟四屏 立轴	67cm×33.5cm×4	97,750	中国嘉德	2020-08-15
丁宝书 猫 立轴	146cm×815cm	80,500	广东小雅斋	2020-08-21
丁宝书 1929年作 富贵神仙 镜片	150cm×81cm	74,750	朵云轩	2020-09-23
丁聪 1993年作 高层居民的烦恼	27cm×19.5cm	57,500	西泠印社	2020-08-09
丁佛言 1920年作 篆书十言联 立轴	148.5cm×22.5cm×2	80,500	北京翰海	2020-12-12
丁佛言 吴徵1926年作 书画合璧镜心	117cm×56cm	74,750	北京翰海	2020-12-11
丁佛言 1921年作 篆书七言 对联	138cm×32cm×2	74,750	朵云轩	2020-09-23
丁佛言 篆书 立轴	131cm×65cm	57,500	北京翰海	2020-12-11
丁佛言 1926年作 甲骨文 立轴	131.5cm×33cm	55,200	北京翰海	2020-12-11
丁辅之 1929年作 岁寒老友 立轴	112.5cm×48cm	184,000	朵云轩	2020-09-23
丁辅之 1935年作 鼎盛图 立轴	116cm×32cm	161,000	上海匡时	2020-08-05
丁辅之 沈景干 葡萄龙眼图·草书诗 成扇	50cm×18.5cm	115,000	西泠印社	2020-08-08
丁辅之 沈迈士 1941年作 荔枝 行书 成扇	17cm×38cm	112,700	朵云轩	2020-09-23
丁辅之 1937年作 铁骨丹心、甲骨文 成扇	18.2cm×49.5cm	107,350	香港苏富比	2020-07-10
丁辅之 秦更年 1939年作 荔枝图·书法 成扇	48.5cm×18.5cm	103,500	西泠印社	2020-08-08
丁辅之 1946年作 梅蕊破寒图 立轴	82cm×37cm	86,250	西泠印社	2020-08-09
丁辅之 张石园《咏画梅》诗三首 成扇	18cm×51cm	86,250	中贸圣佳	2020-10-17
丁谦 行书五言诗 镜心	135cm×68cm	230,000	中国嘉德	2020-11-10
丁文蔚 1903年作 篆书八言联 立轴	130cm×21cm×2	195,500	北京翰海	2020-12-12
丁雄泉 双子峰	182cm×97cm	474,600	香港苏富比	2020-07-09
丁雄泉 花丛裸女	181.5cm×97.5cm	310,817	香港苏富比	2020-10-06
丁雄泉 花猫	69cm×90cm	86,250	西泠印社	2020-08-08
丁雄泉 女人与花	47cm×36cm	77,616	罗芙奥	2020-12-06
丁学军 四时花卉册	26.5cm×27.5cm×4	138,000	北京翰海	2020-12-12
丁衍庸 1978年作 八仙献寿	81cm×150cm	2,300,000	永乐拍卖	2020-12-04
丁衍庸 八仙聚会图 镜框	137cm×68cm	585,750	佳士得	2020-12-01
丁衍庸 1978年作 杂册 十四开册	33.4cm×46.9cm	444,024	香港苏富比	2020-10-08
丁衍庸 荷与青蛙 镜心	179.5cm×95.5cm	306,564	中国嘉德	2020-10-09
丁衍庸 1978年作 达摩 立轴	137cm×68.5cm	255,470	中国嘉德	2020-10-09
丁衍庸 杂画 册页	27.5cm×34.6cm×12	253,000	中国嘉德	2020-08-15
丁衍庸 1977年作 一笔仙鹤	34.5cm×129.7cm	248,600	香港苏富比	2020-07-09
丁衍庸 1976年作 面壁图 立轴	136.5cm×68cm	245,251	中国嘉德	2020-10-09

拍品名称	物品尺寸	成交价RMB	拍卖公司	拍卖日期
丁衍庸 1977年作 鸳鸯伴侣 立轴	69cm×46cm	234,300	佳士得	2020-12-01
丁衍庸 1975年作 白鹤高飞正待时 立轴	89cm×34.2cm	202,350	佳士得	2020-12-01
丁衍庸 1972年作 戏剧人物 立轴	138cm×34cm	184,000	永乐拍卖	2020-12-03
丁衍庸 贵妃出浴 立轴	68.7cm×45.2cm	177,610	香港苏富比	2020-10-08
丁衍庸 1975年作 大世界小剧场 立轴	75.5cm×41.5cm	159,750	佳士得	2020-12-01
丁衍庸 1977年作 荷花翠鸟 立轴	84.5cm×47cm	148,363	佳士得	2020-05-22
丁衍庸 鸳鸯荷花 立轴	99.5cm×34.5cm	138,600	罗芙奥	2020-12-05
丁衍庸 1978年作 西游记	82.8cm×50.6cm	133,207	香港苏富比	2020-10-06
丁衍庸 1965年作 鸟蝉图 镜心	177cm×95cm	132,844	中国嘉德	2020-10-09
丁衍庸 1977年作 仙桃 立轴	69cm×45.5cm	127,800	佳士得	2020-12-01
丁衍庸 1974年作 水族图 立轴	139cm×58.5cm	127,512	罗芙奥	2020-12-05
丁衍庸 1970年作 钟馗捉鬼	135cm×65cm	124,750	中国嘉德	2020-10-08
丁衍庸 夏天钟馗 立轴	69.8cm×34.6cm	122,107	香港苏富比	2020-10-08
丁衍庸 1978年作 钟馗归妹	70cm×47cm	114,354	中国嘉德	2020-10-08
丁衍庸 1975年作 留得残荷听雨声 立轴	98cm×51cm	109,250	北京诚轩	2020-08-17
丁衍庸 1976年作 灯鼠图 立轴	69cm×46.8cm	106,500	佳士得	2020-12-01
丁衍庸 1975年作 鸡芋图 立轴	93cm×34.5cm	103,500	北京诚轩	2020-08-17
丁衍庸 1969年作 红荷美眷 立轴	93cm×45.5cm	97,750	北京诚轩	2020-08-17
丁衍庸 1975年作 东坡游西子湖 立轴（十二开）	69cm×46.5cm	97,750	中国嘉德	2020-08-15
丁衍庸 1968年作 香梅慰阮籍	139cm×68.5cm	94,355	香港苏富比	2020-10-06
丁衍庸 鸳鸯	139.5cm×35cm	93,562	中国嘉德	2020-10-08
丁衍庸 兰竹菊 水墨纸本	38cm×449.6cm	86,071	纽约苏富比	2020-09-23
丁衍庸 1976年作 刘伶醉酒	70cm×44.2cm	83,255	香港苏富比	2020-10-06
丁衍庸 1976年作 荷间群蛙	52.5cm×105cm	83,255	香港苏富比	2020-10-06
丁衍庸 刘伶醉酒	70cm×45.5cm	83,166	中国嘉德	2020-10-08
丁衍庸 1977年作 霸王别姬 镜心	68.5cm×48cm	81,750	中国嘉德	2020-10-09
丁衍庸 草书五言联 立轴	138cm×33.5cm×2	79,707	中国嘉德	2020-10-09
丁衍庸 1973年作 冷眼相看 立轴	69cm×34.5cm	78,200	北京诚轩	2020-08-17
丁衍庸 1972年作 赠我黄河数尺鱼 立轴	104cm×34.5cm	73,575	中国嘉德	2020-10-09
丁衍庸 1975年作 牵牛惹蜂舞 镜心	94.5cm×33.5cm	69,000	北京诚轩	2020-08-17
丁衍庸 猫石图	136.5cm×68.5cm	66,604	香港苏富比	2020-10-06
丁衍庸 1976年作 鸿鹄之志	45cm×68cm	64,454	中国嘉德	2020-10-08
丁衍庸 1975年作 芬芳香扑面 立轴	97.5cm×51cm	63,250	北京诚轩	2020-08-17
丁衍庸 寻隐者不遇图 镜心	35cm×41.5cm	61,313	中国嘉德	2020-10-09
丁衍庸 何怀硕 全家福 镜框	上34cm×34.5cm；下25.5cm×35cm	60,984	罗芙奥	2020-12-05
丁衍庸 1969年作 玉兰山雀 镜心	139cm×69cm	57,500	北京诚轩	2020-08-17
丁衍庸 1972年作 贵妃出浴	23.8cm×35cm	54,240	香港苏富比	2020-07-09
丁衍庸 鼠瓜图 镜框	52cm×45.5cm	53,250	佳士得	2020-11-18
丁衍庸 豌豆双蛙 立轴	104cm×34.5cm	51,300	佳士得	2020-07-01
丁衍庸 双蝶	23.3cm×34.9cm	50,850	香港苏富比	2020-07-09
丁元智 2015年作 瑞气迎门 雁归秋山	69cm×138cm	1,840,000	北京翰海	2020-12-12
丁元智 朝发白帝城 镜心	138cm×68cm	253,000	北京翰海	2020-09-12
东山魁夷 行书“山川异域，风月同天”镜心	27cm×24cm	115,000	中国嘉德	2020-08-15
东山魁夷 涛声 镜心	26cm×35cm	115,000	中国嘉德	2020-08-15
董立宝 2019年作 秋色可餐 镜心	17cm×17cm×12	230,000	北京保利	2020-12-04
董立宝 2017年作 京郊白桦林 镜心	35cm×138cm	120,643	保利香港	2020-12-08
董立宝 2017年作 京郊白桦林 镜心	35cm×138cm	120,643	保利香港	2020-12-08

拍品名称	物品尺寸	成交价RMB	拍卖公司	拍卖日期
董[illegible]（董立付）2020年作 行书室静兰馨 镜心	138.5cm×69cm	119,000	北京汇珍	2020-08-13
董[illegible]（董立付）2020年春日作 毛主席词句"春风杨柳万千条，六亿神州尽舜尧" 镜心	136cm×68cm	98,000	北京汇珍	2020-08-13
董桥 读书人家 镜框	30.5cm×63.2cm	222,012	香港苏富比	2020-10-08
董寿平 黄山松谷 立轴	165cm×83cm	3,450,000	华艺国际	2020-10-16
董寿平 1950年作 松瀑图 立轴	117cm×65.5cm	2,645,000	华艺国际	2020-10-16
董寿平 黄山春晓 横披	55cm×125.5cm	2,070,000	华艺国际	2020-10-16
董寿平 王雪涛 一架葡萄 立轴	121cm×90cm	1,840,000	北京保利	2020-12-04
董寿平 1985年作 暗香浮动 镜心	68cm×113cm	1,782,500	北京保利	2020-12-04
董寿平 1979年作 墨松中堂 立轴	173.5cm×91.5cm	1,380,000	十竹斋拍卖（北京）	2020-10-18
董寿平 黄山小景 镜心	134cm×68.5cm	862,500	荣宝斋（上海）	2020-10-25
董寿平 黄胄 溥杰 梅竹图（一卷）纸本	136cm×67cm	598,000	中国嘉德	2020-08-16
董寿平 竹 镜心	93cm×93cm	575,000	中国嘉德	2020-12-03
董寿平 1986年作 红梅 立轴	131cm×64.5cm	552,000	中国嘉德	2020-12-02
董寿平 红梅 立轴	87.5cm×57cm	517,500	北京保利	2020-12-04
董寿平 红梅 横幅 镜心	68.5cm×136.5cm	483,000	北京翰海	2020-12-11
董寿平 1988年作 黄山小景 镜心	136cm×70cm	460,000	北京保利	2020-10-17
董寿平 红梅 镜心	100cm×65cm	437,000	中贸圣佳	2020-10-17
董寿平 1985年作 墨竹 镜心	69cm×69cm	368,000	北京保利	2020-12-04
董寿平 群峰叠翠 立轴	129cm×59cm	322,000	荣宝斋（南京）	2020-11-28
董寿平 1951年作 粉梅 立轴	85cm×28cm	287,500	中国嘉德	2020-12-02
董寿平 1987年作 墨竹 镜心	69cm×103cm	276,000	北京保利	2020-12-04
董寿平 1977年作 黄山松云 立轴	96cm×55cm	276,000	广东崇正	2020-09-13
董寿平 1950年作 白梅 镜心	100cm×50cm	241,500	永乐拍卖	2020-12-03
董寿平 1987年作 墨竹 镜心	66cm×132cm	207,000	北京保利	2020-12-04
董寿平 1963年作 山居图 镜心	137cm×70cm	184,000	北京保利	2020-12-04
董寿平 黄山松壑 立轴	136cm×68cm	184,000	中国嘉德	2020-12-03
董寿平 2004年作 松壑鸣泉 立轴	143cm×49.5cm	149,500	中鸿信	2020-01-03
董寿平 1962年作 兰石图 镜心	27cm×85cm	149,500	北京保利	2020-10-17
董寿平 竹影萧萧 立轴	105.5cm×42.5cm	126,500	北京诚轩	2020-08-17
董寿平 1978年作 黄山小景 立轴	45cm×44cm	109,250	北京保利	2020-10-17
董寿平 1988年作 红梅 立轴	直径90cm×90cm	105,800	中国嘉德	2020-08-15
董寿平 1963年作 暗香浮动 立轴	34.5cm×36.4cm	92,000	北京诚轩	2020-08-17
董寿平 1982年作 红梅迎春 镜心	89.5cm×48.2cm	92,000	北京诚轩	2020-08-17
董寿平 1984年作 黄山松云 立轴	直径54cm	92,000	北京保利	2020-12-04
董寿平 1982年作 黄山烟云 立轴	132cm×67cm	92,000	北京翰海	2020-09-12
董寿平 陶一清 陈鸿年 刘凌沧 张辛稼 册页	26cm×32.5cm×6	92,000	中贸圣佳	2020-10-17
董寿平 墨竹 镜心	69cm×69cm	74,750	北京翰海	2020-12-11
董寿平 红梅绽放 立轴	89cm×48cm	69,000	中国嘉德	2020-07-16
董寿平 1983年作 山水 立轴	67cm×67cm	69,000	永乐拍卖	2020-12-03
董寿平 山水 镜心	42cm×54.5cm	69,000	中贸圣佳	2020-10-17
董寿平 1984年作 清风劲节 立轴	68cm×68.5cm	63,250	北京诚轩	2020-08-17
董寿平 1992年作 草书禅诗 立轴	98cm×51cm	63,250	北京保利	2020-12-04
董希源 长松飞瀑翠峰齐 镜心	68cm×136cm	563,500	北京翰海	2020-09-12
董希源 牡丹飞蝶 镜心	100cm×72cm	437,000	北京翰海	2020-09-12
董欣宾 岁寒三友 镜心	97cm×179cm	402,500	十竹斋拍卖（北京）	2020-10-18

拍品名称	物品尺寸	成交价RMB	拍卖公司	拍卖日期
董欣宾 观松图	68cm×136cm	218,500	北京翰海	2020-12-12
董欣宾 1983年作 云台山早梅图 镜心	136cm×68cm	172,500	十竹斋拍卖（北京）	2020-10-18
董欣宾 1998年作 竹报平安	138cm×68cm	138,000	北京翰海	2020-12-12
董欣宾 闲居图	90cm×69cm	92,000	北京翰海	2020-12-12
董欣宾 暮归图	72cm×48cm	92,000	北京翰海	2020-12-12
董欣宾 牧牛 镜心	68cm×68cm	92,000	十竹斋拍卖（北京）	2020-10-18
董欣宾 水松图 镜心	69cm×61cm	92,000	十竹斋拍卖（北京）	2020-10-18
董欣宾 1991年作 新篁图	67cm×64cm	80,500	北京翰海	2020-12-12
董欣宾 1983年作 葫芦	68cm×68cm	80,500	北京翰海	2020-12-12
董欣宾 1993年作 载月夜归图 镜心	69cm×45.5cm	63,250	十竹斋拍卖（北京）	2020-10-18
董阳孜 1988年作 见素抱朴 屏风	136cm×253cm	571,200	罗芙奥	2020-07-18
董阳孜 2008年作 流水无心	69cm×138cm	221,760	罗芙奥	2020-12-05
董阳孜 2008年作 心闲意适 镜框	138cm×69cm	142,800	罗芙奥	2020-07-18
董阳孜 1993年作 一尺之棰取其半 万世不竭 镜框	69cm×138cm	116,424	罗芙奥	2020-12-05
董英华 2019年作 江山如画	180cm×97cm	4,025,000	钜鑫缘（香港）	2020-11-03
董英华 2019年作 江帆幽居	178cm×68cm	3,565,000	钜鑫缘（香港）	2020-11-03
董作宾 行书 横披	35cm×140cm	253,000	朵云轩	2020-09-23
董作宾 1955年作 甲骨文对联 立轴	58.5cm×9.2cm	170,400	佳士得	2020-11-18
董作宾 摹殷墟文字	15cm×121cm	74,750	中国嘉德	2020-12-02
杜浩平 2018年作 海纳百川	96cm×270cm	287,500	北京翰海	2020-09-12
杜浩平 2020年作 行稳致远	190cm×68cm	115,000	北京翰海	2020-09-12
杜鹏来 2017年作 进士纳福 镜心	146cm×87cm	112,000	北京汇珍	2020-08-13
杜小同 界	89cm×141cm	230,000	中贸圣佳	2020-10-17
杜一恕 尘外之音 立轴	168cm×69cm	115,000	北京翰海	2020-09-12
杜应强 榕荫图 镜片	83cm×152cm	86,250	广东崇正	2020-06-27
杜月笙 行书八言联 镜心	206cm×44cm×2	598,000	中贸圣佳	2020-10-17
杜月笙 王正廷 萧吉珊 等 题字	尺寸不一	230,000	广东小雅斋	2020-08-21
杜滋龄 2005年作 牧归图 镜心	96cm×179cm	149,500	中国嘉德	2020-07-16
段祺瑞 吴佩孚 王廷桢 王揖唐 1924、1937年作 为直奉战争、中日战争致野崎诚近书法 册页（十六页）	28cm×18cm（册页）	230,000	西泠印社	2020-08-09
段祺瑞 楷书 佛语 立轴	85.5cm×37cm	103,500	西泠印社	2020-08-09
段文杰 敦煌莫高窟佛像	42.3cm×124cm	126,500	中国嘉德	2020-11-09
段文杰 敦煌莫高窟狩猎图像	101.5cm×65cm	105,800	中国嘉德	2020-11-09
段文杰 初唐菩萨（一幅）	138cm×82cm	103,500	北京保利	2020-12-05
樊枫 2018年作 自行车王国 镜心	210cm×77cm	805,000	北京保利	2020-10-16
樊萍 2016年作 清和静思 倚萝相携	60cm×40cm×4	230,000	北京翰海	2020-09-12
樊虚 仕女游园图（四帧）镜片	85cm×41cm×4	195,500	西泠印社	2020-08-09
樊虚 1937年作 讲学图 楷书 成扇	20cm×52cm×2	109,250	上海敬华	2020-09-22
樊增祥 楷书十七言联 立轴	241cm×60cm×2	287,500	北京保利	2020-10-17
樊增祥 1930年作 楷书八言联 对联	130cm×31cm×2	172,500	北京保利	2020-12-05
樊增祥 1919年作 楷书八言联 立轴	162cm×34cm×2	63,250	北京翰海	2020-12-12
樊增祥 行书七言联 对联	128cm×31cm×2	57,500	永乐拍卖	2020-12-04
樊增祥 1924年作 楷书八言联 立轴	137cm×33cm×2	57,500	中国嘉德	2020-12-02
樊增祥 丁佛言 郑孝胥 书法扇面（三帧）镜心	郑21cm×56cm；樊17.8cm×51.5cm；丁19.5cm×52.5cm	51,750	中国嘉德	2020-12-02

2020书画拍卖成交汇总(续表)

(成交价RMB：5万元以上)

拍品名称	物品尺寸	成交价RMB	拍卖公司	拍卖日期
范曾 2002年作 日出东南隅 镜心	143cm×364cm	7,360,000	北京保利	2020-10-17
范曾 1999年作 吾马既阜 镜心	143cm×368cm	5,807,500	北京保利	2020-12-04
范曾 1991年作 耶路撒冷是美好的 镜心	180cm×96cm	5,175,000	北京保利	2020-10-17
范曾 2002年作 苏子侣鹤图 镜心	145cm×370cm	5,175,000	北京保利	2020-10-17
范曾 2003年作 杜甫《秋兴八首》镜心	198cm×99cm×8	5,175,000	北京保利	2020-10-17
范曾 2006年作 观世音菩萨像 镜心	179cm×97cm	4,600,000	北京保利	2020-12-04
范曾 1998年作 行书"抱冲逸兴"镜心	138cm×355cm	3,680,000	北京保利	2020-12-04
范曾 董寿平 2000年作 赏梅图 镜心	95cm×177.5cm	3,450,000	中国嘉德	2020-12-01
范曾 1996年作 记写十二生肖卷 手卷	45.3cm×101cm; 47cm×354cm	3,450,000	中国嘉德	2020-12-01
范曾 关景宇 1968年作《门合同志英雄事迹》连环画原稿(十九帧)画心	16cm×22cm×19	2,093,000	西泠印社	2020-08-09
范曾 2004年作 老子出关 镜心	179cm×97cm	1,840,000	北京保利	2020-10-16
范曾 1982年作 慧能大师造像 立轴	179cm×95cm	1,840,000	永乐拍卖	2020-12-03
范曾 2011年作 钟馗神威 镜框	96cm×60cm	1,782,500	华艺国际	2020-10-16
范曾 1998年作 补天 镜心	81cm×150cm	1,725,000	北京保利	2020-12-04
范曾 1985年作 九韶之舞 镜心	95cm×176cm	1,702,000	北京保利	2020-12-04
范曾 1991年作 观音造像 镜心	83.5cm×50cm	1,667,500	北京保利	2020-10-17
范曾 2000年作 老子出关 镜心	136cm×67.5cm	1,380,000	中国嘉德	2020-12-01
范曾 1982年作 张衡《候风图》镜心	88cm×102cm	1,150,000	中鸿信	2020-01-03
范曾 1980年作 度吕图 镜心	96cm×178cm	1,092,500	中国嘉德	2020-12-01
范曾 2013年作 钟馗神威 立轴	136cm×68cm	977,500	中鸿信	2020-01-03
范曾 1988年作 老子出关 镜心	135cm×67cm	920,000	北京保利	2020-10-16
范曾 清照读词图 镜心	112cm×68cm	897,000	荣宝斋(上海)	2020-10-25
范曾 书画一堂 立轴	画97cm×60.5cm; 对联 134cm×32.5cm×2	874,000	上海匡时	2020-08-05
范曾 谢添 溥杰 1985年作、1984年作 醉酒图 行书"鹤舞" 行书张继诗 镜心	69cm×137cm; 41cm×65cm; 40cm×69cm	747,500	十竹斋拍卖(北京)	2020-10-18
范曾 2004年作 相逢无杂言 镜心	98cm×60cm	667,000	中国嘉德	2020-08-17
范曾 1983年作 牧童 镜心	66cm×105cm	632,500	北京保利	2020-10-16
范曾 2013年作 东坡像 镜心	137cm×69cm	598,000	中国嘉德	2020-07-15
范曾 2003年作 老子出关	95.5cm×45cm	563,500	北京翰海	2020-12-12
范曾 1995年作 林和靖寻梅图 镜心	64cm×45cm	533,450	北京保利	2020-07-18
范曾 1987年作 葛洪炼丹图 立轴	95.3cm×56.4cm	519,800	香港苏富比	2020-07-10
范曾 1980年作 老夫聊发少年狂 镜心	68cm×68cm	517,500	中国嘉德	2020-08-16
范曾 怀素学书图 镜心	69cm×69cm	517,500	中国嘉德	2020-08-17
范曾 1987年作 一行和尚观象图 立轴	96cm×57cm	517,500	中国嘉德	2020-12-01
范曾 1980年作 梦蝶 立轴	85.5cm×67cm	460,000	中国嘉德	2020-12-01
范曾 1985年作 钟馗威震图 立轴	89cm×66cm	402,500	北京保利	2020-12-04
范曾 2005年作 书法对联 镜心	139cm×34cm×2	402,500	中国嘉德	2020-12-01
范曾 善辩	29cm×29cm	398,475	美国摩根	2020-01-14
范曾 1996年作 行书七言联 对联	135cm×33cm×2	368,000	中国嘉德	2020-11-09
范曾 1981年作 林冲休妻 立轴	67cm×68cm	368,000	中国嘉德	2020-12-01
范曾 母亲 镜片	46cm×40.5cm	345,000	西泠印社	2020-08-09
范曾 1995年作 书法对联 镜心	138cm×34.5cm×2	322,000	中国嘉德	2020-12-01
范曾 董寿平 等 仰之弥高卷 手卷	28cm×464cm	322,000	中国嘉德	2020-12-02
范曾 2005年作 行书《秋兴八首》之一 镜心	52cm×233cm	299,000	中国嘉德	2020-11-10
范曾 2003年作 行书 镜片	65.5cm×132.2cm	287,500	广东崇正	2020-09-13
范曾 1987年作 钟馗 立轴	68cm×68cm	287,500	华艺国际	2020-10-16
范曾 1989年作 达摩神悟图 立轴	66cm×66cm	287,500	上海敬华	2020-09-22
范曾 1980年作 戏蟾图 镜片	66.5cm×65.5cm	273,900	佳士得	2020-05-22
范曾 1988年作 东坡玩砚图 立轴	73.4cm×33.1cm	271,200	香港苏富比	2020-07-10
范曾 鹤风图 立轴	99.5cm×51cm	264,500	广东崇正	2020-06-27
范曾 1978年作 东坡读经图 立轴	82cm×50.5cm	253,000	西泠印社	2020-08-09
范曾 2005年作 闲鹤灵椿 镜心	书法 16.5cm×27.5cm; 画17.5cm×27.5cm	253,000	十竹斋拍卖(北京)	2020-10-18
范曾 钟馗搜神 立轴	68cm×44cm	230,000	北京保利	2020-10-16
范曾 2003年作 楼头击筑 镜心	33.5cm×123cm	230,000	北京保利	2020-12-04
范曾 1998年作 双吉图 镜心	34cm×133.5cm	218,500	中国嘉德	2020-12-01
范曾 老子出关 镜片	96cm×90cm	207,000	广东小雅斋	2020-08-21
范曾 1989年作 闲钱沽酒 镜框	68.5cm×46.5cm	205,200	佳士得	2020-07-08
范曾 1983年作 戏蟾图 圆光	直径36cm	184,000	中国嘉德	2020-07-16
范曾 1982年作 达摩得悟图 扇面	26cm×55cm	172,500	十竹斋拍卖(北京)	2020-10-18
范曾 行书节录《枫桥夜泊》立轴	120cm×58.5cm	138,000	中贸圣佳	2020-10-17
范曾 楷书扇面 镜心	15.5cm×46cm	115,000	中贸圣佳	2020-10-17
范德 1997年作 采菊饮兰 镜心	34cm×134cm	109,250	北京保利	2020-12-04
范曾 1989年作 行书"远怀" 镜心	45cm×66cm	105,800	中国嘉德	2020-07-15
范曾 人物 立轴	32cm×44cm	94,300	中贸圣佳	2020-10-17
范曾 罗汉图 镜片	685cm×20cm	92,000	广东小雅斋	2020-08-21
范曾 1980年作 莲花少女 镜片	118cm×59cm	89,700	上海嘉禾	2020-01-05
范曾 1991年作 行书 镜心	127cm×63cm	89,700	中鸿信	2020-01-03
范曾 行书王维诗 立轴	89cm×62.5cm	86,250	北京保利	2020-12-04
范曾 方成 1985年作 人物 镜片	57cm×42cm	78,200	广东崇正	2020-09-13
范曾 1978年作 行书 镜片	102cm×33cm	74,750	广东崇正	2020-09-13
范曾 1997年作 扬鞭图 立轴	59cm×68cm	74,750	上海敬华	2020-09-22
范曾 行书鲁迅语录 立轴	107cm×33cm	71,300	华艺国际	2020-10-16
范曾 美人图 立轴	67.5cm×27cm	69,000	中鸿信	2020-01-03
范曾 人物 立轴	70cm×46cm	69,000	广东小雅斋	2020-08-21
范曾 1981年作 庄周梦蝶 镜心	35cm×48cm	69,000	中国嘉德	2020-07-16
范曾 2009年作 行书"兰畹" 镜心	35cm×69cm	69,000	永乐拍卖	2020-12-03
范曾 1996年作 行书"宝艺轩" 镜心	35cm×139cm	66,700	中鸿信	2020-01-04
范曾 行书李白诗 立轴	92.5cm×46cm	55,200	上海匡时	2020-08-05
范曾 1995年作 行书"暗香浮动"镜心	44cm×64cm	55,200	中国嘉德	2020-07-16
范德坤 60年代作 中国共产党万岁 镜心	107cm×77cm	172,500	中鸿信	2020-01-03
范迪安 行书"上善若水" 镜心	69cm×135.5cm	92,000	上海匡时	2020-08-05
范扬 2004年作 观鹿罗汉 镜心	53.5cm×137cm	253,000	中国嘉德	2020-08-17
范扬 幽谷禅悟图 镜框	104cm×68.5cm	230,000	华艺国际	2020-10-16
范扬 2014年作 高山流水有知音 镜框	100cm×101cm	184,000	华艺国际	2020-10-16
范扬 2017年作 红衣罗汉 镜心	画 98cm×74.5cm; 字 35.5cm×74.5cm	149,500	中国嘉德	2020-12-01
范扬 2020年作 心经、观音 手卷	引首 24cm×67cm; 书法 24cm×670cm; 绘画24cm×67cm	115,000	华艺国际	2020-10-16
范扬 2003年作 皎然和尚闻钟声 镜心	50.5cm×83.5cm	92,000	中国嘉德	2020-12-01
范扬 2005年作 枝隐头陀罗汉 镜心	96cm×53cm	80,500	北京保利	2020-12-04
范扬 2011年作 红衣罗汉 圆光	直径40cm	78,200	中国嘉德	2020-07-16

(成交价RMB：5万元以上)

拍品名称	物品尺寸	成交价RMB	拍卖公司	拍卖日期
范扬 2003年作 观世音菩萨宝像 镜心	54.5cm×38.5cm	66,700	北京保利	2020-10-16
范扬 2002年作 湖山高士 立轴	138cm×52cm	57,500	华艺国际	2020-10-16
范扬 徽州民居 镜心	49.5cm×51cm	57,500	荣宝斋(南京)	2020-11-28
范扬 山高流水中堂并行书七言联 镜心	对联 68cm×13cm×2；画68cm×47cm	57,500	中贸圣佳	2020-10-17
方楚雄 2000年作 雄风图 镜片	143cm×365cm	2,645,000	华艺国际	2020-10-16
方楚雄 2005年作 春风得意四联屏 立轴	136.5cm×34.5cm×4	517,500	中国嘉德	2020-12-01
方楚雄 六猴图 镜片	70cm×137.5cm	402,500	广东崇正	2020-06-27
方楚雄 1993年作 明月清风 立轴	172cm×93cm	357,658	中国嘉德	2020-10-09
方楚雄 2010年作 花荫双犬 镜片	68cm×68cm	218,500	广东崇正	2020-09-13
方楚雄 1990年作 夏日 镜片	136cm×67cm	138,000	广东崇正	2020-09-13
方楚雄 1994年作 小雨初晴 镜片	68cm×68.5cm	97,750	广东崇正	2020-09-13
方楚雄 紫藤双兔 镜片	85cm×34cm	69,000	广东崇正	2020-06-27
方楚雄 雏鸭嬉戏图 镜片	69cm×46cm	58,650	广东小雅斋	2020-08-21
方楚雄 豹子 立轴	137cm×54cm	57,500	中贸圣佳	2020-10-17
方地山 行书前人诗词(七页) 镜心	33.5cm×24.5cm×7	57,500	中国嘉德	2020-08-15
方济众 1978年作 胜似春光 镜心	66cm×56cm	460,000	北京保利	2020-10-17
方济众 1977年作 万紫千红 镜心	69cm×69cm	230,000	北京保利	2020-10-17
方济众 1978年作 汉江雪后小景 镜心	33cm×112cm	218,500	中国嘉德	2020-08-15
方济众 1964年作 山村小学 立轴	69cm×68cm	184,000	朵云轩	2020-09-23
方济众 岩畔 镜心	83.5cm×56cm	115,000	中贸圣佳	2020-10-17
方济众 1985年作 舞蹈人物 立轴	85cm×58.5cm	92,000	中国嘉德	2020-12-02
方济众 1980年作 山春 镜心	68cm×45cm	57,500	中国嘉德	2020-07-15
方济众 1981年作 山野的春天 镜心	12.5cm×139cm	57,500	中国嘉德	2020-12-03
方继良 2019年作 瀑布联句 镜心	180cm×95cm	158,000	北京汇珍	2020-08-13
方君璧 1937年 狂风雨	131.5cm×63.5cm	460,000	中国嘉德	2020-12-05
方君璧 1971年 春意初浓	84cm×60cm	126,500	中国嘉德	2020-12-05
方君璧 1942年 水袖玉腕	54cm×36.5cm	126,500	中国嘉德	2020-12-05
方君璧 1950年作 松	65.7cm×50.5cm	103,500	北京诚轩	2020-08-16
方君璧 1960—1970年代 浮瓜沉李	41.5cm×61cm	97,750	中国嘉德	2020-12-05
方君璧 自画像 立轴	41cm×31cm	89,700	中鸿信	2020-01-04
方君璧 1955年作 鹦鹉	54.7cm×37.8cm	74,750	北京诚轩	2020-08-16
方君璧 三阳开泰 立轴	95cm×53cm	69,000	中鸿信	2020-01-04
方骏 春、夏、秋、冬四条屏 镜心	83cm×41.5cm×4	368,000	中国嘉德	2020-08-17
方骏 云山四季屏 镜心	101cm×34cm×4	345,000	北京保利	2020-10-16
方骏 晴天雁鸿声 镜心	68cm×138cm	287,500	北京保利	2020-10-16
方骏 秋江雁初飞图卷 手卷	引首 34cm×116cm；画心 34cm×262cm	276,000	北京保利	2020-10-16
方骏 2009年作 暮云江南 镜心	引首 38cm×117cm；画34cm×274cm	207,000	中国嘉德	2020-12-01
方骏 2004年作 九水秋色 镜心	96cm×180cm	195,500	中国嘉德	2020-08-17
方骏 1998年作 宋人词意图 镜心	101cm×51cm	57,500	北京保利	2020-10-16
方骏 山水 镜心	68cm×67.5cm	55,200	荣宝斋(南京)	2020-11-28
方洺 1941年作 策杖行吟 立轴	151.5cm×57cm	126,500	中国嘉德	2020-12-03
方人定 纽约少妇 立轴	124.5cm×68.5cm	598,000	华艺国际	2020-10-16
方人定 耕罢 立轴	171cm×95cm	529,000	北京保利	2020-10-17
方人定 读书图 镜心	39cm×50cm	115,000	北京翰海	2020-09-12
方人定 人物 镜片	72.5cm×29cm	74,750	广东小雅斋	2020-08-21

拍品名称	物品尺寸	成交价RMB	拍卖公司	拍卖日期
方人定 行书七言联 立轴	129cm×29cm×2	69,000	北京保利	2020-10-17
方文根 2020年作 丹霞耸翠 镜心	35cm×137cm	92,000	上海匡时	2020-08-05
方向 2013年作 春意浓 镜心	38cm×178cm	86,250	中国嘉德	2020-11-10
方向 晌午 镜片	138cm×69cm	82,800	广东崇正	2020-06-27
方向 晚归 镜片	58.3cm×84.5cm	57,500	广东崇正	2020-06-27
方增先 1970年作 作战图 镜心	78cm×175cm	345,000	十竹斋拍卖(北京)	2020-10-18
方增先 2003年作 松石高士 立轴	130cm×68cm	172,500	朵云轩	2020-09-24
方增先 1963年作 缝补老人 立轴	73cm×50.5cm	149,500	上海驰翰	2020-08-06
方增先 1976年作 青年放哨 镜心	97cm×176cm	94,300	中国嘉德	2020-07-16
方增先 了庐 1999年作 书画合璧卷 手卷	34cm×368cm	63,250	江苏汇中	2020-08-06
方增先 1973年作 人物肖像 镜片	27cm×40cm	57,500	上海嘉禾	2020-01-05
方增先 人物 镜片	99cm×44cm	51,750	广东小雅斋	2020-08-21
方召麐 1995年作 窑洞 镜框	58cm×67cm	159,775	佳士得	2020-05-22
方召麐 1991年作 溪山泛舟图 镜片	138.5cm×70cm	69,000	广东崇正	2020-09-13
房毅 水击三千 立轴	94.5cm×40cm	109,250	广东崇正	2020-09-13
费而奇 溪山泛舟图 立轴	179.5cm×58cm	437,000	西泠印社	2020-08-08
费孝通 1989年作 行书题词 镜心	67cm×66cm	63,250	中鸿信	2020-01-04
费新我 毛主席诗意图 立轴	138.5cm×84.5cm	552,000	中鸿信	2020-01-03
费新我 1981年作 行书汤焕诗 镜片	74cm×377cm	184,000	广东崇正	2020-09-13
费新我 行书毛主席词 立轴	136cm×68cm	132,250	荣宝斋(南京)	2020-11-28
费新我 行书《东坡论竹》镜心	78cm×170cm	109,250	荣宝斋(上海)	2020-10-25
费新我 吴青霞 娄师白 卢坤峰 谢稚柳 魏紫熙 田世光 陈佩秋 等 1981年作 无声诗集 册页	25cm×32cm×13	103,500	中国嘉德	2020-11-10
费新我 行书七言联 镜片	95cm×19.5cm×2	82,800	广东崇正	2020-09-13
费新我 行书五言联 镜心	105cm×24cm×2	74,750	荣宝斋(南京)	2020-11-28
费新我 行书毛主席《十六字令》三首 立轴	89cm×47cm	55,200	中贸圣佳	2020-10-17
丰子恺 1948年作 落红不是无情物 立轴	135cm×65cm	3,565,000	北京保利	2020-12-04
丰子恺 致周颖南小品(五帧) 镜心	22.5cm×16cm×5	2,300,000	中国嘉德	2020-08-16
丰子恺 名泉长寿、楷书七言联 镜心	102cm×36cm；101cm×21cm×2	1,495,000	永乐拍卖	2020-12-03
丰子恺 1961年作 路转峰回 立轴	69.5cm×34.5cm	1,058,000	朵云轩	2020-09-23
丰子恺 饮水思源 立轴	45.5cm×33.7cm	745,500	佳士得	2020-12-01
丰子恺 庆祝国庆 镜心	41.5cm×39.5cm	713,000	中国嘉德	2020-08-16
丰子恺 落花归 镜框	63cm×30cm	690,000	华艺国际	2020-10-16
丰子恺 1942年作 看山听水·学仁学智 镜框	32cm×62.5cm	661,200	佳士得	2020-07-08
丰子恺 1947年作 行书宋人绝句 立轴	142cm×36.5cm×4	632,500	十竹斋拍卖(北京)	2020-10-18
丰子恺 1947年作 行书(四幅) 屏轴	65cm×17cm×4	598,000	朵云轩	2020-09-24
丰子恺 某父子 镜框	33cm×26.5cm	456,000	佳士得	2020-07-08
丰子恺 奏凯归来 镜心	40.5cm×25cm	425,500	中鸿信	2020-01-04
丰子恺 楼前沽酒 镜心	31.5cm×25cm	368,000	中国嘉德	2020-12-03
丰子恺 无尽藏 立轴	99cm×34cm	368,000	中贸圣佳	2020-10-17
丰子恺 1944年作 行书六言联 立轴	82cm×20cm×2	345,000	华艺国际	2020-10-16
丰子恺 兵气销为日月光 立轴	66.5cm×33cm	345,000	中国嘉德	2020-12-03
丰子恺 饮水思源·行书毛泽东诗 成扇	17.3cm×45.5cm	333,018	香港苏富比	2020-10-08

2020书画拍卖成交汇总(续表)

(成交价RMB：5万元以上)

拍品名称	物品尺寸	成交价RMB	拍卖公司	拍卖日期
丰子恺 沽酒图 立轴	38cm×30.5cm	322,000	中国嘉德	2020-08-15
丰子恺 和气乐丰年 镜片	52.5cm×38cm	322,000	上海嘉禾	2020-01-05
丰子恺 释迦牟尼佛 镜心	40.5cm×31.5cm	306,564	中国嘉德	2020-10-09
丰子恺 长堤树老阅人多 立轴	41.5cm×33.5cm	299,000	广东崇正	2020-09-13
丰子恺 前面好青山 立轴	66cm×37.5cm	273,600	佳士得	2020-07-08
丰子恺 楷书七言联 镜心	101cm×21cm×2	253,000	永乐拍卖	2020-08-17
丰子恺 湖光都欲上楼来 立轴	66cm×33cm	253,000	中国嘉德	2020-11-10
丰子恺 南无地藏王菩萨 立轴	68cm×34.5cm	250,800	佳士得	2020-07-08
丰子恺 跃进图 镜框	33cm×27cm	248,600	香港苏富比	2020-07-10
丰子恺 西湖早春 镜框	28.5cm×23.7cm	244,213	香港苏富比	2020-10-08
丰子恺 水上青云 镜心	70cm×35cm	241,500	上海匡时	2020-08-05
丰子恺 南无本师释迦牟尼佛 立轴	53cm×33cm	218,500	北京翰海	2020-12-11
丰子恺 春耕图 成扇	18cm×46cm	207,000	永乐拍卖	2020-12-03
丰子恺 衔泥带得落花归 镜心	26.8cm×20.8cm	184,000	北京诚轩	2020-08-17
丰子恺 借问春光 立轴	64.5cm×32.5cm	184,000	中国嘉德	2020-12-03
丰子恺 朱屺瞻 行书白居易诗·夏溪图 成扇	48cm×18cm	172,500	西泠印社	2020-08-08
丰子恺 扶摇直上 立轴	34cm×21cm	172,500	北京保利	2020-10-17
丰子恺 贫女如花 镜心	33.5cm×26cm	172,500	荣宝斋(南京)	2020-11-28
丰子恺 都会之春 立轴	27cm×18cm	161,000	十竹斋拍卖(北京)	2020-10-18
丰子恺 根深叶茂 镜片	45cm×34cm	149,500	上海敬华	2020-09-22
丰子恺 1963年作 锣鼓响 成扇面	19.2cm×52cm	138,000	北京诚轩	2020-08-17
丰子恺 初步 镜心	33.5cm×30cm	138,000	荣宝斋(南京)	2020-11-28
丰子恺 前程远大 镜片	35cm×28cm	138,000	上海敬华	2020-09-22
丰子恺 任重道远 镜框	48cm×34.5cm	136,800	佳士得	2020-07-01
丰子恺 少年之家 镜心	29cm×23cm	120,750	中鸿信	2020-01-03
丰子恺 松间明月长如此 镜片	42.5cm×30.5cm	117,150	佳士得	2020-11-18
丰子恺 绿杨芳草 立轴	25.5cm×17cm	115,000	十竹斋拍卖(北京)	2020-10-18
丰子恺 赏蝶图 镜框	68.6cm×28.3cm	106,500	佳士得	2020-12-01
丰子恺 既耕亦已种 立轴	68.5cm×32.5cm	95,850	佳士得	2020-11-18
丰子恺 蔷薇之刺 镜心	36.5cm×24.5cm	92,000	上海匡时	2020-08-05
丰子恺 致介民词一首 镜片	26.5cm×16.5cm×2	92,000	广东崇正	2020-09-13
丰子恺 梁上燕轻罗扇 镜片	39cm×28cm	92,000	上海敬华	2020-09-22
丰子恺 初步 镜心	30cm×20.5cm	92,000	中贸圣佳	2020-10-17
丰子恺 生机满屋 立轴	62.5cm×33.5cm	86,250	北京翰海	2020-12-11
丰子恺 人物 立轴	40cm×30cm	80,500	中贸圣佳	2020-10-17
丰子恺 田翁烂醉身如舞 立轴	23cm×37cm	71,300	上海嘉禾	2020-01-05
丰子恺 跌一跤且坐坐 立轴	32cm×32cm	57,500	荣宝斋(南京)	2020-11-28
封兴昌 牧羊女 镜心	84cm×68cm	402,500	北京翰海	2020-09-12
封兴昌 2017年作 虎 镜心	69cm×44cm	172,500	北京翰海	2020-09-12
冯超然 1926年作 溪山怀远 立轴	149cm×79cm	437,000	上海敬华	2020-09-22
冯超然 1939年作 夏山飞瀑 立轴	156.5cm×40cm	264,500	朵云轩	2020-09-23
冯超然 1916年作 临溪濯足 立轴	112.5cm×48cm	255,600	佳士得	2020-12-01
冯超然 1925年作 采芝图 立轴	104cm×52cm	253,000	朵云轩	2020-09-23
冯超然 1936年作 花阴玉兔图 立轴	107.1cm×54.5cm	214,700	香港苏富比	2020-07-10
冯超然 1942年作 巉岩高瀑水潺潺 立轴	151cm×39cm	207,000	北京诚轩	2020-08-17
冯超然 柳荫洗马图 镜心	120cm×50cm	207,000	中鸿信	2020-01-03
冯超然 1942年作 江山秋色 立轴	108cm×53cm	184,000	朵云轩	2020-11-29
冯超然 1934年作 松壑鸣泉 立轴	94cm×44.5cm	172,500	中国嘉德	2020-08-15
冯超然 行吟图 立轴	109cm×32cm	132,250	荣宝斋(上海)	2020-10-25
冯超然 郑孝胥 古寺夕阳、节临《史晨碑》成扇	18cm×48cm	115,000	华艺国际	2020-10-16
冯超然 1924年作 孤云处士图 立轴	51.8cm×67cm	115,000	中国嘉德	2020-12-02
冯超然 骊龙探珠图 立轴	140cm×35cm	109,250	广东小雅斋	2020-08-21
冯超然 1923年作 苍石灵芝 立轴	101cm×39cm	97,750	北京诚轩	2020-08-17
冯超然 1926年作 篆书十一言联 立轴	169cm×29cm×2	97,750	北京保利	2020-10-17
冯超然 吴湖帆 1944年作 溪阁清话图 行书 成扇	19cm×51cm	92,000	朵云轩	2020-09-23
冯超然 1943年作 湖天春晓 镜片	70cm×34cm	82,800	朵云轩	2020-09-23
冯超然 山水 立轴	100cm×33cm	74,750	广东小雅斋	2020-08-21
冯超然 1923年作 溪上采莲 立轴	72.5cm×37.5cm	71,532	中国嘉德	2020-10-09
冯超然 1945年作 书画合璧扇 成扇	19cm×48.5cm	71,300	北京诚轩	2020-08-[illegible]7
冯超然 1920年作 纨扇仕女 立轴	111cm×29cm	69,000	中国嘉德	2020-11-[illegible]9
冯超然 孙琼华 临白阳山人墨花 手卷	30.5cm×517cm	63,250	上海驰翰	2020-09-[illegible]4
冯超然 1929年作 面壁图 镜心	34cm×40.5cm	57,500	北京翰海	2020-12-[illegible]1
冯超然 俞宗海 1921年作 松阴听泉 楷书 成扇	18cm×53cm	55,200	朵云轩	2020-09-23
冯大中 工笔虎	141.5cm×75.5cm	2,100,000	乾禧国际	2020-01-20
冯大中 1996年作 初雪 镜心	67cm×136cm	1,150,000	北京保利	2020-10-16
冯大中 2015年作 林间暖酒烧红叶 镜框	137cm×69cm	218,500	华艺国际	2020-10-16
冯大中 1986年作 霜晓 镜心	99cm×68.5cm	172,500	中国嘉德	2020-08-17
冯大中 2004年作 芦花深处 镜心	62.5cm×179.5cm	172,500	中国嘉德	2020-08-17
冯大中 觅 镜心	78cm×47.5cm	126,500	荣宝斋(上海)	2020-10-25
冯大中 君临山野 镜片	70cm×70cm	72,450	广东小雅斋	2020-08-2[illegible]
冯大中 1982年作 鸣春 立轴	130cm×68cm	57,500	中国嘉德	2020-07-15
冯国璋 行书“久而敬之”镜心	36.5cm×121cm	80,500	中国嘉德	2020-12-03
冯国璋 行书“久而敬之”镜心	36cm×121cm	69,000	中鸿信	2020-01-0[illegible]
冯国璋 行书四屏 立轴	129cm×29.5cm×4	57,500	中鸿信	2020-01-0[illegible]
冯建吴 1944年作 巧语鹦鹉 镜心	127cm×53cm	138,000	中国嘉德	2020-07-1[illegible]
冯建吴 1978年作 可以横绝峨眉巅 镜心	103cm×103cm	97,750	中鸿信	2020-01-0[illegible]
冯建吴 人物 立轴	105cm×60cm	92,000	广东小雅斋	2020-08-2[illegible]
冯建吴 1945年作 蜀山图 镜心	179cm×97cm	51,750	北京保利	2020-10-1[illegible]
冯明秋 1999年作 大片落墨字 立轴	画心 67.8cm×69.8cm；卷轴 113cm×88cm	111,004	纽约佳士得	2020-09-1[illegible]
冯其庸 葫芦 纸本	69cm×69cm	51,750	中国嘉德	2020-12-02
冯文蔚 1895年作 楷书孙过庭《书谱》手卷	22.5cm×343cm	92,000	中国嘉德	2020-12-03
冯一鸣 70年代作 中国应对世界作出更大贡献 镜心	74cm×136cm	69,000	中鸿信	2020-01-03
冯一鸣 70年代作时间就是金钱镜心	71cm×105cm	57,500	中鸿信	2020-01-03
冯友兰 行书 立轴	107cm×26.5cm	95,850	佳士得	2020-11-18
冯玉祥 1938年作 为杨治全书匾“收复失地”横披	132cm×34cm	299,000	西泠印社	2020-08-09
冯玉祥 书法 对联	175cm×42cm×2	172,500	广东小雅斋	2020-08-21
冯玉祥 隶书七言联 镜心	134cm×33cm×2	149,500	北京保利	2020-10-18
冯玉祥 书法 对联	173cm×46cm×2	109,250	广东小雅斋	2020-08-21
冯玉祥 隶书 立轴	59cm×31.3cm	95,850	佳士得	2020-11-18
冯玉祥 1932年作 行书格言警句 镜心	24.5cm×17cm	74,750	中鸿信	2020-01-04
冯玉祥 隶书七言联 立轴	346cm×70cm×2	63,250	北京翰海	2020-09-12

拍品名称	物品尺寸	成交价RMB	拍卖公司	拍卖日期
冯远 2001年作 金陵十二钗 镜心	145cm×365cm	2,070,000	北京保利	2020-12-04
冯远 2002年作 牧牛图 镜心	132cm×65cm	356,500	北京保利	2020-10-16
冯远 2005年作 四季 镜框	70cm×69cm	230,000	华艺国际	2020-10-16
冯远 2003年作 宝钗戏蝶图 镜心	138cm×70cm	149,500	中鸿信	2020-01-03
冯[illegible]光 2019年作 金秋地带 镜心	138cm×70cm	138,000	北京翰海	2020-09-12
冯忠莲 山居幽赏图 立轴	108cm×39.5cm	69,000	荣宝斋（南京）	2020-11-28
冯忠莲 1942年作 观音大士 立轴	96.5cm×36.5cm	63,250	中鸿信	2020-01-03
冯[illegible]云 2019年作 快如风 镜心	70cm×138cm	345,000	北京保利	2020-10-16
弗[illegible] 1908年作 为徐坊作《鹊山寒食[illegible]》手卷	画心55cm×26cm；引首65.5cm×26.5cm；题跋32cm×400cm	483,000	西泠印社	2020-08-08
傅抱石 1942年作 大涤草堂图 立轴	傅抱石绘本幅84.5cm×58.5cm；徐悲鸿题诗堂23cm×58.5cm	138,000,000	中国嘉德	2020-12-01
傅抱石 1946年作 二湘图 立轴	165cm×43.5cm	104,650,000	北京保利	2020-12-04
傅抱石 1964年作 芙蓉国里尽朝晖 立轴	48cm×68.6cm	51,175,000	华艺国际	2020-12-05
傅抱石 1949年作 山濡清会 立轴	173cm×92cm	43,930,000	华艺国际	2020-10-16
傅抱石 1943年作 东坡先生 镜心	90cm×30cm	41,400,000	中国嘉德	2020-12-01
傅抱石 1943年作 高山行旅图 立轴	154cm×38cm	28,750,000	北京保利	2020-10-17
傅抱石 虎跑深秋 立轴	80.5cm×45.5cm	26,450,000	中国嘉德	2020-08-16
傅抱石 侧耳含情披月影 立轴	113.5cm×66cm	20,125,000	北京保利	2020-12-04
傅抱石 1961年作 白山林海 立轴	49cm×57cm	19,550,000	中国嘉德	2020-08-16
傅抱石 1961年作 千山竞秀 镜心	103cm×144cm	16,675,000	北京保利	2020-10-17
傅抱石 乱瀑鸣泉 镜框	109cm×61.5cm	14,526,600	佳士得	2020-12-01
傅抱石 千山 立轴	107cm×72cm	14,030,000	中贸圣佳	2020-10-17
傅抱石 1961年作 棒槌岛 镜心	27.8cm×46cm	10,810,000	中国嘉德	2020-08-16
傅抱石 1947年作 松间高士 立轴	91cm×61cm	10,695,000	上海敬华	2020-09-22
傅抱石 1955年作 深山访友 立轴	132.5cm×44.5cm	10,120,000	十竹斋拍卖（北京）	2020-10-18
傅抱石 1962年作 湘夫人 立轴	80cm×56cm	9,775,000	华艺国际	2020-10-16
傅抱石 加丹附近小型公园 镜心	28cm×47cm	9,660,000	中国嘉德	2020-08-16
傅抱石 1964年作《登庐山》诗意 镜心	66.5cm×96.5cm	9,200,000	中国嘉德	2020-12-01
傅抱石 激石泉咽图 镜框	89.3cm×56cm	8,836,600	香港苏富比	2020-07-10
傅抱石 春词诗意 立轴	89cm×28cm	8,625,000	中国嘉德	2020-12-01
傅抱石 1945年作 松荫闲话 立轴	131cm×32cm	7,590,000	北京保利	2020-12-04
傅抱石 1944年作 风雨同舟 镜框	61.2cm×49.7cm	7,369,800	佳士得	2020-12-01
傅抱石 1964年作 杜甫行吟图 立轴	125cm×38cm	7,130,000	北京保利	2020-10-17
傅抱石 湘夫人图 立轴	44cm×48cm	6,670,000	华艺国际	2020-10-16
傅抱石 1961年作 青岛鲁迅公园 立轴	27.5cm×45.5cm	5,750,000	华艺国际	2020-10-16
傅抱石 1943年作 同舟共济图 立轴	91cm×29.5cm	5,750,000	中国嘉德	2020-12-01
傅抱石 1965年作 换了人间 立轴	97cm×40cm	5,175,000	永乐拍卖	2020-12-03
傅抱石 1961年作 华岳千寻图 立轴	68.5cm×50.5cm	5,060,000	西泠印社	2020-08-09
傅抱石 1944年作 爱莲说 立轴	97cm×36cm	5,060,000	永乐拍卖	2020-12-03
傅抱石 1963年作 一生好入名山游 立轴	109cm×60.5cm	4,905,024	中国嘉德	2020-10-09
傅抱石 1962年作 湘夫人图 镜片	58.5cm×35cm	4,600,000	西泠印社	2020-08-09
傅抱石 1945年作 松岭幽游 镜框	105.1cm×29.5cm	4,497,400	香港苏富比	2020-07-10
傅抱石 唐人诗意 立轴	89.5cm×57cm	4,370,000	中国嘉德	2020-12-01
傅抱石 1944年作 制涂图 立轴	24.5cm×15.5cm	4,197,500	中国嘉德	2020-08-16
傅抱石 1947年作 松瀑群贤 立轴	134cm×33.5cm	4,140,000	北京保利	2020-12-04
傅抱石 1951年作 风雨归人 立轴	101cm×27.5cm	4,140,000	十竹斋拍卖（北京）	2020-10-18
傅抱石 1946年作 竹荫仕女图 镜片	82.5cm×36cm	4,025,000	西泠印社	2020-08-09
傅抱石 山水人物画	137cm×67cm	3,850,000	北京贞观	2020-11-28
傅抱石 1965年作 水乡吟 立轴	67cm×34cm	3,680,000	朵云轩	2020-09-23
傅抱石 1962年作 湘夫人 镜心	68cm×45cm	3,680,000	中国嘉德	2020-12-01
傅抱石 平沙落雁 立轴	33cm×45cm	3,565,000	中贸圣佳	2020-10-17
傅抱石 1945年作 湘夫人 镜框	56cm×26cm	3,450,000	朵云轩	2020-09-23
傅抱石 1945年作 山游图 镜框	136.7cm×46cm	3,408,000	佳士得	2020-12-01
傅抱石 1961年作 韶峰耸翠 立轴	56cm×68cm	3,335,000	十竹斋拍卖（北京）	2020-10-18
傅抱石 1962年作 春风杨柳万千条 立轴	53cm×60cm	3,220,000	北京保利	2020-10-17
傅抱石 1962年作 瞿塘烟月 镜心	102cm×54cm	3,220,000	北京保利	2020-12-04
傅抱石 百事如意图 立轴	44cm×56cm	3,047,500	中贸圣佳	2020-10-17
傅抱石 1947年作 观瀑图 立轴	132.5cm×32.7cm	2,415,000	广东崇正	2020-09-13
傅抱石 1963年2月作 观瀑 镜框		2,174,000	伦敦佳士得	2020-11-03
傅抱石 1942年作 平沙落雁图 镜片	41.5cm×26.5cm	1,955,000	西泠印社	2020-08-09
傅抱石 1964年作 太华漫记 立轴	55cm×61cm	1,955,000	上海匡时	2020-08-05
傅抱石 延安曙色 镜心	画心45cm×67cm；题20cm×98cm	1,955,000	北京保利	2020-10-17
傅抱石 1964年作 秋江捕鱼图 书法 成扇	19cm×45cm	1,955,000	华艺国际	2020-10-16
傅抱石 徐悲鸿 陈之佛 陈树人 1945年作 花鸟人物（四帧）镜框	29cm×32.5cm×4	1,955,000	华艺国际	2020-10-16
傅抱石 泛舟图 成扇	18cm×50cm	1,840,000	荣宝斋（上海）	2020-10-25
傅抱石 1962年作 一生好入名山游 立轴	87.5cm×34cm	1,840,000	中国嘉德	2020-12-01
傅抱石 关山月 1961年作 春寒杏衫薄 立轴	109cm×31cm	1,840,000	中国嘉德	2020-12-03
傅抱石 1944年作 云横秀岭 镜片	44cm×59cm	1,782,500	广东崇正	2020-09-13
傅抱石 1946年作 沽酒图 立轴	69cm×43cm	1,725,000	北京保利	2020-12-04
傅抱石 1960年作 唐人诗意图 镜心	53cm×42cm	1,725,000	永乐拍卖	2020-12-03
傅抱石 1962年作 高士观瀑图 镜框	67.4cm×45.5cm	1,695,000	香港苏富比	2020-07-10
傅抱石 1961年作 二湘图 扇面	19cm×50cm	1,667,500	北京保利	2020-12-04
傅抱石 松下高士 立轴	67cm×37.5cm	1,635,008	中国嘉德	2020-10-09
傅抱石 1964年作 载酒图 镜心	90.5cm×45cm	1,495,000	十竹斋拍卖（北京）	2020-10-18
傅抱石 1961年作 太阳岛 镜心	23.5cm×32cm	1,403,000	北京保利	2020-12-04
傅抱石 1943年作 不是东坡赤壁游 镜框	30cm×32cm	1,221,066	香港苏富比	2020-10-08
傅抱石 1962年作 秋风飘下红雨来 立轴	66cm×33.5cm	1,035,000	上海匡时	2020-08-05
傅抱石 范古农 观瀑图 隶书 成扇	17cm×50cm	1,035,000	荣宝斋（上海）	2020-10-25
傅抱石 关山月 1959年作 雏鸡图 立轴	74cm×32cm	920,000	永乐拍卖	2020-08-17
傅抱石 1957年作 春到西湖 镜心	79cm×40cm	920,000	北京保利	2020-10-17
傅抱石 1963年作 泛舟图 成扇	13cm×40cm	920,000	永乐拍卖	2020-12-03
傅抱石 江山多娇 镜心	45.5cm×68cm	920,000	中国嘉德	2020-12-03
傅抱石 1945年作 赤壁舟游 镜框	20.8cm×16.5cm	798,000	佳士得	2020-07-08
傅抱石 山色苍茫 立轴	38cm×49cm	791,000	香港苏富比	2020-07-10
傅抱石 1962年作 观瀑图 立轴	69cm×33cm	741,000	佳士得	2020-07-08

2020书画拍卖成交汇总(续表)

(成交价RMB：5万元以上)

拍品名称	物品尺寸	成交价RMB	拍卖公司	拍卖日期
傅抱石 1963年作 松山高士 镜心	20cm×56cm	690,000	永乐拍卖	2020-08-17
傅抱石 瀑泉图 镜心	63cm×52.5cm	690,000	北京保利	2020-12-04
傅抱石 刘毅官 1963年作 观瀑图、书法 成扇	18.5cm×44cm	575,000	华艺国际	2020-10-16
傅抱石 吴石僊 1892年作 画论、山水 立轴	30cm×39.5cm×2	161,000	上海匡时	2020-08-05
傅雷 行书陆放翁十二言联 立轴	132.5cm×21cm×2	2,530,000	中贸圣佳	2020-10-17
傅增湘等 杂画 册页（三十七开选十六）	25cm×35.5cm×37	862,500	十竹斋拍卖（北京）	2020-10-18
傅增湘 1932年作 楷书十七言联 立轴	211cm×13.7cm×2	282,500	香港苏富比	2020-07-10
傅增湘 1939年作 楷书十一言联 立轴	142cm×23cm×2	253,000	北京保利	2020-10-17
傅增湘 楷书十二言联 立轴	125cm×21cm×2	218,500	北京翰海	2020-12-12
傅增湘 邃雅斋经籍铺 镜心	39.5cm×166.5cm	172,500	中国嘉德	2020-12-04
傅作义 行书 六言联	20cm×62cm	57,500	中国嘉德	2020-07-18
甘庆琼 2019年作 清韵 镜片	68cm×46cm	109,250	上海嘉禾	2020-01-05
高二适 草书七言诗 镜心	102.5cm×24cm	218,500	中国嘉德	2020-08-15
高二适 书法 对联	110cm×31cm×2	143,750	广东小雅斋	2020-08-21
高二适 1942年作 自作诗《雨后独石桥散策》镜心	26.8cm×20.8cm	80,500	北京诚轩	2020-08-17
高二适 书法 立轴	130cm×35cm	57,500	广东小雅斋	2020-08-21
高行健 2013年作 雪天	70cm×72.5cm	77,616	罗芙奥	2020-12-06
高行健 2000年作 悟	66cm×59cm	60,984	罗芙奥	2020-12-06
高剑父 1933年作 珠江渔村 镜框	171cm×547.5cm	8,625,000	华艺国际	2020-10-16
高剑父 1916年作 寒月啼猿 立轴	111.5cm×35.5cm	920,000	中国嘉德	2020-08-16
高剑父 1931年作 印度女郎 立轴	153cm×82.5cm	920,000	华艺国际	2020-10-16
高剑父 1950年作 骆驼 立轴	94.5cm×32.5cm	494,500	荣宝斋（南京）	2020-11-28
高剑父 1932年作 菊花寿石 立轴	134cm×40cm	448,500	广东崇正	2020-09-13
高剑父 1944年作 狂浪攀虹欲上天 立轴	122.5cm×41.5cm	356,500	上海匡时	2020-08-05
高剑父 1938年作 玉米蜻蜓 镜框	136.8cm×67cm	287,500	华艺国际	2020-12-05
高剑父 1924年作 秋菊 立轴	78cm×35.5cm	276,000	广东崇正	2020-09-13
高剑父 1941年作 落花游鱼 立轴	78cm×37.7cm	180,800	香港苏富比	2020-07-10
高剑父 1928年作 月夜静思 立轴	134.2cm×42.5cm	159,750	佳士得	2020-12-01
高剑父 草书"去善"镜心	31cm×76cm	138,000	北京保利	2020-10-17
高剑父 1919年作 行书五言 对联	147cm×39cm×2	138,000	朵云轩	2020-09-24
高剑父 1941年作 拟蓝瑛山水 立轴	画105.5cm×48cm；诗堂25cm×48cm	112,407	中国嘉德	2020-10-09
高剑父 1939年作 草书五言联 立轴	136.5cm×33.3cm×2	94,300	中国嘉德	2020-08-15
高剑父 1942年作 草书唐贤句 立轴	104.5cm×37cm	92,000	广东崇正	2020-09-13
高剑父 草书四言联 对联	117cm×33cm×2	69,000	中国嘉德	2020-07-17
高剑父 1931年作 行书"轻薄篇"立轴	94cm×42cm	57,500	上海敬华	2020-09-22
高剑僧 虎 立轴	105cm×51cm	161,000	荣宝斋（南京）	2020-11-28
高马得 牧童与神牛连环画原稿（三十九幅选五）	16cm×14cm	57,500	十竹斋拍卖（北京）	2020-10-18
高奇峰 达摩成道 镜片	75cm×33cm	943,000	广东崇正	2020-09-13
高奇峰 红梅报春 立轴	131cm×47cm	610,533	香港苏富比	2020-10-08
高奇峰 1927年作 水禽图 立轴	108cm×54cm	563,500	十竹斋拍卖（北京）	2020-10-18
高奇峰 饮马 立轴	76.5cm×36cm	555,030	香港苏富比	2020-10-08
高奇峰 双牛 镜框	94cm×42cm	115,000	广东小雅斋	2020-08-21

拍品名称	物品尺寸	成交价RMB	拍卖公司	拍卖日期
高茜 独角戏之一	43cm×83.5cm	115,000	永乐拍卖	2020-12-04
高燕翎 2019年作 返璞归真 镜心	33cm×66cm	68,000	北京汇珍	2020-0[illegible]-13
高邕 行书八言联 立轴	170cm×34cm×2	149,500	北京保利	2020-10-17
高禹劼 2020年作《春晖》	97cm×180cm	2,415,000	钲鑫缘（香港）	2020-11-03
高禹劼 2020年作《鹤寿子卓》	138cm×68cm	1,725,000	钲鑫缘（香港）	2020-11-03
高重飞 2019年作 朝晖图 镜心	169cm×91cm	63,250	中国嘉德	2020-08-17
戈湘岚 1948年作 春郊散牧 镜心	100cm×50cm	322,000	北京保利	2020-10-17
戈湘岚 1940年作 八骏图 镜心	79cm×139cm	207,000	中国嘉德	2020-11-09
戈湘岚 林雪岩 八骏图 立轴	145cm×77cm	109,250	中国嘉德	2020-12-02
戈湘岚 1945年作 秋荫双骏图 立轴	127cm×61.5cm	51,750	中鸿信	2020-01-03
格拉迪斯·玛丽·赫威史 故宫鸟瞰图 手卷	29cm×300cm	782,000	华艺国际	2020-10-16
辜鸿铭 行书"敬爱"	69cm×32cm	138,000	中国嘉德	2020-12-02
辜鸿铭 行书明道先生句 镜心	30cm×29cm	86,250	中鸿信	2020-01-04
辜鸿铭 行书"子曰"立轴	119cm×38cm	57,500	上海敬华	2020-09-22
古道 2018年作 行书"佛心"镜片	115cm×53cm	97,750	上海嘉禾	2020-01-05
谷牧 1989年作 行书题词 镜心	67cm×66cm	103,500	中鸿信	2020-01-04
谷文达 遗失的王朝神话	66.3cm×96.5cm	115,000	北京保利	2020-10-16
顾抱真 花卉 镜片	25.5cm×32.5cm	126,500	广东小雅斋	2020-08-21
顾黎明 2017年作 马上门神之二	100cm×73cm	402,500	中鸿信	2020-01-04
顾墨畦 长江万里图卷 手卷	46cm×1720cm	51,750	北京诚轩	2020-08-[illegible]7
顾原 江心扬帆图 镜心	142cm×49cm	230,000	中国嘉德	2020-11-[illegible]2
顾源 2020年作 图霸天际享寒涯	137cm×69cm	437,000	北京翰海	2020-12-[illegible]2
关和镛 祁昆 溥伒 祟彝 等 1928年作 三迳就荒图、篆书陶诗 成扇		63,250	中国嘉德	2020-07-[illegible]7
关良 1980年作 齐天大圣 立轴	137cm×68cm	11,730,000	华艺国际	2020-10-[illegible]6
关良 戏剧人物 册页（十开）	尺寸不一	1,437,500	北京保利	2020-10-[illegible]7
关良 1978年作 戏剧人物 镜心	35cm×35cm×10	1,380,000	中国嘉德	2020-12-[illegible]1
关良 1981年作 戏曲人物图 镜心	68cm×139cm	1,265,000	北京保利	2020-10-[illegible]7
关良 1980年作 钟馗图 立轴	136cm×67cm	1,243,000	香港苏富比	2020-07-[illegible]0
关良 武剧图 立轴	133cm×66cm	1,035,000	永乐拍卖	2020-12-[illegible]3
关良 1977年 大富贵	88cm×54.5cm	862,500	中国嘉德	2020-12-[illegible]5
关良 关山月 黎雄才 等 艺苑碎金二十开册	37.6cm×54.3cm×20	791,000	香港苏富比	2020-07-[illegible]0
关良 1977年作 神佛都是假	90cm×56.5cm	747,500	永乐拍卖	2020-08-[illegible]8
关良 1978年作 伏虎罗汉	130cm×67.5cm	747,500	永乐拍卖	2020-08-[illegible]8
关良 1978年作 晴雯补裘 立轴	本幅67cm×95cm；诗堂33cm×95cm	747,500	中国嘉德	2020-08-[illegible]6
关良 1979年作 瓶花 镜框	66cm×48.3cm	721,539	香港苏富比	2020-10-[illegible]
关良 1978年作 花果图 镜心	129cm×59cm	713,000	中国嘉德	2020-08-1[illegible]
关良 醉打山门 镜心	95.5cm×78cm	598,000	中国嘉德	2020-08-1[illegible]
关良 1978年作 晴雯补裘	81cm×65.5cm	517,500	永乐拍卖	2020-08-1[illegible]
关良 1979年作 贵妃醉酒 镜心	67cm×45cm	517,500	北京保利	2020-10-1[illegible]
关良 孙大圣 立轴	120cm×57.5cm	494,500	十竹斋拍卖（北京）	2020-10-1[illegible]
关良 东郭先生受教图	67cm×45cm	483,000	永乐拍卖	2020-08-1[illegible]
关良 1978年作 三打白骨精 镜心	117cm×57cm	437,000	上海匡时	2020-08-0[illegible]
关良 1977年作 林冲雪夜上梁山 镜片	97cm×66.5cm	437,000	朵云轩	2020-09-2[illegible]
关良 1978年作 大圣祝寿图 镜片	69cm×34cm	414,000	西泠印社	2020-08-[illegible]
关良 1977年作 孙悟空三打白骨精	72.5cm×57cm	402,500	西泠印社	2020-08-[illegible]
关良 1964年作 戏曲人物 立轴	45cm×66.5cm	402,500	朵云轩	2020-09-2[illegible]

拍品名称	物品尺寸	成交价RMB	拍卖公司	拍卖日期
关良 1941年作 坐宫 镜心	55.5cm×33cm	402,500	中国嘉德	2020-12-02
关良 1978年作 鲁智深倒拔垂杨柳 立轴	68cm×47cm	345,000	中国嘉德	2020-08-16
关良 1961年作 僮族唱乐队 镜心	30cm×39cm	322,000	中鸿信	2020-01-03
关良 1972年作 红灯记 镜心	35.5cm×34cm	310,500	上海匡时	2020-08-05
关良 1978年作 三打白骨精 立轴	65.5cm×44cm	287,500	西泠印社	2020-08-09
关良 1979年作 火焰山 镜心	64cm×44cm	287,500	永乐拍卖	2020-12-03
关良 打渔杀家 立轴	68cm×45.5cm	287,500	中贸圣佳	2020-10-17
关良 1983年作 贵妃醉酒图 镜框	63.5cm×57.2cm	271,200	香港苏富比	2020-07-10
关良 1977年作 林冲雪夜上梁山图	135cm×69cm	259,895	中国嘉德	2020-10-08
关良 1978年作 景阳冈上 镜心	46.5cm×69.5cm	230,000	中国嘉德	2020-08-15
关良 1980年作 瓶花 立轴	80cm×41cm	230,000	华艺国际	2020-10-16
关良 1979年作 戚夫人《大风歌》镜心	68cm×40cm	230,000	十竹斋拍卖（北京）	2020-10-18
关良 戏剧人物 镜心	36cm×29cm	224,814	中国嘉德	2020-10-09
关良 1978年作 武松打虎 镜心	65cm×68cm	224,250	中国嘉德	2020-08-15
关良 瓶花 镜片	68cm×42cm	218,500	上海敬华	2020-09-22
关良 1978年作 人物故事 立轴	68cm×46cm	218,500	中国嘉德	2020-12-03
关良 水浒故事 镜心	69cm×46cm	207,000	上海匡时	2020-08-05
关良 1979年作 静物 镜心	68.5cm×44.5cm	207,000	北京翰海	2020-12-11
关良 1973年作 武剧图 立轴	60cm×47cm	207,000	华艺国际	2020-12-05
关良 悟空斗杨戬 镜片	51cm×68cm	207,000	上海敬华	2020-09-22
关良 孙悟空三打白骨精 镜心	67cm×45cm	207,000	中国嘉德	2020-12-03
关良 1977年作 三打白骨精 镜心	44cm×44.5cm	184,000	中国嘉德	2020-08-15
关良 武剧图 立轴	42.5cm×58cm	184,000	上海匡时	2020-08-05
关良 1979年作 钟馗图 立轴	67cm×45.5cm	183,938	中国嘉德	2020-10-09
关良 1978年作 鸿鸾禧一节 镜心	34.5cm×63.5cm	173,720	中国嘉德	2020-10-09
关良 1979年作 戏剧人物 立轴	67cm×45.5cm	172,500	西泠印社	2020-08-09
关良 1976年作 受教图 镜框	68.5cm×69cm	172,500	华艺国际	2020-10-16
关良 百花赠剑 镜心	62.5cm×81cm	172,500	荣宝斋（上海）	2020-10-25
关良 1973年作 三打白骨精 镜框	54.8cm×41.2cm	169,500	香港苏富比	2020-07-10
关良 三打白骨精 镜片	68.5cm×48cm	161,000	广东崇正	2020-06-27
关良 戏剧人物 镜片	68cm×40cm	155,250	广东小雅斋	2020-08-21
关良 1977年作 金猴奋起千钧棒 镜片	68.5cm×43.5cm	149,500	广东崇正	2020-09-13
关良 1979年作 戏曲人物 立轴	67cm×45.5cm	149,500	十竹斋拍卖（北京）	2020-10-18
关良 1978年作 鲁智深倒拔杨柳 镜心	45cm×34cm	138,000	上海匡时	2020-08-05
关良 1982年作 虞姬 镜心	68.5cm×37cm	138,000	北京保利	2020-10-17
关良 武松醉打蒋门神	34cm×34cm	138,000	北京翰海	2020-12-12
关良 1945年作 花鼓戏 镜心	45cm×32cm	126,500	中国嘉德	2020-08-15
关良 1973年作 打虎图 镜心	30.5cm×34cm	120,750	上海匡时	2020-08-05
关良 石秀智杀裴如海	36.5cm×35.5cm	115,000	北京翰海	2020-12-12
关良 东郭先生图 镜心	32cm×37cm	112,407	中国嘉德	2020-10-09
关良 1979年作 行书“龙图楼” 镜片	34.5cm×66cm	109,250	上海嘉禾	2020-01-05
关良 林冲斩陆谦图 立轴	画心 34.5cm×33cm；诗堂 34cm×29.5cm	103,500	西泠印社	2020-08-09
关良 伏虎罗汉 镜心	36cm×34.5cm	97,750	上海匡时	2020-08-05
关良 家书 镜心	34cm×34cm	97,750	中国嘉德	2020-08-15
关良 1977年作 西游记 镜心	45cm×33cm	97,079	中国嘉德	2020-10-09
关良 晴雯补裘 镜心	38.5cm×45cm	94,013	中国嘉德	2020-10-09
关良 1984年作 钟馗图 镜心	82cm×37cm	92,000	中国嘉德	2020-08-15
关良 能仁寺 镜心	34cm×26.5cm	92,000	中国嘉德	2020-08-15
关良 武剧图 镜心	22cm×25cm	92,000	中国嘉德	2020-08-15
关良 风雪山神庙 镜片	65cm×43.5cm	92,000	朵云轩	2020-09-24
关良 1980年作 静物 镜片	86cm×46cm	92,000	上海敬华	2020-09-22
关良 1979年作 武剧人物图 镜片	67cm×45cm	92,000	上海敬华	2020-09-22
关良 拾玉镯 镜心	38.5cm×46cm	89,925	中国嘉德	2020-10-09
关良 戏剧人物 镜心	32cm×45.5cm	89,700	中鸿信	2020-01-03
关良 静物花果 镜心	67cm×42.5cm	86,250	保利厦门	2020-09-26
关良 1979年作 拷红图 立轴	79cm×48cm	82,800	中国嘉德	2020-08-15
关良 戏曲人物 立轴	34cm×43cm	80,500	西泠印社	2020-08-09
关良 隶书 教子图 成扇	18cm×50cm	71,300	广东崇正	2020-06-27
关良 打渔杀家 镜心	21cm×22cm	69,000	中国嘉德	2020-08-15
关良 1978年作 晋剧人物 镜心	18cm×50cm	69,000	中国嘉德	2020-08-15
关良 戏剧人物 立轴	67cm×32cm	69,000	广东小雅斋	2020-06-17
关良 三打白骨精 镜心	33.5cm×38cm	57,500	中国嘉德	2020-08-15
关良 舞狮 镜心	27.5cm×44.5cm	55,200	上海匡时	2020-08-05
关良 林冲夜奔 镜心	33.5cm×26.5cm	53,138	中国嘉德	2020-10-09
关琪 2019年作 雅室兰香	20cm×60cm	575,000	北京翰海	2020-09-12
关山月 1943年作 祁连风情 镜框	189cm×111cm	13,800,000	华艺国际	2020-10-16
关山月 征程 镜心	176.5cm×94.5cm	7,015,000	中国嘉德	2020-08-16
关山月 江景如画 镜框	126.5cm×68cm	2,760,000	华艺国际	2020-12-05
关山月 1983年作 双清图 镜片	138cm×69cm	1,955,000	广东崇正	2020-09-13
关山月 1984年作 老梅雪里见精神 立轴	154cm×81cm	1,150,000	十竹斋拍卖（北京）	2020-10-18
关山月 1946年作 祁连放牧 立轴	119.5cm×34cm	805,000	上海匡时	2020-08-05
关山月 1948年作 溪桥积雪 立轴	130.5cm×47.3cm	745,500	佳士得	2020-12-01
关山月 白雪石 松石红梅 纸本	245cm×123cm	690,000	中国嘉德	2020-12-02
关山月 李小平 庞薰琴 等 1945年作 艺苑集珍 册页（八开）	29cm×32.5cm×8	598,000	广东崇正	2020-09-13
关山月 黎雄才 1977年作 双清图 镜片	68.5cm×45cm	575,000	广东崇正	2020-09-13
关山月 1990年作 雨后云山 镜框	66.5cm×47.5cm	479,250	佳士得	2020-12-01
关山月 1990年作 双清图 镜片	99cm×52.5cm	460,000	广东崇正	2020-09-13
关山月 1978年作 黄山松云 镜心	69.5cm×45.5cm	437,000	中鸿信	2020-01-03
关山月 1996年作 红梅 立轴	138cm×35cm	345,000	广东崇正	2020-09-13
关山月 紫藤	107.7cm×51.5cm	345,000	华艺国际	2020-10-16
关山月 红叶村居 立轴	92.8cm×41cm	322,000	中国嘉德	2020-08-15
关山月 疏影暗香 镜心	34cm×52cm	299,000	保利厦门	2020-09-26
关山月 1945年作 江村小景 立轴	87cm×36cm	299,000	广东崇正	2020-09-13
关山月 梅花 镜框	49cm×70cm	287,500	广东小雅斋	2020-08-21
关山月 红梅 立轴	34.5cm×45.5cm	287,500	广东崇正	2020-09-13
关山月 1945年作 竞爽图 镜片	29cm×33cm	276,000	广东崇正	2020-09-13
关山月 1986年作 双清图 镜心	68cm×45.5cm	264,500	北京保利	2020-12-04
关山月 1939年作 初雪 立轴	65cm×34cm	253,000	广东崇正	2020-09-13
关山月 等 书画合璧 立轴（三挖）	27cm×31cm×3	230,000	上海敬华	2020-09-22
关山月 1954年作 为赵朴初作溪山幽隐图 镜心	119.5cm×31.5cm	218,500	中国嘉德	2020-12-02
关山月 1945年作 野渡无人舟自横 立轴	102cm×31cm	207,000	永乐拍卖	2020-08-17
关山月 塞外印象 立轴	128cm×41cm	207,000	中贸圣佳	2020-10-17
关山月 1992年作 雪里见精神 镜心	58.5cm×95cm	172,500	北京保利	2020-10-17
关山月 双清图 立轴	69cm×46cm	138,000	广东崇正	2020-09-13
关山月 1944年作 秋山鸣泉 立轴	86cm×29.5cm	115,000	广东崇正	2020-09-13
关山月 1991年作 书法 立轴	68.5cm×44cm	115,000	华艺国际	2020-12-05
关山月 渔家晚炊 立轴	91.4cm×40.7cm	106,500	佳士得	2020-12-01
关山月 庆祝毛选发表 镜心	47cm×70cm	103,500	北京翰海	2020-09-12
关山月 墨梅图 镜心	68cm×33cm	86,250	中鸿信	2020-01-03
关山月 梅竹双清 镜心	45cm×68.5cm	86,250	北京翰海	2020-12-11

2020书画拍卖成交汇总(续表)

(成交价RMB：5万元以上)

拍品名称	物品尺寸	成交价RMB	拍卖公司	拍卖日期
关山月 书法 对联	137.5cm×34cm×2	85,100	广东小雅斋	2020-08-21
关山月 红梅 镜片	36cm×39cm	80,500	广东小雅斋	2020-08-21
关山月 黎雄才 1986年作 红梅青松 镜心	59cm×98cm	69,000	中国嘉德	2020-11-10
关山月 行书李日华诗 镜片	131cm×33cm	57,500	广东崇正	2020-09-13
关山月 1975年作 红梅 镜片	38cm×54.5cm	55,200	上海嘉禾	2020-01-05
关山月 行书"熙宝斋"镜片	35cm×81cm	55,200	广东崇正	2020-09-13
关山月 草书七言联 镜心	243cm×124cm×2	55,200	荣宝斋(南京)	2020-11-28
关山月 草书 立轴	137cm×68cm	51,750	中国嘉德	2020-07-17
管伟邦 2017年作 神兽不挠(四幅)镜框	25cm×25cm×4	68,400	佳士得	2020-07-01
管伟邦 2017年作 连理竹(两幅)镜框	159cm×10cm×2	58,575	佳士得	2020-12-01
郭传璋 1936年作 远浦云帆 手卷	5.4cm×77cm	122,107	香港苏富比	2020-10-08
郭东生 紫光系列 镜心	90cm×96cm	115,000	北京翰海	2020-09-12
郭沫若 1964年作 行书 立轴	176.5cm×94.5cm	4,025,000	朵云轩	2020-09-23
郭沫若 钱瘦铁 松鹰图书画合璧 镜心	155cm×210cm	2,070,000	上海匡时	2020-08-05
郭沫若 1966年作 行书《西江月》横披	65cm×246cm	2,070,000	北京保利	2020-10-17
郭沫若 1964年作 行书《满江红》立轴	120cm×67cm	1,322,500	十竹斋拍卖(北京)	2020-10-18
郭沫若 书法对联(两幅)立轴	135.3cm×32cm×2	905,250	佳士得	2020-11-18
郭沫若 1948年作 行书自作诗 镜片	70.5cm×19cm	805,000	广东崇正	2020-09-13
郭沫若 1962年作 行书自作诗 立轴	130.5cm×61cm	782,000	十竹斋拍卖(北京)	2020-10-18
郭沫若 1963年作 为刘开渠书 毛泽东词 画心	46cm×34cm	690,000	西泠印社	2020-08-09
郭沫若 1963年作 行书五言诗 立轴	109cm×53cm	575,000	永乐拍卖	2020-12-03
郭沫若 1961年作 行书泰山诗 立轴	133cm×65cm	552,000	北京保利	2020-10-17
郭沫若 1965年作 行书自作诗 立轴	127cm×42cm	506,000	十竹斋拍卖(北京)	2020-10-18
郭沫若 丙午(1966年作 行书自作诗 立轴	127cm×42cm	506,000	十竹斋拍卖(北京)	2020-10-18
郭沫若 丙午(1966年作 公鸡生蛋图 立轴	69cm×45cm	471,500	十竹斋拍卖(北京)	2020-10-18
郭沫若 为刘开渠书 自作诗《东风吟》画心	46cm×34cm	437,000	西泠印社	2020-08-09
郭沫若 1964年作 行书毛主席词 立轴	87cm×47.5cm	418,971	中国嘉德	2020-10-09
郭沫若 行书录毛泽东《七绝·为李进同志题所摄庐山仙人洞照》立轴	94cm×43cm	345,000	中鸿信	2020-01-04
郭沫若 行书七言诗 镜片	93cm×46.5cm	345,000	广东崇正	2020-09-13
郭沫若 行草《咏鸡》诗 立轴	108.5cm×21.8cm	296,400	佳士得	2020-07-08
郭沫若 1962年作 书法 立轴	69.5cm×43cm	253,000	十竹斋拍卖(北京)	2020-10-18
郭沫若 行书自作诗 镜心	63cm×78cm	230,000	中鸿信	2020-01-04
郭沫若 行书文语 立轴	81.5cm×28.5cm	218,500	中国嘉德	2020-12-03
郭沫若 行书 立轴	64cm×32cm	207,000	中国嘉德	2020-08-15
郭沫若 行书自作诗(一幅)	129cm×66cm	172,500	中鸿信	2020-01-04
郭沫若 1963年作 草书为中岛健藏贺寿诗 立轴	94cm×61cm	172,500	中国嘉德	2020-12-02
郭沫若 1971年作 行草七言绝句 立轴	45cm×63cm	149,500	北京保利	2020-12-04
郭沫若 行书七言诗 镜心	143.5cm×36cm	149,500	中国嘉德	2020-12-02
郭沫若 草书"无限风光在险峰"镜心	135.5cm×35cm	149,500	中国嘉德	2020-12-02

拍品名称	物品尺寸	成交价RMB	拍卖公司	拍卖日期
郭沫若 行书自作诗(一幅)	122cm×59cm	138,000	中鸿信	2020-01-04
郭沫若 1977年作 行书毛泽东诗句 镜片	33cm×25.5cm	138,000	广东崇正	2020-09-13
郭沫若 于立群 1966年作 行书毛泽东诗(两帧)镜片	29cm×22cm×2	138,000	广东崇正	2020-09-13
郭沫若 1964年作 行书"敢教日月换新天"镜心	65.5cm×38.5cm	138,000	中国嘉德	2020-12-02
郭沫若 草书 立轴	76cm×35cm	126,500	北京翰海	2020-12-11
郭沫若 1963年作 行书"东风吟"诗 镜框	53.2cm×33.2cm	107,350	香港苏富比	2020-07-10
郭沫若 1965年作 行书毛主席诗词 立轴	94cm×43cm	86,250	中鸿信	2020-01-04
郭沫若 草书 立轴	138cm×39cm	69,000	北京翰海	2020-09-12
郭沫若 草书 镜心	106cm×43cm	57,500	北京翰海	2020-09-12
郭沫若 行书毛主席浪淘沙诗(一幅)	95cm×173cm	55,200	中鸿信	2020-01-04
郭石夫 2018年作 惜花诗意 镜框	53cm×167cm	109,250	华艺国际	2020-10-16
郭味蕖 1943年作 溪山密雪图 立轴	104.5cm×26.6cm	56,500	香港苏富比	2020-07-10
郭雪湖 1938年作 古城秋月(鹿港)镜框	46cm×51cm	110,880	罗芙奥	2020-12-05
郭怡孮 2019年作 花卉四屏 镜心	123cm×41cm×4	253,000	十竹斋拍卖(北京)	2020-10-13
郭怡孮 2019年作 牡丹真国色 镜心	69cm×138cm	138,000	十竹斋拍卖(北京)	2020-10-13
郭怡孮 何人不爱牡丹花 镜框	68.5cm×68cm	78,200	华艺国际	2020-10-16
郭予群 1980年作 春汛 镜心	223cm×122cm	161,000	中鸿信	2020-01-03
郭予群 1980年作 春汛 镜片	122cm×220cm	115,000	西泠印社	2020-08-09
郭正民 2020年作 日出东方	240cm×73cm	517,500	钜鑫缘(香港)	2020-11-03
郭正英 2019年作 长白松风 镜心	180cm×96cm	230,000	北京翰海	2020-09-12
韩必恒 2018年作 吉祥图	80cm×172cm	402,500	北京翰海	2020-09-12
韩非 浮生记·两个月亮 镜心	32cm×99cm	57,500	中国嘉德	2020-07-16
韩美林 1999年作 2005年作 十二生肖 册页(十二开)	50cm×70cm×12; 50cm×35cm	345,000	上海嘉禾	2020-01-05
韩美林 奔马图	长97cm 宽179cm	318,780	美国摩根	2020-01-14
韩美林 小老虎 镜心	36cm×39.5cm	287,500	中国嘉德	2020-08-17
韩美林 1979年作 小老虎 镜心	35cm×38cm	253,000	中国嘉德	2020-08-17
韩美林 1996年作 天马追风图 镜片	78.5cm×246cm	207,000	上海嘉禾	2020-01-05
韩美林 1986年作 猴子 镜心	35.5cm×38.2cm	195,500	中国嘉德	2020-08-17
韩美林 动物(两帧)镜心	37.5cm×45cm×2	172,500	中国嘉德	2020-08-17
韩美林 1979年作 小狗 镜心	35cm×38cm	172,500	中国嘉德	2020-08-17
韩美林 1979年作 小熊猫 镜心	35cm×38cm	172,500	中国嘉德	2020-08-17
韩美林 1979年作 小熊猫 镜心	36.5cm×40.5cm	172,500	中国嘉德	2020-12-01
韩美林 小鹿 镜心	37.5cm×39cm	149,500	中国嘉德	2020-08-17
韩美林 小熊猫 镜心	35.7cm×39cm	149,500	中国嘉德	2020-08-17
韩美林 1982年作 小熊猫 镜心	36cm×38.8cm	138,000	中国嘉德	2020-12-01
韩美林 小狐狸 镜心	35.8cm×38.8cm	138,000	中国嘉德	2020-12-02
韩美林 1979年作 小黑熊 镜心	35cm×38cm	126,500	中国嘉德	2020-08-17
韩美林 小狗 镜心	35cm×38cm	126,500	中国嘉德	2020-08-17
韩美林 1978年作 小白兔 镜心	36cm×39cm	126,500	中国嘉德	2020-12-01
韩美林 1979年作 小狗 镜心	36.5cm×39.5cm	126,500	中国嘉德	2020-12-01
韩美林 1980年作 大吉图 镜心	36cm×38.5cm	115,000	中国嘉德	2020-12-01
韩美林 1977年作 小熊猫 镜心	39.5cm×44cm	115,000	中国嘉德	2020-12-01
韩美林 马 镜心	46.5cm×68.5cm	115,000	中国嘉德	2020-12-01
韩美林 2000年作 奔马 镜片	69cm×138cm	103,500	上海嘉禾	2020-01-05

拍品名称	物品尺寸	成交价RMB	拍卖公司	拍卖日期
韩美林 2000年作 骏马奔腾 镜片	69.5cm×139cm	103,500	上海嘉禾	2020-01-05
韩美林 1980年作 小狐狸 镜心	35cm×38cm	103,500	中国嘉德	2020-08-17
韩美林 1979年作 猫头鹰 镜心	35cm×38cm	103,500	中国嘉德	2020-08-17
韩美林 1979年作 小驴 镜心	35cm×38cm	97,750	中国嘉德	2020-08-17
韩美林 1980年作 鱼 镜片	35.5cm×38.5cm	97,750	西泠印社	2020-08-09
韩美林 观音 纸本	34cm×49cm	97,750	中国嘉德	2020-12-02
韩美林 1978年作 小狐狸 镜心	37.4cm×40cm	97,750	中国嘉德	2020-12-01
韩美林 1979年作 白狐 镜心	35cm×38cm	80,500	中国嘉德	2020-08-17
韩美林 1979年作 小狗 镜片	36cm×39.5cm	74,750	西泠印社	2020-08-09
韩美林 1979年作 小斑马 镜心	36cm×39.5cm	74,750	中国嘉德	2020-12-01
韩美林 1978年作 小斑马 镜心	36cm×39.5cm	74,750	中国嘉德	2020-12-01
韩美林 1979年作 鹰 镜心	34cm×37cm	69,000	中国嘉德	2020-12-01
韩美林 神牛图 镜片	36cm×38cm	63,250	上海敬华	2020-09-22
韩美林 1978年作 鹰 镜心	35cm×40cm	63,250	中国嘉德	2020-12-01
韩美林 小猫 镜心	36cm×39cm	57,500	中国嘉德	2020-12-01
韩美林 鹰击长空 镜心	36cm×39cm	51,750	中国嘉德	2020-07-16
韩敏 1965年作《青年一代》年画四条屏原稿（十六帧）画心	22cm×27.5cm×16	460,000	西泠印社	2020-08-09
韩敏 观音大士 立轴	86.5cm×64cm	161,000	朵云轩	2020-11-29
韩敏 2012年作 书画一堂 对联	画心 99.5cm×67cm; 诗堂 33cm×67cm; 对联 134.5cm×33cm×2	63,250	上海嘉禾	2020-01-05
韩敏 1979年作 扇舞 立轴	85cm×48cm	63,250	朵云轩	2020-09-23
韩敏 2011年作 观沧海 立轴	177cm×69cm	57,500	西泠印社	2020-08-09
韩敏 2001年作 文会图 立轴	69cm×46cm	57,500	上海敬华	2020-09-22
韩书力 1995年作 拈花图 镜心	96cm×53cm	115,000	中国嘉德	2020-12-01
韩书力 阳关 镜心	136cm×68.5cm	69,000	中国嘉德	2020-12-01
韩伟华 2020年作 南园小景	136cm×68cm	207,000	北京翰海	2020-12-12
韩秀仪 2020年作 江南春	138cm×68cm	207,000	钜鑫缘（香港）	2020-11-03
韩左斌 2016年作 圣台 立轴	175cm×92cm	115,000	北京翰海	2020-09-12
杭穉英 孔雀公主 镜心	68cm×48cm	207,000	中鸿信	2020-01-03
郝邦义 2016年作 振翔待高飞	138cm×68cm	460,000	北京翰海	2020-09-12
郝量 2010年作 毒浮屠2	画作 162.5cm×90.5cm; 画框 220.5cm×132cm	15,345,400	香港苏富比	2020-07-09
郝量 2010年作 竹林七贤	159.2cm×70cm	6,450,040	香港苏富比	2020-07-10
郝量 2011年作 幽鸣	89.5cm×60cm	6,347,400	佳士得	2020-12-02
郝量 2010年作 幽暗	165cm×95cm	5,750,000	永乐拍卖	2020-08-18
郝世明 繁生之灵隐寺	60cm×150cm	115,000	中贸圣佳	2020-10-17
郝志国 读书交友四条屏 镜心	138cm×34cm×4	253,000	北京玄和	2020-07-24
何百里 1968年作 雨余山色入空蒙 镜心	62cm×126cm	306,564	中国嘉德	2020-10-09
何昌林 2014年作 无欺 镜心	68cm×34cm	86,250	北京翰海	2020-09-12
何公洲 2020年作 竹林七贤图 镜心	125cm×246cm	690,000	北京翰海	2020-09-12
何海霞 华岳清秋 镜框	70cm×139cm	2,760,000	华艺国际	2020-10-16
何海霞 1996年作 高峡出平湖 镜框	68.5cm×137cm	2,300,000	华艺国际	2020-10-16
何海霞 春到延安 镜框	98.8cm×69cm	2,185,000	华艺国际	2020-10-16
何海霞 1983年作 长城雄姿 镜心	150cm×105cm	1,725,000	北京保利	2020-10-17
何海霞 1983年作 仙山琼关图 镜心	122.8cm×245cm	1,702,000	中鸿信	2020-01-03
何海霞 香雪海 镜心	95cm×132cm	1,610,000	北京保利	2020-10-17

拍品名称	物品尺寸	成交价RMB	拍卖公司	拍卖日期
何海霞 仿唐寅山水 立轴	114.5cm×46.5cm	1,380,000	十竹斋拍卖（北京）	2020-10-18
何海霞 华山晚秋 立轴	132cm×69cm	1,092,500	中国嘉德	2020-12-02
何海霞 1972年作 陕北大寨 镜框	134cm×64cm	920,000	华艺国际	2020-10-16
何海霞 1981年作 太华山 立轴	137cm×67cm	897,000	华艺国际	2020-10-16
何海霞 1977年作 浓荫深处 镜心	68cm×72cm	805,000	上海匡时	2020-08-05
何海霞 华岳雄姿 镜心	43.5cm×121.5cm	632,500	中鸿信	2020-01-03
何海霞 1988年作 峡江泛舟 镜框	132cm×67.8cm	532,500	佳士得	2020-12-01
何海霞 1962年作 黄山苍龙岭 镜片	78cm×49.5cm	471,500	广东崇正	2020-09-13
何海霞 春到延安 镜片	129cm×41cm	460,000	华艺国际	2020-10-16
何海霞 长安古碑林 立轴	69cm×45cm	437,000	北京保利	2020-10-17
何海霞 穿峡图 镜心	94cm×82cm	368,000	永乐拍卖	2020-12-03
何海霞 1978年作 长城雄姿 立轴	95cm×48cm	356,500	北京保利	2020-12-04
何海霞 1985年作 华岳雨后亦奇观 镜心	99cm×66cm	287,500	北京保利	2020-12-04
何海霞 幽居图 镜框	82cm×50cm	253,000	华艺国际	2020-10-16
何海霞 1993年作 黄海松云 立轴	67.5cm×44.5cm	207,000	广东崇正	2020-09-13
何海霞 松溪雨后 镜心	67cm×45cm	195,500	北京保利	2020-10-17
何海霞 1984年作 红梅 镜心	68cm×70cm	172,500	北京保利	2020-12-04
何海霞 滨海风清 镜心	68cm×68cm	172,500	北京保利	2020-12-04
何海霞 1977年作 西岳峥嵘何壮哉 立轴	67cm×45cm	138,000	北京保利	2020-12-04
何海霞 柳堤春晓 立轴	52.7cm×35.3cm	132,250	广东崇正	2020-09-13
何海霞 草书毛主席诗词 手卷	本幅 34cm×275cm; 题跋 34cm×150cm	126,500	中贸圣佳	2020-10-17
何海霞 行书五言联 镜片	137cm×33.5cm×2	101,200	广东崇正	2020-09-13
何海霞 峡江帆影 镜心	69cm×45cm	94,300	中国嘉德	2020-07-17
何海霞 荷池清夏 镜心	26cm×16.5cm	92,000	北京保利	2020-10-17
何海霞 1976年作 岁寒清供 立轴	63cm×37cm	89,700	北京保利	2020-12-04
何海霞 董寿平 等合作 1991年作 为登封少林风光题字 镜心（九帧）	尺寸不一	82,800	北京诚轩	2020-08-17
何海霞 山水扇面 镜心	17cm×54cm	80,500	十竹斋拍卖（北京）	2020-10-18
何海霞 1989年作 雨中秀荷 镜片	137cm×68cm	80,230	江苏汇中	2020-08-05
何海霞 唐人诗意 镜心	65cm×46.5cm	63,250	北京保利	2020-12-04
何海霞 苍龙岭背 镜心	68cm×136cm	57,500	北京保利	2020-12-04
何海霞 华岳清辉 镜心	64cm×130cm	57,500	北京翰海	2020-09-12
何海霞 湘西山水 镜心	35cm×45cm	52,210	北京保利	2020-07-17
何怀硕 1973年作 白帆与海	68.5cm×111cm	339,000	香港苏富比	2020-07-09
何怀硕 1972年作、1974年作 赤壁怀古（双面三联屏）	作品： 127×187.4cm（全屏）；屏风：164×210cm（全屏）	210,911	香港苏富比	2020-10-06
何怀硕《咏怀古迹》五首之二	45cm×52cm	84,750	香港苏富比	2020-07-09
何怀硕 1972年作 崇山	135cm×68cm	83,255	香港苏富比	2020-10-06
何怀硕 1973年作 秋意 镜框	45.3cm×52.8cm	79,800	佳士得	2020-07-08
何怀硕 1973年作 无题	37.5cm×45cm	79,100	香港苏富比	2020-07-09
何怀硕 1972年作 荒原	69cm×109.5cm	53,283	香港苏富比	2020-10-06
何怀硕 1968年作 山景	135.2cm×87.9cm	50,850	香港苏富比	2020-07-09
何家英 月色 镜心	102cm×68cm	2,242,500	北京保利	2020-12-04
何家英 2015年作 女人花 镜心	88cm×56cm	2,185,000	十竹斋拍卖（北京）	2020-10-18
何家英 1993年作 滴水观音 镜心	135cm×67cm	1,840,000	北京保利	2020-10-16

2020书画拍卖成交汇总(续表)

(成交价RMB：5万元以上)

拍品名称	物品尺寸	成交价RMB	拍卖公司	拍卖日期
何家英 樱花少女 镜心	67cm×46cm	1,035,000	北京保利	2020-10-16
何家英 少女 镜心	80cm×58cm	966,000	北京保利	2020-12-04
何家英 仕女（一框）纸本	51cm×44cm	690,000	中国嘉德	2020-08-16
何家英 1988年作 易水河畔梳发女 镜心	90cm×64cm	575,000	中国嘉德	2020-12-01
何家英 史国良 闲趣图（二帧）镜心	28cm×40cm×2	460,000	北京保利	2020-10-16
何家英 2008年作 梅花少女 镜框	70cm×69cm	460,000	华艺国际	2020-10-16
何家英 秋思 镜心	44cm×48cm	448,500	北京保利	2020-10-16
何家英 行书“吉祥如意”镜心	34.5cm×137.5cm	184,000	上海匡时	2020-08-05
何家英 2005年作 兰石图 镜框	68cm×69cm	138,000	华艺国际	2020-10-16
何凌虹 2018年冬月作 古风新韵 镜心	180cm×97cm	192,000	北京汇珍	2020-08-13
何凌虹 2019年作 怡然芬芳 镜心	138cm×68cm	116,000	北京汇珍	2020-08-13
何石红 2020年夏月作 溪山清远图 镜心	180cm×68cm	152,000	北京汇珍	2020-08-13
何遂 1940年作 德君西行纪游图卷 手卷	画 10.5cm×1132cm；后跋 10.5cm×311.5cm	161,000	中国嘉德	2020-08-15
何遂 寿阳公主 立轴	67cm×33.8cm	64,086	香港苏富比	2020-11-26
何遂画 黄炎培 等题 1940作 川陕甘道中即景卷 手卷	10.4cm×244.5cm；10.4cm×79.7cm×2	161,000	北京诚轩	2020-08-17
何天炯 草书 四言句 立轴	115cm×35.5cm	51,750	西泠印社	2020-08-09
何香凝 1942年作 鸡冠花 镜心	119cm×35cm	483,000	中国嘉德	2020-12-02
何香凝 1931年作 梅花 立轴	117cm×53.5cm	402,500	中国嘉德	2020-08-16
何香凝 1930年作 红梅 镜心	38cm×21cm	322,000	北京保利	2020-12-04
何香凝 1943年作 松菊图 立轴	93cm×30cm	172,500	广东崇正	2020-09-13
何香凝 1956年作 香远益清 立轴	102cm×32cm	126,500	中国嘉德	2020-07-17
何香凝 贺天健 等 水泛舟图 立轴	133cm×33.5cm	126,500	西泠印社	2020-08-09
何香凝 梅花来喜图 立轴	81cm×26cm	126,500	中鸿信	2020-01-04
何香凝 1931年作 平湖泊舟 立轴	41cm×71.5cm	115,000	朵云轩	2020-09-23
何香凝 1945年作 秋香图 立轴	63cm×31cm	61,313	中国嘉德	2020-10-09
何应钦 1986年作 楷书“九七抒怀”镜片	35.5cm×68.5cm	69,000	广东崇正	2020-09-13
何云 2018年作 红蜻蜓高飞图 立轴	134cm×67cm	149,500	北京翰海	2020-09-12
贺海锋 仙境楼阁图	180cm×50cm×2	143,750	中贸圣佳	2020-10-17
贺敬之 1989年作 行书题词 镜心	114cm×68cm	51,750	中鸿信	2020-01-04
贺良朴 汪慎生 溪畔静坐 王宠诗二首 成扇	19.2cm×55cm	69,000	北京诚轩	2020-08-17
贺龙 樊哲祥 1936年5月作 中甸归化寺“兴盛番族”锦幛	279cm×64cm	97,750	西泠印社	2020-08-09
贺天健 1970年作 万山红遍·咏梅 镜心	13.5cm×44.0cm×2	460,000	中国嘉德	2020-08-16
贺天健 1935年作 梅林仕女 立轴	114cm×48cm	322,000	华艺国际	2020-12-05
贺天健 1945年作 太行一角图 立轴	77.5cm×33cm	287,500	西泠印社	2020-08-09
贺天健 吴青霞 徐子鹤 朱屺瞻 1972年作 毛主席诗意扇面图 册页	13.5cm×44.5cm×8	287,500	北京保利	2020-10-17
贺天健 1930年作 云山深处 立轴	78cm×36cm	218,500	朵云轩	2020-09-24
贺天健 1958年作 携琴访友 立轴	84cm×42cm	207,000	北京保利	2020-10-17
贺天健 1931年作 策杖观瀑 立轴	129cm×53.5cm	184,000	中国嘉德	2020-08-15
贺天健 1933年作 羲之观鹅图 立轴	106cm×40.5cm	172,500	西泠印社	2020-08-09
贺天健 1958年作 大炼钢铁图 立轴	98cm×67cm	126,500	中国嘉德	2020-12-03
贺天健 江山瑞雪图 立轴	40.4cm×41.2cm	101,470	香港苏富比	2020-11-26

拍品名称	物品尺寸	成交价RMB	拍卖公司	拍卖日期
贺天健 王震 1932年作 峰亭远眺、行书七律 成扇		97,750	中国嘉德	2020-07-17
贺天健 1931年作 赏月图 镜框	128.5cm×40cm	97,750	华艺国际	2020-10-16
贺天健 1955年作 九月桐江栖子红 镜框	89cm×80.5cm	90,525	佳士得	2020-12-01
贺天健 1945年作 山隐图 镜片	65.5cm×32cm	86,250	朵云轩	2020-09-23
贺天健 黄山胜景 镜框	114cm×42cm	86,250	华艺国际	2020-12-05
贺天健 1957年作 林壑幽居 立轴	128.5cm×34.5cm	85,200	佳士得	2020-12-01
贺天健 山水 立轴	132cm×60cm	57,500	广东小雅斋	2020-08-21
贺天健 郑曼青 谢公展 程璋 1936年作 海上名宿四屏 立轴	175cm×90cm×4	977,500	北京保利	2020-10-17
黑伯龙 1984年作 云烟漫泰岱 镜心	133cm×260cm	1,897,500	北京保利	2020-10-17
黑伯龙 1984年作 溪山无尽图 立轴	150cm×40cm	207,000	北京保利	2020-10-17
黑云 2020年夏月作 只争朝夕 不负韶华 镜心	136cm×68cm	125,000	北京汇珍	2020-08-13
黑云 2020年夏月作 山高人为峰 镜心	136cm×68cm	98,000	北京汇珍	2020-08-13
弘一 行书 横披	30cm×99cm	13,225,000	朵云轩	2020-09-23
弘一 行书格言联璧 四屏（四幅）立轴	50cm×15cm×4	10,580,000	十竹斋拍卖（北京）	2020-10-18
弘一 行书七言联 镜心	115cm×20cm×2	6,900,000	中贸圣佳	2020-10-17
弘一 楷书 立轴	133cm×46cm	6,325,000	朵云轩	2020-09-23
弘一 1941年作 修行法语略录 手卷	25.8cm×207cm	5,175,000	华艺国际	2020-10-15
弘一 行书九字 格言联璧 四屏 立轴	50cm×15cm×4	4,600,000	北京保利	2020-12-04
弘一 楷书 立轴	86.5cm×26.5cm	3,680,000	朵云轩	2020-09-23
弘一 楷书 屏轴	52cm×16cm	3,565,000	朵云轩	2020-09-23
弘一 魏碑五言联 立轴	165cm×34cm×2	3,450,000	中鸿信	2020-01-04
弘一 楷书 屏轴	52cm×16cm	3,450,000	朵云轩	2020-09-23
弘一 楷书五言 对联	66cm×16cm×2	3,105,000	朵云轩	2020-09-23
弘一 1914年作 魏碑五言联 立轴	161cm×34cm×2	2,990,000	北京保利	2020-10-17
弘一 楷书 屏轴	52cm×16cm	2,760,000	朵云轩	2020-09-23
弘一 张同光 九品莲花 立轴	123cm×33.5cm	2,472,500	朵云轩	2020-09-23
弘一 1930年作 行书五言 对联	64cm×15cm×2	2,300,000	朵云轩	2020-09-23
弘一 楷书 屏轴	52cm×16cm	2,300,000	朵云轩	2020-09-23
弘一 书匾 南无阿弥陀佛 立轴	87cm×26.5cm	2,185,000	西泠印社	2020-08-09
弘一 1931年作 行书 七言联 对联	132.5cm×22cm×2	2,070,000	西泠印社	2020-08-09
弘一 1921年作 行书 七言联 对联	127cm×18cm×2	1,840,000	西泠印社	2020-08-09
弘一 1938年作 楷书 镜片	29cm×74cm	1,840,000	朵云轩	2020-09-23
弘一 华严经集句 立轴	65cm×13.5cm×2	1,840,000	永乐拍卖	2020-12-03
弘一 1915年作 行书陶渊明诗 立轴	94cm×41cm	1,725,000	十竹斋拍卖（北京）	2020-10-18
弘一《华严经·净行品》偈语四言联	132cm×32cm×2	1,633,000	中鸿信	2020-01-04
弘一 篆书“南无阿弥陀佛”立轴	82.5cm×23.5cm	1,610,000	中国嘉德	2020-08-16
弘一 1941年作 “血书四佛号”“南无阿弥陀佛”镜心	10.5cm×6.7cm	1,610,000	永乐拍卖	2020-08-17
弘一 1932年作 华严经偈颂联 立轴	133cm×23cm×2	1,380,000	永乐拍卖	2020-12-03
弘一 行书华严经句 镜心	62.5cm×28cm	1,035,000	上海匡时	2020-08-05
弘一 楷书集华严偈句联 立轴	99.5cm×18.5cm×2	943,551	香港苏富比	2020-10-08
弘一 刺血“南无阿弥陀佛”	27cm×11cm	920,000	中鸿信	2020-01-04
弘一 楷书五言联 镜片	82cm×33cm×2	920,000	上海敬华	2020-09-22
弘一 行书华严经偈 立轴	120.5cm×33.5cm	828,000	十竹斋拍卖（北京）	2020-10-18

(成交价RMB：5万元以上)

拍品名称	物品尺寸	成交价RMB	拍卖公司	拍卖日期
弘一墨书《菩提心文》	21.5cm×55cm	793,500	中鸿信	2020-01-04
弘一《华严经》句 镜心	33.5cm×26cm	747,500	十竹斋拍卖（北京）	2020-10-18
弘一1942年作 行书《华严经》集句五言联 立轴	60cm×16cm×2	690,000	北京保利	2020-10-17
弘一行书十言联 立轴	60cm×10cm×2	529,000	永乐拍卖	2020-12-03
弘一魏张猛龙碑 镜心	32.5cm×23.5cm	517,500	中贸圣佳	2020-10-17
弘一溥儒 节录《华严经》、松岭帆影 立轴	弘一 18.5cm×51.5cm； 溥儒 17.5cm×53cm	483,000	北京保利	2020-12-04
弘一1939年作 书法对联 立轴	75cm×16cm×2	479,250	佳士得	2020-12-01
弘一行书“净国土界”镜心	66cm×33cm	460,000	上海匡时	2020-08-05
弘一1939年作 楷书《华严经》语 立轴	65cm×25.5cm	402,500	西泠印社	2020-08-09
弘一1937年作 行书 镜片	52.5cm×20.8cm	345,000	广东崇正	2020-09-13
弘一书法 对联	127.5cm×33cm×2	322,000	广东小雅斋	2020-08-21
弘一郑午昌 行书“清凉”松·荷 立轴	画 ①23cm×26cm； 画 ②20.5cm×50cm； 书法34cm×26cm	322,000	中国嘉德	2020-08-15
弘一行书 镜心	12cm×19cm	299,000	中国嘉德	2020-07-17
弘一书法 镜片	38cm×29cm	287,500	广东小雅斋	2020-08-21
弘一行书“智慧自在”立轴	68cm×26cm	287,500	北京保利	2020-10-17
弘一行书偈句 镜心	36cm×24cm	287,500	永乐拍卖	2020-12-03
弘一1939年作 行书佛偈 立轴	43.5cm×16.5cm	276,000	中国嘉德	2020-12-02
弘一戒律文注释 镜心	21.5cm×12cm	230,000	永乐拍卖	2020-12-03
弘一楷书七言诗 立轴	64cm×20cm	230,000	中贸圣佳	2020-10-17
弘一书法 对联	93cm×22cm×2	184,000	广东小雅斋	2020-08-21
弘一行书 镜心	38cm×29cm	172,500	北京翰海	2020-12-11
弘一楷书 镜心	67cm×29cm	115,000	中国嘉德	2020-11-10
弘一行书 箴言	10cm×83cm	78,200	中国嘉德	2020-11-09
洪潮2017年作 烟霞人家	130cm×23cm	322,000	北京翰海	2020-09-12
侯长元 望岳 镜心	136cm×59cm	195,500	北京翰海	2020-09-12
侯长元 浪淘沙北戴河 镜心	100cm×50cm	172,500	北京翰海	2020-09-12
胡汉民 行书七言联 立轴	132cm×32cm×2	126,500	北京保利	2020-10-17
胡汉民 胡毅生 为萧次尹作书法 册页（十二页）	34.5cm×29.5cm×12	103,500	西泠印社	2020-08-09
胡汉民 忠孝信弟 四屏	142cm×38cm×4	92,000	上海驰翰	2020-08-06
胡[illegible]青 山茶双禽 镜心	98cm×50cm	63,250	中国嘉德	2020-12-02
胡[illegible]2018年作 烟雨蒙山 镜心	33cm×66cm	76,000	北京汇珍	2020-08-13
胡兰成1968年作 行书《心经》镜心	6.4cm×13.2cm	460,000	十竹斋拍卖（北京）	2020-10-18
胡兰成 1968年作 行书自作句 立轴	68cm×33cm	126,500	北京保利	2020-10-17
胡兰成 行书七绝 立轴	140cm×35cm	69,000	广东崇正	2020-06-27
胡佩衡 1925年作 万壑千岩图 手卷	画心 8.5cm×716.5cm； 引首 8.5cm×43cm；题跋8.5cm×43cm； 8.5cm×48cm	1,667,500	十竹斋拍卖（北京）	2020-10-18
胡佩衡 1949年作 溪山逸兴 横披	70cm×139cm	207,000	朵云轩	2020-09-23
胡佩衡 1953年作 松阴赏秋 立轴	128.5cm×48cm	115,000	北京诚轩	2020-08-17
胡佩衡 1933年作 冈峦起伏图 立轴	139.5cm×62.5cm	109,250	中国嘉德	2020-08-15
胡佩衡 袁克文 1925年作 山水·行书[illegible]事诗 成扇	19cm×54cm	66,422	中国嘉德	2020-10-09

拍品名称	物品尺寸	成交价RMB	拍卖公司	拍卖日期
胡佩衡 罗振玉 松下高士·书法 成扇	19.4cm×52.8cm	57,500	永乐拍卖	2020-12-03
胡佩衡 1961年作 课徒稿 册页	26cm×16cm×49	51,750	中国嘉德	2020-07-17
胡若思 云飞川泳 立轴	128cm×65cm	345,000	朵云轩	2020-09-23
胡若思 蓬莱仙山图 立轴	134cm×48.5cm	172,500	荣宝斋（上海）	2020-10-25
胡若思 1941年作 谷口人家	150.5cm×40.5cm	145,600	上海联合	2020-11-29
胡若思 临戴进《溪亭客话》立轴	133cm×67cm	138,000	中国嘉德	2020-08-15
胡若思 松江渔隐 立轴	131cm×42.5cm	109,250	华艺国际	2020-10-16
胡若思1943年作 山水（四屏）镜心	54cm×20cm×4	69,000	北京翰海	2020-09-12
胡若思 1941年作 九峰读书图 立轴	108cm×50cm	63,250	中国嘉德	2020-07-15
胡若思 马公愚 柳荫牧牛·行书 成扇	18cm×49cm	51,750	中鸿信	2020-01-03
胡若思 水月观音 立轴	103cm×51cm	51,750	中国嘉德	2020-11-10
胡绳 书法 对联	98cm×17cm×2	54,050	广东小雅斋	2020-08-21
胡适 楷书贺词 镜心	74cm×34cm	1,782,500	十竹斋拍卖（北京）	2020-10-18
胡适 行书王安石诗 立轴	65cm×30cm	1,012,000	华艺国际	2020-12-05
胡适 行书七言联 镜心	76cm×20cm×2	1,000,500	中贸圣佳	2020-10-17
胡适 行书王安石诗句 镜框	90cm×23.5cm	920,000	华艺国际	2020-10-16
胡适 钱穆 罗家伦 等 为高逢田书《丹青集锦册》册页（七开）	32cm×47cm×7	920,000	华艺国际	2020-12-05
胡适 行书自作小词 镜心	58cm×31cm	345,000	永乐拍卖	2020-12-03
胡适 行书王荆公句 立轴	77.5cm×34.5cm	322,000	中国嘉德	2020-12-03
胡适 阎锡山 陈诚 钮永建 贾景德 丁治盘 鲁荡平 严家淦等 胡适、阎锡山、陈诚、钮永建、贾景德、丁治盘、鲁荡平、严家淦等致胡钟吾信札一组	尺寸不一	184,000	中国嘉德	2020-08-16
胡适 行书 立轴	69.5cm×21.5cm	172,500	朵云轩	2020-09-23
胡适 书法 镜片	49cm×30cm	161,000	广东小雅斋	2020-08-21
胡适 行书自作诗 镜心	23cm×16.5cm	138,000	中鸿信	2020-01-04
胡适 陈秉信 等 行书、山斋话旧图 成扇	18cm×49cm	126,500	中国嘉德	2020-08-15
胡适 行书节录《论语·尧曰》镜心	19.5cm×26.5cm	92,000	北京保利	2020-10-17
胡爽庵 汪慎生 王雪涛 仕女 镜心	111cm×44.5cm	69,000	中贸圣佳	2020-10-17
胡爽庵 仕女 立轴	118cm×55cm	51,075	北京保利	2020-07-17
胡爽盦 虎 镜心	97cm×55.5cm	55,200	中国嘉德	2020-12-03
胡郯卿 山水、人物、动物 册页	15cm×43cm×14	51,750	中国嘉德	2020-07-17
胡汀鹭 1935年作 鹦哥娇啼馆填词图及诸家题咏 手卷	引首 28.5cm×79cm； 画心 29cm×35cm；题跋29cm×410cm	97,750	中国嘉德	2020-08-15
胡汀鹭 王梦白 萧俊贤 方介堪 张书旂等 山水人物花鸟册（十四页）册页	30cm×25.5cm×14	80,500	西泠印社	2020-08-08
胡小石 1941年作 行书自作诗词、临帖卷 手卷	21.3cm×436cm	805,000	中国嘉德	2020-12-03
胡小石 行书 七言联 对联	136cm×19.5cm×2	345,000	西泠印社	2020-08-08
胡小石 1938年作 行书 五言诗	102.5cm×22cm	230,000	西泠印社	2020-08-08
胡小石 隶书 对联	131cm×31.5cm×2	230,000	朵云轩	2020-09-23
胡小石 行书六言联 立轴	134cm×24cm×2	195,500	荣宝斋（南京）	2020-11-28
胡小石 1921年作 隶书 临汉碑四种 四屏	94cm×36cm×4	172,500	西泠印社	2020-08-09
胡小石 行书 五言诗	89cm×33cm	115,000	西泠印社	2020-08-08
胡小石 行书五言联 立轴	134.5cm×32.5cm×2	115,000	中国嘉德	2020-12-03
胡小石 1921年作 隶书临碑四屏 镜心	94cm×36cm×4	92,000	中国嘉德	2020-12-03
胡小石 隶书词 镜片	30cm×134cm	51,750	上海敬华	2020-09-22

2020书画拍卖成交汇总（续表）

(成交价RMB：5万元以上)

拍品名称	物品尺寸	成交价RMB	拍卖公司	拍卖日期
胡也佛 风雨归牧 立轴	130.5cm×65.5cm	920,000	朵云轩	2020-09-23
胡也佛 摘荔图 立轴	67.0cm×24.0cm	540,500	中国嘉德	2020-08-16
胡也佛 梧桐仕女 镜心	33cm×24cm	172,500	永乐拍卖	2020-12-03
胡也佛 1970年作 渔港晨曦 镜心	46cm×27cm	149,500	中鸿信	2020-01-03
胡也佛 芭蕉仕女 镜心	22cm×26cm	126,500	荣宝斋（上海）	2020-10-25
胡也佛 1970年作 黄洋界雄姿 镜心	46cm×28.5cm	86,250	中鸿信	2020-01-03
胡也佛 柳荫思春图 镜心	19.5cm×54cm	71,300	中鸿信	2020-01-03
胡也佛 白云出岫 立轴	47cm×30.5cm	69,000	荣宝斋（上海）	2020-10-25
胡也佛 执扇美人图 镜心	19.5cm×54cm	57,500	中鸿信	2020-01-03
胡易 1975年作 爆竹声声 镜片	76.5cm×119cm	58,650	西泠印社	2020-08-09
胡应祥 中庭夜宴图 立轴	172cm×106cm	80,500	中国嘉德	2020-11-11
华君武 1991年作 心静自然凉 镜片	32cm×32cm	55,200	西泠印社	2020-08-09
华君武 1999年作 猪八戒沐浴图 镜心	31.5cm×31.5cm	55,200	中鸿信	2020-01-03
华三川 1958年作《驯狗师》连环画原稿（全）（七十帧）	12cm×17cm×70	218,500	西泠印社	2020-08-09
华三川 1982年作 晨妆图 立轴	90cm×50cm	51,750	朵云轩	2020-09-23
华拓 1978年作 康藏路上所见 立轴	103cm×52.5cm	86,250	中国嘉德	2020-08-16
荒木经惟 123死	画心92cm×62cm	80,500	永乐拍卖	2020-12-03
荒木经惟 渡天楼	画心63cm×100cm	57,500	永乐拍卖	2020-12-03
黄宾虹 1953年作 高阁清话 镜心	45cm×125.5cm	45,425,000	中国嘉德	2020-12-01
黄宾虹 蜀游峨眉山水册十二图（画十二帧，跋四帧）镜片	画心 17cm×22cm×12; 题跋 17cm×22cm×4	27,025,000	西泠印社	2020-08-09
黄宾虹 山水（四帧）镜片	88cm×31cm×4	25,300,000	西泠印社	2020-08-09
黄宾虹 1939年作 双树居图 手卷	26.8cm×287cm	18,400,000	北京保利	2020-10-17
黄宾虹 1947年作 拟董北苑山水 手卷	34.7cm×137.5cm	17,250,000	永乐拍卖	2020-08-17
黄宾虹 黄山览胜 册页（七开）	33.8cm×26cm×7	12,650,000	北京保利	2020-12-04
黄宾虹 嘉陵江纪游图 镜心	25cm×119cm	10,465,000	永乐拍卖	2020-12-03
黄宾虹 1928年作 云山高隐图 立轴	172.5cm×96cm	10,005,000	西泠印社	2020-08-09
黄宾虹 1948年（八十感言册）1951年（金石书画论）致陶广书画册（八十感言书画册及手书画论十九开）册页（共十九开）·其中书画对题（八帧）·画论（两帧）·八十感言陶广抄 黄宾虹校（两帧）许承尧（一帧）·金石书画论（五帧）·信札（一帧）	31.5cm×25cm×12; 37cm×34cm; 26cm×18cm×6	9,085,000	北京保利	2020-10-17
黄宾虹 雨后玉泉图 立轴	85.5cm×38.5cm	7,475,000	荣宝斋（上海）	2020-10-25
黄宾虹 1952年作 水木清华图 立轴	117.5cm×50cm	6,900,000	西泠印社	2020-08-09
黄宾虹 1951年作 夏山图 立轴	69.5cm×34cm	6,900,000	中国嘉德	2020-12-01
黄宾虹 西山翠微图 镜心	151cm×81cm	5,980,000	北京保利	2020-12-04
黄宾虹 苍岩清话 立轴	99cm×33cm	4,830,000	北京保利	2020-10-17
黄宾虹 秋山烟霭图 立轴	128cm×66.5cm	4,830,000	北京保利	2020-12-04
黄宾虹 苍林叠岫图 立轴	101cm×33cm	4,715,000	北京保利	2020-12-04
黄宾虹 1951年作 行书纪游旧作 镜心	32.5cm×130cm	4,600,000	北京保利	2020-12-04
黄宾虹 江南烟色图 立轴	67.5cm×33.5cm	4,600,000	朵云轩	2020-09-23
黄宾虹 黄山 立轴	230.5cm×58.5cm	4,370,000	中国嘉德	2020-08-15
黄宾虹 1951年作 望天都 立轴	85cm×31cm	4,370,000	上海敬华	2020-09-22
黄宾虹 长江舟行图 立轴	120cm×40cm	4,370,000	中国嘉德	2020-12-01
黄宾虹 1954年作 湖山春晓图 立轴	70.3cm×39.8cm	4,370,000	中国嘉德	2020-12-01
黄宾虹 1952年作 冷泉片石 篆书七言联一堂 立轴	山水 87cm×32cm; 对联 106.5cm×22cm×2	4,140,000	华艺国际	2020-10-16
黄宾虹 青山幽居 立轴	101.5cm×42.7cm	4,082,500	华艺国际	2020-12-05
黄宾虹 1952年作 山中幽居 立轴	88cm×37.5cm	4,025,000	中国嘉德	2020-08-16
黄宾虹 1949年作 阳朔江岸 镜心	101.5cm×34.5cm	3,220,000	中国嘉德	2020-08-15
黄宾虹 阳朔纪游 立轴	80.5cm×34cm	3,105,000	上海匡时	2020-08-05
黄宾虹 松溪翠岭 镜心	98cm×48cm	3,047,500	十竹斋拍卖（北京）	2020-10-18
黄宾虹 1948年作 为陈邦福作浅濑清影图 立轴	101cm×43cm	2,875,000	西泠印社	2020-08-09
黄宾虹 为张祥凝作苍山对坐图 立轴	88.5cm×35cm	2,875,000	西泠印社	2020-08-09
黄宾虹 潜江山水 镜框	75.5cm×31cm	2,875,000	华艺国际	2020-10-16
黄宾虹 山居晚渡 立轴	100.5cm×33cm	2,760,000	广东崇正	2020-09-13
黄宾虹 斗茶图 立轴	79cm×36cm	2,760,000	广东崇正	2020-09-13
黄宾虹 1947年作 华盖山图 立轴	109.5cm×41cm	2,645,000	中国嘉德	2020-08-15
黄宾虹 1944年作 金文七言联 立轴	148cm×31cm×2	2,645,000	北京保利	2020-10-17
黄宾虹 1944年作 简淡群山 镜框	135.9cm×23.2cm	2,486,000	香港苏富比	2020-07-10
黄宾虹 黄山纪游 立轴	118.5cm×35cm	2,472,500	中国嘉德	2020-08-16
黄宾虹 1925年作 崎岖白云乡 立轴	104cm×27cm	2,300,000	永乐拍卖	2020-08-17
黄宾虹 黄山入画图 立轴	74cm×38cm	2,300,000	中国嘉德	2020-08-15
黄宾虹 1951年作 敬亭山游记 立轴	89cm×35.5cm	2,127,500	十竹斋拍卖（北京）	2020-10-18
黄宾虹 1937年作 金文七言联 立轴	143.5cm×26.0cm×2	1,955,000	中国嘉德	2020-08-16
黄宾虹 阳朔胜景图 镜片	89cm×31cm	1,955,000	西泠印社	2020-08-08
黄宾虹 1925年作 黄山文殊台 立轴	83cm×38cm	1,840,000	上海敬华	2020-09-22
黄宾虹 1943年作 春山幽居图 立轴	76cm×35cm	1,725,000	西泠印社	2020-08-09
黄宾虹 流水鸣琴图 立轴	113cm×46.5cm	1,725,000	上海匡时	2020-08-05
黄宾虹 悠山闲居 镜心	52.5cm×36cm	1,725,000	永乐拍卖	2020-08-17
黄宾虹 金文七言联 立轴	144cm×25cm×2	1,725,000	北京保利	2020-12-04
黄宾虹 溪山幽亭图 立轴	162cm×43cm	1,725,000	荣宝斋（南京）	2020-11-28
黄宾虹 山居图 镜心	31cm×21.5cm	1,667,500	北京保利	2020-10-17
黄宾虹 溪桥渔隐 镜心	103cm×37cm	1,667,500	北京保利	2020-12-04
黄宾虹 重岭回溪图 立轴	130cm×32cm	1,610,000	西泠印社	2020-08-09
黄宾虹 山居对饮图 立轴	97cm×34cm	1,610,000	广东崇正	2020-09-13
黄宾虹 宝铁砚斋图 立轴	142.5cm×50cm	1,610,000	华艺国际	2020-10-16
黄宾虹 泛舟图 镜心	77cm×37cm	1,495,000	北京保利	2020-10-17
黄宾虹 张宗祥 松溪泛舟·行书五言诗 成扇	18.0cm×48.0cm	1,437,500	中国嘉德	2020-08-16
黄宾虹 秋山图 镜片	116.5cm×40.5cm	1,322,500	西泠印社	2020-08-09
黄宾虹 嘉陵江上 立轴	109.4cm×33.5cm	1,299,500	香港苏富比	2020-07-10
黄宾虹 1952年作 临安山色 镜片	73cm×26cm	1,265,000	朵云轩	2020-09-23
黄宾虹 拟唐人山水 立轴	98.5cm×32.5cm	1,243,000	香港苏富比	2020-07-10
黄宾虹 1939年作 烟山溪桥图 立轴	102cm×46cm	1,150,000	西泠印社	2020-08-09
黄宾虹 博古花卉图 立轴	133cm×34cm	1,150,000	西泠印社	2020-08-09
黄宾虹 九华山拜经图 立轴	98cm×32cm	1,150,000	十竹斋拍卖（北京）	2020-10-18
黄宾虹 溪山平远 立轴	67.5cm×27cm	1,092,500	广东崇正	2020-09-13
黄宾虹 1942年作 燕郊诗意 立轴	90.5cm×30cm	1,092,500	中国嘉德	2020-12-03
黄宾虹 西湖桃溪 立轴	87cm×48cm	1,035,000	荣宝斋（上海）	2020-10-25
黄宾虹 南归诗意 立轴	67cm×29cm	1,035,000	中国嘉德	2020-12-03
黄宾虹 1953年作 观江图 立轴	57cm×32.5cm	1,012,000	北京翰海	2020-12-11
黄宾虹 拟元人山水 镜心	90.5cm×46.5cm	943,000	中国嘉德	2020-08-15
黄宾虹 1925年作 古间长松 立轴	97.5cm×50.5cm	920,000	永乐拍卖	2020-08-17
黄宾虹 山水 册页（六开）	18cm×22.8cm×6	920,000	华艺国际	2020-10-16
黄宾虹 溪桥渔隐 镜心	103.5cm×36.5cm	920,000	十竹斋拍卖（北京）	2020-10-18

拍品名称	物品尺寸	成交价RMB	拍卖公司	拍卖日期
黄宾虹 雁宕一角图 镜片	95cm×42cm	862,500	西泠印社	2020-08-09
黄宾虹 1951年作 水仙腊梅 镜心	72.5cm×33cm	805,000	中国嘉德	2020-12-02
黄宾虹 1947年作 金文七言联 立轴	133cm×25cm×2	747,500	永乐拍卖	2020-12-03
黄宾虹 秋林雅趣 立轴	98.5cm×30cm	690,000	上海嘉禾	2020-01-05
黄宾虹 晴岚图 立轴	98.5cm×30cm	690,000	北京保利	2020-10-17
黄宾虹 黄山四照花 立轴	80.5cm×35.5cm	690,000	华艺国际	2020-10-16
黄宾虹 高隐图 镜框	131cm×49cm	690,000	华艺国际	2020-10-16
黄宾虹 1952年作 山水小景 册页	22cm×33.5cm×12	690,000	永乐拍卖	2020-12-03
黄宾虹 松谷龙潭 立轴	103cm×34.5cm	690,000	中贸圣佳	2020-10-17
黄宾虹 1954年作 仙霞岭上 立轴	65.5cm×36.5cm	667,000	中鸿信	2020-01-03
黄宾虹 溪亭策杖 立轴	115.7cm×52.1cm	639,000	佳士得	2020-12-01
黄宾虹 雁宕山 立轴	82cm×40.7cm	639,000	佳士得	2020-12-01
黄宾虹 1931年作 溪山晚岫 立轴	125cm×60cm	632,500	北京保利	2020-12-04
黄宾虹 1951年作 湖山胜景 镜片	66.5cm×32.5cm	632,500	广东崇正	2020-09-13
黄宾虹 朱雨香 1942年作 为张叔良作山居图·楷书古文 成扇	51cm×18cm	598,000	西泠印社	2020-08-08
黄宾虹 1918年作 春山云霭 立轴	67cm×33cm	575,000	中国嘉德	2020-08-15
黄宾虹 杨寿枢 1938年作 幽居图、节临《华山碑》成扇	20cm×53cm	575,000	北京保利	2020-10-17
黄宾虹 过雨看松 镜心	43cm×22cm	575,000	北京保利	2020-12-04
黄宾虹 黄山百步云梯 立轴	33cm×32cm	575,000	中国嘉德	2020-12-03
黄宾虹 瑶村风光 立轴	74.8cm×32cm	555,030	香港苏富比	2020-10-08
黄宾虹 叠翠双虹 立轴	68cm×32cm	506,000	中国嘉德	2020-11-09
黄宾虹 雁山风景（两幅）镜框	26cm×28.9cm	426,000	佳士得	2020-12-01
黄宾虹 山行 立轴	98.5cm×34cm	425,500	荣宝斋（上海）	2020-10-25
黄宾虹 沈尹默 蜀中玉垒关·温庭筠《春日野行》成扇	19.2cm×51cm	414,000	北京诚轩	2020-08-17
黄宾虹 1941年作 石壁飞瀑 立轴	107cm×38.1cm	402,500	中国嘉德	2020-08-15
黄宾虹 云山清话图 扇面	23cm×69cm	402,500	华艺国际	2020-10-16
黄宾虹 1951年作 繁盛 立轴	82cm×37cm	402,500	上海敬华	2020-09-22
黄宾虹 1944年作 疏林小景 镜心	32.1cm×32.1cm	379,500	中国嘉德	2020-08-15
黄宾虹 余任天 1977年作 林溪幽居图 镜片	83.5cm×48cm	379,500	西泠印社	2020-08-09
黄宾虹 梅鹤孙 山居图 行书 成扇	18cm×47cm×2	379,500	上海敬华	2020-09-22
黄宾虹 岷山千里 立轴	27cm×39cm	379,500	中贸圣佳	2020-10-17
黄宾虹 为黄映芬作花卉·行书七言诗 成扇	50.5cm×18.5cm	368,000	西泠印社	2020-08-08
黄宾虹 峨眉山寺 立轴	76cm×34cm	368,000	中国嘉德	2020-11-09
黄宾虹 青城山中 立轴	68cm×33cm	356,500	上海敬华	2020-09-22
黄宾虹 黄山汤口 镜框	33cm×39cm	345,000	朵云轩	2020-09-23
黄宾虹 青城峦影 立轴	101cm×32cm	345,000	朵云轩	2020-11-29
黄宾虹 1951年作 花卉 立轴	69cm×30cm	345,000	广东崇正	2020-09-13
黄宾虹 1947年作 篆书 横披	30cm×96cm	333,500	上海嘉禾	2020-01-05
黄宾虹 春笋图 立轴	36.5cm×33cm	322,000	西泠印社	2020-08-09
黄宾虹 1949年作 篆书 立轴	100cm×32cm	310,500	朵云轩	2020-09-23
黄宾虹 1933年作 花枝图 立轴	67.5cm×35.5cm	287,500	西泠印社	2020-08-09
黄宾虹 1926年作 江村小景 扇面	18.5cm×50cm	287,500	朵云轩	2020-09-24
黄宾虹 秋江钓艇 扇面	18.2cm×51cm	287,500	朵云轩	2020-09-24
黄宾虹 1948年作 金文七言联 立轴	130.5cm×23cm×2	276,000	中国嘉德	2020-08-15
黄宾虹 春浦草阁图 立轴	74cm×40cm	253,000	中国嘉德	2020-07-15
黄宾虹 长夏江寺图 立轴	34cm×46cm	253,000	北京保利	2020-12-04
黄宾虹 陵阳山色 镜心	96cm×34cm	253,000	中国嘉德	2020-11-10
黄宾虹 层峦晚照 立轴	31cm×20cm	230,000	中国嘉德	2020-08-15
黄宾虹 山水 立轴	64cm×33cm	230,000	广东小雅斋	2020-08-21
黄宾虹 山水 镜框	65cm×32cm	230,000	华艺国际	2020-10-16
黄宾虹 1929年作 金文对联 立轴	154cm×25.5cm×2	213,000	佳士得	2020-12-01
黄宾虹 湘江日暮 立轴	63cm×21.5cm	207,000	朵云轩	2020-11-29
黄宾虹 海棠鸣禽图 镜片	34cm×28cm	184,000	西泠印社	2020-08-09
黄宾虹 1941年作 云林笔意 镜片	25cm×30cm	172,500	广东崇正	2020-09-13
黄宾虹 1927年作 秋江舟泛 扇面镜框	18cm×50.2cm	166,509	香港苏富比	2020-10-08
黄宾虹 峡江一角 扇面镜框	19cm×53.3cm	166,509	香港苏富比	2020-10-08
黄宾虹 山水 扇面	20cm×55cm	161,000	广东小雅斋	2020-08-21
黄宾虹 齐山秋浦 手卷	21cm×132cm	149,500	荣宝斋（上海）	2020-10-25
黄宾虹 江帆远影 立轴	109.5cm×39cm	138,000	上海嘉禾	2020-01-05
黄宾虹 书法 镜片	130cm×32cm	138,000	广东小雅斋	2020-08-21
黄宾虹 林亭独坐 册页	19cm×22.5cm	138,000	保利厦门	2020-09-26
黄宾虹 平江寒林图 立轴	80cm×31cm	115,000	上海嘉禾	2020-01-05
黄宾虹 致朱葆慈信札一通 镜心	24.9cm×9.6cm	109,250	北京诚轩	2020-08-17
黄宾虹 溪山书屋 立轴	51cm×19cm	103,500	荣宝斋（南京）	2020-11-28
黄宾虹 1947年作 篆书“宝藏”镜心	29cm×70cm	92,000	北京翰海	2020-09-12
黄宾虹 1934年作 湖光山色 镜框	11cm×52cm	92,000	华艺国际	2020-12-05
黄宾虹 红梅 立轴	66cm×32.5cm	85,200	佳士得	2020-12-01
黄宾虹 致帅铭初信札一通 立轴	22.5cm×12.3cm	74,750	北京诚轩	2020-08-17
黄宾虹 1947年作 溪上群峰 镜心	126cm×40cm	69,000	北京翰海	2020-09-12
黄宾虹 秋花图 镜心	67cm×33cm	69,000	中国嘉德	2020-11-09
黄宾虹 广安天池图 镜心	101cm×34.5cm	66,700	保利厦门	2020-09-26
黄宾虹 1916年作 西山云外 立轴	133cm×36cm	63,250	中鸿信	2020-01-03
黄宾虹 1934年作 云光水气 立轴	97cm×36cm	63,250	中国嘉德	2020-11-10
黄宾虹 沈尹默 1939年作 幽山古寺、行书临江仙词一首 成扇		59,800	中国嘉德	2020-11-10
黄宾虹 山居图 镜心	28cm×34.5cm	57,500	十竹斋拍卖（北京）	2020-10-18
黄宾虹 山水 镜心	18cm×28cm	51,750	荣宝斋（南京）	2020-11-28
黄纯尧 1989年作 峡江万里图 镜心	144cm×364cm	218,500	中鸿信	2020-01-03
黄纯尧 破浪峡江去 立轴	180cm×96cm	97,750	中鸿信	2020-01-03
黄纯尧 一路航标满江 立轴	137cm×69cm	97,750	中鸿信	2020-01-03
黄达聪 1959年作 劳动大军来啦 镜心	82cm×128cm	345,000	中鸿信	2020-01-03
黄丹 溪上 镜心	97cm×59.5cm	63,250	中国嘉德	2020-12-01
黄多良 2019年作 杜鹃双雉图 镜心	136cm×68cm	115,000	北京翰海	2020-09-12
黄红涛 看山 镜心	50cm×238cm	253,000	北京保利	2020-10-16
黄红涛 看风景	32.5cm×177cm	115,000	中贸圣佳	2020-10-17
黄幻吾 1939年作 松雪孤猿 立轴	130.5cm×63cm	943,000	华艺国际	2020-12-05
黄幻吾 1943年作 秋月放舟 立轴	129cm×36cm	230,000	北京保利	2020-10-17
黄幻吾 花鸟 四屏	57cm×17cm×4	155,250	广东小雅斋	2020-08-21
黄幻吾 1964年作 老来红	137cm×68cm	115,000	北京翰海	2020-12-12
黄幻吾 荷塘双鸯 立轴	142cm×40.5cm	92,000	朵云轩	2020-09-23
黄幻吾 荷塘清趣	45cm×68.5cm	80,500	北京翰海	2020-12-12
黄幻吾 红叶飞鸟 立轴	97cm×33.5cm	80,500	朵云轩	2020-09-23
黄幻吾 1946年作 巫峡烟雨 立轴	86.5cm×37.9cm	79,100	香港苏富比	2020-07-10
黄幻吾 漓江棹影 立轴	101cm×55.5cm	69,000	华艺国际	2020-10-16
黄幻吾 秋溪萍藻 立轴	79.5cm×36cm	69,000	中国嘉德	2020-12-02
黄幻吾 花卉双禽 立轴	134cm×66cm	59,269	中国嘉德	2020-10-09
黄幻吾 仕女 立轴	65cm×36cm	57,500	上海敬华	2020-09-22
黄幻吾 1941年作 鸟语花香 镜心	99cm×27cm	51,750	北京保利	2020-10-17

2020书画拍卖成交汇总（续表）

（成交价RMB：5万元以上）

拍品名称	物品尺寸	成交价RMB	拍卖公司	拍卖日期
黄建南 湖边村寨 镜心	68cm×203cm	9,315,000	荣宝斋（南京）	2020-11-28
黄建南 2020年作 大洋密码 镜心	69cm×70cm	4,830,000	北京保利	2020-10-16
黄建南 2020年作 大地情怀	69cm×70cm	3,450,000	保利厦门	2020-09-26
黄建南 高原神韵 镜心	50cm×50cm	3,220,000	上海匡时	2020-08-05
黄建南 回忆童年 镜框 设色 纸本	72cm×140.5cm	2,300,000	荣宝斋（济南）	2020-06-26
黄建南 朝霞 镜框 设色 纸本	67cm×134.3cm	2,070,000	荣宝斋（济南）	2020-06-26
黄建南 寿鹤 镜框 设色 纸本	70cm×65cm	1,840,000	荣宝斋（济南）	2020-06-26
黄建南 外婆家 镜框 设色 纸本	82cm×68cm	1,840,000	荣宝斋（济南）	2020-06-26
黄建南 光明在即 镜片 设色 纸本	55cm×55cm	1,380,000	荣宝斋（济南）	2020-06-26
黄建南 忆童年 镜框 设色 纸本	82cm×68cm	1,380,000	荣宝斋（济南）	2020-06-26
黄建南 无名 镜片 设色 纸本	50cm×47cm	1,265,000	荣宝斋（济南）	2020-06-26
黄建南 童年的记忆 镜片 设色 纸本	35cm×34cm	1,092,500	荣宝斋（济南）	2020-06-26
黄建南 书法 镜片 水墨 纸本	138cm×35cm	747,500	荣宝斋（济南）	2020-06-26
黄建南 书法 镜框 水墨 纸本	34cm×137cm	690,000	荣宝斋（济南）	2020-06-26
黄建南 书法 镜框 水墨 纸本	32cm×137cm	575,000	荣宝斋（济南）	2020-06-26
黄均 1945年作 画龙点睛 镜心	127cm×130cm	667,000	中国嘉德	2020-11-09
黄均 编篱种菜图 立轴	24.5cm×33.5cm	448,500	华艺国际	2020-10-16
黄均 湘夫人 立轴	130cm×66cm	92,000	中贸圣佳	2020-10-17
黄均 杨柳桃下听箫声 镜心	88cm×36.5cm	63,250	中鸿信	2020-01-03
黄均 秋山晴霭图 横幅	37.5cm×100.5cm	55,200	北京翰海	2020-12-11
黄均 1996年作 采莲图 立轴	139cm×75cm	51,750	中国嘉德	2020-11-09
黄君璧 1943年作 太华群峰 立轴	156.8cm×79.5cm	1,921,000	香港苏富比	2020-07-10
黄君璧 1926年作 云山耸翠 立轴	133cm×58cm	1,782,500	广东崇正	2020-09-13
黄君璧 1942年作 花鸟图 镜框	99cm×48cm	1,275,120	罗芙奥	2020-12-05
黄君璧 1980年作 一帆风顺 镜片	73cm×104cm	1,150,000	上海敬华	2020-09-22
黄君璧 1972年作 树色凝深谷 立轴	141.3cm×74.6cm	777,042	香港苏富比	2020-10-08
黄君璧 双狮 镜框	68cm×137cm	632,500	华艺国际	2020-12-05
黄君璧 1974年作 云横绣岭 镜框	60cm×119.7cm	511,200	佳士得	2020-12-01
黄君璧 1941年作 层峦叠瀑 立轴	109cm×50cm	426,000	佳士得	2020-12-01
黄君璧 高逸鸿 等 1979年作 寿字春融 镜框	96.5cm×180.5cm	426,000	佳士得	2020-12-01
黄君璧 1986年作 春山高隐 镜框	120cm×60cm	402,500	华艺国际	2020-12-05
黄君璧 1941年作 秋山飞瀑 镜心	111.5cm×56cm	402,500	中国嘉德	2020-12-03
黄君璧 1983年作 峨眉清晖 镜心	119cm×59cm	345,000	北京保利	2020-10-17
黄君璧 1947年作 松寿延年 立轴	68cm×33.5cm	333,500	朵云轩	2020-09-23
黄君璧 1972年作 云壑雷鸣 镜心	60cm×121cm	322,000	中国嘉德	2020-07-15
黄君璧 1961年作 溪山绝尘 立轴	120.5cm×57cm	286,126	中国嘉德	2020-10-09
黄君璧 1956年作 谷中百合 镜框	57.5cm×30cm	266,414	香港苏富比	2020-10-08
黄君璧 1946年作 听泉图 立轴	90.5cm×39cm	253,000	中鸿信	2020-01-03
黄君璧 山水 立轴	98.5cm×45.5cm	253,000	中贸圣佳	2020-10-17
黄君璧 秋山石瀑 设色 纸本	38.7cm×90.8cm	240,998	纽约苏富比	2020-09-23
黄君璧 1982年作 岭南春色 镜框	59.6cm×119cm	234,300	佳士得	2020-12-01
黄君璧 1980年作 溪亭话旧 镜心	56cm×91cm	230,000	中国嘉德	2020-12-03
黄君璧 千岩万壑 镜心	58cm×118cm	218,500	中国嘉德	2020-08-15
黄君璧 1944年作 高岩秋瀑 立轴	97.2cm×58.5cm	214,700	香港苏富比	2020-07-10
黄君璧 1955年作 云山晓望 镜框		210,911	香港苏富比	2020-10-08
黄君璧 林麓秋晴 双挖	34cm×34cm、33.5cm×34.5cm	209,700	景薰楼	2020-09-13
黄君璧 秋林萧森 镜框	56.5cm×29.5cm	209,700	景薰楼	2020-09-13
黄君璧 烟霞飞瀑 立轴	116.5cm×55cm	207,000	中国嘉德	2020-08-15
黄君璧 1933年作 松下纳凉 镜片	85cm×42cm	195,500	上海敬华	2020-09-22
黄君璧 芙蓉八哥图 立轴	89cm×38cm	194,157	中国嘉德	2020-10-09
黄君璧 1931年作 水月观音 镜心	100cm×31.5cm	184,000	永乐拍卖	2020-08-17
黄君璧 1941年作 湖山春泛图 画心	92.5cm×28cm	184,000	西泠印社	2020-08-08
黄君璧 1956年作 秋山策杖 镜心	47cm×129cm	184,000	中国嘉德	2020-07-15
黄君璧 1946年作 松鹤延年 立轴	64.5cm×42cm	183,938	中国嘉德	2020-10-09
黄君璧 斜阳飞瀑 镜框	68cm×132cm	180,180	罗芙奥	2020-12-05
黄君璧 1952年作 深山云瀑 镜心	47cm×83cm	172,500	北京保利	2020-10-17
黄君璧 1979年作 竹韵泉声 镜框	39.5cm×60cm	171,000	佳士得	2020-07-08
黄君璧 1953年作 白荷 镜框	57.5cm×30cm	166,509	香港苏富比	2020-10-08
黄君璧 1961年作 墨竹图 立轴	134cm×69cm	161,000	西泠印社	2020-08-09
黄君璧 秋林高士 镜片	82cm×43.5cm	161,000	广东崇正	2020-06-27
黄君璧 1940年作 秋叶白云图 镜片	80cm×27cm	161,000	广东崇正	2020-09-13
黄君璧 1978年作 源远流长 镜片	56cm×90cm	155,250	朵云轩	2020-09-23
黄君璧 1971年作 湖平岸阔 镜片	52.5cm×89.5cm	155,250	朵云轩	2020-09-23
黄君璧 1948年作 人物小景 镜心	32cm×68cm	149,500	十竹斋拍卖（北京）	2020-10-18
黄君璧 1948年作 采莲图 镜心	32.5cm×68cm	138,000	中鸿信	2020-01-03
黄君璧 1953年作 红叶飞瀑 镜框	57cm×30cm	133,207	香港苏富比	2020-10-08
黄君璧 1942年作 高岩飞瀑 镜框	86cm×27cm	127,800	佳士得	2020-12-01
黄君璧 1971年作 听泉图 镜框	55cm×90cm	121,968	罗芙奥	2020-12-05
黄君璧 无量寿尊者 立轴	835cm×38cm	115,000	广东小雅斋	2020-08-21
黄君璧 1939年作 秋山高士 立轴	125cm×32cm	115,000	朵云轩	2020-09-23
黄君璧 1944年作 策杖寻幽 镜框	78cm×32.3cm	114,000	佳士得	2020-07-08
黄君璧 1941年作 临溪策杖图 画心	87cm×32cm	112,700	西泠印社	2020-08-08
黄君璧 山水 镜片	82cm×38cm	112,700	广东小雅斋	2020-08-21
黄君璧 1941年作 云岫林舍图 镜片	102.5cm×26cm	109,250	西泠印社	2020-08-08
黄君璧 1948年作 巫峡清秋 成扇	18cm×48cm	109,250	广东崇正	2020-09-13
黄君璧 乔曾劬 山水、书法 成扇	18cm×49cm×2	103,500	广东小雅斋	2020-08-21
黄君璧 1960年作 幽岩观瀑图 镜心	36cm×58cm	103,500	北京保利	2020-10-17
黄君璧 1943年作 水帘洞 立轴	96.5cm×39.5cm	97,750	北京诚轩	2020-08-17
黄君璧 寿桃 立轴	87cm×49cm	97,750	广东小雅斋	2020-08-21
黄君璧 1936年作 南岳乔松图 立轴	92cm×34cm	92,000	西泠印社	2020-08-09
黄君璧 1939年作 飞瀑图 立轴	94cm×31cm	92,000	北京保利	2020-10-17
黄君璧 1956年作 佛陀问疾 立轴	画55cm×62cm；诗堂29cm×62cm	92,000	北京翰海	2020-12-11
黄君璧 1957年作 云山烟树 镜心	120.5cm×40.5cm	86,860	中国嘉德	2020-10-09
黄君璧 1940年作 秋山云水图 画心	95cm×29.5cm	86,250	西泠印社	2020-08-08
黄君璧 对弈图 立轴	87cm×27.5cm	85,448	香港苏富比	2020-11-26
黄君璧 1962年作 寿石双清 镜片	38.5cm×59.5cm	80,500	朵云轩	2020-09-23
黄君璧 林木幽森 镜片	87cm×26.5cm	74,767	香港苏富比	2020-11-26
黄君璧 1984年作 崇山峻岭 镜片	40cm×60cm	74,750	上海嘉禾	2020-01-05
黄君璧 贺文略 张大千 周公理 张君实 刘秉衡 许菊初 等 山水、花鸟 册页	215cm×305cm×18	74,750	广东小雅斋	2020-08-21
黄君璧 山水 镜片	69cm×30cm	74,750	广东小雅斋	2020-06-17

(成交价RMB：5万元以上)

拍品名称	物品尺寸	成交价RMB	拍卖公司	拍卖日期
黄君璧 1967年作 秋山云起图 镜心	50cm×89cm	71,300	北京保利	2020-12-04
黄君璧 双松图	62cm×27.5cm	69,000	西泠印社	2020-08-08
黄君璧 1948年作 飞流千尺 镜框	132.5cm×32.5cm	63,900	佳士得	2020-12-01
黄君璧 1947年作 山林小居 立轴	91.5cm×46cm	63,250	中鸿信	2020-01-03
黄君璧 1974年作 雨霁垂瀑图 镜心	60cm×116cm	63,250	中国嘉德	2020-11-09
黄君璧 1952年作 流泉飞瀑 镜片	47.5cm×83cm	57,500	上海嘉禾	2020-01-05
黄君璧 山水 立轴	112cm×53cm	57,500	广东小雅斋	2020-08-21
黄君璧 1970年作 松涛 镜心	32.5cm×66.5cm	57,500	北京保利	2020-12-04
黄君璧 1964年作 松瀑高士 镜片	118cm×59cm	57,500	上海敬华	2020-09-22
黄君璧 1976年作 翠壁云峰 镜框	33.5cm×45cm	53,250	佳士得	2020-12-01
黄君璧 1968年作 烟江叠嶂 镜心	28cm×90cm	51,750	中国嘉德	2020-07-16
黄君璧 1952年作 春山放舟 镜心	55cm×24cm	51,750	中国嘉德	2020-12-03
黄君璧 老树千林 镜片	57.2cm×30cm	51,269	香港苏富比	2020-11-26
黄佳东 2018年作 拼凑的当代情感——信号及其他	120cm×160cm	126,000	北京汇珍	2020-08-13
黄浚 1935年作 行书 节录清波杂志 立轴	67cm×23cm	74,750	西泠印社	2020-08-08
黄侃 1935年作 篆书“清净斯文” 镜心	28.5cm×97.5cm	357,658	中国嘉德	2020-10-09
黄侃 书法	41cm×144cm	172,500	广东小雅斋	2020-08-21
黄苗子 1978年作 隶书宋词 立轴	133cm×32cm	69,000	中鸿信	2020-01-04
黄苗子 2000年作 半坡狂想曲 镜心	75cm×94cm	69,000	中国嘉德	2020-12-01
黄起凤 墨松、书法 册页	25cm×30cm×24	74,750	广东小雅斋	2020-08-21
黄秋园 山居图 立轴	140cm×94cm	483,000	华艺国际	2020-10-16
黄秋园 1974年作 秋山觅句 立轴	149.5cm×100.5cm	437,000	中国嘉德	2020-12-03
黄秋园 山居秋暝 立轴	103cm×47.5cm	345,000	朵云轩	2020-09-23
黄秋园 仿仇英《宫苑图》镜心	112cm×71cm	287,500	中鸿信	2020-01-03
黄秋园 1973年作 松柏长春 镜心	134cm×70cm	230,000	北京保利	2020-10-17
黄信驹 2020年作 红肥绿瘦瓜果熟	138cm×68cm	2,277,000	钜鑫缘（香港）	2020-11-03
黄信驹 2018年作 绿色盎然听流泉	138cm×68cm	1,932,000	钜鑫缘（香港）	2020-11-03
黄兴 行书诗 立轴	129cm×55.5cm	149,500	中国嘉德	2020-08-15
黄兴 行书自作诗 立轴	129cm×55cm	138,000	北京保利	2020-10-18
黄炎培 1926年作 行书五言 对联	132cm×33cm×2	115,000	朵云轩	2020-09-24
黄炎培 1947年作 行书自作诗 立轴	129cm×21cm	57,500	北京保利	2020-10-17
黄炎培 1947年作 行书七言联 对联	135cm×33cm×2	51,750	上海嘉禾	2020-01-05
黄尧 钟正山 人物（十二帧）镜心 立轴	尺寸不一	153,282	中国嘉德	2020-10-09
黄尧 人物书法（十三帧）镜心	尺寸不一	143,063	中国嘉德	2020-10-09
黄永玉 1979年作 刘海金蟾图 立轴	94cm×181cm	1,667,500	北京保利	2020-10-17
黄永玉 1988年作 好茶 镜心	93cm×173cm	1,495,000	北京保利	2020-10-17
黄永玉 1977年作 黄山天都峰 立轴	135.5cm×69.5cm	1,380,000	中国嘉德	2020-08-15
黄永玉 1979年作 彩荷 镜心	102cm×103cm	1,207,500	中国嘉德	2020-12-03
黄永玉 老兵队 镜心	51.5cm×226.0cm	1,150,000	中国嘉德	2020-08-16
黄永玉 1977年作 墨荷	130cm×70cm	1,150,000	北京翰海	2020-12-12
黄永玉 1992年作 巴山夜雨 立轴	68cm×67cm	977,500	中国嘉德	2020-08-15
黄永玉 2013年作 江山万里情 镜心	95cm×178cm	920,000	中国嘉德	2020-12-01
黄永玉 1978年作 富春江畔 镜心	53.3cm×104cm	920,000	中国嘉德	2020-12-03
黄永玉 梅花坐禅图 镜心	178cm×82cm	805,000	北京保利	2020-12-04
黄永玉 1984年作 彩荷 镜框	170cm×48cm	690,000	华艺国际	2020-10-16
黄永玉 1989年作 十万狂花入梦寐 镜心	136.5cm×68.5cm	664,222	中国嘉德	2020-10-09
黄永玉 1979年作 荷塘月色 镜心	101cm×102.5cm	644,000	北京保利	2020-12-04
黄永玉 1976年作 傲雪红梅 立轴	96cm×42cm	575,000	中国嘉德	2020-11-09

拍品名称	物品尺寸	成交价RMB	拍卖公司	拍卖日期
黄永玉 张辛稼六十六造像 立轴	诗堂12cm×42cm；画心51.5cm×42cm	575,000	中贸圣佳	2020-10-17
黄永玉 1988年作 柳湖荡舟惊鸟飞 立轴	52cm×97cm	565,000	香港苏富比	2020-07-10
黄永玉 李逵苦吟图附信笺、信封 纸本	68.5cm×68cm；32cm×26cm	517,500	中国嘉德	2020-12-02
黄永玉 1979年作 毒热帖 镜片	68cm×138cm	460,000	朵云轩	2020-09-23
黄永玉 1977年作 墨荷 立轴	130cm×69.5cm	448,500	北京保利	2020-10-16
黄永玉 1984年作 鱼戏新荷动 镜框	92.5cm×179.5cm	447,300	佳士得	2020-12-01
黄永玉 1987年作 红莲 镜框	138.5cm×68cm	437,000	华艺国际	2020-10-16
黄永玉 1989年作 观音像 立轴	132cm×66.5cm	437,000	中国嘉德	2020-12-01
黄永玉 郭怡孮 费新我 陈大羽 秦岭云 宋文治 白雪石 吴作人 刘海粟 等 丹青翰墨 册页	33cm×45cm×26	402,500	广东小雅斋	2020-08-21
黄永玉 2014年作 马 镜心	69cm×138cm	345,000	中国嘉德	2020-12-01
黄永玉 1989年作 理想桃花源 镜心	51.5cm×69.5cm	301,608	保利香港	2020-12-08
黄永玉 1989年作 理想桃花源 镜心	51.5cm×69.5cm	301,608	保利香港	2020-12-08
黄永玉 报春花 镜心	69cm×42cm	287,500	中国嘉德	2020-07-15
黄永玉 1989年作 不觉邪正 立轴	137cm×75cm	287,500	十竹斋拍卖（北京）	2020-10-18
黄永玉 林湖栖鹤 镜框	64cm×67cm	273,600	佳士得	2020-07-01
黄永玉 猫头鹰 立轴	77cm×54cm	253,000	广东崇正	2020-09-13
黄永玉 1984年作 荷花 镜心	46cm×68cm	241,500	十竹斋拍卖（北京）	2020-10-18
黄永玉 1981年作 商略黄昏雨 镜心	51cm×51cm	230,000	中国嘉德	2020-08-15
黄永玉 1976年作 朱壁同乐 镜心	69.5cm×69cm	230,000	中国嘉德	2020-12-01
黄永玉 1984年作 甲子金鼠 立轴	47cm×30.5cm	224,814	中国嘉德	2020-10-09
黄永玉 阳秋三绝 立轴	70cm×46cm	218,500	华艺国际	2020-10-16
黄永玉 1979年作 若愚 立轴	67.5cm×44cm	207,000	北京诚轩	2020-08-17
黄永玉 1988年作 向日葵 镜框	68cm×68cm	182,600	佳士得	2020-05-22
黄永玉 佛陀 镜心	68cm×68cm	161,000	中国嘉德	2020-08-15
黄永玉 1987年作 猫头鹰 镜框	41cm×53.5cm	161,000	华艺国际	2020-10-16
黄永玉 荷生于野 镜心	70cm×138cm	161,000	中贸圣佳	2020-10-17
黄永玉 多子多福 镜片	44cm×136cm	149,500	上海匡时	2020-08-05
黄永玉 大吉祥 镜心	68.5cm×44cm	149,500	中国嘉德	2020-12-03
黄永玉 大吉祥 立轴	47.5cm×46cm	143,750	中鸿信	2020-01-03
黄永玉 雨中纷纷 立轴	69cm×69cm	138,000	永乐拍卖	2020-08-17
黄永玉 大吉羊 镜心	28cm×39cm	122,626	中国嘉德	2020-10-09
黄永玉 人物 镜框	33cm×33cm	106,500	佳士得	2020-12-01
黄永玉 1978年作 陈迹像 镜心	35cm×34cm	69,488	中国嘉德	2020-10-09
黄永玉 1984年作 红梅 镜心	94cm×88cm	69,000	中国嘉德	2020-08-15
黄永玉 1980年作 行猎图 立轴	68.5cm×68cm	55,200	中国嘉德	2020-12-01
黄之 2019年作 逍遥黄山	45cm×96cm	253,000	北京翰海	2020-09-12
黄胄 1986年作 草原逐戏图 镜框	120cm×250cm	34,500,000	华艺国际	2020-12-05
黄胄 1976年作 飞雪迎春 镜框	190cm×129cm	31,050,000	华艺国际	2020-10-16
黄胄 1987年作 驼背上的小学生 立轴	143cm×135cm	11,270,000	北京保利	2020-10-17
黄胄 1975年作 新疆歌舞 立轴	180cm×95cm	8,165,000	北京保利	2020-12-04
黄胄 1965年作 幸福一代 镜框	96cm×132cm	4,082,500	华艺国际	2020-10-16
黄胄 1985年作 姑苏牧牛图 镜心	48cm×180cm	3,450,000	北京保利	2020-12-04
黄胄 1985年作 五牛图 镜心	48cm×180cm	3,335,000	北京保利	2020-12-04
黄胄 1976年作 运粮图 立轴	130cm×67cm	3,220,000	中国嘉德	2020-07-15
黄胄 1963年作 迎春花开 镜心	76cm×43cm	3,197,000	十竹斋拍卖（北京）	2020-10-18
黄胄 1980年作 哈萨克猎手 立轴	134cm×64cm	2,530,000	北京保利	2020-10-17

2020书画拍卖成交汇总(续表)

(成交价RMB：5万元以上)

拍品名称	物品尺寸	成交价RMB	拍卖公司	拍卖日期
黄胄 1983年作 赶集图 镜框	98cm×121.5cm	2,300,000	北京保利	2020-10-17
黄胄 1975年作 风雪问诊图 镜心	44cm×65cm	2,242,500	中鸿信	2020-01-03
黄胄 青春之歌 镜心	74cm×68.5cm	1,403,000	上海匡时	2020-08-05
黄胄 1976年作 饲鸡图 立轴	102cm×68cm	1,380,000	北京保利	2020-10-17
黄胄 1979年作 塔吉克人 立轴	69cm×46cm	1,265,000	华艺国际	2020-10-16
黄胄 1978年作 彝族舞 立轴	95.4cm×43cm	1,186,500	香港苏富比	2020-07-10
黄胄 1975年作 少女赶集图 镜心	83.5cm×69.2cm	1,150,000	北京保利	2020-12-04
黄胄 1987年作 驱邪纳福 立轴	画心137cm×68cm；书法38cm×68cm	1,150,000	北京保利	2020-12-04
黄胄 启功 传芭代舞 立轴	114cm×54cm	1,058,000	北京保利	2020-12-04
黄胄 牧驴图 镜心	97cm×67.5cm	943,000	中国嘉德	2020-08-16
黄胄 1975年作 新疆维吾尔族歌舞图 立轴	131cm×66cm	920,000	上海嘉禾	2020-01-05
黄胄 喀什印象 镜心	137cm×70cm	920,000	北京保利	2020-10-17
黄胄 1973年作 雄鸡一唱天下白 立轴	109cm×69cm	920,000	北京保利	2020-12-04
黄胄 1962年作 骆驼 横披	104.5cm×56.5cm	920,000	十竹斋拍卖(北京)	2020-10-18
黄胄 1972年作 高原出诊图 镜片	46cm×69cm	816,500	广东崇正	2020-09-13
黄胄 1978年作 边疆少女 立轴	89cm×48cm	805,000	中国嘉德	2020-12-02
黄胄 徐霞客先生造像 镜心	92.5cm×68.5cm	747,500	十竹斋拍卖(北京)	2020-10-18
黄胄 范曾 边宝华 麻姑献寿 纸本	95cm×177.5cm	747,500	中国嘉德	2020-12-02
黄胄 1972年作 永走革命路(邵宇题)镜片	95cm×48cm	724,500	广东崇正	2020-09-13
黄胄 任重道远 立轴	136.3cm×66.5cm	690,000	广东崇正	2020-09-13
黄胄 1985年作 李清照像 立轴	70cm×68.5cm	690,000	十竹斋拍卖(北京)	2020-10-18
黄胄 1975年作 春之歌 立轴	95.5cm×44cm	678,000	香港苏富比	2020-07-10
黄胄 1976年作 饲鸡图 立轴	80.6cm×68cm	678,000	香港苏富比	2020-07-10
黄胄 1975年作 少女赶驴 镜框	83.5cm×69.2cm	621,500	香港苏富比	2020-07-10
黄胄 1983年作 丰收图 镜心	65.5cm×45.5cm	575,000	上海匡时	2020-08-05
黄胄 1973年作 玉门关外春烂漫 镜心	69.5cm×46.5cm	575,000	中国嘉德	2020-12-02
黄胄 彭冲 七驴图 贵寿无极 立轴 镜片	镜片78cm×54cm；立轴135cm×63cm	552,000	上海敬华	2020-09-22
黄胄 骆驼少女 镜心	63.5cm×43.5cm	552,000	十竹斋拍卖(北京)	2020-10-18
黄胄 1984年作 赶驴图 立轴	80cm×50cm	517,500	中国嘉德	2020-07-15
黄胄 唐人诗意图 立轴	68.5cm×50cm	517,500	十竹斋拍卖(北京)	2020-10-18
黄胄 饲鸡图 立轴	97cm×59.5cm	511,200	佳士得	2020-12-01
黄胄 东山携妓 镜心	45.5cm×34cm	488,050	北京保利	2020-07-17
黄胄 1979年作 赶驴图 镜心	96cm×45cm	483,000	中国嘉德	2020-11-09
黄胄 1980年作 驴 立轴	58cm×48cm	402,500	上海敬华	2020-09-22
黄胄 1976年作 春风牧歌图 镜片	68cm×49cm	345,000	上海嘉禾	2020-01-05
黄胄 1984年作 双猫 立轴	59cm×65cm	345,000	北京保利	2020-10-17
黄胄 喂鸡图 镜片	35cm×46cm	345,000	上海敬华	2020-09-22
黄胄 1973年作 牵驴图 镜心	44cm×69cm	345,000	中国嘉德	2020-11-09
黄胄 塞外奔马 镜框	80cm×150cm	342,000	佳士得	2020-07-08
黄胄 1984年作 醉钟馗 立轴	133cm×67cm	333,500	北京保利	2020-10-17
黄胄 1990年作 粗粝不厌 立轴	136cm×67cm	322,000	北京保利	2020-10-17
黄胄 1977年作 牧牛图 镜心	68cm×39cm	322,000	北京保利	2020-12-04
黄胄 三驴图 立轴	69cm×47cm	322,000	十竹斋拍卖(北京)	2020-10-18

拍品名称	物品尺寸	成交价RMB	拍卖公司	拍卖日期
黄胄 1990年作 运粮图 立轴	88.5cm×19.5cm	299,000	永乐拍卖	2020-08-17
黄胄 纨扇仕女 镜心	69cm×43cm	299,000	北京保利	2020-12-04
黄胄 董寿平 黎雄才 等 1983年作 双清麻雀 立轴	129cm×66cm	299,000	十竹斋拍卖(北京)	2020-10-18
黄胄 1978年作 六驴图 镜心	46cm×69cm	287,500	永乐拍卖	2020-08-17
黄胄 五驴图 立轴	68cm×43cm	287,500	广东崇正	2020-06-27
黄胄 1961年作 胖娃娃 镜心	71cm×47cm	287,500	北京保利	2020-12-04
黄胄 1978年作 墨驴图 立轴	46cm×69cm	287,500	北京保利	2020-12-04
黄胄 1984年作 群鸡图 立轴	68cm×50cm	287,500	中国嘉德	2020-12-03
黄胄 1978年作 五驴图 立轴	94cm×60cm	276,900	佳士得	2020-12-01
黄胄 1985年作 竹石图 镜心	85cm×68cm	253,000	永乐拍卖	2020-08-17
黄胄 张辛稼 费新我 1979年作 虎视眈眈 立轴	138cm×69cm	253,000	上海匡时	2020-08-05
黄胄 1983年作 猫 立轴	68cm×45cm	253,000	中国嘉德	2020-12-02
黄胄 1977年作 六驴图 立轴	92.5cm×33.5cm	253,000	中国嘉德	2020-12-03
黄胄 1961年作 江畔 立轴	69cm×44cm	235,750	广东崇正	2020-09-13
黄胄 1976年作 李清照小像 立轴	82cm×34cm	230,000	北京保利	2020-10-17
黄胄 1976年作 飞雪迎春 镜心	96cm×50cm	230,000	北京保利	2020-10-17
黄胄 梅雪图 镜心	90cm×48cm	230,000	北京保利	2020-10-17
黄胄 1980年作 赶驴图 镜心	30cm×64cm	230,000	北京保利	2020-12-04
黄胄 墨驴图 立轴	67cm×43cm	230,000	北京翰海	2020-09-12
黄胄 姑苏城外 立轴	70cm×48cm	230,000	朵云轩	2020-09-23
黄胄 饮驼图 镜心	32.5cm×61.5cm	230,000	中贸圣佳	2020-10-17
黄胄 多子图 镜心	71cm×71cm	230,000	中贸圣佳	2020-10-17
黄胄 犬戏图 立轴	77.1cm×66.1cm	226,000	香港苏富比	2020-07-10
黄胄 1988年作 大吉图 镜片	67.5cm×40cm	224,250	广东崇正	2020-09-13
黄胄 1976年作 五驴图 立轴	87cm×45cm	218,500	上海匡时	2020-08-05
黄胄 四驴图 镜心	48cm×44cm	207,000	北京保利	2020-12-04
黄胄 1985年作 牧驴图 镜心	46cm×69cm	207,000	北京保利	2020-12-04
黄胄 三驴图 镜框	43cm×66.5cm	207,000	华艺国际	2020-10-16
黄胄 1992年作 五驴图 镜框	90cm×34.7cm	202,350	佳士得	2020-12-01
黄胄 回乡归青 镜心	44cm×32cm	195,500	中国嘉德	2020-07-17
黄胄 猫 立轴	46cm×65cm	192,950	北京保利	2020-07-17
黄胄 1987年作 五驴图 镜心	73cm×69cm	189,750	十竹斋拍卖(北京)	2020-10-18
黄胄 1983年作 四驴图 镜心	67cm×46cm	184,000	中国嘉德	2020-07-17
黄胄 1979年作 赶驴图 镜心	69cm×45cm	184,000	中国嘉德	2020-07-17
黄胄 柳雀 镜心	38cm×59cm	184,000	北京保利	2020-10-17
黄胄 1986年作 赶驴出行图 镜片	68.5cm×32cm	172,500	西泠印社	2020-08-09
黄胄 1985年作 五驴图 立轴	46cm×65cm	172,500	中国嘉德	2020-08-15
黄胄 1989年作 行书五言 对联	137cm×34cm×2	172,500	朵云轩	2020-09-23
黄胄 牧驴图 立轴	69cm×38.5cm	172,500	荣宝斋(南京)	2020-11-28
黄胄 1981年作 五驴图 立轴	69cm×45cm	161,000	北京保利	2020-10-17
黄胄 大吉图 立轴	70cm×47cm	155,250	华艺国际	2020-10-16
黄胄 1977年作 四驴图 镜心	81cm×106cm	138,000	中国嘉德	2020-07-17
黄胄 1961年作 放鹅图 镜心	64cm×33cm	138,000	北京保利	2020-12-04
黄胄 牧牛图 镜心	52cm×90cm	138,000	北京保利	2020-12-04
黄胄 1965年作 踏遍青山 扇面立轴	19.5cm×53.5cm	138,000	北京翰海	2020-12-11
黄胄 程十发 妞妞与小毛驴 镜心	56cm×46cm	138,000	十竹斋拍卖(北京)	2020-10-18
黄胄 1977年作 赶驴图 立轴	65cm×44cm	138,000	中国嘉德	2020-11-09
黄胄 五驴图 立轴	91cm×51cm	115,000	广东小雅斋	2020-06-17
黄胄 巡逻图 镜心	38cm×49cm	115,000	荣宝斋(南京)	2020-11-28

拍品名称	物品尺寸	成交价RMB	拍卖公司	拍卖日期
黄胄 狗 镜心	46cm×35cm	115,000	十竹斋拍卖(北京)	2020-10-18
黄胄 1975年作 五驴图 立轴	66cm×45cm	115,000	中国嘉德	2020-11-09
黄胄 1975年作 回眸 立轴	67cm×47cm	115,000	中国嘉德	2020-12-02
黄胄 驴 镜心	96cm×33cm	97,750	中国嘉德	2020-12-03
黄胄 1980年作 行书五言联 立轴	82cm×24cm×2	92,000	中国嘉德	2020-08-15
黄胄 五驴图 立轴	69cm×45cm	92,000	北京保利	2020-12-04
黄胄 郭乃珖 1978年作 子母神仙图 立轴	45cm×69cm	92,000	中国嘉德	2020-11-09
黄胄 三驴图 立轴	44cm×33cm	86,250	中国嘉德	2020-07-16
黄胄 双犬 立轴	68cm×53cm	82,800	中国嘉德	2020-08-15
黄胄 1984年作 三驴图 镜心	45cm×66cm	78,200	中国嘉德	2020-07-17
黄胄 1975年作 五驴图 镜心	68cm×40cm	74,750	中鸿信	2020-01-03
黄胄 1972年作 竹报平安 镜心	70cm×40cm	74,750	北京保利	2020-12-04
黄胄 双鱼图 镜心	22.5cm×30.5cm	74,750	北京翰海	2020-12-11
黄胄 1982年作 六驴图 立轴	66cm×45cm	74,750	朵云轩	2020-09-23
黄胄 行书 立轴	136.5cm×68cm	74,750	广东崇正	2020-09-13
黄胄 行书 镜片	136cm×68cm	74,750	广东崇正	2020-09-13
黄胄 1973年作 课余 立轴	55cm×42cm	71,300	中国嘉德	2020-07-16
黄胄 [illegible]雀 镜心	70cm×35cm	69,000	北京保利	2020-12-04
黄胄 [illegible] 立轴	33.5cm×34cm	69,000	北京保利	2020-12-04
黄胄 1981年作 竹石图 立轴	93cm×44cm	69,000	北京保利	2020-12-04
黄胄 行书五言联 镜心	129cm×35cm×2	69,000	荣宝斋(南京)	2020-11-28
黄胄 1987年作 人物 镜心	55cm×40cm	63,250	北京翰海	2020-09-12
黄胄 1976年作 墨牡丹 镜心	69cm×44cm	57,500	中国嘉德	2020-07-16
黄胄 1984年作 六驴图 镜心	45cm×69cm	57,500	中鸿信	2020-01-03
黄胄 行书驴说 镜心	74cm×35.5cm	55,200	中国嘉德	2020-08-15
惠均 1[illegible]0年作 寒林积雪 立轴	59.8cm×31cm	73,450	香港苏富比	2020-07-10
霍春阳 1978年作 清凉图 镜心	122.5cm×152cm	74,750	中国嘉德	2020-08-17
吉瑞森 花卉(4屏) 镜心	139cm×36cm×4	184,000	北京翰海	2020-09-12
1966年 集体创作 南滚龙沟组画 镜片	尺寸不一	172,500	西泠印社	2020-08-09
籍忠亮 2010年作 清风雅意、云崖清风 镜心	69cm×47cm ×2 cm	345,000	北京翰海	2020-09-12
季观之 仙崖观瀑 立轴	102.5cm×30.5cm	86,250	北京翰海	2020-12-11
季羡林 行书三帧 镜心	34.5cm×67.5cm; 42.5cm×47cm; 42.6cm×47.5cm	126,500	中国嘉德	2020-08-15
贾广健 荷花鸳鸯 镜框	69cm×137cm	115,000	华艺国际	2020-10-16
贾广健 2010年作 清香满面来 镜心	68.5cm×137cm	97,750	中国嘉德	2020-12-01
贾广健 2014年作 藕花多处浴鸳鸯 镜心	69cm×138cm	97,610	北京保利	2020-07-18
贾广健 2010年作 芙蓉栖禽 镜心	68.5cm×137cm	92,000	中国嘉德	2020-12-01
贾广健 芭蕉天竺 镜心	137cm×68cm	65,830	北京保利	2020-07-15
贾广健 2009年作 藕香图 镜心	137cm×48cm	57,500	中国嘉德	2020-07-16
贾广健 2012年作 翠华 镜心	68.5cm×68.5cm	57,500	中国嘉德	2020-12-01
贾宽 太行柱石 镜心	127cm×88cm	230,000	北京保利	2020-10-16
贾绍昌 晓寺 横披	68cm×138cm	667,000	荣宝斋(南京)	2020-11-28
贾又福 牧趣图 镜心	96cm×155cm	1,150,000	中鸿信	2020-01-03
贾又福 霞光云影图 镜心	80cm×53cm	632,500	北京保利	2020-10-16
贾又福 金霞图 镜心	40.5cm×68.5cm	437,000	北京诚轩	2020-08-17
贾又福 1979年作 雨后渔村分外明 立轴	89.5cm×48cm	368,000	中国嘉德	2020-08-16

拍品名称	物品尺寸	成交价RMB	拍卖公司	拍卖日期
贾又福 高山彩云 镜心	33.5cm×33.4cm	184,000	北京诚轩	2020-08-17
贾又福 80年代 云山牧趣图	68.5cm×45.5cm	172,500	北京翰海	2020-12-12
贾又福 牧归图 镜框	33cm×35cm	143,750	华艺国际	2020-10-16
贾又福 静思图 镜心	45cm×68cm	126,500	北京诚轩	2020-08-17
贾又福 1983年作 雾趣图 框	73cm×138cm	84,750	江苏汇中	2020-08-05
贾又福 1977年作 渔家 镜心	61.5cm×44cm	69,000	北京诚轩	2020-08-17
江栋良 1964年作《三元里抗英斗争》插图原稿(六十六帧)	15cm×21cm×66	57,500	西泠印社	2020-08-09
江寒汀 春园双鸡 立轴	151cm×81cm	1,012,000	上海敬华	2020-09-22
江寒汀 1943年作 富贵长寿 立轴	171.5cm×91.5cm	529,000	北京诚轩	2020-08-17
江寒汀 1941年作 春柳鸣禽 立轴	110.5cm×48cm	276,000	上海匡时	2020-08-05
江寒汀 1944年作 多子图 镜片	80.5cm×36.5cm	253,000	朵云轩	2020-09-24
江寒汀 柳塘蛙声 立轴	87cm×44cm	230,000	中国嘉德	2020-07-15
江寒汀 1952年作 鱼乐、鸟语 成扇	18.4cm×47cm	226,000	香港苏富比	2020-07-10
江寒汀 荷塘 立轴	109cm×39cm	207,000	华艺国际	2020-10-16
江寒汀 1960年作 鸳鸯 镜心	画 57.5cm×68.5cm; 题29.5cm×68.5cm	207,000	中国嘉德	2020-12-03
江寒汀 1959年作 鹦鹉图 立轴	135.5cm×67.5cm	201,250	中国嘉德	2020-12-02
江寒汀 1948年作 石榴翠鸟 立轴	87cm×45cm	184,000	中国嘉德	2020-08-15
江寒汀 春枝鸣禽图	176cm×80cm	168,000	上海联合	2020-11-29
江寒汀 1944年作 紫绶金章 立轴	102cm×49.5cm	149,500	北京保利	2020-10-17
江寒汀 1947年作 红叶鹦鹉 立轴	69.5cm×33.5cm	149,500	北京翰海	2020-12-11
江寒汀 任慈祥 东篱秋趣·书法 成扇	18.5cm×49cm	138,000	北京保利	2020-10-17
江寒汀 鱼乐图 立轴	107cm×40cm	115,000	中国嘉德	2020-07-16
江寒汀 1962年作 松寿图 立轴	122cm×53.5cm	115,000	北京翰海	2020-12-11
江寒汀 1942年作 春风翠羽图 立轴	92cm×32cm	109,250	北京保利	2020-10-17
江寒汀 1948年作 果熟来禽 立轴	101cm×33cm	109,250	朵云轩	2020-09-23
江寒汀 1937年作、1941年作 花鸟二帧 扇面	18cm×51cm×2	103,500	中国嘉德	2020-07-16
江寒汀 竹石鸣禽 立轴	103.5cm×39.5cm	103,500	荣宝斋(南京)	2020-11-28
江寒汀 1959年作 杨柳游鱼 立轴	105cm×48cm	97,750	中国嘉德	2020-11-09
江寒汀 大吉图 立轴	132cm×66cm	94,300	中国嘉德	2020-11-09
江寒汀 1947年作 双寿 镜心	68cm×34cm	92,000	中国嘉德	2020-08-15
江寒汀 1943年作、1953年作 花鸟二帧 扇面	17cm×49cm; 18cm×51cm	86,250	中国嘉德	2020-07-16
江寒汀 1948年作 柚香秋意 立轴	98cm×50cm	86,250	朵云轩	2020-11-29
江寒汀 1945年作 秋禽图 镜片	80cm×34.5cm	69,000	上海嘉禾	2020-01-05
江寒汀 石榴小鸟 立轴	79cm×28cm	66,700	朵云轩	2020-11-29
江寒汀 仿华嵒花鸟 镜心	131.5cm×33.5cm	56,203	中国嘉德	2020-10-09
江宏伟 水禽图卷 手卷	尺寸不一	747,500	十竹斋拍卖(北京)	2020-10-18
江宏伟 2002年作 花鸟	46.5cm×65cm	299,000	中贸圣佳	2020-10-17
江宏伟 小满(虞美人/限量麦卡伦30年作) 镜心	60cm×20cm	161,000	中国嘉德	2020-08-17
江宏伟 1989年作 秋塘幽禽 镜片	63.8cm×64.2cm	138,000	广东崇正	2020-09-13
江宏伟 清香图 镜心	43cm×46cm	109,250	中国嘉德	2020-12-01
江宏伟 芙蓉白鹭图 镜心	47cm×44cm	78,200	中国嘉德	2020-07-16
江宏伟 2020年作 池趣 镜框	40cm×31cm	63,250	上海敬华	2020-09-22
江宏伟 2020年作 一树梨花开 镜框	40cm×31cm	57,500	上海敬华	2020-09-22
1974年 江苏国画院集体创作 人道与觉醒	96cm×133cm	57,500	西泠印社	2020-08-09

2020书画拍卖成交汇总(续表)

(成交价RMB：5万元以上)

拍品名称	物品尺寸	成交价RMB	拍卖公司	拍卖日期
江兆申 1992年作 水天清晓 镜框	151.5cm×84cm	235,620	罗芙奥	2020-12-05
江兆申 1971年作 霜林秋霁 镜框	34.8cm×137.8cm	166,320	罗芙奥	2020-12-05
江兆申 1985年作 墨荷 镜框	69.5cm×136cm	133,056	罗芙奥	2020-12-05
江兆申 1980年作 沈说诗意图 镜片	137cm×68.5cm	75,900	上海驰翰	2020-05-10
江兆申 1972年作 行书稼轩词 立轴	169cm×37.5cm	68,400	佳士得	2020-07-01
江兆申 丛芦泛舟 镜心	62cm×31cm	57,500	中贸圣佳	2020-10-17
姜宝林 天池风景 镜心	69.5cm×137.5cm	437,000	中国嘉德	2020-12-01
姜宝林 长城一截 立轴	136cm×68cm	138,000	中国嘉德	2020-07-15
姜宝林 2000年作 秋实图手卷 镜心	引首32.5cm×98cm；跋32cm×105.5cm；跋33.5cm×50cm；跋33.5cm×137cm；跋33.5cm×64cm；画38cm×237cm	138,000	中国嘉德	2020-12-01
姜国华 集宝卷 手卷	70cm×860cm	17,250,000	荣宝斋(南京)	2020-11-28
姜国华 集宝珠 册页(十三开选十二)	82cm×60cm×13	12,650,000	上海匡时	2020-08-05
姜国华 集宝珠花卉册	60cm×84cm×13	11,155,000	荣宝斋(南京)	2020-11-28
姜国华 荷塘秋色 镜片	68cm×136cm	2,530,000	保利厦门	2020-09-26
姜国华 万木春山过雨青 软片 设色纸本	68cm×136cm	2,530,000	荣宝斋(济南)	2020-06-26
姜国华 出淤泥而不染 镜片	68cm×136cm	2,530,000	保利厦门	2020-09-26
姜国华 藤长一丈、人寿三千年 镜片	136cm×68cm	2,530,000	保利厦门	2020-09-26
姜国华 三友图 软片 设色 纸本	68cm×136cm	2,300,000	荣宝斋(济南)	2020-06-26
姜国华 池塘情趣 镜片	136cm×68cm	2,300,000	保利厦门	2020-09-26
姜国华 春色 镜片	136cm×68cm	2,300,000	保利厦门	2020-09-26
姜国华 玉堂富贵 软片 设色 纸本	68cm×136cm	2,185,000	荣宝斋(济南)	2020-06-26
姜国华 池塘清趣 软片 设色 纸本	136cm×68cm	2,070,000	荣宝斋(济南)	2020-06-26
姜国华 玉堂富贵图 软片 设色 纸本	68cm×136cm	2,070,000	荣宝斋(济南)	2020-06-26
姜国华 池塘情趣 立轴	69cm×34.5cm	287,500	荣宝斋(南京)	2020-11-28
姜国华 2007年作 春色 镜心	45cm×69cm	57,500	北京翰海	2020-09-12
姜国华 2018年作 出淤泥而不染 镜心	69cm×45cm	57,500	北京翰海	2020-09-12
姜国华 2018年作 十分春色 镜心	69cm×45cm	57,500	北京翰海	2020-09-12
姜国华 2018年作 花卉 镜心	69cm×45cm	57,500	北京翰海	2020-09-12
姜国华 2018年作 古色古香 镜心	69cm×45cm	57,500	北京翰海	2020-09-12
姜国华 2018年作 岁朝图 镜心	69cm×38cm	57,500	北京翰海	2020-09-12
姜吉安 1997年作 巽	33cm×87cm	172,500	永乐拍卖	2020-12-04
姜宁 清泉石山 镜心	69cm×137cm	322,000	北京翰海	2020-09-12
姜耀南 2017年作 拉卜寺晒佛节	179cm×96cm	230,000	北京翰海	2020-12-12
蒋山青 正谏	5.5cm×15cm	69,000	北京翰海	2020-12-12
蒋少鹏 湖山秋色 镜心	68cm×138cm	130,900	北京玄和	2020-07-24
蒋少鹏 初夏 镜心	138cm×68cm	104,500	北京玄和	2020-07-24
蒋勋 1987年作 柳永句 镜框	40.5cm×66cm	57,120	罗芙奥	2020-07-18
蒋勋 第一声蝉 镜心	55cm×29.4cm	55,200	永乐拍卖	2020-12-03
蒋勇 2020年夏月作 舞体韵书“太平岁月，万事亨通” 镜心	137cm×68cm	1,680,000	北京汇珍	2020-08-13
蒋兆和 伟人在麦田 镜框	57cm×70cm	7,475,000	华艺国际	2020-12-05
蒋兆和 1940年作 拜新年 镜框	104.5cm×53.8cm	4,272,720	佳士得	2020-07-08
蒋兆和 1937年作 饭后一袋烟 镜心	84.5cm×48.5cm	2,530,000	中国嘉德	2020-12-01
蒋兆和 1939年作 百龄老叟 立轴	66cm×45.5cm	1,938,000	佳士得	2020-07-08
蒋兆和 1973年作 雄鸡一唱天下白 镜心	107cm×48cm	1,725,000	北京保利	2020-10-17
蒋兆和 东坡行吟 镜心	127cm×67cm	1,265,000	中贸圣佳	2020-10-17
蒋兆和 婴孩与和平鸽 立轴	86cm×54cm	1,150,000	十竹斋拍卖(北京)	2020-10-18
蒋兆和 列宁像 镜心	96.0cm×86.5cm	920,000	中国嘉德	2020-08-16
蒋兆和 1946年作 乔治戴禄士像 立轴	56.5cm×45.7cm	852,000	佳士得	2020-12-01
蒋兆和 1983年作 杜陵诗意图 立轴	100cm×55cm	621,500	香港苏富比	2020-07-10
蒋兆和 1960年作 南山图 立轴	90cm×33cm	460,000	华艺国际	2020-12-05
蒋兆和 富贵白头·行书毛主席诗词 镜心	行书22cm×48cm；画58.5cm×43.5cm	368,000	北京保利	2020-10-17
蒋兆和 1963年作 东风到处果儿红 立轴	97.4cm×55cm	169,500	香港苏富比	2020-07-10
蒋兆和 萧琼 松湖泊舟 立轴	78.5cm×48cm	149,500	中国嘉德	2020-12-02
蒋兆和 消夏老叟 镜心	36.5cm×25.5cm	138,000	北京保利	2020-12-04
蒋兆和 老翁肖像 镜心	35cm×24cm	138,000	北京保利	2020-12-04
蒋兆和 1962年作 和平双鸽 立轴	98.5cm×39cm	132,844	中国嘉德	2020-10-09
蒋兆和 萧琼 昆明胜景 立轴	76cm×48cm	115,000	中国嘉德	2020-12-02
蒋中正 楷书五言联 对联	232cm×56cm×2	1,023,500	朵云轩	2020-09-23
蒋中正 楷书 镜片	56cm×228cm	437,000	朵云轩	2020-09-23
蒋中正 楷书座右铭 镜心	44cm×34cm	184,000	北京保利	2020-10-17
蒋中正 楷书 镜片	36cm×23.5cm	115,000	广东崇正	2020-09-13
蒋中正 楷书“主义是从” 立轴	157.5cm×44cm	97,750	北京保利	2020-10-17
蒋中正 张大千 苏子 谷正纲 任博悟 严家淦 施裕寿 书法 立轴	尺寸不一	86,250	广东小雅斋	2020-08-21
蒋中正 祝寿图 立轴	194.5cm×102.5cm	62,100	上海驰翰	2020-08-06
金城 山水画	137cm×67cm	770,000	北京贞观	2020-11-28
金城 沈曾植 风荷丝柳藕香居 节临《石鼓文》成扇	18.5cm×48.5cm	368,000	北京诚轩	2020-08-17
金城 篆书十言联 立轴	223cm×32.5cm×2	368,000	北京翰海	2020-12-12
金城 1925年作 春江水暖鸭先知 立轴	107cm×52cm	310,500	十竹斋拍卖(北京)	2020-10-18
金城 1925年作 大吉图 立轴	92cm×32cm	230,000	朵云轩	2020-09-23
金城 1925年作 秋江帆影 镜心	69.5cm×55cm	207,000	北京翰海	2020-12-11
金城 伏虎罗汉 镜心	88cm×33cm	172,500	十竹斋拍卖(北京)	2020-10-18
金城 芦雁 立轴	158cm×40.5cm	172,500	中国嘉德	2020-12-03
金城 1925年作 暮江帆影 立轴	104cm×51cm	161,000	中国嘉德	2020-12-03
金城 1911年作 雄踞劲松图 立轴	248cm×60cm	138,000	中鸿信	2020-01-03
金城 1924年作 瑞雪琼瑶 立轴	104cm×40cm	138,000	华艺国际	2020-10-16
金城 1917年作 关山雪霁 立轴	73cm×29cm	115,000	北京保利	2020-12-04
金城 陈巨来 松枝山雀 节临《灵飞经》成扇	20.6cm×55.2cm	103,500	北京诚轩	2020-08-17
金城 林纾 梁鼎芬 圆光(四帧) 镜心	直径22cm×4	97,750	北京保利	2020-12-04
金城 山水 四屏	128cm×33cm×4	92,000	上海敬华	2020-09-22
金城 1914年作 洪洞奇观 镜框	64.8cm×32.3cm	90,400	香港苏富比	2020-07-10
金城 绿肥红瘦 立轴	100.5cm×43cm	89,700	北京翰海	2020-12-11
金城 1917年作 诗意图 镜心	75cm×34cm	55,200	北京翰海	2020-09-12
金梅生 戏曲人物 镜心	68cm×48cm	264,500	中鸿信	2020-01-03
金梅生 1954年作 幸福儿女 镜心	42.5cm×55.5cm	184,000	中鸿信	2020-01-03

(成交价RMB：5万元以上)

拍品名称	物品尺寸	成交价RMB	拍卖公司	拍卖日期
金梅生 大团结 镜心	75.5cm×53cm	161,000	中鸿信	2020-01-03
金梅生 民族舞组画 镜片	21.5cm×22.5cm×4；21cm×48cm	115,000	西泠印社	2020-08-09
金梦石 1934年作 财来福凑 立轴	135cm×67cm	69,000	十竹斋拍卖（北京）	2020-10-18
金蓉镜 1929年作 菩提精舍读书图 手卷	画心 33cm×134.5cm；引首 33cm×98.5cm；题跋 33cm×248cm	368,000	西泠印社	2020-08-08
金庸 行书 立轴	104cm×32cm	172,500	中鸿信	2020-01-04
金章 1928年作 仿蒋廷锡梅花清供图 立轴	121cm×50cm	437,000	北京保利	2020-12-05
金章 1915年作 柳阴春晓 立轴	92cm×34.2cm	69,000	北京诚轩	2020-08-17
金章 白蕉 花鸟、书法 成扇	20cm×51cm	69,000	华艺国际	2020-10-16
靳尚谊 绘 宋庆龄	尺寸不一	55,200	中鸿信	2020-01-04
经亨颐 1930年作 楷书“穆如清风” 横披	28.5cm×116cm	230,000	朵云轩	2020-09-23
经亨颐 1931年作 隶书五言联 立轴	133cm×32cm×2	115,000	北京保利	2020-10-17
经亨颐 1935年作 松 立轴	109.5cm×79cm	115,000	朵云轩	2020-09-23
井上有一 爱	126.5cm×198.5 cm	459,947	香港苏富比	2020/5/22
井上有一 1982年 Fune（Boat）纸上水墨	118.3cm×125.8cm	290,784	日本马雷特	2020-02-28
井上有一 1971年作 塔	97cm×142cm	230,000	西泠印社	2020-08-08
九世班禅额尔德尼 1931年作 藏文书法 “扎西德勒” 镜心	80cm×38cm	460,000	十竹斋拍卖（北京）	2020-10-18
居正 行书五言联 镜心	132cm×32cm×2	74,750	华艺国际	2020-12-05
居正 楷书七言联 立轴	154cm×40cm×2	63,250	北京保利	2020-10-17
康春慧 朝云着 镜心	34cm×69cm	71,300	中国嘉德	2020-08-17
康生 1[illegible]5年作 章草七言联 立轴	106cm×43cm×2	4,140,000	中国嘉德	2020-12-02
康生 章草五言联 立轴	57.5cm×22cm×2	3,450,000	中国嘉德	2020-12-02
康生 行书节录毛主席《七律·长征》镜心	27cm×16.5cm	2,875,000	中国嘉德	2020-12-02
康生 书画三挖 立轴	扇面 20cm×55cm×2cm；书法26.5cm×24.5cm	1,380,000	中国嘉德	2020-12-02
康生 1963年作 行书毛主席《七律·长征》镜心	22cm×9cm	1,058,000	中国嘉德	2020-12-02
康生 草书“读书虽劳不疲” 镜心	17cm×71.5cm	874,000	十竹斋拍卖（北京）	2020-10-18
康生 曹轶欧 梅竹对屏 镜心	50cm×4.7cm×2	402,500	中国嘉德	2020-12-02
康生 草书“燕归书屋” 镜心	48.5cm×111.5cm	322,000	北京保利	2020-12-04
康生 曹轶欧 毛主席诗词 孙过庭书 镜心	72cm×37cm×2	287,500	上海匡时	2020-08-05
康生 书法 镜心	94cm×33cm	253,000	永乐拍卖	2020-12-04
康生 行书刘禹锡诗句 镜心	81cm×28.5cm	138,000	荣宝斋（南京）	2020-11-28
康生 画 [illegible]英先 题 墨荷 立轴	132cm×30.5cm	115,000	中贸圣佳	2020-10-17
康生 1965年作 腊梅 立轴	39cm×33cm	92,000	北京保利	2020-12-04
康生 甲骨文四言联 立轴	59cm×15.5cm×2	69,000	中鸿信	2020-01-04
康生 熊式[illegible] 双清图·临古书法 镜心	19.5cm×53cm	57,500	中鸿信	2020-01-04
康生 信札 镜心	49.5cm×24cm	57,500	中贸圣佳	2020-10-17
康师尧 春雪 立轴	68cm×68cm	55,200	荣宝斋（南京）	2020-11-28
康有为 行书前贤句 镜心	180.5cm×94.5cm	4,945,000	中国嘉德	2020-08-16
康有为 1920年作 行书三十八言 对联	243cm×18cm×2	4,370,000	朵云轩	2020-09-23
康有为 1895年作 行书四屏 立轴	171cm×46cm×4	1,265,000	中国嘉德	2020-08-15
康有为 书法 镜框	193cm×91cm	1,150,000	华艺国际	2020-10-16
康有为 为康同璧作草书旧德诗二首 立轴	170cm×92cm66	1,035,000	北京保利	2020-10-17
康有为 行书 立轴	170cm×90cm	1,035,000	荣宝斋（上海）	2020-10-25
康有为 梁启超 书札 手卷	尺寸不一	920,000	上海敬华	2020-09-22
康有为 行书“朝来清气” 立轴	132cm×64cm	782,000	十竹斋拍卖（北京）	2020-10-18
康有为 行书五言联并王夫之《船山思问录》联句 立轴	字96cm×47.5cm；联句 172cm×45.5cm×2	747,500	中国嘉德	2020-12-01
康有为 行书 登焦山诗 立轴	148cm×80.5cm	690,000	西泠印社	2020-08-09
康有为 行书七言联 对联	145cm×39cm×2	678,500	北京保利	2020-12-05
康有为 1917年12月6日作 行书 七言诗卷 镜片	113cm×18cm	517,500	西泠印社	2020-08-09
康有为 行书锡兰诗 立轴	130cm×64cm	517,500	十竹斋拍卖（北京）	2020-10-18
康有为 行书 七言诗句 立轴	135.5cm×77.5cm	483,000	西泠印社	2020-08-09
康有为 行书五言联 立轴	145.5cm×38cm×2	483,000	上海匡时	2020-08-05
康有为 行书五言联 立轴	175cm×44cm×2	460,000	北京保利	2020-12-04
康有为 行书“清晖娱人” 镜心	39cm×147cm	425,500	中国嘉德	2020-12-03
康有为 王敬易 书法、康有为像 对联、镜片	180cm×46cm×2；180cm×82cm	402,500	广东小雅斋	2020-08-21
康有为 行书五言联 立轴	148cm×40cm×2	402,500	北京保利	2020-10-17
康有为 行书苏轼诗 镜心	38cm×148cm	402,500	中贸圣佳	2020-10-17
康有为 行书五言联 镜片	158cm×39.5cm×2	379,500	广东崇正	2020-09-13
康有为 1920年作 行书 手卷	33.5cm×273cm	345,000	广东崇正	2020-09-13
康有为 楷书十九言龙门对联 立轴	166cm×34cm×2	345,000	永乐拍卖	2020-12-03
康有为 行书七言联 镜心	136cm×34.5cm×2	287,500	北京翰海	2020-12-12
康有为 行书五言联 立轴	130cm×27cm×2	287,500	永乐拍卖	2020-12-03
康有为 行书“忠信” 镜心	47cm×91cm	287,500	永乐拍卖	2020-12-03
康有为 行书五言联 立轴	166cm×38cm×2	287,500	中国嘉德	2020-12-03
康有为 行书 横披	45cm×124cm	276,000	广东崇正	2020-09-13
康有为 行书五言联 立轴	122cm×29.5cm×2	253,000	中国嘉德	2020-08-16
康有为 行书“焦氏易林” 立轴	94cm×42cm	253,000	上海敬华	2020-09-22
康有为 行书八字箴言 立轴	129.5cm×59cm	253,000	中贸圣佳	2020-10-17
康有为 1926年作 秋园堂 镜框	31cm×131cm	230,000	华艺国际	2020-10-16
康有为 草书宋词句 立轴	106cm×51.5cm	207,000	西泠印社	2020-08-09
康有为 行书五言联 立轴	130cm×32cm×2	207,000	上海匡时	2020-08-05
康有为 书法 立轴	118cm×51cm	207,000	广东小雅斋	2020-08-21
康有为 行书节录《洞仙歌》立轴	148cm×40.5cm	207,000	十竹斋拍卖（北京）	2020-10-18
康有为 楷书“平生五车书” 立轴	175.5cm×44cm	207,000	中贸圣佳	2020-10-17
康有为 行书张孝祥词句 立轴	131cm×60.5cm	195,500	西泠印社	2020-08-09
康有为 行书五言联 立轴	136.5cm×33cm×2	188,710	香港苏富比	2020-10-08
康有为 行书四屏 镜心	53cm×26cm×4	184,000	中鸿信	2020-01-04
康有为 行书“忠信” 镜心	33.5cm×68.5cm	184,000	中贸圣佳	2020-10-17
康有为 行书五言联 立轴	135cm×32.5cm×2	172,500	中鸿信	2020-01-04
康有为 行书五言联 立轴	127cm×30.5cm×2	172,500	广东崇正	2020-09-13
康有为 行书 七言联 对联	132cm×30cm×2	161,000	西泠印社	2020-08-09
康有为 行书七言句 立轴	141cm×36cm	161,000	中国嘉德	2020-07-16

2020书画拍卖成交汇总(续表)

(成交价RMB：5万元以上)

拍品名称	物品尺寸	成交价RMB	拍卖公司	拍卖日期
康有为 行书 立轴	135cm×67cm	161,000	荣宝斋(南京)	2020-11-28
康有为 行书五言联 对联	143cm×36cm×2	161,000	上海敬华	2020-09-22
康有为 书匾"通国身"镜片	85cm×42.5cm	149,500	西泠印社	2020-08-09
康有为 行书十七言 对联	164cm×35cm×2	149,500	朵云轩	2020-11-30
康有为 行书五言联 立轴	130.5cm×32.3cm×2	149,500	广东崇正	2020-09-13
康有为 草书书法 立轴	122cm×48.1cm	149,100	佳士得	2020-12-01
康有为 为康同环作行书"破烦入佛"镜心	37.5cm×108.5cm	138,000	中鸿信	2020-01-04
康有为 行书东坡句 立轴	130cm×31cm	138,000	北京保利	2020-10-18
康有为 行书句 立轴	107cm×50cm	138,000	上海敬华	2020-09-22
康有为 行书节录孟子 镜心	17.5cm×87cm	138,000	中国嘉德	2020-12-03
康有为 书法 对联	175cm×44cm×2	132,250	广东小雅斋	2020-08-21
康有为 1906年作 为陈焕章作行书 咏彼得学船遗屋长歌(一帧三挖)镜片	25.5cm×21.5cm×3	126,500	西泠印社	2020-08-09
康有为 行书登焦山顶 立轴	146cm×82cm	126,500	中国嘉德	2020-08-15
康有为 行书宋周密《曲游春》句 立轴	106cm×49cm	124,850	北京保利	2020-07-17
康有为 1921年作 行书 立轴	104cm×49cm	92,000	中国嘉德	2020-07-17
康有为 行书 横幅镜心	36.5cm×82.5cm	92,000	北京翰海	2020-12-11
康有为 行书五言联 立轴	170cm×43cm×2	92,000	永乐拍卖	2020-12-03
康有为 行书五言联 立轴	148cm×38cm×2	92,000	永乐拍卖	2020-12-03
康有为 行书五言联 对联	135cm×36cm×2	86,250	中国嘉德	2020-07-17
康有为 1920年作 行书五言诗 立轴	144cm×40cm	80,500	中鸿信	2020-01-04
康有为 书法 镜片	35cm×108cm	80,500	广东小雅斋	2020-08-21
康有为 1917年作 行书自作七绝一首 立轴	161.7cm×67.5cm	71,300	中鸿信	2020-01-04
康有为 行书七言句 立轴	108.5cm×56.5cm	63,250	中国嘉德	2020-08-15
康有为 行书五言联 对联	136cm×30cm×2	59,800	中国嘉德	2020-07-17
康有为 行书"志于道"镜心	63cm×130cm	57,500	中鸿信	2020-01-04
康有为 行书七言联 对联	132cm×32cm×2	57,500	中国嘉德	2020-07-17
康有为 行书七言诗 立轴	216.3cm×60.5cm	57,500	中国嘉德	2020-12-03
康有为 楷书"博修成德"镜心	32cm×132cm	55,200	中国嘉德	2020-07-17
康有为 行书七言诗 立轴	144cm×40cm	55,200	北京保利	2020-12-04
康有为 书法 立轴	138cm×39cm	51,750	广东小雅斋	2020-08-21
柯璜 1947年作 万松齐祝 立轴	116cm×43cm	126,500	中国嘉德	2020-07-17
柯璜 1940年作 行书录旧作一首 立轴	128cm×39cm	75,900	上海驰翰	2020-08-06
柯璜 书法条幅 立轴	77cm×40cm	57,500	十竹斋拍卖(北京)	2020-10-18
柯璜 草书七言联 立轴	129.5cm×30.5cm×2	57,500	十竹斋拍卖(北京)	2020-10-18
孔维建 2019年春月作 红日正从东方生起 镜心	129cm×66cm	186,000	北京汇珍	2020-08-13
孔维克 2019年作 李易安荷丛荡舟图 镜心	68cm×134cm	460,000	北京保利	2020-10-16
孔湘闳 2018年作《山妖》二 镜心	60cm×60cm	98,000	北京汇珍	2020-08-13
孔湘闳 2018年作《山妖》一 镜心	32cm×32cm	96,000	北京汇珍	2020-08-13
孔小瑜 1930年作 博古四屏 立轴	150cm×40cm×4	287,500	中国嘉德	2020-12-02
孔小瑜 1937年作 四季清供四屏 镜心(四帧)	95.5cm×45cm×4	287,500	北京诚轩	2020-08-17
孔小瑜 1946年作 博古清供 立轴	110cm×53.5cm	149,500	朵云轩	2020-09-23
孔小瑜 1942年作 岁朝清供 立轴	86cm×35cm	105,800	中国嘉德	2020-07-15
孔小瑜 1934年作 无量寿佛 立轴	102cm×43cm	97,750	中国嘉德	2020-11-09
孔小瑜 中秋即景 立轴	105cm×27cm	92,000	中贸圣佳	2020-10-17
孔小瑜 1930年作 文窗清供 镜心	133cm×66cm	82,800	中国嘉德	2020-07-17
孔小瑜 朱雨香 1945年作 博古图·书法 成扇	18cm×47cm	80,500	北京保利	2020-10-17
孔小瑜 1944年作 瓜瓞绵绵 镜心	38cm×106cm	74,750	中国嘉德	2020-08-15
孔小瑜 1947年作 煮茶图 镜框	52cm×104.5cm	74,750	华艺国际	2020-10-16
寇克让 韩愈《送高闲上人叙》镜心	127cm×420cm	3,220,000	荣宝斋(南京)	2020-11-28
寇克让 唐诗四则 镜心	136cm×68cm×4	2,530,000	荣宝斋(南京)	2020-11-28
寇克让 李白诗《宣州谢朓楼饯别校书叔云》镜心	128cm×248cm	2,415,000	荣宝斋(南京)	2020-11-28
寇克让 司空图诗二首 镜心	180cm×49cm×2	2,185,000	荣宝斋(南京)	2020-11-28
寇克让 2019年作 高适诗《人日寄杜二》镜心	124cm×127cm	805,000	北京保利	2020-10-16
寇克让 僧虚中"经贺监旧居"镜心	136cm×68cm	805,000	荣宝斋(南京)	2020-11-28
寇克让 贯休《春山行》镜心	136cm×68cm	805,000	荣宝斋(南京)	2020-11-28
寇克让 僧齐己诗《寄干处士鉴湖旧居》镜心	136cm×68cm	805,000	荣宝斋(南京)	2020-11-28
寇克让 刘驾诗《上巳日》镜心	180cm×49cm	690,000	荣宝斋(南京)	2020-11-28
寇克让 2018年作 草书 司空图《下方》镜心	138cm×68cm	552,000	北京翰海	2020-09-12
寇克让 2019年作 沈约《初春》镜框	96cm×93cm	448,500	北京保利	2020-12-04
寇克让 高骈《言怀诗》镜心	136cm×34cm	368,000	荣宝斋(南京)	2020-11-28
寇克让 王缙诗 镜心	136cm×34cm	345,000	荣宝斋(南京)	2020-11-28
匡仲英 书画一堂 镜片	167cm×31cm×2; 167cm×57cm	93,150	广东崇正	2020-06-27
来楚生 1945年作 行书九言联 对联	173cm×36cm×2	379,500	朵云轩	2020-09-24
来楚生 1963年作 草书杜甫诗册(共十三页)册页	40cm×30cm×13	195,500	西泠印社	2020-08-09
来楚生 1963年作 苍松叶劲 立轴	102cm×34cm	189,750	朵云轩	2020-09-23
来楚生 1951年作 闹红一舸·节录黄石斋大涤函书 成扇	18cm×49cm	184,000	北京保利	2020-10-17
来楚生 周练霞 等 海上四家画 册页	24cm×29cm×4	172,500	荣宝斋(南京)	2020-11-28
来楚生 1972年作 行书鲁迅诗 立轴	96cm×41cm	57,500	上海敬华	2020-09-22
赖少其 1984年作 天都峰 立轴	144cm×83cm	1,265,000	朵云轩	2020-09-23
赖少其 1988年作 承德普宁寺 镜框	75cm×52cm	847,500	香港苏富比	2020-07-10
赖少其 1982年作 海疆行 立轴	76cm×46cm	644,000	十竹斋拍卖(北京)	2020-10-18
赖少其 1974年作 咏梅 立轴	64.0cm×36.5cm	517,500	中国嘉德	2020-08-16
赖少其 1983年作 深山客居 立轴	67cm×47cm	448,500	广东崇正	2020-09-13
赖少其 1988年作 江山览胜 镜框	76.2cm×52cm	421,823	香港苏富比	2020-10-08
赖少其 1987年作 松峰 镜框	73.3cm×52.4cm	406,800	香港苏富比	2020-07-10
赖少其 书法	30cm×80cm	368,000	北京翰海	2020-12-12
赖少其 1980年作 削壁之上 立轴	68.5cm×39.5cm	356,500	北京翰海	2020-12-11
赖少其 1988年作 黄岳游踪 镜框	76.2cm×52cm	333,018	香港苏富比	2020-10-08

拍品名称	物品尺寸	成交价RMB	拍卖公司	拍卖日期
赖少其 1982年作 隶书五言联 立轴	124cm×27cm×2	241,500	十竹斋拍卖(北京)	2020-10-18
赖少其 1989年作 登高观云 立轴	125cm×45cm	230,000	上海敬华	2020-09-22
赖少其 1988年作 冰川遗迹 镜心	69.5cm×45.5cm	230,000	中国嘉德	2020-12-02
赖少其 1981年作 隶书四言联 立轴	132cm×32cm×2	184,000	北京保利	2020-10-17
赖少其 1981年作 黄山即景·楷书《塞下曲》成扇	15.5cm×48cm	184,000	中国嘉德	2020-12-02
赖少其 1981年作 黄山群峰·楷书李白诗 成扇	17cm×56cm	172,500	中国嘉德	2020-12-02
赖少其 1986年作 隶书七言 对联	138cm×34cm×2	149,500	朵云轩	2020-09-24
赖少其 1985年作 云溪木屋 立轴	83cm×56.5cm	149,500	中国嘉德	2020-12-03
赖少其 隶书十三言联 镜片	209cm×22cm×2	138,000	广东崇正	2020-09-13
赖少其 1982年作 祖国万岁图 镜片	27cm×24cm	109,250	西泠印社	2020-08-08
赖少其 江渭清 书法(二帧)画心	84cm×28cm;68.5cm×35cm	103,500	西泠印社	2020-08-08
赖少其 1977年作 隶书 镜片	17cm×68cm	74,750	朵云轩	2020-09-23
赖少其 1976年作 极目楚天舒 镜心	27cm×111cm	74,750	永乐拍卖	2020-12-03
赖少其 1978年作 隶书五言联 对联	90cm×19cm×2	69,000	上海敬华	2020-09-22
赖少其 1981年作 楷书五言联 镜心	94cm×20.5cm×2	63,250	中国嘉德	2020-08-15
赖少其 隶书"忠诚似铁"镜心	34.5cm×98cm	57,500	荣宝斋(南京)	2020-11-28
赖少其 1978年作 隶书七言联 对联	68cm×13cm×2	55,200	中国嘉德	2020-07-16
赖少其 1980年作 黄山奇观 立轴	102.5cm×51.5cm	54,050	上海嘉禾	2020-01-05
赖少其 1980年作 行书白居易诗 立轴	104cm×34.5cm	51,094	中国嘉德	2020-10-09
兰公 2019年作 动物素描·猫 镜心	55cm×37cm	782,000	北京翰海	2020-09-12
郎承文 山水·阳春布德泽 镜心	205cm×139.5cm	345,000	中国嘉德	2020-12-01
郎森 清露观红雨飞(两件)镜心	45cm×35cm×2	184,000	北京翰海	2020-09-12
老圃 2010年作 百果之宗	135cm×68cm	74,750	中贸圣佳	2020-10-17
老舍 行书七言诗 立轴	58cm×27cm	345,000	华艺国际	2020-10-16
老舍 19[illegible]8年作 致荀慧生答谢诗 镜心	32cm×60cm	310,500	华艺国际	2020-12-05
老舍 书法 立轴	69cm×38.5cm	230,000	华艺国际	2020-10-16
老舍 胡絜青 楷书陆游诗二首 双色菊花 成扇	18.5cm×50cm	218,500	中国嘉德	2020-12-02
老舍 1964年作 楷书 立轴	91cm×34cm	57,500	北京翰海	2020-09-12
雷甲宝 2019年作 铁骨生春	70cm×70cm	358,050	美国摩根	2020-01-14
雷鸣东 江山秋韵图 镜心	98cm×240cm	970,000	香港贞观	2020-07-26
黎雄才 1976年作 旭日东升 镜框	142cm×366cm	12,075,000	华艺国际	2020-12-05
黎雄才 1957年作 渔舟唱晚 镜片	139cm×69cm	3,105,000	广东崇正	2020-09-13
黎雄才 白云绿树 镜片	70cm×138.5cm	1,955,000	广东崇正	2020-09-13
黎雄才 1979年作 绿树青山 镜心	142cm×359cm	1,725,000	北京保利	2020-10-17
黎雄才 1937年作 芭蕉喜鹊 镜框	126.5cm×57cm	1,265,000	华艺国际	2020-10-16
黎雄才 1980年作 归樵 镜框	138cm×68cm	1,173,000	华艺国际	2020-10-16
黎雄才 春山观云 镜框	135cm×67.5cm	1,150,000	华艺国际	2020-10-16
黎雄才 1982年作 松壑鸣春 镜框	81.5cm×153cm	1,150,000	华艺国际	2020-10-16
黎雄才 1938年作 春山图 镜心	67cm×135cm	1,150,000	中国嘉德	2020-12-03
黎雄才 19[illegible]3年作 渔家 镜心	173cm×94cm	1,092,500	永乐拍卖	2020-12-03
黎雄才 松岭双骑 立轴	132cm×66.5cm	989,000	华艺国际	2020-10-16
黎雄才 19[illegible]7年作 昔时山行所见 立轴	130cm×66.5cm	934,800	佳士得	2020-07-08
黎雄才 峡江江景 镜框	67cm×132cm	920,000	华艺国际	2020-10-16
黎雄才 双雪观瀑布图 立轴	108cm×47cm	862,500	华艺国际	2020-10-16
黎雄才 明月照青松 立轴	138cm×70cm	862,500	十竹斋拍卖(北京)	2020-10-18
黎雄才 198[illegible]年作 峡江放筏 镜框	135cm×67cm	747,500	华艺国际	2020-12-05
黎雄才 197[illegible]年作 红叶飞瀑 立轴	80.5cm×48cm	713,000	广东崇正	2020-09-13

拍品名称	物品尺寸	成交价RMB	拍卖公司	拍卖日期
黎雄才 1993年作 深山游猿 镜片	66cm×129.5cm	713,000	广东崇正	2020-09-13
黎雄才 山水 镜片	69cm×137cm	690,000	广东小雅斋	2020-08-21
黎雄才 1960年作 漓江春晓 立轴	112cm×34cm	667,000	十竹斋拍卖(北京)	2020-10-18
黎雄才 山水 纸本	28.5cm×67cm	632,500	中国嘉德	2020-12-02
黎雄才 1987年作 深山猿游 镜框	71cm×181cm	532,500	佳士得	2020-12-01
黎雄才 1973年作 松溪放筏 镜片	77cm×41.5cm	517,500	广东崇正	2020-09-13
黎雄才 1960年作 漓江晚泊 镜心	68cm×136cm	460,000	上海匡时	2020-08-05
黎雄才 双松图 镜框	133cm×68cm	460,000	华艺国际	2020-10-16
黎雄才 1986年作 春江放筏 立轴	138cm×68cm	437,000	中国嘉德	2020-12-03
黎雄才 1943年作 漓江春雨 手卷	画心22.3cm×292.2cm;引首23cm×88.5cm	429,190	中国嘉德	2020-10-09
黎雄才 1990年作 峻岭长松 镜心	66.5cm×44.5cm	368,000	中国嘉德	2020-12-03
黎雄才 1987年作 松山双骑 立轴	94cm×67cm	345,000	中国嘉德	2020-08-15
黎雄才 1980年作 黑松 镜心	95.5cm×184cm	345,000	北京保利	2020-12-04
黎雄才 韩穗轩 1949年作 山村雪景 行书 成扇	14cm×40cm	287,500	广东崇正	2020-09-13
黎雄才 1984年作 林泉双鸟 镜框	68cm×45cm	255,600	佳士得	2020-12-01
黎雄才 1985年作 山中飞泉 镜框	68cm×45cm	255,600	佳士得	2020-12-01
黎雄才 1986年作 观瀑图 立轴	83cm×38cm	241,500	朵云轩	2020-09-23
黎雄才 1982年作 松瀑猿戏 立轴	68cm×46cm	230,000	广东崇正	2020-09-13
黎雄才 1989年作 菊竹双清 镜心	60cm×41cm×2	212,750	十竹斋拍卖(北京)	2020-10-18
黎雄才 1977年作 夏山跃马 立轴	38cm×58.5cm	195,500	广东崇正	2020-09-13
黎雄才 1948年作 松峡归帆 立轴	69.2cm×23.3cm	184,000	广东崇正	2020-09-13
黎雄才 川西风景 立轴	84cm×37cm	155,250	中贸圣佳	2020-10-17
黎雄才 1943年作 疏林锦鸡 镜心	64.5cm×28.5cm	138,000	中国嘉德	2020-12-03
黎雄才 1993年作 松峰策马 镜片	34cm×45cm	109,250	广东崇正	2020-09-13
黎雄才 1985年作 山谷之春 镜框	49.5cm×82.2cm	106,500	佳士得	2020-12-01
黎雄才 春之声 镜心	34cm×45cm	103,500	十竹斋拍卖(北京)	2020-10-18
黎雄才 松风 立轴	52.5cm×76cm;诗堂19.5cm×76cm	92,000	广东崇正	2020-06-27
黎雄才 红叶白头 立轴	53.5cm×34cm	86,250	广东崇正	2020-06-27
黎雄才 幽香图 镜片	46cm×69.5cm	80,500	广东崇正	2020-09-13
黎雄才 1943年作 鸳鸯 立轴	45cm×33.5cm	74,750	北京翰海	2020-12-11
黎雄才 秋山红树 立轴	68cm×34cm	71,300	中国嘉德	2020-07-15
黎雄才 1988年作 一帆风顺 立轴	46cm×70cm	59,800	中国嘉德	2020-11-10
黎雄才 秋塘清趣 镜框	68cm×42.5cm	57,500	华艺国际	2020-10-16
黎雄才 山水 镜框	34cm×37cm	51,750	广东小雅斋	2020-06-17
黎元洪 行楷七言巨联 立轴	382cm×67cm×2	713,000	中鸿信	2020-01-03
黎元洪 楷书八言联 对联	236cm×56cm×2	109,250	中国嘉德	2020-07-16
黎元洪 书法 立轴	142cm×41cm	66,700	广东小雅斋	2020-08-21
黎元洪 草书四条屏 四条屏	179cm×48cm×4	51,750	中国嘉德	2020-11-11
黎越常 2020年作 山壑清晓	102cm×53cm	115,000	北京翰海	2020-12-12
黎柱成 2012年作 暗香浮动 镜心	180cm×96cm	195,500	中国嘉德	2020-07-16
黎柱成 农家乐 镜片	180cm×97cm	172,500	广东小雅斋	2020-08-21
李标 书法 扇面	16cm×49cm	57,500	广东小雅斋	2020-08-21
李兵 2019年作 旭日映神巅	68cm×68cm	1,150,000	北京翰海	2020-09-12
李成勋 1960年作《苏六娘》连环画原稿(全)(七十六帧)	15.5cm×21.5cm×76	218,500	西泠印社	2020-08-09
李春华 2020年作 福字梅 镜心	136cm×66cm	96,000	北京汇珍	2020-08-13
李大庆 2019年作 天汉春色	67cm×100cm	368,000	北京翰海	2020-12-12

2020书画拍卖成交汇总（续表）

（成交价RMB：5万元以上）

拍品名称	物品尺寸	成交价RMB	拍卖公司	拍卖日期
李大庆 2019年作 金粟流芳	136cm×67cm	287,500	北京翰海	2020-12-12
李大钊 行书《枫桥夜泊》（一幅）	102.5cm×41cm	218,500	中鸿信	2020-01-04
李大钊 行书 镜心	24cm×24.5cm	109,250	中鸿信	2020-01-04
李大震 涧边诗意 镜心	67cm×42cm	115,000	中国嘉德	2020-07-16
李铎 2017年作 永受嘉福 镜框	53cm×233cm	207,000	华艺国际	2020-10-16
李铎 行书五言联 对联	136cm×34cm×2	63,250	中国嘉德	2020-07-16
李芳园 1935年作 富贵寿考 镜框	148cm×72cm	132,250	朵云轩	2020-11-30
李芳园 竹里煮茶 镜框	132cm×65cm	103,500	朵云轩	2020-11-30
李芳园 听琴图 镜框	132cm×66cm	80,500	朵云轩	2020-11-30
李芳园 舞龙图 镜框	82cm×38cm	55,200	朵云轩	2020-11-30
李凤公 1955年作 双寿 镜片	217cm×42.5cm	92,000	广东崇正	2020-09-13
李凤公 1937年作 麻姑献寿 立轴	153cm×90cm	69,000	广东崇正	2020-09-13
李凤公 芝仙献寿 立轴	99cm×37cm	52,900	广东小雅斋	2020-06-17
李耕 达摩 立轴	93.5cm×33.5cm	69,000	保利厦门	2020-09-26
李光寒 白鹭满绿池　戴胜知天时 镜心	96cm×60cm	126,500	北京翰海	2020-09-12
李海剑 草书 镜心	92cm×34cm	218,500	北京翰海	2020-09-12
李海剑 草书 成扇	19cm×60cm	138,000	北京翰海	2020-09-12
李斛 1940年代 修船工	56cm×82cm	483,000	中国嘉德	2020-12-05
李斛 1959年 女青年	52cm×40cm	230,000	中国嘉德	2020-08-17
李华生 巫山烟云	180cm×90cm	184,000	荣宝斋（济南）	2020-06-26
李华弌 2008年作 卧雪	190cm×580cm	7,083,240	香港苏富比	2020-10-05
李华弌 1998年作 昊蒙回旋 镜框	97cm×166cm	3,834,960	佳士得	2020-07-08
李华弌 山水（作品之九）镜框	132.5cm×64.5cm	1,278,000	佳士得	2020-12-01
李济深 隶书送别诗 立轴	65cm×23cm	161,000	广东崇正	2020-09-13
李剑晨 清歌一曲 立轴	104cm×51cm	57,500	荣宝斋（南京）	2020-11-28
李津 满园春色 镜心	55cm×230cm	632,500	北京保利	2020-10-16
李津 香色满园图卷	48cm×181cm	460,000	北京翰海	2020-12-12
李津 2004年作 少女	200cm×60cm	287,500	华艺国际	2020-10-15
李津 饮食男女图 镜框	23.2cm×137.5cm	250,800	佳士得	2020-07-08
李津 澄览堂收藏李津早年精品 册页（八开）	尺寸不一	230,000	中国嘉德	2020-08-17
李津 酒友图 横披	26.5cm×81.5cm	127,800	佳士得	2020-12-01
李津 润泽清凉	35cm×138cm	115,000	北京翰海	2020-12-12
李津 天凉好个秋 镜心	34cm×69cm	80,500	中国嘉德	2020-12-01
李津 灵源浩渺 镜心	20.5cm×45cm	63,357	中国嘉德	2020-10-09
李津 李津的小蚂蚁 镜心	38cm×43cm	61,313	中国嘉德	2020-10-09
李津 2016年作 甘露城 镜心	画38cm×48.5cm; 字29cm×35cm	61,313	中国嘉德	2020-10-09
李津 春听夏闻	54cm×56cm	57,500	中贸圣佳	2020-10-17
李津 同心经	38cm×44cm	55,200	中国嘉德	2020-08-17
李津 2007年作 雪月下的晚餐 镜心	69cm×46.5cm	51,750	中国嘉德	2020-08-17
李净弘 山清水秀 镜心	97cm×180cm	2,645,000	荣宝斋（南京）	2020-11-28
李净弘 马到成功 镜心	140cm×69cm	828,000	荣宝斋（南京）	2020-11-28
李净弘 十二生肖之三虎虎生威 镜片 设色 纸本	138cm×69cm	805,000	荣宝斋（济南）	2020-06-26
李净弘 天狗旺财	140cm×69cm	805,000	荣宝斋（南京）	2020-11-28
李净弘 十二生肖之二母子情深 镜片 设色 纸本	138cm×69cm	782,000	荣宝斋（济南）	2020-06-26
李净弘 三羊开泰 镜心	138cm×70cm	782,000	荣宝斋（南京）	2020-11-28
李净弘 诸事顺利	140cm×69cm	782,000	荣宝斋（南京）	2020-11-28
李净弘 王侯将相 镜心	140cm×69cm	759,000	荣宝斋（南京）	2020-11-28
李净弘 吉祥如意 镜心	140cm×69cm	759,000	荣宝斋（南京）	2020-11-28
李净弘 十二生肖之六蛇化真龙 镜片 设色 纸本	138cm×69cm	747,500	荣宝斋（济南）	2020-06-26
李净弘 十二生肖之一鼠您好运 镜片 设色 纸本	138cm×69cm	747,500	荣宝斋（济南）	2020-06-26
李净弘 十二生肖之五金龙献瑞 镜片 设色 纸本	138cm×69cm	713,000	荣宝斋（济南）	2020-06-26
李净弘 十二生肖之四玉兔祈福 镜片 设色 纸本	138cm×69cm	690,000	荣宝斋（济南）	2020-06-26
李净弘 报春图 镜心	68.5cm×136cm	598,000	荣宝斋（南京）	2020-11-28
李净弘 荷韵图 镜心	68.5cm×136cm	575,000	荣宝斋（南京）	2020-11-28
李可染 1987年作 峡江万里图 镜心	98cm×67.5cm	43,700,000	中鸿信	2020-01-03
李可染 渡江图 立轴	70cm×45.7cm	34,730,000	荣宝斋（上海）	2020-10-25
李可染 1987年作 山林之歌 镜心	67cm×46cm	20,700,000	北京保利	2020-10-17
李可染 1986年作 高岩飞瀑 立轴	128cm×68cm	13,225,000	永乐拍卖	2020-08-17
李可染 1986年作 怀素书蕉图 立轴	122cm×68cm	12,650,000	北京保利	2020-10-17
李可染 四季牧牛（四屏）镜框	69cm×45cm×4	11,500,000	华艺国际	2020-12-05
李可染 1972年作 延安颂 立轴	45cm×92cm	11,500,000	北京保利	2020-10-17
李可染 1966年作 蜀山春雨 镜心	81cm×50cm	11,500,000	北京保利	2020-12-04
李可染 1979年作 黄山胜景 立轴	96.0cm×59.0cm	6,900,000	中国嘉德	2020-08-16
李可染 1962年作 从化温泉 立轴	69.5cm×46cm	6,670,000	中国嘉德	2020-12-01
李可染 苏州的河流 镜心	40cm×48.5cm	6,440,000	北京保利	2020-10-17
李可染 1943年作 东坡夜游赤壁图 镜框	绘画64cm×56cm；诗堂26cm×56cm	5,980,000	华艺国际	2020-10-16
李可染 雁荡山下村舍 镜心	27cm×44cm	5,865,000	北京保利	2020-12-04
李可染 人在万点梅花中 立轴	57cm×50cm	5,750,000	北京保利	2020-12-04
李可染 1962年作 苏州狮子林 镜心	65cm×46cm	5,750,000	中国嘉德	2020-12-01
李可染 灵隐冷泉 镜心	56cm×44cm	5,060,000	永乐拍卖	2020-12-03
李可染 1965年作 清漓渔歌 立轴	69.0cm×46.0cm	4,945,000	中国嘉德	2020-08-16
李可染 1962年作 春雨江南 立轴	69cm×46cm	4,715,000	广东崇正	2020-09-13
李可染 牧童骑牛	96cm×42cm	4,400,000	北京贞观	2020-11-28
李可染 1963年作 漓江边上 镜心	69.5cm×46.5cm	4,370,000	中国嘉德	2020-12-01
李可染 1956年作 江城朝雾 镜心	56.7cm×45.5cm; 56.7cm×45.5cm	4,025,000	北京诚轩	2020-08-17
李可染 千岩竞秀 立轴		3,955,000	香港苏富比	2020-07-10
李可染 1985年作 苦吟图 立轴	86.5cm×52cm	3,795,000	北京保利	2020-10-17
李可染 漓江胜景 立轴	70.0cm×47.0cm	3,565,000	中国嘉德	2020-08-16
李可染 秋风吹下红雨来 镜框	63.7cm×44.2cm	3,565,000	北京保利	2020-12-04
李可染 1985年作 苦吟图 立轴	68cm×45cm	3,450,000	北京保利	2020-12-04
李可染 1964年作 漓江风光 立轴	66cm×44cm	3,450,000	华艺国际	2020-10-16
李可染 1962年作 纳凉图 立轴	69.5cm×46.5cm	3,450,000	中国嘉德	2020-12-01
李可染 钟馗图 立轴	68cm×45.5cm	3,220,000	北京诚轩	2020-08-17
李可染 1963年作 峨眉秀景图 立轴	70cm×49.5cm	3,220,000	十竹斋拍卖（北京）	2020-10-18

(成交价RMB：5万元以上)

拍品名称	物品尺寸	成交价RMB	拍卖公司	拍卖日期
李可染 1976年作 行书李白诗 镜心	138cm×69cm	2,760,000	中国嘉德	2020-12-01
李可染 1989年作 行书“一万年太久只争朝夕”镜心	68.0cm×39.5cm	2,530,000	中国嘉德	2020-08-16
李可染 1977年作 牧韵图 镜片	69cm×46cm	2,472,500	朵云轩	2020-09-23
李可染 山居图 立轴	47cm×34cm	2,242,500	朵云轩	2020-09-23
李可染 1987年作 笑和尚图 镜心	91.5cm×53cm	2,242,500	中国嘉德	2020-12-02
李可染 1979年作 柳溪归牧 立轴	67cm×44cm	2,070,000	朵云轩	2020-09-23
李可染 1975年作 毛主席诗词 镜心	42cm×153cm	2,070,000	永乐拍卖	2020-12-03
李可染 1984年作 归牧图 立轴	68cm×44cm	1,897,500	朵云轩	2020-09-23
李可染 1982年作 倚石觅句图 立轴	63cm×45cm	1,840,000	北京保利	2020-10-17
李可染 山居图 立轴	69cm×38cm	1,840,000	广东崇正	2020-09-13
李可染 寒山拾得图 立轴	64.5cm×37cm	1,610,000	荣宝斋(上海)	2020-10-25
李可染 东坡朝云图 立轴	71cm×35cm	1,610,000	中贸圣佳	2020-10-17
李可染 1978年作 暮韵图 镜心	73cm×48cm	1,552,500	北京保利	2020-10-17
李可染 1973年作 春雨江南 镜心	34cm×42cm	1,495,000	北京保利	2020-12-04
李可染 1962年作 看山图 镜片	69.5cm×46cm	1,437,500	广东崇正	2020-09-13
李可染 1981年作 钟馗 立轴	46cm×34cm	1,437,500	中国嘉德	2020-12-01
李可染 1984年作 行书刘禹锡诗 镜心	153cm×80cm	1,380,000	北京保利	2020-10-17
李可染 1961年作 春牛图 镜心	69cm×46cm	1,380,000	十竹斋拍卖(北京)	2020-10-18
李可染 1982年作 山阴道上 镜心	41cm×41cm	1,265,000	中国嘉德	2020-08-15
李可染 1980年作 春塘渡牛图 镜心	68.5cm×45.5cm	1,207,500	中国嘉德	2020-08-15
李可染 牧牛图 镜心	67cm×35cm	1,150,000	北京保利	2020-10-17
李可染 牧牛图 镜心	69cm×46cm	1,150,000	永乐拍卖	2020-12-03
李可染 1975年作 行书毛主席词 镜心	118cm×44.5cm	1,104,000	中鸿信	2020-01-03
李可染 桂林山村雨景 镜心	60.5cm×45.5cm	1,058,000	中国嘉德	2020-08-15
李可染 1985年作 牧牛图 镜心	40.5cm×45.5cm	1,035,000	永乐拍卖	2020-08-17
李可染 1988年作 双犟图 镜心	46cm×59.5cm	1,035,000	十竹斋拍卖(北京)	2020-10-18
李可染 1987年作 冬牧图 立轴	68.5cm×45.4cm	1,017,000	香港苏富比	2020-07-10
李可染 1947年作 秋牧图 镜片	98cm×34cm	1,012,000	广东崇正	2020-09-13
李可染 1987年作 行书“龙腾虎跃”镜心	68.5cm×34.5cm	920,000	永乐拍卖	2020-08-17
李可染 1979年作 牧童秋趣 立轴	68.5cm×46cm	862,500	中国嘉德	2020-12-02
李可染 1984年作 暮韵图 立轴	68cm×45.4cm	852,000	佳士得	2020-12-01
李可染 1983年作 豆棚蟋蟀 镜心	81.2cm×51cm	828,000	中国嘉德	2020-08-15
李可染 1987年作 赏心喜看雨余山 镜心	68cm×41cm	805,000	中鸿信	2020-01-03
李可染 牧牛 立轴	68cm×38cm	782,000	广东小雅斋	2020-08-21
李可染 春在枝头已十分 镜心	69cm×45cm	782,000	北京保利	2020-10-17
李可染 春溪放艇 镜框	54cm×61cm	747,500	华艺国际	2020-10-16
李可染 [illegible]三纲 1979年作 看山图 行书孙文语 镜心	76cm×50cm	690,000	永乐拍卖	2020-08-17
李可染 归牧图 立轴	67cm×45cm	690,000	中国嘉德	2020-08-15
李可染 行书“天道酬勤”立轴	68cm×29cm	690,000	永乐拍卖	2020-08-17
李可染 看山图 立轴	52cm×39cm	690,000	华艺国际	2020-10-16
李可染 198[illegible]年作 行书“实者慧”立轴	78cm×42cm	667,000	北京保利	2020-10-17
李可染 迎春图 镜框	69cm×48cm	632,500	华艺国际	2020-12-05
李可染 浓荫牧语 立轴	68cm×47cm	598,000	中国嘉德	2020-08-15
李可染 198[illegible]年作 春花灿若霞 立轴	68cm×45.5cm	598,000	北京保利	2020-12-04
李可染 198[illegible]年作 万木青翠 立轴	70cm×46cm	575,000	朵云轩	2020-11-29
李可染 1984年作 归牧图 镜片	63cm×40cm	575,000	上海敬华	2020-09-22
李可染 1984年作 行书格言 镜心	68cm×40.5cm	575,000	中国嘉德	2020-12-02

拍品名称	物品尺寸	成交价RMB	拍卖公司	拍卖日期
李可染 相马图、行书“九方皋乎”立轴、镜心	画 50cm×43.5cm；字 24.5cm×43.5cm	552,000	中国嘉德	2020-12-01
李可染 1983年作 行书“湖边书屋”镜心	34cm×100.7cm	494,500	中国嘉德	2020-08-15
李可染 牧牛赏梅图 镜心	42cm×50cm	483,000	中国嘉德	2020-11-09
李可染 行书毛主席词 立轴	83cm×41cm	471,500	北京保利	2020-10-17
李可染 秋风 镜片	40cm×45cm	460,000	上海敬华	2020-09-22
李可染 1979年作 牧牛图 镜片	68.5cm×47.5cm	437,000	西泠印社	2020-08-09
李可染 1977年作 行书“龙飞凤舞”镜心	39cm×43cm	437,000	北京保利	2020-12-04
李可染 1981年作 春塘渡牛图 镜框	68.5cm×46cm	433,200	佳士得	2020-07-01
李可染 行书李白诗 立轴	68.3cm×42.7cm	429,400	香港苏富比	2020-07-10
李可染 1988年作 墨缘 镜框	69cm×39.2cm	421,823	香港苏富比	2020-10-08
李可染 迎春图 镜框	44.5cm×46cm	404,700	佳士得	2020-12-01
李可染 1983年作 行书五言诗 镜心	96cm×41cm	391,000	北京保利	2020-10-17
李可染 正道沧桑 镜心	34cm×34cm	368,000	十竹斋拍卖(北京)	2020-10-18
李可染 行书五言句 镜心	57.5cm×35cm	345,000	北京保利	2020-10-17
李可染 1988年作 行书 镜片	64.5cm×40cm	345,000	朵云轩	2020-09-23
李可染 1988年作 行书“自强”镜心	36.5cm×32cm	345,000	中国嘉德	2020-12-02
李可染 1981年作 牧牛图 镜心	35cm×35cm	287,500	中国嘉德	2020-12-03
李可染 1928年作 行书“静轩”镜心	22.5cm×56.5cm	253,000	北京保利	2020-10-17
李可染 唐人诗意 镜心	59cm×42cm	253,000	中国嘉德	2020-12-02
李可染 1984年作 行书“实者慧”镜心	65cm×36cm	230,000	中国嘉德	2020-08-15
李可染 行书“金碧斋”镜心	68.5cm×23cm	230,000	北京保利	2020-12-04
李可染 行书“艺林撷英”镜心	84cm×42cm	230,000	北京保利	2020-12-04
李可染 1954年作 人字瀑 镜心	46cm×30cm	207,000	中国嘉德	2020-07-16
李可染 行书“书屋”镜心	34cm×70cm	207,000	中国嘉德	2020-12-02
李可染 行书杜牧诗 立轴	88cm×31.5cm	195,500	中国嘉德	2020-08-15
李可染 李苦禅 叶浅予 1948年作 写生卷 横披	29cm×134cm	172,500	中国嘉德	2020-12-02
李可染 寄情水边图	44.5cm×38cm	161,000	中国嘉德	2020-07-18
李可染 行书“颐福堂”镜心	32cm×89cm	149,500	北京保利	2020-10-17
李可染 1988年作 行书 立轴	52cm×34cm	149,500	朵云轩	2020-09-23
李可染 牧牛图 镜心	27cm×23.5cm	126,500	上海匡时	2020-08-05
李可染 行书“万梅堂”镜心	32.5cm×88.5cm	92,000	北京保利	2020-12-04
李可染 行书“当代中国绘画”镜心	17cm×68.5cm	92,000	中国嘉德	2020-12-02
李可染 牧牛图 镜心	25cm×44cm	80,500	中国嘉德	2020-07-16
李可染 行书“艺术通讯”镜心	9.9cm×36cm	74,750	北京保利	2020-12-04
李可染 行书“传统今朝”镜心	22cm×79.5cm	69,000	北京保利	2020-10-17
李可染 1972年作 书毛泽东《水调歌头·重上井冈山》镜片	71cm×40.5cm	68,400	佳士得	2020-07-01
李可染 行书“神韵”镜心	25.5cm×75.5cm	63,250	北京保利	2020-10-17
李可染 1987年作 行书题句 镜心	69cm×45cm	57,500	北京保利	2020-12-04
李可染 行书“王维宝画集”镜心	40.5cm×11cm	57,500	北京保利	2020-12-04
李可染 行书“神龙”镜心	36cm×34cm	57,500	中国嘉德	2020-11-09
李可染 1985年作 行书“秋林暮曛图”镜心	13cm×45.5cm	57,500	中国嘉德	2020-12-02
李苦禅 苍鹰朱峰 立轴	138cm×68cm	3,737,500	荣宝斋(南京)	2020-11-28
李苦禅 江南之景 立轴	138.5cm×67.5cm	2,530,000	荣宝斋(南京)	2020-11-28

2020书画拍卖成交汇总(续表)

(成交价RMB：5万元以上)

拍品名称	物品尺寸	成交价RMB	拍卖公司	拍卖日期
李苦禅 1979年作 远瞻山河壮 立轴	138cm×69cm	2,530,000	北京保利	2020-10-17
李苦禅 松石双鹰 立轴	138.5cm×68cm	2,530,000	永乐拍卖	2020-12-03
李苦禅 1981年作 远瞻山河壮 横幅镜心	96.5cm×179cm	1,725,000	北京翰海	2020-12-11
李苦禅 1981年作 鹰石图 立轴	135cm×68cm	1,495,000	中鸿信	2020-01-03
李苦禅 1961年作 蕉荫竹鸡 镜心	142cm×70cm	1,265,000	中国嘉德	2020-12-02
李苦禅 1980年作 草书七言联 立轴	347cm×70cm×2	1,242,000	中鸿信	2020-01-03
李苦禅 1973年作 育雏图 镜心	48.5cm×181cm	1,092,500	北京保利	2020-10-17
李苦禅 远瞻山河壮 立轴	136.5cm×67cm	805,000	中鸿信	2020-01-03
李苦禅 墨荷 镜心	138cm×68.5cm	770,500	中贸圣佳	2020-10-17
李苦禅 秋实 立轴	89cm×48cm	724,500	荣宝斋(南京)	2020-11-28
李苦禅 荷塘清趣 镜心	69.5cm×138cm	678,500	中贸圣佳	2020-10-17
李苦禅 啸春图 立轴	82.7cm×50.7cm	667,000	荣宝斋(南京)	2020-11-28
李苦禅 墨荷藏烟波 立轴	120.5cm×67cm	644,000	荣宝斋(南京)	2020-11-28
李苦禅 1982年作 竹鹭图 立轴	97cm×46cm	615,250	荣宝斋(南京)	2020-11-28
李苦禅 松鸦图 立轴	67.3cm×61.5cm	609,500	荣宝斋(南京)	2020-11-28
李苦禅 声春 立轴	91cm×49cm	552,000	荣宝斋(南京)	2020-11-28
李苦禅 水乡之景 立轴	68.2cm×68.4cm	552,000	荣宝斋(南京)	2020-11-28
李苦禅 兰竹山石 镜心	130.5cm×61.5cm	552,000	荣宝斋(南京)	2020-11-28
李苦禅 荷塘翠鸟 镜心	67cm×138cm	506,000	中国嘉德	2020-11-09
李苦禅 老树新花 立轴	83cm×49.5cm	460,000	荣宝斋(南京)	2020-11-28
李苦禅 1979年作 梅花八哥 立轴	112cm×46cm	460,000	上海敬华	2020-09-22
李苦禅 远瞻 立轴	136cm×68cm	437,000	上海嘉禾	2020-01-05
李苦禅 盛夏 立轴	66.5cm×45cm	414,000	中国嘉德	2020-08-16
李苦禅 秋味图 立轴	70.5cm×47.5cm	414,000	荣宝斋(南京)	2020-11-28
李苦禅 1964年作 丰年之秋 立轴	137cm×68cm	402,500	北京保利	2020-10-17
李苦禅 葡萄八哥图 立轴	100cm×62cm	379,500	荣宝斋(南京)	2020-11-28
李苦禅 荷烟图 横披	45cm×112cm	368,000	荣宝斋(南京)	2020-11-28
李苦禅 竹林飞雀 立轴	83cm×51cm	368,000	荣宝斋(南京)	2020-11-28
李苦禅 1947年作 松鹰图 镜心	89.5cm×49cm	356,500	北京保利	2020-12-04
李苦禅 1934年作 双喜图 立轴	90cm×48cm	345,000	朵云轩	2020-09-23
李苦禅 霁 立轴	70.5cm×39.5cm	345,000	荣宝斋(南京)	2020-11-28
李苦禅 游鱼鹰 立轴	54cm×81cm	333,500	朵云轩	2020-09-23
李苦禅 鳜鱼 立轴	68.5cm×45cm	333,500	荣宝斋(南京)	2020-11-28
李苦禅 鹰 镜心	69cm×35cm	333,500	中国嘉德	2020-12-03
李苦禅 天峰立足 镜心	69cm×46cm	322,000	北京保利	2020-10-17
李苦禅 冬树图 立轴	128cm×60cm	322,000	荣宝斋(南京)	2020-11-28
李苦禅 松竹图 镜心	131cm×61.5cm	322,000	荣宝斋(南京)	2020-11-28

拍品名称	物品尺寸	成交价RMB	拍卖公司	拍卖日期
李苦禅 江湖之渍 立轴	88cm×47.5cm	322,000	荣宝斋(南京)	2020-11-28
李苦禅 1961年作 兰石八哥 镜心	136cm×68cm	287,500	中鸿信	2020-01-03
李苦禅 兰竹竞清香 立轴	69.5cm×46cm	287,500	荣宝斋(南京)	2020-11-28
李苦禅 荫下双栖图 立轴	61.5cm×47.5cm	287,500	荣宝斋(南京)	2020-11-28
李苦禅 大利 镜片	134cm×33cm	287,500	上海敬华	2020-0[illegible]-22
李苦禅 游鱼鹰 立轴	68.5cm×50cm	276,000	荣宝斋(南京)	2020-11-28
李苦禅 1963年作 芭蕉八哥 立轴	109cm×49cm	264,500	华艺国际	2020-10-16
李苦禅 崔巍高踞 立轴	68cm×45cm	241,500	中贸圣佳	2020-10-17
李苦禅 天峰立足 镜心	83.5cm×49cm	230,000	中鸿信	2020-01-03
李苦禅 松间之鹰 立轴	57.5cm×33.5cm	230,000	荣宝斋(南京)	2020-11-28
李苦禅 松梅图 立轴	76cm×41cm	230,000	荣宝斋(南京)	2020-11-28
李苦禅 松菊图 立轴	107.5cm×54.5cm	230,000	荣宝斋(南京)	2020-11-28
李苦禅 白梅岩石 立轴	59.5cm×48cm	230,000	荣宝斋(南京)	2020-11-28
李苦禅 花鸟鱼虫横披 镜片	48cm×354cm	230,000	上海敬华	2020-09-22
李苦禅 芭蕉麻雀 镜心	97.5cm×34.5cm	230,000	中国嘉德	2020-12-02
李苦禅 荔枝松鼠 镜心	133cm×33cm	218,500	北京保利	2020-12-04
李苦禅 1979年作 秋味图 镜心	68cm×34cm	218,500	十竹斋拍卖(北京)	2020-10-18
李苦禅 栖荫 立轴	67cm×45.5cm	207,000	荣宝斋(南京)	2020-11-28
李苦禅 1963年作 鹰石图 镜心	67.5cm×62cm	195,500	中国嘉德	2020-08-15
李苦禅 秋味图 镜心	66.5cm×34cm	195,500	荣宝斋(南京)	2020-11-28
李苦禅 1983年作 朱竹图 立轴	180.5cm×48cm	184,000	上海匡时	2020-08-05
李苦禅 白梅竹石 镜心	69cm×34.5cm	184,000	荣宝斋(南京)	2020-11-28
李苦禅 荷塘双鱼 立轴	67cm×60.5cm	184,000	荣宝斋(南京)	2020-11-28
李苦禅 行书五言联 立轴	137cm×34cm×2	184,000	中国嘉德	2020-12-02
李苦禅 菊花鹌鹑 立轴	90.5cm×40.5cm	184,000	中贸圣佳	2020-10-17
李苦禅 1973年作 鱼鹰图 镜心	96cm×53cm	183,938	中国嘉德	2020-10-09
李苦禅 荷塘鹭鸶 镜心	67cm×133cm	172,500	中鸿信	2020-01-03
李苦禅 烟波荷露 镜心	80.5cm×43cm	172,500	荣宝斋(南京)	2020-11-28
李苦禅 鱼鹰图 立轴	79cm×41cm	172,500	荣宝斋(南京)	2020-11-28
李苦禅 绿雨之下 立轴	81cm×50cm	172,500	上海敬华	2020-09-22
李苦禅 螃蟹白菜 立轴	68cm×43.5cm	161,000	十竹斋拍卖(北京)	2020-10-18
李苦禅 1980年作 吉祥如意庆新春 立轴	67cm×44.5cm	149,500	广东崇正	2020-09-13
李苦禅 菜根香 镜心	38cm×97cm	138,000	中国嘉德	2020-11-10
李苦禅 1979年作 远瞻 镜心	68.2cm×45.8cm	126,500	北京诚轩	2020-08-17
李苦禅 荷花 镜片	66cm×68cm	126,500	朵云轩	2020-09-23
李苦禅 水族 镜心	82cm×147cm	126,500	荣宝斋(上海)	2020-10-25
李苦禅 平安图 镜框	68.5cm×45.5cm	115,000	华艺国际	2020-10-16

（成交价RMB：5万元以上）

拍品名称	物品尺寸	成交价RMB	拍卖公司	拍卖日期
李苦禅 1976年作 草书“毛主席词句” 立轴	136cm×63cm	115,000	十竹斋拍卖（北京）	2020-10-18
李苦禅 芭蕉竹鸡图 立轴	68cm×34cm	109,250	华艺国际	2020-10-16
李苦禅 映日荷花别样红 立轴	90cm×48cm	103,500	中国嘉德	2020-07-16
李苦禅 花鸟 册页（九开选二）	21cm×29.5cm×9	97,750	荣宝斋（上海）	2020-10-25
李苦禅 1934年作 竹禽图 横披	41.5cm×91.5cm	97,750	中国嘉德	2020-12-02
李苦禅 荷塘 镜框	47cm×68cm	92,000	华艺国际	2020-12-05
李苦禅 清蔬秋卉 横披	27.5cm×98.5cm	92,000	中国嘉德	2020-12-03
李苦禅 花鸟 镜片	99cm×55cm	80,500	广东小雅斋	2020-08-21
李苦禅 远瞻图 镜心	100cm×40cm	80,500	中鸿信	2020-01-03
李苦禅 柳渚烟雨 横披	30cm×68cm	80,500	中贸圣佳	2020-10-17
李苦禅 崔子范 娄师白 于希宁 1987年作、1978年作 花卉（四帧） 立轴	45cm×50cm×4	74,750	北京保利	2020-12-04
李苦禅 瓶花图 镜心	109cm×46cm	59,800	中国嘉德	2020-07-17
李苦禅 1981年作 章草“书画延年” 立轴	98cm×24cm	59,800	中国嘉德	2020-07-16
李苦禅 清供图 立轴	149cm×61cm	57,500	北京翰海	2020-09-12
李苦禅 1964年作 花卉 立轴	70.5cm×34cm	55,200	上海嘉禾	2020-01-05
李苦禅 千里一击中 镜心	90cm×42cm	51,750	北京翰海	2020-09-12
李老十 1995年作 夜读图 镜心	48.5cm×42.5cm	207,000	中国嘉德	2020-08-17
李老十 秋荷图 镜心	48cm×89cm	149,500	中国嘉德	2020-12-01
李老十 1986年作 爱如母 镜心	59cm×43cm	138,000	北京保利	2020-12-04
李老十 钟馗 镜心	53cm×61cm	103,500	中国嘉德	2020-12-01
李老十 诗酒图 镜框	39cm×40cm	57,500	北京保利	2020-12-04
李明志 2020年作 梅兰竹菊 镜心	70cm×35cm×4	138,000	北京翰海	2020-09-12
李奇茂 李白醉酒 镜心	69.5cm×135cm	61,313	中国嘉德	2020-10-09
李秋君 1960年作 大家来养猪 镜心	58.5cm×79.5cm	184,000	中国嘉德	2020-12-03
李秋君 1956年作 眉寿 镜心	69.5cm×27cm	63,250	中国嘉德	2020-12-03
李秋君 岷江舟行图 镜片	109.5cm×69.5cm	57,500	西泠印社	2020-08-09
李秋君 城市新貌 镜片	55cm×49cm	55,200	西泠印社	2020-08-09
李儒光 1977年作 飞涟灌万顷 镜片	96cm×153cm	57,500	西泠印社	2020-08-09
李瑞清 行书七言联 对联	359cm×70.5cm×2	736,000	朵云轩	2020-09-24
李瑞清 篆书齐侯鼎 立轴	130.5cm×37.5cm×8	287,500	上海匡时	2020-08-05
李瑞清 隶书五言联 立轴	170cm×45cm×2	264,500	北京保利	2020-10-17
李瑞清 苍松 立轴	133cm×41cm	253,000	中国嘉德	2020-12-02
李瑞清 19[illegible]3年作 松柏同春（一幅） 立轴	131.5cm×58.5cm	115,000	十竹斋拍卖（北京）	2020-10-18
李瑞清 19[illegible]9年作 隶书五言联 立轴	127.5cm×31.5cm×2	92,000	十竹斋拍卖（北京）	2020-10-18
李瑞清 草书《题明皇演乐图》 立轴	165cm×45cm×4	74,750	中国嘉德	2020-12-04
李瑞清 行书 临黄庭坚书法 立轴	129cm×32cm	63,250	西泠印社	2020-08-09
李瑞清 191[illegible]年作 无量寿佛 立轴	121.5cm×47cm	51,094	中国嘉德	2020-10-09
李山 1977年作 天山牧马图 立轴	66cm×43cm	66,700	中鸿信	2020-01-03
李三良 200[illegible]年作 纨扇图	97cm×60cm	115,000	北京翰海	2020-09-12
李世春 2020年作 春暖花开 镜心	180cm×76cm	88,000	北京汇珍	2020-08-13
李世春 2020年作 断云零乱雨初晴 镜心	68cm×68cm	59,000	北京汇珍	2020-08-13
李世南 禅色图 立轴	67cm×70cm	92,000	广东崇正	2020-09-13
李世南 1995年作 东坡品茗图 立轴	69.5cm×68.5cm	80,500	广东崇正	2020-09-13
李四光 行书 镜心	26cm×28cm	69,000	中鸿信	2020-01-04
李西平 2020年夏月作 岳阳楼记 镜心	136cm×34cm	86,000	北京汇珍	2020-08-13
李霞 1930年作 雪山行旅 屏轴	97cm×42cm	51,750	上海驰翰	2020-08-06

拍品名称	物品尺寸	成交价RMB	拍卖公司	拍卖日期
李翔 2010年作 山林 镜框	68cm×68cm	345,000	华艺国际	2020-10-16
李小可 2020年作 千岩竞秀图 镜心	144cm×386cm	8,625,000	永乐拍卖	2020-12-03
李虚白 2019年作 白雪阳春图 镜框	69cm×140cm	79,800	佳士得	2020-07-08
李虚白 2019年作 春山听雨图 镜框	69cm×137cm	63,900	佳士得	2020-12-01
李学功 荷塘初放时 镜心	215cm×556cm	9,200,000	荣宝斋（南京）	2020-11-28
李学功 印象秋浦河 镜心	68.5cm×138cm	1,150,000	荣宝斋（南京）	2020-11-28
李学功 大江东去 镜心	138cm×68.5cm	1,035,000	荣宝斋（南京）	2020-11-28
李学功 泰岳松 镜心	138cm×68.5cm	805,000	荣宝斋（南京）	2020-11-28
李学功 雪山松 镜心	137cm×68cm	805,000	荣宝斋（南京）	2020-11-28
李学坤 望子成龙 镜心	138cm×68cm	85,000	香港贞观	2020-07-26
李研山 1938年作 湖庄消夏图卷 手卷	28cm×221cm	115,000	中国嘉德	2020-07-17
李研山 山水 立轴	146cm×79cm	57,500	广东小雅斋	2020-08-21
李瑶屏 1922年作 湖山胜景 镜片	99cm×40cm	57,500	广东崇正	2020-09-13
李义弘 英华殿墙荫消夏图	68.5cm×139cm	167,760	景薰楼	2020-09-13
李义弘 宕涛论道	68.5cm×139cm	134,208	景薰楼	2020-09-13
李英保 2017年作 寒香	30cm×30cm	115,000	北京翰海	2020-12-12
李元佳 1961年作 无题	60cm×470cm	293,800	香港苏富比	2020-07-09
李元佳 1958年作 无题	78.8cm×109.2cm	146,900	香港苏富比	2020-07-09
李元佳 1961年作 无题	57cm×416cm	88,805	香港苏富比	2020-10-06
李元佳 1959年作 无题	34.5cm×78.5cm	88,805	香港苏富比	2020-10-06
李元佳 无题	24cm×23.5cm	84,750	香港苏富比	2020-07-09
李元佳 书法（两件）	a.35cm×100cm; b.49.5cm×18.2cm	67,800	香港苏富比	2020-07-09
李元佳 约1958至1959年作 无题	76.5cm×108cm	66,604	香港苏富比	2020-10-06
李元佳 1958年作 无题	38.9cm×78.3cm	61,053	香港苏富比	2020-10-06
李元佳 1964年作 无题	13cm×42cm	53,283	香港苏富比	2020-10-06
李兆顺 2020年作《碧荷绿波》	62cm×51cm	2,219,500	钜鑫缘（香港）	2020-11-03
李兆顺 2020年作《三色荷塘》	68cm×68cm	1,782,500	钜鑫缘（香港）	2020-11-03
李兆顺 2020年作《星空》	111cm×81cm	1,299,500	钜鑫缘（香港）	2020-11-03
李兆顺 2019年作《色彩徽派》	69cm×138cm	805,000	钜鑫缘（香港）	2020-11-03
李振明 2019年作 花样缤纷 镜心	68cm×68cm	86,250	中国嘉德	2020-07-16
李震坚 文姬归汉图 · 梅花图 立轴	67.5cm×45.5cm; 35cm×27cm	97,750	西泠印社	2020-08-09
李智明 2017年作 故园秋色	138cm×69cm	109,250	北京翰海	2020-12-12
李卓见 2016年作 茅龙笔书法《三国演义开篇词》镜心	180cm×97cm	66,000	北京汇珍	2020-08-13
李宗仁 行书 镜心	26cm×25cm	86,250	中鸿信	2020-01-04
廉亮 2016年作 竹石雀 镜心	42cm×126.5cm	63,250	十竹斋拍卖（北京）	2020-10-18
梁蓝波 2017年作 音象I镜框	93cm×140cm	68,400	佳士得	2020-07-08
梁龙宇 2012年作 蝶恋花 镜心	90cm×68cm	119,000	北京汇珍	2020-08-13
梁明 2020年作 山幽云闲 镜心	137cm×68cm	253,000	北京保利	2020-12-04
梁启超 1925年作 楷书 镜框	32cm×123cm	2,185,000	朵云轩	2020-09-23
梁启超 1926年作 行楷书节录《三藏圣教序》立轴	147cm×79cm	1,380,000	十竹斋拍卖（北京）	2020-10-18

2020书画拍卖成交汇总(续表)

(成交价RMB：5万元以上)

拍品名称	物品尺寸	成交价RMB	拍卖公司	拍卖日期
梁启超 隶书七言 对联	121.5cm×28cm×2	977,500	朵云轩	2020-09-24
梁启超 行书七言联 立轴	138cm×34cm×2	529,000	永乐拍卖	2020-12-03
梁启超 1925年作 行书七言 对联	135cm×33cm×2	471,500	朵云轩	2020-09-23
梁启超 书法对联 镜心	133cm×32cm×2	460,000	十竹斋拍卖（北京）	2020-10-18
梁启超 1915年作 为梁启麒作台湾杂诗 立轴	117cm×53cm	402,500	西泠印社	2020-08-09
梁启超 1925年作 行书七言联 对联	127cm×30cm×2	402,500	上海敬华	2020-09-22
梁启超 隶书七言联 立轴	153cm×40cm×2	345,000	华艺国际	2020-12-05
梁启超 1925年作 楷书东坡词 立轴	176.5cm×47cm	333,500	广东崇正	2020-09-13
梁启超 楷书七言联 立轴	123cm×27cm×2	322,000	中国嘉德	2020-08-15
梁启超 1925年作 楷书好事近 镜片	179cm×48cm	310,500	广东崇正	2020-09-13
梁启超 楷书 录包世臣书论 镜片	画心67.5cm×20.5cm；题跋30cm×23.5cm	207,000	西泠印社	2020-08-09
梁启超 1926年作 楷书节录王阳明《与黄宗贤》镜心	44.5cm×174cm	138,000	中国嘉德	2020-08-15
梁启超 书法 对联	176cm×44cm×2	115,000	广东小雅斋	2020-08-21
梁启超 行书节录包世臣《艺舟双楫》立轴	132cm×46cm	115,000	北京保利	2020-10-17
梁启超 1925年作 行书“万卷藏书楼”镜心	32.5cm×123cm	92,000	中鸿信	2020-01-04
梁启超 1925年作 行书十言联 对联	104cm×20cm×2	86,250	中国嘉德	2020-11-10
梁启超 1916年作 隶书节录《张迁碑》立轴	104cm×55cm	74,750	华艺国际	2020-12-05
梁启超 楷书 镜框	21cm×60cm	63,250	朵云轩	2020-11-30
梁启超 1924年作 隶书 立轴	133cm×26cm	57,500	中国嘉德	2020-07-17
梁时民 2019年作 晚秋	68cm×138cm	552,000	北京翰海	2020-09-12
梁时民 2019年作 满塘秋浓	97cm×180cm	517,500	北京翰海	2020-09-12
梁时民 2018年作 秋艳	48cm×180cm	230,000	北京翰海	2020-09-12
梁实秋 书法 立轴	67cm×34cm	178,250	广东小雅斋	2020-08-21
梁实秋 1980年作 行书渔歌子 镜心	64.5cm×29.5cm	63,250	中国嘉德	2020-12-03
梁实秋 1981年作 行书七言诗 立轴	88cm×32cm	51,750	中国嘉德	2020-07-17
梁树年 1980年作 黄山玉屏峰 镜心	95cm×49cm	63,250	十竹斋拍卖（北京）	2020-10-18
梁树年 观瀑图 镜心	132.5cm×68cm	63,250	中贸圣佳	2020-10-17
梁树年 黄山云雾 镜心	68.5cm×135cm	57,500	中贸圣佳	2020-10-17
梁漱溟 行书题句 立轴	123.5cm×30cm	460,000	北京保利	2020-10-17
梁漱溟 马一浮 行书杜甫《过津口》立轴	45cm×25cm	345,000	北京保利	2020-10-17
梁漱溟 1932年作 行书节录曾纪泽句 立轴	145cm×38cm	172,500	华艺国际	2020-12-05
梁漱溟 1985年作 行书联语 镜心	69cm×47cm	172,500	中国嘉德	2020-12-03
梁漱溟 行书“淡泊明志”镜心	67cm×34cm	86,250	十竹斋拍卖（北京）	2020-10-18
梁思成 手稿一本 册页	24cm×17cm×16	92,000	广东小雅斋	2020-08-21
梁思成 行书 镜片	24.5cm×17cm	92,000	广东崇正	2020-09-13
梁岩 1981年作 那达慕大会上的人们 手卷	54cm×932cm	2,300,000	北京保利	2020-10-16
梁岩 喜酒 镜心	86cm×68cm	1,265,000	北京保利	2020-10-16
梁羽生 行书“剑胆琴心”立轴	90cm×33.5cm	126,500	中鸿信	2020-01-04
廖文潭 青松山鸟栖	69cm×34cm；69cm×17cm×2	103,500	北京翰海	2020-12-12
林丰俗 南国水乡 镜片	98cm×51cm	97,750	广东崇正	2020-09-13
林风眠 1929年作 集义图	205cm×81cm	16,675,000	西泠印社	2020-08-08

拍品名称	物品尺寸	成交价RMB	拍卖公司	拍卖日期
林风眠 1950—1960年代作 宝莲灯	65.9cm×66.4cm	8,914,800	香港苏富比	2020-07-08
林风眠 1932年作 群雀	165.7cm×40.5cm	8,050,000	西泠印社	2020-08-08
林风眠 她在丛中笑 镜心	68cm×69cm	8,050,000	十竹斋拍卖（北京）	2020-10-18
林风眠 春山翠岭	67cm×67cm	7,705,000	华艺国际	2020-10-15
林风眠 风景 镜心	69cm×69cm	7,245,000	北京保利	2020-10-17
林风眠 长江三峡	68cm×138cm	7,015,000	永乐拍卖	2020-12-04
林风眠 宝莲灯 镜心	68cm×64cm	6,900,000	北京保利	2020-12-04
林风眠 读书仕女 镜心	69.8cm×69.8cm	6,152,500	北京保利	2020-10-17
林风眠 宝莲灯 镜心	68cm×70cm	5,750,000	北京保利	2020-10-17
林风眠 紫藤小鸟 镜心	68.5cm×68cm	5,750,000	永乐拍卖	2020-12-03
林风眠 1952年作 立体静物	68.5cm×68.5cm	5,484,225	香港苏富比	2020-10-05
林风眠 黄山风景	65cm×65cm	4,600,000	永乐拍卖	2020-12-04
林风眠 江山万里	35cm×35cm×4	4,485,000	永乐拍卖	2020-12-04
林风眠 山村 镜心	70cm×67cm	4,025,000	北京保利	2020-12-04
林风眠 花丛仕女 镜框	68cm×69cm	4,009,240	香港苏富比	2020-07-10
林风眠 苏渊雷 莲塘夜色 行书（两幅）镜框	66cm×66cm；66cm×27cm	3,910,000	朵云轩	2020-09-23
林风眠 1953年作 打渔杀家	69.5cm×65.5cm	3,885,210	香港苏富比	2020-10-05
林风眠 1919年作 大师图	136.5cm×66cm	3,795,000	西泠印社	2020-08-08
林风眠 白罐	68.5cm×66.5cm	3,565,000	华艺国际	2020-10-15
林风眠 青花瓷瓶 镜心	69.5cm×69.5cm	3,450,000	北京保利	2020-10-17
林风眠 人物花鸟 册页（八开）	33cm×33cm×8	3,450,000	华艺国际	2020-10-15
林风眠 归航	66cm×66cm	3,450,000	永乐拍卖	2020-12-04
林风眠 戏剧人物 镜心	49.5cm×40.8cm	3,335,000	北京保利	2020-10-17
林风眠 擘阮仕女	67cm×66cm	3,335,000	华艺国际	2020-10-15
林风眠 执炉仕女暨致林楚谦书信一通	68cm×68cm	3,335,000	永乐拍卖	2020-12-04
林风眠 莲塘 镜框	67.5cm×67cm	3,220,000	华艺国际	2020-12-05
林风眠 1939年作 灵山仙居	136.5cm×68.3cm	3,105,000	西泠印社	2020-08-08
林风眠 静物 镜心	69.2cm×66.7cm	2,990,000	北京保利	2020-10-17
林风眠 弹琴仕女 镜框	49cm×40cm	2,959,440	佳士得	2020-07-08
林风眠 抚狸仕女 镜心	69.5cm×68cm	2,875,000	上海匡时	2020-08-05
林风眠 1939年作 青松万年	132.3cm×66.2cm	2,645,000	西泠印社	2020-08-08
林风眠 瓶花仕女 镜心	68cm×64cm	2,645,000	中国嘉德	2020-12-01
林风眠 1953年作 基督受难	68.5cm×68.5cm	2,598,950	中国嘉德	2020-10-08
林风眠 1970年代作 早晨	49.5cm×40.5cm	2,486,000	香港苏富比	2020-07-09
林风眠 紫衣仕女 镜心	67cm×67cm	2,300,000	中国嘉德	2020-12-01
林风眠 1950年初作 戏剧人物——单刀赴会	64cm×64cm	2,300,000	永乐拍卖	2020-08-18
林风眠 荷花	68cm×69cm	2,300,000	华艺国际	2020-10-15
林风眠 人物山水集锦	34cm×33.5cm×5	2,300,000	华艺国际	2020-10-15
林风眠 西湖 镜心	65cm×65.5cm	2,242,500	上海匡时	2020-08-05
林风眠 白衣仕女 镜心	66.5cm×67.5cm	2,185,000	中国嘉德	2020-08-16
林风眠 1980年代作 武松	34.5cm×35cm	2,052,000	香港苏富比	2020-07-08
林风眠 川条鱼水壶	66cm×68cm	2,034,000	香港苏富比	2020-07-09
林风眠 静物	36cm×36cm	1,840,000	西泠印社	2020-08-08
林风眠 春深 镜心	66.5cm×66.5cm	1,840,000	北京保利	2020-10-17
林风眠 野泊 纸板镜框	66cm×65.5cm	1,810,500	佳士得	2020-12-01
林风眠 1932年作 三鹭图 镜框	39.5cm×80.3cm	1,808,000	香港苏富比	2020-07-10
林风眠 双鹭图 镜片	68cm×69cm	1,725,000	上海敬华	2020-09-22
林风眠 白蛇传 镜框	67cm×67cm	1,710,000	佳士得	2020-07-08
林风眠 仕女 镜框	66.5cm×66.5cm	1,704,000	佳士得	2020-12-01
林风眠 秋江	67cm×67cm	1,667,500	永乐拍卖	2020-08-18

(成交价RMB：5万元以上)

拍品名称	物品尺寸	成交价RMB	拍卖公司	拍卖日期
林风眠 拂柳野趣 镜心	64cm×66.5cm	1,610,000	北京保利	2020-12-04
林风眠 抚琴仕女 镜框	33.5cm×33cm	1,596,000	佳士得	2020-07-01
林风眠 1970年代作 南方	39.5cm×49cm	1,582,000	香港苏富比	2020-07-09
林风眠 戏曲人物 镜框	65cm×65cm	1,380,000	上海敬华	2020-09-22
林风眠 渔妇与鹦鹉	66cm×69cm	1,380,000	永乐拍卖	2020-12-04
林风眠 西湖秋色	67cm×66cm	1,380,000	永乐拍卖	2020-12-04
林风眠 武剧人物	66.5cm×66.5cm	1,265,000	朵云轩	2020-09-24
林风眠 荷塘 镜片	68cm×68cm	1,265,000	上海敬华	2020-09-22
林风眠 花团锦簇 镜心	34cm×33cm	1,207,500	北京保利	2020-10-17
林风眠 泊舟图 镜心	67cm×67cm	1,150,000	永乐拍卖	2020-12-03
林风眠 1958年作 两个女民兵	52cm×51cm	1,150,000	永乐拍卖	2020-12-04
林风眠 红叶小鸟 镜心	68cm×57cm	1,092,500	中鸿信	2020-01-03
林风眠 1940年代作 吹笛仕女	33cm×32.5cm	1,073,500	香港苏富比	2020-07-09
林风眠 吹笛仕女	33cm×32cm	1,058,000	西泠印社	2020-08-08
林风眠 大丽花 镜框	26cm×23cm	1,058,000	北京保利	2020-10-17
林风眠 1940年末作 窗前静物	68cm×68cm	977,500	永乐拍卖	2020-08-18
林风眠 风景 镜心	68cm×66cm	920,000	十竹斋拍卖（北京）	2020-10-18
林风眠 双鹭 镜心	69.5cm×69.5cm	920,000	中国嘉德	2020-12-01
林风眠 秋 镜片	68.5cm×69cm	874,000	广东崇正	2020-09-13
林风眠 1950年作 苇塘芦雁 镜心	66cm×67cm	862,500	十竹斋拍卖（北京）	2020-10-18
林风眠 荷塘泊舟 镜框	64cm×64cm	852,000	佳士得	2020-12-01
林风眠 荷塘夜色 镜框	66cm×66cm	852,000	佳士得	2020-12-01
林风眠 1970年代作 裸女	34cm×34cm	847,500	香港苏富比	2020-07-09
林风眠 1975年作 秋林霜意 镜心	46.5cm×34cm	805,000	上海匡时	2020-08-05
林风眠 [illegible]	132.3cm×60.3cm	805,000	西泠印社	2020-08-08
林风眠 [illegible]茅屋 镜心	67cm×67cm	805,000	永乐拍卖	2020-12-03
林风眠 仕女图 镜片	69cm×68cm	782,000	西泠印社	2020-08-09
林风眠 鹭鸶	66.5cm×67cm	747,500	华艺国际	2020-10-15
林风眠 仕女图 镜片	33.5cm×33.5cm	690,000	西泠印社	2020-08-09
林风眠 暮[illegible] 镜框	67.2cm×67.2cm	678,000	香港苏富比	2020-07-10
林风眠 林[illegible]小鸟 镜心	67cm×44cm	575,000	永乐拍卖	2020-12-03
林风眠 [illegible]仕女	30.5cm×32.5cm	571,769	中国嘉德	2020-10-08
林风眠 对坐图 镜心	34cm×41cm	552,000	北京保利	2020-12-04
林风眠 1940年作 静思	32.5cm×33cm	540,500	西泠印社	2020-08-08
林风眠 海岸 海鸥（两幅）镜框	海岸：34.3cm×34cm；海鸥：33.2cm×33.8cm	532,500	佳士得	2020-12-01
林风眠 裸女 镜心	29cm×37cm	460,000	北京保利	2020-10-17
林风眠 秋江 镜框	33cm×32cm	456,000	佳士得	2020-07-08
林风眠 秋闹 镜框	41cm×50cm	456,000	佳士得	2020-07-08
林风眠 大丽花 镜框	26cm×26cm	425,500	朵云轩	2020-11-29
林风眠 渡 镜片	30.5cm×31cm	414,000	广东崇正	2020-09-13
林风眠 1960年作 枫林小鸟	31.2cm×33.4cm	368,000	北京诚轩	2020-08-16
林风眠 雏鸡	34.5cm×34.5cm	345,000	西泠印社	2020-08-08
林风眠 捧花仕女	44cm×31cm	322,000	西泠印社	2020-08-08
林风眠 河畔秋色 镜框	34.5cm×46.2cm	310,817	香港苏富比	2020-10-08
林风眠 观禽图 画心	34cm×34cm	264,500	西泠印社	2020-08-09
林风眠 芦雁 镜心	41.5cm×59.5cm	253,000	北京保利	2020-10-17
林风眠 裸女 镜框	直径31.5cm	250,800	佳士得	2020-07-08
林风眠 农家女 镜框	33.5cm×38.5cm	250,800	佳士得	2020-07-08
林风眠 山雨欲来 镜心	28.5cm×31cm	230,000	上海匡时	2020-08-05
林风眠 双栖 立轴	48.5cm×50cm	230,000	北京保利	2020-10-17

拍品名称	物品尺寸	成交价RMB	拍卖公司	拍卖日期
林风眠 芦雁 镜框	34cm×34cm	185,640	罗芙奥	2020-07-18
林风眠 1989年作 红叶小鸟 镜心	27cm×24cm	183,938	中国嘉德	2020-10-09
林风眠 雄鸡 镜心	32.5cm×33.5cm	172,500	中国嘉德	2020-12-03
林风眠 仕女 立轴	33cm×22cm	149,500	上海匡时	2020-08-05
林风眠 1933年作 小鸟 镜心	34cm×42cm	126,500	中国嘉德	2020-08-15
林风眠 1939年作 容妆图 镜心	68cm×34cm	57,500	中鸿信	2020-01-03
林海钟 2020年作 武夷胜境图 镜心	62.5cm×147.5cm	1,265,000	中国嘉德	2020-12-01
林湖奎 戏雪 镜框	69.5cm×137cm	213,000	佳士得	2020-12-01
林湖奎 依花悠然 镜框	65.5cm×55cm	91,200	佳士得	2020-07-08
林徽因 清供图 立轴	64cm×37cm	97,750	中鸿信	2020-01-04
林立中 2017年作 春风 立轴	68cm×67cm	322,000	北京翰海	2020-09-12
林铃兰 春光无限好 镜心	直径79cm	172,500	北京翰海	2020-09-12
林铃兰 月亮闪烁着粉红光 镜心	直径79cm	172,500	北京翰海	2020-09-12
林散之 临古长卷 手卷	尺寸不一	1,552,500	十竹斋拍卖（北京）	2020-10-18
林散之 1974年作 行书 太湖纪游 镜心	97.5cm×33cm	621,000	中国嘉德	2020-08-15
林散之 1977年作 草书论书诗 镜心	32.5cm×179cm	609,500	中鸿信	2020-01-04
林散之 草书《七律·长征》立轴	137cm×48cm	540,500	北京保利	2020-10-17
林散之 1982年作 草书 七言联	138cm×34cm×2	402,500	西泠印社	2020-08-08
林散之 1929年作 草堂秋风 立轴	116cm×22cm	402,500	朵云轩	2020-09-23
林散之 草书 "咏梅" 立轴	134cm×33cm	402,500	永乐拍卖	2020-12-03
林散之 行书七言诗 镜心	137cm×67cm	379,500	中贸圣佳	2020-10-17
林散之 草书毛主席词 立轴	136cm×67cm	368,000	中国嘉德	2020-08-15
林散之 1976年作 草书毛主席词 立轴	168cm×76cm	368,000	北京保利	2020-10-17
林散之 草书 李白诗 立轴	96.5cm×40.5cm	322,000	西泠印社	2020-08-08
林散之 1975年作 行书毛主席词 横披	30cm×230cm	322,000	中国嘉德	2020-12-02
林散之 行书七言联 立轴	138cm×34cm×2	310,500	中贸圣佳	2020-10-17
林散之 1964年作 草书《忆秦娥·娄山关》镜心	132cm×32cm	299,000	中国嘉德	2020-08-15
林散之 1973年作 草书 陆游词 立轴	132.5cm×32cm	276,000	西泠印社	2020-08-09
林散之 草书刘禹锡诗 立轴	110cm×33.5cm	253,000	十竹斋拍卖（北京）	2020-10-18
林散之 1976年作 湖上风光、草书论画诗（两帧）镜框	书 17.7cm×77.9cm；画 17.7cm×65.7cm	226,000	香港苏富比	2020-07-10
林散之 1984年作 草书七言联 对联	136cm×22cm×2	218,500	中国嘉德	2020-11-10
林散之 草书李白诗 立轴	129cm×33cm	207,000	荣宝斋（南京）	2020-11-28
林散之 草书王昌龄诗 立轴	108cm×34.5cm	207,000	荣宝斋（南京）	2020-11-28
林散之 1981年作 草书杜牧《山行》立轴	102cm×34cm	207,000	十竹斋拍卖（北京）	2020-10-18
林散之 1977年作 草书自作诗《八十初度》镜心	21cm×109.5cm	207,000	中国嘉德	2020-12-03
林散之 草书《清平乐·六盘山》镜心	40cm×155cm	195,500	中国嘉德	2020-12-02
林散之 草书杜牧《山行》立轴	95cm×38cm	189,750	十竹斋拍卖（北京）	2020-10-18
林散之 韩宫人《题红叶》·深山幽居双挖 立轴	33cm×20.2cm；35.2cm×20cm	184,000	北京诚轩	2020-08-17

2020书画拍卖成交汇总（续表）

（成交价RMB：5万元以上）

拍品名称	物品尺寸	成交价RMB	拍卖公司	拍卖日期
林散之 草书《哥舒歌》立轴	105.5cm×33cm	184,000	荣宝斋（南京）	2020-11-28
林散之 草书 镜片	109cm×32cm	172,500	上海嘉禾	2020-01-05
林散之 1979年作 草书七言联 立轴	133.5cm×31.5cm×2	172,500	中国嘉德	2020-08-15
林散之 草书 立轴	130cm×34cm	172,500	朵云轩	2020-09-23
林散之 草书《荆溪纪游》立轴	137cm×34cm	172,500	荣宝斋（南京）	2020-11-28
林散之 草书《太湖纪游》镜心	137cm×32cm	172,500	中国嘉德	2020-12-02
林散之 1976年作 草书唐诗 立轴	137cm×34cm	172,500	中国嘉德	2020-12-02
林散之 1972年作 行书自作诗 立轴	137cm×34cm	166,750	上海匡时	2020-08-05
林散之 行书自作诗 立轴	96cm×34cm	166,750	永乐拍卖	2020-12-03
林散之 草书王之涣《登鹳雀楼》立轴	97cm×25.5cm	161,000	十竹斋拍卖（北京）	2020-10-18
林散之 行书自作诗 立轴	106.5cm×34cm	161,000	中贸圣佳	2020-10-17
林散之 1973年作 草书瘦西湖诗	35cm×23.5cm	138,000	西泠印社	2020-08-09
林散之 行书 七言联	27cm×133.3cm	138,000	中国嘉德	2020-07-18
林散之 1980年 草书杜牧《山行》立轴	104cm×34cm	138,000	荣宝斋（南京）	2020-11-28
林散之 1965年作 草书《荆溪纪游》立轴	176cm×35cm	126,500	中鸿信	2020-01-04
林散之 1974年作 草书《太湖纪游》镜心	70cm×35cm	115,000	北京保利	2020-12-04
林散之 草书 立轴	66cm×31.5cm	115,000	荣宝斋（上海）	2020-10-25
林散之 草书王安石诗 镜心	102cm×31.5cm	115,000	中贸圣佳	2020-10-17
林散之 1984年作 草书自作诗 立轴	91cm×31.5cm	109,250	中鸿信	2020-01-04
林散之 草书唐人诗 镜心	113cm×38.5cm	103,500	上海匡时	2020-08-05
林散之 1985年作 草书“读书”镜心	38cm×51cm	103,500	十竹斋拍卖（北京）	2020-10-18
林散之 草书《剑门道中遇微雨》立轴	133cm×33cm	103,500	中贸圣佳	2020-10-17
林散之 草书 镜片	137cm×33.5cm	97,750	上海嘉禾	2020-01-05
林散之 1978年作 雨山图 镜心	33cm×33cm	94,300	北京保利	2020-10-17
林散之 草书毛主席诗 立轴	107cm×49cm	94,300	上海敬华	2020-09-22
林散之 1982年作 行书“勤奋”镜心	42.5cm×68.5cm	94,013	中国嘉德	2020-10-09
林散之 1972年作 草书 镜片	93cm×40cm	92,000	上海嘉禾	2020-01-05
林散之 行书毛主席诗词 镜心	74cm×136cm	92,000	中国嘉德	2020-08-15
林散之 1979年作 草书自作诗 立轴	105cm×32cm	92,000	北京保利	2020-12-04
林散之 草书鲁迅无题诗 镜心	104cm×33.5cm	92,000	荣宝斋（南京）	2020-11-28
林散之 行书七言对联 立轴	136cm×22cm×2	92,000	荣宝斋（上海）	2020-10-25
林散之 草书 立轴	105cm×31cm	80,500	北京翰海	2020-09-12
林散之 1980年作 澹园 镜片	34cm×67cm	80,500	上海敬华	2020-09-22
林散之 1984年作 草书李白诗 立轴	97cm×28.5cm	69,000	中鸿信	2020-01-04
林散之 南无阿弥陀佛 镜片	17cm×103cm	63,250	上海敬华	2020-09-22
林散之 书法 立轴	113cm×34cm	59,800	广东小雅斋	2020-06-17
林散之 草书《卜算子·咏梅》立轴	136cm×34cm	59,800	中国嘉德	2020-11-09
林散之 草书 立轴	103cm×34.5cm	57,500	上海嘉禾	2020-01-05
林散之 草书毛主席诗词 镜心	26cm×95cm	57,500	中鸿信	2020-01-03
林散之 行书五言联 对联	62cm×16.5cm×2	57,500	上海嘉禾	2020-01-05
林散之 草书题蜀中山水 立轴	91cm×28cm	57,500	广东崇正	2020-09-13
林散之 草书杜牧诗一首 立轴	132cm×66cm	57,500	中国嘉德	2020-11-10
林绍年 行书八言联 立轴	231cm×55.5cm×2	97,750	上海匡时	2020-08-05
林纾 山水四屏 立轴	175cm×46cm×4	506,000	华艺国际	2020-10-15
林纾 1920年作 山居深隐 立轴	192cm×51cm	172,500	朵云轩	2020-09-23
林纾 画间桃源图 立轴	112cm×41.5cm	138,000	永乐拍卖	2020-12-03
林纾 1913年作 春山烟霭 立轴	173cm×71cm	117,150	佳士得	2020-12-01
林纾 1911年作 雪霁访友 立轴	130cm×64.2cm	115,000	北京诚轩	2020-08-17
林纾 1919年作 哀蝉落叶图 镜心	31cm×71cm	109,250	上海匡时	2020-08-05
林纾 1916年作 幽壑绕云 立轴	133cm×33cm	97,750	朵云轩	2020-0[illegible]-23
林纾 1913年作 秋日山色 横披	61.5cm×128.5cm	86,250	华艺国际	2020-12-05
林纾 竹林秋居图 立轴	62cm×15cm	80,500	北京翰海	2020-12-11
林纾 1929年作 仿王石谷雪图 立轴	158cm×89cm	57,500	十竹斋拍卖（北京）	2020-10-18
林纾 赵世骏 山居图·书法 成扇	50cm×17cm	51,750	西泠印社	2020-08-08
林曦明 钱行健 邱受成 韩敏 施大畏 等 人物花鸟书法册（二十页）册页	63cm×43cm×10；46cm×34.5cm；63cm×44cm×5；55cm×42cm×3；56cm×41cm	109,250	西泠印社	2020-08-08
林雪岩 仕女四屏 立轴	96cm×20.5cm×4	57,500	荣宝斋（南京）	2020-11-28
林雪岩 傅雷 倚竹仕女·书法 成扇	18cm×50.5cm	55,200	中国嘉德	2020-08-15
林彦博 袁行宽 翠羽衔虾 宋词三首 成扇	18cm×49.5cm	74,750	北京诚轩	2020-08-17
林墉 1994年作 红荷少女 立轴	135cm×68cm	483,000	广东崇正	2020-09-13
林墉 1984年作 菊香 立轴	135cm×69.5cm	460,000	广东崇正	2020-09-13
林墉 1987年作 丰硕 立轴	136cm×68cm	460,000	华艺国际	2020-10-16
林墉 1990年作 虎溪三笑 立轴	136.5cm×69cm	437,000	华艺国际	2020-10-16
林墉 1982年作 品荔图 立轴	136cm×66cm	425,500	广东崇正	2020-09-13
林墉 苏华 和平之花 镜心	120cm×243cm	345,000	中国嘉德	2020-11-10
林墉 1997年作 松风图 镜片	68.5cm×137cm	230,000	广东崇正	2020-09-13
林墉 1996年作 艳阳天 镜框	91cm×53cm	207,000	华艺国际	2020-12-05
林墉 1998年作 面壁图、行书六言联一堂 立轴	画138cm×70cm；对136cm×34cm×2	172,500	广东崇正	2020-09-13
林墉 1993年作 执扇仕女 镜心	135.5cm×69cm	149,500	中国嘉德	2020-08-17
林墉 执扇仕女 镜片	68.6cm×46cm	126,500	广东崇正	2020-06-27
林墉 梅花少女 镜片	68cm×137cm	115,000	广东崇正	2020-06-27
林墉 1988年作 王阳明诗意 立轴	133cm×68.5cm	115,000	广东崇正	2020-09-13
林墉 红荷盛开 立轴	138cm×69cm	97,750	华艺国际	2020-10-16
林墉 1978年作 雁儿飞 立轴	60cm×49cm	92,000	中国嘉德	2020-07-16
林墉 芭蕉少女 镜片	137cm×69cm	92,000	广东小雅斋	2020-08-21
林墉 岁月静美 镜片	诗堂25.3cm×59.5cm；画95cm×59.5cm	92,000	广东崇正	2020-06-27
林墉 桃花少女 镜片	66.5cm×67.5cm	89,700	广东崇正	2020-06-27
林墉 1978年作 饲鸡图 立轴	95cm×60cm	86,250	中国嘉德	2020-07-16
林墉 种瓜得瓜 镜片	137cm×67.5cm	86,250	广东崇正	2020-06-27
林墉 1977年作 饲鸡图 镜心	33cm×45cm	[illegible]0,500	北京保利	2020-10-16
林墉 1995年作 爱鸟图 镜片	63.5cm×69cm	59,000	广东崇正	2020-09-13
林墉 少女与鹿 镜片	66cm×41cm	53,250	广东崇正	2020-06-27
林墉 盛装图 镜片	24cm×27cm	51,750	广东崇正	2020-09-13
林于思 2020年作 神隐之春系列之28	83cm×51cm	63,250	广东崇正	2020-09-13
林语堂 1971年作 书法 镜框	68cm×62cm	287,500	华艺国际	2020-10-16
林语堂 行书《半文歌》镜片	22.5cm×18.2cm	103,500	广东崇正	2020-09-13

(成交价RMB：5万元以上)

拍品名称	物品尺寸	成交价RMB	拍卖公司	拍卖日期
林玉山 竹雀图 镜框	73.5cm×90.5cm	189,750	上海驰翰	2020-08-06
林长民 1917年作 楷书菩萨经卷 立轴	100cm×34cm×4	782,000	永乐拍卖	2020-12-03
林长民 1925年作 行书七言联 立轴	127cm×28cm×2	184,000	北京保利	2020-10-17
林长民 1923年作 行书七言联 立轴	181cm×37.5cm×2	126,500	北京翰海	2020-12-12
林长民 1925年作 行书 立轴	129cm×60cm	86,250	朵云轩	2020-09-23
林长民 1918年作 行书七言联 立轴	127cm×30cm×2	71,300	华艺国际	2020-12-05
林长民 书法 立轴	134cm×34cm	57,500	广东小雅斋	2020-08-21
林直勉 1925年作 隶书七言联 镜心	123cm×31cm×2	149,500	华艺国际	2020-12-05
林直勉 章草七言联 立轴	132cm×31.5cm×2	103,500	广东崇正	2020-09-13
凌云子 2020年作 中华巨龙耀群山	138cm×68cm	103,500	钜鑫缘(香港)	2020-11-03
刘半农 唐诗书法圆光 镜心	直径23.5cm	126,500	中贸圣佳	2020-10-17
刘炳森 1994年作 隶书十二言联 镜心	182cm×29cm×2	195,500	中鸿信	2020-01-04
刘炳森 1982年作 书法 镜框	96cm×180cm	149,500	华艺国际	2020-10-16
刘炳森 书法 毛主席词(二帧)	133cm×33cm×2	126,500	西泠印社	2020-08-08
刘炳森 2001年作 隶书 镜心	94cm×283cm	126,500	中国嘉德	2020-07-16
刘炳森 书法	48cm×68cm	104,000	北京贞观	2020-11-28
刘炳森 唐人诗意 镜心	48cm×123.5cm	80,500	北京保利	2020-12-04
刘伯年 仿赵孟頫柳荫牧牛图 镜心	28.5cm×138cm	166,750	中鸿信	2020-01-03
刘伯农 吴学让 陈佩秋 1993年作 竹中秋色 镜片	67cm×130cm	138,000	朵云轩	2020-09-23
刘伯熙 嫩蕊新放怯晓风 镜心	138cm×68cm	209,000	北京玄和	2020-07-24
刘冰舒 2002年作 春风得意马蹄疾 镜心	137cm×69cm	63,250	中国嘉德	2020-11-10
刘昌潮 1980年作 梅石图 镜片	94cm×177cm	80,500	广东崇正	2020-09-13
刘大为 杜甫诗意图 镜心	96cm×179cm	333,500	中鸿信	2020-01-03
刘大为 苗再新 2009年作 会师井冈山 镜心	192cm×412cm	172,500	中鸿信	2020-01-03
刘大为 1986年作 昭君出塞 立轴	80cm×61cm	63,250	中国嘉德	2020-08-17
刘大为 2007年作 雪域牧歌 镜心	70cm×69cm	63,250	中国嘉德	2020-07-16
刘大为 2004年作 瑞雪 镜心	69cm×68cm	51,750	中国嘉德	2020-11-10
刘野 2015年作 迷宫迤逦	144cm×366cm	9,200,000	永乐拍卖	2020-12-04
刘野 2014年作 我们这时代	62.1cm×122.8cm	1,840,000	永乐拍卖	2020-08-18
刘旦宅 1998年作 诗文词曲画 册页(十开二十页)	37cm×24cm×20	9,200,000	中国嘉德	2020-08-16
刘旦宅 1996年作 洛神图 立轴	86.5cm×151.5cm	1,840,000	中国嘉德	2020-12-01
刘旦宅 等 50年代作《猎虎记》年画四条屏原稿(全)(十六帧)画心	27cm×35cm×16	874,000	西泠印社	2020-08-09
刘旦宅 1996年作 东坡试茶图 镜心	96.5cm×44.5cm	667,000	中国嘉德	2020-12-02
刘旦宅 1996年作 东坡取泉图 镜心	96.5cm×44.5cm	598,000	中国嘉德	2020-12-02
刘旦宅 1995年作 福寿康宁 镜片	96cm×44cm	575,000	上海敬华	2020-09-22
刘旦宅 1996年作 东坡昼睡图 镜心	96.5cm×44.5cm	552,000	中国嘉德	2020-12-02
刘旦宅 1986年作 梅花少女 立轴	89.5cm×48cm	460,000	中国嘉德	2020-12-02
刘旦宅 1996年作 东坡种茶图 镜心	96.5cm×44.5cm	437,000	中国嘉德	2020-12-02
刘旦宅 1977年作 十二诗人写照图卷 手卷	引首26cm×123cm；画26cm×366cm	429,400	江苏汇中	2020-08-05
刘旦宅 1980年作 相马图 立轴	94cm×58cm	368,000	朵云轩	2020-09-24
刘旦宅 1984年作 芭蕉仕女 镜心	89cm×48cm	310,500	中国嘉德	2020-07-16
刘旦宅 屈子行吟图 立轴	95.8cm×55cm	230,000	华艺国际	2020-10-16
刘旦宅 应野平 1957年作 义和团之二 镜片	56cm×79cm	207,000	西泠印社	2020-08-09

拍品名称	物品尺寸	成交价RMB	拍卖公司	拍卖日期
刘旦宅 应野平 1957年作 义和团之一 镜片	56cm×79cm	207,000	西泠印社	2020-08-09
刘旦宅 1961年作 少女与鹅 立轴	129cm×63cm	207,000	朵云轩	2020-09-23
刘旦宅 太白醉酒 镜片	68cm×68cm	207,000	上海敬华	2020-09-22
刘旦宅 1986年作 米颠拜石图 立轴	74cm×69cm	195,500	永乐拍卖	2020-12-03
刘旦宅 草书七言联 镜心	136.5cm×23cm×2	184,000	中国嘉德	2020-12-02
刘旦宅 1978年作 牡丹花猫 立轴	69cm×45cm	172,500	朵云轩	2020-09-24
刘旦宅 1987年作 奔马图 立轴	138cm×70cm	172,500	中国嘉德	2020-11-09
刘旦宅 草书七言联 镜心	136.5cm×23cm×2	172,500	中国嘉德	2020-12-02
刘旦宅 草书七言联 镜心	136.5cm×23cm×2	172,500	中国嘉德	2020-12-02
刘旦宅 草书七言联 镜心	136.5cm×23cm×2	172,500	中国嘉德	2020-12-02
刘旦宅 1973年作 舞乐 镜框	23cm×15cm	166,750	上海嘉禾	2020-01-05
刘旦宅 1984年作 仕女图 立轴	68.5cm×43cm	115,000	上海匡时	2020-08-05
刘旦宅 梅花仕女 立轴	68cm×51cm	112,700	中鸿信	2020-01-03
刘旦宅 1977年作 南田老人肖像 镜片	69.5cm×46.5cm	103,500	西泠印社	2020-08-09
刘旦宅 1977年作 南田老人肖像 镜片	69cm×46cm	94,300	上海嘉禾	2020-01-05
刘旦宅 1973年作 五彩路 镜心	125cm×61cm	92,000	北京翰海	2020-09-12
刘旦宅 任伯年 1998年作 清竹仕女图 立轴	101cm×63.5cm	82,800	上海驰翰	2020-08-06
刘旦宅 1989年作 浣纱图 镜心	68cm×39cm	74,750	北京保利	2020-12-04
刘旦宅 1992年作 行书 立轴	138cm×68cm	74,750	朵云轩	2020-09-23
刘旦宅 1978年作 冷香 立轴	81cm×45cm	71,300	中国嘉德	2020-11-09
刘旦宅 1999年作 行书 "聚墨斋" 镜框	51cm×132cm	69,000	上海敬华	2020-09-22
刘旦宅 仕女 立轴	68cm×40cm	69,000	永乐拍卖	2020-12-03
刘旦宅 牧牛图 镜框	34cm×53cm	63,250	朵云轩	2020-11-29
刘旦宅 行隐图 立轴	96.5cm×61.5cm	57,500	荣宝斋(南京)	2020-11-28
刘旦宅 太白醉酒 立轴	120cm×50cm	51,750	北京翰海	2020-09-12
刘广 2019年作 万代长春 镜心	140cm×352cm	8,970,000	北京保利	2020-10-16
刘广 2018年作 苍岩清韵图 镜心	126cm×330cm	6,440,000	北京保利	2020-12-04
刘广 2012年作 游春图 镜心	65.5cm×523cm	5,313,000	北京保利	2020-12-04
刘广 2017年作 华山清韵图 镜心	96cm×354cm	5,290,000	北京保利	2020-12-04
刘广 2017年作 春泉流香 镜心	124cm×242cm	3,335,000	北京保利	2020-10-16
刘广 2017年作 千峰竞秀 镜心	100cm×239cm	2,070,000	北京保利	2020-10-16
刘广 2016年作 林泉高致 镜心	120cm×239cm	1,725,000	北京保利	2020-10-16
刘广 2016年作 云台秋意图 镜心	77cm×210cm	1,265,000	北京保利	2020-12-04
刘广 2007年作 平湖秋水 镜心	170cm×93cm	989,000	北京保利	2020-10-16
刘广 2017年作 峨眉清秀图 镜心	76cm×134cm	828,000	北京保利	2020-12-04
刘广 2010年作 携琴访友图 镜心	170cm×92.5cm	804,288	保利香港	2020-12-08
刘广 2010年作 携琴访友图 镜心	170cm×92.5cm	804,288	保利香港	2020-12-08
刘广 2019年作 溪山清夏 镜心	129cm×66.5cm	402,144	保利香港	2020-12-08
刘广 2019年作 溪山清夏 镜心	129cm×66.5cm	402,144	保利香港	2020-12-08
刘广 2019年作 春风何处不花开 镜心	65cm×131cm	368,000	北京保利	2020-10-16
刘广 2015年作 朝朝谋隐地 镜心	67.5cm×134cm	368,000	北京保利	2020-10-16
刘广 2001年作 云山访友 镜心	131cm×66cm	356,500	北京保利	2020-10-16
刘广 2007年作 春风何处不花开 镜心	133cm×64.5cm	345,000	北京保利	2020-10-16
刘广 2005年作 汗血追风 镜心	64cm×66cm	345,000	北京保利	2020-10-16
刘广 2013年作 千秋不断 镜心	130cm×66cm	333,500	北京保利	2020-10-16
刘广 2001年作 秋山红叶 镜心	135cm×66cm	333,500	北京保利	2020-10-16
刘广 2001年作 松石山居 镜心	131cm×66cm	333,500	北京保利	2020-10-16
刘广 2004年作 春风花草香 镜心	120.5cm×64.5cm	322,000	北京保利	2020-10-16
刘广 2001年作 仙山楼阁 镜心	131cm×66cm	322,000	北京保利	2020-10-16
刘广 2001年作 江上泛舟 镜心	131cm×66cm	310,500	北京保利	2020-10-16
刘广 2011年作 胜日寻芳 镜心	132cm×66cm	299,000	北京保利	2020-10-16

2020书画拍卖成交汇总(续表)

(成交价RMB：5万元以上)

拍品名称	物品尺寸	成交价RMB	拍卖公司	拍卖日期
刘广 2013年作 溪畔雅集 镜心	66cm×130cm	287,500	北京保利	2020-10-16
刘广 2012年作 溪山清韵 镜心	67cm×131cm	253,000	中国嘉德	2020-11-10
刘广 2018年作 玉叶金华 镜心	65cm×44cm	126,500	北京保利	2020-10-16
刘广 2007年作 繁枝凝露 镜心	64.5cm×44.5cm	115,000	北京保利	2020-10-16
刘广 2010年作 晴风暖翠 镜心	59.5cm×39.5cm	103,500	北京保利	2020-10-16
刘广 2010年作 香色满园 镜心	59.5cm×39.5cm	92,000	北京保利	2020-10-16
刘广 2003年作 瀑水含秋气 镜心	直径42cm	57,500	北京保利	2020-10-16
刘广 2003年作 山川玉洁 镜心	直径42cm	57,500	北京保利	2020-10-16
刘国恩 牧归图 镜心	138cm×68cm	198,000	北京玄和	2020-07-24
刘国辉 1981年作《西湖主》连环画原稿(全)(三十帧)	33.5cm×33.5cm×30	287,500	西泠印社	2020-08-09
刘国松 2008年作 云绕罗兹峰：西藏组曲106	181cm×95cm	2,343,000	佳士得	2020-12-03
刘国松 2008年作 镜海秋波：九寨沟系列 134	70cm×130cm	1,384,500	佳士得	2020-12-03
刘国松 1971年作 变色的太阳 立轴	185cm×46cm	1,171,500	佳士得	2020-12-01
刘国松 1968年作 抽象山水 镜框	80cm×156.5cm	1,171,500	佳士得	2020-12-01
刘国松 1970年作 距离的组织之四	154.5cm×56cm	1,065,000	佳士得	2020-12-03
刘国松 2014年作 浪卡子雪肩	116.6cm×92.6cm	942,480	罗芙奥	2020-12-06
刘国松 1968至1986年作 晚来寒	60cm×99.5cm	905,250	佳士得	2020-12-03
刘国松 1986年作 连障起	99cm×59.7cm	888,048	香港苏富比	2020-10-06
刘国松 1972年作 光的浮现 立轴	183.5cm×46cm	798,750	佳士得	2020-12-01
刘国松 2011年作 网山的白线：西藏组曲165 镜框	93.5cm×95cm	798,000	佳士得	2020-07-08
刘国松 1972年作 再见土星 镜框	86cm×86cm	684,000	佳士得	2020-07-08
刘国松 1968年作 抽象山水	88.5cm×61cm	678,000	香港苏富比	2020-07-09
刘国松 1971年作 无题 立轴	145cm×70cm	667,000	北京保利	2020-12-04
刘国松 1964年作 抽象 镜框	86cm×55cm	447,300	佳士得	2020-12-01
刘国松 1988年作 醇美之景	50cm×28.5cm	133,056	罗芙奥	2020-12-06
刘海粟 艳斗汉宫春 镜心	94cm×176cm	4,830,000	荣宝斋(上海)	2020-10-25
刘海粟 睡狮图 立轴	88cm×68cm	4,140,000	朵云轩	2020-09-23
刘海粟 1972年作 山水小景 册页(十开二十页)	画 34.5cm×23cm×10; 字 34cm×22.5cm×10	3,220,000	中国嘉德	2020-08-16
刘海粟 青玉峡 立轴	126.5cm×60.5cm	1,725,000	中国嘉德	2020-12-01
刘海粟 1983年作 泼墨黄山云海 镜片	105cm×292cm	1,695,000	江苏汇中	2020-08-05
刘海粟 1980年作 泼彩黄山 镜框	96cm×182cm	1,171,500	佳士得	2020-12-01
刘海粟 秋日山居图 立轴	136cm×63cm	1,035,000	荣宝斋(南京)	2020-11-28
刘海粟 王个簃 1936年作 啸虎 横披	76cm×99.5cm	1,035,000	中国嘉德	2020-12-02
刘海粟 庚申1980年作 黄岳雄姿 镜片	92cm×172cm	966,000	上海驰翰	2020-12-12
刘海粟 渔父图 立轴	136.5cm×60.5cm	920,000	中国嘉德	2020-12-01
刘海粟 秋日山居图 立轴	136cm×63cm	828,000	华艺国际	2020-10-16
刘海粟 1988年作 泼彩黄山 镜心	79cm×172cm	805,000	中鸿信	2020-01-03
刘海粟 1982年作 黄山松云 镜片	69cm×137cm	805,000	上海敬华	2020-09-22
刘海粟 1985年作 书法《满庭芳·庆祝中国共产党成立六十周年》镜片	142cm×360cm	667,000	江苏汇中	2020-08-05
刘海粟 1982年作 荷花鸳鸯 镜心	143cm×74cm	632,500	十竹斋拍卖(北京)	2020-10-18
刘海粟 1974年作 大富贵 镜框	150.5cm×76.5cm	585,750	佳士得	2020-12-01
刘海粟 1954年作 黄山千峰图 立轴	70cm×42cm	552,000	中国嘉德	2020-12-02
刘海粟 红梅 立轴	135cm×68cm	460,000	上海敬华	2020-09-22
刘海粟 1988年作 泼墨黄山 立轴	130cm×61cm	402,500	朵云轩	2020-09-23
刘海粟 1982年作 行书七言 对联	135cm×29cm×2	356,500	朵云轩	2020-09-24
刘海粟 1951年作 仿石涛山水 镜心	92cm×33cm	287,500	中鸿信	2020-01-03
刘海粟 1978年作 纵横郁勃 镜片	103.5cm×52cm	276,000	朵云轩	2020-09-24
刘海粟 松树 镜框	137.5cm×70cm	264,500	华艺国际	2020-10-16
刘海粟 红梅图	137cm×68cm	257,600	上海联合	2020-11-29
刘海粟 1983年作 墨荷 立轴	95.5cm×60cm	230,000	中国嘉德	2020-08-15
刘海粟 桃实千年 立轴	92cm×58cm	195,500	中国嘉德	2020-07-17
刘海粟 1979年作 黄山莲蕊峰 扇面	20cm×53cm	195,500	十竹斋拍卖(北京)	2020-10-18
刘海粟 1987年作 书法 立轴	90cm×47.5cm	172,500	华艺国际	2020-12-05
刘海粟 1966年作 行书七言诗 立轴	130cm×62cm	161,000	北京保利	2020-10-17
刘海粟 1980年作 书法 立轴	138.5cm×69cm	149,100	佳士得	2020-12-01
刘海粟 1988年作 熊猫 立轴	67cm×45cm	138,000	永乐拍卖	2020-12-03
刘海粟 1943年作 大吉图 立轴	98cm×58cm	126,500	中国嘉德	2020-07-15
刘海粟 1983年作 黄山绝顶 镜心	62cm×83cm	115,000	中国嘉德	2020-07-16
刘海粟 1927年作 意在清湘 镜片	30cm×41cm	115,000	广东崇正	2020-09-13
刘海粟 1980年作 行书《满庭芳》横披	24cm×47cm	103,500	中国嘉德	2020-12-02
刘海粟 行书"天真斋" 镜心	66cm×131.5cm	92,000	中鸿信	2020-0[illegible]-03
刘海粟 1942年作 墨梅·行书 成扇	18.5cm×49cm	89,700	上海嘉禾	2020-0[illegible]-05
刘海粟 书法 布面	276cm×440cm	74,750	广东小雅斋	2020-08-21
刘海粟 行书 镜片	67cm×132.5cm	69,000	广东崇正	2020-09-13
刘海粟 1987年作 松间熊猫 镜心	91cm×48cm	57,500	中国嘉德	2020-07-16
刘海粟 1936年作 国色天香 镜心	122cm×31cm	55,200	中国嘉德	2020-07-16
刘汉民 2016年作 江月年年只相似	138cm×68cm	3,427,000	钜鑫缘(香港)	2020-1[illegible]-03
刘汉民 2016年作 清江一曲抱村流	138cm×68cm	3,220,000	钜鑫缘(香港)	2020-1[illegible]-03
刘汉民 2016年作 一叶落知天下秋	68cm×68cm	1,932,000	钜鑫缘(香港)	2020-1[illegible]-03
刘汉宗 1961年作《双枪将陆文龙》年画四条屏原稿(全)(十六帧)画心	23cm×31cm×16	632,500	西泠印社	2020-08-09
刘汉宗 1959年作《除三害》年画四条屏原稿(全)(十六帧)镜片	27cm×34.5cm×16	437,000	西泠印社	2020-08-09
刘汉宗 1957年作《赠绨袍》连环画原稿(全)(七十六帧)	15.5cm×22cm×76	184,000	西泠印社	2020-08-09
刘汉宗 钱笑呆 1963年作《中国古代军事家》故事二则插图原稿(三十九帧)	15cm×21cm×19; 15cm×22cm×20	97,750	西泠印社	2020-08-09
刘继卣 1968年作 新京剧《红灯记》立轴	69.5cm×53.0cm	805,000	中国嘉德	2020-08-16
刘继卣 老虎 立轴	240cm×123cm	575,000	中国嘉德	2020-12-03
刘继卣 仕女图 立轴	137cm×69.5cm	575,000	中国嘉德	2020-12-02
刘继卣 1968年作 芭蕾舞剧《白毛女》立轴	58.5cm×43.0cm	483,000	中国嘉德	2020-08-16
刘继卣 马 立轴	138cm×69cm	460,000	永乐拍卖	2020-08-17
刘继卣 1978年作 山鹰 镜心	136cm×66cm	460,000	中国嘉德	2020-12-03
刘继卣 1980年作 竹风摇曳翠罗衣 立轴	138cm×68.5cm	402,500	北京保利	2020-12-04
刘继卣 少女垂眸 立轴	76cm×27.5cm	368,000	中国嘉德	2020-12-03
刘继卣 猛虎 立轴	239cm×123cm	345,000	上海驰翰	2020-08-06
刘继卣 1972年作 竹荫花豹 立轴	68cm×34.5cm	299,000	中国嘉德	2020-12-03

(成交价RMB：5万元以上)

拍品名称	物品尺寸	成交价RMB	拍卖公司	拍卖日期
刘继卣 三英战吕布 立轴	35.5cm×60cm	226,000	香港苏富比	2020-07-10
刘继卣 1955年作 虎虎生威 镜心	134.5cm×67cm	218,500	北京保利	2020-10-17
刘继卣 兔子红柿 镜心	70cm×30.5cm	207,000	中国嘉德	2020-12-03
刘继卣 双吉 立轴	73cm×65.5cm	184,000	北京保利	2020-12-04
刘继卣 1977年作 神猴献寿 立轴	70cm×41cm	161,000	中鸿信	2020-01-03
刘继卣 英雄独立 立轴	137cm×67cm	138,000	永乐拍卖	2020-12-03
刘继卣 1980年作 双兔 镜心	68cm×46cm	109,250	北京保利	2020-10-17
刘继卣 1982年作 教子图 立轴	69cm×45cm	97,750	中国嘉德	2020-12-02
刘继卣 金丝猴 立轴	66.5cm×43.5cm	92,000	北京保利	2020-12-04
刘继卣 1981年作 双兔 镜心	71.5cm×43cm	92,000	北京翰海	2020-12-11
刘继卣 1978年作 熊猫 立轴	67.5cm×45.5cm	80,500	北京保利	2020-12-04
刘继卣 双鹿 镜心	67cm×44cm	74,750	北京保利	2020-12-04
刘继卣 1976年作 白鹦鹉 镜心	72.5cm×34cm	69,000	中国嘉德	2020-12-03
刘继卣 双兔 立轴	61cm×42.5cm	51,750	荣宝斋(南京)	2020-11-28
刘静云 2020年作 精卫填海	121cm×210cm	690,000	北京翰海	2020-12-12
刘巨德 2012年作 向阳花	139cm×69cm	517,500	中鸿信	2020-01-04
刘巨德 2017年作 风雪地	32cm×61cm	74,750	中鸿信	2020-01-04
刘巨德 2018年作 鸣猿	36cm×71cm	69,000	中鸿信	2020-01-04
刘巨德 2018年作 忘乡	32cm×61cm	69,000	中鸿信	2020-01-04
刘巨德 2018年作 养闲	36cm×71cm	69,000	中鸿信	2020-01-04
刘开渠 19[illegible]9年作 行书题词 镜心	126cm×67cm	66,700	中鸿信	2020-01-04
刘奎龄 1944年作 走兽四屏 立轴	138cm×34cm×4	5,039,800	香港苏富比	2020-07-10
刘奎龄 1945年作 动物六屏 立轴	134cm×34cm×6	2,760,000	北京保利	2020-10-17
刘奎龄 1925年作 双鸽图 立轴	105.5cm×51cm	897,000	朵云轩	2020-09-23
刘奎龄 耄耋图 镜心	26cm×33cm	345,000	北京保利	2020-10-17
刘奎龄 秋庭犬戏 镜框	43cm×64cm	222,012	香港苏富比	2020-10-08
刘奎龄 1938年作 松寿孔雀 立轴	137cm×60.5cm	138,000	中鸿信	2020-01-03
刘奎龄 徐宗浩 瑞兽、书法 成扇	19cm×50cm	80,500	华艺国际	2020-10-16
刘奎龄 花鸟 成扇	17.5cm×46.5cm	69,000	华艺国际	2020-10-16
刘奎龄 1927年作 五瑞图 镜片	18.2cm×51.2cm	63,250	永乐拍卖	2020-12-03
刘奎龄 1939年作 雀上枝头 镜片	19cm×55.6cm	57,500	永乐拍卖	2020-12-03
刘坤岩 2010年春月作 赤壁怀古 镜心	198cm×98cm	368,000	北京汇珍	2020-08-13
刘林 2020年作 潺潺流水欲青山 镜心	245cm×100cm	76,000	北京汇珍	2020-08-13
刘凌沧 1943年作 百子嬉戏图 立轴	131cm×65.5cm	184,000	十竹斋拍卖(北京)	2020-10-18
刘凌沧 画皮图 镜心	52cm×40cm	138,000	中鸿信	2020-01-03
刘凌沧 1941年作 瑶台献寿 立轴	130cm×36cm	109,250	中鸿信	2020-01-03
刘凌沧 货郎图 镜心	27.5cm×315cm	57,500	中国嘉德	2020-12-02
刘懋善 白宫 镜心	68cm×136cm	207,000	北京保利	2020-10-16
刘孟宽 2020年作 四季组曲(四幅) 镜框	每副：93.5cm×34.5cm	117,150	佳士得	2020-12-01
刘孟宽 2020年作 麦波微步 镜框	102.5cm×34.2cm	57,000	佳士得	2020-07-08
刘明雷 2019年作 古塬通灵 镜心	68cm×139cm	178,000	北京汇珍	2020-08-13
刘明雷 2020年作 烟溪鱼隐 镜心	50cm×50cm	96,000	北京汇珍	2020-08-13
刘庆和 人物 镜心	136cm×68cm	425,500	十竹斋拍卖(北京)	2020-10-18
刘庆和 清波濯足图 镜心	69.5cm×138.5cm	66,700	中国嘉德	2020-08-17
刘庆和 蕉下乘凉 镜心	137cm×67.5cm	51,750	中国嘉德	2020-08-17
刘泉义 彝族少女 镜心	137cm×68cm	56,750	北京保利	2020-07-18
刘胜平 2019年作 千叶宝莲	91cm×53cm	230,000	北京翰海	2020-09-12
刘淑芳 2020年作 熊猫图 镜心	136cm×68cm	76,000	北京汇珍	2020-08-13
刘天怜 镜像丛林 镜心	94cm×94cm	97,750	中国嘉德	2020-07-16
刘天怜 桃花林间 镜心	94cm×94cm	97,750	中国嘉德	2020-07-16
刘婷 离乎芒芴之间	200cm×121cm	230,000	中贸圣佳	2020-10-17
刘婷 2018年作 雏形物	101.5cm×87.5cm	172,500	西泠印社	2020-08-08
刘万鸣 清悠图 圆光	直径44cm	115,000	中鸿信	2020-01-03
刘文典 隶书十言联 立轴	129cm×30cm×2	207,000	十竹斋拍卖(北京)	2020-10-18
刘文西 小姑娘	97cm×43cm	858,000	北京贞观	2020-11-28
刘文西 2004年作 白族姑娘 镜心	138cm×70cm	690,000	北京保利	2020-10-16
刘文西 1992年作 唐代舞 镜心	136cm×70cm	356,500	北京保利	2020-10-16
刘文西 1989年 陕北老汉 立轴	86.5cm×66cm	345,000	中国嘉德	2020-12-01
刘文西 钟馗图 镜片	140cm×70cm	230,000	广东小雅斋	2020-08-21
刘文西 1994年作 大漠情 镜心	92cm×60cm	207,000	北京保利	2020-10-16
刘文西 1998年作 陕北红色革命圣地佳县 镜心	128cm×121cm	172,500	北京保利	2020-12-04
刘文西 2004年作 黄土坡上唢呐声 镜心	135cm×68.5cm	161,000	北京保利	2020-12-04
刘文西 1998年作 黄土地的老人 镜心	70cm×69cm	149,500	中国嘉德	2020-11-10
刘文西 1987年作 吴作人像 镜心	54cm×47cm	138,000	中国嘉德	2020-07-16
刘文西 1992年作 玉楼醉春图 镜心	135cm×68.5cm	115,000	北京保利	2020-12-04
刘文西 松鹤延年 镜片	70cm×138cm	69,000	广东小雅斋	2020-08-21
刘文西 崔振宽 等 书画 册页(十三开选六)	26cm×32.3cm×13	69,000	广东崇正	2020-09-13
刘文西 1995年作 黄土地上唢呐声 镜心	140cm×115cm	57,500	北京翰海	2020-09-12
刘晓琰 2019年作 此时此刻·漩涡	136cm×69cm	69,000	中鸿信	2020-01-04
刘旭 2020年作 草树云山如锦绣 镜心	90cm×26cm	66,700	中国嘉德	2020-11-10
刘延铮 2019年作 江山永固 镜心	180cm×150cm	98,000	北京汇珍	2020-08-13
刘彦水 2004年作 武夷景观 镜框	144cm×250.5cm	322,000	华艺国际	2020-10-16
刘永刚 2017年作 长江	27cm×5cm×45cm	138,000	北京翰海	2020-09-12
刘振夏 水乡村姑 镜框	123cm×72.5cm	565,000	香港苏富比	2020-07-10
刘振夏 少女 立轴	83cm×57cm	230,000	中国嘉德	2020-08-17
刘振夏 女青年头像 镜心	42cm×36.5cm	126,500	中国嘉德	2020-12-01
刘知白 2001年作 山水	135cm×68.5cm	184,000	中贸圣佳	2020-10-17
柳谦 2020年作 唐人马球图 镜心	47cm×135cm	207,000	北京保利	2020-10-16
柳亚子 行书自作诗 镜片	63.5cm×30cm	184,000	广东崇正	2020-09-13
柳亚子 1936年作 行书 立轴	114.5cm×39cm	115,000	朵云轩	2020-09-23
柳亚子 1949作 龚自珍《夜坐》立轴	134cm×32.3cm	80,500	北京诚轩	2020-08-17
柳亚子 行书 五言诗 立轴	65cm×32cm	57,500	西泠印社	2020-08-09
柳亚子 行书七言 对联片	133cm×30cm×2	55,200	朵云轩	2020-11-30
柳诒征 书法对联(两幅) 立轴	158cm×44.6cm×2	149,100	佳士得	2020-11-18
龙瑞 2015年作 虎跳峡中茶马古道纪游 镜心	247cm×124cm	5,750,000	北京翰海	2020-09-12
龙瑞 2014年作 溪山秋趣 镜框	68cm×67.5cm	97,750	华艺国际	2020-10-16
娄师白 且惕青阴 立轴	248.5cm×68cm	345,000	中国嘉德	2020-12-02
娄师白 大利大寿 镜片	128cm×64cm	161,000	朵云轩	2020-09-23
娄师白 高瞻远瞩 镜心	136cm×62cm	138,000	中国嘉德	2020-07-16
娄师白 饲鸭图 镜心	136cm×69cm	138,000	中国嘉德	2020-07-16
娄师白 双寿 立轴	82.5cm×33.5cm	138,000	北京翰海	2020-12-11
娄师白 2002年作 荷塘鸳鸯 镜心	68cm×136cm	115,000	中国嘉德	2020-11-09
娄师白 大寿 镜心	138cm×69cm	97,750	北京翰海	2020-12-11
娄师白 1978年作 毛主席词意 镜心	139cm×68cm	92,000	中国嘉德	2020-07-16

2020书画拍卖成交汇总(续表)

(成交价RMB：5万元以上)

拍品名称	物品尺寸	成交价RMB	拍卖公司	拍卖日期
娄师白 秋趣 镜心	68cm×68cm	89,700	中国嘉德	2020-11-09
娄师白 2008年作 多寿图 镜心	70cm×68cm	86,250	中国嘉德	2020-07-16
娄师白 金鸡鸣日升 镜心	69cm×69cm	86,250	中国嘉德	2020-11-09
娄师白 益寿延年 镜心	69cm×73cm	82,800	中国嘉德	2020-11-09
娄师白 花鸟（二帧）镜心	牡丹 68cm×34.5cm； 荷68cm×45cm	74,750	北京保利	2020-12-04
娄师白 雏鸡图 镜心	85.5cm×51.5cm	74,750	北京翰海	2020-12-11
娄师白 1935年作 春喜 镜心	98cm×33.5cm	74,750	北京翰海	2020-12-11
娄师白 2006年作 多寿 镜心	98cm×49cm	74,750	中国嘉德	2020-11-09
娄师白 连年有余 镜心	68cm×113cm	63,250	中国嘉德	2020-07-16
娄师白 多寿 镜心	84cm×60cm	63,250	中国嘉德	2020-11-09
娄师白 双寿 立轴	65cm×42cm	63,250	中国嘉德	2020-12-03
娄师白 荷塘结实藕初肥 立轴	137cm×61cm	59,800	中国嘉德	2020-07-16
娄师白 鼠趣 立轴	101cm×30cm	59,800	中国嘉德	2020-11-09
娄师白 福禄寿 镜心	13.5cm×12cm×3	57,500	中国嘉德	2020-08-15
娄师白 柳荫鸭趣 立轴	66cm×44cm	55,200	中国嘉德	2020-11-09
娄师白 1980年作 福自天申 立轴	68cm×45cm	51,750	中国嘉德	2020-11-09
娄师白 紫藤蜜蜂 镜心	96cm×70cm	51,750	中国嘉德	2020-11-09
卢沉 1978年作 版纳小景 立轴	137cm×68cm	287,500	北京保利	2020-10-17
卢沉 1978年作 春雨 立轴	78cm×52cm	115,000	北京保利	2020-10-17
卢沉 1998年作 晨趣图 镜心	46cm×137cm	103,500	中国嘉德	2020-11-10
卢沉 1987年作 采菊图 镜心	69.5cm×46.5cm	74,750	中国嘉德	2020-08-17
卢沉 1993年作 爽秋 镜心	45cm×48cm	74,750	中国嘉德	2020-12-01
卢光照 雄鸡 立轴	98.5cm×34cm	172,500	中国嘉德	2020-12-02
卢光照 富贵大吉图 镜心	137.5cm×69cm	69,000	中国嘉德	2020-12-02
卢辉 2019年作 瑞雪19-2 镜框	90cm×129cm	106,500	佳士得	2020-12-01
卢辉 2020年作 蔓20-07 镜框	79cm×104cm	51,300	佳士得	2020-07-08
卢津艺（津益）2020年夏月作 春消息 镜心	136cm×68cm	115,000	北京汇珍	2020-08-13
卢坤峰 1986年作 花鸟图卷 手卷	引首 33cm×87cm； 画心 33cm×276cm	391,000	西泠印社	2020-08-09
卢清远 育雏 镜框	120cm×60cm	125,400	佳士得	2020-07-08
卢清远 秋江饮马 立轴	134cm×63cm	117,150	佳士得	2020-12-01
卢禹舜 2003年作 天高秋月 镜框	137cm×69cm	402,500	华艺国际	2020-10-16
卢禹舜 2020年作《利州南渡》诗意图 镜心	23cm×137cm	147,550	北京保利	2020-07-18
卢禹舜 1997年作《凤凰台》诗意图 镜心	69cm×69cm	103,500	北京保利	2020-10-16
卢禹舜 1986年作 四季山水四屏 镜心	65cm×65cm×4	92,000	北京保利	2020-12-04
卢禹舜 1986年作 山水四屏 镜心	65cm×65cm×4	92,000	北京保利	2020-12-04
卢禹舜 庄居野行诗意图 镜心	68cm×69cm	66,700	北京保利	2020-12-04
卢禹舜 唐人诗意图 镜心	68cm×69cm	57,500	北京保利	2020-12-04
卢振寰 1962年作 青绿山水 镜片	96.5cm×33.5cm	103,500	广东崇正	2020-09-13
卢振寰 1948年作 临流读书图 立轴	93cm×45.5cm	89,700	广东崇正	2020-09-13
卢子枢 1960年作 秋山飞瀑 立轴	151cm×82cm	345,000	广东崇正	2020-09-13
卢子枢 1954年作 湖山掩翠 立轴	152cm×82.5cm	172,500	广东崇正	2020-09-13
卢子枢 简文舒 山水、行书（四帧）镜片	卢 29cm×19.5cm×4； 简35cm×25cm×4	74,750	广东崇正	2020-09-13
卢子枢 1973年作 仿石涛笔意（两帧）立轴	88.5cm×29.5cm×2	63,250	广东崇正	2020-09-13
卢子枢 1966年作 山村晚色 镜片	109cm×24cm	57,500	广东崇正	2020-09-13
卢子枢 1946年作 青山小隐 立轴	66cm×36cm	57,500	广东崇正	2020-09-13
卢子枢 杨芝泉 黎葛民 陈基溱 1955年作 仿黄爵滋四照图 镜心	34cm×43cm×4	57,500	中国嘉德	2020-11-10
卢子枢 1940年作 拟倪黄笔意 立轴	122cm×35cm	55,200	广东崇正	2020-09-13
卢子枢 1968年作 仿浙江笔意 立轴	136cm×34cm	55,200	广东崇正	2020-09-13
鲁玉 2020年作 秋染江山	68cm×136cm	379,500	钜鑫缘（香港）	2020-11-03
陆恢 渔隐归樵图 镜心	46cm×231.5cm	276,000	中国嘉德	2020-12-02
陆恢 1901年作 秋山雨霁 立轴	144cm×76.5cm	230,000	上海敬华	2020-09-22
陆恢 1900年作 携琴访友 立轴	140cm×69cm	218,500	中国嘉德	2020-08-16
陆恢 书画合璧（六帧）镜心	26cm×26cm×6	138,000	中国嘉德	2020-08-17
陆恢 摹古山水 册页（十二开）	23cm×33cm	132,250	中贸圣佳	2020-10-17
陆恢 倪田 顾麟士 松鹤延年 立轴	134.5cm×64.5cm	115,000	北京翰海	2020-12-11
陆恢 1913年作 山店斜阳 立轴	133cm×58cm	115,000	上海敬华	2020-09-22
陆恢 东陵瓜 立轴	152.5cm×40cm	71,300	北京诚轩	2020-08-17
陆恢 1892年作 群鼯啄山栗 立轴	137cm×56.5cm	69,000	北京诚轩	2020-08-17
陆恢 松园人家 立轴	143.5cm×38.5cm	69,000	朵云轩	2020-09-23
陆恢 1895年作 秋林书屋 团扇面	直径25cm	69,000	朵云轩	2020-09-24
陆恢 荷塘清趣 立轴	104cm×40cm	66,700	荣宝斋（南京）	2020-11-28
陆恢 仿古山水 立轴	143.5cm×50.5cm	63,250	朵云轩	2020-09-23
陆维钊 楷书 临张清颂碑 立轴	136cm×34cm	115,000	西泠印社	2020-08-09
陆维钊 郭志光 朱恒 卢橘图·墨竹图·飞瀑图（三帧）	90cm×49cm； 97cm×35cm； 73.5cm×31cm	80,500	西泠印社	2020-08-08
陆小曼 徐志摩 翠黛溪色·行书词 成扇	18.5cm×49cm	437,000	北京保利	2020-10-17
陆小曼 1955年作 竹叶小鸟 楷书李义山诗 扇面一对 镜框	18.5cm×51.5cm (各面)	333,018	香港苏富比	2020-10-08
陆小曼 蔡晋镛 深山访友、书法 成扇	18cm×47cm	138,000	华艺国际	2020-10-16
陆小曼 思春图 镜心	146cm×47cm	92,000	中鸿信	2020-01-04
陆小曼 叶尔恺 山水、书法 成扇	18cm×50cm×2	92,000	广东小雅斋	2020-08-21
陆小曼 仕女 镜框	73cm×27cm	69,000	广东小雅斋	2020-06-17
陆俨少 女真人生活图 镜框	79cm×253cm	34,500,000	华艺国际	2020-10-16
陆俨少 1981年作 峡江羁旅图 手卷	引首 32.8cm×89cm； 画心 32.8cm×277.5cm； 题跋33cm×139cm	10,350,000	中国嘉德	2020-08-16
陆俨少 1963年作 人勤春早 镜框	137cm×69cm	10,350,000	华艺国际	2020-12-05
陆俨少 万山红遍、层林尽染 镜心	52.5cm×110.5cm	9,085,000	中国嘉德	2020-12-01
陆俨少 1985年作 峡江险水图 手卷	画心 34cm×276cm； 引首 34cm×111cm	8,625,000	中国嘉德	2020-12-01
陆俨少 1964 年作 陇上黄云图 立轴	135.5cm×66.5cm	7,130,000	朵云轩	2020-09-23
陆俨少 江山 册页（十二开）	24cm×32cm×12	5,865,000	朵云轩	2020-09-23
陆俨少 1957年作 祖国新貌 镜心	68.5cm×139.5cm	5,750,000	中国嘉德	2020-08-16
陆俨少 1985年作 峡江行 立轴	137.5cm×68cm	3,910,000	中国嘉德	2020-12-01
陆俨少 1964年作 山市人初散 镜心	138.5cm×68.5cm	3,795,000	中国嘉德	2020-12-01
陆俨少 唐云 谢之光 1966年作 蒸蒸日上 镜心	95.5cm×179.0cm	3,565,000	中国嘉德	2020-08-16
陆俨少 1977年作 深山采药图卷 手卷	33cm×322cm	3,565,000	中国嘉德	2020-11-09
陆俨少 1982年作 寒树幽涧图 立轴	178cm×95cm	2,875,000	永乐拍卖	2020-12-03
陆俨少 1965年作 山水（四帧）镜心	34.3cm×23.5cm×4	2,530,000	中国嘉德	2020-12-01
陆俨少 江南春汛 镜心	99.5cm×30cm	2,415,000	中国嘉德	2020-12-01

2020书画拍卖成交汇总(续表)

(成交价RMB：5万元以上)

拍品名称	物品尺寸	成交价RMB	拍卖公司	拍卖日期
陆俨少 唐人诗意图 立轴	112cm×55.5cm	2,185,000	华艺国际	2020-10-16
陆俨少 1931年作 无量寿佛 立轴	99.2cm×48.5cm	2,185,000	华艺国际	2020-10-16
陆俨少 广海览胜图 立轴	68.5cm×34.5cm	2,070,000	西泠印社	2020-08-09
陆俨少 1977年作 井冈山八面山哨口 立轴	121cm×60cm	2,070,000	北京保利	2020-10-17
陆俨少 1979年作 幽居图 立轴	97cm×45cm	1,955,000	朵云轩	2020-09-24
陆俨少 1977年作 朱砂冲哨口 立轴	46cm×61.5cm	1,840,000	上海匡时	2020-08-05
陆俨少 1982年作 云水奇观 立轴	绘画111.8cm×88cm；诗堂21.2cm×88cm	1,840,000	华艺国际	2020-12-05
陆俨少 1980年作 庐山胜景 立轴	96.5cm×44cm	1,725,000	北京保利	2020-10-17
陆俨少 1959年作 归樵图 立轴	83cm×39cm	1,667,500	北京保利	2020-12-04
陆俨少 黄山远眺 立轴	69cm×46cm	1,667,500	华艺国际	2020-10-16
陆俨少 1978年作 江上人家 镜心	55cm×39cm	1,610,000	永乐拍卖	2020-08-17
陆俨少 秋山明秀 立轴	97cm×44cm	1,610,000	上海敬华	2020-09-22
陆俨少 1980年作 致张仃云山图 镜心	引首33.5cm×137cm；题跋33.5cm×137cm×2	1,610,000	中国嘉德	2020-12-03
陆俨少 黄山云起 手卷	24.5cm×180cm；题跋24.5cm×88.5cm	1,265,000	荣宝斋(上海)	2020-10-25
陆俨少 黄山松云图 立轴	90cm×48cm	1,265,000	中贸圣佳	2020-10-17
陆俨少 1990年作 春江云起图 立轴	95cm×58.5cm	1,221,066	香港苏富比	2020-10-08
陆俨少 1988年作 山水册(十页) 册页	38.5cm×28cm×10	1,150,000	西泠印社	2020-08-09
陆俨少 1965年作 壮美山河、行书诗 成扇	18cm×46cm	1,150,000	华艺国际	2020-12-05
陆俨少 1958年作 松谷听泉 立轴	68.5cm×33.5cm	1,092,500	上海匡时	2020-08-05
陆俨少 1936年作 青山图 立轴	138cm×34cm	1,092,500	中国嘉德	2020-12-01
陆俨少 黄山 立轴	70cm×41cm	1,035,000	永乐拍卖	2020-12-03
陆俨少 慈元寺 镜心	35.5cm×45.5cm	977,500	上海匡时	2020-08-05
陆俨少 1962年作 倒挂莲花峰 镜心	47cm×35cm	920,000	中国嘉德	2020-08-15
陆俨少 行书刘禹锡诗 册页	34cm×44cm×13	920,000	北京保利	2020-10-17
陆俨少 1990年作 一帆风顺图 镜心	45cm×97cm	920,000	永乐拍卖	2020-12-03
陆俨少 黄山风云 立轴	79cm×40cm	920,000	中贸圣佳	2020-10-17
陆俨少 黄岳松云 立轴	68cm×33cm	908,500	中贸圣佳	2020-10-17
陆俨少 1977年作 云山石径图 立轴	90.5cm×48.5cm	862,500	西泠印社	2020-08-09
陆俨少 刘旦宅 等 1983年作 山居图、人物 手卷	陆俨少25cm×69.5cm；刘旦宅28cm×76cm；程十发28cm×69cm；引首28cm×74cm	851,000	华艺国际	2020-10-16
陆俨少 1946年作 巴船出峡 扇轴	18.5cm×52.5cm	828,000	朵云轩	2020-09-24
陆俨少 黄山松云 镜片	28.5cm×89.5cm	828,000	广东崇正	2020-09-13
陆俨少 访友图 镜框	23cm×83cm	828,000	华艺国际	2020-10-16
陆俨少 黄山排云亭 镜片	84cm×44cm	816,500	上海嘉禾	2020-01-05
陆俨少 1947年作 仿古山水 立轴	101cm×50cm	805,000	永乐拍卖	2020-12-03
陆俨少 1988年作 云山图卷 镜心	33cm×125.5cm	782,000	上海匡时	2020-08-05
陆俨少 1962年作 策杖高士、行书诗 成扇	18cm×49cm	747,500	华艺国际	2020-12-05
陆俨少 1947年作 大匡山 立轴	88cm×47.5cm	747,500	华艺国际	2020-12-05
陆俨少 1962年作 一个新兴工业城市的成长 镜心	46.0cm×34.0cm	713,000	中国嘉德	2020-08-16

拍品名称	物品尺寸	成交价RMB	拍卖公司	拍卖日期
陆俨少 1959年作 江深草阁寒 镜心	28.5cm×108.2cm	690,000	北京诚轩	2020-08-17
陆俨少 荒江远岫 手卷	24cm×170cm	690,000	华艺国际	2020-10-16
陆俨少 1985年作 峡江险水 立轴	68.5cm×45cm	667,000	上海嘉禾	2020-01-05
陆俨少 1983年作 寒山秋色图 立轴	68cm×45.5cm	632,500	西泠印社	2020-08-09
陆俨少 春消息 镜心	43cm×67cm	632,500	荣宝斋(南京)	2020-11-28
陆俨少 疏林曳杖图 立轴	78cm×34cm	632,500	上海敬华	2020-09-22
陆俨少 1985年作 洞庭雁啼 立轴	75cm×40cm	598,000	上海敬华	2020-09-22
陆俨少 1978年作 黄山松涛 立轴	69cm×34cm	563,500	华艺国际	2020-10-16
陆俨少 访友行吟图 立轴	67cm×46.5cm	552,000	上海匡时	2020-08-05
陆俨少 欣欣向荣图 立轴	诗堂50cm×28cm；画心67cm×50cm	529,000	西泠印社	2020-08-09
陆俨少 1964年作 王安石诗意图 立轴	67cm×36cm	517,500	北京保利	2020-10-17
陆俨少 清江垂钓 立轴	96cm×44cm	517,500	永乐拍卖	2020-12-03
陆俨少 负薪图 镜心	42cm×27cm	517,500	中国嘉德	2020-12-02
陆俨少 1985年作 烟江晴峦图 镜片	67cm×46cm	483,000	上海嘉禾	2020-01-05
陆俨少 太湖烟波 扇面 镜框	15.5cm×49.7cm	474,600	香港苏富比	2020-07-10
陆俨少 1960年作 陶潜诗意图 扇页	51.5cm×17.5cm	471,500	西泠印社	2020-08-08
陆俨少 1962年作 深山听泉 立轴	63cm×34.3cm	460,000	北京诚轩	2020-08-17
陆俨少 1984年作 杜甫诗意图 立轴	100.5cm×34.5cm	437,000	上海嘉禾	2020-01-05
陆俨少 秋山峡江图 立轴	70cm×42.5cm	414,000	中鸿信	2020-01-03
陆俨少 1980年作 秋山云起 立轴	68cm×45cm	402,500	永乐拍卖	2020-12-03
陆俨少 1982年作 平皋秋树 立轴	67cm×35cm	379,500	广东崇正	2020-09-13
陆俨少 云气楚宫图 立轴	97cm×32cm	356,500	荣宝斋(南京)	2020-11-28
陆俨少 1962年作 雷州青年运河 镜心	27cm×33.5cm	350,750	中鸿信	2020-01-03
陆俨少 陈大羽 李苦禅 宋文治 等 山水花鸟书法册(共二十八页) 册页	32cm×24cm×28	333,500	西泠印社	2020-08-08
陆俨少 1964年作 渔港 镜框	26.5cm×42cm	333,500	华艺国际	2020-12-05
陆俨少 1977年作 行书陆游诗三首 镜片	23.5cm×120cm	322,000	上海嘉禾	2020-01-05
陆俨少 1978年作 销寒图 镜片	画心45.5cm×69.5cm；前题45.5cm×13cm；跋45.5cm×13cm	322,000	上海嘉禾	2020-01-05
陆俨少 陆亨 田园风光、行书诗 成扇	17cm×47cm	322,000	华艺国际	2020-12-05
陆俨少 缀玉报春图 立轴	71cm×34.2cm	316,400	香港苏富比	2020-07-10
陆俨少 行书苏东坡诗 立轴	175cm×69cm	264,500	中贸圣佳	2020-10-17
陆俨少 1979年作 红梅图卷 手卷	画心19.5cm×137cm；题跋19.5cm×111cm	253,000	中鸿信	2020-01-03
陆俨少 1979年作 峡江帆影 立轴	70cm×45.5cm	253,000	中鸿信	2020-01-03
陆俨少 行舟搏浪图 立轴	25cm×22cm	253,000	西泠印社	2020-08-09
陆俨少 1992年作 无量寿佛图 镜片	67.5cm×43cm	241,500	西泠印社	2020-08-09
陆俨少 1963年作 风帆 镜框	35cm×41cm	241,500	华艺国际	2020-12-05
陆俨少 1965年作 梅石双清 镜心	30cm×63cm	230,000	永乐拍卖	2020-12-03
陆俨少 梅花 立轴	95cm×43.5cm	230,000	中贸圣佳	2020-10-17
陆俨少 1974年作 清荷图 立轴	69.6cm×34.2cm	226,000	香港苏富比	2020-07-10
陆俨少 应野平 朱梅邨 俞子才 陈青野 王青之 万籁鸣 为郑际宣作书画册(六帧) 镜片	题端23.5cm×18cm；画心47.5cm×18cm×6	218,500	西泠印社	2020-08-08

2020书画拍卖成交汇总(续表)

(成交价RMB：5万元以上)

拍品名称	物品尺寸	成交价RMB	拍卖公司	拍卖日期
陆俨少 行书七言联 镜心	152cm×40cm×2	218,500	北京保利	2020-10-17
陆俨少 激流勇进 镜心	30.5cm×41.5cm	212,750	上海匡时	2020-08-05
陆俨少 书法毛主席诗词 镜心	33cm×130cm	207,000	十竹斋拍卖(北京)	2020-10-18
陆俨少 1979年作 梅花竹石图 立轴	39cm×99cm	207,000	永乐拍卖	2020-12-03
陆俨少 1979年作 雁荡奇观 立轴	103cm×54cm	195,500	中国嘉德	2020-07-16
陆俨少 1980年作 雁荡泉石 镜心	45.5cm×33.5cm	195,500	中国嘉德	2020-08-15
陆俨少 1983年作 曲江行吟图 扇页	50.5cm×19cm	195,500	西泠印社	2020-08-08
陆俨少 1989年作 冰心傲骨 立轴	76cm×40cm	194,157	中国嘉德	2020-10-09
陆俨少 1980年作 溪山独钓 镜心	45.5cm×34cm	184,000	中国嘉德	2020-08-15
陆俨少 溪江独钓 镜心	36.5cm×35cm	184,000	中鸿信	2020-01-03
陆俨少 1978年作 梅石图 镜心	33.5cm×45.5cm	172,500	中鸿信	2020-01-03
陆俨少 1989年作 谭心图 镜片	45cm×60.5cm	172,500	上海嘉禾	2020-01-05
陆俨少 钱瘦铁 1964年作 锡山新貌·草书 成扇	18cm×48cm	172,500	中鸿信	2020-01-03
陆俨少 寿石图 镜心	53cm×74cm	172,500	北京保利	2020-10-17
陆俨少 1959年作 河塘古木 镜框	33cm×48cm	172,500	朵云轩	2020-09-24
陆俨少 枯石寒梅 镜框	26cm×84.5cm	172,500	华艺国际	2020-10-16
陆俨少 行书毛主席词 软片	34.5cm×139cm	166,750	上海嘉禾	2020-01-05
陆俨少 1988年作 梅石图 立轴	81cm×35.5cm	161,000	西泠印社	2020-08-08
陆俨少 1988年作 行书杜甫诗 立轴	136.5cm×68.7cm	155,408	香港苏富比	2020-10-08
陆俨少 1978年作 梅石图 镜心	69.5cm×41.5cm	155,250	十竹斋拍卖(北京)	2020-10-18
陆俨少 行书李贺诗两首 镜心	27.5cm×105.5cm	155,250	中贸圣佳	2020-10-17
陆俨少 黄山松云 镜片	34cm×34cm	149,500	西泠印社	2020-08-09
陆俨少 江路野梅 镜心	35cm×46cm	149,500	中国嘉德	2020-08-15
陆俨少 草书李长吉诗 镜片	85.5cm×32.5cm	143,750	上海嘉禾	2020-01-05
陆俨少 陆抑非 1955年作 柯如青铜根如石 芙蓉吐艳 成扇	18.4cm×54cm	138,000	北京诚轩	2020-08-17
陆俨少 梅花、行书杜甫诗 成扇	15.5cm×47cm	138,000	上海匡时	2020-08-05
陆俨少 青山白云 立轴	画心 68cm×42cm；诗堂26.5cm×42cm	138,000	上海嘉禾	2020-01-05
陆俨少 1989年作 行书李白诗一首 镜心	178cm×62cm	138,000	北京保利	2020-10-17
陆俨少 梅石图 立轴	82cm×37cm	138,000	永乐拍卖	2020-12-03
陆俨少 1982年作 梅石图 立轴	67cm×33cm	126,500	上海嘉禾	2020-01-05
陆俨少 红梅 镜心	30cm×53cm	126,500	中国嘉德	2020-08-15
陆俨少 1988年作 和风送香 镜片	81cm×40cm	126,500	朵云轩	2020-11-29
陆俨少 行书杜甫诗 立轴	79cm×41cm	126,500	上海敬华	2020-09-22
陆俨少 1982年作 云壑幽居 立轴	62cm×39cm	115,000	中国嘉德	2020-07-16
陆俨少 1964年作 松 成扇	18cm×50cm	115,000	中国嘉德	2020-08-15
陆俨少 刘旦宅 斜阳初过 立轴	44.5cm×74.5cm	115,000	中鸿信	2020-01-03
陆俨少 1984年作 梅石图 镜片	67.5cm×44.5cm	115,000	广东崇正	2020-09-13
陆俨少 大江秋盛 镜片	34cm×37cm	115,000	上海敬华	2020-09-22
陆俨少 行书毛主席词 软片	28cm×30.5cm	112,700	上海嘉禾	2020-01-05
陆俨少 1989年作 行书自作诗 立轴	135cm×66.5cm	112,407	中国嘉德	2020-10-09
陆俨少 行书"诗礼传家" 立轴	91cm×38cm	105,800	上海匡时	2020-08-05
陆俨少 红梅(二帧) 镜片	33cm×32cm×2	103,500	广东小雅斋	2020-08-21
陆俨少 1979年作 梅石图 立轴	76cm×37cm	103,500	北京保利	2020-10-17
陆俨少 1977年作 雁荡云瀑 立轴	82cm×29cm	101,200	中国嘉德	2020-07-16
陆俨少 1980年作 归帆险渡图 镜心	51.5cm×42cm	97,750	中鸿信	2020-01-03
陆俨少 1962年作 红梅初放 立轴	33.5cm×33.5cm	97,750	中鸿信	2020-01-03
陆俨少 梅花 立轴	96cm×44cm	97,750	永乐拍卖	2020-12-03
陆俨少 1964年作 鲁迅像 立轴	73cm×40.5cm	92,000	中鸿信	2020-01-03
陆俨少 山水 扇面	18cm×54cm	92,000	广东小雅斋	2020-06-17
陆俨少 1963年作 湖岸幽居 立轴	59cm×29cm	92,000	朵云轩	2020-11-29
陆俨少 行书"畅通" 镜心	38cm×71cm	92,000	永乐拍卖	2020-12-04
陆俨少 行书毛主席词 软片	28cm×30.5cm	89,700	上海嘉禾	2020-01-05
陆俨少 草书七言联 镜心	136.5cm×34cm×2	86,250	北京翰海	2020-09-12
陆俨少 1992年作 行书"墨宝堂" 镜片	35cm×87cm	86,250	上海敬华	2020-09-22
陆俨少 徐邦达 邹梦禅 戚叔玉 李震坚 谭建丞 致徐润芝书画册(六页) 册页	45.5cm×30.5cm×6	82,800	西泠印社	2020-08-08
陆俨少 行书"野趣" 横披	70cm×137cm	80,500	上海嘉禾	2020-01-05
陆俨少 行书杜甫诗 镜心	44cm×79.5cm	74,750	中国嘉德	2020-08-15
陆俨少 黄山松雪 立轴	69cm×35cm	74,750	广东小雅斋	2020-08-21
陆俨少 梅花 立轴	68cm×46.5cm	74,750	中国嘉德	2020-08-15
陆俨少 荷花 镜框	46cm×34.5cm	69,000	华艺国际	2020-10-16
陆俨少 1987年作 松下高士 镜框	39.5cm×30cm	69,000	华艺国际	2020-12-05
陆俨少 1979年作 松亭高逸图 镜心	34cm×45cm	59,800	中国嘉德	2020-07-17
陆俨少 1982年作 梅石图 立轴	68cm×35.5cm	57,500	上海嘉禾	2020-01-05
陆俨少 梅石图 镜片	68.5cm×39cm	57,500	广东崇正	2020-06-27
陆俨少 1985年作 秋壑幽居 镜心	27cm×35cm	57,500	中鸿信	2020-01-03
陆俨少 1980年作 峡江险水 镜心	46cm×69cm	55,200	北京翰海	2020-09-12
陆俨少 梅花 立轴	64cm×35cm	51,750	广东小雅斋	2020-08-21
陆俨少 凌波仙子 镜片	55.5cm×43cm	51,750	朵云轩	2020-11-29
陆抑非 朱梅邨 徐邦达 俞子才 等 1941年作 梅景书屋同门画生肖 册页(十二开)	34cm×27cm×12	2,300,000	朵云轩	2020-09-23
陆抑非 1943年作 凤穿牡丹 立轴	194cm×60.5cm	1,610,000	十竹斋拍卖(北京)	2020-10-18
陆抑非 1959年作 紫藤小鸟图 镜片	99.5cm×253cm	1,150,000	西泠印社	2020-08-09
陆抑非 1940年作 玉堂春色 镜心	148cm×81.5cm	805,000	上海匡时	2020-08-05
陆抑非 1938年作 策杖看山图 立轴	176.5cm×93.5cm	690,000	西泠印社	2020-08-09
陆抑非 1950年作 夏日 四屏镜心	135.5cm×33.5cm×4	563,500	上海匡时	2020-08-05
陆抑非 柳莺飞燕 立轴	96cm×59cm	471,500	十竹斋拍卖(北京)	2020-10-18
陆抑非 1934年作 滕王阁 立轴	104cm×45.5cm	402,500	北京保利	2020-10-17
陆抑非 1948年作 富贵高寿图 立轴	119.5cm×64.5cm	368,000	西泠印社	2020-08-09
陆抑非 粉荷轻燕 立轴	80cm×34.5cm	345,000	十竹斋拍卖(北京)	2020-10-18
陆抑非 1959年作 太湖春色 镜心	89.5cm×51.5cm	345,000	中国嘉德	2020-12-02
陆抑非 蜻蜓荷塘图 立轴	96cm×45.5cm	322,000	西泠印社	2020-08-09
陆抑非 1970年作 海港之晨 镜心	202cm×81cm	287,500	中鸿信	2020-01-03
陆抑非 1992年作 春风牡丹图 立轴	84cm×52.5cm	253,000	西泠印社	2020-08-08
陆抑非 紫藤蝴蝶 立轴	93cm×52cm	230,000	永乐拍卖	2020-12-03
陆抑非 1977年作 春意 镜片	69cm×45cm	212,750	上海嘉禾	2020-01-05
陆抑非 1947年作 耄耋图 成扇	18.3cm×44.2cm	203,400	香港苏富比	2020-07-10
陆抑非 1945年作 桃花柳燕 立轴	144.5cm×26.5cm	149,500	上海匡时	2020-08-05
陆抑非 荷花图 立轴	89.5cm×49cm	126,500	西泠印社	2020-08-09
陆抑非 沈尹默 临古花鸟·书法 成扇	18.8cm×50cm	120,750	永乐拍卖	2020-12-03
陆抑非 白头翁图 立轴	画心 45.5cm×35cm；诗堂35cm×31cm	115,000	西泠印社	2020-08-08
陆抑非 花卉草虫、书法 成扇	19cm×43.6cm	113,000	香港苏富比	2020-07-10
陆抑非 1943年作 为李祖夔作春林燕喜图 扇页	55.5cm×20cm	92,000	西泠印社	2020-08-08

(成交价RMB：5万元以上)

拍品名称	物品尺寸	成交价RMB	拍卖公司	拍卖日期
陆抑非 1961年作 国香春霁 立轴	106cm×53cm	80,500	上海敬华	2020-09-22
陆抑非 独树一枝春 立轴	诗堂 34cm×34.5cm；画心 46cm×34.5cm	63,250	上海匡时	2020-08-05
陆抑非 1960年作 眉寿 镜片	22cm×34cm	62,100	上海嘉禾	2020-01-05
陆抑非 1985年作 春酣图 镜片	64cm×38cm	57,500	西泠印社	2020-08-09
陆抑非 1941年作 幽鸟占高枝 立轴	直径30cm	55,200	华艺国际	2020-10-16
陆抑非 牡丹 立轴	143cm×40cm	54,050	广东小雅斋	2020-08-21
陆壮 2018年作 雅集图	68cm×137cm	253,000	北京翰海	2020-09-12
路怀中 2020年作 玉门关	20cm×48cm	345,000	北京翰海	2020-12-12
鸾凤和鸣 册页（二十六开）	31.5cm×45.5cm×26	103,500	荣宝斋（上海）	2020-10-25
罗复堪 1923年作 章草《书谱》立轴	361.7cm×65.8cm	113,000	香港苏富比	2020-07-10
罗家伦 行书自作诗 立轴	77cm×37cm	57,500	北京保利	2020-10-17
罗铭 秦岭云 卢光照 黄均 侯及名 刘继瑛 王遐举 书画合璧（一轴）纸本	94cm×266cm	184,000	中国嘉德	2020-08-16
罗瑞 秋色清华图 镜心	68cm×138cm	156,200	北京玄和	2020-07-24
罗振玉 隶书临《西狭颂》手卷	引首 29cm×60cm；本幅 33cm×263cm；题跋 33cm×229cm	678,500	十竹斋拍卖（北京）	2020-10-18
罗振玉 甲骨文四屏 立轴	229cm×45cm×4	345,000	广东崇正	2020-09-13
罗振玉 大受嘉福 镜心	32.3cm×131.3cm	299,000	北京诚轩	2020-08-17
罗振玉 1930年作 甲骨文七言 对联	130cm×30cm×2	299,000	朵云轩	2020-09-24
罗振玉 篆书《新莽量铭》立轴	65cm×32cm×4	287,500	十竹斋拍卖（北京）	2020-10-18
罗振玉 1918年作 隶书 恭则寿 镜片	107cm×33cm	207,000	西泠印社	2020-08-09
罗振玉 1924年作 甲骨文十言联 立轴	166cm×21cm×2	207,000	北京翰海	2020-12-12
罗振玉 何绍基 兰石图（一幅）镜心	75cm×36.5cm	207,000	十竹斋拍卖（北京）	2020-10-18
罗振玉 1921年作 篆书“何天之休”镜心	32.7cm×128cm	184,000	中国嘉德	2020-08-15
罗振玉 篆书“宜彝室”匾额 横幅	29.5cm×106.5cm	184,000	北京翰海	2020-12-11
罗振玉 1921年作 甲骨文七言 对联	131cm×31cm×2	172,500	朵云轩	2020-09-23
罗振玉 1925年作 为溥伟书成扇 成扇	48cm×18cm	115,000	西泠印社	2020-08-08
罗振玉 金文七言对联 立轴	134.5cm×30.5cm×2	115,000	荣宝斋（上海）	2020-10-25
罗振玉 1924年作 甲骨文 立轴	163cm×39.5cm	105,800	北京翰海	2020-12-11
罗振玉 行书七言对联 立轴	131cm×32.5cm×2	103,500	荣宝斋（上海）	2020-10-25
罗振玉 楷书七言联 立轴	133.5cm×31.5cm×2	103,500	中国嘉德	2020-12-02
罗振玉 甲骨文八言联 立轴	182cm×23.5cm×2	97,750	中鸿信	2020-01-04
罗振玉 行书中堂 立轴	124.5cm×31cm	97,750	中贸圣佳	2020-10-17
罗振玉 1922年作 篆书七言联 立轴	133cm×32.5cm×2	92,000	中国嘉德	2020-08-15
罗振玉 甲骨文七言联 对联	133cm×29cm×2	92,000	中国嘉德	2020-07-15
罗振玉 篆书 七言联 对联	132.5cm×31.5cm×2	92,000	西泠印社	2020-08-09
罗振玉 篆书八言联 立轴	182cm×123.5cm×2	92,000	中国嘉德	2020-08-15
罗振玉 行书立轴	76.5cm×32cm	92,000	北京翰海	2020-12-11
罗振玉 1928年作 行书 屏轴	129cm×30.5cm	92,000	朵云轩	2020-09-23
罗振玉 甲骨八言联 立轴	128cm×29.5cm×2	80,500	中国嘉德	2020-12-04
罗振玉 1931年作 金文《秦公铭》立轴	140cm×39cm	74,750	广东崇正	2020-09-13
罗振玉 1926年作 甲骨文八言联 立轴	131cm×29.5cm×2	74,750	中国嘉德	2020-12-03
罗振玉 篆书 “松茂山庄”	150cm×40.5cm	57,500	中国嘉德	2020-12-02
骆飚 2019年作 蜻蜓戏荷 镜心	68cm×68cm	115,000	北京翰海	2020-09-12
雒三桂 2013年作 行书	46cm×73cm	109,250	北京翰海	2020-12-12
吕碧诚 林葆恒 胡玉缙 书法 册页	23cm×31cm×3	126,500	广东小雅斋	2020-08-21
吕凤子 1947年作 薛涛抚琴图 立轴	78.5cm×48.2cm	937,200	佳士得	2020-12-01
吕凤子 1932年作 倚窗仕女 立轴	99.5cm×33cm	207,000	朵云轩	2020-09-23
吕凤子 高士图 立轴	130cm×63cm	207,000	十竹斋拍卖（北京）	2020-10-18
吕凤子 1946年作 初雪 立轴	87cm×36cm	184,000	朵云轩	2020-09-23
吕凤子 1943年作 迦理迦尊者 立轴	67.5cm×35cm	161,000	中国嘉德	2020-12-02
吕凤子 1947年作 罗汉图 立轴	96cm×52cm	138,000	上海敬华	2020-09-22
吕凤子 仕女 立轴	63cm×34cm	109,250	中贸圣佳	2020-10-17
吕凤子 1946年作 松荫罗汉图 镜心	85cm×34cm	92,000	中鸿信	2020-01-03
吕凤子 1947年作 松树 立轴	135cm×67cm	69,000	中国嘉德	2020-12-02
吕凤子 松荫罗汉图 立轴	96.5cm×43.5cm	63,250	保利厦门	2020-09-26
吕凤子 1946年作 古松图 立轴	101cm×34cm	57,500	中鸿信	2020-01-03
吕洪生 2015年作 北国之春 镜心（片）	140cm×77cm	198,000	北京汇珍	2020-08-13
吕鹏 2013年作 白驹渡隙——江湖	97cm×117cm	126,500	永乐拍卖	2020-12-04
吕寿琨 1963年作 渔港 镜框	92.5cm×47cm	342,000	佳士得	2020-07-08
吕寿琨 1965年作 避风塘 镜框	44.5cm×94.5cm	170,400	佳士得	2020-12-01
吕寿琨 1968年作 禅画 镜片	120.5cm×60.5cm	148,200	佳士得	2020-07-01
吕寿琨 天际 镜片	57cm×82.5cm	136,950	佳士得	2020-05-22
吕寿琨 渔村 立轴	58cm×55cm	126,500	广东小雅斋	2020-06-17
马公愚 1950年作 篆书百寿图 立轴	144cm×77cm	506,000	朵云轩	2020-09-24
马公愚 汪亚尘 邓散木 来楚生 戈湘岚 白蕉 陆抑非 唐云 1944年作 书画格景 成扇	19cm×50cm	253,000	朵云轩	2020-09-24
马公愚 篆书十言 对联框	51cm×6.5cm×2	94,300	朵云轩	2020-11-29
马公愚 隶书八言 对联	135cm×22cm×2	57,500	朵云轩	2020-09-24
马公愚 梅寿千年 立轴	97cm×44.5cm	54,050	广东小雅斋	2020-06-17
马公愚 1938年作 集文八言联 镜心	130cm×19.4cm×2	51,750	永乐拍卖	2020-12-03
马公愚 王福庵 吴湖帆 黄葆戉 1942年作 四体书四条屏	132cm×32cm×4	51,750	中国嘉德	2020-11-11
马汉跃 2020年作 山水（二帧）	96cm×48cm×2	207,000	北京翰海	2020-12-12
马衡 篆书七言联 立轴	133cm×29cm×2	345,000	华艺国际	2020-12-05
马衡 隶书十一言联 立轴	211cm×46.5cm×2	287,500	北京翰海	2020-12-12
马建军 2015年作 国色天香	69cm×137cm	287,500	北京翰海	2020-12-12
马晋 珍禽图 立轴	101cm×64cm	1,380,000	北京保利	2020-10-17
马晋 1930年作 柳荫三骏 立轴	99cm×51cm	322,000	北京保利	2020-10-17
马晋 1965年作 山花烂漫 立轴	92.5cm×33.5cm	230,000	中国嘉德	2020-08-16
马晋 1941年作 竹石卧犬 镜心	107cm×40cm	195,500	北京翰海	2020-12-11
马晋 1946年作 秋溪双骏 镜心	95cm×33.5cm	149,500	北京翰海	2020-12-11
马晋 柳荫双骏 镜框	102cm×34cm	138,000	华艺国际	2020-10-16
马晋 张海若 双骏·节录《文心雕龙》成扇	18cm×44cm	132,250	华艺国际	2020-10-16
马晋 春溪双骏 立轴	94cm×33.5cm	97,750	北京翰海	2020-12-11
马晋 鼠 立轴	21.2cm×26.1cm	95,850	佳士得	2020-12-01
马晋 傅增湘 1934年作 沙漠之舟·节录《南史》扇面镜心（二帧）	19.2cm×48cm	92,000	北京诚轩	2020-08-17
马晋 秋郊双骏 横幅镜心	32.5cm×66cm	86,250	北京翰海	2020-12-11
马晋 松下三骏图 立轴	105cm×30cm	74,910	北京保利	2020-07-17

2020书画拍卖成交汇总（续表）

（成交价RMB：5万元以上）

拍品名称	物品尺寸	成交价RMB	拍卖公司	拍卖日期
马晋 双马图 立轴	诗堂 27.5cm×17.5cm；画心 64cm×27.5cm	74,750	西泠印社	2020-08-09
马晋 骏马 六条屏屏风	17cm×9cm×6	71,300	中国嘉德	2020-07-17
马晋 等三家 1931-1932年作 书画合璧 扇面立轴（三挖）	19cm×53.5cm×3	59,800	北京翰海	2020-12-11
马晋 华世奎 1932年作 溪畔双骏 陆游《初春幽居》成扇	18cm×50cm	57,500	北京诚轩	2020-08-17
马晋 1930年作 春风立马 镜心	73cm×26.5cm	57,500	北京翰海	2020-12-11
马晋 对联 立轴	120cm×22cm×2	57,500	华艺国际	2020-10-16
马晋 双骏图 镜心	64cm×28cm	51,750	中国嘉德	2020-11-09
马麟 芦塘秋雁 立轴	诗堂 39cm×98cm；画心154cm×98cm	299,000	中鸿信	2020-01-04
马胜利 2019年作 烟花三月 镜心	69cm×69cm	155,250	北京翰海	2020-09-12
马顺先 2020年作 无限枝头好颜色 镜心	139cm×70cm	172,500	北京翰海	2020-09-12
马骀 叶尔恺 1937年作 溪山雪霁 行书 成扇	20cm×52cm×2	51,750	上海敬华	2020-09-22
马万里 谢之光 殷梓湘 等 名人墨妙 册页（十六开）	19cm×28cm×16	138,000	华艺国际	2020-12-05
马万里 鹦鹉戏春 立轴	110cm×42cm	80,500	朵云轩	2020-11-29
马万里 1933年作 贵寿无极 立轴	147cm×80cm	74,750	朵云轩	2020-09-23
马文蔚 临碑（五帧）镜心	尺寸不一	92,000	荣宝斋（上海）	2020-10-25
马相伯 行书《三国志》句 立轴	151cm×36cm	460,000	永乐拍卖	2020-08-17
马相伯 行书七言联 立轴	132.5cm×31.5cm×2	333,500	北京保利	2020-10-17
马相伯 行书七言联 立轴	141cm×38cm×2	230,000	十竹斋拍卖（北京）	2020-10-18
马相伯 行书《三国志》句 立轴	151cm×36cm	230,000	永乐拍卖	2020-12-03
马相伯 燕孙 对联两幅 立轴	马相伯 136.5cm×31cm×2；燕孙 113.7cm×20cm×2	149,500	中国嘉德	2020-08-15
马相伯 行书《魏书·武帝纪》立轴	160cm×41cm	57,500	中贸圣佳	2020-10-17
马叙伦 1950年作 行书自作七律一首 立轴	68cm×27cm	63,250	十竹斋拍卖（北京）	2020-10-18
马一浮 行书《吴叔庠与人论山水》四屏 立轴	142cm×41cm×4	1,127,000	永乐拍卖	2020-12-03
马一浮 隶书十言联 立轴	171cm×30.5cm×2	517,500	十竹斋拍卖（北京）	2020-10-18
马一浮 行书五言 对联	130cm×33cm×2	391,000	朵云轩	2020-09-24
马一浮 余任天 为汤彦森作行书咏西湖诗·山水 成扇	36cm×12cm	218,500	西泠印社	2020-08-08
马一浮 行书 节录诗品序 立轴	145.5cm×34.5cm	207,000	西泠印社	2020-08-09
马一浮 行书 立轴	132cm×32cm	172,500	朵云轩	2020-09-23
马一浮 黄伯度 隶书《答难养生论》 行书七言诗 立轴	马 118cm×49cm；黄 74.5cm×35cm	161,000	中国嘉德	2020-08-15
马一浮 蠲戏老人集句 镜心	尺寸不一	132,250	永乐拍卖	2020-08-17
马一浮 行书王安石诗 立轴	99cm×30cm	92,000	北京保利	2020-10-17
马一浮 行书 镜片	151.5cm×41.5cm	92,000	广东崇正	2020-09-13
马一浮 节录司空图《二十四诗品》镜心	31.5cm×25cm	74,750	北京诚轩	2020-08-17
马一浮 书法 立轴	103cm×22cm	69,000	广东小雅斋	2020-0[illegible]-21
马一浮 行草书 立轴	126cm×32cm	63,250	北京翰海	2020-12-11
马一浮 书法 立轴	136cm×35cm	57,500	广东小雅斋	2020-08-21
马一浮 书法 镜片	28cm×54cm	54,050	广东小雅斋	2020-0[illegible]-17
马一浮 1962年作 行书《伏雨诗》横披	43.5cm×94cm	53,138	中国嘉德	2020-1[illegible]-09
买鸿钧 寒山漠漠云水横 镜心	63cm×247cm	690,000	北京翰海	2020-09-12
满威 故园新韵 镜心	68cm×138cm	190,300	北京玄和	2020-07-24
满威 秋晴 镜心	180cm×48cm	190,300	北京玄和	2020-07-24
毛经卿 2017年作 水殿风来暗香满	27cm×48cm	149,500	西泠印社	2020-08-09
毛人凤 1954年作 行书领袖语 镜心	65cm×30cm	264,500	中国嘉德	2020-12-03
毛遂华 仕女图 立轴	138cm×45cm	74,750	中国嘉德	2020-07-17
毛泽东 张曼筠 1937年作 行书《清平乐·六盘山》《长城》摹本（两帧）镜片	毛 20.5cm×26.3cm；张20cm×25.5cm	138,000	广东崇正	2020-09-13
茅盾 1975年作 行书七言诗 立轴	67cm×34cm	460,000	华艺国际	2020-12-05
茅盾 1978年作 行书《荆州·游人出三峡》立轴	73cm×23.5cm	97,750	中鸿信	2020-01-04
梅兰芳 1924年作 葡萄 立轴	94cm×23.5cm	345,000	中国嘉德	2020-08-15
梅兰芳 1922年作 观音像 立轴	91cm×33cm	287,500	中国嘉德	2020-08-15
梅兰芳 1949年作 花鸟 四屏 立轴	135cm×33cm×4	287,500	上海嘉禾	2020-01-05
梅兰芳 程砚秋 1925年作 菊石图、楷书七言诗 成扇		253,000	中国嘉德	2020-07-17
梅兰芳 海棠蝈蝈 立轴	44cm×31cm	218,500	广东小雅斋	2020-08-21
梅兰芳 尚小云 为王伯衡作竹雀图·紫藤图 成扇	52cm×19cm	149,500	西泠印社	2020-08-08
梅兰芳 1921年作 眉寿 镜心	38cm×68cm	149,500	北京保利	2020-10-17
梅兰芳 疏影横斜 立轴	65.8cm×42.3cm	144,308	香港苏富比	2020-10-08
梅兰芳 黄玉麟 茶花水仙 隶书节临史晨碑 成扇	18cm×49cm	138,000	中国嘉德	2020-08-15
梅兰芳 李斐叔 1925年作 秋葵 行书范成大诗 成扇	21cm×59cm	112,700	中国嘉德	2020-08-15
梅兰芳 花卉蝴蝶四屏 镜框	扇面 4.5cm×13cm×4；团扇直径 11.5cm×8	103,500	华艺国际	2020-10-16
梅兰芳 程砚秋 花卉、书法 成扇	17cm×47cm×2	80,500	广东小雅斋	2020-08-21
梅兰芳 1922年作 罗汉图 立轴	89cm×33cm	74,750	中鸿信	2020-01-04
梅兰芳 1928年作 菊花 立轴	66.5cm×26cm	69,225	佳士得	2020-12-01
梅兰芳 观音 立轴	106cm×33cm	63,250	广东小雅斋	2020-08-21
梅兰芳 姜妙香 暗香疏影 节录韩愈《石鼓歌》成扇	19.1cm×51.5cm	59,800	北京诚轩	2020-08-17
孟刚 2020年作 大自在·观音 中堂 镜心	90cm×60cm；97cm×30cm×2	460,000	北京翰海	2020-09-12
糜耕云 1992年作 谢稚柳题《戏婴图》立轴	124cm×73cm	149,500	永乐拍卖	2020-08-17
糜耕云 荷花鸳鸯 镜心	118cm×51cm	69,[illegible]00	中国嘉德	2020-11-10
苗再新 2018年作 邓小平 镜框	136cm×68cm	10[illegible],500	华艺国际	2020-10-16
梁思成 松江县兴圣教寺塔修复立面图	106cm×50cm	10[illegible],500	中贸圣佳	2020-10-16
墨染 2020年夏月作《八骏图》镜心	170cm×70cm	22[illegible],000	北京汇珍	2020-08-13
墨染 2020年夏月作《双骏》镜心	100cm×55cm	123,000	北京汇珍	2020-08-13
慕凌飞 虎 纸本	40cm×100cm	12[illegible],500	中国嘉德	2020-12-02

拍品名称	物品尺寸	成交价RMB	拍卖公司	拍卖日期
慕凌飞 青溪策杖图 镜心	98.5cm×33cm	80,500	北京翰海	2020-12-11
奈良美智 2016年作 言语不代表一切 木刻版画 8/25	35.5cm×35.5cm	285,600	罗芙奥	2020-07-19
奈良美智 2002年作 阴天 版画 30/35	30cm×22cm	79,968	罗芙奥	2020-07-19
南海岩 2020年作 快乐时光 镜心	54cm×180cm	1,667,500	中国嘉德	2020-08-17
南海岩 朝阳散彩 镜框	51cm×60cm	230,000	华艺国际	2020-10-16
南海岩 金秋神韵 镜心	68cm×68cm	204,300	北京保利	2020-07-18
南海岩 雪原稚子 镜心	83.5cm×77cm	126,500	北京保利	2020-10-16
南海岩 母子图 镜心	68cm×68cm	69,000	中国嘉德	2020-11-10
南怀瑾 书法 镜片	73cm×29cm	80,500	广东小雅斋	2020-08-21
倪志帛 2020年作 荷塘月色	138cm×68cm	621,000	钜鑫缘(香港)	2020-11-03
聂欧 1986年作 寒冬劳作图 手卷	引首33cm×125cm；画33.5cm×178.5cm；跋33.5cm×390cm	109,250	中国嘉德	2020-12-01
聂鸥 桃花源图 册页(十七开)	26cm×35cm×17	115,000	上海敬华	2020-09-22
聂鸥 晨歌	68cm×68cm	92,000	北京翰海	2020-12-12
聂鸥 1998年作 乡居图 镜心	53cm×111cm	55,615	北京保利	2020-07-15
宁洪江 2020年作 富贵双骄 镜心	133cm×67cm	398,000	北京汇珍	2020-08-13
牛连和 2019年作 落笔惊雷 镜心	132cm×66cm	207,000	北京翰海	2020-09-12
牛连和 2019年作 赏梅图 镜心	65cm×66cm	138,000	北京翰海	2020-09-12
区玉生 孝 镜心	50cm×50cm	103,500	北京翰海	2020-09-12
欧豪年 江兆申 1974年作 红叶秋猿 镜框	130cm×66.3cm	171,000	佳士得	2020-07-08
欧豪年 1999年作 无量寿佛 立轴	129cm×68cm	159,750	佳士得	2020-12-01
欧豪年 猛虎 镜框	110.7cm×47.5cm	136,800	佳士得	2020-07-08
欧豪年 白马 立轴	157cm×95cm	103,500	华艺国际	2020-10-16
欧豪年 兔 镜框	69cm×45cm	68,544	罗芙奥	2020-07-18
欧豪年 1980年作 书蕉图 镜心	185cm×93cm	66,422	中国嘉德	2020-10-09
欧豪年 海鹰图 镜框	94.5cm×57.5cm	57,120	罗芙奥	2020-07-18
欧阳中石 1987年作 行书毛主席诗词 镜心	140cm×342cm	1,265,000	北京保利	2020-12-04
欧阳中石 行书晏殊《浣溪沙》词 镜心	132cm×347cm	184,000	中国嘉德	2020-07-16
欧阳中石 行书题词(二帧) 镜心	尺寸不一	86,250	中鸿信	2020-01-03
欧阳中石 书法 立轴	136cm×67cm	69,000	华艺国际	2020-12-05
欧阳中石 行书"大富贵亦寿考" 镜心	103cm×34.5cm	69,000	荣宝斋(南京)	2020-11-28
欧阳中石 行书"白居易诗" 镜心	69cm×46cm	69,000	荣宝斋(南京)	2020-11-28
欧阳中石 行书 镜心	95cm×177cm	66,700	中国嘉德	2020-07-17
欧阳中石 1993年作 行书七言诗 镜心	92cm×35cm	57,500	中国嘉德	2020-07-15
欧阳中石 行书七言联 对联	136cm×27cm×2	57,500	中国嘉德	2020-07-16
欧阳中石 《华严经》句 镜心	78cm×179.5cm	57,500	十竹斋拍卖(北京)	2020-10-18
潘伯鹰 郑午昌 行书(二幅) 镜心	潘134cm×34cm；郑66cm×29cm	60,950	荣宝斋(南京)	2020-11-28
潘伯鹰 1961年作 行书七言联 镜框	100.6cm×26.5cm×2	56,500	香港苏富比	2020-07-10
潘伯鹰 行书 杜牧诗 镜片	67.5cm×42.5cm	51,750	西泠印社	2020-08-09
潘飞声 1926年作 行书 七言联 对联	134cm×25cm×2	78,200	西泠印社	2020-08-09
潘絜兹 国殇 成扇	17cm×50cm	92,000	北京翰海	2020-09-12

拍品名称	物品尺寸	成交价RMB	拍卖公司	拍卖日期
潘絜兹 敦煌菩萨 镜框	174.5cm×93cm	161,000	华艺国际	2020-10-16
潘絜兹 莫高窟天女 镜心	69cm×130cm	149,500	北京保利	2020-10-16
潘絜兹 佛像 镜框	159cm×90cm	115,000	华艺国际	2020-10-16
潘絜兹 宫女 立轴	68.5cm×46cm	69,000	中鸿信	2020-01-03
潘絜兹 1979年作 李白醉酒图 镜心	100cm×63.5cm	57,500	中国嘉德	2020-08-15
潘静淑 吴湖帆 秋海棠 屏轴	64cm×24cm	460,000	上海敬华	2020-09-22
潘静淑 娑罗花 水仙花对屏 立轴	(画心)39.5cm×26.5cm×2	402,500	华艺国际	2020-10-16
潘龄皋 1917年作 行楷书 横幅	29cm×130cm	115,000	北京翰海	2020-12-11
潘龄皋 1943年作 楷书 立轴(四屏)	133cm×31cm×4	74,750	北京翰海	2020-12-11
潘龄皋 1941年作 楷书七言联 立轴	130cm×31.5cm×2	74,750	北京翰海	2020-12-12
潘龄皋 1940年作 楷书 镜心	164.5cm×40cm	59,800	北京翰海	2020-12-11
潘龄皋 行书 立轴	131cm×61cm	59,800	中国嘉德	2020-11-11
潘龄皋 1942年作 对联 镜框	129cm×31cm×2	51,750	华艺国际	2020-10-16
潘龄皋 1940年作 行书八言联 立轴	166cm×24.5cm×2	51,094	中国嘉德	2020-10-09
潘素 红树青山 立轴	66cm×33cm	207,000	中国嘉德	2020-07-16
潘素 春满阳台 镜心	45cm×45cm	149,500	十竹斋拍卖(北京)	2020-10-18
潘素 松岭叠云 镜心	64cm×41cm	115,000	十竹斋拍卖(北京)	2020-10-18
潘素 漓江风景 立轴	79cm×33cm	86,250	中鸿信	2020-01-03
潘素 春满旸台 镜心	45cm×45cm	86,250	北京保利	2020-12-04
潘素 峒关蒲雪 立轴	89.5cm×46cm	80,500	中国嘉德	2020-08-15
潘素 秋山初雪 立轴	89cm×40cm	51,750	广东小雅斋	2020-08-21
潘天寿 1958年作 耕罢 立轴	227cm×121cm	178,825,000	华艺国际	2020-10-16
潘天寿 空山晴翠 立轴	145.5cm×55cm；题23.5cm×55cm	11,500,000	中国嘉德	2020-12-01
潘天寿 1962年作 榴实蕙兰图 立轴	106cm×47cm	7,245,000	北京保利	2020-10-17
潘天寿 鹰	67cm×136cm	6,300,000	北京贞观	2020-11-28
潘天寿 1963年作 灵蟾 立轴	58cm×44.5cm	5,750,000	北京保利	2020-12-04
潘天寿 1924年作 斜头曲背图 立轴	140cm×39cm	5,750,000	华艺国际	2020-12-05
潘天寿 1929年作 拖泥带水山图 立轴	131.5cm×59.5cm	5,750,000	中国嘉德	2020-12-01
潘天寿 1957年作 石寿 镜心	80cm×150cm	4,715,000	北京诚轩	2020-08-17
潘天寿 水仙灵石 镜心	143cm×70cm	4,370,000	永乐拍卖	2020-12-03
潘天寿 1944年作 兰竹图 横披	40cm×149cm	4,140,000	十竹斋拍卖(北京)	2020-10-18
潘天寿 1963年作 草书毛主席《七律·长征》镜心	33.0cm×138.0cm	3,795,000	中国嘉德	2020-08-16
潘天寿 美人蕉 立轴	60cm×42cm	3,680,000	朵云轩	2020-09-23
潘天寿 1962年作 春桃燕归图 立轴	97cm×45.5cm	3,220,000	西泠印社	2020-08-09
潘天寿 1945年作 山中一夜雨 立轴	66.5cm×32cm	3,220,000	华艺国际	2020-12-05
潘天寿 1946年作 竹鸡图 立轴	75.5cm×40.5cm	2,760,000	西泠印社	2020-08-09
潘天寿 1923年作 寂禅 立轴	135cm×67cm	2,530,000	永乐拍卖	2020-12-03
潘天寿 1948年作 红荷图 立轴	79cm×47cm	2,185,000	中国嘉德	2020-07-15
潘天寿 鹰石图 立轴	75cm×47.5cm	2,070,000	永乐拍卖	2020-08-17
潘天寿 鸢尾花 立轴	51cm×42cm	2,012,500	中贸圣佳	2020-10-17
潘天寿 竹菊图 立轴	60cm×68cm	1,955,000	中贸圣佳	2020-10-17
潘天寿 1954年作 夏荷图 横披	45cm×67.5cm	1,725,000	十竹斋拍卖(北京)	2020-10-18
潘天寿 1964年作 小憩图 立轴	51cm×39.5cm	1,437,500	永乐拍卖	2020-12-03
潘天寿 湘江风竹 立轴	132cm×32.5cm	1,380,000	十竹斋拍卖(北京)	2020-10-18
潘天寿 1941年作 墨荷 立轴	120cm×41cm	1,380,000	永乐拍卖	2020-12-03
潘天寿 杨千里 1948年作 荷 书法 成扇	18.5cm×49cm	1,322,500	华艺国际	2020-10-16

2020书画拍卖成交汇总（续表）

（成交价RMB：5万元以上）

拍品名称	物品尺寸	成交价RMB	拍卖公司	拍卖日期
潘天寿 1963年作 栖禽图 立轴	58cm×48cm	1,150,000	北京保利	2020-12-04
潘天寿 草书 立轴	146cm×36cm	1,150,000	朵云轩	2020-09-23
潘天寿 刘海粟 等 山水花鸟 手卷	27.5cm×37cm×6	1,058,000	十竹斋拍卖（北京）	2020-10-18
潘天寿 1945年作 春深香到紫兰花 镜心	52.5cm×47.5cm	1,035,000	中国嘉德	2020-12-02
潘天寿 1933年作 江崖泊舟 镜心	33cm×45.3cm	874,000	北京诚轩	2020-08-17
潘天寿 行书梅花诗 立轴	145cm×39cm	667,000	北京保利	2020-10-17
潘天寿 张宗祥 1962年作、1964年作 兰石图·行书七言诗 成扇	19cm×46cm	575,000	北京保利	2020-10-17
潘天寿 1945年作 篆书七言句 立轴	147cm×26.5cm	552,000	中国嘉德	2020-12-02
潘天寿 1937年作 江岸草阁图 镜片	26.5cm×23.5cm	483,000	西泠印社	2020-08-09
潘天寿 1944年作 行书题画句 镜心	22cm×52.5cm	402,500	中国嘉德	2020-12-02
潘天寿 1925年作 竹石图 立轴	79cm×40cm	264,500	十竹斋拍卖（北京）	2020-10-18
潘天寿 蔬果 镜片	25cm×35cm	253,000	广东小雅斋	2020-08-21
潘天寿 篆书录旧句 立轴	102cm×23cm	230,000	永乐拍卖	2020-12-03
潘天寿 溪涧游鱼 镜心	33.5cm×42cm	92,000	中国嘉德	2020-08-15
潘闻丞 2020年作 福禄家和	44cm×68cm	1,840,000	钜鑫缘（香港）	2020-11-03
潘玉良 1957年作 蓄胡裸男	33cm×43.5cm	1,871,244	中国嘉德	2020-10-08
潘玉良 1950年作 三美女	37cm×26.5cm	1,265,000	北京保利	2020-10-16
潘玉良 1959年作 侧卧女人体	66cm×91cm	667,000	西泠印社	2020-08-08
潘玉良 1940年作 女人体	39.5cm×26.5cm	195,500	西泠印社	2020-08-09
潘振镛 1902年作 十二花神（十二幅）屏轴	130cm×64cm×12	713,000	朵云轩	2020-09-23
潘振镛 1903年作 花神图 立轴	148.5cm×79.5cm	345,000	中国嘉德	2020-08-16
潘振镛 1917年作 霓裳羽衣曲 立轴	145cm×78cm	218,500	中国嘉德	2020-08-15
潘振镛 1917年作 麋研龛填词图 镜框	30cm×41.3cm	84,750	香港苏富比	2020-07-10
潘振镛 采莲图 扇面		58,240	上海联合	2020-11-29
潘振镛 群仙图 立轴	132cm×58cm	57,500	荣宝斋（上海）	2020-10-25
庞聪聪 拾青 镜心	68cm×69cm	82,500	北京玄和	2020-07-24
庞飞 洪谷	188cm×74cm	345,000	中贸圣佳	2020-10-17
庞熏琹 仕女	26cm×31cm	207,000	西泠印社	2020-08-08
庞熏琹 少女	32cm×26.5cm	109,250	西泠印社	2020-08-08
庞薰琹 约1940年代 舞	87cm×42.5cm	1,782,500	中国嘉德	2020-12-05
庞薰琹 1977年作 红屋顶	33cm×33.5cm	748,498	中国嘉德	2020-10-08
庞薰琹 民族图 镜心	43cm×32cm	437,000	北京保利	2020-12-04
庞薰琹 1977年作 庭间翠意	33.5cm×34cm	436,624	中国嘉德	2020-10-08
彭醇士 蒙寿芝 周肇祥 杨文州 王枢 徐桢立 黄孝纾 叶玉麟 江绍杰 陈方恪 王揖唐 林葆恒 袁法 陈祖壬 1931年作 1932年作 1933年作 1934年作 肥遁庐图 册页（八开十六页）	31cm×22cm×16	132,250	朵云轩	2020-11-30
彭连熙 2009年作 红楼十二金钗 扇页	61cm×20cm×12	57,500	西泠印社	2020-08-09
彭薇 2005年作 锦绣系列之高士图	85cm×158.5cm	483,000	永乐拍卖	2020-12-04
彭薇 牡丹湖石	69.5cm×137cm	63,250	中国嘉德	2020-08-17
彭先诚 2003年作 丽人行 镜心	137cm×69cm	862,500	北京保利	2020-10-16
彭先诚 游春图 镜心	32cm×179cm	494,500	中国嘉德	2020-07-16
彭先诚 1999年作 李清照词意 镜心	137cm×34.5cm	460,000	中国嘉德	2020-12-01
彭先诚 2001年作 昭君出塞图 手卷	31cm×191cm	402,500	北京保利	2020-10-16
彭先诚 2013年作 浴马图 镜心	32cm×180cm	310,500	中国嘉德	2020-07-16
彭先诚 2013年作 神骏图 镜心	34cm×140cm	264,500	中国嘉德	2020-07-16

拍品名称	物品尺寸	成交价RMB	拍卖公司	拍卖日期
彭先诚 1998年作 红了樱桃 镜心	137cm×34cm	241,500	中国嘉德	2020-07-16
彭先诚 2001年作 丽人行诗意图 镜心	101cm×54cm	230,000	北京保利	2020-10-16
彭先诚 2017年作 归妹图 镜心	69cm×20cm	101,200	中国嘉德	2020-07-16
彭先诚 人物 镜片	67cm×45cm	63,250	广东小雅斋	2020-0[illegible]-21
彭旸 1918年作 摹仇英笔意	98.5cm×44cm	86,250	中鸿信	2020-0[illegible]-04
蒲华 1904年作 致昌硕先生人影出菰芦图 立轴	164cm×76cm	1,380,000	中鸿信	2020-0[illegible]-03
蒲华 1897年作 松风高逸 立轴	177cm×92cm	943,000	上海匡时	2020-0[illegible]-05
蒲华 花卉四屏 立轴	177cm×45cm×4	460,000	华艺国际	2020-12-05
蒲华 1900年作 太白诗意图 横披	64cm×128.5cm	437,000	中国嘉德	2020-08-15
蒲华 1893年作 竹晨山水 四屏 立轴	96.5cm×31.5cm×4	402,500	中鸿信	2020-01-03
蒲华 竹石图 横披	64.5cm×131cm	253,000	中鸿信	2020-01-03
蒲华 1869年作 千岩竞秀 立轴	177.5cm×92cm	253,000	广东崇正	2020-09-13
蒲华 1909年作 手绘朱竹·梅花行书七言联 镜心	146cm×38cm×2	230,000	中鸿信	2020-01-03
蒲华 博古菊花图 立轴	120.5cm×40cm	207,000	西泠印社	2020-08-09
蒲华 草书 节录李白文 立轴	108.5cm×37.5cm	195,500	西泠印社	2020-08-09
蒲华 倪田 1910年作 荷花鸳鸯 镜框	131cm×65cm	172,500	华艺国际	2020-12-05
蒲华 1904年作 荷趣 镜心	136cm×66cm	161,000	北京保利	2020-10-18
蒲华 草书 立轴	134cm×66cm	161,000	北京翰海	2020-12-11
蒲华 行书节录《五柳先生传》立轴	174.5cm×41.5cm	138,000	中国嘉德	2020-[illegible]2-03
蒲华 1897年作 行书七言联 立轴	169.5cm×41.5cm×2	126,500	中鸿信	2020-01-03
蒲华 1871年作 青云高志 立轴	134cm×66.5cm	126,500	十竹斋拍卖（北京）	2020-[illegible]0-18
蒲华 行书七言联 立轴	132cm×30cm×2	115,000	中鸿信	2020-01-03
蒲华 沈心海 任熏 张熊 高邕 等 书画扇面（十二帧）扇轴（四轴十二挖）	约52cm×18cm×12	115,000	西泠印社	2020-08-08
蒲华 草书八言联 立轴	142cm×35.5cm×2	115,000	北京翰海	2020-12-12
蒲华 1908年作 草书 立轴	123cm×57cm	109,250	朵云轩	2020-09-24
蒲华 抚琴图 立轴	100cm×30.5cm	97,750	荣宝斋（上海）	2020-10-25
蒲华 清 1903年作 七言诗联（两幅）立轴	132cm×33cm×2	95,850	佳士得	2020-11-18
蒲华 山林休憩图	32.7cm×80.5cm	94,300	中国嘉德	2020-11-09
蒲华 1897年作 山居赏读 扇面	18cm×53cm	92,000	朵云轩	2020-09-24
蒲华 草书《庄子》章句 立轴	155cm×63cm	92,000	中国嘉德	2020-12-02
蒲华 山水 立轴	94cm×44cm	89,925	中国嘉德	2020-10-09
蒲华 五月榴花开 立轴	98cm×52cm	89,700	中鸿信	2020-01-03
蒲华 拟阮亭诗意 立轴	129.5cm×30cm	86,250	中贸圣佳	2020-10-17
蒲华 1880年作 潇湘泛棹 镜心	19.5cm×54.5cm	80,500	中国嘉德	2020-08-17
蒲华 溪山佳色 扇面	19cm×52cm	80,500	朵云轩	2020-11-30
蒲华 1908年作 行书七言联 立轴	135cm×32cm×2	78,200	中鸿信	2020-01-03
蒲华 竹石图 立轴	145cm×40cm	74,750	中鸿信	2020-01-03
蒲华 1880年作 行书五言联 对联	81cm×23cm×2	66,700	中国嘉德	2020-07-16
蒲华 竹石图 立轴	148cm×39cm	66,700	广东崇正	2020-09-13
蒲华 1899年作 临沈石田菊石图 镜心	94cm×32.5cm	63,250	中鸿信	2020-01-03
蒲华 1907年作 墨竹图 行书 成扇	50cm×24cm	55,200	朵云轩	2020-11-30
蒲华 等 春笋鲈鱼 立轴	113cm×39.5cm	51,750	朵云轩	2020-11-29
溥伒 西园雅集图 手卷	12.5cm×130cm	1,695,000	香港苏富比	2020-07-10
溥伒 1941年作 春风图 立轴	151cm×82cm	805,000	北京保利	2020-10-17
溥伒 溥佐 山水骏马合璧册 八开册	册端：13.2cm×18cm；画心：6.5cm×8.3cm×8	721,539	香港苏富比	2020-10-08

(成交价RMB：5万元以上)

拍品名称	物品尺寸	成交价RMB	拍卖公司	拍卖日期
溥忻 1963年作 行书消暇遣兴册 廿六开册	30cm×42.1cm×26	542,400	香港苏富比	2020-07-10
溥忻 林泉清兴 镜框	12.4cm×76.3cm	474,600	香港苏富比	2020-07-10
溥忻 抚易元吉墨猿图 立轴	66.1cm×29.5cm	339,000	香港苏富比	2020-07-10
溥忻 松阴神骏 立轴	126cm×60cm	287,500	朵云轩	2020-09-23
溥忻 人马图 镜片	99cm×49cm	276,000	上海敬华	2020-09-22
溥忻 行书并秋山萧寺图 成扇	80cm×83cm	184,000	中贸圣佳	2020-10-17
溥忻 山村雅集 立轴	97.3cm×32.2cm	172,500	北京诚轩	2020-08-17
溥忻 为周伯翔作书画巨扇 成扇	101.5cm×33.5cm	172,500	西泠印社	2020-08-08
溥忻 冈陵嵩寿 立轴	89.7cm×46.3cm	158,200	香港苏富比	2020-07-10
溥忻 溪山深隐图 立轴	107cm×40cm	126,500	北京诚轩	2020-08-17
溥忻 策马图、行书米襄阳诗 立轴	画 96.5cm×32cm; 字111cm×29cm	122,626	中国嘉德	2020-10-09
溥忻 1932年作 行旅图 立轴	138cm×36cm	115,000	华艺国际	2020-10-16
溥忻 悬石高涧 立轴	87cm×37cm	109,250	中国嘉德	2020-11-09
溥忻 和镛 载涛 关松房 叶昀 溥儒 溥修 双骏、书法 成扇	20cm×52cm×2	103,500	广东小雅斋	2020-08-21
溥忻 罗振玉 山水·书法 成扇	18cm×50cm	92,000	永乐拍卖	2020-12-03
溥忻 1959年作 人马图 行书 成扇	19cm×53cm×2	86,250	上海敬华	2020-09-22
溥忻 行书七言联 立轴	122.5cm×27cm×2	86,250	中国嘉德	2020-12-04
溥忻 幽谷探隐、行书临松雪帖 扇面 镜框	18.5cm×54.2cm×2	84,750	香港苏富比	2020-07-10
溥忻 幽人爱松竹 立轴	98.5cm×32.5cm	74,750	北京翰海	2020-12-11
溥忻 行书十一言联 立轴	99cm×18cm×2	74,750	北京翰海	2020-12-12
溥忻 山水 圆光一对 镜框	7cm×7cm×2	72,154	香港苏富比	2020-10-08
溥忻 行书 立轴	101cm×43cm	63,250	广东崇正	2020-09-13
溥忻 张海若 山水、书法 成扇	19cm×46cm	59,800	华艺国际	2020-10-16
溥忻 行书七言联 立轴	169.5cm×40.5cm×2	57,500	北京翰海	2020-12-12
溥忻 金衡之 1937年作 日长山静·隶书 成扇	19.5cm×52cm	51,750	中鸿信	2020-01-03
溥忻 1931年作 秋溪访友 圆光立轴	直径46cm	51,750	北京翰海	2020-12-11
溥忻 放翁赏梅 扇面 镜框	20cm×54.2cm	50,850	香港苏富比	2020-07-10
溥佺 1976年作 茨坪新貌 镜心	170.5cm×129.5cm	1,495,000	中国嘉德	2020-12-03
溥佺 松荫双骏 立轴	131cm×65.5cm	184,000	北京翰海	2020-12-11
溥佺 叶昀 于非闇 溥僩 溥忻 吴镜汀 山水、花卉八条屏	88cm×31cm×8	184,000	中国嘉德	2020-11-09
溥佺 春郊牧马 立轴	102.5cm×50.5cm	172,500	朵云轩	2020-09-23
溥佺 谭泽闿 万壑树声满、书法 成扇	19cm×49cm	80,500	华艺国际	2020-10-16
溥佺 双骏图 立轴	99cm×33cm	63,250	华艺国际	2020-10-16
溥佺 松荫流水 镜心	67.5cm×133cm	63,250	中贸圣佳	2020-10-17
溥佺 1944年作 柳荫骏马 镜心	113cm×45cm	57,500	中国嘉德	2020-07-15
溥佺 松荫双骏 立轴	98.5cm×32cm	57,500	华艺国际	2020-10-16
溥儒 1952年作 《唐五律佳句类选》书画合璧册 线装一册六十六页	30.5cm×17.6cm	19,813,200	佳士得	2020-07-08
溥儒 白孔雀 立轴	120cm×39cm	8,895,457	香港苏富比	2020-10-08
溥儒 袖里怀珍册 十二开册		4,605,880	香港苏富比	2020-07-10
溥儒 龙蟠蛟举卷 手卷	13cm×517cm	4,600,000	中国嘉德	2020-12-01
溥儒 1939年作 冰雪净聪明 手卷	引首 12.5cm×62cm; 画 12cm×155cm; 题跋 18cm×202cm	3,450,000	永乐拍卖	2020-12-03

拍品名称	物品尺寸	成交价RMB	拍卖公司	拍卖日期
溥儒 墨池三香 册页(十二开二十四页)	字 28.5cm×18.3cm×12; 画 28.5cm×19cm×12	3,220,000	中国嘉德	2020-12-01
溥儒 1943年作 白描罗汉 手卷	27cm×157cm	2,875,000	永乐拍卖	2020-12-03
溥儒 临古对题书画 册页	画 32.5cm×20.2cm×12; 字 29cm×18.3cm×16	2,875,000	永乐拍卖	2020-12-03
溥儒 张骞策马图 镜心	61.5cm×37cm	2,702,500	永乐拍卖	2020-12-03
溥儒 不见数峰久 镜心	34cm×101cm	2,300,000	永乐拍卖	2020-08-17
溥儒 1935年作 寒林白鹭 立轴	73cm×36.5cm	2,070,000	中国嘉德	2020-12-01
溥儒 1937年作 萃锦园楷书 册页(二十开四十页)	28.5cm×37cm×40	2,070,000	中国嘉德	2020-12-01
溥儒 苍虬图 手卷	7cm×258cm	1,840,000	永乐拍卖	2020-08-17
溥儒 行书《望海潮》词 镜心	48cm×47cm	1,840,000	北京保利	2020-10-17
溥儒 1956年作 山茶 镜心	75cm×40cm	1,430,632	中国嘉德	2020-10-09
溥儒 1955年作 嬉戏图 镜心	34cm×38cm	1,380,000	北京保利	2020-12-04
溥儒 仿唐寅山水 镜心	97cm×37cm	1,380,000	永乐拍卖	2020-12-03
溥儒 西山古松图 立轴	112.8cm×45.5cm	1,299,500	香港苏富比	2020-07-10
溥儒 1961年作 隶书《汉循吏韩仁碑》镜心	69cm×29cm×4	1,265,000	永乐拍卖	2020-12-03
溥儒 1962年作 行书五七言绝句 四联屏	133cm×34.3cm×4	1,243,000	香港苏富比	2020-07-10
溥儒 1962年作 虬松图 镜框	66.7cm×180.2cm	1,186,500	香港苏富比	2020-07-10
溥儒 春寒未落花 镜心	88cm×35cm	1,175,162	中国嘉德	2020-10-09
溥儒 仿古山水册(共十一页) 册页	画心约 26cm×13.5cm×10; 题跋 37cm×21cm	1,069,500	西泠印社	2020-08-09
溥儒 山水 对屏 立轴	100cm×31cm×2	943,000	上海敬华	2020-09-22
溥儒 寒塘野鹜 镜心	80cm×36cm	920,000	永乐拍卖	2020-12-03
溥儒 五蟹图 立轴	118cm×37cm	920,000	永乐拍卖	2020-12-03
溥儒 1955至1956年作 烟湖归舟 镜心	31cm×40.5cm	897,000	十竹斋拍卖(北京)	2020-10-18
溥儒 春风婴戏 镜心	57cm×30cm	828,000	中国嘉德	2020-08-16
溥儒 钟馗 镜心	16cm×19cm	828,000	北京保利	2020-10-17
溥儒 1953年作 楷书七言联(一对) 镜框	65cm×11.8cm×2	791,000	香港苏富比	2020-07-10
溥儒 1946年作 山水圆光(四帧) 镜心	直径16.5cm×4	782,000	永乐拍卖	2020-12-03
溥儒 水墨荷花 横幅	12.5cm×77.5cm	782,000	永乐拍卖	2020-12-03
溥儒 1930年作 寒山夜雪 行书 成扇	18.5cm×47.8cm	777,042	香港苏富比	2020-10-08
溥儒 蔬果 竹笋(两帧) 镜框	30cm×23cm×2	777,042	香港苏富比	2020-10-08
溥儒 1942年作 羽扇仕女 镜框	56cm×26cm	721,539	香港苏富比	2020-10-08
溥儒 秋林归牧 镜心	76cm×46.5cm	690,000	荣宝斋(上海)	2020-10-25
溥儒 松虬偃仰 册页	29cm×19cm×12	690,000	永乐拍卖	2020-12-03
溥儒 山水 四屏	595cm×28cm×4	678,500	广东小雅斋	2020-08-21
溥儒 煮茶图 镜心	132cm×53cm	655,500	北京保利	2020-12-04
溥儒 秋山行旅 手卷	14cm×97cm	632,500	上海敬华	2020-09-22
溥儒 1937年作 春霭清阁 镜心	直径32cm	598,000	中国嘉德	2020-08-16
溥儒 小侠女夜探五虎庄 镜心	22cm×31cm	598,000	北京保利	2020-12-04
溥儒 江天秋光 手卷	11cm×67cm	586,500	永乐拍卖	2020-12-03
溥儒 峰峦松影 镜心	97cm×25cm	575,000	永乐拍卖	2020-08-17

2020书画拍卖成交汇总（续表）

（成交价RMB：5万元以上）

拍品名称	物品尺寸	成交价RMB	拍卖公司	拍卖日期
溥儒 山水花卉 册页	书 24cm×29cm×4； 画20cm×26cm×4	575,000	北京保利	2020-12-04
溥儒 书法 四屏立轴	130cm×31cm×4	575,000	华艺国际	2020-10-16
溥儒 行书“浮海至舟山”诗十三首 镜框	10cm×84cm	555,030	香港苏富比	2020-10-08
溥儒 钟馗卖浆 镜心	21cm×43cm	552,000	北京保利	2020-10-17
溥儒 雪峰萧寺图 手卷	10.2cm×71.7cm	552,000	中国嘉德	2020-12-01
溥儒 1954年作 柳塘春色 镜框	18.2cm×44cm	532,500	佳士得	2020-11-18
溥儒 烧丹图 立轴	100.5cm×32.5cm	529,000	朵云轩	2020-09-23
溥儒 松下读书图 立轴	99cm×32cm	529,000	十竹斋拍卖（北京）	2020-10-18
溥儒 1960年作 行书近作诗（四幅）镜框	67.5cm×16cm×4	513,000	佳士得	2020-07-08
溥儒 1957年作 寒云幽涧 立轴	68cm×24.5cm	510,940	中国嘉德	2020-10-09
溥儒 秋江夕照 成扇	18cm×48cm	508,500	香港苏富比	2020-07-10
溥儒 观云图卷 手卷	42.8cm×15.8cm	483,000	北京诚轩	2020-08-17
溥儒 徐宗浩 题汉砖拓 行书七言联 成扇	17cm×50cm	483,000	中国嘉德	2020-12-02
溥儒 岩壁双松 立轴	99cm×40cm	479,250	佳士得	2020-12-01
溥儒 1962年作 寻章摘句 册页	33cm×48cm×14	460,000	中国嘉德	2020-08-15
溥儒 松涧听泉 立轴	127cm×50cm	460,000	永乐拍卖	2020-12-03
溥儒 1943年作 神仙鱼 扇面 镜框	14cm×43.2cm	452,000	香港苏富比	2020-07-10
溥儒 疏林鸟归图 立轴	134.5cm×43.8cm	452,000	香港苏富比	2020-07-10
溥儒 寒飚惊树 镜心	79cm×25cm	448,500	永乐拍卖	2020-08-17
溥儒 翠扇仕女 立轴	62.5cm×41cm	437,000	中国嘉德	2020-12-03
溥儒 黑和尚吃草图 镜心	20.5cm×43.5cm	437,000	中贸圣佳	2020-10-17
溥儒 行书“风味腴甘”镜心	33.5cm×131cm	437,000	中贸圣佳	2020-10-17
溥儒 柳荫高士 立轴	102.2cm×34cm	426,000	佳士得	2020-12-01
溥儒 松山问道 立轴	99.6cm×32cm	414,000	永乐拍卖	2020-08-17
溥儒 萱蝶图 立轴	84cm×25cm	414,000	永乐拍卖	2020-08-17
溥儒 松溪泛舟 立轴	100cm×33cm	414,000	中贸圣佳	2020-10-17
溥儒 并蒂莲 立轴	101cm×39.5cm	408,752	中国嘉德	2020-10-09
溥儒 晨鼠如虎 镜心	17cm×30cm	402,500	中国嘉德	2020-08-15
溥儒 农家乐事 镜心	29cm×37cm	402,500	永乐拍卖	2020-08-17
溥儒 溪山远汀 手卷	14.5cm×115cm	402,500	永乐拍卖	2020-08-17
溥儒 钟馗 镜框	66cm×34cm	402,500	广东小雅斋	2020-06-17
溥儒 楷书十言联 立轴	66cm×12cm×2	391,000	永乐拍卖	2020-12-03
溥儒 1934年作 行书《西峪寺诗》镜框	50.5cm×172.6cm	388,521	香港苏富比	2020-10-08
溥儒 1956年作 拟董巨山水 立轴	56.2cm×31cm	388,521	香港苏富比	2020-10-08
溥儒 松下授业 立轴	100cm×33cm	379,500	永乐拍卖	2020-12-03
溥儒 危嶂千仞 镜框	93.5cm×41.5cm	372,750	佳士得	2020-12-01
溥儒 1936年作 落雁夕阳 立轴	110cm×33cm	368,000	中国嘉德	2020-07-15
溥儒 山水 立轴	74cm×21.5cm	356,500	广东小雅斋	2020-08-21
溥儒 鱼乐 镜心	58cm×29cm	356,500	北京保利	2020-10-17
溥儒 翠巘生秋色 立轴	98cm×28.5cm	345,000	北京保利	2020-10-17
溥儒 松涧戏猿 横披	28.5cm×72cm	345,000	中国嘉德	2020-12-02
溥儒 楷书七言联 镜心	55.5cm×10cm×2	345,000	中贸圣佳	2020-10-17
溥儒 1949年作 澄潭湛绿 镜框	68cm×32cm	342,000	佳士得	2020-07-08
溥儒 1950年作 梅影印月 镜框	27.5cm×54.5cm	333,018	香港苏富比	2020-10-08
溥儒 楷书五言联 立轴	122.5cm×34cm×2	327,002	中国嘉德	2020-10-09
溥儒 碧波秋色图 立轴	100cm×37cm	322,000	永乐拍卖	2020-08-17
溥儒 楷书七言联 立轴	136cm×32cm×2	322,000	永乐拍卖	2020-08-17
溥儒 梧桐栖凤 镜心	99cm×57cm	322,000	永乐拍卖	2020-08-17

拍品名称	物品尺寸	成交价RMB	拍卖公司	拍卖日期
溥儒 溥佺 山中观妙偈 成扇	18.5cm×49cm	322,000	朵云轩	2020-09-24
溥儒 岩壑重峰 立轴	103cm×24cm	322,000	中国嘉德	2020-12-02
溥儒 看山图 镜心	118cm×30.5cm	322,000	中国嘉德	2020-12-03
溥儒 松溪泛舟 立轴	100cm×33cm	310,500	北京保利	2020-12-04
溥儒 翠盖红衣 立轴	99cm×48cm	310,500	永乐拍卖	2020-12-03
溥儒 六六大顺图 镜框	88cm×17.5cm	299,000	华艺国际	2020-10-16
溥儒 钟进士抱笏图 镜框	42.3cm×22.7cm	293,800	香港苏富比	2020-07-10
溥儒 洞庭帆影 立轴	99cm×33.5cm	287,500	中国嘉德	2020-08-15
溥儒 江山帆影 镜心	97cm×43cm	287,500	永乐拍卖	2020-08-17
溥儒 空谷泛舟 镜心	144cm×48cm	287,500	中国嘉德	2020-07-15
溥儒 梅兰芳 为吴湖帆书楷书七言联 镜心	69cm×10cm×2	287,500	中鸿信	2020-01-04
溥儒 青松论道图 立轴	99.5cm×32.5cm	287,500	西泠印社	2020-08-09
溥儒 松鹤图 立轴	61cm×27cm	287,500	永乐拍卖	2020-08-17
溥儒 行书七言联 立轴	131cm×32cm×2	287,500	北京保利	2020-12-04
溥儒 溪山高士 立轴	97cm×25cm	287,500	华艺国际	2020-10-16
溥儒 泰山六朝松 镜片	138cm×68cm	287,500	上海敬华	2020-09-22
溥儒 观月图 镜心	20cm×49cm	287,500	十竹斋拍卖（北京）	2020-10-18
溥儒 和合二仙 立轴	82.5cm×36.6cm	276,000	北京诚轩	2020-08-17
溥儒 阿弥陀 立轴	55cm×22cm	276,000	中国嘉德	2020-12-03
溥儒 松下高士 立轴	90cm×37cm	276,000	中贸圣佳	2020-10-17
溥儒《皇清一品夫人多罗特氏墓志铭》书稿 镜框	18.5cm×81cm	273,600	佳士得	2020-07-08
溥儒 楷书七言联 镜框	各 66.4cm×10.3cm(2)	266,414	香港苏富比	2020-10-08
溥儒 寒玉堂山水 册页（十四开）	27.5cm×13.3cm×14	264,500	北京诚轩	2020-08-17
溥儒 1941年作 瓜蝶绵绵 立轴	74.3cm×39cm	264,500	永乐拍卖	2020-12-03
溥儒 1962年作 松岩觅句图 镜心	83cm×32cm	255,470	中国嘉德	2020-10-09
溥儒 升官图 镜心	20.5cm×49cm	253,000	北京保利	2020-12-04
溥儒 1956年作 指南宫碑 镜框	21cm×43cm	253,000	华艺国际	2020-10-16
溥儒 山林行吟 立轴	94cm×31cm	253,000	上海敬华	2020-09-22
溥儒 1959年作 千峰积雪 镜框	111.5cm×31.2cm	248,600	香港苏富比	2020-07-10
溥儒 听松 立轴	74cm×38cm	230,000	北京保利	2020-12-04
溥儒 秋浦鸳鸯 镜心	27.2cm×12cm	230,000	北京保利	2020-12-04
溥儒 溥佺 孙智敏 采药图　行书 成扇	19.5cm×53cm	230,000	荣宝斋（上海）	2020-10-25
溥儒 潘龄皋 秋情 成扇	19cm×51cm	230,000	永乐拍卖	2020-12-03
溥儒 行书卷 手卷	31cm×460cm	230,000	中国嘉德	2020-11-09
溥儒 1960年作 仿米元晖山水 镜心	13.5cm×77cm	230,000	中国嘉德	2020-12-03
溥儒 楷书七言联 镜心	64.5cm×12.5cm×2	224,814	中国嘉德	2020-10-09
溥儒 落日画船明 立轴	93.5cm×36.5cm	224,814	中国嘉德	2020-10-09
溥儒 溥佺 滕王阁图、小楷《滕王阁序》成扇		218,500	中国嘉德	2020-11-09
溥儒 唐人诗意 镜心	15cm×18cm	218,500	中国嘉德	2020-12-02
溥儒 双松清石图、行书七言联（两帧）镜框	书 89.2cm×16cm； 画 87.8cm×28.8cm	214,700	香港苏富比	2020-07-10
溥儒 枝头好鸟 镜框	直径：28cm	207,900	罗芙奥	2020-12-05
溥儒 泛舟图 立轴	70cm×29.5cm	207,000	北京保利	2020-12-04
溥儒 秋江泛舟 镜框	29.5cm×61.5cm	207,000	华艺国际	2020-10-16
溥儒 献寿图 镜心	77.5cm×38cm	207,000	中国嘉德	2020-12-03
溥儒 行书七言联 镜心	41cm×8cm×2	207,000	中贸圣佳	2020-10-17
溥儒 山水对屏两件含信札一通 镜心	38cm×30cm×2； 28cm×21cm	207,000	中贸圣佳	2020-10-17

(成交价RMB：5万元以上)

拍品名称	物品尺寸	成交价RMB	拍卖公司	拍卖日期
溥儒 浅绛山水 立轴	130cm×49.5cm	207,000	中贸圣佳	2020-10-17
溥儒 1961年作 行书《咏猿诗》立轴	77cm×34cm	204,376	中国嘉德	2020-10-09
溥儒 1935年作 行书自作诗 手卷	引首27cm×81cm；画心27.3cm×212cm	204,376	中国嘉德	2020-10-09
溥儒 1951年作 奔月图 镜框	57.5cm×29cm	203,400	香港苏富比	2020-07-10
溥儒 晴峦浮翠 镜框	120cm×29cm	199,920	罗芙奥	2020-07-18
溥儒 1961年作 楚峰烟雨 手卷	41cm×72cm；11.5cm×67cm；10cm×45cm	195,500	永乐拍卖	2020-08-17
溥儒 荷花 立轴	91cm×41cm	195,500	广东小雅斋	2020-08-21
溥儒 雪山图 扇面	18cm×50cm	195,500	朵云轩	2020-09-23
溥儒 姹红数朵 立轴	65.5cm×44.5cm	195,500	荣宝斋(上海)	2020-10-25
溥儒 墨荷 镜框	92cm×37cm	193,800	佳士得	2020-07-08
溥儒 1945年作 秋山读易 行书(二幅)扇面	18.2cm×50.8cm×2	189,750	朵云轩	2020-09-24
溥儒 番人射鹿图 设色纸本 镜框	9cm×46.5cm	188,619	巴黎佳士得	2020/6/23
溥儒 山涧归牧 立轴	84cm×26cm	184,000	中国嘉德	2020-07-17
溥儒 鸭 镜片	60cm×28cm	184,000	广东小雅斋	2020-08-21
溥儒 苍崖含秋光 镜心	67cm×36cm	184,000	北京保利	2020-12-04
溥儒 贾景德 书法中堂 镜心	尺寸不一	184,000	北京保利	2020-12-04
溥儒 行书自作诗 镜片	38cm×95.5cm	184,000	广东崇正	2020-09-13
溥儒 泛舟图 立轴	97cm×33cm	184,000	荣宝斋(南京)	2020-11-28
溥儒 楷书七言联 镜片	139cm×33cm×2	184,000	上海敬华	2020-09-22
溥儒 金陵楼阁 镜心	50cm×20cm	184,000	十竹斋拍卖(北京)	2020-10-18
溥儒 江曲沙平 立轴	114cm×47cm	184,000	中国嘉德	2020-11-09
溥儒 松云翠烟 镜心	80cm×20cm	184,000	中国嘉德	2020-12-02
溥儒 山水 立轴	85cm×28cm	184,000	中贸圣佳	2020-10-17
溥儒 行书七言诗 立轴	93.5cm×36cm	183,938	中国嘉德	2020-10-09
溥儒 1939年作 山居秋士 立轴	80cm×39cm	181,050	佳士得	2020-12-01
溥儒 雪景 行书(二幅)扇面	19.5cm×54.5cm×2	178,250	朵云轩	2020-09-24
溥儒 仿明人马 镜框	25.5cm×27cm	177,610	香港苏富比	2020-10-08
溥儒 秋山夕照多 立轴	69cm×30.8cm	177,610	香港苏富比	2020-10-08
溥儒 清溪独钓 立轴	89cm×28.5cm	173,720	中国嘉德	2020-10-09
溥儒 1961年作 春风双雀 镜心	96.5cm×48.5cm	172,500	中国嘉德	2020-08-15
溥儒 行书寒玉堂诗 四屏镜心	78.5cm×21.4cm×4	172,500	北京保利	2020-10-17
溥儒 云峰舣棹　行书五言联 立轴	画54cm×27cm；书67.5cm×19.5cm×2	172,500	广东崇正	2020-09-13
溥儒 1947年作 行书七言联 立轴	163cm×40cm×2	172,500	永乐拍卖	2020-12-03
溥儒 楷书七言联(两幅)镜框	65.5cm×14.5cm×2	171,000	佳士得	2020-07-08
溥儒 1954年作 秋壑、行书登高诗(两帧)镜框	35.5cm×5.7cm×2	169,500	香港苏富比	2020-07-10
溥儒 松下高士 镜框	69.5cm×31cm	166,320	罗芙奥	2020-12-05
溥儒 独鸟怪人看 立轴	70cm×29cm	163,501	中国嘉德	2020-10-09
溥儒 1940年作 红衣仕女 镜心	102cm×25cm	163,501	中国嘉德	2020-10-09
溥儒 寒玉堂订制笺谱 镜心	20cm×47cm	161,000	北京保利	2020-12-04
溥儒 斜阳舟横 成扇	18cm×49cm	161,000	上海敬华	2020-09-22
溥儒 秋塘 立轴	54cm×20cm	161,000	永乐拍卖	2020-12-03
溥儒 行书《江行诗》横披	29.5cm×87cm	161,000	中国嘉德	2020-12-02

拍品名称	物品尺寸	成交价RMB	拍卖公司	拍卖日期
溥儒 朱汝珍 松荫兔戏 行书《咏史诗》镜心	18.5cm×52cm	161,000	中国嘉德	2020-12-02
溥儒 红叶双禽 镜心	72cm×28cm	161,000	中国嘉德	2020-12-03
溥儒 花鸟 镜片	69cm×25cm	149,500	广东小雅斋	2020-06-17
溥儒 山水 镜框	130cm×30cm	149,500	广东小雅斋	2020-08-21
溥儒 张伯英 寒泉观秋 行书临山谷书 成扇	19.5cm×50cm	149,500	中国嘉德	2020-08-15
溥儒 中山出游图 镜心	89cm×29cm	149,500	中国嘉德	2020-08-15
溥儒 山村过雨 镜心	56.5cm×29.4cm	149,500	北京诚轩	2020-08-17
溥儒 池塘秋色 立轴	90cm×28.5cm	149,500	广东崇正	2020-09-13
溥儒 戏猿图 镜片	18cm×51cm	149,500	上海敬华	2020-09-22
溥儒 行书七言联 镜心	80cm×13cm×2	149,500	中国嘉德	2020-12-03
溥儒 松窗采薇 镜心	102.5cm×43cm	138,000	上海匡时	2020-08-05
溥儒 纺绩图 镜心	24.5cm×69cm	138,000	北京保利	2020-12-04
溥儒 1943年作 拟倪云林山水 立轴	69cm×33cm	138,000	北京保利	2020-12-04
溥儒 轻舟渡修峡 镜片	79cm×23cm	138,000	上海敬华	2020-09-22
溥儒 明骆千里 立轴	55cm×33cm	138,000	永乐拍卖	2020-12-03
溥儒 溥佺 溪云过雨	19cm×53cm	138,000	永乐拍卖	2020-12-03
溥儒 登楼望君图 立轴	106cm×33cm	138,000	中国嘉德	2020-12-02
溥儒 放鸢图 立轴	92.5cm×40cm	127,800	佳士得	2020-12-01
溥儒 行书七言联 对联	142cm×36cm×2	126,500	中国嘉德	2020-07-16
溥儒 两体书“国人之喜” 镜心	69.5cm×34.5cm	126,500	北京保利	2020-12-04
溥儒 深山藏古寺 立轴	19cm×10cm	126,500	广东崇正	2020-09-13
溥儒 竹石小鸟 立轴	89cm×24cm	126,500	中国嘉德	2020-12-02
溥儒 策杖行吟 镜心	104cm×33cm	126,500	中国嘉德	2020-12-02
溥儒 仿郭河阳笔意 立轴	75cm×37.5cm	126,500	中贸圣佳	2020-10-17
溥儒 1947年作 行书诗四首 镜框	19cm×65cm	125,400	佳士得	2020-07-08
溥儒 秋山舟渡图 镜框	58cm×30cm	123,760	罗芙奥	2020-07-18
溥儒 行书七言联 立轴	74.5cm×14cm×2	122,626	中国嘉德	2020-10-09
溥儒 1962年作 行书自作诗 镜心	38cm×90cm	122,626	中国嘉德	2020-10-09
溥儒 行书七言联 镜框	66.7cm×14cm×2	122,107	香港苏富比	2020-10-08
溥儒 1955年作 松龄衍庆 立轴	88cm×32cm	119,952	罗芙奥	2020-07-18
溥儒 山水 立轴	72cm×30.5cm	115,000	广东小雅斋	2020-06-17
溥儒 晓月初沉露未干 立轴	47cm×28cm	115,000	北京保利	2020-12-04
溥儒 秋林闲钓 立轴	56cm×28.5cm	115,000	朵云轩	2020-09-23
溥儒 柳阴仕女 扇轴	20cm×53cm	115,000	朵云轩	2020-09-23
溥儒 江边屋舍 镜心	18cm×10cm	115,000	永乐拍卖	2020-12-03
溥儒 秋山图 镜心	68cm×32cm	115,000	永乐拍卖	2020-12-03
溥儒 行书七言联 镜心	101cm×16cm×2	115,000	永乐拍卖	2020-12-03
溥儒 水月观音 镜心	39cm×18cm	115,000	永乐拍卖	2020-12-03
溥儒 松下高士 立轴	114.5cm×30.5cm	114,000	佳士得	2020-07-08
溥儒 奇石古松 立轴	59cm×28cm	112,700	上海敬华	2020-09-22
溥儒 行书五言联 立轴	69.9cm×19.8cm×2	111,006	香港苏富比	2020-10-08
溥儒 1929年作 钟馗 镜心	24cm×16.5cm	109,250	中鸿信	2020-01-03
溥儒 1955年作 大吉祥 镜心	83cm×87cm	109,250	中鸿信	2020-01-03
溥儒 行书“驻鹤” 镜心	33cm×68.5cm	109,250	北京保利	2020-12-04
溥儒 萧愻 书画合璧 立轴(双挖)	24cm×29.5cm×2	109,250	北京翰海	2020-12-11
溥儒 登高望远图 镜心	86cm×25.5cm	103,500	中国嘉德	2020-08-15
溥儒 书法 镜框	34cm×63cm	103,500	广东小雅斋	2020-08-21
溥儒 行书七言联 立轴	129cm×30cm×2	103,500	北京保利	2020-10-17
溥儒 诗意图 成扇	18cm×48cm	103,500	北京翰海	2020-09-12
溥儒 深山幽居 镜心	93cm×30cm	103,500	中国嘉德	2020-11-10
溥儒 枯木竹石 镜心	64cm×29cm	103,500	中国嘉德	2020-12-02
溥儒 山水 镜心	88.5cm×27.5cm	103,500	中国嘉德	2020-12-03
溥儒 行书诗二首 镜框	84cm×41.5cm	101,700	香港苏富比	2020-07-10

2020书画拍卖成交汇总(续表)

(成交价RMB：5万元以上)

拍品名称	物品尺寸	成交价RMB	拍卖公司	拍卖日期
溥儒 1958年作 行书《善光寺诗》立轴	50.5cm×26cm	99,905	香港苏富比	2020-10-08
溥儒 芭蕉美人 立轴	94cm×31cm	97,750	广东小雅斋	2020-08-21
溥儒 行书七言联 对联	128cm×29cm×2	97,750	上海驰翰	2020-08-06
溥儒 行书五言诗 立轴	124cm×31cm	97,750	中国嘉德	2020-07-16
溥儒 水榭谈玄 立轴	直径31cm	97,750	北京诚轩	2020-08-17
溥儒 雪夜访戴图 扇面片	18cm×50cm	97,750	北京翰海	2020-12-11
溥儒 墨竹 行书 镜片	38.5cm×59.5cm	97,750	朵云轩	2020-09-23
溥儒 柳荫观书 镜片	59.5cm×28cm	97,750	朵云轩	2020-09-23
溥儒 双瑞图 镜心	66.5cm×21.5cm	97,750	中国嘉德	2020-12-03
溥儒 1957年作 人马图 镜心	38cm×62.5cm	92,000	中国嘉德	2020-08-15
溥儒 1944年作 临江独立、行书七言诗 成扇		92,000	中国嘉德	2020-07-17
溥儒 晚霞雁声 镜心	27cm×34cm	92,000	中国嘉德	2020-08-15
溥儒 吴子深 1966年作 抚孤松以盘桓 屏轴	89.5cm×34cm	92,000	上海驰翰	2020-08-06
溥儒 御马图 立轴	57cm×38.5cm	92,000	中国嘉德	2020-08-15
溥儒 荷花蜻蜓 镜心	64cm×32cm	92,000	北京保利	2020-12-04
溥儒 1951年作 峰松云海 镜心	44cm×20cm	92,000	北京保利	2020-12-04
溥儒 楷书"履端"镜心	27cm×65cm	92,000	荣宝斋(上海)	2020-10-25
溥儒 松崖云气 镜心	54cm×21cm	92,000	十竹斋拍卖(北京)	2020-10-18
溥儒 冯恕 寒林独幽·书法 成扇	19.6cm×53.8cm	92,000	永乐拍卖	2020-12-03
溥儒 行书七言联 镜心	82cm×13cm×2	92,000	中贸圣佳	2020-10-17
溥儒 王雪涛 颜伯龙 花鸟虫蛙 镜片	106cm×31cm	89,700	广东小雅斋	2020-08-21
溥儒 1951年作 行书五绝 团扇面 镜框		88,805	香港苏富比	2020-10-08
溥儒 竹雀图 镜框	99cm×24cm	88,704	罗芙奥	2020-12-05
溥儒 松溪雨霁 镜心	82.5cm×33cm	86,250	北京诚轩	2020-08-17
溥儒 秋山行旅 镜框	35.5cm×13cm	86,250	朵云轩	2020-09-23
溥儒 行书 立轴	128cm×42cm	86,250	荣宝斋(上海)	2020-10-25
溥儒 行书五言联 立轴	119.5cm×27.5cm×2	86,250	中国嘉德	2020-12-02
溥儒 行书"缕烟"镜心	30cm×58cm	86,250	中国嘉德	2020-12-02
溥儒 溥伒 等 1931年作 松风集韵 成扇	19.3cm×54cm	86,250	中国嘉德	2020-12-02
溥儒 行书七言联 镜框	104cm×17cm×2	85,200	佳士得	2020-12-01
溥儒 飞泉出烟萝 立轴	100.5cm×31.5cm	83,794	中国嘉德	2020-10-09
溥儒 深山访友 立轴	102cm×33cm	82,800	中国嘉德	2020-07-16
溥儒 松下高士 镜心	88cm×28cm	82,800	中国嘉德	2020-07-16
溥儒 行书七言联 立轴	133cm×29.5cm×2	80,500	广东崇正	2020-09-13
溥儒 山水 镜框	105cm×25cm	78,200	广东小雅斋	2020-08-21
溥儒 山水 镜片	57cm×27cm	78,200	广东小雅斋	2020-08-21
溥儒 山水小品(五帧)横幅	24cm×17cm×4；28cm×20cm	78,200	中国嘉德	2020-07-15
溥儒 行书书法 立轴	85cm×41.5cm	77,616	罗芙奥	2020-12-05
溥儒 山水 立轴	102cm×33.5cm	74,750	广东小雅斋	2020-06-17
溥儒 行书七言联 镜心	79cm×14cm×2	74,750	北京保利	2020-12-04
溥儒 等各家合作 花鸟、山水、书法 成扇	18cm×50cm	74,750	北京翰海	2020-09-12
溥儒 幽枝引凤 镜片	29cm×33cm	74,750	广东崇正	2020-09-13
溥儒 1946年作 楷书七言联 立轴	65.5cm×16.5cm×2	74,750	中国嘉德	2020-12-02
溥儒 墨荷 镜心	28cm×71cm	73,575	中国嘉德	2020-10-09
溥儒 松石图 立轴	95cm×33.5cm	72,072	罗芙奥	2020-12-05

拍品名称	物品尺寸	成交价RMB	拍卖公司	拍卖日期
溥儒 松山阁楼 立轴	64cm×21.5cm	71,300	北京保利	2020-10-17
溥儒 四骏图 镜心	10cm×45cm	71,300	中国嘉德	2020-11-10
溥儒 朱竹报平安 镜心	27cm×58cm	71,300	中贸圣佳	2020-10-17
溥儒 米家山水 立轴	88cm×35cm	69,000	上海敬华	2020-09-22
溥儒 山居图 立轴	97cm×33cm	69,000	上海敬华	2020-09-22
溥儒 仕女 成扇	19.5cm×53cm	69,000	十竹斋拍卖(北京)	2020-10-18
溥儒 行书五言诗 立轴	104cm×34cm	69,000	永乐拍卖	2020-12-03
溥儒 兰花 镜心	28.5cm×60.5cm	69,000	中国嘉德	2020-12-03
溥儒 行书七言诗 镜心	71cm×36cm	69,000	中贸圣佳	2020-10-17
溥儒 行书七言联 立轴	89cm×16.5cm×2	69,000	中贸圣佳	2020-10-17
溥儒 行书七言联(两幅)镜框	56cm×11.5cm×2	68,400	佳士得	2020-07-08
溥儒 草书 镜心	64cm×29cm	66,700	中国嘉德	2020-07-15
溥儒 清溪扁舟图 立轴	66cm×30cm	66,700	中国嘉德	2020-07-16
溥儒 孔雀 镜心	16.5cm×41.5cm	63,250	上海匡时	2020-08-05
溥儒 松涧鹤鸣 镜心	24cm×77cm	63,250	中国嘉德	2020-07-17
溥儒 1958年作 岁寒清供 镜心	74cm×28.5cm	63,250	中国嘉德	2020-08-15
溥儒 行书五言 对联	78cm×15cm×2	63,250	朵云轩	2020-09-23
溥儒 行书"无疆惟休"镜片	31.5cm×63.5cm	63,250	广东崇正	2020-09-13
溥儒 荷花蜻蜓 镜心	68.5cm×39cm	63,250	中贸圣佳	2020-10-17
溥儒 1959年作 行书五言诗 镜心	34cm×109cm	57,500	中国嘉德	2020-07-17
溥儒 临瀑静读 立轴	133cm×32cm	57,500	中国嘉德	2020-07-17
溥儒 书法 立轴	725cm×33cm	57,500	广东小雅斋	2020-08-21
溥儒 罗复堪 云居图·草书七言诗 成扇	19cm×50cm	57,500	北京保利	2020-12-04
溥儒 等三家 秋风白马图 立轴	51.5cm×29cm	57,500	北京翰海	2020-12-11
溥儒 宋人婴戏图 立轴	102cm×32cm	57,500	上海敬华	2020-09-22
溥儒 树下读易图 立轴	65cm×32cm	57,500	上海敬华	2020-09-22
溥儒 远帆图 镜心	14.5cm×19cm	57,500	十竹斋拍卖(北京)	2020-10-18
溥儒 高士图 镜心	14.5cm×19cm	57,500	十竹斋拍卖(北京)	2020-10-18
溥儒 1951年作 疏林山色 镜片	59cm×28.5cm	56,350	上海驰翰	2020-09-24
溥儒 松山楼阁 立轴	72cm×38cm	55,200	广东崇正	2020-06-27
溥儒 朱云 书画二帧 镜心	132cm×34.5cm×2	55,200	中国嘉德	2020-08-15
溥儒 行书七言联 镜心	65.4cm×9.6cm×2	55,200	北京诚轩	2020-08-17
溥儒 王慕谯 牧牛图 镜心	117cm×46cm	55.200	中国嘉德	2020-11-10
溥儒 1952年作 松烟孤艇画意 立轴	58cm×28cm	54,264	罗芙奥	2020-07-18
溥儒 孤亭秋水净 镜心	60cm×30cm	51,750	中鸿信	2020-01-03
溥儒 雪山楼阁 镜心	19cm×13cm	51,750	中国嘉德	2020-07-15
溥儒 猿戏图 镜心	29cm×100cm	51,750	中鸿信	2020-01-03
溥儒 1948年作 行书杜诗 立轴	132cm×32.5cm	51,094	中国嘉德	2020-10-09
溥濡 1948年作 西湖听雨 立轴	98cm×32cm	920,000	北京保利	2020-10-17
溥濡 白描观音 立轴	210cm×90cm	747,500	北京保利	2020-12-04
溥松窗 万壑响松风 镜心	131cm×67cm	155,250	中鸿信	2020-01-03
溥僩 溥儒 双马、书法 成扇	18cm×44cm	69,000	华艺国际	2020-10-16
溥僩 张伯英 骏骨千金真龙种 郭璞《游仙诗》二首 成扇	20cm×53cm	63,250	北京诚轩	2020-08-17
溥僩 红叶霜菊共白头 立轴	97cm×32.5cm	57,500	北京诚轩	2020-08-17
溥僩 刘凌沧 吴镜汀 合作 伯乐相马 抚孤松而盘桓 成扇面	19.2cm×52.5cm	50,600	北京诚轩	2020-08-17
溥佐 八骏图(四屏)镜心	97cm×32cm×4	747,500	北京翰海	2020-09-12
溥佐 八骏图 镜心	67cm×134cm	529,000	中贸圣佳	2020-10-17
溥佐 三骏图 镜心	132.5cm×66cm	517,500	中贸圣佳	2020-10-17
溥佐 溥佺 瘦骨铜声 镜片	87cm×171cm	241,500	广东小雅斋	2020-08-21

(成交价RMB：5万元以上)

拍品名称	物品尺寸	成交价RMB	拍卖公司	拍卖日期
溥佐 鞍马写真 立轴	128.5cm×62cm	230,000	华艺国际	2020-10-16
溥佐 秋梦啼声 立轴	101cm×40.5cm	161,000	中贸圣佳	2020-10-17
溥佐 三骏图 立轴	97cm×48cm	149,500	中国嘉德	2020-07-15
溥佐 八哥松树 立轴	64.5cm×42cm	103,500	中贸圣佳	2020-10-17
溥佐 秋居图 立轴	81cm×32cm	92,000	北京翰海	2020-12-11
溥佐 仙鹤延年 镜片	66cm×129cm	86,250	广东小雅斋	2020-08-21
溥佐 庐山观音 立轴	60cm×29cm	80,500	北京翰海	2020-12-11
溥佐 仿李公麟人马图 立轴	103cm×32cm	80,500	中贸圣佳	2020-10-17
溥佐 溥佺 松竹图 立轴	80.5cm×38cm	69,000	中国嘉德	2020-12-03
溥佐 清高深隐 镜心	8cm×20cm	63,250	中国嘉德	2020-07-15
溥佐 荇藻双喜 立轴	91.5cm×37.5cm	63,250	十竹斋拍卖(北京)	2020-10-18
齐白石 1921年作 致杨度工笔花虫册 镜心(十开)	24cm×32.5cm×10	46,000,000	中国嘉德	2020-12-01
齐白石 百卉争艳 册页(十开)	28cm×45cm×10	39,100,000	华艺国际	2020-10-16
齐白石 云山深涧 立轴	162cm×92cm	38,525,000	北京保利	2020-10-17
齐白石 花卉工虫册 镜心	35cm×23cm×8	31,625,000	北京保利	2020-10-17
齐白石 苍鹰图 立轴	178.5cm×47.8cm	28,750,000	荣宝斋(上海)	2020-10-25
齐白石 英雄独立 立轴	170.5cm×45.5cm	28,175,000	中国嘉德	2020-08-16
齐白石 1948年作 世世有余 立轴	172.5cm×68cm	21,275,000	华艺国际	2020-12-05
齐白石 杜鹃图 立轴	180cm×48.2cm	20,930,000	荣宝斋(上海)	2020-10-25
齐白石 1928年作 白衣大士 立轴	135cm×33.5cm	19,550,000	华艺国际	2020-10-16
齐白石 金秋蔬果图卷 手卷	35.8cm×306cm	19,550,000	荣宝斋(上海)	2020-10-25
齐白石 松鹰图 镜心	66cm×180cm	18,975,000	北京保利	2020-10-17
齐白石 岁朝图 立轴	136cm×34cm	17,250,000	华艺国际	2020-10-16
齐白石 松鹰 立轴	178cm×46.5cm	14,375,000	北京保利	2020-12-04
齐白石 1922年作 夏山图 立轴	135.5cm×33cm	13,225,000	永乐拍卖	2020-12-03
齐白石 桂花绶带图 立轴	117cm×45.4cm	12,650,000	荣宝斋(上海)	2020-10-25
齐白石 生机勃勃册 十一开册	28cm×18.5cm×11	9,053,560	香港苏富比	2020-07-10
齐白石 贝叶草虫 立轴	102cm×34cm	8,970,000	北京保利	2020-12-04
齐白石 花卉集珍 册页(八开)	33cm×57cm×8	8,625,000	荣宝斋(上海)	2020-10-25
齐白石 1927年作 寄斯庵制竹图 立轴	49.0cm×30.0cm	8,050,000	中国嘉德	2020-08-16
齐白石 四时生趣 镜心	50.5cm×22.5cm×4	8,050,000	永乐拍卖	2020-12-03
齐白石 富贵延年四屏 镜心	96cm×42.5cm×4	7,897,920	中国嘉德	2020-10-09
齐白石 百寿图 立轴	102cm×34cm	7,820,000	朵云轩	2020-09-23
齐白石 四季清供 立轴	130cm×33cm×4	7,360,000	华艺国际	2020-10-16
齐白石 1951年作 篆书五言 对联	139cm×34cm×2	7,130,000	朵云轩	2020-09-23
齐白石 1946年作 菊酒延年 立轴	103.5cm×34cm	7,072,500	北京保利	2020-10-17
齐白石 五子登科 镜心	100.0cm×34.5cm	7,015,000	中国嘉德	2020-08-16
齐白石 1953年作 和平和平 镜心	117cm×41.5cm	6,900,000	北京保利	2020-10-17
齐白石 赤霞丹心 立轴	105cm×41cm	6,900,000	华艺国际	2020-12-05
齐白石 铁拐李 镜心	131cm×38cm	6,555,000	北京保利	2020-10-17
齐白石 1924年作 篆书七言联 立轴	147.5cm×28.5cm×2	6,440,000	北京保利	2020-10-17
齐白石 双寿 镜框	100cm×34cm	6,267,500	华艺国际	2020-12-05
齐白石 牡丹 设色 纸本 镜框	51cm×31,5cm	6,178,767	巴黎佳士得	2020/6/23
齐白石 陈师曾 1920年作 大利图 花卉 成扇	23cm×61cm	6,095,000	华艺国际	2020-10-16
齐白石 1946年作 篆书四言联 立轴	147cm×38.5cm×2	5,750,000	永乐拍卖	2020-08-17
齐白石 多寿 立轴	132.0cm×47.5cm	5,750,000	中国嘉德	2020-08-16
齐白石 喜鹊登梅 镜心	181cm×48cm	5,750,000	永乐拍卖	2020-12-03

拍品名称	物品尺寸	成交价RMB	拍卖公司	拍卖日期
齐白石 1948年作 水族四屏 镜心	97.5cm×36cm×4	5,635,000	中国嘉德	2020-12-01
齐白石 滕王阁 立轴	97.3cm×33.2cm	5,520,000	中国嘉德	2020-08-16
齐白石 大吉大利 镜心	130cm×59.5cm	5,175,000	永乐拍卖	2020-12-03
齐白石 寿酒 立轴	103cm×34cm	5,060,000	荣宝斋(上海)	2020-10-25
齐白石 刘海戏金蟾 立轴	109.6cm×36.8cm	5,002,500	荣宝斋(上海)	2020-10-25
齐白石 紫藤 立轴	170cm×42.5cm	4,715,000	北京保利	2020-10-17
齐白石 1955年作 荷塘鸭子 镜心	102cm×35cm	4,600,000	北京保利	2020-10-17
齐白石 和平鸽 立轴	86.5cm×68cm	4,600,000	北京保利	2020-12-04
齐白石 1920年作 花卉果蔬 册页(十二开)	33cm×34cm×12	4,600,000	十竹斋拍卖(北京)	2020-10-18
齐白石 1937年 渡海图 立轴	70cm×35cm	4,370,000	北京保利	2020-12-04
齐白石 樱桃 镜心	70.5cm×44.5cm	4,370,000	中国嘉德	2020-12-02
齐白石 1936年作 篆书六言联 镜心	132cm×32cm×2	4,255,000	北京保利	2020-10-17
齐白石 多寿 立轴	103cm×34cm	4,255,000	北京保利	2020-12-04
齐白石 1946年作 富贵坚固 立轴	104.5cm×34.4cm	4,255,000	广东崇正	2020-09-13
齐白石 借山图(二帧) 镜框	34cm×45cm×2	4,255,000	华艺国际	2020-10-16
齐白石 贝叶草虫图 镜心	152cm×40.5cm	4,140,000	中鸿信	2020-01-03
齐白石 清香年寿 立轴	124.5cm×49.5cm	4,140,000	华艺国际	2020-12-05
齐白石 花卉蔬果四屏 镜心	53cm×17cm×4	4,025,000	永乐拍卖	2020-12-03
齐白石 1937年作 篆书"丰福吉禄" 镜心	33cm×125cm	4,025,000	中国嘉德	2020-12-01
齐白石 烛照吉寿图 镜片	107cm×33.5cm	3,737,500	西泠印社	2020-08-09
齐白石 芙蓉鸳鸯 立轴	137cm×34cm	3,507,500	华艺国际	2020-10-16
齐白石 1937年作 红荷 镜心	134cm×33cm	3,450,000	北京保利	2020-10-17
齐白石 鼠子啮书图 立轴	137cm×35cm	3,450,000	永乐拍卖	2020-12-03
齐白石 南瓜 镜框	135cm×33cm	3,392,500	华艺国际	2020-10-16
齐白石 年年有余 立轴	78cm×35.1cm	3,390,000	香港苏富比	2020-07-10
齐白石 玉簪鹦鹉 立轴	142cm×40cm	3,335,000	北京保利	2020-10-17
齐白石 1947年作 多寿图 立轴	99cm×33cm	3,335,000	永乐拍卖	2020-12-03
齐白石 1929年作 花果四屏 立轴	102.0cm×33.5cm×4	3,220,000	中国嘉德	2020-08-16
齐白石 秋菊 镜片	100cm×48cm	3,220,000	上海嘉禾	2020-01-05
齐白石 事事如意 立轴	96cm×29.5cm	3,220,000	中国嘉德	2020-08-16
齐白石 墨牡丹 镜心	101cm×34cm	3,047,500	北京保利	2020-10-17
齐白石 1932年作 传家宝 镜框	101cm×34cm	2,990,000	北京保利	2020-10-17
齐白石 1946年作 大富贵亦坚固 镜心	104.5cm×34.4cm	2,990,000	北京保利	2020-12-04
齐白石 红梅图 镜片	99.5cm×33cm	2,932,500	西泠印社	2020-08-09
齐白石 溥儒 三世太平·行书五言诗 成扇	18.5cm×47.0cm	2,875,000	中国嘉德	2020-08-16
齐白石 1948年作 海棠秋虫 立轴	103cm×34cm	2,817,500	北京保利	2020-12-04
齐白石 菊盛蟹腴 立轴	148.3cm×46.5cm 583/8cm×181	2,775,150	香港苏富比	2020-10-08
齐白石 菊寿延年 立轴	104cm×35cm	2,760,000	中国嘉德	2020-08-16
齐白石 1951年作 多寿图 立轴	102cm×35cm	2,760,000	北京保利	2020-10-17
齐白石 1948年作 渔父图 镜框	131.4cm×53.6cm	2,664,144	香港苏富比	2020-10-08
齐白石 海棠虫趣 立轴	101cm×34cm	2,645,000	永乐拍卖	2020-08-17
齐白石 蜻蜓老少年 立轴	92cm×36cm	2,645,000	中国嘉德	2020-12-03
齐白石 吉猴献寿 立轴	画心 34cm×45cm；题跋 15.5cm×45cm	2,587,500	北京保利	2020-10-17
齐白石 1950年作 荷花鸳鸯 立轴	100cm×50.5cm	2,530,000	中国嘉德	2020-08-15
齐白石 篆书四言联 镜心	130cm×31.5cm×2	2,530,000	北京保利	2020-12-04
齐白石 鸳鸯 立轴	102cm×33cm	2,530,000	永乐拍卖	2020-12-03

2020书画拍卖成交汇总(续表)

(成交价RMB：5万元以上)

拍品名称	物品尺寸	成交价RMB	拍卖公司	拍卖日期
齐白石 1925年作 游虾图 立轴	136cm × 33.5cm	2,472,500	西泠印社	2020-08-09
齐白石 荷花鸳鸯 立轴	105cm × 35cm	2,357,500	中国嘉德	2020-12-01
齐白石 春来草木香 立轴	96cm × 38cm	2,300,000	北京保利	2020-10-17
齐白石 枇杷 立轴	173cm × 48cm	2,300,000	北京保利	2020-12-04
齐白石 争艳 镜心	128cm × 33cm	2,300,000	北京保利	2020-12-04
齐白石 牵牛草虫 镜框	117cm × 30cm	2,280,000	佳士得	2020-07-08
齐白石 荷花鸳鸯 镜心	101.0cm × 41.5cm	2,185,000	中国嘉德	2020-08-16
齐白石 仿金农梅花图 立轴	135.5cm × 54.5cm	2,185,000	华艺国际	2020-10-16
齐白石 1938年作 虾蟹鱼蛙(四帧) 镜框	24cm × 30cm × 4	2,090,500	香港苏富比	2020-07-10
齐白石 1921年作 观音大士像 镜心	93cm × 31cm	2,070,000	永乐拍卖	2020-08-17
齐白石 桃花枝头 立轴	138cm × 33.5cm	2,070,000	中国嘉德	2020-08-16
齐白石 团圆 镜心	115cm × 34cm	2,070,000	北京保利	2020-12-04
齐白石 莲花双鸭 立轴	137cm × 33.5cm	2,070,000	华艺国际	2020-10-16
齐白石 荷花 立轴	179cm × 59cm	2,070,000	永乐拍卖	2020-12-03
齐白石 紫藤蜜蜂 立轴	131cm × 34.5cm	2,070,000	中贸圣佳	2020-10-17
齐白石 岁岁平安 立轴	80.5cm × 33.5cm	2,012,500	上海匡时	2020-08-05
齐白石 和平鸽 镜框	30cm × 56cm	2,012,500	华艺国际	2020-12-05
齐白石 江浦扬帆 立轴	137.5cm × 33.7cm. 541/8cm × 131	1,998,108	香港苏富比	2020-10-08
齐白石 美满多子图 立轴	63cm × 43cm	1,955,000	北京保利	2020-10-17
齐白石 1934年作 蛙趣 立轴	72cm × 34cm	1,897,500	北京保利	2020-10-17
齐白石 菜根真味 立轴	138cm × 34cm	1,887,102	香港苏富比	2020-10-08
齐白石 富贵且高寿 立轴	120cm × 34cm	1,840,000	中国嘉德	2020-07-15
齐白石 三千年之花 立轴	104.8cm × 46cm	1,840,000	北京保利	2020-12-04
齐白石 花卉草虫 立轴	110cm × 46cm	1,840,000	北京保利	2020-12-04
齐白石 游虾 立轴	67.7cm × 43cm	1,776,096	香港苏富比	2020-10-08
齐白石 浅草游虾 立轴	132cm × 34cm	1,725,000	十竹斋拍卖(北京)	2020-10-18
齐白石 芋叶虾螃 立轴	164cm × 47.5cm	1,702,000	北京保利	2020-10-17
齐白石 东篱载酒 镜心	128cm × 34cm	1,667,500	上海匡时	2020-08-05
齐白石 柳牛图 镜心	103cm × 34cm	1,667,500	北京保利	2020-10-17
齐白石 秋中图 镜心	102.5cm × 34cm	1,667,500	荣宝斋(上海)	2020-10-25
齐白石 梅花双蝶八哥 镜心	67cm × 31cm	1,667,500	永乐拍卖	2020-12-03
齐白石 温茶图 立轴	68cm × 34.5cm	1,610,000	华艺国际	2020-10-16
齐白石 葡萄 镜心	69.5cm × 35cm	1,610,000	十竹斋拍卖(北京)	2020-10-18
齐白石 富贵坚固图 立轴	103cm × 34cm	1,610,000	中贸圣佳	2020-10-17
齐白石 1929年作 荷塘鸳鸯 立轴	135.5cm × 33.5cm	1,597,500	佳士得	2020-12-01
齐白石 天年双寿 立轴	93.5cm × 46.5cm	1,596,000	佳士得	2020-07-08
齐白石 1950年作 天伦之乐 立轴	76cm × 30cm	1,552,500	北京保利	2020-10-17
齐白石 1929年作 虾蟹对屏 镜心	100cm × 35cm × 2	1,552,500	北京保利	2020-10-17
齐白石 1946年作 牵牛花 立轴	109cm × 34cm	1,552,500	北京保利	2020-12-04
齐白石 蜜蜂花卉 立轴	68cm × 33cm	1,552,500	荣宝斋(上海)	2020-10-25
齐白石 1923年作 大富贵 立轴	136cm × 64cm	1,380,000	中国嘉德	2020-07-15
齐白石 墨蟹 立轴	138cm × 29.5cm	1,380,000	上海嘉禾	2020-01-05
齐白石 消夏图 立轴	132.5cm × 33cm	1,380,000	西泠印社	2020-08-09
齐白石 1943年作 献寿图 镜心	85cm × 37.5cm	1,380,000	北京保利	2020-12-04
齐白石 芋叶蜻蜓 立轴	132.5cm × 33.5cm	1,380,000	荣宝斋(上海)	2020-10-25
齐白石 富贵大寿 立轴	91cm × 33cm	1,380,000	上海敬华	2020-09-22
齐白石 仿八大山人鹦鹉 镜心	130cm × 34.5cm	1,380,000	永乐拍卖	2020-12-03
齐白石 螳螂 镜心	41cm × 25cm	1,380,000	永乐拍卖	2020-12-03

拍品名称	物品尺寸	成交价RMB	拍卖公司	拍卖日期
齐白石 1946年作 柳牛 立轴	101cm × 34.2cm	1,380,000	中国嘉德	2020-12-01
齐白石 水草游虾图 立轴	139cm × 40cm	1,322,500	中贸圣佳	2020-10-17
齐白石 汪亚尘 枇杷双鸡 立轴	132cm × 66.5cm	1,265,000	中国嘉德	2020-08-16
齐白石 曹锟 1921年作 钟进士像 楷书五言联 立轴 镜心	145.5cm × 71cm；168cm × 37cm × 2	1,265,000	北京保利	2020-10-17
齐白石 玉簪蜻蜓 立轴	96cm × 33cm	1,265,000	北京保利	2020-10-17
齐白石 1958年作 红荷 立轴	103cm × 34cm	1,265,000	北京保利	2020-12-04
齐白石 荔枝 立轴	111cm × 51cm	1,265,000	北京保利	2020-12-04
齐白石 1931年作 对虾图 镜心	93cm × 33cm	1,265,000	十竹斋拍卖(北京)	2020-10-18
齐白石 游虾 镜框	67cm × 33.9cm	1,243,000	香港苏富比	2020-07-10
齐白石 1948年作 群虾图 镜心	101cm × 34cm	1,207,500	北京保利	2020-10-17
齐白石 草虫 镜心	11cm × 15cm	1,207,500	北京保利	2020-10-17
齐白石 紫藤蜜蜂 立轴	117cm × 40cm	1,207,500	十竹斋拍卖(北京)	2020-10-18
齐白石 天牛雁来红 立轴	84cm × 28cm	1,207,500	中国嘉德	2020-12-03
齐白石 酒星图 镜片	94.5cm × 34cm	1,150,000	西泠印社	2020-08-09
齐白石 水族清趣 镜框	104cm × 34.5cm	1,150,000	北京保利	2020-10-17
齐白石 四虾图 立轴	67.5cm × 34cm	1,150,000	北京保利	2020-10-17
齐白石 1948年作 喜在眉梢 镜心	102.5cm × 34cm	1,138,500	十竹斋拍卖(北京)	2020-10-18
齐白石 金鼠登台图 镜心	67cm × 34cm	1,127,000	中国嘉德	2020-08-15
齐白石 梅石双清 立轴	131cm × 33cm	1,127,000	中国嘉德	2020-08-15
齐白石 1955年作 为张文山作葡萄蜻蜓图 立轴	99cm × 33cm	1,127,000	北京保利	2020-12-04
齐白石 红线盗盒 镜心	113cm × 32cm	1,127,000	北京保利	2020-12-04
齐白石 松间嬉戏 镜心	18.2cm × 46.0cm	1,092,500	中国嘉德	2020-08-16
齐白石 葫芦蜻蜓 立轴	102cm × 34cm	1,092,500	华艺国际	2020-10-16
齐白石 青白传家 立轴	99cm × 33cm	1,069,500	上海敬华	2020-09-22
齐白石 鸳鸯红荷 镜框	100cm × 33.8cm	1,065,000	佳士得	2020-12-01
齐白石 1950年作 三多 立轴	102.5cm × 34cm	1,058,000	北京保利	2020-10-17
齐白石 牵牛花 镜心	101cm × 34cm	1,058,000	北京保利	2020-10-17
齐白石 1947年作 篆书“吴承燕诗书画展”镜心	20.5cm × 126cm	1,058,000	北京保利	2020-12-04
齐白石 墨虾 立轴	90cm × 33cm	1,035,000	荣宝斋(上海)	2020-10-25
齐白石 紫藤蜜蜂 团扇轴	直径51cm	1,035,000	上海敬华	2020-09-22
齐白石 水族图 立轴	100.5cm × 34cm	1,021,880	中国嘉德	2020-10-09
齐白石 1929年作 群虾图 立轴	136cm × 33cm	1,012,000	北京保利	2020-10-17
齐白石 牵牛蚱蜢 立轴	102cm × 33.5cm	1,012,000	荣宝斋(南京)	2020-11-28
齐白石 红荷图 镜心	101.5cm × 33cm	977,500	中鸿信	2020-01-03
齐白石 荷花蜻蜓 成扇	18cm × 50cm	977,500	十竹斋拍卖(北京)	2020-10-18
齐白石 芭蕉蜻蜓 立轴	135cm × 32.5cm	976,853	香港苏富比	2020-10-08
齐白石 群虾 立轴	135cm × 32.5cm	966,000	永乐拍卖	2020-08-17
齐白石 1926年作 远山远水 扇面 镜框	19cm × 54cm	960,500	香港苏富比	2020-07-10
齐白石 白菜螳螂 立轴	画27cm × 33cm；题跋29cm × 27cm	954,500	十竹斋拍卖(北京)	2020-10-18
齐白石 1942年作 大利图 镜心	题跋22cm × 43cm；画心67cm × 33cm	943,000	中鸿信	2020-01-03
齐白石 红艳 立轴	80cm × 34.5cm	943,000	中国嘉德	2020-12-03
齐白石 桃花蜜蜂 成扇	19cm × 50cm	920,000	中国嘉德	2020-08-15

拍品名称	物品尺寸	成交价RMB	拍卖公司	拍卖日期
齐白石 东方朔偷桃 立轴	71cm×34cm	920,000	北京保利	2020-10-17
齐白石 1951年作 老少平安 立轴	120cm×34cm	920,000	北京保利	2020-10-17
齐白石 飞黄腾达 立轴	87cm×30cm	920,000	北京保利	2020-10-17
齐白石 1948年作 牵牛花 立轴	102cm×34cm	920,000	北京保利	2020-12-04
齐白石 荷花蜻蜓 立轴	89cm×29cm	920,000	朵云轩	2020-09-23
齐白石 荷花蜻蜓 横披	34cm×100cm	920,000	广东崇正	2020-09-13
齐白石 棕榈八哥 镜片	140cm×33cm	920,000	上海敬华	2020-09-22
齐白石 凤仙蜻蜓 立轴	61.5cm×34cm	920,000	中国嘉德	2020-12-01
齐白石 蝴蝶雁来红 立轴	101.5cm×33cm	920,000	中贸圣佳	2020-10-17
齐白石 1948年作 红烛鼠趣图 立轴	19.5cm×53.5cm×2	908,500	十竹斋拍卖（北京）	2020-10-18
齐白石 竹林麻雀 立轴	135cm×29cm	897,000	中国嘉德	2020-08-15
齐白石 1950年作 牡丹蝴蝶 镜心	104cm×34cm	897,000	北京翰海	2020-12-11
齐白石 事事如意 立轴	130cm×32.5cm	897,000	中贸圣佳	2020-10-17
齐白石 1945年作芙蓉出水红生光立轴	70cm×34.3cm	885,500	北京诚轩	2020-08-17
齐白石 藤果草虫 立轴	65cm×32.5cm	874,000	广东崇正	2020-09-13
齐白石 菖蒲蚂蚱 镜片	77cm×19.5cm	874,000	广东崇正	2020-09-13
齐白石 春花 成扇	13.5cm×40cm	862,500	北京保利	2020-10-17
齐白石 三叶螃蟹 立轴	98.5cm×34.5cm	862,500	北京翰海	2020-12-11
齐白石 凤仙蝴蝶 立轴	68cm×32cm	805,000	北京保利	2020-10-17
齐白石 牵牛花蜻蜓 立轴	81cm×32cm	805,000	北京保利	2020-12-04
齐白石 红叶草虫 镜框	57.2cm×34.3cm	798,000	佳士得	2020-07-08
齐白石 草枝蜻蜓 立轴	58cm×27cm	782,000	荣宝斋（上海）	2020-10-25
齐白石 画寿 牵牛蜻蜓 成扇	19.6cm×52.2cm	768,400	香港苏富比	2020-07-10
齐白石 三十群虾 立轴	64.7cm×34cm	754,841	香港苏富比	2020-10-08
齐白石 借山吟图 立轴	80.5cm×40cm	747,500	广东崇正	2020-09-13
齐白石 水仙 书法 成扇	18.6cm×46.5cm	721,539	香港苏富比	2020-10-08
齐白石 无量寿佛 立轴	54cm×35.5cm	713,000	北京保利	2020-10-17
齐白石 1945年作 掏耳图 团扇	直径25cm	701,500	永乐拍卖	2020-12-03
齐白石 19[illegible]年作 海棠蜜蜂 立轴	69cm×34.7cm	690,000	北京诚轩	2020-08-17
齐白石 山茶花开 立轴	103cm×34cm	690,000	永乐拍卖	2020-08-17
齐白石 提篮葡萄 立轴	101.5cm×33cm	690,000	中鸿信	2020-01-03
齐白石 姚华 1923年作 清供 镜片	139cm×68cm	690,000	上海嘉禾	2020-01-05
齐白石 古木归鸦 镜片	66.5cm×34cm	690,000	朵云轩	2020-09-23
齐白石 群雏图 立轴	104cm×35cm	690,000	华艺国际	2020-10-16
齐白石 作画图 立轴	42.5cm×42.5cm	690,000	华艺国际	2020-10-16
齐白石 荷花鸳鸯 镜片	138cm×45cm	690,000	上海敬华	2020-09-22
齐白石 二人对酌蟹肥时 镜片	26cm×32.5cm	678,500	西泠印社	2020-08-09
齐白石 蜜蜂红梅 立轴	80cm×34cm	667,000	上海匡时	2020-08-05
齐白石 紫藤 镜框	67.5cm×33cm	655,500	华艺国际	2020-12-05
齐白石 世世多子 镜框	65.5cm×32.5cm	639,000	佳士得	2020-12-01
齐白石 1948年作 虾 立轴	99cm×34.3cm	632,500	中国嘉德	2020-08-15
齐白石 丰收 立轴	101cm×33.5cm	627,000	佳士得	2020-07-08
齐白石 秋菊蜘蛛 镜框	17cm×26cm	621,500	香港苏富比	2020-07-10
齐白石 1937年作 棕榈小鸟 立轴	132cm×33.5cm	598,000	北京保利	2020-12-04
齐白石 高毓浵 事事有余 行书临鲜于枢自书诗 成扇	18.5cm×50.5cm	575,000	中国嘉德	2020-08-15
齐白石 名园无二 扇面镜心	19.5cm×54cm	575,000	北京诚轩	2020-08-17
齐白石 墨虾 立轴	97cm×34cm	575,000	北京保利	2020-10-17
齐白石 秋声 立轴	80cm×34cm	575,000	北京翰海	2020-12-11
齐白石 书法 镜框	29cm×33cm	575,000	华艺国际	2020-10-16
齐白石 群蟹 立轴	68cm×35cm	575,000	华艺国际	2020-12-05
齐白石 葡萄松鼠 立轴	66.5cm×32cm	575,000	十竹斋拍卖（北京）	2020-10-18

拍品名称	物品尺寸	成交价RMB	拍卖公司	拍卖日期
齐白石 蔬圃秋香 立轴	136cm×33cm	575,000	永乐拍卖	2020-12-03
齐白石 王云行书题画诗有余图 成扇	23cm×69cm	575,000	中国嘉德	2020-12-02
齐白石 双寿 镜心	68.5cm×33.5cm	575,000	中国嘉德	2020-12-03
齐白石 南瓜草蜢 镜框	102.2cm×34cm	570,000	佳士得	2020-07-08
齐白石 归渔图 立轴	135cm×33cm	552,000	中国嘉德	2020-07-15
齐白石 莲蓬图 立轴	41cm×26cm	552,000	中国嘉德	2020-07-15
齐白石 紫藤蜜蜂 立轴	115cm×33.5cm	552,000	中鸿信	2020-01-03
齐白石 秋菊 镜心	69cm×34cm	529,000	中鸿信	2020-01-03
齐白石 葡萄 镜心	68cm×34cm	517,500	中国嘉德	2020-08-15
齐白石 水族图 镜心	101.5cm×35.5cm	517,500	中国嘉德	2020-08-15
齐白石 1945年作 螃蟹青蛙 镜心	66cm×33cm	517,500	北京保利	2020-10-17
齐白石 五虾图 镜心	67cm×34cm	517,500	北京保利	2020-10-17
齐白石 松鼠花生 立轴	33.8cm×25.3cm	508,500	香港苏富比	2020-07-10
齐白石 王福厂 1945年作 芙蓉红晖 篆书三种 成扇面	19cm×52cm	506,000	北京诚轩	2020-08-17
齐白石 群虾图 立轴	105cm×34cm	494,500	中鸿信	2020-01-03
齐白石 石榴螳螂 立轴	68cm×33cm	490,502	中国嘉德	2020-10-09
齐白石 水族图 镜心	41cm×46cm	488,050	北京保利	2020-07-17
齐白石 1929年作 墨梅 镜心	137.5cm×34.5cm	483,000	中国嘉德	2020-08-15
齐白石 雁来红 立轴	66cm×34cm	483,000	中国嘉德	2020-07-15
齐白石 游虾图 立轴	90cm×33cm	483,000	中国嘉德	2020-07-16
齐白石 1945年作 蘑菇竹笋 立轴	104cm×34cm	483,000	北京翰海	2020-12-11
齐白石 1944年作 群蟹图 镜心	75cm×34cm	460,000	北京保利	2020-12-04
齐白石 1944年作 群虾图 立轴	95cm×33cm	460,000	北京保利	2020-12-04
齐白石 1948年作 雏鸡草虫 镜心	98.5cm×34cm	460,000	北京翰海	2020-12-11
齐白石 富贵图 立轴	64cm×33cm	460,000	朵云轩	2020-09-23
齐白石 七子图 立轴	68cm×33.5cm	460,000	中贸圣佳	2020-10-17
齐白石 溥儒 等 1944年作 山水人物花鸟水族 成扇	17.5cm×49cm	447,300	佳士得	2020-12-01
齐白石 慈姑群虾 镜心	86cm×27cm	437,000	北京诚轩	2020-08-17
齐白石 邵逸轩 1927年作 花卉雏鸡 镜心	127.5cm×33cm	437,000	中国嘉德	2020-08-16
齐白石 四蟹图 立轴	82cm×32.5cm	437,000	北京翰海	2020-12-11
齐白石 小鸡 立轴	66cm×34cm	437,000	华艺国际	2020-10-16
齐白石 1943年作 双蟹 镜框	33.8cm×33.4cm	429,400	香港苏富比	2020-07-10
齐白石 花香蜂舞 立轴	135.2cm×33.6cm	426,000	佳士得	2020-12-01
齐白石 墨竹双雀 立轴	135cm×33cm	414,000	广东小雅斋	2020-08-21
齐白石 牵牛花 立轴	96.5cm×33.5cm	402,500	中贸圣佳	2020-10-17
齐白石 1939年作 夏日清品 扇面	17cm×50cm	391,000	朵云轩	2020-09-24
齐白石 菊花蝴蝶 镜心	51.5cm×22cm	388,314	中国嘉德	2020-10-09
齐白石 1948年作 红荷蜻蜓 镜心	101cm×33cm	388,314	中国嘉德	2020-10-09
齐白石 悟莲 葡萄草虫、红荷 成扇	18cm×46cm	379,500	华艺国际	2020-10-16
齐白石 紫藤蚂蚱图	34cm×100cm	368,000	中国嘉德	2020-07-18
齐白石 花蟹图 镜心	18cm×52cm	345,000	中国嘉德	2020-07-15
齐白石 寄萍堂 立轴	65cm×35cm	345,000	广东小雅斋	2020-06-17
齐白石 张伯英 牵牛蜻蜓、行书诗 镜心	齐17.5cm×52cm；张17.5cm×51cm	345,000	上海匡时	2020-08-05
齐白石 1920年作 顽石秋菊 镜心	113cm×20.5cm	345,000	北京保利	2020-12-04
齐白石 牵牛蜜蜂 扇面	18cm×51cm	345,000	荣宝斋（南京）	2020-11-28
齐白石 篆书 立轴	133.5cm×33.5cm	345,000	荣宝斋（南京）	2020-11-28
齐白石 红花蜜蜂 立轴	34cm×34cm	345,000	中国嘉德	2020-11-09
齐白石 雏鸡 镜框	63.5cm×19.1cm	342,000	佳士得	2020-07-08

2020书画拍卖成交汇总(续表)

(成交价RMB：5万元以上)

拍品名称	物品尺寸	成交价RMB	拍卖公司	拍卖日期
齐白石 1937年作 玉兰 立轴	88.5cm×31.5cm	333,500	上海嘉禾	2020-01-05
齐白石 临倪云林山水 立轴	120cm×32cm	327,002	中国嘉德	2020-10-09
齐白石 水墨青蛙 立轴	68.5cm×36.5cm	327,002	中国嘉德	2020-10-09
齐白石 1948年作 群蟹图 镜心	97cm×36cm	322,000	中国嘉德	2020-12-03
齐白石 墨竹 镜心	18.5cm×54cm	322,000	中国嘉德	2020-12-03
齐白石 牵牛花 立轴	102cm×33cm	310,500	中鸿信	2020-01-03
齐白石 游虾 横披	20.5cm×33cm	310,500	荣宝斋(上海)	2020-10-25
齐白石 鸣蝉图 立轴	26cm×33cm	299,000	中国嘉德	2020-07-16
齐白石 群虾图	33cm×99.5cm	299,000	中国嘉德	2020-07-18
齐白石 雁来红 扇面		287,500	上海敬华	2020-09-22
齐白石 1941年作 紫藤蜜蜂 立轴	133cm×33cm	287,500	中国嘉德	2020-11-09
齐白石 1948年作 枇杷 镜心	101cm×34cm	286,126	中国嘉德	2020-10-09
齐白石 1924年作 荚豆 立轴	132cm×33.5cm	276,000	北京保利	2020-12-04
齐白石 雏鸡草蜢 镜片	57cm×31cm	264,500	广东崇正	2020-06-27
齐白石 葫芦 立轴	102cm×34cm	253,000	中国嘉德	2020-08-15
齐白石 秋海棠	34cm×105cm	253,000	中国嘉德	2020-07-18
齐白石 1932年作 菊寿延年 镜心	98cm×32cm	253,000	中国嘉德	2020-07-17
齐白石 苇丛游虾 扇面镜心	20cm×53.5cm	253,000	北京诚轩	2020-08-17
齐白石 篆书"北平私立逸轩国画传习所"镜心	184.5cm×32cm	253,000	中国嘉德	2020-08-16
齐白石 虾 立轴	68cm×34cm	253,000	上海敬华	2020-09-22
齐白石 松鼠大利 镜心	23cm×26.5cm	253,000	中国嘉德	2020-12-03
齐白石 群蟹图	40.5cm×147cm	230,000	中国嘉德	2020-07-18
齐白石 张海若 1948年作 雁来红、行书诗 成扇	18.5cm×50cm	230,000	上海匡时	2020-08-05
齐白石 重阳佳味图	34cm×108.5cm	230,000	中国嘉德	2020-07-18
齐白石 吴镜汀 徐操 王雪涛 萧愻 陈半丁 美意延年 立轴	143cm×70cm	224,250	北京保利	2020-10-17
齐白石 莲藕莲蓬 镜心	21cm×28cm	218,500	中国嘉德	2020-12-03
齐白石 游鱼逐叶 立轴	26cm×30.5cm	203,400	香港苏富比	2020-07-10
齐白石 葡萄	34cm×66.8cm	195,500	中国嘉德	2020-07-18
齐白石 紫藤鸳鸯 立轴	109cm×31cm	195,500	中国嘉德	2020-07-17
齐白石 陈半丁 紫藤蜜蜂 立轴	57.5cm×23cm	184,000	荣宝斋(上海)	2020-10-25
齐白石 楷书"翰香簃"镜心	20cm×28cm	172,500	中国嘉德	2020-07-17
齐白石绘 雏鸡图(一幅)	105cm×33cm	172,500	中鸿信	2020-01-04
齐白石 三虾图 镜片	29cm×35cm	161,000	广东小雅斋	2020-08-21
齐白石 王梦白 1929年作 致梅兰芳作大利图 立轴	134.5cm×32cm	149,500	中鸿信	2020-01-04
齐白石 柿柿如意图 立轴	133cm×33cm	149,500	北京翰海	2020-09-12
齐白石 豆荚蟋蟀 立轴	28cm×33cm	138,000	中国嘉德	2020-11-10
齐白石 田园风味 立轴	97.5cm×34cm	126,500	广东崇正	2020-06-27
齐白石 致释瑞光信札一通 镜心(二帧)	24.5cm×15cm×2	126,500	北京诚轩	2020-08-17
齐白石 八哥瓢虫 镜心	24cm×33.5cm	126,500	荣宝斋(上海)	2020-10-25
齐白石 曾熙 月夜竹禽 贺寿诗 成扇	17.6cm×51cm	115,000	北京诚轩	2020-08-17
齐白石 黄菊灿烂 立轴	33cm×37cm	115,000	中国嘉德	2020-07-15
齐白石 山水二祯	37cm×19.5cm	103,500	中国嘉德	2020-07-18
齐白石 紫藤、篆书"春常在"成扇		97,750	中国嘉德	2020-07-17
齐白石 松鼠葡萄	19cm×60cm	95,200	上海联合	2020-11-29
齐白石 秋虫菊花图 镜心	诗堂24.5cm×30cm; 画心31cm×30cm	92,000	中鸿信	2020-01-03
齐白石 1948年作 葫芦瓢虫 扇面	18.3cm×51.2cm	92,000	中国嘉德	2020-12-02
齐白石 1937年作 篆书五言句 立轴	149cm×38.5cm	86,250	中国嘉德	2020-12-02
齐白石 墨虾 立轴	68.5cm×33.5cm	80,500	广东崇正	2020-06-27
齐白石 蔬菜 镜心	97cm×38cm	80,500	北京翰海	2020-09-12
齐白石 花果(二帧)立轴	31cm×47cm×2	69,000	上海嘉禾	2020-01-05
齐白石 1922年作 秋兴图 立轴	99cm×27cm	69,000	中鸿信	2020-01-03
齐白石 1939年作 荔枝老鼠 扇面	19cm×51cm	69,000	北京翰海	2020-09-12
齐白石 篆书四言联 立轴	137cm×41cm×2	69,000	北京翰海	2020-0[illegible]-12
齐白石 游虾图 立轴	92cm×32cm	69,000	北京翰海	2020-0[illegible]-12
齐白石 仙桃图 镜心	97cm×32cm	69,000	北京翰海	2020-12-11
齐白石 菡萏图 立轴	34cm×35cm	69,000	中国嘉德	2020-[illegible]-09
齐白石 蜂儿也向荔上飞 扇面	18cm×54cm	57,500	中鸿信	2020-01-03
齐白石 瓜瓞绵绵 立轴	68cm×39cm	57,500	上海嘉禾	2020-01-05
齐白石 1948年作 雏鸡 镜心	99cm×34.5cm	57,500	北京翰海	2020-12-11
齐白石 草虫花卉 镜心	90cm×35cm	57,500	中国嘉德	2020-11-09
齐白石 陈半丁 月季蜜蜂 立轴	56cm×34cm	55,200	北京翰海	2020-12-11
齐红霞 红霞 镜心	138cm×68cm	313,500	北京玄和	2020-07-24
齐良迟 多寿图 立轴	166cm×94cm	322,000	中国嘉德	2020-07-15
齐良迟 水族两帧 镜心	100.5cm×34cm×2	55,200	中国嘉德	2020-08-15
齐良已 花卉 四屏	104cm×35cm×4	63,250	广东小雅斋	2020-08-21
齐良芷 2002年作 蔬果四条屏 四条屏	93cm×34cm×4	69,000	中国嘉德	2020-07-16
齐辛民 鼠年吉祥 镜片 设色 纸本	138cm×68cm	437,000	荣宝斋(济南)	2020-06-26
齐子如 1943年作 花卉草虫册(十三帧)册页(十三选六)	30cm×16cm×6; 25cm×16cm×2; 22cm×16.8cm×6	161,000	广东崇正	2020-09-13
祁崑 溥儒 陈半丁 月下双猿 立轴	109cm×49cm	310,500	中国嘉德	2020-11-09
祁崑 青绿山水 立轴	60cm×27cm	80,500	永乐拍卖	2020-08-17
祁崑 1939年作 策杖观云 成扇	19cm×53cm	57,500	北京诚轩	2020-08-17
祁崑 山村烟景图 立轴	97cm×32cm	57,500	中国嘉德	2020-07-15
祁崑 1941年作 高亭观瀑 镜心	32cm×97cm	57,500	中国嘉德	2020-07-15
祁崑 1940年作 秋涉图 立轴	98cm×48cm	207,000	朵云轩	2020-09-23
祁崑 1939年作 秋山寻泉 立轴	103cm×47.5cm	92,000	中国嘉德	2020-12-02
祁崑 王福厂 1959年作 山花翠行 篆书 成扇	23cm×63cm×2	86,250	上海敬华	2020-09-22
祁崑 溥忻 1933年作 夜月泛舟 行书 成扇	18.5cm×47cm	71,300	朵云轩	2020-09-23
启功 1938年作 米家云山图 镜框	128cm×59cm	5,520,000	北京保利	2020-10-17
启功 为赵朴初作楷书四言联 镜心	119cm×34.5cm×2	4,485,000	中国嘉德	2020-12-02
启功 董寿平 黄胄 范曾 松下老人图(一卷)纸本	135cm×67cm	3,910,000	中国嘉德	2020-08-16
启功 翠竹绛石 立轴	99.7cm×52cm	3,441,186	香港苏富比	2020-10-08
启功 朱竹图 镜心	68.5cm×140.5cm	2,472,500	荣宝斋(南京)	2020-11-28
启功 宋文治 书画合璧 镜心	38cm×163cm×4; 30cm×218cm×2	2,415,000	十竹斋拍卖(北京)	2020-10-18
启功 行书 自作庆澳门回归七言诗(一轴)纸本	73.5cm×126cm	2,300,000	中国嘉德	2020-08-16
启功 白雪石 田世光 董寿平 1989年作 三友图 镜框	177.5cm×95cm	2,300,000	华艺国际	2020-10-16
启功 行书"敬慎"(一张)纸本	68cm×136cm	2,070,000	中国嘉德	2020-08-16
启功 1976年作 行书魏武诗 镜心	138cm×69cm	1,840,000	中国嘉德	2020-12-01
启功 紫幢寄庐图	32.5cm×82.5cm	1,725,000	中国嘉德	2020-08-16
启功 1990年作 行书十一言联 对联	136cm×69cm	1,610,000	中国嘉德	2020-07-15
启功 行书 自作古诗二十首《蓬莱旅舍作》之一 纸本	68cm×130cm	1,495,000	中国嘉德	2020-08-16

拍品名称	物品尺寸	成交价RMB	拍卖公司	拍卖日期
启功 行书 翰墨缘 纸本	17.5cm×28.5cm	1,495,000	中国嘉德	2020-12-02
启功 行书"护持佛法"横披	46cm×122cm	1,380,000	十竹斋拍卖（北京）	2020-10-18
启功 草书"水流花开"并自题签 纸本	102.5cm×32cm	1,265,000	中国嘉德	2020-12-02
启功 楷书八言联 立轴	197cm×40.5cm×2	1,207,500	中国嘉德	2020-12-01
启功 1974年作 临颜真卿书 镜心	28cm×226cm	1,150,000	十竹斋拍卖（北京）	2020-10-18
启功 行书宋王安石《悟真院》纸本	38cm×68cm	1,127,000	中国嘉德	2020-08-16
启功 1976年作 行书毛主席诗词 镜心	134cm×33.5cm	1,058,000	中国嘉德	2020-08-15
启功 行书 自作和友人七言诗 纸本	30.5cm×130cm	1,058,000	中国嘉德	2020-08-16
启功 1986年作 平安是福 镜心	175cm×91cm	1,035,000	中鸿信	2020-01-03
启功 1965年作 行书"太白诗"镜片	69cm×137cm	1,035,000	上海敬华	2020-09-22
启功 1991年作 有朋自远方来不亦乐乎 镜心	69cm×137cm	1,021,880	中国嘉德	2020-10-09
启功 王汉章 山水、书法 成扇	18.5cm×48cm	977,500	华艺国际	2020-12-05
启功 楷书"念佛成佛"纸本	125cm×33cm	977,500	中国嘉德	2020-12-02
启功 行书五言联 镜心	130cm×32cm×2	970,786	中国嘉德	2020-10-09
启功 1980年作 行书杜甫诗 镜心	138cm×68cm	920,000	北京保利	2020-10-17
启功 溪山渔艇 立轴	99.5cm×49.5cm	920,000	华艺国际	2020-10-16
启功 行书节录陆机《演连珠》立轴	134cm×32.5cm	920,000	中国嘉德	2020-12-03
启功 兰竹 纸本	49cm×98.5cm	897,000	中国嘉德	2020-12-02
启功 行书 立轴	133cm×68.5cm	862,500	荣宝斋（上海）	2020-10-25
启功 壬戌1982年作 行书自作诗 镜心	67.5cm×186cm	862,500	十竹斋拍卖（北京）	2020-10-18
启功 行书 七言联 纸本	30.5cm×125cm	805,000	中国嘉德	2020-08-16
启功 行书"李白诗"二首 立轴	137cm×66cm	805,000	荣宝斋（南京）	2020-11-28
启功 行书南乡子词 镜心	117cm×53cm	713,000	中国嘉德	2020-07-15
启功 1992年作 行书李白诗《将进酒》镜心	136.5cm×32.5cm×4	632,500	中鸿信	2020-01-03
启功 朱笔竹兰 纸本	50.5cm×114.5cm	632,500	中国嘉德	2020-08-16
启功 行书"江山楼"纸本	96cm×32cm	598,000	中国嘉德	2020-08-16
启功 19[illegible]3年作 江乡晴雪 扇面	18cm×52cm	575,000	朵云轩	2020-09-23
启功 行书宋人偈语 纸本	111.5cm×52cm	575,000	中国嘉德	2020-12-02
启功 行书 饮余读日联 纸本	35cm×131.5cm	575,000	中国嘉德	2020-12-02
启功 行书"旧雨楼"镜心	56cm×134.5cm	563,500	中鸿信	2020-01-03
启功 行书七言联 对联	131cm×30cm×2	563,500	上海嘉禾	2020-01-05
启功 1940年作 书画合璧扇 成扇	18.2cm×49cm	552,000	北京诚轩	2020-08-17
启功 194[illegible]年作 行书陈曾寿《落花诗》行书临米芾书札 成扇	15.5cm×47cm	552,000	北京保利	2020-10-17
启功 1990年作 行书李白诗 镜心	65cm×132cm	552,000	十竹斋拍卖（北京）	2020-10-18
启功 198[illegible]年作 朱竹书法 扇面	18.5cm×52cm	552,000	十竹斋拍卖（北京）	2020-10-18
启功 行书七言诗 镜心	83cm×49cm	529,000	中贸圣佳	2020-10-17
启功 行书 七言联 纸本	31cm×132cm	517,500	中国嘉德	2020-08-16
启功 1989年作 行书杜甫诗一首 立轴	99cm×53cm	517,500	北京保利	2020-12-04
启功 1948年作 访友图 镜心	22cm×27.5cm	517,500	中国嘉德	2020-12-02
启功 1986年作 行书七言句 镜心	67cm×44.5cm	517,500	中国嘉德	2020-12-03
启功 楷书"登欢喜地"镜心	34cm×128cm	517,500	中贸圣佳	2020-10-17
启功 1991年作 行书自作诗 镜心	69.5cm×35cm	506,000	十竹斋拍卖（北京）	2020-10-18
启功 1991年作 自作诗《题齐萍翁画册》之一 镜心	137cm×68.5cm	483,000	北京诚轩	2020-08-17
启功 行书 节录宋苏轼《嘲子由》纸本	34cm×68.5cm	483,000	中国嘉德	2020-08-16
启功 1985年作 朱竹寿石 镜片	68.5cm×45cm	483,000	广东崇正	2020-09-13
启功 行书 唐杜甫《重题郑氏东亭》纸本	51.3cm×98cm	483,000	中国嘉德	2020-12-02
启功 行书"学然后知不足"纸本	95cm×24cm	471,500	中国嘉德	2020-08-16
启功 行书杜甫《禹庙》镜心	112cm×44cm	471,500	十竹斋拍卖（北京）	2020-10-18
启功 朱竹奇石 镜心	69cm×68cm	460,000	荣宝斋（上海）	2020-10-25
启功 行书 节录宋释慧勤《颂古七首》之一 纸本	30cm×85cm	437,000	中国嘉德	2020-08-16
启功 1988年作 行书"瑞现黄龙"镜心	36cm×72cm	437,000	十竹斋拍卖（北京）	2020-10-18
启功 行书 宋人纨扇五言诗 纸本	32cm×132cm	402,500	中国嘉德	2020-08-16
启功 行书七言联 立轴	140cm×34cm×2	402,500	上海匡时	2020-08-05
启功 行书 立轴	65cm×75cm	402,500	朵云轩	2020-09-23
启功 钟灵 书法、对联一堂 立轴	书法 103cm×50cm; 对联 130cm×31cm×2	402,500	华艺国际	2020-10-16
启功 1985年作 行书七言诗 镜心	68cm×45.3cm	402,500	中国嘉德	2020-12-02
启功 行书 四言联 纸本	25cm×68cm	391,000	中国嘉德	2020-08-16
启功 1949年作 仿米家山水 成扇	18.2cm×47cm	388,521	香港苏富比	2020-10-08
启功 1978年作 行书七言诗 镜心	126cm×33cm×2	368,000	十竹斋拍卖（北京）	2020-10-18
启功 吴光宇 汪溶 朱庆祺 张伯英 罗复堪 等1942年作 格锦扇 成扇		368,000	中国嘉德	2020-11-09
启功 行书 自作诗《题族人书画展》纸本	37.5cm×65.5cm	368,000	中国嘉德	2020-12-02
启功 1986年作 行书白居易诗句 镜框	96cm×32cm	364,800	佳士得	2020-07-08
启功 1985年作 行书 镜片	94cm×49cm	356,500	广东崇正	2020-09-13
启功 溥佺 溪山秋霁、书法 成扇	18cm×43cm	356,500	华艺国际	2020-10-16
启功 高士林泉 镜心	29cm×33.5cm	356,500	十竹斋拍卖（北京）	2020-10-18
启功 行书白居易《暮江吟》立轴	65cm×43.5cm	356,500	十竹斋拍卖（北京）	2020-10-18
启功 行书宋释斯植《鸣鸠》纸本	34cm×68cm	345,000	中国嘉德	2020-08-16
启功 行书"静者寿"镜心	39cm×87cm	345,000	北京保利	2020-10-17
启功 行书七言诗 镜心	65cm×32cm	345,000	北京保利	2020-12-04
启功 1980年作 行书苏东坡诗 立轴	132cm×64cm	345,000	北京保利	2020-12-04
启功 1983年作 行书七言诗 立轴	101cm×41.5cm	345,000	十竹斋拍卖（北京）	2020-10-18
启功 1991年作 正大光明 镜心	36cm×126cm	345,000	永乐拍卖	2020-12-03
启功 1981年作 行书七言诗 立轴	47cm×84cm	345,000	中国嘉德	2020-11-09
启功 赵朴初 夏成焘 梁树溟 苏步青 顾学颉 书法七件 镜心	尺寸不一	345,000	中贸圣佳	2020-10-17
启功 曹广桢 坐听春潮一夜声 节临《头陀寺碑》成扇	18.5cm×50.5cm	322,000	北京诚轩	2020-08-17
启功 行书节录唐白居易《忆江南》纸本	31cm×131cm	322,000	中国嘉德	2020-08-16

2020书画拍卖成交汇总(续表)

(成交价RMB：5万元以上)

拍品名称	物品尺寸	成交价RMB	拍卖公司	拍卖日期
启功 唐诗 镜框	59.5cm×88.5cm	322,000	华艺国际	2020-10-16
启功 1984年作 草书五言诗 镜心	89cm×34cm	322,000	十竹斋拍卖（北京）	2020-10-18
启功 楷书格言 立轴	43cm×66cm	299,000	中国嘉德	2020-08-15
启功 书法 对联	130cm×32cm×2	299,000	广东小雅斋	2020-08-21
启功 行书宋人句 镜心	100cm×34cm	299,000	十竹斋拍卖（北京）	2020-10-18
启功 楷书“忠孝”纸本	69cm×32cm	287,500	中国嘉德	2020-08-16
启功 暖江生烟 镜心	23cm×51cm	287,500	中国嘉德	2020-07-15
启功 1985年作 行书自作诗 立轴	96cm×42cm	287,500	北京保利	2020-10-17
启功 行书《欧阳修·戏赠丁判官》	68cm×44cm	287,500	北京翰海	2020-12-12
启功 书法《自作诗》	28cm×18cm×4	287,500	北京翰海	2020-12-12
启功 竹石 镜框	39cm×57cm	287,500	华艺国际	2020-10-16
启功 1979年作 行书七言诗 镜心	46cm×69cm	287,500	十竹斋拍卖（北京）	2020-10-18
启功 1980年作 行书七言诗 镜心	99cm×33cm	287,500	十竹斋拍卖（北京）	2020-10-18
启功 1979年作 行书竹如意铭 镜心	68cm×43cm	287,500	中国嘉德	2020-11-09
启功 拟黄鹤山樵笔意 立轴	100.5cm×33.5cm	287,500	中国嘉德	2020-12-02
启功 行书陈仲任句 镜心	96cm×33cm	287,500	中贸圣佳	2020-10-17
启功 1982年作 行书七言诗 镜心	68.5cm×34cm	286,126	中国嘉德	2020-10-09
启功 行书 节录宋苏轼《新城道中二首》之一 纸本	28cm×127cm	253,000	中国嘉德	2020-08-16
启功 行书临隋智永《千字文》纸本	22.5cm×33cm	253,000	中国嘉德	2020-08-16
启功 行书“平复帖”立轴	110cm×53cm	253,000	永乐拍卖	2020-08-17
启功 行书“祝寿词”立轴	43cm×64cm	253,000	十竹斋拍卖（北京）	2020-10-18
启功 行书 宋王安石《题西太一宫壁二首》之一 纸本	37.5cm×88.5cm	253,000	中国嘉德	2020-12-02
启功 溥佺 书画合璧	24cm×4cm	253,000	中国嘉德	2020-12-02
启功 行书白居易诗 镜心	68cm×43cm	253,000	中贸圣佳	2020-10-17
启功 1986年作 兰草 镜心	63.5cm×32cm	241,500	十竹斋拍卖（北京）	2020-10-18
启功 行书 立轴	67cm×43cm	230,000	中鸿信	2020-01-04
启功 行书毛泽东《十六字令》三首之一 纸本	36cm×87cm	230,000	中国嘉德	2020-08-16
启功 书法 立轴	103.5cm×34cm	230,000	华艺国际	2020-10-16
启功 1975年作 行书词一首 镜心	26cm×32cm	230,000	中国嘉德	2020-11-11
启功 行书李白诗 镜心	68cm×46cm	230,000	中贸圣佳	2020-10-17
启功 1989年作 行书周亮工诗(一帧)镜心	67cm×45cm	227,000	北京保利	2020-07-16
启功 1986年作 朱竹 镜片	123.5cm×49.5cm	218,500	上海嘉禾	2020-01-05
启功 1988年作 严参《看雪》镜心	69.5cm×34.4cm	218,500	北京诚轩	2020-08-17
启功 吴镜汀 合作 荷塘清趣 立轴	90.5cm×26.5cm	218,500	北京诚轩	2020-08-17
启功 1980年作 行书 立轴	113.5cm×41cm	218,500	北京翰海	2020-12-11
启功1988年作行书“初唐绝句”立轴	69cm×46cm	218,500	上海敬华	2020-09-22
启功 1997年作 春山茅亭行书 成扇	18cm×51cm	218,500	十竹斋拍卖（北京）	2020-10-18
启功 行书 宋人纨扇诗 纸本	46cm×78cm	218,500	中国嘉德	2020-12-02
启功 1937年作 溪山春霁 立轴	53cm×30cm	207,000	北京保利	2020-12-04
启功 书法 镜框	77.5cm×52.5cm	207,000	华艺国际	2020-10-16
启功 李建中诗 镜框	106cm×47.5cm	207,000	华艺国际	2020-10-16
启功 行书自作诗 立轴	67cm×42cm	207,000	十竹斋拍卖（北京）	2020-10-18
启功 1977年作 行书条幅 镜心	97.5cm×31.5cm	207,000	永乐拍卖	2020-12-03
启功 行书“惜福”镜心	31cm×66cm	207,000	中国嘉德	2020-11-09
启功 行书 金李夷赠王南云诗句 纸本	31cm×65.5cm	207,000	中国嘉德	2020-12-02
启功 1985年作 行书五言联句 立轴	130.5cm×67.5cm	207,000	中国嘉德	2020-12-02
启功 行书“快雪时晴，佳想安善”立轴	65.5cm×45.5cm	207,000	中国嘉德	2020-12-02
启功 1990年作 业精于勤 镜心	34cm×53cm	195,500	北京诚轩	2020-08-17
启功 行书 自作七言诗	31.5cm×95.5cm	195,500	中国嘉德	2020-12-02
启功 行书毛主席诗 立轴	92cm×45cm	189,750	中贸圣佳	2020-10-17
启功 1988年作 行书 镜片	44.5cm×61cm	184,000	广东崇正	2020-09-13
启功 竹石 镜心	69cm×45cm	184,000	荣宝斋（上海）	2020-10-25
启功 1983年作 自作诗 立轴	133.5cm×32cm	184,000	十竹斋拍卖（北京）	2020-10-18
启功 1988年作 行书七言联 对联	128cm×30cm×2	184,000	中国嘉德	2020-11-10
启功 行书 唐温庭筠《题河中紫极宫》纸本	63.5cm×138cm	184,000	中国嘉德	2020-12-02
启功 行书“虚静”镜片	34.5cm×69cm	172,500	上海嘉禾	2020-01-05
启功 金执中 李端善 合作 姜夔诗三首 扶孤松而盘桓 成扇	18.5cm×51.2cm	172,500	北京诚轩	2020-08-17
启功 1985年作《论书绝句》八首 立轴	100cm×33.5cm	172,500	华艺国际	2020-10-16
启功 1989年作 行书苏轼诗 立轴	66cm×34.5cm	172,500	十竹斋拍卖（北京）	2020-10-18
启功 行书宋诗 立轴	67.5cm×34.5cm	172,500	中国嘉德	2020-12-02
启功 行书前人句 镜片	101cm×33cm	161,000	广东崇正	2020-06-27
启功 行书元宋子虚《次友人春别》诗句 纸本	33.5cm×66cm	161,000	中国嘉德	2020-12-02
启功 行书“荟园”镜心	34cm×70cm	149,500	中鸿信	2020-01-03
启功 1983年作 香远益清 镜片	23.5cm×32.5cm	149,500	朵云轩	2020-09-23
启功 行书 镜心	69cm×45cm	149,500	中国嘉德	2020-11-09
启功 1987年作 书法 立轴	44.3cm×63.8cm	138,450	佳士得	2020-11-18
启功 1944年作 秋山图 立轴	77cm×30cm	138,000	上海嘉禾	2020-01-05
启功 1987年作 行书“佛心”镜心	34cm×68cm	138,000	中国嘉德	2020-07-17
启功 1987年作 行书宋人句 镜心	65cm×41cm	138,000	中国嘉德	2020-08-15
启功 行书七言句 立轴	65.5cm×43.5cm	138,000	广东崇正	2020-09-13
启功 楷书“淡泊明志”纸本	107.5cm×30cm	138,000	中国嘉德	2020-12-02
启功 1981年作 行书 镜片	69.5cm×35.5cm	126,500	上海嘉禾	2020-01-05
启功 书法 镜框	68cm×34cm	126,500	华艺国际	2020-12-05
启功 书法 立轴	101.4cm×33.6cm	117,150	佳士得	2020-12-01
启功 1991年作 朱竹 镜心	62cm×83cm	109,250	中国嘉德	2020-07-16
启功 行书“和光”	63cm×34cm	105,800	中国嘉德	2020-08-16
启功 书法	28cm×18cm	105,800	北京翰海	2020-12-12
启功 1983年作 行书 立轴	66cm×44cm	103,500	北京翰海	2020-09-12
启功 1985年作 行书七言诗五首 立轴	176cm×92cm	103,500	中国嘉德	2020-11-10
启功 1990年作 行书“学古斋”镜心	32cm×59cm	101,200	中国嘉德	2020-07-17
启功 行书 七言联 纸本	10cm×68cm	101,200	中国嘉德	2020-08-16
启功 楷书七言联 对联	138cm×31cm×2	94,300	中国嘉德	2020-07-17
启功 1982年作 行书“慎思斋”镜心	31cm×100cm	94,300	中国嘉德	2020-11-11
启功 行书唐人醉中诗 镜心	70cm×46cm	92,000	北京保利	2020-12-04
启功 何海霞 等 花鸟书法册 镜片	32cm×44cm×10	92,000	上海敬华	2020-09-22
启功 1996年作 行书七言诗 立轴	105cm×31cm	86,250	中国嘉德	2020-07-15
启功 行书“论书”镜心	70cm×45cm	86,250	中鸿信	2020-01-04
启功 1993年作 朱竹图 立轴	25cm×37.5cm	80,500	中鸿信	2020-01-03
启功 行书五言诗 镜心	33cm×46cm	80,500	中鸿信	2020-01-03
启功 行书七言诗 镜心	29cm×39cm	74,750	中国嘉德	2020-11-10

(成交价RMB：5万元以上)

拍品名称	物品尺寸	成交价RMB	拍卖公司	拍卖日期
启功 1988年作 行书七言诗 立轴	69cm×35cm	63,250	中国嘉德	2020-07-17
启功 菊花 镜片	18cm×25.5cm	59,800	广东小雅斋	2020-08-21
启功 1999年作 行书宋人句 镜心	34cm×32cm	57,500	北京保利	2020-10-17
启功 1989年作 行书七言诗 立轴	118.5cm×43.5cm	57,500	北京保利	2020-12-04
启功 行书 镜片	68cm×43cm	55,200	上海嘉禾	2020-01-05
启功 行书诗文 立轴	36cm×6cm	51,750	保利厦门	2020-09-26
钱行健 梅雀图 镜片	89cm×65cm	69,000	上海敬华	2020-09-22
钱化佛 王震 1923年作 无量寿佛 立轴	107.5cm×40cm	132,250	广东崇正	2020-09-13
钱化佛 无量寿佛 立轴	132.5cm×42cm	115,000	中国嘉德	2020-12-03
钱化佛 观音 立轴	98cm×37.5cm	82,800	中国嘉德	2020-08-16
钱名山 行书"才全德不形" 立轴	239cm×67cm	74,750	十竹斋拍卖(北京)	2020-10-18
钱穆 行书获秋杂咏 立轴	67.5cm×40cm	103,500	中国嘉德	2020-08-15
钱穆 行书录程明道语 镜心	19.5cm×26.5cm	102,350	北京保利	2020-10-17
钱瘦铁 松鹰图 镜心	152cm×211cm	2,012,500	荣宝斋(上海)	2020-10-25
钱瘦铁 1951年作 抗美援朝进军图 立轴	108.0cm×111.0cm	1,265,000	中国嘉德	2020-08-16
钱瘦铁 松林古寺 立轴	59.5cm×37.5cm	287,500	荣宝斋(上海)	2020-10-25
钱瘦铁 世外桃源 立轴	132cm×37.5cm	195,500	朵云轩	2020-09-23
钱瘦铁 1927年作 峻岭策杖 立轴	146cm×31cm	155,250	上海敬华	2020-09-22
钱瘦铁 云亭观瀑 立轴	138cm×63cm	115,000	上海敬华	2020-09-22
钱瘦铁 山水(三帧) 镜心	31.5cm×29cm×3	82,800	中国嘉德	2020-08-16
钱瘦铁 1932年作 鸟巢禅师像 镜心	30cm×33cm	74,750	中国嘉德	2020-12-03
钱瘦铁 松下垂钓 立轴	136cm×33cm	63,250	朵云轩	2020-09-23
钱瘦铁 空山新语 立轴	66cm×34cm	57,500	朵云轩	2020-09-24
钱瘦铁 1956年作 搜寻奇峰打草稿 立轴	46cm×43cm	57,500	上海敬华	2020-09-22
钱瘦铁 1958年作 芋叶图 立轴	68cm×49cm	51,750	中国嘉德	2020-11-09
钱松喦 锦绣江南鱼米乡 立轴	89cm×68cm	920,000	北京翰海	2020-12-11
钱松喦 万壑奇峰 立轴	138cm×34cm	105,800	中贸圣佳	2020-10-17
钱松喦 红叶仕女 立轴	113cm×33cm	92,000	中国嘉德	2020-12-02
钱松喦 福寿之松图 立轴	83cm×109cm	6,325,000	荣宝斋(上海)	2020-10-25
钱松喦 泰山六朝松 立轴	75cm×107cm	2,357,500	北京保利	2020-12-04
钱松喦 山水扇册 镜心(八开)	18.5cm×55cm×8	2,070,000	永乐拍卖	2020-08-17
钱松喦 土塞新湖 镜心	87.5cm×68.5cm	1,380,000	中国嘉德	2020-12-03
钱松喦 松柏高节图 立轴	115cm×68cm	1,322,500	中贸圣佳	2020-10-17
钱松喦 莫愁湖 立轴	94.5cm×53.5cm	1,207,500	中国嘉德	2020-12-01
钱松喦 长城内外 无限风光 立轴	45.5cm×60.5cm	1,035,000	荣宝斋(上海)	2020-10-25
钱松喦 张公洞胜景 立轴	132cm×66cm	920,000	北京保利	2020-10-17
钱松喦 香山会见松 镜片	143cm×77cm	920,000	上海敬华	2020-09-22
钱松喦 登华山 镜片	66cm×35cm	920,000	上海敬华	2020-09-22
钱松喦 [illegible]深 镜心	104cm×56cm	839,500	十竹斋拍卖(北京)	2020-10-18
钱松喦 延安颂 镜心	44cm×55cm	782,000	中鸿信	2020-01-03
钱松喦 1958年作 燕子矶 镜片	36cm×48cm	759,000	上海敬华	2020-09-22
钱松喦 1964年作 毛主席词意 镜心	55.0cm×34.5cm	713,000	中国嘉德	2020-08-16
钱松喦 河山壮丽 镜心	52.3cm×37cm	713,000	中国嘉德	2020-08-15
钱松喦 日月潭 立轴	67cm×44.5cm	713,000	荣宝斋(南京)	2020-11-28
钱松喦 山[illegible]颂图 镜心	95cm×60cm	690,000	中鸿信	2020-01-03
钱松喦 千峰竞秀 镜心	69cm×43.5cm	690,000	永乐拍卖	2020-12-03
钱松喦 太湖飞瀑 立轴	68cm×45cm	667,000	上海敬华	2020-09-22

拍品名称	物品尺寸	成交价RMB	拍卖公司	拍卖日期
钱松喦 1964年作《满江红》词意 立轴	68.8cm×45.5cm	587,600	香港苏富比	2020-07-10
钱松喦 1940年作 游山图 立轴	144.5cm×81cm	575,000	朵云轩	2020-09-23
钱松喦 星湖七星岩胜境 立轴	51cm×51cm	552,000	西泠印社	2020-08-09
钱松喦 溪山烟雨 立轴	67cm×45cm	552,000	上海敬华	2020-09-22
钱松喦 肇庆星湖 镜心	70cm×46.5cm	552,000	十竹斋拍卖(北京)	2020-10-18
钱松喦 泰岱朝晖 镜心	95.5cm×59cm	552,000	中国嘉德	2020-12-03
钱松喦 长城 镜心	69.5cm×36cm	552,000	中国嘉德	2020-12-03
钱松喦 黄山秋色 立轴	68.5cm×45cm	540,500	中鸿信	2020-01-03
钱松喦 太湖风帆 镜心	43cm×49cm	529,000	荣宝斋(南京)	2020-11-28
钱松喦 湖上松涛图 立轴	72cm×38cm	517,500	西泠印社	2020-08-08
钱松喦 1943年作 桐院清暑 立轴	89cm×46cm	517,500	上海敬华	2020-09-22
钱松喦 1939年作 春郊游园 立轴	106cm×39cm	506,000	朵云轩	2020-09-23
钱松喦 春早 立轴	107cm×46cm	483,000	荣宝斋(南京)	2020-11-28
钱松喦 1946年作 祝泰图 镜框	132cm×66cm	460,000	华艺国际	2020-10-16
钱松喦 雨花台图 立轴	66cm×49.5cm	437,000	西泠印社	2020-08-08
钱松喦 延安 立轴	64cm×44cm	437,000	十竹斋拍卖(北京)	2020-10-18
钱松喦 1983年作 江深山春满色 镜心	59.5cm×45cm	425,500	十竹斋拍卖(北京)	2020-10-18
钱松喦 1978年作 宝塔山 镜心	81.5cm×50cm	402,500	北京保利	2020-12-04
钱松喦 太湖胜景 立轴	54cm×39cm	402,500	永乐拍卖	2020-12-03
钱松喦 1942年作 七喜图 立轴	140.5cm×69.3cm	368,000	中国嘉德	2020-08-15
钱松喦 太湖 镜心	67.5cm×45cm	368,000	中国嘉德	2020-08-15
钱松喦 观鹤图 立轴	115cm×38cm	345,000	北京保利	2020-10-17
钱松喦 桐院清暑 立轴	110cm×53cm	345,000	荣宝斋(南京)	2020-11-28
钱松喦 1943年作 耄耋延年 立轴	132cm×65.5cm	322,000	中国嘉德	2020-08-15
钱松喦 燕子矶图 立轴	55cm×33cm	322,000	西泠印社	2020-08-09
钱松喦 春到莫愁湖 立轴	76cm×37cm	287,500	北京保利	2020-10-17
钱松喦 溪山幽胜图 镜心	69cm×46cm	287,500	中国嘉德	2020-12-03
钱松喦 溪山幽胜图 镜框	69cm×46cm	264,500	广东小雅斋	2020-08-21
钱松喦 燕子矶 镜心	68cm×32.5cm	255,470	中国嘉德	2020-10-09
钱松喦 1978年作 太湖小景 立轴	68cm×38.5cm	230,000	十竹斋拍卖(北京)	2020-10-18
钱松喦 三峡涛声 立轴	62cm×37.5cm	207,000	广东崇正	2020-09-13
钱松喦 迎年丰寿 镜心	91.5cm×32cm	207,000	荣宝斋(南京)	2020-11-28
钱松喦 桃花源 镜片	45cm×29cm	166,750	上海敬华	2020-09-22
钱松喦 郑午昌 钱君匋 张石园 等名家集珍 册页	14.5cm×18cm×15	115,000	十竹斋拍卖(北京)	2020-10-18
钱松喦 太湖渔乐图 立轴	46cm×33cm	83,950	广东小雅斋	2020-08-21
钱松喦 太湖渔乐图 立轴	46cm×33.5cm	80,500	中国嘉德	2020-12-03
钱松喦 南山晋颂 镜心	45cm×33.5cm	74,750	中国嘉德	2020-12-03
钱松喦 邹泺生 1941年作 秋江泛舟 篆书 成扇	19cm×52cm	69,000	朵云轩	2020-09-23
钱松喦 1980年作 太湖胜境 镜框	44cm×32cm	69,000	上海敬华	2020-09-22
钱松喦 鼓楼冈 镜框	26cm×36cm	58,575	佳士得	2020-12-01
钱笑呆 池振亚 等1959年作《双珠凤》连环画原稿(全)(九十一帧)	15.5cm×21.5cm×91	207,000	西泠印社	2020-08-09
钱振锽 行书八言联 立轴	170cm×30cm×2	109,250	北京保利	2020-10-17
钱振锽 行书八言 对联	203.5cm×43.5cm×2	92,000	朵云轩	2020-09-23

（成交价RMB：5万元以上）

拍品名称	物品尺寸	成交价RMB	拍卖公司	拍卖日期
钱忠平 2016年作 桃子	209cm×75cm	230,000	中贸圣佳	2020-10-17
钱钟书 行书《陈百庸属题出峡诗画册》镜心	26.5cm×19.5cm	80,500	中鸿信	2020-01-04
秦艾 2007年作 迷路	90cm×62cm	138,000	永乐拍卖	2020-12-04
秦古柳 1937年作 载鹤访松图 立轴	136cm×68cm	55,200	上海驰翰	2020-08-06
秦华 采莲曲 镜心	117cm×49cm	69,000	中鸿信	2020-01-03
秦华 风流人物 镜心	117cm×49cm	57,500	中鸿信	2020-01-03
秦理斌 2020年作 饮酒二十首·其五 镜心	70cm×69cm	92,000	北京翰海	2020-09-12
秦仲文 1928年作 仿龚半千笔意 立轴	355cm×69cm	322,000	北京翰海	2020-12-11
秦仲文 1958年作 晴峦萧寺图 立轴	101cm×48cm	230,000	北京保利	2020-10-17
秦仲文 1963年作 峨眉积雪 镜心	131.5cm×77.5cm	138,000	北京翰海	2020-12-11
秦仲文 沈尹默 水郭烟波 陆游诗四首 成扇	20.2cm×53cm	103,500	北京诚轩	2020-08-17
秦仲文 山水 镜心	135cm×68cm	69,000	北京翰海	2020-12-11
邱国峰 2020年作 小雪·小寒（两幅）镜框	34cm×34cm×2	57,000	佳士得	2020-07-08
邱禄生 2020年夏月作 将进酒 镜心	138cm×34cm×4	258,000	北京汇珍	2020-08-13
邱禄生 2020年春月作 李鸿章对联 镜心	138cm×34cm×2	178,000	北京汇珍	2020-08-13
瞿秋白 1933年作 行书七言联 立轴	135cm×26cm×2	575,000	北京保利	2020-10-17
曲明泊 2019年作 山峡映新辉 镜心	135cm×69cm	276,000	北京翰海	2020-09-12
曲明泊 人在画中游 镜心	68cm×68cm	138,000	北京翰海	2020-09-12
饶宗颐 1979年作 泰山图 镜框	89.2cm×29cm	745,500	佳士得	2020-12-01
饶宗颐 1999年作 仿黄鹤山樵笔意 立轴	147cm×21cm	644,000	广东崇正	2020-09-13
饶宗颐 1992年作 松下观音 镜框	137cm×33.6cm	570,000	佳士得	2020-07-08
饶宗颐 1997年作 小桥流水人家 镜框	34.5cm×137cm	456,000	佳士得	2020-07-08
饶宗颐 1997年作 南无阿弥陀佛 镜框	37.5cm×38cm	372,750	佳士得	2020-12-01
饶宗颐 1993年作 杜牧诗意 立轴	137cm×34.5cm	333,500	广东崇正	2020-09-13
饶宗颐 行书张雨《登南峰绝顶》镜心	34.3cm×138cm×2	253,000	中国嘉德	2020-08-15
饶宗颐 对联 立轴	133.5cm×34cm×2	230,000	华艺国际	2020-10-16
饶宗颐 1984年作 隶书七言联 对联	108cm×22cm×2	230,000	上海敬华	2020-09-22
饶宗颐 2007年作 对联 立轴	130cm×31cm×2	218,500	华艺国际	2020-10-16
饶宗颐 2014年作 行书"止于至善"镜心	40cm×93cm	207,000	十竹斋拍卖（北京）	2020-10-18
饶宗颐 2012年作 行书 镜片	35cm×137cm	189,750	广东崇正	2020-09-13
饶宗颐 仿梅花道人笔意 立轴	137cm×34cm	172,500	广东崇正	2020-09-13
饶宗颐 方楚雄 隶书七言联 松鼠 立轴	128.5cm×30.5cm×2; 136cm×67.5cm	163,501	中国嘉德	2020-10-09
饶宗颐 1998年作 奇峰石海 镜片	23.5cm×79cm	149,500	广东崇正	2020-09-13
饶宗颐 1995年作 印度神庙·书法 扇面双挖镜框	17cm×53.5cm×2	148,200	佳士得	2020-07-08
饶宗颐 篆书五言联 镜框	131cm×32.5cm	138,853	香港苏富比	2020-11-26
饶宗颐 1998年作 隶书五言联 立轴	132cm×30.5cm×2	122,626	中国嘉德	2020-10-09
饶宗颐 2011年作 行书"惠风和畅"镜心	33cm×132cm	115,000	十竹斋拍卖（北京）	2020-10-18
饶宗颐 2005年作 篆书"明月前身"镜心	35cm×137cm	115,000	十竹斋拍卖（北京）	2020-10-18
饶宗颐 2011年作 宜富当贵 立轴	直径39.5cm	109,250	广东崇正	2020-09-13
饶宗颐 2006年作 翔凤图 立轴	110cm×60cm	97,750	上海嘉禾	2020-01-05
饶宗颐 2004年作 行书自作诗 镜片	138cm×35cm	92,000	广东崇正	2020-09-13
饶宗颐 1987年作 行书倪鸿宝语 立轴	137cm×34cm	92,000	十竹斋拍卖（北京）	2020-10-18
饶宗颐 隶书金农题画句 立轴	138cm×33cm	92,000	十竹斋拍卖（北京）	2020-10-18
饶宗颐 行书录青天歌句 立轴	131cm×32cm	69,000	北京保利	2020-10-17
饶宗颐 1978年作 行书七言联 立轴	133cm×33cm×2	69,000	北京保利	2020-12-04
饶宗颐 1978年作 行书五言联 立轴	123cm×34cm×2	69,000	北京保利	2020-12-04
饶宗颐 行书五言联 立轴	130cm×34cm×2	69,000	北京保利	2020-12-04
饶宗颐 1988年作 山居图 镜心	81cm×39cm	63,250	中鸿信	2020-01-03
饶宗颐 书法 立轴	33cm×33.5cm	57,500	西泠印社	2020-08-08
任堇 对联 立轴	148cm×26cm×2	92,000	华艺国际	2020-10-16
任率英 1964年作《苏武》年画四条屏原稿（全）（十六帧）	23.5cm×31cm×16	575,000	西泠印社	2020-08-09
任率英 等 1958年作《貂蝉》年画四条屏原稿（十五帧）	22cm×29cm×15	483,000	西泠印社	2020-08-09
任率英 金协中 等 1956年作《穆桂英》年画四条屏原稿（全）（十六帧）镜片	21cm×28cm×16	632,500	西泠印社	2020-08-09
任珮韵 红叶山禽 立轴	102.5cm×48cm	276,000	朵云轩	2020-11-29
任清 2019年作 山水二帧 镜心	42cm×60cm	115,000	中国嘉德	2020-12-01
任庆来 善为至宝 镜心	136cm×68cm	120,000	香港贞观	2020-07-26
任中敏 1929年作 为梁寒操书 节录《管子》立轴	64.5cm×26cm	63,250	西泠印社	2020-08-09
任重 雪中竹石 镜心	79cm×32.5cm	1,725,000	十竹斋拍卖（北京）	2020-10-18
任重 2019年作 松下高士	136cm×68cm	920,000	北京翰海	2020-12-12
任重 山楼雪霁 镜心	68cm×35cm	460,000	中国嘉德	2020-08-17
任重 2005年作 松下高士	90cm×39.5cm（画心）； 14cm×39.5cm（诗堂）	460,000	北京翰海	2020-12-12
任重 入眼荒寒一洒然 镜心	70cm×45cm	419,950	北京保利	2020-07-18
任重 2009年作 入眼荒寒一洒然 镜心	67cm×43cm	345,000	北京保利	2020-12-04
任重 2003年作 松风高士图	74.5cm×71cm	345,000	北京翰海	2020-12-12
任重 2013年作 鸿雁知我意	66cm×52cm	322,000	北京翰海	2020-12-12
任重 2005年作 春山云起图	39cm×69cm	322,000	北京翰海	2020-12-12
任重 2018年作 梧桐高士	68cm×35cm	207,000	北京翰海	2020-12-12
任重 煮茶图 横披	104cm×34.5cm	207,000	中贸圣佳	2020-10-17
任重 2009年作 平沙落雁 镜框	69cm×35cm	184,000	华艺国际	2020-10-16
任重 2013年作 江上秋光 镜心	78cm×65.5cm; 26cm×65.5cm	172,500	中国嘉德	2020-12-01
任重 降龙尊者·无法可说 镜心	69.5cm×46cm	172,500	中贸圣佳	2020-10-17
任重 1998年作 竹雀图 圆光	直径35cm	138,000	中国嘉德	2020-11-10
任重 2013年作 青绿山水 团扇	直径25.5cm	94,300	广东崇正	2020-09-13
任重 2014年作 嫣香秋禽图 镜心	67cm×34cm	86,250	北京保利	2020-10-16
任重 2015年作 白描无量寿佛 镜心	102cm×35cm	80,500	北京保利	2020-10-16
容庚 1976年作 篆书七言联 镜框	136cm×23cm×2	115,000	华艺国际	2020-12-05
容庚 山水 立轴	140cm×68cm	55,200	广东小雅斋	2020-08-21
容祖椿 1933年作 玉堂富贵 立轴	110cm×53.5cm	51,750	广东崇正	2020-09-13
沙曼翁 1979年作 秦篆临雍邑刻石 镜片	136cm×68cm	109,250	朵云轩	2020-09-23
沙孟海 行书"福禄寿"镜心	64.5cm×64cm×3	1,207,500	中国嘉德	2020-12-01
沙孟海 草书 节录书谱 镜片	139cm×69.5cm	414,000	西泠印社	2020-08-09
沙孟海 四言大联 镜片	177cm×47cm×2	339,000	江苏汇中	2020-08-05
沙孟海 行书 鲁迅诗句 立轴	113.5cm×42.5cm	287,500	西泠印社	2020-08-09
沙孟海 行书李白诗 镜片	130cm×26.5cm	287,500	上海嘉禾	2020-01-05

拍品名称	物品尺寸	成交价RMB	拍卖公司	拍卖日期
沙孟海 行书孙绰《兰亭集后叙》立轴	101cm×59cm	255,470	中国嘉德	2020-10-09
沙孟海 行书 立轴	137cm×57cm	253,000	上海嘉禾	2020-01-05
沙孟海 行书四言联 对联	179cm×47cm×2	253,000	上海嘉禾	2020-01-05
沙孟海 行书 镜心	101cm×34cm	253,000	荣宝斋（上海）	2020-10-25
沙孟海 1989年作 五言联 镜片	133cm×31cm×2	231,000	江苏汇中	2020-08-05
沙孟海 行书《登鹳雀楼诗》镜片	82cm×50cm	230,000	西泠印社	2020-08-08
沙孟海 行书杜甫诗 立轴	141.5cm×70cm	218,500	上海嘉禾	2020-01-05
沙孟海 行书毛主席词 立轴	232cm×52.5cm	207,000	上海匡时	2020-08-05
沙孟海 1987年作 草书 立轴	101cm×34cm	207,000	朵云轩	2020-09-23
沙孟海 行书中堂 镜片	179cm×96cm	203,400	江苏汇中	2020-08-05
沙孟海 行书《兰亭序》手卷	画心34cm×75cm；引首34cm×101cm	172,500	上海嘉禾	2020-01-05
沙孟海 行书五言联 对联	134cm×31cm×2	172,500	上海嘉禾	2020-01-05
沙孟海 行书八言联 立轴	136cm×21cm×2	172,500	广东崇正	2020-09-13
沙孟海 草书四言联 立轴	179cm×47cm×2	172,500	中国嘉德	2020-12-02
沙孟海 行书轴 轴	96cm×42cm	169,500	江苏汇中	2020-08-06
沙孟海 1987年作 行书 手卷	31cm×30cm；跋31cm×35cm	138,000	上海嘉禾	2020-01-05
沙孟海 草书 毛主席词 镜片	56.5cm×39.5cm	138,000	西泠印社	2020-08-09
沙孟海 1963年作 对联 立轴	136cm×27cm×2	138,000	华艺国际	2020-10-16
沙孟海 行书 叶剑英诗 镜片	104cm×50.5cm	126,500	西泠印社	2020-08-09
沙孟海 行书 立轴	86cm×31cm	126,500	朵云轩	2020-09-23
沙孟海 行书 立轴	137cm×44.5cm	115,000	上海嘉禾	2020-01-05
沙孟海 行书“金石寿”镜心	46cm×92cm	115,000	北京保利	2020-12-04
沙孟海 书法 立轴	69cm×34cm	112,700	广东小雅斋	2020-08-21
沙孟海 行书“百花齐放 推陈出新”立轴	65cm×28cm	112,407	中国嘉德	2020-10-09
沙孟海 行书八言联 对联	138cm×24.5cm×2	103,500	上海嘉禾	2020-01-05
沙孟海 书法“寿人寿世”轴	117cm×39cm	101,700	江苏汇中	2020-08-05
沙孟海 行书 立轴	136cm×43cm	92,000	上海嘉禾	2020-01-05
沙孟海 行书 立轴	67cm×34cm	92,000	上海嘉禾	2020-01-05
沙孟海 行书七言联 对联片	180cm×32cm×2	92,000	上海敬华	2020-09-22
沙孟海 行书《十六字令》三首 立轴	133.5cm×67.5cm	90,400	香港苏富比	2020-07-10
沙孟海 行书“艺事千秋”立轴	78.5cm×39cm	86,250	中鸿信	2020-01-04
沙孟海 行书六言联 立轴	103cm×31cm×2	86,250	中鸿信	2020-01-04
沙孟海 陈毅同志诗 立轴	67cm×46cm	86,250	永乐拍卖	2020-12-03
沙孟海 行书白居易诗 立轴	68cm×34cm	82,800	永乐拍卖	2020-12-04
沙孟海 行书《采莲曲》镜心	92cm×38cm	80,500	中贸圣佳	2020-10-17
沙孟海“福”镜片	77cm×81cm	73,450	江苏汇中	2020-08-06
沙孟海 行书 镜片	39cm×103cm	69,000	上海嘉禾	2020-01-05
沙孟海“寿”镜片	77cm×81cm	67,800	江苏汇中	2020-08-06
沙孟海 行书 立轴	114cm×34cm	63,250	上海嘉禾	2020-01-05
沙孟海 行书 立轴	59cm×32cm	63,250	上海嘉禾	2020-01-05
沙孟海 行书“江山如此多娇”镜心	35cm×139cm	57,500	中鸿信	2020-01-03
商笙伯 郑午昌 凤仙花图·秋江觅句图（二帧）镜片	41.5cm×34cm×2	109,250	西泠印社	2020-08-08
商笙伯 吕凡子 张珩 作 题 补绘铜器拓片 立轴	132cm×38.5cm	103,500	中贸圣佳	2020-10-17
商笙伯 1925年作 岁朝清供图 立轴	124cm×31cm	57,500	西泠印社	2020-08-08
商笙伯 张善孖 行书《春近》猴成扇	20cm×53cm	258,750	中贸圣佳	2020-10-17
商衍鎏 朱汝珍 刘春霖 张启后 书法四屏 立轴	129cm×32cm×4	85,100	中鸿信	2020-01-04

拍品名称	物品尺寸	成交价RMB	拍卖公司	拍卖日期
尚德林 2020年作 书法	136cm×68cm	115,000	北京翰海	2020-12-12
尚涛 瓶花图 镜心	137cm×69cm	57,500	中国嘉德	2020-07-16
邵大箴 2019年作 山水 册页（二十开）	47cm×49.5cm×20	2,185,000	华艺国际	2020-10-16
邵大箴 书法 六屏镜心	69cm×34cm×6	138,000	上海匡时	2020-08-05
邵大箴 2020年作 书法将进酒 镜框	35cm×132cm	115,000	华艺国际	2020-10-16
邵大箴 书法 四屏镜心	70cm×34.5cm×4	92,000	上海匡时	2020-08-05
邵岩 风来花自舞	178cm×96cm	207,000	北京翰海	2020-12-12
邵章 楷书十八言联 立轴	156.5cm×13.5cm×2	172,500	北京翰海	2020-12-12
申石伽 1982至1983年作 溪山清晓图 通景册（八开）	18cm×285cm	474,600	香港苏富比	2020-07-10
申石伽 1951年作 唐人诗意 八开册	12.7cm×17.8cm×8	466,225	香港苏富比	2020-10-08
申石伽 1958年作 层峰春晓图 四屏	168.5cm×42cm×4	425,500	西泠印社	2020-08-09
申石伽 1986年作 清姿逸态册 十六开册	13cm×42.3cm×16	55,503	香港苏富比	2020-10-08
申石伽 1942年作 秋山观水图 立轴	134.5cm×68cm	55,200	西泠印社	2020-08-09
申世辉 夹岸桃花蘸水开 镜心	136.7cm×70cm	207,000	荣宝斋（上海）	2020-10-25
沈曾植 行书诗四屏 镜心	105.5cm×52cm×4	977,500	中国嘉德	2020-12-04
沈曾植 楷书四屏 立轴	170cm×37cm×4	920,000	广东崇正	2020-09-13
沈曾植 郑孝胥 陈三立 行书诗合卷 手卷	引首31cm×85cm；本幅一31cm×83cm；本幅二31cm×278cm；题跋33.5cm×400cm	839,500	永乐拍卖	2020-12-02
沈曾植 行书八言 对联	167cm×37cm×2	736,000	朵云轩	2020-09-24
沈曾植 书法六屏 立轴	82cm×44cm×6	632,500	华艺国际	2020-10-16
沈曾植 1917年作 楷书 七言联 对联	146.5cm×26cm×2	483,000	西泠印社	2020-08-09
沈曾植 行书七言联 立轴	135.5cm×33cm×2	402,500	中国嘉德	2020-12-02
沈曾植 草书自作诗 镜心	22cm×96cm	287,500	中国嘉德	2020-08-15
沈曾植 行书七言联 立轴	148cm×30cm×2	212,750	上海匡时	2020-08-05
沈曾植 行书 立轴	133cm×34cm	207,000	北京翰海	2020-12-11
沈曾植 行书七言联 立轴	176cm×41cm×2	172,500	中国嘉德	2020-08-15
沈曾植 隶书《成唯识论》成扇	18.2cm×47cm	169,500	香港苏富比	2020-07-10
沈曾植 1920年作 章草放翁诗 成扇	18.2cm×47.7cm	144,308	香港苏富比	2020-10-08
沈曾植 行书 镜片	27cm×40cm	115,000	朵云轩	2020-09-23
沈曾植 行书七言联 立轴	137cm×25.5cm×2	115,000	十竹斋拍卖（北京）	2020-10-18
沈曾植 草书 临古诗四帖 扇页	51cm×19cm	105,800	西泠印社	2020-08-08
沈曾植 草书《步虚词》立轴	130cm×32cm	69,000	中国嘉德	2020-08-17
沈曾植 书法 对联	131cm×31cm×2	63,250	广东小雅斋	2020-08-21
沈曾植 行书七言联 立轴	132cm×31cm×2	57,500	中国嘉德	2020-12-03
沈从文 井冈山博物馆题诗 手卷	37cm×433cm	862,500	上海匡时	2020-08-05
沈从文 章草咏史感事诗二首 立轴一对	137.7cm×16.9cm×2	499,527	香港苏富比	2020-10-08
沈从文 1975年作 章草七十岁生日感事 镜心	134cm×22cm	287,500	北京保利	2020-10-17
沈从文 张伯英 致修龄先生书法（二帧）镜心	101cm×19cm；29cm×11cm	173,720	中国嘉德	2020-10-09
沈从文 1979年作 草书 屏轴	74cm×34.5cm	92,000	朵云轩	2020-09-23
沈从文 行书致林轩自作诗 镜心	24cm×55cm	80,500	中鸿信	2020-01-04
沈继太 2018年作 我家的养殖场	180cm×90cm	2,357,500	钜鑫缘（香港）	2020-11-03

2020书画拍卖成交汇总(续表)

(成交价RMB：5万元以上)

拍品名称	物品尺寸	成交价RMB	拍卖公司	拍卖日期
沈兼士 金文八言联 立轴	133cm×22cm×2	149,500	北京保利	2020-10-17
沈兼士 书法 横披	23.5cm×66.4cm	138,450	佳士得	2020-11-18
沈兼士 行书 立轴	134cm×33cm	138,000	北京翰海	2020-12-11
沈静慈 溥儒(传)《仿古山水图》三幅《山水兰竹图》十一开(共两套) 立轴 镜心	Each hanging scroll长93.3cm；Each painting宽59.4cm	148,038	佳士得	2020-04-21
沈钧儒 1937年作 狱中行书《主张坚决态度和平》镜片	82cm×38cm	943,000	广东崇正	2020-09-13
沈钧儒 1943年作 行书曾国藩家训 立轴	114cm×31.5cm	66,700	中国嘉德	2020-08-15
沈明权 2018年作 锦绣江南稻花香 镜片	69cm×138cm	115,000	上海嘉禾	2020-01-05
沈明权 2017年作 桃源新梦 镜片	137cm×69.5cm	92,000	上海嘉禾	2020-01-05
沈宁(沈癸酉) 2019年作 秋山沐云水清音	137cm×68cm	253,000	北京翰海	2020-09-12
沈鹏 草书《心经》镜片	250cm×806cm	4,025,000	华艺国际	2020-12-05
沈鹏 草书北苑诗 立轴	219cm×50cm	253,000	北京保利	2020-12-04
沈鹏 1984年作 行书对联 镜框	134cm×32cm×2	172,500	华艺国际	2020-12-05
沈鹏 草书《孟子·告子》章 镜心	51cm×35cm×4	161,000	北京保利	2020-10-16
沈鹏 草书自作诗 镜心	95cm×44cm	126,500	中鸿信	2020-01-04
沈鹏 书法 镜片 水墨 纸本	34.5cm×167cm	115,000	荣宝斋(济南)	2020-06-26
沈鹏 草书"遗山诗"一首 镜心	138cm×68.5cm	115,000	荣宝斋(南京)	2020-11-28
沈鹏 2017年作 书法 镜框	69cm×53cm	109,250	华艺国际	2020-10-16
沈鹏 草书滕王阁诗 镜心	152cm×83cm	103,500	上海匡时	2020-08-05
沈鹏 草书《登高》镜心	137cm×68.5cm	82,800	中贸圣佳	2020-10-17
沈鹏 1994年作 草书《太湖泛舟》立轴	69cm×50cm	69,000	北京保利	2020-10-16
沈鹏 草书《春怨》立轴	67cm×43cm	69,000	北京保利	2020-10-16
沈鹏 行书"孟浩然诗"镜片	137cm×69cm	69,000	上海敬华	2020-09-22
沈鹏 草书七言诗 镜心	99cm×50cm	66,700	中国嘉德	2020-07-16
沈鹏 草书七言诗 立轴	96cm×43cm	59,800	中国嘉德	2020-11-11
沈鹏 草书《忆江南》镜心	178cm×48cm	57,500	中鸿信	2020-01-04
沈鹏 草书李白诗 镜心	138cm×69cm	51,750	中鸿信	2020-01-04
沈勤 2006年作 三峡(四)	245cm×123cm	1,552,500	华艺国际	2020-10-15
沈勤 2000年作 净界·廊	130cm×95cm	920,000	华艺国际	2020-10-15
沈勤 2011年作 园·穿过门的树	139cm×69.5cm	460,000	华艺国际	2020-10-15
沈勤 2014年作 蓝	137cm×34cm	161,000	华艺国际	2020-12-05
沈勤 2009年作 青花瓷之六	49.5cm×65.5cm	138,000	华艺国际	2020-12-05
沈勤 江南·荷韵 镜心	137cm×69cm	126,500	中国嘉德	2020-12-01
沈勤 江南·桥 镜心	138.5cm×69cm	97,750	中国嘉德	2020-08-17
沈勤 江南·塔 镜心	138.5cm×69cm	97,750	中国嘉德	2020-08-17
沈勤 江南风景 镜心	53.5cm×68cm	78,200	中国嘉德	2020-08-17
沈燧 仕女 四屏	134cm×33cm×4	115,000	上海敬华	2020-09-22
沈卫 陈修榆 宋育德 孙智敏 书法 四屏立轴	121cm×42cm×4	86,250	北京保利	2020-10-17
沈心海 1925年作 西园雅集 镜片	148.5cm×80cm	86,250	朵云轩	2020-09-23
沈心海 1923年作 智勇双全 立轴	138cm×79cm	82,800	朵云轩	2020-11-29
沈耀初 1985年作 晚霞飞雁图 立轴	368cm×180cm	242,760	罗芙奥	2020-07-18
沈耀初 鸭子 镜片	69cm×45cm	103,500	上海驰翰	2020-05-10
沈耀初 1979年作 全家福 镜框	80cm×61.5cm	59,500	罗芙奥	2020-07-18
沈尹默 1966年作 清平乐 镜心	31.5cm×592cm	598,000	永乐拍卖	2020-12-03
沈尹默 1949年作 行书 八言联 对联	124cm×21cm×2	517,500	西泠印社	2020-08-08
沈尹默 行书七言 对联	134cm×31cm×2	471,500	朵云轩	2020-09-24

拍品名称	物品尺寸	成交价RMB	拍卖公司	拍卖日期
沈尹默 临李阳冰谦卦卷 手卷	1131cm×31.5cm	460,000	北京保利	2020-10-17
沈尹默 1945年作 赠张充和《虞美人》三首 镜框两帧	各20cm×20cm(2)	444,024	香港苏富比	2020-10-08
沈尹默 行书节录《山谷论书》立轴	126cm×31cm	368,000	北京保利	2020-10-17
沈尹默 行书七言 对联	125cm×31cm×2	368,000	朵云轩	2020-09-24
沈尹默 行书 陶渊明诗 立轴	54cm×33.5cm	299,000	西泠印社	2020-08-08
沈尹默 行书王安石诗 立轴	136cm×34cm	299,000	北京保利	2020-10-17
沈尹默 1943年作 行书 镜片	29.5cm×120cm	287,500	朵云轩	2020-09-24
沈尹默 1944年作 行书书法 立轴	140.5cm×24.7cm	234,300	佳士得	2020-11-18
沈尹默 1965年作 行书罗瑞卿语 立轴	133cm×65.5cm	230,000	中国嘉德	2020-08-15
沈尹默 王安石诗 册页(十开)	27cm×35.5cm×10	230,000	北京诚轩	2020-08-17
沈尹默 1957年作 行书七律两首 立轴	沈55.2cm×26cm；褚101cm×34.5cm	226,000	香港苏富比	2020-07-10
沈尹默 行书临帖 册页(十开)	29cm×39cm×10	218,500	中国嘉德	2020-12-02
沈尹默 行书七言 对联片	132cm×33cm×2	195,500	朵云轩	2020-09-24
沈尹默 行书毛主席词 镜片	56cm×40cm	184,000	西泠印社	2020-08-08
沈尹默 1953年作 瘦金书杜丹诗 立轴	130cm×31cm	184,000	北京保利	2020-10-17
沈尹默 溥儒 行书《陶弘景传》横塘摇舟图 成扇	19cm×51.5cm	184,000	中贸圣佳	2020-10-17
沈尹默 草书黄庭坚诗 立轴	99cm×31.5cm	172,500	北京保利	2020-10-17
沈尹默 楷书四言联 立轴	108.5cm×36.5cm×2	172,500	中国嘉德	2020-12-02
沈尹默 行书 杜甫诗二首 立轴	48.5cm×31cm	161,000	西泠印社	2020-08-08
沈尹默 1949年作 行书陈与义诗 立轴	98cm×31cm	161,000	北京保利	2020-10-17
沈尹默 周作人 沈兼士等题 陆龟蒙《闻蝉》立轴	97.8cm×38.5cm	149,500	北京诚轩	2020-08-17
沈尹默 自作词三首 镜心	49.5cm×37.5cm	149,500	北京诚轩	2020-08-17
沈尹默 行书山谷诗三首 镜框	102cm×39cm	148,200	佳士得	2020-07-08
沈尹默 墨竹、书法 成扇	17cm×46cm	138,000	华艺国际	2020-12-05
沈尹默 行书七言联 镜心	142cm×33cm×2	126,500	北京保利	2020-10-17
沈尹默 古典文学题签册(二十页) 册页	42cm×26.5cm×20	115,000	西泠印社	2020-08-08
沈尹默 行书八言联 立轴	82.5cm×16cm×2	115,000	中国嘉德	2020-08-15
沈尹默 1946年作 行书 立轴	110cm×33cm	115,000	北京翰海	2020-12-11
沈尹默 草书李白诗一首 镜心	150cm×83cm	115,000	十竹斋拍卖(北京)	2020-10-18
沈尹默 1965年作 行书七言联 立轴	134.5cm×33.5cm×2	115,000	中国嘉德	2020-12-03
沈尹默 行书七言诗 立轴	98cm×18cm	112,700	华艺国际	2020-12-05
沈尹默 行书 立轴	125cm×28.5cm	109,250	朵云轩	2020-09-24
沈尹默 行书五言诗 立轴	63.5cm×30.5cm	109,250	中国嘉德	2020-12-03
沈尹默 行书欧阳修《笔说》立轴	131.5cm×32.7cm	105,455	香港苏富比	2020-10-08
沈尹默 书法 立轴	21cm×65cm	103,500	广东小雅斋	2020-08-21
沈尹默 1943年作 行书放翁 册页(六开)		86,250	中国嘉德	2020-08-15
沈尹默 行书五言联 对联	65cm×16cm×2	80,500	上海敬华	2020-09-22
沈尹默 行书翁灵舒诗 立轴	64cm×31cm	80,500	中国嘉德	2020-12-03
沈尹默 商衍鎏 行书 信札一通二页 镜片	行书 44cm×64cm；信札 25cm×10cm×2	78,200	广东崇正	2020-09-13
沈尹默 行书 节录古文 立轴	128cm×35cm	74,750	西泠印社	2020-08-09
沈尹默 自作诗 镜心	65.6cm×20.7cm	74,750	北京诚轩	2020-08-17
沈尹默 1962年作 行书毛主席《沁园春·雪》立轴	98.5cm×40.5cm	74,750	十竹斋拍卖(北京)	2020-10-18
沈尹默 赵冷月 任政 书法(三帧) 镜片	58cm×33cm；73cm×34cm；58.5cm×33cm	71,300	西泠印社	2020-08-08

(成交价RMB：5万元以上)

拍品名称	物品尺寸	成交价RMB	拍卖公司	拍卖日期
沈尹默 行书“杜牧诗” 立轴	104cm×26cm	69,000	上海敬华	2020-09-22
沈尹默 行书七言 对联片	100cm×21cm×2	63,250	朵云轩	2020-09-24
沈尹默 行书七言诗 镜框	30cm×56cm	63,250	华艺国际	2020-12-05
沈尹默 行书七言联 对联	143cm×33.5cm×2	57,500	上海嘉禾	2020-01-05
沈尹默 行书范致能诗 镜片	100cm×32cm	55,200	上海嘉禾	2020-01-05
沈尹默 1947年作 行书四屏 镜心	99cm×31.5cm×4	51,750	中鸿信	2020-01-04
沈尹默 书法 对联	350cm×46cm×2	51,750	广东小雅斋	2020-06-17
沈尹默 书法 镜片	26cm×140cm	51,750	广东小雅斋	2020-08-21
沈子丞 维摩演教图 手卷	31.5cm×166cm	115,000	朵云轩	2020-11-29
沈子丞 西园雅集 镜心	28.3cm×278cm	97,750	中国嘉德	2020-12-02
沈子丞 人物 册页(八开选三)	31cm×43cm×12	92,000	上海嘉禾	2020-01-05
沈子丞 1991年作 闲看儿童捉柳花 立轴	121cm×47cm	74,750	朵云轩	2020-09-23
师恩钊 2020年作 高秋 镜心	70cm×137cm	345,000	北京翰海	2020-09-12
施大畏 1976年作 工人理论队伍一景 镜片	92.5cm×63cm	161,000	西泠印社	2020-08-09
施大畏 [illegible]象画 镜框	68cm×68cm	82,800	华艺国际	2020-10-16
施大畏 [illegible]恋 镜片	65.5cm×67cm	63,250	朵云轩	2020-11-29
施大畏 [illegible]寿图 立轴	127cm×68cm	63,250	朵云轩	2020-11-29
石虎 1[illegible]3年作 荷萝园 镜片	145cm×73cm×4	1,380,000	上海嘉禾	2020-01-05
石虎 1[illegible]9年作 朵言图	96.5cm×91cm	565,000	香港苏富比	2020-07-09
石虎 2[illegible]3年作 牵霞 镜心	120cm×74cm	437,000	中国嘉德	2020-12-01
石虎 [illegible]恋图	126cm×75cm	138,450	佳士得	2020-12-03
石虎 竹林少女 镜心	68cm×65.5cm	63,250	中国嘉德	2020-08-17
石金库 于拓图 镜心	136cm×68cm	322,000	荣宝斋(南京)	2020-11-28
石鲁 195[illegible]年作 东渡 镜框	118cm×78.5cm	28,750,000	华艺国际	2020-10-16
石鲁 红[illegible]图、草书五言联 镜心	画心 180cm×63cm；对联 180cm×48cm×2	10,465,000	十竹斋拍卖(北京)	2020-10-18
石鲁 华岳松风 镜心	145cm×69cm	6,095,000	北京保利	2020-10-17
石鲁 等 [illegible]方济众书画册 十七开册	30cm×42.5cm×17	2,599,000	香港苏富比	2020-07-10
石鲁 终南之兰 立轴	59cm×59cm	1,725,000	上海匡时	2020-08-05
石鲁 红荷 镜心	52cm×40cm	1,380,000	中贸圣佳	2020-10-17
石鲁 红荷 立轴	147.5cm×59cm	977,500	华艺国际	2020-10-16
石鲁 藏风 册页(八开)	32.1cm×41.7cm×8	912,000	佳士得	2020-07-08
石鲁 春江水暖鸭先知 镜框	66cm×65.4cm	912,000	佳士得	2020-07-08
石鲁 绝壑雄姿 立轴	80cm×69cm	897,000	北京保利	2020-10-17
石鲁 197[illegible]年作 书法 镜框	175cm×92.5cm	532,500	佳士得	2020-12-01
石鲁 刘[illegible] 王西京 苗重安 江文湛藏风 册页(九开)	21.5cm×30cm×9	517,500	广东崇正	2020-09-13
石鲁 行书十堂 立轴	133cm×66cm	437,000	中鸿信	2020-01-03
石鲁 行书 立轴	80cm×44cm	391,000	永乐拍卖	2020-12-03
石鲁 交粮[illegible] 镜心	30cm×28.5cm	345,000	中贸圣佳	2020-10-17
石鲁 农场一景 镜心	30cm×28cm	322,000	中贸圣佳	2020-10-17
石鲁 村女 风景(四帧) 镜框	17cm×10.9cm×2；20.2cm×15cm×2	226,000	香港苏富比	2020-07-10
石鲁 行书“独傲霜雪” 镜心	22cm×73cm	184,000	北京保利	2020-10-17
石鲁 花卉 镜片	33cm×24.8cm	115,000	广东崇正	2020-09-13
石鲁 1964年作 诗意图 成扇	18cm×47cm	80,500	北京翰海	2020-09-12
石鲁 兰花 镜心	46.5cm×54cm	57,500	北京翰海	2020-12-11
石鲁 1972年作 天趣 镜框	51cm×39.5cm	51,408	罗芙奥	2020-07-18
石齐 1976年作 友谊春常在 镜心	155cm×98cm	2,875,000	中国嘉德	2020-12-03
石齐 富贵年年 镜心	96.5cm×89cm	2,070,000	中国嘉德	2020-12-01
石齐 田志刚 2020年作 书法、风之舞	书法 68cm×17cm；国画138cm×68cm	1,265,000	钜鑫缘(香港)	2020-11-03
石齐 昭君出塞 立轴	136cm×68cm	1,092,500	十竹斋拍卖(北京)	2020-10-18
石齐 田志刚 2020年作 书法、喜气东来	书法 68cm×17cm；国画100cm×50cm	747,500	钜鑫缘(香港)	2020-11-03
石齐 一帆风顺 镜心	67.5cm×67.5cm	368,000	中国嘉德	2020-08-17
石齐 1989年作 山鬼图 镜心	136cm×67cm	161,000	永乐拍卖	2020-08-17
石齐 春梅 镜心	138.5cm×70cm	115,000	中国嘉德	2020-12-01
石三毛(三顺) 被压抑的春天 镜心	50cm×74cm	126,500	北京翰海	2020-09-12
史国良 2000年作 人物(四屏) 镜心	103cm×34cm×4	1,207,500	中鸿信	2020-01-03
史国良 2001年作 赶集图 镜心	135cm×68cm	1,092,500	十竹斋拍卖(北京)	2020-10-18
史国良 新疆舞女 镜心	68cm×136cm	1,092,500	十竹斋拍卖(北京)	2020-10-18
史国良 2013年作 于阗舞步 镜心	35cm×138cm	805,000	北京保利	2020-10-16
史国良 人物(四条屏画、二屏书法) 镜心	136.5cm×17cm；137.5cm×17cm	747,500	中国嘉德	2020-12-01
史国良 丰收的喜悦 立轴	134cm×66cm	414,000	中国嘉德	2020-07-16
史国良 2004年作 傣家三月 镜框	91cm×33cm	391,000	华艺国际	2020-10-16
史国良 1998年作 搓线图 镜心	103.5cm×34.6cm	323,475	北京保利	2020-07-18
史国良 丰收图 镜心	91cm×48cm	218,500	荣宝斋(南京)	2020-11-28
史国良 放鹅图 镜框	35cm×45cm	109,250	华艺国际	2020-10-16
史国良 1980年作 人物	95cm×39.5cm	86,250	北京翰海	2020-12-12
史国良 1987年作 傣家女 立轴	76cm×51.5cm	59,800	上海驰翰	2020-08-06
史清君 2018年作 秋山泉气精神家园	180cm×97cm	920,000	钜鑫缘(香港)	2020-11-03
释虚云 1952年作 行书心经 镜片	29.5cm×57cm	161,000	广东崇正	2020-09-13
寿石工 1947年作 百花绘喜 立轴	99cm×32cm	103,500	朵云轩	2020-09-23
寿石工 喜 立轴	99cm×32cm	51,750	上海驰翰	2020-05-10
舒传曦 浴女图 镜心	71cm×60cm	69,000	中国嘉德	2020-08-17
舒同 草书四屏 镜心	137cm×35cm×4	230,000	荣宝斋(上海)	2020-10-25
舒同 1979年作 行书杜甫诗 立轴	136.5cm×66.5cm	138,000	上海匡时	2020-08-05
舒同 行书“学海无涯” 立轴	96cm×46cm	138,000	上海敬华	2020-09-22
舒同 行书“石桧书巢” 镜心	60cm×134cm	138,000	十竹斋拍卖(北京)	2020-10-18
舒同 1985年作 行书王安石诗 镜心	68.5cm×134cm	132,250	中鸿信	2020-01-04
舒同 1979年作 行书题句 立轴	172cm×91cm	94,300	北京保利	2020-12-04
舒同 1979年作 行书毛主席诗词 镜心	136cm×53.5cm	92,000	中鸿信	2020-01-03
舒同 1985年作 行书 镜心	68.5cm×103.5cm	89,700	中鸿信	2020-01-04
舒同 1985年作 行书“无限风光在险峰” 镜心	68.5cm×103.5cm	80,500	中鸿信	2020-01-03
舒同 1983年作 行书“丰收乐” 立轴	95cm×58cm	63,250	十竹斋拍卖(北京)	2020-10-18
舒同 行书四言句 立轴	140cm×68cm	55,200	荣宝斋(南京)	2020-11-28
司徒奇 1970年作 南国春回 六联屏	275.5cm×87.8cm×3；275.5cm×94.3cm×3	1,469,000	香港苏富比	2020-07-10
宋伯军 篆书《沁园春·雪》 镜心	180cm×97cm	345,000	北京翰海	2020-09-12

2020书画拍卖成交汇总(续表)

(成交价RMB：5万元以上)

拍品名称	物品尺寸	成交价RMB	拍卖公司	拍卖日期
宋伯军 篆书“祥云西至紫气东来”镜心	138cm×68cm	172,500	北京翰海	2020-09-12
宋美龄 高山流水 立轴	78.5cm×40.5cm	258,750	上海匡时	2020-08-05
宋美龄 1934年作 耄耋图 立轴	106cm×36.5cm	184,000	朵云轩	2020-09-23
宋美龄 1961年作 松瀑图 立轴	110cm×48cm	184,000	中国嘉德	2020-12-03
宋美龄 蒋介石 花开富贵 镜心	95.5cm×34cm	161,000	中鸿信	2020-01-04
宋美龄 蒋中正 满座芳馨 镜心	93cm×33.5cm	126,500	中鸿信	2020-01-04
宋美龄 蒋介石 花鸟（二帧）镜心	31cm×35cm×2	69,000	中鸿信	2020-01-04
宋美龄 富贵大吉、前程似锦 镜心	30cm×44cm×2	57,500	中国嘉德	2020-11-10
宋明远 海边的飞渡 镜心	33cm×34cm	172,500	荣宝斋（南京）	2020-11-28
宋明远 平静的海 镜心	33cm×34cm	172,500	荣宝斋（南京）	2020-11-28
宋明远 春潮急 镜心	33cm×34cm	138,000	荣宝斋（南京）	2020-11-28
宋明远 水遇礁石激起的浪花 镜心	33cm×34cm	138,000	荣宝斋（南京）	2020-11-28
宋省予 松鹰图 立轴	137cm×67.5cm	66,700	保利厦门	2020-09-26
宋省予 罗汉 立轴	82cm×37cm	50,600	广东小雅斋	2020-06-17
宋文治 太湖之晨 立轴	93.6cm×179cm	6,325,000	荣宝斋（上海）	2020-10-25
宋文治 1965年作 虎踞龙盘 镜心	96cm×256cm	2,070,000	北京保利	2020-10-17
宋文治 1996年作 峡江壮观 立轴	67.5cm×137cm	1,265,000	中鸿信	2020-01-03
宋文治 万壑松风图 镜片	58.5cm×38.7cm	1,092,500	荣宝斋（上海）	2020-10-25
宋文治 1960年作 庐山壮姿 镜心	76cm×46.5cm	1,012,000	中鸿信	2020-01-03
宋文治 江南春色 立轴	73cm×47cm	805,000	上海嘉禾	2020-01-05
宋文治 1985年作 云壑飞流图 立轴	96cm×60cm	540,500	上海嘉禾	2020-01-05
宋文治 西海壮观 立轴	46cm×68cm	517,500	永乐拍卖	2020-12-03
宋文治 云中飞瀑 立轴	146cm×48cm	506,000	上海敬华	2020-09-22
宋文治 南浦轻帆 立轴	97cm×57cm	460,000	上海敬华	2020-09-22
宋文治 1978年作 红岩颂 镜心	133cm×70cm	437,000	中鸿信	2020-01-03
宋文治 1985年作 蜀江晨雾 镜心	67.5cm×45cm	437,000	中鸿信	2020-01-03
宋文治 1978年作 嘉崚帆影 立轴	66cm×33cm	391,000	中鸿信	2020-01-03
宋文治 1982年作 黄山之秋 镜心	67cm×116cm	391,000	北京保利	2020-12-04
宋文治 李白诗意图 立轴	121cm×40cm	368,000	上海敬华	2020-09-22
宋文治 写生图 立轴	49cm×64cm	368,000	十竹斋拍卖（北京）	2020-10-18
宋文治 1984年作 锦绣江山 册页（九开）	16.8cm×34cm×9	345,000	上海匡时	2020-08-05
宋文治 1964年作 江南水乡 立轴	60cm×27.5cm	345,000	朵云轩	2020-09-23
宋文治 1983年作 江南春晓 镜片	84cm×48cm	345,000	广东崇正	2020-09-13
宋文治 1985年作 云壑涧泉图 立轴	107cm×48cm	345,000	永乐拍卖	2020-12-03
宋文治 1965年作 轻舟已过万重山 镜心	51cm×33.5cm	322,000	中国嘉德	2020-12-02
宋文治 松壑云泉 镜心	28cm×56cm	322,000	中贸圣佳	2020-10-17
宋文治 1976年作 林区晴雪 镜心	40cm×68cm	264,500	上海匡时	2020-08-05
宋文治 1983年作 江南春晓 镜框	84cm×48cm	253,000	华艺国际	2020-12-05
宋文治 1977年作 蜀江之晨 镜心	67cm×36.5cm	241,500	中鸿信	2020-01-03
宋文治 董寿平 陆俨少 山水 镜心	33cm×47cm×3	241,500	十竹斋拍卖（北京）	2020-10-18
宋文治 1978年作 轻舟已过万重山 镜片	58cm×34cm	230,000	上海嘉禾	2020-01-05
宋文治 1982年作 松壑涧泉图 立轴	95.5cm×44.5cm	230,000	上海嘉禾	2020-01-05

拍品名称	物品尺寸	成交价RMB	拍卖公司	拍卖日期
宋文治 1980年作 嘉陵江上 镜心	73cm×45.5cm	230,000	中鸿信	2020-01-03
宋文治 1990年作 太湖之滨 立轴	40.5cm×75cm	226,000	香港苏富比	2020-07-10
宋文治 1979年作 黄山晴岚 立轴	68cm×45cm	218,500	北京保利	2020-10-17
宋文治 1994年作 庐山飞瀑 立轴	56cm×41cm	207,000	上海嘉禾	2020-01-05
宋文治 云壑松泉图 镜心	68cm×44.5cm	207,000	荣宝斋（南京）	2020-11-28
宋文治 费新我 黄永玉 白雪石 等 榕湖饭店书画唱和 册页	32.3cm×44.5cm×24	195,500	中鸿信	2020-01-03
宋文治 江城新貌 立轴	54.5cm×41.4cm	192,100	香港苏富比	2020-07-10
宋文治 1980年作 华岳积翠 镜片	37cm×44cm	178,250	朵云轩	2020-09-23
宋文治 1980年作 黄山暮霞 立轴	76cm×42cm	172,500	上海匡时	2020-08-05
宋文治 古镇春意 镜框	44.1cm×36.6cm	166,509	香港苏富比	2020-10-08
宋文治 1983年作 蜀江晓发图 立轴	85cm×47cm	161,000	十竹斋拍卖（北京）	2020-10-18
宋文治 1963年作 春日游 镜心	34cm×43.5cm	149,500	永乐拍卖	2020-08-17
宋文治 1977年作 江南新绿 立轴	65cm×33cm	138,000	北京保利	2020-10-17
宋文治 1960年作 薛涛井 立轴	37.5cm×28cm	126,500	北京保利	2020-10-17
宋文治 1987年作 黄山松云 镜框	45cm×68.5cm	120,750	华艺国际	2020-10-16
宋文治 黄山云起图 镜心	26cm×33.5cm	115,000	中鸿信	2020-01-03
宋文治 巫山新绿 镜心	34.5cm×48cm	115,000	荣宝斋（南京）	2020-11-28
宋文治 朱屺瞻 1981年作 山水书法 扇面	19cm×52cm	115,000	十竹斋拍卖（北京）	2020-10-18
宋文治 1977年作 峡谷高秋 镜心	36cm×40cm	115,000	十竹斋拍卖（北京）	2020-10-18
宋文治 1984年作 千里江陵一日还 镜心	68.5cm×45cm	115,000	中国嘉德	2020-12-03
宋文治 1988年作 轻舟已过万重山 立轴	67.5cm×44.5cm	112,407	中国嘉德	2020-10-09
宋文治 1981年作 黄山烟云图 镜心	32cm×42cm	109,250	中国嘉德	2020-11-10
宋文治 1984年作 嘉陵晓发图 立轴	69.5cm×38.5cm	106,500	佳士得	2020-12-01
宋文治 疑是银河落九天 立轴	69.5cm×42cm	103,500	荣宝斋（南京）	2020-11-28
宋文治 1981年作 嘉陵晓云图 立轴	68cm×45cm	103,500	永乐拍卖	2020-12-03
宋文治 太湖帆影 立轴	66cm×43.5cm	97,750	荣宝斋（南京）	2020-11-28
宋文治 1989年作 坚松长春 镜片	68cm×137cm	92,000	上海敬华	2020-09-22
宋文治 1991年作 云壑松风 镜心	45cm×37cm	86,250	十竹斋拍卖（北京）	2020-10-18
宋文治 黄山云 镜心	45cm×33.5cm	81,650	荣宝斋（南京）	2020-11-28
宋文治 1976年作 劲松长青图 镜片	78cm×44.5cm	80,500	西泠印社	2020-08-08
宋文治 春雨江南图 手卷	引首88cm×20cm；画心98.5cm×20cm	74,750	西泠印社	2020-08-09
宋文治 应野平 朱梅邨 1978年作 山水（六帧）镜心	18cm×50.5cm×6	71,532	中国嘉德	2020-10-09
宋文治 千里江陵图 立轴	67cm×48cm	69,000	中国嘉德	2020-11-10
宋文治 1981年作 高风亮节 镜心	83cm×152.5cm	63,250	上海匡时	2020-08-05
宋文治 洞庭帆影 立轴	67.5cm×45.5cm	63,250	保利厦门	2020-09-26
宋文治 沈柔坚 1976年作 黄山云·兰花图（二帧）镜片	45cm×33.5cm；60cm×40.5cm	59,300	西泠印社	2020-08-08
宋文治 蜀江云 镜心	57cm×58cm	59,800	中国嘉德	2020-07-17
宋文治 1989年作 江南晓云图 立轴	56cm×69cm	57,500	中国嘉德	2020-11-10
宋文治 轻舟已过万重山 镜框	40.5cm×59cm	55,200	华艺国际	2020-10-16

(成交价RMB：5万元以上)

拍品名称	物品尺寸	成交价RMB	拍卖公司	拍卖日期
宋文治 1981年作 井冈山胜景 立轴	72.5cm×35.5cm	53,250	佳士得	2020-12-01
宋文治 齐云山居图 立轴	69cm×45.5cm	51,750	广东小雅斋	2020-06-17
宋文治 行书七言联 镜心	132cm×32cm×2	51,750	中国嘉德	2020-12-03
宋彦军 家园 镜心	113cm×59.5cm	1,380,000	中国嘉德	2020-12-01
宋吟可 1978年作 放牧 立轴	64cm×43cm	101,200	永乐拍卖	2020-12-03
宋雨桂 1988年作 风月无边 镜片	123cm×245cm	937,200	佳士得	2020-12-01
苏葆桢 鲜花盛开，硕果丰收 镜片	133cm×67cm	460,000	广东小雅斋	2020-08-21
苏葆桢 硕果丰收 立轴	69cm×67cm	55,200	广东小雅斋	2020-06-17
苏崇[illegible] 湖山烟霭 镜心	97cm×90cm	86,250	中国嘉德	2020-07-16
苏崇[illegible] 2019年作 雪溪雾霭 镜心	136cm×69cm	80,500	中国嘉德	2020-07-16
苏崇[illegible] 2020年作 黄山松云 镜框	137cm×69cm	79,875	佳士得	2020-12-01
苏崇[illegible] 2019年作 烟雨苍茫 镜框	137cm×69.2cm	68,400	佳士得	2020-07-08
苏俊[illegible] 心经	25cm×114cm	115,000	北京翰海	2020-12-12
苏曼殊 行书 立轴	40cm×26.5cm	103,500	北京翰海	2020-12-11
苏士澍 隶书"春花秋实" 镜心	68cm×136cm	115,000	荣宝斋（南京）	2020-11-28
苏士澍 篆书"对酒当歌" 镜心	69.5cm×137cm	92,000	十竹斋拍卖（北京）	2020-10-18
苏士澍 篆书"道法自然" 镜心	70cm×138cm	92,000	十竹斋拍卖（北京）	2020-10-18
苏小松 玄虎图	134cm×69cm	145,600	上海联合	2020-11-29
苏小松 茂林石蹬 立轴	138cm×69cm	66,700	朵云轩	2020-11-29
孙才祥 山随平野尽 镜心	69cm×180cm	575,000	荣宝斋（南京）	2020-11-28
孙发绪 [illegible]文锦 等 1930年作 为张宗昌作 四体书法（四帧）镜片	30.5cm×126cm；30.5cm×128cm；30.5cm×119cm；30.5cm×121.5cm	55,200	西泠印社	2020-08-09
孙浩 追光者 镜心	230cm×121cm	494,500	上海匡时	2020-08-05
孙浩 2017年作 沐光 镜框	96cm×88.5cm	148,200	佳士得	2020-07-08
孙浩 2020年作 艳阳天 镜框	80cm×120cm	106,500	佳士得	2020-12-01
孙浩 20[illegible]年作 破晓	97cm×90cm	92,000	中贸圣佳	2020-10-17
孙奂仑 [illegible]花 立轴	94cm×29cm	51,750	上海匡时	2020-08-05
孙其峰 松鹤延年 镜心	131.5cm×67cm	575,000	中鸿信	2020-01-03
孙其峰 松鹤延年 镜心	131cm×68cm	552,000	十竹斋拍卖（北京）	2020-10-18
孙其峰 2009年作 万里一击 镜心	138cm×68cm	540,500	中鸿信	2020-01-03
孙其峰 鹤寿	68cm×46cm	398,475	美国摩根	2020-01-14
孙其峰 霍春阳 1978年作 山花烂漫 镜心	122.5cm×152cm	241,500	中国嘉德	2020-08-17
孙其峰 1[illegible]8年作 红梅双雀 镜心	66cm×43.5cm	230,000	中鸿信	2020-01-03
孙其峰 2[illegible]2年作 鸣春 镜心	70cm×46cm	207,000	中鸿信	2020-01-03
孙其峰 高瞻远瞩 镜心	69cm×68cm	172,500	中鸿信	2020-01-03
孙其峰 锦绣前程 镜片	101cm×69cm	103,500	广东小雅斋	2020-08-21
孙其峰 松鼠嬉戏图 立轴	65cm×38.5cm	103,500	中鸿信	2020-01-03
孙其峰 猴子 立轴	665cm×44cm	89,700	广东小雅斋	2020-08-21
孙其峰 玉[illegible]鹰 立轴	78cm×49cm	80,500	中国嘉德	2020-07-17
孙其峰 麻雀 [illegible]片	69cm×46cm	78,200	广东小雅斋	2020-08-21
孙其峰 19[illegible]年作 梅竹喜鹊 镜心	67.5cm×44.7cm	71,300	北京诚轩	2020-08-17
孙其峰 白鹭图 立轴	66cm×48cm	69,000	中国嘉德	2020-11-10
孙其峰 19[illegible]年作 麻雀图 立轴	83cm×46cm	63,250	中国嘉德	2020-07-17
孙其峰 花鸟 立轴	69cm×45cm	57,500	广东小雅斋	2020-08-21
孙其峰 双[illegible]图 立轴	89cm×48cm	57,500	中贸圣佳	2020-10-17
孙其峰 晨曲 立轴	68cm×46cm	55,200	中国嘉德	2020-11-09
孙文 楷书 镜片	75cm×173cm	747,500	朵云轩	2020-09-23
孙文 行书 立轴	100cm×48.5cm	667,000	广东崇正	2020-09-13

拍品名称	物品尺寸	成交价RMB	拍卖公司	拍卖日期
孙文 楷书"天空海阔"立轴	129cm×30cm	575,000	北京保利	2020-10-17
孙文 行书箴言 镜心	65.5cm×50cm	529,000	十竹斋拍卖（北京）	2020-10-18
孙文 行书 立轴	135cm×34cm	483,000	朵云轩	2020-09-23
孙文 行书"江上清风"立轴	116cm×38cm	345,000	北京保利	2020-10-17
孙文 行书五言联 立轴	130cm×32cm×2	345,000	永乐拍卖	2020-12-03
孙文 1913年作 行书"博爱"立轴	131.5cm×34cm	322,000	中鸿信	2020-01-03
孙文 行书"博爱"镜心	69cm×138cm	299,000	中国嘉德	2020-08-15
孙文 行书"博爱"镜心	34.5cm×77.5cm	287,500	中国嘉德	2020-08-15
孙文 梁士诒 行书 立轴	孙20.5cm×17cm；梁20.5cm×17.5cm	264,500	中国嘉德	2020-08-15
孙文 行书"沉潜仁义"镜心	28.5cm×66cm	245,251	中国嘉德	2020-10-09
孙文 行书"辅车相依"手卷	引首27cm×39cm；本幅36cm×27cm；题跋38.5cm×51cm	230,000	十竹斋拍卖（北京）	2020-10-18
孙文 行书"静敬澹一"镜心	31cm×126cm	195,500	中鸿信	2020-01-04
孙文 行书"博爱"镜心	29cm×85cm	115,000	中鸿信	2020-01-04
孙文 行书"天下为公"镜心	33cm×123cm	86,250	中鸿信	2020-01-04
孙文 书法 镜片	29cm×66cm	69,000	广东小雅斋	2020-08-21
孙文 天下为公 镜片	53cm×122cm	69,000	上海敬华	2020-09-22
孙文 行书 镜片	32cm×22cm	66,700	广东崇正	2020-09-13
孙晓云 行书《兰亭序》镜心	35cm×117.5cm	178,250	荣宝斋（南京）	2020-11-28
孙银海 2018年作 松泉图 镜心	136cm×68cm	96,000	北京汇珍	2020-08-13
孙银海 2018年作 秋清泉气香 镜心	136cm×68cm	85,000	北京汇珍	2020-08-13
孙云生 1982年作 四序花卉卷 手卷	24.5cm×587.5cm	133,056	罗芙奥	2020-12-05
孙云生 1974年作 碧霭映山村 镜框	50cm×94cm	85,680	罗芙奥	2020-07-18
孙云生 1995年作 观音 镜框	119cm×61cm	83,160	罗芙奥	2020-12-05
孙云生 1989年作 泛舟觅句 镜框	94cm×53.5cm	60,984	罗芙奥	2020-12-05
孙云生 1991年作 咏莲图 镜心	62cm×98cm	51,094	中国嘉德	2020-10-09
孙震生 2019年作 新疆少女 镜框	56cm×80cm	207,000	华艺国际	2020-10-16
孙智敏 郑午昌 楷书《学古绪言》云山秋霁 成扇	19cm×50cm	155,250	中贸圣佳	2020-10-17
孙竹篱 墨荷 镜片	137cm×68.5cm	63,250	广东崇正	2020-06-27
孙竹篱 芦塘鸭趣 镜片	137cm×68.5cm	57,500	广东崇正	2020-06-27
孙宗慰 1942年作 塞上一景	106cm×61cm	345,000	中国嘉德	2020-12-05
孙宗慰 1940年代作 四菩萨	53.5cm×34.5cm；52cm×32.5cm；39.5cm×26.5cm；40cm×27cm	230,000	北京保利	2020-10-16
孙宗慰 1943年 西域少数民族服饰	71cm×37.5cm	112,700	中国嘉德	2020-08-17
台静农 1981年作 赠张充和墨梅 立轴	78cm×25.2cm	777,042	香港苏富比	2020-10-08
台静农 行书八言联 立轴	136cm×34cm×2	105,800	华艺国际	2020-12-05
台静农 1979年作 行书王安石诗四首 立轴	102.4cm×33.8cm	102,600	佳士得	2020-07-08
台静农 行书七言联 镜框	103cm×17cm（每件）	99,792	罗芙奥	2020-12-05
台静农 草书七言联 镜框	136.5cm×35cm（每件）	85,680	罗芙奥	2020-07-18
台静农 行书七言联 立轴	139cm×34cm×2	80,500	华艺国际	2020-12-05
台静农 隶书五言联 立轴	137cm×33cm×2	74,750	北京保利	2020-10-17
台静农 行书六言联 立轴	100cm×22cm×2	63,250	中国嘉德	2020-08-15
台静农 行书 立轴	111cm×39cm	55,200	广东崇正	2020-09-13
释太虚 行书"行佛平和"镜心	34cm×95cm	172,500	中国嘉德	2020-11-10

2020书画拍卖成交汇总(续表)

(成交价RMB：5万元以上)

拍品名称	物品尺寸	成交价RMB	拍卖公司	拍卖日期
太虚法师 为黄曼士作李白诗句 立轴	89.5cm×41cm	874,000	西泠印社	2020-08-09
泰祥洲 2018年 星辰河岳	199cm×99.5cm	1,058,000	中国嘉德	2020-08-17
泰祥洲 2018年作 拟古山水 镜心	43.5cm×250cm	632,500	十竹斋拍卖(北京)	2020-10-18
泰祥洲 2012年作 雨后春山 镜框	47cm×264.5cm	585,750	佳士得	2020-12-01
泰祥洲 作 灵璧石画	长177cm；宽100cm	207,000	中贸圣佳	2020-10-16
泰祥洲 2012年作 等观图 立轴	134cm×36.5cm	51,300	佳士得	2020-07-01
谈月色 梅花 立轴	69cm×31.5cm	51,750	广东崇正	2020-09-13
谭军 泛舟	216cm×77cm	115,000	永乐拍卖	2020-12-04
谭述乐 2020年作 鱼之乐也	70cm×138cm	109,250	北京翰海	2020-12-12
谭延闿 书法 对联	166cm×36cm×2	149,500	广东小雅斋	2020-06-17
谭延闿 行书五言联 立轴	137cm×33cm×2	138,000	中国嘉德	2020-12-02
谭延闿 行书七言联 立轴	137cm×32cm×2	112,700	北京保利	2020-10-17
谭延闿 书法 镜片	48cm×178cm	103,500	广东小雅斋	2020-08-21
谭延闿 行书七言 对联	153cm×38cm×2	103,500	朵云轩	2020-09-24
谭延闿 行书 七言联 对联	152.5cm×40cm×2	92,000	西泠印社	2020-08-09
谭延闿 行书 七言联 对联	145.5cm×39cm×2	92,000	西泠印社	2020-08-09
谭延闿 行书八言联 立轴	152cm×36cm×2	63,250	中国嘉德	2020-12-03
谭延闿 书法 对联	130cm×32cm×2	57,500	广东小雅斋	2020-08-21
谭延闿 行书八言联 对联	152cm×36cm×2	57,500	上海敬华	2020-09-22
汤涤 1936年作 兰石图 横幅镜心	69cm×148.5cm	69,000	北京翰海	2020-12-11
汤寅 黄葆戉 溪山暮霭 节临汉碑五种 成扇	19.6cm×53.6cm	59,800	北京诚轩	2020-08-17
汤哲明 2011年作 唐人诗意图 镜心	65.5cm×43.5cm	69,000	北京保利	2020-12-04
唐宏雄 2020年夏月作 行书苏东坡诗二首 镜心	138cm×68cm	96,000	北京汇珍	2020-08-13
唐宏雄 2020年夏月作 行书苏东坡题王逸少帖诗 镜心	138cm×68cm	95,000	北京汇珍	2020-08-13
唐辉 山水 镜心	68cm×68cm	230,000	荣宝斋(南京)	2020-11-28
唐天涯 2017年作 江山图 镜心	52cm×230cm	1,380,000	北京保利	2020-10-16
唐天涯 2020年作 山居图 镜心	68cm×33cm	230,000	北京保利	2020-12-04
唐驼 1930年作 行书六言 对联	170cm×35.5cm×2	97,750	朵云轩	2020-09-24
唐勇力 2004年作 读书篇 镜框	61.5cm×68.5cm	138,000	华艺国际	2020-10-16
唐勇力 2002年作 苏家小女 镜框	69cm×70cm	132,250	华艺国际	2020-10-16
唐勇力 2004年作 曲径通幽处 镜心	138cm×70cm	105,800	中国嘉德	2020-11-10
唐云 1986年作 秋山无尽图 手卷	画30cm×178cm；引首30cm×100cm；题跋30cm×130cm	1,380,000	永乐拍卖	2020-12-03
唐云 林泉啸傲图 手卷	40cm×246cm	1,035,000	北京保利	2020-10-17
唐云 春江水暖 镜心	94cm×179cm	943,000	中国嘉德	2020-12-03
唐云 1978年作 临流图 镜心	135cm×69cm	920,000	中国嘉德	2020-08-15
唐云 搏斗风雨中 立轴	181cm×78cm	920,000	中贸圣佳	2020-10-17
唐云 1977年作 山花烂漫 镜心	100cm×55cm	690,000	十竹斋拍卖(北京)	2020-10-18
唐云 红园 立轴	91.5cm×52.5cm	632,500	华艺国际	2020-10-16
唐云 1951年作 春水浴鸳鸯 立轴	124cm×51.5cm	575,000	朵云轩	2020-09-24
唐云 初夏熏风图 镜心	67cm×138cm	529,000	北京保利	2020-10-17
唐云 1938年作 雄狮图 立轴	112cm×96cm	529,000	朵云轩	2020-09-23
唐云 富贵双禄图 立轴	136cm×68cm	460,000	上海嘉禾	2020-01-05
唐云 1945年作 富贵有余 立轴	130.5cm×66.5cm	448,500	朵云轩	2020-09-23
唐云 春山图 镜框	136cm×68cm	448,500	华艺国际	2020-10-16
唐云 隐居图 立轴	118cm×59.5cm	414,000	中贸圣佳	2020-10-17
唐云 1984年作 年年有余 镜片	137cm×68.5cm	379,500	上海嘉禾	2020-01-05
唐云 1942年作 湖塘幽趣 立轴	130.5cm×65cm	345,000	上海匡时	2020-08-05
唐云 夏荷 立轴	135cm×68cm	287,500	上海嘉禾	2020-01-05
唐云 竹间步鹤图 镜片	150cm×82.5cm	287,500	西泠印社	2020-08-09
唐云 全家福 立轴	74.5cm×38.5cm	287,500	中贸圣佳	2020-10-17
唐云 鸬鹚图 镜框	136cm×68cm	276,000	华艺国际	2020-10-16
唐云 仿石涛山水 立轴	67.5cm×45.5cm	253,000	荣宝斋(南京)	2020-11-28
唐云 启功 1981年作 泛舟图 书法 扇面	19.5cm×54cm	230,000	十竹斋拍卖(北京)	2020-10-18
唐云 1979年作 荷花蜻蜓 镜心	110cm×56cm	218,500	北京保利	2020-10-17
唐云 白蕉 桃花春禽 行书(二幅) 扇面	18cm×49cm×2	218,500	朵云轩	2020-09-24
唐云 1943年作 瑞雪满山 立轴	129.5cm×38cm	212,750	上海匡时	2020-08-05
唐云 1948年作 秋山泛舟图 镜心	51cm×104.5cm	207,000	永乐拍卖	2020-08-17
唐云 松鼠大利 立轴	96.3cm×59.8cm	207,000	中国嘉德	2020-08-15
唐云 1945年作 清溪渔隐 镜框	42cm×116cm	207,000	华艺国际	2020-12-05
唐云 英雄独立 立轴	136cm×68cm	207,000	永乐拍卖	2020-12-03
唐云 1938年作 千岩翠岚 立轴	132cm×64.5cm	195,500	上海驰翰	2020-05-10
唐云 1949年作 锦鸡图 立轴	111cm×41cm	189,750	十竹斋拍卖(北京)	2020-10-18
唐云 1949年作 花卉 册页(十开)	16cm×22cm×10	172,500	上海嘉禾	2020-01-05
唐云 袚除不祥 立轴	69cm×44.5cm	172,500	上海嘉禾	2020-01-05
唐云 王福厂 风物高寒易得秋 节临《毛公鼎铭》 成扇	18.5cm×50.5cm	172,500	北京诚轩	2020-08-17
唐云 1977年作 桂圆小鸟 镜心	93cm×66cm	172,500	北京保利	2020-10-17
唐云 有余图 立轴	86cm×43cm	172,500	北京保利	2020-10-17
唐云 鱼鹰图 镜片	95cm×44cm	172,500	朵云轩	2020-11-29
唐云 1975年作 大吉图 立轴	92cm×33cm	161,000	北京保利	2020-10-17
唐云 1970年作 芭蕉竹雀 立轴	133.5cm×63.5cm	161,000	朵云轩	2020-09-24
唐云 周炼霞 1973年作 报春图 镜心	132cm×62cm	155,250	中鸿信	2020-01-03
唐云 天中节景 镜心	95cm×60cm	149,500	中鸿信	2020-01-03
唐云 柳蝉八哥 立轴	87cm×48cm	149,500	北京保利	2020-10-17
唐云 1985年作 琳池鱼嬉 立轴	68cm×44cm	149,500	北京保利	2020-10-17
唐云 1990年作 群鸡 镜心	137cm×67cm	138,000	永乐拍卖	2020-12-03
唐云 松龄鹤寿 镜心	67cm×138cm	138,000	中国嘉德	2020-11-10
唐云 1982年作 荷塘鱼戏图 镜片	69cm×45.5cm	126,500	西泠印社	2020-08-08
唐云 谭泽闿 菊黄蟹肥 姜夔词二首 成扇	18.6cm×50cm	126,500	北京诚轩	2020-08-17
唐云 1945年作 满江春水·行书李商隐诗 成扇	18.5cm×49cm	126,500	北京保利	2020-10-17
唐云 黄葆戉 1946年作 不倒翁·隶书诗 成扇	18.5cm×48cm	126,500	北京保利	2020-10-17
唐云 行书七言 对联	130cm×20cm×2	115,000	朵云轩	2020-11-29
唐云 行书七言联 立轴	136cm×22cm×2	115,000	广东崇正	2020-09-13
唐云 1962年作 石榴八哥 立轴	88cm×47cm	115,000	中国嘉德	2020-11-10
唐云 1963年作 美人蕉 立轴	137cm×68.5cm	109,250	上海匡时	2020-08-05
唐云 画眉绿萼 立轴	109cm×39.5cm	105,800	上海匡时	2020-08-05
唐云 1975年作 樱桃小鸡 立轴	56cm×36.5cm	105,800	朵云轩	2020-09-23
唐云 庞国均 拟东园笔意·楷书节录《物理论》 成扇	18.5cm×43cm	103,500	北京保利	2020-10-17
唐云 游鱼 立轴	92cm×34cm	103,500	荣宝斋(南京)	2020-11-28
唐云 蕉菊小鸟 立轴	104.5cm×43.5cm	103,500	中国嘉德	2020-12-02
唐云 1976年作 五德图 镜心	32.5cm×45cm	94,300	北京保利	2020-10-17

(成交价RMB：5万元以上)

拍品名称	物品尺寸	成交价RMB	拍卖公司	拍卖日期
唐云 1939年作 秋江冷艳 立轴	133.5cm×66cm	92,000	上海匡时	2020-08-05
唐云 兰竹双清 立轴	98cm×41cm	92,000	华艺国际	2020-10-16
唐云 1977年作 富贵长寿 立轴	89.5cm×48cm	92,000	中国嘉德	2020-12-03
唐云 1975年作 平安大吉 镜心	99cm×44cm	86,250	北京保利	2020-12-04
唐云 拔除不祥 镜片	直径40cm	86,250	广东崇正	2020-09-13
唐云 1978年作 锦上添花 立轴	96cm×44cm	86,250	中国嘉德	2020-11-10
唐云 1947年作 归棹图 立轴	90cm×34.5cm	82,800	中国嘉德	2020-08-15
唐云 1994年作 墨竹图 立轴	143cm×40cm	82,800	中鸿信	2020-01-03
唐云 花鸟 立轴	88cm×37cm	80,500	广东小雅斋	2020-08-21
唐云 1962年作 戏水 镜心	40.5cm×56.5cm	74,750	上海匡时	2020-08-05
唐云 荷花游鱼 镜框	68cm×34cm	71,300	上海嘉禾	2020-01-05
唐云 等各家 1938年作 花鸟、书法扇面(四件) 扇面	尺寸不一	71,300	北京翰海	2020-09-12
唐云 1944年作 接福图 镜心	19cm×52cm	69,488	中国嘉德	2020-10-09
唐云 1979年作 竹雀图 立轴	88cm×47cm	69,000	上海嘉禾	2020-01-05
唐云 梅盦长物 镜心	64cm×28cm	69,000	上海匡时	2020-08-05
唐云 梅花 镜框	96cm×31.5cm	69,000	华艺国际	2020-10-16
唐云 钟馗除魔·自题印谱 成扇	18.4cm×50.2cm	69,000	永乐拍卖	2020-12-03
唐云 行书七言联 立轴	125cm×22cm×2	66,700	中鸿信	2020-01-03
唐云 1976年作 泛舟图 镜心	32.5cm×45cm	63,250	北京保利	2020-10-17
唐云 1977年作 墨竹图 立轴	68cm×32cm	63,250	朵云轩	2020-09-23
唐云 1947年作 野老望云图 镜心	108cm×22cm	63,250	中国嘉德	2020-11-09
唐云 1944年作 多子宜寿 镜心	63.5cm×34cm	63,250	中国嘉德	2020-12-03
唐云 泼墨荷花 镜片	102cm×47cm	59,800	上海嘉禾	2020-01-05
唐云 醉钟馗 立轴	76cm×33cm	58,650	广东小雅斋	2020-08-21
唐云 应野平 徐子鹤 山水 手卷	卷首115cm×45cm; 画心115cm×95cm; 115cm×101cm; 115cm×69cm	57,500	广东小雅斋	2020-08-21
唐云 萧退闇 1947年作 午瑞图 行书 成扇	18cm×47cm	57,500	广东崇正	2020-09-13
唐云 包六科 竹雀图 行书七言诗 成扇	18cm×45cm	57,500	华艺国际	2020-12-05
唐云 1939年作 菊花蟹酒 立轴	66.8cm×33.2cm	55,200	北京诚轩	2020-08-17
唐云 黄金果 立轴	140cm×69cm	55,200	荣宝斋(南京)	2020-11-28
唐云 蝶恋花 立轴	45cm×34cm	51,750	荣宝斋(南京)	2020-11-28
唐云 蔬果花鸟书法 册页(七开)	30x30cmx7	50,850	江苏汇中	2020-08-06
陶行知 1926年作 楷书六言联 立轴	132cm×32cm×2	690,000	十竹斋拍卖(北京)	2020-10-18
陶冷月 1933年作 奇峰垂白龙 立轴	110cm×40.5cm	1,150,000	北京保利	2020-10-17
陶冷月 芭蕉 立轴	99cm×39cm	1,035,000	上海敬华	2020-09-22
陶冷月 1934年作 巫峡月明图 立轴	83cm×33cm	690,000	华艺国际	2020-12-05
陶冷月 1980年作 雪月交辉 镜心	66cm×43cm	368,000	北京保利	2020-10-17
陶冷月 青山雨霁 立轴	101.5cm×33.5cm	345,000	上海匡时	2020-08-05
陶冷月 深山听泉 立轴	96cm×34cm	345,000	朵云轩	2020-09-23
陶冷月 明月松间照 镜心	27.7cm×65.8cm	345,000	中国嘉德	2020-12-03
陶冷月 飞瀑 立轴	83cm×34.5cm	253,000	中国嘉德	2020-12-02
陶冷月 钱君匋 徐瑜 书画扇(两把) 成扇	50cm×18cm×2	218,500	西泠印社	2020-08-08
陶冷月 1937年作 金鱼朱黑龙绒球 立轴	81cm×32.5cm	202,350	佳士得	2020-12-01
陶冷月 寒峰积雪 立轴	36cm×15.5cm	143,750	朵云轩	2020-11-29
陶冷月 1941年作 白梅 镜心	35cm×22cm	115,000	中国嘉德	2020-08-15
陶冷月 雪景山水 立轴	32cm×23cm	115,000	中国嘉德	2020-08-15
陶冷月 云峰飞瀑 镜片	34cm×45.5cm	115,000	上海嘉禾	2020-01-05
陶冷月 1961年作 山中夜树 成扇	18cm×50cm	92,000	朵云轩	2020-09-23
陶冷月 春山泉声 成扇	18cm×50cm	92,000	朵云轩	2020-09-23
陶冷月 粉梅迎春 立轴	61cm×28cm	91,200	佳士得	2020-07-08
陶冷月 1947年作 清泉 立轴	62cm×32.5cm	86,250	北京翰海	2020-12-11
陶冷月 泉绕明月 立轴	19cm×51.5cm	86,250	上海敬华	2020-09-22
陶冷月 1947年作 江天暮雪 镜心	83.5cm×42cm	69,000	中鸿信	2020-01-03
陶冷月 等 荷香倩影 成扇	17cm×50cm	69,000	朵云轩	2020-11-29
陶冷月 山水 镜片	28cm×77cm	55,200	广东小雅斋	2020-08-21
陶一清 1964年作《送瘟神》诗意 立轴	113.5cm×154cm	361,600	香港苏富比	2020-07-10
陶一清 1960年作 勘探归来 镜心	101cm×62cm	218,500	北京保利	2020-10-17
陶一清 沈家门 立轴	45cm×69cm	195,500	北京保利	2020-10-17
陶一清 长城雄姿 立轴	137cm×68cm	92,000	永乐拍卖	2020-12-03
陶一清 雨洗烟岚分外青 镜心	96.6cm×60cm	51,094	中国嘉德	2020-10-09
田伯平 滕王阁序 镜心	47cm×176cm×6	345,000	北京翰海	2020-09-12
田伯平 兰亭序 镜心	136cm×34cm	207,000	北京翰海	2020-09-12
田伯平 般若波罗蜜多心经 镜心	68cm×236cm	138,000	北京翰海	2020-09-12
田汉 草书七言诗 立轴	68.5cm×32.5cm	74,750	十竹斋拍卖(北京)	2020-10-18
田怀良 荷花漫语 镜心	180cm×89cm	552,000	北京翰海	2020-09-12
田黎明 都市女孩 镜心	68cm×49cm	517,500	北京保利	2020-10-16
田黎明 五月	40cm×69cm	402,500	中贸圣佳	2020-10-17
田黎明 阳光少女 镜心	69.5cm×49cm	322,000	中国嘉德	2020-12-01
田黎明 阳光女孩 镜心	68cm×68cm	306,450	北京保利	2020-07-15
田黎明 山水高士图 镜心	68cm×140cm	230,000	中鸿信	2020-01-03
田黎明 红衣少女 镜心	69cm×69cm	198,625	北京保利	2020-07-18
田黎明 天高日晶 镜心	134.5cm×34cm	195,500	中国嘉德	2020-08-17
田黎明 村姑 镜心	68.5cm×68.5cm	92,000	荣宝斋(南京)	2020-11-28
田黎明 高士图 镜心	136cm×33cm	57,500	中国嘉德	2020-12-01
田黎明 山高水长 镜心	69.5cm×69.5cm	51,750	荣宝斋(南京)	2020-11-28
田世光 1948年作 花鸟四屏 镜心	102cm×32cm×4	2,645,000	北京保利	2020-10-17
田世光 1937年作 九鹌图 手卷	46cm×241cm	1,092,500	永乐拍卖	2020-12-03
田世光 秋趣 镜心	137cm×68cm	759,000	中贸圣佳	2020-10-17
田世光 春霞玉羽 镜框	141cm×174cm	644,000	华艺国际	2020-10-16
田世光 1981年作 长寿图 立轴	128cm×66cm	632,500	中国嘉德	2020-12-02
田世光 1946年作 白头高节 立轴	102cm×34cm	575,000	朵云轩	2020-09-23
田世光 报喜图 镜框	132cm×67cm	575,000	华艺国际	2020-12-05
田世光 梅花双喜 镜框	136cm×69cm	494,500	华艺国际	2020-12-05
田世光 1991年作 仙猿图 镜心	32.5cm×131cm	460,000	中鸿信	2020-01-03
田世光 枫树来禽 镜框	87cm×134cm	287,500	华艺国际	2020-10-16
田世光 秋艳 镜心	66cm×44.5cm	276,000	荣宝斋(上海)	2020-10-25
田世光 柳浪闻莺 镜心	82cm×49.5cm	241,500	北京保利	2020-12-04
田世光 梅寿图 立轴	133cm×68cm	230,000	中国嘉德	2020-07-15
田世光 绣球山鹊 镜心	117cm×46.5cm	230,000	上海匡时	2020-08-05
田世光 栖禽图 镜心	99cm×53cm	172,500	北京保利	2020-12-04
田世光 1957年作 梅竹小鸟 镜心	95cm×60cm	172,500	北京保利	2020-12-04
田世光 春愁相思 立轴	100.5cm×32cm	149,500	中国嘉德	2020-12-02
田世光 1962年作 梅雀迎春 成扇面	18.8cm×51.5cm	109,250	北京诚轩	2020-08-17
田世光 1942年作 富贵锦鸡 横幅	61.5cm×111cm	92,000	北京翰海	2020-12-11
田世光 1987年作 红叶小鸟 立轴	76cm×39cm	69,000	中鸿信	2020-01-03
田世光 罗振玉等一捻红图、书法 成扇	19.5cm×48cm	69,000	华艺国际	2020-10-16

2020书画拍卖成交汇总(续表)

(成交价RMB：5万元以上)

拍品名称	物品尺寸	成交价RMB	拍卖公司	拍卖日期
田世光 1981年作 枝头小鸟 镜心	67cm×42cm	69,000	永乐拍卖	2020-12-03
田世光 1963年作 平安图 立轴	89cm×45cm	59,800	中国嘉德	2020-11-09
廷雍 为翁叔平作百龄图及山水 册页(十开)	题 18.5cm×5cm；画 16.5cm×19cm×10	163,501	中国嘉德	2020-10-09
童和平 2020年作 瑞雪 镜心	51cm×183cm	230,000	北京保利	2020-10-16
童中焘 1974年作 山水(二轴) 立轴	65cm×39cm；45cm×35.5cm	172,500	西泠印社	2020-08-08
童中焘 初晴	56cm×96cm	157,550	广东小雅斋	2020-08-21
童中焘 雨霁图	68cm×107cm	149,500	广东小雅斋	2020-08-21
童中焘 1981年作 初晴 镜心	68.5cm×56.5cm	149,500	中国嘉德	2020-12-01
童中焘 山水	88.5cm×51cm	115,000	广东小雅斋	2020-08-21
童中焘 晚风	69.5cm×69.5cm	115,000	广东小雅斋	2020-08-21
童中焘 华岳独尊 镜片	86cm×68.5cm	105,800	广东小雅斋	2020-08-21
童中焘 雁荡雨霁	97cm×62cm	100,050	广东小雅斋	2020-08-21
涂鸦先生 2019年作 黄色太阳花；蓝色机器人；橘色鱼；粉红鸟(四件一组) 丝网版画 40/100；30/100；24/100；37/100	35cm×35cm(每件)	285,600	罗芙奥	2020-07-19
涂忠民 2016年作 鹰击长空 立轴	138cm×68cm	115,000	北京翰海	2020-09-12
拓红兵 中国梦 镜心	136cm×68cm	115,000	北京翰海	2020-09-12
汪曾祺 作 王世襄 题 墨竹图 立轴	120cm×32cm	207,000	中贸圣佳	2020-10-17
汪东 1949年作 篆书 七言联 对联	132.5cm×20cm×2	69,000	西泠印社	2020-08-09
汪东 1931年作 篆书龙门对 镜心	68cm×15cmcm×2	69,000	十竹斋拍卖(北京)	2020-10-18
汪精卫 1909年作 书法 扇面镜框	13cm×45.8cm	234,300	佳士得	2020-12-01
汪精卫 1937年作 对于侨胞几句话	25.4cm×17cm(每页)	138,450	佳士得	2020-12-01
汪静之 为程法德书七言联 对联	131.5cm×33cm×2	51,750	西泠印社	2020-08-09
汪雷 列嶂图云山 镜心	53cm×234cm	231,000	北京玄和	2020-07-24
汪雷 绿树村边合 镜心	53cm×170cm	145,200	北京玄和	2020-07-24
汪雷 翠鸟 镜心	133cm×30cm	85,800	北京玄和	2020-07-24
汪雷 雨后修篁 镜心	96cm×48cm	85,800	北京玄和	2020-07-24
汪雷 玉颗珊瑚 镜心	133cm×30cm	85,800	北京玄和	2020-07-24
汪溶 春风大吉 镜心	157cm×84cm	86,250	北京翰海	2020-12-11
汪溶 等各家 1934、1940、1962年作 花鸟、山水扇面(四件) 扇面	尺寸不一	55,200	北京翰海	2020-09-12
汪亚尘 1944年作 鱼乐 四屏轴	177cm×47cm×4	241,500	上海敬华	2020-09-22
汪亚尘 1942年作 细草白鹅 立轴	84cm×50.5cm	82,800	中国嘉德	2020-08-16
汪亚尘 花鸟(四帧) 镜片	直径33cm×4	69,000	上海嘉禾	2020-01-05
汪亚尘 行书十三言联 立轴	131cm×15cm×2	63,250	北京保利	2020-10-17
汪亚尘 双寿 镜心	30cm×87cm	51,750	中国嘉德	2020-07-15
汪亚尘 向日葵 立轴	131cm×45cm	51,750	中国嘉德	2020-07-15
汪亚尘 1934年作 灵猫琵琶 立轴	109cm×36cm	51,750	中国嘉德	2020-11-10
汪玉山 等 1964年作《包公三掷砚》连环画原稿(全)(四十六帧)	14.5cm×20.5cm×46	149,500	西泠印社	2020-08-09
王伯敏 1990年作 任卧游 手卷	画心 22.5cm×309cm；引首 22.5cm×78.5cm	143,063	中国嘉德	2020-10-09
王伯敏 2010年作 石友图 手卷	画心 70cm×22.5cm；引首 68cm×22.5cm	69,000	西泠印社	2020-08-08
王成喜 1985年作 春上枝头 镜心	54cm×99cm	94,300	中国嘉德	2020-07-16
王成喜 葡萄 立轴	129cm×67cm	69,000	荣宝斋(南京)	2020-11-28
王成喜 2000年作 暗香浮动 立轴	124cm×67cm	59,800	中国嘉德	2020-07-16
王成喜 硕果 立轴	95cm×89.5cm	57,500	荣宝斋(南京)	2020-11-28
王春生 笛声 镜心	95cm×90cm	345,000	北京翰海	2020-09-12
王大凡 1939年作 百寿图 立轴	172cm×98cm	230,000	北京保利	2020-12-05
王大为 峡江秋染色 镜心	68cm×138cm	2,300,000	荣宝斋(南京)	2020-11-28
王东 2018年作 百喜图	180cm×96cm	1,587,000	钜鑫缘(香港)	2020-11-03
王凤年 2020年夏月作 富贵神仙图 镜心	48cm×90cm	185,000	北京汇珍	2020-08-13
王福庵 卷里有诗皆锦绣 镜心	33cm×123cm	97,750	十竹斋拍卖(北京)	2020-10-18
王福庵 隶书治家格言 镜心	63cm×190cm	86,250	中国嘉德	2020-11-10
王福厂 1936年作 隶书四条屏 镜心	147cm×40cm×4	368,000	十竹斋拍卖(北京)	2020-10-18
王福厂 1942年作 篆书十言联 立轴	134cm×22.5cm×2	172,500	中国嘉德	2020-12-03
王福厂 篆书七言对联 立轴	131cm×25.5cm×2	138,000	荣宝斋(上海)	2020-10-25
王福厂 1943年作 篆书九言 对联	117cm×19.5cm×2	103,500	朵云轩	2020-09-24
王福厂 1942年作 篆书十言联 镜框	124.5cm×21cm×2	101,700	香港苏富比	2020-07-10
王福厂 篆书二十一言对联 立轴	230.5cm×19.5cm×2	97,750	荣宝斋(上海)	2020-10-25
王福厂 篆书七言联 立轴	130cm×23.4cm×2	92,000	北京诚轩	2020-08-17
王福厂 1944年作 篆书八言 对联	145cm×33cm×2	92,000	朵云轩	2020-09-24
王福厂 书法 对联	149cm×25cm×2	87,400	广东小雅斋	2020-08-21
王福厂 1943年作 隶书 立轴	133cm×33cm	74,750	朵云轩	2020-09-24
王福厂 篆书 镜框	34cm×22cm	69,000	朵云轩	2020-11-30
王福厂 节临矢作丁公敦盖文 立轴	100.5cm×48cm	69,000	中贸圣佳	2020-10-17
王福厂 篆书横披 镜心	30cm×125cm	63,250	中贸圣佳	2020-10-17
王福厂 1942年作 篆书"万事如意" 镜心	24.5cm×73cm	57,500	上海国时	2020-08-05
王福厂 上章执徐 1940年作 隶书八言联 镜心	48.5cm×6.5cm×2	57,500	中国嘉德	2020-12-03
王福厂 启功 溥伒 等 篆书书法、秋坪听水 成扇	18.5cm×52cm	713,000	中贸圣佳	2020-10-17
王福林(甫霖) 2019年作 甜了金秋 镜心	92cm×36cm	345,000	北京翰海	2020-09-12
王福林(甫霖) 2019年作 清韵	93cm×36cm	299,000	北京翰海	2020-09-12
王福元 2020年作 生生不息无穷期 镜心	70cm×137cm	460,000	北京翰海	2020-09-12
王个簃 1942年作 五瑞图 立轴	124.5cm×33cm	195,500	中国嘉德	2020-08-16
王个簃 葡萄 镜心	105cm×47cm	63,250	十竹斋拍卖(北京)	2020-10-18
王国维 为王文焘作行书五言诗扇 成扇	17cm×49cm	1,552,500	西泠印社	2020-08-09
王国维 1921年作 楷书 立轴	61cm×33cm	57,500	北京翰海	2020-12-11
王鹤 1930年作 流觞曲水 镜心	51.5cm×34cm	126,500	中国嘉德	2020-08-16
王洪凯 2018年夏月作 清塘雅趣 镜心	136cm×68cm	2,380,000	北京汇珍	2020-08-13
王怀骐 1976年作《水上擒敌》连环画原稿(全)(五十四帧)	14.5cm×21.6cm×66	57,500	西泠印社	2020-08-09
王晖 蝶传一路香 镜心	138cm×68cm	106,700	北京玄和	2020-07-24
王季迁 翠微晓云 立轴	94cm×44cm	172,500	中国嘉德	2020-07-15
王季迁 大约于1990年代晚期作 无题(诗)	27.5cm×30.5cm	85,388	纽约佳士得	2020-09-11
王季迁 山岚 镜心	42cm×66cm	57,500	中国嘉德	2020-07-15
王季迁 山水 立轴	136cm×59cm	57,500	广东小雅斋	2020-08-21

(成交价RMB：5万元以上)

拍品名称	物品尺寸	成交价RMB	拍卖公司	拍卖日期
王济远 1964年作 自书斋号“寥东阁”	23.5cm×212cm	253,000	华艺国际	2020-10-15
王济远 1954年作 墨兰	62.5cm×37cm	132,250	华艺国际	2020-10-15
王济远 1968年作 其质芳而洁	40cm×57cm	120,750	华艺国际	2020-10-15
王济远 1944年作 女人体	29cm×46cm	115,000	华艺国际	2020-10-15
王济远 1944年作 女人体	46cm×29cm	115,000	华艺国际	2020-10-15
王济远 1944年作 双裸女	46cm×29cm	109,250	华艺国际	2020-10-15
王济远 1960年作 瓜果	56cm×90cm	74,750	华艺国际	2020-10-15
王济远 1950—1960年代 墨竹	92cm×60cm	55,200	华艺国际	2020-12-05
王继平2014年作大山春韵镜心	365cm×150cm	196,000	北京汇珍	2020-08-13
王稼祥 行书“莱公逸事”镜心	151cm×83cm	55,200	中鸿信	2020-01-03
王江东 2020年作 无限的时光1 镜心	130cm×110cm	68,000	北京汇珍	2020-08-13
王江东 2020年作 无限的时光2 镜心	100cm×80cm	59,000	北京汇珍	2020-08-13
王劼音 2013年作 无题	274cm×69cm	115,000	西泠印社	2020-08-08
王久斌 2017年作 八骏图	70cm×205cm	3,680,000	北京翰海	2020-09-12
王兰若 1981年作 山水册页(十开)	33cm×44.5cm×10	155,250	广东崇正	2020-09-13
王力 瓶花图 镜心	69cm×69cm	115,000	中国嘉德	2020-11-10
王力 鹭鸶 镜心	68cm×70cm	103,500	中国嘉德	2020-07-16
王路山 2018年作 山路元无雨 空翠湿人衣 镜心	156cm×67cm	103,500	北京翰海	2020-09-12
王茂飞 2018年作 琵琶仕女 镜片	137cm×69cm	109,250	广东崇正	2020-09-13
王美芳 赵国经 仕女 镜心	167cm×81.5cm	828,000	中贸圣佳	2020-10-17
王梦白 携鹤归庄图 立轴	131cm×30cm	184,000	保利厦门	2020-09-26
王梦白 1931年作 安居乐业图 立轴	100cm×33cm	97,750	北京翰海	2020-12-11
王梦白 夕阳芳草见游猪 立轴	98cm×33cm	74,750	永乐拍卖	2020-12-03
王梦白 永与白鸥群 镜心	31.8cm×32cm	67,850	北京诚轩	2020-08-17
王明明 2002年作 醉翁亭同乐图 镜心	143cm×365cm	2,875,000	北京保利	2020-10-17
王明明 1996年作 节日 镜心	68cm×68cm	1,495,000	北京保利	2020-10-16
王明明 2001年作 溪山兴会图 镜心	97cm×179.5cm	862,500	北京保利	2020-10-16
王明明 荷梦 镜心	68cm×68cm	690,000	北京保利	2020-10-16
王明明 2003年作 溪山兴会图 镜心	77cm×183cm	621,000	北京保利	2020-12-04
王明明 见微集人物(十二帧) 册页	19cm×55cm×12	517,500	中国嘉德	2020-08-17
王明明 1990年作 东坡先生晚春情春图 镜心	67cm×136cm	232,675	北京保利	2020-07-18
王明明 杜牧诗意图 立轴	67cm×68cm	230,000	北京保利	2020-10-16
王明明 2005年作 幽古听泉图 镜心	68cm×68cm	195,500	中国嘉德	2020-12-01
王明明 2004年作 连年有鱼 镜心	68.5cm×68.5cm	195,500	中国嘉德	2020-12-01
王明明 1978年作 三阳开泰 立轴	135cm×67cm	184,000	中国嘉德	2020-12-01
王明明 连年有余 立轴	68.5cm×68.5cm	184,000	中国嘉德	2020-12-02
王明明 2005年作 幽谷听泉图 镜心	68cm×68cm	175,925	北京保利	2020-07-18
王明明 1983年作 点睛破壁图 镜心	137cm×68cm	161,000	北京保利	2020-12-04
王明明 东坡夜游 镜片	68.5cm×136cm	138,000	朵云轩	2020-11-29
王明明 庐汀清梦图 纸本	46cm×15.5cm	126,500	中国嘉德	2020-08-16
王明明1985年作月照花林皆似霰立轴	67.5cm×67cm	74,750	北京诚轩	2020-08-17
王明明 1997年作 高原牧歌 镜心	69cm×47cm	74,750	永乐拍卖	2020-12-03
王明明 观松图 立轴	66.5cm×66.5cm	71,300	中鸿信	2020-01-03
王明明 瑞雪 镜心	50.5cm×69.5cm	63,250	荣宝斋(南京)	2020-11-28
王明明 1992年作 秋居闲话图 立轴	46cm×68cm	59,800	北京保利	2020-12-04
王明明 1987年作 屈子行吟图 镜心	68cm×45cm	51,750	中鸿信	2020-01-03
王明泽 2017年作 汉江怀古 镜心	96cm×89cm	437,000	北京翰海	2020-09-12
王攀元 日出 镜框	42cm×34.5cm	83,160	罗芙奥	2020-12-05
王攀元 1990s年作 老松与桥 镜框	136cm×70cm	79,968	罗芙奥	2020-07-18
王攀元 独立宫 镜框	23.5cm×64cm	55,440	罗芙奥	2020-12-05

拍品名称	物品尺寸	成交价RMB	拍卖公司	拍卖日期
王平 2019年作 荷韵 镜心	136cm×69cm	149,500	北京翰海	2020-09-12
王起龙 回道人像 立轴	诗堂 26cm×28.5cm；画心 86.5cm×28.5cm	230,000	北京保利	2020-10-18
王清州 在水一方 镜心	43cm×68cm	552,000	北京保利	2020-10-16
王清州 2018年作 溪山林意 镜心	138cm×68cm	431,250	北京翰海	2020-09-12
王蘧常 1982年作 行书毛主席词 立轴	72cm×49cm	310,500	华艺国际	2020-12-05
王蘧常 1973年作 草书沈曾植《投笔集》跋 镜心	27.5cm×105.5cm	287,500	中国嘉德	2020-08-15
王蘧常 草书七言联 立轴	132cm×22cm×2	207,000	中国嘉德	2020-08-15
王然 1991年作 高山云霭图 手卷	引首: 13.8cm×46cm；画心: 13.8cm×130cm	155,408	香港苏富比	2020-10-08
王申勇 2019年作 牛 镜心	50.5cm×50.5cm	283,750	北京保利	2020-07-18
王生勇 猴子 镜片	89cm×38cm	55,200	广东小雅斋	2020-08-21
王师子 繁花似锦 立轴	178.5cm×90cm	115,000	中贸圣佳	2020-10-17
王石帆 2019年作 瑞雪山居	70cm×180cm	5,727,000	钜鑫缘(香港)	2020-11-03
王石帆 2018年作 春色山居	64cm×136cm	5,290,000	钜鑫缘(香港)	2020-11-03
王石帆 2020年作 旭日艳秋	64cm×137cm	2,277,000	钜鑫缘(香港)	2020-11-03
王世镗 1933年作 为梁寒操书七言诗 立轴	163.5cm×29.5cm	172,500	西泠印社	2020-08-09
王世襄 2007年作 行书六言联 镜心	130cm×33cm×2	276,000	中国嘉德	2020-08-15
王世襄 书法对联	57.5cm×247cm×2	161,000	中贸圣佳	2020-10-16
王世襄 行书“阅古斋”镜心	43cm×80cm	89,700	荣宝斋(上海)	2020-10-25
王世襄 1998年作 七言联(二幅) 立轴	131cm×32.5cm×2	80,500	十竹斋拍卖(北京)	2020-10-18
王世襄 行书七言联 镜心	109cm×32cm×2	69,000	中鸿信	2020-01-04
王世襄 袁荃猷 等 湿云松翠图 镜片	32cm×104cm	575,000	华艺国际	2020-10-16
王寿霖 2019年作 书法对联 镜心	178cm×35cm×2	230,000	北京翰海	2020-09-12
王寿彭 1927年作 草书节录右军帖四屏 立轴	131cm×30cm×4	69,488	中国嘉德	2020-10-09
王叔晖 柳荫仕女 立轴	67cm×33cm	109,250	荣宝斋(上海)	2020-10-25
王叔晖 双美图 立轴	65.5cm×33cm	92,000	北京保利	2020-10-17
王叔晖 1947年作 桐荫仕女 镜心	33cm×75cm	80,500	中国嘉德	2020-11-09
王叔晖 1945年作 红袖染梅香 立轴	98.2cm×32cm	57,500	北京诚轩	2020-08-17
王涛 2001年作 庄周梦蝶 立轴	137cm×70cm	483,000	十竹斋拍卖(北京)	2020-10-18
王涛 2013年作 大自在 镜心	69cm×47cm	184,000	十竹斋拍卖(北京)	2020-10-18
王涛 1988年作 山鬼图 镜片	68cm×136cm	86,250	西泠印社	2020-08-09
王禔 1932年作 篆书七言联 立轴	144cm×30.5cm×2	66,700	北京翰海	2020-12-12
王禔 1941年作 篆书 立轴	121cm×37cm	63,250	北京翰海	2020-12-11
王天德 圆系列 镜框	直径95cm	95,850	佳士得	2020-12-01
王维东 2020年作 八骏图 镜心	180cm×68cm	156,000	北京汇珍	2020-08-13
王维东 2020年作 双马图 镜心	180cm×68cm	118,000	北京汇珍	2020-08-13
王无邪 1976年作 春景 镜框	68.5cm×181.6cm	466,225	香港苏富比	2020-10-08
王无邪 1977年作 空山之四 镜框	83cm×81.5cm	171,000	佳士得	2020-07-08
王无邪 2003年作 王维诗意 立轴	141.5cm×43.7cm	83,255	香港苏富比	2020-10-08
王西京 2014年作 骊宫春韵图 镜心	120cm×239cm	287,500	北京保利	2020-10-16
王西京 1983年作 罗贯中小像 镜心	134cm×71cm	126,500	中国嘉德	2020-07-16

2020书画拍卖成交汇总(续表)

(成交价RMB：5万元以上)

拍品名称	物品尺寸	成交价RMB	拍卖公司	拍卖日期
王西京 1998年作 人物 四屏立轴	134cm×32.5cm×4	89,700	中鸿信	2020-01-03
王西京 1992年作 庄周梦 镜心	68cm×137cm	73,575	中国嘉德	2020-10-09
王西京 1994年作 观荷图 镜心	69cm×136.5cm	69,488	中国嘉德	2020-10-09
王西京 1980年作 日本舞步 立轴	69.5cm×48cm	57,500	中国嘉德	2020-12-01
王献坤 2019年作 行书苏轼《水调歌头》镜心	68cm×177cm	287,500	北京翰海	2020-09-12
王襄 甲骨文七言联 立轴	126cm×31cm×2	82,800	中鸿信	2020-01-04
王心竟 1944年作 柳塘消夏图 镜片	67.5cm×88cm	126,500	上海嘉禾	2020-01-05
王雪涛 1951年作 百卉图 手卷	画34cm×2783cm;题34cm×236cm	8,970,000	北京保利	2020-12-04
王雪涛 孔雀 立轴	162.5cm×71cm	2,645,000	十竹斋拍卖(北京)	2020-10-18
王雪涛 松鹤长春 立轴	147cm×78.5cm	2,012,500	中国嘉德	2020-08-15
王雪涛 三公图 立轴	164cm×84cm	1,955,000	荣宝斋(上海)	2020-10-25
王雪涛 1940年作 秋江春艳 镜心	101cm×38cm×4	1,380,000	永乐拍卖	2020-08-17
王雪涛 1940年作 花鸟四屏 镜心	100cm×39cm×4	1,207,500	北京保利	2020-12-04
王雪涛1945年作 二十四花神图卷手卷	33cm×718cm	1,127,000	中国嘉德	2020-08-16
王雪涛 1946年作 九秋同庆 镜框	135.8cm×69.6cm	1,110,060	香港苏富比	2020-10-08
王雪涛 1948年作 花卉册页(十二幅)册页镜框	每开约:33.2cm×24cm	1,065,000	佳士得	2020-12-01
王雪涛 红梅八哥 立轴	98cm×58.8cm	1,012,000	华艺国际	2020-10-16
王雪涛 鸦趣图	117cm×33cm	858,000	北京贞观	2020-11-28
王雪涛 仙鹤黄鹂 立轴	97cm×59.5cm	828,000	中国嘉德	2020-08-16
王雪涛 1945年作 百吉图 镜框	32.8cm×126cm	791,000	香港苏富比	2020-07-10
王雪涛 1981年作 岁朝图 立轴	96cm×59cm	713,000	中国嘉德	2020-08-15
王雪涛 玉兰锦鸡 立轴	85cm×52cm	598,000	中国嘉德	2020-12-03
王雪涛 牡丹双蝶 镜心	69cm×45cm	575,000	北京保利	2020-12-04
王雪涛 喜鹊登枝 镜框	124cm×40cm	575,000	华艺国际	2020-12-05
王雪涛 飞雪春鸣 立轴	96cm×55cm	575,000	中国嘉德	2020-12-02
王雪涛 东风浓艳 立轴	87.5cm×46.5cm	575,000	中国嘉德	2020-12-02
王雪涛 黄鹂牡丹 镜心	99.5cm×33.5cm	552,000	中国嘉德	2020-12-02
王雪涛 花虫图 镜心	尺寸不一cm×7	529,000	中国嘉德	2020-11-09
王雪涛 大吉图 立轴	95cm×44cm	460,000	朵云轩	2020-09-23
王雪涛 牡丹蝴蝶 镜框	97cm×49cm	460,000	华艺国际	2020-10-16
王雪涛 双秀 立轴	75cm×49cm	460,000	荣宝斋(上海)	2020-10-25
王雪涛 富贵荣华 镜心	100cm×68cm	460,000	中国嘉德	2020-11-09
王雪涛 荷花鸳鸯 镜框	77cm×45cm	448,500	华艺国际	2020-10-16
王雪涛 牡丹 立轴	69cm×34cm	437,000	荣宝斋(上海)	2020-10-25
王雪涛 竹叶螳螂 立轴	68cm×46.5cm	437,000	荣宝斋(上海)	2020-10-25
王雪涛 1978年作 荷花鸳鸯 立轴	96.5cm×60cm	426,000	佳士得	2020-12-01
王雪涛释虚云1938年作、1952年作冠上加冠、楷书"持戒"立轴、镜心	134cm×33cm;23cm×60cm	402,500	中国嘉德	2020-07-15
王雪涛 锦鸡图 立轴	81cm×45cm	402,500	北京保利	2020-10-17
王雪涛 1979年作 春意 立轴	69cm×46cm	402,500	北京翰海	2020-12-11
王雪涛 1979年作 梅花四喜 立轴	90cm×55cm	402,500	永乐拍卖	2020-12-03
王雪涛 1951年作 眉寿双清 立轴	172cm×40cm	402,500	中国嘉德	2020-11-09
王雪涛 芙蓉翠鸟 立轴	67.5cm×31.5cm	402,500	中国嘉德	2020-12-02
王雪涛 1944年作 梅花八哥 立轴	99cm×34cm	368,000	中国嘉德	2020-07-15
王雪涛 1981年作 荷塘翠鸟 立轴	68.5cm×45cm	368,000	中国嘉德	2020-08-15
王雪涛 萱花图 镜心	32cm×33cm	345,000	荣宝斋(上海)	2020-10-25
王雪涛 秋庭小趣 立轴	129cm×32cm	322,000	中国嘉德	2020-07-15
王雪涛 红荷青蛙 立轴	68cm×43cm	322,000	广东崇正	2020-09-13
王雪涛 1941年作 赏秋图 镜框	100cm×33cm	322,000	华艺国际	2020-10-16
王雪涛 豆花鸡 立轴	77cm×50cm	322,000	十竹斋拍卖(北京)	2020-10-18
王雪涛 荷塘清趣 立轴	52cm×74cm	322,000	中国嘉德	2020-11-09
王雪涛 1945年作 菖蒲秋色图 立轴	90cm×32cm	310,500	十竹斋拍卖(北京)	2020-10-18
王雪涛 1979年作 荷花蜻蜓 立轴	80cm×49cm	299,000	永乐拍卖	2020-12-03
王雪涛 时鲜图 立轴	88.4cm×60.2cm	298,200	佳士得	2020-12-01
王雪涛 1947年作 捕食图 立轴	101cm×35cm	264,500	朵云轩	2020-09-23
王雪涛 1943年作 大吉图 立轴	101cm×33cm	264,500	上海敬华	2020-09-22
王雪涛 花蝶图 镜心	48cm×42cm	264,500	永乐拍卖	2020-12-03
王雪涛 1944年作 荷塘翠鸟 镜心	90cm×36cm	253,000	中国嘉德	2020-07-15
王雪涛 桃花蝴蝶 立轴	68cm×41.3cm	253,000	中国嘉德	2020-08-15
王雪涛 1942年作 松鹰图 镜心	101.2cm×32.4cm	253,000	永乐拍卖	2020-12-03
王雪涛 茶花水仙 立轴	68.5cm×34cm	253,000	中国嘉德	2020-12-02
王雪涛 曹克家 猫趣图 立轴	100cm×34cm	241,500	北京保利	2020-10-17
王雪涛 汪慎生 胡爽盦 仕女图 立轴	110cm×44cm	230,000	北京保利	2020-10-17
王雪涛 黄鹂葡萄 立轴	65cm×39cm	218,500	中国嘉德	2020-12-02
王雪涛 1946年作 春色满园 镜心	132cm×64cm	207,000	中国嘉德	2020-07-15
王雪涛 牡丹蝴蝶 立轴	98cm×32cm	207,000	中国嘉德	2020-07-15
王雪涛 劳笃文 1944年作 蜜蜂花卉成扇	23cm×66cm	207,000	华艺国际	2020-12-05
王雪涛 1943年作 清供 立轴	103cm×32cm	207,000	上海敬华	2020-09-22
王雪涛 课徒画稿 册页	38cm×26cm×18	207,000	中国嘉德	2020-11-09
王雪涛 1940年作 海鲜图 立轴	88.8cm×27.8cm	202,350	佳士得	2020-12-01
王雪涛 富贵神仙桃花双鸟 双挖立轴	34cm×40.5cm(每幅)	202,350	佳士得	2020-12-01
王雪涛 1979年作 春日鸣禽 立轴	69cm×45cm	195,500	北京保利	2020-12-04
王雪涛 清供图 成扇	23cm×71cm	195,500	北京翰海	2020-12-11
王雪涛 荷塘清趣 镜片	49cm×94cm	184,000	广东小雅斋	2020-08-2
王雪涛 1948年作 三秋图 立轴	99cm×32.5cm	184,000	北京保利	2020-12-04
王雪涛 梅花八哥 立轴	78cm×43cm	184,000	华艺国际	2020-10-16
王雪涛 徐宗浩 1945年作 草虫花卉、行书五言诗屏 四条屏	33cm×33cm×8	184,000	中国嘉德	2020-11-10
王雪涛 荷塘清趣 镜心	66.5cm×45cm	172,500	上海匡时	2020-08-05
王雪涛 1934年作 秋叶草虫 立轴	99.5cm×33cm	172,500	北京保利	2020-12-04
王雪涛 安居乐业 立轴	92cm×27cm	172,500	北京翰海	2020-12-11
王雪涛 1935年作 疏柳幽禽 立轴	87cm×33.5cm	172,500	北京翰海	2020-12-11
王雪涛 松鹰图 立轴	113cm×40.5cm	172,500	北京翰海	2020-12-11
王雪涛 1931年作 小园虫趣 成扇面	18.5cm×51.5cm	161,000	北京诚轩	2020-08-17
王雪涛 1943年作 八哥凌霄 镜心	74cm×33cm	161,000	中国嘉德	2020-07-15
王雪涛 大吉图 立轴	104cm×48cm	161,000	中国嘉德	2020-11-09
王雪涛 1942年作 柳丝草虫 镜心	33cm×92cm	161,000	中国嘉德	2020-11-10
王雪涛 鸳鸯花卉 设色纸本	高95.6cm;宽33.6cm	154,927	纽约苏富比	2020-09-23
王雪涛 大吉图 立轴	83cm×39.5cm	149,500	中鸿信	2020-01-03
王雪涛 1979年作 玉兰八哥 镜心	68cm×45cm	149,500	中国嘉德	2020-07-17
王雪涛 1945年作 灯下读书图 镜心	66cm×31cm	149,500	中国嘉德	2020-07-16
王雪涛 赵汝谦 1948年作 秋趣图·书法 成扇	19.5cm×51cm	149,500	北京保利	2020-10-17
王雪涛 寿桃 立轴	130cm×30cm	138,000	永乐拍卖	2020-08-17
王雪涛 桃花八哥对屏 立轴	38cm×41cm×2	138,000	北京保利	2020-10-17
王雪涛 葡萄黄蜂 立轴	33cm×33cm	138,000	北京翰海	2020-12-11
王雪涛 邢端 1940年作 青蔬虫趣、书法 成扇	19cm×47cm	138,000	华艺国际	2020-10-16

拍品名称	物品尺寸	成交价RMB	拍卖公司	拍卖日期
王雪涛 荷塘翠鸟 立轴	88cm×36cm	138,000	上海敬华	2020-09-22
王雪涛 马晋 花荫犬下 立轴	98.5cm×32.5cm	138,000	中国嘉德	2020-12-03
王雪涛 花卉草虫 立轴	29.5cm×24.5cm	115,000	北京翰海	2020-12-11
王雪涛 荷花鳜鱼 扇面	22cm×72cm	115,000	广东崇正	2020-09-13
王雪涛 富贵双蝶 立轴	69cm×34cm	115,000	上海敬华	2020-09-22
王雪涛 1940年作 红叶八哥 立轴	135cm×32cm	115,000	中国嘉德	2020-11-09
王雪涛 1945年作 松鼠葡萄 立轴	66cm×35cm	106,500	佳士得	2020-12-01
王雪涛 1946年作 清供 立轴	71.8cm×44.5cm	106,500	佳士得	2020-12-01
王雪涛 葡萄草虫 立轴	76.5cm×19.5cm	103,500	北京诚轩	2020-08-17
王雪涛 素艳 立轴	32cm×34cm	97,750	中国嘉德	2020-11-09
王雪涛 陈半丁 胡佩衡 叶恭绰 等 19[illegible]年作 松柏同心 王安石《雨过偶[illegible]》成扇	18cm×49.5cm	92,000	北京诚轩	2020-08-17
王雪涛 1974年作 葡萄昆虫 镜心	69cm×45cm	92,000	中鸿信	2020-01-03
王雪涛周元亮 志琮 双寿、书法 成扇	20cm×51cm	92,000	华艺国际	2020-10-16
王雪涛 1943年作 嘉果图 横披	21.5cm×54cm	90,525	佳士得	2020-12-01
王雪涛 菊花草虫、梅竹八哥 镜心	34cm×45cm×2	89,700	中国嘉德	2020-07-15
王雪涛 蝴蝶花卉 镜框	66cm×34cm	89,700	华艺国际	2020-10-16
王雪涛 梅竹双雀 立轴	69cm×21cm	86,250	永乐拍卖	2020-12-03
王雪涛 牡丹双喜 立轴	87.5cm×33cm	82,800	广东崇正	2020-06-27
王雪涛 曹克家 猫戏图(二帧) 镜心	66cm×22cm×2	80,500	中鸿信	2020-01-03
王雪涛 等四家 1950年作 花卉双蝶 立轴	120cm×31.5cm	80,500	北京翰海	2020-12-11
王雪涛 1945年作 福猪 镜心	96cm×57.5cm	78,200	中鸿信	2020-01-03
王雪涛 栖禽图 镜片	99cm×33.5cm	77,050	上海嘉禾	2020-01-05
王雪涛丝瓜螳螂 立轴	133.5cm×34cm	74,550	佳士得	2020-11-18
王雪涛 1980年作 梅花八哥 立轴	66cm×35cm	71,300	中国嘉德	2020-11-09
王雪涛 池塘蛙趣 立轴	48.5cm×19cm	69,225	佳士得	2020-12-01
王雪涛 蝶舞花间 立轴	133cm×34.3cm	69,225	佳士得	2020-11-18
王雪涛 松鼠 镜心	131cm×31.5cm	69,000	北京保利	2020-12-04
王雪涛 1944年作 蔬果 横披	18cm×78.2cm	63,900	佳士得	2020-12-01
王雪涛 凌霄八哥、灵芝蝴蝶 镜心	34cm×45cm×2	63,250	中国嘉德	2020-07-15
王雪涛 [illegible]云偕老 立轴	32.5cm×24.5cm	63,250	北京保利	2020-12-04
王雪涛 豆棚雅趣 立轴	69cm×34cm	63,250	中国嘉德	2020-11-10
王雪涛 [illegible]石雪 1938年作 书画合璧(二帧) 扇面片	18cm×50.5cm×2	59,800	北京翰海	2020-12-11
王雪涛 红叶草虫 镜心	63cm×25cm	57,500	中国嘉德	2020-07-16
王雪涛 花鸟 立轴	86cm×52cm	57,500	中贸圣佳	2020-10-17
王雪涛 [illegible]姿 立轴	67cm×41.5cm	55,200	荣宝斋(南京)	2020-11-28
王雪涛 荷花蜻蜓 镜心	29.5cm×33.5cm	55,200	荣宝斋(南京)	2020-11-28
王雪涛 王兰若 花卉 立轴	69cm×35cm	55,200	中贸圣佳	2020-10-17
王雪涛 1[illegible]9年作 岁朝图 镜心	65cm×44cm	51,750	中国嘉德	2020-11-10
王延广 2[illegible]9年元旦作 雪落枝头赛梨花 镜心	180cm×96cm	128,000	北京汇珍	2020-08-13
王瑶卿 程砚秋 1924年作 黄梅 楷书诗 扇面	20.5cm×56cm	89,700	中国嘉德	2020-08-15
王瑶卿 王凤卿 行书书评·花果图 成扇	50cm×18.5cm	57,500	西泠印社	2020-08-08
王镛 2010年作 行书七言联 镜心	348cm×53cm×2	2,070,000	北京保利	2020-10-17
王镛 2004年作 连山云木图 镜心	176cm×93cm	1,725,000	北京保利	2020-10-17
王镛 1997年作 行书东坡词 镜心	122cm×358cm	414,000	十竹斋拍卖(北京)	2020-10-18
王镛 1987年作 山水 镜心	83cm×152cm	184,000	中国嘉德	2020-12-01
王镛 1996年作 行书“万壑数行”对联 镜心	178cm×32cm×2	172,500	十竹斋拍卖(北京)	2020-10-18
王镛 草书唐诗二首 镜心	33.5cm×134cm	56,750	北京保利	2020-07-18
王镛 1984年作 峨眉山居 立轴	67cm×67cm	51,750	中国嘉德	2020-07-17
王友石 1961年作 花卉 册页(二十四开)	14cm×19.5cm×24	92,000	中国嘉德	2020-12-02
王振强 2020年作 牛气冲天	68cm×68cm	271,400	钜鑫缘(香港)	2020-11-03
王震 1926年作 行书“皆大欢喜”镜框	27.5cm×78cm	4,280,440	香港苏富比	2020-07-10
王震 1923年作 醉仙图 立轴	136cm×67cm	747,500	北京保利	2020-10-17
王震 1914年作 坐佛图 立轴	107.5cm×52.5cm	713,000	中国嘉德	2020-12-01
王震 1930年作 寒山、拾得(一对)立轴	149cm×40.5cm	621,500	香港苏富比	2020-07-10
王震 1923年作 十六应真 立轴	140cm×62cm	575,000	朵云轩	2020-09-23
王震 1926年作 进酒献寿图 立轴	135cm×67cm	529,000	西泠印社	2020-08-09
王震 行书七言 对联	206cm×43cm×2	437,000	朵云轩	2020-09-24
王震 1933年作 鹤寿图 立轴	118cm×32cm	379,500	朵云轩	2020-09-23
王震 欢天喜地 立轴	150.5cm×82.5cm	368,000	荣宝斋(南京)	2020-11-28
王震 1923年作 桃实贺寿图 立轴	130.5cm×65.5cm	322,000	西泠印社	2020-08-09
王震 1933年作 花开富贵图 立轴	150.5cm×81cm	322,000	西泠印社	2020-08-09
王震 1921年作 算盘经 立轴	127.5cm×60cm	322,000	朵云轩	2020-09-23
王震 1925年作 荷花鸳鸯 立轴	202cm×46cm	322,000	上海敬华	2020-09-22
王震 1929年作 行书“素食美味”镜框	32.5cm×130cm	316,400	香港苏富比	2020-07-10
王震 1928年作 神仙祝寿 立轴	152cm×82cm	304,750	上海敬华	2020-09-22
王震 1929年作 书画 对屏立轴	140cm×45cm×2	287,500	北京保利	2020-10-17
王震 1923年作 寿桃无量图 立轴	149cm×81cm	287,500	西泠印社	2020-08-09
王震 1929年作 佛祖图 镜心	110cm×43cm	287,500	北京保利	2020-10-17
王震 1915年作 福禄寿 立轴	147cm×79.5cm	287,500	中国嘉德	2020-12-03
王震 1915年作 怜饥图 镜框	31cm×69cm	266,414	香港苏富比	2020-10-08
王震 1920年作 观瀑图 立轴	135cm×33cm	253,000	中国嘉德	2020-08-16
王震 1921年作 达摩尊者 立轴	180cm×46cm	253,000	上海敬华	2020-09-22
王震 1933年作 献寿 立轴	127.5cm×40.2cm	234,300	佳士得	2020-12-01
王震 1922年作 达摩祖师图 立轴	137cm×40cm	218,500	西泠印社	2020-08-09
王震 1921年作 成道图 立轴	179cm×46cm	218,500	中鸿信	2020-01-03
王震 1921年作 无量寿佛 立轴	107cm×51.5cm	207,000	朵云轩	2020-09-23
王震 1893年作 钟馗 立轴	126cm×53.5cm	207,000	朵云轩	2020-09-23
王震 行书“南无阿弥陀佛”立轴	102cm×25cm	195,500	中国嘉德	2020-07-17
王震 1933年作 关羽神威图 立轴	153cm×77cm	195,500	中国嘉德	2020-11-09
王震 达摩 立轴	132cm×43cm	184,000	广东小雅斋	2020-08-21
王震 1934年作 瓦雀菊花图 镜片	136cm×68cm	184,000	西泠印社	2020-08-09
王震 郑孝胥 1922年作 高士图 行书成扇	20cm×54cm	184,000	朵云轩	2020-09-23
王震 1926年作 归牧图 立轴	138cm×33.5cm	184,000	广东崇正	2020-09-13
王震 1926年作 梅园高士图·枫林策杖图(二轴) 立轴	111.5cm×41cm×2	172,500	西泠印社	2020-08-09
王震 荷花白鹭 立轴	177cm×93cm	161,000	华艺国际	2020-10-16
王震 1922年作 达摩像 立轴	138cm×34cm	149,500	中国嘉德	2020-11-09
王震 1923年作 岁朝清供 立轴	137.5cm×63.5cm	149,500	中国嘉德	2020-12-02
王震 钟馗 镜片	141cm×37cm	143,750	广东小雅斋	2020-08-21
王震 1917年作 菊石图 立轴	151cm×81cm	138,000	中国嘉德	2020-07-17
王震 1932年作 丛鞠斑斓 立轴	136cm×68cm	138,000	上海敬华	2020-09-22

2020书画拍卖成交汇总(续表)

(成交价RMB：5万元以上)

拍品名称	物品尺寸	成交价RMB	拍卖公司	拍卖日期
王震 牡丹寿石图 立轴	151cm×41cm	126,500	荣宝斋(上海)	2020-10-25
王震 美意延年 立轴	156cm×47cm	103,500	中贸圣佳	2020-10-17
王震 梅妻鹤子 立轴	135cm×34cm	94,300	广东小雅斋	2020-08-21
王震 等 1921年作 一团和气图 立轴	135.5cm×67cm	89,700	西泠印社	2020-08-09
王震 1927年作 行书“尊贤使能”镜心	34cm×139cm	86,250	中鸿信	2020-01-03
王震 松亭观云 立轴	146cm×41cm	86,250	荣宝斋(南京)	2020-11-28
王震 1931年作 涛声 立轴	175cm×65cm	86,250	上海敬华	2020-09-22
王震 1926年作 观音 立轴	130cm×34cm	86,250	十竹斋拍卖(北京)	2020-10-18
王震 1917年作 泼墨荷花 立轴	151cm×81cm	86,250	永乐拍卖	2020-12-03
王震 1936年作 百事如意 立轴	39cm×68.5cm	82,800	北京保利	2020-12-04
王震 1928年作 仙翁图 立轴	135.5cm×33cm	80,500	西泠印社	2020-08-09
王震 书法 横幅	35cm×139cm	74,750	广东小雅斋	2020-08-21
王震 1928年作 柳荫鸳鸯 立轴	136cm×33.5cm	74,750	中国嘉德	2020-08-16
王震 程璋 天竹飞雀 立轴	143cm×46cm	74,750	荣宝斋(南京)	2020-11-28
王震 1936年作 百事如意 镜心	68cm×35cm	74,750	中国嘉德	2020-12-03
王震 草书五言联 立轴	104cm×23cm×2	69,000	北京保利	2020-10-17
王震 1925年作 寿桃、书法 成扇	17cm×41cm	69,000	华艺国际	2020-10-16
王震 1919年作 天寿图 镜片	129cm×71cm	69,000	上海敬华	2020-09-22
王震 达摩像 立轴	132cm×68cm	69,000	中国嘉德	2020-11-09
王震 大吉图 立轴	151.5cm×40cm	69,000	中贸圣佳	2020-10-17
王震 花鸟 立轴	150cm×41cm	65,550	中贸圣佳	2020-10-17
王震 1924年作 红衣罗汉 镜心	173cm×46cm	63,250	中国嘉德	2020-07-17
王震 观音 立轴	173cm×88cm	63,250	北京翰海	2020-09-12
王震 1914年作 案头清供 立轴	126cm×41cm	57,500	上海嘉禾	2020-01-05
王震 1936年作 富贵长年 立轴	138cm×68cm	57,500	朵云轩	2020-11-29
王震 1936年作 无量寿佛 镜心	138cm×33cm	57,500	中国嘉德	2020-12-02
王震 1931年作 溪上达摩 立轴	136cm×36cm	55,200	中国嘉德	2020-07-16
王震 1922年作 松鹤图 立轴	150cm×81cm	55,200	北京保利	2020-12-04
王震 1936年作 寿桃 立轴	104cm×53cm	55,200	北京翰海	2020-09-12
王震 1919年作 行书唐人诗 立轴	139.5cm×41cm	51,750	西泠印社	2020-08-09
王震 1930年作 行书五言联 对联	135.5cm×32.5cm×2	51,750	西泠印社	2020-08-09
王震 1937年作 行书六言联 对联	173cm×44cm×2	51,750	中国嘉德	2020-07-17
王震 山水 立轴	151cm×44cm	51,750	广东小雅斋	2020-08-21
王震 1929年作 行书“寒山诗” 立轴	150cm×40cm	51,750	上海敬华	2020-09-22
王震 书法“惟精惟一” 镜框	33.8cm×136.5cm	51,120	佳士得	2020-12-01
王禔 1944年作 篆书八言联 对联	132cm×21.5cm×2	149,500	西泠印社	2020-08-09
王禔 陈夔龙 古佛像印题跋·书法 成扇	52cm×20cm	69,000	西泠印社	2020-08-08
王禔 房毅 1936年作 隶书古文·云龙图 成扇	50cm×18.5cm	55,200	西泠印社	2020-08-08
王志安 2020年作 斗方书法 镜心	71cm×68cm	115,000	北京翰海	2020-09-12
王智 张大千 天留老布衣 镜心	55.5cm×31cm	153,282	中国嘉德	2020-10-09
王竹虚 1910年作 虞美人 立轴	146cm×37cm	253,000	十竹斋拍卖(北京)	2020-10-18
王铸九 1964年作 春风斑鸠 镜心	139cm×69.5cm	59,800	北京翰海	2020-12-11
王子武 灵雀道春图 镜框	136cm×70cm	1,897,500	华艺国际	2020-10-16
王子武 山君图 镜框	104cm×70cm	977,500	华艺国际	2020-10-16
王子武 1988年作 梅花双鹤 镜框	137cm×68.5cm	862,500	华艺国际	2020-10-16
王子武 松鹤图 镜心	137cm×70cm	690,000	中贸圣佳	2020-10-17
王子武 1981年作 曹雪芹像 镜框	106cm×100cm	632,500	华艺国际	2020-10-16
王子武 水底笙歌 镜框	71cm×102cm	575,000	华艺国际	2020-10-16
王子武 1976年作 虎啸山河 镜心	140.5cm×80cm	575,000	十竹斋拍卖(北京)	2020-10-18
王子武 1981年作 立马 镜心	153cm×83cm	517,500	北京保利	2020-10-16
王子武 秋荫放牧 镜心	140cm×56.5cm	483,000	上海匡时	2020-08-05
王子武 松鹤 立轴	137cm×69cm	356,500	广东小雅斋	2020-08-21
王子武 1980年作 杜甫诗意图 镜片	95cm×48cm	322,000	广东崇正	2020-09-13
王子武 荷花小鸟 镜心	40cm×60cm	207,000	十竹斋拍卖(北京)	2020-10-18
王子武 1989年作 梅妃 镜心	78cm×49cm	184,000	十竹斋拍卖(北京)	2020-10-18
王子武 1984年作 新春 镜心	67cm×46cm	149,500	北京诚轩	2020-08-17
王子武 蛙趣 镜片	43cm×66cm	140,300	广东小雅斋	2020-06-17
王子武 湘夫人 立轴	68cm×36cm	138,000	中贸圣佳	2020-10-17
王子武 1982年作 草书徐悲鸿画论 镜心	136cm×69cm	120,750	十竹斋拍卖(北京)	2020-10-18
王子武 1987年作 荷塘翠鸟 立轴	67.5cm×44cm	115,000	广东崇正	2020-09-13
王子武 1978年作 仙鹤图 立轴	66.5cm×45cm	97,750	中国嘉德	2020-08-17
王子武 1980年作 教子图 镜片	69cm×46cm	69,000	上海嘉禾	2020-01-05
王子武 大喜图 镜心	68cm×45cm	69,000	中贸圣佳	2020-10-17
王子武 鹤寿图 立轴	103cm×33.5cm	57,500	上海嘉禾	2020-01-05
王子武 鱼乐图 镜片	67.5cm×45.2cm	57,500	广东崇正	2020-09-13
王子武 1988年作 竹雀图 镜心	69cm×45cm	56,350	中鸿信	2020-01-03
韦娜 2019年作 工笔重彩人物图 镜心	116cm×68cm	460,000	北京翰海	2020-09-12
韦娜 2020年作 唯有牡丹真国色 镜心	82cm×173cm	345,000	北京翰海	2020-09-12
卫天霖 1923年作 山水	126cm×47cm	81,720	北京保利	2020-07-18
魏贺君 雪霁图 镜心	97cm×45cm	138,000	北京翰海	2020-09-12
魏莲深 1949年作 万里娱亲图册(共二十六页)册页	17.5cm×7.5cm×26	529,000	西泠印社	2020-08-08
魏山开 2019年作 威而信	179cm×95cm	253,000	北京翰海	2020-09-12
魏瀛洲 1954年作《打渔杀家》宣传画原稿(一幅)	73cm×49cm	92,000	中鸿信	2020-01-04
魏紫熙 1961年作 丰收 镜心	116.5cm×68.5cm	2,300,000	中国嘉德	2020-08-16
魏紫熙 海韵图 立轴	112.5cm×69cm	2,012,500	华艺国际	2020-10-16
魏紫熙 黄洋界景色 镜心	66.5cm×46cm	747,500	北京保利	2020-12-04
魏紫熙 黄山高秋 镜心	69.5cm×137cm	632,500	荣宝斋(南京)	2020-11-28
魏紫熙 1983年作 喷珠泻玉 立轴	137cm×69cm	414,000	十竹斋拍卖(北京)	2020-10-18
魏紫熙 1966年作 晨曦 立轴	67.5cm×34cm	230,000	北京保利	2020-10-17
魏紫熙 1976年作 观瀑图 立轴	68.5cm×45cm	207,000	广东崇正	2020-09-13
魏紫熙 1982年作 秋山红叶 镜心	68cm×45.5cm	189,750	十竹斋拍卖(北京)	2020-10-18
魏紫熙 1979年作 松石泉瀑图 立轴	66.5cm×45.5cm	172,500	上海嘉禾	2020-01-05
魏紫熙 1979年作 卡拉奇海湾小景 镜心	69cm×69cm	161,000	北京保利	2020-12-04
魏紫熙 1979年作 塔拉汗关口 镜心	69cm×69cm	138,000	北京保利	2020-12-04
魏紫熙 1963年作 山区九月 镜心	94cm×169cm	126,500	北京翰海	2020-09-12
魏紫熙 黄山松云 立轴	34cm×45cm	126,500	荣宝斋(南京)	2020-11-28
魏紫熙 1963年作 山区九月 镜片	95cm×167cm	92,000	上海嘉禾	2020-01-05
魏紫熙 雨后 镜心	47cm×72cm	92,000	荣宝斋(南京)	2020-11-28
魏紫熙 1986年作 黄海渔歌 镜片	67.5cm×45.5cm	86,250	广东崇正	2020-09-13
魏紫熙 1982年作 飞瀑图 立轴	69cm×45cm	74,750	北京保利	2020-12-04
魏紫熙 1979年作 空蒙飞瀑 立轴	101cm×36.5cm	63,250	上海嘉禾	2020-01-05

(成交价RMB：5万元以上)

拍品名称	物品尺寸	成交价RMB	拍卖公司	拍卖日期
魏紫熙 晴空万里 立轴	67cm×43.5cm	63,250	华艺国际	2020-10-16
魏紫熙 松瀑图 立轴	68cm×34cm	55,200	荣宝斋(南京)	2020-11-28
魏紫熙 1976年作 秋收图 立轴	31cm×126cm	51,750	北京翰海	2020-09-12
魏紫熙 1979年作 松壑鸣泉 立轴	70cm×32cm	51,075	北京保利	2020-07-17
温瓖 2019年作 新篁古柏图 镜心	53cm×247cm	345,000	北京保利	2020-12-04
温瓖 2019年作 墨荷秋韵图	115cm×248cm	299,000	北京翰海	2020-12-12
温永琛 微笔书法 立轴	152cm×40cm	184,000	广东小雅斋	2020-08-21
温永琛 1984年作 雀跃梅梢 镜框	78cm×347cm	101,175	佳士得	2020-12-01
文蔚 2020年作 笔下红豆疏 镜心	68cm×35cm	241,500	北京保利	2020-10-16
文蔚 2020年作 无意俯清澜 镜心	68cm×35cm	218,500	十竹斋拍卖(北京)	2020-10-18
闻一多 书法 对联	130cm×22cm×2	356,500	广东小雅斋	2020-08-21
闻一多 陆澹安 金文节录《正气歌》隶书七言联 立轴	中堂 68cm×33cm；对联 131cm×26cm×2	345,000	北京保利	2020-10-17
闻一多 陈竹隐 1933年作 甲骨文 竹石图 成扇	19cm×54cm×2	92,000	中鸿信	2020-01-04
闻一多 书法 立轴	76cm×29cm	92,000	广东小雅斋	2020-08-21
吴昌硕致三多花卉册页(四开八页)	27cm×32cm×8	51,750,000	中国嘉德	2020-12-01
吴昌硕 1917年作 千年桃实 立轴	178.5cm×92.5cm	16,675,000	朵云轩	2020-09-23
吴昌硕 1909年作 花卉 册页(十二开)	每开：37.3cm×40.3cm	15,549,000	佳士得	2020-12-01
吴昌硕 1914年作 行书 横披	77cm×220cm	9,200,000	朵云轩	2020-09-23
吴昌硕 1918年作 虞山邹巷古藤 立轴	179.5cm×96cm	7,475,000	北京保利	2020-10-17
吴昌硕 1915年作 葫芦图 镜片	138.5cm×61.5cm	5,980,000	西泠印社	2020-08-09
吴昌硕 1896年作 行书自作诗 手卷	29cm×285.5cm	5,980,000	北京保利	2020-10-17
吴昌硕 1916年作 多寿图 立轴	148.5cm×80.5cm	5,980,000	北京保利	2020-10-17
吴昌硕 荷花图 立轴	140cm×69cm	5,175,000	荣宝斋(上海)	2020-10-25
吴昌硕1919年作沈香亭北倚阑干立轴	150cm×82cm	4,600,000	上海敬华	2020-09-22
吴昌硕 1919年作 六清图 镜框	40.5cm×151.5cm	4,370,000	华艺国际	2020-10-16
吴昌硕 缶翁诗翰 册页(四十六通六十六页)	尺寸不一	4,370,000	中国嘉德	2020-12-01
吴昌硕 1923年作 隶书七言 对联	141cm×26.5cm×2	4,312,500	朵云轩	2020-09-23
吴昌硕 1919年作 节临石鼓文四屏 立轴	180.0cm×47.5cm×4	4,197,500	中国嘉德	2020-08-16
吴昌硕 1915年作 石鼓文四屏 镜心	108.5cm×39.5cm×4	4,025,000	中国嘉德	2020-12-01
吴昌硕 1926年作 寿实三千年 立轴	131cm×66cm	3,795,000	永乐拍卖	2020-08-17
吴昌硕 1924年作 元宵清供图 镜心	169cm×40.5cm	3,795,000	北京保利	2020-12-04
吴昌硕 1919年作 菊石图 立轴	148cm×41cm	3,680,000	华艺国际	2020-12-05
吴昌硕 竹石图・行书六言联 镜心	画138cm×67cm；字 133cm×33cm×2	3,680,000	永乐拍卖	2020-12-03
吴昌硕1892年作 花卉册页(八开)	26.5cm×39cm×8	3,450,000	中国嘉德	2020-12-01
吴昌硕 1926年作 香骚遗意 镜心	151cm×41cm	3,335,000	中国嘉德	2020-12-01
吴昌硕 1915年作 顽石水仙 立轴	148cm×52.5cm	3,277,500	上海匡时	2020-08-05
吴昌硕 1911年作 错落珊瑚枝 立轴	172.5cm×103cm	3,105,000	中国嘉德	2020-12-01
吴昌硕 1915年作 竹林七贤 立轴	146cm×67cm	2,990,000	中国嘉德	2020-08-15
吴昌硕 1900年作 寿石富贵 立轴	142cm×78cm	2,990,000	永乐拍卖	2020-12-03
吴昌硕 1917年作 杏花 立轴	138.5cm×41.5cm	2,990,000	中国嘉德	2020-12-01
吴昌硕 1922年作 富贵寿康 立轴	133cm×64cm	2,760,000	北京保利	2020-12-04
吴昌硕 四季花果(四幅) 立轴	179cm×46cm×4	2,645,000	朵云轩	2020-09-23
吴昌硕 1915年作 荔枝 立轴	132cm×41cm	2,530,000	中国嘉德	2020-12-01
吴昌硕 富贵眉寿图 立轴	132cm×38.5cm	2,530,000	中国嘉德	2020-12-01

拍品名称	物品尺寸	成交价RMB	拍卖公司	拍卖日期
吴昌硕 1918年作 翠盖明珠 立轴	134cm×50cm	2,415,000	北京保利	2020-12-04
吴昌硕 1920年作 篆书“心以风鸣”镜心	39cm×162cm	2,415,000	十竹斋拍卖(北京)	2020-10-18
吴昌硕 1921年作 红梅图 镜框	139cm×71.5cm	2,300,000	华艺国际	2020-10-16
吴昌硕 1918年作 松竹梅屏(三轴) 立轴	136.5cm×42cm×3	2,185,000	西泠印社	2020-08-09
吴昌硕 1906年作 杜鹃花 立轴	150cm×40cm	2,185,000	北京保利	2020-10-17
吴昌硕 1915年作 竹林七贤图 立轴	140cm×41cm	2,185,000	北京保利	2020-12-04
吴昌硕 1917年作 牡丹水仙图 镜框	180cm×41cm	2,185,000	华艺国际	2020-12-05
吴昌硕 1920年作 节临石鼓文・姹紫嫣红 立轴	18.5cm×51.5cm	2,070,000	中国嘉德	2020-08-15
吴昌硕 1911年作 泰岱片云 立轴	133cm×61cm	2,070,000	北京保利	2020-12-04
吴昌硕 篆书七言 对联	135.5cm×33cm×2	2,012,500	朵云轩	2020-09-24
吴昌硕 1908年作 墨竹 立轴	131.5cm×64.5cm	1,955,000	朵云轩	2020-09-23
吴昌硕 1915年作 乾坤硕果悬丹霄 立轴	145cm×39cm	1,863,000	十竹斋拍卖(北京)	2020-10-18
吴昌硕 1920年作 梅竹双清对屏 立轴	134cm×42cm×2	1,840,000	上海匡时	2020-08-05
吴昌硕 和气生春图 立轴	118.5cm×48cm	1,840,000	中贸圣佳	2020-10-17
吴昌硕 1925年作 赤城霞 立轴	135cm×35cm	1,810,500	佳士得	2020-12-01
吴昌硕 1918年作 石榴图 立轴	140cm×38.5cm	1,725,000	西泠印社	2020-08-09
吴昌硕 1924年作 篆书“强其骨”及自题盒 镜心	33cm×68.5cm	1,725,000	永乐拍卖	2020-08-17
吴昌硕 紫玉英图 立轴	152.5cm×40.5cm	1,725,000	西泠印社	2020-08-09
吴昌硕 1917年作 冷艳图 立轴	132cm×41.5cm	1,725,000	华艺国际	2020-10-16
吴昌硕 1922年作 美意延年 立轴	136cm×53cm	1,725,000	上海敬华	2020-09-22
吴昌硕 1908年作 湖石凤仙花 立轴	96.5cm×47cm	1,725,000	中国嘉德	2020-12-01
吴昌硕 1922年作 斑斓秋色 立轴	133cm×67cm	1,667,500	十竹斋拍卖(北京)	2020-10-18
吴昌硕 1922年作 篆书“茗柯有实理”镜心	31.5cm×131.5cm	1,610,000	北京保利	2020-10-17
吴昌硕 双清图 立轴	109cm×39cm	1,610,000	中贸圣佳	2020-10-17
吴昌硕 岁朝清供 立轴	133cm×33.5cm	1,552,500	荣宝斋(上海)	2020-10-25
吴昌硕 1921年作 金英益寿图 立轴	103cm×56.5cm	1,495,000	西泠印社	2020-08-09
吴昌硕 1925年作 秋艳图 立轴	99cm×39cm	1,495,000	西泠印社	2020-08-09
吴昌硕 富贵神仙 立轴	178.6cm×46.5cm	1,495,000	北京保利	2020-12-04
吴昌硕 1915年作 独树老夫家 镜框	143cm×52cm	1,482,000	佳士得	2020-07-08
吴昌硕 1922年作 神仙贵寿 镜心	156cm×47.5cm	1,380,000	北京保利	2020-10-17
吴昌硕 1920年作 葫芦 立轴	136cm×33cm	1,380,000	华艺国际	2020-10-16
吴昌硕 1914年作 行书七言联 对联	139cm×34cm×2	1,380,000	中国嘉德	2020-11-09
吴昌硕 1915年作 松寿长春 立轴	178cm×96cm	1,265,000	北京保利	2020-12-04
吴昌硕 1923年作 墨竹 立轴	140.5cm×44.3cm	1,265,000	北京保利	2020-12-04
吴昌硕 秋菊 立轴	135cm×66cm	1,230,500	荣宝斋(上海)	2020-10-25
吴昌硕 1920年作 依样 立轴	123cm×47cm	1,207,500	上海敬华	2020-09-22
吴昌硕 1920年作 真龙 立轴	130cm×67cm	1,150,000	永乐拍卖	2020-08-17
吴昌硕 1904年作 霜天翠袖 立轴	139cm×69cm	1,150,000	华艺国际	2020-12-05
吴昌硕 1910年作 蒲草秋菊 镜片	42cm×124cm	1,150,000	上海敬华	2020-09-22
吴昌硕 1913年作、1905年作 松芝图、篆书八言联 立轴	136cm×46cm；170cm×35cm×2	1,150,000	十竹斋拍卖(北京)	2020-10-18
吴昌硕 灼灼其华 立轴	139cm×34cm	1,035,000	荣宝斋(上海)	2020-10-25
吴昌硕1922年作行书自作诗四首手卷	33cm×136cm	1,012,000	北京保利	2020-12-04
吴昌硕 张祖翼 避炎曾坐芰荷香 行书七言联 立轴 对联	尺寸不一	1,012,000	上海敬华	2020-09-22

2020书画拍卖成交汇总(续表)

(成交价RMB：5万元以上)

拍品名称	物品尺寸	成交价RMB	拍卖公司	拍卖日期
吴昌硕 1920年作 诗情夕照图 立轴	146cm×40.5cm	989,000	十竹斋拍卖(北京)	2020-10-18
吴昌硕 1919年作 篆书 八言联 对联	151cm×35cm×2	977,500	西泠印社	2020-08-09
吴昌硕 1926年作 行书"云想衣裳花想容" 镜心	34.5cm×135.0cm	977,500	中国嘉德	2020-08-16
吴昌硕 1914年作 水际竹间多牡丹 立轴	148cm×39cm	976,853	香港苏富比	2020-10-08
吴昌硕 1914年作 枇杷 立轴	140cm×41.5cm	943,000	北京保利	2020-10-17
吴昌硕 1921年作 篆书 八言联 对联	169.5cm×43.5cm×2	920,000	西泠印社	2020-08-09
吴昌硕 1925年作 牡丹水仙图 镜心	147cm×82cm	920,000	北京翰海	2020-12-11
吴昌硕 郑孝胥 花卉、书法 成扇	18cm×49cm	920,000	华艺国际	2020-12-05
吴昌硕 姚黄稀见 立轴	180.5cm×41cm	920,000	华艺国际	2020-12-05
吴昌硕 1908年作 折梅煮茶图 镜框	72.5cm×43.5cm	920,000	华艺国际	2020-12-05
吴昌硕 1920年作 篆书八言联 对联	173cm×35cm×2	920,000	上海敬华	2020-09-22
吴昌硕 1917年作 清供图 立轴	147cm×80cm	920,000	永乐拍卖	2020-12-03
吴昌硕 枇杷凤仙花 立轴	134cm×34cm	920,000	中国嘉德	2020-12-01
吴昌硕 1911年作 紫绶 立轴	109.5cm×55cm	920,000	中国嘉德	2020-12-02
吴昌硕 1903年作 梅石图 镜片	130cm×47.5cm	897,000	西泠印社	2020-08-09
吴昌硕 1901年作 凤仙花图 立轴	84.5cm×36.5cm	897,000	十竹斋拍卖(北京)	2020-10-18
吴昌硕 1919年作 墨荷图 立轴	139cm×63cm	897,000	永乐拍卖	2020-12-03
吴昌硕 行书七言联 镜心	131.5cm×33cm×2	874,000	中贸圣佳	2020-10-17
吴昌硕 1882年作 篆书《耦园杂诗》四屏 立轴	146cm×37cm×4	862,500	北京保利	2020-10-17
吴昌硕 1915年作 松壑飞瀑 立轴	128cm×41cm	862,500	北京保利	2020-10-17
吴昌硕 1913年作 山水书法对屏(两幅) 立轴	119cm×47cm×2	855,000	佳士得	2020-07-08
吴昌硕 1916年作 古雪 立轴	138cm×34cm	851,000	中贸圣佳	2020-10-17
吴昌硕 1916年作 古雪 立轴	138cm×34cm	805,000	上海嘉禾	2020-01-05
吴昌硕 铁网珊瑚 立轴	131cm×33cm	805,000	上海敬华	2020-09-22
吴昌硕 1922年作 行书自作诗 立轴	150cm×83cm	805,000	中国嘉德	2020-12-02
吴昌硕 1915年作 岩洞秋菊 横披	34cm×121cm	782,000	中鸿信	2020-01-03
吴昌硕 1927年作 行书"野马" 镜心	34cm×94cm	782,000	永乐拍卖	2020-12-03
吴昌硕 1925年作 篆书 七言联 对联	148.5cm×35.5cm×2	747,500	西泠印社	2020-08-09
吴昌硕 1920年作 菊石图 立轴	179.5cm×46cm	747,500	北京翰海	2020-12-11
吴昌硕 1918年作 篆书文七言联 立轴	149.5cm×40cm×2	747,500	华艺国际	2020-10-16
吴昌硕 猫画 纸本	长136cm 宽57cm	743,820	美国摩根	2020-01-14
吴昌硕《石鼓文》七言对联 镜心	138cm×34cm×2	736,000	荣宝斋(上海)	2020-10-25
吴昌硕 紫藤 立轴	123.5cm×57.5cm	724,500	永乐拍卖	2020-12-03
吴昌硕王褆张祖翼金城陆恢冯超然等西涧寻诗图册(三十五页) 册页	约 43cm×28.5cm×35	690,000	西泠印社	2020-08-09
吴昌硕 1916年作 兰石图 立轴	136cm×48cm	690,000	北京保利	2020-10-17
吴昌硕 流水鸣琴 镜心	139cm×39cm	690,000	北京保利	2020-12-04
吴昌硕1920年作芦蓼秋意、书法成扇	18cm×46cm	690,000	华艺国际	2020-12-05
吴昌硕 隶书 横披	52cm×92cm	690,000	永乐拍卖	2020-12-03
吴昌硕 1926年作 云想衣裳花想容 扇面	24cm×68.5cm	667,000	北京保利	2020-12-04
吴昌硕 1913年作 篆书七言联 立轴	136.5cm×29cm×2	666,036	香港苏富比	2020-10-08
吴昌硕 1925年作 延年益寿 立轴	137.5cm×34cm	644,000	上海嘉禾	2020-01-05
吴昌硕 1920年作 竹石图 立轴	179.5cm×46.5cm	644,000	北京翰海	2020-12-11
吴昌硕 1921年作 甲骨文七言联 立轴	133.5cm×27.5cm×2	632,500	中鸿信	2020-01-03
吴昌硕 1915年作 碧玉红珊瑚 立轴	135cm×68cm	632,500	朵云轩	2020-09-23
吴昌硕 篆书七言对联 立轴	136cm×32cm×2	575,000	荣宝斋(上海)	2020-10-25
吴昌硕 雁来红 立轴	97cm×46.5cm	575,000	十竹斋拍卖(北京)	2020-10-18
吴昌硕 1919年作 秋读图 立轴	116cm×41cm	575,000	中国嘉德	2020-12-0[illegible]
吴昌硕 平安图 立轴	134.5cm×33cm	575,000	中贸圣佳	2020-10-1[illegible]
吴昌硕 1910年作 山茶寿石 立轴	175.7cm×47.5cm	565,000	香港苏富比	2020-07-1[illegible]
吴昌硕 1908年作 篆书"田车既好"四屏 立轴	169cm×45.5cm×4	552,000	北京保利	2020-10-1[illegible]
吴昌硕 1918年作 篆书八言联 立轴	171cm×47cm×2	529,000	中鸿信	2020-01-0[illegible]
吴昌硕 1915年作 行书"万岁" 镜心	118.5cm×41.5cm	517,500	上海匡时	2020-08-0[illegible]
吴昌硕 1877年作 书法 镜框	35cm×107.5cm	517,500	华艺国际	2020-10-1[illegible]
吴昌硕 1914年作 傲雪梅花 立轴	136cm×44cm	517,500	华艺国际	2020-12-0[illegible]
吴昌硕 草书自作诗五首	45cm×168cm	494,500	中国嘉德	2020-07-1[illegible]
吴昌硕 1919年作 墨荷图 立轴	150.5cm×40.5cm	483,000	西泠印社	2020-08-0[illegible]
吴昌硕 1922年作 行书自作诗 立轴	135cm×33.5cm	483,000	中国嘉德	2020-08-1[illegible]
吴昌硕 1900年作 王者之香 立轴	84cm×97cm	483,000	中国嘉德	2020-11-0[illegible]
吴昌硕 1920年作 山居图 立轴	132cm×33cm	483,000	中国嘉德	2020-11-0[illegible]
吴昌硕 1919年作 太湖石 立轴	137.5cm×49cm	478,800	佳士得	2020-07-0[illegible]
吴昌硕 1915年作 嫣红 立轴	113.5cm×41cm	471,500	永乐拍卖	2020-08-1[illegible]
吴昌硕 1916年作 湖楼山色 立轴	164cm×60cm	471,500	朵云轩	2020-09-2[illegible]
吴昌硕 1915年作 雁来红图 立轴	106.5cm×55cm	460,000	西泠印社	2020-08-09
吴昌硕 杏花春雨江南 立轴	145cm×39cm	460,000	北京保利	2020-12-04
吴昌硕 1921年作 虬龙 镜心	151cm×41cm	460,000	北京保利	2020-12-04
吴昌硕 1926年作 行书 立轴	162cm×61cm	460,000	朵云轩	2020-11-30
吴昌硕 荷花 立轴	169cm×47cm	460,000	华艺国际	2020-10-16
吴昌硕 花卉四屏 立轴	138cm×34cm×4	460,000	荣宝斋(上海)	2020-10-25
吴昌硕 1913年作 溪山幽境 立轴	137cm×34cm	447,300	佳士得	2020-12-01
吴昌硕 1915年作 篆书 临秦权 画心	147cm×40.5cm	437,000	西泠印社	2020-08-09
吴昌硕 1916年作 荷塘读书 立轴	132.5cm×33.5cm	437,000	中国嘉德	2020-08-15
吴昌硕 1913年作 篆书六言联 对联	124cm×31cm×2	437,000	中国嘉德	2020-07-15
吴昌硕 1918年作 松石图 立轴	136cm×69cm	437,000	中鸿信	2020-01-03
吴昌硕 1924年作 行书七言 对联	153cm×34cm×2	437,000	朵云轩	2020-11-30
吴昌硕 1922年作 芦橘夏熟 立轴	106cm×33cm	437,000	上海敬华	2020-09-22
吴昌硕 1923年作 行书画松诗 立轴	145.5cm×39.5cm	429,400	香港苏富比	2020-07-10
吴昌硕 陆恢 任预 胡义赞 金心兰 倪田 吴榖祥 顾麟士 岁朝清供图 立轴	127cm×34cm	425,500	广东崇正	2020-09-13
吴昌硕 1919年作 墨荷 立轴	101.5cm×42cm	404,700	佳士得	2020-12-01
吴昌硕 白荷花开 立轴	130cm×61cm	402,500	中国嘉德	2020-07-17
吴昌硕 延年益寿 镜心	148cm×40cm	402,500	中国嘉德	2020-07-17
吴昌硕 篆书七言联 立轴	134cm×31cm×2	402,500	荣宝斋(南京)	2020-11-28
吴昌硕 1915年作 绝壑秋荫 立轴	151cm×48.5cm	402,500	永乐拍卖	2020-12-03
吴昌硕 晋人菊意图 立轴	116cm×52cm	402,500	中国嘉德	2020-11-09
吴昌硕 书法 对联	135cm×33cm×2	368,000	广东小雅斋	2020-08-21
吴昌硕 1917年作 集石鼓文五言联 立轴	143cm×34cm×2	368,000	北京保利	2020-10-17
吴昌硕 竹石图 立轴	135cm×33cm	368,000	荣宝斋(上海)	2020-10-25
吴昌硕 墨竹 立轴	151.5cm×41cm	368,000	荣宝斋(上海)	2020-10-25
吴昌硕 石鼓文 立轴	146.5cm×38.5cm	368,000	荣宝斋(上海)	2020-10-25
吴昌硕 1919年作 苍松图 立轴	143.5cm×41.5cm	368,000	十竹斋拍卖(北京)	2020-10-18
吴昌硕 1920年作 石鼓文七言联 立轴	128.5cm×31cm×2	345,000	中国嘉德	2020-08-15

拍品名称	物品尺寸	成交价RMB	拍卖公司	拍卖日期
吴昌硕 1934年作 墙根秋色图 立轴	179cm×44.5cm	345,000	中国嘉德	2020-08-15
吴昌硕 1891年作 石鼓文七言联 立轴	148cm×29cm×2	345,000	中鸿信	2020-01-03
吴昌硕 1908年作 集石鼓文七言联 立轴	147.5cm×28.5cm×2	345,000	北京保利	2020-10-17
吴昌硕 1909年作 篆书七言联 立轴	137cm×33.5cm×2	345,000	广东崇正	2020-09-13
吴昌硕 古雪 立轴	134cm×33cm	345,000	荣宝斋(上海)	2020-10-25
吴昌硕 1920年作 竹林抚琴图 立轴	128cm×45.5cm	345,000	十竹斋拍卖(北京)	2020-10-18
吴昌硕 玩石清莲图	108cm×40.5cm	345,000	中贸圣佳	2020-10-17
吴昌硕 1919年作 行书自作诗 镜心	33.5cm×103cm	322,000	中鸿信	2020-01-03
吴昌硕 书法 册页	尺寸不一cm×10	322,000	广东小雅斋	2020-08-21
吴昌硕 1916年作 行书自作诗 立轴	150cm×38cm	322,000	北京保利	2020-10-17
吴昌硕 修竹 立轴	133.5cm×41cm	322,000	荣宝斋(上海)	2020-10-25
吴昌硕 1914年作 书法“精庐”镜心	33cm×90cm	322,000	永乐拍卖	2020-12-03
吴昌硕 1917年作 菊石图 立轴	124.5cm×33.5cm	310,500	上海嘉禾	2020-01-05
吴昌硕 1951年作 依样 立轴	136cm×40cm	310,500	中鸿信	2020-01-03
吴昌硕 1913年作 石鼓七言联 立轴	131.5cm×32cm×2	299,000	北京诚轩	2020-08-17
吴昌硕 1915年作 节临《石鼓文》立轴	138.5cm×40.5cm	299,000	北京诚轩	2020-08-17
吴昌硕 1898年作 节临《石鼓文》·赤城霞 扇面	18.5cm×53.5cm	299,000	中国嘉德	2020-08-15
吴昌硕 1917年作 石鼓文 扇面	15cm×46.8cm	299,000	朵云轩	2020-09-24
吴昌硕 1917年作 木笔年年纪岁华 立轴	132cm×34cm	287,500	上海敬华	2020-09-22
吴昌硕 1923年作 篆书“鹤寿”立轴	120.5cm×38cm	287,500	十竹斋拍卖(北京)	2020-10-18
吴昌硕 行书“竹素流风”镜心	27cm×51.5cm	287,500	中国嘉德	2020-12-02
吴昌硕 篆书八言联 立轴	169cm×36cm×2	287,500	中贸圣佳	2020-10-17
吴昌硕 1892年作 老梅怪石 立轴	127cm×54.5cm	264,500	中国嘉德	2020-12-03
吴昌硕 1901年作 祭诗图 镜框	65cm×52cm	253,000	上海嘉禾	2020-01-05
吴昌硕 1918年作 牡丹图 镜片	36.5cm×36.5cm	253,000	西泠印社	2020-08-09
吴昌硕 1919年作 石鼓文七言联 镜心	144cm×36cm×2	230,000	中国嘉德	2020-08-15
吴昌硕 夏荷 立轴	166cm×47cm	230,000	北京保利	2020-12-04
吴昌硕 四壁寒香秋士屋 镜心	134cm×33cm	230,000	荣宝斋(上海)	2020-10-25
吴昌硕 行书题记 立轴	87cm×75cm	230,000	永乐拍卖	2020-12-03
吴昌硕 贵寿无极	161.5cm×83.5cm	224,000	上海联合	2020-11-29
吴昌硕 王震 1923年作 凤凰栖处雁来天 立轴	140.5cm×39cm	218,500	中国嘉德	2020-08-15
吴昌硕 1921年作 风竹图 立轴	134cm×33cm	218,500	中鸿信	2020-01-03
吴昌硕 玉堂富贵 设色纸本	高113.7cm；宽57.1cm	215,177	纽约苏富比	2020-09-23
吴昌硕 1923年作 秋色斑斓 立轴	135cm×32cm	207,000	中国嘉德	2020-08-15
吴昌硕 1914年作 石鼓文七言联 立轴	135cm×31.5cm×2	207,000	北京保利	2020-12-04
吴昌硕 王震 程璋 1915年作 秋瀑萧瑟 立轴	135cm×41cm	207,000	上海敬华	2020-09-22
吴昌硕 篆书七言联 立轴	126cm×30.5cm×2	207,000	中国嘉德	2020-12-03
吴昌硕 墨梅 立轴	72cm×41cm	207,000	中贸圣佳	2020-10-17
吴昌硕 1894年作 节临石鼓文 立轴	134cm×40.7cm	195,500	中国嘉德	2020-08-15
吴昌硕 为杨伯润书题画诗 扇页	53cm×18cm	195,500	西泠印社	2020-08-08
吴昌硕 石鼓文 立轴	100.5cm×64cm	195,500	荣宝斋(南京)	2020-11-28

拍品名称	物品尺寸	成交价RMB	拍卖公司	拍卖日期
吴昌硕 篆书 节临石鼓文 镜片	直径24.5cm	184,000	西泠印社	2020-08-08
吴昌硕 黄宾虹 高剑父 钱瘦铁 等 清趣 册页(十四开)	20.5cm×29.5cm×15	184,000	荣宝斋(上海)	2020-10-25
吴昌硕 1915年作 幽谷元冰 立轴	136.5cm×33cm	172,500	北京翰海	2020-12-11
吴昌硕 花卉 镜框	75cm×27cm	172,500	华艺国际	2020-10-16
吴昌硕 1919年作 好寿 横披	33cm×76cm	161,000	北京保利	2020-10-18
吴昌硕 篆书 立轴	132cm×40cm	161,000	中国嘉德	2020-11-09
吴昌硕(款)荷花图	54cm×126.5cm	155,250	中国嘉德	2020-11-09
吴昌硕 旧时月色 立轴	133.5cm×30.5cm	138,000	保利厦门	2020-09-26
吴昌硕 富贵牡丹 立轴	26cm×38cm	126,500	中国嘉德	2020-07-15
吴昌硕 珠光 立轴	90cm×35cm	126,500	保利厦门	2020-09-26
吴昌硕 篆书八言联 镜心	162cm×31.5cm×2	126,500	北京翰海	2020-12-12
吴昌硕 1902年作 幽幽兰香 扇面	17cm×51cm	115,000	朵云轩	2020-11-29
吴昌硕 1919年作 篆书八言 对联	129cm×20cm×2	115,000	朵云轩	2020-11-30
吴昌硕 行书五言诗 立轴	34cm×47cm	115,000	中贸圣佳	2020-10-17
吴昌硕 行书 五言诗 镜片	25cm×20.5cm	109,250	西泠印社	2020-08-09
吴昌硕 富贵花开 立轴	85cm×37cm	103,500	中国嘉德	2020-07-16
吴昌硕 菊花 立轴	144cm×40cm	103,500	广东小雅斋	2020-08-21
吴昌硕 1918年作 梅石幽兰 立轴	137cm×43cm	103,500	北京翰海	2020-12-11
吴昌硕 1920年作 篆书七言联 对联	127cm×30cm×2	101,200	中国嘉德	2020-07-15
吴昌硕 1920年作 松菊犹存 立轴	112cm×49cm	97,750	中国嘉德	2020-07-15
吴昌硕 1917年作 篆书七言联 镜心	133cm×27.5cm×2	92,000	北京翰海	2020-12-12
吴昌硕 1918年作 墨梅 镜框	132cm×44cm	92,000	上海敬华	2020-09-22
吴昌硕 篆书八言联 对联	178cm×24cm×2	86,250	中国嘉德	2020-07-15
吴昌硕 1921年作 兰石图 立轴	113cm×38cm	86,250	中国嘉德	2020-11-09
吴昌硕 1917年作 篆书“静观”镜心	40cm×118cm	82,800	中国嘉德	2020-07-17
吴昌硕 1921年作 墨竹图 立轴	132cm×29cm	82,800	中国嘉德	2020-07-16
吴昌硕 1923年作 行书“德一”镜心	29cm×84cm	69,000	中鸿信	2020-01-04
吴昌硕 蒲华 吴谷祥 倪田 黄山寿 陆恢 合作 1902年作 岁朝清供 立轴	125cm×58cm	66,700	中国嘉德	2020-07-15
吴昌硕 篆书七言联 立轴	173cm×45cm×2	60,950	广东崇正	2020-06-27
吴昌硕 高枝实累累 立轴	134cm×66cm	59,800	保利厦门	2020-09-26
吴昌硕 致子芹信札一通 镜心	22.7cm×14.1cm	57,500	北京诚轩	2020-08-17
吴昌硕 石鼓文七言联 对联	143cm×36cm×2	57,500	北京保利	2020-10-18
吴昌硕 1921年作 夕晖读书图 立轴	135cm×35cm	57,500	中国嘉德	2020-11-09
吴昌硕 1920年作 篆书八言联 对联	208cm×44cm×2	57,500	中国嘉德	2020-11-11
吴昌硕 胡浚 菊花 书法 成扇	18cm×52cm×2	51,750	广东小雅斋	2020-06-17
吴昌硕 1919年作 博古花卉 立轴	136cm×33cm	51,750	中国嘉德	2020-07-15
吴昌硕 1914年作 红梅图 立轴	101cm×37cm	51,750	中国嘉德	2020-11-09
吴昌硕 1914年作 博古花卉 立轴	129cm×64cm	51,750	中国嘉德	2020-11-10
吴成槐 翠华含英	136cm×68cm	302,000	北京贞观	2020-11-28
吴大羽 约1960年代 无题I-649	14.8cm×10.4cm	106,690	北京保利	2020-07-18
吴待秋 竹林清兴 立轴	109cm×45cm	115,000	荣宝斋(上海)	2020-10-25
吴待秋 1944年作 行书七言联 立轴	102cm×21cm×2	63,250	北京保利	2020-10-17
吴芳 墨葡萄 扇面	16cm×50.5cm	92,000	中国嘉德	2020-08-17
吴茀之 1958年作 飞跃的祖国 立轴	179cm×95cm	138,000	中鸿信	2020-01-03
吴茀之 1976年作 秋实图 立轴	103cm×43cm	57,500	上海嘉禾	2020-01-05
吴观岱 1920年作 东方朔 镜心	176.5cm×94.5cm	57,500	北京翰海	2020-12-11
吴冠中 1979年作 山城重庆 镜框	68.3cm×137.5cm	44,335,444	香港苏富比	2020-10-08
吴冠中 1988年作 原始林 镜框	95.4cm×178.4cm	24,672,405	香港苏富比	2020-10-08
吴冠中 1986年作 长白山天池 镜框	95cm×180cm	21,854,200	香港苏富比	2020-07-10
吴冠中 1987年作 野藤明珠 镜框	95.5cm×178.5cm	16,530,000	佳士得	2020-07-08
吴冠中 1987年作 奔流 镜心	161cm×95.5cm	15,870,000	北京保利	2020-10-17
吴冠中 太湖泊舟 镜框	68cm×134cm	14,526,600	佳士得	2020-12-01

2020书画拍卖成交汇总(续表)

(成交价RMB：5万元以上)

拍品名称	物品尺寸	成交价RMB	拍卖公司	拍卖日期
吴冠中 彩山 镜框	95cm×181cm	9,921,400	香港苏富比	2020-07-10
吴冠中 1988年作 山居图	68.5cm×137cm	9,430,000	华艺国际	2020-10-15
吴冠中 1983年作 雪山与杜鹃	136.5cm×67cm	8,280,000	华艺国际	2020-10-15
吴冠中 1987年作 江南水巷 镜框	48cm×50cm	7,426,360	香港苏富比	2020-07-10
吴冠中 1992年 忆武夷山	69cm×89cm	7,130,000	中国嘉德	2020-12-05
吴冠中 忆泰山上高峰 镜心	67cm×131cm	6,900,000	荣宝斋(上海)	2020-10-25
吴冠中 水上人家 镜框	67.2cm×136cm	6,883,960	香港苏富比	2020-07-10
吴冠中 1991年作 今日迷宫 镜框	97.5cm×68.2cm	6,763,437	香港苏富比	2020-10-08
吴冠中 1992年作 秩序 镜心	67.6cm×130.6cm	6,670,000	北京保利	2020-10-17
吴冠中 1991年作 苇塘	68.6cm×138.4cm	6,670,000	北京保利	2020-10-16
吴冠中 狮子林 镜框	69.5cm×94.2cm	6,550,235	香港苏富比	2020-10-08
吴冠中 园林春色 镜心	89cm×95.5cm	6,210,000	永乐拍卖	2020-12-03
吴冠中 1979年作 春笋 镜框	68cm×68.8cm	5,582,200	香港苏富比	2020-07-10
吴冠中 春雪 镜框	66.5cm×136cm	5,582,200	香港苏富比	2020-07-10
吴冠中 1989年作 是空是色入画来 镜框	67.5cm×68.4cm	5,271,023	香港苏富比	2020-10-08
吴冠中 1988年作 月下玉龙山 镜框	67cm×132cm	5,038,800	佳士得	2020-07-08
吴冠中 1988年作 华山日出 立轴	137cm×68cm	4,830,000	永乐拍卖	2020-12-03
吴冠中 1976年作 睡莲	44cm×47cm	4,600,000	华艺国际	2020-10-15
吴冠中 1984年作 滨江新篁 镜框	52.8cm×68.5cm	4,497,400	香港苏富比	2020-07-10
吴冠中 八十年代作 江南即景	66cm×66cm	4,140,000	北京翰海	2020-12-12
吴冠中 1983年作 乡镇小桥多 镜框	75cm×68cm	3,885,210	香港苏富比	2020-10-08
吴冠中 2000年作 在天涯 镜框	69cm×54cm	3,616,000	香港苏富比	2020-07-10
吴冠中 新会小鸟天堂榕树 镜心	93cm×75cm	3,450,000	荣宝斋(上海)	2020-10-25
吴冠中 1989年作 巴黎教堂 镜框	67.5cm×45cm	3,408,000	佳士得	2020-12-01
吴冠中 1981年作 天山天池 镜框	28.7cm×47.8cm	3,390,000	香港苏富比	2020-07-10
吴冠中 1987年作 雪里红梅 镜心	82cm×68cm	3,335,000	北京保利	2020-10-17
吴冠中 1992年作 江南屋 镜心	62.5cm×68.2cm	3,220,000	北京保利	2020-10-17
吴冠中 1990年作 鹦鹉前头人语喧	57cm×48.5cm	3,220,000	华艺国际	2020-10-15
吴冠中 2007年作 紫气东来 镜心	48cm×57cm	3,220,000	十竹斋拍卖(北京)	2020-10-18
吴冠中 1980年代作 苇塘人家	66.5cm×71.5cm	2,990,000	永乐拍卖	2020-12-04
吴冠中 1978年作 玉龙山下	49cm×41.5cm	2,875,000	华艺国际	2020-10-15
吴冠中 江南柳堤人家	29cm×47.5cm	2,530,000	华艺国际	2020-10-15
吴冠中 1986年作 宅院	42.5cm×46.5cm	2,415,000	永乐拍卖	2020-12-04
吴冠中 1991年作 花前细语 镜心	44.5cm×66cm	2,127,500	中国嘉德	2020-12-03
吴冠中 1986年作 松	32.8cm×45.3cm	2,070,000	永乐拍卖	2020-08-18
吴冠中 乡居 镜框	67.5cm×68cm	2,023,500	佳士得	2020-12-01
吴冠中 春塘水暖 镜心	45cm×47.5cm	1,955,000	中国嘉德	2020-08-15
吴冠中 1988年作 远山竹林 镜框	51cm×60cm	1,938,000	佳士得	2020-07-08
吴冠中 谢稚柳 陆俨少 吴作人 等 "各尽其妙" 杂锦卷 手卷	48cm×90cm; 48cm×570cm	1,782,500	永乐拍卖	2020-08-17
吴冠中 1976年作 山东荣成成山角	50cm×101cm	1,380,000	朵云轩	2020-09-24
吴冠中 江南景色 镜框	68cm×67cm	1,254,000	佳士得	2020-07-08
吴冠中 江岸 镜框	68cm×42.4cm	1,243,000	香港苏富比	2020-07-10
吴冠中 观鱼 立轴	44cm×48cm	1,221,066	香港苏富比	2020-10-08
吴冠中 江南水乡 镜心	37cm×48cm	1,150,000	北京诚轩	2020-08-17
吴冠中 柳燕 镜心	38cm×55cm	1,150,000	永乐拍卖	2020-12-03
吴冠中 1987年作 江南人家 镜心	43cm×43.5cm	1,092,500	北京保利	2020-10-17
吴冠中 山居图 镜心	44cm×69cm	1,092,500	十竹斋拍卖(北京)	2020-10-18
吴冠中 旭日红染万重山 镜心	33.5cm×45.5cm	1,012,000	北京诚轩	2020-08-17
吴冠中 1955年作 北京一条街 镜框	26.5cm×37.6cm	999,054	香港苏富比	2020-10-08

拍品名称	物品尺寸	成交价RMB	拍卖公司	拍卖日期
吴冠中 花溪 镜框	31.7cm×41cm	943,551	香港苏富比	2020-10-08
吴冠中 1984年作 老重庆	28.6cm×48.4cm	897,000	永乐拍卖	2020-08-18
吴冠中 1984年作 山村渡口 镜片	45cm×37.5cm	897,000	广东崇正	2020-09-13
吴冠中 1982年作 龙潭湖	34cm×41cm	862,500	西泠印社	2020-08-08
吴冠中 太湖 镜心	42cm×58cm	862,500	中国嘉德	2020-08-15
吴冠中 山泉 镜心	30cm×51cm	862,500	中贸圣佳	2020-10-17
吴冠中 黄山松云 镜心	68cm×137cm	782,000	中国嘉德	2020-11-09
吴冠中 1977年作 渔舟唱晚	34cm×34cm	747,500	西泠印社	2020-08-08
吴冠中 碧池 镜框	31.5cm×41cm	666,036	香港苏富比	2020-10-08
吴冠中 1983年作 苏州网师园 镜框	28.8cm×40cm	621,500	香港苏富比	2020-07-10
吴冠中 播	69cm×69cm	621,500	江苏汇中	2020-08-05
吴冠中 1980年作 山居 立轴	60cm×47cm	575,000	中国嘉德	2020-08-15
吴冠中 荷塘 镜心	44.5cm×63.5cm	575,000	荣宝斋(上海)	2020-10-25
吴冠中 青城山中 镜心	29cm×19cm	471,500	十竹斋拍卖(北京)	2020-10-18
吴冠中 1981年作 春消息 镜片	29cm×49cm	402,500	上海敬华	2020-09-22
吴冠中 1980年作 乡村一角 镜心	34.2cm×26.8cm	306,564	中国嘉德	2020-10-09
吴光宇 杨妃出浴 镜片	110cm×61cm	172,500	广东小雅斋	2020-08-21
吴光宇 人物 立轴	143cm×84cm	172,500	十竹斋拍卖(北京)	2020-10-18
吴光宇 庭嬉图 立轴	66cm×31cm	126,500	北京翰海	2020-12-11
吴光宇 1948年作 十八婴戏 立轴	103.5cm×32.7cm	92,000	北京诚轩	2020-08-17
吴光宇 东山携妓图 镜心	125.5cm×31cm	80,500	北京翰海	2020-12-11
吴光宇1963年作 "吹箫引凤"	81cm×43cm	57,500	中鸿信	2020-01-04
吴光宇 仕女 立轴	92cm×32cm	55,200	广东小雅斋	2020-08-21
吴光宇 张海若 1941年作 婴戏图 行书 成扇	15cm×41cm×2	51,750	上海敬华	2020-09-22
吴湖帆 1937年作 媚秋堂寻诗图 手卷	尺寸不一	18,400,000	中国嘉德	2020-12-01
吴湖帆 1934年作 晴岭飞泉 立轴	110cm×48.5cm	8,855,000	广东崇正	2020-09-13
吴湖帆 1947年作 邃谷寒潭 立轴	90.5cm×48.5cm	5,865,000	十竹斋拍卖(北京)	2020-10-18
吴湖帆 张海若 1940年作 深山访道·小楷《江行》诗 成扇	18.5cm×49.0cm	4,025,000	中国嘉德	2020-08-16
吴湖帆 1944年作 溪山图 镜框	95cm×45cm	3,680,000	北京保利	2020-10-17
吴湖帆 1938年作 水绘园图 镜框	33.2cm×43.7cm	3,390,000	香港苏富比	2020-07-10
吴湖帆 1949年作 桑竹春蚕图 立轴	96cm×52cm	3,335,000	华艺国际	2020-10-16
吴湖帆 1944年作 出水芙蓉 立轴	95.5cm×45.5cm	3,105,000	西泠印社	2020-08-09
吴湖帆 1933年作 仿北宋郭熙幽谷图 立轴	148cm×54cm	2,875,000	中国嘉德	2020-12-01
吴湖帆 1929年作 临唐寅山水卷 镜心	20cm×148.5cm	2,530,000	北京保利	2020-12-04
吴湖帆 1953年作 绶带祝寿 立轴	136cm×57.5cm	2,530,000	十竹斋拍卖(北京)	2020-10-18
吴湖帆 1950年作 仿古山水人物 镜框四屏	42cm×30cm×4	1,782,500	华艺国际	2020-10-16
吴湖帆 1961年作 荷香清远 镜心	50cm×113.5cm	1,667,500	十竹斋拍卖(北京)	2020-10-18
吴湖帆 1963年作 洞庭湖春色图 手卷	引首 51.5cm×18.5cm; 画心 137.5cm×18.5cm	1,380,000	西泠印社	2020-08-09
吴湖帆 1943年作 岁朝春瑞 立轴	72.3cm×35cm	1,380,000	中国嘉德	2020-12-01
吴湖帆 1960年作《鹧鸪天》词意图 镜心	38cm×57.5cm	1,207,500	永乐拍卖	2020-12-03
吴湖帆 1934年作 翠带玉冠 立轴	117.5cm×57cm	1,150,000	中国嘉德	2020-08-15

拍品名称	物品尺寸	成交价RMB	拍卖公司	拍卖日期
吴湖帆 1947年作 风竹图 立轴	93.5cm×52.5cm	1,150,000	十竹斋拍卖(北京)	2020-10-18
吴湖帆 1938年作 大吉祥宜富贵 立轴	114.5cm×50.5cm	1,150,000	中国嘉德	2020-12-03
吴湖帆 竹石图四屏(四帧) 镜片	52cm×17cm×4	1,058,000	西泠印社	2020-08-09
吴湖帆 冯超然 1926年作 宝若珠玑 镜心	32.0cm×110.0cm	920,000	中国嘉德	2020-08-16
吴湖帆 1944年作 杨柳春色桃花开 立轴	64.5cm×24cm	920,000	中鸿信	2020-01-03
吴湖帆 大吉祥宜富贵 立轴	114cm×50cm	897,000	广东小雅斋	2020-08-21
吴湖帆 夏江草阁图·行书七言联 三轴 对联	94.5cm×37cm；126cm×21cm×2	862,500	西泠印社	2020-08-09
吴湖帆 秋林远岫图·行书姜夔词 成扇	52cm×18cm	805,000	西泠印社	2020-08-08
吴湖帆 松风涧泉、书法 成扇	18cm×46cm	805,000	华艺国际	2020-12-05
吴湖帆 1944年作 林下风神 镜片	133cm×65.5cm	782,000	上海敬华	2020-09-22
吴湖帆 梅花生圹 立轴	31cm×36cm	713,000	广东崇正	2020-09-13
吴湖帆 邓散木 1953年作 娇荷翠裳 杜甫诗 成扇	17.6cm×50cm	690,000	北京诚轩	2020-08-17
吴湖帆 1953年作 红了樱桃、书法 扇面	17cm×45cm	690,000	华艺国际	2020-12-05
吴湖帆 1925年作 烟峦秋霭图 立轴	69.5cm×34.5cm	667,000	中国嘉德	2020-08-16
吴湖帆 秋壑丹枫 立轴	71cm×35cm	667,000	中贸圣佳	2020-10-17
吴湖帆 1942年作 行书十二言联 立轴	149.5cm×19.5cm×2	632,500	中国嘉德	2020-12-02
吴湖帆 行书七言 对联	125cm×25cm×2	575,000	朵云轩	2020-09-24
吴湖帆 沈卫 看山图、书法 成扇	20cm×49cm	575,000	华艺国际	2020-10-16
吴湖帆 1936年作 柴门老树村 立轴	96cm×46cm	552,000	中国嘉德	2020-08-15
吴湖帆 密林陡壑 立轴	74cm×34cm	552,000	华艺国际	2020-10-16
吴湖帆 清荷 镜心	19cm×51cm	552,000	永乐拍卖	2020-12-03
吴湖帆 1947年作 溪山深秀 立轴	103cm×46.5cm	552,000	中国嘉德	2020-12-03
吴湖帆 1949年作 宋徽宗祥龙石 镜框	33.1cm×18.4cm	542,400	香港苏富比	2020-07-10
吴湖帆 1965年作 草书六言联 镜心	144cm×39cm×2	517,500	北京保利	2020-10-17
吴湖帆 1947年作 青林长松图 立轴	92.5cm×27cm	494,500	西泠印社	2020-08-09
吴湖帆 1965年作 草书毛主席诗词 立轴	170.5cm×88.5cm	483,000	中国嘉德	2020-12-03
吴湖帆 1939年作 拟古(四幅) 镜框双挖	23cm×31cm×4	460,000	朵云轩	2020-09-23
吴湖帆 草书八言 对联	145cm×33cm×2	460,000	朵云轩	2020-09-24
吴湖帆 1947年作 篆书七言 对联	137.5cm×22cm×2	460,000	朵云轩	2020-09-24
吴湖帆 1954年作 书法 镜框	27cm×31cm	460,000	华艺国际	2020-10-16
吴湖帆 行书李白诗 立轴	130cm×64cm	460,000	中国嘉德	2020-12-02
吴湖帆 1945年作 翠叶芙蕖 成扇	19cm×45.4cm	418,100	香港苏富比	2020-07-10
吴湖帆 1935年作 拟夏圭山水、书法	18.6cm×51.3cm	388,521	香港苏富比	2020-10-08
吴湖帆 渔村图 立轴	104cm×49.5cm	356,500	中贸圣佳	2020-10-17
吴湖帆 1927年作 灵岩山图 镜心	39cm×56cm	345,000	中国嘉德	2020-08-15
吴湖帆 1920年作 天池石壁图 立轴	66cm×33cm	345,000	广东崇正	2020-09-13
吴湖帆 1946年作 双寿 镜框	25.5cm×32cm	322,000	华艺国际	2020-10-16
吴湖帆 1952年作 仿古山水扇面 镜心	18cm×50cm	322,000	永乐拍卖	2020-12-03
吴湖帆 1926年作 为陈巨来作朝岚宿鸟图·行书录吴梅题跋 成扇	54cm×19.5cm	287,500	西泠印社	2020-08-08
吴湖帆 行书七言联 对联	131cm×28cm×2	287,500	西泠印社	2020-08-09
吴湖帆 山水 镜片	29.5cm×59.56cm；44cm×95cm(连框)	287,500	华艺国际	2020-10-16
吴湖帆 1946年作 溪山闲居图 立轴	126cm×66cm	276,000	中鸿信	2020-01-03
吴湖帆 1941年作 行书七言联 立轴	131cm×30cm×2	276,000	十竹斋拍卖(北京)	2020-10-18
吴湖帆 1950年作 蝶影落新篁 扇面	18cm×51cm	253,000	朵云轩	2020-09-24
吴湖帆 1943年作 竹石、书法 成扇	17cm×45cm	253,000	华艺国际	2020-12-05
吴湖帆 1926年作 芝兰竹石·行书临史 成扇	18cm×52cm	241,500	中国嘉德	2020-08-15
吴湖帆 寒江帆影图 手卷	28.5cm×224cm	230,000	保利厦门	2020-09-26
吴湖帆 1928年作 行书"万古长春楼"镜心	25cm×108cm	230,000	北京保利	2020-10-17
吴湖帆 云横秀岭图 镜心	44cm×15cm×8	230,000	北京保利	2020-10-17
吴湖帆 行书七言联 立轴	130cm×29cm×2	230,000	北京保利	2020-12-04
吴湖帆 1952年作 行书七言联 立轴	109cm×22cm×2	230,000	中国嘉德	2020-12-02
吴湖帆 1929年作 山中草堂图 楷书 成扇	20cm×54cm	212,750	朵云轩	2020-09-23
吴湖帆 柳边春色 镜心	93cm×41cm	195,500	上海匡时	2020-08-05
吴湖帆 1935年作 松风涧泉 立轴	60cm×32cm	195,500	中国嘉德	2020-08-15
吴湖帆 1928年作 渔村远渚 扇面	18cm×50.5cm	195,500	朵云轩	2020-09-23
吴湖帆 1944年作 洞壑奔泉 立轴	106cm×33cm	193,800	佳士得	2020-07-01
吴湖帆 行书七言联 立轴	129cm×32cm×2	184,000	中国嘉德	2020-08-15
吴湖帆 行书七言联 立轴	147cm×38cm×2	184,000	北京保利	2020-12-04
吴湖帆 墨竹图·行书七言诗 成扇	18cm×49.5cm	184,000	中国嘉德	2020-12-02
吴湖帆 楷书七言联 立轴	131cm×27cm×2	172,500	上海匡时	2020-08-05
吴湖帆 行书七言联 立轴	114cm×21.5cm×2	161,000	北京诚轩	2020-08-17
吴湖帆 袁克文 1927年作 看梅图 楷书蝶恋花 成扇	18cm×50cm	161,000	中国嘉德	2020-08-15
吴湖帆 瘦金体七言联 立轴	109cm×25.5cm×2	161,000	广东崇正	2020-09-13
吴湖帆 1948年作 草书临祝允明书 立轴	132.5cm×64cm	161,000	中国嘉德	2020-12-03
吴湖帆 行书七言联 立轴	141cm×31cm×2	161,000	中贸圣佳	2020-10-17
吴湖帆 1933年作 为吴仲熊拟董其昌山水 扇页	51.5cm×18cm	149,500	西泠印社	2020-08-08
吴湖帆 1955年作 双寿·行书七言诗 成扇	18.5cm×50cm	149,500	中国嘉德	2020-08-15
吴湖帆 篆书七言联 立轴	120cm×21cm×2	149,500	北京保利	2020-10-17
吴湖帆 行书九言 对联片	124cm×20cm×2	149,500	朵云轩	2020-09-24
吴湖帆 楷书九言联 立轴	165cm×25.5cm×2	138,000	上海匡时	2020-08-05
吴湖帆 1949年作 行书"万里烟波庐"镜心	39cm×140cm	138,000	北京保利	2020-12-04
吴湖帆 1925年作 辋川诗意 扇框	14.5cm×43cm	138,000	朵云轩	2020-09-23
吴湖帆 1929年作 仿仲圭云林笔意 立轴	85cm×33cm	138,000	广东崇正	2020-09-13
吴湖帆 行书五言联 立轴	168cm×50cm×2	138,000	永乐拍卖	2020-12-03
吴湖帆 张启后 1950年作 松岩云瀑 行书节录李慈铭评《校礼堂集》扇面镜框双挖	17.5cm×51.5cm×2	136,800	佳士得	2020-07-01
吴湖帆 1950年作 行书七言联 镜心	102cm×21.5cm×2	126,500	中国嘉德	2020-08-15
吴湖帆 1944年作 雨后清影·行书七言诗 成扇	18.5cm×50cm	126,500	中国嘉德	2020-08-15
吴湖帆 楷书八言联 立轴	130.5cm×21.5cm×2	126,500	中国嘉德	2020-08-15
吴湖帆 1944年作 倚石穿云 镜片	29.5cm×24cm	126,500	朵云轩	2020-11-29
吴湖帆 临各家山水 册页(四开)	28cm×29cm×4	120,750	朵云轩	2020-11-30
吴湖帆 1943年作 行书 镜片	106cm×52cm	115,000	朵云轩	2020-09-24
吴湖帆 1952年作 墨竹图 立轴	63.5cm×26cm	109,250	朵云轩	2020-11-29
吴湖帆 褚德彝 1933年作 吴仲圭渔父图 隶书 成扇	17.5cm×50cm	109,250	广东崇正	2020-09-13
吴湖帆 行书七言联 对联	146cm×37cm×2	105,800	中国嘉德	2020-11-10
吴湖帆 行书七言联 镜心	135cm×32.5cm×2	103,500	北京诚轩	2020-08-17
吴湖帆 行书七言联 对联	132cm×30cm×2	103,500	上海敬华	2020-09-22

2020书画拍卖成交汇总(续表)

(成交价RMB：5万元以上)

拍品名称	物品尺寸	成交价RMB	拍卖公司	拍卖日期
吴湖帆 行书七言联 镜心	149cm×40cm×2	97,750	北京诚轩	2020-08-17
吴湖帆 1953年作 楷书十五言联 对联	66cm×13cm×2	97,750	中国嘉德	2020-11-09
吴湖帆 行书七言联 立轴	129.5cm×21cm×2	97,750	中国嘉德	2020-12-03
吴湖帆 1936年作 篆书七言联 立轴	80cm×16cm×2	92,000	中国嘉德	2020-08-15
吴湖帆 行书七言 对联片	133cm×32cm×2	92,000	朵云轩	2020-11-30
吴湖帆 1944年作 行书“旧游”立轴	106cm×48cm	92,000	上海敬华	2020-09-22
吴湖帆 1943年作 朱丝格十一言书房联合裱轴 轴	125cm×15.5cm×2	90,400	江苏汇中	2020-08-05
吴湖帆 书法 对联	127cm×22cm×2	87,400	广东小雅斋	2020-08-21
吴湖帆1924年作篆书“耕春馆”镜心	38cm×122cm	80,500	中国嘉德	2020-08-15
吴湖帆 俞子才 吴增甲 等合作 节录《兰花篇》幽篁蜻蜓 成扇	19cm×51.5cm	80,500	北京诚轩	2020-08-17
吴湖帆 郑午昌 行书七言诗 秋江行旅 扇面	19.5cm×59cm×2	80,500	中国嘉德	2020-08-15
吴湖帆 1949年作 行书五言诗 镜心	68cm×34cm	78,200	中国嘉德	2020-07-15
吴湖帆 松泉图 书法 成扇	19cm×50cm×2	73,600	广东小雅斋	2020-06-17
吴湖帆 1949年作 行书五言诗 镜心	31.5cm×46.5cm	73,575	中国嘉德	2020-10-09
吴湖帆 行书七言联 对联	103cm×18cm×2	71,300	中国嘉德	2020-07-15
吴湖帆 行书 扇面	18.5cm×52cm	69,000	上海嘉禾	2020-01-05
吴湖帆 行书“柳苑晴烟”镜心	31cm×88cm	69,000	中国嘉德	2020-07-17
吴湖帆 书法 对联	137cm×28cm×2	69,000	广东小雅斋	2020-06-17
吴湖帆 1938年作 致雪舟先生山居访友图 镜心	17cm×45cm	69,000	中鸿信	2020-01-03
吴湖帆 1948年作 吟秋图 镜心	71.3cm×33.3cm	69,000	中国嘉德	2020-08-15
吴湖帆 行书七言联 对联	129cm×21cm×2	69,000	上海敬华	2020-09-22
吴湖帆 行书七言联 镜心	138cm×34cm×2	57,500	北京翰海	2020-12-12
吴湖帆 行书八言联 对联	168cm×36cm×2	57,500	上海敬华	2020-09-22
吴湖帆 竹石图 镜心	43cm×34cm	55,200	荣宝斋(南京)	2020-11-28
吴湖帆 程十发 张石园 行书“光明画店”(三帧)镜心	张30cm×67.5cm; 程80.5cm×31.5cm; 吴110cm×33cm	51,750	中国嘉德	2020-08-15
吴湖帆 行书八言联 立轴	132cm×23.5cm×2	51,750	北京翰海	2020-12-12
吴华源 1938年作 溪岸高士图 立轴	108.5cm×41cm	120,750	西泠印社	2020-08-09
吴华源 山居图 立轴	104.5cm×51.5cm	109,250	荣宝斋(上海)	2020-10-25
吴华源邢端1940年作兰竹楷书成扇	18cm×51cm	71,300	朵云轩	2020-09-23
吴景略 篆书对联(两幅)立轴	130cm×25.4cm×2	479,250	佳士得	2020-11-18
吴敬恒 1944年作 书法 横披	33cm×64.8cm	149,100	佳士得	2020-11-18
吴敬恒 1947年作 篆书四屏 立轴	131cm×32.5cm×4	115,000	中国嘉德	2020-08-15
吴敬恒 行书“云林书画社”镜心	54cm×231cm	86,250	中国嘉德	2020-08-15
吴静山 五台胜概 镜片	178cm×96cm	57,500	广东崇正	2020-06-27
吴镜汀 山水 立轴	134cm×76cm	287,500	十竹斋拍卖(北京)	2020-10-18
吴镜汀 1926年作 唐人诗意图 立轴	109.5cm×54.5cm	195,500	中国嘉德	2020-08-16
吴镜汀 乡居图 立轴	101.5cm×41cm	122,626	中国嘉德	2020-10-09
吴镜汀 1962年作 猿戏图 镜心	86cm×54cm	103,500	北京翰海	2020-12-11
吴镜汀 寒汀云起 立轴	43.5cm×47cm	86,250	北京翰海	2020-12-11
吴镜汀 山水 镜框	15cm×40cm	82,800	广东小雅斋	2020-08-21
吴镜汀 1941年作 仿夏圭笔意 镜心	100cm×37cm	66,700	北京翰海	2020-12-11
吴镜汀 1962年作 林和靖诗意图 镜心	118cm×46cm	57,500	北京翰海	2020-12-11
吴匡时 幽居访友 立轴	152cm×95cm	138,000	北京保利	2020-10-18
吴雷川 1944年作楷书 十二言联 对联	129.5cm×21.5cm×2	184,000	西泠印社	2020-08-09
吴梅 行书八言联 立轴	144cm×25cm×2	356,500	北京保利	2020-10-17

拍品名称	物品尺寸	成交价RMB	拍卖公司	拍卖日期
吴梅 1924年作 行书《辍耕录》章句 立轴	146cm×38.5cm×4	207,000	中国嘉德	2020-08-15
吴梅 1935年作 行书游摄山栖霞寺诗 立轴	21cm×95cm	138,000	中国嘉德	2020-12-03
吴梅 吴曾善 胡则丰 等 书画扇(两把)成扇(两把)	50.5cm×17.5cm; 52cm×17.5cm	103,500	西泠印社	2020-08-08
吴佩孚 草书七言联 立轴	144cm×37cm×2	172,500	北京保利	2020-10-17
吴佩孚 草书七言诗 立轴	129.5cm×47cm	132,250	中鸿信	2020-01-04
吴佩孚 1938年作 数点梅花天地心 立轴	84cm×42.5cm	126,500	华艺国际	2020-12-05
吴佩孚 草书八言联 立轴	177.5cm×44.5cm×2	103,500	中鸿信	2020-01-04
吴佩孚 1939年作 书法 横披	27cm×127cm	101,175	佳士得	2020-11-13
吴佩孚 草书七言联 立轴	130cm×31cm×2	86,860	中国嘉德	2020-10-09
吴佩孚 1938年作 草书 横幅	85cm×326cm	78,200	中国嘉德	2020-07-16
吴佩孚 书法 对联	161.5cm×33.5cm×2	69,000	广东小雅斋	2020-08-21
吴佩孚 草书七言联 立轴	135cm×32cm×2	69,000	北京翰海	2020-12-12
吴佩孚 行书 七言联	46cm×180.5cm	69,000	中国嘉德	2020-12-02
吴佩孚 书法 对联	130cm×32cm×2	63,250	广东小雅斋	2020-08-21
吴佩孚 草书七言联 对联	136cm×34cm×2	51,750	中国嘉德	2020-07-16
吴蓬 1991年作 钱塘潮 镜片	94cm×350cm	172,500	上海嘉禾	2020-01-05
吴琴木 西溪会琴图 手卷	画36cm×124cm; 36cm×107.5cm	364,800	佳士得	2020-07-08
吴琴木 云壑松阴 立轴	142cm×78cm	207,000	中国嘉德	2020-12-02
吴琴木 苍山图 立轴	55cm×29cm	184,000	西泠印社	2020-08-09
吴琴木 沈尹默 1948年作 花卉、行书诗 成扇	18cm×48cm	149,500	华艺国际	2020-12-05
吴琴木 山水 四屏	52cm×21cm×4	103,500	广东小雅斋	2020-08-21
吴琴木 1928年作 携琴踏雪图 立轴	125.5cm×51.5cm	97,750	西泠印社	2020-08-09
吴琴木 1947年作 秋声赋 行书 成扇	19cm×51cm	94,300	朵云轩	2020-09-23
吴琴木 沈卫 秋山行旅、书法 成扇	20.5cm×48cm	80,500	华艺国际	2020-10-16
吴琴木 泉石高闲 镜框	111cm×35cm	78,200	华艺国际	2020-12-05
吴琴木 褚德彝 1940年作 白云春晚 行书 成扇	19cm×50cm	69,000	朵云轩	2020-09-23
吴琴木 1951年作 临王鉴山水·沧江听雨眠 成扇	18.5cm×50.5cm	63,250	中国嘉德	2020-12-02
吴青霞 1934年作 明人诗意图 立轴	147.5cm×80cm	552,000	朵云轩	2020-09-23
吴青霞 1979年作 花港观鱼 镜片	133cm×66cm	345,000	上海敬华	2020-09-22
吴青霞 渔家乐 立轴	106cm×33.5cm	230,000	荣宝斋(上海)	2020-10-25
吴青霞 1934年作 仙人群鹤图 立轴	112cm×48cm	218,500	中国嘉德	2020-07-17
吴青霞 谢伯学 1937年作 翠嶂青溪 篆书 成扇	19cm×50.5cm	195,500	朵云轩	2020-09-23
吴青霞 1941年作 鱼戏图 立轴	148cm×78.5cm	172,500	中国嘉德	2020-08-15
吴青霞 1981年作 大鲤图 立轴	89cm×47cm	161,000	上海嘉禾	2020-01-05
吴青霞 1981年作 花港观鱼 镜心	144cm×362cm	149,500	中国嘉德	2020-12-02
吴青霞 1981年作 芦雁图 立轴	177.5cm×94cm	138,000	西泠印社	2020-08-09
吴青霞 陆小曼 1943年作 青绿山水·樱桃小鸟 成扇	18.5cm×49cm	138,000	中鸿信	2020-01-03
吴青霞 1932年作 芦雁滩头 立轴	135.5cm×33cm	126,500	华艺国际	2020-12-05
吴青霞 1956年作 对镜梳妆 立轴	69cm×38cm	115,000	上海敬华	2020-09-22
吴青霞 1948年作 锦鲤 成扇	18.5cm×49cm	115,000	十竹斋拍卖(北京)	2020-10-18
吴青霞1995年作开花结实三千年镜心	86.5cm×48cm	112,700	北京诚轩	2020-08-17
吴青霞 锦鳞游泳 镜心	55cm×110cm	105,800	十竹斋拍卖(北京)	2020-10-18

(成交价RMB：5万元以上)

拍品名称	物品尺寸	成交价RMB	拍卖公司	拍卖日期
吴青霞 鱼跃龙门	141.5cm×78.5cm	100,800	上海联合	2020-11-29
吴青霞 孙雪泥 蔬果猫趣图 横披	49cm×116cm	92,000	上海敬华	2020-09-22
吴青霞 1932年作 万树梅花图·行书论画 成扇	55cm×19.5cm	86,250	西泠印社	2020-08-08
吴青霞 1951年作 鱼水和谐 镜心	68cm×137cm	86,250	北京翰海	2020-12-11
吴青霞 谭泽闿 1941年作 紫茄图 行书 成扇	18.5cm×51cm	86,250	朵云轩	2020-09-23
吴青霞 1949年作 福寿图 立轴	121cm×41cm	86,250	朵云轩	2020-09-24
吴青霞 1977年作 松萱并茂图 立轴	137cm×67.5cm	80,500	华艺国际	2020-10-16
吴青霞 2002年作 池边野趣 立轴	111cm×50cm	80,500	上海敬华	2020-09-22
吴青霞 1937年作 松江雁影 立轴	76cm×27.5cm	78,200	上海嘉禾	2020-01-05
吴青霞 钱振锽 赤壁复游图·书法 成扇	49cm×18cm	69,000	西泠印社	2020-08-08
吴青霞 1930年作 春江水暖 镜片	116.5cm×48cm	66,700	上海嘉禾	2020-01-05
吴青霞 1992年作 腾飞万里 镜片	52cm×84cm	57,500	朵云轩	2020-09-24
吴青霞 东坡理箧 镜心	136cm×69cm	57,500	荣宝斋（南京）	2020-11-28
吴青霞 仕女 立轴	68cm×45cm	51,750	中贸圣佳	2020-10-17
吴清源 行书“山泽通气”	43.5cm×56cm	55,200	中国嘉德	2020-08-16
吴清源 仁者寿 立轴	24.5cm×46.5cm	50,600	北京诚轩	2020-08-17
吴山明 林曦明 施大畏 陆抑非 孔仲起 等 艺海集珠绘画册（共十六页）册页	尺寸不一	207,000	西泠印社	2020-08-08
吴山明 2013年作 青稞飘香 镜心	68.5cm×68.5cm	149,500	中国嘉德	2020-12-01
吴士伟 2018年作 翠华含英 镜框	140cm×77cm	85,680	罗芙奥	2020-07-18
吴士伟 2010年作 霜浦平远 立轴	142cm×78cm	72,072	罗芙奥	2020-12-05
吴淑娟 1907年作 鱼藻图 立轴	107.5cm×41.5cm	92,000	西泠印社	2020-08-09
吴淑娟 罗浮香雪 立轴	116cm×53cm	61,313	中国嘉德	2020-10-09
吴同利 2019年作 雪景山水 镜心	109cm×44cm	287,500	十竹斋拍卖（北京）	2020-10-18
吴小荷 富贵重新图 手卷	题27cm×76cm；画27cm×112cm；后跋27cm×528cm	713,000	广东崇正	2020-09-13
吴学均 2016年作 无形2016-2 镜心（片）	38cm×53cm	685,000	北京汇珍	2020-08-13
吴敦木 1977年作 花卉册页（十开）	20.5cm×17cm×10	126,500	中国嘉德	2020-12-03
吴一峰 碧水寺景 立轴	113cm×48cm	287,500	华艺国际	2020-10-16
吴一峰 1990年作 青城幽邃 镜心	97cm×180cm	103,500	中国嘉德	2020-07-16
吴一峰 1947年作 岷江风雨 手卷	23cm×268cm	94,300	中国嘉德	2020-11-10
吴一峰 溪上人家 镜心	65cm×46cm	78,200	中国嘉德	2020-07-16
吴一峰 1980年作 青城山色 镜心	43cm×66cm	59,800	中国嘉德	2020-07-16
吴一峰 自贡市一角 镜心	66cm×49cm	59,800	中国嘉德	2020-07-16
吴岳秋 师祖陈树人有此笔法 立轴	96cm×60cm	63,250	广东天海	2020-06-28
吴岳秋 山静水长流 立轴	138cm×68cm	57,500	广东天海	2020-06-28
吴岳秋 顺风顺水好行船 立轴	96cm×60cm	57,500	广东天海	2020-06-28
吴悦石 仙鹤 立轴	137cm×67.5cm	57,500	荣宝斋（南京）	2020-11-28
吴悦石 2007年作 达摩祖师面壁图 镜心	103cm×33cm	51,750	中国嘉德	2020-07-16
吴征 张石园 江寒汀 缪谷瑛 1940年作 花鸟山水 四屏立轴	134.5cm×33cm×4	276,000	上海嘉禾	2020-01-05
吴征 1923年作 谷口明霞 立轴	179.5cm×50cm	253,000	中国嘉德	2020-08-16
吴征 1929年作 重峦茅亭图 镜片	97cm×32.5cm	195,500	西泠印社	2020-08-08
吴征 1924年作 山居图 立轴	144.5cm×40.5cm	161,000	西泠印社	2020-08-08
吴征 1942年作 行书 七言联 对联	116cm×21cm×2	86,250	西泠印社	2020-08-08

拍品名称	物品尺寸	成交价RMB	拍卖公司	拍卖日期
吴征 1931年作 疏林远眺 立轴	33cm×34cm	78,200	中国嘉德	2020-07-15
吴征 王禔 1945年作 柏麓幽居图·篆书临金文 成扇	48cm×18cm	57,500	西泠印社	2020-08-08
吴征 孝臧 江载曦 李福成 山居图、杏林春燕 成扇	18cm×50cm×2	1,288,000	上海敬华	2020-09-22
吴征 1942年作 山水 四屏轴	132cm×33cm×4	414,000	上海敬华	2020-09-22
吴征 1943年作 行书七言 对联	136cm×26cm×2	69,000	朵云轩	2020-09-24
吴征 1926年作 山水 立轴	171cm×45cm	69,000	十竹斋拍卖（北京）	2020-10-18
吴征 1939年作 杏花 镜心	133.5cm×66cm	57,500	北京翰海	2020-12-11
吴子深 1942年作 行书十二言联 立轴	137cm×20cm×2	86,250	北京保利	2020-10-17
吴作人 1980年作 翔天 立轴	136.8cm×68.3cm	1,704,000	佳士得	2020-12-01
吴作人 1979年作 藏原放牦 镜心	69cm×94cm	1,035,000	北京保利	2020-12-04
吴作人 1979年作 熊猫 立轴	82.5cm×51cm	713,000	中国嘉德	2020-12-02
吴作人 1985年作 雄鹰 镜心	69cm×50.5cm	575,000	北京保利	2020-10-17
吴作人 1982年作 玄鹄 镜心	69cm×50cm	483,000	北京保利	2020-10-17
吴作人 牧牦图	68cm×45cm	443,636	美国摩根	2020-01-14
吴作人 书法 立轴	130cm×66cm	368,000	十竹斋拍卖（北京）	2020-10-18
吴作人 萧淑芳 合作 1963年作 锦绣和平 立轴	69.5cm×55.8cm	322,000	北京诚轩	2020-08-17
吴作人 1991年作 牦奔 镜框	62cm×100cm	255,600	佳士得	2020-12-01
吴作人 1961年作 牧驼图 立轴	89.5cm×45.5cm	253,000	上海匡时	2020-08-05
吴作人 1985年作 玄鹄 立轴	84cm×57.5cm	253,000	中鸿信	2020-01-03
吴作人 1963年作 奔苍苍 立轴	70cm×41cm	218,500	中鸿信	2020-01-03
吴作人 国宝 立轴	56cm×39cm	218,500	中鸿信	2020-01-03
吴作人 熊猫 立轴	58cm×39.5cm	207,000	西泠印社	2020-08-09
吴作人 1978年作 奔牦图 立轴	72.5cm×38.5cm	195,500	中国嘉德	2020-12-02
吴作人 萧淑芳 熊猫·瓶花 立轴（双帧）	79cm×38cm；50cm×46cm	184,000	北京诚轩	2020-08-17
吴作人 1975年作 熊猫 镜心	63cm×40cm	172,500	北京保利	2020-12-04
吴作人 1961年作 牧驼图 立轴	90cm×46cm	172,500	北京保利	2020-12-04
吴作人 1990年作 天空地阔 镜心	54cm×54cm	172,500	北京保利	2020-12-04
吴作人 金玉满堂 立轴	30cm×37cm	132,250	华艺国际	2020-12-05
吴作人 1989年作 合家欢 镜框	45.5cm×60cm	115,000	华艺国际	2020-10-16
吴作人 1981年作 通天河畔 镜框	43cm×65cm	115,000	华艺国际	2020-12-05
吴作人 1990年作 齐进 镜心	34.5cm×76cm	97,750	北京翰海	2020-12-11
吴作人 牦牛 镜片	49.5cm×39cm	82,800	广东崇正	2020-06-27
吴作人 1984年作 篆书 镜片	45cm×33cm	74,750	广东崇正	2020-09-13
吴作人 1985年作 金鱼 立轴	68.6cm×45cm	69,225	佳士得	2020-12-01
吴作人 大漠之舟 镜心	72.5cm×44cm	63,250	荣宝斋（南京）	2020-11-28
吴作人 牧驼图 立轴	83cm×51cm	57,500	北京翰海	2020-09-12
吴作人 1978年作 行书《蝶恋花·答李淑一》立轴	137cm×41cm	57,500	中国嘉德	2020-12-03
武中奇 行书“宾至如归”镜心	83cm×264cm	69,000	荣宝斋（南京）	2020-11-28
席德进 登幽州台歌	127.5cm×67.5cm	116,424	罗芙奥	2020-12-06
席德进 1975年作 花卉	104cm×73.7cm	115,000	西泠印社	2020-08-08
夏承焘 1975、1977年作 行书自作词三帧 镜心	34.5cm×56.5cm；25.3cm×69.5cm；20cm×69.5cm	138,000	中国嘉德	2020-08-15
夏敬观 临吴湖帆旧藏王原祁山水册（共十九页）册页	32.5cm×20cm×19	184,000	西泠印社	2020-08-09
夏敬观 劳山华楼峰图 立轴	91.5cm×43.5cm	97,750	中国嘉德	2020-08-16

2020书画拍卖成交汇总(续表)

(成交价RMB：5万元以上)

拍品名称	物品尺寸	成交价RMB	拍卖公司	拍卖日期
夏寿田 篆书 册页（二十八开）	31.5cm×17.5cm×28	103,500	荣宝斋（上海）	2020-10-25
夏书玉 1963年作《紧箍咒》连环画原稿（八十七帧）	14cm×18.5cm×87	69,000	西泠印社	2020-08-09
萧海春 山谷清音 册页（八开选六）	33.5cm×32.5cm	51,750	朵云轩	2020-11-29
萧晖荣 四季山水（四幅）纸板镜框	36cm×7.5cm×4	266,250	佳士得	2020-12-01
萧晖荣 2015年作 金文五言联（两幅）立轴	138cm×33.5cm×2	57,000	佳士得	2020-07-08
萧军 1979年作 行书书法 立轴	118cm×30.5cm	79,888	佳士得	2020-05-22
萧俊贤 澄初叶 1926年作 溪山深秀、行书词二首 成扇		89,700	中国嘉德	2020-07-17
萧俊贤 1943年作 南村隐居图 立轴	137cm×32.5cm	63,250	上海驰翰	2020-08-06
萧淑芳 林区小学 镜心	136cm×99cm	598,000	中国嘉德	2020-08-15
萧淑芳 1979年作 岭南二月花 立轴	85cm×67.7cm	287,500	北京保利	2020-12-04
萧淑芳 1979年作 岭南二月花 立轴	85cm×67.7cm	214,700	香港苏富比	2020-07-10
萧淑芳 1963年作 红云 立轴	60cm×28cm	161,000	中鸿信	2020-01-03
萧淑芳 飞舞 镜片	90cm×31cm	138,000	朵云轩	2020-09-23
萧淑芳 1976年作 多彩 镜片	67cm×38cm	120,750	朵云轩	2020-09-23
萧淑芳 2000年作 双色百合 立轴	66.5cm×68cm	115,000	中国嘉德	2020-12-03
萧淑芳 多彩 立轴	66cm×43.5cm	74,750	中国嘉德	2020-08-16
萧淑芳 报春图 镜心	50cm×40cm	69,000	中鸿信	2020-01-03
萧淑芳 齐放 镜心	38cm×47cm	57,500	中鸿信	2020-01-03
萧墅 玉屏 立轴	78cm×22cm	345,000	北京翰海	2020-09-12
萧退闇 篆书七言联 立轴	134cm×28cm×2	55,200	十竹斋拍卖（北京）	2020-10-18
萧娴 行书五言对联 立轴	176cm×44cm×2	115,000	十竹斋拍卖（北京）	2020-10-18
萧娴 隶书五言联 立轴	178cm×47cm×2	73,600	中贸圣佳	2020-10-17
萧娴 隶书十一言联 立轴	128cm×16.5cm×2	71,300	十竹斋拍卖（北京）	2020-10-18
萧愻 1935年作 山水 册页（十二对开）	22cm×11cm(每开)	426,000	佳士得	2020-12-01
萧愻 1931年作 武陵寻源 立轴	95.5cm×40.5cm	230,000	中国嘉德	2020-08-16
萧愻 峭壁幽涧 立轴	148.5cm×44.5cm	109,250	朵云轩	2020-09-23
萧愻 1932年作 秋山策杖 立轴	94cm×20.8cm	97,750	北京诚轩	2020-08-17
萧愻 1939年作 山间访友 镜片	132cm×32cm	97,750	朵云轩	2020-09-23
萧愻 1941年作 流水白云长自在 立轴	129cm×48cm	97,750	中国嘉德	2020-11-09
萧愻 1942年作 澄江月分明 镜片	99cm×36cm	92,000	朵云轩	2020-09-23
萧愻 1933年作 策杖行吟 立轴	108.5cm×36.5cm	71,300	中国嘉德	2020-08-15
萧愻 溪山渔乐 镜心	55cm×16cm	57,500	北京翰海	2020-12-11
解澜涛 2020年作 大熊猫 镜心	124.5cm×248cm	149,500	中国嘉德	2020-12-01
谢景兰 烟雨朦胧	75cm×95cm	92,000	西泠印社	2020-08-08
谢石山 江岸秋色艳如春	长138cm 高70cm	1,195,425	美国摩根	2020-01-14
谢石山 林疏染得溪山在，又被雪遮一半无	长138cm 高70cm	1,195,425	美国摩根	2020-01-14
谢树国 2019年夏月作 瑞雪年丰 镜心	240cm×120cm	326,000	北京汇珍	2020-08-13
谢无量 行书七言诗 镜心	133.5cm×33cm	920,000	中国嘉德	2020-08-15
谢无量 行书七言 对联	144cm×37cm×2	736,000	朵云轩	2020-09-24
谢无量 夜学录课稿手卷	27cm×532cm	253,000	中贸圣佳	2020-10-17
谢无量 1940年作 赠杨君蔚朋序 镜框	39.8cm×140cm	234,300	佳士得	2020-12-01
谢无量 行书 题毛泽东选集诗 画心	68.5cm×34cm	149,500	西泠印社	2020-08-08
谢无量 刘君礼 行书七言诗·湖山寒林图 成扇	51cm×18cm	149,500	西泠印社	2020-08-08
谢无量 1938年作 行书 立轴	128cm×33cm	126,500	广东崇正	2020-09-13
谢无量 行书 立轴	128cm×20.5cm	80,500	北京翰海	2020-12-11
谢无量 行书七言联 镜片	128cm×33cm×2	80,500	广东崇正	2020-09-13
谢无量 行书 杜甫《秋兴八首》	132cm×32.5cm	55,200	中国嘉德	2020-08-16
谢玉岑 行书十一言联 立轴	144cm×36cm×2	53,138	中国嘉德	2020-10-09
谢振瓯 唐人边塞图 镜心	90cm×360cm	322,000	中国嘉德	2020-11-10
谢振瓯 1989年作 春风戴胜图 镜片	82cm×64cm	62,100	上海驰翰	2020-05-10
谢之光 1944年作 花好月圆图 立轴	118cm×41cm	483,000	朵云轩	2020-09-23
谢之光 拜月图 立轴	64.7cm×32cm	184,000	广东崇正	2020-09-13
谢之光 1939年作 偷桃图 立轴	诗堂39cm×13cm；画心105.5cm×39cm	97,750	西泠印社	2020-08-09
谢之光 风雨归牧 立轴	64.5cm×33cm	80,500	朵云轩	2020-09-23
谢之光 工笔仕女 立轴	66cm×41cm	69,000	广东小雅斋	2020-08-21
谢稚柳 1945年作 仰高图 立轴	诗堂 123cm×21cm；本幅 232cm×105cm	13,800,000	永乐拍卖	2020-12-03
谢稚柳 1943年作 倚扇图 立轴	100cm×47cm	4,370,000	朵云轩	2020-09-23
谢稚柳 草书毛主席诗词 镜心	95.3cm×998cm	3,220,000	荣宝斋（上海）	2020-10-25
谢稚柳 1941年作 山林青翠 立轴	123cm×39cm	2,990,000	永乐拍卖	2020-12-03
谢稚柳 1981年作 就丛倚仗 立轴	90cm×49cm	2,530,000	上海敬华	2020-09-22
谢稚柳 1943年作 水湄静观 立轴	99.0cm×47.0cm	2,415,000	中国嘉德	2020-08-16
谢稚柳 1986年作 柳荫观泉 立轴	87cm×49cm	2,012,500	北京保利	2020-10-17
谢稚柳 1976年作 草书毛主席诗词三十九首 册页（六十六开）	45.5cm×33.7cm×66	1,725,000	北京保利	2020-10-17
谢稚柳 燕山小景 立轴	139cm×68.5cm	1,725,000	华艺国际	2020-10-16
谢稚柳 山水 镜框（四开）	48cm×35cm×4	1,265,000	华艺国际	2020-10-16
谢稚柳 荷花 立轴	115cm×45cm	1,265,000	荣宝斋（上海）	2020-10-25
谢稚柳 王子猷看竹图 立轴	83cm×87cm	1,226,256	中国嘉德	2020-10-09
谢稚柳 1943年作 天竹喜鹊 立轴	82.5cm×33.5cm	1,150,000	上海匡时	2020-08-05
谢稚柳 1991年作 青绿山水 立轴	179cm×95cm	1,150,000	永乐拍卖	2020-12-03
谢稚柳 1947年作 致李秋君桃花小鸟 立轴	86.5cm×47cm	1,124,068	中国嘉德	2020-10-09
谢稚柳 1954年作 寒林探幽图 镜心	68cm×126.5cm	1,092,500	中鸿信	2020-01-03
谢稚柳 1986年作 青山悬瀑 镜框	68.5cm×45.5cm	1,035,000	上海敬华	2020-09-22
谢稚柳 江乡林屋 镜框	59cm×95cm	1,012,000	朵云轩	2020-09-23
谢稚柳 红叶双禽 立轴	画80.5cm×50cm；诗堂24.5cm×50cm	977,500	荣宝斋（上海）	2020-10-25
谢稚柳 霜入千峰 镜心	29cm×66.5cm	977,500	十竹斋拍卖（北京）	2020-10-18
谢稚柳 红叶粉禽 立轴	68cm×385cm	920,000	广东小雅斋	2020-08-21
谢稚柳 宋文治 亚明 赖少其 黎雄才等 求其友声书画册（十六页）册页	59.5cm×40cm×16	920,000	西泠印社	2020-08-08
谢稚柳 山茶伯劳 立轴	81.5cm×44cm	920,000	中国嘉德	2020-12-02
谢稚柳 1984年作 梅石双清 立轴	135cm×66cm	862,500	北京保利	2020-10-17
谢稚柳 1986年作 霜入千峰图 镜框	44cm×130cm	862,500	上海敬华	2020-09-22
谢稚柳 仿陈洪绶松下读易图 立轴	141.5cm×56.5cm	828,000	中贸圣佳	2020-10-17
谢稚柳 1979年作 雪景寒林 立轴	诗堂 21.5cm×57cm；画心95cm×57cm	805,000	广东崇正	2020-09-13
谢稚柳 1978年作 山水 轴	137cm×68cm	768,600	江苏汇中	2020-08-05
谢稚柳 1977年作 漓江秋色 立轴	78cm×54.5cm	747,500	朵云轩	2020-09-24
谢稚柳 峻岭飞泉 立轴	135cm×67.2cm	747,500	中国嘉德	2020-12-02

(成交价RMB：5万元以上)

拍品名称	物品尺寸	成交价RMB	拍卖公司	拍卖日期
谢稚柳 兰若松泉图 镜片	40cm×134cm	713,000	上海嘉禾	2020-01-05
谢稚柳 1977年作 飞流青山图 镜心	133cm×67cm	690,000	永乐拍卖	2020-08-17
谢稚柳 荷塘清趣 立轴	91cm×48.5cm	690,000	广东崇正	2020-06-27
谢稚柳 1974年作 一览众山图卷 手卷	引首28cm×124cm；画心28cm×226cm；题跋28cm×110cm	690,000	北京保利	2020-10-17
谢稚柳 1946年作 枝头小鸟 镜心	65cm×33cm	667,000	中国嘉德	2020-08-16
谢稚柳 1982年作 夏山清晓 镜片	58.5cm×108cm	621,000	上海嘉禾	2020-01-05
谢稚柳 1993年作 松石图 镜片	68cm×136cm	598,000	朵云轩	2020-09-23
谢稚柳 1989年作 秋山飞瀑 立轴	88.8cm×47.2cm	575,000	北京保利	2020-10-17
谢稚柳 1994年作 雪山秋色 镜片	48cm×89cm	575,000	上海敬华	2020-09-22
谢稚柳 茶花翠羽 镜心	91cm×45cm	552,000	中鸿信	2020-01-03
谢稚柳 红叶幽禽 立轴	66cm×32cm	552,000	上海嘉禾	2020-01-05
谢稚柳 潇湘图 立轴	82.5cm×38cm	552,000	荣宝斋（上海）	2020-10-25
谢稚柳 1978年作 芙蓉湖石 镜心	99.5cm×55cm	529,000	十竹斋拍卖（北京）	2020-10-18
谢稚柳 山水 立轴	67cm×54cm	517,500	华艺国际	2020-10-16
谢稚柳 碧崖飞瀑 镜心	画39.5cm×99.5cm；跋39.5cm×12cm×2	517,500	荣宝斋（上海）	2020-10-25
谢稚柳 陈佩秋 1967年作 山居图 行书 成扇	19.5cm×57cm	460,000	朵云轩	2020-09-23
谢稚柳 姜夔词意红荷 镜心	79cm×51cm	459,846	中国嘉德	2020-10-09
谢稚柳 1956年作 富春山色 成扇	18cm×49.3cm	452,000	香港苏富比	2020-07-10
谢稚柳 1989年作 绝谷茅亭 镜心	95cm×58cm	437,000	上海匡时	2020-08-05
谢稚柳 卷起千堆雪 镜心	25cm×75cm	437,000	上海匡时	2020-08-05
谢稚柳 荷塘双燕 立轴	88.5cm×47cm	425,500	荣宝斋（南京）	2020-11-28
谢稚柳 1986年作 竹岭泉声 立轴	91cm×54cm	402,500	朵云轩	2020-09-24
谢稚柳 1996年作 清荷 镜心	46cm×96cm	402,500	中国嘉德	2020-12-02
谢稚柳 三十六陂秋色图 立轴	55cm×50cm	367,877	中国嘉德	2020-10-09
谢稚柳 1974年作 青山松云 镜片	69cm×46cm	345,000	上海嘉禾	2020-01-05
谢稚柳 1990年作 草书唐人诗十二首 册页	32cm×45cm	345,000	北京保利	2020-10-17
谢稚柳 溪山舟渡 立轴	57cm×33cm	345,000	华艺国际	2020-10-16
谢稚柳 1946年作 仿王蒙山水 立轴	80.5cm×40cm	322,000	西泠印社	2020-08-09
谢稚柳 周钟岳 枝头鸣雀・书法 成扇	19cm×59.6cm	322,000	永乐拍卖	2020-12-03
谢稚柳 富春山色 镜心	56cm×67cm	310,500	中鸿信	2020-01-03
谢稚柳 1978年作 黄山松云 扇面	18cm×52cm	299,000	朵云轩	2020-09-24
谢稚柳 1981年作 芙蓉 立轴	69cm×35cm	299,000	广东崇正	2020-09-13
谢稚柳 1975年作 花中君子 立轴	34cm×61.5cm	287,500	朵云轩	2020-09-24
谢稚柳 1986年作 雪景寒林图 立轴 双挖	27cm×41cm×2	287,500	上海敬华	2020-09-22
谢稚柳 陈佩秋 双清、花卉（各一对 四帧）镜框	谢34.9cm×35.5cm；陈34.9cm×34.6cm	271,200	香港苏富比	2020-07-10
谢稚柳 1943年作 春风蛱蝶图 手卷	引首23.5cm×68cm；画心23.5cm×168cm	253,000	中鸿信	2020-01-03
谢稚柳 墨荷禽趣图 镜片	72.5cm×51.5cm	253,000	西泠印社	2020-08-08
谢稚柳 莲塘晓露 立轴	68cm×45.5cm	253,000	荣宝斋（南京）	2020-11-28
谢稚柳 1978年作 花卉书法 扇面	20cm×55cm	253,000	十竹斋拍卖（北京）	2020-10-18
谢稚柳 1980年作 芭蕉芙蓉 立轴	97.5cm×60cm	253,000	中国嘉德	2020-12-02
谢稚柳 1990年作 书画双挖 镜心	19cm×52cm×2	230,000	北京保利	2020-12-04
谢稚柳 1979年作 夏荷图 立轴	76cm×48cm	218,500	北京保利	2020-10-17
谢稚柳 芙蓉翠竹 镜心	39cm×88cm	212,750	中贸圣佳	2020-10-17
谢稚柳 梅竹双清 立轴	68cm×38.5cm	207,000	中国嘉德	2020-12-02
谢稚柳 荷花翠鸟 镜心	66.5cm×43.5cm	207,000	中国嘉德	2020-12-03
谢稚柳 双松图	116cm×62cm	201,600	上海联合	2020-11-29
谢稚柳 1944年作 幽篁伴石生 镜心	26.8cm×20.8cm	189,750	北京诚轩	2020-08-17
谢稚柳 草书诗卷 手卷	引首32cm×117cm；画心32cm×329cm	189,750	中鸿信	2020-01-03
谢稚柳 陈佩秋 1977年作 秋山图、行书诗 成扇	18.5cm×48cm	172,500	上海匡时	2020-08-05
谢稚柳 万壑松山 立轴	46cm×34.5cm	172,500	朵云轩	2020-09-24
谢稚柳 荷花翠鸟 立轴	69cm×37cm	172,500	华艺国际	2020-10-16
谢稚柳 陈佩秋 梅花 行书 成扇	16cm×48cm	172,500	荣宝斋（上海）	2020-10-25
谢稚柳 1951年作 水仙灵石 立轴	72cm×33cm	161,000	中鸿信	2020-01-03
谢稚柳 1977年作 竹石双清 镜片	96.5cm×40cm	149,500	上海嘉禾	2020-01-05
谢稚柳 1978年作 芙蓉小鸟 镜片	93cm×43cm	149,500	上海嘉禾	2020-01-05
谢稚柳 1945年作 柳荫双燕 立轴	67cm×35cm	147,550	北京保利	2020-07-16
谢稚柳 刘旦宅 陆抑非 等 翰墨因缘 册页（十五开选九）	25cm×38cm×15	138,000	上海嘉禾	2020-01-05
谢稚柳 1976年作 芙蓉花 立轴	58cm×26cm	130,525	北京保利	2020-07-16
谢稚柳 1978年作 草书七言联 立轴	137.5cm×22cm×2	126,500	广东崇正	2020-09-13
谢稚柳 秋叶小鸟 立轴	诗堂22cm×48cm；画心32.5cm×48cm	126,500	中贸圣佳	2020-10-17
谢稚柳 1976年作 松风泠然 立轴	49cm×64cm	115,000	北京诚轩	2020-08-17
谢稚柳 1995年作 草书 立轴	136cm×68cm	115,000	朵云轩	2020-09-24
谢稚柳 山水 立轴	30cm×21cm	115,000	华艺国际	2020-12-05
谢稚柳 山水 镜心	28.5cm×58cm	115,000	中贸圣佳	2020-10-17
谢稚柳 峒关蒲雪 镜心	32cm×43cm	113,500	北京保利	2020-07-16
谢稚柳 湖畔幽居 镜心	32cm×43cm	113,500	北京保利	2020-07-16
谢稚柳 1989年作 红叶小鸟 立轴	69.5cm×46.5cm	109,250	中鸿信	2020-01-03
谢稚柳 1989年作 秋山暮韵 镜心	18.5cm×51cm	109,250	中鸿信	2020-01-03
谢稚柳 云山人家 镜心	29.5cm×38cm	109,250	荣宝斋（南京）	2020-11-28
谢稚柳 梅竹双清 成扇	15cm×49cm	103,500	荣宝斋（上海）	2020-10-25
谢稚柳 1981年作 行书五言诗 横披	58.5cm×132.5cm	103,500	中国嘉德	2020-12-02
谢稚柳 1976年作 草书八言 对联	133cm×33cm×2	92,000	朵云轩	2020-09-24
谢稚柳 梅花 镜心	32.5cm×45cm	92,000	中贸圣佳	2020-10-17
谢稚柳 翠岭苍山 镜心	32cm×43cm	90,800	北京保利	2020-07-16
谢稚柳 秋山晚翠 镜心	32cm×43cm	90,800	北京保利	2020-07-16
谢稚柳 云壑松风 镜心	32cm×43cm	90,800	北京保利	2020-07-16
谢稚柳 红荷 镜心	31cm×31cm	82,800	中鸿信	2020-01-03
谢稚柳 云崖观瀑 镜心	32cm×43cm	81,720	北京保利	2020-07-16
谢稚柳 行书 镜框	20cm×66cm	80,500	朵云轩	2020-11-30
谢稚柳 1979年作 拒霜 镜片	34.5cm×75cm	79,100	江苏汇中	2020-08-06
谢稚柳 柳岸晓风 镜心	32cm×43cm	77,180	北京保利	2020-07-16
谢稚柳 松涧聆风 镜心	32cm×43cm	77,180	北京保利	2020-07-16
谢稚柳 陈佩秋 1976年作 兰石图 镜片	61.5cm×37cm	74,750	西泠印社	2020-08-09
谢稚柳 山林草亭 镜心	32cm×43cm	72,640	北京保利	2020-07-16
谢稚柳 夏山叠翠 镜心	32cm×43cm	72,640	北京保利	2020-07-16
谢稚柳 红叶小鸟 立轴	30cm×43cm	71,300	中国嘉德	2020-11-10
谢稚柳 书法"笑我将来" 镜片	135cm×62cm	70,060	江苏汇中	2020-08-05

2020书画拍卖成交汇总（续表）

（成交价RMB：5万元以上）

拍品名称	物品尺寸	成交价RMB	拍卖公司	拍卖日期
谢稚柳 1977年作 寒梅图 镜片	55cm×38cm	69,000	上海敬华	2020-09-22
谢稚柳 凌波双侣 立轴	40cm×34cm	66,700	上海嘉禾	2020-01-05
谢稚柳 富贵图 镜片	44cm×58cm	63,250	上海嘉禾	2020-01-05
谢稚柳 行书“积珍斋”镜片	34.5cm×83cm	63,250	上海嘉禾	2020-01-05
谢稚柳 青山渔隐 立轴	81cm×39cm	63,250	中国嘉德	2020-07-16
谢稚柳 1989年作 荷花 立轴	89cm×47cm	63,250	北京翰海	2020-09-12
谢稚柳 墨竹 镜心	67.5cm×45cm	63,250	荣宝斋（南京）	2020-11-28
谢稚柳 葡萄 立轴	61.2cm×34cm	58,575	佳士得	2020-11-18
谢稚柳 1980年作 行书七言诗 立轴	98.5cm×44cm	57,500	上海嘉禾	2020-01-05
谢稚柳 1995年作 行书七言诗 镜片	51.5cm×113cm	57,500	上海嘉禾	2020-01-05
谢稚柳 芙蓉花 镜片	31cm×42cm	57,500	上海嘉禾	2020-01-05
谢稚柳 红梅花开 立轴	60cm×33.5cm	57,500	朵云轩	2020-11-29
谢稚柳 1970年作 荷花图 镜心	34cm×33cm	57,500	十竹斋拍卖（北京）	2020-10-18
谢稚柳 竹石图 镜心	33cm×40cm	56,750	北京保利	2020-07-16
谢稚柳 1995年作 行书“康乐宜年”镜片	68cm×45cm	55,200	上海嘉禾	2020-01-05
谢稚柳 竹石图 镜心	74cm×51.5cm	55,200	中鸿信	2020-01-03
谢稚柳 松云图 镜心	35cm×119cm	55,200	北京翰海	2020-09-12
谢稚柳 张大千 碧惹烟梢、眉寿万年刻扇骨墨稿	31cm×2cm	55,200	中贸圣佳	2020-10-17
谢稚柳 草书七言联 镜心	138cm×34.5cm×2	51,750	北京诚轩	2020-08-17
星云 行书 四条屏	137cm×34cm×4	517,500	中国嘉德	2020-07-16
星云 行书五言联 对联	137cm×33cm×2	218,500	中国嘉德	2020-07-16
星云法师 行书“厚道”镜心	89.5cm×41cm	97,750	中鸿信	2020-01-04
星云 行书“百福吉祥”镜心	68cm×33cm	94,300	中国嘉德	2020-07-16
星云 行书“寿而康”镜心	44cm×96cm	66,700	中国嘉德	2020-07-16
星云 行书“好运”镜心	70cm×34cm	55,200	中国嘉德	2020-11-10
星云法师 行书“全家欢”镜心	69cm×34.5cm	51,750	中鸿信	2020-01-04
邢少兰 2011年作 滁州之游 立轴	136cm×67cm	184,000	中国嘉德	2020-07-16
邢少兰 2001年作 山水（四帧）镜心	34cm×45cm×3；31cm×42cm	149,500	中国嘉德	2020-07-16
邢少兰 2002年作 香祖 立轴	136cm×67cm	92,000	中国嘉德	2020-07-16
邢少兰 2016年作 江南水乡 镜心	57cm×68cm	78,200	中国嘉德	2020-11-10
邢少兰 2007年作 独钓寒江雪 立轴	68cm×45cm	59,800	中国嘉德	2020-11-10
邢书波 2020年作 和风 镜心	180cm×95cm	126,500	北京翰海	2020-09-12
邢振宇 岳阳楼记 镜心	33cm×133cm	230,000	北京翰海	2020-09-12
兴慈法师 楷书 五言联 对联	150.5cm×39.5cm×2	97,750	西泠印社	2020-08-09
熊红钢 2020年作 湖上渔乐 镜心	68.5cm×136.5cm	920,000	北京保利	2020-10-16
熊红钢《春山明秀》镜心	68cm×136cm	69,000	中贸圣佳	2020-10-17
熊十力 1947年作 行书五言联 立轴	113cm×37cm×2	414,000	北京保利	2020-10-17
熊十力 书法 立轴	180cm×40cm	59,800	广东小雅斋	2020-08-21
熊希龄 行书七言联 立轴	146cm×38.5cm×2	345,000	北京保利	2020-10-17
宿利群 2017年作 千里斜阳暮	69cm×138cm	184,000	北京翰海	2020-12-12
徐邦达 山水 册页（十二开）	37.8cm×27.5cm×12	3,220,000	荣宝斋（上海）	2020-10-25
徐邦达 1941年作 山色古韵（四幅）屏轴	133cm×33cm×4	1,322,500	朵云轩	2020-09-23
徐邦达 安持精舍图 镜心	45cm×30cm	299,000	中贸圣佳	2020-10-17
徐邦达 1989年 山间幽居 立轴	69cm×67cm	276,000	永乐拍卖	2020-12-03
徐邦达 徐伯郊 展览、画集题字（三帧）镜心	24cm×68cm；33cm×13cm；33.5cm×13cm	255,470	中国嘉德	2020-10-09
徐邦达 孙智敏 1938年作 宋贤诗意图、楷书 成扇		241,500	中国嘉德	2020-07-17
徐邦达 1943年作 拟湘碧笔意山水 立轴	113cm×49.6cm	166,509	香港苏富比	2020-10-08
徐邦达 1989年 山水 立轴	52cm×48cm	138,000	永乐拍卖	2020-12-03
徐邦达 1933年作 乔松寿石 立轴	131cm×43cm	126,500	中国嘉德	2020-12-03
徐邦达 任政 山水·行书鲁迅句 镜心	徐23cm×69cm；仁32.5cm×62cm	115,000	中国嘉德	2020-12-03
徐邦达 晴山峦翠 立轴	88.5cm×25.5cm	109,250	上海嘉禾	2020-01-05
徐邦达 1988年作 松崖论道 立轴	87cm×29cm	92,000	永乐拍卖	2020-12-03
徐邦达 行书（二帧）立轴、镜心	69cm×30.5cm；69cm×34.5cm	69,000	荣宝斋（上海）	2020-10-25
徐邦达 江寒汀 张石园 等 杂画 册页（八开）	21cm×28cm×8	57,500	上海敬华	2020-09-22
徐邦达 1997年作 仿盛子昭临泉清集卷 手卷	26cm×167cm	55,200	中鸿信	2020-01-03
徐邦达 山水 立轴	89cm×40cm	55,200	广东小雅斋	2020-08-21
徐宝龙 2020年春作 紫气东来 镜心	180cm×70cm	98,000	北京汇珍	2020-08-13
徐悲鸿 1938年作 红豆情思 镜框	85cm×53cm	36,800,000	华艺国际	2020-12-05
徐悲鸿 1943年作 五骏图 镜心	74cm×96cm	34,500,000	北京保利	2020-12-04
徐悲鸿 奔马 立轴	85.5cm×57cm	17,250,000	荣宝斋（上海）	2020-10-25
徐悲鸿 1937年作 古柏双骏 镜心	128.5cm×76.3cm	14,950,000	北京保利	2020-10-17
徐悲鸿 燕燕于飞 立轴	81cm×43cm	14,950,000	荣宝斋（上海）	2020-10-25
徐悲鸿 1936年作 仙姑献寿 镜心	83cm×43.5cm	13,800,000	北京保利	2020-10-17
徐悲鸿 1935年作 1942年作 神骏图 行书四言 立轴 对联片	129cm×77cm；129cm×33cm×2	13,800,000	朵云轩	2020-09-23
徐悲鸿 1936年作 秋兴 镜心	82.6cm×99.4cm	12,880,000	北京保利	2020-12-04
徐悲鸿 1941年作 立马图 镜心	134cm×65cm	12,075,000	中国嘉德	2020-11-09
徐悲鸿 1941年作 雄狮 镜心	95cm×87cm	10,925,000	北京保利	2020-12-04
徐悲鸿 1943年作 赠赵少昂猫石图 镜心	70.5cm×104.7cm	7,532,500	北京保利	2020-12-04
徐悲鸿 1936年作 立马图 立轴	画130cm×78cm；书法32cm×78cm	7,130,000	北京保利	2020-12-04
徐悲鸿 1941年作 柏荫仕女 立轴	152.5cm×78cm	6,670,000	上海匡时	2020-08-05
徐悲鸿 1947年作 奔马 立轴	104cm×50cm	6,325,000	永乐拍卖	2020-12-03
徐悲鸿 1942年作 霜草神驹 立轴	105.5cm×53.5cm	5,865,000	中国嘉德	2020-08-16
徐悲鸿 1944年作 奔马图 立轴	104.5cm×60.8cm	5,865,000	北京保利	2020-10-17
徐悲鸿 1943年作 平川立马图 立轴	89cm×54.5cm	5,750,000	中鸿信	2020-01-03
徐悲鸿 1944年作 天马行空 立轴	100cm×62cm	5,750,000	北京保利	2020-10-17
徐悲鸿 1939年作 奔马图 镜心	84cm×55cm	5,750,000	北京保利	2020-12-04
徐悲鸿 1930年作 牧牛图 立轴	85cm×52cm	5,635,000	北京保利	2020-10-17
徐悲鸿 1944年作 奔马 立轴	84cm×54cm	5,290,000	北京保利	2020-10-17
徐悲鸿 1934年作 颟顸 镜框	112cm×54cm	5,128,200	罗芙奥	2020-12-05
徐悲鸿 1943年作 马 设色纸本 立轴	81cm×53.5 cm	4,687,375	纽约佳士得	2020/9/24
徐悲鸿 1939年作 竞足千里 镜框	79cm×109cm	4,631,417	香港苏富比	2020-10-08
徐悲鸿 齐白石 1948年作 雄鸡芋叶 立轴	97cm×45cm	4,370,000	朵云轩	2020-09-23
徐悲鸿 天马 横披	52.5cm×73.5cm	4,370,000	中国嘉德	2020-08-16
徐悲鸿 1939年作 一马当先 立轴	61cm×89cm	4,370,000	华艺国际	2020-10-16
徐悲鸿 1942年作 临风昂首马长嘶 立轴	28.3cm×54.5cm；90.8cm×54cm	4,025,000	北京诚轩	2020-08-17
徐悲鸿 1945年作 松鹤延年 立轴	82cm×32cm	3,967,500	北京保利	2020-10-17

(成交价RMB：5万元以上)

拍品名称	物品尺寸	成交价RMB	拍卖公司	拍卖日期
徐悲鸿 1944年作 春柳双骏 镜心	100cm×43.5cm	3,680,000	北京保利	2020-12-04
徐悲鸿 1936年作 双喜图 立轴	137.5cm×49.5cm	3,565,000	朵云轩	2020-09-23
徐悲鸿 1939年作 桐荫嬉戏 立轴	68cm×38.5cm；题18.5cm×38.5cm	3,565,000	中国嘉德	2020-12-01
徐悲鸿 1942年作 双猫 镜心	102cm×53cm	3,450,000	北京保利	2020-12-04
徐悲鸿 1939年作 竞爽图 立轴	55cm×66cm	3,450,000	十竹斋拍卖（北京）	2020-10-18
徐悲鸿 1938年作 大吉图 立轴	94.5cm×50cm	3,220,000	北京保利	2020-10-17
徐悲鸿 1943年作 高山流水知音图 立轴	116.7cm×80.3cm	3,220,000	中国嘉德	2020-12-01
徐悲鸿 1935年作 行书五言联 立轴	178.5cm×34.5cm×2	2,990,000	十竹斋拍卖（北京）	2020-10-18
徐悲鸿 1939年作 神骏图 立轴	92cm×58cm	2,875,000	北京保利	2020-12-04
徐悲鸿 1939年作 战马图 镜框	130cm×69cm	2,875,000	华艺国际	2020-12-05
徐悲鸿 1943年作 春塘水暖 镜框	90cm×46cm	2,645,000	华艺国际	2020-12-05
徐悲鸿 1940年作 立马图 镜心	诗堂24.5cm×50cm；画心83cm×50cm	2,645,000	十竹斋拍卖（北京）	2020-10-18
徐悲鸿 1941年作 长风万里 镜心	75cm×64cm	2,357,500	北京保利	2020-10-17
徐悲鸿 1945年作 松鹰 立轴	画67cm×38cm；题24cm×38cm	2,242,500	北京保利	2020-12-04
徐悲鸿 柳枝八哥 立轴	130cm×32cm	2,185,000	荣宝斋（上海）	2020-10-25
徐悲鸿 1947年作 行书五言联 镜心	131cm×32cm×2	1,932,000	北京保利	2020-12-04
徐悲鸿 1939年作 柳荫立马 镜心	73cm×29cm	1,897,500	北京保利	2020-10-17
徐悲鸿 1948年作 行书六言 对联	158cm×27cm×2	1,840,000	朵云轩	2020-09-24
徐悲鸿 1942年作 为涤生作松树书法 立轴	绘画67cm×51cm；书法84cm×68cm	1,840,000	十竹斋拍卖（北京）	2020-10-18
徐悲鸿 1938年作 古柏 立轴	100cm×52cm	1,840,000	永乐拍卖	2020-12-03
徐悲鸿 1944年作 鹰击长空 镜框	100.6cm×31cm	1,808,000	香港苏富比	2020-07-10
徐悲鸿 1942年作 立马图 立轴	95cm×48cm	1,725,000	上海匡时	2020-08-05
徐悲鸿 劲松图 立轴	134cm×33cm	1,725,000	中鸿信	2020-01-03
徐悲鸿 1942年作 金鸡独立 立轴	87cm×38cm	1,725,000	永乐拍卖	2020-12-03
徐悲鸿 1943年作 立马图 立轴	82.5cm×47.5cm	1,610,000	朵云轩	2020-09-23
徐悲鸿 1947年作 雄鹰图 立轴	69cm×35.5cm	1,552,500	北京保利	2020-12-04
徐悲鸿 1941年作 芦苇鸭戏图 立轴	113cm×55cm	1,437,500	永乐拍卖	2020-08-17
徐悲鸿 1943年作 马 立轴	78cm×38.2cm	1,384,500	佳士得	2020-12-01
徐悲鸿 1934年作 硕果累累 立轴	110.5cm×36.5cm	1,380,000	北京保利	2020-10-17
徐悲鸿 紫竹观音 立轴	77cm×33cm	1,322,500	中国嘉德	2020-08-15
徐悲鸿 1943年作 雄鹰展翅 立轴	113cm×40cm	1,254,000	佳士得	2020-07-08
徐悲鸿 1936年作 行书四言联 镜心	100.5cm×25.5cm×2	1,226,256	中国嘉德	2020-10-09
徐悲鸿 1942年作 九雀图 立轴	68cm×34cm	1,150,000	永乐拍卖	2020-08-17
徐悲鸿 1944年作 凝视 立轴	62cm×35cm	1,150,000	永乐拍卖	2020-08-17
徐悲鸿 1940年作 奔马 镜框	76.5cm×49.5cm	1,140,000	佳士得	2020-07-08
徐悲鸿 1945年作 立马图 立轴	76cm×36cm	1,092,500	中鸿信	2020-01-03
徐悲鸿 1941年作 空谷幽兰 立轴	101cm×42.5cm	1,035,000	中国嘉德	2020-12-02
徐悲鸿 杨善深 等 时贤集锦双面册页（二十四开）	24.2cm×30cm×24	1,012,000	北京诚轩	2020-08-17
徐悲鸿 1941作 行书六言联 立轴	152.5cm×41cm×2	977,500	北京诚轩	2020-08-17
徐悲鸿 1939年作 鹰击长空 镜心	80cm×51.5cm	977,500	中国嘉德	2020-12-03
徐悲鸿 1943年作 饮水思源 镜心	76cm×36.5cm	920,000	中国嘉德	2020-08-15
徐悲鸿 1941年作 双猫 镜框	34cm×35.7cm	862,500	华艺国际	2020-10-16
徐悲鸿 1939年作 四喜图 镜框	69.5cm×37.3cm	852,000	佳士得	2020-12-01
徐悲鸿 1935年作 喜上梅梢 立轴	107.5cm×35cm	782,000	中国嘉德	2020-12-03

拍品名称	物品尺寸	成交价RMB	拍卖公司	拍卖日期
徐悲鸿 1939年作 雄狮 镜心	100cm×52cm	747,500	永乐拍卖	2020-12-03
徐悲鸿 对联 立轴	100cm×20.5cm×2	690,000	华艺国际	2020-10-16
徐悲鸿 1938年作 柳荫立马 立轴	104cm×46cm	690,000	十竹斋拍卖（北京）	2020-10-18
徐悲鸿 枇杷 立轴	47cm×33cm	667,000	中鸿信	2020-01-03
徐悲鸿 1943年作 竹石图 立轴	91cm×28.5cm	667,000	华艺国际	2020-12-05
徐悲鸿 1935年作 马 立轴	86cm×48.5cm	632,500	中国嘉德	2020-12-03
徐悲鸿 行书节录《礼记·大学篇》立轴	103cm×34cm	575,000	北京保利	2020-10-17
徐悲鸿 1948年作 猫石图 镜心	24.5cm×48cm	575,000	北京保利	2020-12-04
徐悲鸿 1942年作 立马 镜框	40cm×28.5cm	547,200	佳士得	2020-07-08
徐悲鸿 喜上眉梢 镜心	29cm×35cm	529,000	北京保利	2020-10-17
徐悲鸿 1931年作 松雀图 立轴	124cm×42cm	517,500	十竹斋拍卖（北京）	2020-10-18
徐悲鸿 赵少昂 等 1937作 书画合璧册页（八开）	20.6cm×29.3cm×8	506,000	北京诚轩	2020-08-17
徐悲鸿 1942年作 春风见喜 镜心	35.4cm×12.3cm	483,000	北京诚轩	2020-08-17
徐悲鸿 1941年作 立马 镜框	49cm×32cm	479,250	佳士得	2020-12-01
徐悲鸿 1938年作 芭蕉 立轴	129.5cm×54cm	437,000	中国嘉德	2020-12-03
徐悲鸿 饮马图 镜心	98cm×51.5cm	402,500	荣宝斋（上海）	2020-10-25
徐悲鸿 苍松图 立轴	84.5cm×42cm	391,000	北京保利	2020-10-17
徐悲鸿 1937年作 行书《孟子·滕文公下》句 镜心	31cm×69cm	379,500	北京保利	2020-10-17
徐悲鸿 1945年作 立马图 立轴	79cm×31.5cm	372,750	佳士得	2020-12-01
徐悲鸿 双鹅图 镜心	44cm×33cm	368,000	中鸿信	2020-01-03
徐悲鸿 1939年作 芭蕉螳螂 立轴	86cm×47cm	345,000	中国嘉德	2020-08-15
徐悲鸿 1932年作 古松图 立轴	131cm×32cm	345,000	中国嘉德	2020-11-09
徐悲鸿 1943年作 1952年作 秋叶喜鹊·猫（两幅）镜框	30cm×33cm×2	342,000	佳士得	2020-07-08
徐悲鸿 倦 立轴	25.8cm×33.4cm	339,000	香港苏富比	2020-07-10
徐悲鸿 1941年作 竹石图 立轴	101cm×34cm	287,500	永乐拍卖	2020-08-17
徐悲鸿 耄耋图 立轴	41cm×48cm	287,500	荣宝斋（南京）	2020-11-28
徐悲鸿 猫蝶 立轴	62cm×49cm	287,500	上海敬华	2020-09-22
徐悲鸿 1939年作 喜上梢头 镜框	44cm×33.5cm	255,600	佳士得	2020-12-01
徐悲鸿 1928年作 千里驹 立轴	21.5cm×36.1cm	226,000	香港苏富比	2020-07-10
徐悲鸿 1942年作 柳荫双喜图 镜心	80cm×34cm	207,000	中鸿信	2020-01-03
徐悲鸿 赵少昂 1934年作 芳草飞雀 镜框	58cm×70cm	184,000	华艺国际	2020-12-05
徐悲鸿 行书书法 镜框	109cm×67.5cm	171,000	佳士得	2020-07-08
徐悲鸿 1936年作 致叶恭绰信札一通 镜心	30.5cm×20.5cm	138,000	北京诚轩	2020-08-17
徐悲鸿 枝上鸟 立轴	135.5cm×33.5cm	92,000	保利厦门	2020-09-26
徐悲鸿 墨竹 镜片	76cm×47cm	92,000	上海敬华	2020-09-22
徐悲鸿 立马图 立轴	96cm×50cm	69,000	中国嘉德	2020-11-09
徐悲鸿 大吉 镜片	83cm×48cm	63,250	广东小雅斋	2020-08-21
徐悲鸿 行书 镜心	67cm×32cm	57,500	北京翰海	2020-09-12
徐冰 喜马拉雅计划《文字写生》（两幅）镜框	99.5cm×174cm×2	1,278,000	佳士得	2020-12-01
徐操 1956年作 舞狮 镜框	33cm×26.5cm	2,185,000	华艺国际	2020-10-16
徐操 人物故事四屏 镜心	101cm×33cm×4	460,000	北京保利	2020-12-04
徐操 1940年作、1941年作 钟馗（二幅）镜心	32.5cm×33cm×2	241,500	北京翰海	2020-12-11
徐操 春郊游骑 立轴	119.5cm×45cm	230,000	中国嘉德	2020-12-03

2020书画拍卖成交汇总(续表)

(成交价RMB：5万元以上)

拍品名称	物品尺寸	成交价RMB	拍卖公司	拍卖日期
徐操 1941年作 换马图 立轴	98.5cm×49cm	207,000	北京保利	2020-12-04
徐操 1939年作 仕女 镜心	117cm×45cm	172,500	北京保利	2020-10-17
徐操 李瑞龄 陈东湖 马晋 刘子久 李上达 吴镜汀 张琮 等1924年作、1925年作 人物、山水、花鸟小品 册页	9cm×15cm×11	172,500	中国嘉德	2020-11-09
徐操 美人鹦鹉 立轴	107.5cm×38.5cm	138,000	中鸿信	2020-01-03
徐操 1940年作 秋涧散牧图 立轴	124cm×44cm	89,700	中国嘉德	2020-11-10
徐操 王雪涛 桐荫双美 立轴	97cm×34cm	80,500	北京翰海	2020-12-11
徐操 1929年作 高士图 立轴	119cm×34cm	69,000	北京保利	2020-10-17
徐操 1930年作 钟馗 立轴	132.5cm×49cm	69,000	北京翰海	2020-12-11
徐操 风尘三侠 扇面	19cm×50cm	69,000	中国嘉德	2020-11-09
徐操 修竹仕女 镜框	86cm×44cm	63,250	华艺国际	2020-10-16
徐操 汪溶 1941年作 钟馗小妹图 立轴	129cm×33cm	63,250	中国嘉德	2020-07-17
徐操 执扇仕女 立轴	136cm×32cm	57,500	北京翰海	2020-09-12
徐操 1946年作 水边佳丽 立轴	101.5cm×33.5cm	57,500	中国嘉德	2020-12-02
徐操 汪溶 王雪涛 1936年作 秀轩春思图 立轴	114.5cm×44cm	57,500	中鸿信	2020-01-03
徐操 汤尔和 雅园仕女 节临《书谱》成扇	19cm×49.5cm	51,750	北京诚轩	2020-08-17
徐操 郭则沄 郑慕康 1947年作 柳荫仕女、仕女、行书五言诗 成扇		51,750	中国嘉德	2020-07-17
徐钢 2015年作 山水三屏 镜心	247cm×62cm×3	207,000	中国嘉德	2020-12-01
徐光聚 2019年作 武当修真全景图 镜心	137cm×68cm	322,000	北京保利	2020-10-16
徐光聚 山水四条屏 镜心	67cm×34cm×4	94,300	中国嘉德	2020-07-16
徐华翎 2005年作 花儿与少年	170cm×130cm	402,500	北京翰海	2020-12-12
徐家凤 临《八十七神仙卷》手卷	引首24cm×63.5cm；画心24cm×220cm；后跋24cm×335cm	667,000	广东崇正	2020-09-13
徐家凤 1995年作 临钟钦礼《八仙过海》手卷	引首49cm×114cm；画心49cm×193cm；后跋49cm×100cm	437,000	广东崇正	2020-09-13
徐建新 荷风莲韵系列 镜心	68cm×68cm	115,000	北京翰海	2020-09-12
徐菊庵 宋育德 1940年作 梳妆图、行书七绝七首 成扇		69,000	中国嘉德	2020-07-17
徐菊庵 绿香熨齿金盘果 镜心	80cm×29cm	51,750	中国嘉德	2020-08-15
徐乐乐 2005年作 钟馗嫁妹图 手卷	引首34.5cm×82cm；画34.7cm×409cm；跋34.7cm×127.5cm	3,565,000	中国嘉德	2020-08-17
徐乐乐 展卷幽思图 镜心	70cm×34.5cm	333,500	上海匡时	2020-08-05
徐乐乐 2013年作 苦读罗汉图 镜心	98cm×45cm	218,500	中国嘉德	2020-08-17
徐乐乐 2004年作 放鹤图 镜心	45cm×69.5cm	207,000	中国嘉德	2020-12-01
徐乐乐 赏砚图 镜心	68cm×44cm	149,500	中国嘉德	2020-08-17
徐乐乐 2006年作 卖艺人 镜心	35cm×46cm	126,500	北京保利	2020-10-16
徐乐乐 1999年作 笑口常开 镜心	40.8cm×29.2cm	82,800	北京诚轩	2020-08-17
徐乐乐 陶公饮酒 镜心	45.5cm×69cm	80,500	荣宝斋（南京）	2020-11-28
徐乐乐 1999年作 黄香温席 镜框	40cm×26cm	57,500	北京保利	2020-12-04
徐累 2009年作 月落	114cm×208cm	4,600,000	永乐拍卖	2020-12-04
徐累 1998年作 壁虎之城	66cm×145cm	1,955,000	永乐拍卖	2020-08-18
徐累 1992年作 青花	84.5cm×63.5cm	805,000	西泠印社	2020-08-08
徐累 笼 镜框	63.5cm×49.3cm	639,000	佳士得	2020-12-01
徐累 2003年作 虚探	54cm×25cm	517,500	中国嘉德	2020-08-17
徐培晨 金猴献瑞 镜心	68cm×136cm	6,580,000	香港贞观	2020-07-26
徐培晨 事事如意 镜心	48cm×68cm	6,580,000	香港贞观	2020-07-26
徐谦 书法 镜框	135cm×44.5cm	57,000	佳士得	2020-07-08
徐生翁 1909年作 行书七言联 立轴	137cm×33cm×2	55,200	广东崇正	2020-09-13
徐石雪 1947年作 竹溪图 卷	34.5cm×442cm	80,500	北京翰海	2020-12-11
徐世昌 1921年作 茂密生姿书卷 手卷	引首28cm×99cm；画心28cm×560cm	552,000	中鸿信	2020-01-04
徐世昌 1925年作 草书临《十七帖》手卷	28cm×486cm；后跋32cm×52cm	483,000	华艺国际	2020-12-05
徐世昌 行书八言 对联	206cm×48cm×2	402,500	朵云轩	2020-09-24
徐世昌 草书《千字文》手卷	35.5cm×789cm	287,500	北京翰海	2020-12-11
徐世昌 行书五言联 立轴	161.5cm×38.5cm×2	230,000	中国嘉德	2020-12-04
徐世昌 行书"云壁烟萝"镜心	33cm×132.5cm	230,000	荣宝斋（上海）	2020-10-25
徐世昌 行书杜甫诗 镜片	131cm×63cm	207,000	上海敬华	2020-09-22
徐世昌 草书七言联 立轴	156.5cm×31cm×2	184,000	北京翰海	2020-12-12
徐世昌 草书七言联 立轴	154cm×30cm×2	149,500	北京翰海	2020-12-12
徐世昌 书法 对联	159cm×18cm×2	115,000	广东小雅斋	2020-08-21
徐世昌 松石图 立轴	130cm×64cm	97,750	北京翰海	2020-12-11
徐世昌 1920年作 行书十言联 立轴	152cm×21cm×2	97,750	中国嘉德	2020-12-03
徐世昌 书法 四屏	96.5cm×43cm×4	92,000	西泠印社	2020-08-09
徐世昌 行书七言联 立轴	167cm×41cm×2	92,000	北京保利	2020-12-05
徐世昌 行书 立轴	180cm×46.5cm	92,000	北京翰海	2020-12-11
徐世昌 草书七言联 立轴	141.5cm×23cm×2	92,000	北京翰海	2020-12-12
徐世昌 行楷书 立轴	97cm×58.5cm	86,250	北京翰海	2020-12-11
徐世昌 草书 立轴	241cm×58cm	74,750	北京翰海	2020-12-11
徐世昌 行书七言联 立轴	239cm×52cm×2	69,000	北京保利	2020-10-17
徐世昌 草书七言联 立轴	150cm×31cm×2	63,250	北京保利	2020-10-17
徐世昌 行书七言联 对联	141cm×30cm×2	57,500	中国嘉德	2020-07-17
徐世昌 芍药 立轴	96.5cm×41.5cm	57,500	北京翰海	2020-12-11
徐世昌 草书七言联 对联	173cm×28cm×2	55,200	中国嘉德	2020-07-16
徐世昌 草书七言联 立轴	165.5cm×39.5cm×2	55,200	北京翰海	2020-12-12
徐世昌 1924年作 观瀑图 立轴	164cm×45cm	51,750	北京翰海	2020-09-12
徐庶之 1984年作 踏露行 镜心	95cm×267cm	230,000	中鸿信	2020-01-03
徐庶之 1984年作 进天山 镜心	95cm×178cm	149,500	北京诚轩	2020-08-17
徐希 1994年作 望龙门之夜 镜心	68cm×136.5cm	253,000	北京保利	2020-10-16
徐元白 1945年作 兰石 立轴	85cm×33cm	117,150	佳士得	2020-11-18
徐子清 雾中观山 镜心	138cm×68cm	93,500	北京玄和	2020-07-24
徐宗浩 溥忻 1930年作 竹石图、草书七言诗 成扇		51,750	中国嘉德	2020-07-17
许葆安 2018年作 山水四屏 镜心	95.5cm×44cm×4	322,000	中国嘉德	2020-12-01
许蓓蒂 2018年作 彩墨国画《平安幸福》镜心	65cm×65cm	96,000	北京汇珍	2020-08-13
许炳荣 2020年作 厚德载物 镜心	135cm×67cm	186,000	北京汇珍	2020-08-13
许国立 江山如此多娇	176cm×68cm	1,899,216	香港贞观	2020-08-30
许国立 碧水丹山	68cm×68cm	940,016	香港贞观	2020-08-30
许麟庐 1983年作 芍药 立轴	137cm×33.5cm	109,250	中国嘉德	2020-08-15
许麟庐 1979年作 水仙 镜心	139cm×69.5cm	97,750	中国嘉德	2020-08-15
许麟庐 周怀民 喻继高 刘开渠 1981年作 1989年作 画（四帧）镜片	40cm×59cm×4	86,250	广东崇正	2020-09-13
许麟庐 胡絜青 花鸟 册页（十二开）	19.3cm×25.8cm×12	74,750	中国嘉德	2020-12-02
许麟庐 远瞩高瞻 立轴	139cm×68.5cm	69,000	北京保利	2020-10-17
许麟庐 老来红 镜心	138cm×35cm	59,800	荣宝斋（南京）	2020-11-28

(成交价RMB：5万元以上)

拍品名称	物品尺寸	成交价RMB	拍卖公司	拍卖日期
许麟庐 清供图 镜心	68cm×68cm	57,500	中鸿信	2020-01-03
许世英 张振铎 楷书诗、山水 镜心、立轴	67cm×30.5cm; 138cm×69cm	81,750	中国嘉德	2020-10-09
薛亮 2000年作 月色河山 镜心	122.5cm×97.5cm	920,000	十竹斋拍卖(北京)	2020-10-18
薛亮 华峰一柱 镜心	64cm×38.5cm	207,000	上海匡时	2020-08-05
薛亮 黄山欲晓 镜心	68cm×68cm	87,400	十竹斋拍卖(北京)	2020-10-18
雪山静岩 雪山圆相·云龙 镜心	207cm×145cm	6,555,000	北京保利	2020-10-16
雪山静岩 2017年作 龙兴 镜心	136cm×70cm	885,300	北京保利	2020-07-20
雪山静岩 2018年作 慧眼 镜心	70cm×70cm	544,800	北京保利	2020-07-20
雪山静岩 2018年作 圆觉 镜心	70cm×70cm	329,150	北京保利	2020-07-20
雪山静岩 2018年作 禅茶 镜心	70cm×70cm	317,800	北京保利	2020-07-20
雪山静岩 2018年作 相应 镜心	70cm×70cm	295,100	北京保利	2020-07-20
雪山静岩 2018年作 如意 镜心	70cm×70cm	278,075	北京保利	2020-07-20
荀慧生 马连良 观瀑图、书法 成扇	17cm×47cm	51,750	华艺国际	2020-10-16
亚明 1982年作 采莲图 镜心	90.5cm×47.5cm	299,000	上海匡时	2020-08-05
亚明 1989年作 黄山云 镜片	59.5cm×135.5cm	253,000	广东崇正	2020-09-13
亚明 宋文治 等 1980年作 岁寒图 镜心	69cm×138cm	207,000	中国嘉德	2020-12-03
亚明 1985年作 暮归 镜心	43cm×66cm	207,000	永乐拍卖	2020-12-03
亚明 1982年作 紫金山 镜心	62.5cm×96.5cm	172,500	中国嘉德	2020-12-03
亚明 峡江图 立轴	69cm×91cm	161,000	中贸圣佳	2020-10-17
亚明 1984年作 远山飞瀑图 立轴	91cm×55cm	149,500	十竹斋拍卖(北京)	2020-10-18
亚明 三归之喜 镜框	78cm×136cm	138,000	华艺国际	2020-10-16
亚明 1982年作 采石矶头秋意浓 立轴	68cm×45cm	115,000	中国嘉德	2020-08-16
亚明 吉云 1981年作 山水书法 扇面	18.5cm×52cm	115,000	十竹斋拍卖(北京)	2020-10-18
亚明 煮茶图 镜心	69cm×136.5cm	115,000	十竹斋拍卖(北京)	2020-10-18
亚明 1982年作 大江歌罢掉头东 镜心	66cm×133cm	115,000	十竹斋拍卖(北京)	2020-10-18
亚明 1988年作 一峰不与众峰齐 镜心	67cm×135cm	97,750	北京保利	2020-12-04
亚明 1991年作 苗家住高山 立轴	95.5cm×50cm	92,000	北京翰海	2020-12-11
亚明 峡江云 镜心	69cm×136cm	92,000	荣宝斋(南京)	2020-11-28
亚明 轻舟已过万重山 立轴	83cm×58cm	92,000	上海敬华	2020-09-22
亚明 1982年作 月落乌啼 镜片	90.5cm×49cm	89,700	朵云轩	2020-09-23
亚明 江行所见 镜心	28cm×119cm	86,250	中国嘉德	2020-12-02
亚明 书法手卷 手卷	33cm×578cm	63,250	中贸圣佳	2020-10-17
亚明 清凉寺 立轴	68cm×42cm	55,200	荣宝斋(南京)	2020-11-28
亚明 踏歌图、行书 成扇	18.5cm×52cm	51,750	荣宝斋(上海)	2020-10-25
亚明 1975年作 汲水图 镜心	41cm×60cm	51,750	十竹斋拍卖(北京)	2020-10-18
阎锡山 行书语录 立轴	134cm×38cm	195,500	中国嘉德	2020-12-03
阎锡山 行书语录 立轴	134cm×31.5cm	172,500	中国嘉德	2020-12-03
阎锡山 行书苏轼诗 立轴	139.5cm×34cm	109,250	中贸圣佳	2020-10-17
阎锡山 行书 五言联 对联	98cm×30cm×2	92,000	西泠印社	2020-08-09
阎锡山 行书家训 立轴	135cm×35cm	92,000	中贸圣佳	2020-10-17
阎锡山 书法 立轴	94cm×30cm	89,700	广东小雅斋	2020-08-21
阎锡山 行书箴言 镜心	78cm×25cm	69,000	十竹斋拍卖(北京)	2020-10-18
颜伯龙 1947年作 百鸟朝凤 镜片	135cm×67cm	690,000	朵云轩	2020-09-23
颜伯龙 1945年作 百鸟朝凤 镜心	137cm×69.5cm	667,000	中鸿信	2020-01-03
颜伯龙 1925年作 五霸图 立轴	133cm×58cm	575,000	北京翰海	2020-12-11
颜伯龙 1945年作 花鸟 镜心	134cm×66cm	184,000	北京翰海	2020-12-11
颜伯龙 寿石工 陈蕃浩 1931年作 书画集锦扇 成扇	19.5cm×51cm	172,500	北京诚轩	2020-08-17
颜伯龙 花鸟(四帧) 镜心	34cm×34cm×4	161,000	中国嘉德	2020-11-10
颜伯龙 拟新罗山人法 立轴	174cm×44cm	115,000	永乐拍卖	2020-12-03
颜伯龙 1945年作 花鸟 立轴	93cm×33cm	92,000	十竹斋拍卖(北京)	2020-10-18
颜伯龙 龟寿图	33cm×32.5cm	74,750	中国嘉德	2020-07-18
颜伯龙 1941年作 锦鸡松寿图 立轴	89.5cm×35.5cm	64,400	上海嘉禾	2020-01-05
颜伯龙 1935年作 猴戏图 镜心	35cm×48cm	63,250	中国嘉德	2020-11-10
颜伯龙 1929年作 神龟 立轴	95cm×31cm	58,575	佳士得	2020-11-18
颜伯龙 棠上白头 立轴	98.5cm×31.5cm	57,500	北京翰海	2020-12-11
晏济元 1941年作 仕女图 立轴	115.5cm×49cm	195,500	朵云轩	2020-09-23
晏济元 1942)年 巫峡归帆 立轴	68.5cm×38cm	103,500	广东崇正	2020-09-13
晏少翔 货郎图 成扇	20cm×50cm	138,000	北京保利	2020-10-17
晏少翔 执扇仕女 立轴	60cm×30cm	63,250	中国嘉德	2020-11-10
阳小毛 金陵十二钗 镜心	80cm×200cm	2,580,000	香港贞观	2020-07-26
阳小毛 2019年作 金陵十二钗	70cm×230cm	253,000	北京翰海	2020-09-12
杨伯润 1897年作 西湖十二景 册页(十二开)	24.5cm×27.5cm×12	74,750	中国嘉德	2020-08-17
杨春华 菩萨行 镜心	画52cm×214cm; 字52cm×340cm	184,000	中国嘉德	2020-08-17
杨度 书法 对联	186cm×49cm×2	212,750	广东小雅斋	2020-08-21
杨度 隶书七言 对联	132cm×30.5cm×2	172,500	朵云轩	2020-09-24
杨度 隶书五言联 立轴	185cm×48cm×2	138,000	荣宝斋(南京)	2020-11-28
杨度 1930年作 行书十四言联 立轴	133cm×17cm×2	109,250	中鸿信	2020-01-04
杨建臣 2019年作 富贵花开	68cm×68cm	897,000	北京翰海	2020-09-12
杨军 碧水丹霞 手卷	引首42.5cm×158cm; 画心42.5cm×653cm; 题跋42.5cm×115cm	299,000	华艺国际	2020-10-16
杨立舟 王迎春 1977年作 太行浩气传千古 立轴	95cm×101cm	57,500	中鸿信	2020-01-03
杨明义 蔚蓝色的夜 镜心	95.5cm×88cm	345,000	北京保利	2020-12-04
杨明义 1991年作 家乡风景 册页(十一开)	54.5cm×39cm×11	67,850	上海驰翰	2020-05-10
杨明义 水乡旭日 镜心	69cm×137cm	66,700	中贸圣佳	2020-10-17
杨群 京剧人物(两件) 镜心	50cm×50cm×2	126,500	北京翰海	2020-09-12
杨善深 1989年作 溪山行旅图 镜框	96cm×180cm	2,415,000	华艺国际	2020-10-16
杨善深 波斯菊 立轴	77cm×30.5cm	2,248,136	中国嘉德	2020-10-09
杨善深 1996年作 米元章故居 镜框	46.5cm×191.5cm	920,000	华艺国际	2020-12-05
杨善深 1977至1986年作 花卉走兽写生册 十二开册	尺寸不一	904,000	香港苏富比	2020-07-10
杨善深 1996年作 米元章故居 镜片	46.5cm×191.5cm	690,000	广东崇正	2020-09-13
杨善深 刘关张 立轴	18.5cm×61.3cm	372,750	佳士得	2020-12-01
杨善深 双鹅图 镜片	101cm×32cm	368,000	广东崇正	2020-09-13
杨善深 1980年作 山水写生 册页(十开)	31.5cm×34cm×10	345,000	北京保利	2020-10-17
杨善深 月下玫瑰 镜框	94.5cm×52cm	230,000	华艺国际	2020-10-16
杨善深 1993年作 归乡 镜心	60cm×60cm	207,000	中国嘉德	2020-07-15
杨善深 蕉荫仕女 镜心	136cm×66cm	195,500	荣宝斋(南京)	2020-11-28

2020书画拍卖成交汇总(续表)

(成交价RMB：5万元以上)

拍品名称	物品尺寸	成交价RMB	拍卖公司	拍卖日期
杨善深 1974年作 丝瓜络纬 镜框	91.2cm×29.5cm	191,700	佳士得	2020-12-01
杨善深 1995年作 鹰 立轴	174.5cm×46.5cm	172,500	广东崇正	2020-09-13
杨善深 大吉 立轴	137cm×35cm	161,000	华艺国际	2020-10-16
杨善深 书法“居之安”镜片	34.5cm×110.5cm	136,950	佳士得	2020-05-22
杨善深 山色空蒙 镜片	11cm×83cm	126,500	广东崇正	2020-06-27
杨善深 1985年作 神仙眷属、草书七言诗 成扇		126,500	中国嘉德	2020-07-17
杨善深 1981年作 双吉图 镜心	34.5cm×98.5cm	115,000	中国嘉德	2020-08-15
杨善深1946年作为惜花枝不忍飞立轴	67cm×29.5cm	112,407	中国嘉德	2020-10-09
杨善深 人物 镜框	69cm×34cm	109,250	广东小雅斋	2020-08-21
杨善深 1975年作 山花笑 镜心	60cm×137cm	109,250	中国嘉德	2020-07-15
杨善深 1947年作 云龙 瑞鹤 成扇	19cm×46cm	101,175	佳士得	2020-12-01
杨善深 大吉图 立轴	137cm×34cm	92,000	广东小雅斋	2020-08-21
杨善深 1967年作 富贵花卉 镜心	64.2cm×32.6cm	92,000	永乐拍卖	2020-12-03
杨善深 香远益清 立轴	92cm×30cm	80,500	广东崇正	2020-06-27
杨善深 行书五言联 画心	137cm×34.5cm×2	74,750	西泠印社	2020-08-09
杨善深 书法 对联	178cm×45cm×2	69,000	广东小雅斋	2020-06-17
杨善深关山月 1983年作 梅竹图 镜心	36.5cm×49cm	57,500	中国嘉德	2020-08-15
杨善深 1980年作 尽是君子 镜心	34cm×69cm	51,750	中国嘉德	2020-11-09
杨石朗 青绿山水 手卷	38.5cm×145.5cm	218,500	中国嘉德	2020-08-15
杨石朗 富春江 立轴	94cm×45cm	63,250	朵云轩	2020-09-23
杨世勇 2017年作 山水	49cm×98cm	207,000	北京翰海	2020-12-12
杨守敬 1902年作 隶书八言联 镜片	237cm×46cm×2	115,000	西泠印社	2020-08-08
杨守敬 1911年作 楷书“忠孝”镜框	40.5cm×152.5cm	67,800	香港苏富比	2020-07-10
杨守敬 书法 四屏	146cm×40cm×4	57,500	广东小雅斋	2020-08-21
杨守敬 书法 立轴	168cm×40cm	55,200	广东小雅斋	2020-08-21
杨树达 江朝宗等 行书扇面	55cm×19cm	69,000	中国嘉德	2020-08-16
杨涛 2020年作 快雪时晴 镜心	186cm×98cm	1,980,000	北京汇珍	2020-08-13
杨夏林 岩上苍榕 镜心	65.5cm×132cm	138,000	保利厦门	2020-09-26
杨秀珍 荔枝图 镜片	58cm×27cm	195,500	西泠印社	2020-08-09
杨彦 石田诗意图 镜心	136cm×69cm	184,000	中国嘉德	2020-12-01
杨彦 溪山云起图 镜框	95.6cm×177.4cm	115,000	华艺国际	2020-10-16
杨宇 2014年作 幽明	84cm×103.5cm	172,500	永乐拍卖	2020-12-04
杨之光 1954年作 洗衣 镜框	60.5cm×66cm	1,840,000	华艺国际	2020-10-16
杨之光 反弹琵琶 镜心	138cm×70cm	437,000	上海匡时	2020-08-05
杨之光 1992年作 神女赋 镜心	67cm×45cm	379,500	十竹斋拍卖(北京)	2020-10-18
杨之光 1959年作 女民兵 镜心	54.5cm×40cm	287,500	中国嘉德	2020-12-01
杨之光 丰收时节 立轴	137.8cm×67.4cm	255,470	中国嘉德	2020-10-09
杨之光 1978年作 延边长鼓舞 立轴	81cm×53cm	172,500	华艺国际	2020-10-16
杨之光 1978年作 蒙古舞 立轴	69cm×53cm	138,000	华艺国际	2020-10-16
杨之光 恒河之舞 镜心	70cm×47cm	115,000	中国嘉德	2020-08-17
杨之光 鱼美人 立轴	68cm×44cm	94,300	广东小雅斋	2020-08-21
杨之光 2002年作 西班牙舞 镜片	34cm×57cm	92,000	广东崇正	2020-09-13
杨之光 1977年作 舞女 镜片	98cm×67cm	58,650	上海嘉禾	2020-01-05
杨之光 屈原像 立轴	87cm×67cm	57,500	广东崇正	2020-06-27
姚华 1927年作 四季佳卉四屏 镜心(四帧)	151cm×27.5cm×4	333,500	北京诚轩	2020-08-17
姚华 1923年作 山居图 立轴	132.5cm×66cm	241,500	广东崇正	2020-09-13
姚华 1924年作 金石古佛册 十二开册	12.4cm×8.5cm×12	192,100	香港苏富比	2020-07-10
姚华 摹古造像 册页(十开)	16.5cm×12.3cm;跋23cm×12.7cm	184,000	中国嘉德	2020-08-15
姚华 篆书梅溪探芳评词、松溪载鹤 立轴	136cm×68cm×2	161,000	中国嘉德	2020-08-15
姚华 1924年作 辛夷图 立轴	137cm×68.5cm	149,500	中国嘉德	2020-12-02
姚华 博古图 镜心	69.5cm×28.5cm	115,000	永乐拍卖	2020-08-17
姚华 兰花(四帧) 镜心	27cm×54cm×4	115,000	中国嘉德	2020-12-02
姚华 村居自乐 立轴	137.5cm×11.9cm	103,500	北京诚轩	2020-08-17
姚华 万勉之 1925年作 活佛图 立轴	137cm×40.5cm	103,500	西泠印社	2020-08-09
姚华 1903年作 楷书双钩七言联 立轴	82cm×19cm×2	97,750	北京翰海	2020-12-12
姚华 楷书十一言联 立轴	135.5cm×32.5cm×2	86,250	中国嘉德	2020-12-02
姚华 1929年作 篆书七言联 立轴	131cm×30.3cm×2	80,500	北京诚轩	2020-08-17
姚华 1922年作 茶花双雀 立轴	64cm×32cm	71,300	北京诚轩	2020-08-17
姚华 1925年作 篆书七言联 立轴	108cm×17.5cm×2	57,500	十竹斋拍卖(北京)	2020-10-18
姚华 兰菊双清 立轴	132cm×32cm	55,200	中国嘉德	2020-11-0[illegible]
姚华 1926年作 江楼客话 立轴	149cm×27.5cm	50,600	北京翰海	2020-12-1[illegible]
姚有多 1981年作 傣家乐 镜心	151cm×82cm	770,500	北京保利	2020-10-1[illegible]
姚有多 1998年作 高士雅集图 手卷	32cm×273cm	92,000	北京保利	2020-10-[illegible]
姚有信 1979年作 王昭君 立轴	93.5cm×51cm	59,800	中国嘉德	2020-08-15
姚虞琴 商笙伯 黄葆戉 高存道 等 1958年作 书画合璧扇 成扇	51cm×19cm	178,250	西泠印社	2020-08-23
姚运龙 2019年作 经乃世宝 兰为国香 镜心	137cm×69.5cm	486,000	北京汇珍	2020-08-[illegible]3
姚钟葆 春溪垂柳万千条 镜心	131cm×59cm	55,200	中鸿信	2020-01-03
叶公超 雪竹 镜心	诗堂 29.5cm×43.5cm;画心 95cm×42.5cm	83,794	中国嘉德	2020-10-09
叶恭绰 1945年作 行书十二言联 立轴	131cm×27cm×2	402,500	北京保利	2020-12-17
叶恭绰 草书五言联 立轴	67.5cm×14.5cm×2	201,250	北京保利	2020-10-17
叶恭绰 1929年作 行书七言联 镜框	131cm×22cm×2	180,800	香港苏富比	2020-07-10
叶恭绰 行书十二言联 立轴	131cm×21.5cm×2	161,000	中国嘉德	2020-12-02
叶恭绰 行书五言诗 立轴	172cm×47cm	161,000	中国嘉德	2020-12-03
叶恭绰 行书(四件) 四屏 镜片	132cm×33cm×4	126,500	朵云轩	2020-[illegible]-23
叶恭绰 行书录渔洋山人句 立轴	129.5cm×31cm×4	112,407	中国嘉德	2020-10-09
叶恭绰 行书七言联 立轴	147cm×39.5cm×2	86,250	广东崇正	2020-[illegible]-13
叶恭绰 行书七言联 立轴	133cm×28cm×2	74,750	北京保利	2020-10-17
叶恭绰 行书八言联 立轴	168.5cm×36.5cm×2	57,500	中国嘉德	2020-12-04
叶恭绰 行书七言联 立轴	65cm×23.5cm×2	56,203	中国嘉德	2020-10-09
叶恭绰 1948年作 双鸾 立轴	102cm×32cm	51,750	广东崇正	2020-09-13
叶鸿平 瓶花	100cm×80cm	230,000	中贸圣佳	2020-10-17
叶丽美 惠风和畅 镜心	68cm×68cm	230,000	北京翰海	2020-09-12
叶曼叔 临池垂钓 立轴	93.5cm×44cm	51,750	荣宝斋(上海)	2020-10-25
叶茂中 2020年作 横岭苍松有人家 镜心	68cm×95cm	448,500	永乐拍卖	2020-12-03
叶茂中 2017年作 荷塘野趣 镜心	177cm×94.5cm	218,500	永乐拍卖	2020-12-03
叶茂中 2020年作 山雨欲来 镜心	68cm×95cm	218,500	永乐拍卖	2020-12-03
叶茂中2020年作虎踞龙盘今胜昔镜心	68cm×95cm	161,000	永乐拍卖	2020-12-03
叶茂中2020年作秋山尽染霞光远镜心	68cm×95cm	161,000	永乐拍卖	2020-12-03
叶茂中 2020年作 长白雪景 镜心	68cm×95cm	149,500	永乐拍卖	2020-12-03
叶茂中2020年作行舟莫问风雨声镜心	31cm×34cm	126,500	永乐拍卖	2020-12-03
叶茂中2016年作别后不知君远近镜心	54cm×54cm	115,000	永乐拍卖	2020-12-03
叶茂中2020年作半帆斜日一江风镜心	45cm×34cm	115,000	永乐拍卖	2020-12-03
叶茂中 2020年作 东欧风景 镜心	45cm×34cm	115,000	永乐拍卖	2020-12-03
叶茂中 2020年作 夏山汲水 镜心	45cm×34cm	109,250	永乐拍卖	2020-12-03
叶浅予 哈达献给毛主席 立轴	178.5cm×96.5cm	874,000	华艺国际	2020-10-16
叶浅予 1994年作 巴西歌舞 镜心	69cm×136cm	345,000	北京保利	2020-12-04
叶浅予 1979年作 呼和浩特晚会 立轴	67.5cm×45cm	276,000	广东崇正	2020-09-13

拍品名称	物品尺寸	成交价RMB	拍卖公司	拍卖日期
叶浅予 四季点景对屏 立轴	137cm×68cm×2	207,000	荣宝斋(上海)	2020-10-25
叶浅予 内蒙古草原之舞 镜心	46cm×34.5cm	201,250	荣宝斋(上海)	2020-10-25
叶浅予 1956年作 新疆舞韵 立轴	68.5cm×45cm	184,000	中鸿信	2020-01-03
叶浅予 1964年作 舞蹈少女 立轴	69cm×44.5cm	172,500	朵云轩	2020-09-23
叶浅予 共饮一江水 镜心	46cm×34cm	149,500	荣宝斋(上海)	2020-10-25
叶浅予 天竺农妇 镜心	68.5cm×46cm	149,500	荣宝斋(上海)	2020-10-25
叶浅予 1979年作 拉萨舞姿 立轴	134cm×68cm	115,000	中鸿信	2020-01-03
叶浅予 1982年作 巴基斯坦舞姿 立轴	67cm×40cm	115,000	北京保利	2020-12-04
叶浅予 碗舞 立轴	69cm×46cm	115,000	华艺国际	2020-10-16
叶浅予 1978年作 孔雀舞 镜心	56.3cm×46cm	109,250	中国嘉德	2020-12-03
叶浅予 1955年作 藏族姑娘 镜心	68cm×46cm	103,500	北京翰海	2020-12-11
叶浅予 1977年作 西藏热巴舞姿 立轴	81cm×36cm	97,750	北京保利	2020-12-04
叶浅予 1991年作 荷花舞 立轴	68.5cm×45.5cm	92,000	中国嘉德	2020-08-15
叶浅予 1978年作 苗岭踏青 立轴	67cm×67cm	80,500	西泠印社	2020-08-09
叶浅予 1977年作 印度装 镜心	60cm×43cm	69,000	北京翰海	2020-12-11
叶浅予 1977年作 印度舞 立轴	68cm×43cm	69,000	中国嘉德	2020-11-10
叶浅予 拉萨长袖舞 立轴	70cm×45cm	57,500	广东小雅斋	2020-08-21
叶浅予 1979年作 天山舞步 镜心	68cm×49cm	55,200	中国嘉德	2020-07-16
叶韶霖 魏碑《观沧海》十四条幅立轴	230.5cm×50.5cm×14	92,000	保利厦门	2020-09-26
叶圣陶 楷书《访隐仙山诗》镜心	135cm×67cm	97,750	永乐拍卖	2020-12-03
叶圣陶 1977年作 楷书五言诗 镜框	53cm×25cm	92,000	华艺国际	2020-12-05
叶为铭 1944年作 百寿 镜心	30.5cm×38cm	97,750	北京诚轩	2020-08-17
叶为铭 1944年作 篆书十二言联 立轴	132cm×17cm×2	63,250	中国嘉德	2020-08-15
叶星生 赛牦牛——试验小稿2 镜心	42cm×69cm	575,000	北京保利	2020-10-16
佚名 湘妃竹扇骨	高：40.5cm；排口：3.2cm	97,750	北京诚轩	2020-08-17
佚名 1970年作 红太阳 画心	68cm×50.5cm	57,500	西泠印社	2020-08-09
佚名 琴苑要录等四种	尺寸不一	57,500	中国嘉德	2020-07-18
易大厂 袁克文 观山图、行书 成扇	17.5cm×50.5cm	138,000	朵云轩	2020-09-24
益航 山川异域，风月同天 镜心	92cm×70cm	103,500	北京翰海	2020-09-12
殷梓湘 1934年作 八骏图 立轴	131cm×65cm	287,500	北京保利	2020-10-17
殷梓湘 1960年作 洞庭秋色 镜片	69cm×134cm	224,250	上海敬华	2020-09-22
殷梓湘 谭泽闿 1942年作 八骏图·行书诗 成扇	18.5cm×47cm	126,500	北京保利	2020-10-17
殷梓湘 吴增甲 牧马图·行书诗 成扇	18.5cm×46cm	80,500	北京保利	2020-10-17
殷梓湘 1946年作 相马图 立轴	63cm×36.5cm	74,750	西泠印社	2020-08-09
释印光 行书八言联 立轴	131.5cm×18cm×2	138,000	广东崇正	2020-09-13
释印光 楷书“南无阿弥陀佛”镜片	38cm×92cm	138,000	广东崇正	2020-09-13
释印光 楷书偈语 横披	44cm×105.5cm	115,000	上海匡时	2020-08-05
释印光 隶书“诸佛境界”镜心	35cm×107cm	80,500	中国嘉德	2020-11-10
释印光 行书六言联 对联	83cm×20cm×2	59,800	中国嘉德	2020-07-17
印光法师 1939年作 行书“纯一佛宣”镜心	35cm×100cm	57,500	中鸿信	2020-01-04
应野平 红色井冈山 镜框	72cm×68.5cm	212,750	华艺国际	2020-10-16
应野平 1978年作 无尽云山 手卷	画19cm×68cm×12；引首19cm×103cm；题跋19cm×16cm	126,500	北京保利	2020-10-17
应野平 白蕉 1962年作 黄山烟云 行书 成扇	18cm×50cm	126,500	朵云轩	2020-09-23

拍品名称	物品尺寸	成交价RMB	拍卖公司	拍卖日期
应野平 张继仙 等 1983年作 烂漫秋光 镜片	94cm×356cm	126,500	朵云轩	2020-11-29
应野平 庐山胜景图 镜片	86.5cm×43cm	115,000	西泠印社	2020-08-09
应野平 作 唐云 题 武夷九曲泛舟图 手卷	引首20cm×124.5cm；画心20cm×241cm；题跋20cm×44cm	103,500	中贸圣佳	2020-10-17
应野平 1973年作 黄山云海奇观 立轴	136.3cm×68.6cm	92,000	北京诚轩	2020-08-17
应野平 乔木 青山瀑布图·松寿图(二帧) 镜片	96cm×50.5cm；67.5cm×45.5cm	92,000	西泠印社	2020-08-08
应野平 1938作 秋山图 立轴	132.5cm×49.5cm	80,500	北京诚轩	2020-08-17
应野平 1980年作 千里江南 镜片	68cm×135cm	63,250	华艺国际	2020-12-05
应野平 1984年作 叠嶂飞泉 镜心	88.5cm×47.5cm	55,200	中国嘉德	2020-08-16
应野平 溪山深秀 立轴	118cm×47cm	55,200	荣宝斋(南京)	2020-11-28
于非闇 1938年作 玉堂富贵春喜 立轴	150cm×66.5cm	9,832,500	北京保利	2020-10-17
于非闇 1938年作 锦上添花 立轴	150.5cm×65.5cm	8,740,000	华艺国际	2020-10-16
于非闇 1949年作 大富贵益寿考 立轴	131.5cm×67cm	5,484,225	香港苏富比	2020-10-08
于非闇 1941年作 金盆浴鸽图 镜心	111cm×50.5cm	5,175,000	中国嘉德	2020-12-01
于非闇 1937年作 雁荡春雪 立轴	139cm×58.5cm	4,485,000	华艺国际	2020-10-16
于非闇 1943年作 荷花第一品 立轴	101cm×32.5cm	4,260,000	佳士得	2020-12-01
于非闇 菰蒲双凫 镜框	112.2cm×46.7cm	3,842,000	香港苏富比	2020-07-10
于非闇 1936年作 牡丹舞蝶图 镜心	33cm×167cm	3,220,000	北京保利	2020-12-04
于非闇 1944年作 霜叶白鹦 立轴	93cm×38cm	2,712,000	香港苏富比	2020-07-10
于非闇 1937年作 留春图 立轴	97cm×42cm	2,530,000	朵云轩	2020-09-23
于非闇 1936年作 秋虫花草图 立轴	135cm×61cm	2,300,000	北京保利	2020-12-04
于非闇 和平鸽 镜心	55cm×55cm	2,185,000	中国嘉德	2020-12-01
于非闇 四喜图 立轴	195cm×32cm	1,437,500	荣宝斋(南京)	2020-11-28
于非闇 1940年作 菡萏蜻蜓 立轴	99cm×33.5cm	1,357,000	十竹斋拍卖(北京)	2020-10-18
于非闇 1943年作 玉兰鹦鹉 立轴	106.5cm×50.7cm	1,150,000	北京保利	2020-10-17
于非闇 1945年作 红衣画眉 镜片	90.5cm×45cm	1,127,000	朵云轩	2020-09-23
于非闇 1938年作 临徽宗花鸟 立轴	111cm×46.5cm	1,124,068	中国嘉德	2020-10-09
于非闇 时鲜图 立轴	68cm×32cm	1,092,500	华艺国际	2020-10-16
于非闇 张书云 1944年作 果熟来禽 书法 成扇	19.5cm×52cm	977,500	华艺国际	2020-10-16
于非闇 1945年作 红叶双栖 立轴	92cm×48cm	713,000	北京保利	2020-10-17
于非闇 1944年作 芙蓉鸳鸯 立轴	63cm×33cm	690,000	广东崇正	2020-09-13
于非闇 1940年作 黄筌竹鸠图 立轴	108.5cm×35.5cm	690,000	华艺国际	2020-10-16
于非闇 1945年作 月色双禽 镜心	100cm×34cm	690,000	中国嘉德	2020-12-03
于非闇 莲花蜜蜂 立轴	95.5cm×34cm	632,500	华艺国际	2020-10-16
于非闇 1938年作 书画合璧扇 成扇	20.2cm×55cm	552,000	北京诚轩	2020-08-17
于非闇 1937年作 茶花山禽 镜心	64cm×30cm	517,500	中国嘉德	2020-07-15
于非闇 1927年作 行书七言联 立轴	143.5cm×36.5cm×2	345,000	北京翰海	2020-12-12
于非闇 王师子 1941年作 飞鸟探芳讯 立轴	99cm×50cm	345,000	广东崇正	2020-09-13
于非闇 玉兰双雀 镜框	83cm×52.5cm	345,000	华艺国际	2020-10-16
于非闇 1936年作 梨花小鸟 立轴	88cm×47cm	322,000	中国嘉德	2020-08-15
于非闇 1948年作 大富贵 立轴	68cm×33cm	322,000	华艺国际	2020-10-16
于非闇 1944年作 荷花蜻蜓 扇面片	18.5cm×51cm	299,000	北京翰海	2020-12-11
于非闇 1948年作 雁荡清游 立轴	70cm×44.2cm	282,500	香港苏富比	2020-07-10
于非闇 1959年作 萝卜工虫	37cm×25.5cm	241,500	十竹斋拍卖(北京)	2020-10-18
于非闇 1934年作 菊花秋虫图 立轴	134cm×33cm	207,000	西泠印社	2020-08-09

2020书画拍卖成交汇总(续表)

(成交价RMB：5万元以上)

拍品名称	物品尺寸	成交价RMB	拍卖公司	拍卖日期
于非闇 杨千里 拟北宋院体·书法 成扇	18.8cm×51.8cm	207,000	永乐拍卖	2020-12-03
于非闇 张大千 双清·书法 成扇	24.2cm×69.8cm	195,500	永乐拍卖	2020-12-03
于非闇 1940年作 蔬果图·草书摹右军帖 成扇	19cm×51cm	172,500	中国嘉德	2020-08-15
于非闇 溥儒 耄耋图 行书津门旧制诗 成扇	18cm×51cm	172,500	中国嘉德	2020-08-15
于非闇 1945年作 双雀图·草书节临十七帖 镜心	19.1cm×54cm	172,500	中国嘉德	2020-08-15
于非闇 1940年作 墨兰 成扇	18.7cm×46.1cm	169,500	香港苏富比	2020-07-10
于非闇 张伯英 竹雀图《般若波罗蜜多心经》成扇	18.7cm×50cm	161,000	北京诚轩	2020-08-17
于非闇 马晋 蝶恋花 隶书五言 镜片	25.5cm×70cm	149,500	朵云轩	2020-09-23
于非闇 楷书《竹友词》、枫叶竹禽 成扇	18cm×52cm	138,000	中贸圣佳	2020-10-17
于非闇 邢端 1942年作 枝头翠鸟 楷书 成扇	19cm×50cm×2	109,250	上海敬华	2020-09-22
于非闇 仿米氏云山 立轴	126cm×33cm	109,250	中国嘉德	2020-12-03
于非闇 张大千 1945年作 桃花小鸟·行书 成扇	18cm×45cm	103,500	中鸿信	2020-01-03
于非闇 王欣夫 1945年作 红花翠鸟 篆书 扇面双挖片	18cm×51cm×2	92,000	上海敬华	2020-09-22
于非闇 1941年作 鸟竹图 扇面镜框	18.2cm×52.5cm	63,900	佳士得	2020-12-01
于凤斌 武功山金顶 镜心	180cm×98cm	115,000	北京翰海	2020-09-12
于桂利 瑞祥图 镜心	138cm×69cm	172,500	北京翰海	2020-09-12
于继东 2014年作 约定 镜心	97cm×90cm	138,000	北京翰海	2020-09-12
于诺 一枝素影待人来 镜心	138cm×68cm	195,800	北京玄和	2020-07-24
于水 2012年作 贵妇醉酒图 镜心	33.5cm×116cm	74,750	中鸿信	2020-01-03
于水 西游记（二帧）镜心	32.5cm×33cm×2	51,750	中鸿信	2020-01-03
于希宁 1996年作 梅魂 册页	60cm×84cm×12	1,150,000	北京保利	2020-10-16
于希宁 1979年作 祖国万岁 立轴	136cm×68cm	161,000	中鸿信	2020-01-03
于希宁 野趣 立轴	128cm×65.5cm	132,250	朵云轩	2020-09-23
于右任 草书十一言巨联 立轴	358cm×50cm×2	2,760,000	中贸圣佳	2020-10-17
于右任 1960年作 草书十二言联 立轴	334cm×47cm×2	2,530,000	北京保利	2020-10-17
于右任 行书八言联 立轴	234cm×37cm×2	2,070,000	华艺国际	2020-10-16
于右任 行书五言 对联	166cm×36.5cm×2	1,725,000	朵云轩	2020-09-23
于右任 魏碑五言联 立轴	对联169cm×44.5cm×2；拓片94.5cm×43.5cm	1,552,500	中国嘉德	2020-08-16
于右任1929年作楷书“润德堂”镜心	61cm×137.5cm	1,265,000	中国嘉德	2020-12-01
于右任 草书 横披	49.5cm×140cm	1,207,500	朵云轩	2020-09-23
于右任 楷书五言联 立轴	165cm×40.5cm×2	1,035,000	中贸圣佳	2020-10-17
于右任 行书五言联 立轴	205.0cm×44.0cm×2	920,000	中国嘉德	2020-08-16
于右任 阎古伏村杂咏之一 立轴	142cm×72cm	805,000	中贸圣佳	2020-10-17
于右任 书法 四屏	128cm×39cm×4	701,500	广东小雅斋	2020-08-21
于右任 行书“鹤寿”镜心	99cm×192cm	667,000	中鸿信	2020-01-03
于右任 草书康黎德语 立轴	150cm×82.5cm	632,500	广东崇正	2020-09-13
于右任 行书 横披	65cm×102cm	598,000	中鸿信	2020-01-04
于右任 行书“题罗锦堂中国散曲史”镜心	29cm×120cm	575,000	十竹斋拍卖（北京）	2020-10-18
于右任 草书五言联 对联	133cm×32cm×2	552,000	中国嘉德	2020-07-15
于右任 周澄 等 1948年作、1997年作 草书“千叶书屋”、行书对屏、行书七言诗 镜心、对屏、镜心	47cm×133cm；116cm×34cm×2；75cm×46cm	552,000	中国嘉德	2020-07-16

拍品名称	物品尺寸	成交价RMB	拍卖公司	拍卖日期
于右任 行书七言对联 镜心	114cm×33cm×2	552,000	荣宝斋（上海）	2020-10-25
于右任 草书《登岳阳楼》诗四屏 立轴	134cm×32cm×4	517,500	北京保利	2020-10-17
于右任 楷书五言联 立轴	129cm×30cm×2	517,500	永乐拍卖	2020-12-03
于右任 徐悲鸿 溥儒 等 题吴承燕诗书画展评语 手卷	尺寸不一	483,000	北京保利	2020-12-04
于右任 1949年作 行书五言联 立轴	169cm×43cm×2	460,000	中鸿信	2020-01-04
于右任 1951年作 草书《心经》镜心	69cm×85cm	414,000	中国嘉德	2020-07-17
于右任 行书“金石斯寿”横披	33.5cm×130cm	414,000	中国嘉德	2020-12-03
于右任 行书“愿你们平安”镜心	91cm×40.5cm	402,500	中国嘉德	2020-08-15
于右任 行书七言联 立轴	168.5cm×36.5cm×2	402,500	中国嘉德	2020-08-16
于右任 行书五言联 对联	141.5cm×36cm×2	402,500	上海嘉禾	2020-01-05
于右任 书法 横幅	32.5cm×96cm	402,500	广东小雅斋	2020-08-21
于右任 楷书八言联 立轴	106.5cm×20cm×2	391,000	上海巨时	2020-08-05
于右任 1948年作 草书六言联 立轴	171cm×36.5cm×2	368,000	中鸿信	2020-01-04
于右任 草书绝句四首 四条屏	131cm×21cm×4	368,000	中国嘉德	2020-07-15
于右任 行书五言联 立轴	145cm×40cm×2	368,000	中贸圣佳	2020-10-17
于右任 行书五言 对联片	140cm×36cm×2	356,500	朵云轩	2020-09-23
于右任 行书五言联 立轴	142cm×38.5cm×2	345,000	中国嘉德	2020-08-15
于右任 1956年作 草书《基隆海滩小坐》四屏立轴	138cm×33cm×4	345,000	北京保利	2020-10-17
于右任 行书 立轴	127.5cm×38.5cm	345,000	北京翰海	2020-12-11
于右任 草书百字令 镜心	40cm×56cm	345,000	荣宝斋（上海）	2020-10-25
于右任 草书杜甫诗 横幅	38cm×82cm	333,500	中国嘉德	2020-07-15
于右任 1950年作 草书八言联 立轴	133cm×31.2cm×2	333,500	广东崇正	2020-09-13
于右任 行书四言联 立轴	79.5cm×32.5cm×2	333,500	十竹斋拍卖（北京）	2020-10-18
于右任 行书题读书图诗 立轴	142.5cm×38.5cm	327,002	中国嘉德	2020-10-09
于右任 行书五言联 立轴	131cm×32cm×2	322,000	北京保利	2020-10-17
于右任 1949年作 草书五言 对联片	133cm×33cm×2	299,000	朵云轩	2020-09-23
于右任 草书 五言联 对联	144.5cm×40cm×2	287,500	西泠印社	2020-08-09
于右任 草书节录《约翰福音》立轴	99cm×14cm	287,500	中国嘉德	2020-07-15
于右任 行书《民治园》诗 镜心	73cm×26cm×4	287,500	北京保利	2020-10-17
于右任 草书八言联 立轴	133.5cm×30cm×2	287,500	十竹斋拍卖（北京）	2020-10-18
于右任 行书五言联 对联	189cm×44cm×2	287,500	中国嘉德	2020-11-09
于右任 草书孙中山句 立轴	135cm×67.5cm	287,500	中贸圣佳	2020-10-17
于右任 1948年作 草书五言联 立轴	133.5cm×32cm×2	286,126	中国嘉德	2020-10-09
于右任 草书七言联 立轴	138cm×33.5cm×2	276,000	北京诚轩	2020-08-17
于右任 行书七言联 镜片	179cm×47cm×2	276,000	广东崇正	2020-09-13
于右任 行书节录《论语·先进》（四幅）立轴	138cm×27cm×4	273,600	佳士得	2020-07-08
于右任 行书七言联 立轴	132cm×33cm×2	264,500	北京保利	2020-10-17
于右任 1949年作 草书八言联 立轴	133.5cm×32cm×2	255,470	中国嘉德	2020-10-09
于右任 1948年作 草书五言联 立轴	162cm×39cm×2	253,000	中国嘉德	2020-08-15
于右任 1962年作 草书四屏 镜心	70cm×23cm×4	253,000	北京保利	2020-12-04
于右任 草书七言诗 镜片	34cm×134cm	253,000	广东崇正	2020-09-13
于右任 草书五言联 镜心	150cm×40cm×2	253,000	十竹斋拍卖（北京）	2020-10-18
于右任 草书八言联 立轴	108.5cm×19cm×2	241,500	北京保利	2020-12-04
于右任 草书陆游诗 立轴	136cm×34cm	230,000	中国嘉德	2020-07-15
于右任 草书七言联 对联	93cm×15cm×2	230,000	中国嘉德	2020-07-15
于右任 草书五言联 对联	129cm×32cm×2	230,000	中国嘉德	2020-07-15

（成交价RMB：5万元以上）

拍品名称	物品尺寸	成交价RMB	拍卖公司	拍卖日期
于右任 草书五言联 立轴	136cm×32cm×2	230,000	北京保利	2020-10-17
于右任 1961年作 草书顾炎武语 立轴	145cm×48cm	230,000	北京保利	2020-10-17
于右任 草书节录《太史公书》镜心	42cm×125cm	230,000	北京保利	2020-10-17
于右任 草书《饮酒》诗 镜心	46cm×134cm	230,000	北京保利	2020-10-17
于右任 魏碑"能不朽"镜心	46cm×170cm	230,000	北京保利	2020-12-04
于右任 行书四言联 对联	147cm×40cm×2	230,000	上海敬华	2020-09-22
于右任 章士钊 1943年作 璧合珠联册 七开册	22.6cm×15.6cm×2	226,000	香港苏富比	2020-07-10
于右任 草书七言联 立轴	104cm×17cm×2	218,500	北京保利	2020-12-04
于右任 草书"爱吾卢"镜心	27.5cm×79cm	201,250	北京保利	2020-12-04
于右任 1950年作 草书《枫桥夜泊》立轴	150.5cm×40cm	195,500	中国嘉德	2020-08-15
于右任 行书七言联 立轴	142.5cm×36.5cm×2	195,500	中国嘉德	2020-08-15
于右任 草书八言联 立轴	134.5cm×22cm×2	195,500	十竹斋拍卖（北京）	2020-10-18
于右任 草书陶渊明诗 立轴	139cm×35cm	184,000	中国嘉德	2020-07-15
于右任 行书五言联 立轴	136cm×33cm×2	184,000	北京保利	2020-10-17
于右任 草书七言联 立轴	137cm×34cm×2	184,000	北京保利	2020-10-17
于右任 草书八言联 立轴	136.5cm×17cm×2	172,500	中国嘉德	2020-08-15
于右任 草书节录《心经》镜心	129cm×30cm	172,500	中国嘉德	2020-07-15
于右任 草书五言联 立轴	85cm×34cm	172,500	中国嘉德	2020-07-15
于右任 草书五言联 镜心	174cm×48cm×2	172,500	北京保利	2020-10-17
于右任 草书七言联 立轴	136cm×33cm×2	172,500	北京保利	2020-10-17
于右任 草书八言联 镜心	123cm×24cm×2	172,500	北京保利	2020-10-17
于右任 行书五言 对联	134cm×34cm×2	172,500	朵云轩	2020-09-23
于右任 书法 立轴	137cm×34cm	172,500	华艺国际	2020-10-16
于右任 草书五言联 立轴	66cm×19cm×2	172,500	十竹斋拍卖（北京）	2020-10-18
于右任 1950年作 草书五言联 立轴	131cm×33cm×2	172,500	十竹斋拍卖（北京）	2020-10-18
于右任 书法 手卷	引首27cm×68cm；书法27cm×160cm	172,500	永乐拍卖	2020-12-03
于右任 楷书五言联 立轴	118cm×32cm×2	172,500	永乐拍卖	2020-12-03
于右任 草书五言联 立轴	144cm×38cm×2	166,750	北京翰海	2020-12-12
于右任 草书五言联 立轴	106cm×26cm×2	161,000	中鸿信	2020-01-04
于右任 行书 六言联	36.5cm×148cm	161,000	中国嘉德	2020-08-16
于右任 草书七言联 立轴	133cm×33.5cm×2	161,000	北京保利	2020-10-17
于右任 草书五言联 镜心	148cm×39.5cm×2	161,000	北京翰海	2020-12-12
于右任 行书 吴宓诗 镜片	107cm×38.5cm	159,600	佳士得	2020-07-01
于右任 草书七言 对联片	105.5cm×18cm×2	155,250	朵云轩	2020-09-23
于右任 行书七言诗 立轴	132cm×39cm	153,282	中国嘉德	2020-10-09
于右任 草书《赠柏烈武上将诗》镜心	108cm×40cm	149,500	中国嘉德	2020-07-15
于右任 草书孟浩然诗 镜心	136cm×46cm	149,500	中国嘉德	2020-07-15
于右任 1933年作 行书 立轴	82cm×38cm	149,500	朵云轩	2020-09-23
于右任 行书家训 镜心	86.5cm×32.5cm	149,500	中国嘉德	2020-12-03
于右任 鲁荡平 书法 镜心	65cm×40cm	149,500	中贸圣佳	2020-10-17
于右任 草书五言联（二帧）立轴	132cm×33cm×2	147,550	北京保利	2020-07-16
于右任 草书诗 镜片	138cm×34cm	143,750	上海敬华	2020-09-22
于右任 草书八言联 对联	122cm×21cm×2	138,000	中国嘉德	2020-07-15
于右任 草书王渔洋诗 镜心	98.5cm×34.5cm	138,000	中国嘉德	2020-08-15
于右任 草书五言联 对联	96cm×23cm×2	138,000	中国嘉德	2020-07-15
于右任 行书七言联 对联	137cm×34cm×2	138,000	中国嘉德	2020-07-15
于右任 书法 镜片	275cm×75cm	138,000	广东小雅斋	2020-08-21

拍品名称	物品尺寸	成交价RMB	拍卖公司	拍卖日期
于右任 草书《游山西村》诗 立轴	145cm×48cm	138,000	北京保利	2020-10-17
于右任 1958年作 草书四条屏 立轴	138cm×22cm×4	126,500	中鸿信	2020-01-04
于右任 草书《孟子》句 立轴	96cm×39cm	126,500	中国嘉德	2020-07-15
于右任 草书罗隐诗 立轴	100cm×33cm	126,500	中国嘉德	2020-07-15
于右任 草书五言联 对联	68cm×34cm	126,500	中国嘉德	2020-07-15
于右任 行书杜牧诗 立轴	146cm×40cm	126,500	中国嘉德	2020-08-15
于右任 行书五言联 对联	144cm×27cm×2	126,500	中国嘉德	2020-07-15
于右任 书法 对联	132cm×32cm×2	126,500	广东小雅斋	2020-08-21
于右任 草书八言联 立轴	135cm×34cm×2	126,500	北京保利	2020-12-04
于右任 草书孙中山语 立轴	125cm×37cm	126,500	荣宝斋（南京）	2020-11-28
于右任 草书杜甫诗 立轴	137cm×34cm	126,500	上海敬华	2020-09-22
于右任 行书五言联 立轴	144.5cm×38.5cm×2	126,500	中贸圣佳	2020-10-17
于右任 草书节录司空图《二十四诗品》镜心	137cm×33cm	115,000	中国嘉德	2020-07-15
于右任 草书唐《西山群仙会真记》镜心	110cm×39cm	115,000	中国嘉德	2020-07-15
于右任 书法 立轴	154cm×42cm	115,000	广东小雅斋	2020-08-21
于右任 草书论语句 立轴	120cm×51cm	115,000	北京保利	2020-12-04
于右任 行书诗 立轴	131cm×26cm	115,000	朵云轩	2020-09-23
于右任 草书五言联 立轴	151cm×40cm×2	115,000	广东崇正	2020-09-13
于右任 行书条幅 立轴	67.5cm×30cm	115,000	十竹斋拍卖（北京）	2020-10-18
于右任 行书五言联（两幅）立轴	70cm×21cm×2	114,125	佳士得	2020-05-22
于右任 草书五言联 立轴	146.5cm×39cm×2	109,250	中鸿信	2020-01-04
于右任 高适《醉后赠张九旭》镜心	128cm×31.4cm	109,250	北京诚轩	2020-08-17
于右任 草书《呻吟语》立轴	164cm×30cm	109,250	荣宝斋（南京）	2020-11-28
于右任 1961年作 行书"雷鸣精精补春行"镜片	40cm×118cm	109,250	上海敬华	2020-09-22
于右任 草书孙中山言 立轴	125cm×37cm	109,250	上海敬华	2020-09-22
于右任 行书条幅 镜心	103cm×34cm	109,250	十竹斋拍卖（北京）	2020-10-18
于右任 1964年作 行书"中正园"镜心	35.5cm×95.5cm	109,250	十竹斋拍卖（北京）	2020-10-18
于右任 草书节录孙中山《建国方略》立轴	137cm×34cm	105,800	中国嘉德	2020-07-15
于右任 草书五言联 对联	135cm×33cm×2	105,800	中国嘉德	2020-07-15
于右任 1954年作 神术回生 镜心	36.7cm×109cm	103,500	北京诚轩	2020-08-17
于右任 草书节录王阳明《王文成公全书》立轴	88cm×41cm	103,500	中国嘉德	2020-07-15
于右任 草书七言联 对联	127cm×31cm×2	103,500	中国嘉德	2020-07-15
于右任 草书七言诗 镜心	71.5cm×31.5cm	103,500	中鸿信	2020-01-04
于右任 草书《题牧羊儿自述》立轴	134cm×33cm	103,500	上海驰翰	2020-08-06
于右任 草书五言联 对联	110cm×30cm×2	103,500	中国嘉德	2020-07-15
于右任 行书五言联 对联	134cm×31cm×2	103,500	中国嘉德	2020-07-15
于右任 楷书"寿"立轴	96cm×33cm	103,500	中国嘉德	2020-07-15
于右任 孟浩然《过故人庄》立轴	150cm×40cm	103,500	北京诚轩	2020-08-17
于右任 1963年作 行书"大吉大利"立轴	74cm×31.5cm	103,500	十竹斋拍卖（北京）	2020-10-18
于右任 1948年作 草书五言联 立轴	143cm×36cm×2	103,500	中国嘉德	2020-12-03
于右任 草书王阳明《白湾六章》镜心	138cm×34cm	101,200	中国嘉德	2020-07-15
于右任 草书翁承赞诗 镜心	105cm×38cm	101,200	中国嘉德	2020-07-15
于右任 1953年作 草书七言诗 立轴	96.5cm×36cm	97,750	中国嘉德	2020-08-15

2020书画拍卖成交汇总(续表)

(成交价RMB：5万元以上)

拍品名称	物品尺寸	成交价RMB	拍卖公司	拍卖日期
于右任 草书姜夔诗 立轴	110cm×43cm	97,750	中国嘉德	2020-07-15
于右任 草书姜夔诗 立轴	140cm×35cm	97,750	中国嘉德	2020-07-15
于右任 草书七言联 对联	117cm×17cm×2	97,750	中国嘉德	2020-07-15
于右任 草书随笔 立轴	133cm×38cm	97,750	中国嘉德	2020-07-15
于右任 行书"天风浩荡"镜心	33cm×66cm	97,750	永乐拍卖	2020-08-17
于右任 溥儒 等 周母寿诗书画 册页(选六)	29cm×38cm；其余尺寸不一	97,750	上海嘉禾	2020-01-05
于右任 书法 对联	144cm×35cm×2	97,750	广东小雅斋	2020-08-21
于右任 草书裴若讷诗 立轴	147cm×39cm	97,750	北京保利	2020-10-17
于右任 行书七言诗 立轴	148.5cm×54cm	97,750	北京保利	2020-12-04
于右任 1956年作 行书"美丽之岛"立轴	132cm×21.5cm	97,750	北京保利	2020-12-04
于右任 草书节录《诸葛亮传》镜心	107cm×28cm	94,300	中国嘉德	2020-07-15
于右任 草书七言联 对联	90cm×14cm×2	94,300	中国嘉德	2020-07-15
于右任 草书五言联 对联	129cm×32cm×2	94,300	中国嘉德	2020-07-15
于右任 书法 对联	133cm×33cm×2	94,300	广东小雅斋	2020-08-21
于右任 1945年作 草书四条屏 对联	135cm×34cm×2	94,300	中国嘉德	2020-11-10
于右任 1960年作 草书生日诗 立轴	79cm×38cm	92,000	中国嘉德	2020-07-15
于右任 草书《左传》语 镜心	132cm×33cm	92,000	中国嘉德	2020-07-15
于右任 草书姜夔《白石道人诗说》镜心	110cm×39cm	92,000	中国嘉德	2020-07-15
于右任 草书节录《希伯来书》镜心	135cm×34cm	92,000	中国嘉德	2020-07-15
于右任 草书七言诗 镜心	112cm×30.5cm	92,000	中鸿信	2020-01-04
于右任 草书五言联 立轴	106cm×28.5cm×2	92,000	中国嘉德	2020-08-15
于右任 行书七言联 镜心	126.5cm×24.5cm×2	92,000	中国嘉德	2020-08-15
于右任 行书五言联 对联	122cm×32cm×2	92,000	上海嘉禾	2020-01-05
于右任 行书自作诗 镜心	134.5cm×62.5cm	92,000	上海匡时	2020-08-05
于右任 书法对联 立轴	69cm×21.5cm×2	92,000	十竹斋拍卖(北京)	2020-10-18
于右任 草书六言联 立轴	150cm×35cm×2	92,000	中国嘉德	2020-12-03
于右任 草书王士禛诗 立轴	79cm×38cm	89,700	中国嘉德	2020-07-15
于右任 行书孙中山句 镜片	133cm×35cm	89,700	广东崇正	2020-06-27
于右任 寿 立轴	66.8cm×62.8cm	88,805	香港苏富比	2020-10-08
于右任 1954年作 梁中铭草书《蒋介石画传》横幅	30cm×85cm	86,250	中国嘉德	2020-07-15
于右任 草书白居易诗 镜心	134cm×68cm	86,250	中国嘉德	2020-07-15
于右任 草书节录司空图《二十四诗品》镜心	102cm×37cm	86,250	中国嘉德	2020-07-15
于右任 草书苏轼诗 镜心	144cm×21cm	86,250	中国嘉德	2020-07-15
于右任 草书五言联 对联	139cm×35cm×2	86,250	中国嘉德	2020-07-15
于右任 草书张旭诗 镜心	68cm×34cm	86,250	中国嘉德	2020-07-15
于右任 书法 镜片	26cm×76cm	86,250	广东小雅斋	2020-06-17
于右任 朱玖莹 李超哉 草书五言联、楷书七言联、草书刘禹锡诗 对联 对联 立轴	133cm×33cm×2；136cm×34cm×2；88cm×42cm	86,250	中国嘉德	2020-07-15
于右任 草书五言联 立轴	137cm×32cm×2	86,250	北京保利	2020-10-17
于右任 隶书 立轴	116cm×39cm	86,250	北京翰海	2020-09-12
于右任 草书 镜片	34cm×134cm	86,250	广东崇正	2020-09-13
于右任 行书 册页	29cm×23cm×9	86,250	中贸圣佳	2020-10-17
于右任 行书孟浩然诗 镜心	56cm×169cm	83,794	中国嘉德	2020-10-09
于右任 草书丘逢甲诗 立轴	102cm×34cm	82,800	中国嘉德	2020-07-15
于右任 草书孙中山语 立轴	138cm×33cm	82,800	中国嘉德	2020-07-15
于右任 草书五言联 对联	80cm×36cm	82,800	中国嘉德	2020-07-15
于右任 草书张载《正蒙》句 镜心	137cm×33cm	82,800	中国嘉德	2020-07-15
于右任 行书七言联 立轴	182cm×36cm×2	82,800	中鸿信	2020-01-04
于右任 书法 对联	79cm×18cm×2	82,800	广东小雅斋	2020-08-21
于右任 草书七言联 立轴	132.5cm×33cm×2	82,800	中贸圣佳	2020-10-17
于右任 草书《中庸》句 立轴	73.5cm×39.5cm	80,500	中国嘉德	2020-08-15
于右任 草书杜甫诗 立轴	124cm×32cm	80,500	中国嘉德	2020-07-15
于右任 草书姜夔诗 镜心	133.5cm×34cm	80,500	中国嘉德	2020-08-15
于右任 草书陆法言《切韵序》立轴	134cm×64cm	80,500	中国嘉德	2020-07-15
于右任 草书倪瓒诗 立轴	67cm×33cm	80,500	中国嘉德	2020-07-15
于右任 草书七言联 立轴	132.5cm×16.5cm×2	80,500	中国嘉德	2020-08-15
于右任 草书王心斋语 立轴	139cm×34cm	80,500	中国嘉德	2020-07-15
于右任 行书"为万世开太平"镜心	66cm×25.5cm	80,500	上海匡时	2020-08-05
于右任 草书祝寿诗 镜心	94cm×38cm	80,500	北京保利	2020-10-17
于右任 草书五言 对联心	147cm×40cm×2	80,500	朵云轩	2020-11-30
于右任 行书"达园"镜心	23cm×63cm	80,500	永乐拍卖	2020-12-03
于右任 1953年作 草书阮元诗《东园初夏》镜心	27cm×88cm	80,500	永乐拍卖	2020-12-03
于右任 行书《生日诗》镜框	97cm×33.6cm	79,100	香港苏富比	2020-07-10
于右任 1945年作 草书《中吕·醉高歌》立轴	136cm×34cm	74,750	中国嘉德	2020-07-15
于右任 1955年作 草书《晋书·刘琨传》节选 立轴	102cm×40cm	74,750	中国嘉德	2020-07-15
于右任 草书苍雪大师《杂树林诗》立轴	129cm×32cm	74,750	中国嘉德	2020-07-15
于右任 草书节录孙中山《三民主义》镜心	67cm×31cm	74,750	中国嘉德	2020-07-15
于右任 草书五言联 对联	70cm×16cm×2	74,750	中国嘉德	2020-07-15
于右任 1949年作 草书八言联 立轴	222cm×44cm×2	74,750	北京保利	2020-10-17
于右任 行书"吴承燕诗书展画"镜心	35cm×140cm	74,750	北京保利	2020-12-04
于右任 1961年作 草书 镜心	119cm×35cm	74,750	北京翰海	2020-12-11
于右任 行书《卿云歌》立轴	57.5cm×36cm	73,575	中国嘉德	2020-10-09
于右任 草书五言联(一帧)镜心	66cm×33cm	72,640	北京保利	2020-07-16
于右任 草书节录《旧五代史》立轴	121cm×31cm	71,300	中国嘉德	2020-07-15
于右任 草书杜甫诗 立轴	137cm×34cm	71,300	中国嘉德	2020-07-15
于右任 草书节录孙中山《建国方略·自序》镜心	94cm×35cm	71,300	中国嘉德	2020-07-15
于右任 草书李商隐诗 立轴	82cm×31cm	71,300	中国嘉德	2020-07-15
于右任 草书欧阳修诗 镜心	119.5cm×31cm	71,300	中国嘉德	2020-08-15
于右任 草书诗二首 立轴	85cm×33cm	71,300	中国嘉德	2020-07-15
于右任 草书王士祯诗 立轴	68cm×34cm	71,300	北京保利	2020-12-04
于右任 1949年作 草书格言 镜心	144cm×38.5cm	69,488	中国嘉德	2020-10-09
于右任 草书"寿"立轴	40cm×28cm	69,000	中国嘉德	2020-07-15
于右任 草书《中庸》句 镜心	82cm×30cm	69,000	中国嘉德	2020-07-15
于右任草书倪瓒《题王叔明诗》立轴	104cm×40cm	69,000	中国嘉德	2020-07-15
于右任 草书王龟龄诗 镜心	45cm×35cm	69,000	中国嘉德	2020-07-15
于右任 草书五言诗 镜心	136cm×34cm	69,000	中国嘉德	2020-07-15
于右任 行书节录陶渊明《读史述九章·夷齐》镜心	98cm×42cm	69,000	中国嘉德	2020-07-15
于右任 书法 对联	147cm×30cm×2	69,000	广东小雅斋	2020-08-21
于右任 书法 立轴	98cm×34cm	69,000	广东小雅斋	2020-06-17
于右任 草书顾炎武语 立轴	137cm×20cm	69,000	北京保利	2020-10-17
于右任 草书顾炎武诗 立轴	67cm×38cm	69,000	北京保利	2020-12-04
于右任 草书朱舜水语 立轴	127cm×33cm	69,000	北京保利	2020-12-04
于右任 1948年作 行书七言联 立轴	152cm×30cm×2	69,000	永乐拍卖	2020-12-03
于右任 书法对联 立轴	175cm×41cm×2	69,000	永乐拍卖	2020-12-03
于右任 1948年作 草书五言联 对联	134cm×34cm×2	69,000	中国嘉德	2020-11-09

(成交价RMB：5万元以上)

拍品名称	物品尺寸	成交价RMB	拍卖公司	拍卖日期
于右任 1950年作 草书五言诗 立轴	124cm×40cm	69,000	中国嘉德	2020-11-09
于右任 草书七言联 对联	176cm×31cm×2	69,000	中国嘉德	2020-11-09
于右任 行书书法 立轴	95.5cm×37cm	68,475	佳士得	2020-05-22
于右任 草书五言联 对联片	133cm×29cm×2	67,850	上海驰翰	2020-08-06
于右任 草书《中庸》语 立轴	90.8cm×45.5cm	67,800	香港苏富比	2020-07-10
于右任 草书《礼记》句 镜心	65cm×34cm	66,700	中国嘉德	2020-07-15
于右任 草书五言联 对联	145cm×38.5cm×2	64,400	上海驰翰	2020-09-24
于右任 草书曾国藩《黄仙峤诗序》镜心	98cm×33cm	63,357	中国嘉德	2020-10-09
于右任 1964年作 草书题民元照片 立轴	133cm×33cm	63,250	中国嘉德	2020-07-15
于右任 草书《菜根谭》句 镜心	69cm×31cm	63,250	中国嘉德	2020-07-15
于右任 草书《孟子》句 镜心	130cm×31cm	63,250	中国嘉德	2020-07-15
于右任 草书《呻吟语》立轴	136cm×34cm	63,250	中国嘉德	2020-07-15
于右任 草书李白《塞下曲》镜心	87cm×42cm	63,250	中国嘉德	2020-08-15
于右任 草书六言联 对联	136cm×33cm×2	63,250	中国嘉德	2020-07-17
于右任 草书陆游诗 立轴	69cm×15cm	63,250	中国嘉德	2020-07-15
于右任 行书 孙中山语	40.5cm×147cm	63,250	中国嘉德	2020-08-16
于右任 居正 草书王阳明诗、楷书五言联 镜心 对联	63cm×30cm；125cm×30cm(2)	63,250	中国嘉德	2020-07-15
于右任 书法 立轴	139cm×46cm	63,250	广东小雅斋	2020-08-21
于右任 行草“吴承燕诗书画展”镜心	22.5cm×116.5cm	63,250	北京保利	2020-12-04
于右任 草书《题牧羊儿自述》镜心	96.5cm×26cm	63,250	荣宝斋（南京）	2020-11-28
于右任 草书五言联 镜心	119cm×32cm×2	63,250	永乐拍卖	2020-12-03
于右任 1948年作 草书八言联 对联	147cm×36cm×2	63,250	中国嘉德	2020-11-09
于右任 草书五言联 对联	145cm×39cm×2	63,250	中国嘉德	2020-11-09
于右任 草书十二言联 对联	180cm×29cm×2	63,250	中国嘉德	2020-11-09
于右任 行书《春日忆李白》镜片	96cm×34.5cm	62,100	上海驰翰	2020-05-10
于右任 草书杜甫诗 镜心	65cm×43cm	59,800	中国嘉德	2020-07-15
于右任 草书杜甫诗 立轴	68cm×33cm	59,800	中国嘉德	2020-07-15
于右任 草书何承天诗 镜心	65cm×31cm	59,800	中国嘉德	2020-07-15
于右任 草书李白诗 立轴	107cm×34cm	59,800	中国嘉德	2020-07-15
于右任 草书五言联 对联	68cm×34cm	59,800	中国嘉德	2020-07-15
于右任 草书张载《正蒙》句 立轴	87cm×46cm	59,800	中国嘉德	2020-07-15
于右任 草书《终南别业》诗 镜心	105cm×34cm	59,800	中国嘉德	2020-08-15
于右任 书法 对联	131cm×34cm×2	59,800	广东小雅斋	2020-06-17
于右任 1923年作 草书《过台湾海峡远望》诗 立轴	69cm×35cm	57,500	中国嘉德	2020-07-15
于右任 1950年作 草书七言联 对联	152cm×26cm×2	57,500	上海嘉禾	2020-01-05
于右任 草书王士禛诗 立轴	137.5cm×42cm	57,500	西泠印社	2020-08-09
于右任 草书《高雄至鹅銮鼻道中》之一 立轴	97cm×27cm	57,500	中国嘉德	2020-07-15
于右任 草书程颢诗 镜心	68cm×33cm	57,500	中国嘉德	2020-07-15
于右任 草书高适诗 镜心	75cm×32cm	57,500	中国嘉德	2020-07-15
于右任 草书高适诗 立轴	107cm×28cm	57,500	中国嘉德	2020-07-15
于右任 草书姜夔诗 镜心	78cm×35cm	57,500	中国嘉德	2020-07-15
于右任 草书《孟子》语录 镜心	138cm×34cm	57,500	中国嘉德	2020-07-15
于右任 草书陶渊明诗 立轴	106cm×34cm	57,500	中国嘉德	2020-07-15
于右任 草书五言联 对联	101cm×22cm×2	57,500	中国嘉德	2020-07-15
于右任 书法 对联	140cm×31cm×2	57,500	广东小雅斋	2020-08-21
于右任 书法 对联	129cm×18cm×2	57,500	广东小雅斋	2020-08-21
于右任 草书七言诗 立轴	128cm×31cm	57,500	北京保利	2020-10-17
于右任 草书《心经》句 立轴	122cm×50cm	57,500	北京保利	2020-10-17
于右任 草书 镜片	114cm×51cm	57,500	朵云轩	2020-09-23
于右任 草书自题诗 立轴	111cm×38cm	57,500	上海敬华	2020-09-22
于右任 草书五言联 立轴	148cm×39cm×2	57,500	永乐拍卖	2020-12-03
于右任 草书五言联 对联	148cm×36cm×2	57,500	中国嘉德	2020-11-09
于右任 草书五言联 对联	147cm×40cm×2	57,500	中国嘉德	2020-11-09
于右任 草书五言联 对联	144cm×35cm×2	57,500	中国嘉德	2020-11-10
于右任 行书五言联 立轴	110cm×31cm×2	57,500	中贸圣佳	2020-10-17
于右任 草书《孔子》句 镜心	81cm×37cm	55,200	中国嘉德	2020-07-15
于右任 草书《中庸》句 镜心	86cm×44cm	55,200	中国嘉德	2020-07-15
于右任 草书陆游诗句 镜心	68.5cm×34cm	55,200	中国嘉德	2020-08-15
于右任 草书陶渊明诗 立轴	80cm×30cm	55,200	中国嘉德	2020-07-15
于右任 行书自作七言诗	21cm×135cm	55,200	中国嘉德	2020-08-16
于右任 行书韩偓《重游曲江》镜框	67cm×31.5cm	55,200	上海驰翰	2020-05-10
于右任 草书五言联(一对)	131cm×32cm×2	55,200	中鸿信	2020-01-04
于右任 1963年作 草书四条屏 四条屏	136cm×33cm×4	55,200	中国嘉德	2020-11-11
于右任 草书“寿”（一帧）镜心	69cm×32cm	53,345	北京保利	2020-07-16
于右任 行书太白诗 立轴	73.5cm×34cm	53,138	中国嘉德	2020-10-09
于右任 行书“仁以为己任”（一帧）立轴	65cm×33cm	52,210	北京保利	2020-07-16
于右任 1945年作 草书自作诗《三十四年生日诗》立轴	76cm×34cm	51,750	中国嘉德	2020-07-15
于右任 1964年作 行书般若心经 立轴	114cm×37cm	51,750	中鸿信	2020-01-04
于右任 草书《呻吟语》镜心	66cm×33cm	51,750	中国嘉德	2020-07-15
于右任 草书五言联 对联	67cm×16cm×2	51,750	中国嘉德	2020-07-15
于右任 草书五言联 立轴	68cm×15.6cm×2	51,750	北京诚轩	2020-08-17
于右任 行书格言	33.5cm×68cm	51,750	中国嘉德	2020-07-18
于右任 书法 立轴	135cm×33cm	51,750	广东小雅斋	2020-06-17
于右任 1961年 行书“雷鸣精精补春行”镜心	40cm×118cm	51,750	中国嘉德	2020-11-10
于右任 1949年作 草书五言联 对联	145cm×35cm×2	51,750	中国嘉德	2020-11-10
于右任 行书“为万世开太平”镜心	118.5cm×33cm	51,750	中贸圣佳	2020-10-17
于右任 草书《易经》句 镜心	66cm×34cm	51,094	中国嘉德	2020-10-09
于右任 草书吕新吾语 立轴	94cm×20.8cm	51,094	中国嘉德	2020-10-09
于志学 1998年作 塞外风情 镜心	97cm×179cm	184,000	十竹斋拍卖（北京）	2020-10-18
于志学 2001年作 塞外春早 镜框	69.5cm×136cm	74,750	华艺国际	2020-10-16
于志学 雪景山水 四条屏	137cm×34cm×4	51,750	中国嘉德	2020-07-16
余承尧 群岭春流隐朝晖 镜框	96.5cm×183.7cm	912,000	佳士得	2020-07-08
余承尧 青嶂	40.5cm×72cm	128,006	保利香港	2020-07-12
余承尧 山水 镜框	51cm×34cm	60,984	罗芙奥	2020-12-05
余承尧 山水 立轴	34cm×68.5cm	57,120	罗芙奥	2020-07-18
余绍宋 1946年作 疏林亭子 立轴	105cm×52cm	69,000	中国嘉德	2020-07-17
俞进 2007年6月1日作 漓江春早 镜心	136cm×68cm	98,000	北京汇珍	2020-08-13
俞明 画、溥儒 题 董小宛图 立轴	78.5cm×41.5cm	155,250	中贸圣佳	2020-10-17
俞明 画、徐宗浩 题 1928年作 二分明月女子小影 立轴	113cm×34.3cm	126,500	北京诚轩	2020-08-17
俞明 1925年作 吠贫图 立轴	94cm×32cm	113,000	香港苏富比	2020-07-10
俞平伯 1941年作 为俞纪琦作行书七言诗并序 镜片	78cm×33cm	161,000	西泠印社	2020-08-09
俞语霜 1921年作 溪山遇雨图 立轴	133cm×65.5cm	51,750	上海驰翰	2020-08-06
俞子才 俞寄凡 张守成 张雪父 朱其石等 1948年作、1955年作 山水 册页	24cm×32cm×12	51,750	中国嘉德	2020-07-17
郁达夫 1940年作 书法自作诗 镜框	150.5cm×35.5cm	1,026,000	佳士得	2020-07-08

2020书画拍卖成交汇总(续表)

(成交价RMB：5万元以上)

拍品名称	物品尺寸	成交价RMB	拍卖公司	拍卖日期
郁达夫 行书《咏西子湖》诗 立轴	115cm×34cm	799,243	香港苏富比	2020-10-08
喻继高 1981年作 荷花双鸭 立轴	115.5cm×57cm	264,500	朵云轩	2020-09-23
喻继高 玉兰锦鸡 镜片	95cm×41cm	115,000	上海嘉禾	2020-01-05
喻继高 樱花小鸟 立轴	94.5cm×36cm	109,250	朵云轩	2020-09-23
喻继高 和平新春 镜心	64.5cm×113cm	89,700	荣宝斋（南京）	2020-11-28
喻继高 花间双禽 立轴	93cm×35cm	82,800	朵云轩	2020-09-23
喻仲林 1960年作 双犬戏雪图 镜框	114.5cm×35.5cm	194,040	罗芙奥	2020-12-05
喻仲林 1982年作 松泉鹤舞 镜框	68cm×132cm	102,816	罗芙奥	2020-07-18
喻仲林 1970年作 芙蓉芦荻 镜框	49.5cm×65.5cm	72,072	罗芙奥	2020-12-05
喻仲林 1974年作 石榴蓝鹊 镜框	47cm×63cm	62,832	罗芙奥	2020-07-18
乐城麟 道炁长存 镜心	93.8cm×129.5cm	115,000	北京翰海	2020-09-12
乐泉 2009年作 山青水流 立轴	100cm×68cm	345,000	十竹斋拍卖（北京）	2020-10-18
乐震文 2013年作 山深见来烟 镜片	97cm×181cm	230,000	朵云轩	2020-11-29
袁克文 行书五言联 立轴	168cm×43cm×2	1,518,000	十竹斋拍卖（北京）	2020-10-18
袁克文 隶书五言 对联	145cm×38.5cm×2	1,092,500	朵云轩	2020-09-24
袁克文 篆书八言联 立轴	172cm×21.5cm×2	770,500	中贸圣佳	2020-10-17
袁克文 行书五言 对联	145cm×39cm×2	667,000	朵云轩	2020-09-23
袁克文 行书四言联 镜心	102cm×29cm×2	460,000	中鸿信	2020-01-04
袁克文 篆书五言联 立轴	128cm×32cm×2	402,500	十竹斋拍卖（北京）	2020-10-18
袁克文 隶书五言联 立轴	133cm×33cm×2	345,000	北京保利	2020-10-17
袁克文 张謇 朱孝臧 盛沅 书法 四屏	145cm×39cm×4	345,000	上海敬华	2020-09-22
袁克文 行书七言联 镜片	136cm×29cm×2	310,500	广东崇正	2020-09-13
袁克文 行书五言联 立轴	147cm×39cm×2	287,500	中国嘉德	2020-08-15
袁克文 行书五言联 对联	147cm×31cm×2	287,500	上海敬华	2020-09-22
袁克文 行书五言联 立轴	178cm×48cm×2	287,500	永乐拍卖	2020-12-03
袁克文 盛沅 朱孝臧 张謇 行书 四条屏	146cm×40cm×4	230,000	中国嘉德	2020-11-11
袁克文 行书五言联 立轴	146cm×39.5cm×2	207,000	北京保利	2020-10-17
袁克文 行书词翰 册页（二十二页）	26cm×15.5cm×22	161,000	北京翰海	2020-12-11
袁克文 行书七言诗 立轴	122.5cm×46cm	149,500	中国嘉德	2020-08-15
袁克文 1924年作 隶书十三言龙门对 立轴	143.8cm×38cm×2	126,500	中鸿信	2020-01-04
袁克文 行书王维诗 立轴	130cm×33cm	115,000	北京保利	2020-12-04
袁克文 王凤卿 1930年作 刺 释刺 成扇	20.4cm×56cm	86,250	北京诚轩	2020-08-17
袁克文 1929年作 自作词《蝶恋花》扇面	20.6cm×50cm	74,750	北京诚轩	2020-08-17
袁克文 1930年作 行书自作诗 立轴	84cm×25cm	69,000	华艺国际	2020-12-05
袁克文 行书七言联（二轴）	242cm×48.5cm×2	63,250	北京保利	2020-10-18
袁克文 楷书七言联 立轴	171cm×38.5cm×2	57,500	广东崇正	2020-09-13
袁励准 1925年作 江光山色对屏 立轴	64cm×33cm×2	153,282	中国嘉德	2020-10-09
袁励准 行书节《庚子销夏记》立轴	84cm×25.5cm	53,138	中国嘉德	2020-10-09
袁励准 篆书五言联 立轴	166cm×28.5cm×2	115,000	北京翰海	2020-12-12
袁世凯 1903年作 行书 "忠勇义烈" 镜心	39cm×80cm	437,000	十竹斋拍卖（北京）	2020-10-18
袁世凯 行书 立轴	157cm×37cm	69,000	广东崇正	2020-09-13
袁松年 蜀川帆影 手卷	卷首25cm×55cm；画心25cm×446cm；题跋25cm×145cm	195,500	广东小雅斋	2020-08-21
袁松年 1943年作 漓江即景 立轴	145cm×78cm	138,000	朵云轩	2020-09-23
袁松年 1951年作 山高水长 成扇	24.5cm×70cm	109,250	中国嘉德	2020-12-02

拍品名称	物品尺寸	成交价RMB	拍卖公司	拍卖日期
袁松年 蜀川泛舟 镜心	139cm×64cm	97,750	中贸圣佳	2020-10-17
袁松年 1946年作 秋山访友 立轴	77cm×36cm	69,000	中国嘉德	2020-07-15
袁松年 1940年作 富春烟雨 立轴	115cm×48cm	69,000	朵云轩	2020-09-23
袁松年 1954年作 山水四屏 立轴	43cm×29.5cm×4	63,250	中国嘉德	2020-12-03
袁松年 1945年作 春溪探胜 立轴	129cm×65cm	59,800	中国嘉德	2020-11-09
袁松年 1949年作 水光接天 立轴	133cm×67cm	57,500	上海敬华	2020-09-22
袁松年 1936年作 黄山仙人桥一线天 立轴	92cm×41.5cm	57,500	中国嘉德	2020-12-03
袁武 2003年作 东坡词意 镜框	97cm×180cm	287,500	华艺国际	2020-10-16
袁武 2003年作 天籁 镜心	252cm×96cm	253,000	北京保利	2020-10-16
袁武 2013年作 爱鹅图 镜心	61cm×152cm	94,300	北京保利	2020-12-04
袁熙坤 2020年作 神骏呈祥	20cm×67cm	575,000	北京翰海	2020-12-12
袁晓岑 1979年作 南滇景色 镜心	95cm×135cm	126,500	永乐拍卖	2020-12-03
袁学君 2018年作 问道三清 镜心	138cm×68cm	460,000	北京翰海	2020-09-12
袁运甫 荷趣 镜框	115cm×68cm	74,750	华艺国际	2020-10-16
袁运生 1991至2015年 无字碑	180cm×288cm	4,025,000	中国嘉德	2020-12-05
袁运生 2001年作 水墨人物 镜心	150.5cm×125cm	86,250	中国嘉德	2020-12-01
圆霖法师 1994、1995年作 书法中堂 立轴	画心79cm×35cm；对联96cm×14.5cm×2	97,750	十竹斋拍卖（北京）	2020-10-13
圆瑛 行书七言联 立轴	144.5cm×33cm×2	82,800	中国嘉德	2020-08-15
释圆瑛 书法 立轴	65cm×31cm	57,500	广东小雅斋	2020-08-21
岳敏君 2008年作 恐龙装置手稿	109cm×98.5cm	80,500	中贸圣佳	2020-10-17
云平 书法对联 立轴 水墨 纸本	137cm×33.5cm×2	253,000	荣宝斋（济南）	2020-06-26
曾健勇 2011年作 带帽子的少年 镜心	140cm×140cm	207,000	中国嘉德	2020-08-17
曾健勇 2000年作 人物 镜心	94.5cm×129cm	80,500	中国嘉德	2020-12-01
曾宓 1999年作 一路平安 镜心	242.5cm×242.5cm	4,830,000	中国嘉德	2020-12-01
曾宓 北国风情 镜心	82.5cm×50.5cm	437,000	中国嘉德	2020-12-01
曾宓 春游图・书法 镜片 立轴	62.5cm×51cm；69.5cm×38.5cm	287,500	西泠印社	2020-08-08
曾宓 项晏 1985、1987年作 花鸟 册页（十二开）	扉页18cm×24cm；17cm×22.5cm；画心17cm×22.5cm×12	207,000	西泠印社	2020-08-09
曾熙 1922年作 行书 "佛随众人心" 横披	22cm×135.5cm	253,000	中国嘉德	2020-12-02
曾熙 1925年作 疏林远山 立轴	66cm×27cm	218,500	中国嘉德	2020-07-15
曾熙 隶书八言对联 立轴	201cm×35.5cm×2	195,500	荣宝斋（上海）	2020-10-25
曾熙 1921年作 隶书五言联 立轴	208cm×51cm×2	149,500	北京保利	2020-10-17
曾熙 1924年作 浯溪一角 立轴	108cm×58cm	125,538	佳士得	2020-05-22
曾熙 1928年作 古木寒山 立轴	149cm×80.5cm	109,250	上海嘉禾	2020-01-05
曾熙 1928年作 山水 立轴	149.5cm×80.5cm	109,250	北京翰海	2020-12-11
曾熙 为狄平子作江岩小舟图・书法 成扇	54cm×20cm	89,700	西泠印社	2020-08-08
曾熙 隶书八言联 立轴	175cm×43cm×2	89,700	华艺国际	2020-12-05
曾熙 行书八言 对联	169.5cm×37cm×2	86,250	朵云轩	2020-09-24
曾熙 楷书 五言联 对联	144cm×39cm×2	78,200	西泠印社	2020-08-08
曾熙 1920年作 隶书五言联 立轴	167cm×44cm×2	74,750	北京翰海	2020-12-12
曾熙 楷书 七言联 对联	180cm×47cm×2	69,000	西泠印社	2020-08-09
曾熙 金文八言联 立轴	149cm×26cm×2	69,000	北京保利	2020-10-17
曾熙 行书四屏 立轴	128.5cm×31cm×4	63,250	中国嘉德	2020-12-04
曾熙 1927年作 行书十二言联 立轴	242cm×59cm×2	55,200	中国嘉德	2020-12-03
曾翔 2020年作 隶书王维诗	180cm×97cm	287,500	北京翰海	2020-12-12
曾杏绯 1988年作 国色天香	70cm×137cm	1,150,000	北京翰海	2020-12-12

（成交价RMB：5万元以上）

拍品名称	物品尺寸	成交价RMB	拍卖公司	拍卖日期
张安治 1946作 柳江渔父 立轴	39.5cm×46.5cm	86,250	北京诚轩	2020-08-17
张安治 1945年作 岁寒三友 镜心	79cm×55.5cm	57,500	中国嘉德	2020-08-15
张宝荣 2020年夏月作 芦雁 镜心	136cm×68cm	398,000	北京汇珍	2020-08-13
张宝澍 静幽 镜心	68cm×138cm	74,800	北京玄和	2020-07-24
张伯驹 1977年作 行书《金缕曲》镜心	19.5cm×87cm	437,000	北京保利	2020-10-17
张伯驹 行书孔子语 立轴	46cm×16.5cm	345,000	中国嘉德	2020-12-02
张伯驹 1979年作 行书杜牧诗 立轴	51cm×31cm	287,500	中国嘉德	2020-12-02
张伯驹 1980年作 兰花 镜心	53cm×24.5cm	230,000	十竹斋拍卖（北京）	2020-10-18
张伯驹 兰蕙齐芳 镜心	53.5cm×24.5cm	207,000	北京保利	2020-12-04
张伯驹 行书七言联 镜心	55cm×15cm×2	172,500	北京保利	2020-10-17
张伯驹 潘素《沟沟崖小景》立轴	98.5cm×36.5cm	138,000	北京保利	2020-10-17
张伯驹 行书七言联 镜心	69cm×20cm×2	115,000	中鸿信	2020-01-03
张伯驹 行书七言联 立轴	67cm×16.5cm×2	115,000	中国嘉德	2020-12-03
张伯驹 行书“丛碧山房”镜心	55cm×19cm	103,500	中鸿信	2020-01-04
张伯驹 群仙图·书画双绝卷 手卷	绘画22cm×269cm；书法22cm×132cm；题跋22cm×73cm	92,000	中鸿信	2020-01-03
张伯驹 梅清图 立轴	41cm×31.5cm	80,500	中鸿信	2020-01-04
张伯驹 书法 镜片	26cm×59cm	80,500	广东小雅斋	2020-08-21
张伯驹 行书七言联 镜心	74cm×15.5cm×2	55,200	荣宝斋（南京）	2020-11-28
张伯英 1941年作行楷书立轴（四屏）	128cm×31cm×4	391,000	北京翰海	2020-12-11
张伯英 隶书八言联 立轴	161cm×39cm×2	149,500	北京翰海	2020-09-12
张伯英 1940年作 楷书“喜”立轴	127cm×57cm	138,000	北京翰海	2020-12-11
张伯英 行书七言联 镜心	130.5cm×26cm×2	120,750	十竹斋拍卖（北京）	2020-10-18
张伯英 行书八言联 立轴	140cm×31cm×2	101,200	中国嘉德	2020-08-15
张伯英 行书七言联 立轴	131cm×32cm×2	92,000	中国嘉德	2020-08-15
张伯英 行书七言联 镜心	97cm×16.5cm×2	92,000	十竹斋拍卖（北京）	2020-10-18
张伯英 隶书八言联 立轴	106cm×23cm×2	86,250	北京翰海	2020-09-12
张伯英 对联 立轴	128cm×29cm×2	86,250	华艺国际	2020-10-16
张伯英 194[illegible]年作 隶书《矫翼厉[illegible]》镜心	40cm×168cm	80,500	北京翰海	2020-09-12
张伯英 楷书七言联 对联	129cm×30cm×2	74,750	中国嘉德	2020-07-17
张伯英 1934年作 行书临苏轼帖 立轴	142cm×36.5cm	74,750	中国嘉德	2020-12-03
张伯英 行楷书 立轴	128cm×30.5cm	69,000	北京翰海	2020-12-11
张伯英 楷书二十言联 对联	130cm×30cm×2	69,000	中国嘉德	2020-11-11
张伯英 1927年作 行楷书 立轴	130cm×31cm	59,800	北京翰海	2020-12-11
张伯英 书法对联（两幅）立轴	每幅：131cm×20.8cm	58,575	佳士得	2020-12-01
张伯英 1946年作 行楷书 立轴	130cm×31cm	57,500	北京翰海	2020-12-11
张伯英 对联 立轴	132cm×32cm×2	57,500	华艺国际	2020-10-16
张伯英 行书古诗十三言联 立轴	134cm×16cm×2	57,500	永乐拍卖	2020-12-03
张伯英 1939年作 行楷书 立轴	136cm×33cm	51,750	北京翰海	2020-12-11
张充和 1999年作 草书临《书谱》第九十八通 册页（二十开）	35cm×41cm×20	402,500	中国嘉德	2020-08-15
张充和 1984年作 楷书姜白石《暗香》《疏影》词 扇面镜框	16.2cm×51.2cm	310,817	香港苏富比	2020-10-08
张充和 1997年作 草书临《书谱》第三通（二十二页）镜心	37cm×49cm×22	172,500	中国嘉德	2020-08-15
张充和 1939年作 百合双寿 镜框	27cm×38cm	172,500	华艺国际	2020-12-05
张充和 节录敖陶孙诗评 镜心	35cm×46cm	103,500	中国嘉德	2020-08-15
张大千 侯碧漪 1948年 1959年作 敦煌莫高窟初唐画大士像 镜框	张大千作品尺寸196.8cm×68.6cm；侯碧漪作品尺寸122cm×38.3cm	58,880,000	华艺国际	2020-10-16
张大千 1965年作 瑞奥道中写景 立轴	127cm×61cm	40,286,368	香港苏富比	2020-10-08
张大千 1977年作 竹林幽居 镜框	102cm×193cm	39,100,000	华艺国际	2020-12-05
张大千 1950年作 密积金刚 立轴	95cm×53cm	36,800,000	永乐拍卖	2020-12-03
张大千 黄山文殊院云海 立轴	181.5cm×94cm	35,075,000	中国嘉德	2020-12-01
张大千 仙山楼图 立轴	204.5cm×106cm	28,750,000	中国嘉德	2020-08-16
张大千 1933年作 致张群山水花卉册页	33cm×48cm×24	27,600,000	华艺国际	2020-10-16
张大千 1961年作 赠台静农摩诘山园图 立轴	195.8cm×104cm	27,600,000	北京保利	2020-12-04
张大千 敦煌漠高窟唐人观世音造像 镜心	186cm×92cm	26,450,000	荣宝斋（上海）	2020-10-25
张大千 1947年作 天风海水 镜心	92cm×47.2cm	23,000,000	中国嘉德	2020-08-16
张大千 1944年作 倚柳春忆 镜心	81.5cm×33.5cm	23,000,000	北京保利	2020-10-17
张大千 1947年作 圉人调马图 镜心	43.6cm×95cm	22,425,000	中国嘉德	2020-08-16
张大千 1941至1942年作 秋壑寻幽 立轴	152cm×71cm	22,425,000	永乐拍卖	2020-12-03
张大千 1947年作 仿吴渔山凤阿山房图 镜框	96.5cm×47.5cm	21,850,000	华艺国际	2020-10-16
张大千 1971年作 翠岭晴云 镜框		21,474,375	香港苏富比	2020-10-08
张大千 1944年作 制笺图 立轴	152cm×60.5cm	20,700,000	北京保利	2020-10-17
张大千 1946年作 红叶青禽 立轴	107cm×48cm	17,250,000	中国嘉德	2020-08-16
张大千 1980年作 阿里山浮云 镜心	66.5cm×136cm	14,720,000	北京保利	2020-10-17
张大千 1980年作 宫亭湖 镜框	34cm×101cm	14,375,000	北京保利	2020-12-04
张大千 1937年作 听泉图 镜心	135.5cm×60cm	14,375,000	中国嘉德	2020-12-01
张大千 松江轻航 立轴	103cm×36.5cm	13,800,000	朵云轩	2020-09-23
张大千 1949年作 秋壑鸣泉 立轴	115cm×56cm	13,225,000	华艺国际	2020-10-16
张大千 1939年作 无量寿佛 立轴	69cm×27cm	13,225,000	永乐拍卖	2020-12-03
张大千 1968年作 白帝清晓 镜心	99cm×191cm	12,650,000	北京保利	2020-10-17
张大千 花卉集锦 册页	24cm×26.5cm×8	12,650,000	永乐拍卖	2020-12-03
张大千 1967年作 雨后岚新 镜心	67cm×188cm	12,650,000	中国嘉德	2020-12-01
张大千 1963年作 三顶同登看佛光 立轴	136.8cm×69.5cm	12,420,000	北京保利	2020-12-04
张大千 1945年作 纨扇仕女 立轴	113.5cm×51cm	12,075,000	北京保利	2020-12-04
张大千 1980年作 谷口人家 镜框	85cm×176.5cm	12,075,000	华艺国际	2020-10-16
张大千 观音造像 立轴	108cm×44cm	12,075,000	中国嘉德	2020-12-01
张大千 1947年作 蕉荫仕女 镜心	96.8cm×39.5cm	11,500,000	中国嘉德	2020-08-16
张大千 1947年作 仿石涛游华阳山图 镜片	167cm×63cm	11,155,000	西泠印社	2020-08-08
张大千 1948年作 红叶双栖 立轴	136cm×68cm	11,040,000	北京保利	2020-12-04
张大千 1978年作 松云二士 镜框	68cm×135cm	10,437,000	佳士得	2020-12-01
张大千 1979年作 太湖渔家 镜框	64.5cm×95cm	10,232,520	佳士得	2020-12-01
张大千 1958年作 香远益清 镜框	101cm×189.7cm	9,963,600	佳士得	2020-07-08
张大千 1940年作 茶花蝴蝶 镜心	87.5cm×38.5cm	9,775,000	中国嘉德	2020-12-01
张大千 1938年作 黄山文殊院 镜框	112cm×48cm	9,430,000	华艺国际	2020-12-05
张大千 1965年作 溪山秋霁图 立轴	87cm×58cm	9,085,000	北京保利	2020-12-04
张大千 1980年作 晚霭横看 镜心	70cm×138cm	8,740,000	永乐拍卖	2020-08-17
张大千 1951年作 天人像 镜框	81.5cm×45cm	8,392,200	佳士得	2020-12-01
张大千 溥儒 1934年作 1932年作 醉杏图·杏语图 手卷	16cm×94.5cm×2	8,322,000	佳士得	2020-07-08
张大千 1947年作 兴隆山图 立轴	121.5cm×45.5cm	7,935,000	中国嘉德	2020-08-16

2020书画拍卖成交汇总（续表）

（成交价RMB：5万元以上）

拍品名称	物品尺寸	成交价RMB	拍卖公司	拍卖日期
张大千 1944年作 寥泬秋天好 立轴	117cm×65cm	7,762,500	十竹斋拍卖（北京）	2020-10-18
张大千 1935年作 巫峡清秋 立轴	76cm×38cm	7,590,000	北京保利	2020-12-04
张大千 临石涛钓归图 立轴	197cm×100cm	7,475,000	北京保利	2020-10-17
张大千 1981年作 桐江七里泷 立轴	93cm×45.5cm	7,475,000	中国嘉德	2020-12-01
张大千 1980年作 黄山松云 镜框	57.5cm×102cm	7,227,600	佳士得	2020-07-08
张大千 1976年作 松竹梅 镜框	137.3cm×70.3cm	7,008,720	佳士得	2020-07-08
张大千 1975年作 山林空翠 镜心	54cm×96cm	6,900,000	永乐拍卖	2020-12-03
张大千 1937年作 老子挂犁松 立轴	120.5cm×46cm	6,900,000	中国嘉德	2020-12-01
张大千 1936年作 华山云海图 立轴	134.5cm×47cm	6,670,000	北京翰海	2020-12-11
张大千 1977年作 泼彩山水 立轴	139cm×71cm	6,095,000	上海驰翰	2020-12-12
张大千 1976年作 翠云晴岚 立轴	102cm×53cm	5,922,500	北京诚轩	2020-08-17
张大千 1966年作 江山帆影 立轴	92cm×62cm	5,635,000	北京保利	2020-12-04
张大千 1945年作 南无观世音菩萨 镜框	112cm×67cm	5,520,000	北京保利	2020-12-04
张大千 1944年作 持镜仕女 镜心	113cm×46cm	5,290,000	北京保利	2020-10-17
张大千 1968年作 溪桥观瀑 镜心	136cm×68cm	5,175,000	永乐拍卖	2020-08-17
张大千 1946年作 擎马图 立轴	96cm×45cm	5,175,000	朵云轩	2020-09-23
张大千 1968年作 泼墨山水 立轴	182cm×91cm	4,830,000	北京保利	2020-10-17
张大千 1940年作 仿石涛山居图 镜片	132.5cm×67cm	4,657,500	西泠印社	2020-08-08
张大千 鱼乐图 立轴	156cm×53.5cm	4,600,000	北京保利	2020-10-17
张大千 1934年作 艳秋娇态 立轴	107cm×47.5cm	4,600,000	北京保利	2020-12-04
张大千 1934年作 巫峡清秋 立轴	114cm×43cm	4,600,000	华艺国际	2020-12-05
张大千 1939年作 水月观音 立轴	125cm×41.5cm	4,600,000	十竹斋拍卖（北京）	2020-10-18
张大千 水殿暗香 立轴	165cm×80cm	4,600,000	永乐拍卖	2020-12-03
张大千 1941年作 春山远眺 镜心	101.5cm×39.5cm	4,600,000	中国嘉德	2020-12-01
张大千 1978年作 山居图 镜心	49cm×28cm	4,542,500	永乐拍卖	2020-12-03
张大千 1948年作 青城福地 立轴	69.5cm×44cm	4,370,000	上海匡时	2020-08-05
张大千 1979年作 罗浮白鹤观 镜框	136cm×69.1cm	4,047,000	佳士得	2020-12-01
张大千 1946年作 红艳摇光图 立轴	115.5cm×45.5cm	4,025,000	西泠印社	2020-08-09
张大千 1963年作 荷塘清幽 镜心	71cm×136.5cm	4,025,000	北京保利	2020-10-17
张大千 罗浮梦影 立轴	149cm×74cm	4,025,000	华艺国际	2020-10-16
张大千 1953年作 柳荫凝思 镜框	78cm×38cm	3,967,500	华艺国际	2020-10-16
张大千 1947年作 春山觅句图 立轴	76cm×29.5cm	3,795,000	华艺国际	2020-10-16
张大千 黄山始信峰 立轴	119.3cm×45.3cm	3,514,500	佳士得	2020-12-01
张大千 1978年作 松寿图 立轴	140cm×58cm	3,450,000	中鸿信	2020-01-03
张大千 溥儒 西岭春云・楷书节录《芜城赋》成扇	18.5cm×50cm	3,450,000	中国嘉德	2020-08-16
张大千 1948年作 秋江渔隐图 镜心	101.5cm×50.5cm	3,450,000	北京保利	2020-12-04
张大千 1941年作 导江玉垒关 立轴	100cm×39cm	3,450,000	华艺国际	2020-10-16
张大千 1947年作 夏山图 立轴	134.5cm×46.5cm	3,220,000	中鸿信	2020-01-03
张大千 太华三峰 立轴	175cm×63cm	3,220,000	永乐拍卖	2020-08-17
张大千 1948年作 溪岸闲居 立轴	107cm×49cm	3,220,000	北京保利	2020-10-17
张大千 1965年作 瑞士山景 镜框	60cm×66cm	3,220,000	北京保利	2020-12-04
张大千 1945年作 轻蒲丽人 立轴	67cm×34cm	3,220,000	永乐拍卖	2020-12-03
张大千 1980年作 红荷 立轴	138.5cm×69.5cm	3,162,500	华艺国际	2020-10-16
张大千 1975年作 白梅 镜片	136cm×46cm	3,105,000	西泠印社	2020-08-09
张大千 灵谷深松图 立轴	116cm×44.5cm	2,990,000	上海匡时	2020-08-05
张大千 促膝清谭 立轴	画115cm×51cm；诗堂16cm×51cm	2,990,000	北京保利	2020-10-17
张大千 疏池暗香 对联一堂 立轴	绘画121cm×67cm；对联135cm×21.5cm×2	2,990,000	华艺国际	2020-10-16
张大千 1976年作 双株芍药 镜心	68cm×135cm	2,990,000	十竹斋拍卖（北京）	2020-10-18

拍品名称	物品尺寸	成交价RMB	拍卖公司	拍卖日期
张大千 1963年作 子猷造竹 立轴	65cm×31cm	2,875,000	永乐拍卖	2020-12-03
张大千 1942年作 黄山蟠龙松 立轴	108cm×49cm	2,875,000	永乐拍卖	2020-12-03
张大千 松下高士 立轴	160cm×82cm	2,760,000	华艺国际	2020-10-16
张大千 高士图	97cm×48cm	2,750,000	北京贞观	2020-11-28
张大千 1952年作 新篁仕女 立轴	83.5cm×33.2cm	2,664,144	香港苏富比	2020-10-08
张大千 1982年作 双娇图 立轴	89cm×44cm	2,645,000	北京保利	2020-12-04
张大千 1969年作 三十六陂秋色 镜框	68.5cm×137cm	2,556,000	佳士得	2020-12-01
张大千 东坡居士像 镜片	133.5cm×60.5cm	2,530,000	西泠印社	2020-08-09
张大千 椿树千碧图 镜心	137cm×70cm	2,530,000	中贸圣佳	2020-10-17
张大千 1969年作 白荷 镜框	133cm×68cm	2,394,000	佳士得	2020-07-08
张大千 1935年作 红叶双栖 立轴	111cm×33cm	2,357,500	十竹斋拍卖（北京）	2020-10-18
张大千 1925年作 后赤壁赋 立轴	175cm×44cm	2,300,000	北京保利	2020-10-17
张大千 1968年作 云霭仙游 立轴	90.5cm×57.5cm	2,300,000	北京保利	2020-12-04
张大千 1961年作 松下高士 立轴	97cm×43.5cm	2,300,000	永乐拍卖	2020-12-03
张大千 白衣观音 镜心	41.5cm×36cm	2,300,000	中国嘉德	2020-12-01
张大千 花卉蔬果 镜框 八开册	19.2cm×33.6cm×8	2,260,000	香港苏富比	2020-07-10
张大千 1979年作 溪山云屋 镜心	45cm×59.5cm	2,185,000	十竹斋拍卖（北京）	2020-10-18
张大千 1980年作 献寿图 镜框	104.8cm×45.8cm	2,166,000	佳士得	2020-07-08
张大千 1933年作 李秋君造像 成扇	13.7cm×38.4cm	2,109,114	香港苏富比	2020-10-08
张大千 1963年作 黄山话旧 镜框	135.5cm×69cm	2,109,114	香港苏富比	2020-10-08
张大千 1967年作 天玄瀑布 立轴	98.5cm×52.5cm	2,070,000	永乐拍卖	2020-08-17
张大千 1978年作 湖舍烟波图 镜片	105cm×50cm	2,070,000	西泠印社	2020-08-09
张大千 执扇仕女 立轴	107cm×66cm	2,070,000	中鸿信	2020-01-03
张大千 1978年作 五瑞图 镜心	61cm×121cm	2,070,000	永乐拍卖	2020-12-03
张大千 1969年作 粉荷 立轴	89.5cm×58.3cm	1,998,1[illegible]8	香港苏富比	2020-10-08
张大千 牡丹、书法（三帧）镜框	绘画90cm×84cm；书法37cm×83.5cm；书法34cm×83.5cm	1,955,000	华艺国际	2020-10-16
张大千 归渔图 镜框	94cm×33cm	1,955,000	华艺国际	2020-10-16
张大千 1982年作 西樵苍翠 镜心	45cm×71cm	1,955,000	永乐拍卖	2020-12-03
张大千 1944年作 秋山垂钓 立轴	70.5cm×33cm	1,897,500	华艺国际	2020-10-16
张大千 1944年作 仿八大石鱼图 镜心	165cm×81cm	1,840,000	永乐拍卖	2020-08-17
张大千 吴湖帆 梅兰芳 等 1947年作 岁朝清供四屏 立轴	101cm×40cm×4	1,840,000	中国嘉德	2020-08-15
张大千 1982年作 石壁翠屏 镜心	90cm×45cm	1,840,000	北京保利	2020-10-17
张大千 1980年作 风荷图 镜框	55cm×116cm	1,840,000	上海敬华	2020-09-22
张大千 1963年作 子猷观竹 立轴	99cm×53cm	1,840,000	十竹斋拍卖（北京）	2020-10-18
张大千 1945年作 拟倪瓒《平畴交远图》镜框	37cm×108cm	1,324,000	佳士得	2020-07-08
张大千 荷香清韵/行书七言对联 立轴	134cm×67.5cm；135cm×33.5cm×2	1,782,500	十竹斋拍卖（北京）	2020-10-18
张大千 1956年作 高士临泉 立轴	诗堂30cm×67cm；画心138cm×70cm	1,782,500	十竹斋拍卖（北京）	2020-10-18
张大千 1977年作 远眺慈恩塔 镜框	48.5cm×106cm	1,725,000	华艺国际	2020-10-16
张大千 1976年作 香远益清 镜心	60cm×96cm	1,725,000	十竹斋拍卖（北京）	2020-10-18
张大千 1980年作 双清图 镜框	43.5cm×51.2cm	1,710,000	佳士得	2020-07-08
张大千 1981年作 红荷吐艳 镜框	80cm×112cm	1,695,000	香港苏富比	2020-07-10
张大千 花果荟萃（八幅）镜框	26.8cm×16.4cm×8	1,695,000	香港苏富比	2020-07-10
张大千 登高思远图 镜心	123cm×52cm	1,667,500	上海匡时	2020-08-05
张大千 罗复堪 仿宋人花鸟、行书五言诗 立轴	24cm×78cm	1,610,000	中国嘉德	2020-08-16

(成交价RMB：5万元以上)

拍品名称	物品尺寸	成交价RMB	拍卖公司	拍卖日期
张大千 1979年作 黄山游梦 镜片	38.5cm×78cm	1,610,000	广东崇正	2020-09-13
张大千 仿赵孟頫修竹赋笔意 镜心	109cm×35.5cm	1,552,500	中贸圣佳	2020-10-17
张大千 1933年作 观瀑图 镜心	21.5cm×98.5cm	1,495,000	北京保利	2020-10-17
张大千 1924年作 柳下仕女 镜心	125cm×50cm	1,495,000	十竹斋拍卖（北京）	2020-10-18
张大千 1970年作 行书七言联 立轴	174cm×46cm×2	1,469,000	香港苏富比	2020-07-10
张大千 1953年作 荷塘香溢 镜框	50.8cm×63.5cm	1,443,078	香港苏富比	2020-10-08
张大千 出水芙蓉 镜片	114.2cm×48.5cm	1,437,500	广东崇正	2020-09-13
张大千 1932年作 嵇叔夜观瀑图 立轴	142.8cm×69.4cm	1,412,500	香港苏富比	2020-07-10
张大千 1967年作 野步图 镜框	93cm×42.5cm	1,384,500	佳士得	2020-12-01
张大千 巫峡云帆 立轴	55cm×18cm	1,380,000	北京保利	2020-12-04
张大千 黄君璧 1976年作、1977年作《天中午瑞》、《泽畔行吟》（两帧）镜片 立轴	83cm×54cm；83cm×57.5cm	1,380,000	广东崇正	2020-09-13
张大千 华山苍龙岭 立轴	135cm×51cm	1,380,000	华艺国际	2020-10-16
张大千 天际归舟图 立轴	78cm×42cm	1,322,500	华艺国际	2020-10-16
张大千 利市三倍 镜框	34cm×67cm	1,322,500	华艺国际	2020-10-16
张大千 1940年作 东山携琴 立轴	136cm×70cm	1,265,000	中国嘉德	2020-08-15
张大千 花卉 镜心	70cm×119cm	1,265,000	永乐拍卖	2020-12-03
张大千 1949年作 李建中七岁小像 镜心	画95.5cm×45cm；题25.5cm×50cm	1,265,000	中国嘉德	2020-12-03
张大千 1983年作 红梅 镜框	34.5cm×68cm	1,254,000	佳士得	2020-07-08
张大千 1950年作 菜根香 立轴	126cm×58cm	1,207,500	中国嘉德	2020-08-15
张大千 1947年作 渔艇野老图 立轴	97.3cm×46.7cm	1,171,500	佳士得	2020-12-01
张大千 泼彩山水 纸板镜框	27cm×24cm	1,171,500	佳士得	2020-12-01
张大千 1944年作 荷花 立轴	136.5cm×67.5cm	1,150,000	中鸿信	2020-01-03
张大千 1967年作 策杖行吟图 立轴	93cm×43cm	1,150,000	北京保利	2020-12-04
张大千 匡庐胜景 立轴	130cm×46cm	1,150,000	永乐拍卖	2020-12-03
张大千 1981年作 秋思 镜心	89cm×56cm	1,150,000	永乐拍卖	2020-12-03
张大千 1960年作 山厨清味 镜框	135cm×70cm	1,127,000	华艺国际	2020-10-16
张大千 1968年作 秋水长天 镜心	60cm×120cm	1,123,650	北京保利	2020-07-17
张大千 1944年作 行书七言 对联	129cm×31cm×2	1,092,500	朵云轩	2020-09-24
张大千 秋水无边图 立轴	135cm×66cm	1,092,500	永乐拍卖	2020-12-03
张大千 1946年作 高士行吟图 镜框	121cm×51.3cm	1,065,000	佳士得	2020-12-01
张大千 溥儒 195[illegible]年作 松下高士 镜心	95.7cm×50cm	1,058,000	中国嘉德	2020-08-15
张大千 溥儒 19[illegible]6年作 观瀑图 立轴	93cm×27.5cm	1,035,000	中国嘉德	2020-08-15
张大千 1938年作 柳荫仕女 立轴	92cm×46cm	1,035,000	中国嘉德	2020-08-15
张大千 1981年作 秋水春云 镜片	58cm×118.5cm	1,035,000	朵云轩	2020-09-23
张大千 1948年作 木叶含风静 立轴	103cm×44cm	1,035,000	华艺国际	2020-10-16
张大千 花卉 设色绫本	高110cm	992,733	巴黎佳士得	2020/6/23
张大千 红梅 镜心	88cm×45cm	977,500	永乐拍卖	2020-08-17
张大千 1949年作 情寄山河 镜心	106cm×50cm	977,500	十竹斋拍卖（北京）	2020-10-18
张大千 1965年作 朱砂书法 镜框	71cm×198.5cm	958,500	佳士得	2020-12-01
张大千 1970年作 芍药 镜心	82cm×35cm	954,500	永乐拍卖	2020-08-17
张大千 1949年作 峨嵋清音阁 书法 成扇	17cm×51cm	943,000	华艺国际	2020-10-16
张大千 芍药花开 横幅	69.5cm×135cm	920,000	永乐拍卖	2020-08-17
张大千 泼墨荷花 立轴	140cm×70cm	920,000	永乐拍卖	2020-12-03
张大千 芍药 镜心	36cm×42cm	920,000	中国嘉德	2020-12-02
张大千 1967年作 红叶小鸟 纸板镜框	68.5cm×82.5cm	912,000	佳士得	2020-07-08
张大千 1967年作 米家云山 镜框	29.5cm×61.1cm	904,000	香港苏富比	2020-07-10
张大千 1926年作 仕女 立轴	92cm×34cm	897,000	中国嘉德	2020-12-03
张大千 泼彩山水小稿 镜片	15cm×18.5cm	862,500	朵云轩	2020-09-23
张大千 1946年作 行书七言 对联	141cm×26.5cm×2	862,500	朵云轩	2020-09-24
张大千 松下高士 立轴	90.5cm×46.5cm	862,500	荣宝斋（上海）	2020-10-25
张大千 1934年作 巫峡清秋 立轴	60cm×39.5cm	862,500	十竹斋拍卖（北京）	2020-10-18
张大千 莲蓬 镜心	36cm×42cm	862,500	中国嘉德	2020-12-02
张大千 松下高士 立轴	98cm×43cm	851,000	荣宝斋（南京）	2020-11-28
张大千 秋山萧寺 镜心	97.5cm×42cm	839,500	荣宝斋（南京）	2020-11-28
张大千 1947年作 步壑松风 立轴	107cm×40cm	828,000	北京保利	2020-10-17
张大千 1945年作 昆明湖色 镜片	19.5cm×108cm	828,000	朵云轩	2020-09-23
张大千 1980年作 荷花 镜片	44.5cm×67.5cm	805,000	广东崇正	2020-09-13
张大千 1982年作 达摩 立轴	105.5cm×60cm	805,000	华艺国际	2020-10-16
张大千 1939年作 仕女 立轴	105cm×32cm	805,000	永乐拍卖	2020-12-03
张大千 1975年作 石榴花开 镜心	43cm×68.5cm	805,000	永乐拍卖	2020-12-03
张大千 1967年作 疏池红荷 立轴	47cm×93cm	805,000	永乐拍卖	2020-12-03
张大千 野菌 镜心	42cm×36cm	805,000	中国嘉德	2020-12-02
张大千 1953年作 水仙 团扇	23.5cm×23cm	798,000	佳士得	2020-07-08
张大千 1970年作 太白行吟图 立轴	135.2cm×69cm	791,000	香港苏富比	2020-07-10
张大千 1973年作 事事如意 镜心	64.5cm×133cm	782,000	中国嘉德	2020-08-15
张大千 1951年作 荷风摇曳 立轴	119cm×56cm	782,000	中国嘉德	2020-08-15
张大千 1940年作 苏长公行吟图 立轴	153cm×40cm	782,000	华艺国际	2020-10-16
张大千 于非闇 荷花蜻蜓 立轴	110cm×42.5cm	782,000	华艺国际	2020-10-16
张大千 1947年作 行书七言联 立轴	133cm×32cm×2	782,000	华艺国际	2020-12-05
张大千 1949年作 江岸村居 镜心	19cm×52cm	747,500	北京保利	2020-12-04
张大千 1931年作 黄山海归 镜心	109cm×46cm	747,500	永乐拍卖	2020-12-03
张大千 玉簪花 镜心	44.5cm×52cm	747,500	中国嘉德	2020-12-03
张大千 1953年作 修篁仕女 镜框	53.3cm×74cm	745,500	佳士得	2020-12-01
张大千 仿石涛笔意 立轴	98cm×47cm	736,000	荣宝斋（上海）	2020-10-25
张大千 1944年作 簪花仕女 镜心	34cm×48cm	715,316	中国嘉德	2020-10-09
张大千 1936年作 忆江南 立轴	100cm×31.5cm	692,250	佳士得	2020-12-01
张大千 1947年作 苍松图 立轴	134cm×68cm	690,000	北京保利	2020-12-04
张大千 海棠依旧 立轴	142cm×39cm	690,000	上海敬华	2020-09-22
张大千 溥儒 秋山放舟 立轴	136cm×62cm	690,000	上海敬华	2020-09-22
张大千 1946年作 拟浙江石涛笔意图 立轴	85cm×45cm	690,000	上海敬华	2020-09-22
张大千 沈尹默 青山独钓 成扇	18cm×50.5cm	690,000	十竹斋拍卖（北京）	2020-10-18
张大千 余绍宋 邓芬 等 1937年作 媚秋堂时人书画集 册页（十八开）	9cm×15cm×17；仲少梅15cm×9cm	690,000	中国嘉德	2020-12-01
张大千 丙午（1966年作 松石图 立轴	135.5cm×68.5cm	664,222	中国嘉德	2020-10-09
张大千 1944年作 红叶鸣禽 镜心	29.5cm×29.5cm	632,500	北京保利	2020-10-17
张大千 冷香图 镜框	44.5cm×37.5cm	632,500	华艺国际	2020-10-16
张大千 1940年作 清湘笔意 镜心	97cm×37cm	632,500	永乐拍卖	2020-12-03
张大千 亭亭净植 镜框	131cm×57.5cm	621,500	香港苏富比	2020-07-10
张大千 子猷赏竹图 立轴	62cm×33cm	613,128	中国嘉德	2020-10-09
张大千 1982年作 嵩寿图 镜框	97cm×53.5cm	606,900	罗芙奥	2020-07-18
张大千 1980年作 墨荷 镜心	98cm×33cm	598,000	中国嘉德	2020-08-15
张大千 1953年作 映日荷花 镜心	78cm×49.5cm	598,000	中鸿信	2020-01-03
张大千 鸡冠墨竹图 立轴	116cm×41cm	598,000	北京保利	2020-12-04
张大千 1964年作 行书八言联 镜心	138cm×20.5cm×2	598,000	中国嘉德	2020-12-03
张大千 1954年作 观瀑图 镜框	38cm×29cm	575,000	上海嘉禾	2020-01-05

(成交价RMB：5万元以上)

拍品名称	物品尺寸	成交价RMB	拍卖公司	拍卖日期
张大千 仿八大、石涛笔意(二帧) 镜心	28cm×43cm×2	575,000	永乐拍卖	2020-08-17
张大千 1934年作 松荫高士、行书登华山诗 成扇		575,000	中国嘉德	2020-07-17
张大千 1954年作 溪山垂钓图 镜框	52cm×39cm	575,000	华艺国际	2020-10-16
张大千 1980年作 半天雨清 镜心	45cm×59.5cm	575,000	十竹斋拍卖(北京)	2020-10-18
张大千 泼彩山水 镜心	15.5cm×18.5cm	575,000	永乐拍卖	2020-12-03
张大千 蝴蝶百合花 镜心	36cm×42cm	575,000	中国嘉德	2020-12-02
张大千 张旭明 闲情逸致 册页(十二开)	33cm×44cm×12	575,000	中国嘉德	2020-12-03
张大千 1954年作 子猷赏竹 纸板镜框	36cm×30cm	570,000	佳士得	2020-07-08
张大千 1977年作 梅花 纸板镜框	42.3cm×36cm	570,000	佳士得	2020-07-08
张大千 荷花 镜片	425cm×515cm	563,500	广东小雅斋	2020-08-21
张大千 1948年作 春江泛舟图 镜心	71cm×32.5cm	563,500	中鸿信	2020-01-03
张大千 1968年作 山居图 立轴	95cm×34cm	529,000	上海敬华	2020-09-22
张大千 1933年作 愿在竹而为扇 镜心	104cm×40cm	517,500	永乐拍卖	2020-08-17
张大千 1947年作 牡丹海棠图 镜心	79.5cm×28cm	517,500	北京保利	2020-12-04
张大千 1963年作 三十六陂秋色 镜心	82.5cm×51.5cm	510,940	中国嘉德	2020-10-09
张大千 张善孖 跪乳之恩 立轴	122cm×47.5cm	483,000	十竹斋拍卖(北京)	2020-10-18
张大千 1925年作 蕉荫高士图 镜心	90.5cm×49.5cm	483,000	十竹斋拍卖(北京)	2020-10-18
张大千 1976年作 芍药 镜心	66cm×33cm	480,284	中国嘉德	2020-10-09
张大千 1951年作 为屈映光作拂水潇湘图·临苏轼天际乌云帖(二帧) 扇页	51cm×18cm×2	460,000	西泠印社	2020-08-08
张大千 1980年作 行书六言联 镜心	131cm×34cm×2	460,000	永乐拍卖	2020-08-17
张大千 1947年作 清溪独钓 镜心	81.5cm×40.5cm	460,000	北京保利	2020-10-17
张大千 1943年作 墨荷 立轴	79cm×57cm	460,000	朵云轩	2020-09-23
张大千 1952年作 观帆图 立轴	94cm×48cm	460,000	华艺国际	2020-10-16
张大千 蔬果 镜框	51cm×94.5cm	460,000	华艺国际	2020-10-16
张大千 1951年作 芍药花 立轴	100cm×46.5cm	460,000	华艺国际	2020-10-16
张大千 1959年作 五鱼图 纸板镜框	39.4cm×30cm	456,000	佳士得	2020-07-08
张大千 1936年作 山水四条屏 四条屏	80cm×33cm×4	437,000	中国嘉德	2020-07-15
张大千 行书"福"镜心	37cm×37cm	437,000	永乐拍卖	2020-08-17
张大千 1946年作 云林笔意 立轴	80cm×39.5cm	437,000	朵云轩	2020-09-23
张大千 行书七言对联 镜心	180cm×44.5cm×2	437,000	荣宝斋(上海)	2020-10-25
张大千 仿张僧繇山水 立轴	136cm×56.5cm	429,190	中国嘉德	2020-10-09
张大千 丙午(1966年作 青白传家 镜片	71cm×38cm	425,500	上海敬华	2020-09-22
张大千 陈子和 壬戌1982年作 己未1979年作 山厨清供 芭蕉(二幅) 镜片	34cm×68cm；89.5cm×48cm	414,000	上海驰翰	2020-12-12
张大千 1939年作 松溪渔舟 立轴	112.5cm×41cm	408,752	中国嘉德	2020-10-09
张大千 1961年作 花卉墨蝶 镜框	69.3cm×35.5cm	406,800	香港苏富比	2020-07-10
张大千 黄山九龙潭 立轴	134cm×33cm	402,500	上海匡时	2020-08-05
张大千 1954年作 拟石涛笔意图 立轴	57.5cm×66cm	402,500	十竹斋拍卖(北京)	2020-10-18
张大千 1970年作 利市三倍 立轴	61cm×33cm	402,500	中国嘉德	2020-11-09
张大千 1963年作 荷 镜心	68cm×44cm	391,000	北京保利	2020-10-17
张大千 1948年作 行书八言联 立轴	133cm×21.5cm×2	388,314	中国嘉德	2020-10-09
张大千 1940年作 松间读书、行书七言诗 成扇		385,250	中国嘉德	2020-07-17

拍品名称	物品尺寸	成交价RMB	拍卖公司	拍卖日期
张大千 山水图 书法 成扇		380,450	伦敦佳士得	2020-11-03
张大千 行书"福"镜心	37cm×37cm	379,500	北京保利	2020-10-17
张大千 泉石清景 立轴	75cm×41cm	379,500	上海敬华	2020-09-22
张大千 黄葵花 镜框	139cm×39.5cm	371,280	罗芙奥	2020-07-18
张大千 行书"诗外簃" 镜心	60.5cm×162cm	368,000	中国嘉德	2020-08-15
张大千 兰石 镜片	48cm×80cm	368,000	广东小雅斋	2020-06-17
张大千 凌波仙子 镜心	35cm×44cm	368,000	中国嘉德	2020-07-15
张大千 1934年作 达摩 镜心	97cm×41cm	368,000	北京保利	2020-12-04
张大千 松风高士 立轴	131.5cm×33cm	368,000	广东崇正	2020-09-13
张大千 行书十言对联 立轴	133cm×21cm×2	368,000	荣宝斋(上海)	2020-10-25
张大千 1926年作 松鹿图 立轴	119cm×57cm	368,000	永乐拍卖	2020-12-03
张大千 1942年作 纨扇仕女 立轴	122cm×33cm	345,000	上海匡时	2020-08-05
张大千 1972年作 行书 镜心	80cm×154cm	345,000	中国嘉德	2020-07-17
张大千 1955年作 访友图 镜心	42cm×34cm	345,000	北京保利	2020-10-17
张大千 1950年作 行草书七言联 立轴	147cm×38.5cm×2	345,000	北京翰海	2020-12-12
张大千 静思图 镜片	109cm×43cm	345,000	广东崇正	2020-09-13
张大千 1947年作 行书十言联 立轴	159cm×37cm×2	345,000	华艺国际	2020-10-16
张大千 松下小像 设色纸本	高67.3cm；宽34.3cm	344,282	纽约苏富比	2020-09-23
张大千 1936年作 青山白云 镜心	74cm×41cm	322,000	中国嘉德	2020-07-17
张大千 隶书 八言联 对联	131cm×21.5cm×2	322,000	西泠印社	2020-08-08
张大千 1973年作 行书七言联 立轴	135cm×33cm×2	322,000	华艺国际	2020-12-05
张大千 山茶花 立轴	88cm×38.5cm	322,000	荣宝斋(上海)	2020-10-25
张大千 牡丹 镜心	29.5cm×27cm	322,000	永乐拍卖	2020-12-03
张大千 1976年作 芝仙祝寿 镜心	91cm×51cm	310,500	中鸿信	2020-01-03
张大千 萱花 立轴	129cm×33cm	310,500	广东崇正	2020-09-13
张大千 秋饮图 镜心	66cm×34cm	306,564	中国嘉德	2020-10-09
张大千 高士秋树 立轴	84cm×34cm	299,000	中国嘉德	2020-07-16
张大千 1936年作 1939年作 山村人家 行书 成扇	19cm×51cm	299,000	朵云轩	2020-09-23
张大千 潘飞声 1933年作 松壑高士 行书 成扇	19cm×50cm	299,000	朵云轩	2020-09-23
张大千 吴湖帆 1947年作 萱草成扇 成扇	20cm×55cm	299,000	十竹斋拍卖(北京)	2020-10-18
张大千 罗复堪 1932年作 松阴高士图 行书 成扇	18.5cm×49cm	287,500	朵云轩	2020-09-23
张大千 松下高士 立轴	122cm×32cm	287,500	上海敬华	2020-09-22
张大千 1968年作 荷花世界梦俱香 镜心	102cm×50cm	286,126	中国嘉德	2020-10-09
张大千 齐眉 镜心	38cm×37cm	276,000	北京保利	2020-12-04
张大千 山水 镜框	34cm×68.5cm	264,500	广东小雅斋	2020-08-21
张大千 1945年作 萱花狸奴 立轴	111cm×25.2cm	255,600	佳士得	2020-12-01
张大千 林风眠 丰子恺 唐云 周碧初等 1942年作 1943年作 新华艺专同学纪念 册页片(三十一开选三)	10cm×15cm	253,000	朵云轩	2020-11-29
张大千 寄恨图 立轴	65cm×30.5cm	253,000	华艺国际	2020-12-05
张大千 书法 对联	130cm×33cm×2	230,000	广东小雅斋	2020-08-21
张大千 消夏图 镜心	117cm×26cm	230,000	中国嘉德	2020-07-15
张大千 1949年作 行书董其昌论画扇面 扇面	19cm×47cm	230,000	北京保利	2020-12-04
张大千 观瀑图 立轴	67.5cm×30cm×2	230,000	荣宝斋(上海)	2020-10-25
张大千 1951年作 泛舟独钓 扇面镜框	16cm×53cm	228,000	佳士得	2020-07-01

拍品名称	物品尺寸	成交价RMB	拍卖公司	拍卖日期
张大千 1934年作 松下独坐图 镜心	97cm×30cm	218,500	中国嘉德	2020-07-15
张大千 1961年作 青山独钓 镜心	30cm×45cm	218,500	中国嘉德	2020-08-15
张大千 泛舟春游 镜框	26cm×23cm	218,500	朵云轩	2020-11-29
张大千 月季 镜框	119cm×32cm	218,500	华艺国际	2020-10-16
张大千 风荷 镜心	16cm×32cm	218,500	荣宝斋（南京）	2020-11-28
张大千 1959年作 荷花 镜心	23cm×26.5cm	218,500	中国嘉德	2020-12-03
张大千 墨荷 镜框	44cm×65cm	213,000	佳士得	2020-12-01
张大千 东方高士 立轴	121.5cm×47cm	207,000	中国嘉德	2020-08-15
张大千 柳荫佳人图 立轴	103cm×42cm	207,000	中鸿信	2020-01-03
张大千 吴湖帆 1934年作 荷池清谈 行书 成扇	18.5cm×50cm	207,000	上海嘉禾	2020-01-05
张大千 1939年作 柳阴高士 镜片	33cm×48cm	207,000	朵云轩	2020-09-23
张大千 1979年作 行书七言诗 立轴	132cm×33cm	207,000	华艺国际	2020-10-16
张大千 兰石图 成扇	18cm×51.5cm	207,000	荣宝斋（上海）	2020-10-25
张大千 1959年作 行书七言联 镜心	146.5cm×36cm×2	204,376	中国嘉德	2020-10-09
张大千 1978年作 耦藕图 镜片	60.5cm×29cm	195,500	西泠印社	2020-08-09
张大千 仕女 立轴	114.5cm×32cm	194,157	中国嘉德	2020-10-09
张大千 行书 惠茗诗 立轴	89.5cm×55cm	192,100	香港苏富比	2020-07-10
张大千 丙午（1966年作 山水 镜心	31cm×31cm	184,000	中国嘉德	2020-08-15
张大千 行书 子夜歌 镜片	90.5cm×30.5cm	184,000	西泠印社	2020-08-09
张大千 空山烟云图 镜心	54.5cm×33cm	184,000	中国嘉德	2020-08-15
张大千 张善孖 1937年作 深山秋林图·少女与虎 成扇	18cm×49cm×2	184,000	中鸿信	2020-01-03
张大千 行书七言联 镜心	130cm×32cm×2	184,000	北京保利	2020-10-18
张大千 197[illegible]年作 行书七言诗 立轴	136cm×35cm×2	184,000	永乐拍卖	2020-12-03
张大千 193[illegible]年作 芭蕉仕女 镜心	132.5cm×29.5cm	183,938	中国嘉德	2020-10-09
张大千 高士卖书 立轴	84cm×40cm	172,500	广东崇正	2020-06-27
张大千 行书 七言联 对联	134cm×33cm×2	172,500	西泠印社	2020-08-09
张大千 行书七言联 对联片	140cm×34.5cm×2	172,500	上海嘉禾	2020-01-05
张大千 溥儒 1934年作 峡江行 镜心	28.5cm×74.5cm	172,500	中国嘉德	2020-08-15
张大千 1933年作 春林觅句 立轴	54.5cm×34cm	172,500	北京翰海	2020-12-11
张大千 独往秋山深 立轴	119cm×37cm	161,000	上海嘉禾	2020-01-05
张大千 行书七言联 镜心	132cm×32cm×2	161,000	北京保利	2020-10-18
张大千 行书八字箴言 镜心	45cm×90cm	161,000	中贸圣佳	2020-10-17
张大千 萱花图 镜框	67cm×42cm	142,800	罗芙奥	2020-07-18
张大千 1934年作 江游记 镜心	15cm×48cm	138,000	永乐拍卖	2020-12-03
张大千 1982年作 书法 镜心	34cm×84cm	138,000	永乐拍卖	2020-12-03
张大千 1929年作 行书七言联 立轴	136cm×35cm×2	126,500	中国嘉德	2020-08-15
张大千 春林觅句 镜片	55cm×34cm	120,750	广东小雅斋	2020-06-17
张大千 1935年作 仿元人花鸟 镜心	93cm×37cm	119,175	北京保利	2020-07-17
张大千 1936年作 高士观瀑图 立轴	44cm×58cm	115,000	北京翰海	2020-09-12
张大千 峡江泛棹 镜片	67.5cm×34cm	115,000	上海驰翰	2020-09-24
张大千 1932年作 高士图 立轴	113cm×38cm	115,000	中国嘉德	2020-11-09
张大千 1935年作 秋山问道 立轴	108cm×29cm	113,500	北京保利	2020-07-17
张大千 牡丹 镜框	66cm×42cm	110,880	罗芙奥	2020-12-05
张大千 1938年作 行书倪元璐咏石句 立轴	116.5cm×54cm	102,600	佳士得	2020-07-01
张大千 大风堂宴宾菜单 镜心	31cm×43cm	97,750	中国嘉德	2020-07-17
张大千 吴熙曾 华山胜景 成扇	18cm×51cm×2	97,750	上海敬华	2020-09-22
张大千 菜谱 镜心	27.5cm×38cm	92,000	永乐拍卖	2020-08-17
张大千 1961年作 李白行吟图 立轴	67cm×32cm	92,000	中鸿信	2020-01-03
张大千 1941年作 观瀑图、行书七言诗 成扇		89,700	中国嘉德	2020-11-10

拍品名称	物品尺寸	成交价RMB	拍卖公司	拍卖日期
张大千 1938年作 峨眉接引图、行书西江月 成扇		89,700	中国嘉德	2020-11-10
张大千 书法 对联	99cm×21cm×2	87,400	广东小雅斋	2020-06-17
张大千 1959年作行书“古香斋”镜心	35cm×90cm	86,250	中国嘉德	2020-11-11
张大千 花鸟 立轴	92cm×43cm	85,100	广东小雅斋	2020-08-21
张大千 1973年作 泛舟图 镜心	22cm×64cm	82,800	中鸿信	2020-01-03
张大千 1979年作 疏影横斜图 镜心	24cm×27cm	82,800	中国嘉德	2020-11-10
张大千 1948年作 水佩风裳 镜框	27cm×24cm	80,500	朵云轩	2020-09-23
张大千 访友图、行书 扇面	19.5cm×52cm	80,500	荣宝斋（上海）	2020-10-25
张大千 松下高士 屏轴	67cm×22.5cm	78,200	朵云轩	2020-11-29
张大千 1981年作 先锋 镜框	37cm×45.5cm	77,616	罗芙奥	2020-12-05
张大千 山水人物 立轴	110cm×33cm	73,600	广东小雅斋	2020-08-21
张大千 信札一通 镜心	27cm×86cm	71,300	中国嘉德	2020-11-11
张大千 春山行旅 屏轴	31cm×31cm	69,000	朵云轩	2020-11-29
张大千 张善孖 行书、虎 成扇	16cm×47cm	69,000	荣宝斋（南京）	2020-11-28
张大千 书法 镜片	79cm×32cm	65,550	广东小雅斋	2020-08-21
张大千 1942年作 扑蝶图 镜心	27cm×35cm	63,250	中国嘉德	2020-11-09
张大千 1978年作 行书七言诗 立轴	110cm×45.5cm	57,500	中鸿信	2020-01-03
张大千 1934年作 观瀑图 镜心	80cm×35cm	57,500	北京翰海	2020-09-12
张大千 1944年作 仕女 镜心	85cm×43cm	57,500	北京翰海	2020-09-12
张大千 1935年作 行书七言联 立轴	133.5cm×32.5cm×2	57,500	北京翰海	2020-12-12
张大千 仿老莲笔墨山水人物 镜心	60cm×30cm	57,500	中贸圣佳	2020-10-17
张大千 行书致简琴斋信札 镜心	31cm×66.5cm	56,203	中国嘉德	2020-10-09
张大千 山水	20cm×62cm	56,000	上海联合	2020-11-29
张大千 1977年作 宴请张学良、赵一荻菜单 横披	32cm×95cm	55,200	中鸿信	2020-01-04
张大千 梅花临泉图 镜心	30cm×25.5cm	55,200	中鸿信	2020-01-03
张大千 汪吉麟 1935年作 自作诗《云间禅定寺夜坐口号》暗香浮动欲黄昏 成扇	18.8cm×50.5cm	55,200	北京诚轩	2020-08-17
张大千 1931年作 隶书七言联 立轴	131cm×32cm×2	55,200	中鸿信	2020-01-04
张大千 书法 立轴	83cm×25cm	54,050	广东小雅斋	2020-08-21
张大千 抱笔图 镜心	93.5cm×65.5cm	51,750	中国嘉德	2020-08-15
张大千 1982年作 富贵图 镜心	96cm×36.5cm	51,750	中鸿信	2020-01-03
张大千 1939年作 柳雁图 立轴	92cm×33cm	51,750	北京翰海	2020-09-12
张大千 1946年作 绿竹佳人 立轴	111cm×41cm	51,750	中国嘉德	2020-11-10
张大千 书法“钻石酒楼”镜框	14.5cm×43cm	51,120	佳士得	2020-11-18
张大壮 白蕉 1952年作 1953年作 火凤迎春 行书 成扇	18cm×49cm	460,000	朵云轩	2020-09-24
张大壮 卢鸿草堂图 立轴	112cm×48.5cm	402,500	朵云轩	2020-09-23
张大壮 1936年作 芝兰并寿图 镜心	91cm×51cm	161,000	永乐拍卖	2020-12-03
张大壮 1953年作 枝头栖禽 花娇蝶舞 成扇	14cm×41cm	155,250	朵云轩	2020-09-23
张大壮 海棠玉兔 立轴	50cm×35cm	126,500	华艺国际	2020-10-16
张大壮 1979年作 朵朵心花开 镜心	69cm×68cm	112,700	中国嘉德	2020-08-16
张大壮 盼子图 镜心	99cm×51.5cm	103,500	中国嘉德	2020-08-15
张大壮 任政 1943年作 国色天香、各体书法 成扇	19cm×47cm	92,000	华艺国际	2020-12-05
张大壮 蔬果图 立轴	69cm×34cm	69,000	中贸圣佳	2020-10-17
张仃 1982年作 泰山 镜心	73.5cm×59.5cm；30cm×59.5cm	2,645,000	中国嘉德	2020-12-03
张仃 1996年作 石笋矼雪霁 镜心	70cm×138cm	1,610,000	十竹斋拍卖（北京）	2020-10-18

2020书画拍卖成交汇总(续表)

(成交价RMB：5万元以上)

拍品名称	物品尺寸	成交价RMB	拍卖公司	拍卖日期
张仃 1982年作 延安 镜心	42cm×114cm	1,288,000	十竹斋拍卖（北京）	2020-10-18
张仃 中国人民政治协商会议会徽手绘稿 镜心	35cm×51cm×2	805,000	中鸿信	2020-01-03
张仃 1997年作 雪柳迎春 镜心	83cm×76cm	483,000	北京保利	2020-10-16
张仃 1990年作 雁翅太子慕 镜心	96cm×60cm	322,000	北京保利	2020-10-16
张仃 2001年作 傲霜枝 镜心	68cm×45cm	253,000	北京保利	2020-10-16
张仃 1998年作 篆书五言联 镜心	133cm×68.5cm	253,000	十竹斋拍卖（北京）	2020-10-18
张仃 山水	69cm×127cm	224,000	上海联合	2020-11-29
张仃 1995年作 篆书"且住草堂"镜心	30.5cm×137.5cm	184,000	中国嘉德	2020-08-15
张仃 1977年作 碧涧灵檀图 镜心	96.5cm×44cm	126,500	中鸿信	2020-01-03
张仃 2003年作 篆书"烟波荡渔歌"镜心	34cm×137cm	126,500	十竹斋拍卖（北京）	2020-10-18
张仃 西山老藤 镜心	46cm×35cm	109,250	中国嘉德	2020-12-03
张仃 1990年作 太行八里沟 镜心	80cm×48cm	97,750	中鸿信	2020-01-03
张仃 1997年作 古槐石村 镜心	64cm×69cm	92,000	中鸿信	2020-01-03
张仃 无锡惠山 镜心	46.5cm×34.5cm	69,000	中国嘉德	2020-12-03
张仃 1990年作 辋川谷口 立轴	69cm×70cm	63,250	中鸿信	2020-01-03
张尔宾 2016年作 天畔湖山隔云看	70cm×137cm	437,000	北京翰海	2020-12-12
张谷年 1980年作 松石永固 镜心	70cm×138.5cm	57,500	北京诚轩	2020-08-17
张光 1947年作 海棠双燕 立轴	105.5cm×32cm	63,250	中国嘉德	2020-08-16
张光 1943年作 鸳鸯戏水图 立轴	125cm×42cm	55,200	西泠印社	2020-08-09
张桂铭 荷花游鱼 镜心	68cm×68cm	71,300	中国嘉德	2020-07-16
张海 1992年作 隶书 四条屏	179cm×45cm×4	69,000	中国嘉德	2020-07-16
张海 2005年作 隶书 四条屏	133cm×33cm×4	69,000	中国嘉德	2020-07-16
张恨水 1948年作 荷花蜻蜓 立轴	100cm×41.5cm	57,500	中国嘉德	2020-08-15
张洪宝 2020年作 沁园春·雪 镜心	248cm×125cm	118,000	北京汇珍	2020-08-13
张洪宝 2020年作 和 镜心	135cm×68cm	56,000	北京汇珍	2020-08-13
张晖 富竹有喜	176cm×95cm	950,000	北京贞观	2020-11-28
张惠文 泰山旭日图 镜心	95cm×235cm	950,000	香港贞观	2020-07-26
张继刚 2017年作 秋水归舟图 镜心	99cm×37cm	172,500	北京翰海	2020-09-12
张建武 水秀山青图 镜心	68cm×138cm	69,300	北京玄和	2020-07-24
张捷 2018年作 临流幽对 手卷	引首 24.5cm×115.5cm；画 24.5cm×178.5cm；跋 24.5cm×175.50cm	322,000	中国嘉德	2020-08-17
张捷 2009年作 赶鸭图	138cm×68cm	115,000	北京翰海	2020-12-12
张进 乐园 镜心	167cm×69.5cm	126,500	中国嘉德	2020-12-01
张进 2019年作 清凉图(四帧) 镜心	34.5cm×45cm×4	55,200	中国嘉德	2020-08-17
张进 2019年作 荷趣	69cm×82cm	55,200	中贸圣佳	2020-10-17
张静江 行书五言联 立轴	132cm×33cm×2	172,500	北京保利	2020-10-17
张静江 1922年作 山阴销夏 立轴	89cm×36cm	74,750	中国嘉德	2020-08-15
张君劢 1947年作 隶书 四言联 对联	143.5cm×39cm×2	57,500	西泠印社	2020-08-09
张坤仪 春风 立轴	130cm×54cm	166,509	香港苏富比	2020-10-08
张乐平 徐幼 三毛祝寿 赶集图 镜心	张乐平 36cm×56cm；徐幼69.5cm×44cm	52,900	上海匡时	2020-08-05
张朋 花鸟 立轴	95cm×35cm	73,600	广东小雅斋	2020-08-21
张凭 雨过泉声急 镜心	134.5cm×68cm	101,200	荣宝斋（南京）	2020-11-28
张朴野 2020年作 黄河之水天上来 镜心	360cm×150cm	1,090,000	北京汇珍	2020-08-13

拍品名称	物品尺寸	成交价RMB	拍卖公司	拍卖日期
张朴野 2020年作 黄山奇峰 镜心	240cm×100cm	987,000	北京汇珍	2020-08-13
张其翼 猿戏图 立轴	94cm×29.5cm	80,500	北京翰海	2020-12-11
张诠 他如园林	198cm×68cm	138,000	中贸圣佳	2020-10-17
张善孖 1931年作 草莽雄风四屏 立轴	149.0cm×81.5cm×4	2,300,000	中国嘉德	2020-08-16
张善孖 1936年作 玄猿图 立轴	144cm×69cm	1,150,000	朵云轩	2020-09-23
张善孖 1928年作 群雄图 立轴	243cm×120cm	920,000	广东崇正	2020-09-13
张善孖 1936年作 秋山虎啸 镜心	146.5cm×81.5cm	805,000	中国嘉德	2020-12-02
张善孖 张大千 松涛雄风 立轴	122.5cm×50.8cm	791,000	香港苏富比	2020-07-10
张善孖 1931年作 虎啸林泉 立轴	131cm×65.5cm	552,000	中鸿信	2020-01-03
张善孖 张大千 1942年作 松下闲读 立轴	129cm×52cm	552,000	永乐拍卖	2020-12-03
张善孖 1929年作 山君图 镜心	150cm×81cm	540,500	北京保利	2020-10-17
张善孖 1932年作 观音像 立轴	88cm×32cm	460,000	北京保利	2020-12-05
张善孖 1929年作 虎 镜心	175cm×75.5cm	460,000	北京翰海	2020-12-11
张善孖 1935年作 十二金钗 镜心	91cm×34cm	448,500	北京保利	2020-10-17
张善孖 1930年作 山君 立轴	108cm×53cm	437,000	中鸿信	2020-01-03
张善孖 1928年作 天伦乐事 立轴	103cm×48cm	345,000	上海敬华	2020-09-22
张善孖 张大千 深山鬼杖图 镜心	139cm×54cm	345,000	永乐拍卖	2020-12-03
张善孖 1933年作 虎戏图 立轴	134.5cm×66cm	322,000	中鸿信	2020-01-03
张善孖 灵蛇图 立轴	97.5cm×39cm	322,000	广东崇正	2020-09-13
张善孖 1927年作 虎 立轴	134cm×65.5cm	322,000	中国嘉德	2020-12-02
张善孖 1927年作 双狮图 立轴	95cm×45cm	299,000	中国嘉德	2020-08-16
张善孖 天马图 立轴	119cm×44cm	287,500	上海敬华	2020-09-22
张善孖 圣母图 镜框	64cm×43cm	276,000	华艺国际	2020-12-05
张善孖 1929年作 猛虎护婴图 立轴	162cm×69cm	253,000	十竹斋拍卖（北京）	2020-10-18
张善孖 1926年作 秋郊牧马图 立轴	131cm×70cm	230,000	上海嘉禾	2020-01-05
张善孖 1922年作 群虎图 镜片	167cm×84cm	218,500	西泠印社	2020-08-09
张善孖 1929年作 虎啸山林 立轴	113cm×56cm	207,000	北京保利	2020-10-17
张善孖 1937年作 黄龙潭观瀑 镜片	105cm×40cm	201,250	上海敬华	2020-09-22
张善孖 1937年作 圣诞图 镜心	42cm×27.5cm	195,500	永乐拍卖	2020-08-17
张善孖 1938年作 虎啸图 立轴	94cm×44cm	195,500	中鸿信	2020-01-03
张善孖 1936年作 朱砂虎 镜心	81cm×34.5cm	184,000	十竹斋拍卖（北京）	2020-10-18
张善孖 1935年作 草泽雄风 镜片	18.2cm×13.6cm	172,500	广东崇正	2020-09-13
张善孖 1925年作 大慧一行禅师 立轴	110cm×39cm	161,000	十竹斋拍卖（北京）	2020-10-18
张善孖 吴湖帆 1934年作 巫峡归帆图·行书 镜心	18cm×50cm	155,250	中鸿信	2020-01-03
张善孖 1935年作 岁朝清供 镜心	125cm×40.5cm	138,000	北京保利	2020-12-04
张善孖 1933年作 空谷传声 立轴	129cm×64cm	126,500	中国嘉德	2020-07-16
张善孖 谷风长啸 镜心	130cm×39cm	126,500	中国嘉德	2020-12-03
张善孖 松溪虎啸图 立轴	142.5cm×69cm	103,500	西泠印社	2020-08-09
张善孖 1935年作 朱砂佛像 立轴	74.5cm×39cm	103,500	中国嘉德	2020-12-03
张善孖 1929年作 虎踞凤阙 立轴	197cm×47cm	102,188	中国嘉德	2020-10-09
张善孖 竹间猛虎 立轴	93cm×52.5cm	92,000	保利厦门	2020-09-26
张善孖 1927年作 松荫骏马 立轴	142cm×76cm	92,000	华艺国际	2020-12-05
张善孖 1928年作 百兽之长 立轴	34cm×38.2cm	74,750	北京诚轩	2020-08-17
张善孖 1932年作 虎啸图 立轴	140cm×57.5cm	69,000	北京保利	2020-12-04
张善孖 虎 立轴	127.5cm×56cm	69,000	中贸圣佳	2020-10-17
张善孖 1927年作 草泽雄风 镜片	30cm×41cm	59,800	广东崇正	2020-09-13
张善孖 谭泽闿 云中虎 节临《致苏子荣信札》成扇	18.5cm×48cm	57,500	北京诚轩	2020-08-17
张善孖 1938年作 双雄图 横幅	67cm×130cm	57,500	中国嘉德	2020-11-10

（成交价RMB：5万元以上）

拍品名称	物品尺寸	成交价RMB	拍卖公司	拍卖日期
张善孖 张大千 合作 1935年作 皆大欢喜 立轴	135cm×33cm	51,750	中国嘉德	2020-07-15
张善子 郑集宾 1930年作 风云际会 立轴	149.6cm×80cm	271,200	香港苏富比	2020-07-10
张韶石 竹林雅集图 镜心	95cm×184cm	71,532	中国嘉德	2020-10-09
张韶石 1986年作 牡丹 镜心	41.5cm×88cm	57,500	中国嘉德	2020-08-15
张韶石 1982年作 牡丹 镜心	64cm×132cm	51,750	中国嘉德	2020-08-15
张石园 摹范华原《溪山行旅图》手卷	32cm×589cm	276,000	北京保利	2020-10-18
张石园 1940年作 身在松涛烟翠间 立轴	115cm×44.5cm	189,750	北京诚轩	2020-08-17
张石园 1951年作 山川晴翠 成扇	19.5cm×54cm	126,500	广东崇正	2020-09-13
张石园 1946年作 闲看云起 立轴	106cm×52cm	109,250	朵云轩	2020-09-23
张石园 1946年作 甲骨文八言 对联	136cm×18cm×2	97,750	朵云轩	2020-09-24
张石园 翠岚春晓 立轴	111cm×54cm	66,700	中国嘉德	2020-07-15
张石园 万竿雨过 立轴	80cm×33cm	59,800	中国嘉德	2020-07-15
张石园 僧陀 1943年作 1942年作 松寿图 成扇	17.5cm×49cm	51,750	朵云轩	2020-09-23
张守成 仿王蒙林麓幽居 镜片	185cm×63.5cm	186,300	上海嘉禾	2020-01-05
张守成 1957年作 翡翠池 镜片	132cm×63cm	161,000	上海嘉禾	2020-01-05
张守成 荷净纳凉图 立轴	115.5cm×58cm	89,700	上海嘉禾	2020-01-05
张守成 荷花蜻蜓 立轴	59.5cm×59.5cm	50,600	上海嘉禾	2020-01-05
张书旂 1941年作 富贵文章 镜框	129cm×63cm	97,750	华艺国际	2020-12-05
张书旂 和平鸽 镜片	111.5cm×40cm	69,000	朵云轩	2020-09-23
张书旂 1949年作 海棠双鸽 立轴	64.5cm×37cm	63,250	北京翰海	2020-12-11
张书旗 1937年作 江南春色 立轴	85.5cm×52cm	80,500	北京诚轩	2020-08-17
张书旗 1940年作 花间禽趣图 立轴	89cm×31.5cm	74,750	西泠印社	2020-08-09
张书旗 1935年作 玉兰牡丹图 立轴	82.5cm×37cm	69,000	西泠印社	2020-08-09
张树德 尚[illegible]智 1954年作《杨排风》年画四条屏连环画原稿（十四帧）镜片	15cm×19cm×14	172,500	西泠印社	2020-08-09
张[illegible]立 夏山图 镜心	97cm×180cm	168,300	北京玄和	2020-07-24
张天军 2015年作 源起7	128cm×76cm	115,000	中贸圣佳	2020-10-17
张孝友 楚峰楼阁图 镜心	68cm×136cm	5,750,000	荣宝斋（南京）	2020-11-28
张辛稼 1958年作 秋溪浴禽 六屏立轴	174cm×41cm×6	212,750	上海嘉禾	2020-01-05
张馨月 春雨洗净桃花开 镜心（片）	68cm×138cm	172,700	北京玄和	2020-07-24
张兴峰 山高水长 镜心	124cm×46cm	115,000	北京翰海	2020-09-12
张学良 行书 为东北大学同学会刊题词	29cm×22cm	402,500	中国嘉德	2020-12-02
张学良行书自作诗《柳老渡台来访》	21.5cm×34.2cm	184,000	中国嘉德	2020-12-02
张学良 行书 题赠张闾瑛	34cm×69.5cm	126,500	中国嘉德	2020-12-02
张学良 行书八言联 立轴	163.5cm×40cm×2	86,250	中鸿信	2020-01-04
张学良 淡月风香 立轴	125cm×40cm	69,000	荣宝斋（南京）	2020-11-28
张羽 2005年作 红色指印 镜心	69cm×139cm	80,500	中国嘉德	2020-08-17
张元济 1947年作 楷书八言联 立轴	172cm×35cm×2	172,500	北京保利	2020-10-17
张振齐 2015年作 赤壁怀古 镜心	124cm×241cm	345,000	北京翰海	2020-09-12
张振齐 2019年作 桃岭春晓 镜心	121cm×96cm	253,000	北京翰海	2020-09-12
张振齐 2019年作 千叶桃花胜百花 镜心	182cm×86cm	230,000	北京翰海	2020-09-12
张振齐 2019年作 宋人词意图 镜心	97cm×180cm	230,000	北京翰海	2020-09-12
张振齐 2016年作 春满桃源 镜心	86cm×181cm	207,000	北京翰海	2020-09-12
张振齐 2019年作 彩荷 镜心	181.5cm×86cm	207,000	北京翰海	2020-09-12

拍品名称	物品尺寸	成交价RMB	拍卖公司	拍卖日期
张振齐 2016年作 毛主席词意图 镜心	180cm×49cm	172,500	北京翰海	2020-09-12
张振齐 2016年作 霜落荆门江树空 镜心	69cm×137cm	115,000	北京翰海	2020-09-12
张振齐 2018年作 松山激流 镜心	69cm×138cm	115,000	北京翰海	2020-09-12
张振齐 2018年作 小桃西望那人家 镜心	69cm×138cm	115,000	北京翰海	2020-09-12
张振齐 2019年作 寒雨连江夜入吴 镜心	70cm×137cm	115,000	北京翰海	2020-09-12
张振齐 2019年作 荷塘图 镜心	69cm×139cm	115,000	北京翰海	2020-09-12
张振齐 2019年作 红白荷花开共塘 镜心	47cm×179cm	115,000	北京翰海	2020-09-12
张振齐 2019年作 江山万里行 镜心	138cm×70cm	115,000	北京翰海	2020-09-12
张振齐 2019年作 娇艳欲滴 镜心	70cm×137cm	115,000	北京翰海	2020-09-12
张振齐 2019年作 松排山面千重翠 镜心	69cm×137cm	115,000	北京翰海	2020-09-12
张振齐 2019年作 桃花春色暖先开 镜心	70cm×138cm	115,000	北京翰海	2020-09-12
张振齐 2019年作 醉影 镜心	138cm×70cm	115,000	北京翰海	2020-09-12
张正权 仕女 立轴	93cm×41cm	632,500	上海嘉禾	2020-01-05
张正宇 隶书五言联 立轴	105.5cm×21cm×2	184,000	中国嘉德	2020-08-15
张正宇 猫乎狮乎 立轴	65.5cm×33.5cm	138,000	中国嘉德	2020-08-15
张正宇 篆书四言联 立轴	135cm×32.5cm×2	94,300	中国嘉德	2020-08-15
张正宇 篆书四言联 立轴	136.5cm×33cm×2	86,250	中国嘉德	2020-08-15
张正宇 1976年作 行书五言联 立轴	135cm×31.5cm×2	78,200	中国嘉德	2020-08-15
张正宇 1976年作 行书五言联 立轴	137cm×33cm×2	78,200	中国嘉德	2020-08-15
张正宇 1976年作 行书四言联 立轴	136.5cm×33cm×2	69,000	中国嘉德	2020-08-15
张宗祥 邓散木 书画三种 立轴·画心·扇面	90cm×42.5cm；99cm×33cm；47cm×19cm	80,500	西泠印社	2020-08-08
张宗祥 行书 镜片	113.5cm×32.5cm	57,500	朵云轩	2020-11-30
张祖翼 1891年作 隶书临汉碑四屏 立轴	178cm×47cm×4	184,000	十竹斋拍卖（北京）	2020-10-18
张祖翼 1908年作 隶书八言联 立轴	240cm×58cm×2	138,000	北京保利	2020-10-17
张祖翼 隶书七言 对联	170.5cm×38cm×2	138,000	朵云轩	2020-09-24
张祖翼 清、1910年作 临《五凤刻石》立轴	72cm×38.8cm	68,400	佳士得	2020-07-08
张祖翼 篆书四屏 镜心	110.5cm×52cm×4	57,500	荣宝斋（上海）	2020-10-25
章炳麟 行书七言联 立轴	175.5cm×23cm×2	345,000	北京保利	2020-10-17
章炳麟 1931年作 篆书五言 立轴	136cm×38cm×2	299,000	朵云轩	2020-09-24
章炳麟 行书 杜隐君墓志稿 横披	48.5cm×32.5cm；44cm×32.5cm	253,000	西泠印社	2020-08-09
章炳麟 行书七言联 镜片	135.3cm×31.2cm×2	115,000	广东崇正	2020-09-13
章炳麟 行书五言联 立轴	133.5cm×29.5cm×2	103,500	中国嘉德	2020-08-15
章炳麟 行书八言联 对联	166cm×37cm×2	57,500	中国嘉德	2020-07-15
章炳麟 篆书杜甫诗四屏 立轴	125cm×26cm×4	57,500	北京保利	2020-12-04
章士钊 1946年作 为胡适作诗词卷 手卷	46cm×32.5cm×6	460,000	西泠印社	2020-08-09
章士钊 行书七言 对联	203cm×41cm×2	322,000	朵云轩	2020-09-24
章士钊 1942年临，1948年 节临《淳化阁帖》双挖四屏 立轴（四帧）	36.2cm×52.5cm×8	184,000	北京诚轩	2020-08-17
章士钊 行书 临兰亭序 镜片	161.5cm×40cm	161,000	西泠印社	2020-08-09
章士钊 临书及文稿三种（十九帧）画心	54.5cm×38cm×13；33.5cm×28cm×6	97,750	西泠印社	2020-08-09
章士钊 章可《龙洞山山居图》立轴	110cm×35cm	92,000	北京保利	2020-10-17

2020书画拍卖成交汇总(续表)

(成交价RMB:5万元以上)

拍品名称	物品尺寸	成交价RMB	拍卖公司	拍卖日期
章士钊 1945年作 行书 七言诗 镜片	96.5cm×30cm	69,000	西泠印社	2020-08-09
章士钊 1960年作 行书七言诗 立轴	60cm×31cm	63,250	华艺国际	2020-12-05
章士钊 等 书法 四屏 立轴	130cm×31cm×4	690,000	北京保利	2020-10-17
章太炎 隶书《咏史》诗 立轴	131.5cm×64.5cm	230,000	中贸圣佳	2020-10-17
章作人 2019年作 庚子平安 其他	60cm×60cm	125,000	北京汇珍	2020-08-13
赵春翔 1983年作 红荷花 镜心	137cm×68.5cm	115,000	中国嘉德	2020-12-02
赵东山 2020年6月作 沙州古道春雪图 镜心	240cm×120cm	328,000	北京汇珍	2020-08-13
赵藩 为陈熙辅书自作诗 册页(共四十页)	21.5cm×11.5cm×40	161,000	西泠印社	2020-08-09
赵寒翔 梦归山野系列之秋日 镜心	241.5cm×124cm	977,500	北京保利	2020-12-04
赵浩 1934年作 玉堂富贵 立轴	148cm×52cm	71,300	中国嘉德	2020-11-09
赵浩公 1943年作 鹦鹉 镜片	129cm×33.5cm	97,750	广东崇正	2020-09-13
赵浩公 1947年作 鹦鹉 立轴	129cm×32cm	55,200	广东崇正	2020-09-13
赵建成 张大千像 立轴	170cm×75.5cm	221,325	北京保利	2020-07-18
赵建成 2008年作 张大千像 镜心	170cm×75cm	149,500	中国嘉德	2020-12-01
赵建成 2013年作 清韵图 镜框	63.5cm×38cm	57,500	华艺国际	2020-10-16
赵建平 2017年春月作 通往家乡的路 镜心	240cm×190cm	228,000	北京汇珍	2020-08-13
赵金明 2019年作 颗粒归仓喜丰年 镜心	136cm×68cm	980,000	北京汇珍	2020-08-13
赵敬予 1946年作 云锦呈林 镜心	66cm×133cm	78,200	中国嘉德	2020-11-09
赵敬予 1948年作 四季牧马四屏 镜心	65.5cm×32cm×4	69,000	中国嘉德	2020-12-03
赵磊 2007年作 秋韵 立轴	136cm×68cm	368,000	北京翰海	2020-09-12
赵冷月 隶书六言对联 镜心	136.5cm×33.8cm×2	132,250	荣宝斋(上海)	2020-10-25
赵冷月 隶书"东坡诗" 镜心	179.5cm×48cm	92,000	荣宝斋(上海)	2020-10-25
赵朴初 行书为玉佛寺方丈室撰八言联 镜心	295cm×49cm×2	3,680,000	中国嘉德	2020-12-02
赵朴初 1987年作 行书广州光孝寺十九言联 镜心	175cm×30cm×2	3,105,000	中国嘉德	2020-12-02
赵朴初 行书川南夕佳山民居佛堂五言联 镜心	137cm×35cm×2	1,495,000	中国嘉德	2020-12-02
赵朴初 1977年作 行书《红旗渠颂》 镜心	67cm×224cm	1,322,500	中鸿信	2020-01-04
赵朴初 行书七言联 镜心	81cm×21cm×2	1,092,500	中国嘉德	2020-12-02
赵朴初 行书"弥陀" 镜心	28cm×50cm	920,000	中国嘉德	2020-12-02
赵朴初 行书"真实不虚" 镜心	133cm×68cm	920,000	中国嘉德	2020-12-02
赵朴初 1980年作 行书"弘一大师书画金石音乐展"七绝 镜心	135cm×69.5cm	862,500	中国嘉德	2020-12-02
赵朴初 闽游杂卷 手卷	26cm×374.5cm	862,500	中贸圣佳	2020-10-17
赵朴初 1987年作 行书"慈忍" 镜心	95cm×51.5cm	782,000	中国嘉德	2020-12-02
赵朴初 1970年作 行书十言联 镜心	96cm×17cm×2	690,000	十竹斋拍卖(北京)	2020-10-18
赵朴初 楷书"持戒念佛" 立轴	67cm×32cm	552,000	北京保利	2020-10-17
赵朴初 1974年作 行书 立轴	104cm×36cm	540,500	朵云轩	2020-09-23
赵朴初 1986年作 行书自作《比睿山上望京都》七律 镜心	96cm×68cm	517,500	中国嘉德	2020-12-02
赵朴初 1975年作 书法"乐新春" 镜心	52cm×41cm	506,000	十竹斋拍卖(北京)	2020-10-18
赵朴初 行书自作《四海欢》七律 镜心	137cm×70.5cm	483,000	中国嘉德	2020-12-02
赵朴初 1988年作 行书 镜片	136cm×34cm	471,500	广东崇正	2020-09-13

拍品名称	物品尺寸	成交价RMB	拍卖公司	拍卖日期
赵朴初 1978年作 行书题《万松图》诗 镜心	45.5cm×104cm	460,000	北京保利	2020-10-17
赵朴初 1948年作 行书(四屏) 立轴	121cm×33cm×4	460,000	北京翰海	2020-09-12
赵朴初 1976年作 行书《木兰令》 镜心	49cm×24cm	368,000	中国嘉德	2020-08-15
赵朴初 行书 集郑板桥七言诗句	39cm×85cm	368,000	中国嘉德	2020-08-16
赵朴初 行书自作《某公三哭》之《哭自己》 镜心	23.5cm×123.5cm	368,000	中国嘉德	2020-12-02
赵朴初 1977年作 行书"着意画万松" 立轴	102cm×62cm	345,000	十竹斋拍卖(北京)	2020-10-18
赵朴初 楷书"光明堂" 镜心	39cm×99cm	345,000	十竹斋拍卖(北京)	2020-10-18
赵朴初 行书曹孟德诗二首 镜心	61cm×69.5cm	345,000	中国嘉德	2020-12-02
赵朴初 1990年作 行书十七言联 镜心	70cm×16cm×2	299,000	十竹斋拍卖(北京)	2020-10-18
赵朴初 行书 泰国纪游五言诗六首七屏	14cm×62cm	287,500	中国嘉德	2020-08-16
赵朴初 行书"报众生恩" 镜心	41cm×18.5cm	287,500	上海匡时	2020-08-05
赵朴初 1985年作 行书《五台杂咏》三首 立轴	138cm×34cm	287,500	十竹斋拍卖(北京)	2020-10-18
赵朴初 1979年作 行书"天行健" 立轴	65cm×30cm	287,500	十竹斋拍卖(北京)	2020-10-18
赵朴初 1997年作 行书条幅 镜心	67cm×31cm	287,500	十竹斋拍卖(北京)	2020-10-18
赵朴初 行书自作《记巢湖农民语》七绝 镜心	191cm×51cm	287,500	中国嘉德	2020-12-02
赵朴初 1987年作 行书节录《离骚》 镜心	26cm×56cm	276,000	中国嘉德	2020-12-02
赵朴初 行书七言诗 立轴	68cm×34cm	264,500	华艺国际	2020-12-05
赵朴初 1981年作 行书董必武集诗 镜心	79cm×37cm	264,500	永乐拍卖	2020-12-03
赵朴初 行书乘竹筏沿九曲溪看山词	30cm×85cm	253,000	中国嘉德	2020-08-16
赵朴初 1973年作 行书《咏梅·调寄八声甘州》 立轴	107cm×32.5cm	253,000	北京保利	2020-12-04
赵朴初 1992年作 行书"南浦桥头" 镜心	67cm×30cm	253,000	十竹斋拍卖(北京)	2020-10-18
赵朴初 1978年作 行书 七言诗 镜片	66cm×35.5cm	230,000	西泠印社	2020-08-09
赵朴初 行书自作诗 立轴	65cm×32cm	230,000	中贸圣佳	2020-10-17
赵朴初 1977年作 行书 立轴	68cm×34cm	218,500	中国嘉德	2020-12-02
赵朴初 1979年作 行书和周总理诗韵二首 一册二页	18.2cm×12.5cm	195,500	中国嘉德	2020-12-02
赵朴初 行书四言诗 立轴	66.5cm×21.5cm	184,000	十竹斋拍卖(北京)	2020-10-18
赵朴初 行书华严经偈 立轴	68cm×19cm	184,000	十竹斋拍卖(北京)	2020-10-18
赵朴初 1977年作 楷书"南无阿弥陀佛"	37.5cm×15cm	172,500	西泠印社	2020-08-09
赵朴初 行书 五言联	29.5cm×85cm	172,500	中国嘉德	2020-08-16
赵朴初 书法 片	50cm×102cm	172,500	广东小雅斋	2020-08-21
赵朴初 1983年作 行书"极乐" 镜心	64cm×28.5cm	172,500	北京保利	2020-12-04
赵朴初 行书《未必》五首 镜心	24cm×11cm×3	172,500	中国嘉德	2020-11-09
赵朴初 1978年作 行书自作七律 镜心	59cm×33cm	172,500	中国嘉德	2020-12-02
赵朴初 1975年作 行书自作诗 镜片	67.5cm×24.5cm	161,000	广东崇正	2020-09-13
赵朴初 临仿古帖 镜心	41cm×24.5cm	161,000	十竹斋拍卖(北京)	2020-10-18

拍品名称	物品尺寸	成交价RMB	拍卖公司	拍卖日期
赵朴初 1976年作 行书《咏梅词》镜片	40cm×22cm	149,500	广东崇正	2020-09-13
赵朴初 1978年作 行书《比睿山上望京都》七律 镜心	50.5cm×15.5cm	149,500	中国嘉德	2020-12-02
赵朴初 1987年作 行书"花开见佛"镜心	68cm×16.5cm	138,000	中鸿信	2020-01-04
赵朴初 行书"为万世开太平"镜心	100cm×35cm	138,000	上海匡时	2020-08-05
赵朴初 行书王安石诗 镜心	51.5cm×34.5cm	138,000	北京保利	2020-12-04
赵朴初 1978年作 行书 镜片	69cm×35cm	138,000	朵云轩	2020-11-30
赵朴初 行书集《无量寿经》句 镜心	36.5cm×24cm	138,000	中国嘉德	2020-12-02
赵朴初 1986年作 行书"与人为善"镜心	45.5cm×18.5cm	126,500	上海匡时	2020-08-05
赵朴初 行书六祖诗 立轴	65cm×38cm	126,500	永乐拍卖	2020-08-17
赵朴初 1990年作 行书王安石诗 立轴	67cm×34cm	126,500	华艺国际	2020-12-05
赵朴初 行书隰县小西天八言联 镜心	137cm×35cm×2	126,500	中国嘉德	2020-12-02
赵朴初 行书自作《四海欢》七律 镜心	48cm×30.5cm	126,500	中国嘉德	2020-12-02
赵朴初 1962年作 行书 九言联 镜片	68cm×11cm×2	115,000	西泠印社	2020-08-09
赵朴初 书法 立轴	49cm×19cm	115,000	广东小雅斋	2020-08-21
赵朴初 1980年作 行书自作词 镜心	62cm×24cm	115,000	北京保利	2020-12-04
赵朴初 1996年作 行书节录《维摩诘经》镜心	45cm×13cm	115,000	永乐拍卖	2020-12-03
赵朴初 书法 镜片	22cm×63cm	103,500	广东小雅斋	2020-08-21
赵朴初 行书"登高临远"立轴	65cm×31.5cm	103,500	荣宝斋(上海)	2020-10-25
赵朴初 行书 立轴	75.5cm×43cm	103,500	荣宝斋(上海)	2020-10-25
赵朴初 1998年作 佛心者大悲心是 立轴	50cm×27cm	103,500	永乐拍卖	2020-12-03
赵朴初 行书五言联语 镜心	19.5cm×10cm	103,500	中国嘉德	2020-12-02
赵朴初 行书清顾炎武《酬王处士九日见怀之作》五言诗联	19.5cm×42cm	92,000	中国嘉德	2020-08-16
赵朴初 书法 立轴	60cm×40cm	92,000	广东小雅斋	2020-08-21
赵朴初 1982年作 为《新民晚报》题诗 镜心	42cm×23cm	92,000	北京保利	2020-12-04
赵朴初 行书"独留情义落江湖"镜心	32cm×6cm	89,700	中国嘉德	2020-07-15
赵朴初 1976年作 行书何香凝画梅诗 立轴	68.5cm×34cm	89,700	广东崇正	2020-09-13
赵朴初 行书"月圆人寿"镜心	18cm×26cm	86,250	中国嘉德	2020-07-15
赵朴初 行书诗句 镜心	34cm×41.5cm	86,250	北京保利	2020-12-04
赵朴初 1986年作 行书 镜心	66.5cm×33.5cm	86,250	北京翰海	2020-12-11
赵朴初 行书宋李清照《渔家傲》	22.5cm×68cm	86,250	中国嘉德	2020-12-02
赵朴初 1974年作 自作诗一首 镜心	40.5cm×11cm	80,500	上海匡时	2020-08-05
赵朴初 行书黄公度诗 立轴	99cm×54cm	80,500	中鸿信	2020-01-03
赵朴初 书法 镜片	28cm×60cm	80,500	广东小雅斋	2020-08-21
赵朴初 1967年作 书法自作词一首 镜片	63cm×32cm	74,750	江苏汇中	2020-08-05
赵朴初 行书《观朝鲜艺术团演出》自作七绝四首 镜心	57.5cm×67.5cm	74,750	中国嘉德	2020-12-02
赵朴初 1976年作 行书毛主席词 镜心	63cm×28cm	63,250	中国嘉德	2020-07-16
赵朴初 行书 镜心	68cm×34cm	63,250	中国嘉德	2020-11-11
赵朴初 1978年作 行书自作七律 镜心	58cm×34cm	63,250	中国嘉德	2020-12-02
赵朴初 1978年作 行书自作五言律诗 镜心	67.5cm×25.5cm	63,250	中国嘉德	2020-12-02

拍品名称	物品尺寸	成交价RMB	拍卖公司	拍卖日期
赵朴初 1997年作 行书自作诗 镜心	68.5cm×34cm	57,500	永乐拍卖	2020-08-17
赵朴初 行书 汉俳五首	21cm×41cm	57,500	中国嘉德	2020-08-16
赵朴初 1978年作 行书旅日自作七律 镜心	59.5cm×34.5cm	57,500	中国嘉德	2020-12-02
赵朴初 周总理诗札 镜心	24cm×48cm	57,500	中贸圣佳	2020-10-17
赵朴初 1993年作 行书 镜片	24cm×11cm	55,200	广东崇正	2020-09-13
赵少昂 1948年作 春色、书法对联(六幅)镜框	104.5cm×29.5cm×6	1,491,000	佳士得	2020-12-01
赵少昂 1952年作 独钓寒江雪 镜框	60.3cm×104.4cm	912,000	佳士得	2020-07-08
赵少昂 1988年作 蝉联图 立轴	121cm×51cm	868,598	中国嘉德	2020-10-09
赵少昂 1947年作 巫山十二峰 立轴	129cm×47cm	798,000	佳士得	2020-07-08
赵少昂 1943年作 秋荷蜻蜓手卷 镜框	27.5cm×154cm	791,000	香港苏富比	2020-07-10
赵少昂 1941年作 月下待友 立轴	69cm×102cm	747,500	华艺国际	2020-12-05
赵少昂 1941年作 月下待友 立轴	69cm×102cm	690,000	广东崇正	2020-09-13
赵少昂 1982年作 福吉猴 镜心	68cm×136cm	552,000	中国嘉德	2020-07-15
赵少昂 花溪细雨图 立轴		444,024	香港苏富比	2020-10-08
赵少昂 1994年作 荷塘游鱼 立轴	169cm×45cm	425,500	永乐拍卖	2020-12-03
赵少昂 1981年作 山晴翠欲流 镜框	96cm×46cm	345,000	华艺国际	2020-10-16
赵少昂 1937年作 桃实图 屏轴	131cm×32cm	322,000	朵云轩	2020-09-23
赵少昂 1993年作 故园春好 立轴	129.5cm×33.5cm	287,500	中国嘉德	2020-12-03
赵少昂 花鸟草虫 册页(十开)	30.5cm×38cm×10	286,126	中国嘉德	2020-10-09
赵少昂 1980年作 野趣 镜框	30cm×78.5cm	273,600	佳士得	2020-07-08
赵少昂 岁寒三友 镜框	55cm×85cm	253,000	华艺国际	2020-10-16
赵少昂 1980年作 雨余零落不禁秋 立轴	96cm×46.5cm	248,600	香港苏富比	2020-07-10
赵少昂 1982年作 牡丹鸣禽 镜框	45cm×96cm	234,300	佳士得	2020-12-01
赵少昂 杨善深 关山月 黎雄才 壁下竹鸟 立轴	96.3cm×47cm	234,300	佳士得	2020-12-01
赵少昂 1967年作 木棉红占岭南春 镜框	57.5cm×82.5cm	210,911	香港苏富比	2020-10-08
赵少昂 1984年作 竹蝉 立轴	40cm×65cm	207,000	广东崇正	2020-09-13
赵少昂 杨善深 等 名家集锦 册页	20.5cm×32cm×16	172,500	永乐拍卖	2020-12-03
赵少昂 1986年作 朱雀图 立轴	84cm×53cm	161,000	十竹斋拍卖(北京)	2020-10-18
赵少昂 鱼水两相欢 镜框	28cm×37cm	159,750	佳士得	2020-12-01
赵少昂 1982年作 秋禽图 镜心	45cm×66cm	153,282	中国嘉德	2020-10-09
赵少昂 1982年作 桃花鸣禽 镜心	37.5cm×69.5cm	149,500	中国嘉德	2020-08-15
赵少昂 1994年作 鹭鸶图 立轴	108.5cm×60cm	138,000	西泠印社	2020-08-09
赵少昂 1988年作 松花螳螂 立轴	84cm×59cm	138,000	广东崇正	2020-09-13
赵少昂 花卉草虫 镜框(四开)	30cm×37.5cm×4	138,000	华艺国际	2020-10-16
赵少昂 1980年作 柳蝉 立轴	84cm×39cm	126,500	中国嘉德	2020-08-15
赵少昂 新枝鸣禽 立轴	126cm×39cm	126,500	广东崇正	2020-06-27
赵少昂 杨善深 1947年作 荷塘清趣 镜框	107cm×35cm	117,150	佳士得	2020-12-01
赵少昂 杨善深 关山月 黎雄才 梅兰竹草虫 立轴	68.5cm×34.5cm	117,150	佳士得	2020-11-18
赵少昂 鱼戏图 镜心	74cm×23cm	115,000	北京保利	2020-12-04
赵少昂 黄苗子 等 花卉手卷 手卷	25.5cm×795cm	115,000	中贸圣佳	2020-10-17
赵少昂 1984年作 花鸟 书法(两幅)立轴	29cm×37cm×2	114,000	佳士得	2020-07-01
赵少昂 秋葵 罂粟花 镜框	30cm×37.5cm×2	106,500	佳士得	2020-12-01
赵少昂 1946年作 花卉螳螂 镜框	96.7cm×33.5cm	101,175	佳士得	2020-12-01
赵少昂 1931年作 柳梢白头 镜心	94.5cm×32.5cm	97,079	中国嘉德	2020-10-09
赵少昂 1967年作 蝉鸣秋响 镜框	30cm×37.5cm	95,850	佳士得	2020-12-01

2020书画拍卖成交汇总（续表）

（成交价RMB：5万元以上）

拍品名称	物品尺寸	成交价RMB	拍卖公司	拍卖日期
赵少昂 1949年作 低昂枝上雀 镜框	90.5cm×32.5cm	90,525	佳士得	2020-12-01
赵少昂 1945年作 海棠天牛 镜片	29cm×33cm	86,250	广东崇正	2020-09-13
赵少昂 1945年作 剑花 镜片	43.5cm×56cm	86,250	广东崇正	2020-09-13
赵少昂 1948年作 鸟趣图 镜心	30cm×36.8cm	83,794	中国嘉德	2020-10-09
赵少昂 红叶双鸟 立轴	47cm×68cm	82,800	广东小雅斋	2020-06-17
赵少昂 1979年作 行书“龙泉堂”镜片	33cm×110.5cm	82,800	广东崇正	2020-09-13
赵少昂 1958年作 寒梅蜜蜂 立轴	72.8cm×27cm	79,800	佳士得	2020-07-01
赵少昂 花鸟 草虫 镜片	30cm×37cm×4	74,750	广东小雅斋	2020-06-17
赵少昂 杨善深 关山月 黎雄才 松下流泉 立轴	103.5cm×51cm	74,550	佳士得	2020-11-18
赵少昂 1988年作 1987年作 春到枝头万点红／书法 双挖镜框	29cm×37.5cm×2	74,100	佳士得	2020-07-08
赵少昂 1967年作；1981年作 秋声螳螂墨竹（两幅）镜片	29.5cm×37cm×2	68,400	佳士得	2020-07-01
赵少昂 1972年作 雀鸟 书法（两幅）镜框	29cm×36.5cm×2	68,400	佳士得	2020-07-01
赵少昂 邵一萍 1945年作 桂林暮霭 立轴	105cm×55.5cm	62,700	佳士得	2020-07-01
赵少昂 荷花蜻蜓 扇面镜框	18.1cm×50.4cm	61,053	香港苏富比	2020-10-08
赵少昂 叶少秉 花鸟 立轴	111cm×37cm	57,500	广东崇正	2020-09-13
赵少昂 鼎湖写生 立轴	95cm×35cm	51,750	广东崇正	2020-06-27
赵少昂 1966年作 草书七言联 立轴	136cm×22.5cm×2	51,094	中国嘉德	2020-10-09
赵少俨 2020年作 双鹅步闲庭 镜心	161cm×93cm	230,000	北京保利	2020-10-16
赵叔孺 1940年作 凌霄花、书法 成扇	18.5cm×47cm	356,500	华艺国际	2020-10-16
赵叔孺 1941年作 篆书十一言联 对联	220cm×46cm×2	322,000	上海敬华	2020-09-22
赵叔孺 1936年作 椿萱并茂图 立轴	136cm×66cm	241,500	中国嘉德	2020-11-10
赵叔孺 篆书七言联 立轴	135.5cm×24cm×2	207,000	中国嘉德	2020-12-04
赵叔孺 松鹰图 立轴	134cm×67.5cm	172,500	朵云轩	2020-09-23
赵叔孺 篆书七言 对联片	107cm×21cm×2	143,750	朵云轩	2020-11-30
赵叔孺 1920年作 立马图 立轴	130cm×49.5cm	103,500	中鸿信	2020-01-03
赵叔孺 1924年作 柳溪骏马 立轴	108cm×51cm	97,750	北京翰海	2020-12-11
赵叔孺 行书 七言联 对联	131cm×24cm×2	80,500	西泠印社	2020-08-08
赵叔孺 鹨鹈 立轴	126cm×31.5cm	74,750	北京翰海	2020-12-11
赵叔孺 1936年作 龙马精神 立轴	99cm×33cm	51,750	中国嘉德	2020-07-15
赵松涛 1939年作 百子图 四条屏	144cm×38cm×4	126,500	中国嘉德	2020-07-15
赵松涛 1944年作 蕉阴仕女 立轴	104cm×34cm	55,200	朵云轩	2020-09-23
赵铁山 隶书五言联 对联	143cm×38cm×2	78,200	中国嘉德	2020-07-17
赵望云 1946年作 竹林浣衣图 立轴	120.5cm×34cm	1,380,000	西泠印社	2020-08-09
赵望云 1941年作 居庸关外 立轴	106.5cm×84cm	1,127,000	上海匡时	2020-08-05
赵望云 行旅图 镜心	47cm×73cm	437,000	中鸿信	2020-01-03
赵望云 秋思图 立轴	99cm×52cm	368,000	中鸿信	2020-01-03
赵望云 1937年作 村间小景图 立轴	85cm×53.5cm	322,000	西泠印社	2020-08-09
赵望云 1947年作 山水 立轴	120cm×42cm	69,000	北京翰海	2020-09-12
赵无极 1979年作 1979-II	99cm×91.5cm	4,205,013	香港苏富比	2020-10-05
赵无极 1967 年作 无题	49.5cm×73.5cm	1,384,500	佳士得	2020-12-03
赵无极 1971年作 无题	51.3cm×55.3cm	1,130,000	香港苏富比	2020-07-09
赵无极 1992年作 无题	28.9cm×30.5cm	408,600	北京保利	2020-07-18
赵无极 1972年作 水塘 蚀刻版画 10/26	38.5cm×28cm	119,952	罗芙奥	2020-07-19
赵无极 1994年作 莎士比亚二十四行诗 蚀刻版画 110/195	25cm×19cm（画面）；36cm×28.5cm×6.5cm（书本）	51,408	罗芙奥	2020-07-19
赵胥 2019年作 一柄如意	62cm×163cm	126,500	华艺国际	2020-10-15
赵阳 2020年作 天寰山高韵古色	136cm×69cm	1,357,000	北京翰海	2020-12-12
赵一农 2013年作 张家口赤城写生 镜心	14cm×138cm	138,000	北京翰海	2020-09-12
赵怡文 煌梦谜界	150cm×180cm	172,500	中贸圣佳	2020-10-17
赵云壑 1917年作 松菊延年 立轴	238cm×125cm	138,000	北京保利	2020-10-17
赵云壑 1926年作 山水册（十二页）册页	33.5cm×25cm×12	115,000	西泠印社	2020-08-09
赵云壑 1933年作 无量寿佛 镜心	82cm×47cm	109,250	上海匡时	2020-08-05
赵云壑 1911年作 花卉四屏 立轴	102.5cm×50cm×4	103,500	中国嘉德	2020-12-03
赵云壑 1933年作 兰竹双清 立轴	124cm×50.5cm	86,250	北京翰海	2020-12-11
赵云壑 1920年作 秋山图 立轴	136cm×67cm	69,000	朵云轩	2020-11-29
赵云壑 寿桃 镜片	177cm×95cm	55,200	广东小雅斋	2020-08-21
郑传彪 韦应物诗一首 镜心	136cm×68cm	103,500	北京翰海	2020-09-12
郑登桥 2018年作 华岳云瀑 立轴	110cm×43cm	97,750	华艺国际	2020-12-05
郑登桥 2020年作 金山掠影 立轴	62cm×96cm	92,000	华艺国际	2020-12-05
郑登桥 2016年作 苍山松翠 镜心	120cm×68cm	57,500	十竹斋拍卖（北京）	2020-10-18
郑瑰玺 一鹭呈祥 镜心	136cm×68cm	345,000	北京翰海	2020-09-12
郑家声 江南春 等 1964年作《霓虹灯下的哨兵》年画四条屏原稿（全）（十六帧）画心	20.5cm×27.5cm×16	126,500	西泠印社	2020-08-09
郑曼陀 月份牌仕女原稿（一幅）	72cm×48cm	69,000	中鸿信	2020-01-04
郑珉中 2004年作 行书邵雍诗 镜心	98cm×46cm	218,500	中国嘉德	2020-12-04
郑珉中 成于乐 镜心	95.5cm×32.5cm	74,750	中国嘉德	2020-08-16
郑慕康 1932年作 惜花图 立轴	114cm×56cm	644,000	中鸿信	2020-01-03
郑慕康 1940年作 仕女（四幅）四屏轴	129cm×32.5cm×4	218,500	朵云轩	2020-11-29
郑慕康 1947年作 四美图 立轴	69.5cm×21cm×4	207,000	广东崇正	2020-09-13
郑慕康 1950年作 桐荫消夏图 立轴	104cm×42cm	111,006	香港苏富比	2020-10-08
郑慕康 1958年作 挑草 立轴	40cm×53cm	74,750	中国嘉德	2020-12-03
郑慕康 人物 立轴	113cm×53cm	71,300	广东小雅斋	2020-08-21
郑慕康 1947年作 吴太夫人像 立轴	132cm×42cm	69,000	上海敬华	2020-09-22
郑慕康 1939年作 十二花神图 镜片	138cm×68cm	56,500	江苏汇中	2020-08-06
郑乃珖 1993年作 牡丹 立轴	132cm×66cm	575,000	上海匡时	2020-08-05
郑乃珖 蹄莲鸡雏 立轴	95cm×44cm	552,000	中国嘉德	2020-08-16
郑乃珖 君子偕老（岳松侪题诗堂）镜片	92.5cm×67cm；诗堂 16.5cm×67cm	402,500	广东崇正	2020-09-13
郑乃珖 李时珍采药图 镜框	138cm×68cm	299,000	华艺国际	2020-10-16
郑乃珖 君子偕老 镜框	92.5cm×67cm	287,500	华艺国际	2020-12-05
郑乃珖 1982年作 朝气满塘 立轴	18.5cm×68.5cm（诗堂）；137cm×68.5cm（本幅）	195,500	北京诚轩	2020-08-17
郑乃珖 鸳鸯 镜框	136cm×69cm	172,500	华艺国际	2020-10-16
郑乃珖 1978年作 清供图 立轴	65.5cm×42.5cm	161,000	中鸿信	2020-01-03
郑乃珖 飞鹰 镜框	67cm×136cm	138,000	华艺国际	2020-10-16
郑乃珖 1981年作 昆明湖边有感 镜心	149cm×83.5cm	126,500	中国嘉德	2020-08-15
郑乃珖 1971年作 丹山墨林 镜心	46cm×34cm	80,500	中国嘉德	2020-11-09
郑乃珖 1964年作 鹤寿 镜心	69cm×125cm	74,750	北京保利	2020-12-04
郑乃珖 回娘家 镜片	46cm×35cm	69,000	上海驰翰	2020-08-06
郑乃珖 1981年作 春江水暖鸭先知 镜心	130cm×64cm	69,000	中鸿信	2020-01-03
郑乃珖 锦羽图 镜心	133cm×67cm	57,500	中鸿信	2020-01-03
郑师玄 沈尹默人物故事・书法 成扇	20cm×54cm	161,000	北京保利	2020-10-17
郑午昌 1942年作 兰亭禊事 立轴	103cm×51cm	1,035,000	朵云轩	2020-09-23

（成交价RMB：5万元以上）

拍品名称	物品尺寸	成交价RMB	拍卖公司	拍卖日期
郑午昌 富春泛棹 立轴	180.4cm×94.5cm	920,000	荣宝斋（上海）	2020-10-25
郑午昌 1940年作 四时山水 四屏镜框	102cm×24.5cm×4	832,545	香港苏富比	2020-10-08
郑午昌 1949年作 云山消夏图 立轴	142cm×78.5cm	667,000	华艺国际	2020-10-16
郑午昌 祖国好儿女 立轴	127cm×64.5cm	437,000	北京翰海	2020-12-11
郑午昌 1942年作 柳溪诗兴 镜框	171cm×44.5cm	437,000	华艺国际	2020-10-16
郑午昌 1936年作 云峰飞瀑 立轴	116cm×39cm	437,000	华艺国际	2020-12-05
郑午昌 1948年作 秋山观瀑 立轴	131.5cm×35cm	345,000	北京诚轩	2020-08-17
郑午昌 1944年作 水村山郭酒旗风 立轴	67cm×33cm	322,000	上海敬华	2020-09-22
郑午昌 孙智敏 松山偕游 节录《千百年眼》成扇	19.2cm×50cm	310,500	北京诚轩	2020-08-17
郑午昌 1929年作 甲骨文七言 对联	124cm×20.5cm×2	299,000	朵云轩	2020-09-24
郑午昌 1934年作 丹霞胜景 立轴	99cm×32cm	195,500	上海敬华	2020-09-22
郑午昌 1945年作 九秋图 立轴	136cm×66.5cm	172,500	西泠印社	2020-08-09
郑午昌 黄葆戉 1926年作 溪山秋暝、隶书 成扇	18cm×45cm	138,000	华艺国际	2020-12-05
郑午昌 赵叔孺 空山萧寺 行书 成扇		138,000	上海敬华	2020-09-22
郑午昌 风柳绿波燕迟归 立轴	97cm×33cm	126,500	北京保利	2020-12-04
郑午昌 王福庵 1947年作 柳荫泛舟·隶书 成扇	18cm×51cm	115,000	中鸿信	2020-01-03
郑午昌 1945年作 江山远眺、行书 成扇	18cm×51cm	115,000	广东崇正	2020-09-13
郑午昌 1947年作 清白传家图 立轴	108cm×33.5cm	103,500	西泠印社	2020-08-09
郑午昌 邓散木 华岳云深图·书法 成扇	49.5cm×18cm	103,500	西泠印社	2020-08-08
郑午昌 1944年作 醉翁散发 立轴	65.5cm×32.5cm	71,300	北京翰海	2020-12-11
郑午昌 潘龄皋 临江独钓·书法 成扇	18.4cm×51cm	63,250	永乐拍卖	2020-12-03
郑午昌 寿无量 立轴	175cm×60.5cm	51,750	中国嘉德	2020-08-15
郑孝胥 行书八言巨联 对联	238cm×58cm×2	1,035,000	北京保利	2020-10-18
郑孝胥 行书八言 对联	275cm×54cm×2	483,000	朵云轩	2020-09-24
郑孝胥 1914年作 行书王安石诗 立轴	180cm×97cm	368,000	北京保利	2020-10-17
郑孝胥 隶书节临汉碑四种 立轴	144.5cm×38.5cm×4	310,500	中国嘉德	2020-12-03
郑孝胥 隶书临《石门颂》四屏	173cm×47.5cm×4	299,000	北京保利	2020-12-05
郑孝胥 行书七言联 立轴	126.5cm×30.5cm×2	241,500	北京翰海	2020-12-12
郑孝胥 行书“凭乘风云”镜心	38cm×144cm	230,000	荣宝斋（上海）	2020-10-25
郑孝胥 行书八言联 对联	170cm×36cm×2	230,000	上海敬华	2020-09-22
郑孝胥 行书八言联 立轴	173.5cm×43.5cm×2	218,500	中国嘉德	2020-12-03
郑孝胥 行书《元遗山集》立轴	179cm×45cm×4	184,000	十竹斋拍卖（北京）	2020-10-18
郑孝胥 楷书七言联 对联	131cm×31cm×2	161,000	中国嘉德	2020-07-15
郑孝胥 行书七言联 对联	128cm×30cm×2	149,500	中国嘉德	2020-07-15
郑孝胥 行书八言 立轴	204cm×44cm×2	138,000	华艺国际	2020-12-05
郑孝胥 192[illegible]年作 行书 八言联 镜片	200.5cm×39cm×2	126,500	西泠印社	2020-08-09
郑孝胥 193[illegible]年作 行书 四条屏	143cm×39cm×4	126,500	中国嘉德	2020-07-17
郑孝胥 行书五言联 镜心	169cm×33cm×2	115,000	永乐拍卖	2020-08-17
郑孝胥 1907年作 行书王安石诗 立轴	178cm×46cm×4	115,000	北京保利	2020-10-17
郑孝胥 节录《述书赋》立轴	130cm×64cm	109,250	北京诚轩	2020-08-17
郑孝胥 行书七言联 立轴	151cm×39.5cm×2	97,750	北京翰海	2020-12-12
郑孝胥 行书七言联 立轴	132cm×31cm×2	86,250	中鸿信	2020-01-04
郑孝胥 行书七言联 立轴	119cm×28cm×2	82,800	北京翰海	2020-12-12
郑孝胥 隶书节录《隶释》立轴	137cm×33cm	74,750	中国嘉德	2020-12-02
郑孝胥 1923年作 行书 节录古文 镜片	133cm×67.5cm	69,000	西泠印社	2020-08-08

拍品名称	物品尺寸	成交价RMB	拍卖公司	拍卖日期
郑孝胥 1928年作 行书 镜片	43cm×167cm	69,000	朵云轩	2020-11-30
郑孝胥 对联 立轴	125cm×31cm×2	69,000	华艺国际	2020-10-16
郑孝胥 1895年作 行书 扇面	16cm×50cm	66,700	朵云轩	2020-09-24
郑孝胥 行书 四屏	152cm×41cm×4	63,250	北京保利	2020-10-18
郑孝胥 隶书七言联 对联	134cm×33cm×2	63,250	上海敬华	2020-09-22
郑孝胥 楷书八言联 对联	172cm×37cm×2	59,800	中国嘉德	2020-07-15
郑孝胥 行书八言联 对联	173cm×36cm×2	57,500	中国嘉德	2020-07-15
郑孝胥 松树 立轴	150cm×41cm	57,500	广东小雅斋	2020-08-21
郑孝胥 行书八言联 对联片	170cm×43cm×2	57,500	上海敬华	2020-09-22
郑孝胥 行书陆游诗 立轴	137cm×39cm	57,500	中贸圣佳	2020-10-17
郑孝胥 1933年作 行书《礼记》句 立轴	142cm×34cm	55,200	华艺国际	2020-12-05
郑孝胥 隶书五言联 对联	139cm×35cm×2	51,750	中国嘉德	2020-07-15
郑振铎 书法 片	23cm×105cm	51,750	广东小雅斋	2020-08-21
郑重宾 2012年作 融化的几何 镜框	274cm×70cm	255,600	佳士得	2020-12-01
知堂 1962年作 为罗孚书自作诗长卷 镜心	段①26cm×180cm；段②26cm×243cm	920,000	中国嘉德	2020-12-03
钟孺乾 2012年作 小品马戏	45cm×45cm	57,500	北京翰海	2020-12-12
钟孺乾 2014年作 龙语塔	59cm×96cm	55,200	北京翰海	2020-12-12
钟山石 金秋红云	96cm×178cm	1,803,296	香港贞观	2020-08-30
钟山石 鸿运当头	136cm×66cm	882,464	香港贞观	2020-08-30
钟泗滨 马来甘榜 镜心	64.5cm×45cm	122,626	中国嘉德	2020-10-09
钟泗滨 1968年作 风景	94cm×44.5cm	135,600	佳士得	2020-07-11
钟晚成 傅增湘 旧藏 楷书 七言联	31.5cm×126cm	149,500	中国嘉德	2020-12-02
钟岳灵 陈夔镛 人物书法三挖四屏镜片	圆半径26cm×4；书22.5cm×23.5cm×4；画27cm×26.5cm×4	82,800	广东崇正	2020-09-13
钟正山 1980年作 一啸震山河 镜心	90cm×172cm	112,407	中国嘉德	2020-10-09
周昌谷 倚看花影上栏干 立轴	69cm×49cm	109,250	广东小雅斋	2020-08-21
周昌谷 长春图 镜片	69cm×35cm	92,000	朵云轩	2020-11-29
周昌谷 书法 对联	178cm×46cm×2	86,250	广东小雅斋	2020-08-21
周昌谷 野炊图 镜片	44.5cm×34cm	63,250	广东崇正	2020-06-27
周昌谷 1982年作 饲羊图 立轴	47cm×34cm	57,500	北京翰海	2020-09-12
周澄 1985年作 溪亭峭壁 镜框	81cm×157.5cm	127,512	罗芙奥	2020-12-05
周澄 2002年作 竹溪幽篁卷 手卷	35cm×93.5cm；35cm×366cm	119,952	罗芙奥	2020-07-18
周传玉 近现代 溪山清夏 镜框	68cm×48cm	66,700	上海鸿生	2020-07-18
周逢俊 2015年作 黄山松 镜心	180cm×97cm	575,000	北京翰海	2020-09-12
周逢俊 2016年作 武陵立翠八千峰 镜心	180cm×97cm	575,000	北京翰海	2020-09-12
周逢俊 2017年作 烟湖初春图 镜心	180cm×97cm	552,000	北京翰海	2020-09-12
周逢俊 2019年作 国清寺隋梅 镜心	97cm×180cm	552,000	北京翰海	2020-09-12
周逢俊 2019年作 夔门八幕图 镜心	97cm×180cm	529,000	北京翰海	2020-09-12
周逢俊 2019年作 黄山松 镜心	136cm×68cm	322,000	北京翰海	2020-09-12
周佛海 1943年作 行书祁寯藻诗 立轴	132cm×32cm	345,000	北京保利	2020-10-17
周光汉 设色纸本 山光积翠通疑逼	137cm×69cm	368,000	北京翰海	2020-09-12
周河河 2020年作 黄山雄魄崖 镜心	136cm×69cm	437,000	荣宝斋（南京）	2020-11-28
周河河 漓江竹影 镜心	69.5cm×136cm	437,000	荣宝斋（南京）	2020-11-28
周怀民 1962年作 黄山云海 立轴	139cm×69cm	287,500	中国嘉德	2020-12-03
周怀民 1960年作 六盘山之秋 镜心	151cm×83cm	230,000	中国嘉德	2020-12-02
周怀民 1953年作 青岚绕云低 立轴	113cm×60cm	184,000	北京保利	2020-10-17

2020书画拍卖成交汇总(续表)

(成交价RMB：5万元以上)

拍品名称	物品尺寸	成交价RMB	拍卖公司	拍卖日期
周怀民 1980年作 芦花鱼塘 立轴	113.5cm×67cm	172,500	中国嘉德	2020-08-16
周怀民 大寨精神 立轴	117cm×68cm	138,000	中国嘉德	2020-12-03
周怀民 1972年作 长城内外 镜心	68cm×121cm	94,300	中鸿信	2020-01-03
周怀民 1985年作 长江大桥之雄姿 立轴	152cm×76cm	92,000	中国嘉德	2020-11-09
周怀民 沈乔珊 松荫鉴古 行书对屏 立轴	周怀民 120.5cm×53cm；沈乔珊 106.5cm×31.5cm×2	86,250	中国嘉德	2020-12-03
周怀民 1974年作 飞雪迎春 镜心	139cm×70cm	74,750	中鸿信	2020-01-03
周怀民 姑苏春晓 镜片	42cm×67.5cm	74,750	广东崇正	2020-09-13
周怀民 1973年作 山区新貌 镜心	70cm×130cm	66,700	中国嘉德	2020-07-16
周怀民 1974年作 迎春 立轴	96cm×58.5cm	57,500	中国嘉德	2020-12-03
周慧珺 1993年作 行书 镜片	69cm×132cm	184,000	朵云轩	2020-09-24
周慧珺 吴青霞 宋文治 等 无声之诗书画册(共二十页) 册页	36.5cm×11.5cm×8；26.5cm×23.5cm×8；直径24.5cm×4	109,250	西泠印社	2020-08-08
周慧珺 行书 镜片	65cm×138cm	103,500	朵云轩	2020-11-30
周慧珺 2004年作 草书词一首 镜心	138cm×68cm	80,500	中国嘉德	2020-07-16
周慧珺 2016年作 行书"海纳百川"镜片	34cm×136.5cm	74,750	上海嘉禾	2020-01-05
周慧珺 2016年作 行书"静能生悟"镜片	34cm×136.5cm	74,750	上海嘉禾	2020-01-05
周慧珺 行书 镜片裱板	67.5cm×67.5cm	69,000	朵云轩	2020-11-30
周慧珺1994年作行书东君卷幔画心	161cm×52.5cm	63,250	西泠印社	2020-08-09
周慧珺 2014年作 行书"怀德"镜片	34.5cm×77cm	63,250	上海嘉禾	2020-01-05
周慧珺 2003年作 行书五言诗 镜心	34cm×127cm	55,200	中国嘉德	2020-07-16
周继白 鸿运当头 镜心	68cm×68cm	138,000	北京翰海	2020-09-12
周京新 西游记 镜心	69cm×46cm	120,750	荣宝斋(南京)	2020-11-28
周京新 荷花罗汉 镜心	80cm×53.5cm	115,000	上海匡时	2020-08-05
周京新 2005年作 水浒人物 立轴	68.5cm×34.5cm	69,000	中国嘉德	2020-12-01
周炼霞 1946年作 麻姑献寿 立轴	99.5cm×50.5cm	63,250	中国嘉德	2020-12-03
周绿云 存在 镜框	138.5cm×68cm	182,400	佳士得	2020-07-08
周绿云 无题 镜框	90.5cm×94.5cm	159,750	佳士得	2020-11-18
周绿云 2003年作 无题(双联画)(两幅) 立轴	直径63cm	101,175	佳士得	2020-12-01
周绿云 无题 镜框	90cm×92cm	97,006	佳士得	2020-05-22
周绿云 2005年作 太阳 镜框	112cm×50.5cm	85,200	佳士得	2020-12-01
周梦蝶 1999年作 行书朱岱林墓志铭 轴	26cm×136.5cm	116,424	罗芙奥	2020-12-05
周梦蝶 1996年作 楷书卫夫人帖 镜框	44cm×34.5cm	85,680	罗芙奥	2020-07-18
周明智 富贵花开 镜心	68cm×68cm	56,000	香港贞观	2020-07-26
周韶华 2018年作 万山红、事事红 镜心	89cm×95cm	1,840,000	北京保利	2020-10-16
周韶华 1996年作)九言行书对联 立轴	173cm×47cm×2	63,250	湖南国拍	2020-09-20
周少白 竹石图 立轴	78.5cm×52cm	87,400	上海匡时	2020-08-05
周思聪 人物 册页(十九开)	40.5cm×59cm×19	5,175,000	荣宝斋(上海)	2020-10-25
周思聪 1981年作 雨忆江南 镜心	68cm×136cm	529,000	北京保利	2020-10-16
周思聪 1985年作 母子图 镜心	68.5cm×68.5cm	460,000	中国嘉德	2020-12-01
周思聪 落木萧萧 镜心	68cm×68.5cm	460,000	中国嘉德	2020-12-01
周思聪 1980年作 童趣图 镜心	22cm×95cm	402,500	中鸿信	2020-01-03
周思聪 湖上烟雨 镜片	53.5cm×92cm	345,000	广东崇正	2020-09-13
周思聪 挑水图 镜心	51.5cm×51cm	345,000	中国嘉德	2020-12-01
周思聪 海角拾贝图 立轴	69cm×47cm	287,500	广东小雅斋	2020-08-21
周思聪 1984年作 彝族少女 镜心	69cm×69.5cm	287,500	中国嘉德	2020-12-01
周思聪 1985年作 高原暮归图 镜心	42cm×69cm	253,000	中国嘉德	2020-07-15
周思聪 对饮图 镜片	68cm×68cm	230,000	广东崇正	2020-09-13
周思聪 1986年作 落木萧萧 镜心	53cm×45cm	218,500	北京保利	2020-10-16
周思聪 花卉 镜心	143cm×39cm	207,000	中鸿信	2020-01-03
周思聪 水乡情 镜心	68cm×46cm	207,000	北京保利	2020-10-16
周思聪 版纳之春 立轴	68cm×44.5cm	172,500	中国嘉德	2020-08-17
周思聪 少女 立轴	68cm×32.2cm	172,500	中国嘉德	2020-08-17
周思聪 1977年作 少女采荷 立轴	67.5cm×68.5cm	172,500	北京保利	2020-12-04
周思聪 1981年作 江南春景 镜心	69cm×46cm	161,000	北京诚轩	2020-08-17
周思聪 秋林负薪图 镜心	70cm×69cm	149,500	中国嘉德	2020-12-01
周思聪 1980年作 柳泉 立轴	68cm×46cm	138,000	中国嘉德	2020-08-17
周思聪 1979年作 果熟图 立轴	65cm×45.5cm	138,000	中国嘉德	2020-08-17
周思聪 1978年作 塔吉克女郎 立轴	68cm×45cm	126,500	中国嘉德	2020-07-15
周思聪 母与子 镜心	40.5cm×59cm	126,500	中国嘉德	2020-12-01
周思聪 荷花 镜片	49cm×52cm	115,000	广东小雅斋	2020-08-21
周思聪 1978年作 挑水图 镜片	70cm×44cm	115,000	广东崇正	2020-09-13
周思聪 1980年作 秋趣图 镜框	68cm×45cm	115,000	华艺国际	2020-10-16
周思聪 赏梅图 镜心	67cm×44cm	92,000	北京保利	2020-10-16
周思聪 1979年作 秋趣图 立轴	68.5cm×45.5cm	92,000	中国嘉德	2020-12-01
周思聪 下围棋 镜心	32cm×41cm	66,700	中鸿信	2020-01-03
周思聪 1980年作 采莲少女 立轴	69cm×43cm	57,500	上海匡时	2020-08-05
周思聪 1979年作 蕉叶双美图 立轴	69cm×45cm	57,500	北京保利	2020-10-16
周思聪 汲水图 镜心	52cm×69cm	57,500	中国嘉德	2020-11-09
周锡珽 2012年作 秋云晓霭 立轴	215cm×96cm	213,000	佳士得	2020-12-01
周扬波 2018年作 戊戌《漓江多俊秀》	180cm×81cm	115,000	佳鑫缘(香港)	2020-11-03
周艺文 2020年作 三月在云中徜徉 镜心	123cm×122cm	1,150,000	北京保利	2020-12-04
周元亮 1977年作 漓江晓雾 立轴	77.5cm×54cm	63,250	北京翰海	2020-12-11
周元亮 1950年作 仿沈周庐山高图 镜心	134cm×69cm	57,500	北京翰海	2020-12-11
周作人 1962年作 行书自作诗 立轴	66cm×29.5cm	276,000	北京保利	2020-10-17
周作人 1963年作 书法 镜框	64cm×31.5cm	255,600	佳士得	2020-12-01
周作人 行书古诗词 镜心	24.5cm×37cm	161,000	中鸿信	2020-01-04
周作人 书法 立轴	83cm×40cm	161,000	广东小雅斋	2020-08-21
周作人 江亢虎 刘亚文 1947年作 生公说法顽石点头(一幅) 立轴	89cm×28cm	147,200	十竹斋拍卖(北京)	2020-10-18
周作人 行书《周季贶诗》 立轴	102cm×20cm	92,000	广东崇正	2020-06-27
朱德群 1998年作 水调歌头	40cm×122.3cm	4,318,320	香港苏富比	2020-07-08
朱德群 1994年作 苏东坡《赤壁怀古》	121cm×80cm	3,330,180	香港苏富比	2020-10-05
朱德群 1995年作 抽象行草	68.5cm×53.5cm	575,000	北京翰海	2020-12-12
朱德群 1997年作 空中的花朵	34cm×45cm	345,000	永乐拍卖	2020-08-18
朱德群 1982年作 龙城	51.3cm×53cm	339,000	佳士得	2020-07-11
朱格亮 清江一曲抱树流 镜心	68cm×69cm	100,100	北京玄和	2020-07-24
朱赓博 远水扬帆 镜心	51cm×187cm	253,000	荣宝斋(南京)	2020-11-28
朱梅邨 莲炬归院图 手卷	引首31cm×91.7cm；画31.5cm×147.5cm	2,760,000	中国嘉德	2020-08-16
朱梅邨 郑慕康 江山胜览 镜心	100cm×200cm	1,510,000	荣宝斋(上海)	2020-10-25

拍品名称	物品尺寸	成交价RMB	拍卖公司	拍卖日期
朱梅邨 1960年作 大炼钢铁 立轴	138cm×70cm	690,000	北京保利	2020-10-17
朱梅邨 临任熊《麻姑献寿》立轴	127cm×64.5cm	690,000	荣宝斋（上海）	2020-10-25
朱梅邨 1961年作 井冈山 立轴	101cm×60cm	667,000	中鸿信	2020-01-03
朱梅邨 南湖第一船 镜心	92cm×95cm	667,000	北京保利	2020-10-17
朱梅邨 钢铁好厨师冒雨顶风运石灰 镜心	134.5cm×70cm	529,000	荣宝斋（上海）	2020-10-25
朱梅邨 毛国伦 1977年作 挑粮图 立轴	101cm×53cm	483,000	中国嘉德	2020-12-03
朱梅邨 朱汝珍 1942年作 青绿山水 行书 成扇（二把）	20cm×51cm×2	287,500	中国嘉德	2020-12-02
朱梅邨 万山红遍 镜片	45.5cm×68cm	195,500	朵云轩	2020-09-24
朱梅邨 1971年作 韶山农民运动旧址 镜心	64cm×66cm	184,000	中国嘉德	2020-12-03
朱梅邨 1955年作 上学去 镜心	49cm×69cm	172,500	中鸿信	2020-01-03
朱梅邨 1981年作 麻姑献寿 立轴	177cm×95.5cm	172,500	中国嘉德	2020-12-02
朱梅邨 翠岩锦树	67cm×34.5cm	145,600	上海联合	2020-11-29
朱梅邨 仕女图 立轴	103cm×27.5cm	115,000	上海匡时	2020-08-05
朱梅邨 仿仇英仕女图 镜心	76cm×29cm	115,000	北京保利	2020-12-04
朱梅邨 吴湖帆 溪山清樾图 行书 成扇	19cm×59cm	103,500	荣宝斋（上海）	2020-10-25
朱梅邨 荷风仕女 镜心	18.5cm×51cm	86,250	中贸圣佳	2020-10-17
朱梅邨 1980年作 日斜归路晚霞明 立轴	87cm×47cm	80,500	上海敬华	2020-09-22
朱梅邨 明月书堂 立轴	98.5cm×45cm	66,700	中国嘉德	2020-08-15
朱梅邨 江村花柳 成扇	22cm×63cm	63,250	北京翰海	2020-09-12
朱梅邨 1944年作 水轩清话 成扇	19cm×47cm	63,250	十竹斋拍卖（北京）	2020-10-18
朱梅邨 司慧珺 1974年作、1976年作 墨松图 行书 成扇	18cm×53.5cm	57,500	朵云轩	2020-11-29
朱梅邨 1943年作 溪山行旅 立轴	107cm×33cm	57,500	上海敬华	2020-09-22
朱梅邨 松下高士 镜心	30cm×43cm	57,500	中贸圣佳	2020-10-17
朱梅邨 1943年作 江天清旷 立轴	111cm×44cm	51,750	中国嘉德	2020-07-17
朱屺瞻 1957年作 丁酉川蜀记游 册页（十二开）	32cm×46cm×12	1,840,000	中国嘉德	2020-12-01
朱屺瞻 1965年作 南翔风光 镜心	137.5cm×67.0cm	782,000	中国嘉德	2020-08-16
朱屺瞻 1979年作 黄叶村著书图 立轴	89.5cm×47.5cm	770,500	中国嘉德	2020-08-15
朱屺瞻 1975年作 水殿暗香 立轴	172cm×96cm	759,000	上海敬华	2020-09-22
朱屺瞻 上海文化馆小景 册页（十二开）	28cm×45cm×12	701,500	上海敬华	2020-09-22
朱屺瞻 1990年作 晨曦 立轴	134.5cm×67.8cm	678,000	香港苏富比	2020-07-10
朱屺瞻 1991年作 高峰峥嵘 镜心	138cm×69cm	632,500	北京保利	2020-10-17
朱屺瞻 1965年作 菱苗分植图 立轴	138cm×68.5cm	632,500	中国嘉德	2020-12-01
朱屺瞻 1993年作 乌桕平生老染红 立轴	115.9cm×68.8cm	532,829	香港苏富比	2020-10-08
朱屺瞻 1965年作 施肥 立轴	135.4cm×67.5cm	519,800	香港苏富比	2020-07-10
朱屺瞻 1990年作 帆影风光入画图 镜心	136cm×68cm	425,500	十竹斋拍卖（北京）	2020-10-18
朱屺瞻 1990年作 春日晴光 镜框	68.2cm×136.2cm	388,521	香港苏富比	2020-10-08
朱屺瞻 1977年作 为赵朴初作苍山片帆图 镜心	63.5cm×52.5cm	368,000	中国嘉德	2020-12-02
朱屺瞻 一抹斜红不肯无 镜心	89cm×48cm	322,000	中贸圣佳	2020-10-17
朱屺瞻 1977年作 三石图 立轴	135.5cm×68.5cm	310,500	中国嘉德	2020-08-15
朱屺瞻 白云都是故乡情 立轴	137cm×68.5cm	293,250	荣宝斋（南京）	2020-11-28
朱屺瞻 1983年作 江南山水 立轴	75cm×49cm	287,500	中国嘉德	2020-08-15
朱屺瞻 1985年作 富贵坚固 镜心	69cm×138cm	287,500	北京保利	2020-10-17
朱屺瞻 1983年作 拒霜群蜂 立轴	146cm×68.5cm	276,000	华艺国际	2020-12-05
朱屺瞻 1977年作 春风得意 立轴	135cm×53cm	230,000	朵云轩	2020-09-23
朱屺瞻 1982年作 菊蟹图 镜片	46cm×177cm	230,000	朵云轩	2020-09-24
朱屺瞻 1985年作 远送寒山夜半钟 镜心	69cm×68.5cm	218,500	中国嘉德	2020-12-01
朱屺瞻 1991年作 曳杖山林 镜心	68cm×68cm	207,000	中国嘉德	2020-08-15
朱屺瞻 朝雨匆匆霁 镜心	96.5cm×60cm	207,000	荣宝斋（上海）	2020-10-25
朱屺瞻 1986年作 一丛春色 立轴	96.5cm×59.7cm	207,000	中国嘉德	2020-12-02
朱屺瞻 1977年作 南瓜图 立轴	83.5cm×72.5cm	184,000	中国嘉德	2020-08-15
朱屺瞻 1981年作 牡丹盆景 立轴	97cm×159cm	184,000	朵云轩	2020-09-24
朱屺瞻 1992年作 秋兴 立轴	88.6cm×47.5cm	177,610	香港苏富比	2020-10-08
朱屺瞻 1977年作 秋山闲居图 立轴	102cm×69cm	172,500	北京保利	2020-10-17
朱屺瞻 1984年作 山石水仙 立轴	94.5cm×58cm	172,500	北京保利	2020-10-17
朱屺瞻 海滨小城 立轴	137cm×68cm	172,500	华艺国际	2020-12-05
朱屺瞻 1988年作 百卉争艳 立轴	126cm×48cm	172,500	华艺国际	2020-12-05
朱屺瞻 1977年作 葫芦 镜片	136cm×68cm	172,500	华艺国际	2020-12-05
朱屺瞻 1988年作 无穷生于野水中 立轴	89.5cm×48cm	172,500	中国嘉德	2020-12-01
朱屺瞻 1978年作 夏荷图 镜片	98cm×52cm	149,500	朵云轩	2020-09-23
朱屺瞻 1975年作 双清图 手卷	31cm×239cm	143,750	上海嘉禾	2020-01-05
朱屺瞻 沈尹默 芭蕉 行书 成扇	18cm×50cm	126,500	朵云轩	2020-09-23
朱屺瞻 群仙祝寿 立轴	96cm×49.5cm	126,500	荣宝斋（南京）	2020-11-28
朱屺瞻 费新我 春意盎然 立轴	123cm×62cm	126,500	荣宝斋（上海）	2020-10-25
朱屺瞻 1976年作 水仙湖石 立轴	69cm×68.5cm	115,000	中国嘉德	2020-08-15
朱屺瞻 1978年作 水仙 立轴	98cm×52.5cm	103,500	上海嘉禾	2020-01-05
朱屺瞻 1982年作 秋海棠 立轴	74cm×54cm	103,500	上海嘉禾	2020-01-05
朱屺瞻 1985年作 峡谷幽深 立轴	92cm×46cm	92,000	北京保利	2020-12-04
朱屺瞻 秋趣 立轴	97cm×59cm	92,000	中贸圣佳	2020-10-17
朱屺瞻 1978年作 菊蟹图 立轴	93.5cm×48cm	89,925	中国嘉德	2020-10-09
朱屺瞻 墨竹 立轴	128cm×64cm	80,500	北京保利	2020-12-04
朱屺瞻 1982年作 四君子 镜心	134cm×68cm	74,750	中鸿信	2020-01-03
朱屺瞻 1960年作 山居图 成扇		74,750	上海敬华	2020-09-22
朱屺瞻 行书“杨万里诗” 立轴	127cm×65cm	69,000	上海敬华	2020-09-22
朱屺瞻 1986年作 葫芦 立轴	89cm×48cm	69,000	中国嘉德	2020-12-03
朱屺瞻 1987年作 岁岁平安 镜心	88cm×47cm	66,422	中国嘉德	2020-10-09
朱屺瞻 1977年作 竹 立轴	67cm×34cm	63,250	朵云轩	2020-09-23
朱屺瞻 1978年作 牵牛花 立轴	62cm×53cm	63,250	华艺国际	2020-12-05
朱屺瞻 1981年作 竹石图 立轴	96cm×59cm	57,500	中国嘉德	2020-12-02
朱屺瞻 田园图 镜心	64cm×34cm	55,200	中鸿信	2020-01-03
朱屺瞻 1988年作 钟进士写照 镜心	68cm×137cm	55,200	中鸿信	2020-01-03
朱屺瞻 1995年作 金鱼图 立轴	画46cm×34.5cm；字24cm×34.5cm	55,200	中国嘉德	2020-12-02
朱屺瞻 1957年作 后峰石路 镜心	32cm×47cm	53,138	中国嘉德	2020-10-09
朱屺瞻 1983年作 访碑图 镜心	90cm×49.5cm	51,750	中国嘉德	2020-08-15
朱屺瞻 1976年作 鹦鹉 立轴	39cm×55cm	51,750	上海敬华	2020-09-22
朱文侯 1931年作 花鸟迎春卷 手卷	引首21.5cm×70cm；本幅21.5cm×417cm	126,500	中国嘉德	2020-12-02
朱文侯 1948年作 龙凤呈祥 立轴	137.3cm×67.8cm	67,800	香港苏富比	2020-07-10
朱孝臧 为冯煦作清词十九首 成扇	49.5cm×19cm	86,250	西泠印社	2020-08-08

2020书画拍卖成交汇总(续表)

(成交价RMB：5万元以上)

拍品名称	物品尺寸	成交价RMB	拍卖公司	拍卖日期
朱新建 行僧图 镜心	366cm×144.5cm	1,725,000	中国嘉德	2020-12-01
朱新建 花鸟八条屏 镜心	137cm×34cm×8	1,380,000	中国嘉德	2020-12-01
朱新建 泄露春光 册页(十开)	43.3cm×34cm×10	632,500	中国嘉德	2020-08-17
朱新建 一色杏花三千里 册页(十开)	34.5cm×45.3cm×10	575,000	中国嘉德	2020-08-17
朱新建 本来无一物·花鸟册 镜心	44cm×34cm×10	437,000	中国嘉德	2020-12-01
朱新建 山水四屏 镜心	70cm×34.5cm×4	287,500	中国嘉德	2020-12-01
朱新建 一帘雨·美人图册 镜心	32.5cm×43.5cm×10	230,000	中国嘉德	2020-12-01
朱新建 遥指杏花村 镜心	44.5cm×35cm	195,500	中国嘉德	2020-12-01
朱新建 小野猪 镜片	23cm×20cm×38	178,250	广东小雅斋	2020-08-21
朱新建 江湖图	68cm×68cm	172,500	北京翰海	2020-12-12
朱新建 千点荷声雨·山水 镜心	97cm×45cm	172,500	中国嘉德	2020-12-01
朱新建 六祖慧能造像 镜心	68.5cm×68.5cm	149,500	中国嘉德	2020-12-01
朱新建 1994年作 英雄图	64.5cm×43.3cm	138,000	北京诚轩	2020-08-16
朱新建 不语图	52.5cm×54cm	138,000	北京诚轩	2020-08-16
朱新建 花时酒雪夜书	68cm×68cm	138,000	北京翰海	2020-12-12
朱新建 美人图 镜心	60.5cm×138cm	138,000	中国嘉德	2020-12-01
朱新建 落花煮茶 镜心	70cm×56.5cm	126,500	中国嘉德	2020-12-01
朱新建 书法对联 镜心	139cm×23cm×2	126,500	中国嘉德	2020-12-01
朱新建 人物 册页	12cm×8cm×10	109,250	广东小雅斋	2020-08-21
朱新建 人逢喜事精神爽	64.5cm×43.7cm	103,500	北京诚轩	2020-08-16
朱新建 1986年作 朱大户戏金莲	27.5cm×24.5cm	94,300	北京诚轩	2020-08-16
朱新建 达摩图 镜心	91cm×47cm	92,000	中国嘉德	2020-08-17
朱新建 江湖图 镜心	66cm×59cm	80,500	荣宝斋(南京)	2020-11-28
朱新建 英雄图 镜心	68cm×34cm	63,250	中国嘉德	2020-12-01
朱新建 美人图 镜心	65cm×66cm	51,750	中国嘉德	2020-08-17
朱雅梅 2012年作 忆江南	180cm×97cm	264,500	中贸圣佳	2020-10-17
朱曜奎 2019年作 海鸥与浪花	60cm×120cm	2,070,000	北京翰海	2020-09-12
朱曜奎 2019年作 鸿运仙姑	80cm×60cm	1,725,000	北京翰海	2020-09-12
朱曜奎 2018年作 激浪	50cm×60cm	1,150,000	北京翰海	2020-09-12
朱曜奎 2017年作 满园春色	138cm×68cm	805,000	北京翰海	2020-09-12
朱曜奎 2016年作 水波明净	138cm×68cm	690,000	北京翰海	2020-09-12
朱曜奎 2018年作 春的寄语	138cm×68cm	690,000	北京翰海	2020-09-12
朱曜奎 2018年作 闲暇逸景	138cm×68cm	632,500	北京翰海	2020-09-12
朱曜奎 2015年作 红日	100cm×50cm	575,000	北京翰海	2020-09-12
朱曜奎 2016年作 满盈春风	直径16cm	575,000	北京翰海	2020-09-12
朱曜奎 2016年作 山水渔间	138cm×68cm	575,000	北京翰海	2020-09-12
朱曜奎 2017年作 春意	138cm×68cm	575,000	北京翰海	2020-09-12
朱曜奎 2017年作 花开	48cm×48cm	575,000	北京翰海	2020-09-12
朱曜奎 2016年作 春之花	D17cm	517,500	北京翰海	2020-09-12
朱曜奎 2017年作 暇境	138cm×68cm	517,500	北京翰海	2020-09-12
朱曜奎 2016年作 渔归	138cm×68cm	483,000	北京翰海	2020-09-12
朱曜奎 2017年作 溪水奔腾	138cm×68cm	483,000	北京翰海	2020-09-12
朱曜奎 2016年作 花开富贵	直径15cm	460,000	北京翰海	2020-09-12
朱曜奎 2017年作 盛景图	100cm×50cm	460,000	北京翰海	2020-09-12
朱曜奎 2017年作 霞光怡景	100cm×50cm	460,000	北京翰海	2020-09-12
朱曜奎 2016年作 丰收之境	直径16cm	402,500	北京翰海	2020-09-12
朱曜奎 2018年作 烟霞盛景	68cm×68cm	402,500	北京翰海	2020-09-12
朱曜奎 2017年作 安静的湖面	100cm×50cm	345,000	北京翰海	2020-09-12
朱曜奎 2018年作 谧静之境	68cm×68cm	345,000	北京翰海	2020-09-12
朱曜奎 2018年作 迎霞满归	68cm×68cm	322,000	北京翰海	2020-09-12
朱曜奎 2018年作 山高人为峰	68cm×68cm	287,500	北京翰海	2020-09-12
朱曜奎 2018年作 晓春图	68cm×68cm	287,500	北京翰海	2020-09-12
朱曜奎 渔乐图 四条屏	136cm×34cm×4	253,000	中国嘉德	2020-11-10
朱曜奎 2015年作 牧归 镜心	44cm×69cm	230,000	北京翰海	2020-09-12
朱曜奎 2015年作 密林仙境	44cm×69cm	207,000	北京翰海	2020-09-12
朱曜奎 2015年作 满归	67cm×37cm	172,500	北京翰海	2020-09-12
朱曜奎 2018年作 倾翠山云间	50cm×50cm	172,500	北京翰海	2020-09-12
朱曜奎 2018年作 丰收	67cm×37cm	138,000	北京翰海	2020-09-12
朱一笔 2019年作 大富大贵 镜心	66cm×130cm	172,500	北京翰海	2020-09-12
朱宇南 1989年作 秋风辞 镜心	50cm×50cm×32	63,250	中国嘉德	2020-07-16
朱自清 早年读书笔记 镜心	23cm×47.5cm	575,000	中鸿信	2020-01-04
诸乐三 1948年作 石榴图 立轴	135.5cm×47.5cm	287,500	西泠印社	2020-08-09
诸乐三 1962年作 花卉(四幅)四屏 镜片	129cm×32.5cm×4	230,000	朵云轩	2020-09-23
诸乐三 紫藤图·行书六言联(三帧)镜片	68.5cm×34.5cm; 82.5cm×22cm×2	184,000	西泠印社	2020-08-0[illegible]
诸乐三 1983年作 富贵神仙 镜框	144.2cm×46.3cm	111,006	香港苏富比	2020-10-08
祝大年 1960年代 夜航	63cm×83cm	552,000	中国嘉德	2020-12-05
祝大年 1980年代 兰花雪景；苏州塔(一组二件)	63cm×88cm; 53cm×53cm	345,000	中国嘉德	2020-08-17
祝林恩 2007年作 雨中的王府井大街 镜心	68cm×135cm	828,000	北京翰海	2020-09-12
祝林恩 2004年作 戏马台 镜心	68cm×68cm	402,500	北京翰海	2020-09-12
庄冏生 山林幽居图 扇面	16.5cm×51cm	126,500	朵云轩	2020-09-24
卓家慧 2014年作 出走 镜框	76.5cm×38.5cm	54,780	佳士得	2020-[illegible]-22
宗其香 1955年 重庆港之夜	20.5cm×30cm	184,000	中国嘉德	2020-12-05
宗其香 1959年 猛良	68cm×50cm	138,000	中国嘉德	2020-12-05
宗其香 1961年 江岸拾蝉	69cm×40cm	69,000	中国嘉德	2020-08-17
宗其香 1989年作 静物	31.5cm×41.5cm	69,000	北京诚轩	2020-08-16
宗其香 1959年作 曼迈小寨	69cm×39.5cm	69,000	华艺国际	2020-10-15
宗其香 1961年作 美丽的西双版纳	35.5cm×46.5cm	62,375	中国嘉德	2020-10-08
宗其香 1954年 什刹海游泳池	30cm×41cm	59,800	中国嘉德	2020-08-17
宗其香 红梅 立轴	69cm×47cm	57,500	北京翰海	2020-12-11
邹鲁 行书五言联 立轴	149cm×37cm×2	80,500	北京保利	2020-10-17
邹鲁 隶书 临汉《乙瑛碑》镜片	134cm×68.5cm	55,200	西泠印社	2020-08-09
邹韬奋 1950年作 行书节录《狂人日记》立轴	94.5cm×47cm	109,250	中鸿信	2020-01-04
左昌亚 2020年作 十二生肖之牛	180cm×70cm	943,000	钜鑫缘(香港)	2020-11-03
左昌亚 2020年作 十二生肖册页	68cm×45cm×12	241,500	钜鑫缘(香港)	2020-11-03
左古山 苍天无言 镜心	100cm×200cm	960,000	香港贞观	2020-07-26
左古山 山水松风 镜心	104cm×106cm	730,000	香港贞观	2020-07-26
左古山 钟馗赐福 镜心	104cm×140cm	570,000	香港贞观	2020-07-26
左石 2020年作 洛邑霏雨	365cm×145cm	920,000	钜鑫缘(香港)	2020-11-03
年代不详作者				
高采 行书 扇面	17cm×52cm	230,000	中国嘉德	2020-07-17
计采 花鸟 对屏	117cm×51cm×2	51,750	中国嘉德	2020-07-17
蒋铠 暮山图 镜心	165.5cm×103cm	218,500	中国嘉德	2020-08-17
李方广 行书自作诗 扇面	1、16.8cm×49.5cm; 2、17cm×53cm	86,250	中国嘉德	2020-08-17
罗燮 李香君像 镜片	102.8cm×55.7cm	181,577	香港苏富比	2020-11-26
沈羹 柳苑戏春图 立轴	175.5cm×98.5cm	713,000	中国嘉德	2020-12-04
佚名 荷塘楼阁 立轴	250cm×168cm	9,200,000	朵云轩	2020-09-24
佚名 铁拐李画像 镜框	132.1cm×83.8cm	3,565,000	北京保利	2020-10-18
佚名 风流佳丽图卷	尺寸不一	2,300,000	永乐拍卖	2020-12-02

拍品名称	物品尺寸	成交价RMB	拍卖公司	拍卖日期
佚名 贵妃出游 镜框	228cm×158cm	2,070,000	华艺国际	2020-12-05
佚名 观山图 镜框	23cm×22cm	1,955,000	华艺国际	2020-12-05
佚名 寿窗清供 立轴	125cm×68cm	1,552,500	北京保利	2020-12-05
佚名 山君图 立轴	144cm×160cm	1,380,000	中鸿信	2020-01-04
佚名 婴戏图 立轴	137cm×76cm	1,380,000	北京保利	2020-10-18
佚名 宋人山水 镜片	24cm×30cm	1,265,000	广东崇正	2020-09-13
佚名 瑶池王母图 手卷	29cm×430cm	1,035,000	华艺国际	2020-10-16
佚名 孔子行教像 镜框	150.5cm×83.5cm	977,500	北京保利	2020-10-18
佚名 十六洞天图卷 手卷	画心32.5cm×435cm；题跋131cm×105cm；题跋236cm×95cm	920,000	中鸿信	2020-01-04
佚名 金阙游春图 立轴	直径48.5cm	920,000	北京保利	2020-10-18
佚名 春山别业图卷 手卷	407.5cm×23.5cm	862,500	西泠印社	2020-08-08
佚名 四大天王 镜心	160cm×90cm	862,500	中国嘉德	2020-11-12
佚名 妙鉴斋藏宋拓定武兰亭序 册页(十一开)	33cm×20cm	805,000	中贸圣佳	2020-10-17
佚名 松崖泊舟图 立轴	172cm×76cm	782,000	西泠印社	2020-08-08
佚名 蕉阴仕女图 立轴	82cm×53cm	747,500	朵云轩	2020-09-24
佚名 深庭戏鹤图 立轴	173cm×98.5cm	690,000	华艺国际	2020-12-05
佚名 夏庭婴浴图 团扇面	22.4cm×23.6cm	678,000	香港苏富比	2020-07-09
佚名 春山行旅 立轴	149cm×95cm	655,500	中国嘉德	2020-07-17
佚名 松间论道 立轴	172cm×51.5cm	632,500	北京保利	2020-12-05
佚名 泛舟图 镜心	21.5cm×24cm	598,000	中国嘉德	2020-08-17
佚名 松下高士 立轴	116.5cm×53.5cm	598,000	广东崇正	2020-09-13
佚名 仙山楼阁 立轴	235cm×116cm	575,000	永乐拍卖	2020-08-17
佚名 御题书法	86cm×39cm	572,000	北京贞观	2020-11-28
佚名 东方朔献寿图 镜心	148cm×96cm	563,500	北京保利	2020-10-18
佚名 松下高士图 镜心	28cm×32cm	552,000	中鸿信	2020-01-04
佚名 伐阇罗弗多罗尊者像 立轴	88cm×40cm	483,000	北京保利	2020-10-18
佚名 (前传惠崇) 琼台望騰图 镜片	23.2cm×23.5cm	480,646	香港苏富比	2020-11-26
佚名 雨余放牧 立轴	204cm×96cm	460,000	中国嘉德	2020-07-17
佚名 百美图 镜心	225cm×164cm	460,000	中国嘉德	2020-11-11
佚名 青绿山水 镜心	188cm×100cm	437,000	中国嘉德	2020-07-17
佚名 圆光山水 镜心	直径26cm	437,000	十竹斋拍卖(北京)	2020-10-18
佚名 元人狩猎图 立轴	164cm×92cm	414,000	中鸿信	2020-01-04
佚名 梅花小鸟 册片	画24.5cm×25cm；字25cm×25.5cm	414,000	中国嘉德	2020-12-04
佚名 大般若波罗蜜多经卷第四百四十四 手卷	26cm×784cm	402,500	中国嘉德	2020-07-17
佚名 柳溪泛舟图 镜片	15.5cm×12cm	402,500	西泠印社	2020-08-08
佚名 罗汉中堂 镜心	179cm×86cm	402,500	中贸圣佳	2020-10-17
佚名 至乐所寄册页(十三开选三开)	39cm×41cm	402,500	中贸圣佳	2020-10-17
佚名 罗汉像 镜心	150cm×74cm	368,000	中国嘉德	2020-07-17
佚名 松下高士 镜框	147cm×54.cm	368,000	北京保利	2020-10-18
佚名 西园雅集图 镜心	239cm×131cm	368,000	中国嘉德	2020-11-11
佚名 皇恩图 立轴	181.5cm×41.5cm	345,000	中国嘉德	2020-08-17
佚名 罗汉四屏 镜心	110cm×36cm×4	345,000	中鸿信	2020-01-04
佚名 大禹治水图 手卷	38.5cm×239cm	345,000	十竹斋拍卖(北京)	2020-10-18
佚名 竹林静坐 立轴	109cm×53cm	345,000	十竹斋拍卖(北京)	2020-10-18
佚名 牡丹富贵 立轴	124cm×55cm	333,500	上海敬华	2020-09-22
佚名 说法图 镜心	229cm×62cm；229cm×62cm；229cm×107cm	333,500	永乐拍卖	2020-12-02
佚名 春山闲会图 镜片	171cm×101.5cm	322,000	西泠印社	2020-08-08
佚名 春山渔事 立轴	176cm×96cm	322,000	中国嘉德	2020-07-17
佚名 紫府帝君 镜心	188cm×88cm	322,000	中国嘉德	2020-07-17
佚名 拟宋元诸家杂画册 十二开册	尺寸不一	310,817	香港苏富比	2020-10-08
佚名 婴戏图 册片	22.3cm×20.7cm	299,000	中国嘉德	2020-08-17
佚名 寒天雅集图 立轴	75cm×53.3cm	293,800	香港苏富比	2020-07-09
佚名 婴戏图 镜框	133cm×88.3cm	293,800	香港苏富比	2020-07-09
佚名 东坡评古图 立轴	151cm×89cm	287,500	中鸿信	2020-01-04
佚名 佛祖讲经图 镜心	121cm×81cm	287,500	中鸿信	2020-01-04
佚名 携琴访友图 镜心	直径28.5cm	287,500	中鸿信	2020-01-04
佚名 秋江独泛图 立轴	181cm×99cm	287,500	广东崇正	2020-09-13
佚名 神骏图 手卷	24cm×92cm	287,500	朵云轩	2020-09-24
佚名 梅窗诗意图 立轴	164cm×90cm	264,500	中鸿信	2020-01-04
佚名 百子闹春图 镜心	24cm×26cm	253,000	中鸿信	2020-01-04
佚名 山中采药 立轴	116cm×57cm	253,000	中国嘉德	2020-07-17
佚名 溪山高逸 镜心	25cm×27cm	253,000	中鸿信	2020-01-04
佚名 仿古山水(八帧) 镜心	16cm×17.5cm×8	241,500	北京保利	2020-12-05
佚名 草虫图 立轴	38cm×27.5cm	230,000	西泠印社	2020-08-08
佚名 佛像 镜心	156cm×90cm	230,000	中国嘉德	2020-07-17
佚名 佛像 镜心	156cm×90cm	230,000	中国嘉德	2020-07-17
佚名 罗汉像 立轴	72cm×33cm	230,000	北京保利	2020-12-05
佚名 阿弥陀佛说法图 镜心	121cm×81cm	218,500	中国嘉德	2020-07-17
佚名 春溪牧马图卷 手卷	30cm×539cm	218,500	中国嘉德	2020-07-17
佚名 罗汉故事图卷 手卷	44cm×559cm	218,500	中国嘉德	2020-07-17
佚名 汉宫春晓 四条屏镜心	172cm×186cm	218,500	中国嘉德	2020-11-11
佚名 明月清风　立轴	134cm×69cm	218,500	永乐拍卖	2020-12-02
佚名 墨龙图 镜心	79cm×48cm	207,000	中鸿信	2020-01-04
佚名 鹌鹑图 立轴	31cm×39cm	207,000	北京保利	2020-10-18
佚名 奇峰楼观图 立轴	154cm×70cm	195,500	中国嘉德	2020-07-17
佚名 清明上河图卷 手卷	28cm×547cm	195,500	中国嘉德	2020-07-17
佚名 双盘姿八大菩萨坐像 立轴	174cm×91.5cm	195,500	西泠印社	2020-08-08
佚名 观世音菩萨像 镜心	114cm×56cm	195,500	中国嘉德	2020-11-12
佚名 青绿山水 镜心	68cm×57.5cm	195,500	北京保利	2020-12-05
佚名 黄廷桂像 镜心	141cm×83cm	184,000	中国嘉德	2020-07-17
佚名 卖鱼沽酒图 立轴	诗堂29cm×42cm；画心112cm×42cm	184,000	中鸿信	2020-01-04
佚名 文姬归汉图卷 手卷	41cm×302cm	184,000	中国嘉德	2020-07-17
佚名 戏婴图卷 手卷	41cm×341cm	184,000	中国嘉德	2020-07-17
佚名 璇玑图 手卷	引首28cm×98cm；画心28cm×82cm；28cm×83cm；28cm×105cm；28cm×102cm；题跋28cm×73cm	184,000	广东小雅斋	2020-08-21
佚名 道教人物对屏 镜心	93cm×39cm×2	184,000	北京保利	2020-10-18
佚名 观音大士像 立轴	132cm×77cm	184,000	北京保利	2020-10-18
佚名 行书“介寿”立轴	188cm×98.5cm	172,500	中国嘉德	2020-08-17
佚名 郊游图卷 手卷	23cm×78cm	172,500	中国嘉德	2020-07-17
佚名 清明上河图 手卷	卷首32cm×86cm；画心32cm×803cm	172,500	广东小雅斋	2020-08-21
佚名 秋荫教子图 立轴	18.5cm×22cm	172,500	中鸿信	2020-01-04

2020书画拍卖成交汇总（续表）

（成交价RMB：5万元以上）

拍品名称	物品尺寸	成交价RMB	拍卖公司	拍卖日期
佚名 张文光 琵琶行 赵执信诗二首 成扇	21cm×59cm	172,500	北京诚轩	2020-08-17
佚名 文殊菩萨像 镜心	141cm×81cm	172,500	中国嘉德	2020-11-12
佚名 花鸟 镜心	21.5cm×22cm	166,750	中鸿信	2020-01-04
佚名 雅集图 手卷	31.5cm×446cm	166,509	香港苏富比	2020-10-08
佚名 关山行旅图 立轴	159cm×73.5cm	161,000	中鸿信	2020-01-04
佚名 荷花白鹭 立轴	154cm×77cm	161,000	广东小雅斋	2020-08-21
佚名 抱犬仕女 立轴	181cm×85cm	161,000	中国嘉德	2020-11-12
佚名 普贤像 立轴	100cm×43cm	161,000	北京保利	2020-10-18
佚名 携琴访友图 立轴	175cm×92cm	161,000	北京翰海	2020-09-12
佚名 汉宫春晓图卷 手卷	31cm×424cm	149,500	中国嘉德	2020-07-17
佚名 宋元宝绘 册页（十一开）	尺寸不一	149,500	中鸿信	2020-01-04
佚名 观世音菩萨像 镜心	151cm×74cm	149,500	中国嘉德	2020-11-12
佚名 山水人物 册页（八开）	31cm×26cm×8	149,500	北京保利	2020-12-05
佚名 花鸟 立轴	118cm×69cm	138,000	广东小雅斋	2020-08-21
佚名 衣钵侍者 立轴	83cm×39cm	138,000	中国嘉德	2020-07-17
佚名 云山图 镜片	画心37cm×34.5cm；题跋19cm×3.5cm；35cm×29.5cm；35cm×8cm；20cm×5cm	138,000	西泠印社	2020-08-08
佚名 宫苑图卷 手卷	34cm×481cm	138,000	北京保利	2020-10-18
佚名 高士雅集图卷 手卷	293.5cm×44cm	126,500	西泠印社	2020-08-08
佚名 骏马图 镜心	30cm×51cm	126,500	中国嘉德	2020-07-17
佚名 龙舟竞渡图卷 手卷	31cm×467cm	126,500	中国嘉德	2020-07-17
佚名 书法 手卷	卷首35cm×96cm；书法35cm×457cm；题跋38cm×132cm	126,500	广东小雅斋	2020-08-21
佚名 讲经图 立轴	177cm×85cm	126,500	中国嘉德	2020-11-12
佚名 梅鹤 立轴	135.5cm×72cm	126,500	华艺国际	2020-10-16
佚名 水陆画 镜心	132cm×69cm	120,750	中国嘉德	2020-11-12
佚名 供献天众图 立轴	130cm×55.5cm	115,000	西泠印社	2020-08-08
佚名 书法 立轴	23cm×15cm	115,000	广东小雅斋	2020-08-21
佚名 十八应真贝叶 册页（共四十二开）	19.5cm×12.5cm×42	115,000	保利厦门	2020-09-26
佚名 东驾渡水图 镜心	190cm×101cm	115,000	中国嘉德	2020-11-12
佚名 锦绣荣华图 立轴	179cm×108cm	115,000	中国嘉德	2020-11-11
佚名 明皇戏园图 镜心	157cm×47cm	115,000	中国嘉德	2020-11-11
佚名 双骏图 镜心	90cm×164cm	115,000	北京保利	2020-12-05
佚名 桐荫仕女 镜心	110cm×38cm	115,000	北京翰海	2020-12-11
佚名 霜橘图 镜心	直径24cm	109,250	荣宝斋（上海）	2020-10-25
佚名 持莲婴戏图 镜心	37cm×24cm	103,500	中鸿信	2020-01-04
佚名 平阳吉祥卷 手卷	34cm×112cm	103,500	中国嘉德	2020-11-11
佚名 诵经图 镜心	51.5cm×40.5cm	103,500	荣宝斋（南京）	2020-11-28
佚名 桃溪春暖 立轴	139cm×66cm	103,500	广东崇正	2020-09-13
佚名 鸳鸯圆光 镜心	D:31.5cm	103,500	中贸圣佳	2020-10-17
佚名 平湖秋色 横幅	23cm×132cm	101,200	中国嘉德	2020-11-12
佚名 达摩讲经图 立轴	37.5cm×25.5cm	97,750	西泠印社	2020-08-08
佚名 国色天香 镜心	223cm×64cm	97,750	中国嘉德	2020-07-17
佚名 阿弥陀佛 镜心	119cm×74cm	94,300	中国嘉德	2020-07-17
佚名 大般若波罗蜜多经卷第二百三十三 手卷	20cm×878cm	94,300	中国嘉德	2020-07-17

拍品名称	物品尺寸	成交价RMB	拍卖公司	拍卖日期
佚名 渡海观音 立轴	111cm×49cm	94,300	中国嘉德	2020-07-17
佚名 梧桐仕女 镜心	142cm×49cm	94,300	中国嘉德	2020-07-17
佚名 诸天菩萨图 立轴	56cm×71cm	92,000	中国嘉德	2020-07-17
佚名 酒国仙真图卷 手卷	37cm×341cm	89,700	中国嘉德	2020-07-17
佚名 千手观音 立轴	90cm×41cm	89,700	中国嘉德	2020-07-17
佚名 五伦图 镜片	144cm×92cm	86,250	广东小雅斋	2020-08-21
佚名 补裘图 立轴	59.5cm×32.5cm	85,100	中鸿信	2020-01-04
佚名 捧兔仕女 镜心	108cm×41cm	82,800	中国嘉德	2020-07-17
佚名 山居图 镜心	27cm×25.5cm	82,800	中鸿信	2020-01-04
佚名 春溪锦鸡 立轴	165cm×91cm	80,500	中国嘉德	2020-07-17
佚名 行旅图 立轴	134cm×102cm	80,500	中鸿信	2020-01-04
佚名 罗汉像 立轴	134cm×66.5cm	80,500	中鸿信	2020-01-04
佚名 罗汉渡海图 镜心	26cm×107cm	78,200	中国嘉德	2020-07-17
佚名 释迦牟尼像 立轴	104cm×52cm	78,200	中国嘉德	2020-07-17
佚名 杏花鹦鹉 立轴	107cm×54cm	78,200	中国嘉德	2020-07-17
佚名 八段锦 册页	17cm×10cm×8	74,750	中国嘉德	2020-07-17
佚名 帝王像 镜心	85cm×67cm	74,750	中国嘉德	2020-07-17
佚名 鹤立柱石 镜心	171cm×89cm	74,750	中国嘉德	2020-07-17
佚名 花开富贵 镜心	126cm×92cm	74,750	中国嘉德	2020-07-17
佚名 名姝 册页（十二开）	25.7cm×20.5cm×12	74,750	中国嘉德	2020-08-17
佚名 松山读书图 镜心	49.5cm×15cm	74,750	中鸿信	2020-01-04
佚名 松云仙子图 扇页	直径25.5cm	74,750	西泠印社	2020-08-08
佚名 芙蓉双犬 圆光	21cm×24cm	69,000	中国嘉德	2020-07-17
佚名 荷花鸳鸯 镜心	61cm×49cm	69,000	中鸿信	2020-01-04
佚名 洛神图 镜心	24.5cm×24.5cm	69,000	中鸿信	2020-01-04
佚名 山间亭阁 镜心	152cm×90cm	69,000	中国嘉德	2020-07-17
佚名 山石 镜片	129cm×88cm	69,000	上海驰翰	2020-08-06
佚名 山水 镜片	123cm×69cm	69,000	广东小雅斋	2020-08-21
佚名 松涧观瀑 圆光	27cm×29cm	69,000	中国嘉德	2020-07-17
佚名 松雀图 立轴	29cm×53cm；105cm×53cm	69,000	广东小雅斋	2020-08-21
佚名 潇湘雨竹 立轴	101cm×49cm	69,000	中国嘉德	2020-07-17
佚名 婴戏图 立轴	129cm×60cm	69,000	中国嘉德	2020-07-17
佚名 观音大士 镜片	96cm×69cm	67,800	江苏汇中	2020-08-06
佚名 梅花八哥 立轴	82cm×97cm	66,700	中国嘉德	2020-07-17
佚名 十八罗汉 册页	22cm×15cm×18	66,700	中国嘉德	2020-07-17
佚名 犬戏图 镜心	36.5cm×51.5cm	63,250	中鸿信	2020-01-04
佚名 山居图 立轴	113cm×52cm	63,250	中鸿信	2020-01-04
佚名 婴戏图 立轴	35cm×41cm	63,250	广东崇正	2020-06-27
佚名 格鲁派皈依境 镜心	91cm×115cm	59,800	中国嘉德	2020-07-17
佚名 山水 立轴	196cm×65.5cm	59,800	中鸿信	2020-01-04
佚名 嘉禾鹌鹑 立轴	155cm×82cm	57,500	中国嘉德	2020-07-17
佚名 楷书心经 册页	尺寸不一	57,500	上海嘉禾	2020-01-05
佚名 麻姑献寿图 镜心	195cm×109cm	57,500	中国嘉德	2020-07-17
佚名 无量寿佛 镜心	90cm×37cm	57,500	中国嘉德	2020-07-17
佚名 鹰雄独立 镜片	143cm×82cm	57,500	广东小雅斋	2020-08-21
佚名 松阴双羊 圆光	23cm×22cm	55,200	中国嘉德	2020-07-17
佚名 秋江渔父图 镜心	20cm×26.5cm	51,750	中鸿信	2020-01-04
佚名 仙居夜月图	34cm×93.5cm	51,750	中国嘉德	2020-07-18
（释）圆觉 佛祖讲经图 立轴	85cm×38cm	92,000	中国嘉德	2020-07-17
素描				
阿尔道夫·门采尔 素描	12.7cm×20.3cm	345,000	西泠印社	2020-08-08
埃贡·席勒 1913年作 裸女像（正面）；钢琴家罗德里克·麦基肖像（背面）	31.5cm×47cm	2,717,789	伦敦佳士得	2020-02-05

拍品名称	物品尺寸	成交价RMB	拍卖公司	拍卖日期
保罗·克利 1914年作 无题	17.5cm×16.5cm	322,000	西泠印社	2020-08-08
查尔斯·德斯比欧 坐着的模特	32.5cm×22.5cm	92,000	北京保利	2020-10-18
常玉 1926年作 邵洵美	36.5cm×26.5cm	1,380,000	华艺国际	2020-10-15
常玉 1940年代作 红底黄菊	59.5cm×39.8cm	81,650,000	华艺国际	2020-12-05
常玉 背影裸女	28.5cm×22.7cm	666,036	香港苏富比	2020-10-06
常玉 裸女	42.7cm×26.3cm	433,200	佳士得	2020-06-30
常玉 素描中的女士	45cm×28cm	298,200	佳士得	2020-12-03
常玉 1920—1930年代作 人物	44cm×27cm	277,200	罗芙奥	2020-12-06
常玉 女人与猫	31.5cm×24.5cm	271,200	香港苏富比	2020-07-09
常玉 站姿裸女	48.5cm×31cm	266,414	香港苏富比	2020-10-06
常玉 人物 水墨 纸本	45cm×28cm	257,040	罗芙奥	2020-07-19
常玉 翘脚的裸女	44cm×26.5cm	253,000	西泠印社	2020-08-08
常玉 裸女	47.5cm×31cm	244,213	香港苏富比	2020-10-06
常玉 裸女	44cm×26.5cm	234,678	保利香港	2020-07-12
常玉 专注的女子	44cm×26.5cm	230,000	西泠印社	2020-08-08
常玉 裸女 铅笔 纸本	46cm×28.5cm	228,480	罗芙奥	2020-07-19
常玉 裸女	57cm×34cm	222,012	香港苏富比	2020-10-06
常玉 站立裸女	45cm×28cm	213,000	佳士得	2020-12-03
常玉 侧立的裸女	44.4cm×27.8cm	207,000	西泠印社	2020-08-08
常玉 坐姿仕女	44.5cm×28.2cm	177,610	香港苏富比	2020-10-06
常玉 坐姿裸女	46.7cm×33cm	166,509	香港苏富比	2020-10-06
常玉 戴项链的女子	44.7cm×28.8cm	160,008	保利香港	2020-07-12
常玉 侧卧裸女	31.5cm×48.5cm	144,308	香港苏富比	2020-10-06
常玉 站姿裸女	44cm×33.5cm	133,207	香港苏富比	2020-10-06
常玉 站立裸女	45.5cm×28cm	127,800	佳士得	2020-12-03
陈抱一 1914年作 苏小小墓	32.4cm×42cm	471,500	北京诚轩	2020-08-16
陈抱一 1914年作 湖光山色两苍茫	31.7cm×45.8cm	345,000	北京诚轩	2020-08-16
陈抱一 1914年作 几家隔岸自成村	28.8cm×39.3cm	235,750	北京诚轩	2020-08-16
陈抱一 1914年作 几株杂树径成蹊	28.8cm×39.3cm	235,750	北京诚轩	2020-08-16
陈抱一 1914年作 夏木阴阴傍石桥	25.3cm×32.7cm	235,750	北京诚轩	2020-08-16
陈抱一 1914年作 一塔高撑远树丛	24.9cm×32.5cm	235,750	北京诚轩	2020-08-16
陈抱一 1914年作 惊寒风信报啼鸦	24.9cm×32.4cm	149,500	北京诚轩	2020-08-16
陈抱一 1914年作 老树生苍霭	25cm×33.1cm	138,000	北京诚轩	2020-08-16
陈抱一 1914年作 苏州湖景	30.3cm×41.5cm	132,250	北京诚轩	2020-08-16
陈抱一 1914年作 夕阳篷背野鸥飞	25cm×32.2cm	132,250	北京诚轩	2020-08-16
陈抱一 1914年作 夏木森森古更奇	25cm×32.2cm	126,500	北京诚轩	2020-08-16
陈抱一 1914年作 渔舟闲泊石桥东	29.2cm×39.3cm	120,750	北京诚轩	2020-08-16
但丁·加百利·罗塞蒂 威廉·米歇尔·罗塞蒂肖像	27cm×21.9cm	322,000	西泠印社	2020-08-08
弗朗索瓦·弗拉孟 素描	22cm×16cm	80,500	北京保利	2020-10-18
格奥尔格·巴塞利兹 1965年作 无题（英雄）	49.5cm×37.5cm	4,788,027	伦敦苏富比	2020-02-11
关紫兰 1940年代作 自画像（侧面）	37.5cm×27cm	113,000	香港苏富比	2020-07-09
哈维尔·卡勒加 2018年作 全然不同	100cm×70cm	298,200	佳士得	2020-12-03
黄胄 1987年作 写生册 册页（二十七开选十二）	33cm×33cm(每幅)	1,840,000	上海嘉禾	2020-01-05
吉诺·塞维里尼 1913年作 南北铁路	45.2cm×53cm	5,551,373	伦敦佳士得	2020-02-05
凯斯·哈林 1981年作 无题	42cm×30cm	172,500	华艺国际	2020-10-15
克劳德·莫奈 1857年作 两个小男孩	23cm×30.8cm	437,000	西泠印社	2020-08-08
克劳德·莫奈 约1858—1859年作 漫画	17.5cm×13cm	333,500	西泠印社	2020-08-08
李宗津 1954年作 劳动模范孟泰	58.2cm×42.6cm	287,500	华艺国际	2020-10-15
刘炜 2004年作 人像	37.5cm×26.5cm	207,000	西泠印社	2020-08-08
梅忠恕 1935年作 采果归来	58.8cm×38.8cm	372,750	佳士得	2020-12-03
让-皮埃尔·劳伦斯 人物素描	30cm×20cm	69,000	北京保利	2020-10-18

拍品名称	物品尺寸	成交价RMB	拍卖公司	拍卖日期
让-弗朗索瓦·米勒 约1861年作 喂食的妇女	画面高36cm，宽25cm；画框高75cm，宽64cm	368,000	西泠印社	2020-08-10
尚·米榭·巴斯基亚 地铁乘客	35.4cm×43.2cm	1,552,500	北京保利	2020-10-16
沈嘉蔚 1984年作 创伤——白求恩大夫的故事	195cm×185cm	207,000	中国嘉德	2020-08-17
藤田嗣治 1927—1931年作 自画像	47.9cm×33.4cm	437,000	华艺国际	2020-10-15
藤田嗣治 1933年作 双美	41cm×32cm	372,750	佳士得	2020-12-03
藤田嗣治 1954年作 站姿裸女	65cm×31cm	345,000	华艺国际	2020-10-15
藤田嗣治 睡美人	25cm×29cm	135,600	香港苏富比	2020-07-09
藤田嗣治 1924年作 持烟斗的自画像	28.2cm×25.4cm	127,800	佳士得	2020-12-03
藤田嗣治 蔷薇	45.2cm×28.5cm	124,300	香港苏富比	2020-07-09
藤田嗣治 1951年作 温柔梦乡	19.2cm×23.6cm	101,700	香港苏富比	2020-07-09
藤田嗣治 少女双姝	29cm×38cm	101,700	香港苏富比	2020-07-09
藤田嗣治 小女仆	33.5cm×25cm	101,700	香港苏富比	2020-07-09
藤田嗣治 拿面包和零钱包的少女	35.6cm×22.8cm	90,400	香港苏富比	2020-07-09
藤田嗣治 1930年作 女士肖像	43cm×32.5cm	85,200	佳士得	2020-12-03
藤田嗣治 1959年作 诺埃尔	20.5cm×13.3cm	76,849	纽约佳士得	2020-09-11
藤田嗣治 1957年作 菲莉希雅·布鲁曼托肖像（1957年首稿）	28.5cm×23.7cm	73,450	香港苏富比	2020-07-09
藤田嗣治 1930年作 Noêl Nouet肖像	19cm×14cm	69,337	保利香港	2020-07-12
藤田嗣治 松	27cm×13.3cm	51,233	纽约佳士得	2020-09-11
王济远 1940—1950年代作 七裸女	25cm×21cm	161,000	华艺国际	2020-10-15
王式廓 1953年作 杜埒像	36.5cm×26cm	322,000	永乐拍卖	2020-12-04
王沂东 1994年作 沂蒙娃	80.1cm×99.8cm	1,608,576	保利香港	2020-12-08
王沂东 2005年作 深山里的太阳	75cm×55cm	97,750	中国嘉德	2020-08-17
吴冠中 1990年作 女人体	43cm×29cm	287,500	永乐拍卖	2020-08-18
吴冠中 1981年作 阿尔太 镜框	27.5cm×23.5cm	193,800	佳士得	2020-07-08
徐悲鸿 约1920年代作 小提琴	35.5cm×48cm	1,495,000	永乐拍卖	2020-12-04
徐悲鸿 约1950年作 人物像	26.5cm×20.5cm	1,380,000	中国嘉德	2020-08-17
叶浅予 1994年作 北游手绩卷 手卷	28.5cm×958cm	598,000	永乐拍卖	2020-12-03
周春芽 约1990年作 肖像之云	70cm×50cm	169,500	香港苏富比	2020-07-10
周春芽 2007年作 三只斗牛	29.8cm×40.6cm	92,000	西泠印社	2020-08-08
周长江 1994年作 红（八件一组）	124.5cm×124.5cm×4 161.5cm×125cm×4	943,000	华艺国际	2020-12-05
版画				
KAWS 2015年作 平稳状、舒服的事、无人的家（三件一组）	74cm×85cm; 91.5cm×76.5cm; 91.5cm×74cm	287,500	华艺国际	2020-10-15
KAWS 2015年作 No One's Home; Stay Steady; The Things That Comfort（一套共三件）	91.5cm×73.5cm; 74cm×85cm; 91cm×76cm	513,563	佳士得	2020-05-22
KAWS 2016年作 隔离塔	152.4cm×109.2cm	172,500	华艺国际	2020-10-15
KAWS 2006年作 无题	50cm×50cm	136,950	佳士得	2020-05-22
KAWS 2019年作 无题（KAWS X 布鲁克林博物馆）	直径20cm	53,336	保利香港	2020-07-12
MR. X 菲瑞·威廉斯 2019年作 跟随着号令行动起来（共六件）	直径68cm×6	96,005	保利香港	2020-07-12
MR. 2020年作 香港系列版画	58cm×46.5cm	80,500	北京保利	2020-10-19
安迪·沃荷 1981年作 美元符号	229cm×178cm	334,695,200	佳士得	2020-12-02
安迪·沃荷 1967年作 艺术家们的肖像 丝网印刷 聚苯乙烯盒 装框 AP限量 200	51cm×51cm×2cm	199,920	罗芙奥	2020-07-19
安迪·沃荷 1978年作 Space Fruit: Lemons	76.2cm×101.6cm	273,900	佳士得	2020-05-22

2020书画拍卖成交汇总(续表)

(成交价RMB：5万元以上)

拍品名称	物品尺寸	成交价RMB	拍卖公司	拍卖日期
巴勃罗·毕加索 乔治·布拉克 胡安·米罗 汉斯·阿尔普 安德烈·马森 雅克·维隆 赵无极 诗人的镜子(共7册26张)		172,500	中国嘉德	2020-08-17
班克斯 2007年作 傻瓜(褐色)	50.5cm×70.5cm	341,350	保利香港	2020-07-12
班克斯 2011年作 燃烧瓶	47.5cm×47.5cm	54,720	佳士得	2020-06-30
保罗·德尔沃 1969年作 眼前的城市	52cm×67cm	51,075	北京保利	2020-07-18
倍珍 2005年作 母亲与孩子	100cm×100cm	79,800	佳士得	2020-06-30
布莱恩·唐纳利 2011年作 海绵宝宝·红色	50.5cm×50.5 cm	94,248	罗芙奥	2020-12-05
草间弥生 2014年作 A-PUMPKIN-SPW	112cm×145.5cm	255,399,200	佳士得	2020-12-02
草间弥生 1988年作 南瓜	103cm×79.3cm	665,280	罗芙奥	2020-12-06
草间弥生 1992年作 南瓜(白Y)	画心 60.4cm×72.3cm；画纸 70.8cm×84cm	296,725	佳士得	2020-05-22
草间弥生 1999年作 果盆	图像：45cm×54cm；纸张：60cm×68cm	288,616	香港苏富比	2020-10-07
草间弥生 1994年作 黄色南瓜	45.5cm×52.5cm；55cm×63.5cm	293,800	佳士得	2020-07-11
草间弥生 1994年作 Yellow Colored Pumpkin	画心 45.5cm×52.5cm；画纸 55cm×63.5cm	273,900	佳士得	2020-05-22
草间弥生 1990年作 南瓜(2)	画心 52.2cm×45.2cm；画纸 62.7cm×53.7cm	273,600	佳士得	2020-06-30
草间弥生 1994年作 红色南瓜	45.5cm×52.5cm；55cm×63.5cm	248,600	佳士得	2020-07-11
草间弥生 2004年作 南瓜(RT)	33cm×27cm；45.5cm×38cm	248,600	佳士得	2020-07-11
草间弥生 1983年作 富士	48cm×59.3cm	234,678	保利香港	2020-07-12
草间弥生 1984年作 果物	45.4cm×53cm	193,800	佳士得	2020-06-30
草间弥生 1989年作 夜	图像：45.4cm×52.8cm；纸张：53.5cm×61cm	166,509	香港苏富比	2020-10-07
草间弥生 2004年作 无限之网(WR)	43cm×35cm	148,363	佳士得	2020-05-22
草间弥生 2011年作 Girls AAA	画心 53cm×65cm；画纸63.5cm×75cm	148,363	佳士得	2020-05-22
草间弥生 2000年作 无限之网	51.5cm×37cm	148,200	佳士得	2020-06-30
草间弥生 2012年作 Seeking the Soul	60.5cm×72.5cm	136,800	佳士得	2020-06-30
草间弥生 1999年作 The Flowering Shinano Road	画心 59.7cm×47.7cm；画纸 76cm×56.8cm	108,419	佳士得	2020-05-22
草间弥生 1985年作 花	42.2cm×27.5cm	102,600	佳士得	2020-06-30
草间弥生 2011年作 Buried in a Flower Garden	37.8cm×45.3cm	102,600	佳士得	2020-06-30
草间弥生 1990年作 烟灰缸	45cm×53.5cm；53.8cm×63cm	101,700	佳士得	2020-07-11
草间弥生 2004年作 跳舞的南瓜 版画	39.5cm×56.3cm	92,000	永乐拍卖	2020-12-04
草间弥生 2004年作 无限的网(YBL) 丝网印刷 18/40	55cm×45.5cm	68,544	罗芙奥	2020-07-19
草间弥生 1994年作 波	画心 41.8cm×29.5cm；画纸 63cm×45.5cm	68,310	纽约佳士得	2020-09-11
草间弥生 1994年作 冥想	画心 51.5cm×36.2cm；画纸 65.5cm×50cm	64,041	纽约佳士得	2020-09-11
常玉 1930—1940年代作 入浴	27.6cm×21.6cm	96,050	香港苏富比	2020-07-09
常玉 1930年作 陶潜诗集	书 33cm×25.5cm×1.2cm；画19cm×14.5cm	62,150	香港苏富比	2020-07-09
陈庭诗 1973年作 日与夜#25	全屏：163cm×187cm；作品：122.6cm×183cm	888,048	香港苏富比	2020-10-05
陈庭诗 1972年作 第一声惊雷	全屏：145.2cm×259.3cm；作品：124.2cm×239.3cm	610,533	香港苏富比	2020-10-05
陈庭诗 1969年作 蛰	123.4cm×60cm；123.4cm×180cm；165cm×187.3cm	585,750	佳士得	2020-12-03
陈庭诗 1972年作 初雷	120.6cm×60.5cm	271,200	佳士得	2020-07-11
陈庭诗 1964年作 图腾	118.5cm×59.5cm	124,300	香港苏富比	2020-07-09
陈庭诗(A&C)1980年作；(B)1985年作 日与夜#50(A)、日与夜#90(B)、日与夜#49(C)(一组三件)	(A)180.5cm×30.5cm；(B)92cm×92cm；(C)180cm×30cm	93,562	中国嘉德	2020-10-08
陈庭诗 1964年作 图腾	118cm×59.5cm	124,300	香港苏富比	2020-07-09
陈庭诗 1971年作 昼与夜 a & b	179cm×28.5cm(各)	66,604	香港苏富比	2020-10-06
陈庭诗 1972年作日与夜 第11号	90.4cm×90.4cm	58,575	佳士得	2020-12-03
陈庭诗 1980年作 天籁	61cm×61cm(各)	55,503	香港苏富比	2020-10-06
陈庭诗 1985年作 意志 #5	66.8cm×92.1cm	55,503	香港苏富比	2020-10-06
村上隆 2019年作 和藤子·F.不二雄 在时光机上的漫长旅行；许多惊喜正在任意门后等着(共两件)	50cm×50cm×2	192,010	保利香港	2020-07-12
村上隆 2019年作 Doraemon in the Field of Flowers; Mr. Fujiko F. Fujio and Doraemon Are in the Field of Flowers; Doraemon's Daily Life(共三件)	57cm×50cm×3	158,200	佳士得	2020-07-11
村上隆 2011年作 New Day: DOB Totem Pole; New Day: Self-Portrait; New Day: Lots, Lots of Kaikai and Kiki(共三件)	68cm×68cm×3	148,363	佳士得	2020-05-22
村上隆 藤子·F.不二雄 Doraemon in the Field of Flowers; Mr. Fujiko F. Fujio and Doraemon Are in the Field of Flowers; Doraemon's Daily Life		132,450	纽约佳士得	2020-04-21
村上隆 2019年作 哆啦A梦在花丛中；藤子·F.不二雄先生与哆啦A梦在花丛中；哆啦A梦的日常生活(共三件)	56cm×49cm×3	128,006	保利香港	2020-07-12
村上隆 500罗汉版画(一套)	66.5cm×66.5cm×9	97,750	永乐拍卖	2020-12-04

（成交价RMB：5万元以上）

拍品名称	物品尺寸	成交价RMB	拍卖公司	拍卖日期
村上隆 藤子・F. 不二雄 Anywhere Door (Dokodemo Door) in the Field of Flowers; We Came to the Field of Flowers Through Anywhere Door		79,470	纽约佳士得	2020-04-21
村上隆 2010年作 Open Your Hands Wide	76.6cm×92cm	72,579	纽约佳士得	2020-09-11
村上隆 2016年作；2015年作 Panda Family；Panda & Panda Cubs	49.8cm×49.8cm×2	68,310	纽约佳士得	2020-09-11
村上隆 2012年作 An Homage to IKB 1957 D；An Homage to Yves Klein，Multicolor D；An Homage to Monogold 1960 D	73.3cm×52.7cm×3	59,771	纽约佳士得	2020-09-11
村上隆 MADSAKI Flowers 红（全套三张）		57,395	纽约佳士得	2020-04-21
村上隆 2019年作 我们一起这样岂不美好	54.3cm×102cm	57,177	中国嘉德	2020-10-08
村上隆 And Then, And Then And Then And Then And Then, Yellow Universe；& And Then×6 Vermillion：The Superflat Method）		52,980	纽约佳士得	2020-04-21
村上隆 2013年作、2014年作 Flower Ball（一组四件）	直径70.7cm×4	51,233	纽约佳士得	2020-09-11
达利 潘塔格鲁的幽默之梦（共二十五张）	75cm×54cm×25	322,000	中国嘉德	2020-12-05
达米恩・赫斯特 2012年作 至死不渝（一组两件）	52cm×37cm×2	103,958	中国嘉德	2020-10-08
丁聪《阿Q正传》版画两册（二十五帧）册页（二十五选八）	15.6cm×12.5cm（每帧）	115,000	广东崇正	2020-09-13
范[illegible]厚 林间鹿群	155.5cm×35.5cm×6 整体155.5cm×213cm	4,099,440	香港苏富比	2020-07-08
方力钧 2000年作 无题（六件）	121cm×81cm×6	85,500	佳士得	2020-06-30
菲利普・古斯顿 1980年作 帘幕	76.5cm×102.5cm	69,337	保利香港	2020-07-12
胡安・米罗 1958年作 满月清早的玫瑰	39.6cm×48cm	68,100	北京保利	2020-07-18
基斯・哈林 1983年作 无题（L.P.[illegible].33）	107cm×127cm	405,354	保利香港	2020-07-12
凯斯・哈林 1987年作 Pop Shop I: One Plate	26.5cm×34cm	114,125	佳士得	2020-05-22
凯斯・哈林 1989年作 普普商店III	34.3cm×42cm	88,364	中国嘉德	2020-10-08
刘野 2010年作 谁害怕L夫人?	100cm×80 cm	221,760	罗芙奥	2020-12-05
刘野 2000年作 为M的构图	54cm×74cm	194,260	纽约佳士得	2020-04-21
刘野（A）2000年作；（B）2001年作 为蒙德里安流泪、梦见蒙德里安（一组两件）	80cm×55.5cm（A）；80cm×55cm（B）	176,729	中国嘉德	2020-10-08
刘野 20[illegible]1年作 天使合唱团	58.5cm×68.3cm	136,950	佳士得	2020-05-22
刘野 20[illegible]年作 大旗舰	89.7cm×76.4cm	136,800	佳士得	2020-06-30
刘野 201[illegible]年作 LEAVE ME IN THE DARK	87cm×100cm	126,500	中贸圣佳	2020-10-17
刘野 200[illegible]年作 合唱团	60cm×69.5cm	115,000	中国嘉德	2020-12-05
刘野 2009年作 大旗舰	89.7cm×76.4cm	103,500	北京保利	2020-10-16
刘野 2001年作 天使合唱团	58.5cm×68.3cm	102,600	佳士得	2020-06-30
刘野 2001年作 天使合唱团	60cm×69.5cm	98,760	中国嘉德	2020-10-08
刘野 2000年作 为蒙德里安哭泣	78cm×54cm	90,671	保利香港	2020-07-12
刘野 2008年作 奥林匹克女孩	101cm×76cm	80,004	保利香港	2020-07-12
刘野 2000年作 梦见蒙特瑞安	80cm×55.2cm	79,800	佳士得	2020-06-30

拍品名称	物品尺寸	成交价RMB	拍卖公司	拍卖日期
刘野 2000年作 为蒙特瑞安哭泣	79.7cm×55.5cm	79,800	佳士得	2020-06-30
刘野 2000年作 为蒙德里安哭泣	78cm×54cm	74,750	华艺国际	2020-10-15
刘野 2000年作 为蒙特里安哭泣	80cm×55cm	68,475	佳士得	2020-05-22
刘野 2001年作 女孩与气球	80cm×62cm	62,769	佳士得	2020-05-22
刘野 2001年作 蒙德里安构图	80cm×60.5cm	62,700	佳士得	2020-06-30
刘野 2008年作 B.B.G	96cm×77cm	62,700	佳士得	2020-06-30
刘野 2008年作 B.B.G	95.5cm×76.3cm	59,800	北京诚轩	2020-08-16
刘野 2000年作 梦见蒙特瑞安	80cm×55cm	54,780	佳士得	2020-05-22
刘野 2001年作 女孩与气球	80.5cm×61.5cm	51,233	纽约佳士得	2020-09-11
罗伊・利希滕斯坦 1971年作 现代版画	63cm×64cm	130,525	北京保利	2020-07-18
莫迪里阿尼 莫迪里阿尼100年纪念版画	约55cm×46cm（每幅，尺寸不等）	977,500	中贸圣佳	2020-10-17
奈良美智 2015年作 Bow Wow Wow	42cm×30cm	456,500	佳士得	2020-05-22
奈良美智 2010年作 酸雨过后（夜间）	55.5cm×44.3cm	399,438	佳士得	2020-05-22
奈良美智 2014年作 Tell Me	37.1cm×26cm	273,900	佳士得	2020-05-22
奈良美智 2008年作 宇宙女孩：张开眼睛/闭上眼睛（一组两幅）	每张图像：68.5cm×49 cm；每张纸：72.5cm×52 cm	188,710	香港苏富比	2020-10-07
奈良美智 2015年作 Tell Me Why	42cm×29.2cm	228,250	佳士得	2020-05-22
奈良美智 2008年作 宇宙女孩：打开眼睛/闭上眼睛（一组两件）	71.9cm×51.9cm（每件）	167,770	纽约佳士得	2020-04-21
奈良美智 2008年作 宇宙女孩：打开眼睛/闭上眼睛（共两件）	72cm×51.9cm×2	159,775	佳士得	2020-05-22
奈良美智 2002—2004年作 Bad Meeting	48cm×38cm	136,800	佳士得	2020-06-30
奈良美智 2008年作 Cosmic Girls: Eyes Opened / Eyes Closed（共两件）	72cm×51.9cm×2	125,400	佳士得	2020-06-30
奈良美智 1999年作 Sword and Starlit Night（In the Floating World）	41.5cm×29.5cm	114,125	佳士得	2020-05-22
奈良美智 1999年作 Slash with a Knife（In the Floating World）	41.5cm×29.5cm	114,000	佳士得	2020-06-30
奈良美智 1999年作 Full Moon Night（In the Floating World）	29.5cm×41.5cm	108,419	佳士得	2020-05-22
奈良美智 2008年作 宇宙女孩（睁眼；闭眼）（一组共两件）	69cm×49cm×2	106,672	保利香港	2020-07-12
奈良美智 2008年作 宇宙女孩（睁眼；闭眼）（一组共两件）	69cm×49cm×2	106,672	保利香港	2020-07-12
奈良美智 2008年作 宇宙女孩：打开眼睛/闭上眼睛（一组两件）	71.9cm×51.9cm（每件）	93,926	纽约佳士得	2020-09-11
奈良美智 2008年作 宇宙女孩（睁眼/闭眼）（一组两件）	69cm×48.5cm×2	85,246	中国嘉德	2020-10-08
奈良美智 2002—2004年作 Bad Meeting	48cm×38cm	68,475	佳士得	2020-05-22
乔纳斯・伍德 2018年作 四大赛	48.3cm×33cm（每张）	532,829	香港苏富比	2020-10-07
乔治・康多 2017年作 抽象的德鲁比狗	45.5cm×40.5cm	124,750	中国嘉德	2020-10-08
萨尔瓦多・达利 1974年作 Les Amours Jaunes	30cm×21.2cm×10	138,000	广东崇正	2020-09-13
杉本博司 Time Exposed（一组四张）		75,055	纽约佳士得	2020-04-21
藤田嗣治 1930年作 侧卧的裸女	39cm×57cm	56,500	香港苏富比	2020-07-09

2020书画拍卖成交汇总(续表)

(成交价RMB：5万元以上)

拍品名称	物品尺寸	成交价RMB	拍卖公司	拍卖日期
涂鸦先生 2019年作 黄色太阳花；蓝色机器人；橘色鱼；粉红鸟(一组四件)	35cm×35cm(每件)	116,424	罗芙奥	2020-12-06
涂鸦先生 2019年作 橘色鱼；粉红鸟；蓝色机器人(共三件)	35cm×35cm×3	101,338	保利香港	2020-07-12
吴冠中 1993年作 燕子寻故人	69.5cm×135.5cm	429,400	香港苏富比	2020-07-09
吴冠中 2007年作 交河故城	84cm×80.6cm	322,000	永乐拍卖	2020-12-03
吴冠中 2007年作 网(都市)	99cm×80cm	207,000	中鸿信	2020-01-04
吴冠中 2007年作 昼梦	59cm×121cm	207,000	中鸿信	2020-01-04
吴冠中 原作年代2000年，版画年代2007年 网·都市	99cm×80.5cm	207,000	中国嘉德	2020-12-05
吴冠中 2007年作 遗忘的雪	57cm×60cm	172,500	永乐拍卖	2020-12-03
吴冠中 原作年代2001年，版画年代2007年 故园	80cm×102cm	149,500	中国嘉德	2020-12-05
吴冠中 原作年代2001年，版画年代2007年 映日	57cm×66cm	149,500	中国嘉德	2020-12-05
吴冠中 原作年代2006年，版画年代2008年 飞	72cm×121.5cm	138,000	中国嘉德	2020-12-05
吴冠中 2007年作 建楼曲	85cm×80cm	108,960	北京保利	2020-07-18
吴冠中 1998年作 崂山松石	80cm×100cm	55,200	广东崇正	2020-09-13
谢德庆 笼子创作于1980年；版画制作于1993年 一年行为表演1978—1979(笼子)(一组二件)	版画 83.8cm×121.5cm；声明 27.7cm×21.5cm；海报 44.5cm×28.5cm	57,500	中国嘉德	2020-08-17
岳敏君 2008年作 被剥夺的陶醉(一组共二十件)	121cm×80cm×6cm×20	165,342	保利香港	2020-07-12
岳敏君 2006年作 微笑主义No.20；微笑主义 No.10；微笑主义No.3(共三件)	110cm×89.9cm；101cm×89.8cm；101cm×89.8cm	74,670	保利香港	2020-07-12
岳敏君 2006年作 无题(微笑主义系列第七号)	80.2cm×110cm	68,400	佳士得	2020-06-30
岳敏君 2006年作 微笑主义系列	109.5cm×80cm	52,980	纽约佳士得	2020-04-21
曾梵志 2005年作 面具系列：木马	75cm×55.5cm	82,800	中国嘉德	2020-08-17
曾梵志 1998年作 面具系列	98.7cm×117.7cm	54,780	佳士得	2020-05-22
张大千《丹山白凤》版画(一幅)	39.7cm×105.5cm	132,250	北京保利	2020-10-18
张大千《节节高》版画(一幅)	45.5cm×66.5cm	92,000	北京保利	2020-10-18
张大千《白云深处》版画(一幅)	56cm×43cm	55,200	北京保利	2020-10-18
张晓刚 2006年作 血缘系列——女孩	138.5cm×104.9cm	97,130	纽约佳士得	2020-04-21
赵无极朱德群白南准今井俊满等1992年作 奥运百年纪念(一组五十件)	90cm×63cm×50	517,500	中国嘉德	2020-08-17
赵无极 1950年作 巴黎诗歌(六件)	约21cm×17cm×6	214,700	香港苏富比	2020-07-09
赵无极 1972年作 池塘(一组八张)	25.5cm×22.5cm×6；105cm×22.5cm×2	126,500	中国嘉德	2020-12-05
赵无极 1957年作 无题	23.5cm×29.5cm	105,456	香港苏富比	2020-10-06
赵无极 1956年作 小花园	45.5cm×56.3cm	88,805	香港苏富比	2020-10-06
赵无极 1954年作、1958年作 被遗弃之地；无题	30.8cm×48.5cm；46.7cm×42.5cm	83,204	保利香港	2020-07-12
赵无极 1956年作 无题	41.2cm×49cm	79,888	佳士得	2020-05-22
赵无极 1965年作 无题	画心 59cm×37cm；画纸76.5cm×56cm	75,055	纽约佳士得	2020-04-21
赵无极 1972年作、1994年作 构图一(Canto Pisan)；无题(共两件)	40.5cm×25.5cm；51cm×40cm	74,670	保利香港	2020-07-12
赵无极 1972年作 无题	44.2cm×61.2cm	62,769	佳士得	2020-05-22
赵无极 2006年作 20.05.88	画心 57.5cm×47cm；画纸76cm×56cm	57,063	佳士得	2020-05-22
赵无极 1971年作 E.F. 垂直的红	画心 57cm×42cm；画纸76cm×56cm	51,300	佳士得	2020-06-30
赵无极 1978年作 无题	45cm×60cm	50,850	香港苏富比	2020-07-09
中南半岛美术学院 风景	124.5cm×77.5cm	798,000	香港苏富比	2020-07-08
周东申《霸王别姬》版画(一幅)	14cm×16.5cm	57,500	中鸿信	2020-01-04
周东申《皇帝的新衣》版画(一幅)	14cm×16.5cm	57,500	中鸿信	2020-01-04
周东申《荆轲刺秦王》版画(一幅)	14cm×16.5cm	57,500	中鸿信	2020-01-04
周东申《绿色保姆》版画(一幅)	14cm×16.5cm	57,500	中鸿信	2020-01-04
周东申《夏娃》版画(一幅)	14cm×16.5cm	57,500	中鸿信	2020-01-04
周东申《智慧》版画(一幅)	14cm×16.5cm	57,500	中鸿信	2020-01-04
朱德群 无题	67cm×50.5cm	52,668	罗芙奥	2020-12-06
朱为白 1970年作《二水牛》及《女人与鹿》木刻原版(双面)	116.5cm×61cm	113,000	香港苏富比	2020-07-09
朱为白 无题 A & B	A.67.5cm×51cm；B.66.5cm×45cm	54,240	香港苏富比	2020-07-09
朱为白 1974年作 朱为白原版版画集(十二件)	版画尺寸不一；原版珍藏盒 54.8cm×70.7cm	50,850	香港苏富比	2020-07-09
朱曜奎 2019年作 金秋絮语 丝网印刷签名版画200-20	62cm×42cm	57,500	北京翰海	2020-09-12
水粉水彩				
LÉA LAFUGIE 1928年作 天姥寺僧人阮廷佳画像	29.5cm×26cm	51,120	佳士得	2020-12-03
MR. 2012年作 无题	34cm×25cm	226,000	香港苏富比	2020-07-10
PRASONG LUEMUANG 1992年作 主题的款差	122cm×185cm	508,500	佳士得	2020-07-11
巴布罗·毕加索 1943年作 咖啡壶	50cm×65cm	16,449,773	伦敦佳士得	2020-02-05
巴布罗·毕加索 1910—1911年作 加泰罗尼亚少女	35cm×25cm	1,351,454	中国嘉德	2020-10-08
巴黎 深圳·春天	100cm×80cm	98,120	中典国际	2020-10-20
保罗·克利 1929年作 窗里的气球	画作 32.5cm×24.2cm；托板 34.5cm×24.7cm	3,153,725	伦敦佳士得	2020-02-05
草间弥生 1979年作 南瓜季节	51.5cm×65.5cm	2,442,132	香港苏富比	2020-10-07
草间弥生 1975年作 白，数尽一生中度过的春天	39.7cm×54.5cm	555,030	香港苏富比	2020-10-07
草间弥生 1983年作 真昼	65.5cm×51cm	444,024	香港苏富比	2020-10-07
常青 2006年作 沐浴中的女孩之六	64.7cm×50.5cm	52,900	北京诚轩	2020-08-16
常玉 1920—1940年代作 曲腿裸女	26.5cm×37.5cm	10,810,000	华艺国际	2020-10-15
常玉 1920—1930年代作 白瓶海芋	28cm×20.5cm	4,715,000	华艺国际	2020-10-15
常玉 1920—1930年代作 仰卧的绿衣仕女	22cm×50.5cm	3,742,488	中国嘉德	2020-10-08
常玉 1920—1930年代作 盆菊	28cm×20.5cm	2,875,000	华艺国际	2020-10-15
常玉 1920—1930年代作 鱼纹瓶玫瑰	49cm×35.5cm	2,530,000	华艺国际	2020-10-15
常玉 1920—1930年代作 闲坐的绿衣仕女	44cm×28cm	2,183,118	中国嘉德	2020-10-08

拍品名称	物品尺寸	成交价RMB	拍卖公司	拍卖日期
常玉 1920—1930年代作 坐姿裸女	49cm×36cm	1,863,000	华艺国际	2020-10-15
常玉 1920—1930年代作 抱腿裸女	48.5cm×36cm	1,725,000	华艺国际	2020-10-15
常玉 1920—1930年代作 站姿裸女	48.5cm×33cm	1,610,000	华艺国际	2020-10-15
常玉 1920—1930年代作 举腿蓝丝袜女士	49cm×33.5cm	1,495,000	华艺国际	2020-10-15
常玉 1920—1930年代作 阅读的女人	49cm×35.5cm	1,437,500	华艺国际	2020-10-15
常玉 1920-1930年代作 掩面裸女	49cm×33.5cm	1,150,000	华艺国际	2020-10-15
常玉 1928年作 阅读中的女士	45cm×27cm	1,127,000	中国嘉德	2020-08-17
常玉 1920—1930年代作 侧躺裸女	49cm×33.5cm	805,000	华艺国际	2020-10-15
常玉 1920—1930年代作 坐姿裸女	25cm×17.5cm	690,000	华艺国际	2020-10-15
常玉 1920—1930年代作 条纹衣女士	45cm×25cm	678,000	香港苏富比	2020-07-09
常玉 猫	20.7cm×26.7cm	508,500	香港苏富比	2020-07-09
陈逸飞 1980年代作 临水枕河	53cm×73cm	368,000	中国嘉德	2020-12-05
戴泽 2005年作 眺望紫禁城	68cm×136.5cm	138,000	中贸圣佳	2020-10-17
戴泽 1973年作 高峡平湖建设忙	27cm×39cm	61,290	北京保利	2020-07-18
丹龙黄 1963年作、1963年作、1963年作、1969年作 漂浮在黑色块上的形体；漂浮在黑色块上的四个形体；漂浮在锯齿状黑色块上的线状形体；向极简主义致敬	24cm×31.6cm; 33cm×22cm; 30.5cm×20.5cm; 41cm×41cm	127,800	佳士得	2020-12-03
段建宇 2008年作 如何剪羊毛和鉴别毒蘑菇	34cm×26cm×2	74,750	北京保利	2020-10-16
弗里德里希·库纳什 2010年作 记忆的记忆	171cm×105cm	285,600	罗芙奥	2020-07-19
符罗飞 1964年作 平炉钢水日夜流（附素描稿两幅）（一组三件）	45.5cm×68cm; 12.5cm×16cm×2	368,000	中国嘉德	2020-12-05
符罗飞 1950年代作 瓜果	55.5cm×76cm	287,500	中国嘉德	2020-12-05
古元 冬日暖阳	27cm×37cm	79,450	北京保利	2020-07-18
古元 1990年作 秋波	27.5cm×37cm	52,210	北京保利	2020-07-18
关良 牧马图	35.5cm×27cm	287,500	西泠印社	2020-08-08
关良 剑门关口（双面画）	19.5cm×26.5cm; 26.5cm×19.5cm	207,000	西泠印社	2020-08-08
关良 终南山	26.5cm×19.5cm	207,000	西泠印社	2020-08-08
关良 风景	33cm×26cm	195,500	永乐拍卖	2020-08-18
关良 洛阳白马寺（两幅）	26.5cm×19cm×2	138,000	永乐拍卖	2020-12-04
关良 雾	25cm×25cm	138,000	永乐拍卖	2020-12-04
关紫兰 1940年代作 弹曼陀铃琴的女子	27cm×37.5cm	452,000	香港苏富比	2020-07-09
哈维尔·卡勒加 2018年作 漫长的思考	15.8cm×8cm	372,750	佳士得	2020-12-03
哈维尔·卡勒加 2017年作 非卖品	109.2cm×75cm	429,400	佳士得	2020-07-11
汉斯·哈同 P1973-Y30	53cm×75.5cm	555,030	香港苏富比	2020-10-06
何翔宇 2015年作 我们创造的一切都不是我们自己 68-H-1（一组68件）	31cm×41cm×68	690,000	中国嘉德	2020-12-05
胡粹中 常熟兴福寺	19cm×27cm	57,500	西泠印社	2020-08-08
金焕基 1971年作 无题8-IIII-71	56.5cm×42cm	1,384,500	佳士得	2020-12-03
金梅生 朵朵鲜花送英雄	69.5cm×51cm	230,000	中国嘉德	2020-12-03
凯斯·哈林 1980年作 无题	19.2cm×26.7cm	115,000	华艺国际	2020-10-15
凯斯·哈林 1983年作 无题	27cm×27.3cm	342,720	罗芙奥	2020-07-19
克里斯托弗·坞尔 无题	274.3cm×274.3cm	55,515,947	伦敦苏富比	2020-02-11
蓝荫鼎 1972年作 无题	[illegible]7cm×81cm	170,400	佳士得	2020-12-03
蓝荫鼎 1972年作 无题	4[illegible]cm×60cm	159,750	佳士得	2020-12-03
黎谱 约1938年作 女子与鹦鹉	38.5cm×28.5cm	4,452,200	佳士得	2020-07-10
黎谱 约1938—1940年作 品茶	36cm×29cm	2,486,000	佳士得	2020-07-11
黎谱 约1938年作 淑女品香茗	38.5cm×28.5cm	2,147,000	佳士得	2020-07-11
黎谱 约1938年作 披着白色面纱的少女	28.4cm×24.3cm	1,810,500	佳士得	2020-12-03
黎谱 约1938年作 黄衣少女	42.5cm×28.3cm	1,704,000	佳士得	2020-12-03
黎谱 约1940年代作 母爱	26cm×22cm	1,243,000	佳士得	2020-07-11
黎文第 约1935年作 母子	68.5cm×44.5cm	639,000	佳士得	2020-12-03
李斛 1950年代 静物	19.2cm×28cm	63,250	中国嘉德	2020-08-17
李慕白 金雪尘 1963年作 舞蹈条屏	72cm×22.5cm×4	345,000	西泠印社	2020-08-09
利亚·拉富吉 1929年作 算命师	31.5cm×24cm	74,550	佳士得	2020-12-03
梁春尔 1936年作 休憩	66cm×89cm	4,669,160	佳士得	2020-07-10
梁兆金 长白山系列之一	80cm×150cm	460,020	中典国际	2020-10-20
廖新学 1940年代作 仙鹤祥羽	33.5cm×41cm	92,000	中国嘉德	2020-12-05
刘柏荣 1969年作 胸怀朝阳何所惧	60cm×100cm	667,000	中国嘉德	2020-08-17
刘炜 约1993年作 艳妇图（三幅作品）	43.2cm×40.3cm; 46cm×42.5cm; 46cm×42cm	395,500	香港苏富比	2020-07-10
刘野 2014年作 皮诺丘	101.3cm×67cm	1,725,000	永乐拍卖	2020-12-04
刘野 2005年作 节日	67cm×101.5cm	920,000	华艺国际	2020-10-15
刘野 1997年作 北京圣母	36cm×42cm	483,000	永乐拍卖	2020-08-18
马克·夏加尔 1912年作 木匠	30.9cm×48cm	5,224,421	伦敦佳士得	2020-02-05
梅忠恕 祖母	60cm×45cm	3,876,000	香港苏富比	2020-07-08
梅忠恕 1977年作 软谈丽语	46cm×61cm	2,556,000	佳士得	2020-12-03
梅忠恕 1974年作 化妆室	27.5cm×11cm	1,582,000	佳士得	2020-07-11
梅忠恕 1940年作 春风	55cm×40cm	1,491,000	佳士得	2020-12-03
梅忠恕 1936年作 两位少女	60cm×49.5cm	798,750	佳士得	2020-12-03
梅忠恕 1941年作 采果	41.2cm×22.5cm	639,000	佳士得	2020-12-03
梅忠恕 1941年作 书法	24cm×42cm	532,500	佳士得	2020-12-03
梅忠恕 1961年作 母爱	30.8cm×18.4cm	511,200	佳士得	2020-12-03
梅忠恕 1971年作 缝纫	24cm×13cm	395,500	佳士得	2020-07-11
梅忠恕 1941年作 小女孩	39cm×26.5cm	255,600	佳士得	2020-12-03
莫里斯·尤特里罗 约1938—1940年作 萨努瓦的罗泽大街	50cm×65 cm	415,800	罗芙奥	2020-12-05
尼古拉斯·帕蒂 2014年作 静物	149.7cm×170cm	69,053,600	佳士得	2020-12-02
尼古拉斯·帕蒂 2018年作 肖像	80cm×54.5cm	2,373,000	佳士得	2020-07-11
潘玉良 1966年作 丁香	66.5cm×56.5cm	4,260,000	佳士得	2020-12-02
庞茂琨 1993年作 彝族少女	60cm×38.5cm	55,200	北京诚轩	2020-08-16
朴栖贤 1967年作 无题	168.2cm×134.5cm	2,556,000	佳士得	2020-12-03
朴栖贤 1966年作 无题（作品14）	74.7cm×87.9cm	678,000	佳士得	2020-07-11
乔治·马修 1964年作 构图	43cm×36.3cm	181,342	保利香港	2020-07-12
阮潘正 1930年作 裁缝少女	65.5cm×88cm	9,312,360	佳士得	2020-12-03
山姆·弗朗西斯 无题	68.4cm×110.5cm	2,028,825	伦敦苏富比	2020-02-11
邵增虎 螺号响了	69cm×54cm	69,000	西泠印社	2020-08-09
石家豪 2019年作 上海、香港及台北 镜片	78cm×60cm	96,900	佳士得	2020-07-01
手冢治虫x手冢制作公司 约1980年作 原子小金刚——城市月光	25.5cm×36cm	54,264	罗芙奥	2020-07-19
宋步云 1966年作 佳庆	38cm×55cm	105,800	中国嘉德	2020-08-17
宋步云 1983年作 长春南湖春色	39cm×54.5cm	57,500	中国嘉德	2020-12-05
谭华牧 1960年代作 田间农人	20cm×27cm	55,200	中国嘉德	2020-08-17
藤田嗣治 1951年作 母与子	30.3cm×24.5cm	2,938,000	香港苏富比	2020-07-09
藤田嗣治 1919年作 圣家族	30.5cm×23cm	1,150,000	西泠印社	2020-08-08
藤田嗣治 1917年作 鸢尾花	37cm×21.5cm	395,500	香港苏富比	2020-07-09
藤田嗣治 1931年作 奥迪尔·卡梅赫肖像	40.5cm×30.8cm	533,360	保利香港	2020-07-12

2020书画拍卖成交汇总(续表)

(成交价RMB：5万元以上)

拍品名称	物品尺寸	成交价RMB	拍卖公司	拍卖日期
藤田嗣治 1917年作 田园牧歌	25.7cm×17.2cm	361,600	香港苏富比	2020-07-09
藤田嗣治 1958年作 小女孩	16.7cm×13cm	361,600	佳士得	2020-07-11
藤田嗣治 1955年作 巴黎小景	22.2cm×28.3cm	287,500	西泠印社	2020-08-08
藤田嗣治 约1918年作 中国老人	29cm×26.5cm	226,000	香港苏富比	2020-07-09
藤田嗣治 1950年作 莱斯科尼，菲尼斯泰尔	23cm×31.4cm	214,700	香港苏富比	2020-07-09
王济远 1944年作 女人体	41cm×30.5cm	132,250	华艺国际	2020-10-15
王济远 1944年作 女人体	33cm×25cm	97,750	华艺国际	2020-10-15
王济远 1944年作 女人体	41cm×30.5cm	92,000	华艺国际	2020-10-15
王济远 1940—1950年代作 水彩二帧：女人像、小鹿	13cm×18cm；13.5cm×9cm	86,250	华艺国际	2020-10-15
王济远 1944年作 女人体	33cm×25cm	74,750	华艺国际	2020-10-15
王济远 1944年作 女人体	25cm×33cm	69,000	华艺国际	2020-10-15
王济远 红花	36cm×46cm	69,000	中国嘉德	2020-12-05
王济远 1954年作 双枝	46cm×31cm	57,500	中国嘉德	2020-12-05
王攀元 奔	39cm×54cm	207,900	罗芙奥	2020-12-06
王攀元 归	35cm×40cm	114,240	罗芙奥	2020-07-19
王攀元 1989年作 春郊	55cm×79cm	187,124	中国嘉德	2020-10-08
王攀元 山屋	38cm×41cm	91,392	罗芙奥	2020-07-19
王攀元 故乡	27cm×42.5cm	85,680	罗芙奥	2020-07-19
王攀元 思念	30.5cm×31.5cm	50,850	佳士得	2020-07-11
卫天霖 1970年代作 带芍药花与石膏像的静物	57.2cm×39cm	345,000	北京保利	2020-10-16
吴冠中 1988年作 池塘	70cm×69.5cm	3,450,000	华艺国际	2020-10-15
武高谈 1944年作 沐浴	50cm×60.3cm	6,858,600	佳士得	2020-12-03
武高谈 约1930年作 品茶	45.8cm×51.5cm	4,473,000	佳士得	2020-12-03
武高谈 约1933年作 少女肖像	25cm×21cm	655,400	佳士得	2020-07-11
武高谈 约1940年作 少女	33cm×26cm	511,200	佳士得	2020-12-03
武高谈 约1952年作 奉献	46cm×38cm	319,500	佳士得	2020-12-03
席德进 1960年作 渔村	36.5cm×54.5cm	700,600	佳士得	2020-07-11
席德进 1974年作 淡水河畔	56cm×76cm	519,790	中国嘉德	2020-10-08
席德进 1972年作 往日月潭路上	50cm×60cm	339,000	香港苏富比	2020-07-09
席德进 1981年作 风景	65cm×102.5cm	228,480	罗芙奥	2020-07-19
席德进 1958年作 双牛图	39cm×55.4cm	202,350	佳士得	2020-12-03
席德进 1979年作 无题	55cm×74.5cm	213,000	佳士得	2020-12-03
席德进 1973年作 淡水	50cm×60cm	166,509	香港苏富比	2020-10-06
席德进 1966年作 福尔摩莎大楼	37cm×51cm	159,750	佳士得	2020-12-03
席德进 1978年作 老人吹箫	67cm×45cm	159,750	佳士得	2020-12-03
席德进 1973年作 南澳风景	51cm×68cm	133,056	罗芙奥	2020-12-06
席德进 1961年作 乡间一景	39.5cm×57.5cm	85,680	罗芙奥	2020-07-19
席德进 1972年作 风景	38cm×56.5cm	55,440	罗芙奥	2020-12-06
萧淑芳 1954年作 滨海嬉戏	36cm×25cm	230,000	中国嘉德	2020-08-17
萧淑芳 1959年作 颐和园	39.5cm×27cm	74,750	中国嘉德	2020-12-05
徐寄萍 1959年作 入队	48cm×73cm	115,000	西泠印社	2020-08-09
徐咏青 越秀山下	75cm×50cm	184,000	西泠印社	2020-08-09
徐咏青 游湖	72cm×50cm	161,000	西泠印社	2020-08-09
颜文樑 春意	26.5cm×34.5cm	368,000	西泠印社	2020-08-08
颜文樑 秋景	26.5cm×34.5cm	218,500	西泠印社	2020-08-08
佚名 农业学大寨	75cm×132cm	115,000	西泠印社	2020-08-09
约瑟夫·马洛德·威廉·透纳 1795年作 彼得伯勒大教堂	31.2cm×22.8cm	471,500	西泠印社	2020-08-08
岳敏君 2006年作 无题	170cm×150cm	460,000	北京保利	2020-10-16
赵无极 1979年作 无题	57cm×76cm	2,772,000	罗芙奥	2020-12-06
赵无极 1967年作 静峡清潭	26.5cm×37cm	1,150,000	中国嘉德	2020-12-05
赵无极 1953—1954年作 无题	23cm×18cm	1,150,000	中国嘉德	2020-08-17

拍品名称	物品尺寸	成交价RMB	拍卖公司	拍卖日期
赵无极 无题	46cm×38cm	847,500	香港苏富比	2020-07-09
赵无极 1957年作 无题	40.2cm×32.7cm	692,250	佳士得	2020-12-03
赵无极 1975年作 无题	29.7cm×21.4cm	467,811	中国嘉德	2020-10-08
赵无极 1954年作 无题	18.7cm×14cm	404,700	佳士得	2020-12-03
中村萌 2017年作 无题	21cm×14.7cm	55,440	罗芙奥	2020-12-06
周柏生 1954年作 白娘娘与小青青	72cm×50.5cm	103,500	西泠印社	2020-08-09
周令钊 一片丹心为人民	49cm×75cm	207,000	中贸圣佳	2020-10-17
朱德群 1968年作 无题	63.5cm×49cm	692,250	佳士得	2020-12-03
朱德群 1963年作 第147号构图	54.5cm×41.2cm	248,600	香港苏富比	2020-07-09

油画

拍品名称	物品尺寸	成交价RMB	拍卖公司	拍卖日期
CHATCHAI PUIPIA 讲梦话	80.5cm×70cm	170,400	佳士得	2020-12-03
D·FACE 友好的开火	66cm×66cm	80,500	华艺国际	2020-10-15
Do Quang Em 妻子	100.5cm×83cm	180,800	香港苏富比	2020-07-09
KAWS 我不客气了	直径243. 5cm	5,545,455	伦敦苏富比	2020-02-11
KAWS 2012年作 无法保证	173cm×218.5cm	4,452,200	佳士得	2020-07-10
KAWS 2017年作 失踪	直径213.4cm	4,235,240	佳士得	2020-07-10
KAWS 2013年作 无题	直径150.5cm	2,938,000	香港苏富比	2020-07-10
KAWS 2001年作 无题（KRUSTY）包装画作系列	41cm×41cm；59.5cm×48.5cm×7.5cm	1,065,000	佳士得	2020-12-03
KAWS 1997年作 无题	41cm×41cm	920,000	永乐拍卖	2020-08-18
MADSAKI 2018年作 漫威	180cm×180cm	2,343,000	佳士得	2020-12-02
MADSAKI 2016年作 阿尔及尔女人II	116cm×147cm	1,469,000	香港苏富比	2020-07-10
MADSAKI 2017年作 玉米	170cm×170cm	1,356,000	佳士得	2020-07-11
MADSAKI 2016年作 女神游乐厅的吧台II	113cm×170cm	1,243,000	香港苏富比	2020-07-10
MADSAKI 2017年作 薯片	241cm×190cm	1,171,500	佳士得	2020-12-03
MADSAKI 2018年作 荷里活	直径50cm	399,438	佳士得	2020-05-22
MADSAKI 2013年作 Hike	画框 61.6cm×46.4cm；作品 54.6cm×39.4cm	67,800	香港苏富比	2020-07-10
MR. 2012年作 忠于自己	整体291cm×727.2cm	4,714,360	香港苏富比	2020-07-09
MR. 2012年作 人生是音乐	173.2cm×105.1cm	3,885,210	香港苏富比	2020-10-07
MR. 2012年作 永无止境的歌曲	130.6cm×130.3cm	3,390,000	香港苏富比	2020-07-10
MR DOODLE 2019年作 KITTY糖果	100cm×150cm	1,054,557	香港苏富比	2020-10-07
MR DOODLE 2019年作 红色的活力	122cm×183cm	474,600	香港苏富比	2020-07-10
MR DOODLE 2018年作 迪斯科时代	30.5cm×76cm	288,616	香港苏富比	2020-10-07
MR. 2009年作 雨季已结束	130.5cm×88.5cm	1,141,250	佳士得	2020-05-22
MR. 2001年作 女孩	90.2cm×90.2cm	339,000	香港苏富比	2020-07-10
MR. 2002年作 来到山科的女孩	52cm×36.5cm	170,675	保利香港	2020-07-12
MR. (岩本正胜) 2009年作 川流淙淙	116.7cm×80.3cm	1,913,520	罗芙奥	2020-07-19
MR. 2002年作 世界拉力锦标赛	65.4cm×49.8cm	158,[illegible]00	佳士得	2020-07-11
Nashar 抽象	93cm×142cm	62,[illegible]50	香港苏富比	2020-07-09
Nguyen Tri Minh 房子与红树	29cm×39.5cm	90,400	香港苏富比	2020-07-09
Nguyen Tri Minh 荷花池	44.5cm×94cm	73,450	香港苏富比	2020-07-09
NITI WATTUYA 1998年作 金人	220cm×194cm	149,100	佳士得	2020-12-03
OLM 宝可梦（共五件）	尺寸不一	85,338	保利香港	2020-07-12
PRATUANG EMJAROEN 1994年作 无题	90.5cm×100.5cm	234,300	佳士得	2020-12-03
PRATUANG EMJAROEN 1990年作 一号	90cm×75cm	106,500	佳士得	2020-12-03
ROMULO OLAZO 1981年作 Diaphanous No. 258	61cm×76cm	276,900	佳士得	2020-12-03
STIK 2014年作 一起	180cm×90cm	1,054,557	香港苏富比	2020-10-07
阿尔伯特·尔莱恩 2001年作 哨声	280cm×340.5cm	18,925,240	香港苏富比	2020-07-09
阿尔伯特·尔莱恩 无题	170cm×140cm	5,329,047	伦敦苏富比	2020-02-11

（成交价RMB：5万元以上）

拍品名称	物品尺寸	成交价RMB	拍卖公司	拍卖日期
阿尔弗雷德·西斯利 约1882年作 五月下午的莫雷卢瓦尔河畔	50.5cm×73.2cm	6,859,181	伦敦佳士得	2020-02-05
阿凡迪 裸像	98cm×138.5cm	1,356,000	香港苏富比	2020-07-09
阿凡迪 猪	102cm×137cm	621,500	香港苏富比	2020-07-09
阿凡迪 1966年作 斗鸡	82.5cm×118.5cm	565,000	佳士得	2020-07-11
阿凡迪 海景	120cm×200cm	565,000	香港苏富比	2020-07-09
阿凡迪 1960年作 野猪	95.6cm×146.3cm	429,400	佳士得	2020-07-11
阿古斯·特里延托·BR 吊灯	200cm×180cm	67,800	香港苏富比	2020-07-09
阿里凡·涅夫 MAR DALA	70cm×80cm	50,850	香港苏富比	2020-07-09
阿莫奥克·博福 2019年作 无题（双手）	100cm×70cm	2,236,500	佳士得	2020-12-03
阿莫奥克·博福 2019年作 巴巴·迪奥普	211cm×167.5cm	58,745,120	佳士得	2020-12-02
阿莫索罗 1951年作 水果市场	63.5cm×89cm	1,356,000	佳士得	2020-07-11
阿莫索罗 1962年作 竹竿舞	55cm×70.5cm	847,500	佳士得	2020-07-11
阿莫索罗 1952年作 插秧	53cm×71cm	639,000	佳士得	2020-12-03
阿瑞·史密特 兰花	63.5cm×63.5cm	203,400	香港苏富比	2020-07-09
阿瑞·史密特 花瓶中花	44.5cm×35cm	50,850	香港苏富比	2020-07-09
埃德·鲁沙 1972年作 总统	50.8cm×61cm	8,895,457	香港苏富比	2020-10-06
艾德里安·格尼 2013年作 前往塔拉斯孔的路上 2	210cm×160cm	30,487,400	佳士得	2020-07-10
艾迪·玛汀尼兹 实验心态	182.8cm×274.3cm	5,545,455	伦敦苏富比	2020-02-11
艾迪·玛汀尼兹 2017年作 中号情书1号	213cm×183cm	1,998,108	香港苏富比	2020-10-07
艾迪·玛汀尼兹 2012年作 斗牛士	213.4cm×304.8cm	1,469,000	香港苏富比	2020-07-09
艾迪·玛汀尼兹 2014年作 无题	101.6cm×76.1cm	1,017,000	香港苏富比	2020-07-10
艾迪·玛汀尼兹 2018年作 无题	101.8cm×76.3cm	847,500	香港苏富比	2020-07-10
艾迪·马丁内斯 2011年作 你的未来是我的过去	152.5cm×183cm	2,769,000	佳士得	2020-12-03
艾可·努谷厚 花园开满民主之花 #8	200cm×150cm	248,600	香港苏富比	2020-07-09
艾力·伊根 2017年作 书架上的鲜花	152.5cm×122cm	101,700	佳士得	2020-07-11
艾利·斯密特 1960年作 乌布杰姆普汉的稻田	78.5cm×59cm	565,000	佳士得	2020-07-11
艾利·斯密特 1986年作 海滩	36.5cm×48.5cm	248,600	佳士得	2020-07-11
艾利·斯密特 1994年作 峇里岛南部的印度洋	80cm×109.5cm	319,500	佳士得	2020-12-03
艾利·斯密特 1993年作 满月当空	55.5cm×60.5cm	149,100	佳士得	2020-12-03
艾轩 2007年作 荒原的黎明	110cm×110cm	4,600,000	华艺国际	2020-10-15
艾轩 1990年作 雪山上的孩子	99.5cm×80.5cm	3,450,000	中国嘉德	2020-12-05
艾轩 2005年作 冬雪	50cm×50cm	575,000	中国嘉德	2020-12-05
艾中信 1986年作 林荫下	55cm×60cm	690,000	永乐拍卖	2020-12-04
艾中信 1944年作 天之涯	60cm×70cm	690,000	中国嘉德	2020-08-17
艾中信 1980年作 庭院一角	79cm×56cm	415,832	中国嘉德	2020-10-08
艾珠·克里丝汀 飞翔中的气球	170cm×200cm	5,412,720	香港苏富比	2020-07-08
安德烈·布拉吉利 2015年作 夜幕降临	114cm×146cm	791,000	香港苏富比	2020-07-09
安德烈·布拉吉利 2015年作 下午茶时间	97cm×146cm	721,539	香港苏富比	2020-10-06
安德烈·布拉吉利 2004年作 林间彩姿	24cm×33 cm	127,512	罗芙奥	2020-12-05
安德烈·科达沃兹 1994年作 威尼斯早晨 油彩 画布	73cm×116cm	128,520	罗芙奥	2020-07-19
安德烈克·布拉吉利 2016年作 秋日骑行	1[illegible]5cm×208cm	1,384,500	佳士得	2020-12-03
安迪·沃荷 1981年作 美元符号	2[illegible]cm×20cm	2,034,000	佳士得	2020-07-10

拍品名称	物品尺寸	成交价RMB	拍卖公司	拍卖日期
安迪·沃荷 1975年作 淑女与绅士（双联作）	35.6cm×27.9cm×2	1,559,370	中国嘉德	2020-10-08
安迪·沃霍尔 1980—1981年作 钻石粉鞋	228.6cm×177.8cm	13,225,000	华艺国际	2020-10-15
安迪·沃霍尔 1973年作 Riki	101.6cm×101.6cm	3,565,000	永乐拍卖	2020-12-04
安格百迪 约1942年作 下龙湾	38.5cm×61cm	234,300	佳士得	2020-12-03
安奇帮 渡	70cm×140cm	1,380,000	荣宝斋（南京）	2020-11-28
安奇帮 古堡	80cm×60cm	920,000	荣宝斋（南京）	2020-11-28
安奇帮 南中国海	56cm×76cm	598,000	荣宝斋（南京）	2020-11-28
安奇帮 花	60cm×80cm	552,000	荣宝斋（南京）	2020-11-28
奥蒂斯·夸梅·基·奎科 2019年作 花童	122cm×91.5cm	943,551	香港苏富比	2020-10-06
奥拉治奥·罢起 1967年作 DMS 570	130cm×130cm	83,255	香港苏富比	2020-10-06
奥斯汀·李争斗	91cm×61cm	144,308	香港苏富比	2020-10-07
巴布罗·毕加索 1953年12月20日作 室内的瓶花	130cm×96.8cm	65,783,197	伦敦佳士得	2020-02-05
巴布罗·毕加索 1962年10月22日作 静物与狗	130cm×162cm	41,043,829	伦敦佳士得	2020-02-05
白发一雄 1961年作 地乐星 铁叫子	130.5cm×194cm	152,314,400	佳士得	2020-12-02
白发一雄 1960年作 地退星翻江蜃	130cm×162cm	24,023,800	香港苏富比	2020-07-09
白发一雄 1987年作 泥锡	174cm×229cm	7,616,245	香港苏富比	2020-10-06
白发一雄 1990年作 变化	130cm×161.5cm	7,369,800	佳士得	2020-12-02
白发一雄 1988年作 妙乐	60.5cm×73 cm	2,772,000	罗芙奥	2020-12-05
白发一雄 1973年作 大黑天	60.5cm×73cm	2,768,500	香港苏富比	2020-07-10
白发一雄 1969年作 无题	60cm×38cm	2,662,500	佳士得	2020-12-03
白发一雄 约1970年代作 罗刹天赞	91cm×65cm	1,221,066	香港苏富比	2020-10-07
白羽平 1998年作 大田园	130cm×160cm	161,000	中贸圣佳	2020-10-17
薄云 2018年作 渔歌	200cm×150cm	437,000	中国嘉德	2020-12-05
保罗·艾伯特·劳伦斯 蓝色花瓶里的花束	45cm×37cm	195,500	北京保利	2020-10-18
保罗·塞尚 约1904年作 从楼浮山丘眺望圣维克多山	54cm×65cm	24,078,653	伦敦佳士得	2020-02-05
保罗·希涅克 1896年作 艾登的磨坊	65.2cm×81.4cm	12,090,413	伦敦佳士得	2020-02-05
贝尔纳·毕费 1961年作 斗牛士 油彩 画布	100cm×81cm	4,284,000	罗芙奥	2020-07-19
贝尔纳·毕费 1993年作 圣托佩港口	130cm×195cm	8,316,000	罗芙奥	2020-12-06
贝尔纳·布菲 1970年作 呐喊	130cm×89cm	3,648,000	香港苏富比	2020-07-08
贝尔纳·布菲 1972年作 勒哈佛尔，贸易港口	89cm×130cm	1,998,108	香港苏富比	2020-10-05
贝尔纳·布菲 1976年作 塞纳–马恩省河畔的城堡	89.7cm×130cm	1,412,500	香港苏富比	2020-07-09
贝尔纳·布菲 1975年作 圣玛丽小城堡	130cm×89cm	1,110,060	香港苏富比	2020-10-06
贝尔纳·卡多兰 1997年作 绣球花与万寿菊 油彩 画布	100cm×73cm	314,160	罗芙奥	2020-07-19
贝尔纳·卡多兰 1978年作 银莲花束 油彩 画布	55cm×38.5cm	137,088	罗芙奥	2020-07-19
贝尔纳·夏洛瓦 约1961年作 古西巴	72cm×59.5 cm	152,460	罗芙奥	2020-12-05
贝尔纳·夏洛瓦 1999年作 米莉安 油彩 画布	65cm×54cm	97,104	罗芙奥	2020-07-19

2020书画拍卖成交汇总(续表)

(成交价RMB：5万元以上)

拍品名称	物品尺寸	成交价RMB	拍卖公司	拍卖日期
贝尔纳·夏洛瓦 2004年作 凡尔赛花园 压克力 画布	60cm×73cm	91,392	罗芙奥	2020-07-19
贝尔纳·夏洛瓦 2004年作 玛莉 油彩 画布	46cm×38cm	59,500	罗芙奥	2020-07-19
彼埃·奥古斯特·雷诺阿 1880年7月作 福尔德夫人肖像(戴襟饰的女子)	55.2cm×46cm	4,461,533	伦敦佳士得	2020-02-05
彼得·索尔 2015年作 两个拿破仑翻越阿尔卑斯山	203.2cm×177.8cm	2,260,000	佳士得	2020-07-10
伯顿·莫利斯 2006年作 超人(双联幅)压克力 画布	305cm×122cm	142,800	罗芙奥	2020-07-19
伯顿·莫利斯 2006年作 美国队长(双联幅)压克力 画布	305cm×122cm	142,800	罗芙奥	2020-07-19
博波·伊斯康达 猫与落日的天空	98cm×111cm	50,850	香港苏富比	2020-07-09
博特·莫克塔 两个和服女子	100cm×100cm	741,000	香港苏富比	2020-07-08
卜镝 2014年作 私密花园4号	80cm×200cm	345,000	北京保利	2020-10-16
布丽奇·莱利 1987年作 到位	164.5cm×159.5cm	10,572,280	香港苏富比	2020-07-09
布特 莫达 1965年作 无题	60cm×170cm	276,900	佳士得	2020-12-03
蔡际鸿 2018年作 冰沟丹霞	60cm×80cm	82,800	中鸿信	2020-01-04
蔡际鸿 2017年作 圣彼得堡的郊外	60cm×80cm	78,200	中鸿信	2020-01-04
曹力 1991年作 大气污染	38.5cm×36cm	149,500	永乐拍卖	2020-12-04
草间弥生 2011年作 南瓜(CHA)	112cm×145.5cm	25,738,415	香港苏富比	2020-10-06
草间弥生 1988年作 白百合	45.5cm×53cm	5,039,800	香港苏富比	2020-07-10
草间弥生 2014年作 南瓜军	130.3cm×162cm	23,155,960	香港苏富比	2020-07-09
草间弥生 1989年作 南瓜	46cm×38cm	12,993,000	佳士得	2020-12-03
草间弥生 1991年作 南瓜(B) 压克力 画布	91cm×72.7cm	12,337,920	罗芙奥	2020-07-19
草间弥生 2013年作 无限网 (NOLM)	162cm×130.3cm	8,682,255	香港苏富比	2020-10-06
草间弥生 约1970年代作 大海的眼睛	45.5cm×38cm	5,704,475	中国嘉德	2020-10-08
草间弥生 1988年作 星之祭典	45.5cm×53cm	2,147,000	香港苏富比	2020-07-10
草间弥生 2000年作 DOTS	65.2cm×53cm	2,054,250	佳士得	2020-05-22
草间弥生 1992年作 果物	15.8cm×22.7cm	1,940,400	罗芙奥	2020-12-06
草间弥生 1993年作 南瓜	15.8cm×22.7cm	1,665,090	香港苏富比	2020-10-07
草间弥生 1989年作 海精	45.5cm×38cm	1,356,000	香港苏富比	2020-07-10
草间弥生 约1968年作 无题	74.5cm×118cm	831,664	中国嘉德	2020-10-08
草间弥生 1981年作 杯	22.7cm×15.8cm	777,042	香港苏富比	2020-10-07
常陵 2010年作 五花肉系列：肉宗教-天使伏虎图 油彩 画布	120cm×120cm	125,664	罗芙奥	2020-07-19
常青 1998—2000年 清影幽香	75cm×89.5cm	172,500	中国嘉德	2020-08-17
常玉 1950年代作 绿色背景四裸女	100cm×122cm	235,606,992	香港苏富比	2020-07-08
常玉 1940—1950年代作 青花盆中盛开的菊花	110cm×60cm	173,224,480	佳士得	2020-07-10
常玉 1950年代作 青花盆与菊	91cm×62cm	164,795,455	香港苏富比	2020-10-05
常玉 1950—1960年代作 翘腿的裸女	125cm×95.5cm	148,599,151	香港苏富比	2020-10-05
常玉 1930—1940年代作 八尾金鱼	73.8cm×50.2cm	144,984,840	佳士得	2020-12-02
常玉 1931年作 篮中粉红菊	92cm×60cm	117,669,720	佳士得	2020-12-02
常玉 鸡与蛇	49cm×63.5cm	19,639,400	佳士得	2020-07-10
常玉 1929年作 白菊	46cm×27cm	19,638,600	佳士得	2020-12-02
常玉 1930年代作 镜前母与子	55cm×46cm	15,870,000	永乐拍卖	2020-12-04
常玉 1929年作 粉红裸女	33cm×42cm	11,103,600	香港苏富比	2020-07-08
常玉 1940年代作 豹	10.5cm×21.3cm	9,876,200	佳士得	2020-07-11
常玉 1930年代作 一篮梨子	34cm×43cm	5,631,600	香港苏富比	2020-07-08
常书鸿 李承仙 1993年作 敦煌春天	191.5cm×372cm	6,382,500	北京翰海	2020-12-12

拍品名称	物品尺寸	成交价RMB	拍卖公司	拍卖日期
朝戈 1995年作 大草原	80cm×120cm	977,500	北京保利	2020-10-16
朝戈 1991年作 女人体	129cm×97cm	552,000	中国嘉德	2020-12-05
朝戈 2004年作 云	72cm×52cm	805,000	永乐拍卖	2020-08-18
朝戈 1986年作 女肖像	65.5cm×50cm	414,000	华艺国际	2020-10-15
陈承卫 2014年作 大民国——眸含秋水	81cm×60cm	74,750	中国嘉德	2020-12-05
陈承卫 2007年作 绘画者	73cm×58cm	69,000	西泠印社	2020-08-08
陈存义 1973年作 风景	53cm×177cm	234,300	佳士得	2020-12-03
陈丹青 1988年作 荒原风	107.8cm×141.5cm	4,875,996	保利香港	2020-12-08
陈丹青 2014年作 刚过60岁；造型设计师谢星；假花	138cm×92.5cm；220cm×400cm；210cm×230cm	17,250,000	华艺国际	2020-10-15
陈丹青 2021—2023年作 陈丹青2021—2023未来作品		11,500,000	华艺国际	2020-10-15
陈丹青 1983年作 康巴汉子	100.5cm×75.5cm	6,900,000	北京保利	2020-10-16
陈丹青 1983年作 牧羊人	44cm×59cm	3,680,000	永乐拍卖	2020-12-04
陈丹青 1980年代 进城	39cm×27.5cm	2,185,000	永乐拍卖	2020-12-04
陈丹青 2005年作 张坊村农民工	40.8cm×53.5cm	311,874	中国嘉德	2020-10-08
陈飞 2010年作 坏叔叔——献给安东尼奥尼·米开朗基罗	200cm×150cm	3,466,840	保利香港	2020-07-12
陈飞 2010年作 拾荒者	115cm×179cm	3,220,000	永乐拍卖	2020-12-04
陈飞 2010年作 青春男	170cm×130cm	1,751,500	佳士得	2020-07-11
陈飞 2007—2011年作 电视剧1、2	140cm×180cm×2	958,500	佳士得	2020-12-02
陈飞 2013年作 太岁	130cm×170.5cm	920,000	中国嘉德	2020-12-05
陈飞 2011年作 小清凉	40cm×30cm	248.600	佳士得	2020-07-11
陈飞 2010年作 杀人者：鱼人	30cm×40cm	115,000	北京诚轩	2020-08-16
陈福善 1974年作 一飞冲天	151cm×75cm	169,500	香港苏富比	2020-07-09
陈福善 1974年作 异域	153cm×83cm	159,500	香港苏富比	2020-07-09
陈福善 1973年作 蓝色山水	45cm×70cm	67,800	香港苏富比	2020-07-09
陈锦芳 2010年作 黄浦江世博梦 镜心	60.8cm×90.8cm	575,000	中鸿信	2020-01-03
陈钧德 2007年作 秋韵	80cm×100cm	460,000	永乐拍卖	2020-08-18
陈钧德 2002年作 上海街景	70cm×80cm	368,000	西泠印社	2020-08-08
陈钧德 2005年作 风景	60cm×70cm	322,000	永乐拍卖	2020-12-04
陈钧德 2005年作 阳春畅合	70cm×90cm	255,375	北京保利	2020-07-18
陈钧德 1981年作 石狮子	73cm×60.5cm	218,500	中国嘉德	2020-08-17
陈钧德 1975年作 港口	45cm×52cm	172,500	中国嘉德	2020-12-05
陈钧德 2013年作 莱茵河之畔	28cm×40cm	63,250	朵云轩	2020-09-24
陈可 2016年作 1955·纽约·29岁	200cm×130cm	3,258,920	佳士得	2020-07-10
陈可 2007年作 六层塔	215cm×215cm	1,725,000	北京保利	2020-10-16
陈可 2009年作 Happy New Year	200cm×200cm	402,500	西泠印社	2020-08-08
陈可 2013年作 病床上的弗里达	50cm×50cm	345,000	北京保利	2020-10-16
陈可 2006年作 英雄	50cm×50cm	339,000	佳士得	2020-07-11
陈可 2010年作 雪	40.2cm×50.2cm	91,483	中国嘉德	2020-10-08
陈可之 普天吉祥 镜框	46cm×46cm	1,150,000	保利厦门	2020-09-26
陈可之 几度夕阳红	55cm×60cm	1,092,500	荣宝斋(南京)	2020-11-28
陈可之 志当高远	50cm×50cm	782,000	荣宝斋(南京)	2020-11-28
陈留厚 2002年作 花 油彩 画布	90cm×80cm	[illegible]2,832	罗芙奥	2020-07-19
陈鹏 塞北残阳	65.5cm×166cm	1,070,000	北京贞观	2020-11-28
陈威呈 2008年作 晨净光身	117cm×90.5cm	60,984	罗芙奥	2020-12-06
陈文希 静物与鱼	60cm×81cm	904,000	香港苏富比	2020-07-09
陈文希 1950年作 渔村	61cm×76cm	745,500	佳士得	2020-12-03
陈文希 打理渔获	49cm×59cm	639,000	佳士得	2020-12-03
陈衍宁 1999年作 小提琴手	81cm×61cm	667,000	西泠印社	2020-08-08

拍品名称	物品尺寸	成交价RMB	拍卖公司	拍卖日期
陈衍宁 1988年作 母爱	61cm×76cm	95,850	佳士得	2020-12-03
陈逸飞 1980年作 金桥(苏州)	76cm×107cm	7,705,000	永乐拍卖	2020-08-18
陈逸飞 1990年作 高原母子情	66cm×97cm	5,750,000	永乐拍卖	2020-12-04
陈逸飞 1984年作 黄昏(苏州1984)	76.2cm×106.7cm	4,886,120	佳士得	2020-07-11
陈逸飞 1989年作 法国号I	60cm×73cm	4,370,000	西泠印社	2020-08-08
陈逸飞 1983年作 苏州运河	76cm×107cm	3,680,000	永乐拍卖	2020-12-04
陈逸飞 威尼斯水景	75cm×95cm	1,725,000	朵云轩	2020-09-24
陈逸飞 苏州水乡	87cm×107cm	1,597,500	佳士得	2020-12-03
陈逸飞 少女肖像	66cm×46cm	1,380,000	中鸿信	2020-01-04
陈逸飞 少女肖像	71cm×37cm	1,265,000	中鸿信	2020-01-04
陈逸飞 苏州村庄	61cm×76.3cm	852,000	佳士得	2020-12-03
陈逸飞 1980年代作 纽约街景	51cm×76.5cm	552,000	中国嘉德	2020-12-05
陈荫罴 约1970年代作 狂草之歌	125cm×82cm	471,240	罗芙奥	2020-12-06
陈荫罴 约1960年作 能	77cm×56cm	322,000	永乐拍卖	2020-08-18
陈荫罴 1970年代作 书法－白	68cm×69cm	235,620	罗芙奥	2020-12-06
陈荫罴 约1950—1960年作 笔阵IV	61cm×46cm	230,000	永乐拍卖	2020-12-04
陈钰[illegible] 1992年作 天子山 油彩 画布	45.5cm×53cm	62,832	罗芙奥	2020-07-19
陈彧君 2012年作 主体与客体二(一组二件)	182cm×120cm；直径80.5cm	138,000	中国嘉德	2020-08-17
陈彧君 2009年作 临时家庭——晚宴	200cm×260cm	253,000	中国嘉德	2020-08-17
陈彧君 2009年作 亚洲地境——56平方米	80cm×100cm×2	184,000	永乐拍卖	2020-08-18
陈彧君 2009年作 亚洲地境——1.65平方米 No. 20090102	150cm×110cm	161,000	中国嘉德	2020-12-05
陈彧君 20[illegible]年作 临时家庭—居室No.3	212cm×152cm	97,750	中国嘉德	2020-08-17
程竹 2019年作 公共偶像NO.75—时间旅行	120cm×100cm	460,000	中国嘉德	2020-12-05
崔洁 2016年作 海之女儿	100cm×150cm	388,521	香港苏富比	2020-10-06
崔洁 2015年作 地面入侵图28号	40cm×50cm	72,154	香港苏富比	2020-10-07
崔晓晓《记忆系列》之二	100cm×80cm	1,205,000	北京贞观	2020-11-28
崔岫闻 假日	160cm×130cm	115,000	中贸圣佳	2020-10-17
村上隆 1996年作 Miss ko2	122cm×122cm	36,344,000	佳士得	2020-12-02
村上隆 2002年作 Posi Mushroom	178.4cm×139.7cm	5,320,040	佳士得	2020-07-10
村上隆 2018年作 向弗朗西斯·培根致敬(乔治·戴尔头像的习作)(浅色背景)	100cm×100cm	4,994,600	佳士得	2020-07-10
村上隆 2017年作 无题(花系列与MADSAKI合作)	141cm×120cm	2,442,132	香港苏富比	2020-10-07
村上隆×Virgil Abloh 2018年作 自然的	58cm×46cm	542,400	香港苏富比	2020-07-10
达娜·舒茨 2017年作 升降机	345.4cm×431.8cm	330,730,400	佳士得	2020-12-02
达宛·都察尼 耶稣基督	201cm×151cm	1,597,500	佳士得	2020-12-03
大久保如弥 2010年作 初次见面 油彩 压克力 棉布 裱于木板	162cm×130cm	68,068	罗芙奥	2020-07-19
戴维·霍克尼 水花	183cm×183cm	208,445,989	伦敦苏富比	2020-02-11
戴维·霍克尼 1996年作 三一朵向日葵	182.9cm×182.9cm	103,803,608	香港苏富比	2020-07-09
戴泽 1958年作 奋战十三陵(双面画)	36.3cm×51.7cm	207,000	中国嘉德	2020-08-17
戴泽 1996年作 玫瑰花	60cm×90.5cm	115,000	中国嘉德	2020-12-05
戴泽 京西马栏村风景(双面画)	35cm×51cm	74,750	中贸圣佳	2020-10-17
丹龙黄 1990年作 无题	70cm×66.5cm	234,300	佳士得	2020-12-03
丹尼尔·利希特 2018年作 欢愉的沉沦	210cm×170cm	2,130,000	佳士得	2020-12-03
嶋本昭三 2007年作 和平的证明 2007-13 压克力 画布 复合媒材	143cm×140cm	685,440	罗芙奥	2020-07-19
邓木奎 1970年作 红灯码头	86.5cm×100cm	74,550	佳士得	2020-12-03
丁雄泉 1973年作 十丈飞红	152.4cm×228.6cm	2,220,120	香港苏富比	2020-10-05

拍品名称	物品尺寸	成交价RMB	拍卖公司	拍卖日期
丁雄泉 1971年作 我在黎明窸窣作响	178cm×229cm	1,384,500	佳士得	2020-12-02
丁雄泉 1998年作 孔雀	126cm×200cm	920,000	永乐拍卖	2020-08-18
丁雄泉 1980年作 美人侧卧	178cm×96cm	2,990,000	北京翰海	2020-12-12
丁雄泉 1983年作 西瓜静物	97.5cm×180cm	791,000	香港苏富比	2020-07-09
丁雄泉 1975年作 床上美人	76cm×112cm	678,000	香港苏富比	2020-07-09
丁雄泉 1968年作 多么美好的一天	103.3cm×127.1cm	447,300	佳士得	2020-12-03
丁雄泉 1986年作 你爱我吗？？？	71cm×102cm	444,024	香港苏富比	2020-10-06
丁雄泉 女人与马	97cm×178cm	429,400	香港苏富比	2020-07-09
丁雄泉 1985年作 I Melancholy Mood	55.9cm×76.4cm	426,938	纽约佳士得	2020-09-11
丁雄泉 1990年代初作 花鸟鱼果图	120cm×181cm	395,040	中国嘉德	2020-10-08
丁雄泉 1977年作 姐妹	71cm×101.5cm	372,750	佳士得	2020-12-03
丁雄泉 1986年作 我想你	40.9cm×51cm	335,540	纽约佳士得	2020-04-21
丁雄泉 1960年作 构图	100cm×100cm	333,018	香港苏富比	2020-10-06
丁雄泉 三美人与鹦鹉	175.3cm×94cm	316,400	佳士得	2020-07-11
丁雄泉 1986年作 我生气	41cm×51cm	249,480	罗芙奥	2020-12-06
丁雄泉 1985年作 你喜欢黄色的猫吗	45.7cm×50.7cm	222,008	纽约佳士得	2020-09-11
丁雄泉 手捧西瓜仕女	68cm×97cm	214,700	香港苏富比	2020-07-09
丁雄泉 1990年代初作 鱼鸟静物	68cm×93.5cm	124,750	中国嘉德	2020-10-08
丁雄泉 女士与鹦鹉	61cm×46.8cm	114,125	佳士得	2020-05-22
丁雄泉 女人与花 压克力 宣纸	66.5x91cm	97,104	罗芙奥	2020-07-19
丁雄泉 1979年作 无题(裸女与扇)	62.3cm×50.3cm	93,926	纽约佳士得	2020-09-11
丁雄泉 1990年代中期作 头戴鲜花的女孩	42.5cm×63cm	72,771	中国嘉德	2020-10-08
丁雄泉 美人	64.5cm×80cm	72,072	罗芙奥	2020-12-06
丁衍庸 1969年作 穿绿色外套的女人	91.2cm×60.6cm	6,142,920	佳士得	2020-12-02
丁衍庸 1971年作 楚霸王	61cm×45cm	3,638,530	中国嘉德	2020-10-08
丁衍庸 1970年作 钟馗纹瓶子		1,917,000	佳士得	2020-12-03
丁衍庸 1970年作 湖畔盛景	45.8cm×30.6cm	914,830	中国嘉德	2020-10-08
董小蕙 2014年作 新春——红茶花	130cm×97cm	363,853	中国嘉德	2020-10-08
董小蕙 2013年作 清丽——粉茶	72.5cm×60.5cm	145,541	中国嘉德	2020-10-08
董子棋 无题	85cm×85cm	115,000	北京翰海	2020-09-12
杜溪 2015年作 海底探险 油彩 画布	140cm×110cm	57,120	罗芙奥	2020-07-19
杜泳樵 雨荷	73cm×55cm	51,750	重庆尚文斋	2020-08-09
段建伟 2007年作 烧饼	146cm×130cm	437,000	中国嘉德	2020-12-05
段建伟 1991年作 指天	73cm×60cm	287,500	华艺国际	2020-10-15
段建伟 2006年作 小孩	100cm×80cm	172,500	中国嘉德	2020-12-05
段建伟 1997年作 靠墙的孩子	100cm×80cm	115,000	西泠印社	2020-08-08
段建宇 2006年作 早上好5	110cm×170cm	1,491,000	佳士得	2020-12-02
段建宇 2007年作 王克服，一个美术爱好者的故事2	50cm×60cm	437,000	中国嘉德	2020-12-05
段建宇 2003年作 金雀	80cm×65cm	230,000	中国嘉德	2020-12-05
段正渠 2001—2003年作 大鸟	180cm×130cm	632,500	中国嘉德	2020-12-05
恩里科·巴赫 2017年作 CR.2017	145cm×110cm	253,000	华艺国际	2020-10-15
方君璧 1964年作 冬日	126.5cm×91cm	2,415,000	中国嘉德	2020-12-05
方君璧 1935年作 隐者	102cm×92cm	1,322,500	华艺国际	2020-10-15
方力钧 2002年作 2002.1.1	整体 400cm×706cm	3,390,000	香港苏富比	2020-07-09
方力钧 2007年作 无题之一	80cm×270cm	1,265,000	中贸圣佳	2020-10-17
方力钧 2004年作 2004.10.1	180cm×140 cm	1,110,060	香港苏富比	2020-10-07
方力钧 2007年作 气泡	140cm×180cm	368,000	永乐拍卖	2020-12-04
方力钧 2011—2012年作 无题	35cm×50cm	55,502	纽约佳士得	2020-09-11
费南度·索维尔 1961年作 米拉弗洛雷斯	51cm×71cm	1,695,000	佳士得	2020-07-10
费南度·索维尔 1964年作 静物	80cm×80cm	1,384,500	佳士得	2020-12-03

2020书画拍卖成交汇总(续表)

(成交价RMB：5万元以上)

拍品名称	物品尺寸	成交价RMB	拍卖公司	拍卖日期
费南度·索维尔 1975年作 与莫奈之孙在屋内	81cm × 100cm	847,500	佳士得	2020-07-11
冯法祀 1981年作 曼景兰村	78.7cm × 55cm	89,600	永乐拍卖	2020-12-04
冯法祀 1987年作 山亭	55cm × 40cm	69,000	中国嘉德	2020-12-05
冯法祀 2002年作 夏荷	40.8cm × 53cm	51,750	北京诚轩	2020-08-16
冯钢百 鱼	77cm × 98.5cm	690,000	中国嘉德	2020-12-05
冯钟睿 1998年作 九八之廿四	91cm × 72.5cm	85,200	佳士得	2020-12-03
俸正杰 1998年作 幸福3号	110cm × 150cm	207,000	中贸圣佳	2020-10-17
弗兰克·奥尔巴赫 1976年作 J.Y.M.头像	38.1cm × 38.1cm	15,283,815	伦敦苏富比	2020-02-11
弗朗西斯·培根 1963年作 转身	198cm × 147.5cm	63,407,544	伦敦苏富比	2020-02-11
弗朗西斯·培根 1979年作 肖像习作	35.4cm × 30.5cm	33,200,485	香港苏富比	2020-10-06
傅庆豊 2007年作 鹤立	27cm × 19cm	467,811	中国嘉德	2020-10-08
冈田谦三 1972年作 橘色圆圈	123cm × 102.5 cm	499,527	香港苏富比	2020-10-07
高惠君 2006年作 九月骄阳图	100cm × 160cm	115,000	中贸圣佳	2020-10-17
高惠君 2006年作 似曾相识游故园	210cm × 210cm	57,500	中国嘉德	2020-12-05
高露迪 2015—2016年作 煎蛋	120cm × 150cm	322,000	永乐拍卖	2020-12-04
高野绫 2010年作 诺亚和洪水	181.8cm × 454.6cm	1,046,500	上海匡时	2020-08-05
高野绫 2007年作 呼唤猫头鹰的她凝望远方 四周的建筑物熠熠生光	194.2cm × 259.4cm	319,550	佳士得	2020-05-22
高野绫 2006年作 星建物	53cm × 45.5cm	96,050	佳士得	2020-07-11
高野绫 2014年作 Fruit & Fruit Garments	26.6cm × 23cm	51,356	佳士得	2020-05-22
高瑀 2013年作 邪路	120cm × 200cm	1,150,000	永乐拍卖	2020-12-04
高瑀 2006年作 最乖的女孩儿	200cm × 300cm	460,000	中国嘉德	2020-08-17
高瑀 2009年作 鹊桥相会图	200cm × 300cm	517,500	北京保利	2020-10-16
高瑀 2005年作 一个人的孤单	250cm × 140cm	402,500	中国嘉德	2020-12-05
格奥尔格·巴塞利兹 2010年作 常为过去做好准备	300cm × 250cm	7,616,245	香港苏富比	2020-10-06
格哈德·里希特 1987年作 抽象画(649-2)	200cm × 200cm	189,089,911	香港苏富比	2020-10-06
格哈德·里希特 城市景观 SA	124cm × 124cm	19,611,975	伦敦苏富比	2020-02-11
格哈德·里希特 1993年作 绿蓝红	30cm × 40cm	3,503,000	香港苏富比	2020-07-10
葛辉 2017年作 被阳光晒过的女孩	120cm × 150cm	172,500	中贸圣佳	2020-10-17
耿鑫 2018年作 黄洛红瑶 带框	65cm × 65cm	322,000	北京翰海	2020-09-12
古利 2018年作 当洛克威尔遇上沃荷 压克力 画布	100cm × 94.5cm	157,080	罗芙奥	2020-07-19
古那弯 1980年作 把酒言欢	130cm × 190cm	3,150,440	佳士得	2020-07-10
古那弯 闲暇时光	94cm × 131cm	1,695,000	佳士得	2020-07-11
古那弯 1981年作 海边的景色	107cm × 129cm	798,750	佳士得	2020-12-03
谷口玛丽亚 2014年作 无题	273cm × 121.2 cm	388,521	香港苏富比	2020-10-07
谷口玛利亚 2016年作 无题	82.5cm × 55.8cm	53,336	保利香港	2020-07-12
顾德新 1983年作 A07	128cm × 85cm	713,000	中国嘉德	2020-08-17
顾德新 1982年作 B25	107.5cm × 82.5cm	322,000	中国嘉德	2020-08-17
顾德新 1983年作 B06	78.5cm × 158cm	248,600	佳士得	2020-07-11
顾德新 1981年作 B12	92cm × 80cm	207,000	中国嘉德	2020-08-17
顾德新 1983年作 A10	119cm × 83.5cm	207,000	中国嘉德	2020-08-17
顾福生 1993年作 娃娃	132cm × 76.2cm	259,895	中国嘉德	2020-10-08
关良 西湖素装	35cm × 44.5cm	6,325,000	中国嘉德	2020-12-05
关良 1930—1940年代作 果蔬	64cm × 78cm	2,990,000	永乐拍卖	2020-12-04
关良 1950年作 杭州水乡	54cm × 65cm	2,394,000	香港苏富比	2020-07-08
关良 1960—1963年作 除虫	30.2cm × 35cm	2,287,076	中国嘉德	2020-10-08
关良 1950年代晚期作 炼钢厂	69cm × 97cm	1,871,244	中国嘉德	2020-10-08
关良 红玫瑰	55cm × 38cm	1,840,000	永乐拍卖	2020-12-04

拍品名称	物品尺寸	成交价RMB	拍卖公司	拍卖日期
关良 西湖风景	21.5cm × 31.5cm	1,127,000	中国嘉德	2020-08-17
关良 戏曲人物	36cm × 28cm	935,622	中国嘉德	2020-10-08
关良 约1960年代作 披红头巾的苗家女	35cm × 30.5cm	813,600	香港苏富比	2020-07-09
关良 1950年作 故宫	33.2cm × 45cm	734,500	香港苏富比	2020-07-09
关良 约1970年作 外白渡桥(上海外滩)	31cm × 41cm	339,000	香港苏富比	2020-07-09
关紫兰 1930年代作 少女	76.5cm × 63cm	8,914,800	香港苏富比	2020-07-08
关紫兰 1960年代作 公园泛舟	30cm × 50cm	2,712,000	香港苏富比	2020-07-09
关紫兰 1930年代作 春之声(小提琴)	44cm × 55.5cm	2,280,000	香港苏富比	2020-07-08
关紫兰 1965年作 林溪垂钓	35cm × 45cm	1,938,000	香港苏富比	2020-07-08
关紫兰 1930年代作 菊花	36cm × 26cm	517,500	北京保利	2020-10-16
关紫兰 1930年代作 有鱼的静物(鳜鱼)	27cm × 37.5cm	271,200	香港苏富比	2020-07-09
广廷渤 1975年作 县委书记	130cm × 110cm	1,150,000	中国嘉德	2020-08-17
郭润文 1993年作 痕迹	80cm × 80cm	4,025,000	北京保利	2020-10-16
郭润文 2019年作 戏剧学院学生	100cm × 80cm	1,092,500	华艺国际	2020-10-15
郭润文 1993年作 夏困	120cm × 120cm	920,000	华艺国际	2020-10-15
郭润文 2004年作 窗前少女	55cm × 50cm	322,000	广东崇正	2020-09-13
哈罗德·安卡特 2015年作 无题	206cm × 287cm	2,220,120	香港苏富比	2020-10-06
哈罗德·安卡特 2016年作 无题	133.5cm × 103.8cm	1,751,500	香港苏富比	2020-07-10
哈维尔·卡勒加 2018年作 WHAT?	195cm × 162cm	3,367,400	佳士得	2020-07-10
哈维尔·卡勒加 2017年作 TROVADOR	55cm × 60cm	610,533	香港苏富比	2020-10-07
哈维尔·卡勒加 2017年作 红发男孩 压克力 画布	46cm × 55cm	628,320	罗芙奥	2020-07-19
韩志勋 石约	106cm × 106cm	51,300	佳士得	2020-06-30
汉斯·哈同 1970 年作 T1970-H40 压克力 画布	102cm × 130cm	1,270,880	罗芙奥	2020-07-19
何多苓 1990年作 窗前的女人	100cm × 80cm	11,500,000	华艺国际	2020-10-15
何多苓 1993年作 白马与女人	90cm × 112cm	4,021,440	保利香港	2020-12-08
何多苓 2001年作 今晚将要下雪	150cm × 130cm	4,312,500	北京保利	2020-10-16
何多苓 2008年作 被偷走的孩子	110cm × 115cm	2,185,000	华艺国际	2020-10-15
何多苓 1992年作 海滩	117cm × 96cm	8,625,000	北京保利	2020-10-16
何坚宁 2011年作 阳光NO·18	150cm × 150cm	1,725,000	广东崇正	2020-09-13
何孔德 高虹 彭彬 步调一致才能得胜利 镜心	260cm × 331cm	120,750,000	中鸿信	2020-01-03
何汶玦 2013年作 日常影像——布达拉宫 No.1	80cm × 100cm	287,500	中鸿信	2020-01-04
何汶玦 2014年作 日常影像·荷兰风车	80cm × 100cm	287,500	中鸿信	2020-01-04
何翔宇 2009—2010年作 可乐计划——提取	27cm×23.5cm×35cm	57,500	中国嘉德	2020-12-05
荷西·荷雅 1974年作 时间符号	81cm × 121.5cm	1,810,500	佳士得	2020-12-02
荷西·荷雅 1970年作 伊巴龙	80cm × 59.5cm	958,500	佳士得	2020-12-03
贺慕群 2001年作 花木系列	198.5cm × 130cm	2,645,000	中国嘉德	2020-12-05
贺慕群 1994年作 水果系列	100cm × 73cm	943,000	中国嘉德	2020-08-17
赫南多·鲁伊斯·奥堪波 1975年作 第二双周	102cm × 76.5cm	1,704,000	佳士得	2020-12-02
亨德拉·古拿温 TOPENG MONYET	96cm × 130cm	2,622,000	香港苏富比	2020-07-08
亨利·马蒂斯 1918年末至1919年初作于尼斯 镜前的白衣女子	73cm × 54cm	5,006,453	伦敦佳士得	2020-02-05
亨利·美治 冬日归渔，越南中部	45cm × 60cm	96,050	香港苏富比	2020-07-09
洪救国 黑与白，静物4	87.5cm × 87.5cm	1,073,500	香港苏富比	2020-07-09

(成交价RMB：5万元以上)

拍品名称	物品尺寸	成交价RMB	拍卖公司	拍卖日期
洪救国 1978年作 坐姿人像	60.5cm×40.5cm	639,000	佳士得	2020-12-03
洪凌 1999年作 秋池 油彩 画布	140cm×200cm	1,313,760	罗芙奥	2020-07-19
洪凌 2009年作 初夏	40cm×50cm	51,750	西泠印社	2020-08-08
洪越勇 2011年作 风景	110cm×210cm	57,000	佳士得	2020-06-30
胡善馀 1944年作 穿绿毛衣的少女	73cm×54cm	10,120,000	中国嘉德	2020-12-05
胡善馀 1959年作 工地早晨	54cm×80.5cm	690,000	西泠印社	2020-08-08
胡善馀 1989年作 水果篮	76cm×63cm	483,000	永乐拍卖	2020-12-04
胡善馀 1959年作 工地的早晨 镜心	54cm×80.5cm	460,000	中鸿信	2020-01-03
胡善馀 1979年作 金顶	38cm×46cm	63,250	西泠印社	2020-08-08
胡善馀 下车	36.5cm×44cm	57,500	广东崇正	2020-09-13
胡时林林 布面油画	60cm×120cm	230,000	北京翰海	2020-09-12
胡新 2016年作 意向的世界 带框	60cm×50cm	63,250	北京翰海	2020-09-12
胡新 2014年作 遛狗 带框	60cm×50cm	51,750	北京翰海	2020-09-12
胡新 溪边	50cm×60cm	99,000	北京中贝	2020-10-17
胡新 山中风景	53cm×65cm	93,500	北京中贝	2020-10-17
黄本蕊 2009年作 我给你带了太阳来	51cm×40.5cm	117,339	保利香港	2020-07-12
黄本蕊 2016年作 对不起	71cm×56cm	83,166	中国嘉德	2020-10-08
黄本蕊 2018年作 梦想宅急便	71.5cm×56cm	74,850	中国嘉德	2020-10-08
黄佳 1991年作 带烟灰缸的肖像	100cm×80cm	287,500	华艺国际	2020-10-15
黄家学 行走系列之二	70cm×50cm	69,000	中贸圣佳	2020-10-17
黄建南 圣山	136cm×136cm	31,050,000	荣宝斋(南京)	2020-11-28
黄建南 梦境系列27 镜框	99cm×210cm	22,425,000	荣宝斋(济南)	2020-06-26
黄建南 大地密码系列	70cm×70cm	13,800,000	荣宝斋(南京)	2020-11-28
黄建南 2018年作 如梦如歌	60cm×80cm	10,235,000	北京翰海	2020-09-12
黄建南 天涯海角影朝晖 镜框	76cm×102cm	8,924,000	荣宝斋(济南)	2020-06-26
黄建南 映山红 镜框	160cm×160cm	8,625,000	荣宝斋(济南)	2020-06-26
黄建南 2020年作 梦中的歌谣	66cm×66cm	7,820,000	保利厦门	2020-09-26
黄建南 天地间 镜框	89cm×73cm	7,475,000	荣宝斋(济南)	2020-06-26
黄建南 穿越时空	60cm×45cm	6,380,000	北京中贝	2020-10-17
黄建南 高原丹霞 镜框	100cm×76cm	6,325,000	荣宝斋(济南)	2020-06-26
黄建南 空 镜框	69cm×122cm	6,325,000	荣宝斋(济南)	2020-06-26
黄建南 宇宙	48cm×48cm	5,520,000	上海匡时	2020-08-05
黄建南 抽象 镜框	70cm×70cm	5,290,000	荣宝斋(济南)	2020-06-26
黄建南 梦境系列14 镜框	69cm×69cm	5,175,000	荣宝斋(济南)	2020-06-26
黄建南 空山无行迹	76cm×70cm	4,370,000	荣宝斋(南京)	2020-11-28
黄建南 天地间	46cm×48cm	4,140,000	上海匡时	2020-08-05
黄建南 青春之花 镜框	48cm×48cm	3,680,000	荣宝斋(济南)	2020-06-26
黄建南 赞歌	50cm×60cm	3,680,000	荣宝斋(南京)	2020-11-28
黄建南 雪夜曙光	68cm×70cm	2,990,000	荣宝斋(南京)	2020-11-28
黄建南 春暖花开 镜框	32cm×22cm	2,875,000	荣宝斋(济南)	2020-06-26

拍品名称	物品尺寸	成交价RMB	拍卖公司	拍卖日期
黄建南 高原之春	48cm×48cm	2,645,000	荣宝斋(南京)	2020-11-28
黄建南 脉系列2 镜框	46cm×50cm	2,645,000	荣宝斋(济南)	2020-06-26
黄建南 鸿运	48cm×48cm	2,530,000	荣宝斋(南京)	2020-11-28
黄建南 2019年作 孔雀湖	48cm×48cm	2,070,000	北京翰海	2020-09-12
黄建南 春之花	23cm×18cm	1,840,000	上海匡时	2020-08-05
黄马鼎 1981年作 声	181cm×121cm	19,824,000	佳士得	2020-12-02
黄马鼎 1986年作 五旬节基督堂	273cm×211.5cm	4,418,215	香港苏富比	2020-10-06
黄铭哲 1992—1994年作 台北东区一群女人 油彩 画布	180cm×180cm	571,200	罗芙奥	2020-07-19
黄锐 2013年作 白绵羊/黑山羊	139.5cm×95cm	97,130	纽约佳士得	2020-04-21
黄显之 1964年作 南京近郊	45cm×54.5cm	908,500	北京诚轩	2020-08-16
黄宇兴 2016—2018年作 照耀	230cm×320cm	7,815,080	佳士得	2020-07-10
黄宇兴 2015年作 熔流	315cm×1050cm	7,015,000	永乐拍卖	2020-12-04
黄宇兴 2014年作 河流 漩涡	260cm×600cm	5,520,000	北京保利	2020-10-16
黄宇兴 2019—2020年作 嘉措的宫殿	145.3cm×230cm; 12.3cm×12.3cm	3,621,000	佳士得	2020-12-02
黄宇兴 2012年作 树丛	208cm×336cm	2,645,000	中国嘉德	2020-12-05
黄宇兴 2006年作 十八岁	250cm×340cm	1,058,000	中国嘉德	2020-08-17
黄宇兴 2015年作 河流	170.5cm×275.5cm	1,887,102	香港苏富比	2020-10-06
黄宇兴 2015年作 河流漩涡	125cm×200cm	1,495,000	中国嘉德	2020-08-17
黄宇兴 2010年作 栖息地(林间)	209cm×356cm	1,207,500	永乐拍卖	2020-12-04
黄宇兴 2012年作 陷阱	150cm×200cm	977,500	中国嘉德	2020-12-05
黄宇兴 2016年作 水族馆	125cm×200cm	791,000	香港苏富比	2020-07-09
黄宇兴 2011年作 花园	170cm×275cm	690,000	北京保利	2020-10-16
黄宇兴 2018年作 局外人	150cm×100cm	690,000	永乐拍卖	2020-08-18
黄宇兴 2014年作 气泡	191cm×151cm; 12cm×12cm	499,527	香港苏富比	2020-10-07
黄宇兴 2007年作 杨勇的肖像	151cm×131cm	437,000	永乐拍卖	2020-08-18
黄宇兴 2001年作 旧时光沙丘	160cm×120cm	345,000	中国嘉德	2020-12-05
黄宇兴 2003年作 爱欲的灯塔	67cm×119.5cm	115,000	中国嘉德	2020-08-17
霍刚 2000年作 无题	210.5cm×120.5cm	610,533	香港苏富比	2020-10-06
霍刚 1969年作 无题	99.6cm×130cm	474,600	香港苏富比	2020-07-09
霍刚 1994年作 94-19	100cm×80cm	333,018	香港苏富比	2020-10-06
霍刚 1971—1972年作 无题	80cm×100cm	333,018	香港苏富比	2020-10-06
霍刚 1968年作 无题	59.7cm×80cm	135,600	香港苏富比	2020-07-09
霍刚 1965年作 无题	70cm×80cm	101,700	香港苏富比	2020-07-09
霍刚 1969—1970年作 无题	70cm×60cm	96,050	香港苏富比	2020-07-09
霍刚 1969年作 无题	50cm×60cm	66,604	香港苏富比	2020-10-06
霍刚 1968—1969年作 无题	60cm×50cm	58,575	佳士得	2020-12-03
霍刚 1971年作 无题	30cm×40cm	50,850	香港苏富比	2020-07-09
吉格·克鲁斯 KIOSKY	122cm×122cm	146,900	香港苏富比	2020-07-09
季大纯 2005年作 眼球	150cm×150cm	322,000	中国嘉德	2020-08-17
季大纯 2000年作 静物	106cm×152cm	287,500	中国嘉德	2020-08-17
季大纯 2004年作 好女孩	105.5cm×106cm	207,000	华艺国际	2020-10-15
加贺温 2015—2018年作 Orange Eaters (Remixed)	150.2cm×120.5cm	429,400	佳士得	2020-07-11
加藤泉 2008年作 无题	130.3cm×194cm	1,384,500	佳士得	2020-12-02
加藤泉 2010年作 无题	53cm×65.2cm	585,750	佳士得	2020-12-03
加藤泉 2002年作 无题	41cm×36.5cm	293,800	佳士得	2020-07-11
加藤泉 2008年作 无题	41cm×24.2cm	255,600	佳士得	2020-12-03
加藤泉 2005年作 无题	53cm×41cm	226,000	香港苏富比	2020-07-10
贾蔼力 2009年作 不混合	267.3cm×207cm	65,088,800	佳士得	2020-12-02

2020书画拍卖成交汇总(续表)

(成交价RMB：5万元以上)

拍品名称	物品尺寸	成交价RMB	拍卖公司	拍卖日期
贾蔼力 2010年作 蓝山	210cm×270cm	21,850,000	永乐拍卖	2020-08-18
贾蔼力 2006年作 二月物语——永远(海)	300cm×600cm	20,700,000	北京保利	2020-10-16
贾蔼力 2008年作 疯景	200cm×240cm	5,750,000	永乐拍卖	2020-12-04
贾蔼力 2015年作 闪光的世界	130cm×110cm	5,750,000	永乐拍卖	2020-08-18
贾蔼力 2009年作 早安，世界	94cm×164cm	2,260,000	香港苏富比	2020-07-09
贾蔼力 2015年作 无题	270cm×210cm	5,750,000	永乐拍卖	2020-12-04
贾蔼力 2014年作 无题	154cm×149cm	3,041,960	佳士得	2020-07-10
贾涤非 1992年作 秋	50.5cm×61cm	51,979	中国嘉德	2020-10-08
贾新光 2013年作 梦回故园(双联)	150cm×105cm×2	253,000	中鸿信	2020-01-04
贾新光 2015年作 梦回高昌	80cm×160cm	253,000	中鸿信	2020-01-04
菅井汲 1987年作 无题	197cm×197cm	333,018	香港苏富比	2020-10-07
江芳 2015年作 天明	100cm×100cm	69,000	中鸿信	2020-01-04
江芳 2015年作 郁	100cm×100cm	69,000	中鸿信	2020-01-04
杰拉丁·哈维尔 2010年作 灰	46cm×44cm；49cm×49cm	74,550	佳士得	2020-12-03
今井俊满 1958年作 作品	117cm×90.3cm	333,018	香港苏富比	2020-10-07
今井俊满 1958年作 祭	49cm×65cm	146,900	香港苏富比	2020-07-10
靳尚谊 1994年作 画家詹建俊	120cm×115cm	13,800,000	中国嘉德	2020-08-17
靳尚谊 1979年作 小崔	81cm×56cm	10,580,000	中贸圣佳	2020-10-17
井田幸昌 2018年作 欧文·新多夫	100cm×100cm	395,500	香港苏富比	2020-07-10
鹫见康夫 2012年作 无题 油彩 漆画布	101.5cm×67cm	83,300	罗芙奥	2020-07-19
君特·弗格 2008年作 无题	200.5cm×290.5cm	4,605,880	香港苏富比	2020-07-09
君特·弗格 2006年作 无题	195cm×165cm	2,712,000	香港苏富比	2020-07-10
卡密尔·毕沙罗 约1874年作 蒙福科池塘上的鸭子	46cm×55.2cm	5,551,373	伦敦佳士得	2020-02-05
凯瑟琳·伯尔尼哈特 2016年作 吃豆人与NIKE	152.4cm×183cm	447,300	佳士得	2020-12-03
凯瑟琳·伯尔尼哈特 2020年作 厕纸的夏天	304cm×244cm	639,000	佳士得	2020-12-02
凯瑟琳·伯尔尼哈特 2016年作 巨型龟背叶与厕纸	152.5cm×122cm	226,000	佳士得	2020-07-11
康海涛 2007年作 爬藤蔓的房子	102cm×189cm	1,058,000	中国嘉德	2020-12-05
康海涛 2007年作 老房子	112cm×157cm	782,000	北京保利	2020-10-16
康海涛 2006年作 红房子	116.7cm×86.7cm	74,750	北京诚轩	2020-08-16
柯奈尔 1989年作 展翅 油彩 画布	100cm×100cm	342,720	罗芙奥	2020-07-19
克莱尔·特伯莱 2017年作 蓝色金字塔	230cm×330cm	2,442,132	香港苏富比	2020-10-07
克里夫·斯蒂 1946—1947年作 PH-306	136.5cm×71.2cm	57,983,916	香港苏富比	2020-07-09
克里斯蒂娜·夸尔斯 2016年作 ALL THA STARS MAN，THA STARS LOOK BEAUTI FUL TONITE	127cm×101.6cm	1,491,000	佳士得	2020-12-02
克辛代·威利 2008年作 JERRY I（STUDY）	110.5cm×78.7cm	447,300	佳士得	2020-12-03
克辛代·威利 2005年作 圣露西	183cm×152.5cm	960,500	佳士得	2020-07-10
肯尼·沙夫 1995年作 SPACEECH	91.4cm×122cm	555,030	香港苏富比	2020-10-07
肯尼·沙夫 1984年作 跳跃的红	76cm×75.7cm	474,600	香港苏富比	2020-07-10
孔令楠 2011年作 泉之三1105.11.15	130cm×195cm	101,700	佳士得	2020-07-11
拉杜安·曼 再恋爱	183cm×183cm	54,240	香港苏富比	2020-07-09
拉菲伊·加尼 潮汐	150cm×121cm	56,500	香港苏富比	2020-07-09
赖九岑 2009年作 十字定位坦克兵	180cm×140.5cm	124,750	中国嘉德	2020-10-08
勒迈耶 花园里的峇里女郎	100cm×120cm	6,726,000	香港苏富比	2020-07-08
勒迈耶 农村少女	97cm×151cm	4,974,960	香港苏富比	2020-07-08
勒迈耶 班卡尔神庙	75.5cm×90cm	3,584,360	佳士得	2020-07-10

拍品名称	物品尺寸	成交价RMB	拍卖公司	拍卖日期
勒迈耶 池畔的女子	56cm×66.5cm	1,824,000	香港苏富比	2020-07-08
雷双 2011年作 禅风溢动	73cm×100cm	138,000	中国嘉德	2020-08-17
雷双 1996年作 美人蕉	80cm×100cm	103,500	中贸圣佳	2020-10-17
雷双 2015年作 盈盈荷上露	60cm×50cm	92,000	中国嘉德	2020-12-05
冷军 2019年作 黄衣少女	70cm×50cm	2,530,000	华艺国际	2020-10-15
冷军 2000年作 工具系列	25.6cm×20.8cm	373,352	保利香港	2020-07-12
黎谱 玩扑克的人	89cm×116cm	1,921,000	香港苏富比	2020-07-09
黎谱 花儿	73cm×60.5cm	1,808,000	香港苏富比	2020-07-09
黎谱 约1975年作 红掌	114cm×147cm	1,597,500	佳士得	2020-12-03
黎谱 采花与水果	73cm×93cm	1,582,000	香港苏富比	2020-07-09
黎谱 约1970年作 花店	100.5cm×65cm	1,278,000	佳士得	2020-12-03
黎谱 约1975年作 布景	97cm×130cm	1,130,000	佳士得	2020-07-11
黎谱 1981年作 淑女与玫瑰	100cm×81cm	958,500	佳士得	2020-12-03
黎谱 约1960年代作 静物	63cm×52cm	847,500	香港苏富比	2020-07-09
黎谱 约1970年作 黎谱	116.3cm×81cm	798,750	佳士得	2020-12-03
黎谱 约1975年作 花园里编织的少女	81.4cm×61cm	798,750	佳士得	2020-12-03
黎谱 红郁金香	100.5cm×81.5cm	741,000	佳士得	2020-06-30
黎谱 1956年作 哲学家	88cm×88cm	683,100	纽约佳士得	2020-09-11
黎谱 花束	64.5cm×54cm	621,500	香港苏富比	2020-07-09
黎谱 约1975年作 蓝绣球花	73cm×92cm	585,750	佳士得	2020-12-03
黎谱 静物	78cm×49cm	508,500	香港苏富比	2020-07-09
黎谱 约1953年作 花束	54.5cm×33cm	508,500	香港苏富比	2020-07-09
黎谱 约1970年作 黄色的花束	35cm×24cm	148,363	佳士得	2020-05-22
黎谱 约1970年作 蓝色的花束	35cm×24cm	136,950	佳士得	2020-05-22
黎谱 无题（花束）	45cm×32.2cm	119,543	纽约佳士得	2020-09-11
黎谱 花卉静物	40cm×26cm	111,004	纽约佳士得	2020-09-11
黎清妍 2017年作 共事的人	130cm×110cm	2,664,144	香港苏富比	2020-10-06
黎清妍 2013年作 从此幸福快乐地生活下去	100.3cm×80cm	2,373,000	香港苏富比	2020-07-09
李昌龙 2014年作 李老师	120cm×160cm	138,000	北京保利	2020-10-16
李迪 1989年作 戏	200cm×180cm	437,000	北京保利	2020-10-16
李风白 1939年作 戴妮丝肖像	55cm×46cm	460,000	中国嘉德	2020-12-05
李皓埬 2008年作 重叠影像 080501	116.8cm×91 cm	60,984	罗芙奥	2020-12-05
李继开 2011年作 细流	100cm×80cm	92,000	华艺国际	2020-10-15
李继开 2003年作 白日梦No.4	130cm×90cm	69,000	西泠印社	2020-08-08
李继开 2005年作 盒子	90cm×65cm	57,500	西泠印社	2020-08-08
李杰 2012年作 Neutrogena一岁月无痕	60.7cm×46cm	124,300	香港苏富比	2020-07-10
李梁 丈量	150cm×120cm	253,000	广东小雅斋	2020-06-17
李梁 2020年作 静	130cm×97cm	52,668	罗芙奥	2020-12-06
李曼峰 1959年作 和谐之家	90.2cm×121.8cm	2,147,000	佳士得	2020-07-10
李曼峰 约1960年作 公鸡和母鸡	123cm×50cm	1,171,500	佳士得	2020-12-03
李曼峰 纺织者	105cm×52.5cm	798,750	佳士得	2020-12-03
李曼峰 罗惹小贩	122cm×61cm	361,600	佳士得	2020-07-11
李曼峰 舞者	102cm×49cm	170,400	佳士得	2020-12-03
李曼峰 金鱼	60.5cm×80cm	135,600	香港苏富比	2020-07-09
李强 2017年作 玉兰2017 No.6	140cm×120cm	311,874	中国嘉德	2020-10-08
李青 2012年作 崭新的厨房	227cm×300cm	460,000	中国嘉德	2020-12-05
李青 2006年作 自画像 两处有三处不同（双联作）	169.5cm×129.5cm×2	287,500	中国嘉德	2020-08-17
李青 2006年作 大家来找茬·毛（双联作）	170.5cm×129.5cm×2	207,000	中国嘉德	2020-08-17
李青 2005年作 大家来找茬之十三	190cm×145cm×2	195,500	西泠印社	2020-08-08
李青 2007年作 狮子high了（双联作）	120cm×90cm×2	172,500	中国嘉德	2020-08-17
李青 2012年作 被切割的风景-牧羊	130cm×170cm；27cm×36cm	172,500	永乐拍卖	2020-12-04

拍品名称	物品尺寸	成交价RMB	拍卖公司	拍卖日期
李青萍 1990年代作 海之灵	88.5cm×122cm	575,000	永乐拍卖	2020-12-04
李青萍 杂耍	40cm×24cm	103,500	永乐拍卖	2020-12-04
李青萍 舞影	38cm×51cm	92,000	西泠印社	2020-08-08
李瑞年 1975年作 争艳	100cm×125.5cm	1,840,000	中国嘉德	2020-08-17
李瑞年 1977年作 迎春	46cm×61cm	1,380,000	永乐拍卖	2020-12-04
李瑞年 1980年作 青翠	43cm×55cm	519,790	中国嘉德	2020-10-08
李瑞年 1983年作 苏堤春晓	46cm×55cm	460,000	北京保利	2020-10-16
李山 1993年作 胭脂系列：星	147.8cm×145.8cm	745,500	佳士得	2020-12-03
李山 1982年作 故乡	58cm×62cm	184,000	中国嘉德	2020-08-17
李圣子 1960年作 献给红罂粟花	130cm×162cm	4,260,000	佳士得	2020-12-02
李圣子 1962年作 三幅肖像与一个谜	60cm×81cm	958,500	佳士得	2020-12-03
李圣子 1957年作 无题	59.7cm×72.9cm	639,000	佳士得	2020-12-03
李叔同 1911年作 花卉静物	40cm×57cm	4,600,000	中鸿信	2020-01-04
李姝睿 2012年作 光 No.37	180cm×240cm	241,500	永乐拍卖	2020-12-04
李天兵 2007年作 上学路上 第2号	200cm×160cm	68,475	佳士得	2020-05-22
李天元 1990年作 来信	201cm×150cm	1,840,000	中国嘉德	2020-12-05
李铁夫 1948年作 鲳与白萝卜	63.5cm×76.5cm	4,600,000	中国嘉德	2020-08-17
李铁夫 1948年作 红鱼与青菜	63cm×79.5cm	1,725,000	中国嘉德	2020-12-05
李铁夫 1928年作 鱼	45cm×60cm	862,500	朵云轩	2020-09-24
李[illegible]刚 午后	130cm×162cm	230,000	中国嘉德	2020-08-17
李[illegible]建 2014年作 戛纳夏日	140cm×160cm	138,000	中国嘉德	2020-12-05
李[illegible]平 2015年作 微笑之谜	90cm×60cm	1,035,000	北京保利	2020-10-16
李禹焕 1987年作 与风	182cm×227.5cm	6,558,520	香港苏富比	2020-07-09
李禹焕 1981年作 从线8103	99.5cm×80.5cm	3,277,000	香港苏富比	2020-07-10
李禹焕 2001年作 对应	228cm×182cm	2,260,000	佳士得	2020-07-10
李禹焕 2005年作 对应	162cm×130cm	1,808,000	香港苏富比	2020-07-10
李禹焕 1983年作 东风	45.5cm×53cm	666,036	香港苏富比	2020-10-07
李宗津 1955年作 铁路工人像	71cm×47cm	345,000	中国嘉德	2020-08-17
立石大河亚 1975年作 月亮的建筑	116cm×120cm	88,805	香港苏富比	2020-10-07
利夫 里奇 2014年作 瓢虫	224cm×188cm	56,500	佳士得	2020-07-11
梁恒 2019年作 归隐——自述之一	180cm×150cm	172,500	朵云轩	2020-09-24
梁远苇 2016年作 2016.06	190.5cm×160.5cm	2,664,144	香港苏富比	2020-10-06
梁远苇 2015年作 2015.01	80cm×100.5cm	1,043,700	佳士得	2020-12-03
梁远苇 2006年作 某夜的某页之拾	50cm×40cm	149,500	中国嘉德	2020-12-05
梁至青 2012年作 洋红葵百合	193.5cm×130cm	533,360	保利香港	2020-07-12
梁至青 2009年作 随行 No.36	190.5cm×149cm	213,344	保利香港	2020-07-12
廖国核 2008年作 搞坏米菲	200cm×250cm	149,500	中国嘉德	2020-12-05
廖国核 2008年作 连左小诅咒都要骂你……	203.5cm×222.5cm	97,750	中国嘉德	2020-12-05
廖继春 约1960年代作 圣母院	45.5cm×53cm	831,664	中国嘉德	2020-10-08
林达川 19[illegible]年作 富春江风光	80cm×105cm	161,000	永乐拍卖	2020-12-04
林达川 西湖	37cm×51cm	66,700	广东崇正	2020-09-13
林风眠 霸王别姬	67cm×67cm	8,280,000	华艺国际	2020-10-15
林风眠 约1959—1960年代作 中国戏曲系列：刺王僚（鱼肠剑）	57cm×46cm	7,829,447	香港苏富比	2020-10-06
林风眠 京剧系列连环套	55.5cm×43cm	7,590,000	华艺国际	2020-10-15
林寿宇 1968—1969年作 黄、白和灰	96.3cm×102.2cm	2,964,000	香港苏富比	2020-07-08
林寿宇 1971年作 第一个早晨	64cm×64cm	1,493,408	保利香港	2020-07-12
林寿宇 1967年作 一九六七年五月十五日	143.5cm×71.8cm	2,736,000	香港苏富比	2020-07-08
林寿宇 1968年作 七	63cm×64cm	1,280,064	保利香港	2020-07-12
林寿宇 1958年作 一九五八年六月七月	167cm×151cm	1,110,060	香港苏富比	2020-10-05
林寿宇 1958年作 #36-10	63.5cm×52.5cm	395,500	香港苏富比	2020-07-09

拍品名称	物品尺寸	成交价RMB	拍卖公司	拍卖日期
刘恩钊 彩虹之约	90cm×90cm	57,500	广东崇正	2020-09-13
刘锋植 2004年作 月光	160.5cm×100cm	402,500	中国嘉德	2020-12-05
刘锋植 2001年作 如歌的日子	100cm×150cm	356,500	中国嘉德	2020-08-17
刘刚 1990年作 女人体	93cm×70cm	598,000	中国嘉德	2020-08-17
刘广云 2014年作 轮回——玛丽莲·梦露	60cm×60cm×63	2,300,000	上海匡时	2020-08-05
刘海粟 1956年作 太湖渔舟	72cm×92cm	23,230,000	中国嘉德	2020-12-05
刘玖通 2019年作 无题NO.8	100cm×100cm×3	414,000	广东崇正	2020-09-13
刘抗 村庄	63.5cm×80cm	316,400	香港苏富比	2020-07-09
刘炜 1995年作 香蕉	300cm×150.5cm	18,809,350	香港苏富比	2020-10-06
刘炜 1998年作 你吸烟吗？	49.5cm×59.5cm	8,050,000	中国嘉德	2020-08-17
刘炜 2004年作 风景	140cm×130cm	4,600,000	永乐拍卖	2020-12-04
刘炜 1996年作 你喜欢我吗之25	30cm×40cm	782,000	永乐拍卖	2020-12-04
刘炜 1996年作 你喜欢我吗？系列第九号	30cm×40cm	623,748	中国嘉德	2020-10-08
刘炜 1998年作 禁止吸烟	27cm×21cm	115,000	北京保利	2020-10-16
刘韡 2015年作 无题	300cm×200cm×3	5,175,000	永乐拍卖	2020-12-04
刘韡 2008年作 紫气 D1	180cm×220cm	4,018,280	佳士得	2020-07-11
刘韡 2012年作 无题	180.5cm×300cm	3,552,192	香港苏富比	2020-10-06
刘韡 2014年作 三明治No.6	180cm×220cm	1,725,000	中国嘉德	2020-12-05
刘韡 2020年作 东方	120cm×120cm	1,243,000	佳士得	2020-07-10
刘小东 2004年作 战地写生——新十八罗汉像	200cm×100cm×18	80,500,000	永乐拍卖	2020-12-04
刘小东 1993年作 春懒人闲	157cm×172cm	5,520,000	中国嘉德	2020-08-17
刘小东 2011年作 还是粉凤凰	283cm×283cm	4,025,000	永乐拍卖	2020-12-04
刘小东 2008年作 仁王山	200cm×200cm	1,610,000	西泠印社	2020-08-08
刘小东 1995年作 小林和安	76.5cm×96.5cm	565,000	佳士得	2020-07-11
刘晓辉 2015年作 无题——绿裙子	180cm×160cm	494,500	永乐拍卖	2020-12-04
刘野 2006年作 黑白灰的构图	160cm×140cm	128,525,600	佳士得	2020-12-02
刘野 2008年作 让我留在黑暗里	219.7cm×299.7cm	40,994,592	香港苏富比	2020-07-09
刘野 2001年作 蒙德里安在伦敦	150cm×150cm	20,724,200	佳士得	2020-07-10
刘野 1998年作 男孩与鱼2	100cm×100cm	13,504,200	佳士得	2020-12-03
刘野 2003年作 读书的女人	100cm×80cm	12,481,800	佳士得	2020-12-02
刘野 1993年作 完美绘画	35cm×24cm	12,045,800	佳士得	2020-07-11
刘野 1994年作 佛罗伦萨	119.7cm×150.2cm	9,748,265	香港苏富比	2020-10-06
刘野 2008年作 特别为您（2008年奥运会）	96.5cm×77cm	8,682,255	香港苏富比	2020-10-06
刘野 2010年作 女孩与蒙德里安	60cm×100cm	7,820,000	中国嘉德	2020-12-05
刘野 1999—2000年作 迷	50cm×100cm	7,317,880	香港苏富比	2020-07-09
刘野 1998年作 喜悦	38cm×45.5cm	6,667,000	香港苏富比	2020-07-10
刘野 2004年作 粉	60cm×45cm	6,325,000	永乐拍卖	2020-08-18
刘野 1995年作 红、黄、蓝的构图	45cm×35cm	5,862,440	佳士得	2020-07-10
刘野 1994年作 小鬼和骑士	46cm×55cm	5,836,200	佳士得	2020-12-02
刘野 1996年作 蓝色记忆	29cm×22cm	5,520,000	永乐拍卖	2020-08-18
刘野 2003年作 融化	99.5cm×79.5cm	5,175,000	中国嘉德	2020-08-17
刘野 2005年作 雪中安徒生	直径80cm	4,830,000	中国嘉德	2020-08-17
刘野 1998年作 友谊	29cm×22cm	3,727,500	佳士得	2020-12-03
刘野 1992年作 红屋顶	95cm×35cm	3,552,192	香港苏富比	2020-10-07
刘野 2001年作 莫扎特	30cm×20.5cm	2,990,000	北京保利	2020-10-16
刘野 2005年作 小男孩与LACOSTE	50cm×40cm	2,331,126	香港苏富比	2020-10-07
刘野 1991年作 娃娃	24cm×24cm	499,527	香港苏富比	2020-10-07
刘易斯·安克坦 1889年作 盥洗室内的女子	92cm×73cm	12,090,413	伦敦佳士得	2020-02-05
六角彩子 2007年作 姊妹	130.5cm×162cm	2,716,560	罗芙奥	2020-12-06

2020书画拍卖成交汇总(续表)

(成交价RMB：5万元以上)

拍品名称	物品尺寸	成交价RMB	拍卖公司	拍卖日期
六角彩子 2017年作 无题	130.3cm×160.1cm	2,442,132	香港苏富比	2020-10-07
六角彩子 2008年作 浴牛图	130.5cm×162.2cm	1,600,080	保利香港	2020-07-12
六角彩子 2007年作 魔术地毯	91.2cm×73cm	1,017,000	佳士得	2020-07-11
六角彩子 2012年作 无题	142.6cm×178cm	2,023,500	佳士得	2020-12-03
六角彩子 2014年作 无题压克力画布	80cm×175.5cm	1,713,600	罗芙奥	2020-07-19
六角彩子 2017年作 无题	100cm×150cm	1,491,000	佳士得	2020-12-03
六角彩子 2019年作 ARP19－058	75.5cm×145cm	1,386,000	罗芙奥	2020-12-06
六角彩子 2019 年作 圆形花园 压克力画布	直径130cm	1,313,760	罗芙奥	2020-07-19
六角彩子 2018年作 无题	150.2cm×100.5cm	913,000	佳士得	2020-05-22
六角彩子 2018年作 无题	140cm×180cm	855,938	佳士得	2020-05-22
六角彩子 2007年作 宇宙少女	73cm×91.1cm	734,500	香港苏富比	2020-07-10
六角彩子 2016年作 花朵女孩 压克力画布	65.5cm×70cm	514,080	罗芙奥	2020-07-19
六角彩子 2006年作 无题	162cm×130cm	373,352	保利香港	2020-07-12
六角彩子 2007年作 Work	100cm×100cm	368,000	永乐拍卖	2020-08-18
六角彩子 2006年作 无题	110cm×80cm	277,347	保利香港	2020-07-12
六角彩子 2008年作 香烟	63cm×72cm	256,013	保利香港	2020-07-12
龙家升 2016年作 Labubu Rise Up	42cm×29.7cm	207,000	永乐拍卖	2020-08-18
娄申义 2009年作 蓝菩提	150cm×200cm	57,500	西泠印社	2020-08-08
卢齐欧·封塔纳 1964年作 空间概念，等待	95cm×74cm	13,119,735	伦敦苏富比	2020-02-11
卢齐欧·封塔纳 1965年作 空间概念，等待	80cm×60cm	10,414,635	伦敦苏富比	2020-02-11
鲁道夫·斯丁格尔 2010年作 无题	210.8cm×170.2cm	12,091,000	香港苏富比	2020-07-09
罗伯特·科司考特 1985年作 浴场的新神	213.4cm×122.9cm	2,825,000	香港苏富比	2020-07-09
罗德尔·塔帕雅 神奇的狗	192cm×150cm	203,400	香港苏富比	2020-07-09
罗尔纯 1987年作 着红裙子的傣族女孩	100cm×81.5cm	1,150,000	永乐拍卖	2020-12-04
罗尔纯 1990年作 荷塘蛙声	65cm×85cm	690,000	永乐拍卖	2020-08-18
罗尔纯 1980年代作 鸡冠花王	95cm×80cm	552,000	永乐拍卖	2020-12-04
罗尔纯 1995年作 撒尼人的房子	56cm×74cm	460,000	永乐拍卖	2020-12-04
罗尔纯 2002年作 椅子上的玫瑰花	50cm×50cm	322,000	北京保利	2020-10-16
罗尔纯 1998年作 鳜鱼图	50cm×61cm	230,000	华艺国际	2020-10-15
罗尔纯 1996年作 巴黎大皇宫(塞纳河畔风景)	61cm×72.5cm	209,975	北京保利	2020-07-18
罗尔纯 1998年作 平安图	72cm×60cm	195,500	华艺国际	2020-10-15
罗尔纯 2002年作 公园一角(二)	34cm×34cm	80,500	华艺国际	2020-10-15
罗尔纯 2002年作 公园一角(一)	24cm×30cm	80,500	华艺国际	2020-10-15
罗尔纯 风景	49.2cm×43.3cm	69,000	北京诚轩	2020-08-16
罗工柳 1962年作 水库	70cm×50cm	83,166	中国嘉德	2020-10-08
罗兰·史特拉瑟 桑皮克舞者	100.5cm×55.5cm	226,000	香港苏富比	2020-07-09
罗兰·斯托拉瑟 峇里人及公鸡	77cm×57cm	58,575	佳士得	2020-12-03
罗米奥·培贝纳1990年作结他和鸟笼	68.5cm×76cm	57,000	佳士得	2020-06-30
罗敏 2017年作 像风一样自由	120cm×100cm	126,500	中贸圣佳	2020-10-17
罗氏兄弟 2005年作 无题	80cm×183cm	86,250	中贸圣佳	2020-10-17
罗中立 1990年作 夕阳	96cm×128cm	2,010,720	保利香港	2020-12-08
罗中立 1992年作 牵手过河	160cm×200cm	5,520,000	永乐拍卖	2020-12-04
罗中立 1999年作 收获	100cm×90cm	2,300,000	广东崇正	2020-09-13
罗中立 1990年作 彝寨	62cm×82cm	2,070,000	北京保利	2020-10-16
罗中立 1994年作 过河系列之四	97.3cm×130cm	2,070,000	北京保利	2020-10-16
罗中立 1988年作 蓝头巾的少女	80cm×63cm	1,801,800	罗芙奥	2020-12-06
罗中立 1998年作 荷花池	119.5cm×160cm	1,495,000	中国嘉德	2020-08-17
罗中立 油画人物	54cm×38cm	230,000	中鸿信	2020-01-04

拍品名称	物品尺寸	成交价RMB	拍卖公司	拍卖日期
罗中立 掌灯的农民	55cm×39cm	218,500	重庆尚文斋	2020-08-09
罗中立 母爱	54cm×38.5cm	149,500	西泠印社	2020-08-08
罗中立 梳妆	54.5cm×40cm	138,000	西泠印社	2020-08-08
吕斯百 1950年作 工厂	41.5cm×55cm	575,000	北京保利	2020-10-16
吕斯百 晒蓝·望晴	46cm×55cm	575,000	中国嘉德	2020-08-17
吕松 2015年作 码头	150cm×100cm	66,700	中国嘉德	2020-08-17
麻文海 2011年作 白玉兰·梦里花朝	100cm×100cm	138,000	朵云轩	2020-09-24
马轲 2013年作 证据	200cm×200cm	586,500	北京保利	2020-10-16
马轲 2020年作 适莽苍者	132.5cm×236cm	517,500	中国嘉德	2020-12-05
马轲 2000年作 街道	59cm×72cm	80,500	华艺国际	2020-10-15
马轲 天安门	53.2cm×72.8cm	51,750	北京诚轩	2020-08-16
马克·夏加尔 1953年作 巴黎美景	33cm×46cm	4,153,500	佳士得	2020-12-03
马六明 2003年作 婴儿No.	150cm×200cm	57,500	中贸圣佳	2020-10-17
马晟哲 2016年作 2016 No.2	130cm×130cm	69,000	永乐拍卖	2020-12-04
玛丽安·苏菲里纳 京都	70cm×120cm	101,700	香港苏富比	2020-07-09
玛丽娜·克鲁斯 细红线	153cm×101.5cm	474,600	香港苏富比	2020-07-09
玛丽亚·艾莲娜·维埃拉·达·席尔瓦 燃烧II或火焰	81cm×100cm	14,742,795	伦敦苏富比	2020-02-11
玛琳·杜马斯 大教堂	229.9cm×60.3cm	28,268,295	伦敦苏富比	2020-02-11
玛琳·杜马斯 2005年作 婴儿(2)	130cm×110cm	21,474,375	香港苏富比	2020-10-06
玛雅·海薇 2014年作 那些在荒野的日子(双联作)	96cm×122cm×2	155,937	中国嘉德	2020-10-08
毛罗·桑托斯 1980年作 树	76cm×76cm	169,500	佳士得	2020-07-11
毛旭辉 1994年作 日常史诗：自行车	180cm×130cm	920,000	永乐拍卖	2020-12-04
毛旭辉 2000年作 土红色剪刀	113.5cm×136.5cm	310,817	香港苏富比	2020-10-07
毛旭辉 1994年作 剪刀与走廊	150cm×178cm	296,400	佳士得	2020-06-30
毛焰 1994年作 苏童、常进、鲁羊、李小山	200cm×300cm	31,050,000	北京保利	2020-12-16
毛焰 1996年作 记忆或者舞蹈的黑色玫瑰	220cm×150cm	20,700,000	中国嘉德	2020-12-05
毛焰 2011年作 厨师艾伦·罗伯森	150cm×110cm	2,530,000	北京保利	2020-10-16
毛焰 2006年作 托马斯	52.7cm×76.5cm	253,000	西泠印社	2020-08-08
梅忠恕 1937年作 顺化少女		2,130,000	佳士得	2020-12-03
孟禄丁 2007年作 势系列1	300cm×400cm	2,875,000	北京保利	2020-10-16
米巧铭 2020年作 保持冷静	120cm×96cm	1,092,500	永乐拍卖	2020-12-04
莫雄 花之梦	170cm×84cm	402,500	中贸圣佳	2020-10-17
南宽 1981年作 内省	211cm×452cm	2,300,000	华艺国际	2020-12-05
纳堤·尤塔瑞 2006年作 The Fragment and the Sublime I	117cm×100cm	426,000	佳士得	2020-12-03
纳堤·尤塔瑞 2005年作 The Last Description of the Old Romantic	159.5cm×140cm	639,000	佳士得	2020-12-03
奈良美智 2009年作 Agent Orange (In the Milky Lake)	227.5cm×194cm	435,962,800	佳士得	2020-12-02
奈良美智 2014年作 三颗星	180.5cm×158.5cm	26,193,400	香港苏富比	2020-07-09
奈良美智 2001年作 振作	193.5cm×259.3cm	22,722,040	香港苏富比	2020-07-09
奈良美智 2001年作 摇摆舞动长袖子	178.5cm×178.5cm×25cm	21,854,200	香港苏富比	2020-07-09
奈良美智 2008年作 GIRL IN THE MOON	直径250cm	24,725,000	北京保利	2020-10-16
奈良美智 1994年作 彭克先生与我	100cm×100cm	4,047,000	佳士得	2020-12-03
奈良美智 2004年作 PEACE ON YOUR FEET	132.4cm×115.9cm	7,881,000	佳士得	2020-12-02
奈良美智 1998年作 MUMPS	48.3cm×40.6cm	4,047,000	佳士得	2020-12-03
奈良美智 1993年作 MUMPS	55.5cm×55cm	3,991,811	香港苏富比	2020-10-07
奈良美智 1996年作 被遗忘的小狗、等待(双联作)	32cm×24cm×2	3,950,404	中国嘉德	2020-10-08

（成交价RMB：5万元以上）

拍品名称	物品尺寸	成交价RMB	拍卖公司	拍卖日期
奈良美智 1988年作 无题	117cm×72.8cm	3,834,000	佳士得	2020-12-02
奈良美智 2008年作 GEEE WIZ	108.5cm×76.5cm	3,051,000	香港苏富比	2020-07-10
奈良美智 1995年作 最漫长的夜晚	48cm×36cm	1,469,000	香港苏富比	2020-07-10
奈良美智 1990年作 一只猫	70cm×70cm	1,243,000	香港苏富比	2020-07-10
奈良美智 1992年作 无题 压克力 打底剂 彩色铅笔 纸本	41.5cm×55.8cm	628,320	罗芙奥	2020-07-19
妮可·艾森曼 2004年作 欧洲画	183cm×244cm	3,489,579	伦敦苏富比	2020-02-11
倪军 2013年作 三石榴	30cm×50cm	287,500	北京保利	2020-10-16
倪军 2015年作 玫瑰酒	60cm×50cm	253,000	华艺国际	2020-10-15
倪贻德 1962年作 潘天寿像	85cm×68.5cm	1,725,000	中国嘉德	2020-12-05
倪贻德 1960年代作 茶山蝉鸣	67.5cm×48cm	828,000	中国嘉德	2020-08-17
聂春辉 塔吉克母子	45cm×70cm	126,500	北京翰海	2020-09-12
欧内斯特·洛朗 壁画研究：劳作	30cm×50cm	161,000	北京保利	2020-10-18
欧阳春 2008年作 王的宿命	201cm×285cm	920,000	永乐拍卖	2020-12-04
欧阳春 2003年作 星辰	179.5cm×230cm	575,000	中国嘉德	2020-08-17
帕特里克·休斯 2008年作 迷惑	69cm×176cm×20cm	388,080	罗芙奥	2020-12-06
潘德海 1992年作 蒙娜丽莎	150cm×130cm	517,500	永乐拍卖	2020-12-04
潘全海 2015年作 睡莲	200cm×75cm	3,105,000	北京保利	2020-10-16
潘世勋 1994年作 慕士塔格峰下	99.5cm×100cm	83,166	中国嘉德	2020-10-08
潘玉良 1936年作 静物 镜心	61.5cm×45cm	3,450,000	中鸿信	2020-01-04
潘玉良 1942年作 绿毯上的女人体 镜心	29.5cm×22cm	1,150,000	中鸿信	2020-01-03
潘玉良 1943年作 女人体与瓶花 镜心	30cm×22.5cm	1,127,000	中鸿信	2020-01-04
庞均 2009年作 莫奈花园	182cm×454cm	6,726,000	香港苏富比	2020-07-08
庞均 2011年作 春到徽州古镇	175cm×175cm	5,103,080	佳士得	2020-07-11
庞均 2014年作 江南风光甲天下	150cm×300cm	4,260,000	佳士得	2020-12-02
庞均 2014年作 小舟从此逝，江海寄余生	90cm×180cm	3,534,572	中国嘉德	2020-10-08
庞均 2020年作 春满依旧状元楼	100cm×200cm	2,702,908	中国嘉德	2020-10-08
庞均 2018年作 鼓浪屿	95.8cm×128.5cm	2,147,000	佳士得	2020-07-11
庞均 2018年作 山云之间	96cm×129cm	1,247,496	中国嘉德	2020-10-08
庞均 2019年作 甲天下之夜	73cm×91cm	977,500	中国嘉德	2020-08-17
庞均 2014年作 日本街道	200cm×250cm	1,887,102	香港苏富比	2020-10-05
庞均 2017年作 轻舟已过万重山	72.5cm×91cm	997,920	罗芙奥	2020-12-06
庞均 1999年作 蝴蝶兰盛开	165cm×165cm	852,000	佳士得	2020-12-03
庞均 2006年作 羲之爱鹅	72.5cm×60.6cm	960,500	佳士得	2020-07-11
庞均 2020年作 古村初春	72cm×90cm	805,000	中国嘉德	2020-12-05
庞均 2020年作 霜叶红于二月花	72cm×90cm	805,000	中国嘉德	2020-12-05
庞均 2019年作 山水的诗	73cm×91cm	632,500	中国嘉德	2020-08-17
庞均 2019年作 早春	73cm×91cm	575,000	中国嘉德	2020-08-17
庞均 20[illegible]年作 紫与黑的浪漫	107cm×126.5cm	483,000	中国嘉德	2020-12-05
庞均 20[illegible]年作 海芋	91cm×72.7cm	460,000	北京保利	2020-10-16
庞均 202[illegible]年作 雅集	72cm×60cm	460,000	中国嘉德	2020-12-05
庞均 20[illegible]年作 灰与绿的构成	126.5cm×107cm	345,000	中国嘉德	2020-12-05
庞均 20[illegible]年作 窗外春光	72cm×60cm	228,708	中国嘉德	2020-10-08
庞均 201[illegible]年作 江南早春	59.5cm×72cm	639,000	佳士得	2020-12-03
庞均 201[illegible]年作 静物	97cm×130cm	610,533	香港苏富比	2020-10-06
庞均 198[illegible]年作 仲夏之荷	65cm×91cm	360,360	罗芙奥	2020-12-06
庞均 198[illegible]年作 御花园之冬	65cm×54cm	138,600	罗芙奥	2020-12-06
庞均 199[illegible]年作 花之寓意	45.5cm×53cm	116,424	罗芙奥	2020-12-06
庞均 2009年作 甲天下 油彩 画布	60.6cm×72.7cm	628,320	罗芙奥	2020-07-19
庞茂琨 200[illegible]年作 巧合之二	160cm×200cm	1,610,000	广东崇正	2020-09-13
庞茂琨 19[illegible]年作 黑花瓶	116cm×91cm	782,000	北京保利	2020-10-16

拍品名称	物品尺寸	成交价RMB	拍卖公司	拍卖日期
庞茂琨 石柱女孩	80cm×60cm	460,000	荣宝斋（南京）	2020-11-28
庞茂琨 2002年作 年华之三	80cm×100cm	368,000	永乐拍卖	2020-12-04
庞茂琨 抱琵琶的女孩	70cm×50cm	345,000	荣宝斋（南京）	2020-11-28
庞茂琨 武隆后坪写生之五	50cm×70cm	345,000	荣宝斋（南京）	2020-11-28
庞茂琨 武隆后坪写生之一	50cm×70cm	345,000	荣宝斋（南京）	2020-11-28
庞茂琨 2011年作 呓语系列	76cm×52cm	103,500	中鸿信	2020-01-04
庞茂琨 沉溺手稿之六	43cm×33cm	63,250	中鸿信	2020-01-04
裴春派 1983年作 河内官掌门	13cm×19cm	276,900	佳士得	2020-12-03
裴春派 CHEO 演员	18cm×25cm	107,350	香港苏富比	2020-07-09
裴春派 街景与自行车	14.5cm×19.5cm	62,150	香港苏富比	2020-07-09
裴春派 裸女	16cm×13.5cm	54,240	香港苏富比	2020-07-09
佩尔·柯克比 炼狱 VII	198.1cm×129.5cm	1,577,975	伦敦苏富比	2020-02-11
彭斯 2013年作 龙坡	48cm×78cm	138,000	西泠印社	2020-08-08
皮耶·奥古斯特·雷诺阿 1915年作 风景	34cm×45.6cm	4,951,220	香港苏富比	2020-10-06
平贺敬 1986年作 料亭"辻兆"厨房风景	130.5cm×161.8cm	293,800	佳士得	2020-07-11
朴栖甫 1973年作 描法 No. 49-73	32cm×41cm	791,000	香港苏富比	2020-07-10
七户优 2003年作 海盗孩童	直径30cm	213,344	保利香港	2020-07-12
齐梦慧 20世纪70年代末—80年代初 全国各族人民大团结 镜心	207cm×440cm	6,670,000	中鸿信	2020-01-03
祁志龙 2008年作 中国女孩	220cm×180cm	161,000	中贸圣佳	2020-10-17
祁志龙 2007年作 革命女孩	220cm×180cm	153,698	纽约佳士得	2020-09-11
祁志龙 2005—2006年作 女孩	162cm×130cm	115,000	北京保利	2020-10-16
祁志龙 2007年作 革命女孩	219.6cm×180cm	114,790	纽约佳士得	2020-04-21
祁志龙 2005年作 女兵No.30	130cm×97cm	63,250	西泠印社	2020-08-08
前川强 1965年作 作品·白	162.5cm×130.5cm	904,000	香港苏富比	2020-07-10
乔纳森·查普林 2019年作 房间	119.4cm×152.6cm	791,000	佳士得	2020-07-10
乔纳森·加德纳 2014年作 栖于内心	61cm×45.7cm	355,219	香港苏富比	2020-10-07
乔纳斯·伍德 2014年作 翅央与两犬	134.6cm×147.3cm	8,836,600	香港苏富比	2020-07-09
乔纳斯·伍德 2012年作 蓝板箱与静物	122cm×76.3cm	6,017,230	香港苏富比	2020-10-06
乔纳斯·伍德 2008年作 篮球18	31.5cm×40cm	293,800	香港苏富比	2020-07-10
乔纳斯·伍德 2017年作 黄色插枝2号	165.3cm×101.7cm	2,556,000	佳士得	2020-12-03
乔治·马修 1978年作 忆哈布斯堡王朝	250cm×600cm	114,252,320	佳士得	2020-12-02
乔治·葛罗兹 1918年作 危险道路	47.3cm×65.3cm	88,460,951	伦敦佳士得	2020-02-05
乔治·康多 2010年作 舞者	152.4cm×183cm	160,244,000	佳士得	2020-12-02
乔治·康多 蓝眼女子肖像	134.6cm×106.7cm；连框：139.5cm×118cm×9.5cm	7,709,535	伦敦苏富比	2020-02-11
乔治·康多 2017年作 迈克尔·弗林错位表现主义肖像	165.1cm×147cm	7,534,840	香港苏富比	2020-07-09
乔治·马修 1988—1989年作 希望之光	130cm×97cm	4,951,220	香港苏富比	2020-10-05
乔治·马修 1982年作 圣女贞德解放奥尔良	50cm×129.5cm	3,762,000	香港苏富比	2020-07-08
乔治·马修 1990年作 神谕	114cm×146cm	2,220,120	香港苏富比	2020-10-06
乔治·马修 1989年作 裂谷	114cm×146cm	1,650,750	佳士得	2020-12-03
乔治·马修 1985年作 克顿	97cm×162cm	1,582,000	香港苏富比	2020-07-09

2020书画拍卖成交汇总(续表)

(成交价RMB：5万元以上)

拍品名称	物品尺寸	成交价RMB	拍卖公司	拍卖日期
乔治·马修 1989年作 隐藏的荣耀	114cm×146cm	1,482,000	香港苏富比	2020-07-08
乔治·莫兰迪 1950年作 静物	22.2cm×35.2cm	5,115,437	伦敦佳士得	2020-02-05
乔治·康多 1993—1994年作 荣誉军团	116cm×88.8cm	4,714,360	香港苏富比	2020-07-10
乔治-亨利-曼扎纳·毕沙罗 约1950年作 冬日街景	画面高45cm，宽37cm；画框高68cm，宽60cm	287,500	西泠印社	2020-08-10
秦琦 2021—2023年作 秦琦2021—2023未来作品		4,025,000	华艺国际	2020-10-15
秦琦 2006年作 漂亮的车头1号	250cm×188cm	1,356,000	香港苏富比	2020-07-09
秦琦 2006年作 南湖小学(双联作)	187.5cm×250cm×2	1,265,000	中国嘉德	2020-12-05
秦琦 2013年作 大白鹅	170cm×220cm	805,000	华艺国际	2020-10-15
秦琦 2015年作 思想鹅	135cm×220cm	782,000	中国嘉德	2020-12-05
秦琦 2007年作 藏族博物馆	190cm×250cm	747,500	中国嘉德	2020-08-17
秦琦 2014年作 白鹅	168cm×220cm	706,914	中国嘉德	2020-10-08
秦琦 2011年作 新年	135cm×192cm	632,500	永乐拍卖	2020-12-04
秦琦 2010年作 室内	166cm×251cm	575,000	中国嘉德	2020-08-17
秦琦 2019年作 阿里巴巴3	170cm×220cm	483,000	永乐拍卖	2020-08-18
秦琦 2007年作 洋酒	185cm×250cm	460,000	北京保利	2020-10-16
秦琦 2015年作 红土	100cm×120cm	345,000	华艺国际	2020-10-15
秦琦 约2003年作 她 2	170.5cm×190.5cm	234,678	保利香港	2020-07-12
秦琦 2010年作 彩虹	40cm×60cm	69,000	中国嘉德	2020-12-05
邱亚才 1992年作 艺术家	80cm×65cm	128,006	保利香港	2020-07-12
邱亚才 1998年作 女人肖像 油彩 画布	116cm×91cm	485,520	罗芙奥	2020-07-19
邱亚才 1990年作 沉稳	116.5cm×91cm	332,640	罗芙奥	2020-12-06
邱亚才 1996年作 美男子	91cm×72.5cm	277,200	罗芙奥	2020-12-06
邱亚才 无题	129.5cm×96cm	193,800	佳士得	2020-06-30
仇晓飞 2005年作 火车站	90cm×120cm	2,415,000	中国嘉德	2020-12-05
仇晓飞 2014年作 海童	180cm×140cm	688,237	香港苏富比	2020-10-07
仇晓飞 2008年作 弃物之塔	239cm×96cm×72cm	218,500	中国嘉德	2020-12-05
全光荣 1987年作 ONT-002	152cm×182cm	904,000	佳士得	2020-07-11
热尼维·菲吉斯 2018年作 玛丽的朋友	100cm×120cm	1,054,557	香港苏富比	2020-10-07
热尼维·菲吉斯 2015年作 马车	40cm×60cm	706,914	中国嘉德	2020-10-08
热尼维·菲吉斯 2015年作 女士与猫	80cm×99.8cm	706,914	中国嘉德	2020-10-08
热尼维·菲吉斯 2014年作 浴中美人		678,000	香港苏富比	2020-07-10
热尼维·菲吉斯 2016年作 婚姻	60cm×50cm	474,600	香港苏富比	2020-07-10
任戬 1991年作 集邮系列(一组六件)	50cm×50cm×6	402,500	中国嘉德	2020-08-17
任微音 1980年作 南翔古漪园	60cm×74cm	126,500	西泠印社	2020-08-08
任振宇 2007年作 另一种肖像.20	100cm×90cm	75,484	香港苏富比	2020-10-07
日本动画 樱桃小丸子(共五件)	尺寸不一	85,338	保利香港	2020-07-12
阮南山 裸女(无图)	72.5cm×60cm	1,243,000	香港苏富比	2020-07-09
阮忠 2007年作 女士与莲花	99cm×99cm	234,300	佳士得	2020-12-03
阮忠 捧莲花的女士	100cm×100cm	148,200	佳士得	2020-06-30
阮忠 2008年作 黄衣少女 油彩 画布	99cm×99cm	119,952	罗芙奥	2020-07-19
阮忠 2011年作 沉睡的女子 油彩 画布	99.5cm×99.5cm	97,104	罗芙奥	2020-07-19
瑞铎·塔帕亚 2011年作 荒野之声	192cm×152cm	479,250	佳士得	2020-12-03
塞西丽·布朗 2004年作 公园	整体 196cm×279cm	17,515,000	香港苏富比	2020-07-09
塞西丽·布朗 二千万甜心	193cm×249cm	10,414,635	伦敦苏富比	2020-02-11
塞西莉. 布朗 2004年作 奖赏	121.9cm×152.4cm	164,208,800	佳士得	2020-12-02
沙耆 1940年作 瓶花静物	59cm×48cm	575,000	中国嘉德	2020-08-17
沙耆 裸女与马	119cm×78cm	460,000	朵云轩	2020-09-24
沙耆 1990年作 有鱼的静物	57cm×65cm	172,500	永乐拍卖	2020-12-04
沙耆 1996年作 静物	47.5cm×58cm	172,500	北京诚轩	2020-08-16

拍品名称	物品尺寸	成交价RMB	拍卖公司	拍卖日期
沙耆 1990年作 女人体	40.5cm×48cm	92,000	西泠印社	2020-08-08
沙耆 1986年作 韩岭雪景	32.5cm×43cm	158,900	北京保利	2020-07-18
莎拉·休斯 2016年作 High Waters	172.7cm×152.4cm	27,258,000	佳士得	2020-12-02
莎拉·休斯 2007年作 这儿，那儿	81.5cm×81.5cm	508,500	香港苏富比	2020-07-10
山本麻友香 2016年作 坦克男孩	91cm×60.5 cm	221,760	罗芙奥	2020-12-05
山本麻友香 2018年作 小山羊男孩	45.5cm×38cm	221,760	罗芙奥	2020-12-06
山口长男 1960年作 曲形	122cm×91.5cm	3,885,210	香港苏富比	2020-10-06
山姆·弗朗西斯 1974年作 无题	92.71cm×182.88cm	1,695,000	佳士得	2020-07-11
单凡 2020年作 缓慢之作(一组十件)	140cm×100cm×10	1,897,500	华艺国际	2020-10-15
尚·米榭·巴斯基亚 橡胶	218.5cm×173cm	67,515,689	伦敦苏富比	2020-02-11
尚·史考利 1983—1984年作 北方之鹰	193.5cm×183.5cm	4,235,240	佳士得	2020-07-10
尚·斯卡里 2012年作 光热墙2	190.5cm×215.9cm	7,616,245	香港苏富比	2020-10-06
尚扬 1984年作 楚人竞渡图	106.5cm×188cm	9,200,000	中国嘉德	2020-08-17
尚扬 1995年作 有阳光的大风景之二	97cm×130cm	2,530,000	永乐拍卖	2020-12-04
尚扬 2009年作 册页-8	100cm×150cm	1,322,500	永乐拍卖	2020-08-18
邵增虎 围栏	55cm×74cm	115,000	广东崇正	2020-09-13
畲金裕 1962年作 聚会	60.7cm×91.5cm	79,875	佳士得	2020-12-03
申婕 马的狂想曲	90cm×120cm	69,000	朵云轩	2020-09-24
沈汉武 山村	101.8cm×76cm	170,400	佳士得	2020-12-03
沈行工 山水 油画	71cm×90cm	71,300	荣宝斋(南京)	2020-11-28
沈文燮 2017年作 呈现	130cm×161.7cm	226,000	佳士得	2020-07-11
沈小彤 2003年作 2003 NO.5	110.5cm×150.5cm	122,107	香港苏富比	2020-10-07
沈哲哉 1993年作 纽约博物馆 油彩 画布	45.5cm×53cm	74,256	罗芙奥	2020-07-13
沈敬东 2007年作 英雄系列——百炖	200cm×300cm	1,150,000	北京翰海	2020-12-12
石冲 2006年作 物语——水、空气和身体	50cm×36cm	356,500	北京保利	2020-10-15
石冲 2005年作 物语	40cm×27cm	218,500	中国嘉德	2020-08-17
石冲 物语——水、空气和身体系列	27cm×39.5cm	253,000	中贸圣佳	2020-10-17
石良 1998年作 巡	180cm×120cm	212,750	西泠印社	2020-08-08
石良 1996年作 庄妹	60cm×50cm	74,750	西泠印社	2020-08-08
石田彻也 1996年作 屋顶避难者	145.8cm×103.3cm	4,235,240	佳士得	2020-07-10
石田彻也 2004年作 无题	45.5cm×53cm	2,343,000	佳士得	2020-12-02
斯里哈迪·苏达索诺 贝多优克塔望仪式	140cm×300cm	3,192,000	香港苏富比	2020-07-08
斯里哈迪·苏达索诺 1989年作 木偶	135cm×100cm	316,400	佳士得	2020-07-11
斯里哈迪·苏达索诺 OLEG: 青年的能量		169,500	香港苏富比	2020-07-09
斯里哈迪·苏达索诺 2006年作 庄严的自然：默拉皮火山	130cm×120cm	479,250	佳士得	2020-12-03
寺冈政美 2004—2006年作 修道院/维纳斯与教皇的试炼	整体：302cm×311cm×7.3cm	1,278,000	佳士得	2020-12-02
宋琨 2014年作 自画像No.1	160cm×110cm	632,500	北京保利	2020-10-16
宋琨 2011年作 饮鸩者	45cm×65cm	460,000	华艺国际	2020-10-15
宋琨 2004年作 南湖渠-1	180cm×140cm	437,000	中国嘉德	2020-12-05
宋琨 2004年作 南湖渠-3	180cm×140cm	322,000	中国嘉德	2020-08-17
宋琨 2015年作 鹿园No.1	直径90cm	172,500	西泠印社	2020-08-08
宋琨 2015年作 泛灵净界·阿修罗No.1—No.9	40cm×30cm×9	1,127,000	北京翰海	2020-12-12
宋易格 2011年作 千金裘	153cm×192cm	832,545	香港苏富比	2020-10-07
宋易格 2011年作 Lover	80cm×80cm	517,500	永乐拍卖	2020-12-04
宋永平 1998年作 演奏	194cm×130cm	161,000	中贸圣佳	2020-10-17
苏天赐 1994年作 樱花	84cm×67cm	3,852,500	中国嘉德	2020-08-17
苏天赐 1994年作 霜晨	49.5cm×73cm	805,000	西泠印社	2020-08-08

（成交价RMB：5万元以上）

拍品名称	物品尺寸	成交价RMB	拍卖公司	拍卖日期
苏天赐 1974年作 长江大桥	48.5cm×72cm	690,000	西泠印社	2020-08-08
苏天赐 1977年作 海景写生-1	25cm×53cm	322,000	华艺国际	2020-10-15
苏天赐 1977年作 海景写生-2	25cm×53cm	322,000	华艺国际	2020-10-15
苏天赐 1977年作 风景	26.5cm×37cm	310,500	西泠印社	2020-08-08
苏佐佐诺 自画像与玫瑰	100cm×100cm	1,140,000	香港苏富比	2020-07-08
苏佐佐诺 船	70cm×126cm	1,017,000	香港苏富比	2020-07-09
苏佐佐诺 RICO CUCU SAYA MAU BOBO	78.5cm×58.5cm	350,300	香港苏富比	2020-07-09
苏佐佐诺 1984年作 师生	50cm×70cm	95,850	佳士得	2020-12-03
孙纲 2010年作 坝上夏日 带框	97cm×130cm	322,000	北京翰海	2020-09-12
孙会忠 红玫瑰	160cm×80cm	575,000	北京保利	2020-10-16
孙良 1997年作 豹	66cm×79cm	69,000	西泠印社	2020-08-08
孙良 2005年作 红翼	80cm×100cm	63,250	西泠印社	2020-08-08
孙宗慰 1950年作 石景山钢铁厂一角	129.5cm×88.5cm	4,025,000	中国嘉德	2020-12-05
孙宗慰 1940年作 青年自画像	直径45cm	1,058,000	北京诚轩	2020-08-16
孙宗慰 1939年作 青花瓷罐与红苹果	直径45cm	172,500	中国嘉德	2020-12-05
塔玛拉·德·蓝碧嘉 1932年作 马乔里·费里肖像	100cm×65cm	148,763,160	伦敦佳士得	2020-02-05
塔玛雅娜·帕丘卡 2012年作 落雪 油彩 画布	60cm×80cm	51,408	罗芙奥	2020-07-19
谭华牧 1960年代作 和风	38.5cm×49cm	368,000	中国嘉德	2020-08-17
谭平 2008年作 感动2号	200cm×160cm	805,000	中国嘉德	2020-12-05
谭平 2011年作 无题	160cm×200cm	402,500	西泠印社	2020-08-08
谭平 2014年作 无题	200cm×300cm	1,782,500	华艺国际	2020-12-05
汤姆·卫索曼 "裁剪裸女"习作	109.3cm×172cm	8,791,575	伦敦苏富比	2020-02-11
唐伟民 2018年作 藏族少女	50cm×50cm	80,500	中国嘉德	2020-12-05
唐伟民 2020年作 彝族少女	40cm×30cm	55,200	西泠印社	2020-08-08
唐蕴玉 望	61cm×45cm	172,500	中贸圣佳	2020-10-17
唐蕴玉 1930年作 午后普陀	36.5cm×44.5cm	117,150	佳士得	2020-12-03
唐蕴玉 1933年作 巴黎市街	15.5cm×22.5cm	63,250	北京诚轩	2020-08-16
唐蕴玉 1940年代作 亭子	38cm×50cm	69,000	北京诚轩	2020-08-16
唐志冈 1997年作 射出	149.5cm×180cm	287,500	中国嘉德	2020-08-17
唐志冈 2004年作 中国童话	130.5cm×162cm	172,500	中国嘉德	2020-08-17
陶樱 念念不忘必有回想	80cm×60cm	184,000	西泠印社	2020-08-09
藤田嗣治 1921年作 侧卧的裸女与一只小狗	89cm×116cm	31,907,400	佳士得	2020-12-02
藤田嗣治 1956年作 抱猫女孩	46cm×38cm	10,350,000	北京保利	2020-10-16
藤田嗣治 两姊妹	41.2cm×33.2cm	7,273,200	香港苏富比	2020-07-08
藤田嗣治 1956年作 蔷薇与丁香花束	55cm×33cm	7,083,240	香港苏富比	2020-10-06
藤田嗣治 1924年作 裸女之背	64.7cm×54cm	3,909,800	佳士得	2020-07-10
藤田嗣治 1957年作 小厨师	35.2cm×24cm	3,648,000	香港苏富比	2020-07-08
藤田嗣治 1957年作 窗台上的少女	33.2cm×22.2cm	3,164,000	香港苏富比	2020-07-09
藤田嗣治 1960年作 双手合十的女孩	38cm×25.5cm	2,556,000	佳士得	2020-12-03
藤田嗣治 1961年作 系红色蝴蝶结的小女孩	24cm×19cm	1,706,752	保利香港	2020-07-12
藤田嗣治 1918年作 小男孩	27.5cm×19.5cm	1,610,000	西泠印社	2020-08-08
藤田嗣治 1925年作 少女肖像	33.2cm×22.4cm	1,443,078	香港苏富比	2020-10-06
藤田嗣治 1927年作 金色盘发少女	27cm×22cm	904,000	香港苏富比	2020-07-09
藤田嗣治约1916—1917年作女人肖像	33.3cm×24.2cm	791,000	香港苏富比	2020-07-09
藤田嗣治 1951年作 阿维尼翁新城	40.7cm×33cm	339,000	香港苏富比	2020-07-09
藤田嗣治 1914年作 巴黎郊外	24cm×32.5cm	287,500	中国嘉德	2020-12-05
田中敦子 2002年作 02g 压克力 漆 画布	59cm×45.5cm	542,640	罗芙奥	2020-07-19
田中锋 2014年作 道	80cm×120cm	138,000	中鸿信	2020-01-04
童雁汝南 2019—2020年作 肖像三联作	41cm×33cm×3	862,500	永乐拍卖	2020-12-04

拍品名称	物品尺寸	成交价RMB	拍卖公司	拍卖日期
童雁汝南 2014年作 庞思元	41cm×33cm×3	793,500	西泠印社	2020-08-08
涂克 1958年作 富春江之春	39.8cm×48.5cm	92,000	西泠印社	2020-08-08
涂克 1986年作 漓江系列	29cm×28cm	57,500	华艺国际	2020-10-15
屠宏涛 2012年作 语无伦次的夏天	210cm×320cm	1,356,000	香港苏富比	2020-07-09
屠宏涛 2011年作 远眺风云卷	150cm×210cm	747,500	中国嘉德	2020-12-05
屠宏涛 2015年作 茂盛松林	130cm×100cm	575,000	永乐拍卖	2020-08-18
屠宏涛 2005年作 无题	130cm×100.5cm	184,000	北京诚轩	2020-08-16
屠宏涛 1998年作 五月之一	145cm×96cm	103,500	中国嘉德	2020-08-17
托比·齐格勒 2013年作 '60s Emissions	180cm×216.5cm	135,600	佳士得	2020-07-11
托尼·托斯科尼 2017年作 对话	71cm×101cm	66,528	罗芙奥	2020-12-05
托尼·托斯科尼 2018年作 白色忧郁	96.5cm×86.2cm	66,528	罗芙奥	2020-12-05
妥木斯 1993年作 启	65cm×90cm	311,874	中国嘉德	2020-10-08
王宝成 风景	60cm×50cm	264,500	重庆尚文斋	2020-08-09
王川 2009年作 浪	100cm×150cm	483,000	华艺国际	2020-10-15
王光乐 2002年作 午后之九	180cm×140cm	4,370,000	永乐拍卖	2020-12-04
王光乐 2007年作 水磨石2007.12.27	180cm×130cm	4,370,000	永乐拍卖	2020-12-04
王光乐 2003年作 水磨石2003. 5	180cm×140cm	3,616,000	香港苏富比	2020-07-09
王广义 1986—1989年作 国际政治——必要的会谈	120cm×150cm	3,450,000	永乐拍卖	2020-12-04
王广义 1995年作 红色签证	150cm×150cm	555,030	香港苏富比	2020-10-07
王广义 2004年作 麦当劳	150cm×120cm	460,000	北京保利	2020-10-16
王广义 2004年作 大批判——杜尚	119.5cm×79cm	395,500	香港苏富比	2020-07-10
王广义 2002年作 信仰系列——女孩	50cm×40cm	341,550	纽约佳士得	2020-09-11
王广义 2003年 大批判系列：Ford	50cm×40cm	69,000	中国嘉德	2020-12-05
王国平 色异·1987	100cm×80cm	80,500	中贸圣佳	2020-10-17
王海力 随行	180cm×120cm	2,185,000	中贸圣佳	2020-10-17
王海力 2011年作 坐在椅子上的女人体	120cm×100cm	1,058,000	中贸圣佳	2020-10-17
王海力 2019年作 古楼兰国	60cm×70cm	322,000	中贸圣佳	2020-10-17
王宏月 2020年作 马	120cm×80cm	1,380,000	北京保利	2020-10-16
王宏峥 2020年作 生存空间系列	直径90cm	437,000	北京翰海	2020-09-12
王华祥 1993年作 组画之一	46.5cm×55cm	345,000	华艺国际	2020-10-15
王济远 1951年作 瓶菊	121cm×74.7cm	920,000	华艺国际	2020-10-15
王济远 1950—1960年代 倚坐女子	91.5cm×76cm	529,000	华艺国际	2020-10-15
王济远 自画像	36cm×46cm	63,250	中国嘉德	2020-12-05
王加诺 2016年作 辛普森一家	300cm×200cm×2	345,000	永乐拍卖	2020-12-04
王加诺 2019年作 2019.Np.No.1	200cm×200cm	138,000	永乐拍卖	2020-12-04
王加诺 2020年作 C.SK.NO.01	130cm×150cm	57,500	永乐拍卖	2020-12-04
王家琪 1997年作 果实	60.5cm×72.5cm	97,750	中国嘉德	2020-12-05
王劼音 2013年作 无何有乡	88cm×576cm	1,610,000	西泠印社	2020-08-08
王劼音 2016年作 绿亭	200cm×100cm	943,551	香港苏富比	2020-10-06
王劼音 2006年作 青山绿水	98.5cm×133cm	598,000	西泠印社	2020-08-08
王劼音 2005年作 夏山	100cm×135cm	552,000	中国嘉德	2020-12-05
王劼音 2019年作 听山	195cm×135cm	460,000	北京保利	2020-10-16
王劼音 2012年作 花卉	100cm×100cm	322,000	中国嘉德	2020-12-05
王劼音 1992年作 幽兰图	53cm×71cm	230,000	中国嘉德	2020-08-17
王劼音 1993年作 春树暮云	60cm×71cm	207,000	中国嘉德	2020-12-05
王劼音 2006年作 独秀	80.5cm×60cm	184,000	中国嘉德	2020-08-17
王劼音 2009年作 风景	50cm×60cm	126,500	西泠印社	2020-08-08
王劼音 2015年作 霞	60cm×80cm	119,175	北京保利	2020-07-18
王金明 紫气东来	67cm×68cm	138,000	北京翰海	2020-09-12
王劲松 1995年作 无题	169cm×129.5cm	176,600	纽约佳士得	2020-04-21
王俊杰 2017年作 归途	50.5cm×40.5cm×3	9,414,600	佳士得	2020-12-02
王俊杰 2015年作 鸟二	74.5cm×55.7cm	2,023,500	佳士得	2020-12-03
王攀元 1989年作 龟山岛	79cm×78.5cm	987,601	中国嘉德	2020-10-08

2020书画拍卖成交汇总(续表)

(成交价RMB：5万元以上)

拍品名称	物品尺寸	成交价RMB	拍卖公司	拍卖日期
王攀元 问君何日归故里	60.5cm×72.5cm	371,280	罗芙奥	2020-07-19
王攀元 大山大水	38cm×46cm	242,760	罗芙奥	2020-07-19
王仁兰 沙发上的新娘	40cm×60cm	150,480	中典国际	2020-10-20
王兴伟 1995年作 八五后标准表情	150cm×200cm	31,625,000	北京保利	2020-10-16
王兴伟 1991年作 高粱地及画稿(一组两件)	140cm×172cm；15cm×19cm	5,692,500	中国嘉德	2020-08-17
王兴伟 1999年作 无题(郊游)	120cm×280cm	4,600,000	永乐拍卖	2020-12-04
王兴伟 2002年作 无题(三个人体)	187cm×165cm	1,130,000	香港苏富比	2020-07-10
王亚彬 2008年作 银河的南边	200cm×120cm	172,500	西泠印社	2020-08-08
王衍成 2018年作 无题	260cm×210cm	25,300,000	北京保利	2020-10-16
王衍成 2018年作 无题	200cm×260cm	17,250,000	永乐拍卖	2020-08-18
王沂东 1995年作 早春	100cm×80cm	2,391,034	中国嘉德	2020-10-08
王沂东 2018年作 碧桃图	60cm×50cm	1,887,102	香港苏富比	2020-10-06
王沂东 2020年作 青山海棠图	50cm×40cm	1,437,500	永乐拍卖	2020-12-04
王易罡 1991年作 抽象	146.3cm×112.6cm	86,250	北京诚轩	2020-08-16
王音 2015年作 无题(左右)	90cm×210cm	2,185,000	永乐拍卖	2020-12-04
王音 2006年作 花	100.4cm×179.8cm	805,000	永乐拍卖	2020-08-18
王音 2006年作 花	36cm×53cm	161,000	中贸圣佳	2020-10-17
王音 2006年作 花	36cm×53cm	161,000	中贸圣佳	2020-10-17
王雨桐 油画	90cm×60cm	300,080	中典国际	2020-10-20
王玉平 2000年作 鱼	101cm×220cm	368,000	中贸圣佳	2020-10-17
王玉平 2014年作 国子监(双联作)	57.5cm×72cm×2	291,082	中国嘉德	2020-10-08
王子卫 1992年作 三张J牌	104.5cm×183.6cm	122,107	香港苏富比	2020-10-07
薇薇安·斯普林福德 1970年作 无题(VSF093)	117cm×152cm	319,500	佳士得	2020-12-03
韦启美 1988年作 魔术师	120cm×157.5cm	3,220,000	华艺国际	2020-10-15
维参特·马南萨拉 1980年作 集市	124cm×195cm	6,347,400	佳士得	2020-12-02
维克多·瓦萨雷利 1978年作 太空之旅n° 2989	104.5cm×105cm	316,400	香港苏富比	2020-07-10
伟恩·第伯 水果摊档	43cm×61.2cm	16,365,855	伦敦苏富比	2020-02-11
卫天霖 畅音阁	86cm×82cm	322,000	西泠印社	2020-08-08
魏东 2006年作 更衣	143.5cm×108cm	180,800	香港苏富比	2020-07-10
魏巨川 中国制造——工业2.0XI	155cm×108cm	368,000	广东崇正	2020-09-13
邬一名 2014年作 红与黑	150cm×190cm	230,000	华艺国际	2020-10-15
吴大羽 1980年代作 射戟辕门	53cm×38cm	12,075,000	中国嘉德	2020-12-05
吴大羽 夜曲	45.5cm×32.5cm	8,280,000	中国嘉德	2020-08-17
吴大羽 约1980年作 势韵之无题56	53cm×38cm	7,820,000	北京保利	2020-10-16
吴大羽 无题	35cm×38.5cm	793,500	朵云轩	2020-09-24
吴大羽 无题	44cm×64cm	575,000	朵云轩	2020-09-24
吴冠中 1973年作 北国风光	71.7cm×160cm	133,415,116	香港苏富比	2020-10-05
吴冠中 2002年作 秋瑾故居	70cm×140cm	70,150,000	永乐拍卖	2020-08-18
吴冠中 1998年作 彩面朝天	100cm×80cm	69,000,000	永乐拍卖	2020-12-04
吴冠中 1975年作 乞力马扎罗雪山	100cm×180cm	43,700,000	永乐拍卖	2020-12-04
吴冠中 1973年作 桂林景色	64.2cm×42cm	38,261,830	香港苏富比	2020-10-05
吴冠中 1985年作 鲁迅乡土	46cm×53cm	22,047,600	香港苏富比	2020-07-08
吴冠中 1985年作 江南早春	61cm×72cm	17,825,000	中国嘉德	2020-12-05
吴冠中 1990年作 海婴(人体)	61cm×92.7cm	16,571,400	佳士得	2020-12-02
吴冠中 1960年作 牡丹花	50.5cm×40cm	16,100,000	中国嘉德	2020-12-05
吴冠中 1992年作 英国乡村旅店	60cm×73cm	19,550,000	永乐拍卖	2020-08-18
吴冠中 1985年作 鲁迅乡土	61cm×72.5cm	18,616,200	佳士得	2020-12-02
吴冠中 1990年作 野井(倒影)	39.5cm×30.5cm	16,100,000	永乐拍卖	2020-12-04
吴冠中 1978年作 园林(江南园林)	69cm×54cm	14,526,600	佳士得	2020-12-02
吴冠中 1994年作 围城	46cm×46cm	11,500,000	北京保利	2020-10-16
吴冠中 1976年作 北戴河	45cm×45cm	10,852,520	佳士得	2020-07-11
吴冠中 1978年作 春在无寻处	35cm×37cm	10,350,000	中国嘉德	2020-12-05
吴冠中 1989年作 喷泉	53.5cm×46cm	8,187,720	佳士得	2020-12-02
吴冠中 1992年作 花卉	53cm×65cm	7,164,200	佳士得	2020-07-10
吴冠中 1960年作 海南岛木棉林	46cm×61cm	7,054,320	香港苏富比	2020-07-08
吴冠中 1993年作 云南小景	45cm×38cm	6,513,320	佳士得	2020-07-11
吴冠中 1990年作 夜东京	40.5cm×31.5cm	6,347,400	佳士得	2020-12-02
吴冠中 1977年作 高粱	50cm×43cm	4,370,000	中国嘉德	2020-12-05
吴冠中 1994年作 春秋	48cm×58cm	4,370,000	华艺国际	2020-10-15
吴冠中 1992年作 黄山松云	80cm×60cm	4,025,000	朵云轩	2020-09-24
吴冠中 1976年作 海鸥之家	39.5cm×35.5cm	3,680,000	中国嘉德	2020-12-05
吴冠中 1962年作 渔港	49cm×69cm	3,220,000	华艺国际	2020-10-15
吴冠中 1993年作 桃花	80cm×60cm	2,990,000	朵云轩	2020-09-24
吴琼 2018年作 雪松和远山	130cm×100cm	138,000	永乐拍卖	2020-12-04
吴维佳 2013年作 戏曲人物	90cm×100cm	80,500	西泠印社	2020-08-08
吴维佳 2006年作 图像杂志NO.5	80cm×100cm	80,500	中贸圣佳	2020-10-17
吴维敏 梨	80cm×60cm	92,000	中贸圣佳	2020-10-17
吴训木 2018年作 远古童话	100cm×120cm	92,000	广东崇正	2020-09-13
吴作人 1930年代作 坐女人体	130cm×90cm	9,430,000	中国嘉德	2020-12-05
吴作人 1943年作 芍药	49cm×38.5cm	3,507,500	北京诚轩	2020-08-16
吴作人 1938年作 风景	21cm×32cm	1,150,000	中国嘉德	2020-08-17
吴作人 1941年作 蒋碧薇像	49cm×38.5cm	1,265,000	永乐拍卖	2020-08-18
吴作人 1950年代作 黄浦之雾	30cm×20cm	782,000	北京保利	2020-10-16
五木田智央 2015年作 名利场	129.5cm×162.5cm	3,195,000	佳士得	2020-12-02
五木田智央 2016年作 异国情调摇篮曲	162cm×162cm	2,599,000	香港苏富比	2020-07-10
五木田智央 2017年作 晚餐会	55cm×44.5cm	881,400	佳士得	2020-07-11
伍必端 你们还留在国统区坚持工作	35cm×27cm	63,250	中贸圣佳	2020-10-17
武晨 2015年作 自画像	160cm×140cm	66,604	香港苏富比	2020-10-07
武高谈 1956年作 公鸡	65cm×54cm	532,500	佳士得	2020-12-03
武高谈 1957年作 姊妹	54cm×31.5cm	474,600	佳士得	2020-07-11
武高谈 家人与马	61cm×50cm	474,600	香港苏富比	2020-07-09
武高谈 1964年作 宝塔恋人	60cm×50cm	395,500	佳士得	2020-07-11
武高谈 骏马佳人	46cm×38cm	293,800	香港苏富比	2020-07-09
武高谈 1964年作 花束	63.5cm×52.5cm	239,085	纽约佳士得	2020-09-11
武高谈 1964年作 休憩	63.5cm×52.5cm	239,085	纽约佳士得	2020-09-11
武高谈 情人	41cm×33cm	203,400	香港苏富比	2020-07-09
武高谈 1961年作 神	86cm×65cm	159,750	佳士得	2020-12-03
西奥·迈尔 风景中的巴利女孩	65cm×58.5cm	79,100	香港苏富比	2020-07-09
西奥·梅耶 约1976年作 Jetli与荷花	120cm×100cm	395,500	佳士得	2020-07-11
西奥·梅耶 1979年作 峇里情侣	129cm×107cm	1,171,500	佳士得	2020-12-03
西奥·梅耶 1977年作 少女沐浴	56.5cm×49.5cm	127,800	佳士得	2020-12-03
西奥·梅耶 1980年作 花束	71.5cm×60.4cm	90,525	佳士得	2020-12-03
西奥·梅耶 1979年作 风景	102cm×63cm	74,550	佳士得	2020-12-03
西瑞·菲兹 2019年作 春分夜色——生命之业 漆 压克力 画布	170cm×130cm	171,360	罗芙奥	2020-07-19
希拉里·佩西斯 2018年作 马特的收藏	60.8cm×76.4cm	466,225	香港苏富比	2020-10-06
席德进 1962年作 感性的紫色	71.5cm×51.5cm	1,356,000	佳士得	2020-07-11
席德进 1961年作 无题	59.5cm×71.3cm	960,500	佳士得	2020-07-11
虾名贵德 2008年作 黎明之前	99.2cm×145cm×5cm	138,600	罗芙奥	2020-12-05
下田光 2014年作 Lonely Child 4	27cm×22cm	103,500	广东崇正	2020-09-13
夏俊娜 2005年作 镜花缘	100cm×200cm	862,500	永乐拍卖	2020-12-04
夏俊娜 2002年作 潇湘水云	150cm×129.5cm	345,000	中国嘉德	2020-08-17
夏俊娜 1996年作 青春年华	180cm×180cm	333,500	中贸圣佳	2020-10-17
夏俊娜 1995年作 朗朗夏夜	162.5cm×129.5cm	322,000	中国嘉德	2020-12-05

（成交价RMB：5万元以上）

拍品名称	物品尺寸	成交价RMB	拍卖公司	拍卖日期
夏俊娜 2002年作 下午茶	80cm×60cm	207,000	朵云轩	2020-09-24
夏俊娜 假日	200cm×100cm	172,500	中贸圣佳	2020-10-17
夏小万 2002年作 神游	162cm×130cm	345,000	中国嘉德	2020-12-05
夏星 1992年作 在慕尼黑皮那科可美术馆借丢勒的头发之一	120cm×90cm	460,000	中国嘉德	2020-12-05
夏星 1992年作 在慕尼黑皮那科可美术馆借丢勒的头发之二	67cm×50cm	230,000	中国嘉德	2020-12-05
肖峰 西湖帆影	40cm×50cm	74,750	朵云轩	2020-09-24
萧明贤 1957年作 抽象构图	38cm×61cm	96,050	香港苏富比	2020-07-09
萧勤 1998年作 飞越永久的花园－19	110cm×250cm	1,332,072	香港苏富比	2020-10-05
萧勤 1962年作 无题	114.5cm×146.5cm	1,254,000	香港苏富比	2020-07-08
萧勤 1997年作 日正当中	162cm×286cm	935,622	中国嘉德	2020-10-08
萧勤 1985年作 春雷	184cm×229cm	576,029	保利香港	2020-07-12
萧勤 1993—2012年作 向光致敬	66cm×110cm	404,700	佳士得	2020-12-03
萧勤 1993年作 大限外之 58 压克力画布	79.5cm×130cm	285,600	罗芙奥	2020-07-19
萧勤 1993年作 永久的花园	80cm×100cm	228,000	佳士得	2020-06-30
萧勤 1993年作 大限外－67	50cm×75cm	103,958	中国嘉德	2020-10-08
萧勤 1961年作 太阳	85.9cm×116.1cm	95,850	佳士得	2020-12-03
萧勤 1992年作 永久的花园-14	45.6cm×73.9cm	85,338	保利香港	2020-07-12
萧勤 1974年作 飞行－8 压克力 画布	60cm×40cm	74,256	罗芙奥	2020-07-19
谢东明 2011年作 藏族小女孩儿	190cm×130cm	287,500	永乐拍卖	2020-12-04
谢东明 2010年作 玉树女孩	60cm×80cm	69,000	中国嘉德	2020-12-05
谢景兰 1972年作 从蓝绿中产生的形象	左：195cm×131cm；右：195cm×129.6cm；全作：195cm×260.6cm	9,748,265	香港苏富比	2020-10-05
谢景兰 1993年作 无题	124.5cm×99.5cm	3,108,168	香港苏富比	2020-10-05
谢景兰 1966—1967年作 蓝夜	89cm×116cm	2,449,500	佳士得	2020-12-02
谢景兰 约1960年代作 丹霞照青峰	146cm×113.7cm	2,147,000	佳士得	2020-07-10
谢景兰 1967至1969年作 蓝月	100cm×81cm	1,243,000	香港苏富比	2020-07-09
谢景兰 1968年作 雨后	55cm×38cm	421,823	香港苏富比	2020-10-06
谢墨凛 2013年作 迭 No.29	60cm×60cm	138,000	永乐拍卖	2020-12-04
谢墨凛 2013年作 迭 No.26	50cm×50cm	115,000	永乐拍卖	2020-12-04
谢墨凛 2010年作 叠 3	125cm×120cm	72,154	香港苏富比	2020-10-07
谢南星 2006年作 无题 No.1	220cm×325cm	1,035,000	永乐拍卖	2020-12-04
谢南星 2013年作 某人肖像	120cm×80cm	632,500	中国嘉德	2020-12-05
忻[illegible]旺 2005年作 发呆	80cm×65cm	230,000	中国嘉德	2020-12-05
熊[illegible] 2019年作 尼亚加拉瀑布 带框	60cm×50cm	2,875,000	北京翰海	2020-09-12
徐悲鸿 1920年作 人体肖像(双面画)	73.5cm×35.5cm×2	10,925,000	北京保利	2020-10-16
徐坚白 1960年作 苗家女	74cm×54cm	138,000	广东崇正	2020-09-13
徐青巍 2019年作 空山不见	28cm×23cm	207,000	中国嘉德	2020-08-17
徐青巍 2020年作 午后	28cm×23cm	69,000	中国嘉德	2020-12-05
徐世江（诗虹）2018年作 共舞 带框	100cm×80cm	172,500	北京翰海	2020-09-12
徐小国 2016年作 织体3	200cm×155cm	92,000	中国嘉德	2020-08-17
徐瀛 2019年作 国车与国粹	30cm×40cm	57,500	北京翰海	2020-09-12
徐震－没顶公司出品 2013年作 天下——3107FI1301	80cm×100cm×10cm	199,811	香港苏富比	2020-10-07
许东生 2019年作 低处的灿烂	200cm×280cm	322,000	中国嘉德	2020-12-05
许幸之 1962年作 海港之晨	44cm×61.5cm	4,887,500	中国嘉德	2020-08-17
许幸之 1961年作 芍药花	48.5cm×56cm	3,335,000	中国嘉德	2020-12-05
禤善勤 2014年作 Haze，Doodood和Mui Mui在石澳	120cm×160cm	813,600	佳士得	2020-07-10

拍品名称	物品尺寸	成交价RMB	拍卖公司	拍卖日期
禤善勤 2016年作 秩序	60cm×90cm	133,207	香港苏富比	2020-10-07
禤善勤 2014年作 Dood Dood和Haze	180cm×140cm	798,750	佳士得	2020-12-02
薛保瑕 1996年作 浮生录	102cm×153cm	192,010	保利香港	2020-07-12
薛峰 2015年作 纷飞的纷飞的纷飞的	160cm×240cm	345,000	华艺国际	2020-10-15
薛海燕 油画	80cm×100cm	517,500	东兴瀚海	2020-06-28
薛海燕 油画	100cm×100cm	460,000	东兴瀚海	2020-06-28
薛松 2018年作 一帆风顺	120cm×240cm	1,725,000	永乐拍卖	2020-12-04
亚当·汉德勒 2018—2020年作 洁米女孩	193cm×162 cm	94,248	罗芙奥	2020-12-05
亚德里安·格尼 2016—2018年作 无眠帘	180.3cm×150cm	48,384,520	香港苏富比	2020-10-06
亚德里安·格尼 来客	210cm×165cm	37,731,637	伦敦苏富比	2020-02-11
闫平 2011年作 雨后的冲绳	60.5cm×50.5cm	437,000	中国嘉德	2020-12-05
闫平 2000年作 自画像	46.5cm×38cm	253,000	中国嘉德	2020-12-05
闫平 2013年作 热带的冬季	50cm×60cm	184,000	中国嘉德	2020-12-05
闫平 2015年作 三亚的山里	50cm×60cm	115,000	中国嘉德	2020-12-05
颜磊 2008年作 彩轮	91cm×91cm	230,000	华艺国际	2020-10-15
颜文樑 1964年作 南湖旭日	42cm×71.5cm	27,830,000	中国嘉德	2020-12-05
颜文樑 1974年作 玉兰花	28cm×37.5cm	3,392,500	西泠印社	2020-08-08
颜文樑 襄阳公园之夏	27.5cm×33.5cm	862,500	朵云轩	2020-09-24
颜文樑 夕阳泛舟	27cm×37cm	805,000	西泠印社	2020-08-08
颜文樑 风景	32cm×24cm	246,400	上海联合	2020-11-29
颜文樑 太湖夏日	20cm×28cm	230,000	中鸿信	2020-01-04
杨登雄 2007年作 撒哈拉的茶点 I	180cm×150cm	116,424	罗芙奥	2020-12-06
杨飞云 2006年作 灵视	125cm×115cm	2,300,000	永乐拍卖	2020-08-18
杨凯 1996年作 寂静院落	73cm×54cm	115,000	北京保利	2020-10-16
杨曼生 海滩	89cm×105cm	508,500	香港苏富比	2020-07-09
杨茂源 1998年作 1998 No.1	168cm×179cm	138,000	中国嘉德	2020-08-17
杨三郎 富士山 油彩 画布	50cm×60cm	257,040	罗芙奥	2020-07-19
杨三郎 欧洲街景 油彩 画布	50cm×61cm	97,104	罗芙奥	2020-07-19
杨少斌 1998年作 NO.15	161cm×140cm	230,000	中贸圣佳	2020-10-17
杨识宏 2015年作 奇景	71cm×161.5cm	395,040	中国嘉德	2020-10-08
杨识宏 2014年作 冷香	97cm×128cm	234,678	保利香港	2020-07-12
杨识宏 1998年作 漩涡 油彩 画布	71cm×100cm	185,640	罗芙奥	2020-07-19
杨识宏 1999年作 波动之能	96cm×127.5cm	114,354	中国嘉德	2020-10-08
杨文萍 2008年作 花	100cm×100cm	51,750	中鸿信	2020-01-04
杨心广 2014年作 布面抽象	250cm×220cm	97,750	永乐拍卖	2020-12-04
杨勋 2005年作 古忆·庭园春色之五	179.5cm×179.5cm	138,000	中国嘉德	2020-12-05
杨勋 2017—2018年作 粉嫩娇妍	直径60cm	138,000	中鸿信	2020-01-04
叶世强 2002年作 芦苇（黄苇）	41cm×53cm	138,674	保利香港	2020-07-12
叶世强 2001年作 鸡冠花	46cm×33cm	90,671	保利香港	2020-07-12
叶子奇 2014—2020年作 太鲁阁的山棱－花莲	86.7cm×127.4cm	1,053,360	罗芙奥	2020-12-06
叶子奇 2019—2020年作 入冬之白	75.5cm×50cm	311,874	中国嘉德	2020-10-08
叶子奇 2019—2020年作 艳紫荆 卵彩 油彩 亚麻布	76.2cm×50.8cm	399,840	罗芙奥	2020-07-19
伊慧 帝王花	100cm×80cm	575,000	北京翰海	2020-09-12
尹朝阳 雪	200cm×120cm	1,150,000	华艺国际	2020-10-15
尹朝阳 2009年作 广场	130cm×180cm	977,500	中国嘉德	2020-12-05
尹戎生 1991年作 金色的秋天	73cm×93cm	57,500	中贸圣佳	2020-10-17
尤丽·肯萨古 赛到地狱	85cm×120cm	63,900	佳士得	2020-12-03
由金 2015年作 无奈的观者	150cm×200cm	805,000	中国嘉德	2020-12-05
由金 2016年作 移动的城	150cm×200cm	621,500	香港苏富比	2020-07-10
于桂元 2019年作 哈尼族姑娘	100cm×73cm	3,450,000	北京翰海	2020-09-12

2020书画拍卖成交汇总(续表)

(成交价RMB：5万元以上)

拍品名称	物品尺寸	成交价RMB	拍卖公司	拍卖日期
于桂元 风景	60cm×90cm	2,070,000	北京翰海	2020-09-12
于幸泽 2009年作 快乐时光	104cm×73.5cm	59,800	中国嘉德	2020-08-17
于振范 橡树林	200cm×135cm	199,980	中典国际	2020-10-20
余本 1949年作 捕鱼	62.5cm×75.5cm	575,000	中国嘉德	2020-08-17
余友涵 2010年作 2010.09.13	107cm×95.5cm	2,300,000	中国嘉德	2020-08-17
余友涵 1997年作 今天之一	114.5cm×159cm	1,221,066	香港苏富比	2020-10-07
余友涵 1998年作 我们系列No.10	215cm×151cm	678,500	中国嘉德	2020-08-17
俞云阶 佛子岭水库竣工典礼	27.5cm×37.5cm	57,500	中国嘉德	2020-12-05
喻红 1989年作 怀旧的肖像(自画像)	129.5cm×97cm	2,875,000	华艺国际	2020-10-15
喻红 1994年作 舞者	127cm×107cm	552,000	中贸圣佳	2020-10-17
喻红 1991年作 晚霞	100cm×80cm	506,000	中国嘉德	2020-08-17
元永定正 1966年作 作品	18cm×14cm	259,900	香港苏富比	2020-07-10
袁文彬 2007年作 经典——奥菲利亚	150cm×200cm	575,000	中鸿信	2020-01-04
袁文彬 2012年作 失眠夜之三十五	100cm×80cm	207,000	中鸿信	2020-01-04
袁文彬 2007年作 失眠夜之十	120cm×100cm	195,500	中鸿信	2020-01-04
袁小楼 2018年作 重庆森林	80.5cm×100.5cm	207,000	中国嘉德	2020-12-05
袁远 2015年作 一天的结束	154.5cm×229.5cm	926,600	香港苏富比	2020-07-10
袁远 2013年作 梦幻交织6号	180cm×150cm	610,533	香港苏富比	2020-10-07
原弓 2014年作 不在时间当中·流变	164.5cm×190cm	363,853	中国嘉德	2020-10-08
扬·弗朗斯·范·戴尔 约1826年作 玫瑰牡丹和其它花朵	68.3cm×55cm	1,000,500	保利厦门	2020-09-26
岳敏君 1993年作 金鱼	180cm×247cm	6,883,960	香港苏富比	2020-07-09
岳敏君 1998年作 故宫	220cm×280 cm	3,108,168	香港苏富比	2020-10-07
岳敏君 1996年作 天堂	259cm×119.5cm×2	2,442,132	香港苏富比	2020-10-07
岳敏君 2005年作 毛主席去安源	321.5cm×250cm	452,000	香港苏富比	2020-07-10
云尼萨尔 性感女郎	129.5cm×100cm	50,850	香港苏富比	2020-07-09
曾梵志 1996年作 面具系列 1996 NO.6	整体 199cm×358.6cm	161,000,000	永乐拍卖	2020-08-18
曾梵志 2017年作 虎	400cm×400cm	40,250,000	永乐拍卖	2020-12-04
曾梵志 1994年作 面具系列11号	180cm×150cm	20,941,370	香港苏富比	2020-10-06
曾梵志 2012年作 无题	330cm×215cm	8,136,035	中国嘉德	2020-10-08
曾梵志 1996年作 侧卧的女士	59.5cm×49.5cm	2,070,000	中国嘉德	2020-08-17
曾梵志 1999年作 面具系列 No.6	200cm×170cm	21,850,000	北京保利	2020-10-16
曾梵志 2004年作 肖像	79.5cm×79.5cm	1,610,000	中国嘉德	2020-08-17
曾梵志 2007年作 无题	199.5cm×200cm	5,148,280	香港苏富比	2020-07-09
曾梵志 1996年作 面具系列	54cm×44cm	2,982,000	佳士得	2020-12-03
曾梵志 1996年作 三年级一班系列第三号	48cm×38cm	1,582,000	佳士得	2020-07-11
曾梵志 约2002年作 毛	60cm×60cm	1,384,500	佳士得	2020-12-03
曾梵志 2003年作 无题（睡觉中的吴叔叔）	71.7cm×79.3cm	1,380,000	北京保利	2020-10-16
曾梵志 2003年作 无题	直径60cm	888,048	香港苏富比	2020-10-07
曾佑和 1962年作 三峰(双联作)	122cm×61cm×2	207,916	中国嘉德	2020-10-08
翟倞 2013年作 他无名无姓，却最终控制了一切	150cm×200cm	86,250	永乐拍卖	2020-12-04
詹建俊 1988年作 默	100.5cm×73cm	2,185,000	北京保利	2020-10-16
詹姆斯·罗森基思特 新派俄罗斯生意	121.9cm×121.9cm	2,479,675	伦敦苏富比	2020-02-11
詹妮弗·吉迪 2015年作 无题（SF 疆域 #3）(红和浅紫)	233.7cm×188cm	1,469,000	佳士得	2020-07-10
张大力 2006年作 拆系列	116.8cm×91.4cm×11.5cm	145,159	纽约佳士得	2020-09-11
张大力 2007年作 AK-47系列	150.6cm×120.2cm	97,130	纽约佳士得	2020-04-21
张恩利 1997年作 扑克牌	168cm×148cm	3,162,500	华艺国际	2020-10-15
张恩利 2008年作 树	260cm×208cm	2,070,000	永乐拍卖	2020-12-04
张恩利 2014年作 夜晚的树（一）	180cm×160cm	1,150,000	永乐拍卖	2020-08-18
张恩利 2013年作 网儿(二)	180cm×200cm	865,847	香港苏富比	2020-10-06
张恩利 2014年作 尼龙绳	100cm×100cm	474,600	佳士得	2020-07-11
张恩利 2005年作 标靶	直径42.3cm	149,341	保利香港	2020-07-12
张慧 2016年作 蔓延	200cm×400cm	920,000	北京保利	2020-10-16
张郎郎 2014年作 心中自有莲花	75cm×100cm	1,840,000	中国嘉德	2020-12-05
张郎郎 2016年作 印象	100cm×75.5cm	1,437,500	中国嘉德	2020-08-17
张郎郎 2017年作 我们知道	100cm×75cm	345,000	华艺国际	2020-10-15
张郎郎 2012年作 必怀不疑	99.5cm×66.5cm	287,500	华艺国际	2020-10-15
张荔英 约1960年作 红毛丹	55cm×38.5cm	2,130,000	佳士得	2020-12-02
张荔英 裸女	73cm×54cm	1,482,000	香港苏富比	2020-07-08
张权开 圣山活水	90cm×60cm	195,250	中典国际	2020-10-20
张润萍 众生	80cm×60cm	115,000	北京翰海	2020-09-12
张淑芬 2019年作 希望之源	117.4cm×90.8cm	2,109,000	香港苏富比	2020-07-08
张淑芬 2018年作 生命的风景	91cm×116.5cm	623,748	中国嘉德	2020-10-08
张淑芬 2018年作 遇见	73.5cm×60.5cm	311,874	中国嘉德	2020-10-08
张万传 1995年作 起鸡有鱼	73cm×60.5cm	99,792	罗芙奥	2020-12-06
张伟 1984年作 AC8	56cm×130cm	135,600	佳士得	2020-07-11
张晓刚 1995年作 血缘——大家庭2号	180cm×230cm	83,525,820	佳士得	2020-12-02
张晓刚 2011年作 红梅	200.5cm×300.5cm	10,350,000	华艺国际	2020-10-15
张晓刚 2006—2008年作 失忆与记忆：2008一号	200cm×261cm	5,484,225	香港苏富比	2020-10-07
张晓刚 1989年作 生生息息：明天将要来临	99cm×79cm	5,325,000	佳士得	2020-12-02
张晓刚 1989年作 重复的空间1号	65.5cm×50.2cm；65.5cm×100.4cm	3,727,500	佳士得	2020-12-03
张晓刚 2005年作 戴红领巾的女孩	100cm×85cm	2,982,000	佳士得	2020-12-03
张晓刚 1988年作 春神的祝福	65cm×65cm	2,300,000	北京保利	2020-10-16
张晓刚 2005年作 无题	200cm×260cm	4,280,440	香港苏富比	2020-07-10
张晓刚 2006年作 记忆中的女孩	119.5cm×149.5cm	2,530,000	中国嘉德	2020-08-17
张晓刚 2003年作 梦	130cm×110cm	1,725,000	中国嘉德	2020-12-05
张晓刚 2004年作 戴军帽的男孩	100cm×80cm	1,150,000	北京保利	2020-10-16
张晓刚 1987年作 生生不息	29.5cm×26cm	920,000	永乐拍卖	2020-12-04
张晓刚 1987年作 遗梦集：死亡河	27cm×32cm	862,500	永乐拍卖	2020-12-04
张晓刚 1990年作 重复的空间10号	53cm×38.5cm	847,500	佳士得	2020-07-11
张旭东 2019年作 暖暖的花	100cm×150cm	115,000	中鸿信	2020-01-04
张旭东 2019年作 花	100cm×150cm	82,800	中鸿信	2020-01-04
张雪瑞 2011年作 无题	直径100cm	51,750	北京诚轩	2020-08-16
张业兴 2015—2016年作 Hunting in Dreamland－8	300cm×205cm	126,500	永乐拍卖	2020-12-04
张义雄 1992年作 管弦乐团	33.3cm×45.5cm	55,440	罗芙奥	2020-12-06
张长江 2018年作 互联网时代系列-4 京东	150cm×120cm	230,000	保利厦门	2020-09-26
张长江 2020年作 磁力人	100cm×80cm	172,500	保利厦门	2020-09-26
张钊瀛 2017—2019年作 粉红豹提醒了我(一组两件)	30cm×40cm；100cm×150cm	63,250	广东崇正	2020-09-13
张钊瀛 2019—2020年作 角色——胜利城	140cm×100cm	51,750	广东崇正	2020-09-13
张肇达 共情01	180cm×180cm	2,530,000	中贸圣佳	2020-10-17
张志伟 2017年作 贵族残年	120cm×140cm	92,000	广东崇正	2020-09-13
章剑 2011年作 后海系列	250cm×200cm	483,000	华艺国际	2020-10-15
章剑 2005年作 国庆	200cm×150cm	368,000	中国嘉德	2020-12-05

拍品名称	物品尺寸	成交价RMB	拍卖公司	拍卖日期
章剑 2006年作 长安街	130cm×97cm	115,000	北京诚轩	2020-08-16
章仁缘 1998年作 秦韵	118cm×150cm	322,000	西泠印社	2020-08-08
赵半狄 1990年作 在那个早晨	200cm×190cm	28,750,000	北京保利	2020-10-16
赵半狄 2020年作 S的传说	65cm×45cm	977,500	北京保利	2020-10-16
赵春翔 1971—1973年作 母亲的生日	86cm×86cm	883,643	中国嘉德	2020-10-08
赵春翔 抽象·彩韵	76.5cm×92cm	92,000	中贸圣佳	2020-10-17
赵大钧 2009年作 碎冰川	132cm×170cm	230,000	中贸圣佳	2020-10-17
赵大钧 2011年作 作品19	170.5cm×136cm	172,500	中国嘉德	2020-12-05
赵大钧 1993年作 花之三	72cm×100cm	93,562	中国嘉德	2020-10-08
赵刚 2007年作 大卫的老婆	130cm×155cm	92,000	中国嘉德	2020-08-17
赵刚 2007年作 无题	155cm×130cm	92,000	中国嘉德	2020-08-17
赵梦歌 2006年作 秋无语之二	170cm×139cm	57,500	中贸圣佳	2020-10-17
赵春翔 1975年作 作品 75-116	130.5cm×97cm	170,775	纽约佳士得	2020-09-11
赵兽 1977年作 迷失的方向	100cm×150cm	2,300,000	永乐拍卖	2020-12-04
赵兽 风筝与纸老虎	27cm×39.5cm	57,500	西泠印社	2020-08-08
赵兽 丰收	55cm×42cm	51,750	朵云轩	2020-09-24
赵无极 1986年作 27.01.86	200cm×162cm	231,610,400	佳士得	2020-12-02
赵无极 1979年作 04.01.79	250cm×260cm	174,800,000	永乐拍卖	2020-12-04
赵无极 1952年作 荷兰小镇	65cm×92.5cm	29,402,600	佳士得	2020-07-10
赵无极 1956年作 隐蔽的城市	50cm×50cm	11,103,600	香港苏富比	2020-07-08
赵无极 1960年作 20.03.60	130cm×162cm	104,722,224	香港苏富比	2020-07-08
赵无极 1952年作 林荫小径	50cm×61cm	6,347,400	佳士得	2020-12-03
赵无极 1966年作 18.11.66	97cm×195cm	103,453,760	佳士得	2020-07-10
赵无极 1959年作 19.11.59	114cm×146cm	101,086,536	香港苏富比	2020-07-08
赵无极 1982年作 15.01.82(三联作)	195cm×130cm×3	80,599,200	佳士得	2020-12-02
赵无极 1965年作 09.03.65	130cm×162cm	64,502,790	佳士得	2020-12-02
赵无极 1988年作 29.02.88	162cm×130cm	45,512,448	香港苏富比	2020-07-08
赵无极 1968年作 23.03.68	89cm×130cm	42,917,400	佳士得	2020-07-10
赵无极 2001年作 16.12.2001	146cm×114cm	29,900,000	华艺国际	2020-10-15
赵无极 1961年作 17.06.61	60cm×73cm	22,540,385	香港苏富比	2020-10-05
赵无极 1998年作 04.08.98	150cm×162cm	21,474,375	香港苏富比	2020-10-05
赵无极 1964年作 21. 3. 1964	63.5cm×80cm	18,701,760	罗芙奥	2020-12-06
赵无极 1968年作 18.03.68	95cm×105cm	18,616,200	佳士得	2020-12-02
赵无极 1977年作 25.02.77	73cm×100cm	14,526,600	佳士得	2020-12-02
赵无极 1986年作 01.11.86	89cm×116cm	12,198,000	香港苏富比	2020-07-08
赵无极 1985年作 04.12.85	100cm×81cm	11,459,400	佳士得	2020-12-03
赵无极 1979年作 10.03.79	54cm×65cm	8,039,280	香港苏富比	2020-07-08
赵无极 1977年作 23.03.77	54cm×65cm	7,820,400	香港苏富比	2020-07-08
赵无极 1960年作 [illegible]2.3.60	45.5cm×55cm	6,785,000	永乐拍卖	2020-08-18
赵无极 1966年作 [illegible]6.01.1966	61cm×50cm	6,670,000	北京保利	2020-10-16
赵无极 1985年作 12.11.85	60cm×73cm	4,631,417	香港苏富比	2020-10-06
赵无极 1960年作 1[illegible].05.60	24cm×33cm	4,366,236	中国嘉德	2020-10-08
赵无极 1949—1951年作 无题	32cm×41cm	3,450,000	永乐拍卖	2020-08-18
赵无极 1949年作 无题(风景)	27cm×35cm	3,408,000	佳士得	2020-12-03
赵无极 1949年作 在水之涘	24cm×33cm	2,530,000	中国嘉德	2020-12-05
赵无极 1950年作 14.[illegible].50	15.8cm×19.8cm	2,236,500	佳士得	2020-12-03
赵晓佳 1988年作 大约在冬季	68.5cm×133cm	101,200	中贸圣佳	2020-10-17
赵新雨 2020年作 薄雾清晨	80cm×120cm	287,500	中国嘉德	2020-12-05
赵洋 2015年作 向南飞	200cm×150cm	192,100	佳士得	2020-07-11
赵洋 2015年作 回到地[illegible]	200cm×150cm	138,000	中国嘉德	2020-08-17
赵赵 2021—2023年作 赵赵2021—2023未来作品		4,600,000	华艺国际	2020-10-15
赵赵 2018—2019年作 星空	250cm×200cm	852,456	中国嘉德	2020-10-08
赵赵 2019年作 星空	200cm×160cm	713,000	中国嘉德	2020-12-05

拍品名称	物品尺寸	成交价RMB	拍卖公司	拍卖日期
赵赵 2019年作 星空	200cm×160cm	552,000	华艺国际	2020-10-15
赵赵 2016年作 无题	200cm×160cm	414,000	永乐拍卖	2020-12-04
赵赵 2016年作 无题	200cm×160cm	345,000	永乐拍卖	2020-08-18
赵赵 2019年作 笑傲的女孩	60cm×50cm	299,000	华艺国际	2020-10-15
珍尼维·菲吉斯 2015年作 皇家聚会	100cm×150cm	1,810,500	佳士得	2020-12-03
珍尼维·菲吉斯 2015年作 草地上的淑女	59.7cm×79.7cm	1,695,000	佳士得	2020-07-11
郑金岩 2015年作 晚明系列——八大山人	200cm×100cm	517,500	中鸿信	2020-01-04
郑金岩 2011年作 瓶荷系列——香清	120cm×56cm	138,000	中鸿信	2020-01-04
郑凯 2015年作 日记2015之四	150cm×150cm	598,000	华艺国际	2020-10-15
郑木奎 1990年作 水牛	113.5cm×165.5cm	248,600	佳士得	2020-07-11
郑木奎 1999年作 水牛放牧	120cm×181.5cm	213,000	佳士得	2020-12-03
郑木奎 水牛	109.5cm×150.5cm	192,100	香港苏富比	2020-07-09
郑相和 1984年作 无题84-7-7	81cm×65cm	429,400	香港苏富比	2020-07-10
中村萌 2012年作 无望之洞 油彩 木雕	45cm×33cm×70cm	399,840	罗芙奥	2020-07-19
钟飙 2002年作 灯火阑珊	280cm×200cm	207,000	西泠印社	2020-08-08
钟耕略 禁城古柏三联画	147.5cm×147.5cm×3	253,000	中国嘉德	2020-12-01
钟泗滨 1952年作 坐姿女子	80.5cm×61cm	2,034,000	佳士得	2020-07-10
钟泗滨 1963年作 蓝	131cm×102cm	1,171,500	佳士得	2020-12-02
钟泗滨 1973年作 一动不动	100.5cm×80.5cm	404,700	佳士得	2020-12-03
钟泗滨 1973年作 风光	76cm×91cm	340,800	佳士得	2020-12-03
钟泗滨 1959年作 山羊	78cm×58.5cm	213,000	佳士得	2020-12-03
钟泗滨 日落	63.5cm×42.5cm	202,350	佳士得	2020-12-03
钟泗滨 1963年作 黑色开拓	81cm×102cm	1,243,000	佳士得	2020-07-11
钟泗滨 1963年作 红色抽象	71cm×102cm	734,500	佳士得	2020-07-11
钟泗滨 午夜太阳	76.5cm×61cm	456,000	香港苏富比	2020-07-08
钟泗滨 1961年作 加央乐团族 沙捞越	102cm×64cm	293,800	佳士得	2020-07-11
钟泗滨 山景	58cm×44cm	135,600	香港苏富比	2020-07-09
冢本智也 2019年作 反射 蓝-鹿	162cm×130cm	847,500	佳士得	2020-07-11
冢本智也 2013年作 Blossom	45.5cm×38cm	57,063	佳士得	2020-05-22
周碧初 1949年作 木屋区(香港)	46cm×55cm	690,000	永乐拍卖	2020-12-04
周碧初 风景	28cm×35cm	63,250	西泠印社	2020-08-08
周川 2019年作 诅咒系列·灵魂之歌	80cm×60cm	172,500	北京翰海	2020-09-12
周川 太禾之境	47cm×57cm	691,020	中典国际	2020-10-20
周川 诅咒系列——潘多拉之诗	47cm×57cm	350,020	中典国际	2020-10-20
周川 无题	47cm×57cm	297,880	中典国际	2020-10-20
周春芽 1984年作 春天来了	163cm×186.5cm	86,250,000	中国嘉德	2020-08-17
周春芽 2003年作 山石与烟云	358.5cm×220cm	43,700,000	中国嘉德	2020-12-05
周春芽 2010年作 轻薄桃花逐水流	254cm×360cm	19,320,000	华艺国际	2020-10-15
周春芽 2007年作 四个TT	220cm×320cm	14,950,000	永乐拍卖	2020-08-18
周春芽 2000年作 苏州太湖石	150cm×120cm	12,650,000	永乐拍卖	2020-08-18
周春芽 2007年作 三月桃花开	200cm×150cm	4,082,500	西泠印社	2020-08-08
周春芽 2007年作 三个斗犬	200cm×250cm	7,820,000	永乐拍卖	2020-08-18
周春芽 1991年作 穿着袍子的女人	150cm×120cm	5,980,000	永乐拍卖	2020-12-04
周春芽 2008年作 飞机、大炮和TT	250cm×200cm	6,670,000	永乐拍卖	2020-08-18
周春芽 1988年作 金色高原上的寓言	140cm×110.5cm	3,450,000	中国嘉德	2020-12-05
周春芽 2008年作 枇杷树	199.5cm×250cm	3,450,000	中国嘉德	2020-08-17
周春芽 2003年作 马	150cm×120cm	3,220,000	永乐拍卖	2020-12-04
周春芽 1993年作 青石图 93.4号	80cm×100cm	2,933,480	佳士得	2020-07-11
周春芽 1999年作 红石	114cm×89.5cm	2,910,824	中国嘉德	2020-10-08

2020书画拍卖成交汇总(续表)

(成交价RMB：5万元以上)

拍品名称	物品尺寸	成交价RMB	拍卖公司	拍卖日期
周春芽 1995年作 雅安	100cm×80cm	2,875,000	中国嘉德	2020-08-17
周春芽 2001年作 黑根系列No.12	250cm×200cm	2,530,000	西泠印社	2020-08-08
周春芽 2004年作 绿狗12号	149cm×119cm	2,331,126	香港苏富比	2020-10-07
周春芽 2000年作 风中玫瑰	100cm×80cm	2,185,000	永乐拍卖	2020-12-04
周春芽 1985年作 云彩下的马匹	55cm×65cm	2,070,000	北京保利	2020-10-16
周春芽 1988年作 在西藏的草原上	80cm×60cm	1,725,000	中国嘉德	2020-12-05
周春芽 1986年作 风	52cm×68.5cm	1,150,000	中国嘉德	2020-12-05
周春芽 2017年作 大假山	33cm×44cm	322,000	西泠印社	2020-08-08
周思聪 林间少女	83.5cm×58.5cm	1,380,000	中国嘉德	2020-12-01
周廷旭 约1936年作 夏日小岛	61cm×76cm	483,000	中国嘉德	2020-12-05
周廷旭 1945年作 佛蒙特保纳尔中心	36cm×46cm	105,800	中国嘉德	2020-08-17
周珠旺 2019年作 石屿	130cm×89cm	119,552	中国嘉德	2020-10-08
朱安·葛明尼拉 做你自己	81cm×101.5cm	127,512	罗芙奥	2020-12-06
朱德群 1983—1984年作 自然颂	162cm×650cm	103,683,456	香港苏富比	2020-07-08
朱德群 1969年作 第312号构图	200cm×200cm	53,445,865	香港苏富比	2020-10-05
朱德群 1987年作 白色森林之一	130cm×195.5cm	35,997,000	佳士得	2020-12-02
朱德群 1965—1966年作 第195号春临之际	146cm×114cm	30,885,000	佳士得	2020-12-02
朱德群 1959年作 第40号构图，河岸	116cm×81cm	19,342,355	香港苏富比	2020-10-05
朱德群 1990—1991年作 和谐	162cm×130cm	13,225,000	北京保利	2020-10-16
朱德群 1987年作 透明冰河	120cm×60cm	10,814,275	香港苏富比	2020-10-05
朱德群 1978年作 5.5.1978 油彩 画布	162cm×128cm	11,804,800	罗芙奥	2020-07-19
朱德群 1976年作 LE 8.12.1976	161.7cm×126.8cm	7,706,600	佳士得	2020-07-10
朱德群 2000年作 夜之探索	195cm×129cm	7,189,841	香港苏富比	2020-10-06
朱德群 1960年作 南京一隅	81cm×65cm	4,756,080	香港苏富比	2020-07-08
朱德群 1993年作 意想之外	73cm×90cm	4,235,240	佳士得	2020-07-11
朱德群 1991年作 无题	60cm×81cm	3,408,000	佳士得	2020-12-03
朱德群 1989年作 小径	81cm×65cm	3,195,000	佳士得	2020-12-03
朱德群 1974年作 第539号构图	81cm×60cm	2,938,000	香港苏富比	2020-07-09
朱德群 1962年作 第112号构图	65cm×81cm	2,775,150	香港苏富比	2020-10-06
朱德群 发电体	81cm×65cm	2,183,118	中国嘉德	2020-10-08
朱德群 1985年作 大地回春	56cm×76cm	1,975,202	中国嘉德	2020-10-08
朱德群 1981年作 无题	60.5cm×49cm	1,491,000	佳士得	2020-12-03
朱德群 1987年作 1987年1月10日	33cm×41cm	639,000	佳士得	2020-12-03
朱德群 1995年作 1995年6月20日	28.3cm×25.3cm	532,500	佳士得	2020-12-03
朱德群 1961年作 蓝	36cm×55cm	443,520	罗芙奥	2020-12-06
朱德群 1995年作 34854	28cm×25cm	433,200	佳士得	2020-06-30
朱金石 2006年作 北京的两个落叶和尚	180cm×160cm	632,500	中贸圣佳	2020-10-17
朱金石 2009年作 洛带热	120cm×101cm	368,000	中国嘉德	2020-08-17
朱莉·柯蒂斯 2016年作 母亲和女儿	76cm×101cm	1,469,000	香港苏富比	2020-07-09
朱莉·柯蒂斯 女巫	45.7cm×35.5cm	1,465,263	伦敦苏富比	2020-02-11
朱乃正 2007年作 国魂	260cm×260cm	9,200,000	北京保利	2020-10-16
朱庆光 1976年作 牛车水－史密斯街	71cm×97cm	90,525	佳士得	2020-12-03
朱士杰 1983年作 莽林朝阳	98cm×81cm	218,500	西泠印社	2020-08-08
朱新建 江湖图	80cm×100cm	552,000	十竹斋拍卖（北京）	2020-10-18
朱曜奎 林中曙光	100cm×140cm	23,000,000	荣宝斋（南京）	2020-11-28
朱曜奎 2017年作 沧澜黄河	150cm×200cm	10,925,000	北京翰海	2020-09-12
朱曜奎 2016年作 长城万里图	100cm×200cm	9,200,000	北京翰海	2020-09-12
朱曜奎 2016年作 走向光明	50cm×60cm	3,220,000	北京翰海	2020-09-12
朱曜奎 沙漠之旅	60cm×80cm	2,300,000	荣宝斋（南京）	2020-11-28

拍品名称	物品尺寸	成交价RMB	拍卖公司	拍卖日期
朱曜奎 2012年作 春江之源	60cm×80cm	2,070,000	北京翰海	2020-09-12
朱曜奎 2018年作 鹤骨松姿	60cm×80cm	2,070,000	北京翰海	2020-09-12
朱曜奎 1996年作 林中雪	70cm×70cm	1,840,000	北京保利	2020-10-16
朱曜奎 2014年作 缘来	50cm×60cm	1,725,000	北京翰海	2020-09-12
朱曜奎 2016年作 春江两岸	60cm×80cm	1,725,000	北京翰海	2020-09-12
朱曜奎 2013年作 天堑之行	60cm×80cm	1,380,000	北京翰海	2020-09-12
朱曜奎 2016年作 烟霞凌峰	60cm×80cm	1,380,000	北京翰海	2020-09-12
朱曜奎 2018年作 金色希望	48cm×48cm	1,380,000	北京翰海	2020-09-12
朱曜奎 2016年作 携手同行	50cm×60cm	1,265,000	北京翰海	2020-09-12
朱曜奎 2015年作 千岩竞秀	60cm×80cm	1,150,000	北京翰海	2020-09-12
朱曜奎 2015年作 心灵神往	52cm×65cm	1,150,000	北京翰海	2020-09-12
朱曜奎 2018年作 烽火长城	48cm×48cm	1,150,000	北京翰海	2020-09-12
朱曜奎 2018年作 潺潺溪流	48cm×48cm	977,500	北京翰海	2020-09-12
朱曜奎 2015年作 风中情	50cm×60cm	920,000	北京翰海	2020-09-12
朱曜奎 2016年作 顶天立地	48cm×48cm	920,000	北京翰海	2020-09-12
朱曜奎 2014年作 金色光辉	48cm×48cm	690,000	北京翰海	2020-09-12
朱曜奎 2016年作 雄心万丈	50cm×60cm	690,000	北京翰海	2020-09-12
朱曜奎 2016年作 爱相伴	50cm×60cm	575,000	北京翰海	2020-09-12
朱曜奎 2016年作 壮志凌云	60cm×80cm	575,000	北京翰海	2020-09-12
朱曜奎 2017年作 星星之火	60cm×80cm	575,000	北京翰海	2020-09-12
朱曜奎 2017年作 郁郁苍苍	60cm×80cm	552,000	北京翰海	2020-09-12
朱曜奎 2017年作 一帆风顺	60cm×80cm	517,500	北京翰海	2020-09-12
朱曜奎 2017年作 万川聚宗	60cm×80cm	483,000	北京翰海	2020-09-12
朱曜奎 2017年作 希望来临	40cm×50cm	483,000	北京翰海	2020-09-12
朱曜奎 2018年作 茫茫白雪	50cm×60cm	460,000	北京翰海	2020-09-12
朱曜奎 2018年作 一品黄山	50cm×60cm	460,000	北京翰海	2020-09-12
朱曜奎 2016年作 春天景色	48cm×48cm	402,500	北京翰海	2020-09-12
朱曜奎 2016年作 迎春之景	48cm×48cm	402,500	北京翰海	2020-09-12
朱曜奎 2017年作 傲骨临嵩	48cm×48cm	402,500	北京翰海	2020-09-12
朱曜奎 2018年作 满色辉煌	48cm×48cm	402,500	北京翰海	2020-09-12
朱曜奎 2019年作 蓬勃向上	50cm×60cm	402,500	北京翰海	2020-09-12
朱曜奎 2014年作 生生不息	50cm×60cm	368,000	北京翰海	2020-09-12
朱曜奎 2018年作 满林辉煌	50cm×60cm	368,000	北京翰海	2020-09-12
朱曜奎 2010年作 乡间情	38cm×52cm	345,000	北京翰海	2020-09-12
朱曜奎 2015年作 向阳飞	50cm×60cm	345,000	北京翰海	2020-09-12
朱曜奎 2017年作 林间小路	50cm×60cm	345,000	北京翰海	2020-09-12
朱曜奎 2016年作 希望之行	50cm×60cm	322,000	北京翰海	2020-09-12
朱曜奎 2018年作 湖畔晓景	48cm×48cm	322,000	北京翰海	2020-09-12
朱曜奎 2018年作 春的希望	50cm×60cm	287,500	北京翰海	2020-09-12
朱曜奎 2010年作 等待春天	38cm×52cm	230,000	北京翰海	2020-09-12
朱毅中 国画梦幻	68cm×138cm	500,280	中典国际	2020-10-20
朱沅芷 1940年作 坐在椅子上的女人	64cm×48cm	3,326,656	中国嘉德	2020-10-08
朱沅芷 约1940年代作 布鲁克林植物园的春天	59cm×72cm	2,825,000	佳士得	2020-07-11
朱沅芷 我亲爱的中国朋友之肖像	50.5cm×38cm	1,725,000	永乐拍卖	2020-12-04
朱沅芷 相逢	44cm×34cm	690,000	中贸圣佳	2020-10-17
茱莉亚·道尔特 2012年作 L.A.机密	156.2cm×108cm	72,154	香港苏富比	2020-10-07
猪熊弦一郎 1968年作 城市计划（橘色2号）	152.4cm×127cm	666,036	香港苏富比	2020-10-07
庄喆 1983年作 锡安通道	201.6cm×196.3cm	499,527	香港苏富比	2020-10-06
庄喆 1989年作 春光乍现	125cm×125	685,440	罗芙奥	2020-07-19
庄喆 2005年作 空谷清音三	127cm×168cm	498,960	罗芙奥	2020-12-06
庄喆 1980年作 无题(8080)	127.5cm×127.3cm; 127.5cm×254.6cm	426,000	佳士得	2020-12-03

拍品名称	物品尺寸	成交价RMB	拍卖公司	拍卖日期
庄喆 1987年作 回探	103cm×132cm	176,729	中国嘉德	2020-10-08
庄喆 1976年作 风景76-72	109cm×138cm	176,600	纽约佳士得	2020-04-21
庄喆 1986年作 初雪	127cm×90cm	155,937	中国嘉德	2020-10-08
庄喆 1971年作 无题	86.5cm×122cm	128,006	保利香港	2020-07-12
庄喆 1963年作 无题 油彩 水墨 画布	60cm×84cm	111,384	罗芙奥	2020-07-19
佐藤晋也 2007年作 莲	80.3cm×80.3cm	287,500	北京保利	2020-10-16
雕塑				
FRAGMENT DESIGN×KARIMOKU藤原浩2017年作闪电积木熊（木质）	高70cm；28cm	195,500	华艺国际	2020-10-15
GXG2019年作12周年中国限定积木熊	140cm	89,700	华艺国际	2020-10-15
丹尼尔·阿尔轩 X DIOR 2020年作 未来考古学腐蚀雕塑	23cm×15.3cm×4cm	86,250	永乐拍卖	2020-12-04
KAWS 2013年作 小谎言	113cm×104cm×243cm	7,706,600	佳士得	2020-07-10
KAWS 2009年作 CHUM（粉色）	33cm×15.2cm×52cm	2,712,000	佳士得	2020-07-10
KAWS 2006年作（ORIGINALFAKE）同伴	16.5cm×10cm×38.7cm	2,331,126	香港苏富比	2020-10-07
KAWS 2007年作 同伴（灰）	57cm×35cm×125cm	800,040	保利香港	2020-07-12
KAWS 2007年作 同伴（棕）	57cm×35cm×125cm	746,704	保利香港	2020-07-12
KAWS 2007年作 同伴（黑）	57cm×35cm×125cm	682,701	保利香港	2020-07-12
KAWS 2011年作 Companion（Karimoku Version）	27cm×12cm×6.5cm	485,650	纽约佳士得	2020-04-21
KAWS 空山基 2008年作 No Future Companion（亮银）	32cm×20cm×20cm	150,110	纽约佳士得	2020-04-21
KAWS 空山基 2008年作 No Future Companion（亮黑）	32cm×20cm×20cm	132,450	纽约佳士得	2020-04-21
KAWS空山基2008年作 没有未来的伴侣（银铬、黑铬）（两件一组）	19.5cm×19.5cm×32cm×2	92,000	华艺国际	2020-10-15
KAWS NEXUSVII 2005年作 积木熊（木质）	高28cm	86,250	华艺国际	2020-10-15
KAWS 2010年作 匹诺曹和杰明尼蟋蟀	高24.7cm；高5.7cm	82,800	华艺国际	2020-10-15
KAWS 2002年作 共犯兔（粉红、黑）（两件一组）	高24cm×2	66,700	华艺国际	2020-10-15
KAWS（布莱恩．唐纳利）2017年作 小木偶 木雕 83/100	21.9cm×19.1cm×39.1cm	799,680	罗芙奥	2020-07-19
KAWS（布莱恩·唐纳利）2010年作 解剖同伴：积木熊 1000%（黑）	36cm×22cm×72cm	55,440	罗芙奥	2020-12-06
阿尔伯托·贾克梅蒂 三个行走的人 大平台）	高72cm	102,376,845	伦敦佳士得	2020-02-05
艾敬 2020年作 艾的祈祷	37.5cm×33cm×13.5cm	207,000	中国嘉德	2020-12-05
安东尼·葛姆雷 2014年作 拼接模型 II	38.1cm×8.1cm×5.4cm	6,667,000	香港苏富比	2020-07-10
安东尼·葛姆雷 1986—1987年作 立足之地	193cm×191cm×35cm	6,627,495	伦敦苏富比	2020-02-11
安东尼·葛姆雷 2013年作 胆子 XIII	196.5cm×50cm×44cm	3,616,000	香港苏富比	2020-07-09
安东尼·葛姆雷 2015年作 铸铁 雕塑	97cm×22cm×28cm	1,917,000	佳士得	2020-12-02
安东尼·葛姆雷 2012年作 胆子模板1号	35.5cm×10.2cm×8.8cm	474,600	香港苏富比	2020-07-10
奥古斯特·罗丹 沉思者	18cm×24.5cm×37cm	249,480	罗芙奥	2020-12-05

拍品名称	物品尺寸	成交价RMB	拍卖公司	拍卖日期
奥古斯特·罗丹 1876年作构思；1998年作翻铸 青铜时代 铜雕 版次8/25；翻铸者 Artco France；铸造厂 Airaindor	25cm×16cm×64cm	214,200	罗芙奥	2020-07-19
巴布罗·毕加索 小丑头像	高40.5cm	11,000,573	伦敦佳士得	2020-02-05
巴布罗·毕加索 小丑头像	高40.5cm	7,513,085	伦敦佳士得	2020-02-05
班克斯 2006年作 铜鼠	31.8cm×25.4cm×12.8cm	1,695,000	香港苏富比	2020-07-10
班克斯 2018年作、2019年作 气球女孩（白；原版；红色气球版）（共三件）	14.8cm×19cm×54.2cm×3	69,337	保利香港	2020-07-12
班克斯 2020年作、2019年作 掷花者（红版；黑色Gesso版；Gesso版）（共三件）	33cm×12cm×39.5cm×3	58,670	保利香港	2020-07-12
卜镝 2014年作 香炉	高120cm	57,500	北京保利	2020-10-16
不二良 2013年作 超人小鼠	96cm×68cm×58cm	259,895	中国嘉德	2020-10-08
蔡万霖 yy	底座 60cm×20cm×23cm；20cm×20cm×25cm	59,800	永乐拍卖	2020-12-04
草间弥生 2010年作 飞向宇宙——波点南瓜（黄色）	200cm×151cm×151cm	71,432,480	佳士得	2020-12-02
草间弥生 1998年作 维纳斯网（R）及无限网维纳斯雕像（R）	画作：227.3cm×145.4cm；雕像：215.9cm×68.6cm×60cm	12,946,295	香港苏富比	2020-10-06
草间弥生 1995年作 南瓜	7.3cm×7.5cm×6cm	426,688	保利香港	2020-07-12
草间弥生 1998年作 南瓜	13cm×13cm×12cm	360,360	罗芙奥	2020-12-06
草间弥生 2002年作 南瓜(四件一组)	尺寸不一	194,040	罗芙奥	2020-12-06
草间弥生 1988年作 帽子	12cm×24cm×26cm	128,006	保利香港	2020-07-12
草间弥生 2015年发行（每件）红色南瓜；黄色南瓜（一组十一件）	每件 9.5cm×8cm×8cm	55,502	纽约佳士得	2020-09-11
草间弥生 2019年作 直岛红色南瓜	13.5cm×13.5cm×8.5cm	53,336	保利香港	2020-07-12
村上隆 2017年作 Mr Dob/Dobtopus A & B（共两件）	26cm×33cm×29cm；24cm×32cm×20cm	74,181	佳士得	2020-05-22
村上隆 2016年作 Takashi Murakami × ComplexCon Mr. DOB（共两件）	23.5cm×27.5cm×20cm×2	62,769	佳士得	2020-05-22
大森晓生 2018年作 月夜中的鹿角兔	17.5cm×18.5cm×29cm	116,424	罗芙奥	2020-12-06
黛安·德·加比斯 阿尔特弥斯	高69cm；宽20.8cm	80,500	西泠印社	2020-08-10
丹尼尔·阿尔轩 2017年作 黄铁矿亚硒酸盐熊（大）	80cm×95cm×78cm	791,000	香港苏富比	2020-07-09
丹尼尔·阿尔轩 2020年作 一组被侵蚀的滚石杂志	32cm×32cm×4.3cm×2	433,200	佳士得	2020-06-19
丹尼尔·阿尔轩 2019年作 石英灯芯绒背包	62.2cm×36.8cm×24.1cm	361,600	佳士得	2020-07-11
丹尼尔·阿尔轩 2007年作 青铜篮球Bronze Eroded Basketball	29.5cm×75cm	166,750	永乐拍卖	2020-08-18
丹尼尔·阿尔轩 2019年作 Bronze Eroded Basketball	篮球直径23cm；箱子31.5cm×33cm×33cm	159,600	佳士得	2020-06-19

2020书画拍卖成交汇总（续表）

（成交价RMB：5万元以上）

拍品名称	物品尺寸	成交价RMB	拍卖公司	拍卖日期
丹尼尔·阿尔轩 2020年作 Future Relic Eroded Basketball	直径24.2cm	148,200	佳士得	2020-06-19
丹尼尔·阿尔轩 2020年作 Future Relic Eroded Clock	34cm×34cm×5cm	148,200	佳士得	2020-06-19
丹尼尔·阿尔轩 2020年作 Future Relic Eroded Basketball	直径24.2cm	136,800	佳士得	2020-06-30
丹尼尔·阿尔轩 2020年作 未来遗迹：腐蚀的篮球	直径24.2cm；重10.25kg	115,000	永乐拍卖	2020-08-18
丹尼尔·阿尔轩 2020年作 Future Relic Eroded Telephone	14cm×20.3cm×24.2cm	114,000	佳士得	2020-06-19
丹尼尔·阿尔轩 2019年作 Bronze Hourglass	38.7cm×15.9cm×15.9cm	102,600	佳士得	2020-06-19
丹尼尔·阿尔轩 未来遗迹系列（一组九件）	尺寸不一	97,750	中国嘉德	2020-12-05
丹尼尔·阿尔轩 2020年作 未来遗迹：腐蚀的字母	56cm×15.25cm×6.35cm	86,250	永乐拍卖	2020-08-18
丹尼尔·阿尔轩 2020年作 Blue Crystalized Pikachu	33cm×21.5cm×15cm	85,500	佳士得	2020-06-19
丹尼尔·阿尔轩 空山基 2019年作 1000% BE@RBRICK（银色）	72cm×32cm×23cm	85,388	纽约佳士得	2020-09-11
丹尼尔·阿尔轩 2020年作 White Crystalized Pikachu	33cm×21cm×15cm	79,800	佳士得	2020-06-19
丹尼尔·阿尔轩 空山基 2019年作 1000% BE@RBRICK（银色）	72cm×32cm×23cm	79,800	佳士得	2020-06-19
丹尼尔·阿尔轩 2020年作 Blue Crystalized Pikachu	33cm×21.5cm×15cm	68,400	佳士得	2020-06-30
丹尼尔·阿尔轩 2020年作 Future Relic D.I.O.R. Eroded Letters	整体56cm×15.3cm×6.4cm	68,400	佳士得	2020-06-19
丹尼尔·阿尔轩 2020年作 White Crystalized Pikachu	33cm×23.5cm×15.2cm	62,700	佳士得	2020-06-30
丹尼尔·阿沙姆 X 宝可梦 2020年作 蓝色水晶皮卡丘	22cm×15.5cm×35.5cm	74,670	保利香港	2020-07-12
丹尼尔·阿沙姆 X POKÉMON 2020年作 被侵蚀的比卡丘	22cm×15.5cm×35.5cm	58,670	保利香港	2020-07-12
费南度·波特罗 2004年作 舞者	53cm×41cm×15cm	1,356,000	香港苏富比	2020-07-10
弗朗索瓦·沙维尔·莱兰 1970年设计，1984年铸造 保安猩猩I	153cm×98cm×89cm	16,647,160	香港苏富比	2020-07-09
弗朗索瓦·沙维尔·莱兰 1987年设计，2007年铸造 不安的平凡小狗	41.5cm×59cm×29cm	3,277,000	香港苏富比	2020-07-10
弗朗索瓦·沙维尔·莱兰 1996年设计，1997年制造，2008年铸造 蜗牛方向标	52cm×83cm×42.5cm	2,034,000	香港苏富比	2020-07-10
傅丹 2016年作 马蹄笼	17cm×17cm×33cm	69,337	保利香港	2020-07-12
傅庆豊 1997年作 婚姻 Ⅱ	37cm×17cm×67cm	72,072	罗芙奥	2020-12-06
傅中望 2000年作 泡沫城	31cm×48cm×29cm	57,500	西泠印社	2020-08-08
郭子龙 2013—2014年作 盆景第二季No.13-柏	39cm×31cm×74cm	109,250	中贸圣佳	2020-10-17
哈维尔·卡勒加 2018年作 想念蓝天	16cm×16cm×32.5cm	99,792	罗芙奥	2020-12-06
哈维尔·卡勒加 2019年作 想念蓝蓝的天	32.5cm×16cm×16cm	57,063	佳士得	2020-05-22
河内美术学院 约1930年代作 渔夫与女子	男子:高56cm；女子:高55cm	107,350	香港苏富比	2020-07-09
贺娟 2019年作 闻香	22cm×17cm×9cm	67,573	中国嘉德	2020-10-08
皇家雪兰莪 锡合金 典藏特别版（粉、黑、金、银）（四件一组）	高28cm×4	207,000	华艺国际	2020-10-15
黄柏仁 2008年作 21世纪	40cm×42cm×69cm	415,800	罗芙奥	2020-12-06
黄柏仁 2005年作 延续	45cm×17cm×30cm	194,040	罗芙奥	2020-12-06
黄柏仁 2005年作 任务 铜雕 17/30	23cm×10cm×23cm	54,264	罗芙奥	2020-07-19
黄本蕊 2015年作 粉尼尼	65.5cm×28cm×35cm	93,562	中国嘉德	2020-10-08
黄永砯 2003年作 亚美利哥·维斯普奇	76.2cm×148.6cm×148.6cm	1,221,066	香港苏富比	2020-10-07
黄永玉 2014年作 猴	23cm×19cm×26cm	57,500	广东崇正	2020-09-13
黄永玉 2003年作 鸡	23.5cm×36cm×29cm	51,750	广东崇正	2020-09-13
黄永玉 2015年作 羊	24cm×23.5cm×28cm	51,750	广东崇正	2020-09-13
灰原爱 2007年作 悄悄话	20cm×14cm×63.5cm；16.5cm×14.5cm×63.5cm	194,040	罗芙奥	2020-12-06
灰原爱 2010年作 苏醒	63cm×54cm×100cm	127,512	罗芙奥	2020-12-06
加藤泉 2014年作 无题	26cm×53cm×63cm	970,200	罗芙奥	2020-12-06
简·拉比昂 高歌的雄鸡	高100cm；底部直径38cm	86,250	西泠印社	2020-08-10
杰夫·昆斯 2015年作 气球狗（橙、玫红、黄）（三件一组）	26.7cm×26.7cm×12.7cm×3	287,500	华艺国际	2020-10-15
杰夫·昆斯 2017年作 气球兔（红色）	14cm×20cm×29cm	138,674	保利香港	2020-07-12
金卷芳俊 2020年作 人物随想 01	17.8cm×16.5cm×33.7cm（每件）	83,160	罗芙奥	2020-12-06
克里斯多—加布里耶·阿莱格罕 沐浴的维纳斯	17cm×16cm×48.5cm	52,668	罗芙奥	2020-12-0[illegible]
克洛德·莱兰 1971年设计，2007年铸造 面包脚	13cm×65cm×12.5cm	678,000	香港苏富比	2020-07-10
克洛德·莱兰 2011年设计，2014年铸造 四蜡盘烛台	11.5cm×45cm×20.5cm	226,000	香港苏富比	2020-07-10
空山基 2019年作 金手指（The Midas Touch）	高33cm	126,500	永乐拍卖	2020-08-[illegible]8
空山基 2019年作 九谷烧 铂金箔 Be@rbrick 400%（双签名+签绘版）	高28cm	78,200	华艺国际	2020-10-[illegible]5
空山基 x KAWS（布莱恩·唐纳利）2008年作 没有未来的同伴（黑色）	19.5cm×19.5cm×32cm	66,528	罗芙奥	2020-12-06
空山基 2004年作 未来米奇（金、银、红）（三件一组）	21cm×27cm×34.5cm×3	63,250	华艺国际	2020-10-15
空山基 限量冲浪机器人雕塑	48cm×47.1cm×55cm	54,050	永乐拍卖	2020-12-04
空山基 限量冲浪机器人雕塑	48cm×47.1cm×55cm	50,600	永乐拍卖	2020-08-18
拉乌尔·查尔斯·维莱特 俄尔甫斯	高83cm；底部直径27cm	80,500	西泠印社	2020-08-10
黎明 2004年作 记者	30cm×23cm×11cm	69,000	西泠印社	2020-08-08
李伟 刘知音 2020年作 风之语	100cm×45cm×60cm	97,750	中国嘉德	2020-12-05
李真 1998年作 无忧国土	89cm×157cm×53cm	2,910,824	中国嘉德	2020-10-08
李真 2010年作 兰亭	100.3cm×36cm×26.8cm	1,808,000	佳士得	2020-07-11
李真 1998年作 三觉者	55cm×90cm×135cm	2,530,000	永乐拍卖	2020-1[illegible]-04
李真 2005年作 清风云露 铜雕 3/8	43cm×36cm×80cm	1,599,360	罗芙奥	2020-07-19
李真 2010年作 天火	54cm×41cm×124cm	1,275,120	罗芙奥	2020-12-06
李真 2003年作 清凉山	41cm×31cm×72cm	768,038	保利香港	2020-07-12
李真 2000年作 乘云气	88cm×29cm×30cm	644,540	中国嘉德	2020-[illegible]0-08
李真 2000年作 和而不同	62cm×32cm×24cm	467,811	中国嘉德	2020-[illegible]0-08

拍品名称	物品尺寸	成交价RMB	拍卖公司	拍卖日期
梁任宏 2019年作 转进论23AT1033-34	128cm×83cm×45cm；70cm×60cm×60cm	540,582	中国嘉德	2020-10-08
林·乍得伟 i)1995—1996年作，1998年铸造；ii)1995—1996年作，2000年铸造 三叉烛台(两件作品)	i)28.5cm×18cm×18cm；ii)28.5cm×19cm×15.5cm	84,750	香港苏富比	2020-07-10
刘建文 2019年作 佐顿	55cm×20cm×20cm	114,125	佳士得	2020-05-22
刘永刚 2006年作 站立的文字——爱拥之一；站立的文字——爱拥之二(二件)	高55cm×2	161,000	中鸿信	2020-01-04
刘喆 应许之龙	130cm×100cm×90cm	321,200	中典国际	2020-10-20
罗伯特·印第安纳 1966年构思，1999年作 LOVE	91.4cm×91.4cm×45.7cm	2,343,000	佳士得	2020-12-03
马蒂兰·莫罗 樱桃甜心	高97cm；底部直径27cm	299,000	西泠印社	2020-08-10
马贺丹·尤尔嘉 2019年作 拜托 铜雕	31cm×30cm×97cm	171,360	罗芙奥	2020-07-19
玛蒂奥·培利思 2020年作 日本武士守护者(八)	38cm×29cm×65cm	244,213	香港苏富比	2020-10-06
玛蒂奥·培利思 2017年作 中国守护者(二)	40cm×26cm×40.5cm	203,400	香港苏富比	2020-07-09
奈良美智 1996年作 对象(无题)	18.3cm×21.9cm×12cm；30.5cm×33.5cm×17cm	1,143,538	中国嘉德	2020-10-08
奈良美智 2007年作 失眠夜(坐姿)	15cm×16cm×30cm	667,000	华艺国际	2020-10-15
奈良美智 2012年作 Mori Girl	29cm×19cm×15cm	402,500	永乐拍卖	2020-08-18
奈良美智 2012年作 森子	28.5cm×19cm×15cm	342,375	佳士得	2020-05-22
奈良美智 2012年作 森子	29cm×19cm×15cm	339,000	香港苏富比	2020-07-10
南方 2018年作 唯一的过程	39cm×36cm×120cm	69,000	中贸圣佳	2020-10-17
妮基·德·圣法勒 1991年作 生命树	整体:66.7cm×48.3cm×29.8cm	180,800	香港苏富比	2020-07-10
潘鹤 孺子牛(铸铜雕塑)	38cm×90cm×27cm	74,750	华艺国际	2020-10-16
皮耶·查尔斯·拉斐尔 三个小天使嬉戏	高5[illegible]cm；宽40cm	80,500	西泠印社	2020-08-10
强纳森·保罗 2017年作 棒棒糖系列——冰蓝色	38cm×[illegible]8cm×76cm	99,792	罗芙奥	2020-12-05
乔迁 2017年作 展翅	61.5cm×37.5cm×21cm	80,500	中国嘉德	2020-12-05
乔迁 2019年作 长河	22cm×43cm×12cm	74,750	中国嘉德	2020-12-05
任哲 2014年作 四海心(两件)	武士82cm×49cm×93cm；战马98cm×48cm×120cm	678,000	香港苏富比	2020-07-09
任哲 2013年作 如虎添翼	105cm×70cm×100cm	355,219	香港苏富比	2020-10-06
山崎龙一 2010年作 我什么都还没吃	22cm×20cm×30cm；19cm×19cm×33cm(椅子)	332,640	罗芙奥	2020-12-06
隋建国 1995年作 结构 18	43cm×25cm×22cm	402,500	华艺国际	2020-10-15
隋建国 1992—1994年作 地罣22号	38cm×60cm×42cm	305,100	香港苏富比	2020-07-10
隋建国 约2005年作 衣钵(黑与白)	61cm×49.5cm×31cm；61cm×49.5cm×31cm	145,15[illegible]	纽约佳士得	2020-09-11
唐纳德·贾德 1989年作 无题	12.4cm×175.3cm×21.9cm	7,751,800	香港苏富比	2020-07-09
土屋仁应 2015年作 青猫	25cm×13cm×22.5cm	166,320	罗芙奥	2020-12-06
土屋仁应 2018年作 亥(山猪)	19cm×7cm×12cm	138,600	罗芙奥	2020-12-06
托马斯·萨拉切诺 2012年作 云之内D	66cm×69cm×55.5cm	106,672	保利香港	2020-07-12
瓦儿 2012年作 小王子	15.5cm×11.5cm×65cm	138,600	罗芙奥	2020-12-05
王大朋 2017年作 紫气东来	91cm×30cm×54cm	80,500	保利厦门	2020-09-26
王广义 2002年作 唯物主义者	180cm×163cm×163cm	180,800	香港苏富比	2020-07-10
王克平 2001年作 佳偶1号	42.4cm×31cm×20cm	452,000	香港苏富比	2020-07-10
王克平 1999年作 成熟的水果	30cm×21cm×43.3cm	106,672	保利香港	2020-07-12
王克平 无题(三件)	①高53cm；②高40cm；③高14cm	230,000	中贸圣佳	2020-10-17
王克平 1998年作 双翼	44.5cm×24.5cm×17.5cm	67,573	中国嘉德	2020-10-08
乌尔斯·菲舍尔 2016年作 白天鹅	43cm×38cm×21cm	361,600	佳士得	2020-07-11
吴琼 2014年作 望日出	82cm×52cm×137cm	207,000	永乐拍卖	2020-12-04
武高谈 约1941年作 少女头像	整体:18.5cm×9cm×9.5cm	203,400	香港苏富比	2020-07-09
西泽·拉皮尼 娇羞的少女	高84cm；底部直径28cm	310,500	西泠印社	2020-08-10
稀奇 2020年作 牛B雕塑	48.5cm×55.5cm×88cm	207,000	永乐拍卖	2020-12-04
向京 2005年作 果儿II	51cm×42cm×182cm	1,150,000	永乐拍卖	2020-12-04
向京 1998年作 空房间	91.5cm×49cm×61cm	368,000	中国嘉德	2020-12-05
向京 2005年作 断断续续	77cm×63cm×68cm	299,000	中国嘉德	2020-08-17
向京 1996年作 华尔兹	高62cm	207,000	中贸圣佳	2020-10-17
向京 1997年作 不肯睡觉的猫	高60cm	207,000	中贸圣佳	2020-10-17
小泉悟 羚羊	50cm×48cm×67cm	526,680	罗芙奥	2020-12-06
小泉悟 2019年作 空桶 红榉木 限量20/100	高30cm	62,832	罗芙奥	2020-07-19
熊秉明 1997—2001年作 扁肚牛	18cm×45cm×21cm	519,790	中国嘉德	2020-10-08
熊秉明 1955—2008年作 少女	47.5cm×11.5cm×19cm	291,082	中国嘉德	2020-10-08
徐秀棠制 1988年作 十一面观音	高67cm；宽18cm	632,500	上海嘉禾	2020-01-05
许东荣 2018年作 魁星	72cm×63cm×32cm	207,916	中国嘉德	2020-10-08
颜石林 2012年作 堂吉诃德的梦	246cm×250cm×250cm	402,500	中国嘉德	2020-08-17
颜石林 怎么了？上帝保佑没有翅膀的小鹿儿	91cm×51.5cm×27cm	74,750	中国嘉德	2020-12-05
尤尔嘉·马贺丹 2019年作 或许	36cm×30cm×66cm	127,512	罗芙奥	2020-12-05
于修远 2020年作 光芒	68.5cm×55cm×44cm	97,750	中国嘉德	2020-12-05
袁文彬 2019年作 受伤的兔女郎	高85cm	69,000	中鸿信	2020-01-04
约1890年 法国青铜雕塑《香颂》	高90cm	80,500	中国嘉德	2020-12-03
约1930年 法国青铜雕塑《行走的黑豹》	32cm×66cm×21cm	69,000	中国嘉德	2020-12-03
Nam Thai 工作室 约1940年代作 二十世纪 越南裸体半身像	半身像：34.5cm×26cm×16.5cm；底座：6cm×18cm×13cm	50,850	香港苏富比	2020-07-09

2020书画拍卖成交汇总(续表)

(成交价RMB：5万元以上)

拍品名称	物品尺寸	成交价RMB	拍卖公司	拍卖日期
岳敏君 KAWS 2008年作 岳敏君同伴	高30cm	172,500	华艺国际	2020-10-15
岳敏君 2019年作 剩余价值	18cm×16cm×20.5cm×2	138,000	永乐拍卖	2020-12-04
展望 2006年作 假山石NO.60	94cm×54cm×121cm	1,840,000	北京保利	2020-10-16
展望 2005年作 假山石78号	雕塑26cm×44cm×31cm	293,800	香港苏富比	2020-07-10
张峰 2002年作 办公室的阳光	41cm×49cm×54cm	57,500	西泠印社	2020-08-08
张占占 嗨	高80cm	69,000	永乐拍卖	2020-12-04
郑路 2009年作 太平有象	178cm×172cm×82cm; 64cm×34cm×34cm	540,582	中国嘉德	2020-10-08
郑晓辉 2014年作 天边那朵云	60cm×18cm×30cm	51,750	中鸿信	2020-01-04
中村萌 2017年作 数绵羊	47cm×26cm×48cm	942,480	罗芙奥	2020-12-06
中村萌 2018年作 给我抱抱	17cm×15cm×26cm	94,248	罗芙奥	2020-12-06
中村萌 2018年作 母子笋；一等星(一组共两件)	尺寸不一	58,670	保利香港	2020-07-12
中村萌 2018年作 母子笋	15.5cm×16cm×21cm; 11cm×10.2cm×15.5cm	55,440	罗芙奥	2020-12-06
周春芽 2008年作 背靠背	245cm×89cm×310cm	1,437,500	北京保利	2020-10-16
周春芽 2007年作 绿狗	410cm×113cm×181cm	1,150,000	永乐拍卖	2020-12-04
周春芽 2011年作 背靠背	245cm×89cm×310cm	1,150,000	永乐拍卖	2020-08-18
周春芽 2007年作 绿狗	35.5cm×23cm×69.5cm	437,000	永乐拍卖	2020-08-18
周春芽 2008年作 绿狗	93cm×52cm×115cm	414,000	永乐拍卖	2020-12-04
周春芽 2013年作 绿狗与梅花	53cm×34cm×93cm	368,000	永乐拍卖	2020-08-18
周春芽 绿狗	73cm×40cm×83cm	356,500	永乐拍卖	2020-08-18
周春芽 2005年作 绿狗	66cm×17cm×33cm	333,500	永乐拍卖	2020-08-18
周春芽 绿狗	89cm×44cm×84cm	230,000	永乐拍卖	2020-12-04
周春芽 2005年作 绿狗	19cm×12cm×31cm	75,900	永乐拍卖	2020-08-18
周春芽 2005年作 绿狗	31cm×11cm×12cm	74,750	永乐拍卖	2020-08-18
朱铭 1996年作(左)；1999年作(右) 太极系列：云手、转身踢腿(一组两件)	左253cm×171.2cm×142cm; 右203cm×180.3cm×127.5cm	9,858,390	中国嘉德	2020-10-08
朱铭 1990年作 太极系列	51.7cm×48.5cm×71.6cm	2,850,000	香港苏富比	2020-07-08
朱铭 1997年作 太极系列——单鞭下势	27.3cm×39.4cm×19.5cm	2,825,000	佳士得	2020-07-11
朱铭 太极系列——单鞭下势	73.5cm×41.3cm×45.3cm	2,220,120	香港苏富比	2020-10-06
朱铭 2000年作(左)；1994年作(右) 太极系列——对打(一组两件)	左61cm×64cm×50cm; 右53cm×62cm×34cm	1,476,204	中国嘉德	2020-10-08
朱铭 1995年作 太极对打(一组二件)	36cm×29.5cm×38cm; 52cm×30cm×39cm	805,000	中国嘉德	2020-12-05
朱铭 1991年作 太极系列——对打(一组两件)	左43.5cm×36.5cm×28cm; 右42cm×33cm×25cm	623,748	中国嘉德	2020-10-08
朱铭 2002年作 太极系列——太极拱门	69cm×25cm×25.5cm	555,030	香港苏富比	2020-10-06
朱铭 1998年作 人间系列——独坐少女	76cm×43cm×39cm	311,874	中国嘉德	2020-10-08
朱铭 1995年作 太极系列	24cm×18cm×41cm	298,682	保利香港	2020-07-12
朱铭 1991年作 十二生肖——鼠	25.7cm×19.5cm×14.9cm	176,729	中国嘉德	2020-10-08

拍品名称	物品尺寸	成交价RMB	拍卖公司	拍卖日期
朱铭 太极系列——单鞭下势	高18.2cm×28.5cm×14.4cm	97,006	佳士得	2020-05-22
画画的女子	高76cm；底部直径20.5cm	80,500	西泠印社	2020-08-10
修女	高61cm；底部直径15cm×18cm	218,500	西泠印社	2020-08-10
摄影				
苍鑫 1995年作 为无名山增高一米	画作59cm×102cm; 纸张69cm×112cm	169,500	香港苏富比	2020-07-10
储楚 2012—2013年作 庄子-齐物-橘(两幅) 镜框	40cm×49.5cm; 42cm×51cm	125,400	佳士得	2020-07-08
何藩 1959年作 结构	15.6cm×48.4cm	135,600	香港苏富比	2020-07-09
何藩 1956年作 街景	47.7cm×35.7cm	113,000	香港苏富比	2020-07-09
何藩 1958年作 渔舟唱晚	36.5cm×47.8cm	96,050	香港苏富比	2020-07-09
郎静山 1941年作 烟村初稼	43cm×18.3cm	92,000	北京诚轩	2020-08-16
郎静山 柳塘荡舟	23cm×29.5cm	89,700	北京诚轩	2020-08-16
郎静山 1977年作 孤亭绝嶂	25.8cm×48.5cm	57,500	北京诚轩	2020-08-16
理查德·普林斯 2001年作 无题(牛仔)	59.1cm×39.4cm	2,034,000	香港苏富比	2020-07-09
马六明 1995年作 为无名山增高一米	59.5cm×87cm	115,000	中国嘉德	2020-12-05
杉本博司 1998年作 信号盒——赫尔佐格和德梅隆	58.5cm×46.8cm; 61cm×50.8cm	62,150	佳士得	2020-07-11
杉本博司 2001年作 奥地利邮政储蓄银行——奥托·瓦格纳	58.5cm×46.8cm; 61cm×50.8cm	62,150	佳士得	2020-07-11
细江英公 1964年作 草间弥生工作室1964	30.3cm×45.2cm	92,000	保利厦门	2020-09-26
杨福东 2010年作 国际饭店No.2	180cm×120cm	184,000	中国嘉德	2020-08-17
杨泳梁 2008年作 天空之城	84cm×50cm	74,7[illegible]0	保利厦门	2020-09-26
张大千 题胡崇贤摄影作品 镜片	照片50cm×39.5cm; 跋50cm×5cm	195,500	广东崇正	2020-09-13
张洪 秋麦 2014年作 黄山片景	画心21.2cm×37.5cm; 画纸24cm×40.5cm	51,233	纽约佳士得	2020-09-11
张培力 2004年作 连续翻拍25次(一组二十五件)	29cm×25cm×25	82,800	中国嘉德	2020-08-17
综合媒材				
KAWS(布莱恩·唐纳利)2012年作 原子小金刚(灰、红)(两件一组) 综合媒材 搪胶 限量500件	16.5cm×12[illegible]cm×37cm(每件)	125,664	罗芙奥	2020-07-19
KAWS(布莱恩·唐纳利)x Dior 2019年作 BFF(绒毛玩具)(粉红、黑)(两件一组) 综合媒材 聚酯纤维 毛绒 迪奥限量设计牛仔服及西装 446/500、029/500	(高)45.[illegible]cm(每件); 30.1cm×24.1cm×55.4cm(原装盒)(每件)	157,080	罗芙奥	2020-07-19
KAWS(布莱恩·害纳利)x Dior 2019年作 BFF(绒毛玩具)(黑) 综合媒材 聚酯纤维 毛绒 迪奥限量设计牛仔服及西装 486/500	(高)45.7cm; 30.1cm×24.1cm×55.4cm(原装盒)	68,544	罗芙奥	2020-07-19
阿默·萨达里 1985年作 Diantara Noktah & Atap Emas	66cm×52cm	226,000	佳士得	2020-07-11
埃姆雷·纳米伊特 2020年作 无题(雕塑)	130cm×130cm×30cm	235,620	罗芙奥	2020-12-05
艾德加·普连斯 2019年作 [illegible]王比利	30cm×30 cm	235,620	罗芙奥	2020-12-05
艾迪·马丁内斯 2018年作 佛罗里达 #2[illegible](信箱喜鹊)	190.5cm×243.8cm	7,489,640	佳士得	2020-07-10

（成交价RMB：5万元以上）

拍品名称	物品尺寸	成交价RMB	拍卖公司	拍卖日期
艾迪·马丁内斯 2006年作 睡眠者	182.8cm×121.7cm; 182.8cm×243.4cm	1,917,000	佳士得	2020-12-03
艾迪·玛汀尼兹 2017年作 情书20号	243.8cm×190.4cm	4,497,400	香港苏富比	2020-07-09
[illegible]迪·玛汀尼兹 2008年作 静默的[illegible]值（黄色菠萝）	122cm×150cm	2,553,138	香港苏富比	2020-10-06
[illegible]得·莱兹伯斯 2017年作 2017年[illegible]小鸡7号	100cm×100 cm	235,620	罗芙奥	2020-12-05
[illegible]莱恩·唐纳利 2018年作 BFF [illegible]eing 座灯（蓝）	37cm×17.4cm×18.6cm	388,080	罗芙奥	2020-12-05
[illegible]国强 2003年作 人类、老鹰与天[illegible]之眼	230cm×300cm	2,875,000	永乐拍卖	2020-12-04
[illegible]间弥生 2009年作 花——绽放在[illegible]夜	228cm×220cm×136cm	9,387,840	罗芙奥	2020-12-06
[illegible]间弥生 2004年作 再生时刻	尺寸不一	7,751,800	香港苏富比	2020-07-09
草间弥生 1965年作 无题	17cm×45cm×35cm	2,034,000	香港苏富比	2020-07-10
草[illegible]弥生 1985年作 雄蕊之愁	363cm×244cm×133cm	532,829	香港苏富比	2020-10-07
草[illegible]弥生 1978年作 秋星	27.3cm×24.3cm	310,500	西泠印社	2020-08-08
常[illegible] 1950年作 豹	18cm×20.5cm	7,369,800	佳士得	2020-12-03
陈[illegible] 2008年作 硬币的两面	145cm×190cm	1,667,500	永乐拍卖	2020-12-04
陈[illegible]明 2019年作 明心见性201911	150cm×150cm	207,000	朵云轩	2020-09-24
陈[illegible][illegible] 2009—2016年作 亚洲地图	240cm×120cm×3	2,357,500	北京保利	2020-10-16
陈[illegible][illegible] 2012年作 摇摆的信仰 No.[illegible]20611	200cm×100cm	287,500	北京保利	2020-10-16
陈[illegible][illegible] 2012年作 摇摆的信仰	200cm×110cm	253,000	永乐拍卖	2020-12-04
宠[illegible][illegible]精灵 by OLM Inc. 皮卡丘	尺寸不一	74,181	佳士得	2020-05-22
崔[illegible][illegible] 2020年作 绿色城市	131cm×6.3cm ×162cm	734,500	佳士得	2020-07-11
达米[illegible]·赫斯特 2008年作 灵魂之歌	画作直径213.4cm; 整体直径269cm	5,039,800	香港苏富比	2020-07-09
丁方 [illegible]07年作 款宫秋城之霭	120cm×180cm	80,500	西泠印社	2020-08-08
丁方 [illegible]07年作 山魂金辉	120cm×180cm	74,750	西泠印社	2020-08-08
丁乙 [illegible]0年作 十示2010-11	140cm×160cm	1,955,000	永乐拍卖	2020-12-04
冯良[illegible][illegible] 2011年作 15日：合作制绘画	100cm×100cm×15	2,070,000	华艺国际	2020-10-15
宫崎[illegible] [illegible]之猫；魔女宅急便；崖上的波[illegible]	尺寸不一	79,888	佳士得	2020-05-22
古斯特·格拉斯 2003年作 光与影之气息	103cm×202.5 cm	66,528	罗芙奥	2020-12-05
谷文达 [illegible]92年作 创作手稿（十一帧）	56cm×66cm×11	230,000	西泠印社	2020-08-08
顾福生 [illegible]2年作 一角天堂	31cm×56cm	74,850	中国嘉德	2020-10-08
哈维尔 [illegible]勒加 2018年作 想念蓝天	16.2cm×16cm ×22.3cm	58,670	保利香港	2020-07-12
荷布洛 [illegible]石兰特利 2018—2019年作 LIL M[illegible]IA AS GAIA	127cm×127cm	532,829	香港苏富比	2020-10-07
荷西·[illegible][illegible] 砖堡	38cm×57cm	180,800	香港苏富比	2020-07-09
赫尔南·[illegible]斯 2008年作 那天他走进了树林[illegible]埋葬绒球	101.6cm×76.2cm	813,600	佳士得	2020-07-11
赫南·巴[illegible] 2010年作 林中之林 综合媒材 压[illegible]力 纸本	153cm×130cm	428,400	罗芙奥	2020-07-19
黄宇兴 2[illegible][illegible]年作 光芒	170cm×230cm	632,500	北京诚轩	2020-08-16
凯斯·哈[illegible] 1986年作 无题（潮店柜台）	91.4cm×121.9cm ×48.3cm	3,049,200	罗芙奥	2020-12-06
空山基 20[illegible]年作 冲浪机器人	48cm×47cm×55cm	94,300	华艺国际	2020-10-15

拍品名称	物品尺寸	成交价RMB	拍卖公司	拍卖日期
空山基 2018年作 冲浪机器人	40cm×54.7cm ×46.5cm	74,670	保利香港	2020-07-12
空山基 2018年作 冲浪机器人 综合媒材 123/500	54.5cm×47.5cm ×45.5cm	57,120	罗芙奥	2020-07-19
拉法·马卡龙 2020年作 新世界 综合媒材 画布	188cm×143cm	371,280	罗芙奥	2020-07-19
黎谱 1956年作 红衣少女	65cm×46cm	791,000	佳士得	2020-07-11
黎谱 约1956年作 染色者	36.5cm×59.5cm	791,000	佳士得	2020-07-11
黎谱 约1960年作 绿色植物		692,250	佳士得	2020-12-03
李春焕 2017年作 黄金月梅	130cm×160cm	1,150,000	北京保利	2020-10-16
李绫瑄 2016年作 画布之外	122cm×105cm×8cm	706,800	香港苏富比	2020-07-08
李青萍 无题	77cm×52cm	63,250	朵云轩	2020-09-24
林寿宇 1964年作 23377	100.5cm×127.5cm	2,300,000	中国嘉德	2020-08-17
刘刚 2010年作 5105061021	148cm×143cm	115,000	中贸圣佳	2020-10-17
刘国松 1989年作 桃花源	152cm×83cm	997,920	罗芙奥	2020-12-06
刘炜 2007年作 无题	19.5cm×19.5cm	138,000	西泠印社	2020-08-08
莫里吉奥·卡特兰 2007年作 无题	235.6cm×137.2cm ×47cm	13,660,755	伦敦苏富比	2020-02-11
那危 2013年作 单手予图	117cm×91cm	105,336	罗芙奥	2020-12-06
奈良美智 1985年作 早期手绘小狗	22cm×16cm×8cm	138,000	永乐拍卖	2020-12-04
乔伊斯·潘萨托 2016年作 日落蝙蝠侠	177.8cm×228.6cm	14,868,000	佳士得	2020-12-02
阮忠 2003年作 棕色宝塔	90cm×90cm	57,000	佳士得	2020-06-30
沙夏·贾菲利 2004—2005年作 梦境 综合媒材 画布	85cm×125cm	228,480	罗芙奥	2020-07-19
沈昌明 2019年作 波粒吟游3	180cm×180cm	228,708	中国嘉德	2020-10-08
史帝芬·度多耶 2015年作 愚者——童与鹂鸟起舞 综合媒材 画布	100cm×81cm	57,120	罗芙奥	2020-07-19
司徒强 1995年作 黑	64cm×93cm	110,880	罗芙奥	2020-12-06
苏笑柏 2010年作 符合	180cm×180cm	632,500	中贸圣佳	2020-10-17
孙逊 2014年作 隐者之书之一	149cm×361cm	1,150,000	北京保利	2020-10-16
谭军 2014年作 相望	145cm×76cm	80,500	华艺国际	2020-10-15
藤子·F.不二雄 多啦A梦	尺寸不一	57,063	佳士得	2020-05-22
王劼音 2014年作 山水	130cm×40cm	322,000	朵云轩	2020-09-24
王亚强 2005年作 男孩女孩	102.5cm×72.5cm×2	57,500	西泠印社	2020-08-08
五木田智央 2013年作 打暗号	227.5cm×181.5cm	2,147,000	香港苏富比	2020-07-09
武高谈 1952年作 少女	31cm×22.5cm	474,600	佳士得	2020-07-11
习福德 2018年作 校园生活	121cm×152cm	74,850	中国嘉德	2020-10-08
洗脑先生（泰瑞·库塔）2013年作 米奇 综合媒材 纸本	137.5cm×138cm	171,360	罗芙奥	2020-07-19
下田光 2017年作 INVERSION AND OVERLAP	52cm×45cm	89,700	保利厦门	2020-09-26
谢景兰 1987—1989年作 无题	280cm×148cm	2,508,000	香港苏富比	2020-07-08
薛松 2006年作 抽象书法	60cm×60cm×4	99,792	罗芙奥	2020-12-06
薛松 2006年作 星	80cm×80cm	92,000	中国嘉德	2020-12-05
薛松 2010年作 湖边觅句 综合媒材 画布	70cm×70cm	91,392	罗芙奥	2020-07-19
薛松 2006年作 可口可乐	80cm×60cm	55,440	罗芙奥	2020-12-06
叶红杏 2013年作 东方伊甸园之六	150cm×200cm	91,483	中国嘉德	2020-10-08
应晶晶 2020年作 水墨NO.28	80cm×80cm	63,250	朵云轩	2020-09-24
应晶晶 2020年作 幻彩·水晶NO.2	80cm×80cm	55,200	朵云轩	2020-09-24
元永定正 1964年作 作品	91cm×73cm	3,164,000	香港苏富比	2020-07-09
袁运生 1996年作 寞	240cm×240cm	9,890,000	中国嘉德	2020-08-17
袁运生 1991年作 密议	180cm×192cm	3,450,000	华艺国际	2020-10-15

2020书画拍卖成交汇总（续表）

（成交价RMB：5万元以上）

拍品名称	物品尺寸	成交价RMB	拍卖公司	拍卖日期
詹金水 2006年作 高远 综合媒材画布	120cm × 80cm	68,544	罗芙奥	2020-07-19
张晓刚 1989—1990年作 黑色三部曲：惊恐、沉思、忧郁	整体：179cm × 342.3cm	48,384,520	香港苏富比	2020-10-06
郑国谷 2011年作 再锈两千年	180.5cm × 190cm	172,500	中国嘉德	2020-12-05
钟泗滨 1975年作 达雅族乐队	99.5cm × 82cm	655,400	佳士得	2020-07-11
钟泗滨 蓝色抽象	43.5cm × 58cm	203,400	香港苏富比	2020-07-09
朱为白 1997年作 不破不立	137.5cm × 91.5cm	415,832	中国嘉德	2020-10-08
庄喆 1986年作 86-113	142.7cm × 238.6cm	791,000	佳士得	2020-07-11
庄喆 1974年作 风景74-125	108cm × 139cm	406,800	香港苏富比	2020-07-09
庄喆 1974年作 红色风景3号	122.5cm × 80.5cm	350,300	香港苏富比	2020-07-09
庄喆 1973年作 无题	119.5cm × 83.7cm	266,414	香港苏富比	2020-10-06
庄喆 1973年作 无题	120.3cm × 84.3cm	222,012	香港苏富比	2020-10-06
庄喆 1973年作 无题	84.7cm × 130.3cm	177,610	香港苏富比	2020-10-06
庄喆 1974年作 无题	91cm × 126cm	146,900	香港苏富比	2020-07-09
庄喆 1973年作 无题	130cm × 84.5cm	122,107	香港苏富比	2020-10-06
庄喆 1967年作 大地之神	86.5cm × 122.4cm	67,800	佳士得	2020-07-11
訾鹏 2019年作 爱你哦	120cm × 78cm	115,000	永乐拍卖	2020-12-04
当代艺术				
2017年作 BE@RBRICK 千秋 金粉	1000% 高70cm	109,250	永乐拍卖	2020-12-04
2018年作 BE@RBRICK X 空山基 银色（熊体带空山基签名）	1000% 高70cm	74,750	永乐拍卖	2020-12-04
2019年作 BEARBRICK X EU 展会限定 黑红（一对）	1000% 高70cm × 2	287,500	永乐拍卖	2020-12-04
2019年作 KAWS X 迪奥 最好的朋友迪奥毛绒公仔（黑色及粉色）（共两件）	25cm × 12cm × 46cm × 2	234,678	保利香港	2020-07-12
2019年作 BE@RBRICK X X-GRIL 初代 白色	1000% 高70cm	55,200	永乐拍卖	2020-12-04
2020年作 BE@RBRICK X X-GRIL 二代粉色	1000% 高70cm	126,500	永乐拍卖	2020-12-04
A. R. 彭克 1981年作 鹰之地 I	280cm × 250cm	4,788,027	伦敦苏富比	2020-02-11
FUTURA 2019年作 FL-001 POINTMAN	170cm × 89cm × 50cm	1,054,557	香港苏富比	2020-10-07
INVADER 2014年作 HK_63	33.4cm × 78.6cm	1,356,000	香港苏富比	2020-07-10
INVADER 2016年作 ALIAS PA-418	17.8cm × 21.7cm	643,835	香港苏富比	2020-10-07
KAWS 2013年作 此时此刻	250cm×116cm×93cm	7,817,739	伦敦苏富比	2020-02-11
KAWS 费纳多·坎帕纳 阿贝托·坎帕纳 2018年作 KAWS沙发（黑）	91.5cm×170cm ×94cm	1,130,000	香港苏富比	2020-07-10
KAWS 费纳多·坎帕纳 阿贝托·坎帕纳 2018年作 KAWS粉椅	126.5cm×84cm ×98cm	1,073,500	佳士得	2020-07-11
KAWS 费纳多·坎帕纳 阿贝托·坎帕纳 2019年作 KAWS：COMPANION 棕椅	91.5cm×132cm ×104cm	553,800	佳士得	2020-12-03
KAWS 2009年作 解剖同伴（棕色）	127cm × 57cm × 35cm	499,527	香港苏富比	2020-10-07
KAWS 2019年作，2019年发行 Plush BFF x Dior（黑、粉红）	45.7cm×25cm×10cm; 55cm×30cm×24cm	226,000	佳士得	2020-07-11
KAWS 2019年发行 Plush BFF x Dior（粉红、黑）	每件高 45.7cm × 25cm × 10cm × 2; 每件盒高 55.4cm × 30.1cm × 24.1cm × 2	170,775	纽约佳士得	2020-09-11

拍品名称	物品尺寸	成交价RMB	拍卖公司	拍卖日期
KAWS 2013年作 Passing Through	高30cm × 3	74,750	永乐拍卖	2020-08-18
KAWS（布莱恩·唐纳利）2002年作 解剖同伴：积木熊 1000% 彩绘搪胶 限量500件	34(长)cm × 24(宽) cm × 72(高)cm	62,832	罗芙奥	2020-07-19
MR DOODLE 2017年作 无题（四张作品）	i) 40.5cm × 52cm;ii) 37cm × 47.5cm.;iii) 38cm × 43cm	288,616	香港苏富比	2020-10-07
MR. 2003年作 小妹妹·真棒·水果	252.1cm × 354.3cm	610,533	香港苏富比	2020-10-07
MR. 2012年作 无题	25.4cm × 39.3cm	66,604	香港苏富比	2020-10-07
Pham Thuc Chuong 鹿	63cm × 60cm	339,000	香港苏富比	2020-07-09
PRZEMEK PYSZCZEK 2015年作 正面（PP12804）	200cm × 200cm	62,150	佳士得	2020-07-11
SPACE INVADER (太空侵略者) 2007年作 魔方主义红色小精灵	84.5（长）cm × 78（宽）cm × 5.5（厚）cm	1,663,200	罗芙奥	2020-12-05
阿方索·奥索里奥 1950年作 葬礼	55.4cm × 77.2cm	745,500	佳士得	2020-12-03
阿利克斯·埃梅 约1935年作 乡村市集与构图草稿	50cm × 60.8cm; 34cm × 41.5cm; 54.5cm × 45cm; 45cm × 54.5cm	1,171,500	佳士得	2020-12-03
阿莉萨·柯维德 2015年作 亚洲	200cm × 24cm × 6.6 cm	105,456	香港苏富比	2020-10-07
艾迪·马丁内斯 2015年作 无题	182.8cm × 274.3 cm	9,646,560	罗芙奥	2020-12-05
艾迪·马丁内斯 2014年作 油彩 瓷釉 喷漆 拼贴 图钉 画布	183.5cm × 274.4cm	6,551,880	佳士得	2020-12-02
艾迪·马丁内斯 2010年作 无题（盆花）	152.4cm × 121.9 cm	5,544,000	罗芙奥	2020-12-05
艾迪·玛汀尼兹 2011年作 城市界限	152.4cm × 213.4cm	2,220,120	香港苏富比	2020-10-06
艾迪·玛汀尼兹 2013年作 无题	76.2cm × 61cm	421,823	香港苏富比	2020-10-07
安藤忠雄及细川护熙 2020年作 天乐下珠楼	33.4cm × 96cm	111,006	香港苏富比	2020-10-07
安藤忠雄及细川护熙 2020年作 夏云多奇峰	33.2cm × 96.5cm	66,604	香港苏富比	2020-10-07
奥尔·温谢尔 八组T椅子	78.5cm × 49cm × 50cm	199,811	香港苏富比	2020-10-07
班克斯 2011年作 宽恕我们的罪过	整体：655cm × 421cm	56,482,672	香港苏富比	2020-10-06
班克斯 2003年作 雷达鼠	57cm × 25.8cm	4,931,320	香港苏富比	2020-07-10
班内蒂托·雷耶斯·卡布雷拉 巨大的人物	152.5cm × 91cm	2,147,000	香港苏富比	2020-07-09
彼得·哈雷 2007年作 存在	190.5cm × 190cm × 9.8 cm	610,535	香港苏富比	2020-10-07
彼得·莱兹伯斯 2014年作 摩登原始人——弗莱德	90cm × 90 cm	138,600	罗芙奥	2020-12-05
毕志勇 财宝天王	184cm × 140cm	968,000	北京中贝	2020-10-17
毕志勇 释迦牟尼出道	123cm × 99cm	946,000	北京中贝	2020-10-17
毕志勇 五部文殊	136cm × 106cm	660,000	北京中贝	2020-10-17
毕志勇 晋商——百财	118cm × 168cm	506,000	北京中贝	2020-10-17
毕志勇 四大名花——牡丹、荷花、芙蓉、茶花	137cm × 47cm × 4	462,000	北京中贝	2020-10-17
毕志勇克里姆特——女人的三个阶段	99cm × 99cm	176,000	北京中贝	2020-10-17
不二良 2012—2019年作 割爱（一组两件）	83.5cm × 80cm × 2	62,375	中国嘉德	2020-10-08
布莱恩·唐纳利 1999年作 无题	41cm × 41 cm	471,240	罗芙奥	2020-12-05
布莱恩·唐纳利 2011年作 同伴（Karimoku版）木质 版次80/100	12.4cm × 6.5cm × 27cm	257,040	罗芙奥	2020-07-19

拍品名称	物品尺寸	成交价RMB	拍卖公司	拍卖日期
布丽奇·莱利 移动	76cm×76.5cm	24,481,155	伦敦苏富比	2020-02-11
蔡国强 2017年作 牡丹和大丽花之二	183cm×152.5cm	4,235,240	佳士得	2020-07-10
蔡国强 1992年作 爆破 镜框	99.1cm×74.9cm	402,500	华艺国际	2020-10-15
蔡国强 1998年作 光环	65.5cm×182.5cm	322,000	中国嘉德	2020-12-05
蔡国强 2003—2004年作 天空中的鹰、眼睛和人们(锡瓦系列)	纸本46cm×60cm; 模板22cm×47cm; 图录25.6cm×30.8cm×2.5cm; 木盒12cm×67cm×53cm	282,500	香港苏富比	2020-07-10
草间弥生 2011年作 到达宇宙——圆点南瓜	129.5cm×129.5cm×200cm	20,125,000	永乐拍卖	2020-08-18
草间弥生 1991年作 蕨	26.3cm×23.6cm	149,341	保利香港	2020-07-12
草间弥生 1979年作 无题 水性马克笔纸板	27.1cm×24.1cm	142,800	罗芙奥	2020-07-19
草间弥生 1982年作 帽子 石版 拼贴 E/ 00	27cm×33.5cm	97,104	罗芙奥	2020-07-19
草间弥生 2000年作 无线的网 #297	51.5cm×37cm(纹样); 59cm×45cm(纸)	77,616	罗芙奥	2020-12-05
曾士财 刘健威 无题(A35-00)/ LK[illegible]V_05-12	整体: 75.7cm×100.9cm	88,805	香港苏富比	2020-10-07
曾[illegible]财 2000年作 书法	76cm×76cm	61,053	香港苏富比	2020-10-07
陈[illegible] 2009年作 宋代小衣	130cm×78cm×7.5cm	109,250	中鸿信	2020-01-04
陈[illegible] 鹤	68.5cm×68cm	135,600	香港苏富比	2020-07-09
陈[illegible] 2003年作 容颜	20.5cm×20.5cm	287,500	西泠印社	2020-08-08
达米安·赫斯特 2007年作 慈悲	直径213.4cm	6,627,495	伦敦苏富比	2020-02-11
达明安·赫斯特 2011年作 圆点系列——山叶	230cm×170cm×125cm	1,035,000	永乐拍卖	2020-12-04
丹尼尔·阿尔轩 2017年作 粉色亚硒酸[illegible]和玫瑰石英泰迪熊	99cm×81cm×76 cm	888,048	香港苏富比	2020-10-07
丹尼尔·阿尔轩 2019年作 大型VOGUE时尚杂志	121.9cm×92.7cm×5.7cm	542,400	香港苏富比	2020-07-10
丹尼尔·阿尔轩 APPORTFOLIO 2019年作 米[illegible]绒毛布偶大号(签名版)	高110cm	51,750	华艺国际	2020-10-15
丁雄泉 约1980年代至1990年代作 无题(双美图)	47.6cm×63.4cm	61,810	纽约佳士得	2020-04-21
丁乙 19[illegible]年作 十示 96-B4	51.5cm×67.2cm	273,240	纽约佳士得	2020-09-11
丁乙 19[illegible]年作 十示 96-B9	52cm×67cm	132,450	纽约佳士得	2020-04-21
董阳孜 [illegible]96年作 涓涓不塞终为江河 水墨[illegible]本	69cm×69cm	62,832	罗芙奥	2020-07-19
菲利普·[illegible]斯顿 俩	76.2cm×81.2cm	9,873,615	伦敦苏富比	2020-02-11
菲利普·[illegible]托尼 2018年作 可操纵光波83号	120cm×80cm	67,800	香港苏富比	2020-07-10
芬·祖尔[illegible]长椅	93cm×101cm×90cm	832,545	香港苏富比	2020-10-07
芬·祖尔[illegible]大桌		199,811	香港苏富比	2020-10-07
芬·祖尔 [illegible]发，型号NV53	74 cm×185cm×81cm	99,905	香港苏富比	2020-10-07
高伟刚 20[illegible]1年作 上层建筑	180cm×120cm×12.5cm	177,610	香港苏富比	2020-10-07
格奥尔格·[illegible]塞利兹 1967年作 工人	100cm×81cm	3,330,180	香港苏富比	2020-10-06
宫岛达男 [illegible]反的六边形(133651系列)		150,110	纽约佳士得	2020-04-21
谷文达 199[illegible]年作 遗失的王朝系列 No.7	285cm×178cm	437,000	中国嘉德	2020-12-05
谷文达 200[illegible]年作 谷氏简词1	111cm×104cm	74,750	中国嘉德	2020-12-05

拍品名称	物品尺寸	成交价RMB	拍卖公司	拍卖日期
谷文达 2002年作 谷氏简词3	115cm×76cm	57,500	中国嘉德	2020-12-05
谷文达 2002年作 谷氏简词2	115cm×76cm	55,200	中国嘉德	2020-12-05
关根伸夫 1988年作 位相绘画：G10-123塔	53.5cm×46cm	62,375	中国嘉德	2020-10-08
关良 戏曲人物	直径20.8cm	57,177	中国嘉德	2020-10-08
哈维尔·卡勒加 2017年作 绿日红字	162cm×120cm	4,296,600	罗芙奥	2020-12-05
哈维尔·卡勒加 2017年作 不胖	112cm×75cm，44cm×29½cm	688,237	香港苏富比	2020-10-07
哈维尔·卡勒加 2020年作 请勿触碰 树脂 钢 细绳 压克力彩 限量250件	19cm×22cm×36cm	91,392	罗芙奥	2020-07-19
何翔宇 2012年作 200克黄金，62克蛋白质	37.7cm×39cm×5.5cm	444,024	香港苏富比	2020-10-07
何翔宇 2011年作 对不起	190cm×70cm×5cm	133,207	香港苏富比	2020-10-07
洪易 2006年作 猫 钢板彩绘	170cm×60cm×125cm	456,960	罗芙奥	2020-07-19
荒木经惟 恭喜发财	70cm×72cm	55,200	西泠印社	2020-08-08
黄钢 2020年作 水禅系列	121.7cm×183cm	977,500	永乐拍卖	2020-12-04
黄积铸 1956年作 高原日落	90cm×46cm	585,750	佳士得	2020-12-03
黄马鼎 1972年作 灵魂大盗	97.5cm×23.8cm	133,207	香港苏富比	2020-10-07
黄铭哲 2006年作 白 不锈钢涂装 1/2	190cm×62cm×10cm	171,360	罗芙奥	2020-07-19
黄宇兴 2008年作 改变中的生命史	直径103.5cm	184,000	中国嘉德	2020-12-05
灰原爱 2009年作 小女孩 压克力 木雕	29cm×21cm×73.5cm	171,360	罗芙奥	2020-07-19
灰原爱 2009年作 拔河 压克力 樟木	60cm×12cm×17cm	79,968	罗芙奥	2020-07-19
灰原爱 2018年作 眼镜男(两件一组)	尺寸不一	72,072	罗芙奥	2020-12-05
基思·泰森 2008年作 大自然绘画	91.5cm×91.5 cm	105,456	香港苏富比	2020-10-07
杰夫·昆斯 2013年作 唐培里侬香槟王 金星气球	49.2 cm×34.5cm×45 cm	250,800	佳士得	2020-06-30
杰森·佛瑞尼 x Mighty Jaxx 2019年作 XXRAY芝麻街(雪白版)	86cm×38cm×120cm	72,072	罗芙奥	2020-12-06
井上有一 1967年作 花	作品90.5cm×120.5cm; 立轴140.5cm×131cm	904,000	香港苏富比	2020-07-10
井上有一 1966年 关	144cm×211cm	230,000	中国嘉德	2020-08-17
井上有一 1969年 花下草上	130cm×61.5cm	218,500	中国嘉德	2020-08-17
井上有一 1976年 属	119cm×201.5cm	207,000	中国嘉德	2020-08-17
井上有一 1961年 孝	155cm×99cm	195,500	中国嘉德	2020-08-17
井上有一 1978年 利便利润	107cm×146cm	126,500	中国嘉德	2020-08-17
君特·弗格 无题	240.5cm×221cm	3,922,395	伦敦苏富比	2020-02-11
君特·于克 白色大地	154cm×154cm×21.2cm	13,660,755	伦敦苏富比	2020-02-11
凯瑟琳·伯尔尼哈特 2016年作 超级水果	244cm×305 cm	388,521	香港苏富比	2020-10-07
凯斯·哈林 约1983—1989年作 无题 红色油性笔 纸本	21cm×22cm	242,760	罗芙奥	2020-07-19
凯斯·哈林 1984年作 无题 马克笔纸本	42cm×29.5cm	357,000	罗芙奥	2020-07-19
克里斯托弗·坞尔 无题	182.8cm×121.9cm	3,381,375	伦敦苏富比	2020-02-11
克洛德·莱兰 1990年设计，2015年铸造 蝴蝶吊灯	吊灯98cm×50cm×50cm	5,365,240	香港苏富比	2020-07-10

2020书画拍卖成交汇总(续表)

(成交价RMB：5万元以上)

拍品名称	物品尺寸	成交价RMB	拍卖公司	拍卖日期
克洛德·莱兰 1995年设计，2006年铸造 嫩枝椅子（一对）	78.8cm × 35.6cm × 44cm	1,130,000	香港苏富比	2020-07-10
空山基 原作-无题	51cm × 37cm	109,250	永乐拍卖	2020-12-04
黎谱 约1948—1952年作 牡丹花和矢车菊	47cm × 52cm	2,712,000	香港苏富比	2020-07-09
黎谱 花束	47.5cm × 34.5cm	1,921,000	香港苏富比	2020-07-09
黎谱 约1947年作 母爱	53cm × 36.5cm	1,808,000	香港苏富比	2020-07-09
李超士 蕙质兰心	47cm × 38cm	230,000	中贸圣佳	2020-10-17
李杰 2011年作 SUPERDRUG——透明胶布	42cm × 42.5cm	66,604	香港苏富比	2020-10-07
李杰 2012年作 妮维雅	30cm × 60cm	53,283	香港苏富比	2020-10-07
李绫瑄 盘卷VI	18cm × 37cm × 28cm	90,400	香港苏富比	2020-07-09
李枪 2017年作 树之二	126cm × 85cm	71,300	中鸿信	2020-01-04
李禹焕 2009年作 对话	259cm × 194cm	4,260,000	佳士得	2020-12-02
李禹焕 1987年作 无题	56cm × 75.5cm	133,207	香港苏富比	2020-10-07
理查德·普林斯 2013年作 无题（玩笑）	147cm × 195.5cm	1,582,000	香港苏富比	2020-07-10
梁慧圭 2012—2013年作 爆发中的中央构图——信赖（献给苏菲·陶柏）#184	尺寸不一	734,500	佳士得	2020-07-11
梁慧圭 2013年作 硬件商店拼图系列——包豪斯座厕板1号	50cm × 50cm	56,500	香港苏富比	2020-07-10
林国成 2015年作 格子与树（二）	111cm × 219cm	253,000	中贸圣佳	2020-10-17
林建荣 2016年作 Say Hi 2	108cm×80cm×70cm	51,979	中国嘉德	2020-10-08
林寿宇 1963年作 绘画浮雕1963年3月1日	123cm × 76.5cm	2,875,500	佳士得	2020-12-02
刘国松 2013年作 日之蜕变（G）	89.5cm × 69.5 cm	666,036	香港苏富比	2020-10-07
刘国松 2012年作 夕阳扑满大地	59.7cm × 86.5 cm	421,823	香港苏富比	2020-10-07
刘建华 1999年作 彩塑系列：迷恋的记忆	20cm × 48cm × 38cm	66,604	香港苏富比	2020-10-07
刘野 2016年作 女孩和蒙德里安	90cm × 120cm	3,220,000	北京保利	2020-10-16
刘野 2003年作 手持气球的女孩	54cm×65cm×170cm	1,265,000	中国嘉德	2020-12-05
刘野 2003年作 安徒生（随库彻原作）	65.4cm × 99.5cm	355,219	香港苏富比	2020-10-07
刘野 2001年作 合唱团	54.3cm × 70cm	90,671	保利香港	2020-07-12
刘野 2001年作 合唱团	54.3cm × 70cm	85,338	保利香港	2020-07-12
六角彩子 2017年作 女孩大步向前	直径 130 cm	1,386,000	罗芙奥	2020-12-05
六角彩子 2007年作 打盹儿	38cm × 45.5 cm	720,720	罗芙奥	2020-12-05
六角彩子 2011年作 AR11- 004 压克力 纸板	72cm × 105.5cm	342,720	罗芙奥	2020-07-19
六角彩子 2008年作 无题	58cm × 53.5cm	266,414	香港苏富比	2020-10-07
罗伊·李奇登斯坦 葡萄	61cm × 76.5cm	16,365,855	伦敦苏富比	2020-02-11
马可斯·卢腾思 2019年作 选择之树	100cm × 100 cm	55,440	罗芙奥	2020-12-05
玛格达莱娜·阿巴卡诺维奇 浮雕，两座丘陵	110cm × 190cm	473,393	伦敦苏富比	2020-02-11
玛丽·科西 2014年作 无题（白/黑色内边）	213cm × 147.3cm × 9.3cm	4,260,000	佳士得	2020-12-02
玛丽·威瑟福 2014年作 喷涂 霓虹灯 麻布	236cm × 201cm	2,556,000	佳士得	2020-12-02
玛丽·韦瑟福德 2015年作 驳船	297cm × 164cm	2,442,132	香港苏富比	2020-10-06
梅尔·伯克奈尔 2011年作 钱	160cm × 109.2cm	222,012	香港苏富比	2020-10-07
梅忠恕 鸢尾花	30cm × 29.5cm	1,921,000	香港苏富比	2020-07-09
梅忠恕 日式花园中的欧洲少女	37cm × 57cm	1,243,000	香港苏富比	2020-07-09
梅忠恕 上课	26.5cm × 19.5cm	678,000	香港苏富比	2020-07-09
梅忠恕 乡下儿童游戏	10.5cm × 22cm	474,600	香港苏富比	2020-07-09
名坂有子 1963年作 作品	91cm × 91cm	463,300	香港苏富比	2020-07-10

拍品名称	物品尺寸	成交价RMB	拍卖公司	拍卖日期
莫里士·刘易斯 悄悄溜走	204cm × 73.7cm	8,250,555	伦敦苏富比	2020-02-11
纳堤·尤塔瑞 2003年作 变（四角风车子）	雕像:61cm × 50cm × 50cm; 底座：100cm × 45cm × 45cm; 整体:161cm × 50cm × 50cm	316,400	香港苏富比	2020-07-09
奈良美智 2016年作 Your Puppy 强化玻璃纤维 雕塑 AP1/1 限量3	271.3cm × 140.3cm × 188.3cm	15,270,080	罗芙奥	2020-07-19
奈良美智 2007年作 无题（我想成为一个文化吸血鬼！）	65cm × 48 cm	1,884,960	罗芙奥	2020-12-05
奈良美智 我不害怕	12cm × 23cm	720,720	罗芙奥	2020-12-05
奈良美智 2002年作 小朝圣者（梦游娃娃）玻璃纤维 限量20件	18cm × 16cm × 27cm	571,200	罗芙奥	2020-07-19
奈良美智 2007年作 失眠夜坐着 玻璃纤维 190/300	15cm × 16cm × 30cm（人物）; 36cm × 26cm × 24cm（箱子）	399,840	罗芙奥	2020-07-19
奈良美智 2000年作 全世界都是你的	29.5cm × 21cm	207,900	罗芙奥	2020-12-06
奈良美智 2004年作 无题	25.1cm × 20.2cm	194,260	纽约佳士得	2020-04-21
奈良美智 2011年作 小狗收音机、RIMOWA旅行箱 玻璃纤维、铝合金手提箱 137/200	43cm × 22.5cm × 29.5cm (收音机); 53.5cm × 27.5cm × 42.5cm (旅行箱)	154,224	罗芙奥	2020-07-19
奈良美智 2010年作 WOW Project 沙滩毛巾	153cm × 177cm	68,310	纽约佳士得	2020-09-11
奈良美智 2011年作 签名涂鸦	25.5cm × 18cm	55,440	罗芙奥	2020-12-06
彭磊 2020年作 北京猩猿动力电子科技有限公司 限量艺术音响	50cm × 50cm × 3.8cm × 5	63,250	永乐拍卖	2020-12-04
强纳森·保罗 2015年作 后冠——玛丽莲·梦露 3000颗胶囊 有机玻璃 版次1/3	73cm × 54cm	242,760	罗芙奥	2020-07-19
乔斯·克莱恩 静脉输液袋，Fab 洗衣粉，菲律宾比绍粉，铸模聚氨酯，制冷配件，灯箱底座（荧光灯、木材、压克力玻璃）	铸模聚氨酯: 18cm × 26.5cm × 17 cm; 灯箱底座: 101cm × 37cm × 29.2 cm	66,604	香港苏富比	2020-10-07
乔伊斯·潘萨托 2017年作 Mickey The Doudz	182.9cm × 162.6cm	1,356,000	佳士得	2020-07-10
乔伊斯·潘萨托 2007年作 你在跟我说话	122cm × 101.6cm	508,500	香港苏富比	2020-07-10
乔治·康多 2012年作 紫黄色抽象	145.8cm × 167.8cm	27,870,435	香港苏富比	2020-10-06
乔治·康多 2007年作 抽烟的水手	127.4cm × 106.7cm	8,392,200	佳士得	2020-12-02
乔治·康多 1985年作 无题	24.4cm × 20.6 cm	177,610	香港苏富比	2020-10-07
乔治·康多 1985年作 物体	38cm × 46 cm	105,456	香港苏富比	2020-10-07
阮得弓 北圻风景	45cm × 56cm	339,000	香港苏富比	2020-07-09
阮嘉治 约1973年作 园中歇息	110cm × 144cm	447,300	佳士得	2020-12-03
阮生 1976年作 相扑	80.5cm × 100.5cm	58,575	佳士得	2020-12-03
阮思严 1980年作 古代舞蹈	82cm × 164cm	276,900	佳士得	2020-12-03
萨尔瓦托雷·斯卡皮塔 麦后	120.5cm × 76cm	14,201,775	伦敦苏富比	2020-02-11
桑火尧 2013年作 无题	60cm × 60cm	111,004	纽约佳士得	2020-09-11
山口长男 1963年作 浮	162cm × 130cm	4,473,000	佳士得	2020-12-02
尚·杜布菲 乡村景致	195cm × 130cm	16,365,855	伦敦苏富比	2020-02-11

拍品名称	物品尺寸	成交价RMB	拍卖公司	拍卖日期
尚·杜布菲 1971年作 活力四射	181cm×79cm×3.2cm	5,112,000	佳士得	2020-12-02
石晋华 2011年作 走笔#92	82cm×102cm	88,364	中国嘉德	2020-10-08
手冢治虫x手冢制作公司 原子小金刚等身大店头公仔 玻璃纤维强化塑料上色	82cm×43cm×152cm	108,528	罗芙奥	2020-07-19
松谷武判 1984年作 中国梦	56cm×76.2cm	88,805	香港苏富比	2020-10-07
松浦浩之 2008年作 班比：白色幻兽 玻璃纤维 版次 2/2	60cm×60cm×85cm	214,200	罗芙奥	2020-07-19
松浦浩之 2015年作 透明意向 压克力 铝箔 画布	53cm×53cm	51,408	罗芙奥	2020-07-19
孙祥洲 2012年作 创世纪12	图像：60.8cm×103.8cm；整体：79.8cm×135.5cm	133,207	香港苏富比	2020-10-07
藤田嗣治 SPERANZA CALO-CAILLES 约1925年作、1929年作 白猫与小猫(蓝色与金色背景)	30.5cm×50.2cm；32.5cm×54cm	276,900	佳士得	2020-12-03
藤田嗣治 1965年作 无题(智者)	55.5cm×38.3cm	70,640	纽约佳士得	2020-04-21
藤田嗣治 1966年作 无题(基督)	25cm×17.5cm	61,810	纽约佳士得	2020-04-21
天野喜孝 2010年作 糖果女孩 汽车漆 铝板	50cm×50cm×10cm	71,400	罗芙奥	2020-07-19
天野喜孝 2010年作 糖果女孩 汽车漆 铝板	50cm×50cm×10cm	71,400	罗芙奥	2020-07-19
田中敦子 1999年作 '99A	130cm×49.5cm	2,260,000	香港苏富比	2020-07-10
田中敦子 2004年作 2004A-1	145cm×112cm	1,665,090	香港苏富比	2020-10-07
田中敦子 1986年作 D.45 1986-D2	109.6cm×79 cm	693,000	罗芙奥	2020-12-05
涂鸦先生 2019年作 拥抱在一起 压克力 油漆笔 画布	60cm×60cm×4.5cm	271,320	罗芙奥	2020-07-19
涂鸦先生 2016年作 手绘Nike足球鞋	US10.5	263,340	罗芙奥	2020-12-06
涂鸦先生 2019年作 彩虹	30.5cm×30.5cm×4.5cm	180,180	罗芙奥	2020-12-05
涂鸦先生 2019年作 电光城市	22cm×27.3cm	121,968	罗芙奥	2020-12-06
涂鸦先生 2019年作 超级城市(东京)	14cm×18cm	116,424	罗芙奥	2020-12-06
涂鸦先生 2019年作 饿犬 压克力画布	15.8cm×22.7cm	97,104	罗芙奥	2020-07-19
涂鸦先生 2019年作 彩虹 压克力 油漆笔 画布	30.5cm×30.5cm×5cm	91,392	罗芙奥	2020-07-19
涂鸦先生 2018年作 放克DJ 压克力画布	25.4cm×20cm	85,680	罗芙奥	2020-07-19
涂鸦先生 2019年作 涂鸦先生 树脂 15/250	17cm×17cm×34cm	57,120	罗芙奥	2020-07-19
土屋仁应 2019年作 麒麟 樟木 水晶 彩色	34cm×16cm×55.5cm	342,720	罗芙奥	2020-07-19
王广义 2001年作 唯物主义者	154cm×135cm×80 cm	111,006	香港苏富比	2020-10-07
王音 2005年作 中国梦	160cm×178cm×30cm	90,400	香港苏富比	2020-07-10
王克平 1993年作 得意	81cm×21cm×31cm	111,006	香港苏富比	2020-10-07
王克平 2001年作 无题15号	30.5cm×40cm×35 cm	88,805	香港苏富比	2020-10-07
王[illegible]青 2013年作 礼物#142：遥远陌生之地传来不熟悉的鸟鸣	28.9cm×18.5cm×12cm	79,875	佳士得	2020-12-03

拍品名称	物品尺寸	成交价RMB	拍卖公司	拍卖日期
王天德 中国服装 镜片	288cm×178.5cm	53,250	佳士得	2020-11-18
王无邪 2006年作 流水之一	69cm×69 cm	122,107	香港苏富比	2020-10-07
王子卫 2003年作 无望：女孩、毛和球	149cm×129.5cm	61,810	纽约佳士得	2020-04-21
威利·希伯 2018—2019年作 挂墙物件 木 铬漆(单一件)	49cm×145cm(尺寸可变)	137,088	罗芙奥	2020-07-19
吴大羽 无题	27cm×20cm	59,800	中贸圣佳	2020-10-17
吴大羽 无题	21cm×17cm	57,500	中贸圣佳	2020-10-17
吴大羽 无题	27cm×20cm	57,500	中贸圣佳	2020-10-17
武高谈 少女肖像	25cm×19.5cm	271,200	香港苏富比	2020-07-09
西格马·波尔克 1989年作 无题	117cm×137.8cm	6,411,087	伦敦苏富比	2020-02-11
西瑞·菲兹 2020年作 金色微风·法老	210cm×170 cm	249,480	罗芙奥	2020-12-05
细野仁美氏 2018年作 林缬碗	8cm×25.5cm×25.5cm	79,100	香港苏富比	2020-07-10
谢帕德·费尔雷 2006年作 新世界气味	110cm×76.5cm	542,400	香港苏富比	2020-07-10
谢帕德·费尔雷 2005年作 列宁	62.5cm×62cm	395,500	香港苏富比	2020-07-10
徐冰 2007年作 艾米丽·狄金生的十五首诗	34cm×272.5cm×3	1,840,000	永乐拍卖	2020-12-04
徐冰 2004年作 禅诗注(二)	68cm×370cm	1,610,000	永乐拍卖	2020-08-18
徐冰 古为今用 洋为中用	136cm×33cm×2	368,000	西泠印社	2020-08-08
徐道获 2013年作 自我	88.5cm×62cm	271,200	香港苏富比	2020-07-10
徐道获 2013年作 楼梯	31.5cm×56 cm	122,107	香港苏富比	2020-10-07
徐道获 2014年作 走路的家	37.2cm×42 cm	72,154	香港苏富比	2020-10-07
徐累 1994年作 蜥蜴	60cm×44.5cm	288,616	香港苏富比	2020-10-07
许炯 2020年作 想见你(屏风)	175cm×87cm×2	92,000	永乐拍卖	2020-12-03
薛松 毛(一组三张)		75,055	纽约佳士得	2020-04-21
严培明 2010年作 上海儿童	180cm×126cm×21(正反面)	42,550,000	永乐拍卖	2020-12-04
盐田千春 2014年作 两个人 油画棒线 纸本	40cm×30cm	68,544	罗芙奥	2020-07-19
伊夫·克莱因 1960年作 无题人体测量学(ANT 132)	150cm×96cm	55,704,772	伦敦苏富比	2020-02-11
于吉 2014年作 小人物一男	整体：40cm×10cm×7cm	77,704	香港苏富比	2020-10-07
余友涵 无题	74.5cm×51.3cm	105,960	纽约佳士得	2020-04-21
詹姆斯·特瑞尔 2008年作 无题(XXIII D)	58.3cm×43.8 cm	310,817	香港苏富比	2020-10-07
张洹 2019年作 马2号	150cm×100.5cm	226,000	佳士得	2020-07-10
赵无极 2007年作 石碑8号	23cm×60cm	226,000	香港苏富比	2020-07-09
赵无极 2007年作 石碑 第十号	46.4cm×33cm×7cm	180,800	佳士得	2020-07-11
中村萌 2017年作 涂鸦	38.5cm×26.5cm	180,180	罗芙奥	2020-12-06
中村萌 2018年作 给我抱抱 宝丽石粉树脂 106/120	17cm×15cm×26cm	102,816	罗芙奥	2020-07-19
中村萌 2016年作 等待 宝丽石粉树脂 27/100	15cm×15cm×20cm	74,256	罗芙奥	2020-07-19
中村萌 2014年作 富士山 宝丽石粉树脂 21/100	13cm×12cm×20cm	51,408	罗芙奥	2020-07-19
中村萌 2018年作 母子笋 宝丽石粉树脂 105/160	15.5cm×16cm×21cm；11cm×10.2cm×15.5cm	51,408	罗芙奥	2020-07-19
中田郁美 2017年作 没有生气	36.5cm×27 cm	52,668	罗芙奥	2020-12-05
舟越桂 2014年作 素描 No. 1416 铅笔 纸本	54.5cm×39.5cm	74,256	罗芙奥	2020-07-19

2020书画拍卖成交汇总(续表)

(成交价RMB：5万元以上)

拍品名称	物品尺寸	成交价RMB	拍卖公司	拍卖日期
朱利安·奥贝 2007年作 BIJOU 3号	221cm×125.7cm×21cm	266,414	香港苏富比	2020-10-07
朱莉·柯蒂斯 2019年作 无题	盘子 34.5cm×25cm; 鱼①21cm×9cm; 鱼②17.5cm×7.5cm	62,150	香港苏富比	2020-07-10
朱铭 太极系列——单鞭下势 不饱和聚酯树脂 碳酸钙 油性色母 272/300	28.5cm×14.4cm×18.2cm	54,264	罗芙奥	2020-07-19
其他艺术形式				
Nguyen Huyen 金鱼	75cm×100cm	67,800	香港苏富比	2020-07-09
Tran Van Ha 征氏姊妹	100cm×200cm	1,017,000	香港苏富比	2020-07-09
Tran Van Ha 约1950年代作 山景中的公鹿与鹿	64.5cm×129cm	621,500	香港苏富比	2020-07-09
艾迪·马丁内斯 2017年作 情书 #16	243.8cm×190.5cm	3,475,880	佳士得	2020-07-11
艾迪·玛汀尼兹 小曼荼罗(米色)	101.6cm×76.8cm	678,000	香港苏富比	2020-07-10
班克斯 投票给爱	117cm×116.5cm×8.5cm	10,414,635	伦敦苏富比	2020-02-11
班克斯 2003年作 Wrong War	58cm×37cm	98,760	中国嘉德	2020-10-08
贝斯塔·贝斯特黎萨 感谢上帝赐予生命的礼物，没有抱怨	100cm×100cm	57,000	佳士得	2020-06-30
草间弥生 1983年作 无题	62.5cm×49.3cm	805,000	保利厦门	2020-09-26
陈福缘 鱼纹圆盘	直径28cm	96,050	香港苏富比	2020-07-09
达米恩·赫斯特 2010年作 情人	56.5cm×71.4cm×8.3cm	2,712,000	香港苏富比	2020-07-09
大卷伸嗣 2014年作 回响：水晶计划—白色上衣	86cm×64.2cm×25cm	155,937	中国嘉德	2020-10-08
丁雄泉 1980年作 与我同寝	131cm×183cm	791,000	佳士得	2020-07-11
范光厚 乡景中的水塘	整体: 92.5cm×135cm	1,469,000	香港苏富比	2020-07-09
宫崎骏 1985年作 风之谷(含宫崎骏亲笔签名)	25.8cm×36.5cm×2	51,356	佳士得	2020-05-22
河原温 1985年作 MAY 27，1985 来自《今天》系列(1966—2013)	66.5cm×91.6cm	6,883,960	香港苏富比	2020-07-09
杰夫·昆斯 1988年作 基督与羔羊	200.7cm×139.7cm×17.8cm	4,388,920	香港苏富比	2020-07-09
空山基 2001年作 无题	72.4cm×51.2cm	339,000	佳士得	2020-07-11
李超士 1960年作 蝴蝶花	39.5cm×54.5cm	1,782,500	中国嘉德	2020-08-17
李超士 1960年作 盆松	38cm×56cm	690,000	中国嘉德	2020-12-05
李超士 1964年作 小社员	35.3cm×45.5cm	517,500	中国嘉德	2020-08-17
奈良美智 2002年作 Fight It Out	28cm×21.5cm	2,054,250	佳士得	2020-05-22
奈良美智 2009年作 无题	22.5cm×19.5cm	1,171,500	佳士得	2020-12-03
奈良美智 2003年作 双胞胎	22.8cm×16.6cm	1,150,000	永乐拍卖	2020-12-04
奈良美智 2012年作 上帝救救我们	32cm×32cm	1,017,000	香港苏富比	2020-07-10
奈良美智 1995年作 欢迎来搏击	29.5cm×41.8cm	678,000	香港苏富比	2020-07-10
奈良美智 2002年作 无题(WHO SNATCHED THE BABIES)	29.5cm×21cm	585,750	佳士得	2020-12-03
奈良美智 1995年作 无题	23cm×33.5cm	554,694	保利香港	2020-07-12
奈良美智 2001—2002年作 无题(谁抢走了宝宝们)	29cm×20.5cm	469,357	保利香港	2020-07-12
奈良美智 1998年作 SAY HELLO	27.2cm×21cm	298,200	佳士得	2020-12-03
奈良美智 1992年作 To the City, Nobody Knows!	21cm×14.7cm	226,000	香港苏富比	2020-07-10
奈良美智 1999年作 无题 油性笔 纸本	21cm×9cm	68,544	罗芙奥	2020-07-19
尼古拉斯·帕蒂 2013年作 肖像	67.6cm×55.7cm	1,171,500	佳士得	2020-12-03
乔治·康多 1993年作 城市景观	76.8cm×57.2cm	1,017,000	香港苏富比	2020-07-10
仇德树 裂变山水	59cm×40cm	69,000	保利厦门	2020-09-26
阮嘉治 园中漫步	95cm×154.5cm	508,500	佳士得	2020-07-11
手冢治虫 1980年作 原子小金刚与天马博士 油性笔 纸本	27cm×24cm	68,544	罗芙奥	2020-07-19
泰特斯·卡法 2015年作 无题	124.5cm×90.2cm	621,500	香港苏富比	2020-07-10
吴大羽 无题(六件一组)	21.1cm×16.4cm×6	368,000	西泠印社	2020-08-08
吴大羽 无题(六件一组)	21.1cm×16.4cm×6	368,000	西泠印社	2020-08-08
吴大羽 无题(六件一组)	21.1cm×16.4cm×6	368,000	西泠印社	2020-08-08
吴大羽 无题(六件一组)	21.1cm×16.4cm×6	356,500	西泠印社	2020-08-08
吴大羽 无题(六件一组)	21.1cm×16.4cm×6	345,000	西泠印社	2020-08-08
吴大羽 无题(六件一组)	21.1cm×16.4cm×6	345,000	西泠印社	2020-08-08
吴大羽 隔海相望I-343	14.8cm×10.2cm	161,000	永乐拍卖	2020-08-18
吴大羽 无题	14.5cm×10cm	161,000	永乐拍卖	2020-08-18
吴大羽 无题	15cm×10.5cm	126,500	华艺国际	2020-10-15
吴大羽 飞羽	19.5cm×12cm	115,000	中国嘉德	2020-08-17
吴大羽 无题II-588	14.5cm×10cm	115,000	永乐拍卖	2020-08-18
吴大羽 繁花	19.5cm×12cm	112,700	中国嘉德	2020-08-17
吴大羽 粉韵	19.5cm×12cm	103,500	中国嘉德	2020-08-17
吴大羽 蓝窗	19.5cm×12cm	97,750	中国嘉德	2020-08-17
吴大羽 童真	19.5cm×12cm	97,750	中国嘉德	2020-08-17
吴大羽 无题II-170	20cm×11cm	97,750	永乐拍卖	2020-08-18
吴大羽 无题I-588	14.5cm×10cm	94,300	永乐拍卖	2020-12-04
吴大羽 无题	21.1cm×16.4cm	92,000	西泠印社	2020-08-08
吴大羽 公园	19.5cm×12cm	89,700	中国嘉德	2020-08-17
吴大羽 无题I-304	14.7cm×10.2cm	86,250	永乐拍卖	2020-12-04
吴大羽 小径	19.5cm×12cm	86,250	中国嘉德	2020-08-17
吴大羽 无题II-703	13cm×8cm	80,500	永乐拍卖	2020-12-04
吴大羽 落英	19.5cm×12cm	78,200	中国嘉德	2020-08-17
吴大羽 春归	19cm×12cm	74,750	中国嘉德	2020-12-05
吴大羽 心相	19.5cm×12cm	74,750	中国嘉德	2020-08-17
吴大羽 廊桥	19.5cm×12cm	69,000	中国嘉德	2020-08-17
吴大羽 曦和	19cm×12cm	69,000	中国嘉德	2020-12-05
吴大羽 花圃	19cm×12cm	57,500	中国嘉德	2020-12-05
吴大羽 听雁	19cm×12cm	57,500	中国嘉德	2020-12-05
吴大羽 飞流	19cm×12cm	55,200	中国嘉德	2020-12-05
吴大羽 对影	19cm×12cm	51,750	中国嘉德	2020-12-05
谢德庆 1978—1999年作 补签于2010年 六件作品海报与声明(一组六件)	53cm×62cm×6	632,500	中国嘉德	2020-08-17
张荔英 1965年作 陈风仙夫人画像	47cm×32cm	319,500	佳士得	2020-12-03
珍妮·霍尔泽 2014年作 你在梦中看见了(生存系列)	45.6cm×183cm×45.6cm	2,938,000	香港苏富比	2020-07-09